KB128961

2판

인간행동과 사회복지실천

· 이론과 적용 ·

권중돈 지음

학지사

머 리 말

"사람, 세상, 삶 그리고 사회복지!"

사회복지전문직은 '세상 속에서 살아가는 사람'을 받들고 섬기는 인간봉사전문 직(human service professional)이다. 다시 말해, 사람과 세상 그리고 그 둘 간의 상호작용으로 이루어진 삶이라는 세 요인을 변화시키는 원조를 행하는 것이 사회복지전문직의 사명이다. 그러므로 사회복지전문직은 인간을 '환경 속의 인간(person in environment)'이라는 관점에서 이해하고, 인간과 환경 사이의 적응과 적합성을 증진하기 위하여 인간을 원조하거나 환경을 변화시켜 그들의 삶의 질을 증진하는 데 목적을 두고 있다.

인간을 돕고 환경의 변화를 도모하고자 사회복지전문직에 종사하려는 사람이 갖추어야 할 조건은 세 가지다. 인간과 환경에 대한 전문지식(thinking or knowledge), 인간 사랑의 가치(feeling or value), 인간과 환경을 변화시키고 원조하는 데 필요한 실천기술(acting or skill)이 그것이다. 이 세 가지 조건 중에서 전문가인 사회복지사가 갖추어야 할 자질로서 어느 것이 더 중요하다고 말할 수는 없다. 하지만 인간이 세상, 즉 사회환경 속에서 무엇을 생각하고, 무엇을 느끼며, 어떤 행동을 하고, 어떻게 변화해 가는가를 이해하지 못한 채 인간 사랑의 열정 하나만으로 복지를 실천한다면, 그것은 마치 눈을 감고 남을 인도하는 것과 다를 바가 없다. 따라서 전문사회복지사가 되려면 반드시 인간행동과 사회환경을 이해하기 위한 전문지식을 우선적으로 연마하여야 한다.

사회복지사가 인간과 환경에 대한 전문지식을 쌓을 수 있도록 사회복지 교육과정에서는 '인간행동과 사회환경'을 기초과목으로 규정하고 있으며, 사회복지사 국가고시의 필수과목으로 지정하고 있다. 공학, 미술 등의 교육과정에 비유하면 '인간행동과 사회환경' 교과목은 '재료학'에 해당하는 교과목이다. 재료에 대한 이해를 갖추어야만 좋은 그림이나 상품을 만들어 낼 수 있듯이, 사회복지사도 그 재료에 해당하는 인간과 환경을 잘 이해해야 진정한 복지를 실천할 수 있다.

그러나 사회복지전문직의 재료인 인간과 환경은 역동적으로 상호작용하고 꾸준히 변화하는 복잡다단한 실체이므로 그 본질을 이해한다는 것은 결코 쉽지 않다. 더구나 인간과 환경에 대한 이해는 물론 사회복지실천과 정책에 그 지식을 어떻게 적용해야 하는지에 대한 논의까지 이어진다면, '인간행동과 사회환경' 교과목은 사회복지 교육과정의 기초과목이지만 실제로는 전공심화 교육과정 못지않게 어려운 교과목임에 분명하다. 이렇듯 인간과 환경에 대한 이해가 선행되지 않은 채 인간을 돕고 환경을 변화시키기 위한 기술을 학습한다는 것은 어불성설(語不成說)이다. 그러므로 사회복지 교육과정에서 인간행동과 사회환경에 대한 학습이 가장 먼저 이루어져야 하는 것은 당연한 일이다.

대학 초년생인 예비 사회복지사가 인간행동과 사회환경에 대한 학습을 백지상태에서 시작하는 것은 아니다. 이 세상의 모든 사람이 인간과 환경에 대한 나름의 이해를 갖추고 있듯이, 주된 독자층인 예비 사회복지사 또한 나름의 인간과 환경에 대한 지식, 즉 '인간행동과 사회환경' 교과목에 대한 선행지식을 갖고 있는 셈이다. 그러므로 '인간행동과 사회환경'에 대한 학습은 이 책의 첫 쪽부터 시작되는 것이 아니라 독자의 선험적 지식의 바탕 위에서 시작된다. 그러한 선험적 지식에 좀더 전문적이고 체계적인 인간과 환경에 대한 지식을 더하기 위하여 이 책은 인간행동과 사회환경의 기초, 인간 발달과 사회복지실천, 인간 성격과 사회복지실천, 사회체계와 사회복지실천이라는 네 가지 영역에 관한 주요 이론과 그 적용 방안을 다루고 있다.

제1부는 인간행동과 사회환경이 사회복지실천과 어떤 연관성을 지니고 있는지에 대한 논의를 시작으로, 제2부에서 제4부까지 논의될 주제의 기본 이해를 도모하기 위한 내용으로 구성되어 있다. 제1장에서는 인간행동과 사회환경의 이해에 필요한 기초적 논의와 함께 인간행동과 사회환경에 대한 지식이 사회복지실천과 어떤 연관성을 가지며, 이를 어떻게 적용할 것인가에 대해 다루었다. 제2장에서 제4장까지는 인간의 발달과 성격, 사회체계와 사회복지실천의 관련성에 대한 기본 이해를 도모하는 데 목적을 두고 있으며, 제2부에서 제4부까지에 걸쳐 상세하게 논의할 내용에 대한 기본 토대를 제공하고자 하였다.

제2부는 인간 발달과 사회복지실천의 관련성에 대해 다루었다. 전 생애에 걸쳐

일어나는 인간 발달의 단계를 태내기, 영아기, 유아기, 아동기, 청소년기, 청년기, 성년기, 중·장년기, 노년기로 구분하여 단계별로 신체적, 심리적, 사회적 발달이라는 세 영역으로 나누어서 논의하였다. 그런 다음 발달 단계와 영역별로 사회복지실천에서 관심을 기울여야 할 부분을 제시함으로써 인간발달이론과 사회복지실천 사이에 다리를 놓아 보려 하였다.

제3부는 인간 성격과 사회복지실천의 관련성에 대해 다루었다. 즉, 정신분석이론, 분석심리이론, 개인심리이론, 자아심리이론, 대상관계이론, 교류분석이론, 인본주의이론, 행동주의이론, 인지이론을 중심으로 인간 성격이론에 대하여 논의하였다. 각 장은 인간관과 가정, 주요 개념, 성격 발달, 사회복지실천에의 적용 방안으로 구성되어 있다.

제4부는 사회체계와 사회복지실천과 정책의 관련성에 대해 다루었다. 이 부분은 한국사회복지대학교육협의회의 교과목 지침의 개정(2018년) 사항을 반영하여 2판에서 집중적으로 보완한 부분이다. 사회환경, 즉 사회체계에 관한 이론으로 소집단이론, 일반체계이론, 생태학적 이론, 구조기능주의이론, 갈등이론, 상호작용이론, 교환이론, 여성주의이론, 다문화이론을 다루었다. 각 장의 구성은 사회관과 가정, 주요 개념, 사회변동과 발전에 대한 관점 그리고 사회복지실천과 정책에의 적용 방안으로 구성되어 있다.

이 책을 학부과정에서 한 학기에 모두 다루는 것은 어려우므로, 두 학기에 나누어 가르치는 것이 바람직할 것이다. 실제로 일부 대학에서는 이 교과목의 난해성을 고려하여 두 학기로 나누어 가르치고 있기도 하다. 그러나 교과과정의 편제상 한 학기에 다루어야 한다면, 이 책의 내용을 학부과정에 맞게 압축하여 논의한 『인간행동과 사회환경』(2판, 학지사, 2021)을 활용할 수 있을 것이다. 사회복지학 대학원 과정에서는 이 책에 담긴 내용을 모두 다루어야 할 것이며, 이 책으로 강의를 진행할 때에는 제1장부터 제29장까지 차례로 강의하기보다는 앞뒤를 넘나들며 강의하는 것이 효과적일 것이다. 즉, 제1부 제1장을 가장 먼저 강의한 후, 제2부 인간 발달에 대한 본격적인 강의에 앞서 제1부 제2장을, 제3부 인간 성격에 관한 이론을 강의하기에 앞서 제1부 제3장을, 그리고 제4부 사회체계 관련 이론을 강의하기에 앞서 제1부 제4장을 먼저 강의하는 방식으로 진행하는 것이다.

사회복지 전공 학생이 '인간행동과 사회환경' 교과목을 어렵게 느끼는 이유 중 하나는 이해해야 하는 개념이 많기 때문이다. 이에 이 책에서는 부록으로 용어해

설을 붙여 놓았으며, 같은 용어임에도 개념 정의가 다른 경우에는 이론별로 표시를 달고, 한글 용어가 통일되어 있지 않은 경우에는 가장 보편적인 용어를 사용하였다. 특히 가장 많이 혼용되고 있는 자아와 자기개념의 경우, 'ego'는 자아, 'self'는 '자기'로 책 전체에 걸쳐 통일성 있게 사용하였다. 이 책의 또 다른 특징은 장마다 '학습목표'와 '생각해 보아야 할 과제'를 제시하고 있다는 점이다. 학습목표는 독자와 수강생이 각 장에서 반드시 학습해야 할 주요 사항이 무엇인지를 먼저 알고 학습을 진행할 수 있게 해 줄 것이다. 생각해 보아야 할 과제는 이 책에서 다루지 못한 내용과 관련해 독자와 수강생의 자발적 심화학습을 도모하고 수업시간의 토론이나 보고서 주제로도 활용할 수 있을 것이다. 특히 대학원생의 경우에는 이 책에 제시된 생각해 보아야 할 과제에 대한 깊이 있는 사색이 앞으로의 학습에 필요한 비판적이고 논리적 사고를 함양하는 데 많은 도움이 될 것이다. 그리고 쪽마다 핵심 내용을 여백에 정리해 두었으므로 짧은 시간 내에 요약 또는 반복학습을 할 때 많은 도움이 될 것이다.

이 책에서는 인간행동이론과 사회복지실천 사이에 하나의 다리를 놓기 위하여 많은 노력을 기울였다. 하지만 아직 다듬어지지 않은 부분이 곳곳에 남아 있음을 솔직히 고백한다. 앞으로 좀 더 깊이 있는 내용이 될 수 있도록 개정판에서 지속적으로 다듬어 나갈 것이지만, 독자 여러분의 기탄없는 비판과 가르침을 통하여 이 책이 더 알차게 꾸려지기를 기대해 본다.

이 책을 쓰기로 계획한 것은 저자이지만, 완성할 수 있도록 길을 인도해 주신 분은 하나님이다. 먼저 하나님의 경이로운 축복과 은혜에 감사드린다. 또한 이 책을 쓸 수 있도록 지금의 나를 낳고 길러 주신 부모님, 지적 역량과 인격적 소양을 길러 주신 은사님, 글 쓴다고 까탈을 부려도 넓은 마음으로 받아 준 가족, 학문적 열정을 잃지 않도록 늘 긴장하게 만드는 제자들, 따끔한 비판과 피드백으로 실천현장에서 멀어지지 않도록 해 준 사회복지 현장의 실무자들, 그리고 저자를 기억하고 아껴 주고 돌봐 주신 모든 분께 감사의 마음을 전한다.

2021년 2월
곧 피어날 노란 꽃망울을 기다리며
계룡산 자락의 작은 공간에서
권중돈

차 례

● 제2부 ●   인간 발달과 사회복지실천

제11장　노년기　　　　　　277

● 제3부 ● 인간 성격과 사회복지실천

제12장　정신분석이론　　　　　305

제1부

인간행동과
사회환경의 기초

해바라기의 꿈은 그대가 오늘도 자기처럼
활짝 웃는 것이랍니다.
그대의 꿈은?

제주 에코랜드, 2013. 7.

제1장

인간행동, 사회환경 그리고 사회복지실천

학 습 목 표

1. 인간행동의 개념과 이상행동의 유형을 이해한다.
2. 사회환경의 개념을 이해한다.
3. 인간행동과 사회환경의 관련성을 이해한다.
4. 인간행동과 사회환경에 대한 지식이 사회복지실천에 어떻게 활용될 수 있는지를 이해한다.

사회복지전문직은 인간을 받들고(奉) 섬기며(仕), 인간이 살기 좋은 세상을 만들기 위해 헌신하는 인간봉사전문직(human service professional)이다(Mehr & Kanwischer, 2004). 즉, 사회복지전문직은 전문 지식과 기술을 바탕으로 인간이 자신이 속한 환경 속에서 욕구를 충족하고 문제를 예방 또는 해결하여 질 높은 삶을 살아갈 수 있도록 돕고, 세상을 보다 정의롭고 공평한 세상으로 바꾸어 인간이 살기에 좋은 환경으로 만드는 것을 사명으로 하는 전문직이다. 그러므로 선한 마음에서 다른 사람을 돕는 자원봉사자와 같은 아마추어(armature 또는 nonprofessional)가 아닌 전문가(professional)인 사회복지 종사자[1]가 인간과 그가 속한 환경에 대한 이해를 갖추지 못한 채 인간을 돕고 세상을 변화시키는 일을 한다는 것은 말이 되

인간봉사전문직

---

1) 쉽게 비유하자면 취미로 야구를 하는 아마추어 야구선수를 자원봉사자에 비유할 수 있다면, 전문직업으로 야구를 하는 프로 야구선수를 사회복지전문가에 비유할 수 있을 것이다.

지 않는다. 따라서 사회복지사는 인간을 돕고 세상을 변화시키는 실천 행동을 하기 전에 반드시 인간과 그가 속한 환경에 대한 정확한 이해를 갖추어야 한다.

환경 속의 인간

인간이란 존재는 환경과 유리된 존재가 아니라 환경에 속해 있는 존재(person in environment)이므로, 인간을 정확히 이해하기 위해서는 인간과 그를 둘러싸고 있는 환경과의 상호작용을 이해하지 않으면 안 된다. 인간을 둘러싸고 있는 환경은 물리적 환경과 사회적 환경으로 구성되어 있다. 즉, 인간은 물리적 환경의 기반 위에 구성된 사회적 환경 속에서 살아간다. 인간의 생존은 물리적 환경에 의해 좌우될 수 있지만, '인간은 사회적 존재다.'라는 말이 의미하듯이 대부분의 삶이 다른 사람과의 관계, 즉 사회적 환경 속에서 이루어진다. 그러므로 사회복지사는 인간을 둘러싸고 있으면서 인간의 삶에 영향을 미치고 또 인간에 의해 변화되는 사회환경에 대한 이해를 반드시 갖추어야 한다.

사회복지
기초과목

따라서 사회복지학계에서는 '인간행동과 사회환경(human behavior and the social environment: HBSE)' 교과목을 사회복지를 공부하려는 사람이 가장 먼저 배워야 할 기초지식(foundation knowledge)으로 규정하고 있다. 또한 사회복지 교육과정의 기초과목군의 필수과목으로 분류하고 있으며, 사회복지사 국가고시의 기초과목으로 지정하고 있다.

인간-환경-
사회복지실천

이에 이 책에서는 사회복지실천의 기본 토대가 되고 사회복지사의 전문성 향상에 지름길이 되는 인간행동과 사회환경에 대한 과학적 이해를 도모하고, 이러한 전문지식을 사회복지실천에 적용할 수 있는 방안에 대해서 살펴볼 것이다. 이 책의 서론에 해당하는 이번 장에서는 인간과 환경, 특히 그중에서도 인간행동과 사회환경이 무엇이며, 왜 사회복지사가 인간행동과 사회환경을 이해해야 하는지, 그리고 인간과 환경이 지닌 특성이 사회복지실천과 어떤 연관성을 지니는지에 대해 개괄적으로 살펴보고자 한다.

1   인간행동과 사회환경에 대한 기본 이해

그림을 그리는 화가는 자신이 사용하는 물감의 특성을 이해하지 못하면 좋은 그림을 그릴 수 없다. 요리사는 식재료의 특성을 이해하지 못하면 맛있는 요리를 만

인간 본성 이해

들 수 없다. 이러한 논리와 마찬가지로 사회복지전문직 종사자도 인간 본성을 이

해하지 못하면 인간을 제대로 도울 수 없다. 인간의 본성을 이해하기 위한 노력은 인류가 시작되면서부터 지속되고 있지만 인간을 완전히 이해할 수 있는 길은 아직 열리지 않았으며, 인간 본성에 대한 상반된 이론이 제기되고 있다(Stevenson & Hanerman, 2006). 이와 같이 인간 본성에 대해 합의를 이루지 못하는 이유는 인간이 신체적, 심리적, 사회적, 문화적, 영적 속성을 동시에 지니고 있을 뿐만 아니라 시간과 상황에 따라 매우 역동적으로 변화하면서도 동시에 안정성을 지니고 있는 매우 복잡다단한 존재이기 때문이다. 따라서 인간 본성에 대한 완전한 이해를 위해서는 매우 오랜 시간에 걸친 다각적 노력이 필요하다.

이와 같이 인간의 본성을 완전히 이해하지 못한다고 하여 사회복지전문직에서 인간을 돕는 사명을 지연하거나 포기할 수는 없는 일이다. 인간을 완전하게는 이해하지 못하더라도 나름의 방법으로 인간을 이해하고 그를 도울 수 있는 길은 얼마든지 열려 있다. 예를 들어 스테이크를 만들려는 요리사는 소고기의 단백질, 아연, 비타민 성분 비율을 정확하게 측정하여 소고기의 질을 판단하는 것이 아니라, 소고기의 색깔, 마블링(marbling: 살코기에 하얀색 지방이 그물처럼 퍼져서 박혀 있는 것), 숙성 정도를 육안으로 관찰하여 질 좋은 소고기를 선택한다. 요리사의 소고기 선택 방법처럼, 사회복지전문직에서도 완벽하지는 않지만 나름의 방법을 사용하여 인간을 이해하고 그 이해에 근거하여 인간을 돕는다.

인간 본성
이해방법

사회복지전문직에서 인간 이해를 위하여 사용하는 방법은 크게 두 가지로 미시적 접근방법과 거시적 접근방법이 있다. 먼저 인간 이해를 위한 미시적 접근방법은 생물학 실험실에서 현미경으로 세포의 구조와 기능을 관찰하는 방법과 유사하다. 즉, 인간 이해를 위한 미시적 접근방법은 인간 자체에 초점을 두고, 인간이라는 유기체(organism)가 어떤 요인으로 구성되어 있으며, 각 구성요소의 기능은 무엇이고, 이들 요소 간에 어떤 상호작용이 이루어지며, 그 결과는 무엇인지를 파악하는 방법이며, 주로 인간의 행동을 중심으로 인간을 이해하려 한다.

미시적 접근방법

인간 이해를 위한 거시적 접근방법은 천문대에서 망원경을 사용하여 우주 안에 있는 여러 천체(天體)를 관찰하는 것과 유사하다. 즉, 거시적 접근방법은 인간 자체보다는 인간을 둘러싸고 있는 환경과 인간 사이의 관계를 중심으로 인간을 이해하는 방법이다. 인간이 환경, 특히 사회환경으로부터 어떤 영향을 받고, 사회환경에 어떤 영향을 미치는가를 중심으로 인간을 이해하려 한다.

거시적 접근방법

이에 다음에서는 사회복지전문직에서 현미경을 이용하여 파악하려 하는 인간

행동이 어떤 의미를 지니며, 망원경을 이용하여 파악하려 하는 사회환경이 어떠한 의미를 지니는지에 대해 살펴보고자 한다.

1) 인간행동의 이해

사회복지전문직에서 미시적 방법을 활용하여 인간을 이해하고자 할 때 주로 인간행동(human behavior)에 초점을 둔다. 이때 인간이 하는 행동이라고 하면, 일반적으로 겉으로 드러난 신체적 움직임으로 그 의미를 국한하는 경우가 많다. 그러나 사회복지전문직에서 인간행동이라고 할 때는, 겉으로 드러난 관찰 가능한 행동뿐만 아니라 개인의 사고, 감정, 무의식 등의 정신적 요인과 정서적 요인 모두를 포괄하며, 더 나아가 그 사람이 처해 있는 상황적 요인까지도 내포한다. 그러므로 본 교과목의 명칭에서 의미하는 그리고 사회복지전문직에서 사용하는 '인간행동'이라는 용어는 겉으로 드러나 관찰이 가능한 신체적 움직임에 국한되지 않고, 인간의 정신과 정서 등을 포괄하는 심리적 측면과 개인이 처한 상황적 측면까지를 모두 포괄하는 광의의 개념을 의미한다. 이러한 인간행동을 정확히 이해하기 위해서는 ① 신체 · 심리 · 사회적 존재(bio-psycho-social being)인 인간의 수정에서부터 사망에 이르기까지의 변화와 안정성, 즉 인간 발달, ② 인간행동의 주된 결정요인인 성격, 그리고 ③ 이상행동 또는 부적응 행동에 대한 이해를 갖추어야 한다.

이와 같은 인간행동은 인간을 구성하고 있는 신체 · 심리 · 사회적 요인의 상호작용에 의해 달라질 수 있다. 예를 들면 몸이 심하게 아프면 마음도 무거워지고, 사람도 만나기 싫어지는 것이다. 이처럼 인간의 행동은 신체 · 심리 · 사회적 요인 각각과 이들 요인 간의 상호작용의 영향을 받기 때문에, 인간행동을 정확히 이해하기 위해서는 인간의 신체 · 심리 · 사회적 요인을 따로 분리하여 파악하기보다는 인간을 신체 · 심리 · 사회적 요인이 통합되어 있는 전체로서의 인간(human being as a whole)으로 이해하여야 한다. 그리고 인간의 신체 · 심리 · 사회적 요인과 이들 요인 간의 상호작용은 수정에서부터 사망에 이르기까지의 전 생애에 걸쳐 성장, 성숙, 노화라고 하는 역동적인 변화 과정을 거친다. 이와 같은 인간의 성장, 성숙, 노화의 과정을 발달이라고 하며, 따라서 인간행동을 이해하기 위해서는 우선적으로 전 생애에 걸쳐 일어나는 인간의 신체 · 심리 · 사회적 측면에서의 발달에 대한 정확한 이해를 갖추어야 한다.

인간행동의 개념

발달 · 성격 · 이상행동

전체로서의 인간

발달의 이해

인간행동은 주로 개인의 성격에 의해 결정되므로, 인간행동을 이해하기 위해서는 인간 발달뿐만 아니라 인간의 성격을 이해하여야 한다. 즉, 인간이 어떻게 해서 현재와 같은 모습과 특성을 지니게 되었으며, 앞으로의 모습과 특성은 어떨지, 그리고 지금은 왜 그런 행동을 하고, 앞으로는 그 행동이 달라질 것인지 아니면 그대로 유지될 것인지, 또 달라진다면 어떻게 바뀔지 등을 이해하기 위해서는 개인의 성격을 이해하여야 한다. 다시 말해, 개인의 성격을 이해하면 왜 그가 그런 방식으로 행동하는지 그 이유를 알 수 있으며, 앞으로의 행동 변화를 예측하고, 바람직한 행동으로 변화시킬 수 있는 방법까지도 모색할 수 있게 된다. 즉, 인간의 성격을 이해하게 되면 인간행동을 있는 그대로 기술(description)하고, 그 행동의 원인을 설명(explanation)할 수 있게 되며, 미래의 행동을 예측(prediction)하고 그 행동을 바람직한 형태로 변화 또는 통제(control)할 수 있는 사회복지실천의 방안을 찾을 수 있게 된다. 따라서 사회복지실천의 기초가 되는 인간행동의 이해를 위해서는 성격에 관한 정확한 이해를 갖추어야 한다.

성격의 이해

사회복지실천의 목표 중의 하나는 인간의 변화 중에서도 특히 행동의 변화를 일으키는 것이다. 이때 변화가 필요한 내담자(來談者, client)의 행동을 이상행동(abnormal behavior) 또는 부적응 행동(maladaptive behavior)이라고 한다. 이때 이상행동 또는 부적응 행동이란 ① 사회문화적 규범에서 벗어나는 행동, ② 이상적(理想的) 인간행동 유형에서 벗어나는 행동, ③ 통계적으로 보통 사람의 평균적 특성에서 벗어나는 행동, ④ 환경의 요구에 순응하거나 환경을 변화시키는 환경과의 적응능력을 저하하는 행동, ⑤ 개인에게 불편감, 고통 또는 심리적 갈등을 유발하는 행동 등과 같은 부적응적 심리 특성을 의미한다. 이러한 이상행동에는 인간의 다양한 심리적 측면, 즉 인지, 정서, 동기, 행동, 생리적 측면에서 개인의 부적응을 초래하는 특성이 포함된다(권석만, 2013).

이상행동의 이해

이러한 이상행동의 분류는 이상행동과 정상행동의 구분을 양적인 문제로 할 것인가 아니면 질적인 문제로 보는가에 따라 달라질 수 있다. 하지만 이상행동 분류체계로서 가장 폭넓게 활용되는 것은 특정한 이상행동의 집합체인 정신장애(mental disorder)를 분류하기 위한 미국정신의학회의 『정신장애의 진단 및 통계 편람 5판(DSM-5)』이다. DSM-5에 따르면 정신장애를 17개 범주로 구분하고 이를 다시 300여 개의 세부 장애로 구분하고 있는데, 주요 정신장애의 특성을 살펴보면 〈표 1-1〉과 같다.

이상행동으로서의
정신장애

.ıll 표 1-1 정신장애의 범주와 특성

장애 범주	개념과 세부 장애
신경발달장애	학령기 이전의 발달 단계에서 발생하는 정상적 발달에 장애를 유발하는 발달적 결핍 장애로서, 지적장애, 의사소통장애, 자폐 스펙트럼 장애, 주의력결핍 과잉행동 장애(ADHD), 특정 학습장애, 운동장애, 틱장애 및 기타 신경발달장애가 포함됨
조현병 스펙트럼 및 기타 정신증적 장애	조현병은 망상, 환각, 사고 및 언어 혼란, 비정상적 행동, 의욕 상실, 감정 둔화, 비사회적 행동 등의 주요 증상을 나타내는 장애로서, 단기 정신병적 장애, 조현양상 장애, 조현병, 양극형, 우울형, 망상 동반, 환각 동반, 기타 조현병 스펙트럼 장애 등이 포함됨
양극성 및 관련 장애	질병 경과 중에 우울증상과 기분이 매우 고양된 조증이 번갈아 나타나는 기분장애로서, 양극성 장애 제1형과 제2형, 순환성 장애(cyclothymic disorder) 등이 포함됨
우울장애	우울감, 무기력감, 불안, 흥미 저하, 식욕장애, 수면장애, 자살 생각 등을 주요 증상으로 하는 장애로서, 파괴적 기분조절부전 장애, 주요 우울장애, 지속성 우울장애, 월경 전 불쾌감 장애 등이 포함됨
불안장애	다양한 종류의 불안과 공포가 적어도 6개월 이상 지속되는 장애로서, 분리불안장애, 선택적 함구증, 특정 공포증, 사회불안장애(사회공포증), 공황장애, 광장공포증, 범불안장애 등이 포함됨
강박 및 관련 장애	자신의 의지와는 상관없이 어떤 특정한 사고나 행동을 떨쳐 버리고 싶은데도 반복적으로 하게 되는 장애로서, 강박장애, 신체이형 장애, 수집광, 발모광(hair-pulling disorder), 피부 뜯기 장애(skin-picking disorder) 등이 포함됨
외상 및 스트레스 관련 장애	신체적인 손상과 생명의 위협을 받은 사고에서 심리적 외상이나 강한 두려움, 무력감, 혹은 공포감을 일으키는 스트레스를 경험한 후 보이는 장애로서, 반응성 애착장애, 탈억제성 사회적 유대감 장애(dis-inhibited social engagement disorder), 외상후 스트레스 장애, 급성 스트레스 장애 등이 포함됨
해리장애	의식, 기억, 정체감 및 환경 지각 등이 평소와 달리 급격하게 변화하는 장애로서, 해리성 정체성 장애, 해리성 기억상실(dissocaitive amnesia), 이인증/비현실감 장애(depersonalization/derealization disorder) 등이 포함됨
신체증상 및 관련 장애	심리적 원인으로 인해 다양한 신체 증상을 나타내는 장애로서, 신체증상장애, 질병불안장애(건강염려증), 전환장애, 인위성 장애(factitious disorder), 다른 의학적 조건에 영향을 미치는 심리적 요인 등이 포함됨
급식 및 섭식장애	음식을 먹는 행동과 관련된 장애로서, 이식증(pica), 되새김장애, 회피적/제한적 음식섭취 장애, 신경성 식욕부진증(拒食症, anorexia nervosa), 신경성 폭식증(bulumia nervosa), 폭식장애 등이 포함됨

배설장애	아동이 고의든 아니든 대소변 가리기를 제대로 하지 못하는 장애로서, 유뇨증(遺尿症, enuresis), 유분증(遺糞症, encopresis), 달리 명시되지 않은 배설장애 등이 포함됨
수면-각성 장애	수면과 각성 상태와 관련된 여러 가지 부적응적 문제를 포함하는 장애로서, 불면장애, 과다수면장애, 호흡관련 수면장애, 사건수면 등이 포함됨
성기능 부전	성과 관련된 역기능이나 장애로서, 사정 지연, 발기장애, 여성 성적 관심/흥분장애, 여성 극치감 장애, 성기-골반 통증/삽입 장애 등이 포함됨
성별 불쾌감	출생 시 부여받은 성별이나 특정 성역할에 대해 심한 불쾌감(dysphoria)을 느끼는 장애로서, 성정체감 장애(gender identity disorder) 또는 성전환증(transsexualism)으로도 불린다. 아동, 청소년, 성인에서의 성별 불쾌감 및 달리 명시되지 않은 성별 불쾌감 장애가 포함됨
파괴적, 충동조절 및 품행장애	자신이나 타인에게 해가 되는 행동을 반복하며 이러한 충동과 욕구를 스스로 억제하거나 조절하지 못하는 장애로서, 적대적 반항장애, 간헐적 폭발장애, 품행장애, 반사회적 성격장애, 병적 도벽(kleptomania), 병적 방화(pyromania) 등이 포함됨
물질 관련 및 중독 장애	알코올, 담배, 마약 등과 같은 중독성 물질을 남용하거나 물질에 의존하는 장애로서, 물질 관련 장애와 비물질 관련 장애로 나뉜다. 물질 관련 장애는 알코올, 카페인, 대마, 환각제, 흡입제, 아편계 관련 장애 등으로 구분되며, 비물질 관련 장애로는 도박장애가 있음
신경인지장애	의식, 기억, 언어, 판단 등의 인지적 기능에 심각한 결손이 나타나는 장애로서, 섬망, 주요 및 경도 인지장애(알츠하이머병, 루이소체, 혈관성, 외상성 뇌손상, 파킨슨병, 헌팅턴병 등에 의한 신경인지장애) 등이 포함됨
성격장애	성격상의 문제로 인하여 사회적 기대에 어긋나는 이상행동을 지속적으로 나타내는 장애로서, A군 성격장애(편집성 성격장애, 조현성 성격장애, 조현형 성격장애), B군 성격장애(반사회성 성격장애, 경계선 성격장애, 자기애성 성격장애, 연극성 성격장애), C군 성격장애(회피성 성격장애, 의존성 성격장애, 강박성 성격장애), 기타 성격장애 등이 포함됨
변태성욕장애	비전형적인 대상, 상황 또는 개인에 대해 강한 성적 흥분을 경험하는 장애로서, 관음장애, 노출장애, 마찰도착장애(frotteuristic disorder), 성적 피학장애, 성적 가학장애, 소아성애장애, 물품음란 장애, 복장도착장애(transvestic disorder), 기타 특수 도착장애 등이 포함됨
기타 정신장애	다른 의학적 조건에 기인한 것으로 밝혀진 또는 밝혀지지 않은 기타 정신장애

출처: American Psychiatric Association(2013).

이상행동의 이해

　　사회복지실천에서는 개인, 집단, 가족 수준에서 도움을 받는 내담자의 이상행동이나 부적응 행동을 바람직한 적응 행동으로 변화시키고 내담자의 사회적 기능을 향상하고자 한다. 따라서 사회복지실천에서 인간행동의 변화를 도모하기 위한 도움을 제공하기 위해서는 이상행동과 부적응 행동에 관한 정확한 이해를 갖추어야 한다. 그러므로 이 책에서도 이상행동과 부적응 행동에 대한 깊이 있는 논의를 다

정신건강사회
복지론

루어야겠지만, 사회복지 교육과정의 전공심화 교과과정 중 정신건강사회복지론 교과목을 통해 심도 있게 배울 수 있는 기회가 있으므로 여기서 더 상세한 논의는 하지 않는다.

2) 사회환경의 이해

환경의 이해

　　사회복지전문직 종사자는 인간행동에 대한 이해뿐만 아니라 환경에 대한 이해 또한 갖추어야 한다. 인간은 환경에 속해 있는 존재이므로, 인간의 생존과 욕구와 문제 등의 삶의 양상은 환경과 맺는 상호작용의 질에 의해 결정된다. 즉, 한 인간의 삶은 환경의 요구에 얼마나 효과적으로 순응하고, 환경이 개인의 요구에 얼마나 적절하게 반응해 주는가에 따라 결정된다. 이러한 인간과 환경 사이의 상호관계, 상호작용, 상호의존성으로 인하여 '인간'이라고 지칭할 때는 편의상 그 앞에 '환경 속의'라는 용어가 생략된 것으로 보는 것이 타당하다. 따라서 '인간'이라는

환경 속의
인간체계

용어의 좀 더 정확한 표현은 '환경 속의 인간체계(person in environment system: PIE system)'라 하겠다.

인간의 환경
물리적 환경
자연적 환경
인위적 환경

　　이때 환경이라 함은 인간을 둘러싸고 있는 내부 환경인 사회환경(social environment)과 외부 환경, 즉 물리적 환경(physical environment)을 일컫는다. 이 중에서 물리적 환경은 다시 자연적 환경(natural world)과 인위적 환경(built world)으로 구분된다. 자연적 환경에는 기후와 지리적 조건 등이 포함되며, 인위적 환경에는 건축물, 대중매체, 교통체계 등과 같이 자연적 환경 내에 인간이 만들어 낸 구조나 대상이 모두 포함된다.

환경 적응

　　인간은 자연적 환경과 인위적 환경의 요구에 순응하거나 자연적 환경을 자신이 생활하기에 적합하게 바꿈으로써 환경에 적응해 간다. 예를 들어, 추위라는 자연적 환경에 적응하기 위하여 인간은 옷을 더 껴입을 수도 있지만 반대로 난방기구를 가동하여 실내온도를 높임으로써 자연적 환경조건을 바꿀 수도 있다. 그리고

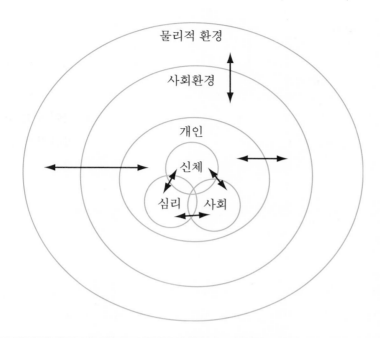

[그림 1-1] 인간과 환경의 관계

여행을 하기 위해서 걷기보다는 편리한 승용차를 이용하기도 하지만, 차가 들어갈 수 없는 좁은 길에서는 걸어서 이동하기도 한다. 이처럼 자연적 환경과 인위적 환경을 포함한 물리적 환경은 인간의 삶과 행동에 영향을 미치며, 또한 인간의 삶이나 행동으로부터 영향을 받기도 한다.

물리적 환경이 인간의 생존을 좌우하는 필요조건이라고 한다면, 물리적 환경의 기초 위에 형성된 사회환경은 다양한 인간의 삶이 펼쳐질 수 있게 하는 충분조건이라 할 수 있다. 사회환경이란 인간의 삶과 행동에 직접 혹은 간접적인 영향을 미치는 조건, 상황, 그리고 인간 존재 간의 상호 관계를 의미한다(Zastrow & Kirst-Ashman, 2001). 이러한 사회환경은 세 가지 수준의 체계로 구성된다. 가장 작은 단위인 미시체계(micro system)는 개인이다. 중간체계(mezzo system)에는 개인이 접촉하고 관계를 맺고 있는 타인, 가족, 집단 등이 속한다. 거시체계(macro system)에는 지역사회, 조직, 사회제도, 문화 등이 포함된다. 이러한 체계는 상호 관련성을 지니며, 상호작용하고, 상호의존하며 상호 영향을 주고받는다. 따라서 개인을 둘러싸고 있는 사회환경, 즉 다양한 수준의 사회체계는 인간의 삶과 행동에 직접 또

사회환경

미시체계
중간체계
거시체계

체계의 수준

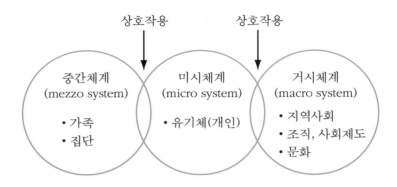

[그림 1-2] 인간과 사회환경의 관계에 대한 생태체계적 관점

자료: Zastrow & Kirst-Ashman(2001).

는 간접적 영향을 미치며, 인간으로부터 영향을 받기도 한다. 예를 들면, '친구를 보면 그 사람을 알 수 있다.'는 말과 '말은 태어나면 제주로 보내고 사람은 태어나면 서울로 보내라.'는 속담에서 보듯이 인간은 자신이 속해 있는 친구나 이웃이라는 집단이나 지역사회 환경의 영향을 받지만, 동시에 인간은 그러한 사회환경을 변화시키기도 한다.

인간-환경의
상호작용

이와 같이 인간을 둘러싸고 있는 물리적 환경과 사회환경은 인간의 삶과 행동에 직·간접적인 영향을 미치며 또한 인간으로부터 직·간접적인 영향을 받는다. 그리고 물리적 환경과 사회환경 역시 상호 분리된 체계가 아니라 상호작용하고 상호 영향을 미치는 하나의 통합된 체계로서의 속성을 지닌다. 이러한 두 환경의 상호 관련성을 고려하여, 인간과 환경 간의 상호작용과 적응 과정을 이해하는 데 초점

생태체계

을 두고 있는 생태학적 이론에서는 이 두 가지 환경을 생태체계(ecological system)라는 용어로 통칭하고 있다.

사회복지 교육과정의 '인간행동과 사회환경'이라는 교과목의 명칭에서 사용되

사회환경=
생태체계

는 사회환경이라는 용어 역시 가족, 집단, 지역사회, 조직, 사회제도, 문화 등의 사회환경만을 의미하는 것이 아니라 물리적 환경과 사회환경 그리고 이들 간의 상호작용 모두를 의미하는 생태체계와 동의어라고 할 수 있다. 따라서 사회복지전문직에서는 인간에 대한 정확한 이해뿐만 아니라 인간 생활의 터전인 동시에 자원으로 활용하는 물리적 환경과 사회환경 그리고 이들 환경과 인간 간의 상호작용, 즉 생태체계에 대한 이해를 반드시 갖추어야 한다.

2 인간-환경의 관계와 사회복지실천

사회복지전문직은 인간행동과 환경에 대한 이해를 바탕으로 인간의 삶의 질 향상과 바람직한 사회적 조건을 형성할 수 있는 인간적이면서도 효과적인 사회 서비스를 제공해야 한다는 사회적 책임과 사명을 충실히 이행해야 한다. 사회복지전문직에서는 이러한 사명을 이행하기 위하여 인간과 환경 간의 상호작용에 초점을 둔다. 하지만 인간과 환경 사이의 관계는 자연의 생명체, 예를 들면 나무 또는 배추와 환경 사이의 관계와는 다르다. 나무와 배추는 적절한 기온, 습도, 자양분 등의 물리적 환경 중에서 자연적 환경에 의해 생존 자체가 결정된다. 즉, 나무와 배추는 자연적 환경에 의존하여 수동적으로 생명을 유지해 나간다. 하지만 인간은 그렇지 않다. 역동적으로 변화하는 존재인 인간은 물리적 환경뿐만 아니라 사회환경의 조건에 자신을 맞추어 가지만, 환경을 자신에게 맞게 수정하거나 변화시키기도 하는 능동적 주체이다. 사회복지전문직
사명

이러한 인간과 환경의 관계 특성으로 인하여 사회복지전문직에서는 인간과 환경을 분리된 실체가 아니라 하나의 통합된 총체로 이해하는 환경 속의 인간(person in environment)의 관점을 유지하고 있다. 즉, 사회복지전문직에서는 인간과 환경 사이에 일어나는 상호작용 영역에 초점을 두고, 양자 간의 상호 교환을 통하여 어떤 일이 진행되고 있는가에 이중적 초점(dual focus)을 둔다. 특히 Ewalt(1980)가 사회복지전문직의 1차적 사명이 바로 인간과 환경 간의 상호작용의 질을 증진하는 것이라고 지적했듯이, 인간과 환경 간의 상호작용은 사회복지실천의 초점 영역이다. 사회복지실천의
초점 영역

인간과 환경 사이의 상호작용에 초점을 두는 환경 속의 인간이란 관점은 사회복지전문직의 이론적 기반 구축과 실천기술의 발전뿐만 아니라 전문직 자체의 정체성 확립에도 많은 기여를 하였다. Janchill(1969)은 환경 속의 인간이란 관점이 사회복지전문직을 조직화하고 고유의 특성을 규정할 수 있게 해 주며, 사회복지전문직의 가치, 원조 과정, 실천기술을 공고화하고 전문직의 목표를 성취하는 데 적합한 방법을 구체화할 수 있는 길을 열어 준다고 하였다. 사회복지전문직의
정체성

많은 학자가 개인과 환경에 대한 이중적 관심을 가질 것과 이들에 효과적으로 개입할 필요가 있다는 점을 역설하고 있다. Bartlett(1970)는 개인의 대처활동과 환경의 요구 사이의 관계를 강조하였다. Germain과 Gitterman(1986)은 인간의 능력 개인-환경과
사회복지실천방법

과 그 능력의 표현을 지지 또는 방해하는 환경적 속성 사이의 상호 관련성을 강조하였다. 그리고 Strean(1971)은 개인을 환경과 지속적으로 상호작용하는 생리·심리학적 단위라는 점을 강조하였다.

· 하지만 개인과 환경 중 어디에 강조점을 두는가에 따라 이론적 기반과 실천방법이 크게 달라지는데, 이러한 현상은 사회복지전문직의 발달과정에 잘 나타나 있다. 사회복지전문직은 19세기에 일어난 두 가지 사회운동에 그 뿌리를 두고 있다(Greene & Ephross, 1991). 하나는 자선조직협회(charity organization society)로 대표되는 사회운동으로, 개인과 가족의 변화에 초점을 두었다. 이 운동은 개인주의를 중심으로 하는 프로테스탄트 관점에 뿌리를 두고 있는 관계로, 환경 속의 인간 중에서 특히 개인, 가족, 집단의 변화에 강조점을 두는 임상적 접근방법 또는 실천적 접근방법(social work practice)을 주로 활용한다. 또 다른 사회운동인 인보관운동(settlement movement)은 빈민과 이주민에게 복잡한 환경을 잘 이해시키고, 그 환경을 바람직한 환경으로 변화시키려 하였다. 이 운동은 환경 속의 인간이란 공식 중에서 환경의 변화에 강조점을 두는 정책적 접근방법(social welfare policy)을 주로 활용한다.

이러한 개인을 중시하는 실천적 접근방법과 환경을 중시하는 정책적 접근방법 간의 갈등은 이후에도 지속되었다. 1917년 Mary Richmond가 『사회진단(Social Diagnosis)』을 저술함으로써 전문화의 길을 열게 된 실천적 접근방법에서는 1920년대에 정신분석이론의 영향으로 개인의 변화 그것도 정신내적 측면의 변화에 초점을 두게 되었다. 그러나 1920년대 미국 사회의 번영이 와해되고 1930년대의 대공황으로 인하여 사회복지전문직에서는 전체 사회환경의 변화를 도모하는 정책적 접근방법이 점차 힘을 얻게 되었다. 1940년대와 1950년대에 미국 사회가 경제적 번영을 되찾음으로써 심리적 역기능을 가진 개인을 치료하기 위한 접근방법이 다시 우세를 점하게 되었다.

1960년대에는 인간이 풀어야 할 영원한 과제인 빈곤 문제가 다시 사회적 관심사로 부각되고, 빈곤 전쟁과 시민권운동이 일어남으로써 1970년대에는 정책적 접근방법이 다시 우위를 차지하게 되었다. 1960년대와 1970년대에는 사회복지전문직 내에 존재하고 있던 모든 분열과 불화가 표출되고 더욱 심화되었다. 따라서 이 시기에는 1920년대 밀포드(Milford) 회의에서부터 맹아를 키워 왔던 통합적 접근방법(generic approach)에 대한 요구가 높아졌으며, 일반체계이론의 영향으로 통합적 사회복지실천의 발전은 더욱 가속화되었다. 그럼으로써 1980년대부터 사회복

자선조직협회

실천적 접근방법

인보관운동

정책적 접근방법

실천-정책의 갈등과 부침

통합적 접근방법

지전문직은 다시 개인과 환경 사이의 이중적 초점, 즉 환경 속의 인간이란 통합적 관점을 회복·유지할 수 있게 되었다.

하지만 법원이 항상 어느 쪽에도 치우치지 않은 공정한 판결을 내리지 못하듯이 사회복지전문직도 인간과 환경에 대한 균형적인 초점을 유지한다는 것은 지극히 어려운 일이다. 특히 오늘날까지 어떤 이론도 인간과 사회환경의 상호작용을 완전히 이해할 수 있는 완벽한 틀을 제시해 주지 못하기 때문에 사회복지실천에서 이중적 초점의 균형을 유지한다는 것은 어쩌면 불가능할지도 모른다. 그러므로 어떤 사회복지사는 전체 사회환경의 변화를 도모하는 데, 또 다른 사회복지사는 개인의 변화를 일으키는 데 더 많은 노력을 기울이는 일이 일어나고 있다. 이와 같이 사회복지전문직 내부에는 아직도 이상(인간과 환경의 상호작용에 대한 이중적 초점)과 현실(인간 또는 환경 중의 하나에 초점) 사이의 괴리가 존재하고 있다. 그리고 이러한 괴리 현상은 사회복지전문직이 존재하는 한 해결되지 않을지도 모른다. 하지만 분명한 것은 사회복지전문직에서는 반드시 환경 속의 인간이라는 이중적 초점하에서 내담자의 욕구와 문제를 사정하고 원조하여야 한다는 것이다.

인간-환경의 균형 유지

'환경 속의 인간' 관점 유지

3 인간행동이론과 사회복지실천의 관계

사회복지는 순수과학이 아니라 응용과학이자 실천학문이다(김윤정, 2011). 그러므로 이론(theory)보다는 실천(practice)이 더 중요성을 갖는다. 그러나 사회복지전문직에서 아무리 실천을 중시한다고 하더라도 이론의 뒷받침이 없는 실천은 오류의 가능성이 높다. 사회복지실천의 근거가 되는 이론은 사물이나 현상의 이치를 논리적으로 일반화한 체계로서, 관찰한 현상을 조직화하고 이해할 수 있는 준거틀을 제시해 주는 논리적 개념체계이다. 그리고 이론은 관찰한 현상의 기술, 설명, 예측, 통제에 필요한 포괄적이고 단순하고 신뢰성 있는 원칙을 제시해 준다. 이에 사회복지전문직에서는 심리학, 사회학, 정치학, 경제학 등 다른 전문직의 기초이론(foundation theory)을 절충 또는 통합적으로 활용하여 사회복지전문직 나름의 실천이론(practice theory)[2]을 구축하고 이에 근거하여 인간을 원조하는 실천행위를 전개해 나간다.

응용과학

이론

기초이론

실천이론

---

2) 기초이론은 인간과 환경의 상호작용에 관련되는 인간의 발달, 성장, 기능 및 역기능에 관한 지

이론의 가치   사회복지실천에서 이론을 활용했을 때 얻을 수 있는 가치는 매우 크다. 이론은 관찰한 것을 조직화할 수 있게 해 주며, 그렇지 않으면 혼란스럽고 쓸모없는 자료와 정보를 의미 있게 다룰 수 있도록 해 준다(Shaw & Costanzo, 1982). 이론은 하나의 현상을 관찰하여 관련된 현상을 동시에 이해할 수 있도록 하기 위하여 사실의 여러 가지 측면을 결합해 준다는 점에서 가치가 있다. 또한 이론은 사람들이 경험하는 다양한 현상 사이의 관계를 확인하고, 특정한 결과를 유발하는 설명력을 지닌 원인적 요인을 발견할 수 있도록 도와준다(Newman & Newman, 1987).

인간행동 문제의
원인 분석   사회복지전문직에서는 인간행동과 관련된 문제를 제기하고, 행동문제와 관련된 자료를 선택·조직화하고, 그리고 더 큰 준거틀 내에서 인간행동 문제의 원인을 분석하기 위하여 이론을 활용한다(Specht & Craig, 1982). 사회복지사 또한 방대한 양의 자료를 다루어야 하기 때문에, 관찰을 실시하고 관찰 결과를 조직화하는 데 도움을 얻기 위하여 이론을 활용한다. 사회복지사는 이론을 활용함으로써 인간이 현재와 같은 행동을 하는 이유를 판별하고, 환경과 행동 간의 상관관계를 더 잘 이

개입의 계획   해하며, 내담자를 원조하기 위한 개입을 계획하고, 그 개입의 결과를 예측할 수 있게 된다(Greene & Ephross, 1991).

📶 **표 1-2** 이론이 사회복지실천에서 갖는 가치

학자	이론의 가치
Bloom(1984)	인간행동에 관한 이론은 인간행동의 이해와 실천행동을 위한 지식적 기반을 제공해 준다.
Compton & Galaway (1984)	사회복지실천의 지식적 기반에는 인간체계의 발달, 변화 및 역기능 그리고 체계 간의 상호관계를 설명해 줄 수 있는 개념이 포함된다.
Newman & Newman (1987)	이론을 통하여 인간의 안정성과 변화, 신체·인지·정서·사회적 기능 간의 상호작용을 설명하고, 사회적 맥락이 개인의 발달에 미치는 영향을 설명할 수 있게 된다.
Turner(1996)	이론은 인간행동의 원인에 관한 설명력을 지니고 있기 때문에, 사회복지실천가는 더욱 책임 있고 효과적인 개입을 할 수 있게 된다.
Zastrow & Kirst-Ashman(2001)	인간행동과 사회환경에 대한 이론은 사회복지실천의 사정과 개입에 필요한 기초지식을 제공해 준다.

   식체계이며, 실천이론은 사회복지사의 실질적인 개입 또는 원조활동에 관한 지식체계이다 (Comptom & Galaway, 1983).

이론은 사회복지사가 어떤 개인적 편견에 근거하여 행동하려는 유혹에 빠져들지 않도록 도와준다. Briar와 Miller(1971)는 사회복지사가 사실에 근거한 전문적 판단을 내리기 위해서는 인간행동에 대한 자신의 가정을 명확히 하여야 한다고 강조하였다. 사회복지사가 다루는 인간의 욕구와 관심사, 문제가 매우 복잡하기 때문에, 주관적이고 비계획적인 개입은 그 효과성이 매우 낮다. 그리고 이러한 인간의 복잡성 때문에 반드시 유목적적인 개입, 즉 실천행동에 대한 의식적이고 논리적 정당화가 필요하다.

이론은 사회복지실천에서 인간행동의 역동적 원인 관계를 이해하고, 앞으로 행동이 어떻게 변화될 것인지를 예측하고, 이를 변화시킬 수 있는 개입 방안을 모색하는 데 도움이 된다. 다시 말해 인간행동에 관한 이론은 인간을 더욱 정확히 이해하고, 전문적 실천행동의 목표와 방향을 설정하고, 특정한 개입을 위한 지침이 되는 개념틀을 제공해 준다는 점에서 사회복지실천에서 매우 유용하다.

따라서 사회복지사는 인간 발달이나 성격 그리고 사회체계에 대한 이론을 의식적이고 명시적으로 적용함으로써, 계획적이고 전문적인 과정을 통하여 개인, 가족, 집단의 기능을 증진하고 기능 상실을 예방할 수 있도록 원조할 수 있다. 이론에 근거한 전문적 개입은 개입의 목적을 달성할 수 있지만, 이론체계에 기반을 두지 않은 비계획적인 개입은 내담자에게 오히려 해를 입힐 수 있는 가능성을 배제할 수 없다.

물론 과학적 이론이 인간행동과 사회환경을 정확히 설명하는 데 있어서 어느 정도 한계를 지니고 있으므로, 하나의 이론으로 모든 현상을 포괄적으로 설명하고 예측할 수는 없다. 그리고 이론은 선별적 본성을 지니고 있기 때문에, 각각의 이론은 특정 요인은 강조하지만 다른 요인은 무시하거나 소홀히 다룰 수 있다. 그러나 현상을 설명하는 데 사용되는 어떤 이론이 임의성과 협의성을 지니고 있다고 할지라도, 사회복지사는 자신의 개입을 지지해 주는 이론에서 논리적이고 경험적인 개입 방안을 추론해 낼 수 있다.

사회복지사의 개입활동은 무작위적인 것이 아니고 명시적이든 함축적이든 자신이 수용하고 활용하는 이론을 바탕으로 이루어진다. 즉, 사회복지사가 내담자의 욕구와 문제를 어떤 이론에 근거하여 어떤 방식으로 규정하는가에 따라 문제해결 방안이 달라진다. 즉, 내담자가 경험하는 욕구나 문제의 원인이 개인 내부에 있다고 규정하는 경우에 사회복지사는 문제가 외부 환경에 그 원인이 있다고 규정하는

개인적 편견의 방지

전문적 개입 방안 모색

개입을 위한 준거틀로서의 이론

이론의 적용과 한계

이론에 근거한 개입

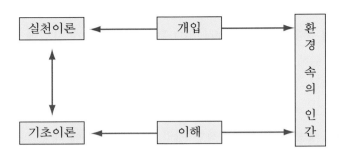

[그림 1-3] 환경 속의 인간, 이론, 사회복지실천의 관계

경우와는 다른 문제해결 방안을 선택하게 될 것이다. 따라서 환경 속의 인간을 설명할 수 있는 인간행동에 대한 기초 지식을 학습하고 동시에 사회복지실천이론에 대한 지식과 기술을 갖춘다면, 사회복지사는 개인, 가족, 집단, 더 나아가 사회체계의 사회적 기능을 증진할 수 있도록 원조하는 전문직의 사명을 수행할 수 있을 것이다.

　하지만 사회복지사는 자신이 활용하고자 하는 특정 이론의 유용성을 비판적으로 평가하여 수용하여야 한다. 그렇지 않을 경우 특정 이론이 갖는 한계성으로 인하여 사회복지실천에 있어 오류를 범할 가능성이 높아진다. 따라서 사회복지사는 자신이 선호하는 특정 이론을 근거로 실천을 하되, 그 이론의 한계를 보완할 수 있는 이론 한두 가지를 반드시 학습해 두어야 한다. 그리고 사회복지사는 특정 문제에 대한 사정과 개입을 위해 다양한 이론적 관점을 심사숙고하여 그 이론들을 절충 또는 통합적으로 활용하여야 한다.

이론의 비판적
수용과 활용

🔭 생각해 보아야 할 과제

1. 자신이 갖고 있는 사회복지의 개념에 대해 토론해 보시오.

2. 자원봉사자와 사회복지사가 갖추어야 할 조건이나 자질의 차이에 대해 토론해 보시오.

3. 사회복지사가 반드시 '인간행동과 사회환경' 교과목, 즉 인간행동과 사회체계 이론에 관한 학습을 해야 하는 이유에 대해 토론해 보시오.

4. 인간행동의 개념적 범위에 대해 토론해 보시오.

5. 인간행동을 이해하기 위한 두 가지 방법, 즉 미시적 방법과 거시적 방법이 지니는 장·단점에 대해 토론해 보시오.

6. 이상심리학이나 정신의학 전문서적을 참조하여, 정신장애에 대해 학습해 보시오.

7. 사회환경 또는 사회체계의 개념적 범위에 대해 토론해 보시오.

8. 사회복지전문직에서는 인간과 환경을 하나의 총체(entity)로 규정하고, 사회복지실천에서는 양자 간에 균형적 초점을 유지해야 하는데, 그 이유에 대해 토론해 보시오.

9. 인간행동 관련 이론이 사회복지실천에서 어떤 가치를 갖는지에 대해 논의해 보시오.

10. 사회복지실천의 기초이론과 실천이론에는 어떤 것이 있는지 인터넷이나 전문서적을 참조하여 검색해 보시오.

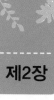

제2장

인간 발달과 사회복지실천의 기초

1. 발달의 개념과 원리, 쟁점을 이해한다.
2. 인간 발달 단계와 발달과업을 이해한다.
3. 인간 발달에 관한 지식이 사회복지실천에 어떻게 활용될 수 있는지를 이해한다.

인간의 모습은 시점에 따라 제각각이다. 젖먹이, 꼬마, 아이, 청소년, 청년, 어른 또는 노인이 바로 인간이 인생길에서 갖게 되는 서로 다른 모습이다. 이렇게 겉으로 드러난 모습이 달라짐에 따라 인간의 마음 상태도 달라지고, 세상에서 맡게 되는 지위와 역할 또한 달라진다. 그리고 각각의 모습에 걸맞게 반드시 해내야 하는 일, 즉 인생과업 또한 다르다. 만약 한 개인이 특정 인생 단계에서 갖추어야 할 신체·심리·사회적 모습을 제대로 갖추지 못하고, 인생과업을 제대로 수행하지 못하게 되면 삶에서 어려움, 즉 문제를 갖게 된다.

사회복지실천에서는 인간이 특정한 인생 단계에서 수행해야 할 인생과업을 적절히 수행하지 못했을 때 발생하는 미충족 욕구나 문제를 예방 또는 해결하기 위한 도움을 제공한다. 그러므로 사회복지사는 도움을 요청한 내담자의 욕구나 문제를 정확하게 파악하여 적절한 도움을 제공하기 위해 인간 발달에 대한 깊이 있는 지식을 갖추어야 한다(Schriver, 1995). 즉, 사회복지사는 생명의 시작에서부터 사

인간의 모습

인간 발달의 이해

망에 이르기까지의 전 생애에 걸쳐 일어나는 인간의 신체·심리·사회적 요인의 변화와 안정성 그리고 이들 요인 간의 상호작용을 이해할 수 있게 돕고, 사회환경이 인간 발달에 미치는 영향력을 설명해 주며, 원조와 개입의 방향을 제시해 주는 **인간발달이론** 인간발달이론을 학습해야 한다.

이에 다음에서는 발달에 대한 기본 이해를 갖추는 데 필요한 내용에 대해서 다루고자 한다. 그리고 발달 단계별 신체·심리·사회적 발달의 양상과 발달과업 그리고 사회복지실천에서 관심을 가져야 할 부분에 대해서는 이 책의 제5장부터 제11장에서 상세히 다루고자 한다.

1 발달의 개념

인간의 모습은 끊임없이 변화한다. 즉, 인간은 수정되는 순간부터 죽음에 이르는 전 생애에 걸쳐 역동적 변화를 거듭하는 존재이다. 이러한 인간의 역동적 변화를 설명하는 데 유용하게 사용될 수 있는 개념이 바로 발달(development)이다. 발달 **발달의 말뜻** 이란 고대 프랑스어의 '아니다'는 의미의 'des'와 '감싸다'는 의미의 'veloper'가 합쳐진 'desveloper'에서 유래한 용어로서, 원래 '풀다(unwrap), 펴지다(unfurl), 나타내 보이다(unveil)'의 의미를 지닌다(http://etymonline.com). 즉, 발달[1]은 말 그대로 유기체에 잠재되어 있는 본질이나 가능성이 점차 모습을 드러내는 현상이다(강봉규, 1994).

발달에 대한 정의는 〈표 2-1〉에서 보는 바와 같이 학자마다 다르다. 이러한 정 **발달의 정의** 의를 종합하여 보면, 발달이란 수정에서부터 죽음에 이르기까지의 전 생애에 걸쳐 체계적인 과정을 따라 이루어지는 일련의 변화의 양상과 과정을 의미한다. 즉, 발달이란 인간의 수정에서부터 죽음에 이르기까지의 전 생애에 걸쳐서 신체·심리·사회적 측면에서 나타나는 질서정연하고 연속적이며 상승적 또는 퇴행적 변화 과정을 의미한다.

---

1) 심리학과 사회복지학에서 인간의 변화를 논의할 때는 'development'라는 단어를 '발달'로 번역하여 사용한다. 그러나 사회복지학, 경제학 등에서 어떤 상태의 향상이나 진보를 표현하고자 할 때는 주로 '개발'이나 '발전'으로 번역하여 사용(예: 사회개발, 경제발전 등)한다.

．ıll **표 2-1 인간 발달에 대한 정의**

학자	정의
Schell & Hall (1979)	발달이란 일정한 방향으로 질서정연하게 점진적으로 증진되며, 보다 복잡해지는 변화이다.
Specht & Craig (1982)	인간 발달은 생리적 요인과 문화적 요인을 혼합하는 과정이며, 시간이 지남에 따라 한 개인의 구조, 사고, 행동이 변화하는 것을 말한다.
Greene (1986)	발달은 신체 · 심리 · 사회적 변인을 포괄하며, 일생에 걸쳐 일어나는 안정성과 변화의 역동이다.
Zanden (1997)	발달이란 임신에서부터 사망에 이르기까지의 시간 흐름에 따라 유기체에서 일어나는 질서정연하고 연속적인 변화로서, 유전적 요인과 환경적 요인 그리고 두 요인 간의 상호작용을 모두 포함한다.

발달에 대한 정의와 기존의 인간 발달에 대한 연구결과를 종합하여 보면, 발달의 개념에는 몇 가지 특징이 있다. 첫째, 발달은 일생에 걸쳐 점진적으로 일어나는 체계적인 변화이다. 둘째, 발달은 신체 · 심리 · 사회적 영역에서 일어나는 전체적 변화이다. 셋째, 발달은 양적 변화와 질적 변화를 동시에 포함하며, 양적 변화는 크기 또는 양에서의 변화를 의미하며, 질적 변화는 본질, 구조, 비율, 기능의 변화를 의미한다. 넷째, 발달은 상승적 변화(유기체의 양적 확대, 구조적 분화와 정밀화, 기능의 유능화 현상)와 퇴행적 변화(유기체의 양적 감소, 구조의 단순화, 기능의 무능화 현상)를 모두 포함한다. 다섯째, 발달은 안정성과 변화를 동시에 포괄하는 과정으로서, 변화를 전제로 한 안정과 안정을 전제로 한 변화가 역동적으로 일어난다.

발달의 특성

이러한 발달과 유사한 의미로 사용되는 개념으로는 성장, 성숙, 학습이 있다. 먼저 성장(growth)은 신체 크기의 증대, 근력 증가, 인지의 확장 등과 같은 양적 확대를 의미하지만, 주로 신체적 부분에 국한된 변화를 설명하고자 할 때 사용되는 개념이다. 이에 반하여 발달은 신체뿐만 아니라 심리적 측면과 사회적 측면에서의 변화를 모두 포함하여, 양적 확대뿐만 아니라 양과 질에서의 상승적 또는 퇴행적 변화를 모두 포함하기 때문에 발달이 성장보다 넓은 개념이다.

발달의 유사 개념

성장

성숙(maturation)은 경험이나 훈련에 관계없이 유전적 기제의 작용에 의해 나타나는 체계적이고 규칙적으로 진행되는 생물적 과정을 의미한다. 즉, 성숙은 부모로부터 받은 유전인자가 지니고 있는 정보에 따라 발달적 변화가 통제되는 과정이다(김태련 외, 2004; 김태련, 장휘숙, 1994). 예를 들면, 태아의 발달이나 영구치의 돌

성숙

출, 사춘기의 2차적 성 특성의 출현 및 폐경기의 도래를 들 수 있다. 이에 반해 발달은 유전과 환경 사이의 상호작용에 의해 이루어지는 변화를 의미하므로, 발달이 더욱 광의의 개념이다.

학습

　　학습(learning)은 직접 또는 간접 경험, 훈련과 연습 등의 후천적 경험의 결과로서 일어나는 개인 내적인 변화이다. 만약 이러한 내적 변화가 영속적인 행동의 변화로 나타날 경우에 학습이 일어났다는 사실을 인식할 수 있게 되는데, 외국어를 사용한 의사소통, 능숙한 운전 등이 그 예가 된다. 이에 비해 발달이란 경험이나 훈련은 물론 유전적 요인에 의해 일어나는 변화까지도 포함하며, 내적인 변화뿐만 아니라 외적인 변화까지도 포함하기 때문에 발달이 더욱 넓은 의미를 지닌다.

　　하지만 성장, 성숙, 학습은 서로 분리된 개념이 아니라 서로 연결되어 있으며, 인간의 발달은 성장, 성숙, 학습이라는 세 가지 과정이 공존할 때 비로소 이루어진다. 즉, 일생을 통하여 성장, 성숙, 학습에 의해 이루어지는 과정이 바로 인간 발달이다(정옥분, 2004).

2 발달의 원리와 쟁점

　　인간 발달에는 반드시 개인차가 존재하긴 하지만 발달적 변화는 예측 불가능하거나 무작위적인 변화는 아니며 체계적이고 규칙적인 변화이다. 따라서 전 생애에 걸친 삶의 과정에서 일어나는 전체적 존재인 인간에게서 이루어지는 발달은 일관성

발달의 원리와
쟁점

있는 원리에 따라 진행된다. 그러나 발달의 원리와 관련하여 많은 논쟁이 제기되는 것 또한 사실이다. 이러한 발달의 원리와 이와 관련된 쟁점을 살펴보면 다음과 같다(김태련 외, 2004; 김태련, 장휘숙, 1998; 신명희 외, 2013; 임은미 외, 2013; 정옥분, 2004).

유전과 환경의
상호작용

　　첫째, 발달은 유전(천성, nature)과 환경(양육, nurture)의 상호작용에 의해 이루어진다. 이러한 발달의 원리는 발달의 본질과 관련된 것으로, 학자 간에 지속적인 논쟁의 주제가 되어 왔다. 발달에 대한 유전의 영향을 강조하는 전성설(前成說)을 따르는 학자들은 수정과정에서 인간의 모든 형상이 결정되며 이후에는 오로지 제한된 범위의 양적 변화만 나타난다고 주장한다. 반면 환경론자는 인간은 백지상태로 태어나고 이후의 환경적 영향에 의해 모든 발달이 이루어진다고 주장한다. 하지만 최근에는 '유전과 환경 중 무엇이 중요한가?'보다는 '유전과 환경이 어떻게 상호작

용하는가?'를 더욱 중요하다고 봄으로써, 인간 발달이 유전과 환경의 상호작용의 결과라는 점에 대부분이 동의하고 있다. 즉, 유전적 요인이 인간의 잠재적 변화와 성장의 한계를 설정하지만 적절한 환경이 뒷받침될 경우 그 잠재력이 최대한 표현될 수 있는데, 우수한 유전적 잠재력을 타고났다고 할지라도 환경적 뒷받침이 없으면 그 잠재력의 발현은 제한될 수밖에 없다.

둘째, 발달은 전 생애에 걸쳐 이루어진다. 발달은 수정의 순간부터 사망에 이르기까지의 변화 과정이므로, 전 생애에 걸쳐 변화가 일어나는 것은 분명한 사실이다. 그러나 발달에 있어서 초기 경험이 중요한가 아니면 후기 경험이 중요한가에 대해서는 논쟁이 제기되고 있다. Freud는 5세 이전의 경험이 이후의 발달을 결정한다고 주장하여 초기 경험이 중요함을 역설하고 있다. 이에 반해 전 생애 발달론자는 지금까지 발달의 후기 경험이 지나치게 간과되었다고 주장하면서, 초기의 경험이 중요하기는 하지만 후기 경험도 그에 못지않게 중요하다고 보고 있다(Kagan, 1992).

전 생애 발달

셋째, 발달에는 민감기 또는 결정적 시기(critical period)가 있다. 인간의 발달은 어느 시기에나 가능한 것이 아니라 가장 발달이 용이하게 이루어지는 최적의 시기가 있다. 예를 들어 영·유아기에 어머니와의 애착(attachment) 관계를 형성하지 못하거나, 2세에서 청소년기 사이에 언어를 습득할 수 있는 적절한 기회를 갖지 못하게 될 경우 이후의 인지 발달, 정서 발달, 사회성 발달에서 결함을 보이게 된다. 이와 같이 특정의 발달 영역에서는 결정적 시기라는 것이 존재하지만, 그렇지 않은 경우도 있다. 예를 들어 젊은 시절에 여러 가지 사정으로 공부를 하지 못하다가 뒤늦게 대학에 진학하여 나이 어린 학생보다 훨씬 우수한 학업성적을 보이는 경우도 있는데, 이 경우에는 발달의 결정적 시기가 있다는 원리를 적용하는 데 한계가 있다. 이와 같이 발달의 결정적 시기와 관련하여서는 논쟁의 여지가 있지만, 발달의 결정적 시기에 관한 연구를 위하여 인위적으로 발달환경을 조절할 경우 윤리적 문제가 발생할 위험이 있기 때문에 결정적 시기에 관한 연구는 매우 제한적으로 수행된다. 따라서 발달의 결정적 시기와 관련된 연구가 좀 더 축적되어야만 이 논쟁의 해결이 이루어질 것으로 보인다.

결정적 시기

넷째, 발달에는 일정한 순서와 방향이 있다. 먼저 발달은 상부 또는 두부(head)에서 하부 또는 미부(tail)의 방향으로 이루어지는데, 출생 시에는 머리가 신장의 1/4, 즉 4등신이지만 몸통, 팔다리 등이 발달함에 따라 그 비율이 줄어들어 성인기에는 1/8, 즉 8등신이 된다. 발달은 중심 부위에서 말초 부위로 진행되는데, 예를

발달의 순서와
방향

들어 팔을 움직일 수 있게 된 후에 손목, 손목 다음에 손가락을 움직일 수 있게 된다. 발달은 전체 운동에서 특수 운동으로 진행되는데, 영아가 물건을 잡으려 할 때 처음에는 몸 전체를 움직여야 잡을 수 있지만 점차 몸통을 움직이지 않고 팔과 손만을 이용하여 잡을 수 있게 된다. 이러한 발달의 순서와 방향과 관련하여서는 학자 간에 특별한 논쟁이 제기되지 않고 있다.

발달의 연속성과 불연속성

다섯째, 발달은 연속 또는 불연속적 과정을 거쳐 이루어진다. 인간은 상승적 발달이든 퇴행적 발달이든 발달을 멈출 수 없으며 연속적으로 발달해 간다. 하지만 발달의 연속성과 불연속성과 관련하여서는 아직도 논쟁이 지속되고 있다. 학습과 경험을 중시하는 발달이론가는 대부분 발달을 점진적이고 연속적인 과정으로 보지만, 단계이론가는 발달이 일련의 독립적이고 질적으로 다른 단계로 구성된다고 본다. 발달의 연속성을 주장하는 학자들은 청소년이 추상적 사고를 할 수 있게 되는 것이 영아기부터 점진적으로 발달한 인지 발달의 연속적 과정에서 나타나는 것이라고 본다. 반면 단계론자는 추상적 사고는 이전의 구체적 사고와는 질적으로 다른 것으로 두 가지 사고는 전혀 다른 발달과정을 거친다고 본다. 발달의 본질, 즉 유전-환경에 대한 논쟁이 다소 부자연스러운 양자택일의 문제인 것처럼 발달의 연속성-불연속성의 쟁점도 마찬가지로, 최근에는 발달이 이 두 가지 속성을 결합한 것으로 보고 있다.

점성적 발달

여섯째, 발달은 점성적 원리를 따른다. 점성성(漸成性, epigenesis)은 '위에(upon)'라는 의미를 지닌 'epi'와 '출현하다(emergence)'는 의미를 지닌 'genesis'가 결합된 용어로서, 이전의 발달을 기초로 하여 이후의 발달이 이루어진다는 의미를 지닌다. 즉, 이전 단계의 발달과업 성취 정도에 기초하여 다음 단계에서의 발달이 이루어지는 것이다. 그러므로 전 생애에 걸친 변화는 반드시 과거와의 연결성을 가지고 변화한다. 이러한 발달의 점성적 발달 원리는 발달의 연속성과 불연속성의 논쟁과 같은 맥락을 지니지만, 현재의 발달이 이전의 발달 결과를 기초로 이루어진다는 데는 대부분이 동의하고 있다.

발달의 속도와 개인차

일곱째, 발달의 속도는 일정하지 않으며, 개인차가 존재한다. 발달의 순서는 일정하지만, 최종적으로 이루어진 발달의 정도와 발달 속도, 그리고 발달이 끝나는 시기는 개개인마다 다르다. 그리고 성에 따른 차이뿐 아니라 같은 성끼리도 큰 차이가 있다. 이러한 발달의 속도와 개인차와 관련하여서는 특별한 논쟁이 제기되지 않고 있다.

여덟째, 발달은 총체적으로 일어난다. 인간의 발달 영역은 크게 신체적 발달, 심 총체적 발달
리적 발달, 사회적 발달로 구분되지만, 각 발달 영역은 서로 분리된 것이 아니라 유
기적으로 연결되어 있다. 따라서 한 가지 발달 영역에서의 촉진과 지체는 다른 영
역에서의 촉진과 지체를 가져오고 전체적인 발달의 범위와 결과가 달라질 수 있다.
예를 들어 영아의 신체구조적 발달은 운동 기능의 발달을 가져오고, 운동 기능의
발달은 환경에 대한 탐색을 촉진하여 인지적 발달을 촉진하며, 주변 사람과 관계를
맺는 방법에서까지 변화를 가져오게 된다. 이와 같은 인간의 총체적 발달 원리와
관련하여서는 발달심리학자 간에 특별한 이견이나 논쟁이 일어나지 않고 있다.

3 발달 단계와 발달과업

1) 발달 단계

인간 발달의 원리와 관련된 논의에서 발달의 연속성과 불연속성에 대한 신념 중 인간 발달 단계
에서 어느 하나만을 선택하는 것은 의미가 없다. 인간의 발달은 가까이서 보면 연
속적으로 보이지만, 멀리서 보면 단계적으로 보일 수 있다(신명희 외, 2013). 다시
말해 인간 발달은 연속적이고 역동적인 변화의 과정이지만, 전 생애를 놓고 볼 때
기간에 따라서 서로 다른 신체 · 심리 · 사회적 발달 특성이 나타난다. 이와 같이
시간의 흐름에 따라 나타나는 인간의 특징적인 발달 특성을 근거로 하여 전체 발
달과정을 세분화하여 구분한 것을 인간 발달 단계라고 한다.

발달심리학자가 인간 발달 단계를 구분하면서 관심을 기울이는 영역과 기준은 발달 단계 구분
각기 다르다(신명희 외, 2013; 정옥분, 2004). 어떤 발달심리학자는 특정 영역의 발달
이 어떤 시기에 어떻게 이루어지는지에 관심을 갖고 인간 발달 단계를 구분한다.
또 다른 발달심리학자는 발달과업의 성취 정도를 기준으로 발달 단계를 구분한다.
하지만 전 생애에 걸친 신체 · 심리 · 사회적 발달을 모두 포괄하는 총체적 발달 양
상을 기준으로 인간 발달 단계를 구분할 때 가장 유용하게 사용될 수 있는 기준은
연령이며, 많은 학자가 연령을 기준으로 인간 발달 단계를 구분하고 있다. 하지만 연령 기준
연령 기준은 임의적이고 대략적인 기준이며 발달 단계를 구분하는 데 있어서 불완
전한 척도이다(임은미 외, 2013). 그러므로 특정 발달 단계의 연령 구분은 그 연령

의 전후, 즉 '그 연령 무렵'에 특징적 발달의 전환이 이루어진다는 의미로 이해하는
것이 바람직하다. 연령을 기준으로 구분한 전 생애에 걸친 인간 발달 단계를 살펴
보면 〈표 2-2〉와 같다.

▥ 표 2-2 인간 발달 단계의 구분

학자	발달 단계명	연령 구분
Havighurst (1972)	아동초기	출생~5, 6세
	아동중기	5, 6~12, 13세
	청년기	12, 13~18세
	성인초기	18~35세
	성인중기	35~60세
	성인후기	60세 이후
Newman & Newman (1987)	태내기	임신~출생
	영아기	출생~2세
	걸음마기	2~5세
	학동초기	5~8세
	학동중기	8~13세
	청년초기	13~18세
	청년후기	18~23세
	성인초기	23~40세
	성인중기	40~61세
	성인후기	61세 이상
Papalia & Olds (1998)	태내기	수정~출생
	영아기	0~2세
	유아기	2~6세
	아동기	6~11세
	청년기	11~20세
	성년기	20~40세
	중년기	40~60세
	노년기	60세 이상
신명희 외 (2013)	태내기	수정~출생
	신생아기	출생~1개월
	영아기	1~24개월
	유아기	2~7세
	아동기	7~12세
	청소년기	12~20세
	성인전기	20~40세
	성인중기	40~65세
	노년기	65세 이상

인간 발달 단계 구분의 기준으로서 연령이 갖는 한계성과 특정 발달 단계에 대한 합의된 연령 범위가 존재하지 않는 점을 고려하더라도, 전 생애의 전체적 인간 발달을 종합적으로 논의함에 있어서 연령을 기준으로 발달 단계를 구분하는 것은 매우 유용하다. 학자에 따라 발달 관심 영역과 발달과업 성취의 판단기준이 다르고 사회문화적 특성이 다르기 때문에 인간 발달 단계에 대한 합의된 연령 범위는 존재하지 않는다. 그러므로 이 책에서는 이상의 발달 단계 구분과 우리나라의 법체계, 교육제도, 사회문화적 배경 등을 고려하여, 인간 발달 단계를 크게 영아기(0~3세), 유아기(3~7세), 아동기(7~13세), 청소년기(13~19세), 성인기(19~40세), 중·장년기(40~65세), 노년기(65세 이상)라는 7단계로 구분하고자 한다. 그리고 이들 단계를 좀 더 세분화하여, 영아기는 태내기(수정~출생 전)와 신생아기(출생~1개월) 그리고 영아기(1개월~3세), 유아기는 걸음마기(3~5세)와 학령전기(5~7세), 그리고 성인기는 청년기(19~30세)와 성년기(30~40세)라는 2개 세부 단계로 구분하여 논의할 것이다. 이 책에서의 인간 발달 단계 구분은 〈표 2-3〉과 같다.

이 책에서의 발달 단계별 연령 구분[2] 역시 일반적인 발달심리학에서와 마찬가

◢◣◤ **표 2-3** 이 책의 인간 발달 단계 구분

발달 단계	세부 단계	연령 구분
영아기	태내기	수정~출생 전
	신생아기	출생~1개월
	영아기	1개월~3세
유아기	걸음마기	3~5세
	학령전기	5~7세
아동기		7~13세
청소년기		13~19세
성인기	청년기	19~30세
	성년기	30~40세
중·장년기		40~65세
노년기		65세 이상

2) 이 책에서 제시하는 모든 연령은 만 나이를 기준으로 한다.

영아기와 유아기 지로 대략적 기준이지만, 나름의 연령 구분 기준을 활용하였다. 먼저, 영아기와 유아기는 영유아보육법에 근거하여 구분하였다. 영유아보육법에서는 영유아를 6세까지로 규정하고 있으나, 동법의 시행규칙 제8조에 따르면 3세 미만과 3세 이상의 보육교직원 배치 기준에서 2배 이상의 큰 편차를 보이고 있다. 이는 3세 이전의 영아와 3~7세의 유아의 발달적 차이에 근거를 둔 것이다. 이에 이 책에서는 영아와 유아의 신체·심리·사회적 발달의 차이에 관한 기존 이론과 영유아보육법을 근거로 하여 3세 이전을 영아기, 3~7세를 유아기로 구분하고자 한다. 그리고 유아기는 신체 및 운동, 인지, 언어, 정서 등의 발달에 관한 기존 연구 결과를 근거로 3~5세의 걸음마기와 5~7세의 학령전기로 구분하였다.

아동기와 청소년기 아동기와 청소년기는 초등학교와 중·고등학교의 교육연한과 청소년의 연령 기준에 대한 사회통념 그리고 청소년보호법에서 청소년을 19세 미만으로 규정하고 있는 점에 근거를 두고, 아동기는 7~13세로, 청소년기는 13~19세로 구분하였다.

성인기 성인기의 시작 연령은 민법의 성년 연령 기준을 근거로 하여 19세로 규정하였으며, 같은 성인이더라도 우리나라의 사회통념상 결혼을 기준으로 청년과 성인을 구분한다는 점을 고려하여 평균 초혼연령(初婚年齡)을 기준으로 청년기와 성년기의 세부 단계로 구분하였다. 즉, 2019년 말 현재 우리나라의 평균 초혼연령이 남성 33.4세, 여성 30.6세(통계청, 2019c)라는 점을 고려하여, 청년기를 19~30세로 그리고 성년기를 30~40세로 규정하였다.

중·장년기 중·장년기는 기존의 발달이론에서의 단계 구분과 40세부터 중년으로 보는 우리 사회의 통념 그리고 직업역할과 부모역할에 대한 사회문화적 기대를 근거로 40~65세로 구분하였다. 그러나 25년에 이르는 긴 발달기간에도 불구하고 중년기와 장년기를 구분할 수 있을 만큼 충분한 발달심리학 분야의 연구가 누적되어 있지 않다는 점을 고려하여 세부 단계로 구분하지는 않았다.

노년기 노년기는 노인복지법과 시행규칙, 기초연금법을 근거로 65세 이상으로 구분하였다. 인생 100세 시대인 점을 고려하여 다시 세부 단계로 구분하여 논의하는 것이 바람직하지만 중·장년기와 동일한 이유로 세부 단계로 구분하지는 않았다.

2) 발달과업

인간에게는 전 생애에 걸친 발달 단계를 거쳐 가는 과정에서 단계별로 특별히 요구되는 과업이 존재한다. 이러한 특정 발달 단계에서 이행해야 할 과업을 발달과업이라 한다. 이 책에서는 각각의 발달 단계에서 수행해야 할 발달과업에 대해 제2부의 5장부터 11장에서 상세히 논의할 것이다. 이에 Havighurst(1972)의 발달 단계이론을 중심으로 단계별 주요 발달과업을 요약해 보면 〈표 2-4〉와 같다.

발달과업

.ıll **표 2-4** 인간 발달 단계별 주요 발달과업

발달 단계	발달과업
영유아기	① 보행 학습, ② 고형분의 음식 섭취 학습, ③ 언어학습, ④ 배설통제 학습, ⑤ 성차 인식, ⑥ 생리적 안정 유지, ⑦ 환경에 대한 단순 개념 형성, ⑧ 타인과의 정서적 관계 형성 학습, ⑨ 양심의 발달
아동기	① 놀이에 필요한 신체기술 학습, ② 자신에 대한 건전한 태도 형성, ③ 또래친구 사귀는 법 학습, ④ 성역할 학습, ⑤ 기본 학습기술(3R)의 습득, ⑥ 일상생활에 필요한 개념 학습, ⑦ 양심, 도덕, 가치체계의 발달, ⑧ 사회집단과 제도에 대한 태도 발달
청소년기	① 자신의 신체 및 성역할 수용, ② 동성 또는 이성 친구와의 새로운 관계 형성, ③ 부모와 다른 성인으로부터의 정서적 독립, ④ 경제적 독립의 필요성 인식, ⑤ 직업 선택 및 준비, ⑥ 유능한 시민으로서의 기본적인 지적 기능과 개념 획득, ⑦ 사회적 책임에 적합한 행동, ⑧ 결혼 및 가정생활의 준비, ⑨ 과학적 세계관에 근거한 가치체계의 발달
성인기	① 배우자 선택, ② 배우자와의 생활방법 학습, ③ 가정 형성, ④ 자녀양육과 가정관리, ⑤ 시민으로서의 의무 완수, ⑥ 친밀한 사회집단 형성
중·장년기	① 사회적 의무의 완수, ② 경제적 표준생활 확립과 유지, ③ 10대 자녀의 훈육과 선도, ④ 적절한 여가 활용, ⑤ 배우자와의 친밀한 관계 유지, ⑥ 중년기의 생리적 변화 인정 및 적응, ⑦ 노년기 부모에의 적응
노년기	① 신체적 건강 쇠퇴에의 적응, ② 은퇴와 수입 감소에의 적응, ③ 배우자의 사망에 대한 적응, ④ 동년배와의 유대관계 재형성, ⑤ 사회적 시민의 의무 수행, ⑥ 생활에 적합한 물리적 환경의 조성

4 인간 발달과 사회복지실천의 관계

발달과
사회복지실천

"요람에서 무덤까지"라는 Beveridge(1942)의 말에서 보듯이, 사회복지는 모든 국민의 전 생애에 걸쳐 나타나는 욕구를 충족하고, 그들이 직면한 문제를 예방하고 해결하기 위한 사회적 대책이다(현외성 외, 1996). 그런데 인간의 욕구는 연령이나 발달 단계에 따라 매우 다양하게 나타나며, 발달과업을 적절히 이행하지 못하거나 욕구를 충족하지 못하고 지속되는 경우 인간은 문제를 경험하게 된다. 그러므로 사회복지실천에서 개인이 각 발달 단계의 과업을 성취하고 다양한 욕구를 충족할 수 있도록 지원하며, 욕구의 미충족이나 발달과업의 미성취로 인하여 직면하게 되는 삶의 문제를 해결 또는 예방하기 위해서는 인간 발달에 관한 지식이 필수적이다. 즉, 인간의 신체·심리·사회적 발달에 대한 지식은 사회복지사로서 효과적으로 업무를 수행하기 위해서 필수적으로 갖추어야 할 지식이다(Hepworth et al., 1997; Macguire, 2002).

발달이론에서는 인간이 환경과 끊임없는 상호작용을 통하여 안정을 유지하고 변화해 나가며, 인간의 신체·심리·사회적 발달이 상호 간에 밀접한 상호 관련성을 지니고 있으며 통합적으로 기능을 한다고 보고 있다. 발달이론의 기본전제는 사회복지실천의 환경 속의 인간이라는 이중적 초점과 인간을 통합적으로 기능하는 존재로 보는 전체적 인간관(holistic view)과 유사하다. 그러므로 인간발달이론은 사회복지 원조 과정의 기본 토대를 제공할 뿐만 아니라 각 분야의 사회복지

전체적 인간관

.ıll **표 2-5** 인간발달이론의 사회복지실천에 대한 기여

- 생활주기를 순서대로 정리할 수 있는 준거틀을 제공해 준다.
- 임신에서부터 사망에 이르기까지의 각 단계에서 수행해야 할 발달과업이 무엇인지를 제시해 준다.
- 전 생애에 걸쳐 일어나는 안정성과 변화의 과정을 설명해 준다.
- 생활전이(life transition)에 따른 안정성과 변화를 파악할 수 있게 해 준다.
- 특정 발달 단계에서 특징적으로 나타나는 발달적 요인을 설명해 준다.
- 발달을 구성하는 다양한 신체·심리·사회적 요인을 파악할 수 있게 해 준다.
- 이전 단계의 결과가 다음 생활단계에 미치는 영향을 파악할 수 있게 해 준다.
- 이전 단계의 결과에 의해서 형성된 각 단계에서의 성공과 실패를 설명해 준다.
- 개인적인 발달상의 차이를 파악할 수 있게 해 준다.

제도의 발달에 기초를 형성해 주는데, 발달이론이 사회복지실천에 기여하는 바를 Greene과 Ephross(1991)는 〈표 2-5〉와 같이 요약하여 제시하고 있다.

1) 인간 발달과 사회복지실천의 초점과 대상

사회복지실천은 개인과 환경에 이중적 초점(dual focus)을 두며, 이들이 상호 작용하는 과정에서 적응적 균형을 달성하도록 하는 데 목적을 둔다. 이때의 적응(adaptation)이란 개인과 환경이 지속적으로 상호작용하는 과정에서 적합성(goodness-of-fit)을 획득하는 과정이라 할 수 있다. 사회복지실천은 개인이나 환경 각각을 치료하는 것이 아니라 이 둘이 역동적으로 상호작용하는 과정에서 나타나는 부적응 문제를 해결하고 양자 간의 적응을 도모하는 것이다(Compton & Galaway, 1989). 사회복지사를 찾는 대다수의 내담자는 부적응 문제를 해결하기 위해 도움을 요청한다. 그러므로 사회복지실천에서는 개인과 환경 사이의 부적응으로 인하여 유발되는 내담자의 욕구와 문제를 원조나 개입의 주된 영역으로 삼는다.

개인-환경의 적응

적응의 또 다른 측면은 신체·심리·사회적 측면에서 성공적으로 발달적 전이(developmental transition)를 하는 것이다(Greene & Ephross, 1991). 특정 발달 단계에서 다음 단계로 넘어가는 전이과정 역시 개인적 발달과 변화하는 환경을 포함하고 있다는 점에서 상호적이다. 따라서 현실에 효과적으로 대처하고, 환경을 지배하고, 갈등을 해결하고, 스트레스를 줄이고, 개인적 만족을 얻는 것이 적응적 행동이다(Bloom, 1984; Maddi, 1980). Germain과 Gitterman(1987)은 환경이 개인의 성장, 발달 및 정서적 안녕을 지지하고, 개인이 주요 타인이나 사회제도와의 상호작용을 통하여 지지를 얻을 수 있을 때를 '적응적'이라고 하였다. 그러므로 사회복지실천에서는 내담자가 발달적 전이과정에서 경험하는 스트레스와 문제에 적절히 대처할 수 있도록 원조하는 데 초점을 두어야 한다.

발달적 전이

환경에 대한 적응력은 스트레스와 위기에 대한 대처자원에 따라 달라진다(Compton & Galaway, 1989; Newman & Newman, 1987). 사회복지실천의 상당 부분이 위기상태에 처한 내담자와 관계를 형성하는 것이기 때문에, 개인이 환경을 지배하고 적응하는 능력을 어떻게 발달시키는가를 이해하는 것은 매우 중요하다. Caroff(1982)는 내담자의 스트레스를 경감할 수 있는 수단을 발견하고, 내담자의

스트레스와 대처자원

대처자원과 적응능력을 강화함으로써 개입전략을 수립할 수 있게 된다고 하였다. 그러므로 내담자의 대처능력을 고양하는 것, 즉 스트레스를 해결하고 각 발달 단계의 도전에 대한 새로운 해결책을 만들어 내기 위해 적극적인 노력을 기울이는 것이 사회복지실천의 핵심이다.

2) 인간 발달과 사회복지실천의 원조 과정

인간발달이론의 가치

인간발달이론은 ① 전 생애에 걸친 변화와 안정에 기여하는 요인의 판별, ② 신체·심리·사회적 기능 간의 상호 관련성 설명, ③ 인간의 사회적 기능과 적응 수준의 평가, ④ 인간 발달에 영향을 미치는 사회적 영향력을 평가할 수 있는 잣대를 제공해 준다. 즉, 사회복지실천에서는 신체·심리·사회적 발달과 관련된 이론에 근거하여, 개인의 적응과 부적응을 판단하는 기준을 설정할 때가 많다(Johnson & Yanca, 2001). 그러므로 인간발달이론은 사회복지실천의 원조 과정, 특히 내담자와 그가 속한 환경과 관련된 상황을 파악하는 자료수집 또는 조사단계(data gathering or study)와 내담자의 문제를 야기한 원인, 그가 지닌 강점 및 자원을 판별하는 사정(assessment) 단계와 밀접한 관련성을 지닌다.

사회복지실천의 원조 과정

인간발달이론의 적용

사회복지실천에서는 개인, 가족, 소집단의 발달에서 신체·심리·사회적 요인 간의 상호작용을 주의 깊게 관찰하여 이해하는 것이 매우 중요하다. 사회복지사는 인간발달이론을 바탕으로 내담자의 발달과업, 욕구와 문제를 정확히 파악하고 평가하여 적절한 개입 계획을 수립할 수 있게 된다. 따라서 다음에서는 사회복지실천에서 세 가지 영역의 발달과 관련된 내담자의 기능을 조사하고 사정할 때, 인간발달이론이 어떻게 활용될 수 있는지에 대해 살펴보고자 한다.

(1) 신체적 발달의 조사와 사정

신체 및 건강상의 문제

사회복지실천에서 내담자와 관련된 자료수집과 사정을 할 때에는 신체적 구조와 기능상의 변화를 포함한 신체적 발달 수준을 이해하고, 신체 및 건강상의 역기능과 문제를 지니고 있는지를 파악해야 한다(Birren & Renner, 1977). 사회복지실천에서는 현재 건강 상태와 질병, 이전의 병력(病歷), 건강상의 습관, 신체구조와 기능상의 문제, 운동기술, 신체적 외모 등 신체적 발달과 관련된 다양한 자료를 수집하고, 이를 근거로 신체적 발달의 수준과 문제를 사정하여야 한다. 그리고 신체적 발달이 다른 발달 영역과 밀접한 관련성을 지니고 있으므로, 심리적 발달과 사회적 발달과의 관계, 즉 발달의 세 영역 간의 상호작용 또한 고려해야 한다.

사회복지전문직이 보건의료전문직이 아니라는 점을 들어 사회복지사 중에는 신체적 발달과 기능에 대한 이해와 사정은 자신의 전문적 영역에 속하지 않는다고 잘못 알고 있는 경우가 있다. 그러나 신체적 발달에 관한 지식이 부족할 경우 사회복지사는 내담자를 전체적 관점에서 사정을 하지 못하고, 다른 전문직과의 소통과 협력 체계를 구축하는 데 어려움을 겪게 된다. 그러므로 사회복지사는 유전학, 질병 치료법, 영양 및 건강 관리 방법 등 신체적 발달과 관련된 충분한 지식을 갖추어야 한다. 타 전문직과의
소통

(2) 심리적 발달의 조사와 사정

사회복지실천은 개인이 특정 사회에서 생산적으로 기능할 수 있는 능력과 관련된 개인의 정신내적 기능과 대인관계에 관심을 갖는다. 그러므로 사회복지사가 내담자의 심리적 발달을 사정함에 있어서는 개인의 내적 상태를 면밀히 조사하여야 한다(Cohen, 1980).

심리적 발달에는 감각, 지각, 정서, 학습, 기억, 사고, 판단, 문제해결, 언어기술, 상징능력, 자기개념, 현실검증 등과 같은 다양한 요인이 포함된다. 그러므로 내담자의 심리적 발달과 관련된 조사와 사정에서는 광범위한 행동, 정서 및 인지적 발달뿐 아니라 정신건강, 이상행동 등에 대해서도 관심을 기울여야 한다. 행동, 정서 및
인지

사회복지실천에서는 내담자를 분류하거나 진단명 붙이기(labeling)를 꺼려 하는 경향이 있다. 그 이유는 진단명을 붙임으로써 내담자를 특별한 이상행동이나 정신장애가 있는 것으로 낙인을 찍는 문제가 야기될 수 있고, 내담자의 문제에 대한 통합적 접근을 하는 데 방해가 되기 때문이다(이동훈 외, 2013). 그렇지만 Johnson(1987)은 사회복지사가 정신의학이나 심리적 발달에 대한 지식이 없다면, 전적으로 사회관계상의 상호작용에만 초점을 맞추게 되고 원인보다는 결과만을 보게 될 가능성이 높으며, 성공적인 개입효과를 기대하기 어렵다고 하였다. 그러므로 사회복지사는 정신장애 진단지침서로 널리 활용되고 있는 미국정신의학회(APA)의 『정신장애의 진단 및 통계 편람 5판(DSM-5)』과 같은 심리적 발달의 기능 상태를 정확히 평가할 수 있는 기준에 대한 지식을 겸비하여야 한다. 그러나 이러한 진단기준에 입각하여 내담자를 조현병 환자 등과 같이 유목화해서 다루어서는 안 되며, 개인의 특성과 상황에 따라 개별화된 개입을 할 수 있어야 한다. 진단명

낙인

DSM-5

(3) 사회적 발달의 조사와 사정

사회복지전문직에서는 다른 인간봉사전문직보다 사회적 발달에 대해 더 많은 관심을 기울여 왔다. 사회복지사가 내담자의 사회적 발달을 이해하기 위해서는 사회적 지위와 역할수행도, 사회관계망(social network)과의 관계, 사회적 기대와 규범, 가족조직, 정치적·종교적 이데올로기, 경제활동과 경제적 안녕상태 등에 대해서 조사하고 사정하여야 한다(Newman & Newman, 1987).

사회적 기대　　사회구성원으로서 개인은 특정 사회의 기대체계를 바탕으로 언제 어떻게 공부를 하고, 일을 하고, 결혼을 하고, 자녀를 양육하고, 은퇴를 하고, 노인이 되고 그리고 죽는지를 인식하게 되며, 이에 따라 행동하게 된다. 그러므로 사회복지실천에서는 개인의 일상생활과 사회적 발달에 영향을 미치는 사회적 기대나 규범 더 나아가 문화적 요인까지도 고려해야 한다.

사회적 역할　　사회복지실천의 사정단계에서는 내담자의 사회적 역할수행 정도에 관심을 기울여야 한다. 즉, 사회복지사는 영아기부터 노년기에 이르기까지 갖게 되는 사회적 지위에 수반되는 책임, 권리, 기대의 내용과 수준을 정확히 이해하고, 지위에 따르는 역할을 어느 정도 수행하는지를 면밀하게 사정하여야 한다(Bengtson & Harber, 1983). 한 개인이 변화하는 지위와 역할에 적응하고 성, 사회계층, 민족집단, 연령에 적합한 행동을 학습하는 과정, 즉 사회화 과정에 초점을 둔다. 또한 사회적 발달 영역을 사정함에 있어서 내담자의 생활전이(life transition)가 현재의 욕구나 문제와 어떤 관련성을 지니고 있는지 이해하여야 한다. 각각의 생활 단계에서 사람들은 새로운 역할을 수행하고, 변화된 역할에 적응하고, 이전의 역할을 포기하면서 실제로 새로운 사회적 상황에 적응하려 하지만, 내담자는 생활전이 과정에서 일어나는 변화에 효과적으로 대처하지 못하는 경우가 많으므로 사회복지사는 사회적 발달 영역에 특별히 관심을 기울여야 한다.

사회화

생활전이

3) 인간 발달과 사회복지분야

인간은 전 생애에 걸친 발달과정을 거치지만 각 단계에서 수행해야 할 발달과업과 욕구는 서로 상이하다. 만약 한 개인이 특정 발달 단계에서 수행해야 할 발달과업을 적절히 수행하지 못하였을 경우에는 다음 단계로의 발달에 방해를 받게 되고, 환경과의 상호작용에서 부적응을 경험하게 되어 결국 미충족 욕구를 갖게 되거나 문제 상황에 직면하게 된다. 이와 같이 전 국민이 전 생애에 걸쳐 직면하게 되는 욕구, 문제, 부적응 상태를 해결하고 보다 높은 수준의 삶의 질을 도모하기 위한 제도, 법, 프로그램 등이 바로 사회복지이다.

사회복지전문직에서는 인간 발달 단계에 따라 나타날 수 있는 욕구, 문제, 부적응 상태를 면밀히 분석하고 이를 충족 또는 해결할 수 있는 이상적이고 규범적인 사회복지 대책을 제안하였다(남세진, 조홍식, 1995). 그리고 인간 발달 단계별 사회

인간발달과
사회복지분야

.ıll **표 2-6** 인간 발달 단계와 사회복지의 관련성

구분			인간 발달 단계					
			영·유아기	아동기	청소년기	성인기	중·장년기	노년기
사회복지분야	사회보장	공적부조 국민기초생활보장						
		의료급여						
		사회보험 연금보험						
		건강보험						
		노인장기요양보험						
		산업재해보상보험						
		고용보험						
	사회복지서비스	영·유아보육						
		아동복지						
		청소년복지						
		여성복지						
		노인복지						
		산업복지						
		(정신)의료사회복지						
		학교사회복지						
		교정복지						
		장애인복지						
		가족복지						
관련분야	보건의료정책							
	고용정책							
	교육정책							
	주택·교통정책							
	환경정책							

* 주: ▢ 는 각 발달 단계와 특히 밀접한 관련성을 지니고 있음을 의미함.

복지 대책을 적절히 이행하기 위한 사회복지실천의 원칙, 방법론, 기술 등도 함께 제시하였다. 사회복지실천의 원칙, 방법론, 그리고 기술과 인간 발달 단계의 관련성에 대해서는 앞으로 사회복지 교육과정의 전공심화 교과과정에서 심도 있는 논의가 이루어질 것이다. 따라서 여기에서는 인간 발달 단계와 그에 따라 실시하여야 할 주요 사회복지 대책, 즉 사회복지분야의 관련성을 간략히 〈표 2-6〉과 같이 제시한다.

생각해 보아야 할 과제

1. 신체적 발달, 심리적 발달, 사회적 발달이 상호 연관되어 있다는 사실을 자신의 경험을 바탕으로 증명해 보시오.

2. '될성부른 나무 떡잎부터 알아본다.'는 속담에 찬성하는 집단과 맹모삼천지교(孟母三遷之敎)의 교훈에 찬성하는 집단으로 나누어 발달의 유전적 영향과 환경적 영향에 대해 토론해 보시오.

3. 인간 발달에 있어서 영아기와 유아기의 초기 경험과 이후의 후기 경험 중 어느 것이 더 중요한지에 대해 토론해 보시오.

4. 발달의 결정적 시기와 관련된 의견을 개진해 보시오.

5. 인간 발달에서 개인마다 차이가 나는 부분과 인간 모두에게 보편적으로 나타나는 발달에 대해 토론해 보시오.

6. 다른 '인간행동과 사회환경' 도서에서 인간 발달 단계를 어떻게 구분하고 있는지 살펴보시오.

7. 자신이 각 단계의 발달 단계를 어느 정도 성공적으로 이행하였으며, 아직도 이행하지 못한 발달과업은 무엇인지 파악해 보고 이를 성취할 수 있는 방안을 모색해 보시오.

8. 청년기에 속한 대학생이 이행해야 할 발달과업에 대해 토론해 보시오.

9. 청소년기인 고등학생에서 청년기인 대학생으로 전환되는 과정에서 자신이 겪고 있는 발달상의 스트레스에 대해 생각해 보고, 이에 대처하기 위해 사용하고 있는 기술과 방안은 무엇인지 살펴보시오.

10. 사회복지학개론 서적을 참조하여 인간 발달 단계와 사회복지의 분야론 사이의 관련 성을 심도 있게 파악해 보시오.

제3장

인간 성격과 사회복지실천의 기초

1. 성격의 개념과 특징을 이해한다.
2. 성격의 유형을 이해한다.
3. 성격 형성의 영향 요인을 이해한다.
4. 성격이론과 사회복지실천의 관계를 이해한다.

한 사람이 어떤 사람이며 그 사람이 하는 행동이 어떤 의미를 갖는지를 알아내는 방법은 여러 가지가 있을 수 있다. 그러나 한 사람을 이해하는 데 가장 빠른 방법은 그 사람의 성격을 파악하는 것이다. 왜냐하면 인간의 모든 행동은 주로 개인의 성격에 의해 결정되기 때문이다(이인정, 최해경, 2007).

사회복지실천에서 성격이론에 관심을 갖는 이유는 먼저 바로 인간이란 존재와 그가 행하는 행동에 대한 정확한 이해를 획득하는 데 있다. 즉, 사회복지실천에서는 인간행동을 있는 그대로 기술하고, 그러한 행동을 하는 원인을 찾아내고, 앞으로 행동이 어떻게 변화해 갈 것인지를 예측하여, 그러한 행동을 변화 또는 수정할 수 있는 방법을 찾기 위하여 성격이론에 관심을 갖는다. 즉, 사회복지실천에서는 인간행동에 관한 기술, 설명, 예측과 통제를 위하여 성격이론에 관심을 기울인다.

사회복지실천의 기반을 제공해 주는 성격이론은 수없이 많다. 각각의 성격이론은 인간 본성에 대한 관점, 인간행동에 대한 기본 가정, 적응이나 부적응, 정상이

인간행동과 성격

*성격이론에
관심을 갖는
이유*

*사회복지실천과
성격이론*

나 병리에 대한 관점이 매우 상이하다. 따라서 어떤 성격이론에 근거하여 사회복지실천을 행하는가에 따라 사회복지사가 따라야 할 실무 원칙, 개입목표, 개입기법 등이 달라질 수밖에 없다. 각 성격이론의 인간관, 기본 가정, 주요 개념, 성격발달, 그리고 사회복지실천에의 적용 방안에 대해서는 이 책의 제3부 제12장부터 제20장에서 좀 더 상세하게 논의하고자 한다. 이 장에서는 성격의 개념과 특성, 성격의 유형, 성격 형성에 영향을 미치는 요인, 그리고 성격이론과 사회복지실천 사이의 관련성에 국한해서 살펴보고자 한다.

1 성격의 개념과 특성

모든 인간은 자신과 타인을 구분할 수 있게 된 이후부터 자신이 누구인지에 대한 질문을 던지고, 주위 사람의 성격을 이해하려는 노력을 하게 된다. 특히 청소년기, 성인기, 중년기, 노년기와 같은 인생의 전환점에서는 더더욱 자신과 타인의 성격에 대한 관심이 증가한다. 이러한 관심과 노력의 결과로 사람들은 자신이나 타인의 성격을 '소심하다' '냉정하다' '공격적이다' 등의 용어를 사용하여 평가하고 표현한다. 그러나 자신과 타인의 성격을 이해하기 위한 개인의 노력은 개인의 통찰력이나 주관적 판단에 의존하기 때문에, 성격을 이해하는 데 한계를 지닐 수밖에 없다. 그러므로 더욱 과학적 이론에 근거하여 인간의 성격을 이해하여야 한다.

1) 성격의 개념

성격의 실재

성격의 의미를 살펴보기 전에 과연 성격이라는 추상적 현상이 존재하는가에 대해 살펴보아야 한다. Skinner(1953)는 성격이란 말은 존재하지도 않으며 행동을 서술하는 데 유용하다고 착각하게 만드는 하나의 과장된 용어일 뿐이라고 주장하면서 성격의 실재 자체를 부정한다. 그러나 대부분의 일반인과 심리학자는 성격의 실재 여부에 대해서는 부정하지 않는다.

성격의 말뜻

이와 같이 성격이 실재한다는 것에는 합의가 이루어지고 있지만, 과연 성격이 무엇인가에 대해서는 아직 합의가 이루어지지 않고 있다. 성격(personality)은 라틴어로 '~을 통하여(through)'라는 의미를 지닌 'per'와 '말하다(speak)'는 의미를 지닌 'sonare'가 합성된 것이며, 희랍어로는 배우가 연극을 할 때 쓰는 가면이라는 'persona'에서 유래한 말이다(이수연 외, 2013; 최순남, 1999). 그러나 점차 그 의미가 확대되어 개인의 외형적인 행동이나 모습, 혹은 개인이 지닌 전체적 인상을 의미하는 용어로 변용되었다.

[그림 3-1] 인간 성격을 나타낸 하회탈

출처: 하회마을, http://www.hahoe.or.kr

　성격의 어원에 대한 고찰을 근거로 해 볼 때, 성격은 '한 개인이 사회적 역할을 수행할 때 주위 사람에게 주는 피상적 수준의 사회적 이미지'라고 규정할 수 있다. **사회적 이미지** 그러나 성격을 이렇게 정의하면 성격 이해를 위하여 반드시 포함하여야 하는 여러 가지 행동이 제외될 수 있기 때문에 많은 문제가 발생한다. 그러므로 기존의 성격에 대한 개념 정의를 토대로 과학적인 성격의 개념을 정립하여야 한다.

　성격에 대한 여러 학자의 정의는 합의에 이르지 못하고 있다. 즉, 일반인은 물론 심리학자조차도 '이것이 바로 성격이다.'라는 명확한 답변을 제시하지 못하고 있다. 이와 같이 성격의 본질에 대한 명확한 정의가 내려지지 않고 있는 이유는 바로 성격이 복잡한 인간의 본성과 직접적으로 연관되어 있기 때문이다. 따라서 인간을 **인간 본성과 성격** 어떤 관점에서 보는가에 따라 성격에 대한 정의는 달라질 수 있으므로, 성격에 대한 개념적 합의에 도달한다는 것은 매우 어려운 일이다.

　성격에 대한 가장 잘 알려진 정의는 Allport(1937)의 정의이다. 그는 어원학, 신 **성격의 정의** 학, 철학, 법학, 사회학, 심리학 등의 분야에서 사용되고 있는 성격에 대한 개념 정의에 포함된 주요 내용을 종합하여, 성격을 "개인으로 하여금 세상에 나름대로 적응하게 만드는 개인에 내재하는 정신신체적 체계의 역동적 조직"이라고 하였다.

그리고 Child(1968)는 "개인의 행동을 어느 시점에서 다른 시점까지 일관성 있게 하고, 다른 사람이 유사한 상황에서 보이는 행동과 다른 행동을 하게 만드는 상당히 안정적이고 내적인 요인"이라 하였다. Pervin(1996)은 "상황에 대한 일관된 반응양식을 설명해 주는 사람의 특징"이라 하였고, Maddi(1980)는 "사람들의 사고, 감정, 행동과 같은 심리적 행동에 있어서 시간적으로 연속성이 있으며 그 순간의 사회 및 생물적 압력만의 결과로 쉽게 이해될 수 없는 공통성 및 차이를 결정하는 특징 및 경향의 안정된 집합"이라고 하였다. 또한 Carver와 Scheier(2000)는 "인간의 행동, 사고, 감정의 특정적 유형을 창조하는 정신신체적 체계인 인간 내부의 역동적 조직"이라고 하였다.

성격의 개념   이와 같은 기존의 성격에 대한 개념 정의를 종합하여 볼 때, 성격이란 '생물적 요인과 환경적 요인만으로는 설명될 수 없는 한 개인의 특징적 사고, 감정, 행동을 결정하는 지속적이고 역동적이며 통합적인 정신내적 기제'라고 정의할 수 있다.

2) 성격의 특징과 기능

성격에 대한 정의에 근거해 볼 때, 성격은 다음과 같은 다섯 가지 특성을 지닌다(민경환, 2004).

내적 속성   첫째, 성격은 내적 속성이다. 성격은 직접 관찰될 수 없으며, 외적으로 접근할 수 있는 현상(예: 행동)을 관찰함으로써 간접적으로 측정할 수 있을 뿐이다. 그러나 행동 등의 외적 현상과 정신내적 기제인 성격 사이에 일관성 있는 관계가 항상 존재하는 것은 아니므로 성격 추론에 오류를 낳기도 한다.

정신신체적 체계   둘째, 성격은 정신신체적 체계의 통합과정이다. 성격은 사고, 감정, 행동 등의 구성요소로 나뉘어서 기능 또는 작동하는 것이 아니라 생물적 기반과 환경적 요인의 영향을 받는 사고, 정서, 행동 등이 전체적이고 통합적이며 조직적으로 기능하는 특성을 지닌 체계이다.

개인차   셋째, 성격은 개인마다 고유성을 가진다. 성격은 모든 사람이 보편적으로 갖고 있는 심리과정이긴 하지만 개인에 따라 성격은 각기 다르며, 이로 인해 개인은 타인과 구분된다. 이러한 성격의 개인차로 인하여 성격의 개념 규정은 어렵다.

일관성   넷째, 성격은 일관성을 가진다. 성격이 변하지 않는다는 것은 아니며 실제로 오랜 세월에 걸쳐 성격은 성장하기도 하고, 매일매일 작은 변화를 일으키기도 한다.

그러나 이러한 변화는 피상적 수준의 변화일 따름이며, 그 이면에는 시간의 흐름에도 변하지 않고 일관되게 안정성을 유지하는 성격의 핵심 부분이 있다.

다섯째, 성격은 역동성을 가진다. 성격은 내적 역동성과 외적 역동성을 지닌다. Freud는 원초아(id), 자아(ego), 초자아(superego)라는 세 가지 성격 구조 간의 끊임없는 정신 에너지 교환으로 인하여 개인의 성격은 달라진다고 하여 성격의 내적 역동성을 강조하였다. 이와 달리 사회 영향력을 중시하는 Erikson 등의 자아심리이론에서는 성격은 상황 또는 환경과 평면적인 관계가 아니라 서로 영향을 주고받는 역동적 관계를 맺고 있으며, 이러한 환경적 요구와 압력에 개인이 어떻게 반응하는가에 따라 행동은 달라진다고 하여 성격의 외적 역동성을 강조하였다. `역동성`

이러한 특성을 지닌 성격은 다음과 같은 기능을 수행한다. 첫째, 개인이 부분적이고 비조직적으로 기능하지 않으며 통합적이고 조직적으로 기능할 수 있게 해 준다. 둘째, 인간관계를 형성·유지하거나 사회생활을 도모하고 환경적 요구에 적응할 수 있는 기반을 제공해 준다. 셋째, 각 개인을 독특한 존재로서 규정해 줌으로써 다른 사람과 구별해 준다. 넷째, 실제로 그 사람이 어떤 사람인가 하는 인간 본성을 이해할 수 있는 기반을 제공해 준다. `성격의 기능`

2 성격의 유형

모든 사람이 비슷한 성격 특성을 공유하고 있지만, 개인마다 성격 특성은 다르다. Allport(1937)는 이러한 성격의 보편성과 특수성을 설명하기 위하여 특질(trait)이라는 개념을 제시하였다. Allport(1961)는 특질을 "다양하고 상이한 자극이나 상황에 대하여 유사한 형태의 적응적·표현적 행동을 시작하고 유지하게 하는 기능을 하는 신경정신적 구조"라고 하였다. 이러한 특질은 성격의 기본 구성요소로서 Allport(1961)는 공통 특질(common traits)과 개인 특질(individual traits)로 구분하였다. 공통 특질은 한 문화 안에 속한 대부분의 사람이 공통으로 지니는 특질로서 동일 문화권에 속한 개인이 유사한 행동을 하게 만드는 성격의 구성 요소이다. 개인 특질은 개인의 특유한 행동을 유도하고 동기화하는 성격의 구성 요소로서, 동일 문화권에 속한 개인이라고 할지라도 각기 다른 행동을 표현하게 만드는 요인이다. `특질` `공통 특질` `개인 특질`

Cattell(1965)은 표면적 행동의 결정요인이 되는 근원 특질(source traits)을 근 `근원 특질`

거로 16개의 성격요인을 제시하였다. 예를 들면, 내성적인(reserved)-외향적인 (outgoing), 수줍은(shy)-대담한(venturesome), 제멋대로인(undisciplined)-통제된(controlled) 등이다. 이에 비해 Eysenck(1970)는 특질보다는 성격의 유형과 차원에 더 많은 관심을 기울였다. Eysenck는 인간 성격의 세 가지 차원을 외향성(extraversion), 신경증 성향(neuroticism), 정신증 성향(psychoticism)으로 구분하고 있다. 외향적 성격은 사교적이고, 친구가 많고, 흥미로운 것을 추구하며, 순간의 기분에 따라 행동하는 데 반하여 내향적 성격은 조용하고, 말수가 적으며, 충동적 결정을 내리기보다는 심사숙고하며, 잘 정리된 삶을 영위하는 특성을 지닌다. 신경증 성향의 성격을 지닌 사람은 정서적으로 불안정하고 변덕스러우며, 걱정, 불안, 우울, 긴장, 낮은 자존감 등의 특성을 지닌다. 정신증 성향의 성격은 공격성, 냉정함, 자기중심성, 비정함, 비관습적 행동 등의 특성을 지닌다.

성격의 차원

특질이론가는 서로 상반되는 특질을 양극단으로 하여 어떠한 특질을 더 강하게 보이는가에 따라 인간의 성격을 구분한다. 내향성-외향성 특질 차원을 예로 들어 보면, 특질이론가는 한 개인은 내향적 성격이나 외향적 성격 모두를 지니고 있지만 둘 중 어떤 성격 특질을 더 많이 지니고 있는가에 따라 구분된다고 본다. 이와 달리 성격 유형 분류 접근방법에서는 개인의 성격을 상호 배타적인 유형으로 구분한다. 동일하게 내향성-외향성의 예를 들면, 유형 분류 접근방법에서는 한 개인의 성격을 외향적 성격 아니면 내향적 성격으로 이분법적으로 분류한다.

특질이론

이러한 성격 유형 분류 접근방법에는 체액, 체형이나 체질, 자아와 심리기능에 따른 유형 분류 등이 있는데, 이에 대해 살펴보면 다음과 같다. 하지만 최근의 상담이나 정신치료, 사회복지실천에서는 체액, 체형 또는 체질에 따른 성격 유형 분류는 신뢰도와 타당도가 비교적 낮다는 점을 들어 거의 활용되지 않는다는 점을 분명히 알고 있어야 한다.

성격 유형 분류 방법

1) 체액에 따른 성격 유형 분류

체액에 따른 분류는 기원전 400년경에 Hippocrates가 제시한 인체의 네 가지 체액, 즉 혈액, 흑담즙, 황담즙, 점액 등에 바탕을 두고 있다. Galen은 다혈형, 우울형, 담즙형, 점액형이라는 네 가지 기질 유형을 제시하고 각각의 성격 특성을 제시하고 있다(노안영, 김신영, 2003; 민경환, 2002). 먼저 다혈형(sanguine)은 혈액이 비교

다혈형

적 많은 사람으로서 활동적이고, 기운이 넘치고, 자신만만하며, 수다스럽고, 근심
이 없으며 리더십이 강한 성격이다. 우울형(melancholic)은 흑담즙이 많은 사람으
로 우울하고 비관적이며, 경직되어 있고, 냉정하며, 비사교적인 조용한 성격 특성
이 강하다. 담즙형(choleric)은 황담즙이 많은 사람으로 쉽게 화를 내고, 행동이 조
급하고, 폭력 성향이 있으며, 들떠 있고, 변덕이 심하며, 충동적인 성격 특성을 지
닌다. 점액형(phlegmatic)은 점액이 과다한 사람으로 수동적이고 무기력하며, 사려
가 깊고 신뢰성이 높고, 침착하며 평온한 성격 특성을 지닌다.

우울형

담즙형

점액형

체액과 관련된 성격 특성에 대한 논의 중에서 최근 혈액형과 성격 사이의 관련
성에 대한 관심이 높아지고 있다. 이러한 혈액형과 성격 간의 관계를 살펴보면 다
음과 같다(김문성, 2012).

혈액형과 성격

A형은 인내심이 강하며 무슨 일이든 계획한 대로 처리하는 완벽주의자 혹은 원
칙주의자로 불린다. 책임감이 강해 맡은 일을 끝까지 해내기 때문에 조직 내에서
신뢰를 받는 편이다. 항상 신중하게 계획을 세워 행동에 옮기는 유형이어서 때로
는 융통성이 없다는 평가를 받기도 한다. 인간관계에 있어서는 낯가림을 하여 자
신의 마음을 표현하지 못하는 경우가 많다.

B형은 호기심이 왕성한 유형으로, 항상 새롭고 재미있는 모험 같은 삶을 살아가
기를 원하는 모험주의자로 불린다. 항상 화제
가 풍부하고 창조력이 넘쳐나 발군의 기획력
을 보인다. 그러나 집중력이 약해 행동의 일관
성이 부족하며, 인정이 많아서 눈물도 잘 흘리
고 다른 사람을 배려할 줄 아는 친절한 사람이
지만 때로는 쓸데없이 참견한다는 평을 듣기
도 한다.

O형은 개성이 뛰어나고 승부 의식이 강한
현실주의자로 불리며, 인간미가 있고 목적지
향적 행동을 한다. 작은 일에 구애받지 않는
서글서글한 성격에 정열적으로 일에 몰두하는
유형이며, 동료의식이 강하기 때문에 집단 내
에서 지도자가 되는 경우가 많다. 낭만주의자
로 항상 꿈을 갖고 사는 듯하지만 막상 돌발적

[그림 3-2] 혈액형과 성격의 관계

출처: 서울아산병원, http://www.medical.
amc.seoul.kr

인 상황에서는 놀랄 만큼 현실적인 자세를 보여 준다. 다만 지기 싫어하는 마음이 지나쳐 상대를 무시하거나 자아도취에 빠지는 경우도 있다.

AB형은 A형과 B형이 어우러져 언제 어느 쪽 기질을 발휘하느냐에 따라 다른 모습을 보여 주기 때문에 한마디로는 단정 짓기 어렵지만, 한쪽으로 치우치지 않고 조화로운 대인관계를 추구하는 합리주의자로 불린다. 어떤 일이라도 요령 있게 적응하며, 매사 객관적으로 판단해 합리적인 행동을 하기 때문에 실수가 적은 편이다. 다른 사람이 이끄는 대로 쉽게 따라가는 듯 우유부단한 면도 보이지만 자신의 사생활에 대해서는 공개하지 않는 특성을 지닌다.

2) 체형과 체질에 따른 성격 유형 분류

체형과 성격의 관계에 관한 관심은 정신장애인과 범죄자가 특징적 체형을 지니고 있다는 관점에서 출발하였다. Sheldon(1942)은 체형(體刑)과 성격 사이의 관련성에 관한 연구에서, 인간의 체형을 내장 구조가 고도로 발달하고 비만한 체형의 내배엽형(endomorphy), 근육의 발달이 우세한 중배엽형(mesomorphy), 근육이 섬세하고 마른 체형의 외배엽형(ectomorphy)으로 구분하고, 이러한 체형을 가진 사람의 특징적 성격 유형을 제시하였다. 즉, 외배엽형은 예민하고 수줍어하고 내성적 성향이 강하며, 중배엽형은 활동적이고 자기주장적이고 정력적이고 지배적이며 냉담한 성격 특성이 강하다. 이에 비하여 내배엽형은 유쾌하고 이완되어 있고 편안함을 추구하고 사교적인 성격 특성을 보인다고 하였다.

조선 후기 한의학자인 이제마의 사상의학(四象醫學)에서는 주역의 태극설에 근거하여 인간의 사상체질을 태양인, 태음인, 소양인, 소음인이라는 4개 유형으로 구분하고 성격 특성을 기술하고 있다(민경환, 2004; 이수연 외, 2013). 먼저 태양인(太陽人)은 과단성이 있고 머리가 명석하고 뛰어나 독창적인 일을 잘하며 대인관계에 능하지만, 고집이 강하여 쉽게 굽힐 줄 모르며 진취적 기상이 충만하다. 태음인(太陰人)은 고집과 욕심이 많고 대범하여 한번 시작한 것은 끝까지 하는 강한 지구력을 소유하고 있으나, 일의 착수에 느리며 사무에 민첩하지 못하고 잘 움직이려 하지 않는다. 소양인(小陽人)은 성격이 급하고 예민하여 사무에 능하지만, 인내심이 부족하고 항상 무엇에라도 관여하고 싶어 하며 조용히 있지 못한다. 소음인(小陰人)은 온순하고 소심하며 윗사람을 잘 받들고 아랫사람을 다스리는 데 능숙

체형

사상체질

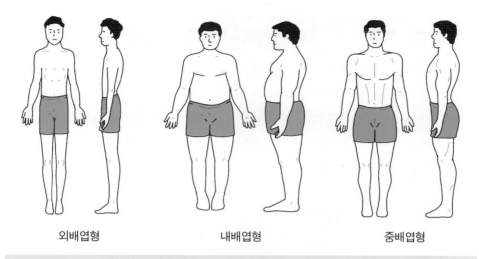

외배엽형   내배엽형   중배엽형

[그림 3-3] Sheldon의 인간 체형

출처: Empower Network, http://www.empowernetwork.com

하지만, 항상 집 안에만 있으려 하고 바깥출입을 꺼려 한다.

3) 자아와 심리기능에 따른 성격 유형 분류

Jung은 자아성향(ego orientation)과 심리기능(psychological function)이라는 두 가지 잣대를 근거로 성격 유형을 분류하고 있다. 자아성향이란 삶에 대한 일반적인 태도로서 외향성과 내향성의 상반된 성향을 말하며, 심리기능은 사고, 감정, 직관, 감각이라는 네 가지 기능을 말한다. Jung은 자아의 두 가지 성향과 심리적 기능 네 가지를 조합하여 성격을 8개의 유형으로 분류하고 있다(이부영, 1998).

이러한 Jung의 성격 유형 분류에 근거하여 Myers와 Briggs는 〈표 3-1〉에서 보는 바와 같이 외향성-내향성, 감각-직관, 사고-감정, 판단-인식이라는 네 가지 심리적 선호 경향을 근거로 하여 16개의 성격 유형을 제안하고, 이를 측정할 수 있는 성격검사인 MBTI(Myers-Briggs Type Indicator)를 개발하였다. MBTI의 심리적 선호경향(psychological preference)이란 '개인이 지속적이고 일관성 있게 활용하는 것' '더 자주, 많이 쓰는 것' '선택적으로 더 좋아하는 것' '상대적으로 편하고 쉬운 것' '상대적으로 더 쉽게 끌리는 것'을 의미한다. 이러한 심리적 선호 경향을 좀 더 상술하면 〈표 3-2〉와 같다.

자아성향과 심리기능

MBTI의 심리적 선호 경향

.ıll **표 3-1** MBTI의 심리 유형 분류의 네 가지 지표

지표	선호 경향	주요 활동
외향(E)-내향(I)	에너지의 방향은 어느 쪽인가?	주의집중
감각(S)-직관(N)	무엇을 인식하는가?	인식 기능, 정보수집
사고(T)-감정(F)	어떻게 결정하는가?	판단 기능, 결정 기능
판단(J)-인식(P)	어떤 생활양식을 채택하는가?	생활양식, 이행양식

출처: (주)어세스타, http://www.kpti.com

.ıll **표 3-2** MBTI의 심리적 선호 경향

경향	특성	경향	특성
외향성	• 자기 외부에 주의집중 • 외부활동과 적극성 • 정열적, 활동적 • 말로 표현 • 경험한 다음에 이해 • 쉽게 알려짐	내향성	• 자기 내부에 주의집중 • 내부활동과 집중력 • 조용하고 신중 • 글로 표현 • 이해한 다음에 경험 • 서서히 알려짐
감각형	• 지금-현재에 초점 • 실제 경험 • 정확, 철저한 일처리 • 나무를 보려는 경향	직관형	• 미래 가능성에 초점 • 아이디어 • 신속한 일 처리 • 숲을 보려는 경향
사고형	• 진실, 사실에 주안점 • 원리와 원칙 • 논리적, 분석적 • 맞다, 틀리다 • 규범, 기준 중시 • 지적 논평	감정형	• 사람, 관계에 주안점 • 의미와 영향 • 상황적, 포괄적 • 좋다, 나쁘다 • 나에게 주는 의미 중시 • 우호적 협조
판단형	• 정리 정돈과 계획 • 의지적 추진 • 신속한 결론 • 통제와 조정 • 분명한 목적의식과 방향감각 • 뚜렷한 기준과 자기의사	인식형	• 상황에 맞추는 개방성 • 이해로 수용 • 유유자적한 과정 • 융통과 적응 • 목적과 방향은 변화할 수 있다는 개방성 • 재량에 따른 포용성

출처: (주)어세스타, http://www.kpti.com

MBTI의 성격 유형　　MBTI에서는 이러한 심리적 선호 경향을 근거로 성격을 〈표 3-3〉과 같이 16개 유형으로 구분하고 있다.

.ıll 표 3-3 MBTI의 16개 성격 유형

성격 유형	성격 특성
세상의 소금형 (ISTJ)	신중하고 조용하며 집중력이 강하고 매사에 철저하며 사리분별력이 뛰어나다.
임금 뒤편의 권력형 (ISFJ)	조용하고 차분하며 친근하고 책임감이 있으며 헌신적이다.
백과사전형 (ISTP)	조용하고 과묵하고 절제된 호기심으로 인생을 관찰하며 상황을 파악하는 민감성과 도구를 다루는 뛰어난 능력이 있다.
성인군자형 (ISFP)	말없이 다정하고 온화하며 친절하고 연기력이 뛰어나며 겸손하다.
과학자형 (INTJ)	사고가 독창적이며 창의력과 비판분석력이 뛰어나며 내적 신념이 강하다.
예언자형 (INFJ)	인내심이 많고 통찰력과 직관력이 뛰어나며 양심이 바르고 화합을 추구한다.
아이디어뱅크형 (INTP)	조용하고 과묵하며 논리와 분석으로 문제를 해결하기 좋아한다.
잔다르크형 (INFP)	정열적이고 충실하며 목가적이고 낭만적이며 내적 신념이 깊다.
사업가형 (ESTJ)	구체적이고 현실적이고 사실적이며 활동을 조직화하고 주도해 나가는 지도력이 있다.
친선도모형 (ESFJ)	마음이 따뜻하고 이야기하기 좋아하며 양심이 바르고 인화를 잘 이룬다.
수완 좋은 활동가형 (ESTP)	현실적인 문제해결에 능하며 적응력이 강하고 관용적이다.
사교적인 유형 (ESFP)	사교적이고 활동적이며 수용적이고 친절하며 낙천적이다.
언변능숙형 (ENFJ)	따뜻하고 적극적이며 책임감이 강하고 사교성이 풍부하고 동정심이 많다.
지도자형 (ENTJ)	열성이 많고 솔직하고 단호하고 지도력과 통솔력이 있다.
발명가형 (ENTP)	민첩하고 독창적이며 안목이 넓고 다방면에 관심과 재능이 많다.
스파크형 (ENFP)	따뜻하고 정열적이고 활기에 넘치며 재능이 많고 상상력이 풍부하다.

출처: (주)어세스타, http://www.kpti.com

3 성격 형성의 영향 요인

성격이란 것이 타고나는 것인가 아니면 후천적으로 습득되는 것인가에 대한 논의는 성격의 본질과 영향 요인을 밝혀내려는 학자가 가지는 영원한 의문이라 할 수 있다. 즉, 성격이란 것이 유전된 생물적 힘에 의해 결정되는가 아니면 학습, 경험 및 환경에 의해 결정되는가에 대한 명확한 답은 아직 밝혀지지 않고 있다. 따라서 성격이 타고나는 것인지 아니면 학습되는 것인지, 즉 성격의 천성과 양육 (nature-nurture)에 관한 논쟁은 마음과 신체(mind-body)의 논쟁과 함께 심리학 분야의 주된 논쟁의 주제가 되어 왔다(민경환, 2004). 행동유전학에서는 인간의 성격이 타고난 것이라고 주장한 반면 환경론자는 성격이 환경의 영향으로 인하여 생후에 형성된 것이라고 보고 있다. 심리학 분야에서는 최근까지도 유전이나 환경 중어느 것이 영향력이 더 크게 작용하느냐에 대한 논쟁이 이어지고 있지만, 성격이 유전과 환경의 상호작용에 의해 형성된다는 것에는 대부분이 동의하고 있다.

Maddi(1980)는 기존의 16개 주요 성격이론을 중심으로 각 이론에서 성격이 어떻게 형성되고 변화하는가를 분석하였다. Maddi는 성격 형성요인에 관한 고찰 이전에 성격의 차원을 분류하고 있다. Maddi는 성격이란 핵심적 성격과 주변적 성격이라는 두 가지 차원으로 구성되어 있다고 하였다. 핵심적 성격이란 모든 인간에게 공통적이면서도 가장 근본적인 인간의 속성으로서 후천적인 생활환경을 통하여 쉽게 변화하지 않고 인간의 행동에 절대적인 영향을 미치는 성격의 차원을 의미한다. 이와 달리 주변적 성격은 좀 더 구체적이고 직접 관찰의 대상이 될 수 있고 행동과 직결되어 있는 인간의 속성으로 대부분 후천적으로 형성되는 인간의 측면이며, 한 개인과 타인을 구별 짓는 성격적 차원이다.

Maddi(1980)는 Freud의 정신분석이론, Erikson의 자아심리이론 등을 갈등형 성격이론으로 분류하고, 이 이론에서는 서로 대립되는 두가지 힘(forces) 사이의 갈등에 의해 성격이 형성된다고 하였다. Freud의 정신분석이론에서는 원초아(id), 자아(ego), 초자아(superego) 간의 갈등, Erikson의 경우에는 개인내적 힘과 사회적 힘 사이의 갈등에 의해 성격이 형성된다고 하였다. Maddi의 분류에 있어서 성취형 성격이론에 속하는 Rogers, Maslow 등의 인본주의이론과 Adler의 개인심리이론은 인간이 태어날 때 갖고 있는 잠재력이나 가능성을 실현하는 과정에서 성격

천성과 양육

유전과 환경의
상호작용

핵심적 성격

주변적 성격

갈등형 성격이론

성취형 성격이론

이 형성된다고 보고 있다. 그리고 Kelly의 인지이론 등과 같은 일치형 성격이론에 　　일치형 성격이론
서는 인간이 후천적으로 외부 세계와의 접촉을 통해서 얻는 정보나 정서적 경험을
통해 성격이 형성된다고 보고 있다.

　이러한 Maddi의 주장에 근거하여 보면, 성격이란 인간이 태어날 때 타고난 것
이 실현된 결과일 수도 있고, 후천적인 경험과 학습의 결과일 수도 있다. 따라서
인간의 성격이 어떠한 요인에 의해 형성되는가에 대한 관점도 각기 다르다. Freud
의 전통적 정신분석이론은 강한 생물적 결정론에 입각해 있으며, 인간행동과 성격 　　생물적 결정론
의 근거를 인간 내부의 무의식적 힘에서 찾고 있다. 이에 반하여 성격은 존재하지
않는 허구의 개념이라고 주장하는 Skinner의 행동주의이론은 강한 환경결정론에 　　환경결정론
입각하여 인간의 모든 행동은 각 개인에게 주어진 환경적 자극에 의해 획득된다고
믿고 있다. 그리고 이 두 이론에 반기를 든 제3의 심리학이라고 불리는 인본주의 　　제3의 심리학
이론에서는 성격 형성을 기질적 요인이나 환경적 요인에 의해서가 아니라 인간의
주체적 삶의 선택 과정의 결과로 본다. 이와 같이 성격 형성에 영향을 미치는 요인
에 대해 이론마다 각기 다른 관점을 보이고 있지만, 현대적 성격이론에서는 유전
적 요인과 환경적 요인이 끊임없이 상호작용한 결과로서 성격이 형성된다는 상호 　　상호결정론
결정론적 관점이 더욱 우세해 보인다.

　성격 형성에 영향을 미치는 요인 중에서 어떠한 요인이 더 강한 영향을 미치는
가에 대한 논의는 이 책의 범위를 넘어서는 것이기도 하지만 이에 대해서는 앞으
로 더 많은 연구가 이루어져야 할 것이다. 따라서 다음에서는 유전자, 내분비선,
신경계, 신체적 특성과 건강 등의 유전적 · 생물적 요인과 가족, 집단, 조직, 지역
사회, 그리고 문화와 같은 후천적 · 환경적 요인이 개인의 성격 형성과 행동에 어
떠한 영향을 미치는가에 대해서만 간략히 논의하기로 한다.

1) 유전 및 생물적 요인의 영향

　성격은 유전자를 통해 유전된다. 인간은 23쌍의 염색체를 부모로부터 물려받게
되는데, 유전 정보는 디옥시리보 핵산(deoxyribo nucleic acid: DNA)에 담겨 있다.
유전자는 단백질을 특정 방향으로 합성함으로써 인간의 생물적 성장과 성숙을 결 　　유전자
정하고 그 기능을 통제하며, 성격, 본능, 감각 기능 등의 심리적 기능에도 강한 영
향을 미친다.

쌍생아 연구

　유전이 성격 형성의 중요한 영향 요인이라고 보는 시각은 인간의 지능과 정신장애에 대한 쌍생아 연구에 잘 나타나 있다(Carver & Scheier, 2000). 먼저 지능이 타고난 것인지 아니면 후천적으로 습득된 것인지를 알아보기 위한 쌍생아 연구에 따르면, 인간의 지능 발달에 있어서 유전적 요인이 많은 영향을 미치는 것으로 나타났다. 즉, 유사한 환경에서 양육된 경우는 물론 서로 다른 환경에서 성장한 경우에도 일란성 쌍생아가 이란성 쌍생아에 비하여 지능지수의 상관관계가 더 높은 것으로 나타나 지능 발달에 유전적 영향이 더 강한 영향을 미친다고 보고하였다. 그리고

조현병 연구

조현병에 관한 연구에서도 이란성 쌍생아보다는 일란성 쌍생아의 조현병 발병 일치율이 높고, 정상적 형제자매나 사촌보다는 이란성 쌍생아의 발병 일치율이 높은 것으로 나타났다.

　이와 같이 지능과 조현병에 대한 쌍생아 연구에서 유전이 중요한 영향 요인인

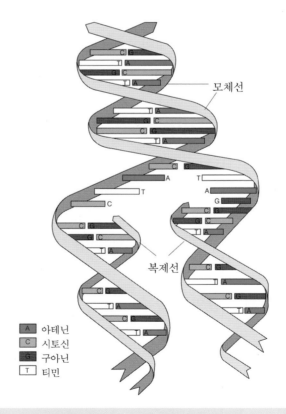

[그림 3-4] DNA의 나선구조와 복제

출처: 위키백과, http://ko.wikipedia.org

것으로 나타났다. 하지만 실험연구가 모두 환경의 영향력을 철저히 배제하지 못하였다는 한계점을 지니고 있기 때문에 성격이 유전에 의해 형성된다고 단정하기는 어렵다. 따라서 Liverant와 Scodel(1960)의 "어떠한 성격 특성이 단일 유전인자의 필연적 작용에 의해 비롯된다는 생각은 유행이 지났거나 혹은 규칙이라기보다는 예외에 해당한다."는 말에서 보듯이, 어떠한 특성도 유전이나 환경만의 함수가 아니라 둘의 복잡한 상호작용에 의해 발생한다고 보는 것이 타당할 것이다. 그렇지만 Liverant와 Scodel의 표현은 단지 유전은 성격 형성의 유일한 결정인자는 아니라는 점을 밝혀 주는 것이지, 유전이 성격 형성에 중요한 영향을 미친다는 사실 자체를 부정하는 것은 아니라는 점을 알아야 할 것이다. 유전과 환경의 상호작용

성격 형성에 영향을 미치는 생물적 요인인 갑상선, 부갑상선, 뇌하수체, 생식선, 부신 등과 같은 내분비선에 의해 분비되는 호르몬은 자율신경계와 밀접한 관련성을 지니며 정신작용에 깊이 관여한다(안향림, 박정은, 1994). 신체적 성장과 신진대사에 관여하는 갑상선 호르몬의 분비가 저하되면, 동작이 둔해지고 쉽게 피로해하며 우울한 성격 특성을 보일 수 있다. 그러나 이 기능이 항진되면 흥분하기 쉽고, 침착성을 잃고 불안을 쉽게 경험한다. 부갑상선 호르몬의 저하는 신경과 근육의 흥분성을 높여 경미한 자극에도 과민반응을 보이며, 매우 활동적으로 된다. 뇌하수체 기능이 저하될 경우 공격성이 부족하고 쉽게 단념하며 겁쟁이로 놀림을 받는 경우가 많은 반면 이 기능이 항진되면 공격적 특성이 강하게 나타난다. 생물적 요인 갑상선 호르몬 뇌하수체

생식선에서 분비되는 성 호르몬은 남성 또는 여성적 성격 특성을 결정하는 주요 요인이 된다. 부신피질 호르몬의 분비가 저하되면 흥분하기 쉽고, 협동성이 결여된 성격 특성을 보이며, 부신수질 호르몬은 활동성을 고양하고, 위기 상황에 적극적으로 대처할 수 있게 만들어 준다. 이와 같이 내분비선에 의해 분비되는 호르몬은 성격 특성 중에서 성, 공격성, 정서와 관련된 영역에 많은 영향을 미치는 것으로 밝혀지고 있다. 성 호르몬

중추신경계는 자율신경계의 중추적 역할을 하는데, 불안증이나 우울증으로 인한 충동적 행동을 할 가능성이 높을 경우 전두엽 절제수술을 하여 충동성을 제거할 수 있다. 이는 중추신경계와 성격 특성이 상당한 관련성을 지니고 있음을 암시해 주는 것이다. 자율신경계는 성격 특성 중 정서를 지배하는 기능을 담당한다. 만약 자율신경기능이 비정상일 경우에는 정서불안이 유발된다. 특히 부교감신경이 긴장상태에 놓이게 되면 감정적 흥분상태가 적게 나타나고, 인내심과 억제성이 강 중추신경계 자율신경계

하여 활동성이 부족하며, 규칙을 잘 지키는 성격 특성이 강하게 나타난다(안향림, 박정은, 1994).

체액, 체형, 체질   생물적 요인 중에서 체액, 체형, 체질 등은 이 장의 제2절에서 살펴본 바와 같이 성격 특성에 의미 있는 영향을 미치는 것으로 나타나고 있다. Sheldon 등의 체형 론자는 인간의 체형, 체액, 체질 등이 성격 특성과 밀접한 관련성이 있다고 주장하지만, 이후의 학자에 의해 많은 비판을 받았다. 그리고 오늘날에 와서는 체형, 체질, 체액만으로 인간의 성격 특성을 판별한다는 것은 심대한 오류를 범할 가능성이 있다는 의견이 지배적으로 받아들여지고 있다.

2) 환경 및 후천적 요인의 영향

개인의 성격 발달은 유전적 · 생물적 요인 이외에 개인이 속해 있는 환경적 요인에 의해서도 큰 영향을 받는다. 즉, 성격은 유전적 · 생물적 요인에 의해 자동적으로 습득된 것 이외에 개인을 둘러싼 환경적 조건에 적응해 가는 동안에 독자적 상황적 특성   인 행동양식을 습득함으로써 형성되는 것이다. Mischel은 행동은 개인이 지닌 특질(trait)에 의해서가 아니라 개인이 기능하는 상황적 특성에 의해 통제된다고 하였으며, Ekehammar와 Magnuson의 연구에서도 상황적 특성이 행동을 결정하는 주요 요인인 것으로 나타났다(안향림, 박정은, 1994). Lorenz에 따르면 인간의 사회적 애착 형성은 각인(imprinting)이라는 학습과정에 의해 이루어진다고 하였다(Hess, 1973). 이러한 본능적 학습에 의한 성격이나 행동의 학습이 불가역적이며 본능적 후천적 학습   이라는 주장도 있지만, 각인이라는 것이 하나의 후천적 학습과정이기 때문에 후천적 요인에 의한 성격 형성을 설명해 줄 수 있는 개념이다.

가족   가족은 인간이 가장 먼저 그리고 가장 오랫동안 소속되어 있는 기본 사회집단이다. 따라서 가족의 구성, 가족관계, 부모의 양육태도, 형제간의 서열, 가족의 사회문화적 상태 등은 개인의 성격 발달에 가장 중요한 영향을 미친다. 그리고 아동 또래집단   과 청소년은 또래집단과의 상호작용을 통하여 사회생활에 필요한 기초적인 도덕성이나 사회적 역할 분담을 학습하게 되며, 의미 있는 지도력까지도 경험할 수 있게 된다.

지역사회   지역사회 환경 역시 성격 형성의 기초가 된다. 자연적 환경과 성격 특성을 비교한 김계숙(1988)의 연구에 따르면, 대륙 사람은 단결심이 약하고 작은 일에 소홀하고 큰일에 집착하는 반면 섬사람은 단결심은 강하나 작은 일에 집착하는 경우가 많다. 그리고 도시 사람은 민첩하고 교활하며 경박하고 냉정하며 허영심이 강한 반면 농촌 사람은 순박하고 온순하고 둔하고 미련하다. 산악지역 사람은 순진하며, 평지와 해변 사람은 경박하고 냉담하다. 이러한 연구 결과를 근거로 하여 볼때, 자연적 환경의 영향은 인간의 성격 형성에 많은 영향을 미침을 알 수 있다.

사회문화적 요인은 성격 형성에 매우 중요한 역할을 한다. Kluckhohn(1962)은 한 집단 속의 개인은 문화적 압력을 받으며 생활하게 되고, 이러한 문화적 힘이 성격 형성에 많은 영향을 미친다고 보았다. 그리고 Frank(1948)는 문화가 개인 유기체 안으로 짜여 들어간다고 말할 정도로 성격 형성에서의 문화적 영향을 강조하였다. 즉, 인간의 감정적 반응 양식은 문화적 요인에 의하여 결정되며, 부모의 양육태도나 가치관을 통하여 사회의 도덕적 관념과 사회적 태도 등이 전달되기 때문에 문화가 성격 형성 및 발달의 원천이라 할 수 있다. 문화인류학자인 Mead(1939)는 사춘기의 문제가 생물적 원인보다는 사회문화적 요인에 기인하며, 개인의 특질은 문화권에 따라 달라진다고 하였다. 현대사회에서도 지역에 따라 또는 같은 지역 내에서도 사회계층에 따라 문화가 다르며, 각 계층에 속한 개인이 보이는 성격 특성 또한 다르다.

이와 같이 생물적 존재이면서 동시에 사회문화적 존재인 인간은 후천적 환경에 적응하는 과정에서 자신만의 독특한 행동방식이나 적응양식, 즉 성격을 형성해 나가게 된다고 할 수 있다.

문화

사회계층

환경 적응

4 성격이론과 사회복지실천의 관계

사회복지실천은 개입하는 체계의 수준에 따라 개인, 가족, 집단을 주요 대상으로 하는 미시적 접근방법과 사회조직이나 전체 사회를 대상으로 하는 거시적 접근방법으로 구분한다. 미시적 접근방법은 내담자 체계와 직접 대면하여 서비스를 제공한다고 하여 직접적 사회복지실천이라고도 한다. 미시적 접근방법에는 개인 수준의 개입(social casework), 집단 수준의 개입(social group work), 가족 수준의 개입(family-centered social work practice), 지역사회 수준의 개입(community organization)이 포함되며, 우리나라의 대학교육에서는 사회복지실천(social work

미시적 접근방법

거시적 접근방법

practice)이라고 부르고 있다. 거시적 접근방법은 내담자 체계와 직접 대면하지 않고 다른 전달체계를 통하여 간접적으로 서비스를 제공한다고 하여 간접적 실천방법론이라고도 한다. 거시적 접근방법에는 사회계획, 사회복지정책, 사회복지행정 등이 포함되며, 전체를 아우르는 용어는 사회복지정책적 접근이다.

통합적 실천

현 시점에서 나타나고 있는 사회복지실천의 큰 흐름을 살펴보면, 거시와 미시 또는 직접실천과 간접실천으로 세분화하고 특수화된 실천보다는 통합적 실천(generic practice)을 중시하고 있다. 이러한 현대 사회복지실천의 조류에도 불구하고 직접사회복지실천과 간접사회복지실천 간에는 엄연한 구분이 존재한다. 이 책에서 다루는 성격이론은 주로 직접사회복지실천방법론의 발달에 많은 기여를 하여 사회복지가 전문직으로 발달하는 데 있어 과학적 토대를 제공하였다. 다음에서

성격이론과
직접사회
복지실천방법론

는 성격이론이 직접사회복지실천방법론의 발달에 어떠한 영향을 미쳤는지를 간략히 논의하고자 한다.

개인 수준의 실천

개인 수준의 실천은 개인을 대상으로 하는 방법론으로, 전문사회복지방법론 중에서 가장 먼저 발달하였다. 자선조직협회(charity organization society)에 기원을 두고 있는 개별사회복지실천이 하나의 과학적 기반을 갖춘 방법론으로 발달하는 데 가장 큰 영향을 미친 것은 1920년을 전후로 하여 사회복지전문직에 도입된 Freud의 정신분석이론이다. 진단주의 학파는 전통적 정신분석이론의 원리를 충실히 이행하였으며, 내담자의 정신내적 갈등, 특히 무의식 속에 자리 잡고 있는 어린 시절의 정신적 외상을 재구성함으로써 당면 문제를 해결하는 데 목적을 두고 있다. 이와 달리 기능주의 학파는 자아심리이론을 기초이론으로 받아들여, 개인의 자아를 강화하고 내담자가 관계하고 있는 환경적 조건의 개선을 통하여 당면 문제를 해결하는 데 목적을 두고 있다. 행동주의이론도 개인적 수준의 실천의 발달에 기여하였다. 특히 행동주의이론은 개별사회복지실천의 초점을 인간의 정신내적 갈등에서 객관적 관찰이 가능한 겉으로 드러난 행동으로 바꾸어 놓았다. 그 외에 인지이론, 인본주의이론 등이 도입되면서 개인의 주관적 세계나 촉진적 원조 관계에 대한 관심이 높아졌다.

성격이론의
부정적 영향

이와 같이 성격이론이 개인 수준의 실천의 발달에 긍정적 영향을 미친 것이 사실이긴 하지만, 부정적 영향을 미치기도 하였다. 특히 정신분석이론에 입각한 개인 수준의 실천은 내담자의 내적이고 심리적인 측면에 강조점을 둔 관계로 환경적 요인을 심도 있게 고려하지 못하였으며, 진단주의 학파와 기능주의 학파 간의 심

한 갈등으로 인하여 오히려 사회복지전문직의 양분화를 조장하기도 하였다.

　인보관운동, 진보적 사회교육운동, 레크리에이션운동 등에 뿌리를 두고 있는 집 **집단 수준의 실천**
단 수준의 실천은 개인 수준의 실천보다는 훨씬 늦게 전문사회복지방법론으로 인
정받기는 하였지만 다양한 전문직의 이론적 영향을 받았다. 집단 수준의 실천은
이 책에서 다루고 있는 성격이론과 소집단이론 이외에 사회학, 사회심리학 등의
영향을 많이 받았다. 이 책에서 다루고 있는 성격이론은 집단 수준의 실천 중에서
도 치료 모델(remedial model)의 발전에 많은 영향을 미쳤다. 먼저 정신분석이론은 **치료 모델**
집단 활동에 나타나는 해결되지 않은 초기 과업을 확인하여 성원 간 또는 치료자
에 대한 전이반응을 확인하여 치료하는 전통적 집단치료 모델의 이론적 토대를 제
공해 주었다. 신프로이트 학파로 분류되는 자아심리이론과 교류분석이론은 집단
성원의 자아인식을 증진할 수 있는 이론적 기초와 방법을 제공해 주었으며, 개인
심리이론은 개인의 성장을 도모하는 데 목적을 둔 성장집단에서 많이 활용되고 있
다. 행동주의이론은 불안, 공포로 인하여 나타나는 부적응적 행동을 집단이라는
매개체를 활용하여 치료할 수 있는 방법을 제시해 주었다. 특히 인지행동이론은
비합리적 신념체계의 수정, 자기주장훈련, 사회기술훈련집단에서 많이 활용되고
있다.

　가족 수준의 실천 역시 다른 직접사회복지실천방법론과 같이 많은 인간행동이 **가족 수준의 실천**
론의 영향을 받았다. 먼저 정신분석이론의 영향으로 초기 아동기에 가족에게서 받
은 정신적 외상(psychiatric trauma)이나 대상관계(object relation)의 결손으로 인하
여 발생하는 문제를 해결하는 데 초점을 둔 정신역동적 가족사회복지실천의 발전
이 이루어졌다. 행동주의이론의 영향을 강하게 받은 가족 수준의 실천에서는 부
모역할훈련, 비행청소년가족, 약물남용가족 등을 치료할 수 있는 치료 프로그램이
개발 · 활용되고 있다.

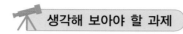
생각해 보아야 할 과제

1. 성격에 대한 나름의 정의를 제시해 보시오.

2. 소설, 영화, 드라마 등에 등장하는 인물의 성격을 분석해 보고, 그러한 성격이 어떠한 요인에 의해 형성되었는지 추론해 보시오.

3. 체액, 체형, 체질 등을 근거로 성격 특성을 논의하는 것이 어느 정도의 타당성을 지니며, 그 한계점은 무엇인지 토론해 보시오.

4. 대학 내의 학생상담소나 학생생활연구소를 방문하여 MBTI 또는 MMPI 등의 성격검사를 받아 보고, 자신의 성격 유형이 어떠한지 파악해 보시오.

5. 유전적 요인과 환경적 요인 중 어떤 요인이 성격 형성에 더 강한 영향을 미치는지에 대해 토론해 보시오.

6. '맹모삼천지교'의 사례가 성격 발달에 있어서 어느 정도 타당성을 지니고 있는지에 대해 토론해 보시오.

7. Maddi가 제시한 핵심적 성격과 주변적 성격 차원 중에서 모든 사람이 공통적으로 갖고 있는 핵심적 성격 차원을 동양사상 중 유학사상에서는 어떻게 규정하고 있는지 살펴보시오.

8. 의학 서적이나 인터넷 검색을 통하여 내분비선의 호르몬 변화에 따라 성격이 어떻게 변화할 수 있는지 좀 더 상세히 조사해 보시오.

9. 2~3명 짝을 지어서, 각자의 성격 발달에 있어서 가족, 집단, 조직, 지역사회, 문화가 미친 영향을 논의해 보시오.

10. 사회복지 전공서를 참조하여 성격이론이 사회복지실천, 특히 개인, 집단, 가족 수준의 개입이나 실천에 어떤 영향을 미쳤는지에 대해 좀 더 상세히 살펴보시오.

제4장

사회체계와 사회복지실천의 기초

1. 사회체계의 개념과 특성을 이해한다.
2. 가족, 집단, 조직, 지역사회, 문화, 가상공간의 특성을 이해한다.
3. 가족, 집단, 조직, 지역사회, 문화, 가상공간이 인간행동에 미치는 영향을 이해한다.
4. 가족, 집단, 조직, 지역사회, 문화, 가상공간과 관련된 사회복지실천의 접근방법을 이해한다.

인간은 환경체계와 분리되어서는 존재할 수 없으며, 환경체계와 지속적 상호작용을 통하여 발달해 간다. 즉, 인간은 환경적 요구에 적응하고 때로는 환경을 자신의 요구에 맞게 수정 또는 변화시키는 호혜적 상호작용을 통하여 삶을 영위하는 존재이다. 환경체계는 개인의 성격, 발달, 행동, 욕구 등 인간의 모든 측면에 강한 영향을 미치므로, 인간행동을 정확히 이해하고 효과적인 사회복지실천을 위해서는 인간이 지닌 내부 체계뿐 아니라 외부 환경체계가 인간에게 미치는 영향 그리고 인간-환경 사이의 상호작용에 대한 정확한 이해를 가져야 한다. 즉, 전문사회복지사가 되기 위해서는 인간의 내부 체계와 자연환경과 사회환경을 포괄하는 환경체계에 대한 이해를 갖추어야 하며, 환경체계에 개입하는 데 필요한 전문지식과 실천기술을 연마하여야 한다.

이러한 인간행동의 맥락, 즉 인간이 속한 환경체계의 영향을 설명해 주고 전문사회복지실천의 기반을 제공해 주는 이론 역시 매우 다양하다. 그렇지만 사회복

인간과
환경체계의
상호작용

인간행동

환경체계 이론

지실천에서 가장 많이 활용되고 있는 이론은 소집단이론, 일반체계이론, 생태학
적 이론, 그리고 구조기능주의이론과 갈등이론 등의 사회학이론들이다. 소집단이
론은 인간의 집단 내 행동을 가장 잘 설명해 줄 수 있는 이론이다. 일반체계이론
은 개인과 환경 특히 개인과 사회적 환경 사이에 이루어지는 상호작용과 상호관계
를 설명하는 데 가장 적합한 이론이다. 생태학적 이론은 인간행동의 사회적 맥락,
문화적 맥락, 자연환경적 맥락, 시간적 맥락을 종합적으로 고려할 수 있게 해 주는
이론이다. 이러한 이론은 사회복지실천의 구체적인 개입방법이나 기술을 제시해
주지는 않지만, 인간과 환경체계에 대한 균형적 관점의 유지와 양자 간의 상호작
용에 대한 이해를 증진하고, 이러한 체계 수준에 대한 사정과 개입 방안을 모색하
는 데 유용한 이론으로 받아들여지고 있다(최옥채 외, 2020).

이에 다음에서는 현재 사회복지실천에서 가장 널리 활용되고 있는 일반체계이
론과 생태학적 이론을 중심으로 사회체계의 개념을 살펴보고, 인간의 주요 사회체
계인 가족, 집단, 조직, 지역사회, 문화, 가상공간(cyberspace)이 지닌 특성과 인간
행동에 미치는 영향이 어떤 것이 있는지 고찰한 후 사회복지실천과 어떠한 관련성
이 있는지에 대해 논의하고자 한다. 그리고 인간의 환경체계에 대한 주요 이론에
대해서는 제4부 제21장부터 제29장까지의 사회체계와 사회복지실천에서 상세히
살펴보고자 한다.

1 사회체계의 개념과 특성

인간의 발달은 진공 상태에서 일어나는 것이 아니라 언제나 특정한 환경 속에서
이루어지며, 그 발달 결과는 행동을 통해 표현된다(Bronfenbrenner, 1979). 이러한
환경은 크게 물리적 환경과 사회적 환경으로 구분되며 생태학적 이론에서는 이 두
가지 환경을 생태체계(ecosystem) 또는 환경체계(environmental system)라는 용어로
통칭하고 있다. 그리고 제1부 제1장에서 이미 언급했듯이 '인간행동과 사회환경'
이라는 교과목의 명칭에서 사용되는 '사회환경'이라는 용어 역시 물리적 환경과 사
회적 환경 그리고 이들 간의 상호작용 모두를 의미하는 인간을 둘러싼 모든 환경
체계를 의미한다. 그리고 인간과 환경 그리고 양자 간의 상호작용에 의해 형성되
는 광의의 개념으로서의 사회환경은 체계로서의 속성을 지닌다.

체계(system)란 독특한 방식으로 상호작용하고 상호 의존하는 부분들로 구성된 체계 전체, 즉 부분 간에 관계를 맺고 있는 일련의 단위이다(Bertalanffy, 1968). 즉, 체계 는 일정 기간 물리적 환경을 공유하면서 맺은 상호관계를 통하여 조직화되고 안정 되어 있으며, 상호 간에 직접 또는 간접적인 영향을 미치는 구성요소의 복합체이 다. 이러한 체계는 서로 영향을 미치는 구성요소 간의 상호작용과 상호의존적 관 계를 통하여 안정되고 조화로운 통합적 전체를 이루며, 체계의 고유한 공간을 확 보하지만 외부 체계와 단절됨이 없이 지속적인 에너지 교류를 함으로써 생존이 가 능해지고, 내적 기능과 구조에서의 변화와 발달이 이루어진다.

이러한 체계의 특성은 조직화(organization), 상호 인과성(mutual casuality), 지속 체계의 특성 성(constancy), 공간성(spatiality), 경계(boundary)라는 다섯 가지로 정리된다(Martin & O'Connor, 1989). 조직화라는 체계의 특성은 체계 구성요소 또는 부분 간에 조화 조직화 로운 연결성이 있다는 것을 의미한다. 즉, 체계를 구성하고 있는 요소, 즉 부분들 은 서로 분리되어 있는 것이 아니라 독특한 방식으로 상호작용하고 의존하는 과정 에서 조화를 이루는 하나의 통합된 조직을 이루게 된다. 상호 인과성은 체계의 부 상호 인과성 분 간의 상호작용 과정에서 한 부분에 일어난 변화는 다른 모든 부분에 직접 또는 간접적 영향을 미치므로 다른 부분의 변화뿐 아니라 체계 자체, 더 나아가 체계를 둘러싼 환경의 변화까지도 유발하게 된다는 체계의 특성이다. 지속성은 체계가 시 지속성 간의 흐름에 따라 발달하고 구성요소의 역할이 분화되는 역동적 특성을 지니지만 전체로서의 체계는 비교적 안정된 구조를 유지하게 되는 특성을 말한다. 공간성 공간성 은 모든 체계는 나름의 물리적 공간을 점유하여 다른 체계와 구분되는 특성을 말 한다. 경계는 공간성과 관련된 개념으로 다른 체계와 구분해 주는 눈에 보이지 않 경계 는 테두리로서, 외부 체계로부터 체계의 생존에 필요한 자원을 받아들이고, 체계 의 생산물을 외부 체계로 산출하는 기능을 담당하게 된다.

체계는 개인, 가족, 집단, 조직, 지역사회 등 매우 다양한 수준에 걸쳐 존재하며, 체계의 차원과 구조 체계는 그 자체로서 하나의 완전한 체계인 동시에 다른 체계의 상위체계이며 또 다른 체계의 하위체계가 될 수 있다. 따라서 체계는 동시에 여러 차원의 체계에 속 하며, 인간을 둘러싸고 있는 생태체계 또는 환경체계는 상호 의존적이고 역동적인 중첩 구조를 형성한다. Bronfenbrenner(1979, 1989)는 인간을 둘러싸고 있는 생태 체계 또는 환경체계를 미시체계, 중간체계, 외적체계, 거시체계, 시간체계라는 다 섯 가지로 구분하고 있다.

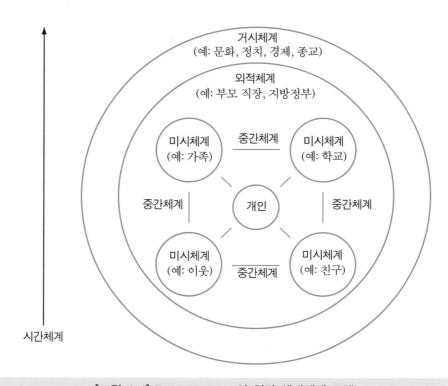

[그림 4-1] Bronfenbrenner의 인간 생태체계 모델

미시체계   　　미시체계(microsystem)는 개인의 가장 근접한 환경으로서, 가족, 학교, 이웃 등의
물리적 환경과 사회적 환경 그리고 그 환경 내에서 갖게 되는 지위나 역할, 활동,
대인관계 등을 의미한다. 개인은 미시체계와 직접적 상호작용을 하며, 그 과정에
서 서로 영향을 주고받는다. 미시체계는 개인의 특성과 발달 단계에 따라 달라지
는데 일반적으로 미시체계는 점차 확대되어 가지만, 노년기에는 접촉하는 미시체
계의 범위가 줄어든다.

중간체계   　　중간체계(mesosytem)는 상호작용하는 두 가지 이상의 미시체계의 관계망을 말
한다. 중간체계의 예로 가족 미시체계와 학교 미시체계의 상호작용과 같은 두 가
지 이상의 미시체계 간의 관계를 들 수 있는데, 한 개인은 가족 내에서 아들의 지
위와 역할을 수행하지만 학교에서는 학생으로서의 지위와 역할을 동시에 가진다.
이와 같이 개인은 서로 다른 미시체계 내에서 서로 다른 지위와 역할을 갖게 되므
로 각각의 미시체계로부터 긍정적 영향이나 부정적 영향을 받지만, 두 미시체계가
동시에 작용하여 만들어 내는 상승적 효과로 인한 영향도 받는다. 만약 가족체계

내의 부모는 학업적 성취를 중시하지 않는 가치관을 가지고 있는 반면 학교체계의 교사는 학생들의 학업적 성취를 무엇보다도 중시하는 가치관을 가지고 있다면 아들이자 학생인 개인은 두 체계 사이의 상호작용 과정으로 인해 혼란을 경험하게 될 것이며, 가족, 학교, 더 나아가서는 지역사회에서 부적응적 행동을 보일 가능성이 높아지게 된다. 그와는 반대로 부모와 교사의 가치관이 일치하고 효과적인 의사소통 통로를 갖게 되면 학생들은 학교생활에 잘 적응해 갈 수 있게 될 것이다.

외적체계(exosystem)는 개인이 직접 참여하거나 관여하지는 않지만 개인에게 영향을 미치는 환경체계로서, 부모의 직장, 정부, 사회복지기관, 대중매체 등이 포함된다. 예를 들어 부모 직장의 고용주는 개인의 부모를 조기 퇴직시킬 수 있으며, 정부는 개인이 살고 있는 재산이나 소득에 대해 부과하던 세금을 인상할 수 있다. 사회복지기관은 국민기초생활보장 수급권자가 아니라는 이유로 개인이 이용하고 싶어 하는 서비스를 제공하지 않을 수 있으며, 대중매체에서는 가족이 함께 시청하는 시간대에 아동이나 청소년이 보기에 부적절한 프로그램을 방영할 수도 있다. 또는 그와 반대로 부모 직장의 고용주는 부모를 승진시킬 수 있으며, 정부는 주택 및 소득 관련 세금을 인하해 줄 수도 있다. 사회복지기관은 개인이 원하는 서비스를 이용할 자격을 줄 뿐만 아니라 다른 서비스도 추가로 제공할 수 있다. 대중매체는 모든 연령층에게 유익한 교양 프로그램을 방영할 수도 있다. 이와 같이 개인이 직접 참여하거나 관여하지는 않지만 개인의 외적 체계는 개인의 삶에 긍정 또는 부정적 영향을 미치게 된다.

거시체계(macrosystem)는 미시체계, 중간체계, 외적 체계에 포함된 모든 요소에다 정치, 경제, 종교, 교육, 윤리와 가치, 신념, 관습, 문화 등의 광범위한 사회적 맥락을 포괄한다. 거시체계는 다른 체계보다 안정적인 특성을 지니고 있지만, 산업화, 민주화, 도시화, 전쟁이나 경기침체 등의 사회 변화에 따라 근본적인 변화가 이루어지기도 한다(Elder & Caspi, 1988). 거시체계는 개인의 삶에 직접 관여하지는 않지만, 전체적으로 보면 간접적 방식으로 개인의 삶에 강력한 영향을 미친다. 예를 들어 거시체계는 매력적인 외모의 기준을 제시하고, 건강관리를 위한 공익광고를 하고, 건강을 해치는 물질에 대한 법적 규제를 가하고, 건강증진 정책을 수립하여 집행하고, 질병 치료를 위한 의학적 연구를 지원함으로써 사회구성원의 건강수준에 영향을 미친다.

시간체계(chronosystem)는 개인의 전 생애에 걸쳐 일어나는 변화와 역사적인 환경을 포함하는 체계로서, 개인의 발달에 결정적인 영향을 미친다. 개인은 시간의

외적체계

거시체계

시간체계

흐름, 즉 성장함에 따라 다양한 생활사건을 경험하게 되는데, 이러한 생활사건은 특정 시점에 국한된 것이 아니며 사전, 진행기간, 사후기간이라는 서로 연결된 시간 속에서 발생한다. 개인은 단일 생활사건의 영향을 받기도 하지만, 사건들이 누적되거나 복합적으로 작용하여 개인에게 영향을 미친다. 예를 들면 부모의 이혼이 미치는 영향은 이혼 첫해에 가장 강하며, 이혼 후 2년 정도가 지나면 가족 간의 상호작용은 안정을 되찾는 경우가 많다(Hetherington. 1981).

생태체계　　인간의 생태체계는 러시아 전통 목각인형 마트로시카(matryoshka)와 같이 여러 체계가 모여 개인을 둘러싼 하나의 생태체계를 이룬다. 각각의 체계는 개별적으로 하나의 독립적 체계로서 개인에게 영향을 미치기도 하지만 상호작용하여 개인에게 복합적 영향을 미치며, 체계 간의 관계와 그 영향력은 개인이 발달함에 따라 달라진다(곽형식 외, 2000).

생태체계의
기능　　인간의 생태체계는 외부의 환경과 상호작용하는 과정에서 안정된 상태를 유지하기 위하여 적응, 목표달성, 통합, 유형 유지의 기능을 수행하여야 한다(Norlin & Chess, 1997). 즉, 체계는 외부환경에서 자원을 얻어 이를 배분하거나 보존하여야 하며(적응), 체계가 목표의 우선순위를 정하고 그 목표를 달성하기 위하여 체계 내부의 구성요소를 동원할 수 있어야 하며(목표달성), 내부의 구성요소 간의 상호작용을 조정하고 유지해야 하며(통합), 그리고 체계 내에서 발생하는 긴장이나 스트레스를 적절히 다루어 체계를 유지해야 한다(유형 유지).

[그림 4-2] 러시아 전통인형 같은 인간 생태체계

출처: http://www.therussianshop.com

2 가족과 인간행동

가족은 개인과 사회를 연결하는 다리 역할을 수행하는 가장 오래되고 가장 기본 개인과 사회의
다리
적인 사회제도로서, 개인의 행동과 발달에 가장 중요한 영향을 미치는 직접적 환
경이다. 가족은 하나의 사회체계로서, 체계를 구성하는 요소들의 구조, 기능, 관
계, 생활주기에 따라 그 특성과 개인에게 미치는 영향이 달라질 뿐만 아니라 외부
환경과의 상호작용의 속성에 따라 체계 자체의 특성과 기능이 달라지고 개인에게
미치는 영향 또한 달라진다.

따라서 사회복지실천에서는 내담자를 둘러싼 가족환경의 영향을 정확히 이해 가족환경의 영향
하고, 내담자뿐만 아니라 가족의 변화를 도모할 수 있는 직접 혹은 간접적 개입방 가족의 변화
법과 관련된 지식과 기술을 습득하여야 한다. 이에 다음에서는 가족의 개념과 특
성에 대해 살펴본 후에, 가족이 개인의 행동과 발달에 어떠한 영향을 미치고, 가족
을 단위로 한 사회복지실천에는 어떠한 접근방법이 있는지에 대해 간략히 논의해
보고자 한다.[1]

1) 가족의 개념

모든 사회 현상과 마찬가지로 가족 역시 어떠한 관점에서 정의하는가에 따라 가
족의 개념은 달라진다(조흥식 외, 2010). 구조기능주의이론은 가족이 사회구성원을 구조기능주의이론
재생산하고 기존 사회체제에 적응하도록 돕는 사회제도로 보고 있는 반면 갈등이 갈등이론
론은 착취적인 자본주의 체제의 유지를 위하여 가족의 안식처로서의 기능을 중시
하고 개인의 가족에 대한 의존성을 더욱 강조하는 역할을 담당한다고 비판하고 있
다. 그리고 여성주의이론은 현재의 가족체계가 남녀 간의 불평등을 기반으로 하는 여성주의이론
가부장적 체계를 유지함으로써 여성 가족성원이 억압된다고 보고 있다. 일반체계 일반체계이론
이론에서는 가족을 상호 관련된 부분과 하위체계로 구성된 조직으로 보고 가족체

---

[1] 체계(system)로서의 가족의 구조, 역동, 과정적 특성에 대해서는 이 책의 제4부 제22장 일반체
계이론에서 좀 더 상세히 논의하고자 하며, 가족복지실천의 주요 접근방법에 대해서는 사회복
지 교육과정의 전공심화 교과과정인 가족복지론 또는 가족치료 등의 교과목에서 학습하여야
할 것이다.

계 내에서 이루어지는 가족역동을 파악하는 데 강조점을 두고 있다.

가족의
개념 정의

이와 같이 가족에 대한 다양한 관점이 존재하고 시대와 문화에 따라 그 구조와 삶의 양식이 변화하기 때문에 가족에 대한 보다 광의의 개념적 접근이 필요하다 (Collins et al., 1999). 이러한 가족에 대한 기존 학자들의 개념 정의를 살펴보면, 먼저 Murdock(1949)은 가족을 "성관계가 허용되는 성인 남녀와 출산한 자녀나 입양 자녀로 구성되어 있으며, 공동거주, 경제적 협력, 생식(生殖)의 특성을 갖는 사회집단"으로 규정하고 있다. Levi-Strauss(1969)는 가족을 "결혼에 의해 출발하며, 가족 구성은 부부와 자녀 그리고 근친자(近親者)로 구성되어 있으며, 그 구성원은 법적 유대, 경제적·성적 의무와 권리, 존경과 애정 등과 같은 다양한 심리적 감정으로 통합되어 있는 체계"로 정의하고 있다. 미국사회복지사협회(NASW, 1982)에서는 가족을 "자신들 스스로가 가족으로 생각하면서 전형적인 가족으로서의 의무를 수행하는 2인 이상의 집단"이라고 규정하고 있다.

가족의 정의

이와 같은 가족에 대한 정의를 종합하여 볼 때, 가족은 결혼, 혈연 또는 입양에 의해 결합되고, 그 구성원의 대부분이 동거하면서 경제적으로 협력하고, 각자에게 부여된 사회적 지위와 역할을 수행하는 과정에서 상호작용과 의사소통을 하며, 공통의 문화를 창출·유지하고, 영구적 관계를 유지하는 사회집단 또는 사회체계라고 할 수 있다.

2) 가족의 구조, 기능, 관계 및 생활주기

하나의 사회집단 또는 사회체계인 가족의 특성을 파악하기 위해서는 가족의 구조, 기능, 관계, 생활주기의 네 가지 요인을 고려해야 한다.

(1) 가족구조

가족과 집단의
차이

가족구조란 '가족의 구성이 어떻게 되어 있는가'를 말하는 것으로, 가족이 구조적 측면에서 다른 사회집단과 구분되는 특성을 살펴보면 다음과 같다.

① 가족은 자연발생적인 혈연관계를 중심으로 하는 소집단으로서, 다른 사회집단에 비해 가족성원의 선택과 이탈이 자유롭지 못하다.

② 가족은 결혼, 혈연, 입양에 의해 맺어진 친밀한 관계로서, 그 관계는 법적으로

보호를 받으며 영속적이다.

③ 가족은 폐쇄집단의 특성을 가지고 있으나 가족생활주기에 따라 유연하게 변화한다.

이와 같은 가족의 구조적 특성을 파악함에 있어서는 가족 유형, 가족 규모, 세대 구성을 중심으로 논의하는 것이 일반적이다. 먼저 가족 유형은 동거하고 있는 가족구성원의 관계를 중심으로 그 형태를 구분하는 것으로, ① 부부 또는 부부와 미혼자녀가 동거하는 부부가족, ② 부부와 기혼의 장남과 장손이 함께 동거하는 직계가족, ③ 부부와 기혼 딸 또는 손자녀가 동거하는 방계가족, 그리고 ④ 부부와 기혼 아들과 기혼 딸이 동거하는 복합가족으로 구분할 수 있다. 현재 우리나라의 가족은 부부가족이 보편화되어 가고 있으며, 직계가족은 그 비율이 줄어들고 있다. 1인 독신가구나 형제끼리 동거하는 과도기적 가족, 이혼가족과 재혼가족, 한부모가족, 혼전 동거와 같은 다양한 유형의 가족이 증가하는 양상을 보이고 있다.

> 가족의 구조적 특성
>
> 가족 유형

가족 규모는 동거가족원의 수를 의미하는 것으로, 1980년 평균 동거가족원은 4.5명에서 2000년 3.1명, 2010년 2.7명, 2018년 2.4명으로 점차 감소하여 소가족화의 경향이 지속될 것으로 예측되고 있다(통계청, 2019a). 세대(generation)란 "결혼과 출산에 의해 형성된 친자관계(親子關係)에서 시작되어 친족관계로 확대되는 혈연계통상의 단계를 말한다. 우리나라의 가족의 경우 1~2세대의 가족은 지속적으로 증가하고 있는 반면 3세대 이상의 가족은 지속적으로 감소하는 경향을 보이고 있다.

> 가족 규모
>
> 세대 구성

(2) 가족 기능

가족은 생활공동체로서 체계의 유지와 구성원의 성장과 발달을 지원하기 위하여 다양한 기능을 수행해야 한다. 이러한 가족이 기능적 측면에서 다른 사회집단과 구분되는 특성을 살펴보면 다음과 같다.

> 가족과 집단의 차이

① 가족은 집안, 가풍, 조상 등을 포함하는 넓은 의미의 개념을 갖고 있는 문화집단으로, 현재의 가족은 역사적인 수직선상의 가족과 연결되어 있다.

② 가족성원은 경제적, 심리사회적으로 상호 의존하고 상호 부조적이며, 구성원의 보호를 위하여 가족 전체가 무제한의 책임을 지려는 경향이 강하다.

③ 가족 내에서는 성, 연령에 따라 각 성원의 지위가 배정되고, 그것에 따라 권력과 역할, 노동의 분화가 이루어진다.

가족의 기능

이러한 가족의 고유한 기능에 대한 학자들의 주장은 매우 다양하다. 이는 성적 욕구충족 기능, 자녀출산 및 양육 기능, 정서적 지지 기능, 경제적 협조 기능, 사회화 교육 기능, 보호 기능 등으로 요약할 수 있다. 이를 좀 더 구체적으로 살펴보면 다음과 같다.

성적 욕구 충족 기능

첫째, 부부의 성적 결속은 가족안정과 사회안정의 필수 요소이지만, 성적 욕구의 충족과 아울러 정서적 욕구충족이 겸비되어야 하는데, 최근 성매매 등과 같은 부부관계 이외의 경로를 통하여 성적 욕구를 충족하는 경우가 늘어나고 있다.

자녀 양육 및 교육 기능

둘째, 자녀출산은 가족의 고유 기능으로 유지되고 있으나, 자녀 양육이나 교육의 기능은 보육기관과 교육기관으로 이관되어 가족의 자녀양육 및 교육 기능이 축소되고 있다.

정서적 지지 기능

셋째, 전통적으로 가족은 안식처로서의 기능을 수행해 왔고 경쟁사회로의 변화로 인하여 가족의 정서적 지지 기능의 중요성이 높아지고 있지만, 가족 내에서의 성차별적 역할수행, 가정과 직장의 엄격한 분리 등으로 가족성원 간의 의사소통 단절, 소외감 등이 발생해 정서적 지지 욕구가 충족되지 못하는 경우가 증가하고 있다.

경제적 협력 기능

넷째, 가족의 경제적 협력 기능의 변화를 살펴보면, 전통가족에서는 공동생산과 공동분배의 기능을 수행해 왔으나 현대의 가족에서는 생산 기능보다 소비 기능이 중시됨으로써, 가족성원 중 1~2명에게 생산 기능이 집중되어 있어 이들에게 실직, 사업 실패, 사고, 장애나 만성질환 등이 일어날 경우 가족해체의 위험성이 매우 높다.

사회화 교육 기능

다섯째, 가족은 1차적인 사회화 교육의 장이지만, 현대가족은 핵가족화로 인하여 다양한 역할모델을 갖지 못하고 세대 간의 단절 현상이 초래되고, 자기중심적 생활과 가치관을 갖게 되며, 자녀 중심의 과보호로 인하여 사회적응에 필요한 사회적 기술 습득에 문제를 야기하는 경우가 늘고 있다.

보호부양 기능

여섯째, 가족은 구성원의 보호를 위한 무한책임을 이행하려는 속성을 지니고 있지만, 최근 소가족화의 경향이 강해지면서 노약자인 가족성원의 보호부양에 필요한 인력 부족으로 인하여 가족의 보호부양 기능이 지속적으로 약화되고 있다.

(3) 가족관계

가족관계는 가족구성원 간의 자극, 정서, 가치의식 등을 교환하는 상호작용으로서, 가족구조상의 지위, 역할, 기능에 따른 분업관계, 권리-의무관계, 역할기대와 수행 정도 등을 포함한다. 이러한 가족이 관계상의 측면에서 다른 사회집단과 구분되는 특성을 살펴보면 다음과 같다.

가족과 집단의 차이

① 가족은 소속감과 결속감이 어느 다른 사회집단보다도 강하며, 어떤 사회관계보다도 일찍 형성되며 장기적 혹은 영구적으로 유지된다.
② 가족관계는 비타산적인 감정이 지배적이고, 무조건적이고 비합리적인 성향을 가지고 있다.
③ 가족성원은 정서적으로 밀접한 유대관계를 맺고 있으므로, 한 성원의 행동이나 사고의 변화가 다른 성원에게 미치는 영향이 다른 집단에 비해 강하다.

가족체계는 결혼에 의해 형성되는데, 우리나라의 전통가족에서는 개인보다는 가계존속의 목적에서 결혼이 이루어졌지만 현대가족에서는 개인의 심리정서적 욕구와 개인의 발전과 만족에 그 목적이 있다. 따라서 전통가족에서는 가계계승, 시부모 부양, 가족의 화목 등에 목적을 두고 가문의 계급적 지위에 따른 인위적 중매결혼이 주류를 이루었다. 현대가족에서는 개인 당사자의 의견을 더 존중하여 자신이 배우자를 선택한 이후 부모에게 사후 승낙을 받는 연애혼이 다수를 차지하고 있다. 부부관계의 변화를 살펴보면, 전통가족에서는 부자관계의 2차적 관계였으며, 부부간의 사랑보다는 가족화목을 중시하는 주종관계였다. 현대가족에서는 부부관계가 가족관계의 1차적 관계로 바뀌었으며 부부간의 애정적 유대관계를 중시하고 있다. 하지만 남편주도형의 전통적 부부관계 유형이 여전히 유지되고 있는 것은 부정할 수 없는 현실이다.

결혼

부부관계

부모-자녀관계의 특성을 살펴보면, 한국 사회에서는 서구 사회에 비해 자녀를 자신의 분신으로 간주하는 경향이 강하지만 최근 들어 자녀의 성장과 양육의 즐거움을 중시하는 경향으로 변화하고 있다. 그리고 부모-자녀의 관계 속성도 자녀의 독립성, 자율성, 개인의 성장 등을 상당 부분 인정하는 방향으로 바뀌어 가고 있지만 효사상, 부모의 권위적 태도, 자녀의 순종적 태도는 어느 정도 유지되고 있는 상황이다. 부모-자녀관계 중의 하나인 고부관계는 전통가족에서는 주종관계이면

부모-자녀관계

고부관계

서 동시에 다른 가족관계의 주변적 관계에 머물러 있었지만, 현대 가족에서는 며느리의 가사, 재정권이 강화되면서 시어머니의 권위가 약화되고 있으며, 고부간의 갈등이 외부로 표현되는 경우가 많아지고 있다.

조부모-손자녀 관계

조부모-손자녀 관계를 보면, 전통사회에서는 손자녀의 훈육에 적극적으로 조부모가 관여하였으나 현대가족에서는 조부모의 손자녀 훈육기능은 매우 약화되어 있으며 서로 멀리 떨어져 생활하다가 가끔씩 만나 즐겁게 시간을 보내는 원거리형과 재미추구형 관계가 증가하고 있다. 경쟁, 협력 등의 사회적 기술의 시험장이 되

형제관계

는 형제관계 역시 이전에 비해 위계적 서열 구조의 속성은 약화되고 정서적 결속

친척관계

이 강화되고 있는 상황이다. 그리고 친척관계는 그 범위가 3~4촌 정도까지로 축소되었으며, 가족 내에 특별한 행사가 있는 경우에만 접촉하고, 특별한 위기 상황에서만 상호 지지가 이루어지고 있다.

(4) 가족생활주기

가족 스트레스 유발요인

가족은 여러 세대에 걸쳐 전해지는 관계와 기능적 유형, 가족의 태도, 금기 등의 수직적 스트레스 유발요인(vertical stressor)과 결혼, 자녀출산, 자녀출가, 죽음 등의 발달적 변화와 전쟁, 여성해방운동 등과 같은 수평적 스트레스 유발요인(horizontal stressor)을 경험함으로써 일련의 변화를 겪게 된다. 이러한 스트레스 유발요인에 의해 야기되는 가족의 구조, 기능, 관계상의 특징적 변화를 기준으로 가족의 생활주기상의 단계를 나누게 된다.

가족생활주기

Carter와 McGoldrick(1980)은 가족생활주기를 ① 본인의 출생에서부터 결혼 전까지의 결혼전기, ② 결혼에서부터 첫 자녀 출생 전까지의 결혼적응기, ③ 첫 자녀 출생에서부터 자녀의 평균 연령이 아동기에 속하는 자녀아동기, ④ 자녀가 청소년기에 진입한 이후부터 모든 자녀가 결혼하지 않은 시기인 자녀청소년기, ⑤ 첫 자녀의 결혼에서 막내자녀가 결혼하기까지의 자녀독립기, ⑥ 자녀가 모두 출가하고 노부부만 남는 노년기의 6단계로 구분하고 있다. 한국보건사회연구원(2000)에서는 가족생활주기를 ① 결혼으로부터 시작하여 첫 자녀를 출생하기까지의 가족형성기, ② 첫 자녀의 출생에서부터 막내 자녀의 출생까지의 가족확대기, ③ 막내자녀의 출산부터 자녀의 첫 번째 결혼까지의 가족확대완료기, ④ 자녀의 첫 결혼 시점부터 모든 자녀를 결혼시키는 시점까지의 가족축소기, ⑤ 자녀를 모두 떠나보내고 노부부만 남는 빈둥지시기(empty nest period)인 가족축소완료기로 구분하고 있다.

〈표 4-1〉에서 가족생활주기 변화 양상을 살펴보면, 우리나라 부부의 평균 초혼 (初婚)연령은 점점 늦어지고 신혼부부 기간과 자녀양육 기간은 다소의 증감은 있 으나 점진적으로 줄어들고 있는 반면, 노부부로 생활하는 노년기의 기간은 조금씩 줄어드는 경향을 보이는 것으로 나타났다. 이러한 경향은 청년의 늦은 사회 진출, 여성의 사회참여 증가, 소자녀 가치관 및 낮은 출산율, 가족의 노인 보호부양 기능 의 약화라는 사회현상과 깊은 관련성을 지닌다.

가족생활주기 변화 양상

ııll 표 4-1 결혼코호트별 가족생활주기 변화   (단위: 세, 년)

결혼 시기	평균 초혼연령	신혼부부 기간	자녀양육 기간	노년기
1979년 이전	21.61	1.53	34.33	18.63
1980~1989년	23.42	1.42	35.17	28.14
1990~1999년	25.00	1.57	34.94	27.87
2000~2012년	27.24	1.46	35.20	26.72

출처: 한국보건사회연구원(2015).

3) 가족이 인간행동에 미치는 영향

가족은 친밀한 대인관계 경험의 토대를 제공해 주는 사회환경으로서 개인의 행 동과 성격 형성에 지대한 영향을 미친다. 특히 영·유아기의 자녀양육 방식, 모자 관계의 질, 형제와의 관계 등은 이후의 인간행동 발달의 기초를 제공해 주기 때문 에 매우 중요하며, 그 이후에도 개인의 행동에 많은 영향을 미친다.

개인의 행동과 성격 형성

개인은 아동기까지 부모에게 전적으로 의존하여 생활하기 때문에 부모의 양육 행동은 아동의 심리사회적 발달 전반에 영향을 미치게 된다. Baumrind(1971)는 애 정과 통제라는 기준을 활용하여, 부모의 자녀양육행동을 권위적 부모, 허용적 부 모, 민주적 부모로 구분하였다. 권위적 부모는 자녀에게 무조건 복종을 하도록 원 하는 반면 자녀가 원하는 것에는 상당히 둔감한 유형으로, 부모가 일방적으로 규 칙을 정하고 그것을 절대적으로 지킬 것을 강요한다. 이러한 부모 아래서 성장한 자녀는 사회관계에서 불안감을 나타내고 다른 아동보다 더 우울하고 스트레스에 취약한 경향이 있다. 허용적 부모는 현대 사회에서 많이 나타나는 유형으로, 자녀 에게 애정적이나 단호한 제한을 설정하지 못하고 자녀가 요구하는 것을 수용하여

자녀양육행동

권위적 부모

허용적 부모

자녀에게 끌려다닌다. 허용적 부모 밑에서 자란 자녀는 대체로 충동적-공격적인
모습을 나타내며, 사회책임감이 낮은 것으로 나타났다. 민주적 부모는 자녀의 자
율성 발달에 관심이 있고 자녀의 요구에 적절히 반응하며, 자녀의 감정, 생각을 잘
이해하면서 필요한 부분에 대해서는 단호하게 제한을 설정하고, 그것에 대해 합리
적으로 설명하고 이해시키도록 노력한다. 즉, 애정과 통제의 조화를 이룬 양육방
식으로, 민주적 부모 밑에서 성장한 자녀는 사회책임감이 강하고 유능하면서 또한
독립성이 강한 성격으로 성장하는 것으로 나타났다.

민주적 부모

가족체계는 생물적 요인과 문화적 요인을 연결하는 기본 사회제도이며, 동시에
인간은 가족 내에서 적응하고 성숙하는 데에 필요한 기본적인 수단, 제도, 역할 등
을 학습하게 된다(Anderson & Carter, 1990). 그러므로 가족체계는 가족성원의 사회
화와 사회통제라는 과업을 이행하는 과정에서, 개인의 성격 형성과 발달에 다른
어떤 사회적 환경보다도 강한 영향을 미친다. 부모의 민주적 양육태도와 조화로운
부부관계와 같은 건강한 가족문화는 자녀에게 바람직한 사회화 모델을 제시하는
반면 이혼이나 지속적인 가족 갈등 등의 부정적 가족문화는 자녀의 미래 행동규범
의 선택에 부정적인 영향을 미칠 수 있다.

사회화와
사회통제

가족치료이론가는 가족 내에서 일어나는 반복적 상호작용 유형이 각 개인의 성
격과 행동을 결정하는 요인이 된다고 보고 있다. Minuchin(1974)은 가족체계 내에
존재하는 경계선의 침투성 정도가 개인의 성격 발달과 행동에 많은 영향을 미친다
고 보고 있다. 만약 가족성원 사이의 경계선이 명확하고 적절한 침투성을 허용하
는 경우(clear boundary)에는 가족성원 개개인은 자율성과 자아정체감을 확립하고,
자신의 행동에 대해 책임을 질 수 있게 된다. 그러나 경계선이 경직되어 있고 타인
의 관여를 허용하지 않는 경우(rigid boundary)에는 집단소속감의 발달이 이루어지
지 않으며, 적절한 정서적 반응을 학습할 수 없다. 그리고 대인관계기술이 매우 제
약되며, 타인에 대한 보호기능이 결여된 성격이 형성될 가능성이 높다. 이와 달리
경계선의 침투성이 지나치게 강한 경우(diffused boundary)에는 서로의 생활에 지
나치게 관여하는 관계로 개인적 정체감이나 자율성의 형성은 어려워지며, 만약 독
자적 행동을 할 경우에는 이를 배신행위로 규정하여 행동적 제약을 가한다. 그리
고 한 개인의 변화는 타인의 행동에 즉각적인 영향을 미치며, 타인의 안녕을 위하
여 희생을 감수하는 성격 특성이 형성될 가능성이 높다.

상호작용 유형

가족 경계선

가족체계의 역기능과 가족성원의 정신장애는 밀접한 관련성이 있는 것으로 알

가족체계의 역기능

려져 있다. 즉, 역기능적 의사소통, 세대 간 결탁이나 삼각관계, 모자간의 공생관계, 혼란된 위계질서, 왜곡된 가족신념과 전제 등과 같은 가족의 역기능에 적응하고 가족체계의 와해를 방지하기 위하여 가족성원 중의 1명이 정신장애나 문제행동을 일으키는 것이다. 이와 같이 일반체계이론에 근거를 둔 체계적 가족치료이론에서는 개인의 증상은 가족의 역기능적 상호작용 유형에 대한 은유적 표현으로 보고 있다(김유숙, 2002).

4) 가족과 사회복지실천

Richmond가 '가족을 돕는다(working with families).'는 슬로건하에 개인의 생활배경이 되는 가족을 사회복지실천의 기본 단위로 간주한 이래로, 사회복지실천에서 가족중심의 사회복지실천은 지속적으로 발달해 왔다. 가족복지실천은 가족성원 개개인에 초점을 맞추는 것이 아니라 '생활상의 어려움에 처한 가족을 위하여 가족 전체에 초점을 두고 가족이 안정된 삶을 추구할 수 있도록 가족의 기능을 강화하는 사회 전체의 조직적 노력'이라 할 수 있다(박종삼 외, 2002).

사회복지실천의 기본 단위 가족복지실천

이러한 가족복지실천의 접근방법은 매우 다양하지만 크게 분류하여 거시적 접근방법과 미시적 접근방법으로 구분할 수 있다. 거시적 접근방법은 가족문제의 원인을 경제적 배분 구조의 불평등성, 보건의료서비스의 취약성, 고용시장의 불평등과 불안정성, 주택의 부족 등과 같은 가족 외부의 사회경제적 요인에서 찾고, 가족이 처한 사회적 조건과 환경을 개선하여 가족의 기능을 지원 또는 보충하고, 가족의 변화를 유도하고자 하는 국가적인 차원의 노력으로, 가족복지정책이 대표적인 접근방법이다. 이러한 가족복지정책에는 세제정책, 가족법의 개선, 인구정책, 노동시장정책, 소득보장, 건강보장, 주택보장, 저소득 가족지원, 한부모가족, 영유아 보육 등의 여성 및 아동복지정책 등이 포함된다.

거시적 접근

가족복지정책

가족복지실천의 미시적 접근방법은 가족문제의 원인을 가족구조, 가족 기능, 가족관계 및 가족생활주기라는 가족 내부 요인에서 찾고, 이러한 원인에 의해 발생하는 부부 문제, 자녀 문제, 가족폭력 문제 등 가족이 겪는 다양한 문제를 다루고 가족의 변화와 가족성원의 성장을 도모하고자 하는 접근방법이다. 이러한 미시적 접근방법은 가족복지서비스라고 하며, 가족치료, 가족교육, 가족보존 및 지원서비스, 가족계획, 가족옹호사업 등이 대표적이다. 가족치료는 전체 가족의 역기능

미시적 접근

가족복지서비스

적인 상호작용에 전체 가족과 개별성원의 문제의 원인이 있다고 보고, 이의 해결을 통하여 가족이 호소하는 문제를 해결해 나가는 가족복지실천의 방법이다. 가족교육은 가족관계, 가족스트레스에 대한 대처 등과 관련된 교육을 통하여 가족기능을 강화하고자 하는 노력으로 가족자문(family consultation)이라고도 한다. 가족보존 및 지원서비스는 일부 손상되거나 지원이 필요한 가족의 기능을 보존하고 강화하여 가족을 유지하고 그 기능을 제고하기 위한 접근방법으로 가정방문상담 등의 재가복지서비스, 집단가정(group home), 주간보호서비스 등이 포함된다. 가족계획사업은 산아제한이나 출산촉진정책과 같은 정책을 통하여 가족을 통제하는 인구정책이다. 그리고 가족옹호사업은 빈곤가족, 학대가족, 이혼가족 등 자신의 권리를 적극적으로 주장하는 데 한계를 지니고 있는 가족의 권리를 대신하여 주장하고, 이들의 복지권을 회복시키고자 하는 가족복지실천의 한 방법이다.

일반체계이론

가족복지실천에 가장 큰 영향을 미친 이론은 일반체계이론이다. 1950년대 말에 가족치료 분야에 일반체계이론이 도입되면서 가족에 대한 미시적 개입 중 가족치료적 접근방법은 일대 부흥기를 맞게 되었다. 일반체계이론에 근거하여 만들어

가족치료

진 대표적인 체계적 가족치료(system family therapy) 모델로는 Minuchin의 구조적 가족치료, Haley의 전략적 가족치료, Milan Group의 체계론적 가족치료(syetemic family therapy), MRI의 상호작용적 단기가족치료 등이 있다. 이러한 체계적 가족치료의 발달로 인하여 사회복지실천에서도 기존의 개인 단위 중심의 서비스에서 가족을 기본 단위로 하는 서비스로의 전환이 이루어지게 되었으며, 이러한 가족치료 모델을 통합적으로 활용하는 가족중심적 사회복지실천이 발달하게 되었다(Hartman & Laird, 1987).

3 집단과 인간행동

사회복지실천에서는 인간을 환경 속의 존재로 규정하고 있지만, 더 정확히 표

환경 속의 집단에
속한 개인

현하자면 '환경 속의 집단에 속한 개인(person-in group-in environment)'이라 할 수 있다. 즉, 인간은 생존해 있는 동안 집단에 소속되지 않을 수 없으며, 자신이 속한 집단의 구성원과 상호작용하고 상호의존하는 과정에서 협력함으로써 생존할 수 있는 집단지향적 존재이며, 집단에 소속하고자 하는 기본 욕구를 지니고 있다. 개

인은 이러한 집단에 소속됨으로써 개인으로서의 정체감을 형성하고, 자신의 생활에서 의미와 만족을 추구할 수 있게 되며, 전 생애의 심리사회적 발달과 행동에 의미 있는 영향을 받게 된다.

심리사회적
발달과 행동

사회복지실천에서는 내담자를 둘러싼 사회집단의 영향을 정확히 이해하고, 내담자뿐만 아니라 내담자가 관계를 맺고 있는 집단의 변화를 도모할 수 있는 사회복지실천의 개입방법과 관련된 지식과 기술을 습득하여야 한다. 이에 다음에서는 집단의 개념과 특성에 대해 살펴본 후에, 집단이 개인의 행동과 발달에 어떠한 영향을 미치며, 집단 수준의 사회복지실천을 위한 방법에는 어떠한 것이 있는지에 대해 논의해 보고자 한다.[2]

집단 수준의
복지실천

1) 집단의 개념

집단이란 용어가 다양한 인간 집합체에 적용되는 것이기 때문에, 집단에 대한 개념 정의에서도 학자 간에 견해 차이가 있다. Brown(1991)은 집단을 "어떤 목적을 달성하기 위해 상호작용하는 사람들의 소규모의 집합 또는 대면적 집합체"라고 하였다. Hartford(1971)는 "인지적, 정서적, 사회적 상호 교환과 같은 공동의 관심사나 목표가 있고, 서로에게 인상을 남길 수 있을 정도의 접촉이나 상호작용이 있어야 하며, 공동으로 기능하기 위한 규범이 있고, 공동 활동을 위한 목적을 수립하고, 구성원 간 그리고 전체로서의 결속력이 있는 2인 이상의 개인의 모임"이라 하였다. Johnson과 Johnson(1997)은 집단을 "대면적 접촉을 하는 두 사람 이상의 개인이 다른 구성원을 알고, 자신이 그 집단의 구성원임을 인식하며 상호 목적을 달성하기 위해 상호 의존관계에 있는 상태"라고 규정하고 있다. Norlin과 Chess(1997)는 "개인이 서로 인식하고 상호작용하며 집단에 대한 의식을 가지고 구성원의 행동에 영향을 받는 2명 이상으로 구성된 사회조직의 한 형태"라고 정의하고 있다.

집단의 개념

이와 같은 기존 학자의 집단에 대한 정의를 종합하여 보면, 집단이란 "서로가 동

집단의 정의

---

2) 집단의 특성, 집단과 사회복지실천의 관계 등에 대해서는 이 책의 제4부 제21장 소집단이론에서 좀 더 상세히 논의하고자 하며, 집단 수준의 사회복지시실천의 접근방법과 기법 등에 대해서는 사회복지 교육과정의 전공심화 교과과정인 사회복지실천기술론 교과목에서 좀 더 깊이 있게 다룰 것이다.

일한 집단에 소속하고 있다는 집단의식이 있고, 공동의 목적이나 관심사가 있으며, 이들 목적을 성취함에 있어서 상호 의존적이며, 의사소통, 인지, 정서적 반응을 통하여 상호작용하며, 단일한 행동을 할 수 있는 능력이 있는 2인 이상의 사회적 집합체"라고 정의를 내릴 수 있다(김종옥, 권중돈, 1993).

2) 집단의 특성

군집

집단의 특성

집단은 단순히 여러 사람들의 집합체 즉, 군집(aggregate)이 아니라 일정한 목적을 달성하기 위하여 상호작용하는 과정에서 통합된 하나의 체계로서 기능을 하기 때문에 다양한 특성을 지닌다. 이러한 집단의 특성을 정리하여 보면, 집단은 ① 비슷한 관심사와 목적을 가진 최소 2인 이상의 일정한 구성원이 있으며, ② 집단성원이 공유하고 있고 달성 가능한 공통의 목적이 있으며, ③ 대면적 의사소통과 상호작용을 통하여 '우리 의식(we-feeling)'으로 비유되는 소속감, 정체성과 결속력을 형성하고, ④ 상호작용과 집단 내 행동을 통제하는 사회통제 기제와 집단문화가 형성되며, ⑤ 개인 간의 상호작용을 통하여 전체로서의 체계의 특성을 지니게 되지만 동시에 전체로서의 집단은 개인의 행동에 영향을 미치며, ⑥ 집단을 둘러싼 외부 환경과의 지속적 에너지 교환을 통하여 생존이 가능하고 그 기능의 변화와 발달이 이루어지며, ⑦ 형성에서부터 해체에 이르기까지 동일한 모습을 유지하는 것이 아니라 역동적 변화를 하는 일련의 발달 단계를 거친다(김종옥, 권중돈, 1993; 박연호, 2000; 손광훈, 2008).

집단 분류

1차 집단

2차 집단

이러한 집단은 인간관계의 특성, 집단 구성의 동기, 크기, 목적, 참여의 자유 등에 따라 다양하게 분류할 수 있다. 집단을 분류할 때 가장 많이 사용되는 방법은 Cooley(1909)가 사회화 과정에서 집단이 개인의 성격 형성에 미치는 영향을 설명하기 위하여 고안한 집단 분류 방법이다. Cooley는 인간관계의 특성에 따라 1차 집단(primary group)과 2차 집단(secondary group)으로 분류하였다. 1차 집단은 가족, 친구, 이웃 등과 같이 혈연과 지연을 바탕으로 자연발생적으로 이루어지는 집단으로, 친밀한 대면적 연합이나 협동을 중시하는 정서적 인간관계를 그 특성으로 가진다. 이에 반해 2차 집단은 전문 단체, 군대 등과 같이 목적달성을 위해 인위적 계약에 근거하여 형성된 집단으로, 성원 간의 관계는 개인적 차원에서 이루어지는 것이 아니라 이성적이고 계약적인 특성을 가진다.

집단 구성의 동기에 따라서는 자연적 집단(natural group)과 인위적 집단(formed group)으로 구분할 수 있다. 자연적 집단은 외부의 개입 없이 자연발생적으로 만들어진 집단으로 또래집단, 갱집단 등이 포함되며, Cooley의 1차 집단으로서의 특성을 지닌다. 이에 반해 인위적 집단은 특별한 목적을 달성하기 위해 사회기관, 학교, 회사 등과 같은 조직이 집단 구성의 필요성을 인식하여 의도적으로 구성한 집단으로, 위원회, 팀, 학급, 클럽, 치료집단 등이 포함된다. 이러한 인위적 집단은 성원의 성장, 교육, 행동 변화, 사회화에 대한 욕구를 충족하기 위한 치료집단(treatment group)과 조직 내의 특정한 과업을 성취하기 위한 과업집단(task group)으로 나뉜다.

자연적 집단

인위적 집단

치료집단

과업집단

집단의 크기에 따라서는 대집단과 소집단으로 구분할 수 있는데, 두 집단을 구분할 수 있는 분명한 기준은 없다. 그러나 대면적 상호작용이 이루어질 수 있는 최대치를 기준으로 하였을 때, 소집단은 20명 이하의 성원으로 구성된 집단으로 규정하는 것이 적절할 것이다. 또한 사회복지실천에서 집단을 대상으로 한 실천에서 1명의 사회복지사가 집단 전체의 상호작용을 동시에 관찰하고 적극적으로 개입할 수 있는 최대인원을 기준으로 할 때는 7~8명을 소집단으로 규정할 수 있다.

대집단과 소집단

집단성원의 가입과 탈퇴의 자율성 여부에 따라서는 개방집단(open-ended group)과 폐쇄집단(closed group)으로 나눌 수 있다. 개방집단은 집단이 진행되는 동안 언제나 새로운 성원의 가입과 기존 성원의 탈퇴가 자유로운 집단이다. 이에 반해 폐쇄집단은 처음 집단이 형성된 이후부터 새로운 성원의 가입 없이 처음부터 끝까지 동일한 성원으로 운영되는 집단을 말한다.

개방집단

폐쇄집단

이와 같은 집단의 유형은 집단 내에서 이루어지는 상호작용과 발달, 즉 집단과정(group process)과 그 과정에서 파생되는 집단역동(group dynamic)과 밀접한 관계가 있다(김종옥, 권중돈, 1993). 집단과정과 집단역동은 집단에 참여하는 모든 구성원에게 영향을 미치게 되므로, 집단 수준에 개입하고자 하는 사회복지사는 집단과정과 집단역동에 대한 명확한 이해를 갖추어야 한다. 이 책에서는 집단목적, 집단지도력, 의사소통, 상호작용, 집단결속력, 집단 내의 사회통제 기제, 집단문화, 집단발달 등의 집단과정과 집단역동에 대해서 제4부 제21장 소집단이론에서 상세하게 논의하고자 한다.

집단과정

집단역동

3) 집단이 인간행동에 미치는 영향

타인과의 관계

자아정체감

성격 형성

발달단계

행동이나
성격의 변화

집단의
긍정적 영향

집단은 지역사회나 사회가 형성될 수 있는 공식 또는 비공식적 구조를 제공해
주는 기본 사회 단위인 동시에 개인이 주요 타인과의 관계를 형성·유지할 수 있
는 수단을 제공해 준다. 따라서 개인은 집단을 떠나서는 생활할 수 없으며, 집단의
한 부분으로 상호작용에 참여하면서 자아정체감을 형성하고 성취감과 좌절감을
경험하면서 성장해 나간다.

인간이 성장 발달과정에서 얻게 되는 집단 경험, 특히 청소년기 이전의 집단 경
험은 성격 형성과 발달에 많은 영향을 미친다. 먼저 영·유아기에 또래와의 연합
놀이나 상징놀이를 통하여 사회생활에 필요한 기초적인 도덕성이나 사회적 역할
분담을 학습하게 되며, 의미 있는 지도력까지도 경험할 수 있게 된다. 아동기에 학
급집단이나 또래집단의 구성원으로서 경험하는 여러 가지 집단활동을 통하여 규
범 준수, 상호 협력, 자기욕구의 통제와 관련된 기술을 습득하게 되며, 근면성 또
는 열등감이라는 성격 특성이 형성되기도 한다. 청소년기에는 집단에 참여하여 타
인이 보는 자신에 대한 관점을 받아들임으로써 자아정체감 형성의 기반을 마련할
수 있게 된다. 그리고 성인기 이후에 유의미한 집단 경험을 하지 못할 경우에는 고
독, 소외감, 우울증 등과 같은 다양한 정신장애를 보일 가능성이 높아진다.

집단은 학습행동이나 성격 형성에 필요한 기본 토대를 제공해 줄 뿐만 아니라
행동이나 성격의 변화에도 많은 영향을 미치게 된다. 개인이 집단에 참여하여 타
인과 지속적인 의사소통과 상호작용을 하는 과정에서 타인의 행동이나 성격 특성
을 모방하기도 한다. 그리고 개인은 집단 내에서의 지위에 따르는 역할을 수행하
고 집단규범에 순응하는 과정에서 기존의 성격 유형이나 행동 유형을 다른 유형
으로 대치하기도 한다. 그리고 집단 내에서 발생한 심리사회적 문제를 다루기 위
하여 자신의 입장을 표현하고, 긴장과 갈등을 처리하며, 분노감이나 적개심을 표
현하고, 타인과 우호적인 정서적 교류를 경험함으로써 정서 상태에 변화가 초래된
다. 그리고 집단의 목표달성을 위한 과업중심적 활동에 참여함으로써 타인과의 협
력, 개인적 경계선과 자율성의 의지와 같은 성격 및 행동 특성이 강화된다.

이와 같이 집단은 구성원에게 대인관계의 장을 제공하고, 집단과 개인의 목적을
달성할 수 있도록 지지하고 자극함으로써 그들의 성장과 변화를 촉진하며, 다양한
심리사회적 욕구를 충족할 수 있는 기회를 제공한다. 하지만 집단이 인간 발달과

행동에 긍정적 영향만을 미치는 것은 아니며 지나친 사회통제 기제나 왜곡된 집단 문화 등으로 인하여 집단이 구성원에게 부정적 영향을 미치고 성장과 변화를 방해할 위험성 또한 지니고 있다. 집단따돌림으로 대표되는 집단소외 현상을 경험하게 함으로써 개인의 심리사회적 문제를 유발하는 원인이 되기도 한다.

집단의 부정적 영향

4) 집단과 사회복지실천

사회복지실천의 역사적 발달과정을 살펴보면, 개인의 변화보다는 사회 개량이나 책임 있는 시민의 양성에 초점을 둔 사회복지사가 집단 수준에서의 개입에 관심을 기울이기 시작하였다. 사회복지실천의 발달 초기에는 주로 빈곤지역에 위치한 인보관과 청소년기관에서 시민교육, 사회화, 지역사회에의 적응을 도모하고, 상호 지지관계를 형성하고, 사회 변화를 위한 힘의 결집이 필요하여 집단을 매개체로 한 사회복지실천을 전개해 나가게 되었는데, 이를 통해 집단사회복지실천이 발달하였다.

사회 개량

시민의 양성

인보관과 청소년기관

집단사회복지실천에서는 집단성원, 전체로서의 집단, 그리고 그 집단을 둘러싼 환경이라는 세 가지 영역에 초점을 두고, 세 영역에서의 변화를 추구한다. 즉, 집단사회복지실천은 사회복지전문직의 지식, 가치, 윤리, 기술에 근거를 두고 집단 내의 개별성원, 전체로서의 집단, 그리고 집단이 속한 환경의 변화와 사회적 기능의 증진을 도모하는 사회복지실천의 한 방법이다(Trecker, 1972).

집단사회복지실천의 초점

이러한 집단사회복지실천에서 추구하는 목적은 어떠한 형태의 집단을 활용하는가에 따라 달라질 수 있다. 치료집단을 활용한 집단사회복지실천에서는 집단성원 개인의 성장, 교육, 행동 변화 및 사회화를 주된 목적으로 한다. 과업집단을 활용하는 경우에는 조직이나 기관의 문제에 대한 해결책 모색, 새로운 아이디어의 개발, 내담자와 관련된 의사결정과 효과적인 원조 전략의 수립에 목적을 둔다.

집단사회복지실천의 목적

집단사회복지실천의 접근방법이 갖는 특성에 따라 Papell과 Rothman(1980)은 집단사회복지실천의 모델을 사회목표 모델, 치료 모델, 상호작용 모델로 구분하고 있다. 사회목표 모델(social goal model)은 시민의 사회적 의식화, 선량하고 책임 있는 시민의 양성, 노동조건 개선 및 빈곤문제 해결을 위한 사회 및 정치적 행동에 목적을 두고 있는 실천 모델로, 불량주택의 개량, 이주민의 지역사회에 대한 적응에 초점을 둔 초기 모델이다. 이러한 사회목표 모델의 주된 대상은 지역주민이며,

집단사회복지실천의 모델

사회목표 모델

개인의 변화보다는 그 개인을 둘러싼 사회환경의 변화를 통하여 집단이 추구하는

치료 모델

선(善)을 이루고자 한다. 치료 모델(remedial model)은 역기능적 행동이나 증상을 보이는 성원의 치료와 재활, 개인의 문제해결에 초점을 둔 모델로서, 성원의 변화를 위하여 전문가에 의한 조직적이고 구조화된 개입이 이루어진다. 이러한 모델은 주로 정신장애를 가진 집단성원의 치료에 활용되며, 전체로서의 집단이나 집단환

상호작용 모델

경의 변화보다는 개인의 변화를 일으키는 데 강조점을 두고 있다. 상호작용 모델 (reciprocal model)은 집단성원의 사회화와 사회적응을 성취하기 위하여 성원 간의 지지체계 형성에 초점을 둔 모델로서, 유사한 문제나 관심사를 지닌 성원이 서로 협력하고 지지하여 상호 이익이 되는 체계를 형성하는 데 목적을 둔다. 이 모델에서는 단주집단, 단도박집단, 치매가족집단 등 유사한 문제를 가진 성원의 자조집단(mutual-aid group)을 활용하여 집단의 선과 개인의 선을 동시에 추구한다.

사회복지실천방법론의 통합적 조류에 따라 집단사회복지실천이 사회복지실천의 3대 방법론으로서의 우월한 지위를 잃고 하나의 방법론으로 통합되긴 하였지만 여전히 사회목표 모델, 치료 모델, 상호작용 모델 등의 집단사회복지실천 모델

사회복지실천 현장

을 활용한 집단 수준의 개입은 사회복지실천 현장에서 널리 활용되고 있다. 따라서 유능한 사회복지사로 성장하기 위해서는 집단과정과 역동에 대한 정확한 이해를 바탕으로 하여, 집단과 그 성원을 원조하는 데 필요한 실천적 지식과 기술을 갖추어야 할 것이다.

집단사회복지실천 의 이론

집단사회복지실천의 발달에 기여한 이론은 성격이론에서부터 사회체계이론에 이르기까지 매우 다양하다. 이 책에서 다루는 성격이론은 집단사회복지실천 모델 중에서도 치료 모델의 발달에 많은 기여를 하였으며, 소집단이론과 사회교육이론은 사회목표 모델의 발달에 많은 기여를 하였다. 정신분석이론, 개인심리이론, 인본주의이론 등은 치료 모델의 발달에 기여했으며, 실존주의이론과 일반체계이론이 융합됨으로써 상호작용 모델이 등장하였다.

4 조직과 인간행동

조직 속의 인간

인간은 가족, 집단뿐만 아니라 조직과의 밀접한 관계 속에서 삶을 영위해 나간다. 인간은 조직 내에서 태어나서, 배우고, 일하면서 생존과 욕구충족에 필요한 자

원을 획득하고, 조직 속에서 늙고 죽어 간다(Schriver, 1995). 이와 같이 인간의 전 생애에 걸친 삶은 조직과 밀접히 연관되어 있으며, 조직으로부터 강한 영향을 받는다. 즉, 개인은 조직 속에서 또 조직을 바탕으로 삶을 영위해 나가며, 생존과 발전에 필요한 자원을 제공받고, 그 속에서 자신의 삶의 목표를 이루어 간다. 그러므로 조직은 인간의 생존, 욕구충족에 필수적인 사회환경이다.

따라서 사회복지실천에서는 내담자를 둘러싼 조직의 영향을 정확히 이해하고, 내담자뿐만 아니라 내담자가 관계를 맺고 있는 조직의 변화를 도모할 수 있는 사회복지실천의 개입방법과 관련된 지식과 기술을 습득하여야 한다. 이에 다음에서는 조직의 개념과 특성, 조직이 인간의 행동에 미치는 영향, 그리고 조직과 사회복지실천의 관련성에 대해 간략히 논의해 보고자 한다.[3]

사회복지실천에서의 조직 변화

1) 조직의 개념

다양한 분야에서 조직에 대해 다양한 개념 정의를 제시하고 있다. Parsons (1960)와 Etzioni(1964)는 조직을 "특정한 목표를 추구하기 위한 사회 단위 또는 집단"이라고 정의하고 있다. Gortner 등(1987)은 조직이란 "목표 또는 사명을 성취하기 위한 특수화되고 상호 연계된 활동에 참여한 사람들의 집합"이라고 하였다. 이러한 정의를 종합하여 보면, 조직이란 특정한 목적달성을 위하여 의도적으로 구성된 사회 단위이며, 공식화된 분화와 통합의 구조 및 과정 그리고 규범을 내포하는 사회체계라고 정의할 수 있을 것이다.

조직의 개념 정의

이러한 조직과 유사한 개념으로는 먼저 기관(institution)을 들 수 있다. 기관은 특정한 종류의 조직을 지칭하며, 공식적 조직과 동의어로 사용되기도 한다. 사회복지 현장에서도 사회복지 조직과 기관이라는 용어를 혼용하여 쓰기도 하지만, 기관은 전체 조직의 일부를 의미하는 경우에 더 많이 사용되는 용어이다(손병덕 외, 2004). 집단과 조직 역시 구분이 쉽지 않은데, 집단과 조직은 특정한 목표와 고유한 문화, 성원 간의 결속력, 책임의식, 의사소통 등의 특성을 가지고 있는 사회체계라는 점에서는 동일하다. 그러나 조직은 집단에 비해 공식적인 지위와 역할, 노동의

기관

집단과 조직

---

3) 사회복지조직의 운영과 관리에 대해서는 사회복지 교육과정의 전공심화 교과과정인 사회복지 행정론에서 상세히 다룰 것이다.

배분, 위계적 구조 등과 같은 특성이 더욱 강하며, 조직성원의 목적달성보다는 전체로서의 조직의 목적을 더욱 중시한다는 점에서 차이가 있다(최옥채 외, 2020).

2) 조직의 특성과 유형

다양한 학자가 조직의 특성을 규명하기 위한 노력을 기울여 왔다. Parsons(1960)는 조직은 특정 목적을 달성하기 위한 사회집합체로서 기업체, 군대, 학교, 병원, 교도소 등이 포함되며 부족, 계급, 인종, 친목집단, 가족 등의 혈연 또는 정의적 상호작용을 중시하는 사회집단은 조직에서 제외된다고 하였다. 조직에 관한 정의를 바탕으로 하여 볼 때 목적, 분업, 위계구조 등이 조직의 특징적 모습이라고 할 수 있는데, 최옥채 등(2020)은 사회복지실천과의 관련성을 전제로 하여 조직의 특성을 여섯 가지로 규정하고 있다. 첫째, 조직은 특정한 목적을 갖는다. 둘째, 조직은 그 조직의 특성에 맞는 일정한 규범을 갖는다. 셋째, 조직의 유지와 운영을 위해서는 조직 외부로부터 합당한 투입이 있어야 한다. 넷째, 권위 수준이 다양한 조직은 반드시 권위의 수준을 계급화하는 위계구조를 형성한다. 다섯째, 조직은 상위조직 혹은 하위조직과 상호 의존적 관계를 형성한다. 여섯째, 조직은 나름의 독특한 문화를 갖는다.

조직의 특성

사회복지조직은 일반적인 조직과 공통적인 특성을 지니면서도 여러 가지 점에서 차이가 있다(Hasenfeld, 1983). 사회복지조직은 ① 문제나 욕구를 가진 사람과 직접 접촉하여 활동하고, ② 서비스를 받는 내담자의 복지를 증진하도록 사회로부터 위임을 받았으며, ③ 투입되는 재료가 도덕적 가치를 지닌 인간이기 때문에 조직활동에 있어서 도덕적 정당성이 확보되어야 하며, ④ 목표가 모호한 문제가 있으며, ⑤ 가치관과 이해관계에서 갈등이 발생할 경우 외부 환경으로부터 적절한 투입을 얻기 어려워지며, ⑥ 조직의 주된 활동이 일선 부서의 사회복지사와 내담자 사이에서 주로 이루어지며, ⑦ 서비스의 효과를 확실하고 타당하게 측정할 수 있는 도구가 없다는 특성을 지닌다.

사회복지조직의 특성

조직의 유형을 분류함에 있어서도 학자들은 다양한 기준을 활용하고 있다. Parsons(1960)는 조직이 사회의 유지 발전에 어떠한 기능을 수행하는가에 따라 조직을 4개 유형으로 분류하였다. 먼저 생산조직(production organization)은 상품의 제조뿐만 아니라 경제적 가치를 창출함으로써 사회체계의 적응의 기능을 수행하

조직의 유형

생산조직

는 조직으로, 기업조직이 대표적이다. 정치조직(political organization)은 사회의 목 정치조직
표가치를 창출하고 권력을 형성하며 배분하는 조직으로, 행정기관 및 정당, 국회
등이 있다. 통합조직(integrative organization)으로 사회 내의 갈등을 해결하고, 사 통합조직
회의 부분들이 공존·협동하도록 규제하고 유도하는 조직으로, 사회의 질서유지
를 담당하는 군대, 사법기관, 경찰서, 정신병원 등이 대표적인 예이다. 유형유지조 유형유지조직
직(pattern maintenance organization)은 문화적·교육적 기능을 수행하는 조직으로,
학교, 종교기관이 있다.

Etzioni(1964)는 조직성원을 통제하기 위해 상급자가 동원하는 권한과 조직구성
원의 태도 사이에 형성되는 관계를 의미하는 통제의 유형을 중심으로 조직의 유형
을 분류하고 있다. 강제적 조직(coercive organization)은 조직성원의 의사와 상관없 강제적 조직
이 강제적으로 참여하게 되는 조직으로서, 교도소, 군대와 같은 조직이 여기에 포
함된다. 공리적 조직(utilitarian organization)은 보수나 급여를 주된 통제 수단으로 공리적 조직
사용하며 조직성원이 실리를 목적으로 가입하거나 탈퇴할 수 있는 조직으로, 기업
조직이 대표적인 예이다. 규범적 조직(normative organization)은 통제의 주요 수단 규범적 조직
이 규범적 권력이며 조직성원이 조직에 대하여 높은 일체감을 보이는 조직으로,
종교조직, 정치조직, 대학, 전문가단체 등이 여기에 속한다.

Blau와 Scott(1962)는 조직의 활동으로부터 누가 가장 이익을 얻느냐를 기준
으로 4개 유형으로 구분하였다. 노동조합, 정당 등과 같이 조직구성원 모두가 상
호이익을 얻게 되는 호혜조직(mutual benefit association), 이윤추구를 주된 목적 호혜조직
으로 하는 사기업과 같이 조직의 소유자나 관리자가 이익을 독점하는 기업조직 기업조직
(business concerns), 사회복지기관, 병원이나 학교와 같이 조직의 이용자가 가장 이
익을 얻게 되는 봉사조직(services organization), 군대나 경찰과 같이 일반대중이 이 봉사조직
익을 얻게 되는 조직활동의 대상이 되는 공익조직(common wealth organization)으 공익조직
로 조직을 분류하였다.

Smith는 업무의 통제성이라는 기준을 활용하여 관료조직, 일선조직, 전면통제
조직, 투과성 조직으로 분류하고 있다(최성재, 남기민, 1995). 관료조직은 공식적인 관료조직
조직과 규정, 위계적 권위 구조, 명확하고 전문화된 분업관계, 문서에 의한 업무처
리, 기술적 자격에 기초한 신분의 보장을 특성으로 하는 합리적인 통제체계의 조
직을 말한다. 일선조직은 조직의 주도권이 일선업무 부서에 있고, 각 업무부서는 일선조직
상호 독립적으로 업무를 수행하고 사무 단위의 직접적인 통제가 어려운 조직을 말

전면통제조직

투과성 조직

한다. 전면통제조직은 이용자가 강제적 방법 또는 자발적으로 입소하였다고 할지라도 조직의 관리자가 이용자에 대해 강한 통제권을 갖는 조직이다. 투과성 조직은 조직의 성원 또는 참여자가 자발적으로 참여하며, 개인의 가족과 사적인 생활에 침해를 받지 않고, 조직의 문화나 규정에 의한 통제성이 약하고, 조직의 활동이 거의 노출되는 조직을 말한다.

공식 조직

비공식 조직

이 밖에 조직구조의 공식화 정도에 따라 공식 조직(formal organization)과 비공식 조직(informal organization)으로 분류한다. 공식 조직은 주로 위계구조와 권한관계를 토대로 인위적으로 만들어진 조직이다. 비공식 조직은 현실적인 인간관계를 토대로 인간의 욕구를 기반으로 자연발생적으로 형성되는 조직으로 구성원 간의 친밀한 사회관계가 이루어지는 집단이다.

3) 조직이 인간행동에 미치는 영향

조직과 개인

조직은 일정한 목적을 가진 개인으로 구성된 하나의 사회체계이다. 따라서 개인은 조직을 통해서 자신이 바라는 욕구를 충족하고 개인적 목적을 달성하며, 조직은 그 개인들을 통해서 조직 목적을 성취한다. 조직과 그 구성원이 공존하고 조화로운 관계 속에서 목적을 추구한다면 양자는 상호 간의 발전을 위하여 노력하게 될 것이며 적절한 균형을 이룰 수 있다. 그러나 조직이 목적달성을 위하여 개인을 희생시킬 수도 있으며, 반대로 개인이 자신의 목적달성을 위하여 조직의 목적을 무시할 수도 있다.

관료조직

관료조직은 목적달성에 공헌하는 대인관계만을 인정하고자 하며, 언제나 합리성만을 내세우고 구성원의 감정은 무시하며, 명령, 압력, 강요, 통제 등을 통하여 개인에게 영향력을 행사하려는 속성을 지니고 있다(김운태, 1984). 이에 반하여 조직의 성원인 개인은 조직 속에서 자신감과 안정감을 확보할 수 있는 기회를 추구하며, 개인에게 할당된 목표를 달성하고 이에 대한 인정을 받고 싶어 한다. 이와 같이 개인의 욕구와 관료조직이 추구하는 가치 사이의 불일치로 인하여 결과적으로 개인은 좌절감, 실패감, 갈등을 경험하고, 수동성, 순응성과 같은 부정적 성격 특성을 나타내거나 심할 경우 부적응의 증상을 보이게 된다. 또는 조직 내에서 살아남고 강력한 조직의 지도력에 대응하기 위하여 공개적으로는 명령이나 강제에 순응하지만 내적으로는 말없는 집단적 저항을 표출하기도 한다(최순남, 1999).

그리고 Thompson(1961)은 관료조직 내에서의 특징적인 인간행동을 관료병리 관료병리
(bureaupathology)라고 하면서, 규칙에 대해 과잉으로 의존하는 행동, 인간관계의
비인격성, 업무에서 사소한 권리나 특권을 주장하는 행동, 변화에 반대하는 행동
등이라고 하였다.

    조직성원은 조직 내에서 수행하는 업무나 대인관계에 대한 불만족이 누적되어
감정의 고갈, 소외, 업무와 다른 사람에 대한 관심의 상실 등과 같은 소진 증후군 소진 증후군
(burnout syndrome)을 경험하기도 한다. 이러한 소진 현상은 조직에서 부과한 업무
의 요구가 자신의 능력으로 감당할 수 있는 정도를 초월하거나, 업무에서 오는 압
박감과 스트레스에 압도당한다고 느낄 때, 이런 느낌이 한계점에 도달하게 되어
신체적·정서적 고갈 상태를 경험하고, 자신과 환경에 대한 부정 등과 같은 일련
의 증상을 야기한다. 이러한 소진 증후군은 자신을 비인간화하게 되어 절망감과
무력감에 휩싸이며 조직 내에서 부적응 행동을 표출한다. 더 나아가서는 조직의
동료나 이용자에 대해서도 부정적 태도를 보임으로써 업무나 서비스의 질을 저하
하는 주된 요인으로 작용하게 된다(Gates, 1980).

    하지만 조직이 이상에서 언급한 바와 같이 개인에게 부정적인 영향만을 미치는
것은 아니다. 조직은 조직 목적을 우선시한다는 점에서는 이익사회의 특성을 지니 이익사회와
공동사회의 특성
지만 그 목적을 달성하기 위해서 구성원 간의 결속과 협력을 중시하는 공동사회의
특성을 동시에 지닌다. 그리고 현대사회에서 조직은 권력 분배 기능, 적응 기능, 조직의 순기능
사회 변화 기능, 사회 결속 기능, 정체성 부여 기능 등의 순기능을 수행한다. 개인
은 이러한 조직에 소속됨으로써 혼자의 힘으로는 극복이 불가능한 불균형적 권력
배분 구조를 변화시키고자 하는 동기를 증진하고, 복잡한 사회적 현실에 적응할
수 있는 더 많은 기회를 갖게 되며, 대인관계에서의 소외를 극복하고 자율성과 자
아정체감을 확보할 수 있게 된다.

    조직의 성원이 조직에 적응하는 유형을 Presthus(1978)는 상승형, 무관심형, 모 조직 적응 유형
호형이라는 3개 유형으로 구분하고 있다. 상승형은 조직구조상 상위의 중요한 위 상승형
치를 차지하고 있는 경우가 많기 때문에 다른 성원에 비해 더 많은 영향력을 행사
할 수 있으며, 권위를 존중하고 조직의 존재가치의 정당성이나 운영의 합리성을
신봉하기 때문에 조직과의 일체감이 높다. 또한 권력욕이 강하여 타인과의 관계나
자기 주변 환경을 주도하지만 비교적 대인관계는 원만하며, 개인의 이익과 조직
의 이익이 충돌할 때에는 개인의 이익을 포기하는 경향이 있다. 무관심형은 조직 무관심형

의 하위 조직에 속해 있는 경우가 대부분이며, 조직에 대하여 소외감을 느끼고, 조
직 외부의 일에 관심이 많고 심리적으로는 조직을 벗어나고자 하기 때문에 조직과
의 일체감이 약하다. 또한 조직에 대한 충성심이 약하고 권력과 성공에 대한 의욕
을 포기하는 경우가 많다. 모호형은 조직 내에서 그 수가 많지 않은 연구직이나 비
서와 같은 전문가 집단에서 흔하게 나타나는 적응 유형인데, 조직의 지위와 권위,
통제의 필요성을 인정하지 않으려는 경향이 있으며 내향적 성격을 지닌 경우가 많
고, 대인관계의 폭이 좁은 편이다.

모호형

4) 조직과 사회복지실천

인간이 조직과 불가분의 관계에 있듯이, 사회복지실천이나 서비스 역시 조직과
불가분의 관계에 있다. 사회복지실천에서 제공되는 서비스는 주로 조직이라는 실
천현장(setting)을 기본으로 하여 제공되며, 서비스가 이루어지는 조직에 따라 사회
복지실천의 분야를 구분하기도 한다. 즉, 병원 등의 의료기관을 기반으로 하는 의
료사회복지, 기업체를 기반으로 하는 산업복지, 교도소 등의 교정기관을 기반으로
하는 교정사회복지, 학교를 기반으로 하는 학교사회복지, 종교기관을 기반으로 하
는 종교사회복지, 군대조직을 기반으로 하는 군사회복지 등으로 실천현장인 조직
의 특성을 근거로 사회복지실천의 분야를 구분한다(권중돈 외, 2019).

실천현장

사회복지실천에서 조직은 자원체계로 간주한다. 사회복지실천에서는 조직의
속성을 지니고 있는 외부의 기관이나 단체로부터 재정 및 인적 자원을 동원하거나
지원을 받아 내담자에게 서비스를 제공한다. 그러므로 사회복지사는 자원체계인
조직의 속성을 정확히 이해해야만 더욱 효율적으로 자원을 동원할 수 있게 된다.

자원체계

효과적인 사회복지실천을 위해서는 사회복지조직을 합리적으로 운영해야 한
다. 사회복지조직은 자원을 제공하는 외부 조직의 투입을 받아 이를 서비스로 전
환하여 내담자에게 제공한다. 이러한 사회복지조직의 투입-전환-산출이라는 과
정이 효과적으로 이루어지기 위해서는 사회복지조직의 기획, 인사, 재정, 시설, 정
보관리 업무가 체계적으로 이루어져야 한다. 이러한 사회복지조직의 효과적이고
합리적인 운영방식과 관련된 지식과 기술은 사회복지 교육과정의 전공심화 교과
과정인 사회복지행정론에서 심도 있게 다루어질 것이다.

조직의 운영

사회복지조직은 고객서비스 조직(customer service organization)으로 내담자의 특

고객서비스조직

성과 욕구, 문제에 맞춰 개별화된 서비스를 제공하는 것을 1차적인 목적으로 삼고 있기 때문에 조직의 주된 활동이 일선 부서의 사회복지사와 내담자 사이에서 주로 이루어진다. 따라서 일선 부서에서 내담자와 직접적 관계를 맺고 서비스를 제공하는 사회복지사가 소진되어 있거나 조직과의 부적응을 경험할 경우, 사회복지조직 자체의 목적달성이 어려워질 뿐만 아니라 내담자의 삶의 질에 부정적인 영향을 미 내담자의 삶의 질 칠 수 있다. 그러므로 사회복지조직에서는 조직이 어떻게 기능하는지를 스스로 또는 외부의 전문가에게 의뢰하여 평가하고, 사회복지사가 조직의 일부분으로 조직과 조화를 이룰 수 있도록 조직관리 운영업무를 성공적으로 이행해 나가야 한다. 조직관리 운영업무

5 지역사회와 인간행동

지역사회는 그 자체만으로도 유지될 수 있는 사회의 최소 단위로서, 재화와 서비스를 생산하고 배분하며 이를 소비하고, 소속 구성원에 대한 사회화와 통제의 사회화와 통제 기능을 수행한다(Martin & O'Connor, 1989). 이러한 지역사회 내에서 인간은 의식주, 교육, 여가, 노동 등 일상의 실존적 욕구를 충족하고, 사회관계를 형성하여 공동체 생활을 하게 된다. 그러나 산업화와 현대화, 도시화의 부정적 영향으로 친 공동체 생활 밀성, 비공식성, 가치와 사고의 공통성을 특징으로 하는 전통적 의미의 공동체 생활은 더 유지되지 못하고, 소외와 익명성, 이질성을 특징으로 하는 이질적 사회 이질적 사회 로 변화됨에 따라 인간의 삶은 더욱 소외되어 가고 있다. 이러한 점을 근거로 하여 Bernard(1973)는 지역공동체가 더는 존재하지 않는다고 하였지만, 지역공동체가 지역공동체 완전히 사라진 것은 아니며 지역공동체의 구성원은 지역공동체의 삶의 질을 높이는 데 많은 관심을 기울이고 있다.

사회복지실천에서 지역사회를 개발하고, 조직화하고 개혁하여 인간생활에 적합 사회복지실천과
지역사회 한 형태로 지역환경을 변화시키기 위해서는 내담자를 둘러싼 지역사회의 영향을 정확히 이해하고, 지역사회에 대한 지식과 개입에 필요한 기술을 습득하여야 한다. 이에 다음에서는 지역사회의 개념과 특성, 지역사회가 인간의 행동에 미치는 영향, 그리고 지역사회와 사회복지실천의 관련성에 대해 간략히 논의해 보고자 한다.[4]

---

4) 지역사회의 특성과 사회복지실천의 개입방법에 대해서는 사회복지 교육과정의 전공심화 교과

1) 지역사회의 개념

지역사회의 용어   우리말로 지역사회 또는 지역공동체로 번역되는 'community'라는 용어는 생물학에서 차용한 용어로서, 원래 의미는 "생물의 어떤 종(種)이 지역적 또는 공간적으로 분리되어 한데 모여 생활하는 모습"을 의미한다(www.biologyonline.org). 따

지역사회   라서 지역사회라고 지칭될 때에는 인간생활의 지역성과 공간성을 강조하는 용어로 사용된다. 그러나 인간이 동일 지역에서 공동의 생활을 하게 될 경우, 다양한 상호관계를 통하여 공동의 가치, 문화 등을 공유하게 되고, 그러한 공동체에 대해 일체감을 갖게 된다. 이와 같이 공동체로서의 삶의 터전을 강조할 경우에는 지역사회라는 용어보다는 지역공동체라는 의미가 더욱 적합할 것이다.

이러한 'community'가 지니는 이중적 의미의 문제를 해결하기 위하여,

지역공동체   Bernard(1973)는 주민 간의 유대감이나 연대정신을 강조할 경우에는 지역공동체(community), 그리고 주민이 거주하는 지역성이나 공간성을 중시하는 경우에

지역사회   는 지역사회(the community)라는 용어를 사용하여 구분하고자 하였다. 그리고 Ross(1967)는 지역사회를 지리적 지역사회(geographic community)와 기능적 지역

지리적 지역사회   사회(functional community)로 구분하고 있다. 지리적 지역사회는 일정한 지리적 영

기능적 지역사회   역 내에 함께 거주하는 주민의 집합체를 의미한다. 이에 비해 기능적 지역사회는 합의성, 일체감, 공동생활 양식과 가치관, 공동의 문화와 활동 등을 강조하는 사람들로 구성된 사회 단일체를 의미하며, 정당, 종교단체, 전문직 단체 등이 여기에 해당한다.

지역사회 개념의   Warren(1978)은 급격한 산업화와 도시화로 인해 지역사회 개념에 혼란이 왔다
혼란   고 전제하면서, 지역사회가 지리적 측면과 심리적인 측면을 동시에 지니고 있다고 하였다. 심리적 측면에서의 지역사회는 사람들이 공동감정, 공동이익을 추구하는 생활양식을 의미하고, 지리적 측면에서는 사람들이 함께 모여 생활하는 특정 지역을 의미하고, 사회적으로는 이 두 가지 면이 결합된 것이라고 본다.

지역사회의 정의   이러한 논의를 종합해 보면 지역사회란, 다른 지역과 구별될 수 있는 경계를 갖는 독립적인 일정 지역에 모여 살면서, 상호작용을 통해 서로의 생활에 도움을 주며, 같은 전통, 관습 및 규범, 가치 등을 공유하는 공동체라고 정의할 수 있을 것이다.

과정인 '지역사회복지론'에서 상세히 다룰 것이다.

2) 지역사회의 특성과 유형

지역사회의 특성을 Norlin과 Chess(1997)는 다음과 같이 네 가지로 정리하고 있 지역사회의 특성
다. 첫째, 물리적 혹은 지리적 장소에 기반을 둔 사회조직의 형태를 띤다. 둘째, 지
역사회가 추구하는 최종 목적은 지역주민의 삶의 질을 향상하는 것이다. 셋째, 공
통된 욕구, 문제, 성장과 발전을 위하여 상호 의존한다. 넷째, 지역사회는 개인과
전체 사회를 연결하는 중간체계이며, 전체 사회의 하위체계이다.

최옥채(2001)는 지역사회의 특성을 역동성, 변화성, 서비스 요구성, 변화능력,
다양성, 시민의 변화를 위한 최적 단위라는 여섯 가지로 요약하고 있다. 즉, ① 지
역사회 주민은 지속적으로 상호작용하며, ② 지역사회는 정체된 상태로 남아 있
지 않으며, ③ 모든 지역사회는 나름의 욕구나 문제를 해결하기 위하여 서비스가
필요하며, ④ 지역사회 스스로 변화할 수 있는 능력이 있으며, ⑤ 지역사회는 매우
다양한 특성을 지니고 있으며, ⑥ 효과적이고 효율적으로 시민을 변화시키기에 가
장 적합한 공간이라는 특성을 지닌다.

이러한 지역사회가 유지되고 발전하기 위해서 지역사회는 여러 가지 기능을 수 지역사회의 기능
행한다(최순남, 1999). 지역사회는 ① 지역주민의 일상생활에 필요한 물자와 서비
스를 생산·분배·소비하며, ② 소속 구성원에게 공유하고 있는 일반적인 지식,
사회적 가치, 행동양태를 전달하고 교육하는 사회화 기능을 수행하며, ③ 소속 구
성원에게 사회규범에 순응하도록 행동을 규제하는 사회통제의 기능을 수행하며,
④ 서로 충성하고, 적정 수준의 결속력과 사기(morale)를 지닐 수 있도록 주민의
사회참여를 조장하고 지역사회를 통합하는 기능을 수행하며, ⑤ 구성원 간에 서로
도울 수 있는 상호 지지의 기능을 수행한다.

지역사회의 유형을 구분하는 데는 시대에 따라 그 관점이 매우 다양하다. 일반적 지역사회의 유형
으로 인구 규모, 경제적 기반, 정부의 행정구역, 인구 구성의 사회특수성이라고 하
는 기준을 근거로 구분한다. 인구의 크기에 따라서는 대도시, 중소도시, 읍지역, 자
연부락으로 구분한다. 경제적 기반에 따라서는 농촌, 어촌, 광산촌 등으로 구분한
다. 정부행정구역에 따라서는 특별시, 광역시, 도, 시·군·구, 읍·면·동으로 구
분한다. 인구 구성의 사회적 특성에 따라서는 경제, 교육, 문화의 중심지가 되는 대
도시지역, 산업지역, 상업지역, 정부행정중심지역, 교육중심지역, 기관 및 시설중심
지역, 교외, 휴양지, 농업중심지역, 이념중심지역 등으로 구분한다(류상렬, 2004).

공동사회

Tönnis는 지역사회 성원 간의 결속력의 특징에 따라 공동사회(Gemeinschaft)와 이익사회(Gesellschaft)로 분류하고 있다(최순남, 1999). 공동사회는 전산업사회에서 전형적으로 나타나는 친밀하고, 사적이며, 비개방적인 공동생활을 의미하며, 성원

이익사회

간의 관계는 자연적으로 형성된 정의적 관계이다. 이익사회는 산업사회의 특징적 모습으로 의식적이고 의도적으로 참여하는 공식적 생활로, 인간관계가 계약에 의해 이루어지고 능률과 효율성을 강조하며, 개인의 능력과 업적에 따라 생산을 배분한다.

농촌사회와 도시사회의 특성

현재 우리나라에서 공동사회의 특성은 농촌지역사회에서 잘 나타나며, 이익사회의 특성은 도시지역사회에서 잘 나타나는데, 두 지역사회의 특성을 비교해 보면 〈표 4-2〉와 같다.

📶 **표 4-2 농촌사회와 도시사회의 특성 비교**

농촌지역사회	도시지역사회
소규모의 동질적 인구집단으로 인구이동성이 상대적으로 낮음	대규모의 이질적 인구집단으로, 인구이동성이 상대적으로 높음
기술수준이 낮고, 동물적 에너지원 활용	기술수준이 높고, 무생물적 에너지원 활용
대부분의 사람이 유사한 생활양식, 가치관, 관심사를 가지고 있음	서로 다른 생활양식, 가치관, 관심사를 가진 다원적 사회
친족관계 등의 개인적 관계에 근거한 친밀한 관계 형성	계약에 근거한 사무적이고 교환적인 관계 형성
나이와 성에 의한 사회적 지위와 노동분화	지식과 기술, 성취에 따른 지위의 부여와 그에 따른 노동분화
전통적 규범에 의한 사회적 결속	전문화된 역할을 수행하는 과정에서의 상호의존성에 의거한 사회적 결속
영속적이고, 친근한 비공식적 인간관계	일시적이고, 피상성과 익명성, 무관심 등이 특징인 공식적 인간관계
사회통합 수준이 높고 사회와해의 가능성이 낮음	사회적 갈등과 마찰, 와해의 가능성이 높음
지역공동체의 규범적 요구에 의한 사회통제	법률 등의 공식적 통제기제에 의한 사회통제
전체적이고 경직된 사회계층 구조	민주적이고 개방적 사회계층 구조
자기문화의 중시와 이질문화에 대한 폐쇄적 태도	이질문화에 대한 관용
남성지배적 사회	양성평등적 사회

출처: 류상렬(2004).

3) 지역사회가 인간행동에 미치는 영향

지역사회의 기능은 개인의 성격 형성과 행동 발달에 많은 영향을 미친다. 먼저 개인은 사회화 과정에서 지역사회의 일반적 지식, 사회적 가치나 사회적으로 수용 가능한 행동양식을 전수받는 관계에 있으므로, 지역사회의 유산이 성격에 녹아들게 된다. 지역사회는 구성원에게 사회규범에 순응하도록 요구하게 되는데, 이 과정에서 개인은 규범을 내면화하고, 자신의 행동에 대한 통제력을 증진할 수 있게 된다. 그리고 지역사회 성원 간의 협력, 결속, 사회적 지지를 통하여 사회적 소외를 극복하고 이타성이라는 성격 특성을 발달시킬 수 있게 된다. 이처럼 개인이 지역사회 내에서 생활하는 과정에서 그 사회의 가치관, 신념, 규범, 행동양식 등을 내면화하게 되므로 개인의 성격 발달뿐 아니라 생활 전반에 걸쳐 영향을 미친다.

Germain(1987)은 지역사회의 물리적 환경과 사회적 환경이 적절히 갖추어지지 못할 경우 그 속에 속해 있는 인간은 환경과의 적합성을 확보하지 못하게 되므로, 부적응이나 문제에 직면하게 된다고 하였다. 특히 현대사회가 점차 이질적 문화를 가진 하위집단으로 분리되고, 계약에 의한 공식적 인간관계로 변화되며, 협력보다는 경쟁, 결속보다는 분리, 상호 지지보다는 개인적 성취를 강조하는 사회로 바뀌어 감에 따라 개인은 더욱 소외되고 비인간화되며, 결국 사회부적응의 문제를 일으키는 경우가 많아지고 있다. 복잡하고 이질적이며 경쟁적인 도시환경에서 생활할 경우에는 유의미한 정의적 관계를 형성하지 못하고 일시적이며 비인격적 교류가 많아짐으로써 사회적 소외현상을 경험하거나 범죄, 자살, 정신장애 등의 사회병리를 일으킬 가능성이 높아지고 있다. 그리고 공동사회의 특성을 아직도 유지하고 있는 농촌사회에서 생활할 경우에는 마치 시대 흐름을 따라가지 못하는 사회적 실패자라는 느낌을 갖게 되어, 부정적 자아개념을 형성하거나 낮은 수준의 자아존중감, 유능성을 보일 가능성이 높다.

4) 지역사회와 사회복지실천

지역사회는 중요한 사회복지실천 현장인 동시에 자원이며, 사회복지실천의 주요 개입 대상이다. 사회복지실천에서 내담자의 문제를 해결하기 위해서는 다양한 조직과 사람의 참여가 필수적인데, 이들 조직과 사람들의 원조활동은 주로 지역사

[여백 주석]
사회화

행동 통제
성격 발달

지역사회의 영향

부적응

비인간화

사회병리

부정적 자아개념

실천 현장, 자원
개입 대상

회를 기반으로 이루어지기 때문에 지역사회는 사회복지실천의 중요한 현장이 되
며, 지역사회를 기반으로 이루어지는 사회복지실천을 지역사회복지라고 부르고
있다.

지역사회복지

내담자는 어떤 욕구가 충족되지 않거나 문제가 해결되지 않을 경우 가장 먼저
가족에게 도움을 요청하며, 가족의 도움으로 문제가 해결되지 않을 경우에는 친
구, 이웃 등의 순으로 원조를 요청하게 된다. 이러한 비공식적인 사회관계망의 원
조로 문제가 해결되지 않을 경우 내담자는 사회복지조직에 원조를 요청하게 된다.
그러나 사회복지사의 개입과 원조만으로는 내담자의 문제를 해결하는 데 한계가

사회관계망
조직화

있을 수 있으므로, 사회복지사는 지역사회 내에 존재하는 내담자의 사회관계망을
연계하고 조직화하며, 그 역량을 강화하고, 사회관계망의 물질적·도구적·정서
적 지지 기능을 강화하여야만 내담자의 문제를 더욱 효율적으로 해결할 수 있다.
이런 점에서 볼 때 사회복지실천에서 지역사회는 내담자의 문제해결에 필요한 중

자원과 지지

요한 자원과 지지를 제공하는 기능을 수행한다.

지역사회는 사회복지실천의 중요한 장인 동시에 자원 제공의 기능을 담당하지
만, 지역사회 자체가 개입의 대상이 되기도 한다. 즉, 지역사회는 보다 안정된 상
태를 유지하고, 긍정적인 변화를 도모하고자 하는 욕구와 해결해야 할 문제를 지

개입이나
원조의 대상

닌다. 따라서 지역사회는 사회복지실천의 개입이나 원조의 대상이 되어야 한다.
지역사회복지는 이상적인 지역사회를 실현하기 위한 일체의 사회적 노력이며(박
태영, 2003), 전통적으로 개인 수준의 개입, 집단수준의 개입과 아울러 사회복지실
천의 3대 방법론으로 간주되어 왔다.

지역사회복지실천
모델

이러한 지역사회복지실천에서는 지역문제나 지역주민의 욕구충족을 지원하고
지역사회의 변화를 도모하기 위하여 다양한 개입 모델을 활용하고 있으며, 지역사

지역사회개발
모델

회개발 모델, 사회계획 모델, 사회행동 모델이 대표적이다. 지역사회개발(locality
development) 모델은 지역사회 개발의 계획과 주민의 참여를 강조하는 모델이다.
즉, 주민이 스스로 문제를 해결할 수 있는 능력을 강화하는 데 역점을 두고 문제
파악 및 해결과정에 주민의 참여를 적극적으로 조장하고, 교육적인 방법으로 지도
자를 양성하고 지도력을 개발하여 지역사회 문제를 주민이 해결할 수 있는 분위

사회계획 모델

기를 조성해 나간다. 사회계획(social planning) 모델은 지역사회 내의 문제를 해결
하기 위한 전문적인 기술과정을 강조하는 모델이며, 지역사회 내의 하위집단 간
의 이해관계 갈등에 대해 전문적 지식과 기술을 활용하여 개입하여 해결한다. 이

를 위하여 사회복지실천가는 지역사회 문제의 발견과 정의, 의사소통 구조와 행동체계의 구축, 사회 목표와 정책의 선택, 결정, 계획의 실행, 수행결과에 대한 평가 등의 과정을 거쳐 지역사회문제를 전문적으로 해결해 나간다. 사회행동(social action) 모델은 사회적으로 소외되고 박해받고 있는 특정 집단의 권익을 대변하고 이들의 문제를 해결하고자 하는 모델로서, 지역사회 내 또는 더 넓은 범위의 사회 내에 존재하는 권력관계와 자원의 변화를 도모하고, 기존 사회제도의 근본적인 변화를 추구한다. 이러한 목적을 달성하기 위하여 협상, 항의, 시위, 청원 등의 다양한 수단을 활용한다.

사회행동 모델

6 문화와 인간행동

인간이 일상의 삶을 살아가면서 문화의 영향에서 자유로울 수 있는 시간은 전혀 없다고 할 수 있을 정도로, 문화가 인간에게 미치는 영향은 매우 크다. 인간은 특정한 사회 속에서 태어나 그 사회의 문화를 배우고 문화에 적응해 가면서 사회의 구성원으로서 성장해 나간다. 즉, 인간은 자신이 속한 사회의 문화를 내면화하여 사회의 구성원으로서 사회화되어 간다. 그러나 인간이 문화를 받아들이기만 하고 그 문화에 순응만 하는 것은 아니며, 개인, 집단, 조직, 지역사회 내에서 이루어지는 사회관계나 상호작용을 통하여 새로운 문화를 창출해 내기도 한다. 이처럼 인간과 문화는 상호적인 관계를 맺고 서로의 생존, 안정, 변화에 지대한 영향을 미치게 된다.

문화 적응

문화 순응

문화 창출

따라서 사회복지실천에서는 문화가 인간에게 미치는 영향을 정확히 이해하고, 내담자의 문제를 해결할 수 있는 전략을 고안하고 이를 실행에 옮기기 위해서는 문화적 요인을 중요하게 고려할 수 있어야 한다. 이에 다음에서는 문화의 개념과 특성, 문화가 인간의 행동에 미치는 영향, 그리고 문화와 사회복지실천의 관련성에 대해 간략히 논의해 보고자 한다.[5]

문화와 사회복지실천

[5] 문화와 관련된 세부 논의와 사회복지실천의 개입방법은 이 책의 제29장과 사회복지 교육과정의 전공심화 교과과정인 '다문화사회복지론'에서 더 상세히 다룰 것이다.

1) 문화의 개념

문화의 용어

문화라는 용어는 라틴어 'cultura'에서 유래한 것으로서 경작, 재배, 교양, 예술 등의 의미로 사용되다가 살아가는 행동 체계나 신념 등의 생활양식이라는 의미로 변화되었다(구정화, 2011). 그러나 문화를 이해하는 시각이 다르고 시대적 상황이 다르기 때문에, 문화의 개념을 일목요연하게 제시한다는 것은 쉽지 않다. 문화를

학문분야의 문화 개념

이해하는 시각은 학문 분야에 따라 다르다. 교육학이나 심리학에서는 문화를 학습된 행동으로 보는 반면, 인류학자는 유무형의 유산이나 생활양식으로, 사회학자는 초유기체적 속성을 지닌 것으로 보고 있다. 하지만 최근 들어서는 문화를 인간의 삶의 모습 또는 생활양식 그 자체로 받아들이는 것이 일반적이다. 이러한 관점에 따르면 문화란 지식, 믿음, 가치관, 의식, 행위 규범 등을 포함한 인간의 삶에 필요한 물질적 · 정신적인 것을 모두 포함한다.

문화의 정의

문화를 인간의 생활양식의 총체로 이해하는 대표적인 정의는 Tylor(1958)의 문화에 대한 정의이다. 그는 문화란 "사회성원으로서 인간이 습득한 지식, 믿음, 예술, 도덕, 법, 관습, 기타 모든 능력과 습관의 복합적 총체"라고 규정하고 있다.

문화와 문명

문화라는 용어와 혼용되거나 Tylor처럼 동의어로 간주하고 있는 용어는 문명 (civilization)이다. 그러므로 문명과 문화를 명확하게 구분하기는 힘들지만 문화는 비물질적이고 정신적인 인간의 포괄적인 생활양식을 의미한다. 문명은 정신적으로도 발달하여 세상이 진보하는 점을 인정은 하지만 물질적으로 생활이 편리해지거나 기술적으로 진보하는 상황을 더욱 강조하는 차이점이 있다.

2) 문화의 특성

문화의 구분

문화는 인간이 사회성원으로서 사고하고 행동하며 소유할 수 있는 복합체로서, 문화는 상징, 언어, 예술, 기술, 규범, 가치 등 다양한 문화요소로 구성된다(구정화, 2011). 이러한 문화는 물질문화와 비물질적 문화로 구분할 수 있다. 우리가 생활하

물질문화

는 데 필요한 각종 생활용품이나 기술은 물질문화에 포함된다. 그러나 최근 인류학이나 사회학에서는 문화에서 물질적 측면, 즉 도구문화를 제외한 비물질적 문화만을 문화로 인정하는 경향이 강해지고 있다(최순남, 1999).

비물질적 문화
관념문화

비물질적 문화는 크게 나누어 관념문화와 규범문화로 구분된다. 관념문화에는

과학적 진리, 종교적 신념, 신화, 전설, 문학, 미신 등이 포함된다. 규범문화에는 법, 관습, 민습, 원규, 유행 등이 포함된다. 이때 규범(norms)은 특정한 상황에 있어서 인간행동을 지배하는 특수한 규칙으로, 인간행동을 구속하거나 인간행동의 준거틀을 제공해 주는 기능을 하는 법칙이나 원리를 말한다. 이러한 규범은 가치(value)와 연결되어 있는데, 가치가 일반적인 바람직함의 기준이 되는 추상성이 큰 초월적이고 궁극적인 것을 의미하는 데 비해, 규범은 좀 더 구체적으로 특정 상황에서의 행동을 지시하는 기준이다.

이러한 규범문화는 공식적인가 아닌가에 따라 관습(custom)과 법률(law)로 구분된다. 법률은 공식적 권위를 갖고 인간행동에 가장 강력한 제재가 따르는 규범이다. 관습은 한 사회에서 오래전부터 역사적으로 발달하여 되풀이되는 관행적인 행동양식으로 민습(folkways)과 원규(mores)로 구분된다. 민습은 전통이나 세론(世論)과 같이 구속이 상대적으로 약한 것을, 원규는 개개인을 구속하는 힘이 강하며 도덕과 같이 외부의 강제력보다는 내면적 자발성에 의해 지지되고 있는 것을 가리킨다. 그리고 유행문화(fasion)는 일시적으로 많은 사람이 어떤 행동양식 또는 문화양식을 택함으로써 생기는 사회적인 동조현상을 의미한다.

문화는 역사적으로 전승되므로 시대에 따라 다르고, 인간의 사회관계와 상호작용을 통해 형성되고 변용된 것으로서 나라와 지역, 심지어는 집단과 조직마다 서로 다르지만, 또한 유사한 속성을 지니고 있기도 하다. 이러한 문화의 특성에 대한 기존 학자의 논의를 종합하여 보면 다음과 같다.

첫째, 문화는 창조된 것이며 학습되는 것이다. 상징을 사용할 수 있는 인간은 사회관계나 상호작용을 통하여 문화를 창조하며, 출생과 함께 문화를 갖고 태어나는 것이 아니라 출생 후 후천적인 학습을 통하여 그 사회의 문화를 획득한다. 그리고 문화를 학습하고 습득할 뿐만 아니라 사회관계나 상호작용을 통하여 새로운 문화를 창조하고 변용하기도 한다.

둘째, 문화는 사회적인 유산 또는 상속으로서 전승되어 온 것이다. 문화는 일시적으로 나타나는 현상이 아니라 선조들의 생활양식이 누적되어 언어와 같은 상징적 수단을 통해 전승되어 온 사회 유산이다.

셋째, 문화는 보편성을 지닌다. 한 사회 내에 존재하는 가치, 규범, 관습, 종교, 혼인제도 등은 서로 다르지 않으며, 동일 사회에 속한 사회성원은 사회의 문화를 공유하므로 이들의 행동은 다른 사회 구성원의 행동과는 구별되는 공통된 특성을

규범문화

규범

가치

법률

관습

민습

원규

유행문화

문화의 특성

창조와 학습

사회 유산

보편성

지닌다.

다양성   넷째, 문화는 다양성을 지닌다. 문화는 국가, 지역, 시대에 따라 서로 다르며, 비록 같은 문화권이라고 하여도 계층, 성, 연령 등에 따라 각기 다른 하위문화를 형성함으로써 한 사회의 문화는 매우 다양한 특성을 지닌다.

사회 구성물   다섯째, 문화는 정치, 경제, 사회, 역사 등의 사회 구성물이 상호작용한 결과물이다. 문화는 특정 사회나 특정한 역사적 시점의 정치, 사회, 종교, 지식, 예술, 법률, 관습 등이 복합적으로 상호작용하여 형성된 것이며, 사회의 특정 부분의 변화는 문화 전반에 영향을 미치게 된다.

상징성   여섯째, 문화는 상징성을 지닌다. 문화는 사람들의 경험을 해석하고 행동을 유도하거나 규제하는 의미와 상징의 체계로서, 모든 문화는 외형적으로 드러나는 것 이외에 내재되어 있는 의미가 따로 있다.

역동성   일곱째, 문화는 역동성을 지닌다. 문화는 안정을 유지하려는 성향이 없는 것은 아니지만 고정되어 있는 것이 아니라 문화접촉, 문화변용, 문화갈등을 통하여 끊임없이 변화한다.

초개인성   여덟째, 문화는 초개인적이다. 문화는 인간에 의해 형성되지만, 일단 형성된 이후에는 개인을 초월하여 독자적으로 존재하면서 개인에게 영향을 미친다.

3) 문화가 인간행동에 미치는 영향

문화의 영향   인간은 자연환경뿐 아니라 문화환경 속에서 태어나 그 문화 속에서 공존하는 사람들과 상호작용하며 살아가므로, 인간은 문화의 영향을 지대하게 받는다. 이러한 **적응 양식** 문화는 개인이 습득해야 하는 기존의 적응 양식을 제공해 줄 뿐만 아니라 개인에 **행동지침** 게 일상생활의 구체적인 행동지침을 제공해 주고, 개인의 행동을 인도하기도 하며 통제하기도 한다. 그리고 문화는 개인이 주변 상황이나 자극을 해석하는 방식을 **자기실현** 제공해 주며, 개인의 자아를 풍부하게 해 주고 자기실현의 길을 열어 주는 기능을 **사회통합** 한다. 그리고 문화가 사회통합의 길을 열어 주기도 하지만, 문화적 이질성으로 인 **긴장과 소외** 한 문화갈등으로 인하여 대인관계상의 긴장이나 갈등의 단초를 제공하고, 특정 계층에 대한 억압과 인간 소외의 원인적 요소가 되기도 한다.

문화결정론   인간에 대한 문화의 영향력을 중시하는 관점은 White(1959)의 문화결정론적 시각이다. 그는 인간은 문화의 산물이며, 인간행동은 문화에 대한 반응이라고 하여 문화에 의해 개인이 어떻게 생각하고, 느끼며, 행동할지가 결정된다고 보고 있다. 이와 같이 문화는 사회구성원의 행동을 인도하고 제한한다.

특정 사회에서 출생한 개인은 그가 속한 사회의 문화에 내재된 가치, 규범, 신념체계 등을 내면화하는 사회화 과정을 통하여 사회체계에 통합되어 간다. 이러한 사회화 과정에서 개인은 특정 사회에서 바람직한 것으로 인정되는 역할과 태도, 행동양식과 가치를 학습하게 된다. Kardiner(1967)는 문화가 개인의 사회화에 필요한 다양한 조건을 결정하는 데 많은 영향을 미친다고 주장하였다. Kardiner는 모성인물의 보호와 정서적 반응, 초기 훈육, 성교육, 형제에 대한 태도, 일에 대한 반응, 성인식, 결혼과 결혼에 대한 태도, 사회참여, 사회통제, 종교와 민속, 현실생활에 필요한 기술, 생산양식 등이 성격에 영향을 미치게 된다고 하였다.

사회화

성격 형성

이러한 사회화 과정에서 특정 사회의 문화를 공유한 사람들은 개인적 차이는 있긴 하지만 공통된 문화의 영향으로 인하여 유사한 성격을 지니게 된다. 이와 같이 동일 문화권에 속하는 성원의 대다수가 갖는 성격 구조를 사회적 성격(social character)이라고 한다. 한국인의 사회적 성격은 Riesman 등(1950)이 분류한 사회적 성격 중에서 과거의 전통이나 관습, 문화적 표준, 친족관계, 종교 등에서 행동의 지침을 구하는 전통지향형의 특성이 강하게 남아 있다(최순남, 1999). 한국인 특유의 사회적 성격은 가족주의, 감투지향의식, 상하서열의식, 친소구분의식, 공동체 지향의식을 특징으로 하는 전통적 한국 문화에 근거하여 형성된 성격이다(최재석, 1985). 그러나 1960년대 이후 한국 사회의 급격한 사회변동으로 인하여 인본주의, 권위주의와 집단주의를 중시하는 전통문화가 물질주의, 평등주의, 개인주의로 변화됨으로써 한국 사회의 사회적 성격을 어떻게 규정해야 하는가에 대해 많은 혼란을 경험하고 있다(임희섭, 1995). 따라서 한국인은 집단주의적 자아와 개인주의적 자아의 충돌과 대립을 경험하게 되었고, 집단주의 관점에서는 '괜찮은 사람'이면서 동시에 개인주의 관점에서는 타인에 비해 상대적 우월성을 갖춘 '잘난 사람'으로 살고자 하는 경향을 동시에 지닌다(황상민, 2011).

사회적 성격

*한국인의
사회적 성격*

한국 사회는 전근대 문화, 근대문화, 탈근대문화가 공존하고 있어(진중권, 2007), 한국 문화의 특성을 한마디로 간추려 말하기 어렵다. 그러나 전근대부터 지금까지 여전히 이어져 남아 있는 한국 문화의 특징으로는 ① 무의식적으로 형성된 일종의 정신적 유대감인 정(情), ② 부당한 처우나 다른 사람에 비해 현저히 부족하여 고통을 당했을 때 남게 되는 마음의 상처인 한(恨), ③ 사회적으로 바람직하다고 생

*한국 문화의
특성*

각되는 가치로 구성된 이미지인 체면(體面), ④ 타인과의 관계를 손상하지 않으려는 소망에서 발달된 고유한 의사소통 유형인 눈치, ⑤ 개인보다 가정을 중시하는 가족주의 의식, ⑥ 혈연, 지연, 학연 등의 인간관계상의 사적 유대를 중시하는 연고주의, ⑦ 나보다는 너와 나를 중시하는 우리 의식과 상대와 나를 동질화하려 하는 동류의식, ⑧ 자존감을 유지하고 실패에 대한 책임을 회피하고자 하는 핑계, ⑨ 사실과는 관계없이 상대의 입장과 심정을 배려한 의례성이 강하게 나타나는 특성을 지닌다(최옥채 외, 2020). 이와 아울러 최근에는 남녀 차별, 엄격한 상하 위계

◦⃒⃒ **표 4-3** 동양인과 서양인의 사고방식의 차이

구분	동양문화	서양문화
인간관	• 사회관계적 존재로서의 인간	• 자율적 존재로서의 인간
환경과의 관계	• 주변 환경이나 상황을 바꾸기보다는 그러한 환경에 맞춰 적응하려 함	• 주변 환경이나 상황을 통제하고, 자신에게 맞추려 함
개인-집단 관계	• 집합주의적이고 상호 의존적임 • 개인을 '특정 집단의 구성원'으로 이해하고 조화로운 인간관계를 중시하므로, 성원 간의 상호 의존성을 강조하고 개인의 자율성보다는 집단의 자율성을 중시	• 개인주의적이고 독립적임 • 개인이 자신의 삶을 통제할 수 있으므로, 개인이 원하는 대로 자유롭게 행동할 수 있다고 확신
행동 양식	• 인간관계의 조화를 유지하기 위해 행동함 • 주변 상황에 맞추어 행동	• 개인의 성취와 자아존중감 유지를 위하여 행동함 • 주변 상황을 민감하게 고려하지 않음
사고 방식	• 복잡성 추구 경향이 강함 • 사물 간의 관계를 중시하고 전체적인 맥락 속에서 이해하려는 전체적 사고 • 순환적 사고 또는 서로 모순되는 현상도 나름의 일리가 있다고 보는 역설적 사고 • 오감을 통한 경험과 상식을 중시	• 단순성 추구 경향이 강함 • 사물의 본질을 중시하여 개별 사물을 전체 맥락에서 분리하여 이해하는 분석적 사고 • 직선적 사고 또는 이것 아니면 저것의 이분법적 사고 • 논리를 중시
문제 해결 방법	• 논쟁이 집단의 조화를 깨뜨릴 수 있으므로, 논쟁이나 자유로운 토론을 기피하고 타협에 의한 해결 중시 • 개인 간 갈등이 중재와 같은 비법률적인 방법으로 해결	• 논쟁을 제2의 천성으로 받아들여 어려서부터 자기 의견을 주장하는 훈련을 받으며, 논쟁을 통한 해결 중시 • 개인 갈등이 법적 방법으로 해결

출처: Nisbett(2004)에서 재정리.

와 신분 차별, 지위와 명성 추구, 물질주의, 높은 교육열과 학식 존중 등과 같은 특성도 함께 공존하고 있다(구정화, 2011). 이러한 우리 문화는 개개인의 사고, 감정, 행동뿐만 아니라 일상생활에도 지대한 영향을 미치며, 유사한 문화적 경험을 가진 한국인의 사회적 성격 형성에도 영향을 미치고 있다.

　Nisbett(2003)은 동양인과 서양인 사이에 존재하는 사고의 차이를 검증하기 위한 다양한 실험을 통하여 두 문화에서 성장한 사람들의 사고의 차이를 분석하였는데, 그 주된 차이를 요약하여 제시해 보면 〈표 4-3〉과 같다. 동양인과 서양인

　Nisbett(2003)은 이러한 동양인과 서양인의 사고방식의 차이는 서로 다른 생태환경에 근본적인 원인이 있으며, 이러한 상이한 생태환경이 경제, 정치, 사회적 체제의 상이성을 초래하고 그러한 다른 환경과 체제 속에서 성장한 사람들은 서로 다른 사고방식을 갖게 된다고 보고 있다. 그러면서 그는 어떤 문화권의 사고방식이든 그 문화권에 속한 사람에게는 정당한 것으로 어떤 문화의 사고가 옳고 그르다고 할 수 없다고 하였다. 또한 그는 동양문화와 서양문화 간의 차이가 더 심해질 것이라는 관점이나 동양문화가 서양문화로 통합될 것이라는 주장보다는 상호 간에 교류가 넓어지면서 서로 수렴되어 감으로써 두 가지 문화를 동시에 지닌 이중문화적 속성을 지니게 될 것이라고 하였다. 현대 동양사회가 지나치게 서구화되어(김명진, 2012), 현대 한국인 역시 동양과 서양의 두 가지 문화의 속성을 동시에 지니고 있으며 어떤 경우에는 한국인처럼 행동하고 어떤 경우에는 서양인처럼 행동하는 경향이 점차 강해지고 있다. 생태환경 문화 차이와 융합

4) 문화와 사회복지실천

　문화가 개인의 행동과 삶 속에 내재되어 있는 관계로 내담자나 그를 둘러싼 사회체계의 문화를 이해하지 않고서는 적절한 문제해결을 위한 방안을 제시하기 어려우므로, 사회복지실천은 문화적으로 민감하게 이루어져야 한다. 사회복지실천에서 접촉하게 되는 개인, 가족, 집단, 지역사회 등은 다양한 문화를 지니고 있으며, 이들의 문화는 사회복지사 자신과는 다른 문화일 수 있다. 그러므로 사회복지사는 자신이 경험하고 자신에게 내재되어 있는 문화를 정확히 이해하고 자신의 문화와 다른 문화에 대해서도 수용적 태도를 취할 수 있어야 한다. 그럴 때만이 사회복지사 자신만의 문화를 고집하지 않고 내담자의 문화적 특성을 내담자의 관점에 문화적 민감성 문화 차이 수용

서 이해할 수 있게 될 것이며, 문화적 차이에서 오는 윤리적 딜레마를 해결해 나갈 수 있을 것이다(최옥채 외, 2020).

우리나라 사회복지실천에서 다민족국가인 미국 등과 같이 문화적으로 민감한 사회복지실천에 관심을 갖게 된 것은 비교적 최근의 일이다. 이와 같이 문화에 둔감한 사회복지실천에서 문화에 민감한 사회복지실천으로 전환된 계기는 결혼이주여성, 외국인 노동자, 북한이탈주민 등의 입국으로 인한 다문화사회로의 전환 과정에서 찾을 수 있다. 2019년 말 현재 우리나라에 거주하는 외국인 주민수는 205만여 명에 달하며, 결혼이민자와 귀화자 등으로 구성된 다문화가정의 구성원 수 또한 점차 증가하고 있다(행정안전부, 2020). 따라서 교차문화적 연구와 문화적 민감성에 기초한 실천이 매우 중시된다.

그러나 아직도 우리나라는 단일 민족 이데올로기를 강조하면서 다른 민족이 섞이는 것을 싫어하는 경향이 농후한 자문화 중심주의가 엄존하고 있으며, 문화공존을 위한 노력은 미진한 상황이다. 그 결과로 외국인 노동자를 대상으로 한 임금체불, 폭행, 열악한 노동 및 거주환경 제공 등과 같은 차별적 처우, 결혼이민자에 대한 차별과 학대, 문화동화에 대한 강요, 그리고 북한이탈주민을 '이등국민'으로 취급하는 행태 등 문화에 따라 차별적으로 처우하고 인간존엄성을 침해하는 행위가 일어나고 있다(최명민 외, 2009). 더 나아가 민족과 문화에 따라서 이중적 모습을 보이기도 하는데, 백인민족과 유럽문화를 부러워하면서 동남아시아나 아프리카 계열의 민족과 문화를 무시하고 함부로 대하기도 한다(구정화, 2011). 뿐만 아니라 같은 한국인 내에서도 주류문화와 비주류문화를 구분하고 성, 연령, 출신 배경, 지역, 학력, 외모 등에 따라 차별하고 배타적 태도를 보이는 경우도 많아 문화에 따른 차별과 분리 현상이 심하다.

그럼에도 우리의 사회복지실천에서는 문화적 영향을 비중 있게 다루지 못하고 있다. 다문화적 관점에 근거한 사회복지실천을 하고 있는 경우는 건강가정지원센터, 다문화가족지원센터 등과 다문화프로그램을 운영하는 일부 사회복지기관에 국한되어 있다. 따라서 앞으로 문화적 민감성을 갖춘 사회복지실천이 더욱 강화되어야 할 것이다. 뿐만 아니라 사회복지 교육과 실천 현장에서 아직도 서구문화권에서 개발된 사회복지 지식과 기술을 수용하여 활용하는 경우가 지배적이다. 우리 문화에 적합한 형태로 변용하거나 우리 특유의 문화가 개인에게 미치는 영향을 규명하기 위한 노력과 한국 문화에 근거한 사회복지실천 지식이나 기술을 개발하기

[여백 주석]
다문화사회로의 전환

자문화 중심주의

문화에 따른 차별과 분리

건강가정지원센터

다문화가족 지원센터

서구의 사회복지 지식과 기술

위한 노력은 거의 이루어지지 않고 있다. 따라서 서구의 사회복지실천 이론과 기술을 현장에 적용하는 데 더는 머물지 않고, 우리 고유의 사회복지실천 지식과 기술을 개발하기 위한 노력을 경주해 나가야 할 것이다.

고유의 사회복지
지식과 기술

7 가상공간과 인간행동

정보지식사회에서 인간은 객관적인 현실공간뿐 아니라 가상공간이라고 하는 두 가지 공간세계에서 행동하고 자신의 삶을 영위해 나간다. 그런데 가상공간은 정보기술 전문용어와 명령을 이미지화하여 그림으로 표시해 놓은 아이콘을 누름으로써 명령을 실행하고 사람들 간의 교류를 가능하게 해 주는 접속방식(graphical user interface: GUI)을 제외하면 객관적 현실세계와 크게 다르지 않다. 물리적인 현실공간과 마찬가지로 가상공간에도 사람들이 서로 대화하며, 복잡한 사회관계를 형성하고, 현실공간에서 활용하던 관계 유형이나 행동 유형이 그대로 활용되는 하나의 공동체로서 기능을 하고 있다. 그러므로 인간의 삶의 영역이 현실세계에 국한되지 않고 가상세계로까지 그 범위가 넓혀짐에 따라, 가상공간이 인간의 행동과 삶에 미치는 영향력이 현실공간에 못지않게 커지고 있다.

인간 생활공간

가상공간

공동체

하지만 지금까지 우리나라의 사회복지실천에서는 가상공간을 인간에게 중요한 환경으로 인정하고 그 영향을 파악하여 이에 개입하기 위한 노력을 기울이지 못하고 있다. 그러나 가상공간의 영향이 더욱 심화되고 있는 현실적 상황을 고려한다면 사회복지실천에서도 이러한 가상공간에 대해 더 많은 관심을 기울여 나가야 할 것이다. 즉, 사회복지실천에서는 현실공간에 존재하는 가족, 집단, 조직, 지역사회와 같은 사회적 환경뿐 아니라 가상공간이 인간의 행동에 미치는 영향과 가상공간의 순기능을 활용하여 인간의 삶의 질을 증진할 수 있는 방안과 가상공간의 역기능으로 인하여 파생되는 부적응이나 행동문제를 이해하고 해결할 수 있는 지식과 기술을 습득하여야 할 것이다. 이에 다음에서는 가상공간의 개념과 특성, 가상공간이 인간의 행동에 미치는 영향, 그리고 가상공간과 사회복지실천의 관련성에 대해 간략히 논의해 보고자 한다.

가상공간의
영향과
사회복지실천

1) 가상공간의 개념

가상공간의 용어   가상공간(cyberspace)이라는 용어는 미래 도시에서 가상공간의 카우보이와 여자 경호원이 인공지능(artificial intelligence)을 추적하며 현실 세계와 가상공간을 넘나드는 내용을 담고 있는 Gibson의 소설『뉴로맨서(Neuromancer)』가 발간된 1984년 처음으로 사용되었다. 그리고 가상공간이란 용어는 가상현실(virtual reality), 인공현실(artificial reality), 가상세계(cyber world), 인공환경(artificial environment) 등의 용어와 혼용되고 있다.

가상공간의 정의   가상공간이란 인간의 오감(五感)을 컴퓨터라고 하는 수단을 이용하여 인공적으로 만들어 낸 환경이다. 즉, 가상공간이란 통신망으로 연결된 컴퓨터나 스마트폰 등을 이용하여 상호 간에 정보나 메시지 등을 주고받는 눈에 보이지 않는 활동 공간이나 영역으로서, 장소와 물질에 기초한 현실세계와 구분되는 공간을 의미한다 (http://en.wikipedia.org).

아톰과 비트   정진홍(2003)은 현실공간과 가상공간을 '아톰(atom)'과 '비트(bit)'에 비유하여 설명하고 있다. 현실공간은 물질을 구성하는 최소 단위인 원자, 즉 아톰(atom)을 결합하여 분자를 만들고 그 분자들의 결합으로 눈에 보이고 실제로 만져지는 아날로그의 세계를 의미한다. 이에 반해 가상공간은 컴퓨터에서 사용되는 2진수인 0과 1의 최소 단위를 일컫는 비트(bit, binary digit)들이 조합을 통해 이루어지는 연산작용에 데이터가 더해지면서 만들어진 세계, 즉 디지털의 세계이다. 그러므로 가상공간은 우리가 살고 있는 현실공간을 그대로 모사하는 영상, 소리, 그리고 수많은 이미지를 비트로 결합하여 만들어 낸 인공적인 공간이다.

디지털의 세계

컴퓨터   이러한 가상공간은 컴퓨터나 스마트폰의 보급이 없이는 형성될 수 없고, 활동의 장도 마련될 수 없다. 가상공간은 컴퓨터라는 매체를 활용하여 지역공동체와 같이 동류의식, 우리의식과 같은 집단성과 지리적 공간을 기반으로 하는 개념이 아닌 개인이 가진 이해, 관심, 취미 등의 유사성을 토대로 형성된다(류상렬, 2004). 그러므로 가상공간은 컴퓨터가 만들어 낸 생활공간이라고도 할 수 있다. 가상공간에는 수많은 커뮤니티와 동호회 등 인간의 관계적 욕구 실현을 위한 가상공동체뿐만 아니라 가상대학, 뉴스그룹과 같이 정보 교류나 공유를 주목적으로 하는 기능적 공동체가 형성되고 있으며, 사이버 상거래나 사이버 쇼핑몰 등 가상공간을 이윤창출의 매체로 활용하려는 공리적 목적의 가상결사체 또한 발달되어 있다.

생활공간

기능적 공동체

가상결사체

2) 가상공간의 특성

컴퓨터와 네트워크를 통해 만들어진 눈에 보이지 않는 디지털세계인 가상공간 가상공간의 특성
은 현실공간과 비교하여 다음과 같은 특성을 지닌다(류상렬, 2004; 이영호, 2004).

첫째, 가상공간은 물리적 제한이 없다. 가상공간은 특정한 곳에 존재하는 것이 공간의 확장성
아니며 어디서든지 동시에 존재하므로 손쉽게 접근할 수 있는 공간이다. 즉, 가상
공간은 접근의 용이성, 즉시성, 편재성이라는 특성을 지닌 공간이다. 가상공간은
컴퓨터 속에 존재하는 공간이 아니라 컴퓨터나 스마트폰상의 네트워크로 연결된
수많은 사람이 합의하여 만들어 낸 실제 공간이며, 인간에게 무한히 넓은 생활공
간을 만들어 주며, 지리적 거리나 위치에 대한 개념이 없어지면서 인간이 생활하
고 활동할 수 있는 공간을 무한정 확대해 준다. 이러한 가상공간의 공간 확장성에
대해 이문열(2004)은 서구 민주주의의 발전의 요람이었던 광장(廣場)에 비유하여,
가상공간을 새로운 형태의 광장이라고 부르고 있다.

둘째, 가상공간은 끊임없이 변화하고 발전한다. 정보통신기술의 발전이 빠르게 변화와 발전
이루어짐에 따라 평범하고 단순한 매체전달 방법이 3차원적이고 상호작용적인 형
태로 바뀌는 등 가상공간은 매우 빠르게 변화하고 있으며, 현실공간보다도 더 빠
른 속도로 변화하고 있는 추세이다.

셋째, 가상공간은 현실적 제한을 받지 아니하며, 인간의 오감으로 직접 체험할 체험 가능성
수 있다. 가상공간은 현실에 구애받지 않고 상상의 세계를 현실과 같이 만들어 내
며 인체의 모든 감각기관이 가상으로 창조된 세계에 몰입됨으로써 마치 자기 앞에
존재하는 세계인 것으로 직접 체험할 수 있다.

넷째, 가상공간을 구성하는 모든 부분은 상호작용하는 생활공간이다. 가상공간 생활공간
은 컴퓨터 내부의 공간이 아니라 의사소통에 의해 형성되는 사회적 공간이며, 가
상공간을 구성하는 모든 부분은 서로 정보를 교환하고 상호작용하며, 가상공간도
의사소통, 상거래, 성행위 등 만남과 관계, 접합과 결합, 공동체의 구성이 이루어
지는 커뮤니케이션 공간이다. 그리고 경우에 따라서는 사용자가 자신의 의도대로
인위적으로 변경이 가능한 세계이다.

다섯째, 가상공간은 고도의 편집성과 조작성을 가진다. 가상공간은 다선적으로 편집성과 조작성
연결되는 복합적·중층적 구조를 지니고 있을 뿐만 아니라 교류되는 정보의 내용
을 사용자가 임의로 수정·삭제·창조할 수 있다는 점에서 편집성과 조작성이 매

우 높다.

여섯째, 가상공간은 공동사회와 이익사회 모두를 포괄하는 총체적 생활공간이다. 가상공간은 인간의 관계와 상호작용의 욕구를 충족해 줄 뿐만 아니라 개인이나 공공의 이익을 창출할 수 있는 공간이다.

공동사회와
이익사회

3) 가상공간이 인간행동에 미치는 영향

SNS

정진홍(2003)은 가상공간이 형성됨에 따라 나타나는 인간행동의 변화를 다음과 같이 설명하고 있지만, 최근 스마트폰의 보급, 소셜네트워크서비스(SNS)의 발전이 이루어지면서 그 변화는 더욱 커지고 심화되고 있다.

> 비트(bit)가 소용돌이치게 만든 세계의 변화상을 묘사하면 이렇다. 인터넷 등 컴퓨터를 매개로 한 사이버 커뮤니케이션이 일상화되었다. 물리적인 육체노동에서 컴퓨터를 이용한 사이버 워크(cyber work)로 일의 양태가 급속히 바뀌고 있다. 나인 투 파이브(9 to 5), 즉 9시에 출근해서 5시에 퇴근하는 식의 정시화된 노동관행이 깨지고 기존의 24시간 분할 시간 개념이 아닌 새로운 사이버 타임이 국가별·지역별 시간편차를 넘어서 이용되고 있다. 비트가 소용돌이치지 않은 세계를 살았던 사람들에게 노동과 삶의 양태에 대한 전면적 수정을 요구하고 있는 말이다. '비트가 소용돌이치는 세계'는 우리에게 완전한 삶의 전환을 요구하는 것일까?(정진홍, 2003)

생활방식의 변화

긍정적 영향

부정적 영향

이와 같이 가상공간은 인간의 행동뿐만 아니라 삶 전반에 강한 영향을 미치며, 생존과 생활방식의 전면적 변화까지도 요구하고 있다. 이러한 가상공간은 인간행동과 삶에 긍정적 측면과 부정적 측면의 영향을 미친다. 가상공간이 가상공동체로서의 속성을 갖게 되었을 때 인간에게 미치는 긍정적 영향으로는 정보 교환과 공유의 촉진, 소속감 강화와 안정된 정체성의 형성, 정서적 유대, 일반대중 의견수렴과 담론화를 통한 전자민주주의의 실현, 자유와 평등의 보장, 다양한 태도와 역량 강화의 기회 제공 등이다. 그러나 반대로 자신의 역할에 대한 책임회피, 통합된 자아정체성 형성 방해, 객관적 자아개념 형성의 어려움, 몰인간화 현상, 정보의 독점, 빈부 및 계층 간 격차 심화 등의 부정적 영향을 미치기도 한다(류상렬, 2004). 또한 현실공간의 문제점이 고스란히 가상공간에서도 나타나고 있다. 즉, 가상공간은 절도, 사기, 엿보기, 강탈, 협잡, 사생활 침해, 각종 음모 등이 난무하는 등 인간   역기능적 행동
의 부적응적이고 역기능적 행동이 옮겨 앉은 사회공간이기도 하다. 그리고 가상공
간의 등장으로 인하여 사이버 채팅중독, 사이버 주식중독, 사이버 섹스중독, 폭력
성 게임중독, 배타적 소집단 간의 갈등, 정보과잉으로 인한 정신비만 등의 정신건
강문제와 소위 키보드 전사(keyboard warrior)에 의한 가혹한 악성루머의 양산, 인
신공격, 불건전한 사상의 유포 등과 같은 사회통합을 저해하는 행동이 더욱 심화
되고 있는 실정이다(박경철, 2011; Wallace, 2001). 이와 같은 가상공간의 긍정과 부
정의 영향으로 인해 정보사회가 진행될수록 다가올 미래사회가 유토피아(utopia)
가 될지, 디스토피아(distopia)가 될 것인지에 대한 논쟁은 더욱 뜨거워질 전망이다
(구정화, 2011).

4) 가상공간과 사회복지실천

　가상공간, 즉 디지털세계의 발달로 인하여 사회복지실천에도 많은 변화가 일어   사회복지실천의
나고 있다. 정보기술의 발전으로 인하여 사회복지실천에서는 내담자가 요구하는   변화
정보를 시간과 공간에 제한 없이 제공하며, 내담자의 욕구와 정보를 효율적으로
파악하고 처리하고 기록할 수 있게 되었다. 또한 기관이나 시설 운영과 관리의 효
율성이 제고되었으며, 내담자의 서비스 접근성을 증진하고, 가상공간에서의 상담
과 치료, 사회복지정책에 대한 다양한 의견수렴과 대안모색이 가능해지는 등의 긍
정적 변화가 나타나고 있다. 하지만 현재 사회복지실천에서는 주로 가상공간의 발
전에 따르는 과실이나 혜택을 향유하는 데는 적극적이지만, 가상공간이 인간에게
미치는 영향을 규명하거나 그 부정적 영향을 경감하고 해결하는 데는 관심이 낮은
편이다.

　현재 사회복지실천에서 가상공간과 관련되어 일어나는 문제 중에서 비교적 관   사이버 중독
심이 높은 분야는 게임중독, 사이버 섹스중독, 스마트폰 중독 등과 같은 사이버 중
독 분야이다. 사이버 중독은 환자 개인의 특성과 환경에 의해 야기되기도 하며, 정
보산업 발전의 역기능이라는 외적 요인이 복합적으로 작용하여 만들어 내는 문제
이다. 현재 사회복지실천에서 사이버 중독을 치료하기 위하여 사용하는 치료적 접
근방법으로는 개인 수준의 인지행동치료가 가장 많이 활용되고 있으며, 그 외에
가족치료, 집단치료 등이 활용되고 있다. 그리고 내담자와 대면하지 않고 온라인

상담과 치료를 실시하기도 한다.

가상공간의 병리

그러나 정보산업기술의 발전이 인간에게 미치는 영향이나 현실사회의 문제와 가상공간에서 나타나는 문제의 연관성 등과 같은 거시적 관점에서 가상공간의 병리를 분석하고, 가상공간이라고 하는 사회적 생활공간의 변화를 도모하기 위한 사회복지정책 방안에 대한 연구는 미진한 실정이다. 따라서 사회복지실천에서는 가상공간에서 개인이 경험하는 문제의 해결뿐만 아니라 인간에게 부정적 영향을 미치는 가상공간 자체의 변화를 위한 방안을 적극적으로 모색해 나가야 할 것이다.

사회복지정책

생각해 보아야 할 과제

1. 현대화 이후의 우리나라 가족에게서 나타나는 특징적 변화를 살펴보고, 이러한 가족의 변화가 개인의 행동과 생활에 미치는 영향을 토론해 보시오.

2. 가족의 보호부양 기능의 저하와 사회복지제도의 발전 사이의 상관성에 대해 토론해 보시오.

3. 가족을 제외하고 참여하였던 집단 중에서 자신에게 가장 강한 영향을 미친 집단은 무엇인지 생각해 보고, 그 집단에서 어떤 영향을 받았는지에 대해 살펴보시오.

4. 봉사조직의 한 유형인 사회복지조직이 다른 조직과 어떤 점에서 다른지에 대해 토론해 보고, 사회복지사의 소진 증후군을 야기하는 사회복지조직의 요인은 무엇이며 이를 해결할 수 있는 방안은 무엇인지 모색해 보시오.

5. 자신이 생활하고 있는 지리적 지역사회의 특성을 조사해 보시오.

6. 장애인이나 노인 등 사회적 보호가 필요한 사람들을 시설이 아닌 지역사회에서 보호하고 재활서비스를 제공함으로써 얻을 수 있는 이점에 대해 토론해 보시오.

7. 다음 책을 읽고 문화가 개인의 사고, 행동이나 삶에 어떤 영향을 미치며, 동양과 서양 문화의 차이에 대해 토론해 보시오.

- Nisbett, R. E. (2004). **생각의 지도**(최인철 역). 서울: 김영사.
- 김명진(2012). **EBS 다큐멘터리: 동과 서**. 서울: EBS 미디어.

8. 우리 사회의 혈연, 지연, 학연 등의 연고주의와 가족주의 의식이 갖는 긍정적 측면과 부정적 측면에 대해 토론해 보시오.

9. 자신이 가상공간에서 주로 어떤 활동을 하고 있으며, 이러한 가상공간에서의 생활이 현실공간에서의 생활에 미치는 긍정적 영향과 부정적 영향에 대해 토론해 보시오.

10. 한국정보화진흥원 인터넷중독대응센터(스마트 쉼센터, http://www.iapc.or.kr)의 중독 진단 코너에서 자신의 인터넷 중독, 게임중독, 스마트폰 중독이 어느 정도 수준인지를 자가진단해 보고, 이를 예방·치료할 수 있는 방안으로는 어떤 것이 있는지 살펴보시오.

제2부

인간 발달과
사회복지실천

마지막 쉴 곳!
그곳에 이르기까지 해야 할 일은?

경남 통영, 故 박경리 님의 묘소, 2013. 7.

제5장

태내기와 영아기

1. 태내기와 영아기의 신체적 발달 양상을 이해한다.
2. 태내기와 영아기의 심리적 발달 양상을 이해한다.
3. 태내기와 영아기의 사회적 발달 양상을 이해한다.
4. 사회복지실천에서 태내기와 영아기의 발달과 관련하여 관심을 기울여야 할 영역을 이해한다.

발달심리학과 사회복지학에서는 수정의 순간부터 인생의 첫 6년 동안을 하나의 발달 단계로 통합하여 논의하기도 하며, 여러 단계로 나누어 논의하기도 한다. 하지만 출생 이전과 출생 이후의 발달 양상과 환경은 전혀 다르고, 출생 후 첫 6년 동안은 신체·심리·사회적 측면에서 급격한 변화가 일어나는 시기이므로 하나의 발달 단계로 통합하여 논의하기보다는 몇 개의 세부 단계로 논의하는 것이 더 바람직할 것이다.

먼저 인간의 발달은 수정되는 순간부터 시작되고 출생 이후의 발달과는 전혀 다른 엄마의 자궁 속이라는 태내 환경의 발달은 별도의 단계로 구분하는 것이 적절하다. 이 책에서도 태내기(胎內期, prenatal period)를 별도의 인간 발달 단계로 구분하고 있지만, 논의의 내용이 많지 않다는 점을 고려하여 이 장에 통합하여 그 발달 양상을 살펴보고자 한다.

출생 후 첫 1개월 동안은 무력한 존재로서 하나의 독립된 개체로 성장할 준비를

*태내기와
영아기 구분*

태내기

신생아기

하고 태내 환경과는 전혀 다른 새로운 환경에 적응해야 하는 시기이므로, 신생아기(新生兒期, neonatal period)라는 별도의 단계로 구분하는 것이 필요할 것이다. 그러나 인간 발달 단계 전체를 놓고 볼 때는 그 기간이 너무 짧다는 점을 고려할 때 영아기에 포함하는 것이 바람직할 것이다.

영아기

신생아기 이후부터 인생 첫 6년간의 발달 기간 중 영아기를 어디까지로 구분할 것인가에 대한 공통된 기준은 없다. 그러나 발달심리학 연구에 따르면, 3세 이전의 발달과 이후의 발달 사이에 많은 차이가 있는 것으로 나타나고 있다(신명희 외, 2013; 정옥분, 2004). 즉, 3세 이전까지는 신체적 발달이 급격히 이루어지며 기본적 운동 발달이 이루어지고, 심리적 측면에서는 중요한 인지 발달과 언어 발달이 이루어진다. 또한 사회적 측면에서는 부모와의 애착관계를 형성하는 결정적 시기이므로, 3세 이전까지를 영아기로 구분하는 것이 적절할 것이다. 그리고 영유아보육법상의 보육교직원 배치 기준은 3세 미만의 영아와 3세 이상 유아의 경우 큰 차이를 보이는데, 이는 신체·심리·사회적 발달에 있어서의 차이를 고려한 기준이다. 따라서 이 장에서는 수정부터 출산 이전까지 태내 환경에서 성장하는 태내기, 출생 후 1개월간의 신생아기, 그리고 3세 이전의 영아기로 나누어 살펴보고자 한다.

1 태내기의 발달

수정

인간의 생명은 부부간의 성적 관계를 통하여 남성의 정자와 여성의 난자가 결합됨으로써 시작되는데, 이 과정을 수정 또는 임신이라 한다. 정자와 난자의 세포핵이 결합하여 23쌍의 염색체를 가진 새로운 개체가 형성되고 수정 후 34~40주, 즉 238~280일 동안 어머니의 체내에서 자라게 된다. 이 기간에 태아의 여러 신체기관이 형성되고, 그 크기와 무게, 기능이 급속히 발달하게 된다. 다음에서는 태내기의 세부 발달 단계에 따라 특징적인 발달 양상에 대해 살펴보고자 한다.

1) 태아의 발달

생명의 시작

여성의 배란기를 전후해 질(膣) 속에 사정된 정액 속의 2~5억 개의 정자가 긴 꼬리로 헤엄쳐서 나팔관까지 올라가면 난소에서 내려오고 있던 난자와 만나게 된다. 일단 1개의 정자가 난자의 세포막을 뚫고 들어가게 되면 정자의 꼬리는 잘라지고 정자와 난자의 핵이 결합하여 하나의 수정란을 형성하게 된다. 이런 과정을 수정이라 하며 새로 생겨난 단일세포를 접합자(zygote)라 부르는데, 이것이 곧 생명의 시작이다.

수정란 또는 접합자는 어머니의 자궁 속에서 성장하게 되는데, 임신 기간은 개인에 따라 차이가 있어 수정 후 34~40주 사이, 평균 38주(266일) 정도이다. 수정에서부터 출산에 이르기까지의 태내기는 [그림 5-1]에서 보는 바와 같이 3단계로 나뉜다. 즉, ① 수정란이 자유롭게 떠다니다 자궁에 완전히 착상하여 모체와 의존관계를 확립하는 1~2주 동안을 발아기(germinal period) 또는 난체기, ② 중요한 신체기관과 신경계가 형성되는 수정 후 3~8주 동안을 배아기(embryonic period), ③ 수정 후 3개월부터 출생까지의 시기를 태아기(fetal period)로 구분한다(김태련 외, 2004; 송명자, 2008). 그러나 이와는 달리 정상적 임신 기간에 어머니의 자궁 속에서 이루어지는 태아의 발달은 3개월씩 3단계로 구분하는 경우도 있다(김태련, 장휘숙, 1994). 이 책에서는 논의의 편의상 임신 기간을 3개월씩 3단계로 구분하여 태아의 발달을 살펴보고자 한다.

임신 기간

발아기

배아기

태아기

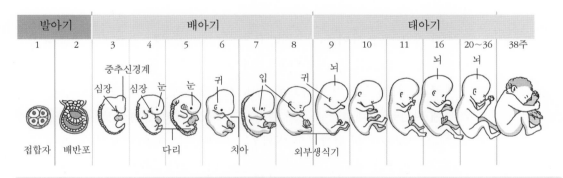

[그림 5-1] 태내기 단계별 태아 발달

출처: http://answers.mheducation.com/psychology/lifespan-development

(1) 임신 1단계의 발달

임신 제1단계는 수정에서부터 임신 3개월까지를 의미한다. 수정란, 즉 접합자는 수정 후 짧게는 1주일 길게는 2주일 정도가 지나면 자궁벽에 부착되어 착상된다. 그러나 접합자의 58% 정도는 착상에 실패하며, 자궁 이외에 난관, 난소, 자궁

착상

 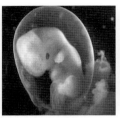 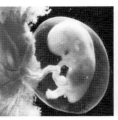 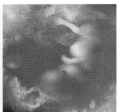

| 수정 직후 | 5주 | 2개월 | 3개월 |

[그림 5-2] 임신 1단계(수정~3개월)의 태아 발달

출처: http://www.sangsaeng.org

자궁외임신　　경부, 자궁각 등에 착상하게 되는데 이를 자궁외임신이라 한다(정옥분, 2004).

　　착상 후 3주 동안에는 태아에 대한 외부의 충격을 방지하고 적정 온도를 유지
양막주머니　해 주는 역할을 하는 양수가 들어 있는 양막주머니가 형성되며, 동시에 태반도 형
태반　　　　성된다. 태반(placenta)은 어머니의 신체와 태아를 연결하고, 성인에게 적합한 상
태로 되어 있는 물질을 태아에게 적합한 물질로 변형하고, 태아에게 유해한 물질
의 침입을 막아 준다. 또한 태반은 탯줄을 통하여 수분, 산소, 혈액 등 태아에게 필
탯줄　　　　요한 영양분을 공급하고, 배설물 등의 불필요한 노폐물을 배출하는 기능을 하게
된다.

배아기　　　　임신 후 약 3~8주 사이를 배아기라고 하며, 그 이후부터 출생 시까지를 태아기
라 하므로 임신 1단계는 발아기, 배아기와 태아기 중의 일부를 포함한다. 배아기
에는 빠르게 세포분열이 일어나므로 태내 환경에 각별한 주의가 필요하다. 만약
태아 손상　이 시기에 발달을 방해하는 사건이 발생하게 되면, 태아는 영구적인 손상을 입게
된다. 이 시기에 수정된 접합자의 내세포는 외배엽, 중배엽, 내배엽의 3개 층으로
분화된다. 외배엽은 피부의 표피, 손톱, 발톱, 머리카락, 신경계, 감각기관으로 발
달하고, 중배엽은 피부의 진피, 근육, 골격, 순환계, 배설기관으로, 그리고 내배엽
은 소화기관, 간, 췌장, 호흡기관으로 발달하게 된다. 그리고 이 시기에는 유사세
포들이 조직화되어 긴 원통형의 신체, 뇌와 심장의 원형이 형성된다. 임신 4주 말
전구체　　　이 되면 뇌, 사지(四肢), 눈, 귀의 전구체(前驅體, precursor)가 발달한다. 임신 2개월
말경에는 입, 눈, 귀, 팔, 다리, 손발이 형성되어 인간의 모습에 가까워지고 무게는
2.25g, 몸길이는 28mm로 성장하게 된다.

　　임신 3개월 무렵 태아의 몸길이는 7~8cm, 무게는 14g 정도에 이른다. 그리고

머리가 전체 몸길이의 1/3 정도를 차지하며, 눈이 붙어 있으며, 팔은 얼굴 쪽으로 그리고 무릎은 위장 쪽으로 구부리고 있는 자세를 취하고 있다. 이 시기에는 생식기관이 극적으로 분화됨으로써 내부 생식기뿐만 아니라 외부 생식기도 형성된다. 3개월 된 태아는 자유롭게 움직이며, 손에 잡힌 것을 놓지 않으려는 파악반사(grasp reflex)와 발가락을 부채 모양으로 퍼거나 구부리는 바빈스키반사(Babinski reflex)를 나타낸다. 그리고 이 시기가 되면 심장박동기(doppler)를 사용해 태아의 심장박동도 들을 수 있다.

생식기관

심장박동

(2) 임신 2단계의 발달

임신 제2단계는 4~6개월 사이로 태아의 크기는 7~8cm에서 25cm 정도까지 성장하고, 몸무게는 약 30g에서 900g까지 증가한다. 임신 4개월경의 태아는 빨고 삼키기 시작하는데, 탯줄과 입을 통해 양수를 흡입하여 필요한 영양분을 흡수하며, 단맛을 선호하는 경향이 있다. 이때 임산부는 가벼운 태동을 느낄 수 있게 된다.

태동

임신 5개월 말부터 태아는 하루에 2~3cm 정도의 급성장을 하며, 어머니의 자궁을 복강까지 밀고 올라온다. 태아는 처음에는 가볍게 뒤틀다가 나중에는 발길질, 주먹질까지 하는 태동을 활발하게 한다. 이러한 태아의 활동은 출생 이후에 사용하게 될 반사운동의 기초가 된다. 그리고 이 시기에는 피부가 두꺼워지고, 등이나 팔다리에 털이 나며, 머리카락과 눈썹이 형성된다.

급성장

반사운동

임신 6개월경에는 감각수용기의 발달로 촉각에 민감해지고, 근육 움직임에 의한 접촉을 인식할 수 있게 된다. 쓴맛에 반응하여 혀를 내밀기도 하며, 망막과 대

감각수용기

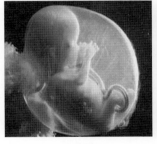
4개월

5개월

6개월

[그림 5-3] 임신 2단계(4~6개월)의 태아 발달

출처: http://www.sangsaeng.org

뇌를 연결하는 신경섬유가 생성되어 빛에도 반응을 보인다. 임신 25주경에는 영양분의 흡수와 배설, 엄지손가락 빨기, 휴식 등 활발한 기능을 하지만 자궁 밖에서의 생존 가능성은 거의 없다.

(3) 임신 3단계의 발달

이 시기는 임신 7개월부터 출산까지의 시기로 태아는 약 50cm에 3.2kg 정도까지 성장하며, 중추신경계의 성숙도 함께 이루어진다. 30주 정도가 지나면 신경계의 조절능력이 생기며 조산아보육기(incubator)에서의 생존이 가능해지므로 임신 210일을 생존가능연령이라고 부른다. 그러나 의학기술의 발전과 함께 생존가능연령은 점점 낮아지는 추세이다. 일반적으로 체중이 1.5kg 정도이면 생존이 가능하고, 2.3kg 이상이면 조산아보육기에서 양육하지 않아도 된다.

9개월 말에는 태반이 퇴화되기 시작하므로, 어머니의 항체가 태아의 혈액에 유입되어 출생 후 몇 개월 동안 태아는 질병에 대한 저항력을 갖게 된다. 그러나 어머니의 혈액 중 유해 성분이 태아의 혈액을 파괴할 수도 있다. 태반은 900g 이상 커질 수 없고, 태아의 머리는 자궁경부의 최대 확장치 이상으로는 커질 수 없기 때문에 대략 38주가 되면 분만하게 된다. 분만예정일은 마지막 월경이 1~3월 사이일 때는 9를 더하고 4~12월 사이일 때는 3을 빼서 분만 예정월을 구하며, 최후 월경 시작일에 7일을 더하여 분만예정일을 산출할 수 있다. 예를 들어, 최종 월경 시작일이 2021년 3월 17일인 경우의 분만예정일은 2021년 12월 24일이 된다. 분만예정일에 정확하게 출산을 하는 것은 아니며, 분만예정일 전후 2주 정도를 정상적

중추신경계

생존가능연령

태반의 퇴화

분만예정일

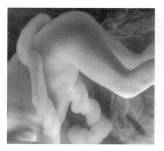 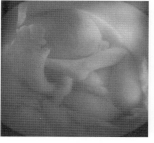 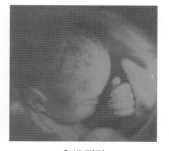

7개월   8개월   출생 직전

[그림 5-4] 임신 3단계(7개월~출생)의 태아 발달

출처: http://www.sangsaeng.org

분만으로 간주한다.

분만 과정은 초산부(初産婦)의 경우 14시간, 경산부(更産婦)의 경우에는 8시간 정도 소요된다. 대개 출산 10~14일 이전부터 태아의 머리가 골반 부위로 내려오면서 나타나는 불규칙적 자궁수축으로 인한 가진통(false labor)을 경험하게 된다(Newman & Newman, 1987). 대개 임산부가 3~5분 간격으로 강하고 불규칙적 자궁수축으로 인한 진통을 느끼기 시작하면 산모를 병원으로 옮기게 된다.

이때부터 이루어지는 분만 과정은 크게 3단계로 구분할 수 있다. 제1단계는 자궁수축이 일어나는 시점부터 시작하여 자궁경부가 태아의 머리가 통과할 수 있을 정도(10~12cm)로 열릴 때까지로, 개구기(開口期)라 한다. 제2단계는 자궁경부가 완전히 열린 다음 진통과 복압(腹壓)의 작용으로 태아를 출산하기까지의 기간으로 출산기(出産期)라 한다. 제3단계는 태아의 분만 후 자궁수축을 통해 태반과 양막주머니가 방출되는 기간으로 후산기(後産期)라 하며, 5~10분 정도의 시간을 말한다.

2) 태아의 발달에 영향을 미치는 요인

태내 발달은 어머니의 자궁 내에서 이루어져 눈으로 직접 확인하기가 어려우며, 태내 환경이 외부의 유해한 자극을 차단해 주는 안전한 곳이라고 믿어 버림으로써 그 중요성을 간과하기 쉽다. 그러나 태내기는 다른 어떤 발달 단계보다도 전 생애 발달에 미치는 영향이 크기 때문에, 태내 환경이 적절하지 못하면 그 영향은 태아에게 치명적인 영향을 미치게 된다. 따라서 태내 발달에 영향을 미치는 유전요인과 임산부의 인구사회적 특성, 건강 상태, 심리 상태, 생활습관 등과 같은 환경적 요인을 파악하여, 태아의 정상적 발달을 도와야 한다.

(1) 유전적 요인의 영향

유전은 인간의 발달 한계, 특히 신체적 성숙과 관련된 한계를 설정한다. 유전은 염색체라는 사슬로 구성되어 있는 DNA에 의해 전달되는데, 성숙 속도의 차이와 기질적 차이를 유발하며, 비정상적 발달을 가져오기도 한다. 먼저 유전인자는 성장급등기, 치아 발달, 사춘기, 폐경기 등을 결정하는 등 성숙 속도의 차이를 만들어 낸다. 그리고 키, 몸무게 등은 환경적 영향도 있긴 하지만 유전자의 결합에 의

해 결정되는 경우가 많기 때문에 개인에 따라 기질적 차이가 발생한다. 그리고 유

선천성 이상   전적 요인에 의해 선천성 이상(先天性 異常)이나 비정상적 발달을 초래하기도 한
다. 유전적 요인에 의해 나타나는 주요 발달장애를 제시하면 〈표 5-1〉과 같으며,
그 외에 갈락토스 혈증, 간렌스핵변증, 글리코겐병, 왜인증, 원발성 혈당감소증,
Rh⁻ 부적합증 등이 있다.

.ıll 표 5-1 유전적 요인에 의한 주요 발달장애

발달장애	유전적 원인과 발달 특성
터너(Turner) 증후군	X염색체가 1개이며 전체 염색체 수가 45개인 성염색체 이상으로, 외견상 여성이지만 여성호르몬의 부족으로 2차 성징(性徵)이 나타나지 않는다. 난소가 기능을 제대로 하지 못하여 생식을 하지 못하며, 목이 가늘고 키가 작다.
클라인펠터(Klinefelter) 증후군	XXY, XXXY, XXXXY 성염색체를 가지고 있어 남성의 특성이 약하고, 사춘기에 가슴과 엉덩이가 커지는 등 여성적인 2차 성징이 나타난다. 고환이 미성숙하여 정자의 생산이 불가능하므로 생식이 불가능하다.
X염색체 결함 증후군	여성보다 남성에게서 더 많이 발생하고, 얼굴이 길고, 당나귀 귀의 모양을 하고 있으며, 고환이 비대하다. 지적 장애, 언어장애, 자폐증 등의 장애가 나타나기도 한다.
다운증후군	몽고증이라고도 불리며, 23쌍의 염색체 중 21번 염색체 이상에 의해 유발되며, 머리가 작고 뒷머리는 납작하며, 팔다리가 짧고 통통하다. 지능은 40~60 정도이지만, 성격이 밝고 다정하며 쾌활하여 사교성이 좋다.
혈우병	혈액이 응고되지 않는 선천적 장애로, 성염색체인 X염색체의 이상에 의해 발병되며, 질병 저항력이 약하다.
페닐케톤뇨증(PKU)	페닐알라닌이라는 단백질 분해효소가 결여되어 소변에 페닐피부르산이 함유되어 배출되는 증상이다. 금발, 백안, 치아 사이가 많이 벌어져 있으며, 굽은 자세, 운동과다, 떨거나 반복적 손가락 놀림이 특성이다.
겸상 적혈구 빈혈증	헤모글로빈을 만드는 유전자의 부족으로 인한 장애이다.
흑내장성 지진아	안구진탕, 수정체 혼탁으로 시력이 매우 낮고, 전신쇠약 증상을 보인다. 보통 2~3세에 사망한다.

이 중 Rh⁻부적합증 또는 Rh동종면역은 Rh⁺인 남성과 Rh⁻인 여성과의 사이에서 Rh⁻부적합증
Rh⁺인 자녀가 임신될 경우에 나타난다. 이 경우 첫아이는 정상적으로 출산할 수
있지만, 첫아이 출산 과정에서 태아와 모체의 혈액이 섞이기 때문에 모체는 Rh⁺에
대항하기 위한 항체를 형성한다. 따라서 둘째 아이부터는 임산부의 항체가 Rh⁺인
태아의 적혈구를 파괴하여 사산하거나 지적 장애아를 출산할 가능성이 높다. 하지
만 Rh⁻부적합증은 면역 글로불린(human anti-D globulin) 주사를 임신 28~32주와
출산 직후에 맞으면 예방할 수 있다.

이러한 유전적 요인에 의한 발달장애를 조기에 예방하기 위해서는 ① 조상의 유 발달장애 예방
전병을 조사하는 가계도 분석, ② 부모의 유전병, 부모의 연령 조사 등 부모에 대
한 조사, ③ 임산부의 양수에 포함된 태아의 세포를 검사하는 양수검사, 그리고
④ 가는 튜브를 자궁에 삽입하여 융모막 조직을 채취하여 검사하는 융모막검사와
같은 방법을 활용할 수 있다. 최근 들어 만혼(晩婚)으로 인한 고령 출산이 늘어나
면서 선천성 이상을 예방하기 위해 이런 검사를 하는 임산부가 늘어나고 있다. 그
러나 양수검사를 너무 이른 시기에 하게 되면 자연유산의 위험을 초래할 수 있으
므로 임신 중기에 실시하는 것이 바람직하며, 융모막검사의 경우는 유산의 위험이
더 높고 드물게는 사지기형의 원인이 되기도 한다(Kuller, 1996).

(2) 환경적 요인의 영향

태아의 발달에 영향을 미치는 요인으로는 환경호르몬, 방사선 등의 외부 환경적
요인이 있을 수 있지만, 임산부의 인구사회적 특성, 건강 상태, 정서 상태, 생활습
관 등이 매우 중요한 영향을 미친다. 일반적으로 여성은 13세경에 생리를 시작하
여 폐경이 되는 50세 무렵까지 출산이 가능한데, 임산부의 역연령(曆年齡)은 태아 임산부의 역연령
의 발달에 영향을 미친다. 태아에 대한 영향만을 고려했을 때 가장 바람직한 임신
연령은 23~28세이며, 그 이전이나 이후의 임신과 출산은 선천적 장애를 지닌 태
아를 출산할 가능성이 상대적으로 높다(정옥분, 2004). 의학적으로 35세 이후에 출
산을 할 경우 노산(老産)이라 하는데, 노산의 경우 자연유산, 임신중독증, 난산(難
産), 미숙아 출산, 다운증후군의 비율이 높아진다. 특히 30세 이전에 출산을 할 경
우 다운증후군의 발생 빈도는 1/1000이지만, 30대 후반에는 1/220, 40대 후반에는
1/25로 높아지게 된다(Shafer & Kuller, 1996).

임산부의 분만 횟수도 태아에 많은 영향을 미치는데, 첫아이보다는 이후에 출산

하는 아이에게 더 유리하다. 첫 출산 시에는 자궁과 태반 간의 혈액 흐름의 속도가

느리기 때문에, 출산합병증이 상대적으로 많이 발생한다. 그리고 임신과 출산 이
후 산모의 내분비계가 완전히 회복되는 데 걸리는 시간은 약 4년 정도이므로 너무
짧은 기간에 다시 임신을 하는 것은 태아의 발달에 바람직하지 못한 태내 환경을
제공하는 것이나 다름없다.

임산부의 생리적 기능 상태도 영향을 미친다. 임산부의 임신 전 영양 상태와 임
신 기간 중의 영양섭취는 태아의 발달에 매우 중요하다. 특히 임신 기간 중에는 평
상시보다 15~30%(300~500cal) 정도는 더 섭취해야 한다. 특히 칼슘, 단백질, 철
분, 비타민 등은 임산부의 건강뿐만 아니라 태아의 성장과 발육에도 필수적이므로
충분히 섭취해야 한다. 영양섭취가 매우 불충분한 경우에는 미숙아의 출산 가능성
이 높아진다.

임산부의 질병은 태아의 발달지체나 장애를 유발할 수 있는 중요한 요인이다.
임신 3개월 이전에 임산부가 풍진에 감염된 경우 시각장애나 청각장애, 지적 장애
등을 유발할 확률이 높다. 당뇨가 심한 경우에는 사산하거나, 신체적 결함이나 신
경계 이상을 지닌 태아를 출산할 가능성이 높다. 임산부가 매독이나 임질 등의 성
병에 감염된 경우 감염된 태아의 30% 정도는 출산 이전에 사망하며, 그렇지 않은
경우 신체장애나 시각장애를 초래하기도 한다. 태반이나 출산 과정에서의 접촉을
통하여 후천성면역결핍증(AIDS)의 원인이 되는 인체면역결핍 바이러스(HIV)에 태
아가 감염된 경우 두개골이 작고 얼굴 기형을 보이게 되는데, AIDS에 감염된 태아
는 1년 이내에 증상을 보인다.

임산부의 신체적 건강 상태뿐만 아니라 정서 상태도 태아에 많은 영향을 미친
다. 임산부가 장기간 스트레스나 흥분 상태에 처하게 되면 태아는 평소보다 움직
임이 많아진다. 고민을 많이 하는 임산부에게서 태어난 신생아는 발달이 느리고,
허약하고, 이상행동을 나타낸다. 그리고 임산부의 불안수준이 높을 경우, 신생아
가 많이 우는 것으로 나타나고 있다.

임산부의 약물복용은 태아의 발달에 부정적 영향을 미친다. 먼저 이뇨제, 항생
제, 호르몬제, 안정제, 식욕억제제 등은 선천성 기형이나 발달지체를 유발할 수 있
다. 임신 초기에 신경안정제인 탈리도마이드(thalidomide)를 과다 복용할 경우 구
개파열, 심장이나 비뇨기계의 기형, 팔다리가 없거나 청각 손상을 가져올 수 있다.
임신 사실을 모르고 피임약을 복용한 경우 그렇지 않은 경우보다 염색체 이상을

보이는 비율이 높으며, 항생제는 청각 결함을, 아스피린은 혈관장애를 일으킬 수 있다. 그리고 헤로인 복용은 수면장애나 신경계 혼란을 가져올 수 있으며, 분만 과정에서 마취제를 과다 투여하게 되면 지각기술, 운동기술, 주의력 등에 장애를 유발할 수 있다.

흡연

임산부의 흡연은 태아의 발달에 부정적 영향을 미친다. 흡연을 하는 임산부는 그렇지 않은 임산부에 비하여 유산하거나 사산할 가능성이 28% 정도 더 높으며, 태아는 만성적 산소 부족 증상을 경험하고, 두개골이 작거나 저체중아를 출산할 가능성이 더 높아진다(Chomitz et al., 1999). 그리고 직접흡연뿐 아니라 간접흡연도 태아의 발달에 부정적 영향을 미친다.

음주

임산부의 음주는 중추신경장애, 저체중, 안면 이상 등의 장애를 초래할 수 있으며, 습관적 음주는 태아알코올증후군(fetal alcohol syndrome)을 유발한다(신명희 외, 2013). 특히 임신 후반기 동안의 지나친 음주는 태아의 대뇌피질 성장을 방해하여 지적 장애를 일으킬 가능성이 높고, 키와 몸무게의 성장을 저해하며, 심장, 사지, 관절의 결함을 초래하기도 한다. 만약 임산부가 흡연이나 음주 중 어느 한 가지를 할 경우에 태아가 발달지체를 보일 확률은 2배 정도 높아지며, 두 가지 모두를 할 경우에는 4배로 증가한다(Dworetzky, 1990).

태교

태교는 인간의 기질과 성격을 형성하는 데 매우 중요한 것으로 알려져 있다(정옥분, 2004). 분노, 공포, 불안 등과 같은 스트레스는 태반 내의 혈액량을 줄이며 그로 인해 태아가 적절한 영양과 산소를 공급받지 못하는 결과를 초래한다. 태내기에 임산부가 정서적 혼란을 오랫동안 경험할 경우 태아의 움직임이 많아지며, 출산 후에도 과잉행동을 보이고 급한 성격 특성을 보이는 것으로 나타났다.

환경오염

임산부가 방사선에 자주 또는 장기간 노출되는 것도 태아의 발달에 부정적 영향을 미친다. 만약 임산부가 하복부나 골반을 방사선에 노출할 경우 지적 장애 또는 기형의 신생아를 출산할 수 있다. 그리고 임산부가 거주하는 지역의 심한 환경오염도 태아의 발달에 부정적 영향을 미치는데, 체르노빌 원전 지역에서 사산이나 선천성 장애아의 출산이 많았던 것이 대표적인 예이다.

아버지

지금까지의 태내 환경에 대한 관심은 주로 임산부의 음주, 흡연, 스트레스 등에 초점을 맞추어 왔지만, 최근에 와서는 아버지도 태내 환경에 중요한 영향을 미치는 것으로 밝혀지고 있다(신명희 외, 2013). 남성의 흡연은 정자의 수를 줄여 생산능력을 떨어뜨리며, 흡연 남성 자녀가 비흡연 남성 자녀에 비해 뇌수종, 안면마비,

뇌암, 임파종, 백혈병에 걸릴 확률이 높다. 음주 습관에 따라서는 하루 2병 이상의 맥주를 마신 경우 태아의 체중이 평균치에 비해 적게 나가며, 마리화나나 코카인 같은 약물의 복용도 불임이나 태아의 건강 문제를 초래한다. 그리고 아버지가 특정 화학약품에 노출되는 직업을 가진 경우 사산, 조산, 저체중아의 출산 가능성이 높으며, 아버지의 연령이 20세 이하이거나 55세 이상인 경우에는 다운증후군의 위험이 급격하게 증가하는 것으로 나타났다.

3) 사회복지실천에서의 관심 영역

태내기에 대한 무관심

태내기는 산부인과학의 영역으로 간주하여 사회복지실천에서는 많은 관심을 기울이지 않아 왔다. 하지만 태내기의 발달은 전 생애에 걸친 발달을 결정할 정도로 중요한 발달이 이루어지는 단계이므로, 사회복지사의 개입 범위가 매우 제한되어 있다 하더라도 태아의 건강한 발달을 위한 태내 환경에 대해서는 적극적인 관심을 기울여야 할 것이다. 태내기의 발달과 관련하여 사회복지실천에서 관심을 기울여야 할 영역을 신체·심리·사회적 발달 영역으로 구분하여 살펴보면 다음과 같다.

(1) 신체적 발달의 관심 영역

불임

사회복지실천에서 생물적 문제와 관련하여 고려해야 할 첫 번째 요인은 불임의 문제이다. 결혼한 부부가 임신을 하지 못하게 될 경우에는 가족 갈등, 더 나아가서는 부부관계의 해체로까지도 이어지는 경우가 있다. 그러므로 불임부부를 대상으로 한 사회복지실천에서는 먼저 산부인과 전문병원에 의뢰하여 불임 원인에 대한 의학적 진단을 받게 하고, 인공수정, 시험관 수정 또는 대리모에 의한 출산, 입양 등의 실현 가능한 불임 대책에 대한 정보를 제공할 수 있어야 한다. 국가에서는 저출산 문제 해결방안으로 임신이 어려운 난임(難妊) 부부의 체외수정, 인공수정에 소요되는 의료비 지원사업을 시행하고 있다(http://www.mohw.go.kr).

임산부의 건강 문제

태아기의 발달과 관련하여 사회복지실천에서 고려해야 할 또 다른 문제는 임산부의 건강 문제이다. 임산부의 연령, 영양상태, 질병, 흡연이나 음주와 같은 생활 습관은 태아의 발달에 중요한 영향을 미치기 때문에, 가급적이면 최고 수준의 건강상태를 유지하고 있을 때 임신을 하고 출산을 하는 것이 바람직하다. 그러므로 사회복지사는 가임(可妊) 여성과 그 배우자를 대상으로 하여, 임신 전에 철저한 의료적 진단을 받도록 권유하여야 하며, 임신 기간 중에 질병에 걸릴 경우에는 적절한 치료를 받을 수 있도록 하고, 임신 기간 중의 금연과 금주를 적극적으로 권장하여야 한다.

태내기의 발달 문제 중에서 사회복지사가 가장 많은 관심을 기울여야 할 부분은 바로 선천성 장애 발생의 예방이다. 사회복지사는 임신한 부부를 대상으로 유전적 질병, 흡연이나 음주, 방사선, 약물복용, 환경오염이나 유독 물질에의 노출 등으로 인하여 발생할 수 있는 선천성 장애의 예방 방법과 대책을 알려 주어야 한다. 그리고 출산 이후에는 선천성 대사이상 검사 등을 통하여 선천성 장애의 유무를 확인할 수 있도록 한다. 만약 선천성 장애아를 출산한 경우 미숙아 및 선천성 이상아를 대상으로 한 의료비 지원을 받을 수 있도록 지원하거나, 장애인 전문기관에서 조기 치료와 교육·훈련이 이루어질 수 있도록 원조하여야 한다.

선천성 장애

사회복지실천에서는 인간복제의 가능성과 문제점에 대해서도 관심을 기울여야 한다. 1996년 7월 영국의 Wilmut 박사가 양을 복제한 이후로 다수의 연구진에 의해 배아줄기세포, 체세포 이식 배아줄기세포 배양에 성공하였다. 그 결과 난치병 치료에 획기적인 발전이 이루어질 것으로 기대되지만, 그에 못지않게 개인의 가치 저하 및 인간존엄성 훼손 등의 생명윤리의 문제와 사회 혼란의 우려에 대한 목소리가 높다(http://www.wikipedia.org). 사회복지전문직에서는 인간복제의 가능성과 우려의 목소리를 다른 분야의 일로만 여길 것이 아니라 인간복제의 실현 가능성에 예의 주시하면서 인간복제가 현실화될 경우에 나타날 수 있는 사회문제를 예측하고 이에 대비하는 자세를 가져야 할 것이다.

인간복제

(2) 심리적 발달의 관심 영역

임신과 관련된 심리적 문제는 여러 가지가 있을 수 있으나 원하지 않는 아이의 임신(unwanted pregnancy)으로 인한 임산부의 부정적 심리반응을 고려해야 한다. 특히 성폭력에 의한 임신, 결혼 중 피임의 실패 등으로 인한 의도하지 않은 임신은 임산부의 심리적 문제뿐 아니라 다른 생활 영역에 미치는 파급효과가 매우 크다. 따라서 이러한 경우에 사회복지사는 임산부가 출산 또는 낙태의 선택이나 가족 및 사회생활계획을 수정하는 데 필요한 여러 가지 정보를 제공하여, 임산부와 그 가족이 올바른 판단과 합리적 자기결정을 할 수 있도록 도와야 한다.

의도하지 않은 임신

낙태

인공 임신중절 또는 낙태(落胎)는 태아가 모체 바깥에서 생명을 유지할 수 없는 시기에 태아와 그 부속물을 인공적으로 모체 외부로 빼내는 수술이다. 모자보건법에서는 유전적 정신장애나 신체질환, 임산부와 배우자의 전염성 질환, 강간 등에 의한 임신, 법률상 혼인할 수 없는 혈족이나 인척 간의 임신, 모체의 건강을 심각하게 해칠 우려가 있는 경우 등과 같은 제한된 범위 내에서만 낙태를 허용하고 있다. 그러나 형법에서는 낙태를 엄격하게 금지하고 있으며, 낙태한 임산부 등은 물론 시술 의사에 대해서도 무거운 처벌을 내리도록 규정하고 있다. 그러나 한국보건사회연구원(2019)에 따르면 인공 임신중절 건수는 2005년부터 해를 거듭할수록 줄어들고 있지만 2017년 기준 4만 9700여 건에 이르는 것으로 나타났다. 사회복지실천에서는 그간 낙태 문제에 거의 관심을 기울이지 않아 왔는데 앞으로는 이러한 사태의 심각성을 깨닫고 낙태에 관한 학술 연구 강화, 낙태 후 스트레스 증후군을 경험하는 여성에 대한 지원방안 마련뿐 아니라 성비 불균형으로 인한 성폭행의 위험 고조 등의 사회문제를 예방하기 위한 방안을 모색해야 할 것이다.

임산부 교육집단

임신은 하였으되 임신과 출산 과정에 대한 지식이 전혀 없는 경우에 임산부는 매우 불안함을 느낀다. 따라서 사회복지사는 이런 임산부를 위하여 임신과 출산에 대한 정보와 지식 제공에 목적을 둔 교육집단 프로그램을 시행할 수 있다. 그리고

사회지지망

배우자와 기타의 가족으로 구성된 사회지지망을 활성화하여 임산부에게 필요한

흡입추출한 임신 6주 태아 절개한 임신 24주 태아

[그림 5-5] 낙태아

출처: 낙태반대운동연합, http://www.prolife.or.kr

사회적 지지를 받을 수 있도록 원조하여야 한다. 그리고 예비부모가 출산 이후에 필요한 자녀양육기술을 사전에 습득하고 훈련할 수 있도록 예비부모 역할교실 등을 개최할 수도 있다.

임신 기간 중에는 신체적 변화만이 아니라 많은 정서적 변화가 유발된다. 특히 임신 기간 중의 지나친 불안, 스트레스, 정서적 흥분 등은 태아의 발달에도 부정적 영향을 미치기 때문에 많은 관심을 기울여야 한다. 사회복지사는 임산부가 이러한 정서를 적절히 조절할 수 있는 방법(예: 명상, 음악감상 등)을 상담을 통하여 알려 주어야 한다. 그리고 태아와 임산부의 심리적 안정에 도움이 될 수 있는 태교 관련 정보를 제공하는 것도 유익한 개입이 될 것이다. 상담
태교

모두가 그런 것은 아니지만 대부분의 산모는 출산 후에 산후우울증을 경험한다. 사회복지사는 산모와 그 가족에게 상담을 통하여 산후우울증을 조기에 극복할 수 있는 방법을 알려 주고, 사회지지망을 활성화하기 위한 개입을 하여야 한다. 산후우울증

(3) 사회적 발달의 관심 영역

사회복지실천에서 관심을 기울여야 할 태내기에 있어서의 사회적 측면의 문제는 가족의 사회경제적 안정성과 밀접한 관련성을 지닌다. 먼저 임산부는 충분한 영양 공급과 의료적 보호를 받을 수 있는 경제적 안정이 이루어져야 한다. 빈곤가족의 경우 기본 생계유지에 어려움을 겪고 있는 상황에서 임산부와 태아의 건강 상태를 점검하기 위하여 부담해야 하는 의료비는 경제적 부담요인으로 작용할 수 있다. 따라서 사회복지사는 빈곤가족을 포함한 사회적 보호가 필요한 가족의 임산부가 적절한 의료적 보호를 받을 수 있도록 필요한 자원을 연결하여야 한다. 이때 국가에서 모든 임산부를 대상으로 실시하는 임신·출산 의료비 지원정책을 이용할 수 있다(http://www.mohw.go.kr). 의료적 지원 이외에 직접적인 재정지원, 주거나 가사지원서비스 등의 다양한 서비스를 연결하여, 임산부의 건강과 태아의 발달을 지원할 수 있는 안정적인 물리적 환경을 제공하여야 한다. 빈곤가족

임신·출산
의료비 지원

여성의 사회 진출이 활발해지면서 임신 중에도 직장생활을 계속하는 경우가 많다. 물론 임신 기간 동안의 직장생활이 태아의 발달에 부정적 영향을 미치는 것은 아니다. 그러나 직장에서의 과도한 업무 부담으로 인한 신체적 과로와 스트레스 등은 태아의 발달에 부정적 영향을 미치게 된다. 따라서 사회복지사는 임산부와 그 가족과의 상담을 통하여 근로기준법에 명시된 출산 전후 휴가제도를 적극적으 출산 전후
휴가제도

로 이용하고, 직장생활과 가사활동을 병행할 수 있는 적절한 방법에 대한 정보를 제공하며, 가사분담을 포함한 가족 내 역할재조정을 원조할 수 있어야 한다.

가족역할 재조정

2 신생아기의 발달

신생아

신생아(neonate)란 의학적으로는 출생 후 약 2주간, 발달심리학에서는 출생 시의 충격에서 오는 여러 가지 혼란 상태에서 회복하여 안정을 되찾을 때까지 소요되는 약 1개월간의 어린 아기를 말한다(김태련 외, 2004).

발달과업

신생아기의 발달은 출생 전 태내기의 발달의 연속이라 볼 수 있다. 그러나 이 단계는 태내에서 모체에 의존하여 생명을 유지하던 존재, 즉 기생동물적 존재에서 생리적으로 독립된 존재로 발달해 가야 하는 시기로서, 짧은 기간 급속도로 발달하여 새로운 환경에 적응해 간다. 신생아는 전적으로 어머니의 보호에 의존하여 생명을 유지하지만, 스스로 호흡을 하고, 새로운 유형의 혈액순환을 시작하며, 동시에 체온을 조절하고, 음식물을 섭취·소화·배설하는 네 가지 기본 발달과업을 스스로 수행할 수 있어야 한다(김태련, 장휘숙, 1994).

1) 신체적 발달

신생아의 모습

자연분만, 유도분만, 제왕절개 분만으로 태어난 신생아의 모습은 일반적인 기대만큼 예쁘지만은 않다. 신생아는 산도(産道)를 지나면서 받은 압력으로 인해 길쭉해진 원뿔 모양의 두상과 납작하게 눌린 코를 하고 있으며, 피부는 쭈글쭈글하고 붉은색을 띠며, 혈액과 끈적끈적한 태지(胎脂)로 덮여 있다. 눈꺼풀은 통통 부어 있고 몸 전체는 솜털로 덮여 있는데, 몇 주가 지나면 점차 없어진다.

신장과 체중

신생아의 신장과 체중은 성과 인종에 따라 다소 차이가 있긴 하지만 평균 신장은 50~52cm, 평균 체중은 3.2~3.4kg 정도로서 남아의 신장과 체중이 일반적으로 더 크다. 신생아의 체중이 2.6~4.1kg 정도이면 정상 범주에 속하며, 2.5kg 미만인 경우에는 저체중아 또는 미숙아로 분류된다(http://www.mohw.go.kr). 신생

미숙아

아의 체중은 출생 과정의 격심한 변화로 인하여 출생 후 일시적으로 감소하지만 2주 정도가 되면 출생 시의 체중을 회복하며, 신생아기가 끝날 무렵이면 체중은

5.13~5.57kg, 신장은 57.07~58.42cm에 이르게 된다(질병관리본부, 2017).

신생아의 신체 비율을 보면, 신장은 성인의 1/3~1/4 정도이고 머리 부분은 신장의 1/4 정도를 차지한다. 그리고 머리둘레가 가슴둘레보다 좀 더 크고, 동체는 길며, 하지는 비교적 짧고, 팔이 다리보다 긴 것이 특징이다(김태련 외, 2004). 하지만 연령이 증가함에 따라 일정한 순서, 즉 머리에서 하체로, 중심에서 주변으로 발달해 나가므로 신체 균형을 유지할 수 있게 된다.

신체비율

신생아의 두개골은 상호 간에 봉합이 불충분하여 6개의 부드러운 부위, 즉 숫구멍이라는 것이 존재하는데, 2개는 눈으로 관찰이 가능하다. 두개골의 전방에 있는 것을 대천문이라 하는데 이것은 생후 16~18개월경에 밀폐된다. 후방에 있는 것은 소천문이라 하는데 이는 생후 6~8개월경이 되면 완전히 밀폐되며, 두개골이 단단해지면서 숫구멍이 무기질로 채워져 18개월이 되면 모든 숫구멍이 밀폐되고 두개골이 완전히 결합된다(강봉규, 1992; 김태련 외, 2004; 정옥분, 2004).

두개골과 숫구멍

신생아의 맥박은 1분에 120~160회 정도로 빠르고 불규칙하다. 신생아는 출생후 첫 울음을 통하여 공기가 폐로 들어가면 비로소 산소의 독립적 흡입이 가능해지고 동시에 폐순환도 시작되는데, 1분당 33~45회 정도의 불규칙적인 복식호흡을 한다. 만약 호흡조절과 관련된 뇌기능에 이상이 있는 경우에는 호흡반사를 의식적이고 자발적인 호흡으로 대체하지 못하여 1000명당 1~3명의 영아에게서 나타나는 영아돌연사 증후군(sudden infant death syndrome)의 희생양이 될 수도 있다(정옥분, 2004).

영아돌연사
증후군

신생아의 체온은 성인보다 다소 높은 37~37.5℃이며, 땀샘이 잘 발달되지 않아 체온조절능력이 미흡하다. 신생아는 출생과 함께 모유나 인공유(우유)를 먹게 되는데, 모유는 인공유에 비하여 영양적으로 우수하며, 소화 흡수가 쉽고, 설사나 변비 등의 수유장애가 적다. 또한 어머니와의 밀접한 신체 접촉(skinship)을 통해 정서적 안정감을 부여해 주고, 항체나 면역체를 다량으로 보유하고 있어서 질병에 대한 저항력을 길러 주는 이점이 있다. 특히 출산 후 1~2일 사이에 나오는 초유(初乳)는 영양이 풍부할 뿐만 아니라 질병에 대한 저항력을 높여 주기 때문에 가급적 초유만큼은 먹이는 것이 좋다. 이런 이점 때문에 국가에서는 모유권장운동을 전개하고 있으나, 우리나라의 모유 수유율은 여전히 낮은 것으로 나타나고 있다(정옥분, 2004). 신생아는 생후 1~2일 사이에 검고 끈적끈적한 태변을 보게 되며, 모유를 먹는 경우는 하루 3~4회, 인공유를 먹는 경우에는 하루 1~2회의 변을 보

체온

모유

태변

며, 수분 섭취량에 따라 다르지만 하루 10회 정도 소변을 본다.

신생아의 운동   신생아의 운동은 전신운동과 신체 특정 부위의 운동으로 분류할 수 있다. 신경
근육계통의 미분화로 인하여 생후 10일 동안은 전신운동이 가장 활발하게 이루어
진다. 신체 특정 부분의 특수운동은 〈표 5-2〉에서 보는 바와 같이 주로 뇌간에 의
반사운동   해 통제되는 20여 가지의 무의식적 반사운동과 관련되어 있다. 신생아의 반사운
동은 생존반사와 원시반사로 나뉜다(정옥분, 2004). 생존반사는 신생아의 생존에
필수적인 반사운동으로서 젖찾기 반사, 빨기반사, 연하반사, 호흡반사, 눈깜빡거
리기 반사(eye-blink reflex) 등이 있다. 원시반사는 신생아의 생존과는 거리가 먼
반사운동으로 바빈스키반사, 모로반사, 파악반사, 걸음마반사, 수영반사 등이 있
다. 이러한 신생아의 반사운동은 대뇌피질의 발달과 함께 점차 의식적이고 자발적
인 운동으로 대치되어 나간다.

📶 **표 5-2   신생아의 주요 반사운동**

반사운동 유형		반사운동의 특성
생존반사	젖찾기 반사 (rooting reflex)	입 부근에 부드러운 자극을 주면 자극이 있는 쪽으로 입을 벌리는 반사운동
	빨기반사 (sucking reflex)	입에 닿는 것은 무엇이든 빠는 반사운동
	연하반사 (swallowing reflex)	음식물을 삼키는 반사운동
원시반사	바빈스키반사 (Babinski reflex)	발가락을 펴고 오므리는 반사운동으로 생후 1년경에 사라짐
	모로반사 (Moro reflex)	껴안는 반사운동으로 생후 3~4개월경에 사라짐
	파악반사 (grasping reflex)	손에 잡힌 것을 꽉 쥐고 놓지 않으려는 반사운동으로 3~4개월경에 사라짐
	걸음마반사 (stepping reflex)	겨드랑이를 잡고 살짝 들어 올려 발을 바닥에 닿게 하면 걸어가듯이 무릎을 구부려 발을 번갈아 바닥에 내려놓는 반사운동

2) 심리적 발달

신생아의 정서는 미분화 상태에 있기 때문에 잠을 자거나 젖을 빠는 등의 극히 본능적인 정서가 지배적이다. 신생아는 출산 과정의 외상(外傷, trauma)을 회복하기 위하여 출생 후 15~30분 동안은 깨어 있지만 곧바로 깊은 잠에 빠지며 약 2일 동안 긴 수면 상태에 놓이게 된다. 신생아는 하루에 16~20시간 정도 잠을 자며, 영아의 수면 중 50% 정도가 얕은 수면상태와 같지만 뇌는 깨어 있는 것 못지않게 활성화되어 있는 렘수면(rapid eye movement sleeping) 상태이지만, 이는 차츰 감소하여 성인이 되면 이 수면이 전체 수면의 20~25% 정도로 줄어든다.

신생아기의 심리적 발달은 주로 감각기관을 통해 대상의 성격을 인지하고 이에 반응함으로써 이루어진다. 먼저 시각의 발달을 보면, 신생아는 출생 후 2일이 되면 동공반사를 할 수 있게 되며, 1~2주가 지나면 형태 식별은 어려우나 색채 식별이 가능하고 특히 흰색, 황색, 녹색, 적색, 청색의 순으로 반응을 보인다. 청각기관은 출생 직후에는 귓속에 양수 등 점액질이 있기 때문에 청각반응을 잘 나타내지 않는다. 그러나 출생 후 며칠 이내에 청력이 매우 예민해지며, 일반적으로 출생후 4주가 되면 어머니의 음성을 식별할 수 있게 된다. 신생아의 미각 발달을 보면, 생후 2주가 경과하면 맛의 차이에 대한 식별반응을 나타내는데, 단맛을 선호하며, 쓰거나 신 것은 내뱉고 얼굴을 찡그린다. 후각의 발달은 출생 직후에는 완전하지 못하지만, 어머니의 젖냄새를 맡을 수 있으며, 자극적인 냄새로 코를 자극하면 반응을 보인다. 촉각의 발달을 보면, 신생아는 온도감각과 통각 등이 발달되어 있다. 통각은 출생 직후에는 발달되어 있지 않지만 생후 3일 이후부터 빠르게 발달한다.

이와 같이 신생아는 출생 직후부터 감각적 탐색을 통하여 자신의 주변 환경과 접촉을 시작한다. 그리고 이러한 감각적 경험을 통하여 사물을 판단하고, 적응능력을 높여 나간다. 만약 신생아에게 감각기관의 장애가 있을 때에는 인지적 발달의 지연이 나타날 가능성이 높다.

3) 사회적 발달

태아는 어머니의 자궁 내에서 어머니로부터 모든 욕구를 충족할 수 있는 안락한 환경에서 발달해 왔다. 신생아는 태내 발달을 통하여 최소한의 생존능력을 갖추긴

(우측 여백 주석)
정서 미분화

수면

감각기관

시각

청각

미각

후각

촉각

감각기관 장애

모성보호

하였지만, 출산 이후의 비보호적인 환경에서 생존하기 위해서는 어머니의 모성애적 보호가 절대적으로 필요하다. 따라서 어머니는 신생아가 신체 또는 정서적 긴장 상태를 경험할 때 즉각적으로 반응하고 충족해 주어야 한다. 이와 같이 안정된 모성보호가 이루어지게 되면 신생아는 자신의 긴장상태를 해결해 주고 만족을 가져다주는 모성인물에 대해 기본적인 신뢰감을 형성하게 된다. 만약 신생아기에 불안정적이고 불규칙적인 모성보호가 이루어지면, 신생아는 기본적으로 타인을 불신하게 되고, 이후의 사회화 과정에도 부정적 영향을 미치게 될 것이다.

미소반응

　신생아의 사회적 발달은 미소반응을 통해 확인할 수 있다. 신생아의 경우 생후 1개월 전에는 무의식적인 반사적 미소(gas smile) 반응을 보이지만, 생후 5주부터 사회적 미소를 보이며, 생후 4개월경에는 미소반응이 분화된다. 그러나 신체적 발달이나 심리적 발달과 비교하였을 때, 신생아의 사회적 발달은 전반적으로 매우 미약한 상태에 머물러 있다.

4) 사회복지실천에서의 관심 영역

　신생아기는 출산으로 시작되어 1개월 정도밖에 되지 않는 짧은 기간이며 산부인과학의 개입이 주를 이루므로, 사회복지실천에서 관심을 기울여야 하는 부분은 많지 않다. 그러나 사회복지실천에서 국가의 임신·출산 의료비 지원정책 등을 활용하여 빈곤가족 임산부의 안전한 출산을 지원할 수 있는 방안을 적극적으로 강구하여야 한다. 또한 출산 후 선천성 대사이상 검사 등을 통하여 신생아의 장애 여부를 평가하고, 저체중아 또는 미숙아에 대한 진료비 지원 등을 적극적으로 이용할 수 있도록 도와야 한다. 그리고 출산 과정에서 발생할 수 있는 분만사고 분쟁해결 지원, 육아정보 및 교육 프로그램, 산후우울증을 경험하는 임산부와 가족에 대한 지원 프로그램, 국가의 임신 및 출산 지원정책에 대한 정보 제공과 연계, 임신과 출산으로 인한 여성의 경력단절 문제 해결 지원 등의 다양한 서비스 프로그램을 실시하여야 한다.

빈곤가족

선천성 장애

여성의
경력단절

3 영아기의 발달

영아기는 출생에서부터 3세 이전까지의 시기이지만, 그중에서 출생 후 1개월을 신생아기로 별도로 분류하여 논의하기도 한다. 영아기의 발달상 특징은 빠른 신체 적 성장과 기본 운동능력 습득, 기본 언어 습득 및 인지 발달, 애착관계를 기반으로 한 정서적 유대관계 형성이라 할 수 있다. 이러한 영아기의 신체 · 심리 · 사회 적 발달을 상세하게 살펴보면 다음과 같다.

영아기 발달 특성

1) 신체적 발달

출생 후 첫 1년간은 신체와 뇌의 성장이 급속도로 이루어지는데, 이러한 급격 한 신체적 발달 특성 때문에 이 시기를 제1의 성장급등기(first growth spurt)라고 한 다. 신생아기에 신장의 1/4 정도를 차지하던 머리의 비율은 첫 2년간 다른 신체 부 분이 성장함에 따라 만 2세 무렵에는 머리가 신장에서 차지하는 비율이 1/5, 즉 5등신이 된다. 성과 개인에 따른 차이가 있긴 하지만 신생아기부터 3세 이전까지 의 영아기 동안에 신장은 약 1.5~1.8배 그리고 체중은 약 3~4배 정도로 급격한 신체 성장이 이루어지는데, 발달의 두미(頭尾) 원칙에 따라 몸통과 다리의 성장급 등 현상이 강하게 나타난다. 특히 출생 후 첫 1년 동안에는 몸통이 가장 빠르게 성 장하며, 그 이후에는 다리가 가장 빠른 속도로 성장한다. 〈표 5-3〉에서 보듯이 영 아기의 신체 발달은 초기에는 매우 빠르게 성장하다가 점차 성장 속도가 둔화되

제1의 성장급등기

신체 성장

표 5-3 한국 영아의 표준발육치

월령	신장(cm)		체중(kg)	
	남아	여아	남아	여아
출생 시	49.9	49.1	3.3	3.2
6개월	67.6	65.7	7.9	7.3
12개월	75.7	74.0	9.6	8.9
18개월	82.3	80.7	10.9	10.2
24개월	87.1	85.7	12.2	11.5

출처: 질병관리본부(2017).

며, 남아가 여아에 비하여 키가 더 크고 몸무게가 더 많이 나가는 것이 특징이다.

치아

영아의 치아는 생후 6개월경에 젖니가 아래 앞니부터 나기 시작하여 1년이 되면 6~8개의 앞니가 나고, 그다음 첫 번째 어금니, 송곳니, 둘째 어금니의 순서로 24~30개월이 되면 20개의 젖니가 모두 나게 된다. 영아의 골격은 성인의 골격보다 크기가 작고 수도 적을 뿐만 아니라 매우 유연하고 부드러운데, 사춘기까지 뼈가 단단해지는 경화(硬化) 또는 골화(骨化) 현상이 나타나게 된다(정옥분, 2004). 골격과 마찬가지로 근육조직 역시 작고 약한데, 머리와 목의 근육이 몸통이나 사지의 근육보다 먼저 성숙하게 되며, 4개월 정도가 지나면서 엎드린 상태에서 목을 들어 올릴 수 있게 된다. 그러나 12개월이 되기 전까지는 다리근육이 충분히 발달하지 못하는 관계로 걷지 못한다.

골화 현상
근육

운동 발달

영아기의 운동 발달은 신체성장, 뼈와 근육의 성장, 신경계의 성숙의 결과로 획득된다. 운동기능은 특정 운동에 사용되는 근육의 부위와 신체 부위에 따라 대근육 운동과 소근육 운동으로 나뉜다. 대근육 운동은 기기, 서기, 걷기, 뛰기 등과 같이 팔, 다리, 몸통과 같은 대근육을 사용하는 운동을 말한다. 영아는 출생 후 1~1.5년 정도가 지나면 혼자서 걸어 다닐 정도로 대근육 운동이 발달하게 된다. 영아의 대근육을 이용한 이행운동(locomotor)은 ① 엎드린 상태에서 머리 들어올리기(2개월), ② 구르기(3개월), ③ 혼자서 앉기(6개월), ④ 붙잡고 서기(7개월), ⑤ 붙잡고 걷기(9개월), ⑥ 혼자서 서기(11개월), ⑦ 혼자서 걷기(12개월), ⑧ 손잡고 계단 오르내리기(16개월), 그리고 ⑨ 달리기 및 혼자서 계단 오르내리기(24개월)의 순으로 발달한다(신명희 외, 2013).

대근육 운동

이행운동

소근육 운동

소근육 운동은 손으로 물건잡기, 손가락으로 글씨 쓰기 등과 같이 몸의 소근육을 이용하는 운동을 말한다. 손으로 물건을 잡는 등의 소근육 운동기능은 시각, 청각 등과의 협응이 이루어져야만 가능하다. 이러한 영아의 소근육을 이용한 협응운동(coordination)의 발달을 보면, 생후 5개월의 영아도 초보적인 시각과 운동기능 간의 협응이 가능하기는 하지만 물건을 잡으려다 놓치는 경우가 많다. 6개월 정도가 되어야 매달려 있는 물건을 팔을 뻗어 잡을 수 있고, 8~9개월경에는 자기에게 던져지는 물건을 두 팔을 이용하여 잡을 수 있다. 그리고 10개월 정도가 되면 엄지손가락과 집게손가락으로 물체를 잡을 수 있으며, 12개월이 지나면 자기에게 던지는 물건을 제대로 잡을 수 있게 된다. 18개월이 되면 컵으로 물을 마실 수 있으며, 24개월이 되면 손가락을 사용하여 모든 옷을 벗을 수 있게 된다.

협응운동

이러한 영아의 운동 발달에서 개인차가 많다는 것은 잘 알려진 사실이다. 영아기의 운동 발달은 독립적 운동능력의 향상뿐만 아니라 다양한 환경과의 접촉을 통하여 계획적인 탐색을 실시할 수 있고 자발적인 목표추구가 가능하다는 점에서 의의가 더욱 크다.

환경 탐색

2) 심리적 발달

(1) 뇌의 발달

성인의 뇌 무게는 1400g 정도 되는데, 출생 시 영아의 뇌 무게는 성인 뇌의 25% 정도에 불과하지만, 생후 첫 1년 사이에 성인 뇌의 66%, 2세경에는 75%, 5세경에는 90% 정도에 이르게 된다(송명자, 2008). 뇌의 구조는 뇌간(brainstem), 변연계(limbic system), 대뇌피질(cerebral cortex)의 세 부위로 나눌 수 있다. 뇌간은 가장 먼저 발달하는 뇌 구조로서 수정에서 15개월까지 발달하며, 호흡, 동공반사 등 생존에 필요한 기능을 담당한다. 뇌간과 대뇌피질 사이에 위치한 변연계는 감정, 식욕, 성욕 등의 감정과 본능을 조절하는 뇌 구조로서, 15개월~4세에 가장 활발하게 발달한다. 뇌의 가장 바깥에 위치한 대뇌피질은 지각, 언어, 학습, 사고와 같은 인간의 지적 기능을 담당한다. 대뇌피질은 뇌의 80% 정도를 차지하며, 두 개의 반구로 나뉘어져 있고 뇌량을 통해 정보를 교환하며 가장 늦게까지 발달이 이루어진다. 대뇌피질의 좌반구는 신체의 오른쪽 부위를 통제하며, 언어능력, 청각, 언어기억, 의사결정, 기쁨과 같은 긍정적 정서의 표현을 관장한다. 반면 우반구는 신체의 왼쪽 부위를 통제하며, 공간지각능력, 촉각, 비언어적 소리, 슬픔과 같은 부정적 정서의 표현 등을 관장한다(정옥분, 2004). 그리고 대뇌피질은 네 영역으로 나누어지며 전두엽은 운동 및 사고, 정서 기능을 관장하고, 후두엽은 시각, 측두엽은 감정조절과 청각, 그리고 두정엽은 신체감각에 대한 정보처리를 관장한다.

뇌 무게

뇌의 구조

뇌간

변연계

대뇌피질

뇌의 부위별 발달 시기는 각기 다른데, 출생 시에 반사운동과 소화, 호흡, 수면, 배설 등의 생물적 기능을 담당하는 뇌간은 이미 완전한 기능을 한다. 생후 6개월경에는 대뇌피질의 운동 영역과 감각 영역의 발달이 본격화되면서 반사운동이 사라지고 의도적인 운동이 나타나게 된다. 운동 영역과 감각 영역 다음으로 시각 영역, 청각 영역을 관장하는 순으로 뇌가 발달하며, 2세경에는 운동 영역과 감각 영역을 관장하는 뇌의 발달 수준이 비슷해지고, 감각 영역과 운동 영역을 통합하는

뇌의 부위별 발달

뇌의 발달은 좀 더 늦게 이루어지며, 언어생성 영역과 문제해결 영역은 아동기 그리고 청소년기까지 계속적으로 발달한다.

신경계

　　뇌가 하는 기능은 실제로 신경계의 기능을 의미한다(송명자, 2008). 신경계는 신경원(neurons)과 신경교(glia)로 구성되어 있다. 신경원 세포, 즉 뉴런은 뇌의 한 부분에서 다른 부분으로, 또는 신체의 특정 부분에서 다른 부분으로 정보를 받아들이고 전달하는 기능을 한다. 인간이 갖고 있는 뉴런은 적게는 1000억 개, 많게는 1조 개 정도에 이르며 임신 5주~6개월경에 형성된다(신명희 외, 2013). 뉴런의 말초신경섬유와 다른 뉴런의 수상돌기가 연결되는 부위를 시냅스(synapse)라고 하는데, 대부분의 시냅스는 출생 후에 형성되며 그 수가 매우 많다. 이러한 시냅스는 초기에 과잉 생산되었다가 점차 불필요한 시냅스는 소멸되고 필요한 시냅스만 선택적으로 보존하게 되는데, 출생 후 1년 사이에 1만 개에서 10만 개로 증가한다. 시냅스의 밀도는 출생 후 2세까지 급격히 증가하다가 그 후부터 서서히 감소하여 7세경에는 성인 수준에 도달하게 된다(송명자, 2008).

시냅스

신경교

수초화

　　신경교는 신경원에 영양을 공급하고 정보의 전달을 촉진하는 수초(myelin)로 신경원을 보호하는 기능을 한다. 출생 후 신경교가 급격히 발달하게 되는데, 신경교는 뉴런의 축색돌기 둘레에 막을 형성하는 수초화(myelination)의 기능을 담당한다. 수초는 신경계의 정보전달을 촉진하므로 정보처리의 속도를 증진하게 되는데, 영아기 동안 수초화가 급격히 진행된다(Feldman, 2001). 시각 경로의 수초화는 6개월 이내 완성되고, 청각 경로의 수초화는 4~5세가 될 때까지 진행되나, 실제로 출생 후 2년 내에 성인 수준에 도달할 정도로 수초화가 진행된다. 그러나 고등사고 능력을 담당하는 뇌의 수초화는 청소년기와 성인기에 이르기까지 진행된다(신명희 외, 2013).

(2) 감각 및 지각의 발달

감각

지각

　　대뇌의 발달로 인하여 이루어지는 감각 및 지각 기능의 발달은 2세경이 되면 운동 발달과 유사한 수준에 이른다. 감각이 주위 환경의 여러 가지 자극을 감각기관을 통해 받아들이는 것이라면, 지각은 이러한 감각에 의미를 부여하여 이해하는 과정이라고 할 수 있다. 즉, 감각이 자극에 대한 감각기관의 반응이라고 한다면, 지각은 그 자극에 대한 해석이다(정옥분, 2004).

　　이러한 감각 및 지각 기능을 영역별로 구분하여 발달 양상을 살펴보면, 먼저 영

청각

아의 청각능력은 출생 후 얼마 되지 않아 곧 성인 수준에 도달하는 것으로 알려져 있다(송명자, 2008). 출생 후 2주 정도가 지나면 사람의 목소리와 다른 소리를 구분할 수 있으며, 3주경에는 낯선 사람이나 부모의 목소리에 민감하게 반응하고, 생후 2~3개월경이 되면 유사한 음소(예: 바-파)를 구별할 수 있게 된다. 또한 생후 4~6개월 정도가 되면 소리 나는 방향을 정확하게 알 수 있으며, 낯익은 목소리를 구별할 수 있고 음악을 들으면 좋아한다. 그리고 생후 1년 정도가 되면 작은 소리에도 예민하게 반응하고 소리의 고저 식별도 가능해진다.

시각

감각정보의 80% 정도를 받아들이는 시각의 발달은 인간의 감각능력 중에서 가장 늦게 성숙한다(정옥분, 2004). 출생 직후 시각조절에 필요한 뇌 회로가 성숙하지 않은 관계로 물체에 초점을 고정하지 못하고 가시거리도 극히 제한되어 있으나, 1개월경에는 사물에 초점을 맞추고 응시하는 것도 가능해진다. 출생 시부터 녹색과 적색을 구분할 수 있으며, 생후 2~3개월 정도면 삼원색의 기본 색깔 대부분을 구별할 수 있어 색채를 근거로 물건을 구분할 수 있다. 4~5개월 정도가 되면 붉은색 계통 또는 푸른색 계통 등으로 기본 색깔별로 분류할 수 있으며, 시각조절능력이 성인 수준에 도달한다. 그리고 생후 6개월 정도에는 시각 정확도가 20% 정도이지만 생후 1년 동안 점진적으로 개선되어 만 1세 무렵에는 시력이 1.0에 가까워져 정상시력을 갖게 된다.

형태지각

영아기의 시지각(視知覺) 발달의 가장 대표적인 측면은 형태지각과 깊이지각의 발달이다. 영아는 전체보다는 부분을, 정지된 것보다는 움직이는 물체를, 흑백보다는 컬러를, 직선보다는 곡선을 선호하며, 단순한 도형보다는 좀 더 복잡한 도형을, 다른 사물보다는 인간의 얼굴을 선호하는데 인간의 얼굴 중에서도 눈을 가장 선호하는 것으로 알려져 있다. 이러한 형태지각의 발달로 인하여 1~2개월경에는 사람 얼굴의 윤곽을 지각할 수 있으며, 2개월이 되면 눈, 코, 입을 구분하고, 6개월경에는 낯익은 얼굴과 낯선 얼굴, 남녀의 얼굴을 구별할 수 있게 된다(정옥분, 2004).

깊이지각

깊이지각의 발달은 Gibson과 Walker의 시각벼랑(visual cliff) 실험에 따르면 생후 6개월경에 발달하는 것으로 보이지만, Campos와 그의 동료들의 실험에 따르면 2개월경에도 발달하는 것으로 확인되었다(정옥분, 2004). 이러한 깊이지각의 발달은 영아가 침대나 계단 등에서 굴러떨어지는 것을 방지하는 기능을 한다. 그러나 깊이지각이 타고난 것인지 아니면 후천적으로 발달한 것인지에 대해서는 아직 논란의 소지가 있으며, 단지 영아가 기어 다닐 수 있게 되면서 깊은 곳에 대한 공포가 발생하는 것은 분명하다(송명자, 2008).

후각

후각은 다른 동물에 비하면 덜 발달되어 있으나 출생 초기부터 상당히 발달되어 있는 감각이다. 생후 1주일 정도가 지나면 어머니와 다른 여성의 젖냄새를 구분할 수 있고, 독한 냄새에는 고개를 돌리는 반면 단맛이 나는 향기에는 얼굴을 향기가 나는 쪽으로 돌리는 반응을 보인다.

미각

미각은 태내에서도 어느 정도 기능을 하며, 출생 직후에도 여러 가지 맛을 구분하는 것이 가능하다. 쓴맛, 신맛, 짠맛보다는 단맛이 나는 액체를 더 오래 빨며, 2~3개월경에는 특정한 맛에 대한 기호가 생길 정도로 발달되어, 특정한 맛에 대해 거부반응을 보이기도 한다. 4개월이 되면 싫어하던 짠맛을 좋아하기 시작하며, 영아기 후반에는 미각이 매우 예민하다.

촉각

촉각은 출생 시에 입술과 혀를 제외하고는 그다지 발달되어 있지 않지만, 6개월이 지나면 영아는 촉각을 사용하여 주위 물체를 탐색하기 시작하며, 만 1세 무렵에는 손의 감촉만으로도 익숙한 물체를 알아볼 수 있다.

(3) 인지 발달

인지

인지(cognition)는 인간의 정신적 사고과정 전부를 포괄하는 개념으로, 인지 발달은 생물적 성숙뿐 아니라 경험의 영향을 받게 된다. 영아기에는 인지 발달이 급격하게 이루어지는데, 반사능력만을 갖고 태어난 신생아는 점점 목적의식을 갖고 행동하는 존재로 바뀌게 된다. 즉, 영아는 자극에 자동적으로 반응하는 '반사적 유기체'에서 점차 자신의 행동을 통제할 수 있고 사고할 수 있는 '생각하는 유기체'로 발달하게 된다(정옥분, 2004).

생각하는 유기체

영아기의 인지 발달은 감각기관과 운동기능을 통해 이루어지며, 언어나 추상적 개념은 포함하지 않는다. 즉, 영아는 자신이 직접 보고, 듣고, 느끼고, 행동하는 것을 통하여 세상을 이해하고, 이러한 감각기관을 통해 받아들인 정보가 인지 발달의 중요한 기제가 된다. 언어가 발달하지 않은 영아는 지각과 환경탐색을 통하여 개념 형성의 기초를 구축하며, 운동 기능이 활발해짐에 따라 세상을 이해하고 조작하기 위한 감각운동 유형이 복잡해진다. 영아기에 발달하는 감각운동지능 중의 가장 중요한 발달은 '울면 우유를 준다.'와 같은 현상 간의 인과관계를 이해하는 것이다. 영아는 주로 감각운동기관을 통해 정보를 받아들이므로, Piaget와 Inhelder(1969)는 영아기의 인지 발달 단계를 감각운동 단계(sensorimotor stage)라

감각운동 단계

고 부르고, 다음과 같은 6단계로 구분하고 있다.

감각운동 단계의 첫 번째 단계, 즉 반사기인 출생 1개월까지는 신생아가 지니
고 있는 타고난 반사행동이 환경과의 접촉에서 적응적인 방향으로 수정된다. 생후
1~4개월은 1차 순환반응기로서, 영아가 어떤 행동을 하여 흥미로운 결과를 얻었
을 때 이를 반복하며, 점차 대상의 특성을 발견하고, 그 대상의 요구에 따라 반응
을 수정해 간다. 생후 4~8개월은 2차 순환반응기이다. 이 단계에서는 활동 자체
의 흥미에서 벗어나 환경 내의 변화에 흥미를 갖고 활동을 반복하며, 자신의 행동
과 그 행동에 따라 나타날 수 있는 결과를 예측할 수 있게 되므로 자신의 욕구충족
을 위해 의도적으로 행동을 하기 시작한다. 생후 8~12개월은 2차 순환반응의 협
응기로서, 친숙한 행동이나 수단을 사용하여 새로운 결과를 얻으려고 한다. 따라
서 이 단계에서 영아의 행동은 의도적이고 목적적이다. 생후 12~18개월은 3차 순
환반응기로, 친숙한 행동으로 목표에 도달할 수 없을 경우 전략을 수정하여 사용
하며, 도식 자체가 크게 변화하고 능동적으로 새로운 수단을 발견할 수 있게 된다.
생후 18~24개월은 정신적 표상기 또는 내적 통찰기로서, 행동하기 전에 사고
를 하여 행동결과를 예측하며, 수단과 목적의 관계에 대한 정신적 조작이 가능해
진다.

(4) 정서 발달

정서(emotion)란 외적 자극과 개인의 사고과정 및 감정 변화 사이의 관계를 나
타내는 용어로서, 자극에 직면하여 발생하거나 자극에 수반되는 생리적 변화 또는
눈에 보이는 행동 등의 반응을 말한다. 이러한 영아의 정서는 출생 시의 미분화 상
태에서 성숙과 학습경험을 통해서 점차 분화되어 나간다. Bridges는 영아의 정서
반응의 분화 과정을 관찰하여 기본 정서가 분화되어 가는 단계를 제시하였다. 그
에 따르면, 2개월경에는 불쾌감이 분화되어 울음 등으로 이를 표현하는 것이 가능
해지고 즐거움은 미소를 짓는 방법으로 표현할 수 있게 된다고 하였다. 3개월이
되면 분노의 감정이 분화되며, 5~6개월이 되면 혐오감과 공포감이 분화되고 분노
의 감정도 더욱 증가한다. 그리고 12개월이 되면 의기양양(意氣揚揚) 그리고 성인
에 대한 애정이 더욱 강해지며, 18개월에는 아동에 대한 애정과 질투의 감정이 나
타나고, 19개월경에는 환희의 감정이 나타난다(김태련, 장휘숙, 1998).

영아는 6개월 정도가 되면 정서와 관련된 얼굴표정을 구분할 수 있을 뿐만 아니

정서 규제

라 다른 사람의 정서에 의해서 영향을 받기도 한다(정옥분, 2004). 이러한 감정의 표현뿐 아니라 정서를 이해하고 규제하는 능력 또한 발달하게 된다. 영아는 12개월 정도가 되면 불쾌한 자극에 대해 몸을 흔들거나 입술을 깨무는 등 부정적 정서를 감소하기 위한 나름의 전략을 발달시키고, 18개월 정도가 지나면 부정적인 정서를 숨길 수 있게 되며, 3세가 되면 자신의 감정을 더 잘 숨기고 정서와 관련된 거짓말을 하기도 한다(신명희 외, 2013; 정옥분, 2004).

(5) 언어 발달

학습이론

생득이론

상호작용이론

영아기의 언어 발달은 인지 및 사회성 발달과 밀접한 관련성을 지닌다. 이러한 언어 발달과 관련하여 Skinner와 같은 학습이론가는 언어습득이 강화와 모방이라는 학습기제를 통해 이루어진다고 본 반면 Chomsky와 Lenneberg와 같은 생득이론가는 아동이 언어를 배울 수 있는 언어습득장치(language acquisition device) 등을 갖고 태어난다고 보고 있어 상반된 입장을 취하고 있다. Vygotsky와 Brunner 등의 상호작용이론에서는 학습론적 관점과 생득론적 관점을 종합하여, 언어 발달에서 생물적 성숙도 중요하지만 언어능력은 사회적 상황에서 얼마나 언어에 노출되는가에 달려 있다고 주장한다.

언어 발달 단계

영아는 울음, 표정, 몸짓 등과 같은 비언어적 행동을 통하여 의사소통을 하며, 다른 사람이 알아들을 수 있는 단어를 사용하기 시작하는 것은 만 1세 무렵이다. 이러한 영아의 언어 발달은 대개 6단계의 발달 단계를 거친다(정옥분, 2004). 언어 발달의 첫째는 울음 단계로서 출생 후 3주까지는 반사적인 소리와 아주 유치한 소리를 내지만 3주 이후부터는 최초의 울음과는 성격이 다른 생리적·정서적 상태를 알리기 위한 도구로 울음을 사용한다. 둘째는 옹아리 단계이다. 그리고 셋째는 의사표현이 단순하고 잘 통하지 않는 단계, 넷째는 약간 뜻이 통하는 단어 사용 단계이며, 다섯째는 두 단어 이상의 의미 있는 말을 연결하여 사용하는 단계, 여섯째는 언어기술이 숙달된 단계이다.

월령별 언어 발달

Lennerberg(1967)는 영아기의 언어 발달 양상을 월령(月齡)에 따라 제시하였는데, 3~4개월이 되면 옹아리를 시작하고, 5~6개월 정도가 되면 엄마를 '엄~'이라고 하는 등 1음절의 소리를 닮은 옹아리로 변하게 된다고 하였다. 그리고 8개월 정도가 되면 모음과 자음의 반복이 빈번하게 나타나며, 억양이 명확해진다. 12개월 정도가 되면 '엄마', '아빠'와 같은 몇 개의 단어와 간단한 명령을 이해하였다는 표시를 할 수 있게 된다. 18개월경에는 50개 미만의 단어를 사용하게 되며, 두 단어로 구성된 구절을 이해할 수는 있으나 아직까지 구절을 사용하여 의사소통할 수는 없다. 24개월경이 되면 50개 이상의 단어를 사용할 수 있으며, 2개 이상의 단어로 구성된 구절을 자발적으로 만들어 내고, 의사소통 행동이 증가하고, 언어에 대한 흥미가 높아진다. 그리고 30개월 정도가 되면 새로운 어휘의 첨가로 인하여 어휘 수가 급속하게 증가하며, 옹알이는 전혀 나타나지 않고, 3~5개 정도의 단어를 동시에 사용할 수 있지만 아직 문법은 부정확하다. 3세경에는 약 1,000개 정도의 어휘를 사용할 수 있으며, 낯선 사람도 유아가 하는 말의 80% 이상을 이해할 수 있게 된다. 그리고 4세가 되면 언어가 완전히 확립되며, 성인이 사용하는 문법과 양식을 모방한다.

영아기의 언어 발달의 특징은 자기중심적인 언어 사용이다. 영아는 상대방의 입장을 이해할 수 있는 능력이 없기 때문에 혼자 중얼거리거나 반복한다. 따라서 부모가 아동의 질문에 성실하고 지혜롭게 답변을 해 주는 언어습득 지원체계를 마련하고, 새로운 세계를 경험할 수 있는 기회를 제공해 주면 언어 발달이 더욱 촉진될 수 있다.

> 자기중심적 언어

3) 사회적 발달

영아가 사회적 존재로 성장 · 발달해 나가기 위해서는 반드시 어떤 집단이나 사회 속에서 다른 사람과 효율적인 인간관계를 맺을 수 있는 능력이 있어야 한다. 이러한 영아의 사회성 발달의 기본 원천은 기질과 모성인물과의 애착관계 형성 및 대상영속성의 확립이다.

기질(temperament)이란 한 개인의 행동양식과 정서적 반응 유형을 의미하는 것으로 활동 수준, 사회성, 과민성과 같은 특성을 포함하며, 아동기와 성인기의 성격을 형성하는 모체가 된다(Rothbart & Bates, 1998). 심리학자는 영아의 경우 성격이라는 용어 대신 기질이라는 용어를 사용하는데, 영아는 출생 직후부터 까다롭거나 매우 순한 기질을 보이기도 하는 등 서로 다른 기질적 특성을 보인다. 기질 연구가는 기질은 타고난 것으로 유전의 영향을 많이 받는다고 믿고 있으며, 심지어는 성인기까지 지속된다고 믿기도 한다(정옥분, 2004). 하지만 영아의 기질 형성에는 부모, 특히 주 양육자인 모성인물과의 관계가 중요한 영향을 미친다. 예를 들어, 수

> 기질

> 모성인물과의 관계

줍고 소심한 기질을 타고난 영아라 하더라도 부모가 외부 세계에 대한 대처양식을 부드럽게 촉진하는 양육을 하게 되면 영아의 이러한 속성은 점차 사라질 수 있다. 그러나 부모의 양육태도와 영아의 기질은 상호 영향을 미치게 되는데, 까다로운 기질을 가진 영아의 부모는 자녀양육 시 과잉반응이나 강압적 통제를 많이 하는 경향이 있다. 따라서 부모는 영아의 기질적 특성을 이해하고 영아와 조화로운 관계를 유지하기 위하여 노력하여야 할 것이다.

애착의 기제

애착(attachment)이란 영아와 보호자 사이에 형성되는 친밀한 정서적 유대감을 의미하는 것으로, 주로 아버지와는 놀이를 통해, 어머니와는 계속적인 상호작용을

애착이론

통해 유아는 부모와의 애착관계를 형성한다. 이러한 애착의 발달과 관련하여 정신분석이론에서는 영아가 수유 욕구를 통하여 성적 본능을 충족하는 과정에서 발달한다고 본다. 반면 학습이론에서는 영아가 어머니와 눈을 맞추고 신체 접촉을 통해 청각 또는 촉각적 만족을 얻고 이를 반복하면서 어머니와의 즐거운 감정이 이차적 강화인자가 되어 애착을 형성하게 된다고 보고 있다. 인지발달이론에서는 인지 발달과정에서 대상영속성을 형성하여야만 애착 형성이 가능하다고 보고 있다. 반면 동물행동학적 이론에서는 근본적으로 생존 유지와 보호를 위한 본능적인 반응의 결과로서 이미 애착 형성을 위한 기본적인 계획을 타고난다고 보고 있다(정옥분, 2004).

수유와 신체접촉

Harlow와 Zimmerman은 원숭이에 대한 실험을 통해 수유(授乳)보다는 접촉이 애착 형성의 더 중요한 요인이라는 점을 발견하였다. 이런 결과에 근거해 볼 때, 인간에게도 수유가 애착 형성의 결정적 요인이 아니며 영아기의 신체접촉이 이후의 발달에서 애착관계를 형성하는 데 더욱 중요한 요인임을 알 수 있다(정옥분, 2004).

각인

Lorenz의 각인(imprinting)이라는 거위의 사회적 애착 현상의 설명에 따르면, 거위는 생후 초기에 어떤 대상에게 애착하게 된다. Lorenz가 어미거위 대신 갓 태어난 새끼거위를 키운 결과 새끼거위는 Lorenz를 어미로 알고 따라다니게 되었다(Hess, 1973). 이러한 Lorenz의 동물행동학 연구 결과는 이후 Bowlby 등의 애착이론의 토대가 되었다.

애착 형성 단계

Ainsworth(1973)는 애착 형성을 4단계로 구분하여 설명하고 있다. 첫 단계는 출생~3개월로 유아는 빨기, 젖찾기, 파악반사 등을 통해 계속해서 대상에 머물러 있으려 한다. 두 번째 단계는 3~6개월경으로 애착 형성의 가장 결정적 시기이다.

그리고 이 단계에서 영아는 몇몇 친숙한 사람에게만 선택적으로 반응을 보이는데, 낯선 사람에게 불유쾌한 반응을 보이는 낯가림도 이 시기부터 시작된다. 세 번째 단계는 7개월부터 걸음마기까지로 영아가 능동적으로 타인과의 신체적 접근을 추구하며, 9개월경이 되면 부모와 분리되기 싫어하는 분리불안(separation anxiety)이 나타난다. 그리고 24개월 정도가 되면 대상이 눈에 보이지 않아도 그 대상이 존재한다는 사실을 인식할 수 있는 대상영속성(object permanence)이 형성된다. 애착 형성의 마지막 단계인 걸음마기 이후에는 부모의 애착행동을 유발하기 위한 다양한 행동을 시도한다.

[그림 5-6] Lorenz에 각인된 새끼 거위들

출처: Konrad Lorenz Biography, http://konradlorenz. glogster.com

분리불안

대상영속성

Ainsworth(1979)는 낯선 상황에 대한 실험을 통하여 애착의 유형을 네 가지로 구분하고 있다. 안정애착형(secure attachment)은 주위를 탐색하기 위하여 어머니에게서 쉽게 떨어지며, 낯선 사람과도 상호작용을 하고, 어머니와 분리되었을 때에도 어떤 방법으로든 위안거리를 찾고 다시 탐색을 하며, 어머니가 돌아오면 반갑게 맞이하고 쉽게 편안해진다. 회피애착형(avoidant attachment)은 어머니에게 친밀한 반응을 보이지 않으며, 어머니와 분리되어도 울지 않고, 어머니가 돌아와도 무관심하거나 모른 척한다. 저항애착형(resistent attachment)은 어머니와 분리되기 전부터 불안해하며, 어머니 옆에 붙어서 탐색을 하지 않으려 하고, 어머니와 분리되면 심한 분리불안을 느끼며, 어머니가 돌아와 안아 주어도 분노를 표현하면서 소리를 지르거나 어머니를 밀어내는 행동을 한다. 혼란애착형(disorganized attachment)은 불안정한 애착 유형의 가장 심한 형태로 회피애착형과 저항애착형이 결합된 형태이며, 어머니와 재결합했을 때 냉담한 표정으로 어머니에게 접근하며 어머니가 안아 줘도 다른 곳을 쳐다본다.

애착의 유형

안정애착형

회피애착형

저항애착형

혼란애착형

낯가림

영아가 특정 인물과 애착관계를 형성했다는 증거는 낯가림과 분리불안을 통해서 확인할 수 있다. 낯가림(stranger anxiety)은 영아가 특정 인물과 애착을 형성한 후에 낯선 사람이 다가오거나 낯선 사람에게 맡겨질 때 큰 소리로 우는 반응을 보이는 것이다. 이러한 낯가림은 6~8개월경에 나타나기 시작해서 만 1세 전후에 최고조에 달했다가 서서히 사라지게 된다.

분리불안

낯가림이 낯선 사람에 대한 불안에 기인한 것이라면 분리불안(seperation anxiety)은 친숙한 사람과의 분리에서 오는 불안이다. 이러한 분리불안은 9개월 정도부터 나타나기 시작하여 20~24개월경에 사라지게 된다. 안정된 애착을 형성한 영아는 불안정 애착을 형성한 영아에 비해 분리불안을 덜 보이는 경향이 있으며, 주변 환경을 능동적으로 탐색한다.

4) 사회복지실천에서의 관심 영역

(1) 신체적 발달의 관심 영역

선천성 장애와
난치성 질환

사회복지실천에서 관심을 기울여야 하는 영아기의 신체적 발달과 관련된 문제는 여러 가지가 있을 수 있으나 그중에서 가장 중요한 문제는 바로 선천성 장애와 난치성 질환의 문제이다. 영아가 유전적 요인 또는 출산 과정상의 문제로 인하여 신체 내부기관의 결함, 선천적 질병, 그리고 신체적 장애를 갖고 있는 경우에는 생존에 필요한 여러 가지 기능을 수행하는 데 어려움을 겪을 수 있으며 부모와의 상호작용에도 많은 제한을 받게 될 것이다. 따라서 사회복지사는 이러한 희귀·난치성 질환을 앓는 영아가 희귀·난치성 질환자 의료비지원사업을 통하여 적절한 의

조기치료·교육

료적 처치를 받을 수 있도록 돕고, 선천성 장애 영아에 대해서는 조기 치료와 교육·훈련을 받을 수 있는 기회를 제공해 주어야 할 것이다. 이와 아울러 사회복지

가족지지서비스

사는 장애아를 둔 부모나 가족에 대한 지지적 서비스를 제공하여, 부모의 부담을 경감하고 가족 내의 갈등을 완화하기 위한 개입을 하여야 한다.

운동 발달장애

영아기의 신체적 발달과 관련하여 관심을 기울여야 할 부분은 운동 발달장애이다. 영아가 머리 들기, 앉기, 서기, 걷기 등에서 운동 발달장애를 지니고 있는 경우에는 외부 세계에 대한 자발적 탐색이나 목표 추구가 어려워져 인지 또는 정서 발달에 많은 어려움을 겪게 된다. 따라서 사회복지사는 어머니와의 상담을 통하여 영아의 운동 발달 상태를 평가하고, 필요시에는 의학적 진료와 재활치료를 받을

수 있도록 의뢰할 수 있어야 한다.

(2) 심리적 발달의 관심 영역

영아의 심리적 발달과 관련하여 사회복지실천에서 관심을 기울여야 할 영역으로는 먼저 감각 및 지각의 발달 문제가 있다. 영아의 경우 모성인물과 촉각, 시각, 청각 등을 통하여 접촉하고 애착관계를 형성해 나가기 때문에 감각 및 지각 기능의 장애는 신체 발달은 물론 심리사회적 발달에도 부정적 영향을 미치게 된다. 그리고 영아가 적절한 반응을 보이지 못하게 될 경우 어머니도 정서적 고통을 겪게 된다. 따라서 사회복지사는 영아가 감각 및 지각 발달 정도에 대한 정확한 의료적 진단과 치료를 받을 수 있도록 의료기관에 의뢰할 수 있어야 하며, 어머니를 위한 정서적 지지상담도 실시해야 한다.

감각 및 지각의
발달 문제

사회복지사는 영아의 심리적 발달 중에서 신경인지 발달장애에도 관심을 기울여야 한다. 특히 평균 이하의 지적 기능과 적응행동상의 결함을 보이는 지적 장애를 지닌 영아의 경우에는 조기 치료와 훈련을 받을 수 있게 하여야 하며, 부모에게는 자조집단 참여 등 지지적 상담서비스를 제공하여야 한다. 그리고 언어 발달상의 장애를 갖고 있는 영아에 대해서는 의학적 진단을 통하여 언어 발달지체의 원인을 정확히 밝혀내고, 조기에 언어치료를 받을 수 있는 기회를 부여하여야 한다. 그리고 부모교육 프로그램을 개설하여 영아의 인지 및 언어 발달과 정서 발달에 촉진적인 환경을 조성할 수 있는 기술을 교육하여야 한다.

신경인지
발달장애

언어 발달장애

부모교육

(3) 사회적 발달의 관심 영역

영아기의 사회적 발달과 관련하여 관심을 기울여야 할 부분은 모자간의 부적절한 애착관계이다. 어머니가 산후우울증 등으로 인하여 영아와의 신체적 접촉이나 애착관계 형성을 거부하는 경우에는 상담과 심리치료를 받을 수 있도록 지원하여야 한다. 그리고 영아의 사회적 반응이 부족하며, 자기고립적이고 환경에 단조로운 반응을 반복적으로 보이는 등 자폐 스펙트럼 장애의 속성을 보일 경우에는 조기 진단과 치료를 받을 수 있도록 원조하여야 한다.

애착관계

자폐 스펙트럼
장애

영아의 분리불안이나 낯가림은 시간의 흐름과 함께 감소되는 것이 일반적이다. 그러나 맞벌이 또는 외벌이 워킹맘(working moms) 가족의 경우 영아와 부모 사이의 접촉 시간이 매우 부족하기 때문에, 영아가 분리불안을 강하게 표출하거나 헤

워킹맘

어졌다 다시 만났을 때 부모와 접촉을 두려워하고 회피하는 경우가 나타나기도 한

육아휴직제

다. 따라서 사회복지사는 육아휴직제와 육아기 근로시간 단축제도의 정착과 함께 적극적 활용을 위한 노력을 경주해야 하며, 워킹맘과 그 배우자를 대상으로 짧은 시간 동안 영아와 효과적인 애착관계를 형성할 수 있는 양육기술에 대한 교육이나 정보제공을 위한 프로그램을 실시하여야 한다.

영유아 보육시설

영아시설이나 보육시설에서는 안정되고 애정이 담긴 양육을 통하여 영아가 기본적 신뢰감을 구축할 수 있도록 하여야 하며, 영아기의 신체 및 운동 발달, 인지 발달, 언어 발달, 그리고 사회적 애착관계 형성을 지원할 수 있는 전문적인 양육서비스를 제공해 나가야 할 것이다. 그리고 영아시설이나 보육시설 종사자의 경우

모성인물

어머니를 대신하는 모성인물(mother figure)로서 영아와 반복적인 상호작용을 통하여 영아의 욕구를 정확히 파악하고, 일관성 있고 애정 어린 양육을 통하여 욕구충족을 지원해야 한다. 또한 영아의 발달 수준에 적합한 동시에 영아를 자극할 수 있는 환경을 구성하고, 영아의 감각, 운동, 사회환경 탐색을 적극적으로 격려해야 한다. 영유아 보육시설 종사자의 경우에는 투명한 시설 운영과 영아 발달 수준에 적합한 질 높은 전문 서비스 제공을 위한 노력도 동시에 해 나가야 할 것이다.

입양과 가정위탁보호

미혼 부모의 자녀이거나 기타 다양한 이유로 부모나 가족의 양육을 받을 수 없는 경우에는 입양이나 가정위탁보호가 우선적으로 이루어질 수 있도록 지원해야 한다. 부득이 양육시설이나 집단가정(group home)에 입소할 수밖에 없는 상황이

시설 입소

라면 가정과 유사한 물리적·사회적 환경을 갖춘 시설을 선택하여 입소할 수 있도록 지원해야 한다.

🔭 생각해 보아야 할 과제

1. 성폭력, 피임 실패 등에 의해 원하지 않는 또는 의도하지 않은 임신을 한 내담자가 귀하에게 상담을 요청하였다고 가정하고, 이들을 원조할 수 있는 방법을 구체적으로 제시해 보시오.

2. 임신이 안 되거나 어려운 난임(難妊) 부부, 선천성 이상아와 미숙아, 희귀·난치성 질

환자를 위한 국가지원정책의 내용을 조사해 보시오.

3. 임산부의 약물복용, 흡연, 음주가 태아에 어떤 영향을 미치는지를 살펴보고, 이에 대한 자신의 관점을 제시해 보시오.

4. 낙태에 대한 다양한 이론적 관점과 법적 근거를 검토한 후, 낙태의 윤리적 타당성에 대한 찬반토론을 해 보시오.

5. 보건소 또는 방송국 등에서 실시하는 임산부교실이나 육아교실 프로그램을 참관하고, 각 프로그램의 부족한 부분이 무엇인지에 대해 토론해 보시오.

6. 선천성 장애의 발생 원인과 특성을 알아보고, 이를 예방 또는 조기 치료할 수 있는 방법을 모색해 보시오.

7. 맞벌이 또는 외벌이 워킹맘(working moms)을 위한 국가의 지원정책과 보육(양육)수당 제도의 세부 기준과 절차를 파악해 보고, 보육서비스의 문제점과 개선방안에 대해 토론해 보시오.

8. 부모에 의한 양육, 부모 이외의 친인척에 의한 양육, 보육시설에서의 보육, 아동양육 시설에서의 양육 각각이 지니는 장단점에 대해 토론해 보시오.

9. 현재 입양과 가정위탁제도의 현황과 문제점 그리고 개선방안에 대해 토론해 보시오.

10. 보육교사 자격기준에 대한 정보를 검색해 보고, 어린이집 등에서 근무하는 보육교사를 만나 그들이 경험하는 성취감과 애로 사항을 들어 보시오.

제6장

유아기

1. 유아기의 신체적 발달 양상을 이해한다.
2. 유아기의 심리적 발달 양상을 이해한다.
3. 유아기의 사회적 발달 양상을 이해한다.
4. 사회복지실천에서 유아기의 발달과 관련하여 관심을 기울여야 할 영역을 이해한다.

인간 발달 단계에서 유아기를 학자마다 서로 다르게 구분하고 있다. 3~7세를 하나의 단계로 통합하여 유아기(early childhood)로 구분(김태련 외, 2004; 신명희 외, 2013, 오창순 외, 2010; 정옥분, 2004)하거나 심지어는 태내기~7세를 유아기로 구분(최옥채 외, 2020)하거나 걸음마기와 학동초기로 구분(김태련, 장휘숙, 1994)하는 경우도 있다. 그러나 3세 이전의 영아와 3~5세와 5~7세의 유아의 발달 특성이 매우 상이하다는 점을 고려하면, 유아기를 좀 더 세분화된 단계로 구분하여 다루는 것이 바람직해 보인다.

유아기의 구분

3~5세 유아의 주된 생활환경은 가까운 이웃으로까지 확대되지만 여전히 가정이 주된 환경이며, 이 시기의 유아는 신체 및 운동 발달로 인하여 움직임이 많고, 자신의 의사를 적극적으로 표현하고 자기중심적 사고가 발달하면서 부모에게 반항하는 성향이 강해진다. 5~7세 유아는 유치원에 입학하는 등 생활환경이 확대되며, 또래집단과의 접촉을 통하여 사회적 기술을 본격적으로 습득하게 된다. 또

걸음마기

학령전기

한 사물에 대한 호기심이 증가하며 직관적 사고능력이 발달하게 되고, 걸음마기에 특징적으로 나타났던 반항적 행동은 점차 반항적 사고로 대치되어 나간다.

이러한 유아기의 발달 특성의 차이를 근거로, 이 책에서는 3~7세를 유아기라는 하나의 단계로 구분하되, 3~5세를 걸음마기로 그리고 5~7세를 학령전기로 세분화하여 논의하고자 한다.

1 걸음마기의 발달

발달 특성   걸음마기(toddlerhood)는 3~5세의 시기로, 걸음걸이가 아직 완전히 안정되지 못한 특성 때문에 붙은 명칭이다(김태련, 장휘숙, 1994). 걸음마기에서 이루어지는 발달의 특성을 요약하면, 걸음마기는 3다(三多)의 시기라 할 수 있다. 즉, 걸음마기의 유아는 얘기를 많이 하고(多辯), 움직임이 많으며(多動), 자기의식을 갖게 됨으로써 스스로 계획을 수립하고 이를 이행하려 하는 등 활동성과 자기주장이 강하게 나타나며 부모에게 반항하는(多抗) 등 좀 더 자율적이고 독립적인 존재가 되어 간다.

1) 신체적 발달

걸음마기에는 제1의 성장급등기인 영아기의 급속한 신체 발달은 이루어지지 않

꾸준한 성장   으나 꾸준하게 성장을 보인다. 걸음마기 유아의 신체적 특성을 보면, 머리에 집중되어 있던 신체적 성장이 신체 하부로 확산되어 가긴 하지만 아직까지는 머리가 크고, 가슴이 작고, 배불뚝이인 데다가 다리는 짧다.

신체적 발달은 만 2세부터 둔화되기 시작하는데, 소아청소년의 표준성장(질병관

신장과 체중   리본부, 2017)을 기준으로 할 때 신장은 매년 2~3cm씩 증가하여 3세경에는 키가 95~97cm, 4세경에는 101~103cm 정도에 이른다. 체중 또한 매년 2~3kg씩 증가하여 3세경에 14~15kg, 4세경에는 16~17kg에 이르게 된다.

신체성장의 조건   이러한 걸음마기의 신체 발달이 이루어지려면, 충분한 영양공급, 규칙적인 생활 습관, 사고와 질병으로부터의 보호가 필수적이다. 그러므로 세끼 식사 이외에 간식 등을 통하여 충분한 영양을 섭취하도록 해야 하며, 점심식사 후 일정 시간 수면

이나 휴식을 취하게 하고, 안전사고를 미연에 방지하고 유아가 마음껏 뛰어놀 수 있는 안전한 활동공간을 제공해 주어야 한다.

유아는 질병이나 영양 상태에 의해 성장에 손상을 입을 수 있다. 그러나 건강상태가 회복되고 적절한 영양공급이 이루어지게 되면, 또래 유아와 유사한 수준으로 성장하는 따라잡기 성장(catch-up growth)이 가능하다.   **따라잡기 성장**

걸음마기에는 운동능력이 더욱 정교화된다. 이 시기 동안에 유아는 뒤로 달릴 수 있고, 손과 팔을 사용해 기어오르고, 혼자서 옷을 입을 수도 있다. 이러한 유아의 운동 발달 속도와 질적 특성은 신체적 성숙, 동기, 학습 및 연습 기회, 성인의 지도방법, 장난감에 의해 결정된다.   **운동 발달**

걸음마기 유아의 대근육을 이용한 이행운동, 즉 전체 운동의 발달 특성을 보면 2~3세경에 달리기를 시작하며, 걸음걸이가 안정되고 잘 달릴 수는 있지만 달리면서 방향을 바꾸지는 못한다. 4세경에는 계단, 탁자, 난간 등에서 뛰어내리는 것도 가능해지며, 하루 종일 움직인다고 해도 과언이 아닐 정도로 운동량이 많아진다. 공 던지고 받는 기술은 아동기와 청소년기까지 꾸준히 발달하지만, 걸음마기 후반이 되면 팔과 어깨를 이용하여 공을 던지고 팔꿈치를 구부려 가슴으로 공을 받을 수 있게 된다. 그리고 수영, 썰매 등의 다양한 형태의 보행이 가능해지며, 특히 세발자전거를 즐겨 탄다. 이때 세발자전거 타기는 운동 발달뿐만 아니라 가족으로부터의 독립과 또래집단과의 동일시를 가능하게 해 주는 수단이 되기도 한다.   **전체 운동**

세발자전거

소근육을 이용한 협응운동인 부분운동 중에서 상지운동과 관련된 발달을 보면, 2세경에는 숟가락을 사용할 수 있고 컵으로 물을 마실 수도 있다. 3세경에는 엄지와 검지로 수저를 사용할 수 있지만 아직 서투른 편이며, 4~5세경에는 혼자서 옷을 입고 단추를 벗길 수 있을 정도로 손가락의 운동이 발달하게 된다. 그리고 3세경에는 이전까지 끄적거리던 것에서 벗어나서 연필이나 크레파스를 사용하여 원, 삼각형, 사각형 등의 단순한 형태의 그림을 그   **부분운동**

상지운동

[그림 6-1] 세발자전거 타기와 유아 발달

출처: http://www.bike-trike.info

오른손잡이

리기 시작하며, 4세경에는 기본적인 형태를 조합하여 무늬를 그려 낼 수 있고, 선을 따라 가위로 모양을 오려 낼 수 있게 된다. 오른손잡이와 왼손잡이를 결정하는 요인은 유전적 요인, 생리적 요인, 학습적 요인이 상호작용한 결과이다. 3~4세경에 왼손잡이인지 오른손잡이인지가 거의 결정되며, 손뿐만 아니라 눈, 귀, 다리 등의 다른 부분에도 왼쪽과 오른쪽 중에서 선호도가 비슷하게 나타난다.

2) 심리적 발달

(1) 인지 발달

지각 발달

인지 발달이 이루어지기 위해서는 먼저 감각기관을 통해 들어온 정보를 조직하고 해석할 수 있는 지각(perception)이 발달하여야 한다. 걸음마기 유아에게서 나타나는 지각 발달을 살펴보면, 부분적 형태 특성에만 관심을 기울이며, 상하보다는 좌우의 전도지각(顚倒知覺)능력의 결핍으로 형태를 판별하는 데 많은 오류를 범한다. 예를 들면 문자 'b와 p'보다는 'b와 d'를 구분하는 데 더 큰 어려움을 겪는다.

부분지각

Elkind(1974)의 실험에서 '당근, 배, 오렌지로 만든 새'를 본 걸음마기 후반의 유아는 각각 당근, 배, 오렌지로 지각하여 부분지각만 발달하고, 전체에 대한 지각능력이 발달되지 않았음을 보여 주었다. 그리고 전도지각의 발달에서도 3~4세경에는 형태를 변별하는 데 많은 오류를 범하는 것으로 나타났다. 그러나 4세경에는 바라

형태항등성

보는 위치가 바뀌어도 형태는 그대로 유지된다는 형태항등성(shape constancy) 지각능력이 성인과 유사한 수준으로 발달하며, 거리에 따라 크기가 변하지 않는다는

크기항등성

크기항등성(size constancy)은 영아기부터 발달하지만 8세경에 가서야 완전해진다.

전개념적 사고

표상

걸음마기의 인지 발달을 Piaget와 Inhelder(1969)는 전조작적 사고 단계 중에서도 전개념적 사고 단계(preconceptual period)에 속한다고 보고 있다. 이 단계는 영아기에 발달한 도식이 내적 표상(representation)으로 전환되는 시기로 사물을 상징적으로 조작할 수 있지만, 성숙한 개념을 활용하지는 못한다. 전개념적 사고는 상징적 사고, 자기중심적 사고, 물활론적 사고, 인공론적 사고, 전도추리가 특징적이

상징적 사고

다. 상징적 사고는 더 이상 자신의 행동이나 감각에 의존하지 않고 정신적 표상을 만들어 내는 추상능력을 말한다. 유아는 더 이상 사물을 만지거나 보지 않아도 마음속으로 사물의 이미지를 만들 수 있게 된다. 이와 같은 추상능력의 발달로 인하여 아동은 모방, 상징놀이, 언어기술의 획득이 가능해진다. 영아는 2세경이 되면

부모의 행동을 모방하여 놀이를 시작하는데, 이것이 상징놀이(symbolic play)의 근   상징놀이
원이 된다. 걸음마기 초반의 상징놀이는 부모행동을 모방하는데, 잠을 자거나 동
물 또는 움직이는 사물 등 친숙한 사물을 상징화하여 단순한 놀이를 하지만, 점차
동화나 TV에서 보고 들은 얘기를 상징화하여 하는 놀이로 확대된다. 특히 상징놀
이를 통해서 유아는 내적 감정을 표현하고, 사회, 신체 및 내적 세계를 실험하고
이해하며, 현실적으로 불가능한 것도 다룰 수 있게 되는 등 상상력의 확대와 함께
언어적인 제한점을 보충해 갈 수 있게 된다.

   자기중심적 사고는 우주의 모든 현상을 자기중심으로 생각하는 사고로서, 다른   자기중심적 사고
사람의 관점을 고려하지 못한다. Piaget와 Inhelder(1956)의 세 산 모형 실험(three
mountains experiment)에서 걸음마기 유아가 자신이 본 것을 나타내는 사진을 선택
한 것이 자기중심적 사고를 뒷받침하고 있다.

   물환론적 사고는 생명이 없는 대상에게 생명과 감정을 부여하는 것으로, 가위로   물환론적 사고
종이를 자르면 종이가 아플 것이라고 생각하는 것이 그 예이다. 인공론적 사고는 자   인공론적 사고
기중심성의 특별한 형태로 세상의 모든 사물이나 자연현상이 사람의 필요에 의해서
자신의 목적에 맞게 쓰려고 만들어진 것이라 믿는 사고로서, 세상을 비추기 위해 해
와 달을 사람들이 하늘에 만들어 두었다고 믿는 것이 그 예이다. 전도추리는 한 가   전도추리
지 특정 사건으로부터 다른 특정 사건을 추론하는 사고로서, 자기가 동생을 미워해
서 동생이 아프게 되었다고 두 사건 간의 인과관계를 연결하는 것이 그 예이다.

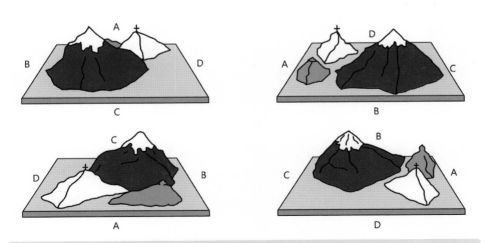

[그림 6-2] 피아제의 세 산 모형 실험

출처: Simply Psychology, http://www.simplypsychology.org

(2) 자기통제 및 자율성의 발달

자기통제의 개념 자기통제(self control)란 외부의 요구에 자신을 일치시키는 능력, 상황에 따라 행동을 수정하는 능력, 행동을 연기하는 능력, 그리고 타인의 지시를 받지 않고 사회적으로 바람직한 행동을 하는 능력을 의미한다(김태련, 장휘숙, 1994). 걸음마기 유아의 자기통제능력 획득은 배변 훈련(toilet training)에서 시작된다. 배변 훈련은 개인의 자율성과 사회적 요구의 갈등이 최초로 일어나는 장(場)으로서, 이러한 갈등의 성공적 해결은 자기통제능력의 발달에 기여한다. 걸음마기 동안에는 충동을 통제하고, 사물이나 사건을 통제하는 유아의 능력이 점진적으로 개선된다.

배변 훈련

분노통제 걸음마기에는 부모로부터의 행동제한, 또래나 형제와의 경쟁에서 무능력을 지각하게 되는 경우가 많아지는데, 이로 인해 유아가 분노를 표출하는 경우가 많아진다. 유아는 부모의 언어적 설명이나 벌에 의해 분노를 통제하는 방법을 학습할 뿐만 아니라 부모가 분노를 통제하는 행동을 모방하여 분노통제능력을 발달시키게 된다. 3세경에는 부정적 정서에 나름대로 대처하고 이의 표현을 자제하는 능력이 나타난다(신명희 외, 2013).

걸음마기에는 무엇이든 혼자서 해 보려 함으로써, 환경에 대한 통제를 시도한다. 걸음마기의 유아는 부모와 자신이 분리된 별개의 존재라는 사실을 인식하기 시작하기 때문에 많은 것을 요구하고, 자기가 원하는 방식대로 하려고 한다. 그러나 부모로부터의 행동제한, 또래나 형제와의 경쟁에서의 무능력을 지각함으로써

반항적 행동 분노를 표출하는 경우가 많아지며, 이러한 분노의 표출이 반항적 행동으로 받아들여지게 된다. 이러한 자기주장적이고 반항적인 행동은 3~4세경에 절정에 달하는

제1의 반항기 데, 이 시기를 제1의 반항기라고도 한다.

자율성 걸음마기의 자기주장적이고 반항적 행동을 통해 자율성(autonomy)이라는 중요한 심리적 기제가 발달한다. 만약 부모가 유아의 자발적 시도 자체를 차단하거나 혼자서 한 활동이 실패로 돌아가는 경우에는 수치심이 발달되고, 자신의 능력에 대해 신뢰를 하지 못하는 자기의심 성향이 강화되어 새로운 활동을 회피하거나 이미 알고 있는 친숙한 활동만을 수행하려고 한다. 유아의 이러한 환경통제능력을 고양하기 위하여 부모는 처음부터 시도 자체를 억제하기보다는 원하는 것을 하게 한 다음, 필요할 때 도움을 주도록 한다.

3) 사회적 발달

걸음마기 유아의 자아중심성과 왕성한 활동성 때문에 부모나 또래와 갈등을 초래하게 되는 경우가 많다. 따라서 부모는 유아의 행동에 제한을 가하면서 사회적 기준을 가르치기 위한 훈육을 시작한다. 훈육은 특정 문화가 요구하는 가치체계에 유아의 행동을 일치시키는 수단인 동시에 유아가 스스로 자신의 행동을 통제할 수 있는 학습 기회를 부여해 주기 때문에, 자아중심성이 약화되고 사회성이 발달하는 계기를 마련해 준다. 그러나 훈육 방법에 따라서는 오히려 자아중심성을 강화하기도 하는데, 자아중심성을 약화하고 사회성을 증진해 주는 가장 좋은 훈육방법은 유도기법인 것으로 알려져 있다(Baumrind, 1971).

훈육

사회성

걸음마기의 유아는 부모에게서 분리되어 또래와의 상호작용에 적극적으로 참여하려 하며, 3~4세경이 되면 성인과의 접촉보다는 또래와의 접촉이 더 많아진다. 걸음마기의 유아는 형제나 또래와의 놀이에서 자신의 것을 지키기 위하여 싸우고, 더 많은 것을 확보하기 위하여 경쟁하고, 공동의 목적을 달성하기 위하여 협력하는 과정에서 인지적 성장뿐 아니라 사회적 발달도 촉진된다. 특히 Parten(1932)은 걸음마기에는 또래와의 상호작용이 전혀 이루어지지 않는 혼자놀이와 비슷한 장난감을 갖고 다른 유아의 옆에서 따로 노는 병렬놀이가 줄어든다고 하였다. 장난감을 또래와 나눠 갖고 놀지만 다른 아동의 기분이나 욕구를 고려하지 않는 연합놀이를 거쳐, 단일 놀이과제를 갖고 다른 유아와 함께 활동하며 공동의 목표를 달성하기 위하여 규칙에 따라 행동하는 협동놀이가 증가하면서 사회성 발달이 더욱 빨라진다고 하였다.

또래와의
상호작용

놀이의 변화

4) 사회복지실천에서의 관심 영역

(1) 신체적 발달의 관심 영역

사회복지실천에서 걸음마기 유아의 신체적 발달과 관련하여 관심을 가져야 할 부분은 영양결핍과 질병이다. 걸음마기 유아가 영양불균형 상태에 이르거나 질병에 걸리게 되면 또래보다 신체적 성장이 지연되고, 운동능력이 뒤떨어지게 됨으로써 또래와의 사회적 상호작용에서 고립될 가능성이 높아진다. 그러므로 사회복지기관에서 유아를 보육하는 경우에는 걸음마기 유아의 활동성을 고려한 영양급식

영양결핍과 질병

프로그램을 만들고 이를 철저히 시행하여야 한다.

안전사고

걸음마기 유아의 경우 신체적 활동이 많아지고 스스로 뭔가를 하려는 성향이 강해지기 때문에, 다양한 종류의 안전사고에 노출될 위험이 높아진다. 따라서 사회복지기관에서 유아를 위한 프로그램을 진행할 때에는 프로그램 공간의 물리적 환경을 좀 더 안전하게 갖추어야 한다. 걸음마기의 운동 발달과 관련되어 나타날 수 있

ADHD와 공격성

는 문제는 주의력결핍/과잉행동 장애(ADHD)와 공격성이다. 따라서 사회복지사는 이러한 유아가 학교에 입학하기 이전에 과잉행동을 억제하고 주의집중 시간을 늘려 나가며, 공격성을 줄여 나갈 수 있도록 임상적 개입을 하여야 한다. 그리고 부모

과잉보호

의 과잉보호로 인하여 옷 입기, 수저 사용하기 등의 부분운동능력이 발달하지 않은 유아를 대상으로 한 일상생활 동작능력 훈련 프로그램의 실시도 필요하다.

(2) 심리적 발달의 관심 영역

발달장애

걸음마기 유아에게서 나타날 수 있는 특징적인 발달장애는 자폐 스펙트럼 장애(autism spectrum disorder), 눌어증(stammering), 야뇨증(enuresis nocturma) 등이다. 이러한 장애의 발달을 예방하기 위하여 사회복지사는 부모를 대상으로, 유아와 애정 어린 신체 접촉을 유지하고 외부 환경에 대한 유아의 자발적 탐색을 조장함과 동시에 언어 발달을 촉진할 수 있는 자극적 환경을 제공하며, 어린 동생에 대한 지

자녀훈육

나친 보호를 삼가는 등의 자녀훈육 교육 프로그램을 실시할 수 있다.

걸음마기 유아가 혼자서 환경을 탐색하려는 시도를 지나치게 억제할 경우 공격성을 강화할 수 있으며, 과잉보호를 할 경우에는 새로운 탐색과 활동을 회피하고 부모에게 의존하여 문제를 해결하려는 성향이 강해진다. 따라서 사회복지사는 가

가족상담

족상담을 통하여 걸음마기 유아의 자발적 환경 탐색을 조장해 줄 수 있는 훈육기술과 가족 분위기 조성 방법에 대한 정보를 제공하도록 한다.

(3) 사회적 발달의 관심 영역

걸음마기 유아의 사회성 발달에 있어서 부모의 훈육방식은 매우 중요한 역할을 한다. 따라서 걸음마기에 나타날 수 있는 공격성이나 과잉행동 문제 등을 예방하

부모역할 훈련

고 유아의 사회성 발달을 촉진하기 위하여 사회복지기관에서는 부모역할 훈련 프로그램을 개발하여 건전한 훈육방법과 놀이지도 기술을 제고하여야 한다. 특히 물리적 방법에 의한 걸음마기 유아의 훈육은 사회성 발달을 저해할 뿐만 아니라 오히

려 공격성을 증진하며, 경우에 따라서는 유아에 대한 신체적 학대 문제로까지 옮아 $\quad$ 학대 또는 방임

갈 가능성이 있다. 그리고 방임적 양육을 하는 부모는 유아에게 필요한 신체적 보호나 정서적 지지를 제공해 주지 않고 방치하기 때문에, 신체 · 심리 · 사회적 발달에 많은 장애를 초래할 수 있다(Baumrind, 1991). 따라서 사회복지사는 유아를 학대 또는 방임하는 가족에 대한 면밀한 욕구평가에 근거하여 필요한 상담 및 사례관리 서비스를 제공하고, 필요할 경우 아동보호 전문기관에 의뢰할 수 있어야 한다.

2 학령전기의 발달

학령전기(preschool childhood)는 5~7세에 해당하는 시기로, 학동초기라고도 한 $\quad$ 학령전기의

발달 특성

다. 이 시기에는 신체적 성장이 꾸준히 이루어지고 신체적 안정성이 증가하며 운동능력이 지속적으로 발달한다. 유아의 사물에 대한 호기심이 증가하고 직관적 사고능력이 발달하며, 걸음마기에 특징적으로 나타났던 반항적 행동은 점차 반항적 사고로 대치되어 나간다. 또한 유치원에 다니게 되어 또래집단과의 접촉을 통하여 사회적 기술을 본격적으로 습득하게 되며, 생활환경이 확대됨으로써 더욱 복잡한 사회적 영향을 받게 된다.

[그림 6-3] 학령전기의 생활공간 확대와 또래관계

출처: http://www.sherisharman.com

1) 신체적 발달

학령전기의 신체적 성장의 속도는 이전 단계보다 빠르지 않지만 지속적으로 성 $\quad$ 신체 성장

장한다. 만 5세경의 신장은 출생 시의 2배가 넘는 108~110cm 정도이며, 6세경에는 5cm 정도 더 커져 성인 신장의 65% 정도까지 성장한다. 체중은 5세경에는 출생 시의 6배 정도인 18~19kg에 달하며, 6세경에는 20~21kg으로 성인의 30% 정도로 성장한다(질병관리본부, 2017). 하지만 체중은 신장보다 불규칙한 성장을 보이

며 개인차가 더 크다(김태련 외, 2004). 영아기에서 걸음마기, 그리고 학령전기 동
안에 체지방도 꾸준히 감소하여, 전체적으로 통통하던 영아의 모습에서 벗어나 학
령전기 후반에는 길고 홀쭉한 모습으로 변하게 된다.

골격

유아의 골격은 2세부터 시작해서 청소년기까지 꾸준히 연골(軟骨)이 경화되어 가
는 골화(骨化)현상이 진행된다. 뼈의 양쪽 끝부분, 즉 골단(骨端)에 성장을 촉진하

성장판

는 연골인 성장판이 있는데 성장이 완성되면서 골단이 가늘어지고 성장판이 줄어
들면, 더 이상의 성장은 불가능하다. 뼈가 단단해짐에 따라 외관도 튼튼해지는데,
출생 시에 여아의 골격 성숙이 남아보다 4주 정도 앞서지만 5~6세경에는 1년 정
도 차이가 난다. 그러나 아직 어깨와 골반의 근육이 충분히 발달하지 않았기 때문
에 남녀 모두 비슷하게 직선적이고 평면적인 체격을 갖게 된다. 2세 반 무렵에 유치

영구치

20개가 모두 나오게 되는데, 5~6세부터는 유치가 빠지면서 영구치가 나오게 된다.

운동 발달

유아기의 운동 발달은 ① 신체의 각 부분을 효율적으로 움직일 수 있고 균형을 유
지할 수 있는 능력, 즉 신체적 안정성이 발달하며, ② 걷기, 뛰기 등을 통하여 이동능
력이 발달되고, ③ 여러 가지 사물을 접하면서 각각의 특성에 따라 다양한 조절방법
을 배우게 됨으로써 조작적 능력이 발달하게 되는 것이 특징이다(김태련 외, 2004).

학령전기에는 모든 근육의 기능이 아주 높은 수준까지 발달하기 때문에 다양한

몸을 이용한
운동

운동이 가능하다. 이 시기의 유아는 장난감보다는 자신의 몸을 이용한 운동, 즉 달
리기, 줄넘기, 축구, 등산, 자전거, 수영 등의 운동을 선호한다. 5세경에는 직선을
따라 걸을 수 있고, 달리면서 방향을 바꿀 수 있으며, 갑자기 멈추어도 앞으로 넘
어지지 않고, 발을 바꿔 가면서 계단을 오르내릴 수 있다. 6세경에는 한 발 뛰기,
뛰어넘기, 오르기 등을 할 수 있다.

부분운동

부분운동의 발달을 보면, 먼저 5~6세경에는 젓가락으로 음식을 먹을 수 있으며,
간단한 원이나 사각형과 삼각형을 그리던 것에서 벗어나 사물, 얼굴이나 집을 그릴
수 있고, 작은 공도 던지고 받을 수 있으며, 혼자 옷 입기가 가능해진다. 그리고 6~
7세경에는 단추나 지퍼를 원활하게 조작할 수 있으며, 신발끈 묶기도 가능해진다.

2) 심리적 발달

(1) 인지 발달

Piaget와 Inhelder(1969)는 4~7세에 이루어지는 인지 발달을 전조작적 사고 단

계 중에서 직관적 사고 단계(intuitive period)라고 하였다. 직관적 사고란 어떤 사물 직관적 사고 단계
을 볼 때 그 사물의 두드러진 특성을 바탕으로 판단하는 사고를 말한다. 이 단계의
유아는 여러 사물과 사건을 표상하기 위하여 많은 개념을 형성하지만 ① 불완전한
분류능력, ② 전도추리(transductive reasoning), ③ 중심화 경향(centration), ④ 불가
역성(irreversibility), ⑤ 자기중심성(egocentrism)이 사고에 특징적으로 나타난다.

이 시기의 유아는 수와 종류는 알지만 상위 개념과 하위 개념을 완전히 구분하 불완전한 분류능력
지 못하여 불완전한 분류능력을 보인다. 예를 들어 축구공 4개와 농구공 2개를 놓
아두고 '축구공이 많니? 공이 많니?'라고 질문하면, '축구공이 많다'고 답한다. 이
시기에는 걸음마기에 이어 사물이나 사건의 개별적 특성만을 고려하여 추리하는
전도추리 사고 유형이 지속적으로 나타난다. 예를 들어 '자동차가 죽었니, 살았 전도추리
니?'라고 물으면, '자동차가 움직이기 때문에 살았다'고 대답한다.

전체 상황 중에서 하나의 차원이나 측면에만 주의를 기울이고 다른 차원은 무시
하는 중심화 경향이 나타난다. 예를 들어, 같은 크기로 만들어진 두 개의 똑같은 진 중심화 경향
흙 공을 보여 주면 똑같다고 대답하지만, 그중 한 개를 납작하게 만들어 놓고 물으면
이 시기의 유아는 넓이나 높이 중 어느 한 가지에만 집중하여 그중 하나가 크다고 대
답을 한다. 또한 이 단계의 유아는 일련의 논리나 사건을 원래 상태로 되돌리지 못
한다고 생각하는 불가역성 사고를 보인다. 예를 들어, 납작해진 진흙 공은 다시 원 불가역성
래 모습인 동그란 공 모양의 진흙 공으로 돌아갈 수 없다고 생각한다. 전개념적 사
고 단계에 이어서 타인의 관점과 역할을 고려하지 않은 채 자신의 입장에서 세계를
지각하는 자기중심적 사고가 나타나며 여전히 자기중심적 언어를 많이 사용한다. 자기중심적 사고

(2) 도덕성 발달

걸음마기에 부모의 칭찬과 제한을 받던 것이 학령전기에 자기개념으로 흡수 도덕성 발달
되면서 세계를 보는 관점이 형성되기 시작한다. 따라서 학령전기에는 가족과 사회
의 도덕적 규칙을 내면화하고, 내면화된 규칙에 따라 행동을 수행하게 된다.

Piaget(1965)는 유아의 도덕적 판단은 전도덕성 단계에서 타율적 도덕성을 거
쳐 자율적 도덕성으로 발달해 나간다고 하였다. Piaget는 5세 이전 걸음마기까지
의 유아는 인지 발달이 충분히 이루어지지 않아 도덕적 판단을 할 수 없다고 보고,
이를 전도덕성 단계로 구분하였다. 학령전기에 해당하는 5~7세의 유아는 타율적 전도덕성 단계
도덕성에 의존하여 도덕적 판단을 내린다고 하였다. 즉, 이 시기의 아동은 규칙을 타율적 도덕성

어떤 권위자에 의해 주어진 고정불변의 것으로 반드시 지켜야 하는 것으로 간주하며, 행동의 옳고 그름을 자신이 입게 되는 손해의 양이나 처벌 여부에 따라 판단한다. 그러므로 이 시기에 부모를 포함한 권위적 인물이 유아가 수행해야 할 올바른 행동에 대한 정의를 내리고, 이러한 행동을 수행하도록 요구하는 것이 바람직하다. 학령전기 유아가 지니고 있는 타율적 도덕성은 Piaget가 말하는 구체적 조작 **자율적 도덕성** 사고 단계에서 감소되며, 7세 이후부터는 자율적 도덕성 단계로 옮아가게 된다. 이 단계에서 아동은 사회적 규칙이나 질서가 다른 사람과의 협의하에 결정된다는 것을 이해하고 행동의 결과보다는 의도를 파악하여 옳고 그름을 판단한다.

도덕성 발달 단계 Piaget와 함께 인지발달이론에 입각하여 도덕성 발달을 설명하고 있는 Kohlberg(1976, 1981)는 도덕적 갈등 상황에 대한 판단양식에 따라 도덕성 발달 단계를 〈표 6-1〉과 같이 3수준 6단계로 구분하고 있다. Kohlberg의 도덕성 발달 단계에 따르면, 걸음마기와 학령전기의 유아는 전인습적 도덕기에 머물러 있다고 할 수 있다.

표 6-1 Kohlberg의 도덕성 발달 단계

수준 및 단계		도덕적 발달 특성
전인습적 도덕기		개인적 보상을 얻고 처벌을 피하기 위해 권위자가 부여한 규칙에 복종
	1단계	벌과 복종 지향의 도덕성: 보상과 처벌의 기준에 따라 행동을 판단
	2단계	자기 이익 지향의 도덕성: 자신이나 사랑하는 사람에게 이익이 되는 정도에 따라 행동을 판단
인습적 도덕기		사회규칙을 유지하거나 다른 사람의 인정을 받기 위해 사회규범이나 사회규칙에 복종
	3단계	착한 아이 지향의 도덕성: 권위적 인물의 기대를 충족하고 인정받는 정도에 따라 행동 판단
	4단계	법과 질서 지향의 도덕성: 사회의 법률이나 규칙을 지지하는 정도에 따라 행동 판단
후인습적 도덕기		폭넓은 정의의 원칙에 따라 도덕적 판단을 하는데, 이때 정의는 법이나 권위자의 명령과 갈등을 일으킬 수 있음
	5단계	사회계약 지향의 도덕성: 개인의 권리를 존중하고 사회계약을 유지하는 정도에 따라 행동 판단
	6단계	보편적 원리 지향의 도덕성: 시대와 문화를 초월한 보편적 원리에 근거하여 행동 판단

하지만 Kohlberg의 도덕성 발달이론은 ① 도덕적 사고를 지나치게 강조하고 도덕적 행동이나 도덕적 감정을 무시하였으며, ② 모든 문화권에 보편적으로 적용하는 데 한계가 있으며, ③ 여성이 남성보다 낮은 단계의 도덕성 발달수준에 머문다고 하여 성차별적 관점을 지니고 있다는 비판을 받고 있다(Sheehy, 2009).

Kohlberg이론의 한계

이러한 인지발달이론과는 달리 행동주의이론에서는 환경적 보상과 처벌에 대한 반응의 결과로서 도덕성이 발달한다고 보고 있다. 그리고 사회학습이론가는 모델행동의 관찰을 통해 도덕적 행동을 학습하게 된다고 보고 있다. 즉, 도덕적으로 올바른 행동을 하는 모델에 대한 관찰학습을 통하여 친사회적 행동을 학습하게 되고, 비행에 따르는 처벌을 관찰 학습하게 되면 비도덕적 행동이 억제된다고 보고 있다.

행동주의이론

정신분석이론에서는 3~6세경의 남근기에 오이디푸스 또는 엘렉트라 콤플렉스(Oedipus or Electra complex)를 해결하는 과정에서 동성의 부모를 동일시함에 따라 도덕성이 발달한다고 보고 있다. 즉, 유아의 성적 충동과 공격적 충동이 부모의 훈육에 의해 통제되는 과정에서 유아는 부모의 도덕적 기준을 내면화하게 되고, 양심과 자아이상으로 구성된 초자아가 발달하게 된다고 보고 있다.

정신분석이론

(3) 정서 발달

학령전기의 유아는 사랑, 분노, 공포, 좌절감 등의 여러 가지 감정을 다루고 적절한 방식으로 표현하며, 충동이나 사회적 요구 간에 균형을 유지할 수 있는 방법을 배우게 된다. 이 시기의 유아는 물리적인 것에서부터 형이상학적인 것에 이르기까지 모든 현상에 대해 호기심을 많이 느끼게 되는데, 이러한 호기심을 강력하게 제지하면 죄책감이 형성된다. 이러한 죄책감은 특정한 대상이나 상황에 대한 불합리한 공포로 발전되는 경우가 많은데, 학령전기의 유아는 특히 유치원이나 어린이집, 어둠, 동물에 대한 공포감을 경험하는 경우가 많다. 이러한 공포감을 적절히 해결하지 못할 경우에는 유아의 환경탐색능력을 제한하고 불안감을 증대하여 공포증에 이르게 될 가능성이 있다. 그러므로 부모는 유아의 불안과 공포를 감정이입적으로 이해하고 그것을 극복해 나갈 수 있도록 도와주어야 하며, 놀리거나 강제로 금지하려 해서는 안 된다.

호기심

공포감

5~6세 정도가 되면 유아는 자신의 감정을 감추거나 가장하는 여러 가지 기제를 갖게 되므로 감정을 보다 능숙하게 숨길 수 있게 되며, 심지어는 부정적 감정을

부정적 정서 대처

감추기 위해 거짓말을 하기도 하는 등 부정적 정서에 대한 대처능력이 발달한다 (Specht & Craig, 1987). 이것은 유아가 어떤 상황을 있는 그대로 받아들이거나 감정 표현을 했을 때 일어날 수 있는 극도의 불안으로부터 자신을 방어하기 위하여 자아가 사용하는 일종의 방어기제인 동시에 적응기제이다.

3) 사회적 발달

(1) 사회적 관점 수용능력

학령전기 유아의 사회적 발달은 타인의 관점을 수용할 수 있는 능력의 발달과 직결되어 있다. 즉, 타인의 입장, 관점, 사고, 감정을 추론하고, 감정이입적으로 타인의 감정을 이해하는 능력인 사회적 관점 수용능력(social perspective taking ability)에 따라 사회적 발달 정도가 결정된다. 이러한 사회적 관점 수용능력의 발달은 타인과 자신이 원하는 것을 분리하고, 타인이 원하는 것을 고려할 수 있으므로 도덕적 갈등을 해결하는 주요 기제가 된다.

사회적 관점 수용능력

학령전기에 속하는 유아는 다른 사람의 기분을 어느 정도 이해할 수 있으나 모든 사람이 자신과 동일한 방식으로 상황을 이해한다고 생각하므로 사회적 관점수용능력은 매우 낮다. 그리고 학령전기 유아는 〈표 6-2〉에서 보는 바와 같이 자신과 타인의 관점이 다를 수 있다는 것을 인지하기 시작하지만 아직까지 자신의 관

사회적 관점 수용능력의 발달

ᴬ표 6-2 Selman의 사회적 관점 수용능력 발달 단계

단계(연령)	특 성
0단계 (3~7세)	다른 사람의 기분을 인지할 수 있으나 타인이 자신과 동일한 방식으로 상황을 이해한다고 생각함
1단계 (5~9세)	타인의 관점이 자신의 관점과 유사하거나 차이가 있다는 것은 인지하지만, 갈등을 객관적으로 해결하지는 못함
2단계 (6~12세)	타인의 관점으로부터 자신의 생각과 감정을 고려함
3단계 (10~15세)	제삼자적 입장에서 자신과 타인의 행동을 생각함
4단계 (15세 이후)	상이한 사람의 관점을 다양한 관점에서 고려할 수 있음

점과 타인의 관점을 정확하게 구별할 수 없다(Selman, 1980). 이와 같이 학령전기에는 사회적 관점 수용능력의 발달 수준이 매우 낮기 때문에, 유아는 대인관계상의 갈등을 객관적으로 해결하지는 못한다.

(2) 성역할 학습

출생 후 2년 정도가 지나면 남녀 간의 성과 관련된 명칭을 분명히 알게 되며, 이후부터 점차 남녀 간의 차이에 대해 알려고 하며 걸음마기부터 성에 대한 이해가 시작된다. 이러한 성에 대한 이해를 위해서는 ① 남녀를 구분하는 정확한 명칭을 이해하고, ② 남녀 간의 생식기 차이를 이해하고, ③ 성의 안정성과 항상성, 즉 남자아이는 커서 남자 어른이 되며 여자아이와 놀아도 여자가 되지 않는다는 사실을 이해해야 한다.

성에 대한 이해

학령전기 유아는 성과 관련된 사회관계 성향에 관심을 나타내고, 성에 따라 각기 다르게 기대되는 행동을 이해하고, 자신의 성에 걸맞은 행동을 하고자 함으로써 성역할을 인식하기 시작한다. 그러므로 동성의 친구와 어울리며 성에 따라 옷차림, 놀이, 직업에 대한 사회적 기대를 의식하고 이에 따라 행동하고자 한다. 문화에 따라 남아나 여아에게 기대하는 적절한 행동기준이 설정되어 있으며, 부모는 자신이 생각하는 문화적인 성역할 기준에 맞추어 자녀가 행동하도록 격려하거나 처벌을 가한다. 이러한 과정을 통하여 학령전기의 유아는 부모의 기대와 문화적 기준에 맞는 성역할 기준을 이해하고 내면화하게 된다. 우리나라에서는 남성성에 보다 우월한 가치를 부여함으로써 성에 따른 사회 차별을 유아기부터 은연중에 내면화할 가능성이 있다.

성역할

성역할 기준

성에 따른
사회차별

유아는 부모로부터 학습한 성역할 기대를 또래관계에서도 그대로 적용하고자 한다. 특히 학령전기까지는 아직 타인의 관점을 수용할 수 있는 능력의 발달이 완전히 이루어지지 않았기 때문에, 자신이 갖고 있는 성역할 기준을 또래와의 관계에서 매우 엄격하게 적용하는 특성이 나타난다.

성역할
기준 적용

(3) 우정의 발달

학령전기에는 걸음마기의 자아중심적 상징놀이보다는 집단놀이에 더 많은 흥미를 갖게 된다. 이러한 또래와의 집단놀이 과정에서 유아는 협동과 상호작용의 쾌락을 경험하고, 역할관계의 상호성을 학습하게 되며, 이를 통하여 자아중심성이

집단놀이

어느 정도 완화된다.

우정과
자아중심 성향   학령전기의 유아는 또래와의 집단놀이에서 구체적인 물건을 교환하거나 또래와의 협력 활동을 통해 우정을 경험하게 된다. 그러나 아직도 자아중심 성향이 남아 있기 때문에 친구와 말다툼을 자주 일으키며, 있지도 않은 헛소문을 퍼뜨리기도 한다. 그러므로 학령전기에 형성한 또래와의 우정이 오래 유지되기 어렵고 극단적인 좌절감을 유발하기도 한다. 친밀하고 지속적인 우정은 초등학교에 입학하는 아동기에 가서야 본격적으로 발달하게 된다.

(4) 사회화

사회화   사회화(socialization)는 개인이 자신이 속한 사회집단에 적합하다고 생각되는 행동양식을 습득하는 과정을 말한다. 이러한 사회화 과정에 가장 많은 영향을 미치는 집단은 가족이며, 그중에서도 부모의 양육행동이 사회화뿐 아니라 이후의 성격 발달에도 중요한 영향을 미친다.

양육태도   Baumrind(1991)는 애정과 통제의 두 가지 기준을 바탕으로 부모의 양육태도를 권위형, 전제형, 익애형, 방임형으로 구분하고 있다.

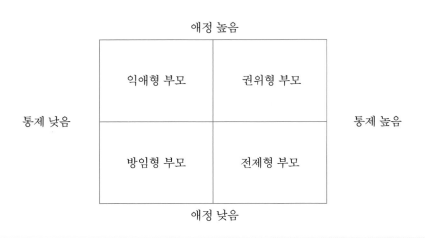

[그림 6-4] Baumrind의 부모 양육태도

권위형 부모   권위형 부모는 애정과 통제 차원이 모두 높은데 애정적이고 반응적이며 자녀와 대화를 자주 갖고, 자녀의 독립심을 격려하고 훈육 시 논리적 설명을 이용한다. 이러한 부모에 의해 양육된 자녀는 책임감, 자신감, 사회성이 높다. 전제형 부모는

전제형 부모

애정 차원은 낮고 통제 차원이 높은 유형으로, 엄격한 통제와 함께 규칙을 준수하도록 강요하며 체벌을 하는 경우가 많다. 이러한 부모에 의해 양육된 자녀는 사회성이 부족하고, 의존적이고 복종적인 성격이나 반항적 성격을 갖게 되어 원만한 대인관계를 형성하기가 어려워진다. 익애형 부모 또는 허용적 부모는 애정적이고 반응적이지만 통제는 거의 하지 않으며, 일관성 있는 훈육을 하지 못하게 된다. 이럴 경우 자녀는 자신감 있고 적응을 잘하지만 규칙을 무시하고 제멋대로 행동하는 특성을 지니게 된다. 방임형 부모 또는 무관심한 부모는 애정이 없고, 냉담하고, 엄격하지도 않으며 자녀에 대해 무관심한데, 이럴 경우 자녀는 독립심이 없고 자기통제력이 부족하며 문제행동을 많이 보이게 된다.

익애형 부모

방임형 부모

이러한 Baumrind의 양육 유형 분류는 엄부자모(嚴父慈母)라는 우리나라의 양육 유형 분류와 비슷하다. '엄격하면서도 자애로운 부모', 즉 권위형 부모가 자녀의 발달에 가장 바람직하며, '엄격하지도 자애롭지도 못한 부모', 즉 방임형 부모가 가장 부적절한 유형인 것으로 나타나고 있다. 하지만 최근 들어서는 '자애롭기만 한 부모', 즉 익애형 부모가 많아 자녀의 사회성 발달에 부정적인 영향을 미칠 것으로 예측된다.

엄부자모

학령전기에는 어머니와 보내는 시간보다는 형제와 보내는 시간이 더 많아지는데, 형제관계의 상호작용을 통하여 서로를 모방하려는 경향이 강하게 나타나며, 이를 통하여 사회성을 발전시키게 된다. 조부모와 함께 사는 유아는 보다 폭넓은 인간관계를 맺을 수 있는 기회를 갖게 되므로 사회성 발달이 촉진될 수 있다. 하지만 최근에는 손자녀와 잠깐씩 만나 즐거운 시간을 보내기를 원하는 원거리형 또는 재미추구형 조부모 유형은 늘어나는 반면 손자녀의 양육이나 훈육에 적극적으로 관여하는 조부모 역할 유형은 줄어들고 있다(권중돈, 2019). 그리고 최근 들어 이혼가족, 한부모가족, 재혼가족이 늘어나게 됨으로써 학령전기의 유아가 자신의 성에 적합한 모델의 부재로 인하여 사회화 과정에 어려움을 겪는 경우가 많아지고 있다.

형제관계

조부모 역할 유형

4) 사회복지실천에서의 관심 영역

(1) 신체적 발달의 관심 영역

학령전기의 신체적 발달과 관련하여 사회복지실천에서 관심을 가져야 할 것은 감염성 질환 등으로 인해 신체적 발달과 다른 발달 영역에도 치명적 장애를 초래

예방접종

할 수 있는 질병을 예방하는 데 필요한 예방접종과 의학적 치료에 관한 정보를 제공하고 자원을 연계하는 것이다. 특히 보육시설이나 육아시설에서는 거주하고 있는 유아에 대한 정기적 진단을 통하여 신체적 발달 상태를 확인하고, 전염성 질환

질병의 조기 치료

의 발생을 예방하고 질병의 조기 치료에 많은 관심을 기울여야 한다.

안전사고

　학령전기 유아의 경우 근육과 운동 기능이 상당히 발달되어 있는 것은 사실이지만 안전사고를 당할 위험 또한 매우 높아진다. 그 이유는 부모의 지속적 보살핌을 받는 가정환경을 떠나 유치원, 어린이집, 놀이터와 같은 외부에서의 활동이 많아지기 때문이다. 따라서 학령전기의 유아를 보호하는 프로그램을 운영하는 사회복지기관에서는 놀이시설과 기타의 생활공간에서 일어날 수 있는 유아 안전사고를 미연에 방지할 수 있도록 철저한 안전점검을 실시하여야 할 것이다.

(2) 심리적 발달의 관심 영역

조기교육과 보육

　학령전기는 사실상의 인지교육이 실시되는 첫 단계라 할 수 있다. 따라서 이 시기의 유아는 유치원이나 보육시설에서 적절한 인지교육을 받아야 한다. 그러나 경제적 이유, 시설 부족 등으로 인하여 조기교육 기회를 갖지 못하는 유아도 예상 외로 많다. 따라서 국가와 사회복지 관련 기관에서는 유아를 위한 조기교육 및 보육시설의 확충에 좀 더 많은 노력을 기울여야 할 것이다. 특히 보육시설의 증설이나 운영의 목적이 유아의 건전한 성장 발달을 도모하고자 하는 목적보다는 여성 인

보육시설

력을 노동시장으로 끌어들이는 데 더 강조점을 둠으로써 야기될 수 있는 유아 보육의 질적 문제점을 개선해 나가고, 민간보육시설에 대한 적극적인 지원과 감독을 통하여 보육시설의 서비스 격차를 완화해 나가야 할 것이다. 그리고 우리 사회의 조기교육 열풍으로 인하여 지나치게 어린 나이에 조기영어교육이나 영재교육을 받게 하는 것은 건전한 발달에 부정적 영향을 미칠 수 있음을 고려하여, 유아 부모 상담 등을 통하여 조기교육과 관련된 정확한 정보를 제공하여야 한다.

도덕성과
정서 발달

　학령전기 유아의 경우 타율적 도덕 기준에 입각하여 자신이 행한 행동의 옳고 그름을 평가하기 때문에, 부모나 학령전기 유아를 가르치거나 보호하는 유아교사나 사회복지사는 지나치게 강압적인 방식으로 도덕 기준을 유아에게 부과하여서는 안 된다. 그리고 학령전기 유아의 환경에 대한 호기심을 억압함으로써 죄책감을 갖게 하여 유치원이나 교사 등에 대해 공포심을 유발하는 것은 바람직하지 않다. 따라서 사회복지사는 유아의 불안과 공포를 감정이입적으로 이해하여야 하며,

놀리거나 강제로 금지하려 해서는 안 된다. 그리고 심한 불안이나 공포증이 있는 경우에는 유아와 그 부모에 대한 상담을 실시하여 이의 해결을 원조함으로써, 유아의 건전한 정서 발달을 지원하여야 할 것이다.

(3) 사회적 발달의 관심 영역

학령전기 유아의 경우에 사회적 관점 수용능력이 아직 낮고, 엄격한 성역할 기준을 타인에게 요구하기 때문에 대인관계에서 많은 갈등을 일으킬 수 있다. 유아의 타인에 대한 감정이입적 이해와 성역할 기준의 융통성을 부여하기 위해서는 적절한 놀이지도와 부모상담이 필요하다. 따라서 영유아 보육 분야에서 일하기를 희망하는 사회복지사는 놀이치료(play therapy)와 가족치료에 대한 이론과 기술을 학습해 두어야 한다. 그리고 자신의 성역할 기준에 대한 정확한 이해를 갖춤으로써 유아 지도 과정에서 자신도 모르게 나타날 수 있는 특정한 성에 대한 편견을 최대한 억제하여야 한다. 그리고 학령전기 유아의 경우 또래와의 우정관계에서 극단적인 좌절감을 경험할 수 있기 때문에, 이들의 자기존중감을 고양하기 위한 임상적 개입도 실시한다.

놀이지도와 부모상담

성에 대한 편견

 생각해 보아야 할 과제

1. Baumrind의 부모 양육태도 개념과 기존의 부모 양육태도에 관한 연구자료를 활용하여 어떤 양육방식이 유아의 발달에 가장 바람직한지에 대해 토론해 보시오.

2. 부모역할훈련 프로그램에 관한 연구보고서나 기존 문헌을 참조하여 그 내용과 프로그램의 효과에 대해 파악해 보시오.

3. 걸음마기가 제1의 반항기라고 불리는 근거를 제시해 보시오.

4. 어린이집이나 유치원을 방문하여 우리 사회의 성역할 기준이 실제 유아를 보육 또는 교육하는 과정에서 어떻게 적용되고 있는지 관찰해 보시오.

5. 주의력결핍/과잉행동 장애(ADHD)를 지닌 유아나 공격성이 지나치게 강한 유아를 보호하고 지도할 수 있는 구체적인 방법을 생각해 보시오.

6. 자폐 스펙트럼 장애의 원인과 특징적 증상을 알아보고 현재 사용되고 있는 치료 방법을 학습해 보시오.

7. 미운 일곱 살, 미운 네 살 등의 표현과 유아의 발달 사이에 어떤 관련성이 있는지에 대해 논의해 보시오.

8. '세 살 버릇 여든까지 간다.'는 우리 속담과 유아의 도덕성 발달 사이의 관련성에 대해 논의해 보시오.

9. 가정이나 놀이터, 보육시설 또는 유치원에서 일어날 수 있는 영·유아 안전사고의 종류를 열거하고, 각각의 사고에 적합한 대처방법을 모색해 보시오.

10. 우리나라의 영·유아 보육서비스의 현황과 정책과제를 살펴보고, 보육수당 및 양육수당과 관련된 문제점과 개선방안을 토론해 보시오.

제7장

아동기

학 습 목 표

1. 아동기의 신체적 발달 양상을 이해한다.
2. 아동기의 심리적 발달 양상을 이해한다.
3. 아동기의 사회적 발달 양상을 이해한다.
4. 사회복지실천에서 아동기의 발달과 관련하여 관심을 기울여야 할 영역을 이해한다.

아동기(childhood)는 초등학교 입학부터 졸업까지의 시기, 즉 7~13세의 발달 단계이다. 아동기는 공식적 학습이 시작된다는 의미에서 학동기(學童期), 사회적 행동이 현저하게 증가하면서 또래끼리 어울려 다니기 시작한다고 하여 도당기(徒黨期, gang age), 그리고 영·유아기나 청소년기의 역동적 변화에 비해 상대적으로 조용한 발달이 이루어지는 시기라고 하여 잠재기(潛在期, latency stage)라고도 한다. 〔아동기의 용어〕

아동기에는 꾸준한 신체적 성장이 이루어지나 성장 속도는 둔화된다. Freud는 〔아동기 발달 특성〕 아동기에는 성격 형성에 영향을 미치는 특별한 발달적 사건은 발생하지 않는다고 보았고, Erikson은 자율성과 유능성이라는 성격 특성의 발달이 이루어진다고 하였으며, Piaget는 이전과는 다른 새로운 형태의 인지 발달이 이루어지는 매우 중요한 시기로 보고 있다. 아동기는 생활의 중심이 가정에서 학교로 옮겨지며, 공식적 학교교육을 통하여 인지능력을 발전시키고 자신이 속한 사회 속에서 생활하는 데 필요한 사회적 기술을 습득해야 하는 시기이다.

1 신체적 발달

1) 신체적 성장

아동기는 영아기의 급속한 신체 발달이나 청소년기의 성장급등 현상과 비교하여 보면, 신체적 성장과 발달이 비교적 완만하게 진행되긴 하지만 꾸준한 성장이 이루어지고 전체적인 신체의 체계가 안정되는 시기이다. 이 시기에 아동의 키는 120cm에서 1년에 6cm 정도씩 신장되어 151cm 정도까지 자라며, 몸무게는 23kg 정도에서 1년에 평균 4kg씩 증가하여 43~45kg 정도에 이른다. 그리고 아동기 말에는 신장과 체중이 급격히 증가하여, 청소년기의 성장급등 현상으로 이어진다.

아동기의 신체적 성장에서 나타나는 특징적인 발달 양상은 초등학교 입학시기에는 남아가 여아보다 신체적 성장이 더 빠르지만, 10~11세경에는 여아의 신체적 성장이 남아에 비하여 더 우세해진다는 점이다. 이러한 현상은 신체적 급성장이 이루어지는 사춘기가 남아보다 여아에게서 2년 정도 먼저 시작되는 점에 기인한다.

아동의 신체 구조를 보면, 몸통보다 팔다리의 성장이 빨라서 통통하고 귀여운 모습은 사라지고 살은 빠져 마르게 보이며 키가 홀쭉하게 크고 팔다리가 유난히 길어 보인다. 아직 머리가 체격에서 차지하는 비율이 크지만, 초등학교를 졸업하는 시기에 이르면 7등신이 되어 성인과 유사한 수준에 이른다. 얼굴형은 동그란

신체 성장과 안정

신체적 성장의 성차

신체구조

◦ıll 표 7-1 아동기의 신체적 성장

연령	신장(cm)		체중(kg)	
	남아	여아	남아	여아
7세	122.1	120.8	24.2	23.4
8세	127.9	126.7	27.5	26.6
9세	133.4	132.6	31.3	30.2
10세	138.8	139.1	35.5	34.4
11세	144.7	145.8	40.2	39.1
12세	151.4	151.7	45.4	43.7

출처: 질병관리본부(2017).

모습에서 길쭉한 모습으로 변하고, 코와 입이 커지고 넓어져 전체적인 얼굴 모습이 달라지며, 얼굴의 면적이 전체 면적의 10% 정도 줄어든다. 이 시기에는 유치가 영구치로 바뀌고, 외모에 별다른 관심이 없고, 청결에 대한 요구에 반항적 태도를 보이는 경우가 많다. 특히 여아에 비하여 남아의 경우가 이러한 경향이 더 강하기 때문에 전형적인 개구쟁이의 모습을 지니게 된다.

개구쟁이

아동기 동안 가장 눈에 띄는 신체적 변화 중의 하나가 젖니[乳齒]가 빠지는 것이다. 젖니가 빠지는 것은 아동기에 발생하는 하나의 통과의례로서, 6세경에 젖니가 빠지기 시작하여 아동기 동안에는 1년에 약 4개 정도씩 영구치로 대치되는데, 13세경이 되면 모든 젖니가 영구치로 대치된다. 영구치는 사랑니를 제외하고 모두 28개이다.

영구치

아동기에는 뼈와 근육의 성장이 균형 있게 이루어지는 것이 일반적이다. 그러나 뼈의 성장이 근육의 성장 속도를 앞지르는 경우가 있는데, 이때 근육성장기 골통(骨痛) 또는 성장통(growing pain)을 경험하게 된다. 성장기 아동 중에서 10~20% 정도가 경험하는 성장통으로 인해, 아동은 통증으로 인해 밤잠을 설치고 보행 시에 통증을 느끼는 경우가 있다.

성장통

아동기의 신경계 발달을 보면, 12세경이 되면 뇌 중량이 성인의 95% 정도에 이르게 되어 아동의 인지 발달을 뒷받침해 준다. 그리고 임파선의 발달이 급격하게 일어나 편도선이 최대 크기에 이르며, 성적 기관의 발달은 별로 이루어지지 않는 관계로 성적 중성기 또는 잠재기라고도 한다. 내부 장기 중에서 심장은 12세경이 되면 출생 시의 7배 정도에 이르지만 전체 체중에서 차지하는 비율은 가장 작다. 폐의 발달은 10세까지 비교적 완만하게 진행되지만, 이후부터는 급격히 발달하여 운동 기능의 왕성한 발달을 뒷받침할 수 있게 된다. 아동기에는 미각이 발달하고 운동량이 증가함에 따라 식사량이 늘어나면서 위의 용적도 성인의 2/3 정도에 이르게 된다.

내부 장기

2) 운동 발달

아동기에 새롭게 발달하는 운동 기능은 없지만, 운동기술이나 근육의 협응이 점차 세련되고 정교화되어 운동의 속도, 정확성, 안정성, 호응성, 역량 등이 더욱 발달되고 정교해진다(강봉규, 1992). 이 시기에는 장난감보다는 자신의 신체를 이용

운동의 정교화

단체놀이 한 달리기, 던지기, 뛰기 등의 능력을 활용한 스포츠와 조직적인 단체놀이에 강한 관심을 보인다. 아동기의 운동능력은 신체적 성숙과 학습의 상호작용에 의해 결정된다. 팔, 어깨, 손목의 근육을 통제할 수 있는 능력은 12세경이 되면 거의 성인 수준에 도달하므로, 수영, 야구, 축구 등 성인이 할 수 있는 운동은 대부분 할 수 있다. 아동기에 이러한 스포츠 게임에 참여하는 것은 운동 효과 이외에도 우정관계를 형성하고, 게임의 규칙을 준수하며 팀의 구성원과 상호 협력하는 방법을 배우

사회적 기술 학습 는 등 사회적 기술의 학습 기회도 부여한다(정옥분, 2004).

운동능력의 성차 아동기의 운동 발달은 성에 따라 차이를 보인다. 즉, 남아가 여아보다 더 빨리 달리고, 더 높이 뛰고, 더 멀리 던지고, 더 힘이 센 것이 일반적이다. 이러한 아동기의 운동능력에서 성차가 나타나는 것은 사회적인 기대나 운동에 참여하는 기회의 차이에 기인한다(김태련 외, 2004).

아동은 다양한 운동을 통하여 신체적 균형을 시험해 보기도 하고, 신체 각 부분의 조정과 통합을 추구하며, 신체적 유연성을 기른다. 아동기의 운동 발달은 신체적 발달뿐만 아니라 심리사회적 발달에도 영향을 미친다. 특히 아동기에는 자신의 운동 기술과 역량을 다른 아동과 비교하여 자신의 능력을 평가하기 때문에, 아동

운동과 성격 발달 기의 자기존중감 형성의 밑바탕이 된다. 그리고 아동의 운동능력 발달은 성격 발달과도 밀접한 관련성을 지닌다. 즉, 운동능력이 떨어지는 아동은 대체로 소심하고, 겁이 많고, 내성적이고 의존적인 성격 특성을 보이는 반면 운동능력이 뛰어난 아동은 쾌활하고, 창조적이며 자기 자신을 적극적으로 표현하는 성격을 보이는 경우가 많다. 그리고 운동능력이 뛰어난 아동은 다른 아동의 부러움의 대상이 되는

자기개념과 사회관계 반면 운동능력이 떨어지는 아동은 멸시의 대상이 될 수 있으므로, 자기개념과 사회관계 형성에도 영향을 미친다. 그러므로 아동기에는 운동을 할 수 있는 적합한 환경과 기회를 제공하여 자기존중감을 갖게 하는 것이 중요하다.

2 심리적 발달

1) 지각 발달

지각의 개념 감각기관을 통하여 사물이나 현상을 식별하는 과정을 지각이라 한다. 아동기 이

전에는 지각이 미분화되어 있으므로 지각에도 정서가 혼합되어 있지만, 아동기에는 지적 기능이 분화됨에 따라 객관적인 지각이 가능해진다.

유아기에 자신의 몸을 움직여 환경을 탐색하는 과정에서 발달한 운동지각은 점차 공간지각으로 전환되어 간다. 5세까지는 자신이 생활하는 범위 이상으로 공간 개념을 확대하지 못하는 것이 일반적이며, 6~7세경에 이르러서야 친척집, 이웃, 친구집, 다른 나라, 우주 등에 대한 정확한 공간 개념이 형성된다. 8세경에는 새로운 곳으로 여행을 하고 싶은 모험심에서 탐험여행을 떠나는 경우도 있으며, 9세경에는 한두 번 가 본 곳이면 혼자서 교통수단을 이용하여 찾아갈 수 있다(김태련, 장휘숙, 1994).

공간지각

이러한 공간지각의 발달과 아울러 시간지각의 발달도 나타난다. 유아기부터 발달하기 시작하는 시간지각은 8세경이 되면 과거, 현재, 미래를 정확히 구분하고 1시간, 1일, 1개월, 1년 등의 시간에 대해서도 정확히 이해할 수 있게 된다. 9~10세경이 되면 시간표에 따라 규칙적으로 계획된 일을 실행에 옮길 수 있으며, TV 프로그램의 시작 시간을 정확히 인식할 수 있다. 초등학교 고학년이 되면서 추상적인 시간의식이 점차 확립되어, 초등학교를 졸업할 정도가 되면 성인과 유사한 수준의 시간의식을 지닐 수 있게 된다.

시간지각

2) 언어 발달

유아기에 이미 상당히 많은 언어능력을 획득하지만, 언어적 유능성을 판가름하는 중요한 발달은 보통 아동기에 이루어진다(Shaffer, 1999). 아동기에는 공식교육의 결과로 문자언어(written language), 발표력과 문법력, 독해력의 발달이 현저하게 일어나게 된다. 문자언어를 정확히 읽을 수 있는 능력은 초등학교 1학년 때에 거의 완전하게 발달하며, 초등학교를 졸업할 때쯤에는 약 4만 단어를 습득하게 된다. 그리고 유아기에 비해 단어를 더 정확하게 사용하고, 단어가 지닌 여러 가지 의미를 이해하며, 단어와 관련된 사고도 정교해진다. 독해력은 3학년이 되면 소리를 내지 않고 읽을 수 있을 정도로 발달하며 고학년이 되면 현저하게 발달한다. 작문능력은 독해능력이 어느 정도 발달한 후에 나타난다. 처음 글쓰기를 할 때에는 글씨를 틀리게 쓰는 경우가 많지만 초등학교 시기에 이러한 문제는 사라지고 글씨를 바르게 쓸 수 있을 뿐만 아니라 자신의 생각을 글로 표현하는 능력이 점차 발달

언어적 유능성

문자언어

독해력

발표력과 문법력
하게 된다. 발표능력과 문법능력은 3~4학년 무렵에 현저하게 발달하여 문법적으로 복잡하고 긴 구문을 사용할 수 있게 된다(정옥분, 2004).

어휘
아동기에 사용하는 어휘의 수는 아동의 지적 흥미와 직접적으로 관련되어 있지만, 이해하고 있는 어휘 수보다 사용하는 어휘 수가 적은 것이 일반적이다. 그리고 기억력이나 주의력이 향상됨에 따라 사용하는 어휘 수의 증가와 함께 언어 표현력도 증가하며, 동일한 하나의 주제에 대해서 오랫동안 대화를 나눌 수 있게 된다.

의사소통
이와 같은 아동기의 언어 발달로 인하여 의사소통 능력이 급격히 발달하게 된다. 이러한 의사소통 기술의 발달은 한편으로는 인지 발달로 인하여 자아중심성이 완화되고 사회적 관점 수용능력을 어느 정도 획득하기 때문이며, 다른 한편으로는 듣는 사람에게 적합한 언어를 사용해야 한다는 사회언어학적 이해능력이 발달하기 때문이라 할 수 있다(정옥분, 2004).

3) 인지 발달

아동기에도 유아기의 직관적 사고나 자기중심적 사고와 같은 전조작적 사고의 특성이 남아 있다. 하지만 7~8세경에 이르면 이전 단계와는 전혀 다른 형태의 사고가 나타나는데, Piaget와 Inhelder(1969)는 이를 구체적 조작 사고 단계(concrete operational thought)라 하였다. 7~11세에 해당하는 Piaget와 Inhelder(1969)의 구체적 조작 사고 단계[1]에서는 보존기술, 분류기술, 조합기술 등의 개념적 기술이 점차적으로 발달한다고 하였다.

구체적 조작 사고 단계

보존기술
먼저 아동기에는 물체의 형태 변화가 중요한 지각의 단서가 되지 못하므로, 형태가 바뀌어도 양이나 부피와 같은 물리적 부분은 변화하지 않고 그대로 유지된다는 보존기술(conservation skill)이 발달한다. 이러한 보존기술을 획득하기 위해서는 가역성(reveribility), 보상성(compensation), 동일성(identity)의 원리에 대한 이해가 뒷받침되어야 한다. 가역성은 어떤 상태 변화가 그 변화의 과정을 역으로 밟아 가면 다시 원래 상태로 복귀할 수 있다는 개념이다. 보상성은 높이의 감소가 폭

가역성
보상성

---

[1] 아동기의 마지막 1~2년은 구체적 사고에서 형식적 사고로 전환해 가는 시기이다. 따라서 이 시기의 아동은 가설에 대한 연역적 추리가 가능해지며, 자기중심적 사고에서 벗어나 객관적 사고가 가능해지는데, 이러한 형식적 조작 사고의 발달에 대해서는 청소년기에서 좀 더 상세히 논의하고자 한다.

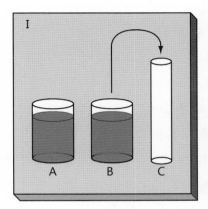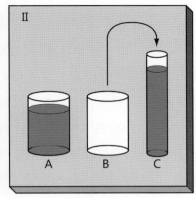

[그림 7-1] 아동의 보존기술 발달

이라는 차원으로 보상된다는 개념이며, 동일성은 어떤 방법으로 더하거나 빼지 않 동일성
았으므로 이전의 상태와 동일하다는 개념이다. 이러한 보존기술을 가르치기 위해
서는 인지적 성숙이 선행되어 있어야 한다. 보존기술을 습득한 예는 아동에게는
폭이 좁은 긴 컵에 우유를 따라 주고 유아인 동생에게는 폭이 넓고 높이가 짧은 컵
에 우유를 따라 주어도, 동생의 우유가 더 많다고 우기지 않는 행동에서 엿볼 수
있다.

분류기술(classification skill)은 대상이 공통적으로 지니고 있는 차원에 따라서 물 분류기술
체를 분류하고 통합하는 능력과 위계적 방식으로 하위 집단으로 나열하여 하나의
새로운 집단으로 분류할 수 있는 능력을 의미한다. 즉, 분류기술은 유포섭(類包攝, 유포섭과
분류위계
class inclusion)과 분류위계(class hierarchy)를 인식할 수 있는 능력의 발달을 의미한
다. 다시 말해 아동기에는 사물이 위계관계를 맺고 있으므로 조화를 이룬다는 사
실을 인식하고, 사물 사이에 어떤 관계 규칙이 있음을 인식함으로써 사물의 분류
가 가능해진다. 이러한 분류기술을 습득했는지의 여부는 어떤 사물을 길이나 두께
에 따라 배열할 수 있는 능력과 가족이나 친구를 좋아하는 순서대로 꼽는 행동에
서 엿볼 수 있다.

조합기술(combination skill)은 수(數)를 조작하는 능력이다. 일정한 수의 사물이 조합기술
있으면, 그것을 펼치든지 모으든지 또는 형태를 바꾸든지 수가 같다는 것을 이해
할 수 있는 능력을 의미한다. 이러한 조합기술의 획득으로 초등학생은 더하기, 빼
기, 곱하기, 나누기와 같은 사칙연산을 할 수 있게 된다.

구체적 조작 사고의 효과

이와 같이 구체적 조작사고가 발달함에 따라 현상 간의 인과관계를 추론할 수 있으며, 물리적 세계의 규칙과 대상 사이의 관계를 지배하는 원리를 이해하고, 그러한 원리에 따라 대상을 분류할 수 있게 된다. 따라서 아동기 동안에는 읽기, 쓰기, 셈하기 등의 기본 학습이 가능해지며, 시나 이야기 또는 놀이를 창조적으로 만들어 낼 수 있고, 능숙한 수공기술의 발달과 운동기술도 갖출 수 있게 된다.

인지양식

아동기에는 개인이 환경에 대해 인식하고 반응하는 양식인 인지양식(cognitive style)이 나타난다(정옥분, 2004). 이러한 인지양식은 아동의 성격을 반영할 뿐만 아니라 아동의 인지적 수행에도 영향을 미치는데, 수렴적 사고와 확산적 사고, 장의존성과 장독립성, 사려성과 충동성으로 나누어 볼 수 있다.

수렴적 사고

확산적 사고

먼저 수렴적 사고(convergent thinking)는 문제를 해결할 수 있는 다양한 해결책 가운데서 가장 적합한 해결책을 찾아가는 사고를 말한다. 그리고 확산적 사고(divergent thinking)는 문제를 해결하기 위하여 다양한 해결책을 찾아내는 사고를 말한다. 수렴적 사고는 수업시간에 수학 문제의 정답을 맞히는 것과 같은 아동기의 구조화된 학습과제를 수행하는 데 도움이 된다. 확산적 사고는 특정 사물의 용도를 있는 대로 찾아내는 것과 같은 활동에 활용되는 사고로, 창의성과 밀접한 연관성을 지니고 있다. 그러므로 두 가지 사고 중에 어느 것이 좋고 나쁘다고 할 수 없으며, 아동기에 발전시켜야 하는 중요한 인지양식이다.

장의존성

장독립성

장의존성(field dependence)은 사물을 인식할 때 그 사물을 둘러싼 배경, 즉 장(field)의 영향을 많이 받고 사물을 전체적인 관점에서 지각하는 사고이다. 장독립성(field independence)은 장의 영향을 거의 받지 않으며 사물을 여러 개의 부분으로 나누어 지각하는 사고이다. 이러한 장의존성과 독립성은 아동의 사회관계에도 영향을 미친다. 장의존적 아동은 어려운 상황에 처하게 되면 해결책을 찾기 위해 주변 사람의 도움을 구하거나 다른 사람의 의견에 맞추어 자신의 견해를 수정한다. 이에 반해 장독립적 아동은 스스로 문제를 해결하며 자율적으로 활동한다. 아동의 연령이 증가할수록 장의존성은 줄어들고 장독립성이 증가하는 것이 일반적인 현상이다.

사려성

충동성

사려성(reflection)은 주어진 문제를 찬찬히 생각하여 문제를 풀어 가며 실수를 적게 하는 유형이다. 충동성(implusiveness)은 주어진 문제에 즉각적인 반응을 보이면서 실수를 많이 하는 유형이다. 이러한 사려성과 충동성의 인지양식은 5~6세경에 나타나기 시작하여 이후에도 별로 변하지 않는다는 관점과 점차적으로 어느 한쪽 특성이 강해지는 방향으로 변화한다는 주장이 동시에 제기되고 있다. 그러나 충동적인 아동보다는 사려성이 깊은 아동의 자기통제성이 더 높은 것이 일반적인 현상이다.

4) 지능과 창의성 발달

지능(intelligence)은 라틴어 '~ 중에서 선택하다'는 말에서 유래된 것으로 개인이 현명한 선택을 하는 능력을 의미한다(정옥분, 2004). 즉, 지능은 각 개인이 유목적적으로 행동하고 합리적으로 사고하고 능률적으로 환경에 대처할 수 있는 총체적 능력으로, 언어능력, 논리적-수학적 능력, 음악적 능력, 공간능력, 대인관계능력, 문제해결능력, 환경에 대한 적응능력 등이 포함된다.

지능의 개념

지능발달 수준은 일반적으로 지능검사에 의해 제시되는 지능지수(intelligence quotient: IQ)로 표현한다. 지능지수는 역연령으로 정신연령을 나눈 수치로, 100보다 크면 정신연령이 나이에 비하여 높다는 의미이며, 100 이하인 경우는 그 반대이다. 지능지수만으로 각 개인의 지능 발달 수준을 논의하는 것은 별 의미가 없지만, 일반적으로 70 미만일 경우에 지적 장애아(보건복지부, 2020. 3.)라고 하며, 140 이상을 우수아라고 한다.

지능지수

이러한 지능의 발달에 대해서 지능이 유전에 의해 영향을 받는다는 관점과 지능이 환경적 자극에 의해 변화한다는 관점이 팽팽히 맞서고 있다. Jesen(1969)은 쌍생아의 지능에 관한 연구를 통하여 일란성 쌍생아가 이란성 쌍생아보다 지능의 상관성이 높고, 쌍생아가 친 형제자매나 입양한 형제자매보다 지능의 상관성이 더 높다는 것을 근거로 하여 지능의 80% 정도는 유전의 영향이라고 주장하였다. 하지만 오늘날의 많은 학자는 유전이 지능에 강한 영향을 미친다고 보지 않으며, 가정환경, 학교환경, 지역사회환경 등과 같은 외부 환경을 개선함으로써 아동의 지능 발달을 도모할 수 있다고 보고 있다(Weinberg, 1989). 그리고 지능의 안정성과 관련된 논쟁 또한 지속되고 있는데, McCall 등(1973)에 따르면 2.5세부터 17세까지 15년간 아동의 지능지수가 변하지 않고 안정된 상태를 유지하는 경우는 절반 정도이며, 나머지 절반 정도는 지능에 큰 변화가 있는 것으로 나타났다. 이러한 점을 근거로 하여 볼 때 아동에 대한 특정 시점의 지능검사 결과만을 근거로 하여 아동의 지적 능력을 평가하는 것은 매우 위험하다는 점을 알 수 있다.

유전과 환경

지능 발달의
결정적 시기

　　지능 발달의 결정적 시기와 지능 발달의 한계에 대해서도 이견이 존재한다. Klineberg는 인간의 지능 발달은 11~12세까지는 거의 직선적으로 발달하고 그 후부터는 점점 완만하게 발달하여 17~18세경에 절정에 이른다고 하였다. 이에 비하여 Davis는 11세경에 성인의 50% 정도까지 발달하고 20세경에 발달이 절정에 이른다고 하였으며, Miles는 18세에 최고 정점에 이르렀다가 이후 서서히 하강하는 양상을 보인다고 하였다(서봉연, 이순형, 1996). 이와 같이 학자 사이에 지능 발달의 결정적 시기에 대해서 일치된 의견이 존재하지 않지만, 아동기와 청소년기에 지능에 있어 중요한 발달이 이루어진다는 것은 부인할 수 없다.

창의성

　　창의성(creativity)은 판에 박힌 사고에서 벗어나 융통성 있는 사고를 통해 새로운 아이디어를 고안해 내는 능력과 경향을 의미한다. 즉, 당면한 문제에 대한 대안적 해결책을 생각하고, 친숙한 물체를 다르게 사용할 수 있는 방안을 만들어 내고, 색다른 개념을 만들어 내는 능력을 말한다. 이러한 창의성은 지능과는 상관성이 높지 않으며, 확산적 사고에서 비롯되는 것으로 알려져 있다. 그리고 하나의 문제를 해결하기 위하여 다양한 관련 요인을 검토하며, 이완되고 자연스러운 태도로 문제해결에 자발적으로 참여하게 될 때 창의성의 발달이 더욱 촉진되는 것으로 알려져

엉뚱한 아이

있다. 간혹 창의성이 높은 아동은 교사나 주위 사람이 보기에는 다소 '엉뚱한 아이'로 비칠 가능성이 높다. 이때 교사가 아동의 독창성을 인정하고 이를 배양해 주면 아동의 창의성은 더욱 발전하게 되지만, 반대로 이를 억압하면 아동의 창의성 발달은 더 이루어지지 않게 된다.

5) 정서 발달

정서적 안정

　　유아기 후반 무렵이 되면 대부분의 기본적 정서를 표현할 수 있게 되지만, 아동기에도 정서의 발달은 지속된다. 아동기는 비교적 정서적으로 안정된 시기로서, 정서적 혼란이나 흥분은 비교적 적은 편이다. 아동기에는 정서적 통제와 분화된 정서 표현이 가능해진다. 사회적 행동과 밀접한 관련성을 지니고 있는 정서 중에

공포감

서 먼저 공포감에 대해 살펴보면, 상상적이고 가상적인 것, 비현실적이고 초자연적인 것에 대한 공포가 많아진다. 예를 들면, 아동기에는 괴물, 유령, 죽음 등에 대한 공포감을 많이 느낀다.

불안

　　공포감과 직접적으로 연관된 정서가 바로 불안이다. 불안은 미래의 위험을 예상

할 때 생기는 약한 공포반응이다. 이러한 불안반응은 아동의 상상력 발달과 관련되어 있다. 이 시기에는 주로 부모와 교사의 기대를 충족하지 못할 때 따르는 질책이나 벌, 성적 하락이나 운동능력 미발달에 대한 친구들의 조롱 등에 대한 불안이 특히 많다. 특히, 가정생활과 학교생활 사이에 조화가 이루어지지 못할 경우에 불안정서가 강해져 공포증이라는 정서장애로 나타나게 된다. 이러한 아동기의 정서장애 중에서 대표적인 것이 예전에 학교공포증(school phobia)으로 불렸던 등교거부증(school refusal)이다.

등교거부증

아동기에 공포나 불안보다 더 빈번하게 발생하는 정서가 바로 분노이다. 그 이유는 아동기에 접어들면서 사회관계 범위가 넓어지기 때문이다. 즉, 사회관계 범위가 가정에서 학교로 확대되면서 욕구가 좌절되고 행동에 방해를 받고 놀림을 당하거나 꾸중을 듣는 경우가 많아진다. 또한 다른 아동과 불쾌한 비교를 당하거나 무시를 당할 때가 더 많아짐으로써, 분노의 감정이 이전보다 더욱 빈번하게 발생하게 된다. 이와 같이 분노의 감정이 발생하는 빈도는 높아지지만 스스로 분노 감정을 잘 통제하고, 보다 간접적인 방식으로 분노 감정을 표현할 수 있게 된다. 그러나 아동의 분노 표현에는 성에 따른 차이가 존재하는데, 남아의 경우에는 부정적 결과를 회피하고자 분노를 조절하는 반면 여아는 분노를 표현함으로써 상대방의 마음을 다치게 해서는 안 된다는 생각에서 분노를 조절하는 차이가 있다(정옥분, 2004).

분노

슬픔의 정서에서는 남아는 우는 행동이 남성으로서 적절치 못한 행동이라고 생각하여 슬픔을 조절한다. 반면 여아는 슬픔을 표현하는 것이 사회적으로 수용되기 때문에, 슬픔을 조절하지 않고 그대로 표현하는 경우가 많다.

슬픔

아동기에는 정서 표현 규칙에 대한 이해도 크게 증가한다. 즉, 아동기가 되면 자신의 진짜 감정을 숨기는 일에 점점 능숙해지기 때문에 아동의 진짜 감정이 무엇인지를 이해하기 어려울 때가 종종 있다. 예를 들면 동생을 잘 돌본 것에 대해 부모에게 칭찬을 받았지만 자신이 원하는 물질적 보상이 주어지지 않았을 때, 아동은 물질적 보상을 받지 못한 것에 대한 서운한 감정을 숨기고 부모에게 미소반응을 보일 수 있다. 그리고 아동은 한 가지 이상의 정서, 특히 긍정적 정서와 부정적 정서를 동시에 경험할 수 있다는 것을 이해할 수 있으며, 동일한 상황이라도 사람에 따라 정서가 다를 수 있다는 사실을 이해하게 된다.

정서 표현 규칙

아동기에는 애정을 쏟는 대상이 가족성원에서 또래친구에게로 변화해 간다. 그

애정

중에서도 이성의 친구보다는 동성의 친구에 대한 애정이 더욱 강하다. 이러한 애정의 표시로 친구가 원하는 일이면 무엇이든 해 주려 하고 같이 있고 싶어 한다. 만약 자신의 애정을 방해하는 경쟁자가 나타나게 되면 질투 감정을 강하게 느끼게 된다. 이러한 동성애적 경향은 사춘기에 접어들면서 점차 이성애로 변화되며, 점차 사랑의 대상도 넓어지게 된다.

6) 자기개념의 발달

　아동기에는 어떤 행동을 하기 전에 상황을 평가하고 그 결과를 예상하는데, 아동기에 자신의 행동평가에 가장 큰 영향을 미치는 변인이 바로 자기개념(self-concept)[2]이다. 자기개념은 신체적 특성, 개인적 기술, 가치관, 희망, 지위와 역할 등 개인이 자신의 것으로 동일시하는 개인적 특성에 대한 지각이나 느낌이다. 이러한 자기개념은 ① 자신의 능력, 신분, 역할에 대한 전반적 인식인 전체적 자기개념, ② 순간적인 기분에 의해 영향을 받는 일시적 자기개념, ③ 주요 타인과의 상호작용에서 다른 사람이 자신을 어떻게 보느냐에 따라 자신을 평가하는 사회적 자기개념, 그리고 ④ 자신이 어떻게 되었으면 하고 바라는 이상적 자기개념으로 나뉜다.

자기개념

　이러한 자기개념은 자신이 독특하고 타인과 구별되는 존재라는 인식을 하는 데서부터 발달하기 시작하며, 연령이 증가함에 따라 자기이해가 증가하고 또한 다양해진다. 아동기의 자기개념 발달에는 학교에서의 성공이나 실패 경험이 중요한 영향을 미친다. 학교에서의 성공과 그에 따른 긍정적 평가는 긍정적 자기개념과 연결된다. 그러나 학교에서의 실패와 그에 따른 교사, 부모, 친구의 부정적 평가는 부정적 자기개념을 형성하는 데 결정적인 역할을 한다.

학교에서의 성공

　자기개념이 자기에 대한 인지적 측면이라고 한다면, 자기존중감(self-esteem)은 자신에 대한 정서적 측면이다. 즉, 자신의 존재에 대해 인지적으로 형성된 것이 자기개념이고, 자기 존재에 대한 느낌이 자기존중감이다(Simmons & Blyth, 1987). 자기존중감은 자기 자신에 대해 갖고 있는 개인적 가치감이나 긍정적 평가로서 자기

자기존중감

---

2) 심리학 또는 사회복지학 전문서적에서 '자아'와 '자기'라는 용어를 구분하지 않고 사용하여 독자의 혼란을 초래하는 경우가 많다. 따라서 이 책에서는 기존에 사용하던 용어에 익숙하여 다소 어색할 수도 있지만, 'ego'는 '자아'로 'self'는 '자기'로 구분하여 사용한다.

개념을 구성하는 하위 요인이다(김태연, 장휘숙, 1994).

자기존중감은 자신이 다른 사람에게 중요하게 받아들여지는 상호작용에서 시작되며, 작은 성공이나 칭찬 등을 통해서 형성된다. 유아기에는 일반적으로 자기존중감이 높은 편이나, 아동기에 들어서 자신을 객관적으로 평가하고 타인의 견해를 수용할 수 있는 능력이 발달함에 따라 자기존중감이 재조정된다. 아동기의 자기존중감은 국어, 수학 등의 학업능력과 관련된 학업적 자기존중감, 또래와의 관계 및 부모와의 관계에서 형성되는 사회적 자기존중감, 그리고 자신의 외

[그림 7-2] 자기개념의 왜곡

출처: Odyssey Transformational Strategies, http://www.odysseytransform.com

자기존중감의 분화

모와 신체적 능력과 관련된 신체적 자기존중감으로 분화되어 간다(Harter, 1990).

이러한 자기존중감 발달은 Erikson(1963)이 말하는 아동기의 근면성과 열등감의 발달과 밀접한 관련성을 지닌다. 만약 아동이 새로운 것에 많은 호기심을 갖고 사회에서 필요한 기본적 기술을 열심히 익혀 나가고, 그 과정에서 교사나 부모의 물질적 보상이나 칭찬을 듣게 되면, 근면성과 높은 수준의 자기존중감을 형성할 수 있다. 그러나 어떤 일에 있어서 성공보다는 실패를 더 많이 경험하고 그 결과로 사회관계망으로부터 부정적 평가를 더 많이 받게 되면, 열등감과 낮은 수준의 자기존중감을 형성하게 된다. 자기존중감 수준이 높은 아동은 모든 일에 솔선수범하고, 다소의 위험이 따르더라도 능동적으로 행동을 수행한다. 이에 반하여 자기존중감이 낮으면 새로운 과제에 직면하였을 때 불안을 경험하게 되고 솔선해서 행동을 수행하기 어려워진다.

근면성과 열등감

이와 같이 아동기의 자기개념 및 자기존중감 발달에는 교사와 친구 그리고 부모의 평가가 매우 중요한 역할을 한다. 따라서 아동을 지도하는 교사는 개별 아동에 맞는 현실적 학습목표를 설정하고, 아동의 현재 능력 수준보다 약간 높은 수준의 과제를 부과하여 근면성의 동기를 조장하며, 아동이 과제수행을 통하여 성공감을 경험할 수 있도록 지원을 아끼지 말아야 한다. 그리고 부모는 아동의 자기존중감을 고양하기 위하여, ① 아동에 대한 세심한 주의와 관심을 가지고, ② 사회적 기

교사와 친구, 부모의 평가

준을 제시하고 분명한 행동의 한계를 설정하고, ③ 지나친 처벌을 삼가고 온정적이고 수용적인 양육태도를 취하며, ④ 학교에서의 성공을 부당하게 요구하지 않으며, ⑤ 아동의 의견을 존중하며, ⑥ 조화로운 부부관계를 유지하여야 한다.

자기효능감   자기개념과 자기존중감과 밀접한 관련성을 지닌 개념이 자기효능감(self-efficacy)이다. 자기효능감은 자신이 스스로 상황을 극복할 수 있고, 자신에게 주어진 과제를 성공적으로 수행할 수 있다는 신념이나 기대를 의미한다. 높은 수준의 자기효능감은 긍정적인 자기개념과 높은 수준의 사회적 성취를 촉진한다. 낮은 자기효능감은 부정적 자기개념을 갖게 하고 자기존중감과 성취지향적 동기를 위축하는 결과를 낳는다. 아동기에는 일반적으로 자기효능감이 높다. 그러나 거듭된 실패로 인하여 자신이 아무것도 할 수 없으며 항상 실패할 수밖에 없을 것이라고 생각하는 학습된 무력감을 갖게 될 경우에는 자신의 잠재력을 발휘하지 못하게 된다.

자기통제   자기통제(self-control)는 목표를 달성하기 위해 순간의 충동적 욕구나 행동을 억제할 수 있는 능력을 의미한다. 즉, 유혹에 저항하는 능력, 만족을 지연하는 능력, 충동을 억제하는 능력을 의미한다(정옥분, 2004). 이러한 자기통제능력은 부모 등 외부의 감독에 의해서나 스스로 자기를 통제할 수 있는 기술의 습득에 의해서 발달하는데, 아동기에는 이러한 자기통제능력이 급격하게 발달한다. 그 이유는 아동이 인지적으로 성숙함에 따라 자신의 사고와 행동을 통제할 수 있는 보다 효율적인 전략을 사용할 수 있게 될 뿐만 아니라 자기통제와 관련한 사회적 기준을 내면화하기 때문이다.

3 사회적 발달

사회관계망   아동기에는 사회관계망이 가족에서부터 이웃과 학교로까지 확대된다. 이 시기에 아동은 학교나 이웃의 또래친구와의 횡적인 대인관계 속에서 집단생활의 규범을 준수하고, 상호 협력하며, 자신의 욕구를 통제할 수 있는 기본적인 사회적 기술과 태도를 학습하게 된다.

사회적 기술

1) 학교와 사회적 발달

학교는 아동의 인지 발달에 치중하는 듯이 보이지만 아동의 사회활동의 장으로
서 사회적 발달에도 많은 영향을 미친다. 교사는 아동의 사회화 과정에 매우 큰 영
향을 미치는데, 저학년일수록 교사의 영향을 많이 받으며, 고학년이 될수록 교사
보다는 친구의 영향을 많이 받는다. 교사는 사회적 비교에 의한 사회적 강화 기제
를 활용하여 아동의 사회적 발달을 도모한다. 사회적 강화는 교사가 아동을 사회
화하기 위하여 가장 일반적으로 사용하는 방법이다. 즉, 교사는 아동의 특수한 재
능을 알아보고 바람직한 행동을 형성하고 발달시키기 위하여 칭찬, 비난, 특권, 처
벌과 같은 강화를 사용하며, 아동의 능력과 성취도를 비교하여 동일한 사회적 지
위를 지니고 있는 아동의 사회적 지위를 차별화한다. 이러한 교사의 행동이나 지
도 방법에 의해서 아동은 사회적으로 바람직한 행동과 관련 규범을 학습하게 되
며, 자신의 사회적 지위에 따르는 사회정체감을 형성하게 된다. 일반적으로 위엄
이 있고 열의가 있으며, 온화하고 융통성이 있으며, 아동의 개인 차이를 인정하는
교사가 훌륭한 교사로 인정되지만, 교사의 태도를 아동이 어떻게 받아들이는가 역
시 매우 중요하다. 일반적으로 교사의 행동을 긍정적으로 지각하는 아동일수록 긍
정적 자기개념을 형성하는 경향이 강한 것으로 나타나고 있다.

초등학교 저학년에서 발달하지 못했던 급우와의 관계는 학년이 올라갈수록 더
욱 강화된다. 초등학교에서의 급우집단은 2~3학년 때에는 친한 친구끼리 소집단
을 이루어 상호작용하고 다른 급우와는 교류가 별로 없다. 그러나 5학년 이상에서
는 1~2명의 지도자가 있어서 학급 전원이 관계를 맺게 된다. 이와 같이 급우와의
상호작용이 확대되고, 성인의 승인보다는 또래의 승인을 받고 싶어 하는 아동기의
특성 때문에 교사의 영향력은 점차 줄어들게 된다. 그리고 급우와의 상호작용을
통해 자기중심적 관점이 감소되고 협동, 경쟁, 협상의 원리를 체득하면서, 사회 규
칙이나 압력에 반응하는 방법을 학습하게 된다.

2) 또래집단과 사회적 발달

아동기에는 가정 밖에서 생활하는 시간이 많아짐에 따라 또래집단과의 사회적
상호작용이 많아진다. 아동기의 또래집단은 이웃에 살고 연령이 비슷하고 동성의

교사

사회적 강화

급우집단

또래집단

아동으로 주로 구성되며, 외모, 성숙도, 운동기술, 학업성적이나 지도력 등에 따라 서열이 정해진다. 이러한 또래친구와의 접촉을 통해 아동은 사회적 상호작용에 필요한 기술이나 규범을 배우고, 또래집단의 행동기준이나 태도, 가치관을 배우며, 정서적 안정감을 갖게 됨과 동시에 인지 발달을 촉진하게 된다.

우정   아동기에는 또래친구와 진정한 우정을 나눌 수 있는 기회를 갖게 된다. 아동기에는 접촉의 기회가 많고, 동일한 흥미가 있는 또래를 친구로 선택하는 경향이 있지만, 학년에 따라 차이를 보인다. 저학년에서는 집이 가깝고, 앉는 자리가 가깝고, 가족끼리 교류가 있는 또래를 친구로 선택하는 지역적 친구 선택 경향이 강하지만, 학년이 높아질수록 성격적 친구 선택 경향이 높아진다. 즉, 고학년이 되면 친절, 명랑, 온화함, 희망, 장래목표, 취미 등과 같은 내적인 성격 특성을 보고 친구를 선택한다.

동성친구   아동기에 이루어지는 친구 관계, 즉 우정 발달의 특성을 살펴보면, 7~8세경에는 동성친구하고만 어울려 놀며 이성친구에 대해서는 배타적인 관계를 유지한다.
짝꿍   그리고 특별히 마음에 드는 친구와 아주 절친한 이원적 관계, 즉 짝꿍이 되며, 개인적 사건과 비밀을 털어놓고, 둘만이 알 수 있는 비밀기호를 만들어 의사소통하기도 한다(Berndt, 1982).

9세경이 되면 아동은 집단을 형성하여 함께 행동하기를 좋아한다. 즉, 강한 연대성과 소속감을 가진 또래친구 집단을 형성하여 조직적인 활동을 하는 것을 좋아한다. 이러한 집단을 짝패(clique) 또는 도당(gang)이라고 하는데, 짝패집단에서는
짝패집단   외모, 성숙도, 운동기술, 학업성취나 지도력 등에 따라 서열이 형성된다. 이러한 짝패집단 내에서의 서열은 인기도와 직결되는데, 아동기에 짝패집단에서의 수용과 인기도는 아동의 자기역량이나 자기존중감을 결정하는 주요 요인으로 알려져 있다(한종혜, 1996).

짝패집단의 영향   아동기에 도당(gang) 또는 짝패집단에 소속되어 또래와 집단으로 행동을 하는 과정에서 얻게 되는 긍정적 효과도 많지만, 위험성 또한 내재되어 있다. 짝패집단에 참여한 아동은 집단 내에서의 상호작용을 통하여 자기표현을 할 수 있는 기회를 갖게 되므로 성취감을 경험하게 되며, 상호 의존적 감정을 공유함으로써 우정이 싹트고, 자아중심성을 극복하고 서로 협동관계를 맺게 된다. 그리고 또래의 승인을 통해 자기존중감이 발달되며, 용기, 인내, 정의감, 지도력과 같은 좋은 사회적 태도가 발달하게 된다. 특히 짝패집단 내에서 인기 있는 아동, 소위 '○○짱'이

되는 아동은 지도력, 자기존중감, 사회적 상호작용 기술의 학습 등과 같은 긍정적 발달이 촉진된다.

이와 반대로 아동기 짝패집단의 부정적 영향도 무시할 수 없다. 아동이 짝패집단에 참여하여 비행과 같은 비사회적 행동이나 반사회적 행동을 학습하고 이를 행동화하는 경우도 발생할 수 있기 때문에 사회적 발달에 부정적 영향을 미칠 수도 있다. 아동이 짝패집단에 참여할 수 있는 기회를 갖지 못하게 되거나 짝패집단으로부터 거부

[그림 7-3] 집단따돌림

자료: Taringa, http://www.taringa.net

또는 무시당하고 괴롭힘을 당하는 집단따돌림의 피해자가 될 수도 있다. 소위 '왕따'라 불리는 집단따돌림의 경험은 높은 수준의 불안과 우울, 낮은 자기존중감과 부정적 자기개념을 형성하고, 부적응적 행동을 보이게 만든다. 이러한 부정적 영향이 아동기에만 국한되는 것이 아니라 장기적인 영향을 미친다는 점에서 더욱 문제가 된다.

집단따돌림

3) 단체놀이와 사회적 발달

아동기에 이르면 집단놀이(group play)보다 단체놀이(team play)를 선호하는데, 단체놀이는 심판이 필요하고 규칙이 매우 복잡하다. 아동은 이러한 단체놀이를 통하여 개인의 목표가 단체의 목표에 종속된다는 것을 인식하게 된다(Newman & Newman, 1987). 단체놀이에 참여하는 아동은 놀이에서의 승리라는 단체 목표를 위하여 개인적 목표성취를 유보하며, 서로 의기투합하여 협동하고 약한 성원을 돕는다.

단체놀이

아동은 단체놀이를 통하여 노동배분의 개념을 학습하게 된다. 즉, 단체놀이에서 아동은 각자에게 부여된 지위와 역할을 충실히 수행하여야만 놀이의 승리를 보장받을 수 있다는 사실을 인식하게 된다. 이러한 과정에서 아동은 자신이 더 잘할 수 있는 역할이 있는 반면 다른 아동이 더 잘할 수 있는 역할도 있음을 알게 된다.

노동배분

경쟁의 본질   아동은 단체놀이를 통하여 경쟁의 본질과 승리의 중요성을 학습하게 된다. 특히 아동기의 단체놀이에서 패배하는 데 결정적인 역할을 한 아동은 다른 아동으로부터 비웃음거리가 되는 경우가 많은 것이 그 예이다. 아동은 이와 같은 단체놀이의 실패에 뒤따르는 사회적 비난을 회피하기 위하여 더욱 노력하고, 서로 협력하는 유용한 경험을 하게 된다.

4) 대중매체와 사회적 발달

인터넷과
스마트폰   정보지식사회에서 인간은 유익하든 유해하든 정보 홍수 속에서 살아간다고 할 수 있다. 아동은 TV와 인터넷, 스마트폰 등 다양한 매체를 통해 정보를 수집하고 활용한다. 아동은 이런 매체를 통하여 학습이나 다른 사회적 요구에 반응하며 필요한 정보를 신속하게 획득하여 유익하게 활용할 수 있다. 그러나 이런 매체의 순기능 못지않게 역기능 또한 매우 크며, 아동이 이런 매체를 사용하는 시간이 해가 더해 갈수록 늘어나고 있다는 점에서 이들 매체가 아동의 사회적 발달에 미치는 부정적 영향은 무시할 수 없는 수준이다.

거북목증후군   아동이 장시간 TV, 인터넷, 스마트폰을 사용할 경우 신체적 문제를 일으킬 수 있다. 특히 최근 들어 컴퓨터나 스마트폰을 장시간 사용함으로써 거북목증후군(turtle neck syndrome)으로 인한 불면증, 산만함, 눈의 피로, 목의 통증, 피로감, 어지럼증 등을 호소하는 경우가 늘어나고 있다. 그리고 TV의 자극적이고 폭력적인 공격성   프로그램, 인터넷이나 스마트폰의 폭력성 게임 등은 아동의 공격성을 높일 위험성
매체중독   이 있고, 장기간 인터넷이나 게임에 노출됨으로써 매체중독 상태에 빠지는 경우가 늘어나고 있다. 그리고 아동이 가상공간에 지나치게 몰입하여 현실세계에서의 우정 발달, 협동심의 발달, 더 나아가 대인관계 전반에서 어려움을 겪는 일이 늘어나고 있다.

4 사회복지실천에서의 관심 영역

아동의 건전 발달   아동은 적절한 환경에서 사회적 보호를 받으면서 신체·심리·사회적으로 건전한 발달을 도모할 수 있어야 한다. 그러나 가족문제, 사회환경의 부적절성, 사회

적 지원체계의 부족으로 인하여 많은 아동이 건전한 발달을 도모하지 못하고 문제
나 미충족 욕구를 지니고 있다. 우리나라의 사회복지제도에서는 아동의 문제해결
이나 욕구충족을 지원하기 위하여 아동복지서비스를 제공하고 있다. 그러나 아동   아동복지서비스
복지서비스의 대상이 저소득 및 사회적 보호가 필요한 아동으로 제한되어 있는 등
가족기능 보완 및 대체서비스의 성격이 강하게 남아 있다. 아동복지서비스에 대
한 상세한 논의는 이 책의 범위를 넘어서는 것이므로, 다음에서는 사회복지기관이
나 사회복지사가 아동을 원조하는 과정에서 관심을 가져야 할 아동기의 신체·심
리·사회적 발달상의 문제를 중심으로 논의하고자 한다.

1) 신체적 발달의 관심 영역

아동기는 급격한 신체적 발달은 이루어지지 않지만, 전체적인 신체적 안정을 도
모해야 하는 시기이다. 따라서 만약 이 시기에 신체적 성장에 필수적인 영양공급   영양공급
이 적절히 이루어지지 못할 경우 신체 발달에 많은 제한을 받을 수밖에 없다. 빈곤,
가족해체, 부모의 실직과 가출, 아동학대, 부모의 부양 기피 및 방임 등으로 인하여
끼니를 거르거나 필요한 영양을 충분히 공급받지 못하는 아동을 대상으로 실시되
는 아동급식 지원대상이 존재한다. 사회복지기관에서는 실제 결식아동이지만 아   아동급식
동급식 지원 대상에서 누락되어 있는 아동을 찾아내어 도시락 배달이나 중식서비
스 등의 프로그램을 실시함으로써 아동의 건강한 신체 발달을 지원하여야 한다.

결식아동이 존재하는 한편 지나친 영양공급으로 인하여 초등학교 고학년(4~6학
년) 아동 중에서 비만과 관련된 문제를 겪는 아동도 존재한다. 이러한 비만아동의   비만아동
증가로 인하여 당뇨와 고혈압, 고지질혈증 등 이른바 성인병을 앓고 있는 아동 또
한 증가하고 있어 사회적 관심사로 등장하고 있다. 아동기의 비만은 아동의 신체
발달뿐만 아니라 심리사회적 발달에도 부정적 영향을 미친다. 따라서 사회복지기
관에서는 아동의 영양관리 프로그램과 비만교실 등을 개설하여, 영양과잉이나 비
만이 원인이 되어 사회적으로 소외되고 심리적으로 위축된 아동을 지원해 나가야
할 것이다.

아동기의 신체적 발달과 관련하여 사회복지실천에서 관심을 기울여야 할 또 다
른 문제는 장애, 난치성질환 또는 만성질환이다. 사회복지제도적인 측면에서는 장   장애아동
애아동의 조기 치료와 재활을 위해서는 장애아의 조기 치료 및 조기교육기관과 특

수교육기관이 증설되어야 하며, 장애인복지에 대한 전문훈련을 받은 사회복지사
와 기타의 전문가가 배치되어 전문서비스를 제공할 수 있어야 한다. 일반 사회복
지기관에서는 지역 내 장애아의 재활훈련을 지원하고, 장애아 가족지원 프로그램
을 적극 개발하여 실시하여야 한다. 그리고 일반 학교에 다니고 있는 장애아동에
대한 교사와 급우의 편견을 제거하여 장애아의 통합교육을 지원하기 위해 학교사
난치성질환   회복지 프로그램도 강화되어야 할 것이다. 그리고 난치성질환이나 만성질환을 가
진 아동의 치료를 지원하기 위하여 전문의료기관에 의뢰하거나 치료 비용 마련을
위한 모금사업을 전개하여야 한다.

아동학대   아동학대는 아동을 대상으로 한 사회복지실천의 핵심 영역이 되어야 한다. 신체
학대, 정서학대, 성학대, 방임 및 유기 등의 아동학대 문제의 예방과 해결을 위해
서는 아동학대 예방을 위한 홍보와 교육 강화, 신고의무자의 신고 강화, 학대 피해
아동에 대한 일시보호서비스와 치료 및 전문사례관리서비스, 학대 행위자 치료 및
아동보호전문기관   개입 프로그램의 실시, 아동보호전문기관의 기능 강화 등이 이루어져야 한다.

아동기에는 공식적 교육을 통한 인지 발달이 중요하긴 하지만, 아동은 학습 외
에 놀이를 통해서도 많은 것을 배운다. 따라서 아동이 창의적 놀이를 할 수 있는
놀이공간   안전한 놀이공간을 확보해 주어야 한다. 그러나 학교 운동장이나 주거 지역에 설
치되어 있는 놀이터는 창의적 놀이공간으로 부족한 점이 있다. 따라서 사회복지기
관에서는 아동을 대상으로 한 창의적 놀이공간을 확보하여 지역 내 아동에게 제공
하도록 노력해야 할 것이다.

2) 심리적 발달의 관심 영역

아동기의 건전한 심리적 발달을 위하여 1차적으로 요구되는 것은 감각기관과
언어의 정상적 발달이다. 아동이 시각장애, 청각장애, 언어장애를 지니고 있는 경
우에는 주변에서 일어나는 사건이나 현상을 정확히 지각하지 못하고 자신의 견해
를 표현하는 데 제한을 받기 때문에, 자아중심성이 더욱 강화되고 사회적 인지 발
감각기관의 장애   달에 장애를 받게 된다. 따라서 사회복지기관에서는 감각기관 장애를 지닌 아동을
위한 재활 및 치료 중심의 사회서비스 프로그램을 개발하여 실시하여야 한다.

아동기에는 공식적 학교교육을 통한 인지 발달이 매우 중요하다. 그러나 뚜렷
학습장애   한 생리적 문제가 없는데도 학습에 어려움을 겪는 경우가 많다. 이러한 학습장애

(learning disability)는 평균 이상의 지능을 가졌으면서도 학업성취도가 낮은 경우를 의미하는데, 난독증(難讀症)이 있거나 읽기 능력이 극히 제한적이며, 한 과제에 집중하는 데 문제가 있고 다른 주제로의 전환도 매우 느린 것이 특징이다. 이러한 학습장애는 언어 문제, 지각 관련 문제, 운동장애 등과 연관되어 있다. 따라서 사회복지기관에서는 학습장애아동의 인지 발달을 지원하는 데만 목적을 둔 교육 프로그램을 실시하기보다는 언어, 지각, 운동과 관련된 문제를 근원적으로 해결해 줄 수 있는 통합치료 프로그램과 학습장애아와 그 가족을 위한 지지 프로그램을 개발하여 실시하여야 한다.

아동기에는 급격한 정서 변화가 없기 때문에 자칫하면 아동의 정서 발달을 지원하는 데 소홀해질 수 있다. 하지만 정서발달지수(emotion quotient: EQ)와 사회성지수(social equotient: SQ)가 사회적으로 많은 관심을 불러일으켰듯이 아동기에는 인지 발달 못지않게 정서 및 사회성 발달도 중요하다. 그러나 우리나라 부모는 아동의 전인적 발달보다는 학업성적에 지나치게 관심을 기울이고 있기 때문에, 정서 및 사회성 발달에 많은 관심을 기울이지 못하고 있다. 따라서 사회복지기관에서는 아동의 정서 및 사회성 발달을 지원할 수 있는 예술 및 놀이 프로그램을 개발하여 실시하고 등교거부증, 소아우울증, 주의력결핍/과잉행동 장애, 인터넷 및 게임 중독 등의 치료를 지원하기 위한 개인상담이나 가족치료 프로그램도 실시해 나가야 할 것이다.

정서 · 사회성 발달

아동기에 관심을 기울여야 할 심리적 발달 문제는 부정적 자기개념과 연관된 열등감이다. 아동기에 학교에서 잦은 실패를 경험하고 부모, 교사, 또래에게서 부정적 평가를 받게 되면 부정적 자기개념이 형성될 뿐만 아니라 열등감이 강화된다. 이러한 아동의 열등감을 극복할 수 있도록 지원하기 위해서는 성공을 반복적으로 경험할 수 있는 기회를 부여하는 것이 필수적이지만, 부모, 교사, 또래집단에 대한 개입도 필요하다. 따라서 사회복지사는 아동의 열등감을 우월성 추구의 동기로 변화시키기 위한 개인상담이나 치료뿐만 아니라 아동의 부모를 대상으로 한 가족치료, 교사를 대상으로 한 학교사회복지적 개입, 그리고 또래아동과의 집단치료 프로그램을 실시하는 등 아동의 열등감 극복을 위한 다각적 개입을 실시해야 할 것이다.

열등감

3) 사회적 발달의 관심 영역

아동기의 건전한 사회성 발달을 지원하기 위해서는 부모, 교사, 또래집단에 대한 개입이 필수적이다. 따라서 사회복지사는 가족치료적 개입, 학교사회복지적 개입, 집단사회복지적 개입을 통하여 아동의 사회성 발달을 지원하여야 한다. 특히 **집단따돌림과 학교폭력** 집단따돌림이나 학교폭력 피해아동의 치료와 지원을 위하여 교사와 또래 집단을 대상으로 한 적극적인 학교사회복지적 개입과 집단사회복지적 접근이 필요하며, 아동의 가족에 대한 상담과 치료가 요구되고 있다.

아동기의 사회성 미발달로 인하여 나타나는 상습적 거짓말, 도벽, 가출, 무단결석, 환각제 흡입 등의 다양한 문제를 통칭하여 품행장애(conduct disorder)라고 한다. 최근에는 청소년 비행뿐만 아니라 아동기의 범죄나 비행 등이 증가하고 있다. 따라서 사회복지사는 아동의 품행장애 문제를 해결할 수 있는 임상적 지식과 실천 기술을 갖추어야 할 것이다. 그리고 사회복지기관에서는 아동기에 특징적으로 나타나는 짝패집단이 비사회적 또는 반사회적 행동집단으로 이행되지 못하도록 건전한 놀이지도나 여가 프로그램을 개발하여 개입함으로써, 아동기의 품행장애 문제의 발생을 예방해 나가야 할 것이다.

사회복지기관과 사회복지사는 사회적 보호가 필요한 아동의 지역사회 및 시설 보호서비스를 제공해야 한다. 부모의 이혼, 별거·가출, 부부간 불화 심화, 신용불량 등으로 가정 내 아동양육이 곤란한 경우에 긴급보호서비스를 연계하고, 입양이나 가정위탁보호서비스 또는 양육시설 입소를 지원하여야 한다. 그리고 빈곤가정 아동의 빈곤대물림 방지를 위해 실시하고 있는 아동발달지원계좌(Child Development Account: CDA)인 드림씨앗통장의 후원자를 모집하여 연계하는 일도 게을리해서는 안 된다. 또한 취약계층 아동의 신체 건강, 인지 발달, 정서 및 언어 발달, 부모관계 향상 등을 목적으로 한 통합사례관리사업인 드림스타트 사업에도 적극적으로 참여해야 할 것이다. 더 나아가 방과후 적절한 보호를 받지 못하는 저소득 가정이나 맞벌이 부모의 아동을 위하여 사회복지기관과 지역아동센터에서는 방과후 아동보호 프로그램, 아동기능교실 등을 운영하여 아동의 안전보호, 학업지도 및 급식 제공, 문화서비스 및 지역사회연계 프로그램 등을 적극적으로 실시해야 한다. 또한 사회복지사는 실종아동전문기관(http://www.missingchild.or.kr)과 연계하여 약취, 유인, 유기, 사고 또는 가출하거나 길을 잃는 등의 사유로 인하여 보호자로부터 이탈된 실종아동의 발견과 신고, 보호서비스에 적극적으로 참여하여야 할 것이다(보건복지부, 2020).

생각해 보아야 할 과제

1. 양육시설에서 생활하는 아동과 가정에서 생활하는 아동 사이에 나타날 수 있는 발달상의 차이와 시설환경이 아동의 발달에 미치는 긍정적 또는 부정적 영향에 대해 토론해 보시오.

2. 결식과 비만이 아동기의 신체 · 심리 · 사회적 발달에 미치는 영향에 대해 토론해 보시오.

3. 아동학대에 관한 기존 연구 결과나 사례를 검토해 보고, 아동보호전문기관을 방문하여 피학대 아동과 학대행위자에 대한 서비스로 어떤 것이 있는지 파악해 보시오.

4. 우리나라 초등학생은 학교수업이 끝난 이후에 최소한 한 군데 많게는 서너 군데씩 학원을 다니는 관계로 저녁때가 되어서야 귀가하는데, 이와 같은 현상이 아동의 발달에 미치는 영향에 대해 토론해 보시오.

5. 아동의 가출, 상습 도벽의 원인에 대해 토론하고, 아동의 가출 또는 상습 도벽의 문제를 예방 또는 해결할 수 있는 방안을 제시해 보시오.

6. TV에서 정의실현이라는 미명하에 방영되는 폭력적 만화영화는 아동의 공격성을 강화할 수 있는데, 이러한 예를 포함하여 TV가 아동 발달에 미치는 영향에 대해 토론해 보시오.

7. 요즈음의 아동은 컴퓨터게임과 같은 혼자서 하는 놀이를 선호하는 경향이 있는데, 이러한 혼자놀이가 아동의 사회성 발달에 미치는 영향에 대해 논의해 보시오.

8. 전문서적을 참조하여 학습장애, 등교거부증 또는 아동기의 품행장애를 치료할 수 있는 방법을 탐색해 보시오.

9. 친구로부터 따돌림을 받는 집단따돌림 문제의 원인과 실태를 분석하고, 집단따돌림의 가해자와 피해자를 치료하고 지원할 수 있는 방안을 모색해 보시오.

10. 아동복지시설이나 지역아동센터를 방문하여 자원봉사활동을 하고, 그 경험에 대해 의견을 나누어 보시오.

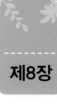

제8장

청소년기

1. 청소년기의 신체적 발달 양상을 이해한다.
2. 청소년기의 심리적 발달 양상을 이해한다.
3. 청소년기의 사회적 발달 양상을 이해한다.
4. 사회복지실천에서 청소년기의 발달과 관련하여 관심을 기울여야 할 영역을 이해한다.

청소년기(adolescence)의 어원은 라틴어 'adolescere'에서 유래된 것으로 '성숙한 사람으로 성장해 간다.'는 의미를 지닌다(신명희 외, 2013). 즉, 청소년기는 아동기에서 성인기로 전환하는 과도기이다. 우리 사회에서 청소년기의 연령기준은 명확하지 않다. 법률(http://www.law.go.kr)에서의 청소년 연령기준을 살펴보면, 아동복지법에서는 아동을 18세 미만의 자로 규정하고 있으며, 청소년보호법에서는 청소년을 19세 미만의 자로, 민법에서는 성년을 19세 이상으로 규정하고 있다. 그리고 청소년기본법에서는 9세 이상 24세 이하를 청소년으로 규정하고 있으며, 청소년복지지원법에서는 청소년기본법의 연령기준을 따르고 있다. 게다가 학술적으로도 청소년기에 대한 정확한 연령 구분이 이루어지지 않고 있다. 미국에서는 청소년기를 완전한 성적 성숙이 이루어지고, 주요 생활의 장이 학교에서 직장으로 옮겨지고, 아동기의 의존성에서 벗어나 독립적 정체감을 추구하는 시기(Specht & Craig, 1987)로 간주하여 18세, 20세 또는 22세에 종결되는 것으로 보고 있다.

청소년기의
연령기준

우리나라의 경우 19세 미만을 미성년자로 규정하여 유해업소의 출입을 금지하고 있으며, 이들은 법률행위를 하지 못하고 피선거권 또한 없다. 우리 사회에서 인생 진로를 결정하는 첫 번째 중요한 시기는 주로 고등학교를 졸업하는 18세경에 이루어진다. 또 사회통념상 19세인 대학생을 청소년보다는 청년(youth)으로 규정하는 경향이 농후하다는 점 때문에, 이 책에서는 중학교와 고등학교에 재학하는 시기인 13~19세를 청소년기로 규정하고자 한다.

청소년기 발달 특성과 명칭 청소년기에 신체·심리·사회적 측면에서 급격한 발달이 이루어지기 때문에 청소년기를 지칭하는 용어는 다양하게 사용되고 있다. 신체적 발달 측면에서는 신체적 성장이 급격하게 이루어진다는 점에서 제2의 성장급등기(second growth spurt), 성적 성숙이 급격히 이루어진다는 점에서 사춘기(puberty)로 불린다. 심리적 발달 측면에서는 부모로부터 심리적으로 독립하고 자아정체감을 형성한다는 점에서 심리적 이유기(psychological weaning), 정서적 변화가 급격히 일어난다는 점에서 질풍노도의 시기(storm and stress period)로 불린다. 그리고 사회적 발달 측면에서는 부모로부터 독립을 추구하는 과정에서 부모의 권위에 도전하고 잦은 갈등을 일으킨다는 점에서 제2의 반항기(second opposition period), 여전히 어린이도 성인도 아니라는 점에서 주변인(marginal man)으로 불린다.

1 신체적 발달

1) 신체적 성장

청소년기는 유전적 요인에 의해 통제되는 일련의 신체 변화로 시작된다. 청소년기에 이르면 영아기의 제1의 성장급등 현상이 있은 후 2세경부터 둔화되었던 신체적 발달이 다시 급등 현상을 보인다. 이러한 청소년기의 급격한 신체적 발달 특성 때문에 청소년기를 제2의 성장급등기라고 부르기도 한다. 이러한 급격한 신체적 성장의 시기는 개인에 따라 차이가 있지만, 여아가 남아보다 2~3년 정도 빨라서 대체로 여아는 10~11세경에 그리고 남아는 12~13세경에 시작하여 약 4년 정도 지속된다(송명자, 2008; 정옥분, 2004).

제2의 성장급등기

성차 청소년기에는 신체적 성장 비율이 이전보다 2배 정도 빨라진다. 이때 소년의 성장속도가 소녀보다 더 빠르게 진행되어, 청소년기가 끝날 무렵에는 소년의 신체적 발달이 더 우세해진다(김태련, 장휘숙, 1994).

청소년의 신장은 156~158cm에서 5~15cm 증가하여 청소년기가 끝날 즈음에는 소년이 174cm, 소녀가 161cm 정도에 이른다. 이러한 신장 증가와 아울러 체중의 증가도 동시에 이루어지는데, 소년이 15kg, 소녀가 7kg 정도 증가하여 청소년기가 끝날 무렵에는 개인차는 있지만 소년은 67kg, 소녀는 54kg 정도에 이른다(질병관리본부, 2017). 그러나 청소년의 신체적 성장은 개인차가 크기 때문에, 단지 연령만으로 청소년의 신장과 체중 등의 신체적 성장을 판단하는 것은 문제가 있다(신명희 외, 2013).

신장
체중

개인차

⏸ **표 8-1** 청소년의 신체적 성장

연령	신장(cm)		체중(kg)	
	남아	여아	남아	여아
13세	158.6	155.9	50.9	47.7
14세	165.0	158.3	56.0	50.5
15세	169.2	159.5	60.1	52.6
16세	171.4	160.0	63.1	53.7
17세	172.6	160.2	65.0	54.1
18세	173.6	160.6	66.7	54.0

출처: 질병관리본부(2017).

이와 같이 청소년기에는 아동기 후반에 역전되었던 소년과 소녀의 신체적 발달이 역전되어, 청소년기 후반에는 소년이 키는 약 13cm 정도 더 크고, 몸무게는 12kg 정도가 더 나가게 된다. 그러나 신장과 체중의 증가뿐만 아니라 다른 신체부위에서도 성장급등 현상이 동일하게 나타나므로, 소년과 소녀 모두 일시적인 신체불균형 상태를 경험하기도 한다. 이로 인하여 청소년은 자신의 신체에 대해 부정적인 신체이미지(body image)를 형성하기도 하는데, 일반적으로 소년이 소녀에 비해 긍정적인 신체이미지를 갖고 있는 경우가 많다(송명자, 2008). 이러한 신체이미지는 자기존중감과 정적인 상관관계를 지니고 있다. 자신의 신체에 대해 긍정적 이미지를 가질 경우 자신감 있고 자신을 가치 있게 생각하며, 설령 자신의 신체에

신체불균형

신체이미지

대해 못마땅한 점이 있어도 있는 그대로 인정하고 받아들이는 경향이 강하다.

신체 내부기관   청소년기에는 외형적 신체 구조의 변화와 함께 신체 내부기관의 발달도 현저하게 나타난다. 즉, 간장, 폐활량, 소화기능 등이 현저하게 발달하게 되는데, 그중에서도 가장 특징적인 신체 내부기관의 발달은 내분비선의 발달이다. 청소년기에 여드름이 나는 것도 바로 내분비선의 발달로 인하여 지방이 과다해지기 때문이다.
특히 성호르몬의 분비로 인하여 소년은 어깨가 벌어지고 각진 외모를 갖게 되며, 소녀는 체지방이 증가하고 골반 부위가 발달하며 체형은 허리가 가늘고 어깨 폭이 좁으며 둥근 외모를 지니게 된다.

내분비선

성호르몬

2) 성적 성숙

청소년기의 가장 특징적인 발달 중의 하나는 성적 성숙이다. 청소년기를 간혹 사춘기(puberty)라고 부르는 것도 바로 이러한 성적 성숙 때문이다. 그러나 사춘기는 단순히 생식기관의 발달로 인한 생식능력의 발달에 초점을 둘 때 사용하는 용어이다. 반면 성적 성숙(sexual maturation)은 생식기관의 발달과 관련되어 일어나는 사회적 그리고 심리적 적응과정 모두를 의미한다.

사춘기

성적 성숙

청소년기의 성적 성숙은 생식기관이 발달하고 내분비선에서의 성호르몬 분비가 증가하면서 나타난다. 청소년기의 성적 발달에 영향을 미치는 내분비선은 뇌하수체, 생식선, 부신이다. 뇌하수체는 신장과 체중의 변화를 조절하는 성장호르몬의 분비와 아울러 생식선으로부터 성호르몬의 생성과 유출을 자극하는 기능을 한다. 생식선에서는 몇 가지 성호르몬을 분비하는데, 이전까지는 남성 호르몬과 여성 호르몬이 거의 비슷한 양으로 분비되던 것이 사춘기가 되면 소년은 남성 호르몬, 소녀는 여성 호르몬의 분비량이 더 많아진다. 여성은 난소에서 에스트로겐(estrogen)을 분비하며, 이로 인해 유방의 발달과 음모의 성장이 이루어지고, 자궁이 임신을 준비하게 하고 임신 상태를 유지할 수 있게 만든다. 남성은 부신과 고환에서 테스토스테론(testosterone)을 분비하며, 이는 신장의 증가, 남성으로서의 2차 성징의 발달, 그리고 정자 생산 및 성적 욕구의 증가를 유발한다. 그러나 청소년기에 남성이라고 하여 남성 호르몬만 분비되는 것은 아니다. 부신이 여성에게서는 테스토스테론을, 남성에게서는 에스트로겐을 일정량 분비하게 만든다.

뇌하수체

생식선

에스트로겐

테스토스테론

부신

성적 성숙의 성차   신체구조적 발달에서와 마찬가지로 성적 성숙에서도 성에 따른 차이가 나타난다. 즉, 소녀의 경우에는 성장급등 현상이 일어난 직후부터 성숙이 이루어지며, 소년의 경우에는 성장급등 현상이 있은 후 1년 정도가 경과하면서 나타나기 시작한다. 일반적으로 소녀의 경우 9~16세, 소년의 경우 10~18세에 2차 성징의 발현과 함께 성적인 성숙이 이루어진다(신명희 외, 2013).

청소년기에 일어나는 소년의 성적 성숙을 살펴보면, 11~12세경에 고환과 음낭이 확대되고 음모가 출현하며, 음경은 12~13세부터 커지기 시작하여 약 2년 동안 확대된다. 이러한 외부 생식기관의 발달과 아울러 내부 생식기능도 발달하게 되는데, 14~15세 정도가 되면 사정이 가능하지만 처음에는 정자가 충분한 활동성을 갖지 못하기 때문에 생식기능은 불완전하다. 소년들은 사정에 대한 몽정불안(夢精不安)과 자신의 성적 성숙에 대한 기대감이라는 양가감정을 경험하게 된다.

소녀에게서 나타나는 성적 성숙을 살펴보면, 먼저 유방이 커지면서 원추형으로 변화하며, 유방의 발달과 아울러 음모와 겨드랑이의 체모도 발달한다. 그리고 9~16세에 소녀는 초경(menarche)을 하게 되는 충격적 변화를 경험하며, 초경을 시작한 후 1년 또는 1년 반 정도의 기간이 지나면 임신이 가능해진다. 이러한 소녀의 월경(menstruation)은 단순한 생리적 현상이라기보다는 성적 성숙의 표시로서 임신이 가능하고, 신체적으로는 어머니가 될 수 있다는 것을 증명해 주는 것이다. 그러므로 청소년기의 소녀는 생리를 통하여 여성이 되었다는 자부심을 가짐과 동시에 불편함과 당혹감이라는 양가감정을 경험하기도 한다.

이와 같은 청소년기의 성적 성숙은 가속화되는 경향을 보이고 있다. 우리나라 여학생의 평균 초경 연령은 시간이 지남에 따라 점점 빨라지고 있다. 초등학교 저학년 중에서도 초경을 하는 경우가 점차 많아지고 있으며, 성조숙증을 보이는 아동도 늘어나고 있다. 이와 같은 성적 성숙의 가속화 현상은 이전보다 영양상태가 개선되었다는 점과 TV, 인터넷 등의 매체를 통해 성적 자극에 더 많이 노출된다는 점이 그 원인으로 지적되고 있다(신명희 외, 2013; 정옥분, 2004).

3) 운동 발달

청소년기에는 급격한 신체 발달과 아울러 운동능력의 발달도 현저하게 나타난다. 운동 발달은 근육 및 신경계의 발달과 밀접한 관련성을 지닌다. 청소년기에는 근육조직의 증가와 아울러 근력의 증가도 함께 이루어진다. 대체로 소년의 근

소년의 성적 성숙

몽정불안

소녀의 성적 성숙

성적 성숙의 가속화

성조숙증

운동 발달의 성차

육 발달이 소녀보다 앞서고, 소녀의 운동능력 또는 운동에 대한 흥미가 상대적으로 낮다. 즉, 소년의 경우에는 기민성, 속도, 균형, 던지기, 뛰기 등의 전신운동 기술이 계속적으로 발달하는 반면 소녀의 경우에는 오히려 줄어드는 경향을 보인다. 이와 같이 청소년기의 운동 발달에서의 성에 따른 차이는 근육 발달의 차이도 있지만 심장, 폐 등의 내부기관의 발달 차이, 소녀의 월경에 수반되는 전신적 변화, 사회 관습의 제약, 신체적 미에 대한 개념 차이 등의 요인에 기인하고 있다.

운동 발달과
성격 발달　청소년기의 운동 발달은 성격 발달과도 밀접한 관련성이 있는 것으로 알려져 있다. 운동신경이 발달하면 활발한 성격을 가지고 모든 일에 자신감 있게 행동을 하게 된다. 그러나 운동능력의 발달이 지연되면 긴장감, 열등감 등과 같은 부정적 정서를 경험하게 되고, 가정생활이나 사회생활에서도 부적응적 행동을 보이는 경향이 있다.

4) 신체적 발달의 영향

청소년기의 급격한 신체적 발달은 자신과 타인에 대한 지각의 변화를 일으키기 때문에 심리사회적 발달에 커다란 영향을 미친다. 하지만 같은 청소년이라 하더라도, 소년과 소녀가 이러한 신체적 발달로 인하여 받게 되는 영향은 각기 다르다.

소년의 경우에는 신체 성장에 걸맞은 과업을 수행할 수 없을 때 실망하므로 일시적으로 부정적 자기개념이 형성된다. 사정능력의 발달과 체모의 발달로 성인 남몽정불안이나
여드름성으로서의 만족감은 느끼지만 몽정불안이나 여드름 등으로 인하여 좌절감을 경험하기도 한다. 소녀의 경우에는 체중 증가로 인한 신체이미지가 부정적으로 변화하는 것을 방지하기 위하여 무리한 식이요법을 실시하기도 하며, 성장에 필요한 열량이 부족함에도 비만에 대한 걱정으로 심한 체중 감량을 시도한다. 그리고 가생리슴 발육과 생리의 시작으로 여성으로서의 성숙을 자랑스러워하는 동시에 불편함과 당혹감을 갖기도 한다.

신체적 성장에 따라 소년과 소녀가 받는 영향이 다른 것처럼, 신체적 성장 속도에서의 차이도 서로 다른 영향을 미친다. 신체적 성장과 성적 성숙이 빨리 이루어조숙한 소년진 조숙한 소년은 지도력을 발휘하고 학교생활이 안정적이며 지적 · 사회적 탐색 기회가 더 많기 때문에 인지능력과 사회적 대처기술의 발달이 빨리 이루어지며, 만숙한 소년자기존중감이 높고 긍정적인 교우관계를 형성한다(신명희 외, 2013). 반면 만숙한 소년은 부정적 자기개념과 계속적인 의존욕구를 보이고, 심리적으로 불안해하고 안정감이 부족하며, 자율성에 대한 반항적 추구와 구속으로부터의 자유를 추구하며 공격적 행동을 자주 보인다(정옥분, 2004).

조숙한 소녀는 동년배의 소녀들과 잘 어울리지 않고 성에 대해 일찍 관심을 갖기도 하지만 발달적 긴장을 더 잘 해결하기 때문에 성인기가 되었을 때 문제해결 능력이 상대적으로 더 높다. 그러나 만숙한 소녀는 느린 신체 발달에 대해 좌절감을 느끼고 부정적 자기개념을 형성하며, 타인에게서 어린아이 취급을 받는 경우가 많기 때문에 의존적 욕구가 강화되어 심리적 발달이 지연되기도 한다. `조숙한 소녀` `만숙한 소녀`

그러나 조숙한 소년의 경우 또래 친구와 어울려 다니는 데 더 많은 흥미를 갖게 됨으로써 학업성취도가 낮아지고, 청년기와 성인기의 직업선택과 직업활동에서 오히려 불리한 위치에 처하게 되는 경우도 있다. 그리고 조숙한 소녀의 경우 신체는 일찍 발달했지만 사회적, 인지적으로 미성숙한 상태에 있기 때문에 청년기 이후의 자신의 인생에 어떠한 영향을 미칠지 깨닫지 못하고 비행 등의 부적응 행동에 쉽게 빠져들 위험성이 높다(Petersen, 1993). 이처럼 조숙과 만숙의 영향은 긍정과 부정의 두 가지 영향을 동시에 지니며 성인기 이후의 생활에도 영향을 미치지만 청소년기에 일시적인 영향을 미치는 경우가 대부분이다. `조숙과 만숙의 영향`

2 심리적 발달

1) 정서 발달

청소년기에는 정서가 매우 강하고 변화가 심하며, 극단적 정서 경험을 한다. 이러한 정서적 특성 때문에 청소년기를 질풍노도의 시기라고 부른다. 이러한 청소년기의 극단적 정서 변화는 성적 성숙과 많은 관련성을 지닌다. 청소년은 2차적 성징의 발달과 그로 인한 성적 충동으로 인하여 성적 색채가 강한 정서를 경험하게 된다. 성의식이 높아짐에 따라 성적 수치심이 강해지고 이성에 대한 호기심이 있으면서도 이를 거부하거나 반대로 허세적인 반항적 행동을 하게 되는 경우가 많다. `질풍노도의 시기` `성적 색채`

청소년기의 정서적 불안정을 고민이라고 표현하는 경우가 많은데 그 이유는 불 `정서적 불안정`

안, 고독, 열등감, 공허감 등의 부정적 감정을 경험하는 빈도가 많기 때문이다. 청소년은 자신의 능력에 대한 확신이 부족하고, 자신의 신체이미지에 대한 자신이 없고, 자신의 장래에 대한 확신이 부족하기 때문에, 작은 일에도 지나치게 불안해하는 경우가 많다. 청소년기에 자아의식이 서서히 발달하면서 청소년은 혼자 있고 싶어 하고 고독에 빠지기 쉽다. 또한 자신을 타인과 비교해서 부족하다고 느끼고 타인 앞에서 위축되는 느낌이 강화되어 열등감에 휩싸이기도 하며, 이상과 현실 사이의 괴리를 목격하고는 실존적 공허감에 빠지기도 한다.

자아의식

실존적 공허감

청소년은 이러한 급격한 정서 변화에 반응하는 양식이 서로 다르다. 어떤 청소년의 경우에는 부정적 정서 경험을 지나치게 억압하여 우울증이나 거식증(拒食症, 신경성 식욕부진증, anorexia nervosa) 또는 폭식증(暴食症, bulimia nervosa) 등의 급식 및 섭식장애를 나타내기도 한다. 반면 정서에 대한 통제가 이루어지지 않고 지나치게 충동적으로 반응함으로써 비행행동을 보이기도 한다. 따라서 청소년기에는 자신의 정서 변화에 대한 인내심을 길러야 하며, 타인의 반응에 지나치게 민감하게 반응하지 않도록 노력하여야 한다.

우울증

급식 및 섭식장애

비행

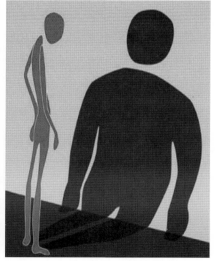

[그림 8-1] 신경성 식욕부진증 환자의 신체이미지

출처: http://www.mibba.com, http://nutrition4women.net

2) 인지 발달

청소년기 동안에 사고는 점차 성인과 유사해지며, 아동기와는 전혀 다른 유형의 사고를 한다. 이러한 청소년기의 인지능력 발달을 Piaget와 Inhelder는 구체적 조작 사고에서 형식적 조작 사고(formal operational thought)로의 전환이라고 하였다 (Piaget & Inhelder, 1969).   *형식적 조작 사고*

먼저 청소년기에는 청소년 자신의 지각과 경험보다는 논리적 원리에 의해 지배를 받기 때문에 더욱 추상적인 사고가 가능해진다. 또한 청소년기에는 경험하지 못한 사건에 대한 가설을 설정하여 미래의 사건을 예측하는 가설적·연역적 사고가 발달한다. 그리고 실제 가능한 모든 개념적 조합을 고려할 수 있으며, 사건이나 현상과 관련된 변인을 동시에 다룰 수 있는 사고능력인 체계적인 조합적 사고능력이 발달하고, 미래의 이상에 대한 상상과 공상이 많아지는 이상적 사고가 발달한다.   *추상적 사고*   *가설적·연역적 사고*   *조합적 사고*   *이상적 사고*

이러한 청소년의 형식적 사고의 발달은 청소년에게 부정적 영향을 미치기도 한다. 청소년기의 추상적 사고의 발달로 인하여 청소년은 추상적인 이론과 관념적인 사상에 몰두하며, 불완전한 현실을 비판하거나 비관하기도 한다. 미래 사건을 예측할 수 있는 사고능력의 발달로 인하여 청소년은 가까운 미래에 일어나게 될 진학이나 취업, 결혼 등에 대해 지나친 염려를 함으로써 과도한 불안을 경험하기도 한다. 청소년기에 이루어지는 형식적 사고의 발달로 인하여 청소년은 자신의 사고를 비판적으로 검토할 수 있고 자신과 세계에 대해서 상대론적 관점에서 이해할 수 있게 된다(Keating, 1975; Neimark, 1975). 그러나 청소년의 자기성찰과 비판적 성향이 지나치게 강화될 경우 열등감이 높아질 우려가 있다. 청소년이 자신과 세계에 대한 상대론적 입장에서 생각할 수 있는 능력을 발전시키지 못하는 경우에는 자신의 외모에 지나치게 신경을 쓰거나 타인의 입장을 배려하지 못하는 자아중심적 사고 성향이 그대로 유지되기도 한다(송명자, 2008).   *형식적 사고의 영향*

이러한 자아중심적 사고의 대표적인 예로 상상적 청중(imaginary audience)과 개인적 우화(personal fable)를 들 수 있다. 상상적 청중이란 자신은 무대의 중심에 서 있는 주인공이고 다른 사람은 모두 구경꾼이라고 생각하는 등 자신을 관심의 초점에 두려는 것을 말한다. 예를 들면, 유치하고 요란한 옷차림을 하고 멋있다고 생각하며, 어른이 자신의 복장을 못마땅하게 생각한다는 것을 모르는 경우가 이에 해   *상상적 청중*   *개인적 우화*

당한다. 개인적 우화란 자신의 감정과 사고는 너무나 독특한 것이어서 다른 사람이 이해하지 못할 것이라고 생각하는 것을 말한다. 예를 들면, 자신은 어느 누구도 경험하지 못한 아름답고 숭고한 첫사랑을 하고 있다고 생각하거나, 위험한 놀이를 하면서도 자신은 절대로 다치지 않을 것이라고 믿는 경우를 들 수 있다.

형식적 사고의 질적 발달

이러한 자아중심적 사고를 보이는 청소년의 경우 부정적 자기개념을 형성하고 자기존중감 수준이 낮은 것이 특징이다(송명자, 2008). 형식적 사고능력의 발달로 인한 부정적 영향을 줄이고, 형식적 사고의 질적 발달을 도모(Chandler & Boyes, 1982; Looft, 1971; Newman & Newman, 1987)하기 위해서는 ① 다양한 역할수행이 요구되는 상황에 직면함으로써 두 가지 이상의 변인을 정신적으로 조절하는 능력을 갖추어야 하며, ② 이질적 성원으로 구성된 동년배 집단에 참여하여 다양한 경험을 하고, ③ 학교수업을 통해 논리적 사고능력을 키워 나가야 할 것이다.

3) 자아정체감의 발달

자기발견

청소년기에는 스스로 '나는 누구이며, 무엇이 되기를 원하는가?' 등과 같은 질문을 하게 된다. 이처럼 청소년기는 형식적 조작사고 능력의 발달로 인하여 자아인식이 더욱 다양해지고 자신을 발견하는 시기이다(송명자, 2008). 청소년기에는 사회적으로 책임 있는 행동을 하고, 성에 적절한 성역할을 습득하며, 부모나 다른 성인으로부터 정서적 그리고 경제적으로 독립하여야 한다. 또한 사회생활에 필요한 지식과 기술을 습득하고, 자아정체감을 확립하며, 직업 선택과 준비 그리고 결혼과 가족생활에 대한 준비를 해야 한다(정옥분, 2004).

청소년기의 발달과업

Erikson(1968)은 청소년기의 발달과업 중에서 가장 핵심적인 발달과업이 자아정체감(ego identity) 형성이라고 하였다. 이처럼 자아정체감 형성이 청소년기에 중요한 과업으로 등장하는 이유는 ① 급격한 신체적 변화와 성적 성숙이 이루어지며, ② 아동기에서 성인기로 옮아가는 과도기적 단계로 어중간한 존재이며, ③ 진학, 전공 선택, 이성문제, 교우관계 등과 관련된 선택과 결정의 시기이며, ④ 현저한 인지 발달이 이루어지기 때문이다(정옥분, 2004).

자아정체감의 차원

자아정체감은 자신의 독특성에 대해 다소 안정된 느낌을 갖는 것으로, 행동이나 사고 혹은 정서의 변화에도 불구하고 변화하지 않는 부분이 무엇이며 자신이 누구인가를 아는 것이다. 이러한 개인의 자아정체감은 ① 각 개인이 인간이라는 느낌,

즉 인간성 차원, ② 남성 혹은 여성이라는 느낌, 즉 성별 차원, ③ 각 개인이 독특하고 특별하다는 인식, 즉 개별성 차원, ④ 시간 경과에도 불구하고 동일한 사람이라는 인식, 즉 계속성 차원이라는 네 가지 차원으로 구성되어 있다.

이러한 자아정체감의 형성은 아동기의 경험에 기반을 두고 있긴 하지만, 본격적인 발달이 이루어지는 것은 청소년기부터라고 할 수 있다. 청소년이 안정된 자아정체감을 형성하기 위해서는 신체적 성숙과 성적 성숙, 추상적 사고능력의 발달, 정서적 안정성의 확보, 그리고 부모나 또래집단으로부터 자율성을 확보할 수 있어야 한다. 그리고 다양한 역할실험(role experimentation)을 통하여 자신의 특성을 인정하고, 타인의 견해를 이해하며, 세계에 대한 지식을 습득하는 과정이 필요하다. **자아정체감의 발달**

Marcia(1980)는 ① 역할실험과 대안적 선택 중에서 의사결정을 할 수 있는 능력, 즉 위기(crisis)와 ② 직업활동, 종교, 정치이념 등의 수행에 몰입하는 정도, 즉 전념(commitment)이라는 두 가지 잣대를 활용하여, 자아정체감의 유형을 [그림 8-2]와 같이 네 가지로 나누고 있다. **자아정체감의 유형**

		위기(crisis)	
		예	아니요
전념 (commitment)	예	성취	유실
	아니요	유예	혼란

[그림 8-2] Marcia의 자아정체감의 유형 분류

정체감 유실(identity foreclosure)은 부모나 사회의 가치관을 자신의 것으로 그대로 선택하므로, 위기도 경험하지 않고 쉽게 의사결정을 내리지만 독립적 의사결정을 하지 못하는 상태이다. 이러한 정체감 유실 상태의 특수 형태로 부정적 정체감(negative identity)이 있다. 이는 부모의 가치관이나 사회적 가치관과 정반대가 되는 자기개념을 의미하는 것으로, 개인적 성공에 대한 부모나 사회의 지원을 받지 **정체감 유실** **부정적 정체감**

못할 때 형성된다. 이러한 부정적 자아정체감은 비행청소년에게서 흔히 엿볼 수 있다.

정체감 유예(identity moratorium)는 정체감 위기 상태에 처하여 정체감을 확립하기 위하여 다양한 역할실험을 수행하고 있는 상태로서, 정체감 성취 또는 정체감 혼란 중 어느 방향으로도 나아갈 수 있는 가능성이 있는 상태를 말한다. 특히 대학 시절은 인위적으로 연장된 청소년기로서 외부적 요구로부터 일시적으로 해방되어 정체감 형성을 위한 다양한 실험을 할 수 있는 시기이다. 이러한 특성 때문에 대학 시절을 심리사회적 유예기간(psychosocial moratorium)이라고도 한다.

정체감 혼란(identity diffusion)은 정체감을 확립하기 위한 노력도 없고, 기존의 가치관에 대한 의문도 제기하지 않는 상태이다. 개인적 신념체계를 확립하지 못하여 자기 자신의 능력에 대해 회의를 품고 있으며, 직업적 역할을 수행하지 못하는 사람이 여기에 속한다.

정체감 성취(identity achievement)는 위기를 성공적으로 극복하고, 정치적 또는 개인적 이념체계를 확립하며, 자신의 의사에 따라 자율적 의사결정을 하고, 직업적 역할을 성공적으로 수행할 수 있는 상태를 의미한다.

Erikson(1968)은 정체감 성취나 유예는 심리적으로 건강한 것이지만 정체감 유실이나 혼란은 부적응적인 것이라 하였다. 정체감의 성취나 유예 상태에 있는 청소년은 자기존중감이 높고, 추상적이고 비판적인 사고를 하며, 현실자아와 이상자아 간의 차이가 크지 않다. 또한 높은 수준의 도덕성을 갖고 있으며, 자신을 지나치게 의식하지 않고 있는 모습 그대로 다른 사람에게 자신을 드러내 보인다. 이에 반해 정체감 유실이나 혼란 상태에 있는 청소년은 독단적이고 융통성이 없으며, 부적응적인 행동이나 문제를 일으키고, 다른 사람과의 의견 차이를 수용하지 못하고 자신을 거부한다고 생각한다. 또한 타인에게 거부당할까 봐 두려워하기도 하며, 자신의 인생이 어떻게 되든 상관없다는 식으로 다른 사람의 행동을 그대로 모방하거나 미래에 대한 아무런 꿈도 갖고 있지 않은 경우가 많다.

이러한 정체감 유형은 연령과 밀접한 관계가 있는데 청소년기 초반에는 정체감 혼란이나 유실 상태에 있는 경우가 많으며, 청소년기 후반이 되어야 정체감 성취에 이르는 경우가 많다. 우리나라의 경우 청소년기에 대학 진학이라는 목표를 이루기 위하여 자아정체감을 형성하기 위한 노력을 기울이지 않다가 대학 진학 후에 정체감 형성을 위하여 노력하는 경우를 많이 찾아볼 수 있다. 부모의 양육태도

(좌측 여백 주석)
정체감 유예

심리사회적
유예기간
정체감 혼란

정체감 성취

정체감의
성취나 유예

정체감 유실이나
혼란

대학 진학

부모의 양육태도

가 민주적이고 가족관계와 가족기능이 원만할수록 청소년의 자아정체감이 안정된다. 자아정체감의 성차를 살펴보면 남성의 경우에는 이념이나 직업 선택이 자아정체감 형성에 중요한 기제로 작용하는 반면 여성의 경우에는 친밀감이나 대인관계 등이 더 중요한 기제로 작용하는 것으로 나타나고 있다.

성차

3 사회적 발달

1) 가족관계

청소년기의 특징적인 사회적 발달 중의 하나는 부모나 가족으로부터 분리되어 친구나 자기 자신에게 의존하려는 경향이 높아진다는 점이다. 청소년기에는 신체적 성숙이 이루어짐에 따라 부모의 통제를 받지 않으려 하며, 부모의 지시를 논리적으로 비판하거나 반항하고, 친구관계에서 배운 가치관을 가족관계에 적용하려고 한다. 이러한 청소년의 특성 때문에 부모는 청소년이 성장한 데 대하여 보람도 느끼지만 거부당하는 데 대한 상실감도 동시에 경험한다. 하지만 부모의 애정과 지원에 깊이 뿌리내리지 못한 상태에서 독립을 위한 날갯짓을 하게 되면 실패할 가능성이 높다. 지금까지 청소년기의 발달에 관한 연구에서는 청소년의 독립과 자율성만을 강조해 왔으나, 최근 들어서는 청소년의 건강한 발달에 부모와의 안정적인 애착관계와 부모의 지원이 필수적이라는 점을 강조하기 시작하였다(정옥분, 2004). 따라서 청소년은 부모와 안정적인 애착관계를 유지하고 부모의 지지와 승인을 받는 상태에서, 자율과 부모로부터의 독립을 추구해야 한다.

부모로부터의
분리

독립과 자율성

부모의
지지와 승인

청소년이 부모의 보호에서 벗어나서 자기의 판단에 의해 독립적으로 행동하려는 성향을 심리적 이유라고 부른다. 대부분의 청소년기 가족에서는 부모가 이러한 청소년의 심리적 이유를 지지하고 격려해 줌으로써 커다란 갈등 없이 청소년기를 보낼 수 있게 된다. 하지만 청소년은 부모에게 의존함과 동시에 부모로부터 독립해야 하는 상황에서 끊임없이 갈등을 하게 되며, 부모 역시 자녀의 독립을 원하지만 동시에 계속해서 의존해 주기를 희망한다. 이러한 이중적 상황과 청소년 자녀와 중년기 부모의 급격한 발달상의 변화로 인하여 부모와 10대 자녀 간에 갈등관계를 형성하게 되는 경우가 많아진다. 특히 어떤 부모는 청소년기 자녀를 이해하

심리적 이유

청소년 자녀와
중년기 부모

비룡소 청소년 ❷

엄마와 나, 사이좋게 지낼 수 있을까?

엄마는 뭐든지
자기 맘대로야

수지 모건스턴 글·테레사 브론 그림/ 이정주 옮김

비룡소

제2의 반항기

[그림 8-3] 청소년과 부모 관계를 다룬 도서

출처: 비룡소, www.bir.co.kr

기보다는 아동기와 마찬가지로 지나치게 보호하고 간섭하려 하기도 한다. 청소년 자녀는 이러한 부모의 태도에 불만을 품고 비판 또는 반항하거나 도피 행위를 함으로써 부모와 청소년 자녀 사이에 극도의 긴장관계가 형성되기도 한다. 이와 같이 청소년이 심리적 이유를 추구하는 과정에서 부모에게 반항하는 행동적 특성 때문에 제1의 반항기인 걸음마기에 비유하여 청소년기를 제2의 반항기라고도 부른다.

청소년기 가족에서 청소년의 심리적 이유를 지지하고 특별한 가족갈등 없이 안정된 가족관계를 유지하기 위해서는 부모와 자녀가 서로의 의견을 경청하고 그 차이와 극복 방안에 대해 서로 상의하여 결정하여야 할 것이다. 이러한 가족관계 유형이 형성될 경우 청소년은 부모나 교사 등 성인의 생활양식을 전면적으로 부정하기보다는 오히려 인정하는 안정된 입장을 갖게 될 것이다. 이러한 인식의 발달과 함께 제2의 반항기는 끝나게 된다.

2) 친구관계

우정과 가족애

청소년기에는 우정이 가족 간의 애정보다 더 중요한 시기가 된다. 청소년은 가족과의 대화보다는 친구를 직접 만나거나 전화통화를 하거나 스마트폰과 인터넷의 SNS(social network service)로 소통하는 데 더 많은 시간을 보내게 된다. 따라서

동년배 집단의 영향

청소년은 동년배 집단과 강한 유대관계를 형성하고 자신의 집단 내 지위와 역할을 예측하고 평가하며, 필요한 사회적 기술을 학습하는데, 청소년기의 원만한 친구관계는 사회적 적응과 정신건강에도 많은 영향을 미친다. 그러나 이러한 청소년기의

친구관계의 부정적 영향

친구관계는 긍정적 측면뿐만 아니라 부정적 측면도 동시에 지니고 있다. 즉, 청소년은 친구관계를 통하여 술, 약물, 문제행동을 배우거나 직접 행동에 옮기기도 하

며, 친구들의 거부와 무시로 인한 극도의 스트레스와 좌절감의 경험 때문에 정신 건강 문제나 부적응적인 행동문제를 일으키기도 한다.

청소년기에는 우정의 의미와 질이 끊임없이 변화한다(정옥분, 2004). 청소년기 초반의 우정은 개인적인 특성보다는 태도나 행동, 관심 분야의 유사성에 기반을 두며, 다소 피상적이고 활동중심적 유형으로 동성 친구가 대부분이다. 청소년 중 반의 우정은 정서적으로 강렬한 관계중심적 유형으로, 신뢰할 수 있고 비밀을 터 놓을 수 있는 친구를 찾게 되는데 이러한 우정이 깨질 경우 정서적으로 매우 큰 상 처를 입게 된다. 그리고 이 시기에도 동성 친구가 이성 친구보다 더욱 중요성을 지 닌다. 청소년기 후반의 우정은 상호성과 친밀감이 특징이며, 보다 안정된 관계를 유지하게 된다. 친구에 대해 아량이 넓어지고 자신과 친구가 서로 다르다는 점을 인식하게 되며, 성인의 우정과 같이 정서적으로 친밀하고 안정된 관계가 된다. 그 리고 이 시기에는 이성친구에 대한 관심이 많아진다.

우정의 변화

청소년기에 이성 친구에 대한 관심이 높아지지만 실제로는 동성 친구를 더 많이 사귀며, 가장 친한 친구 역시 동성 친구인 경우가 대부분이고, 자신이 직면한 심각 한 문제에 대해 의논하는 상대도 역시 동성 친구인 경우가 많다. 그리고 이성 친구 를 사귄다고 하여도 동성 친구를 멀리하는 것은 아니며, 이성 친구와의 우정은 동 성 친구와의 우정에서 부족한 부분을 보완하는 기능을 하게 된다.

동성과
이성 친구

청소년기의 이성교제는 대체로 또래집단과의 활동이나 단체활동을 통해 이루 어지는 경우가 많다. 이성교제를 하는 단계를 살펴보면, 처음에는 동성 친구관계 의 연장된 형태로 동성과 이성의 친구가 집단으로 접촉을 하다가 점차 개인적인 교제를 하고 사랑에 빠져드는 단계로 옮아간다(Dunphy, 1963). 이러한 이성교제의 과정에서 청소년이 이성을 대하는 태도는 매우 소극적이다. 즉, 청소년기에는 이 성의 관심을 끌기 위하여 많은 노력을 하지만, 막상 이성을 만나면 자신의 감정을 솔직하게 표현하지 못하는 것이 일반적이다. 그러나 시기에 따라 이성교제의 유형 이 달라지는데, 청소년기 초반에는 자아중심성이 강하여 이성의 근사한 용모나 또 래 간의 인기를 통해 자기를 과시하려는 목적으로 상대를 선택하며, 이성교제의 목적이 오락적 기능인 경우가 많다. 그러나 청소년기 후반에 접어들면, 상호성을 강조하며 친밀감 형성이 주된 기능이 되고, 미래지향적으로 장래 문제를 고려하는 경향이 나타나게 된다.

이성교제

청소년기에 이성교제를 함으로써 즐거운 여가시간을 가지고 남녀 간의 사랑의

이성교제의 영향

본질과 기쁨을 알게 되며, 자신의 장단점을 인식하고 자기반성을 통하여 정상적인 성격 발달을 도모할 수 있게 된다. 그리고 이성교제를 통하여 타인과의 관계 형성에 필요한 사회적 기술을 습득하고, 친밀감과 정체감 형성에 도움을 받게 된다 (Paul & White, 1990). 우리나라 경우 청소년기의 이성교제에 대해 아직 부정적 시각이 남아 있고, 학업부담으로 인한 시간 부족으로 이성교제의 기회가 상대적으로 제한되어 있지만, 최근 들어 청소년의 이성교제를 좀 더 유연성 있게 받아들이고 있는 실정이다. 그리고 청소년기에 이루어지는 이성교제는 인생의 동반자를 찾는 것이 아니며 대체로 정신적 사랑에 머물러 있는 경우가 많다. 하지만 성 개방 풍조의 확산과 청소년의 발달 속도가 빨라지면서 신체적 접촉을 하는 경우도 늘어나고 있다.

학업부담

성 개방 풍조

3) 컴퓨터, SNS와 가상공간

정보지식사회로 전환됨에 따라 컴퓨터와 스마트폰이 생활필수품이 되었으며, 현실공간의 영향 못지않게 가상공간의 영향력이 커지고 있다. 오늘날의 청소년에게 컴퓨터와 스마트폰은 의사소통, 정보수집, 취미나 여가생활 등의 일상생활에서 없어서는 안 될 필수품이 되고 있다. 대다수의 청소년이 인터넷을 기반으로 이메일, 카페, 블로그, SNS 등을 통하여 가상공간에서 공동체 활동을 하고 있으며, 컴퓨터 게임이 청소년기의 주된 여가활동으로 자리를 잡아 가고 있다.

컴퓨터 등의 활용

이러한 컴퓨터와 스마트폰의 활용은 청소년기의 발달에 긍정과 부정적인 영향을 모두 미치고 있다. 청소년은 컴퓨터나 스마트폰을 사용함으로써 빠르게 필요한 정보를 수집할 수 있으며, 교과수업이나 과외활동, 여가활동에 필요한 지식과 정보를 습득하는 등 학습활동에 도움을 받고 학업부담으로 인하여 제한되는 친구관계를 유지해 나가고 있다. 이런 반면 현실세계에서의 대인관계 위축으로 인하여 비인간화를 초래할 수 있으며, 익명성이 보장되는 점을 악용한 음해성 글의 게재, 음란 및 불법 파일의 유통, 스팸메일 발송 등과 같은 도덕성이나 사회적 책임성의 발달에 부정적 영향을 미치기도 한다. 그리고 인터넷 중독이나 게임중독, 원조교제, 자살 등에 대한 잘못된 정보를 주고받음으로써 비행으로 이어지는 경우가 많으며, 음란 동영상과 간행물이나 온라인 사행성 게임 사이트와 같은 청소년 유해환경에 쉽게 노출될 수 있다. 또한 과도한 컴퓨터 사용으로 시력 저하, 비만 등 건

컴퓨터 등의 영향

[그림 8-4] 스마트폰과 SNS, 인터넷 사이트

강에 부정적 영향을 미치기도 한다.

최근에는 인터넷을 사용하는 N세대(net generation)와 동영상에 열광하는 신세대인 C세대(contents generation)를 넘어, 스마트폰과 같은 개인미디어를 이용하여 소통하는 스마트세대(smart generation)가 등장했다. 인터넷과 스마트폰의 등장은 '인터넷 혁명 또는 스마트 혁명'이라 불릴 만큼 모든 세대의 생활에 큰 변화를 가져오고 있다. 인터넷이나 스마트폰은 사람 간의 의사소통 외에도 게임, 금융, 쇼핑, 음악청취와 영화감상, 독서와 학습 등 인간이 하는 거의 모든 생활 영역에서 다양한 목적과 용도로 사용되고 있다. 하지만 소통의 도구인 스마트폰과 인터넷이 오히려 인간 간의 소통을 단절하고, 채팅이나 게임 등에 빠져드는 등 오히려 소통 단절을 초래하며 청소년의 학습을 방해하기도 한다. 또한 스마트 기기 중독으로 인한 신체 및 정신건강 문제(시력 약화, 수면 부족, 거북목증후군, 게임중독, 주의력결핍/과잉행동 장애, 틱장애 등)를 야기하고, 특정 사안에 대한 의견 대립으로 인한 사회갈등을 초래하는 등 문제점 또한 적지 않다.

스마트 세대의 명암

4 사회복지실천에서의 관심 영역

청소년기는 아동기에서 성인기로 전환해 가는 과도기로서, 청소년기의 발달과업을 성공적으로 성취하여야만 성인이 되었을 때 사랑과 행복을 보장받을 수 있는 길이 넓게 열린다. 우리나라의 경우 청소년기의 핵심적 발달과업을 학업성취, 즉 좋은 대학에 진학하기 위한 공부에 전념하는 것으로 간주하는 경향이 강하므로, 청소년의 전인적 발달에 대해 별다른 관심을 기울이지 못하고 있다.

이러한 청소년의 건전한 성장과 발달에 대한 우리 사회의 무관심은 곳곳에서 찾아볼 수 있다. 우리 사회에서는 청소년문제를 단지 청소년 비행문제로 동일시하는 경향이 강하며, 교육제도에서는 전인적 성장 발달보다는 학업적 성취를 중시하고 있다. 또한 청소년문제의 예방에 소극적인 동시에 문제행동을 일으켰을 때 치료적 개입보다는 처벌을 중심으로 한 개입이 이루어지며, 청소년수련제도는 체육이나 여가활동이 주류를 이루고 있다. 그리고 청소년복지지원법이 2004년에 제정되었지만 청소년복지 업무를 전담하는 중앙부처는 정권이 교체될 때마다 바뀌는 우여곡절을 보이고 있으며, 우리나라의 사회복지 교육과정에서 아동복지와 청소년복지를 통합하여 가르치는 경우도 있다. 이와 같이 우리 사회의 청소년복지에 대한 관심 부족 문제를 극복하기 위해서는 사회복지전문직에서 앞으로 청소년복지에 대한 보다 전문적인 연구와 실천을 강화해 나가야 하겠지만, 다음에서는 청소년기에 발생하는 신체·심리·사회적 발달 문제에 국한하여 논의해 보고자 한다.

1) 신체적 발달의 관심 영역

급격한 신체 구조의 변화로 인하여 청소년은 일시적 신체불균형 현상을 경험하며, 이로 인하여 부정적 신체이미지를 형성할 가능성이 크다. 따라서 사회복지사는 청소년기의 부정적 신체이미지로 야기될 수 있는 다양한 심리적 문제와 증상을 다루어야 한다. 특히 사회에서 요구하는 미적 기준, 소위 몸짱이나 얼짱이 되기 위하여 많은 청소년이 식이요법을 하고 있으며, 설사약(下劑)이나 전해질 분해 약물을 장기적으로 과다 복용하여 영양불균형 상태의 야기는 물론 생식기능 장애도 초래하고 있다. 더 심한 경우에는 음식섭취를 거부하는 거식증이라는 정신신체장애 (psychosomatic disorder)를 일으키는 경우도 있다. 그러므로 사회복지기관에서는 의료기관 등과 연계하여 청소년기의 신체 변화에 대한 이해교육 프로그램, 식이요법 지도, 몸매관리 프로그램 등을 개발·실시함으로써 청소년의 건전한 신체 발달을 지원하여야 한다.

　사회복지기관에서는 청소년을 대상으로 성에 대한 올바른 이해와 가치관 형성 성교육과 상담
을 위한 프로그램을 실시하여야 한다. 먼저 청소년의 성에 대한 이해를 도모하기
위하여 학교나 청소년성문화센터 SAY(Sexuality about Youth) 등의 성교육 및 상담
기관과의 협력을 통해 성교육을 실시하여야 한다. 이러한 성교육에서는 성적 성
숙 과정, 성에 대한 기초지식, 피임 방법, 임신과 임신중절, 성병과 같은 성의 부정
적 결과, 성적 충동의 적절한 조절 등을 다루어야 할 것이다. 그리고 청소년복지사
업을 담당하는 사회복지사는 초경불안, 몽정불안, 자위행위, 이성으로부터의 성적
요구 등과 같은 성으로 인하여 야기되는 심리적 문제를 해결할 수 있는 상담을 수
행하여야 한다.

　청소년기의 대표적인 성문제라고 할 수 있는 10대 임신과 미혼부모 문제와 성폭 성문제
력 문제에 대한 개입도 필요하다. 최근 들어 영양 상태가 개선되어 생식기관의 성
숙연령이 낮아지고, 이전 세대보다 성에 대해 개방적인 태도를 보이고 있으며, 대
중매체 등을 통한 성적 자극이 많아짐에 따라 성관계를 갖는 연령이 낮아져 10대
임신이 증가하고 있다. 사회복지사는 미혼부모와의 상담을 통하여 출산에 대한 의
사결정, 자녀양육 계획, 자신을 버린 이성에 대한 원망과 자책감 등에 대한 미혼부
모의 심리적 적응과 미래 생활계획의 수립을 지원하여야 하며, 필요에 따라서는
미혼부모 전문기관에 의뢰할 수 있어야 한다.

　성폭력 문제에 대처하기 위하여 국가에서는 아동·청소년 대상 성범죄자 신상
정보 등록·공개제도 및 취업제한, 성폭력 가해 및 성매매 피해 아동·청소년에
대한 인지행동 상담·치료교육을 통한 성폭력 재발 방지를 위해 노력하고 있다 성폭력
(http://www.mogef.go.kr). 그리고 1994년부터 성폭력 범죄의 처벌 및 피해자 보호
등에 관한 법률을 제정하여 시행하고 여성긴급전화 '1366'을 운영하고 있으나, 성 1366
폭력 문제는 더욱 심화되고 있다. 따라서 성폭력 상담소와 보호시설의 확대 설치
등과 같은 보다 적극적인 사회복지정책적 대책을 수립하여야 한다. 그리고 일선
사회복지기관에서는 성폭력 피해자와 가족 그리고 가해자를 위한 치료적 접근을
강화해 나가야 한다. 성폭력 피해자를 위한 개입에서는 피해 상황에 대한 기초조
사를 실시하고 병원에서 정밀한 신체검사를 받게 하며, 신체 및 심리적 상해를 치
료해 주고 보호시설을 알선하는 등 지속적인 관리를 통하여 사회재적응 과정을 원
조하여야 한다. 성폭력 피해자 가족을 원조하기 위해서는 가족상담 또는 가족치료
를 통하여 피해자에 대한 가족의 지원을 끌어내고, 가족의 재적응을 위한 지원을

하여야 한다. 또한 피해자와 그 가족에 대한 개입뿐만 아니라 가해자에 대해서는 성폭력의 재발을 방지하고 정상적 사회생활을 할 수 있도록 임상적 개입을 하여야 한다(이원숙, 2003).

2) 심리적 발달의 관심 영역

우리 사회에서는 일반적으로 청소년기의 최대 과업을 대학 진학으로 받아들이고 있다. 물론 이러한 현상은 바람직한 것은 아니지만 현재의 사회적 현실인 만큼 사회복지기관에서는 저소득층 청소년 방과후 아카데미를 운영하여 청소년의 인지발달을 지원할 필요가 있다. 그러나 이러한 인지증진 프로그램만 강조한다면 사회복지기관이 제2의 청소년교육기관으로 전락할 위험성이 있다. 따라서 사회복지기관에서는 체육활동, 문화예술활동, 자원봉사활동, 자아발견 프로그램과 같은 여가 및 인성 개발 프로그램을 개발 · 실시함으로써, 청소년의 전인적 성장을 지원하여야 할 것이다.

청소년기의 중요한 발달과업은 자아정체감의 형성이다. 사회복지기관에서 청소년의 자아정체감 형성을 지원하기 위해서는 자아발견, 자아성장, 자기주장훈련, 인간관계수련 등과 같은 청소년의 자아발견과 원만한 대인관계 형성을 지원할 수 있는 개인 및 집단 상담 프로그램을 개발하여 실시하여야 한다. 이러한 직접적 자아발달 프로그램 이외에도 진로지도, 청소년 자원봉사활동 프로그램, 문화예술활동 프로그램 등과 같은 다양한 청소년수련 프로그램을 청소년 문화존이나 청소년수련시설(수련관, 문화의 집, 수련원, 야영장, 유스호스텔, 특화시설) 등과 연계 실시하여, 청소년이 다양한 사회 경험을 통하여 자신의 자질을 발견할 수 있도록 원조하여야 한다.

청소년기는 심리적 격동기로서 다양한 정신장애를 일으킬 가능성이 높다. 청소년기에 발생하는 정신장애로는 조현병, 불안장애, 공포증, 우울증, 자살, 물질남용 등이 있다. 특히 우리나라의 경우 지나친 입시경쟁으로 인하여 고3 증후군으로 대표되는 시험불안은 거의 대부분의 청소년이 경험하고 있는 심리적 증상이다. 따라서 사회복지기관에서는 청소년의 정신건강과 건전한 심리적 발달을 지원하기 위하여, 청소년을 대상으로 한 개별상담과 스트레스 예방 및 관리 방법, 약물 교육 및 치료 프로그램, 청소년 가족을 위한 가족치료 프로그램 등의 임상 프로그램을

(좌측 여백 키워드)
청소년 방과후
아카데미

전인적
성장 지원

자아 발달
프로그램

청소년수련
프로그램

정신장애

고3 증후군

개발·실시하고, 필요에 따라서는 청소년 전화(헬프콜, 1388)나 청소년상담복지센터와 연계하고 심한 경우 정신병원에 입원을 의뢰하여야 한다.

3) 사회적 발달의 관심 영역

우리나라에서는 청소년문제 하면 비행문제를 떠올릴 정도로 비행문제는 청소년기의 사회적 발달과 관련된 대표적인 문제이다. 청소년 비행(juvinile delinquency)이란 일탈행동 또는 청소년범죄와 유사한 의미로 사용되는 것으로, 사회 또는 집단에서 규정하는 규범이나 규칙을 위반하는 일체의 행위를 말하며, 좁게는 소년법정에 소송의 대상이 되는 행위를 의미한다. 우리나라에서는 이러한 청소년 비행문제를 예방하기 위하여 청소년보호법을 1997년부터 시행하고 있고 여성가족부에서 청소년 유해환경 개선을 위한 다양한 정책을 추진하고 있으나, 대중매체의 선정성, 유흥업소의 증가, 인터넷이나 스마트폰을 통한 음란물 접촉, 전화방, 멀티방 등과 같은 청소년 유해환경은 갈수록 증가하고 있는 추세이다.

우리나라에서 청소년 비행문제 해결을 위한 대책은 주로 사후대책에 국한되어 있다. 소년원학교 운영, 보호관찰, 갱생보호, 사회봉사명령제 등이 대표적인 청소년비행 사후대책이며, 청소년비행예방센터 또한 명칭과는 달리 사후개입적 성격이 강하다. 이러한 사후대책은 청소년 비행문제 해결에 어느 정도 기여한 것은 사실이나 청소년을 사회와 분리함으로써 오히려 건전한 사회적 발달을 방해하는 결과를 초래하기도 하였다.

따라서 가족복지정책의 확대를 통하여 가정의 기능을 강화하고, 학교교육에서의 인간성을 회복시키고, 경제적 불평등 완화와 같은 사회구조적 개선을 통하여 청소년 비행의 발생을 사전에 예방하고, 처벌 위주보다는 성격과 행동의 교정과 사회복귀에 초점을 둔 사회복지적 개입을 해야 한다. 특히 청소년 교정기관에서는 교정전문인력을 확보하고, 비행청소년을 획일적으로 처우하기보다는 개별적으로 처우하며, 교정시설의 탈시설화를 통하여 일반 사회와 유사한 생활환경에서 교정복지사업을 시행해야 할 것이다.

일반 사회복지기관에서는 청소년의 비행을 사전에 예방하기 위하여, 청소년 가족 상담 및 치료를 실시함과 아울러 인근 학교와 연계하여 활발한 학교사회복지사업을 실시하여야 할 것이다. 그리고 비행 가능성이 높은 위기청소년인 가출청소년

[여백 주석]
청소년 비행

청소년보호법

청소년비행
사후대책

교정시설의
탈시설화

학교사회복지

청소년 쉼터

대안교육
프로그램

가족관계
강화 프로그램

매체 중독 예방
및 활용교육

과 학교부적응 또는 학업중단 청소년의 지도를 위한 지역사회조직사업, 청소년 쉼터와의 연계 프로그램, 비행 또는 범죄청소년의 사회 복귀를 지원할 수 있는 각종 직업훈련 프로그램이나 대안교육 프로그램 등을 실시하여야 한다.

이와 같은 청소년 비행문제의 해결과 아울러 사회복지기관에서 청소년의 사회적 발달 영역과 관련하여 관심을 기울여야 할 부분은 바로 청소년기의 가족관계의 재조정이다. 따라서 사회복지기관에서는 청소년과 그 가족을 대상으로 한 가족관계 강화 프로그램을 개발·실시하고, 가족상담이나 가족치료를 더욱 강화해 나가야 할 것이다. 그리고 인터넷 중독과 인터넷 비행과 범죄를 예방하고 컴퓨터와 스마트폰 등 매체의 건전한 활용을 지원할 수 있도록 인터넷 중독대응센터(스마트 쉼센터, http://www.iapc.or.kr)와 연계하여 청소년을 대상으로 한 매체 중독 예방 및 활용교육 프로그램을 실시하고, 청소년의 발달에 부정적 영향을 미치는 인터넷 사이트에 대한 감시운동과 같은 사회운동을 전개해 나가야 할 것이다.

🔭 생각해 보아야 할 과제

1. 자신의 경험에 근거하여 청소년기가 심리적 이유기, 제2의 반항기, 질풍노도의 시기, 주변인이라는 은유적 표현으로 불리게 된 근거를 제시해 보시오.

2. 외모를 중시하는 사회 분위기가 청소년 발달에 미치는 영향에 대해 토론해 보시오.

3. 청소년기의 이성교제와 신체 또는 성적 접촉에 대한 견해를 제시해 보시오.

4. 자위행위로 고민하는 청소년이 상담을 요청했다고 가정해 보고, 이 청소년의 고민을 해결해 주기 위하여 어떻게 도와줄 수 있을지 구체적인 방법을 제시해 보시오.

5. 청소년 미혼부모 특히 싱글맘(single mom)에 대한 견해를 제시해 보고, 미혼부모를 원조할 수 있는 사회복지 대책에 대해 토론해 보시오.

6. 청소년 성폭력 피해 및 성매매 실태를 파악해 보고, 성폭력과 성매매 예방 및 피해자

지원대책의 문제점과 개선방안을 모색해 보시오.

7. 인터넷 중독대응센터(스마트 쉼센터, http://www.iapc.or.kr)에 접속하여 자신의 인터넷 중독, 스마트폰 중독, 온라인 게임중독 정도를 진단해 보고 건전한 매체 활용을 위한 스스로의 계획을 수립하여 그 타당성과 실현 가능성을 토론해 보시오.

8. 전문서적을 참조하여 청소년 비행의 원인과 비행화 과정을 이해하고, 청소년 비행을 사전에 예방할 수 있는 사회복지 대책을 구체적으로 제시해 보시오.

9. 청소년을 대상으로 한 보호관찰제도와 교정복지의 문제점을 분석하고, 개선 방향을 제시해 보시오.

10. 학교폭력, 가출, 물질남용, 자살, 음주와 흡연 등 주요 청소년문제에 대한 기존 연구 결과를 검토하여 그 원인과 실태를 파악하고, 이들 문제를 예방 또는 경감할 수 있는 구체적 방안을 제시해 보시오.

제9장

성인기

1. 성인기의 신체적 발달 양상을 이해한다.
2. 성인기의 심리적 발달 양상을 이해한다.
3. 성인기의 사회적 발달 양상을 이해한다.
4. 사회복지실천에서 성인기의 발달과 관련하여 관심을 기울여야 할 영역을 이해한다.

인간 발달에 관한 전통적 접근방법에서는 출생 후부터 청소년기까지는 극심한 변화를 겪고, 성인기에는 안정되고, 그리고 노년기에는 감소한다고 보고 있다(정옥분, 2000; Baltes, 1987). 따라서 인간 발달에 관한 전통적 접근방법에서는 전 생애의 3/4 정도를 차지하는 성인기 이후에는 변화가 거의 없는 것으로 간주하고 관심을 기울이지 않았다. 그러나 1950년대부터 성인기의 발달에 관한 연구가 이루어지면서 성인기의 인간 발달 역시 매우 중요한 것으로 인식되면서 전 생애적 관점에 근거한 인간 발달에 대한 연구가 증가하고 있다(정옥분, 2000).

전 생애적
발달연구

이러한 전 생애적 발달 연구에서 성인기 이후의 발달 단계 구분은 매우 다양하다. 먼저 Havighurst(1972)는 18세부터 사망에 이르기까지의 인간 발달을 성인기로 분류하고 18~35세를 성인초기, 35~60세를 성인중기, 60세 이후를 성인후기로 분류하고 있다. Newman과 Newman(1987)은 18~23세를 청년 후기로 구분하고, 23세부터 시작되는 성인기를 성인 초기(23~40세), 성인 중기(40~61세), 성인

성인기 발달
단계 구분

후기(61세 이상)로 구분하고 있다. Papalia와 Olds(1998)는 성년기를 20~40세, 중년기를 40~60세, 60세 이상을 노년기로 구분하고 있다.

성인의 구분 기준   이와 같이 성인기의 발달 단계 구분은 청소년기가 언제 끝나는가의 문제와 청소년기의 발달이 끝나는 시점부터 사망하는 시점까지 하나의 단계로 볼 것인가 아니면 여러 단계로 나누어 볼 것인가에 따라 달라진다. 청소년기가 끝나는 시점에 관해서 학자 간에 아직 이견이 존재하지만, 우리 사회에서는 고등학교를 졸업하고 대학에 진학하거나 취업을 하는 18세에 청소년기가 종료되고, 민법에서 성년으로 인정하는 나이인 19세 이후부터 성인기가 시작된다고 보는 것이 적절할 것이다. 19세 이후부터 사망에 이르기까지의 기간을 하나의 단계로 분류하여 성인기로 구분할 수도 있다. 그러나 그 기간이 무려 60년 정도에 이르며 취업과 결혼, 자녀출산과 양육, 직장생활과 퇴직, 노화와 사망 등 다양한 변화가 나타난다는 점을 고려하면 몇 개의 단계로 구분하여 논의하는 것이 타당할 것이다.

성인기 연령 기준   이에 이 책에서는 성인기를 19~40세로 한정하고, 40~65세를 중·장년기, 그리고 65세 이후를 노년기로 구분하여 논의하고자 한다. 성인기는 다시 19~30세의 청년기(youth)와 30~40세의 성년기로 구분하고자 하는데, 그 이유는 결혼 전과 후의 성인의 발달에서 매우 큰 차이가 있기 때문이다.

청년기   이 책에서 성인기(early adulthood)의 세부 단계를 구분함에 있어서 19~30세를 청년기로 구분한 것은 청년기가 고등학교를 졸업하면서 시작하여 취업과 결혼을 통하여 부모로부터 완전한 독립을 성취함으로써 종결된다고 보는 것이 타당하다는 점과 우리나라의 평균 초혼연령이 남성 33.4세, 여성 30.6세(통계청, 2019)라는 점을 고려한 것이다. 이러한 청년기는 직업준비 등을 포함한 다양한 역할 탐색과 선택을 하고 부모로부터 독립하여 자율적 생활을 모색하는 하는 시기이다.

성년기   그리고 이 책에서는 30~40세를 성년기로 구분하였는데, Havighurst(1972), Newman과 Newman(1987)의 발달 단계 구분에 따르면 주로 성인초기에 해당하는 시기이다. 이와 같이 40세 이전까지를 성년기로 구분한 이유는 40대부터 신체적 노화현상이 가속화되며, 우리 사회에서 40대부터를 중년(middle age)이라고 규정하는 경향이 농후하기 때문이다. 이러한 성년기는 탐색과 의사결정이 주류를 이루는 청년기와는 달리 배우자로서의 역할, 직업적 역할에의 몰두, 그리고 자녀를 양육하고 사회화하는 부모로서의 역할을 수행하는 시기이다.

1 청년기의 발달

1) 신체적 발달

인간의 신체적 성장과 성숙은 청년기에 거의 완성되기 때문에, 이 시기에는 최상의 신체적 상태를 유지한다. 즉, 청년기는 전 생애에서 체력이 절정에 달하고, 활기와 신체적 힘이 최고 수준을 유지하는 시기로서, 골격의 발달은 17~21세경에 완성되며, 신체적 수행능력은 19~26세에 정점에 도달한다(송명자, 2008). 그리고 생식기능, 운동능력, 면역기능, 근육과 내부기관의 기능도 최고조에 달한다(이인정, 최해경, 2007). 신체적 상태

청년기의 건강 상태는 최상이다. 그러나 청년기의 섭식행위, 운동, 흡연과 음주, 약물 사용, 스트레스 및 성, 연령, 결혼상태, 사회경제적 지위 등은 현재뿐 아니라 미래에 영향을 미친다. 그럼에도 청년기 동안에는 건강에 대한 관심이 낮은 관계로 현재의 건강 상태만을 믿고 규칙적 식사와 운동 등의 건강관리를 위한 노력을 기울이지 않는 경우가 많다. 건강 상태
건강관리

2) 심리적 발달

(1) 감각 및 인지 발달

감각기관 역시 청년기에 가장 예민한데, 시력은 20세경에 가장 좋으며, 청력의 점진적 감퇴는 25세 이전에 시작되어 25세 이후에 뚜렷해진다. 미각과 후각, 통각 등도 최고 수준에 이르며, 청년기에 미세한 감각기능의 저하가 나타나기 시작하지만 전반적으로 전 생애에 걸쳐 감각기능이 가장 좋은 시기이다. 감각기관

청년기의 인지 발달에 대해서는 아직 학자 간에 합의가 이루어지지 않고 있다. Piaget와 Inhelder(1969)는 청소년기에 형식적 조작 사고가 발달한 이후에는 인지 발달이 거의 이루어지지 않는다고 보았지만, 최근 이에 대한 비판이 제기되고 있다. 즉, 기계적 암기나 지적 과제의 수행 속도 등은 10대 후반이 가장 뛰어나지만, 판단, 추론, 창의적 사고 등은 청년기는 물론 전 생애를 통하여 발달하는 것으로 보는 견해가 우세해지고 있다. 인지 발달

.ıll **표 9-1** 성인기의 인지 발달

단계	Piaget	Arlin	Riegel	Perry	Schaie
청소년기	형식적 조작 사고	형식적 조작 사고	형식적 조작 사고	이원론적 사고	습득 단계
성인기	↓	문제발견적 사고	변증법적 사고	다원론적 사고	성취 단계
중·장년기	↓	↓	↓	↓	책임 단계 실행 단계
노년기	↓	↓	↓	↓	재통합 단계

청년기 이후의
인지 발달

    Arlin(1975), Riegel(1973), Perry(1981), Schaie(1990) 등은 청년기를 포함한 성인기에도 인지 발달은 지속적으로 이루어진다고 하였다. 먼저 Arlin(1975)은 성인기의 사고 수준은 청소년기의 형식적 조작 사고와는 달리 창의적 사고, 확산적 사고,

문제발견적 사고

새로운 문제 해결방안의 발견을 특징으로 하는 문제발견적 사고가 발달한다고 하였다. Riegel(1973)은 성인기의 사고는 형식적 사고가 아닌 성숙한 사고로서, 어떠한 사실이 진실이 될 수도 있고 진실이 아닐 수도 있다는 점을 이해하는 변증법적

변증법적 사고

사고가 발달한다고 하였다. 즉, 변증법적 사고는 비일관성과 역설이나 모순을 잘 인식하고 정(正)과 반(反)으로부터 합(synthesis)을 끌어내는 사고이다.

    Perry(1981)는 청소년기의 사고가 흔히 흑백논리에 의해 좌우되는 것과 달리 성

다원론적 사고

인기에는 이러한 이원론적 사고에서 벗어나서 다원론적 사고(multiple thinking)로 옮겨 간다고 하였다. 이때 다원론적 사고는 지식이란 절대적이고 불변하는 것이 아니라 여러 개의 타당한 견해 중에 하나라는 사실을 이해하는 사고능력을 말한다. 이러한 다원론적 사고는 자신의 의견이 타인의 주장에 의해 논박당하거나

상대적 사고

부적합한 경험이 누적되면 상대적 사고(relative thinking)로 바뀌게 된다(송명자, 2008). 상대적 사고는 대부분의 지식과 의견은 절대적인 것이 아니라 상황에 따라 바뀔 수 있다는 진리의 상대성을 이해할 수 있는 사고능력이다.

    Schaie(1990)는 청소년기까지는 생활에 필요한 지식을 습득하는 단계이며, 성인기부터는 습득한 지식을 실생활에 적용하는 단계로 전환된다고 본다. 즉, Schaie는 청소년기에 사회 참여에 필요한 지식과 정보, 기술을 습득하는 습득 단계를 지

성취 단계

나 성취 단계에 해당하는 성인기에는 더 이상 지식을 습득하지 않고 자신의 인생 목표에 적합한 과업에 최선을 다한다고 하였다. 그리고 책임 단계인 중년기에는

배우자나 자녀의 욕구 충족의 책임과 직업인으로서 그리고 지역사회의 일원으로서의 책임을 이행하는 데 최선을 다하며, 실행 단계에서는 적합한 기술의 발달과 실행이 허용되는 기회를 얼마나 갖느냐에 따라서 인지 발달이 결정된다고 보고 있다. 마지막으로 재통합 단계에서 노인은 사회적 참여와 책임에서 어느 정도 자유로워진 상태에서 자신의 인지기능이 저하되므로 자신이 하는 일의 목적에 관심이 있으며 자신에게 의미 없는 일에는 시간을 낭비하지 않으려 한다.

(2) 자율성 발달

청년기에는 대학 진학, 군입대 또는 취업 등으로 부모와 지리적으로 분리되어 생활하는 경우가 많다. 청년기에 부모로부터 독립하여 생활을 영위하기 위해서는 **독립생활의 조건** 먼저 사회에서 요구하는 기술을 습득하여야 한다. 즉, 신변처리와 같은 일상생활 능력, 신체적 성숙, 자율적 판단을 내리고 이에 따라 행동할 수 있는 능력의 발달이 선행되어야 부모나 가족으로부터 독립하여 생활할 수 있게 된다. 이와 같이 청년기의 진정한 독립은 부모와 분리되는 것에 대한 불안의 극복, 경제적 능력, 자율적 의사결정능력의 보유 등과 같은 신체 · 심리 · 사회적 영역 모두에서 분리가 가능할 때 이루어진다.

그러나 청년기에 부모로부터 분리 · 독립하여 자율성을 찾는 과정에서 대부분의 청년은 양가감정(ambivalence)을 갖게 된다. 즉, 부모로부터의 독립에 대한 갈 **양가감정:** **독립 대 분리불안** 망과 함께 부모로부터 분리되는 것에 대한 불안감을 동시에 갖는다. 청년은 이러한 부모와의 분리에서 오는 불안감을 극복하기 위하여 동년배 집단의 지원에 의존하고 집단의 규범과 기준에 동조하기도 하지만, 진정한 자율성을 확보하기 위해서는 동년배 집단에서도 분리되어야 한다.

따라서 부모가 청년의 분리와 독립에 대해 어떠한 태도를 보이는가는 매우 중요 **부모의 독립 지원** 하다. 부모가 이러한 청년의 양가감정을 최소화하고 자율성 획득을 지원하기 위해서는 자녀에게 부과하던 금지나 제한을 줄이고, 가족 의사결정에 자녀의 참여를 격려하고, 자녀를 독립된 개인으로 인정해 주어야 한다. 이와는 반대로 어떤 부모 **부모의 독립 방해** 는 청년기에 자녀가 집을 떠나는 것을 금지하고, 지속적으로 보호하려 하거나 자녀의 행동에 많은 제한을 가하기도 한다. 이럴 경우 청년은 부모에게서 분리되지 못하고 부모에게 지나치게 의존하는 자녀(마마보이, 파파걸)로 남거나 부모와 적대적 관계를 형성하고 빈번한 갈등을 경험하기도 한다.

(3) 애정 발달

사랑의 요소

청소년기의 이성에 대한 관심은 청년기가 되면서 인생의 동반자를 구하는 사랑으로 변화해 간다. Sternberg(1988)는 사랑에는 친밀감(intimacy), 열정(passion), 전념 또는 헌신(commitment)이라는 세 가지 요소가 있다고 하였다. 친밀감은 사랑의 정서적 요인으로서 상호 이해, 격의 없는 친밀한 대화, 정서적 지원 등을 말한다. 열정은 사랑의 동기유발 요인으로서 신체적 매력, 성적 욕망 등을 말한다. 전념 또는 헌신은 사랑의 인지적 요소로서 애정적 관계를 유지하기 위한 약속과 책임감을 의미한다. Sternberg(1988)는 사랑의 세 가지 구성요소가 얼마나 강하게 나타나는가에 따라 〈표 9-2〉에서 보는 바와 같이 사랑의 유형을 구분하고 있다.

.ıll **표 9-2** Sternberg의 애정 유형 구분

구성 요소	열정	친밀감	전념/헌신
열정적 사랑	+	−	−
온정적 사랑	−	+	+
환상적 사랑	+	−	+
원숙한 사랑	+	+	+

사랑의 유형

또한 정옥분(2004)은 사랑의 유형을 이타적 사랑, 낭만적 사랑, 동반자적 사랑, 성적 사랑으로 구분하고 있다. 먼저 이타적 사랑(altruistic love)은 '부모의 자녀에 대한 사랑'처럼 사랑하는 사람의 행복에 역점을 두는 사랑으로, 자신이 아끼는 사람을 위해 희생하고 봉사하면서도 이에 대한 대가를 요구하지 않는다. 낭만적 사랑(romantic love)은 '로미오와 줄리엣'처럼 첫눈에 반하는 사랑으로 이성보다 감성이 우위를 차지하고, 상대방을 미화하며 강렬한 개인적 동화의 감정이 일어나고, 소유욕이 강하여 상대방에게 많은 요구와 기대를 하는 비현실적이고 이상적인 사랑이다. 동반자적 사랑(companionate love)은 친구와 같은 반려자적 감정을 갖는 사랑으로 이성적이고 감정을 억누를 수 있으며, 상대방에 대한 요구가 과도하지 않고, 현실을 그대로 받아들여 서로 협조하고 보완하는 사랑이다. 성적 사랑(sexual love)은 사랑의 궁극적 목표가 성적 만족이라 생각하고 서로의 성적인 경험이 깊어질수록 정신적으로도 사랑이 깊어 가는 것으로, 결혼관계에서만 허용되는 것이다.

청년기 초반에는 소설, 시, 노래나 영화 등에 등장하는 낭만적 사랑을 꿈꾸는 경우가 많다. 그러나 낭만적 사랑은 구애 기간에 강하게 나타나다가 그 이후로는 점차 약해지는 것이 일반적이므로, 영속적 관계를 유지해 줄 수 있는 안정된 기반은 되지 못한다. 청년기에 정서지향적인 낭만적 사랑에서 벗어나 영속적 관계를 유지할 수 있는 인생의 동반자를 구하기 위해서는 먼저 자아정체감을 형성하여야 한다. 즉, 다른 사람과 진정한 사랑을 나누기 위해서는 자신이 누구이며 어떤 존재인

낭만적 사랑

[그림 9-1] 백설공주와 백마 탄 왕자

출처: Amazon, http://www.amazon.com

자아청체감

가에 대한 확고한 신념이 발달되어 있어야 한다.

만약 이러한 자아정체감이 정립되어 있지 않을 경우에는 애정을 자신이 느끼고 있는 불안의 도피처로 활용하는 신경증적 사랑을 하는 경우가 많다. 특히 자신의 열등 콤플렉스를 보충해 줄 수 있는 사람을 사랑의 대상으로 선택하거나, 동정심에서, 불행한 가정에서 탈출하기 위해서, 사랑의 상처를 치유받기 위해서 결혼하는 경우에 그 사랑과 결혼은 파국으로 끝나는 경우가 많다. 따라서 사랑을 나누는 청년은 상대방의 개성을 인정해 주고 상대방에게 자기실현의 기회를 부여해 주며, 외롭고 힘들 때 정서적 동반자가 되어 줄 수 있어야만 진정한 사랑을 나눌 수 있다.

신경증적 사랑

3) 사회적 발달

(1) 성역할 정체감 확립

성년기에 사회적 역할을 적절히 수행하기 위해서는 청년기에 성역할 정체감을 확고히 다져야 한다. 성역할 정체감(sex-role identity)이란 사회가 특정 성에 적절하다고 인정하는 특성, 태도, 흥미와 동일시하는 과정으로 성에 따른 사회의 역할 기대를 내면화하는 과정이다.

성역할 정체감

남성

여성

이러한 성역할 정체감은 아동기부터 형성되기 시작하는데, 성에 따라 성역할 정체감의 발달은 서로 다른 특성을 지닌다. 남성의 경우 아동기에는 신체적 힘과 공격성, 정서표현의 억제 등과 같은 전통사회의 남성다움과 동일시하려 한다. 청년기부터는 경제적 성취, 정서적 통제와 정서적 민감성의 겸비, 자기주장능력 등과 같은 현대사회의 남성다움과 동일시하여야 하므로 성역할 정체감 형성에서 많은 갈등과 긴장을 경험한다. 여성의 경우에는 아동기에는 성과 관련된 제약을 적게 받지만 청소년기에 이르면 엄격한 성역할을 강요당한다. 그리고 청년기가 되어서는 전통적 여성상인 현모양처와 현대적 여성상인 유능한 여성이라는 두 가지 성역할 사이에서 갈등과 긴장을 경험한다.

양성적 성역할

현대사회에서는 남성은 남성다워야 하고, 여성은 여성다워야 한다는 전통적 성역할 기대에 많은 변화가 일어나고 있다. 그러므로 남녀를 불문하고 현대사회에서는 전통적으로 여성의 고유한 특성으로 간주되는 온화함, 이해심, 부드러운 감정표현뿐만 아니라 모험심, 지성, 야망, 성취 등과 같은 남성적 특성을 고루 갖추는 양성적 성역할(androgyny)을 학습하는 것이 더욱 바람직하다는 주장이 우세해지고 있다(Bem, 1975).

(2) 직업 선택과 준비

직업 선택

청년기에 성취해야 할 가장 중요한 발달과업은 직업을 선택하고 이에 따른 준비를 하는 것이다. 청년기에는 직업 선택에 따라 성인기의 삶의 방식이 결정될 것이라고 인식하고 있기 때문에, 직업 선택에 신중을 기하고 자신이 원하는 직업을 갖기 위하여 노력한다.

직업 관련
자아개념

Super(1990)는 직업 선택은 직업과 관련된 자아개념의 발달과 밀접한 관련성을 지니고 있다고 보고, 직업 관련 자아개념의 발달을 근거로 〈표 9-3〉에서 보는 바와 같이 직업 선택의 과정을 8단계로 구분하여 설명하고 있다. Super에 따

[그림 9-2] 사회복지사의 직업적 역할

출처: OASW, http://www.oasw.org

르면, 청년기는 자신이 갖기를 원하는 직업의 범위를 축소하고, 이러한 직업을 얻기 위한 기술훈련을 받고, 직업의 세계로 진입하는 시기라고 할 수 있다.

표 9-3 Super의 직업 관련 자아개념의 형성 단계

단계	연령	직업 관련 행동
결정화 단계	14~18세	직업에 대한 막연하고 일반적인 생각을 갖고 있다가 점차 자아정체감이 발달함에 따라 직업정체감도 동시에 발달함
구체화 단계	18~21세	다양한 직업과 직업세계에 대해 더 많은 정보를 갖게 되며, 직업에 대한 생각이 더욱 구체화되지만, 하나의 직업을 선택하는 것은 다른 가능성을 배제한다는 인식을 가짐
실행 단계	20대 초반	한두 가지의 직업을 시험해 보거나 전문 직종에 첫발을 들여놓지만, 실제 직업생활에 직면하면서 어떤 직업을 선택하기 전에 마음을 바꾸기도 함
확립 단계	20대 후반	자신이 선택한 직업 분야에서 발전이 이루어지고, 자신의 직업을 자아개념의 일부로 간주하기 시작함
강화 단계	30대 중반	이전 단계의 전문 지식이나 기술에 기초하여 자신의 분야에서 가능하면 더 빨리 더 높은 지위에 오르기 위하여 노력함
유지 단계	40대 중반	자신의 직업 분야에서 높은 지위를 획득하게 되고, 전문가가 됨
쇠퇴 단계	50대 후반	은퇴의 시기를 인식하면서 일의 양을 줄이고, 신체적으로나 정서적으로 직업에서 자신을 분리하기 시작함
은퇴 단계	50대 후반 이후	대부분이 직장에서 은퇴하고, 직업 이외에 자신이 만족할 수 있는 새로운 역할을 찾게 됨

Ginzberg 등(1951)은 직업 선택을 아동기부터 성인기에 걸쳐서 이루어지는 개인적 선호를 최적화하는 과정이라고 하면서, 직업 선택의 과정을 환상적 시기, 시험적 시기, 현실적 시기로 구분하고 있다. 환상적 시기(fantasy period)는 개인적 소망에 근거하여 직업을 선택하고 개인의 능력, 훈련, 직업적 기회 등에는 관심을 두지 않는 시기로서, 주로 아동기에 해당한다. 시험적 시기(tentative period)는 청소년기에 해당하는 시기로서, 직업에 대한 흥미, 능력, 교육, 가치관, 인생 목표 등을 고려하며, 현실적 문제를 함께 고려하여 직업을 선택하고자 한다. 현실적 시기(realistic period)는 청년기부터 성년기에 해당하는 시기로서, 특정 직업에 필요한 훈련, 흥미나 재능, 직업 기회 등을 현실적으로 고려하여 직업을 선택한다.

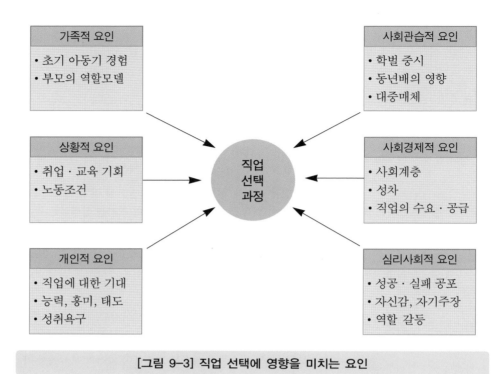

[그림 9-3] 직업 선택에 영향을 미치는 요인

직업 선택의
영향 요인

청년기의 직업 선택 과정에 영향을 미치는 요인은 [그림 9-3]에서 보는 바와 같이 가족적 요인, 사회관습적 요인, 상황적 요인, 사회경제적 요인, 개인적 요인, 심리사회적 요인 등 매우 다양하다(O'Neil et al., 1980).

청년기의
직업 선택

청년기에 자신에게 맞는 직업을 선택하기 위해서는 이러한 영향 요인에 대한 심사숙고 과정이 뒤따라야 하겠지만, 무엇보다도 중요한 것은 자신의 능력, 흥미, 자아기대이다. 그리고 청년기의 직업 선택에서 중요한 또 다른 요인은 직업에 대한 정확한 정보가 있어야 한다는 점이다. 이는 아무리 개인적으로 흥미가 있고 능력이 뛰어나더라도 직업에 대한 정보 없이는 그 직업에 필요한 기술과 지식이 무엇인지를 알 수 없을뿐더러 직업을 구하는 절차에 대해서도 알지 못하므로, 자신이 원하는 직업을 구하지 못할 가능성이 높기 때문이다. 또한 직업을 선택함에 있어서는 자신의 성격 특성에 적합한 직업을 선택하는 것이 바람직하다.

성격과
직업 선택

Holland(1985)는 성격 유형에 따라 선호하거나 적합한 직업을 〈표 9-4〉와 같이 제시하고 있다.

.ıll **표 9-4** Holland의 성격 유형에 따른 선호 직업군

성격 유형	성격 특성	선호하는 직업
현실적 유형	개인의 경제능력, 외모 등 외적 특성을 중시	사물, 도구, 기계, 동물을 다루는 직업 (예: 기계공, 농부)
탐구적 유형	지적으로 자신만만하지만, 지도자로서의 능력은 부족	새로운 아이디어, 문제해결, 과학적 활동 관련 직업(예: 과학자, 의사, 작가)
예술적 유형	직관적이고, 독창적이며, 다른 사람에 동조하기 싫어함	언어, 미술, 음악, 연극활동(예: 화가, 음악가, 영화감독)
사회적 유형	타인을 이해하고, 돕기를 좋아하며, 지도력이 있음	사람들과 함께 생활하고 일하는 직업 (예: 복지사, 목회자)
기업가적 유형	다소 공격적이나, 인기 있고 사교적이며, 자신만만한 지도력 겸비	경제적 성공과 조직목표 달성을 위해 다른 사람을 다루는 직업(예: 정치가, 사업가)
관습적 유형	질서정연하며, 동조적이고, 수리 및 사무능력을 겸비함	구조화된 환경하에서 정해진 계획에 따라 일을 처리하는 직업(예: 사무원, 은행원)

4) 사회복지실천에서의 관심 영역

(1) 신체적 발달의 관심 영역

청년기에는 신체적 기능 수준이 최고조 수준에 도달해 있기 때문에 사회복지실천에서 특별히 관심을 기울여야 할 신체적 발달문제는 거의 없다. 하지만 교통사고, 안전사고 등으로 인하여 중도장애인이 될 가능성은 언제나 존재하기 때문에, 사회복지기관에서는 중도장애인의 재활과 사회복귀를 지원할 수 있는 프로그램을 개발·실시하거나 장애인복지전문기관과의 유기적 의뢰체계를 형성해 두어야 한다.

중도장애인

(2) 심리적 발달의 관심 영역

청년기의 심리적 발달 영역과 관련하여 사회복지실천에서 특별히 관심을 기울여야 할 부분은 자율성 발달이다. 우리나라의 경우 자녀가 대학에 진학하게 되면 대부분의 부모는 대학생 자녀의 행동에 아무런 제약을 하지 않으며, 자녀의 요구를 무조건 수용해 주는 경우가 많다. 이럴 경우 대학생이 자율성을 성취하기 위한 진지한 노력을 기울이기보다는 처음 맛보는 해방감에 젖어 지적 탐구, 직업 선택

자율성

탐닉적 여가

과 준비 등은 도외시한 채 게임 등의 탐닉적 여가활동에 몰입하는 경우가 발생한다. 따라서 사회복지기관에서는 인근의 대학교 학생상담센터나 하숙촌과 연계하여 대학생에게 전공 공부, 직업 선택, 이성교제, 여가생활, 군입대 등에 대한 정보를 제공하고 토론의 장을 제공해 주는 것도 고려해 볼 만하다.

군사회복지

우리나라의 청년 남성은 2년 정도의 군대생활을 해야 한다. 이러한 군대생활은 기존의 행동양식과는 전혀 다른 새로운 행동과 기준을 요구하기 때문에 많은 부적응 문제를 야기할 수 있다. 그러나 우리나라에서는 아직 군사회복지(military welfare)에 대한 논의가 초보 단계에 머물러 있으므로, 우선 군대생활을 하는 청년의 생활실태와 복지욕구를 정확히 분석하고, 이를 근거로 군사회복지실천 모델을 개발하여 실시하여야 할 것이다.

예비부부교실

사회복지기관에서는 청년기의 사랑과 결혼생활에 대한 정보 제공과 교육 프로그램을 실시하여야 한다. 이를 위하여 사회복지기관에서는 청년 남녀 사이의 이성적 만남의 장을 제공하며, 자신의 이성관과 결혼관을 정립하고 결혼생활에 대한 사전지식을 학습할 수 있도록 예비부부교실 또는 결혼예비학교 프로그램을 운영할 수 있을 것이다.

(3) 사회적 발달의 관심 영역

청년고용지원
서비스

우리 사회의 청년 실업문제 해결에 기여하고 청년기의 건전한 사회적 발달을 도모할 수 있도록 지원하기 위하여 사회복지기관에서는 직업상담, 취업 알선, 직업훈련 등의 청년고용지원서비스를 제공해야 한다. 즉, 사회복지기관에서는 지역 내 청년이 자신의 직업 적성을 정확히 인식하고 이를 바탕으로 직업 준비를 할 수 있도록 직업적성검사를 실시하고, 이에 따른 직업훈련, 고용정보 제공 및 취업 알선 사업을 전개해 나가야 할 것이다. 이때 전문적 직업훈련기관이나 고용노동부 산하 기관과 유기적인 직업훈련 의뢰 체계를 형성하고 고용정보를 공유하는 것이 바람직할 것이다.

직장 적응

진로 선택

사회복지기관에서는 직업세계로 처음 진입하는 청년에게 직장에서의 원만한 대인관계 형성, 직장생활과 개인생활의 균형 유지 문제 등에 대한 정보를 제공하여 원만한 직장 적응을 지원하여야 한다. 그리고 취업과 상급학교 진학 사이에서 고민하는 청년의 진로 선택을 도와줄 수 있는 상담 프로그램을 개설하여 운영하는 것도 모색하여야 한다.

2 성년기의 발달

1) 신체적 발달

청년기부터 성년기는 체력, 지구력, 운동기술 등 신체적 기능 상태가 최고 수준 신체적 기능
이지만, 폐활량은 35세 이후부터 조금씩 감소하며 신체적 힘은 30세를 전후로 서
서히 감소하기 시작한다. 그러나 다른 발달 단계와 비교하였을 때 신체 건강 상태
가 최고조에 달해 있는 시기로서, 중년기에 건강 수준이 쇠퇴할 때까지 이러한 건
강 상태는 지속된다(Specht & Craig, 1987). '건강은 건강할 때 지켜야 한다.'는 말이 건강
있듯이 성년기에 이러한 신체적 건강 상태를 유지하기 위해서는 규칙적인 운동과
적절한 영양공급이 필요하다. 규칙적 운동을 하고 적절한 영양공급을 하였을 경우
에는 신체적 기능과 건강을 유지할 수 있지만, 그렇지 않을 경우에는 건강 수준이
점점 쇠퇴하게 된다. 특히 과도한 스트레스, 흡연과 음주, 약물 사용, 비만, 안전사
고 등은 성년기의 건강 유지에 매우 해로운 요소이다.

2) 심리적 발달

(1) 인지 발달

성인기의 인지 발달과 관련하여 인지 기능이 높아지는가 아니면 감소하는가에 인지 발달에 대한 이견
대해 의견이 엇갈리고 있다. 성인기에는 인지 영역에서 쇠퇴가 이루어진다는 주장
과 연령의 증가에 따른 인지 기능의 쇠퇴가 거의 없거나 매우 적으며, 인지지능의
쇠퇴가 있다고 하더라도 종류에 따라 변화의 정도는 다르다는 주장도 있다(김태현,
2007; 윤진, 1985).

Horn과 Donaldson(1980)은 성년기의 지적 능력을 결정성 지능(crystallized 결정성 지능
intelligence)과 유동성 지능(fluid intelligence)으로 구분하여 살펴보아야 한다고 주 유동성 지능
장하였다. 결정성 지능은 학교교육이나 일상생활에서의 경험을 통해 얻게 되는 지
능이며, 어휘력, 일반상식, 사회적 상황에 대한 반응 등이 해당한다. 이에 반해 유
동성 지능은 타고난 지능으로 생물적으로 결정되며 경험이나 학습과 무관하고 공
간지각, 추상적 추론, 지각 속도 등을 통해 측정된다. 이러한 두 가지 지능은 [그림

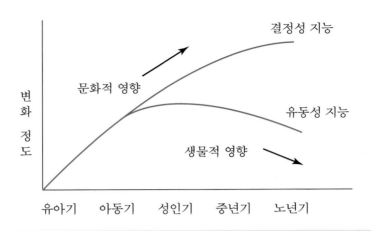

[그림 9-4] 성인기 이후의 지능 변화

9-4]에서 보는 바와 같이 절정에 달하는 시기가 각기 다르다. 유동성 지능은 10대 후반에 절정에 도달하고 성년기부터는 점차 감소하는 반면 결정성 지능은 성인기의 교육 경험의 결과로 생의 후반까지 지속적으로 증가한다.

기계적 지능
실용적 지능

    Dixon과 Baltes(1986)는 감각, 지각과 같은 기계적 지능은 연령이 증가하면서 감소하는 반면 일상생활이나 직업활동, 문제해결에 필요한 실용적 지능은 생물적 요인이 아니라 문화적 요인의 영향을 받기 때문에 연령이 증가하면서 오히려 증가한다고 하였다. 그리고 Schaie(1990)는 25세를 전후로 하여 시각-운동적 융통성은 점점 쇠퇴하지만 시각화 능력은 연령이 증가함에 따라 오히려 증가한다고 주장하였다.

창의성

    창의성이 연령이 증가함에 따라 줄어드는 것으로 인식하는 경우가 많지만 실제로 창의성은 성년기에 절정에 달한다(정옥분, 2000). 실제로 예술, 과학, 인문학 분야의 창의적 인물을 조사한 Dennis(2000)의 연구에 따르면 예술이나 과학 분야에서는 50세까지, 인문학 분야에서는 70세 이상에서도 여전히 창의적 작품을 발표하고 있는 것으로 나타났다.

성년기의
인지 변화

    따라서 성년기의 인지 변화를 정확히 판단하기 위해서는 연령뿐 아니라 개인의 교육 수준, 사회경제적 지위, 건강 상태 등을 종합적으로 고려해야 한다. 하지만 성년기의 인지 발달에 대한 학자들(Bee & Mitchell, 1980)의 주장을 종합하여 볼 때, 성년기에는 새로운 지능 발달도 거의 일어나지 않으며, 인지기술의 상실도 뚜렷하게 나타나지 않는다고 결론지을 수 있을 것이다.

(2) 친밀감의 발달

성년기의 주요한 심리적 발달과업은 가족과 그 외의 사람들과 친근한 관계를 형성하는 것이다. 이러한 친밀감(intimacy)은 자신의 정체성을 잃을지도 모른다는 두려움 없이 타인과 개방적이고 지지적이며 조화로운 관계를 형성하는 능력이다. 이러한 친밀감을 형성하기 위해서는 감정이입능력, 자기통제능력, 그리고 타인의 장단점 수용능력을 갖추어야 한다. 성년기의 친밀감은 주로 결혼을 통해 확립되어 가는데, 결혼이 바로 친밀감으로 이어지는 것은 아니다. 즉, 결혼 초기의 배우자 간의 상호 적응에 대한 요구, 자녀 출산과 양육, 부모나 친척의 기대 등이 친밀감 형성을 방해할 수 있다.

친밀감

결혼

남성과 여성의 사회화 과정의 차이로 인하여 성년기의 친밀감 형성 과정에서는 성에 따른 차이가 존재한다. 남성의 경우에는 사회화 과정에서 독립성, 정서 표현 억제, 남성다운 행동을 남성의 덕목으로 수용한 관계로 상호의존적 관계 형성이나 정서적 표현력에서 제한을 받게 된다. 이에 반해 여성은 사회화 과정에서 표현적, 양육적, 지원적 역할을 여성이 수행해야 할 역할로 받아들였기 때문에, 성년기의 친밀감 형성에 더욱 유리하다. 그러나 의존적 욕구에서 결혼을 한 여성의 경우 곧 남편에 대해 실망을 하게 되며, 성취욕이 강한 여성의 경우에는 직업생활 때문에 남편과의 친밀한 관계를 형성하는 데 어려움을 겪는다. 그리고 가사나 자녀양육에 몰두하는 여성의 경우에는 무력감, 외로움을 경험할 가능성이 높다.

친밀감의 성차

친밀감의 과업을 성취한 성인은 타인과 아이디어나 계획을 논의하고, 개인적 감정 표현도 서로 허용하고, 자신을 가치 있고 유능한 존재로 인식하게 된다. 그러나 청소년기와 청년기에 자아정체감을 확립하지 못한 성인은 고립감을 형성할 가능성이 높으며, 군입대, 취업 준비, 부부간의 흥미와 취미의 상이성 등과 같은 상황적 요인도 고립감 형성에 영향을 미친다(김태련, 장휘숙, 1994). 만약 성년기에 고립감이 형성되면, 타인과 친밀한 관계를 형성하는 것이 오히려 자신의 정체감 혼란을 초래할 것이라고 보고, 타인과의 관계 형성 자체를 제한하게 된다.

친밀감 대 고립감

3) 사회적 발달

(1) 결혼과 부부관계

결혼은 친밀감과 성숙한 사회관계를 확립하는 데 매우 중요한 요소이다. 2019년 우리나라 성인 남성의 평균 초혼 연령은 33.4세, 여성은 30.6세로 15년 전에 비해 남녀 모두 평균 3.5세가 증가하여 만혼 현상이 뚜렷해지고 있으며, 앞으로도 이런 현상은 지속될 것으로 보인다(통계청, 2019c).

이러한 결혼이 이루어지기 전에 성인 남녀는 교제 과정을 통하여 결혼 상대자를 만나게 된다. 교제관계가 결혼관계로 변화할 수 있는가 없는가 하는 것은 두 사람의 정체감 확립 상태와 결혼적령기와 관련된 사회적 시계(social clock)의 작동에 의해서 결정된다(Gagnon & Greenbelt, 1978; Newman & Newman, 1987). 확고한 자아정체감을 형성하여 이성과 친밀한 관계를 형성할 수 있는 능력이 있거나 부모나 친지가 결혼적령기 내에 결혼하기를 기대할 경우, 교제 상대자를 결혼 상대자로 선택하게 된다.

결혼 상대자의 선택과 관련하여 Udry(1971)는 6단계의 여과이론을 주장하고 있다. 결혼 상대자를 선택하는 과정에서는 ① 먼저 모든 대상자 중에서 접촉의 기회와 상호작용의 기회가 많은 사람으로 그 범위를 좁힌 후, ② 그중에서 서로 매력을 느끼고 끌리는 사람으로 다시 대상의 범위를 좁혀 나간다. 그리고 ③ 가깝고 매력을 느끼는 사람 중에서 연령, 교육수준, 종교 등의 사회적 배경이 유사한 사람으로 범위가 더욱 좁혀지고, ④ 다시 태도나 가치관이 자신과 유사한 사람으로 범위가 좁혀진다. ⑤ 성격상 서로의 단점을 보완해 줄 수 있는 사람으로 좁혀진 사람 중에서, ⑥ 부모로부터 결혼에 대한 압력을 받고 있거나 스스로 결혼하고자 하는 욕구가 강한 사람 중 한 명을 결혼 상대자로 선택하게 된다. 즉, 결혼 상대자의 선택은 ① 상호작용이 가능한 사람, ② 상대방의 매력, ③ 개인적 특성, 성격, 사회적 배경, 태도와 가치관이라는 세 가지 기준에 입각하여 이루어지게 된다. 물론 결혼 상대자 선택에서 이 세 가지 기준 중 어떤 기준을 더욱 중시하는가는 개인에 따라 차이가 있다.

결혼 상대자를 선택하고 결혼을 하게 되면, 첫 몇 년간은 상호 적응 과정을 거친다. 수십 년 동안 서로 다른 가족문화에서 성장한 배우자는 일상생활과 관련된 모든 영역에서 서로 간에 타협을 요구하게 된다. 그중에서도 수면, 식사, 욕실 사용 등과 같은 기본적인 일상생활 관련 사항, 금전 지출, 성생활 및 여가활용, 본가 또는 원가족(family of origin)과의 관계 등에 대해서 서로 의논하고 협의하여 행동노선에 대한 결정을 내려야 한다. 그러므로 이 시기에는 서로에게 심리적으로 헌신할 수 있어야 하며, 결혼관계가 허용하는 한계를 인식하여야 함과 동시에 개인적 자유를 허용할 수 있는 사랑이 있어야 한다(송성자, 2002). 특히 맞벌이 부부의 경우에는 역할 분담의 불확실성으로 인하여 타협의 영역이 훨씬 넓기 때문에 더욱 많은 영역에서 상호 적응이 필요하다.

만약 결혼 초기에 상호 적응의 과업을 성공적으로 이행하지 못할 경우에는 부부 관계에 갈등이 많아지고 이혼하게 될 가능성이 높다. 최근 들어 결혼 5년 이내에 이혼하는 비율이 20% 정도에 이르는 점(통계청, 2019c)은 바로 이러한 결혼 초기의 상호 적응이라는 과업을 성취하지 못한 결과에 기인한 현상이라 할 수 있다. **부부갈등과 이혼**

결혼한 부부의 결혼만족도 또는 상호작용의 질을 결정하는 요인은 사회경제적 지위와 결혼생활 기간, 남편의 심리사회적 성숙도, 부부간의 의사소통 유형이다. 첫 번째 요인과 관련하여서는 사회경제적 지위가 높고, 결혼기간이 길수록 부부 사이에 친밀한 관계가 형성될 가능성이 높다(Scanzoni & Scanzoni, 1981). 두 번째 요인과 관련하여서는 임신, 출산, 가사 등으로 인하여 남성보다 여성이 결혼생활에 더 많은 긴장을 경험하며 심리사회적으로 성숙한 남편일수록 부인이 이러한 긴장을 적절히 해결할 수 있도록 더 많은 지지를 해 줄 수 있기 때문에, 남편의 심리사회적 성숙도가 높을수록 결혼만족도가 높아진다(Barry, 1970). 세 번째 요인인 의사소통 유형과 관련하여서는 피상적인 대화만을 나누고 상대방의 의견을 수용하지 않으며 정서적 관여 수준이 낮은 관례적 의사소통이나 상대를 전혀 고려하지 않고 자기 의견만을 내세우는 통제적 의사소통 그리고 상대방의 의사를 탐색하고 자신의 의견은 표현하지 않는 탐색적 의사소통 유형을 갖고 있는 부부보다는, 상호 간에 자유롭게 의견을 개진하고 상대방의 의견도 수용하는 접촉적 의사소통을 하는 부부의 결혼생활 만족도가 더 높게 나타난다(Hawkins et al., 1980). **결혼만족도 결정요인**

성숙한 남편

의사소통

결혼만족도는 가족생활주기에 따라서도 차이가 난다. 즉, 신혼기인 성년기 초반에는 결혼만족도가 가장 높지만 자녀출산과 양육을 하게 되는 중년기에는 전반적으로 낮아지며, 자녀가 출가 또는 독립한 이후에는 다시 결혼만족도가 높아지는 U자형의 변화를 보인다(White et al., 1986). **가족생활주기와 결혼만족도**

오늘날에는 배우자가 자신의 삶을 풍요롭게 해 주고, 자신의 잠재력을 실현할 수 있는 기회를 부여해 주며, 인생의 동반자이자 사랑과 열정의 대상이 되어 주기를 기대한다. 결혼생활이 이러한 기대를 충족해 주지 못하면 이혼을 고려하게 되는데, 최근 10년 사이에 조이혼율(粗離婚率)은 줄어들고 있으나 평균 이혼연령과 이혼 시 혼인 지속기간은 지속적으로 증가하여 평균 이혼연령은 결혼만족도가 가 **이혼**

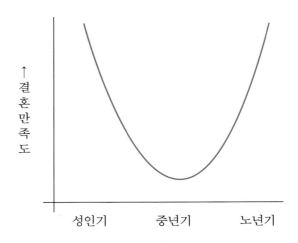

[그림 9-5] 발달 단계별 결혼만족도

장 낮은 중년기 초반인 것으로 나타나고 있다(통계청, 2019b). 전체 혼인 건수에서
재혼 건수가 차지하는 비율이 19% 정도(통계청, 2019c)에 이르고 있어 초혼만이 정
상적 결혼이라는 인식에서 벗어나 재혼을 대안적 결혼양식으로 받아들이고 있다.
이렇게 우리 사회의 이혼 및 재혼 가족에 대한 부정적 고정관념은 점차 줄어들고
있으나, 지금도 여전히 이혼가족이나 재혼가족은 역할 상실, 경제적 어려움, 사회
적 고립, 자녀양육이나 질병의 문제와 같은 이혼이나 재혼에 따르는 생활상의 어
려움 이외에 사회적 낙인을 동시에 겪게 되는 이중고를 당하고 있다.

재혼

(2) 자녀양육

부부간의 사랑의 결과인 자녀의 출산은 부부의 삶의 방식과 가족생활에 많은 변
화를 초래한다. 최근 만혼 현상이 강화되면서 결혼 초기에 자녀를 갖는 경우가 늘
고 있지만, 여성의 경제활동 유지와 부부생활의 행복을 누리기 위해서 자녀 출산
을 연기하는 경우도 많다.

자녀의
출산의 영향

자녀는 부부간의 사랑을 연결해 주고, 친구가 되기도 하며, 부부간의 외로움을
줄여 주기도 한다. 하지만 첫 자녀의 임신, 출산 준비 등이 결혼생활에 긴장을 야
기하고, 결혼만족도나 행복감을 줄어들게 하기도 한다. 이는 부모의 자녀양육기
술이 부족하거나 자녀양육방식에 대한 의견 차이가 발생할 수도 있으며, 수면 부
족, 가사와 양육역할 분담문제, 전체 가족관계의 재조정 미흡 등으로 인하여 부부

결혼만족도

간에 갈등이 일어날 수 있기 때문이다. 따라서 자녀 출산 이후에도 부부 간의 적응 상태를 적절히 유지하기 위해서는 부모로서의 역할전환에 대한 준비와 함께 육아에 대한 지식을 가지고 있어야 한다. 이와 아울러 부부간의 역할과 책임에 대한 재조정을 포함한 전체 가족생활의 재조정이 이루어져야 한다.

부모로서의
역할전환

(3) 직업생활

성년기에 속한 대부분의 남성과 상당수의 여성에게 직장생활은 중요한 의미를 지닌다. 직장생활을 하는

[그림 9–6] 〈엄마와 아이(Mother and Child)〉(Sanford Robinson Gifford, 1892)

출처: http://www.art-platform.com

성인은 청년기에 자신에게 맞는 직업을 선택하고 사전 직업훈련도 어느 정도 받았지만, 특정 직업을 수행할 수 있는 실질적인 직무기술에 대한 훈련은 거의 받지 못한 상태이다. 그러므로 직업생활 초기에는 직업 역할 수행에 필요한 여러 가지 훈련을 받아야 하는데, 직업훈련 기간은 짧게는 몇 주에서부터 길게는 10년 이상이 필요한 경우도 있다.

직업훈련

직업 역할을 성공적으로 수행하기 위해서는 자신이 수행해야 할 특정 직무와 관련된 전문 지식과 기술을 학습해야 하며, 그 직무에 따르는 지위와 의사결정과정 등의 권위관계에 대해서도 학습해야 한다. 그리고 직업적 요구사항과 위험요인을 정확히 인식하여 대처능력을 기르고, 직장동료와의 우애로운 상호관계를 형성할 수 있어야 한다.

성공적 직업생활

이러한 직업훈련 과정을 충실히 이행하고 자신에게 부여된 직무를 수행하고 그 결과에 따라 만족을 느끼는 정도는 직무 특성이나 개인 특성에 따라 차이가 있다. 하지만 [그림 9-7]에서 보는 바와 같이, 대체로 연령이 낮을수록 특히 30대 이하의 젊은이가 직업에 대해 불만족하는 경향이 더 강하고, 연령이 증가함에 따라 자신의 직업에 대해 만족을 느끼는 비율이 높아진다(Meier & Kerr, 1977).

직업만족도

성년기는 이러한 직업생활, 부부관계, 자녀 출산과 양육, 그리고 친척이나 친구

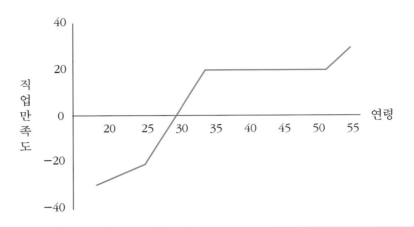

[그림 9-7] 연령에 따른 직업만족도 변화

가족생활시간

관계와 같은 다양한 생활 영역을 고려하여 기본적인 가족생활시간을 결정하여야 하는 시기이다(김태련, 장휘숙, 1994). 이러한 가족생활시간을 결정하는 데 가장 중요한 영향을 미치는 것이 직업생활이다. 특히 가장이 직업적 요구에 어떻게 반응하는가에 따라 가족의 생활시간이 달라질 수밖에 없다. 직업적 요구를 중시하는 가장인 경우에는 부부나 자녀와 함께 여가생활을 할 수 있는 시간이 적어진다. 직업적 요구보다는 가족생활을 더욱 중시하는 가장인 경우에는 가족과의 여가가 더 많아진다. 그 외에도 직장동료와의 관계, 친척관계, 친구관계, 이웃관계 등의 생활 영역에서 어느 영역에 더 많은 비중을 두는가에 따라 생활시간이 달라진다.

역할기대 재조정

성년기에는 다양한 역할기대를 재조정해야 하기 때문에, 여러 생활 영역에서 갈등이 야기될 수 있다. 따라서 성년기에는 직장뿐만 아니라 부부, 자녀, 친족, 친구 등과 같은 다양한 사회관계망의 역할기대를 적절히 조화해 나갈 수 있는 능력을 갖추어야 한다.

맞벌이 부부

[그림 9-8] 맞벌이 여성의
슈퍼우먼 증후군

출처: http://bavegirlsclub.com

맞벌이 부부의 경우에는 사회관계망의 역할기대와의 부조화, 역할과중의 문제로 인하여 가족 내에 갈등이 야기될 소지가 많다. 특히 맞벌이를 하는 아내의 경우에는 자녀양육과 집안일, 직업여성으로서의 역할을 동시에 수행하는 과정에서 역할갈등과 역할가중을 경험하게 됨으로써, 맞벌이 남편에 비하여 더 큰 어려움을 겪을 수밖에 없다. 이때 맞벌이를 하는 여성이 아내, 어머니, 직업인 등의 역할을 지나치게 완벽하게 수행하려 할 경우, 슈퍼우먼 증후군(superwoman syndrome)을 보이기도 한다.

슈퍼우먼 증후군

4) 사회복지실천에서의 관심 영역

(1) 신체적 발달의 관심 영역

성년기에 최고조에 달한 신체적 기능 상태를 지속적으로 유지하기 위해서는 규칙적인 운동이 필수적이다. 따라서 사회복지기관에서는 지역주민을 위한 운동시설을 설치하거나 운동 및 건강증진 프로그램을 개발하여 실시하여야 한다. 그리고 지역의 보건소나 식품회사 등과의 연계를 통해 건강한 가정식단 꾸미기 프로그램을 개발하여 지역사회 내에 보급하고, 금주 및 금연 교실, 스트레스 관리 프로그램 등을 개발하여 실시하여야 한다.

건강증진 프로그램

(2) 심리적 발달의 관심 영역

성년기의 주요한 심리적 발달과업은 친밀성의 성취이다. 성년기의 친밀성은 주로 결혼생활과 밀접한 관련성을 지닌다. 따라서 사회복지기관에서는 부부교실을 운영하여 신혼기의 결혼생활 적응과 가족생활계획 수립을 지원하고, 부부상담을 통하여 부부갈등의 해결을 지원함으로써 부부간에 친밀한 관계가 유지될 수 있도록 하여야 한다. 사회복지기관에서는 젊은 부부의 이혼을 사전에 예방할 수 있는 부부상담 프로그램을 강화해 나가야 할 것이다. 그리고 젊은층 주부가 밀집되어 있는 지역에서는 주부클럽 등을 조직화하여 비슷한 연령대의 주부 간의 상호 교류를 촉진함으로써, 이들 간의 친밀감 형성을 지원할 수 있을 것이다.

부부 교실과 상담

주부클럽

(3) 사회적 발달의 관심 영역

성년기에 자녀를 출산한 부모는 대부분 자녀양육기술이 미흡하며, 자녀양육과 관련된 역할 분담 문제 등으로 인하여 갈등을 경험할 가능성이 높다. 따라서 사회

부모역할훈련 복지기관에서는 임산부 교실이나 부모역할훈련 프로그램을 실시하고, 필요에 따라서는 사회서비스를 이용한 산모도우미 파견을 통하여 산후조리와 자녀양육을 지원하여야 한다. 이와 아울러 부모의 이혼 등으로 인하여 한부모가족이 된 자녀

한부모가족 지원 에 대한 양육지원사업을 실시하여야 하며, 자녀양육에 어려움을 겪는 맞벌이 부부의 자녀양육을 지원할 수 있는 방과후 보호 프로그램 등의 다양한 사업을 실시하

방과후 프로그램 여야 한다.

사회복지기관, 특히 행정기관과 사무실이 밀집해 있는 지역에 위치한 사회복지기관에서는 직장인을 위한 여가, 교육 및 상담 프로그램을 집중적으로 운영하여야

직장인 프로그램 한다. 즉, 직장인을 대상으로 한 외국어교실, 정보화교실 등의 전문사회교육 프로그램을 새벽이나 야간에 개설하거나, 직장에서 받는 스트레스를 해소할 수 있도록 각종 상담 프로그램이나 여가 프로그램을 점심시간이나 퇴근 이후 시간대에 집중적으로 개설할 필요가 있다.

🔭 생각해 보아야 할 과제

1. 청년기의 군대생활이 발달에 미치는 긍정적 영향과 부정적 영향에 대해 논의해 보시오.

2. 집에서 통학하는 대학생과 자취, 하숙, 기숙사 생활을 하는 대학생 각 한 명씩을 선택하여 각각의 거주 형태에 따른 장단점과 그들의 자율성 수준을 비교해 보시오.

3. 대학생으로서 귀하가 직업 선택과 준비를 위하여 현재 하고 있는 일을 검토해 보고, 지도교수나 대학의 취업지원 부서를 찾아가서 자신의 준비 상황이 어느 정도의 타당성을 지니고 있는지 상담해 보시오.

4. 청년 실업의 실태를 분석해 보고, 이를 개선할 수 있는 방안을 사회적 차원과 개인 차원으로 구분하여 제시해 보시오.

5. 다음의 책을 읽고 우리 사회의 청년이 처한 현실을 이해하고 미래의 삶을 위한 자기

개발의 방향에 대해 토론해 보시오.

- 김난도(2010). **아프니까 청춘이다**. 서울: 쌤앤파커스.
- 박경철(2011). **자기혁명**. 서울: 리더스북.

6. 자신의 애정관과 결혼관을 학우들과 토론해 보시오.

7. 부모나 결혼한 형제에게 결혼 초기에 적응하는 과정에서 겪었던 어려움에 대해 질문하여 답변을 구한 후, 결혼 초기의 적응과업이 무엇인지에 대해 토론해 보시오.

8. 맞벌이 부부가 결혼 적응과정에서 직면할 수 있는 문제에 대해 토론해 보시오.

9. 이혼에 관한 기존 연구자료를 참조하여 우리나라의 이혼 실태와 원인을 분석하고, 이혼으로 인한 한부모가족을 지원할 수 있는 사회복지 대책을 구체적으로 제시해 보시오.

10. 최근에는 양성성, 즉 남성과 여성으로서의 성역할 정체감을 동시에 갖추어야 한다는 주장이 우세해지고 있는데, 이에 대한 견해를 제시해 보시오.

제10장

중·장년기

학 습 목 표

1. 중·장년기의 신체적 발달 양상을 이해한다.
2. 중·장년기의 심리적 발달 양상을 이해한다.
3. 중·장년기의 사회적 발달 양상을 이해한다.
4. 사회복지실천에서 중·장년기의 발달과 관련하여 관심을 기울여야 할 영역을 이해한다.

중·장년기(middle adulthood)의 연령 구분은 학자에 따라 각기 다르지만, 대체적으로 중·장년기의 시작은 30~40세 기간의 한 지점으로 잡으며, 끝나는 시기는 60~70세 중의 한 지점을 잡는다(송명자, 1994; 이인정, 최해경, 2007). Levinson 등(1978)은 중년기를 40~60세로 규정하고, 이를 다시 4단계로 구분하고 있다. 즉, 40~45세를 성인기에서 중년기로 전환하는 시기로 보았으며, 45~50세를 중년기로의 진입기, 50~55세를 50대 전환기, 그리고 55~60세를 중년 절정기로 구분하고 있다. 이와 같이 중·장년기도 성인기와 마찬가지로 다양한 세부 단계로 분류할 수 있지만, 아직 이에 대한 충분한 연구가 이루어지지 않고 있다.

이에 이 책에서는 중·장년기를 하나의 단계로 구분하고, 성인기가 끝나는 40세부터 노년기가 시작되기 직전인 65세 이전까지로 규정하였다. 이와 같이 중·장년기의 연령을 구분하는 근거는 사회통념상 40세부터를 중년이라고 보고 있으며, 발달심리학 연구에서 40세부터를 성인중기 또는 중·장년기로 구분하는

중·장년기의
구분

중·장년기의
연령

연구가 많다는 점(신명희 외, 2013; 정옥분, 2000)과 노인복지법과 기초연금법에서 노인의 기준을 65세부터로 규정하고 있기 때문이다.

황금기 대 쇠퇴기   학자에 따라서는 중·장년기를 인생의 전성기 또는 황금기로 간주하는 사람이 있는가 하면 반대로 인생의 쇠퇴기로 규정하는 사람도 있다(임은미 외, 2013). 중·장년기를 인생의 전성기로 규정하는 것은 경제적으로 상당히 안정되어 있고, 다양한 삶의 영역에서의 경험을 통하여 삶의 지혜를 터득한 상태이며, 직장이나 가정에서 높은 지위와 권한을 갖기 때문이다. 반면 중·장년기를 인생의 쇠퇴기로 보는 이유는 여성의 폐경기, 남성의 갱년기 등과 같은 신체적 퇴행이 이루어지기 시작하고, 결혼만족도가 최저점에 이르고, 신체 및 정신 질환에 걸릴 가능성이 높기 때문이다. 그리고 자녀양육과 노부모 부양이라는 두 가지 책임을 동시에 이행해야 하는 샌드위치 세대   샌드위치 세대(sandwich generation) 이른바 '낀 세대'이며, 중년기의 위기를 슬기롭게 극복하지 못할 경우 침체된 삶의 여정을 걷게 될 위험성이 높기 때문이다.

따라서 중·장년기를 전성기 또는 황금기, 쇠퇴기 또는 위기의 시기라는 어느 한 가지 관점에서 이해하기보다는 청소년기와 마찬가지로 중·장년기도 인생의 인생의 전환기   전환기로 이해하는 것이 바람직할 것이다(Farrell & Rosenberg, 1981). 이러한 중·장년기의 주요 발달과업은 신체적 변화에 대한 적응, 부부간의 애정 재확립과 중 발달과업   년기 위기의 극복, 직업활동에의 몰두와 여가선용 등이다.

1 신체적 발달

1) 신체적 변화

대부분의 중·장년기 성인은 비교적 양호한 건강 상태를 유지하고 있지만, 이 시기부터 신체적 능력과 건강이 감퇴되기 시작한다. 먼저 신체 구조상의 변화를 신체구조의 변화   보면, 척추뼈 사이의 추간판(disk)의 감퇴로 인하여 신장이 줄어드는데, 50세경에는 0.3cm, 60세경에는 2cm 정도 줄어든다(Santrock, 1995). 40세 이후부터는 신진대사 활동이 둔화되면서 허리둘레와 체중이 늘고 배가 나오기 시작한다. 머리카락은 모근의 멜라닌 색소 감소로 희어지고 또 가늘어지는데, 이 시기에는 모발의 성장도 느리기 때문에 모발의 교체가 늦어지고 머리카락이 빠지기 시작하며, 심한 경우에는 대머리가 되기도 한다. 피부는 탄력이 줄어들고 주름이 생기며, 수분이 줄어들어 건조해지고 때로는 갈라지기도 한다. 특히 폐경기 여성에게서 피부의 수분 감소 현상이 더욱 심하게 나타나며, 땀샘의 크기, 수, 기능이 감소하기 시작한다.

이러한 신체 구조의 변화로 인하여 신체기능의 쇠퇴가 일어난다. 중·장년기가 시작되면서부터 활기를 잃고, 육체적 힘이 약화되기 시작한다. 질병에 대한 저항력이 약해질 뿐만 아니라 질병에서 회복되는 데 필요한 시간도 늘어나게 된다. 심장 기능은 30세를 100으로 하였을 때 50세에는 80%로 저하되며, 신경자극이 뇌에서 신체의 근육조직으로 전달되는 속도가 50세경에는 5% 정도 감소한다. 이는 대뇌피질, 특히 전두엽(前頭葉) 부위에서 두드러지게 나타나지만, 뇌의 구조와 기능의 변화는 대수로운 것은 아니다. 폐의 탄력성이 줄어들고 흉곽도 작아지기 때문에 호흡능력 역시 30대를 100으로 하였을 때 중·장년기에는 75% 정도로 감소하게 된다(신명희 외, 2013; 정옥분, 2000).

이와 같은 신체 구조 및 기능상의 변화로 인하여 중·장년기에는 관절염, 당뇨, 심장병, 고혈압, 악성신생물 등과 같은 만성적이고 심각한 성인병에 걸릴 가능성이 다른 어떤 시기보다도 높다. 그리고 감각기관의 노화로 인하여 시력이 낮아지고 원시가 되며, 청각도 예민성이 줄어드는 등 감각기능의 쇠퇴도 동시에 이루어진다. 그러므로 이 시기에는 건강 유지에 많은 관심과 주의를 기울여야 한다.

신체기능의 쇠퇴

성인병

감각기관

2) 성적 변화

중·장년기에 이르면 남녀 간에 차이가 있긴 하지만 남녀 모두 성적 능력의 저하가 이루어지는 갱년기를 경험하게 된다. 먼저 여성의 경우 일정한 수의 난자를 가지고 태어나므로 월경을 시작한 지 30~40년 정도가 되면 난자가 거의 다 배출되어, 40대 후반에서 50대 초반에는 배란과 월경을 멈추고 더는 아이를 가질 수 없는 상태가 되는 폐경(menopause)을 경험하게 된다. 그러나 약 10% 미만의 여성은 40세 이전에 조기 폐경을 경험하기도 한다(정옥분, 2004). 폐경이 이루어지면 생식능력을 상실하게 되고, 에스트로겐(estrogen)이라는 여성 호르몬이 1/6 정도 줄어들고, 자궁과 유방의 퇴화가 이루어지면서 다양한 신체적 증상과 심리적 증상을 경험한다. 하지만 모든 여성이 폐경 증상을 경험하는 것은 아니며 3/4 정도가 폐

갱년기

폐경

폐경 증상

경 증상을 경험하는데, 그중 1/4 정도는 의학적 치료가 필요한 극심한 증상을 겪기도 한다(신명희 외, 2013).

신체 증상   먼저 폐경으로 인하여 나타나는 신체 증상을 보면, 폐경기 여성의 2/3 정도는 번열증(煩熱症, hot flashes), 즉 몸 전체가 갑자기 달아오르는 열 반응을 경험한다. 그리고 폐경으로 인하여 질 내벽이 얇아지고 질이 위축되고 분비물이 적어지므로, 성관계 시 통증을 느낄 수 있다. 또한 30세경부터 시작된 골밀도의 감소가 에스트로겐의 감소로 인하여 더욱 촉진되어 골다공증에 이르는 경우도 있으며, 두통, 메스꺼움, 현기증, 골반통, 유방통증, 호흡장애 등이 나타난다.

심리 증상   폐경으로 인하여 여성은 우울정서, 불안 및 긴장감 고조, 초조감, 분노감 등의 심리 증상을 경험할 수 있다. 그러나 폐경을 경험한 여성 중 일부는 폐경으로 인한 심리적 변화나 생활 변화를 거의 경험하지 않았거나 폐경이 자신의 생활에 별다른 영향을 미치지 않은 것으로 보고하고 있다. 심지어는 월경의 불편함이나 임신 공포에서 벗어나 보다 활동적으로 생활하는 등 예전보다 생활이 더욱 활발해졌다고 보고하는 경우도 있다(Unger & Crawford, 1992).

남성의 갱년기   여성과는 달리 중·장년기 남성의 갱년기는 정자나 정액 생성의 종결을 의미하지 않으며, 여성에 비해 비교적 늦게 찾아오는 것이 일반적이다. 남성 호르몬인 테스토스테론이 30세 이후부터 1년에 1% 정도씩 서서히 감소된다(Whitebourne, 2001). 갱년기 남성의 정자 수와 활동성이 저하되고 수정 능력이 감소하는데, 이때 성적 능력은 저하되지만 성적 무능력을 초래하지는 않는다. 남성의 성적 무능력은
성적 무능력의
원인

[그림 10-1] 폐경으로 인한 신체·심리 증상

출처: http://www.medichannel.co.kr

남성호르몬 분비의 감소보다는 성공에 대한 과도한 욕심, 정신적 피로, 과음과 과식, 만성질환, 성적 수행에 대한 실패 공포 등에 의해 유발된다(Masters & Johnson, 1985). 남성 호르몬이 줄어들게 되면, 근육조직의 손실과 근력의 감소를 초래하고 심장질환의 위험성이 증가하며, 약 5% 정도의 중년기 남성이 우울증, 피로, 성적 무력감, 약한 번열증 등을 경험하며, 음성이 고음으로 변하고 머리카락이 줄어드는 등의 변화를 보이지만, 특별한 신체적 어려움은 야기되지 않는다(정옥분, 2004).

이와 같이 중년기에 속한 남성과 여성 모두 갱년기 장애를 경험하는 비율이 높지 않음에도 우리 사회의 젊음에 대한 선호로 인하여 고통을 받는 경우가 많아지고 있다. 우리 사회에서는 남성의 은발, 주름살, 뱃살 등과 같은 중년기의 신체 및 성적 변화는 경험과 노련미의 증거로 받아들이는 데 반하여 여성에게서 나타나는 중년기의 신체 변화는 매력의 상실 또는 '내리막길'로 들어섰다는 표시로 간주하는 경향(정옥분, 2004)이 있어, 중년기의 신체 및 성적 변화로 인하여 여성이 더 큰 어려움을 겪고 있다.

남성과 여성의
갱년기

2 심리적 발달

1) 인지능력의 변화

중·장년기의 인지 변화에 대해서는 서로 상반된 주장이 존재하지만, 속도에 크게 의존하는 능력을 제외하고는 중년기에 인지능력의 감소는 크지 않다는 것이 일반적인 견해이다. 중·장년기에 인지적 반응속도가 늘어진다는 점에 대부분의 학자가 동의하고 있으나, 일상생활에 지장을 초래할 정도로 늘어지지는 않는다(Salthouse, 1993). 이처럼 중·장년기에 인지적 반응속도가 늘어지는 이유와 관련하여, 중추신경계의 기능 저하 때문인지 아니면 조심성, 심사숙고, 불안 등의 요인에 의해 반응속도가 둔화되는 것인지에 대해서는 이견이 있다.

인지적 반응속도

중·장년기에는 기억의 감퇴 현상이 나타난다. 실제로 50세 이후에 저장된 기억정보를 활성화하는 데 소요되는 시간은 20대에 비해 60% 정도 증가한다(Santrock, 1995). 그러나 중·장년기에 나타나는 기억능력의 감퇴는 크지 않은 것으로 알려져 있다. 제시된 자극을 보고 관련 정보를 인출해 내는 재인기억

기억

(recognition memory)은 중·장년기에도 그대로 유지되며, 청각적 기억은 40세 이후부터 일정하게 유지되고, 시각적 기억 역시 60세까지는 감퇴 없이 유지되는 것으로 나타났다. 다만 단기기억능력의 저하가 장기기억능력의 저하에 비해 심하지만, 그 감퇴 정도는 크지 않다. 그런데도 중·장년기에 기억능력이 감퇴하는 것처럼 보이는 이유는 정보처리 시간이 길어지는 데 기인한 것으로 보인다(송명자, 2008).

문제해결능력 중·장년기에는 직업활동 등을 통하여 특정 분야에 필요한 지식과 기술의 습득에 많은 시간과 노력을 투자한 결과, 그 분야의 문제해결에 필요한 높은 수준의 전문성을 보유한 경우가 많다. 중·장년기에는 새로운 것을 학습할 수 있는 능력은 저하되지만 오랜 경험을 통해 획득한 지혜가 있기 때문에 문제해결능력은 오히려 높아진다. 문제해결능력 역시 연령에 따라 차이를 보이는데, 추상적 문제해결 능력은 성년기에 감소하지만, 현실적이고 실제적인 문제해결능력은 중·장년기에 절정에 달한다. 그 이유는 중·장년은 일상적인 문제를 해결한 경험이 많기 때문에 복잡하고 불확실한 상황에서도 뛰어난 통찰력과 판단력으로 문제를 해결해 나갈 수 있기 때문이다. 이와 같은 중·장년의 풍부한 경험과 높은 수준의 문지휘하는 세대 제해결 능력 덕택으로 회사 등을 비롯한 사회조직에서 '지휘하는 세대(command generation)'로서의 지위를 구가한다.

2) 심리적 위기

Erikson(1963)은 중·장년기를 자신과 타인의 행동 방향을 제시하고 미래를 계획하고 타인의 욕구를 예측할 수 있는 시기라고 규정하고, 이 시기에 직면하게 되생산성 대 침체 는 심리사회적 위기를 생산성 대 침체(generativity vs. self-stagnation)라고 하였다. 생산성이란 자녀를 양육하고, 능동적으로 직업에 몰두하며, 사회의 발전에 관심을 갖는 것, 즉 자신보다는 타인, 현재보다는 미래를 위한 일을 하는 것이라 하였다. 이러한 생산성을 확립하기 위하여 중·장년기의 성인은 부모역할, 직업적 성취, 사회봉사 등의 활동에 적극적으로 참여해야 한다.

이에 반하여 가정생활, 자녀양육, 직업역할을 만족스럽게 성취하지 못한 경우, 침체 상황에 이르게 된다. 침체란 심리적 성장의 결핍, 자신의 에너지와 기술을 오로지 자기의 확장과 자기만족을 위해 사용하는 것을 의미한다. 이러한 침체는 주로 직장에서의 승진 탈락, 노부모 부양, 부부갈등과 이혼 등으로 인하여 무능력을 경험할 때 형성되며, 새로운 기술의 발달과 생활양식의 변화도 중·장년기의 성인을 침체 상태에 이르게 하는 주요 요인이 되고 있다.

이처럼 중·장년기에는 신체적 노화, 직업생활 및 가족생활에서의 변화에 성공적으로 적응해야 하는 과업을 지니고 있고, 자아의 성장에 더 큰 관심을 가지므로 중년기 위기(mid-life crisis)를 경험할 가능성이 높다. Levinson 등(1978)의 연구 결과에 따르면, 40~45세 남성의 80% 정도가 정서적 갈등이나 실망감을 경험하는 것으로 나타났다. 남성의 경우에는 직업 전환, 이혼과 결혼 갈등, 교통사고 등으로 자살을 시도하거나, 우울, 불안, 피로, 수면장애 등의 정신장애를 경험하기도 한다. Troll(1982)의 연구에 따르면, 여성의 경우에는 자녀에 대한 염려, 남편과 노부모 걱정, 자기실현의 문제를 더 많이 경험하기 때문에 남성보다 더 심한 위기감을 경험하는 것으로 나타났다. 그러나 중년기의 위기가 반드시 존재하는 것인가에 대해서는 아직 학자 간에 합의에 이르지 못하고 있으며, 문화에 따라 차이가 있다는 점에 대해서만 서로 동의하고 있는 실정이다.

중년기 여성의 경우에는 자녀가 모두 집을 떠나고 부부만 남게 되는 빈둥지 시기(empty nest)에 인생의 무의미함을 느끼고, 자신이 이제 쓸모없게 되었다는 느낌을 갖기도 한다. 그러나 실제 빈둥지 시기가 되었을 때 부모로서의 책임에서 벗어나 자신을 더는 아내로서 또는 어머니로서 정의하지 않으며, 개인으로서의 정체성에 다른 의미를 부여하고 자신감, 안정감, 독립심을 나타내기도 한다.

중년기 위기

빈둥지 시기

[그림 10-2] 중년의 인생 시계

출처: http://www.wordpress.com

3 사회적 발달

1) 가족생활 환경

안정된 가족환경

중·장년기에는 가족성원의 성장과 발달을 지원할 수 있는 안정된 가족환경을 조성하여야 한다. 즉, 중·장년기에 이른 부모는 가족성원의 욕구, 기호, 기술이나 재능의 차이를 인정하고 적절하게 반응할 수 있는 능력을 습득하며, 가족성원이 기술이나 재능을 개발할 수 있는 적절한 기회를 부여해 줄 수 있어야 한다. 이러한 가족환경을 조성하기 위하여 중·장년기의 부모는 가족성원의 지위에 따라 책임과 권리를 공평하게 배분하고, 가족생활과 관련된 합리적 의사결정을 할 수 있는 능력을 지니고 있어야 한다.

가족 의사소통 유형

Newman과 Newman(1987)은 가족 내 의사소통 유형과 가족역동의 관계에 대해 다음과 같이 설명하고 있다. 먼저 남성 또는 여성 단독 성인주도형 의사결정 구조를 가진 가족에서는 부모가 단독으로 책임을 지고 가족의 재산에 대한 결정권을 행사하며, 가족의 단독 집행자로서 보상과 처벌권을 지니므로, 동일시의 대상이 됨과 동시에 잘못될 경우 비난의 대상이 되기도 하기 때문에 지속적으로 가족갈등을 유발할 수 있다고 하였다. 그리고 성인주도형 의사결정 구조를 가진 가족은 부모가 가정일에 대한 책임을 분담하고 자녀가 종속적 지위에 머물기 때문에 불만이 야기될 수 있다고 하였다. 이에 반해 전체 가족성원이 의사결정에 대한 책임을 분담하는 가족주도형 의사결정 구조를 가진 가족에서는 가족성원 모두가 가족문제에 대한 의견이나 해결책을 제시하며, 성인의 영향을 받기는 하지만 자녀의 참여와 만족도가 높다고 하였다. 우리나라의 경우에는 지금까지 남성주도적 의사결정 구조가 유지되고 있긴 하지만, 여성의 지위 향상으로 인하여 최근에는 성인주도형과 가족주도형 의사결정 유형을 지닌 가족이 점차 늘어나고 있는 추세이다.

가족 시간계획

중·장년기에 성공적 가족관리를 하기 위해서는 가족을 위한 시간계획과 미래 목표를 설정하여야 한다. 먼저 가족을 위한 시간계획은 1일부터 향후 10년 정도에 이르는 미래에 대한 시간계획까지도 수립하여야 한다. 즉, 직업생활에 따르는 시간계획에 근거하여 가족을 위한 1일 시간계획을 수립하여야 하며, 자녀의 성장을 예견하여 미래의 가족을 위한 시간계획까지도 수립하여야 한다. 이러한 미래의 가족을 위한 시간계획 수립에는 가족의 장·단기 목표를 설정하고 진척 상황에 대한 중간점검을 통한 수정 보완 과정이 필요하다.

부모가 중·장년기가 되면 자녀는 청소년기에 접어들게 된다. 똑같이 삶의 전환기를 경험하는 중년 부모와 청소년 자녀 간에는 갈등이 일어날 가능성이 많아진다. 중년의 부모는 어려운 부모역할 이외에 자녀로서의 역할도 동시에 수행해야 하므로, 두 가지 상반되는 역할 수행으로 인하여 어려움을 겪게 된다. 즉, 청소년 자녀는 자녀로서의 역할만을 수행하면 되고, 가장 윗세대인 노부모는 부모로서의 역할만을 수행하면 된다. 그러나 중간 세대인 중·장년기 사람들은 부모역할과 자녀역할을 동시에 수행해야 하는 '샌드위치 세대', 즉 '낀 세대'가 된다. 중년부모와 청소년 자녀

샌드위치 세대

[그림 10-3] 샌드위치 세대

출처: http://www.womenmisbehavin.com; http://www.ptm.org

중·장년기에는 가족구성원 이외의 친척관계망, 직업 관련 단체, 종교단체 등과의 상호작용을 통하여 원만한 외부적 관계를 유지하고, 외적 압력이나 요구로부터 자신의 생활과 가족을 보호할 의무를 지닌다. 따라서 중·장년기의 성인은 외부의 사회관계망과 가족생활 간에 역동적 균형을 유지하기 위한 노력을 아끼지 말아야 한다. 사회관계망

2) 자녀 교육 및 훈육

부모는 아동의 변화에 맞는 적절한 자녀 교육 및 훈육 방법을 선택적으로 활용할 수 있는 능력을 지니고 있어야 한다. 즉, 중·장년기 부모는 자녀의 발달 단계

[그림 10-4] 아버지와 딸: 단절된 부녀관계

출처: http://www.harborbehavioralhealth.com

자녀 훈육방법   에 맞는 자녀 훈육방법을 습득하여, 자녀의 요구뿐만 아니라 변화하는 상황에 융통성 있게 대처하여야 한다. 자녀의 발달 단계를 기준으로 볼 때, 중·장년기 부모가 직면하는 가족 발달 단계는 자녀 아동기에서부터 자녀가 모두 독립하는 자녀

자녀 아동기   독립기까지에 해당한다. 학령 전기부터 아동기에 속한 자녀를 훈육하기 위해서는 부모가 규칙을 설정하고 자녀가 이에 순응하도록 훈육하고, 자녀가 해야 할 일을 적절히 수행할 수 있도록 원조하는 교육자 또는 비서로서의 역할을 수행하며, 부부 하위체계 내에 자녀를 위한 공간을 마련해 주어야 한다.

자녀 청소년기   자녀가 청소년기로 이행하는 시기에는 청소년의 독립을 인정하는 방향으로 부모-자녀관계를 재조정해야 한다. 부모는 지나친 간섭이나 통제보다는 자녀가 스스로 판단하여 행동하도록 허락하면서 동시에 적절한 한계를 규정지어 줌으로써 부모로서의 권위를 유지할 수 있어야 한다.

자녀 독립기   첫 자녀의 결혼에서부터 시작하여 막내 자녀가 독립하기까지의 자녀 독립기에는 자녀를 성인으로서 인정하고 그들의 의사를 존중해 주며, 결혼 준비를 지원할 뿐만 아니라 출가한 이후에도 지속적인 관심과 지원을 할 수 있어야 한다. 이와 함께 부부관계를 친밀한 이인군 관계로 재조정하는 한편 동시에 며느리, 손자녀 등을 위한 공간을 마련하는 등 전체적인 가족관계를 재조정하여야 한다.

3) 직업적 성취와 직업 전환

중·장년기의 직업생활은 가족의 생계유지, 사회관계의 유지뿐만 아니라 자신의 생활 전반에 영향을 미칠 정도로 매우 중요한 요인이다. 중·장년기의 직무수행능력은 일의 종류에 따라 달라진다. 즉, 연령이 증가하면서 어떤 종류의 일에서는 기술이 숙련되고, 또 다른 어떤 종류의 일에서는 직무수행능력이 감소된다. 중·장년기에는 대부분의 직업 분야에서 직무수행능력이 매우 높은 편이다. 체력이나 빠른 속도를 요구하는 직업에서의 직무수행능력은 다소 감소하기도 하지만, 그 외 직업 분야에서는 오랜 경험을 통한 축적된 지식과 기술을 활용하여 높은 수준의 직무성취도를 보인다. Baltes와 Baltes(1990)는 중·장년기에 높은 수준의 생산성과 직무수행능력을 유지할 수 있는 것은 '선택적 능력 발휘를 통한 보상(selective optimization with compensation)'을 할 수 있기 때문에 가능하다고 하였다. 즉, 중·장년기의 근로자는 자신은 가장 핵심적인 업무에 집중하고 다른 업무는 위임하거나 업무량을 줄여 나간다. 그들은 직무에 필요한 기술에 있어서만큼은 최고 수준을 유지하기 위하여 노력하고, 기억력이나 감각기능의 감퇴를 극복하기 위한 실용적 대안을 마련하여 자신의 약점을 최소화하고 강점을 최대화할 수 있는 능력이 있기 때문에, 높은 수준의 생산성과 직무수행능력을 유지할 수 있다.

중·장년기는 직업적 성취도가 최고조에 이를 가능성과 직업적 전환을 해야 할 가능성이 공존하는 시기이기 때문에, 직업으로 인한 긴장이 많은 편이다. 연령에 따라서는 40대 성인이 다른 연령층보다 직업적 성취를 위한 열의가 가장 높기 때문에, 직업적 성공에 대한 긴장도 많은 편이다. 사회계층에 따라서는 중산층에 속하는 중년 남성이 젊은이와의 경쟁에서 낙오할 수 있다는 두려움 때문에, 직업적 성공에 있어 가장 많은 긴장을 경험한다. 이에 반해 하류층은 더 잃을 것이 없기 때문에 그리고 상류층은 이미 안정된 생계 기반을 갖추었기 때문에, 직업적 성공에 대한 긴장은 별로 느끼지 않는다(Bischof, 1976).

중·장년기 성인의 직업만족도에 영향을 주는 변인은 급여 수준, 직업의 미래, 노력에 대한 결과의 만족도, 과업수행 과정에서의 즐거움, 직장동료와의 관계 등이다. 40대에는 직업활동에 몰두하기 때문에 자신의 직업만족도에 대해 현실적인 평가를 할 수 있는 여유가 많지 않은 반면 50대에 이르면 직업에 대한 현실적 성공 여부를 평가하게 된다. 그러나 최근 들어 노동시장 유연화 정책의 추진으로 인하

직무수행능력

선택적 능력 발휘를 통한 보상

직업적 긴장

직업만족도

고용불안

여 고용불안이 심화되면서, 30~40대에 이미 직업만족도가 낮아지고, 정리해고 등 에 대한 불안을 강하게 경험하는 것으로 나타나고 있다.

대인관계 기술

만족스러운 직업생활과 효과적인 과업수행을 위하여 중·장년기의 성인은 직장의 상사나 동료에게서 신임을 얻을 수 있는 대인관계 기술을 습득하여야 한다 (김태련, 장휘숙, 1994). 직장에서 타인에게 영향을 미치기 위하여 사용하는 대인관계 전술로는 독단, 합리성, 아첨, 제재, 상호 교환, 상관에게 호소, 방해, 제휴 등 매우 다양한 전술이 있다. 직장동료와 경쟁관계에 놓인 경우에는 자신의 생산성 증진과 타인의 생산성 저하를 위한 전술을 주로 사용한다. 특히 승진을 앞두고 동료와 경쟁하는 경우에는 이러한 전술의 사용이 눈에 띄게 많아지는 경향이 있다. 하지만 승진에 의한 지위 상승은 권한의 확대와 아울러 책임의 확대도 가져오기 때문에, 새로운 지위에 적응하기 위하여 많은 노력을 기울여야 한다.

직업 전환

중·장년기는 직업적 성공의 기회를 얻을 수도 있지만 직업을 바꾸어야 하는 위기 상황에 직면하기도 한다. 중·장년기에 이루어지는 직업 전환은 자발적 전환과 비자발적 전환으로 나눌 수 있다. 자발적 직업 전환의 결정에는 개인의 동기나 성격, 취업 기회, 가족생활의 안정도 등이 복합적으로 작용한다. 그러나 대체로 맞벌이 가족의 경우에는 생계비 걱정이 없으므로 전환이 용이하며, 비전문직에 종사하는 사람들과 적극적인 성격의 소유자가 직업 전환을 하는 경우가 많다. 그러나 직장에서의 과도한 업무, 가족과 직업의 시간계획의 불일치, 직업활동에서 오는 피로 등을 이유로 직업 전환을 하고 싶어도 배우자나 부모로서의 역할 때문에 직장을 바꾸지 못하는 경우도 많다.

비자발적 직업 전환은 개인뿐만 아니라 전체 가족생활에도 중대한 위기를 초래할 수 있다. 이러한 비자발적 직업 전환은 개인의 직무수행능력이 다른 직장동료에 비하여 지나치게 떨어지거나, 회사나 전체 사회가 경제적 불황 상태에 있는 경우, 그리고 정부의 노동시장 유연화 정책의 부정적 결과로 인해 특히 많이 일어난다. 실제로 전 세계적 경기침체의 여파에 따른 기업의 구조조정으로 본인 의사와 관계없이 직장에서 쫓겨나는 근로자가 늘고 있다. 이처럼 경기침체로 인하여 기업이 강도 높은 구조조정을 단행하는 과정에서 주로 40~50대 근로자가 그 대상이 되어 '사오정', '오륙도'라는 신조어가 등장하게 되었으며, 최근에는 그 대상이

조기퇴직

30대로까지 확대되어 '삼팔선'이라는 말까지 등장하고 있다. 이처럼 명예퇴직, 조기퇴직, 정리해고 등 기업의 구조조정의 여파로 우리 사회의 중년은 본인의 의사

와는 관계없이 실직자가 되며, 고용사정이 불안해지면서 아예 구직을 포기하는 구
직 단념자가 늘고 있는 실정이다.

중 · 장년기에 속한 가장이 비자발적 퇴직을 당했을 경우에는 퇴직금이나 저축 가족의 조기퇴직
대응
등으로 짧은 기간은 기본적인 생계를 유지할 수 있다. 그러나 대부분의 가족은 비
자발적 퇴직에 대한 재정적 대비를 하지 못하고 있기 때문에, 가족성원 중의 한 명
이 가장의 역할을 보완 또는 대행하기 위하여 직업생활을 시작하는데, 가장의 배
우자인 중년 여성이 취업하는 경우가 대부분이다.

4) 여가활동

여가활동(leisure activity)은 직업활동, 생리적 욕구 충족 등과 같은 생활시간을 여가활동
제외한 잔여시간에 휴식, 기분전환, 사회적 성취 및 개인적 발전을 도모하는 활동
이다. 현대사회에서는 이전에 비하여 자녀양육기간의 축소, 평균수명 연장, 조기
정년제도의 시행 등으로 여가가 큰 폭으로 증가하고 있어 여가활용의 문제가 매우
중요한 중 · 장년기의 과제로 등장하고 있다. 그러나 우리 사회에서는 흔히 여가활
동을 시간낭비로 보고, 우리 사회의 신성한 가치인 일과 성취에 반대되는 무의미
하고 부정적인 활동으로 간주하는 경우가 많다. 최근 주5일제의 정착과 여가활동
에 대한 인식이 달라지면서 점차 여가활동이 다양화되고 있으나, 아직도 많은 사
람이 여가의 활용과 인생을 즐기는 법을 몰라 TV 시청이나 휴식과 같은 정적이고
소극적인 여가활동으로 소일하는 경우도 많다(문화체육관광부, 2018).

여가를 적절하게 사용하기 위해서는 여가에 대한 예비사회화가 필요하지만, 우 여가 예비사회화
리나라의 공교육제도에서는 학업적 성취나 지식의 습득에만 치중할 뿐 '잘 노는
법' 또는 '즐기며 사는 법'과 같은 여가교육의 중요성은 무시하고 있어, 대부분이
여가에 대한 예비사회화의 기회를 갖지 못하고 있다. 따라서 중 · 장년기의 성인
은 여러 가지 평생교육 프로그램이나 여가선용 프로그램에 참여하여 미리 여가기
술을 익혀 나가야 한다. 특히 신체적 건강이 허락할 때 할 수 있는 신체 에너지가
많이 필요한 여가활동 한 가지와 신체적 노화가 진행되어 활동이 부자유스러울 때
할 수 있는 신체 에너지의 소모가 적고 앉아서 할 수 있는 여가기술 한 가지 정도
는 미리 습득해 두어야 한다.

4 사회복지실천에서의 관심 영역

사회복지제도에서는 중·장년기 성인만을 대상으로 한 사회복지 프로그램이나 서비스는 실시하지 않고 있다. 그 대신에 여성복지서비스, 장애인복지서비스, 고용보험 등의 사회보험제도나 사회서비스 등을 통하여 중·장년기에 제기될 수 있는 다양한 복지욕구의 충족을 지원하고 문제해결을 원조하고 있다. 그러므로 다음에서는 중·장년기 성인을 대상으로 사회복지기관에서 실시할 필요가 있는 서비스나 프로그램에 중점을 두고 논의하고자 한다.

사회보험제도와 사회서비스

1) 신체적 발달의 관심 영역

중·장년기에 이르면 신체 구조의 변화와 신체 기능의 저하로 인하여 성인병에 걸릴 위험성이 증가한다. 따라서 사회복지기관에서는 성인병 예방을 위한 건강교육이나 건강상담 프로그램을 실시하고, 건강 관리와 유지를 위한 운동시설을 설치하여 지역주민에게 개방하여야 한다. 그리고 만성질병이나 장애를 앓고 있는 중·장년기 성인이 있거나 병약한 노인을 부양하는 중·장년기 성인이 있는 가족에 대하여는 요양보호사나 자원봉사자를 연결해 줌으로써 이들의 회복과 간호를 지원하여야 한다. 또한 뇌졸중, 교통사고 등으로 인하여 중도장애인이 된 중·장년기 성인의 재활을 지원하기 위한 각종 재활치료 프로그램을 실시하여야 한다.

건강상담

재활치료

중·장년기에 나타나는 갱년기 장애로 인하여 나타나는 신체 변화에 적절히 적응할 수 있도록 원조하여야 한다. 우울증, 불안 등의 정신장애를 사전에 예방하기 위해서는 중·장년기 성인을 대상으로 한 개인상담, 집단상담, 부부상담 등을 강화하여야 한다. 그리고 성적 무능력으로 인하여 고통받는 중년 남성이나 그 배우자를 성치료 전문기관에 의뢰할 수 있는 체계도 갖추어야 한다.

부부상담

2) 심리적 발달의 관심 영역

사회복지기관에서는 생리적 변화, 직업에서의 실패, 부부갈등과 이혼 등이 원인이 되어 나타나는 중년기 위기를 성공적으로 극복할 수 있도록 효과적인 지원 프로그램을 실시하여야 한다. 중년기 위기 극복을 지원할 수 있는 프로그램으로는 여성 평생교육 프로그램과 여가선용 프로그램을 들 수 있다. 이러한 프로그램은 중년 여성에게 자신의 잠재능력을 발견할 수 있는 기회를 제공해 줌으로써 이들의 자기실현을 원조할 수 있다. 하지만 사회복지기관이 재정적 안정성 확보를 위하여 과도하게 평생교육 프로그램을 개설하는 것은 지양하여야 한다. 이 외에 중년기의 위기 상황에 직면하여 각종 정신질환 증상을 보이는 중·장년기 성인의 치료를 지원하기 위해서는 직접 심리치료를 실시하거나 정신병원에 의뢰할 수 있는 체계를 마련해 두어야 한다.

중년기 위기
평생교육 및 여가선용 프로그램

3) 사회적 발달의 관심 영역

사회복지기관에서는 지역주민이 중·장년기에 안정된 가족생활을 영위할 수 있도록 지원하여야 한다. 즉, 개인상담 및 가족상담을 통하여 가족 내 갈등이 발생하는 것을 사전에 방지하고, 아동, 청소년, 노인, 장애인의 보호와 재활을 지원하기 위한 각종 서비스를 실시하여 중·장년기 가족의 미흡한 기능을 보완해 주어야 한다.

가족상담과 지원

샌드위치 세대로서의 역할 수행에 전념함으로써 중·장년기에는 자신의 노후 준비를 할 수 있는 여력을 갖지 못하는 경우가 많다. 따라서 사회복지기관에서는 노후설계 프로그램을 운영하여 개인 및 가족의 은퇴 후 노후생활을 설계하고 준비할 수 있도록 지원해야 한다. 노후설계 과정에는 금융과 재정, 의료, 여가, 주거, 교육, 사회참여 등 매우 다양한 생활 영역에 걸친 계획과 준비가 필요하다. 그러므로 사회복지기관의 노후설계 프로그램은 관련 전문기관과 연계하여 기획하고 실행하여야 한다. 그리고 노숙자나 부랑인을 위한 지원서비스, 시설보호사업 등을 실시하여 해체된 가족 기능을 대체해 주어야 한다.

노후설계 프로그램

중·장년기의 사회적 발달을 지원하기 위하여 사회복지기관에서 가장 적극적으로 수행해야 할 서비스는 고용지원서비스이다. 먼저 중·장년기 직장인의 스트레스와 긴장 해소를 위한 다양한 상담 및 여가 프로그램을 실시하여 직업적 스트레스가 다른 생활 영역에 부정적 영향을 미치는 것을 예방하여야 한다. 그리고 직업적 실패로 인하여 알코올이나 마약, 도박에 중독된 중·장년기 성인을 위하여서는 단주집단이나 약물치료 프로그램을 직접 실시하고 심각할 경우 전문의료기관

고용지원서비스

에 의뢰할 수 있어야 한다.

중·장년기에 취업을 원하거나 재취업을 원하는 경우에는 직업훈련과 고용알선사업의 실시가 필요하다. 그리고 자발적 직업 전환을 원하는 중·장년기 성인을 위해서는 심리상담서비스, 직업 및 창업정보 제공, 장단기 직업훈련, 고용알선 등의 서비스를 제공해 줄 수 있다. 비자발적 퇴직과 반복되는 재취업의 실패로 인하여 장기실업자가 되거나 취업단념자가 되지 않도록, 중·장년기의 실직자나 퇴직자를 위해서는 앞서 열거한 고용 관련 서비스 이외에 실직자를 위한 쉼터, 고용보험 수혜 절차에 대한 상담과 가족에 대한 재정지원서비스도 함께 실시하여야 한다. 그리고 취업을 희망하지만 취업에 필요한 특별한 기술이 없거나 장애인을 포함하여 신체적 기능이 매우 낮은 사람을 대상으로 하여서는 부업 알선이나 공동작업장 운영을 통하여 수입 보전과 함께 자기존중감을 유지할 수 있는 기회를 제공하여야 한다.

생각해 보아야 할 과제

1. 40~50대 중년 남성의 과로사 또는 돌연사(sudden death)의 현황과 원인에 대해 알아보고, 이를 예방할 수 있는 방안에 대해 논의해 보시오.

2. 남성과 여성의 갱년기 현상을 비교해 보시오.

3. '이태백, 삼팔선, 사오정, 오륙도'라는 신조어가 나올 정도로 우리 사회의 고용불안 문제는 심각하다. 청년실업, 정리해고, 명예퇴직 등 우리 사회의 고용불안 문제의 실태를 파악하고, 이를 완화할 수 있는 방안에 대해 토론해 보시오.

4. 결혼과 출산으로 인한 여성의 경력단절과 중년 여성을 위한 노동시장의 현실을 비판적으로 분석해 보시오.

5. 가족의 미래 시간계획을 수립해 보고, 부모님에게는 가족을 앞으로 어떻게 만들고 싶은지 질문하여, 자신과 가족의 미래계획이 어느 정도 부합하는지 분석해 보시오.

6. 가장 최근에 가진 부모님과의 의미 있는 대화 시간과 내용을 회상한 후, 부모님과의 원활한 의사소통을 위해서 스스로 어떤 노력을 해야 하는지 반성적으로 고찰해 보시오.

7. 샌드위치 세대, 일명 낀 세대로서의 중·장년기 부모가 경험하는 역할부담에 대해 토론해 보시오.

8. 현재 직장생활을 하고 있는 중·장년 직장인을 직접 면접하여 직장생활로 인하여 경험하게 되는 스트레스는 무엇이며 이를 해결할 수 있는 방안으로는 어떤 방법이 있는지 알아보시오.

9. 한 가족의 가장이 오래 근무하던 직장에서 원하지도 않던 퇴직을 당했다고 가정해 보고, 이러한 조기 강제퇴직이 가족생활에 미치는 영향을 분석한 다음 조기퇴직가족을 지원할 수 있는 구체적인 사회복지 대책을 제시해 보시오.

10. 산업재해보상보험과 고용보험을 수급할 수 있는 조건과 절차에 대해 알아보시오.

제11장

노년기

1. 노년기의 신체적 발달 양상을 이해한다.
2. 노년기의 심리적 발달 양상을 이해한다.
3. 노년기의 사회적 발달 양상을 이해한다.
4. 사회복지실천에서 노년기의 발달과 관련하여 관심을 기울여야 할 영역을 이해한다.

노년기는 인생의 마지막 단계로서, 노년기의 시작 연령에 대해서는 아직도 이견 노년기의
연령 기준
이 존재한다. 우리나라의 기초연금법과 노인복지법에서는 65세를 노인으로 규정
하고 있으며, 대부분의 노인복지 기관이나 시설에서 노인의 연령기준을 60세 또
는 65세로 설정하고 있다. 그리고 공무원과 민간 기업체의 정년 연령도 55~65세
인데, 현재 노인계층은 노년기의 시작을 70세 이상이라고 보는 경우가 대부분이다
(보건복지부, 한국보건사회연구원, 2018). 이를 종합해 보면 우리 사회에서는 50대 후
반에서 70대 초반 정도에 노년기가 시작된다고 할 수 있다. 하지만 50대 후반의 사
람을 노인으로 규정하는 경우는 매우 드물며, 70대 초반부터 노인으로 규정할 경
우 60대 후반의 발달에 관한 논의가 필요하고 특히 이들이 다양한 노인복지급여와
서비스의 대상에서 제외된다는 점을 고려하여야 한다. 따라서 이 책에서는 노년기
를 65세부터 사망에 이르는 시기까지로 규정하고자 한다.

노년기의 연령 범위가 지나치게 넓다는 점을 고려하여 노년기를 몇 개의 세부 노년기 구분

단계로 구분하기도 한다. 즉, 65~75세를 연소노인(young-old), 75~85세를 고령노인(old-old 또는 middle-old), 그리고 85세 이상을 초고령노인(oldest old)으로 구분하여 논의하기도 한다(권중돈, 2019). 그러나 노년기의 세부 단계별로 발달심리학적 관점의 연구가 심도 있게 이루어지지 않은 점과 이 책의 목적이 노년기의 발달 특성을 이해하고 이를 근거로 사회복지실천에서 관심을 기울여야 할 영역을 제시하는 데 있으므로, 노년기를 하나의 단계로 통합하여 다루고자 한다.

노화

인간의 발달을 생물적 관점에서 보면 '인생의 1/4은 성장하면서 보내고, 나머지 3/4은 늙어 가는 데 보낸다.'고 할 수 있다. 심리사회적 관점에서 보면 '인생의 1/4은 성장하는 기간이고, 2/4는 일을 하는 기간이며, 그리고 1/4은 늙어 가면서 보내는 기간'이라 할 수 있다(최순남, 1999). 노년기에는 시간의 흐름에 따라 유기체의 신체 · 심리 · 사회적 측면에서 나타나는 점진적이고 퇴행적 발달, 즉 노화(aging)가 이루어진다. 즉, 신체적 능력의 쇠퇴 및 질병 이환, 사회관계의 축소, 사회경제적 지위의 하락 등과 같은 노화 현상이 주로 일어난다. 따라서 노년기에는 신체 변화에 대한 적응, 인생에 대한 평가, 역할 재조정, 여가활용, 죽음에 대한 대비 등의

발달과업

발달과업을 적절히 수행하고, 노후생활에 적합한 생활환경을 조성하여야 한다.

1 신체적 발달

생물적 노화

노년기에 이루어지는 신체적 발달을 생물적 노화라 하는데, 이는 생물적 퇴화과정이 생물적 재생산 과정을 능가하여 유기체 내에 퇴행적 변화가 나타나는 현상이다. 즉, 시간이 지남에 따라 또는 나이가 들어감에 따라 신체 구조 및 신체 내부의 세포, 조직, 장기 등 유기체 전반에 걸쳐 일어나는 쇠퇴적 발달 현상을 의미한다(Atchley &Barusch, 2003). 이러한 노년기의 신체적 발달을 신체 구조의 변화와 신체 기능의 변화로 나누어 살펴보면 다음과 같다.

1) 신체 구조의 변화

노화색소

생물적 노화가 진행됨에 따라 신체조직을 구성하는 세포와 섬유물질의 변화가 나타나게 된다. 심장이나 근골격계 및 신경계 등에서 일명 노화색소라고 불리는

지방 갈색소가 많이 나타난다. 생명유지
에 필요한 기능이 쇠퇴되고, DNA와 RNA
그리고 단백질 합성에 필수적인 분자가 세
포 내에서 생산되지 않게 됨으로써 세포노
화가 촉진되고, 결국 신체기관이나 조직의
노화를 일으키게 된다. 신체조직의 틀을
구성하는 섬유물질이 활발하게 교체되지
못하여 쉽게 손상되고 파편화되고 칼슘화
됨에 따라 동맥, 폐 등의 신체조직의 기능
저하를 초래하게 된다(권중돈, 2019).

[그림 11-1] 연골퇴화로 몸이 굽은 노인

출처: 도서출판 한울림, www.inbumo.com

세포노화

신체 외형 변화

생물적 노화의 결과로 나타나는 신체 외
형의 변화를 살펴보면, 먼저 체중은 60세
부터 점차 줄어들며, 연골조직의 퇴화로 인하여 신장도 30대에 비해 90대에는 2%
정도 줄어들게 된다. 그리고 치아는 60대에 14개, 70대에 11개, 80대에는 6개 정도
로 줄어든다. 머리카락은 실제로 멜라닌 세포의 감소로 인하여 은빛(silver)으로 변
하게 되는데, 이러한 머리색에 비유하여 노인을 실버세대라고 부른다. 노인의 피
부는 멜라닌 색소의 불규칙한 감소로 인해 전체적인 피부색이 동일하게 유지되지
않으며, 얼굴은 창백해지고, 얼룩반점이 생기고 건성화된다. 노출된 피부는 표피
증식이 감소하여 얇아지고, 피하지방의 감소로 주름살이 생기며, 피부 탄력성이
현저하게 줄어든다. 그리고 피하조직과 피부의 신경세포 감소로 인하여 체온유지
능력이 감소되어 추위를 많이 느끼고 온도 변화에 쉽게 적응하지 못한다. 따라서
환절기에 호흡기질환에 걸리기 쉽고 새벽운동과 같이 갑작스러운 온도 변화로 인
하여 쓰러지는 경우도 종종 있다.

실버세대

피부

체온유지능력

호흡기질환

연령이 증가함에 따라 신체조직 구성 성분 중 지방분은 증가하는 반면 고형분과
수분은 줄어드는 신체조직상의 변화가 일어난다. 뼛속의 칼슘분이 고갈되어 뼈의
질량이 감소하고 골밀도가 낮아짐으로써, 골절을 당하기 쉽고 골다공증에 걸리기
쉬워진다. 특히 여성에게서는 폐경기 이후의 성호르몬 분비가 감소하고 신체적 활
동이 줄어듦에 따라 남성에 비해 뼈의 손실이 더욱 증가한다. 그리고 연골조직이
얇아지거나 탄력이 약화되어 관절염을 일으키기도 한다. 또한 팔다리 및 골격 일
부에 붙어 있는 수의근(隨意筋)의 근육 용적이 감소되고 수축력이 약화되어, 운동

신체조직

골다공증

관절염

능력이 감퇴된다.

중추신경계

중추신경계의 변화를 보면, 뇌는 크기가 약간 감소하며, 일부 부위에서는 노인반, 신경원섬유 농축체, 수상돌기의 감소 등으로 인하여 뇌의 기능이 저하되기도 하지만, 노화에 따라 현저하게 저하된다는 확실한 증거는 없다. 그리고 내분비계의 기능 저하에 관한 연구가 주로 입원환자를 대상으로 이루어지고 있으므로, 정상적 노화과정에 수반되는 내분비계의 기능 변화에 대해서는 알려진 바가 많지 않다. 특히 노화에 따라 갑상선 기능 항진증 환자가 늘어나고 있고 갑상선의 형태적 변화는 확인되고 있으나, 갑상선 자극호르몬의 농도에는 차이가 없는 경우가 많아 대부분의 노인이 정상적인 갑상선 기능을 유지하고 있는 것으로 보인다.

내분비계

2) 신체 기능의 변화

장기

신체 내부의 장기(臟器)는 40세부터 중량이 감소하는데, 25세 청년을 100으로 하였을 때 75세 노인의 뇌 중량은 95%, 신장 중량은 81%, 간장은 67%, 비장은 45% 정도로 줄어들지만 오히려 심장은 140% 정도로 증가하는 것으로 나타나고 있다(장인협, 최성재, 2002).

장기의 조직 변화

이러한 주요 장기의 중량 변화와 아울러 조직 변화가 동시에 나타나게 됨으로써, 장기의 기능 변화가 나타나게 된다. 심장근육 주변 모세혈관의 동맥경화에 의한 심장비대, 지방분 증가 등이 원인이 되어 심장의 중량이 오히려 늘어난다. 따라서 심박출량과 심장박동 능력은 감소하며, 심장판막의 석회화로 인하여 세포가 사멸하게 됨으로써, 노년기에는 각종 심장질환에 걸릴 가능성이 높아진다. 노화에 따른 혈관계의 변화는 주로 동맥에서 관찰되는데, 동맥벽이 비대해지고 경화되고 탄력성이 줄어들게 된다. 이러한 동맥의 구조적 변화와 기능 저하로 혈액순환이 원활하지 못하여, 고혈압, 동맥경화, 뇌졸중 등의 순환기계 질환을 앓게 될 가능성이 높아진다.

심혈관질환

폐조직

노년기에는 폐조직의 탄성이 저하되고, 폐용적이 감소되고, 죽은 공간(dead space)이 증가하는 반면 기관지는 약간 확장되고 기관지 점액선은 증가하게 된다. 이러한 호흡기계의 변화로 인하여 폐 속에 나쁜 공기가 남아 있는, 즉 잔기량(殘氣量)이 증가하여 기관지 질환이나 호흡기 질환에 걸릴 가능성이 높아진다.

노년기에는 치아결손, 타액과 위액 등의 소화효소 분비량의 감소, 위 근육의 약

화 등으로 인하여 소화기능이 감퇴한다. 그리고 60세 이상이 되면 소장은 융모의 　소화기능
크기가 작아져 점막 흡수 면적이 줄어들고 운동성이 저하되며, 대장은 조직이 변
형되고 운동성이 저하되어 변비나 숙변, 각종 장 질환에 걸릴 가능성이 높아진다.

　연령 증가에 따라 신장의 크기, 무게, 피질의 양 등이 감소되며 신장 혈관의 경　신장
화(硬化) 현상이 나타남으로써 신장기능이 줄어든다. 즉, 신장에서 노폐물이나 독
소를 여과하는 비율이 80세에는 30세의 50% 정도 수준으로 감소함에 따라, 각종
신장질환에 걸릴 가능성이 높고, 방광이나 요도 기능의 저하로 야간에 소변을 보
는 횟수가 증가한다. 실제로 60세 이상 노인은 밤에 평균 1~2회 정도 소변을 보는
것으로 나타나고 있다(아산사회복지사업재단, 1985). 노인이 되면서 세포수의 감소
와 함께 운동성이 저하되어 대사요구량이 줄어들며, 심장이나 혈관의 기능과 밀접
한 관련성을 지닌 체액의 양도 줄어든다. 그러므로 휴식 상태의 산소소모량인 기
초대사율은 감소하는 반면 탄수화물 대사율은 증가하여 혈액 속에 혈당이 증가하
고 당뇨에 걸릴 가능성이 높아진다.　당뇨

　노화와 함께 성 기능 또는 생식 기능에서 저하 현상이 나타나게 된다. 여성의 경　성 기능
우 폐경으로 인하여 월경이 중단되고 생식능력이 상실되는데, 폐경 이후의 성적
욕구 변화에 대해서는 상반된 연구 결과가 제시되고 있다. 남성의 경우에도 생식
기능이 저하되며, 발기능력과 음경 크기의 감
소, 음경 강직도의 저하, 발기 각도의 변화 등
과 같은 불완전한 발기문제로 인하여 성교능
력이 저하되긴 하지만 여성보다는 그 기능 저
하가 덜하며, 70대 이상에서도 충분히 성적
관계를 유지할 수 있다는 연구가 많이 있다
(Matthias et al., 1997).

　노인이 이러한 신체적 노화에 성공적으로
적응하고 이를 극복하게 되면 생활만족도가
높아지지만, 신체적 노화에 지나치게 몰두하
게 되면 생활만족도가 낮아지고 심리사회적
기능에 손상이 일어난다(권중돈, 2019).

[그림 11-2] 노년기의 성

2 심리적 발달

심리적 노화

노년기의 퇴행적 심리 발달, 즉 심리적 노화는 감각 기능, 인지 기능, 정서 및 정신 기능, 성격 등의 심리내적 측면과 심리외적 측면과의 상호작용에서의 퇴행, 유지 및 성숙을 동시에 내포하는 심리적 조절 과정이다(권중돈, 2019). 이러한 심리적 노화를 감각 기능, 인지 및 정신 기능, 자아통합과 죽음, 정서 및 성격 변화로 구분하여 살펴보면, 다음과 같다.

1) 감각 기능

노년기에는 신체 내·외부의 변화와 상태에 대한 정보를 수집하여 뇌에 전달하는 감각기관의 기능이 저하된다. 먼저 시력은 40대 이후부터 약화되기 시작하여 70세 이후부터는 교정시력으로도 정상시력을 유지하기 어려워진다. 그리고 노년기에는 내이(內耳)에서 대뇌피질까지의 청각체계의 반응능력 감소, 중추신경계의 자극반응능력 감소 등으로 인하여 청력의 감퇴가 이루어지는데, 55세 이후부터는 음의 고저에 대한 변별력이 감소하고, 노년기 후기에는 보청기와 같은 청력 보조기구의 사용 필요성이 높아진다.

시력

청력

미각

미각은 20대에 최고 상태에 이른 후 50세부터 서서히 저하되지만 70세 이전까지는 큰 변화가 없고, 80세 이후부터 맛봉우리가 감소하여 미각 구별능력이 현격히 쇠퇴한다. 후각은 65세 이후부터 감소하기 시작하여 80세 이후 노인의 75% 정도가 후각에 문제를 경험하게 된다. 촉각에 대한 감각은 45세 이후부터 급격히 저하되며, 통각(痛覺)은 젊은 사람에 비해 노인이 덜 민감하지만 통각의 저하는 연령과는 크게 상관성이 없는 것으로 나타나고 있다. 노년기에는 감각기관이 수집한 정보를 의식적 수준에서 처리하고 평가하는 지각 기능의 반응속도가 저하된다. 즉, 노년기에 이르면 뇌의 신경자극 전달세포의 감소, 연령 증가에 따른 조심성, 심사숙고의 증가 등의 원인에 의하여 운동반응, 반응시간, 문제해결, 기억력, 정보처리 과정에서 반응속도가 둔화된다. 그러므로 노년기에는 환경 변화에 즉각적으로 대처할 수 없게 되어, 안전사고를 유발할 가능성이 높아진다.

후각

촉각

통각

안전사고

수면

연령이 증가함에 따라 일반적으로 수면시간이 감소한다. 20대에는 하루 평균

7~8시간의 수면을 취하지만, 55세 이후에는 급격히 감소하여 65세 이상에서는 5~6시간 정도 수면을 취하는 것으로 나타나고 있다(아산사회복지사업재단, 1985). 이러한 수면시간의 감소와 아울러 노년기에는 취면장애, 조기각성, 주야전도, 숙면장애 등의 수면장애를 경험하는 경우가 많다. 특히 숙면시간이 감소함에 따라 피로회복률이 낮아짐으로써, 낮 동안의 일상활동에 지장을 받는 경우가 많아진다.

2) 인지 및 정신 기능

Riegel 등(1976)에 따르면 사망 5년 전부터는 지적 능력의 감퇴가 확실히 나타나며, Kleemeier(1961)는 사망 직전에 극적인 인지 기능 감퇴가 이루어지는 종말적 저하(terminal drop) 현상이 일어난다고 하였다. 그러나 노년기의 지능, 기억력, 사고 및 문제해결 능력의 변화 양상에 대한 연구 결과는 아직 일치된 의견이 제시되지 않고 있다.

     인지 기능

노년기에는 일반적으로 지능이 쇠퇴한다고 보고 있으나, 지능에는 여러 종류가 있으므로 특정 영역의 지능만을 근거로 지능의 약화를 주장할 수는 없다. Schaie(1990)에 따르면 연령이 증가함에 따라 선천적으로 갖고 태어난 수에 대한 감각, 정확성, 기억능력, 반응속도 등은 70세 이후부터 급격히 감퇴하는 반면 경험을 통해 후천적으로 획득된 추론능력, 어휘력 등은 60세까지 꾸준히 증가하는 것으로 나타나고 있다. 이러한 점을 근거로 볼 때, 연령과 지능이 부적 관계에 있다고 단정하기는 어렵다. 따라서 지능은 연령 이외의 변인, 즉 교육수준, 생활경험, 직업, 동년배집단효과, 지능검사 시의 신체 및 건강 상태 등의 영향을 많이 받는다고 할 수 있다. 그리고 창의성은 30대에 정점에 이른 후 이후부터는 조금씩 감퇴되지만, 60~70세에도 20대와 동일한 수준의 창의성을 발휘할 수 있으며, 80세에도 여전히 중요한 일을 훌륭하게 수행하는 경우가 많이 있다(Simonton, 1990).

     지능

     창의성

기억은 외부에서 들어온 정보를 대뇌에 기록해서 저장했다가 어떠한 상황에 직면하여 의식으로 되살려내는 정신기능을 의미한다. 이러한 기억은 ① 5~10초 후에 회상해 내는 단기기억, ② 1시간~며칠 후에 회상해 내는 최근기억, ③ 오래전에 일어난 일을 생의 과정을 통하여 자주 회상되었던 것을 회상해 내는 장기기억, ④ 오래전에 일어난 일로서 회상해 본 경험이 없는 것을 회상해 내는 최고기억으로 구분된다. 노년기에 이르면 일반적으로 단기기억과 최근기억의 능력이 약화되

     기억능력

며, 암기보다는 논리적인 것의 기억능력이 더 많이 감퇴되는 것으로 알려져 있는데, 보는 것보다는 듣는 것의 기억력이 뛰어나므로, 노인의 학습능력 증진을 위해서는 청각을 활용한 교육방법이 효과적이다.

학습

연습이나 경험을 통하여 정보나 기술을 습득하는 학습능력은 일반적으로 연령이 증가함에 따라 저하되는 것으로 알려져 있다. 그러므로 노인의 학습능력을 증진하기 위해서는 충분한 시간을 부여하고, 의미 있고 분명하며 구체적인 학습과제를 부과하며, 학습 결과에 대해서 즉각적인 환류(feedback)를 제공하는 것이 바람직하다.

사고능력과
문제해결능력

사고능력은 학습과 지각에 의해 받아들인 정보를 구별하고 분류하여 개념화하는 과정으로, 이미 습득한 지식을 활용하여 여러 가지 과제를 해결하거나 과제 상황에 대처하는 것을 의미한다. 그리고 문제해결능력은 사고과정에서 형성된 개념을 바탕으로 논리적 추리를 하여 어떤 결정을 내리는 것을 의미한다. 이러한 사고능력과 문제해결능력은 연령이 증가함에 따라 저하되는 것이 일반적이지만, 단순히 연령 증가만이 그 원인이라고 단정 짓기는 어려우며, 연령과 교육수준, 인생경험, 지능, 직업, 동년배효과 등의 요인이 복합적인 영향을 미친다.

노년기에 주로 일어나는 사고능력과 기억력의 장애인 치매 문제는 심각한 사회

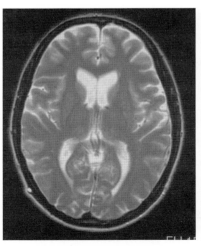
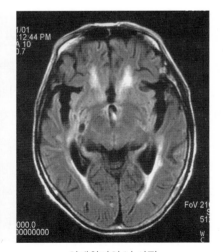

정상인의 뇌 사진   치매환자의 뇌 사진

[그림 11-3] 치매환자의 뇌 구조

출처: 권중돈(2019).

문제로 제기되고 있다. 치매는 뇌질량의 감소, 뇌혈관장애, 알코올 등과 같은 원 치매
인에 의하여 인지기능과 고등정신기능이 감퇴되는 신경인지장애로서, 기억장애,
추상적 사고장애, 판단장애, 대뇌피질장애, 성격 변화가 수반됨으로써 직업, 일상
적 사회활동 또는 대인관계에 지장을 주는 복합적 임상증후군이다(권중돈, 2004,
2012).

노인은 오랜 삶의 경험을 통하여 나름대로의 삶에 대한 지혜(wisdom)를 갖게 된 지혜
다. 이러한 지혜는 지식과 실용적 능력을 결합하여 인생에 대해 더 큰 이해를 갖게
되는 개인적 지식의 통합체로서, 공식교육, 부모나 스승의 가르침, 수도(修道) 등
을 통하여 후천적으로 습득할 수도 있지만, 성인이나 종교지도자처럼 선천적으로
지혜를 타고나는 경우도 있다. 노년기에는 반응속도의 저하와 같은 인지기능의 저
하를 오랜 인생경험을 통해 획득한 지혜를 사용하여 보완해 나갈 수 있다(Vaillant,
2000).

노화 자체가 궁극적 존재의 이유에 대해 관심을 갖게 하고, 죽음에 대해 깊이 명 영성
상하게 하며, 보편적 가치를 추구하게 하므로, 노년기에는 영성(spirituality)이 더욱
깊어지는 경향이 있다. Tornstam(1994)의 연구에 따르면, 대다수의 노인이 젊은
시절에 비해 영성이 훨씬 더 깊어지는 것으로 나타나고 있다.

3) 자아통합과 죽음

노년기의 자아정체감 변화에 대하여는 상반된 이론이 제시되고 있다. Miller 자아정체감
(1965)는 노년기에 이루어지는 은퇴로 인하여 자아기반이 와해되면서 노인은 정체
성 위기에 직면하게 된다는 정체감위기이론을 제시하였다. 이와 달리 Atchley와
Barusch(2003)는 정체감은 여러 가지 원천에서 파생되므로 은퇴 이후에도 여러 가
지 역할을 통하여 정체감을 유지할 수 있다는 정체감유지이론을 제시하고 있다.

Erikson(1963)은 노년기의 심리사회적 위기인 자아통합 대 절망(ego integration 자아통합 대 절망
vs. despair)은 중·장년기의 생산성 대 침체의 위기를 어느 정도 성공적으로 극복
하였는가에 따라 그 결과가 달라진다고 하였다. 자아통합은 자신의 과거 및 현재
의 인생을 바라던 대로 살았다고 받아들이고 만족스럽고 의미 있게 생각하며, 다
가올 죽음을 인정하고 기다리는 태도를 갖는 것이다. 이와 달리 절망은 자기의 과
거 및 현재의 인생을 후회스럽고 불만스럽게 생각하고 다시 한번 기회가 주어진다

.ill **표 11-1** Kübler-Ross의 죽음에 대한 적응 단계

단계	죽음에 대한 반응 양상
부정 단계	불치병을 인정하지 않고, 의사의 오진이라 생각함
분노 단계	'왜 나만 죽어야 하는가?'라고 건강한 사람을 원망하며, 주변 사람에게 화를 냄
타협 단계	죽음을 받아들이고, 해결하지 못한 인생과업을 해결할 때까지라도 살 수 있도록 기원하고, 불가사의한 힘과 타협함
우울 단계	주변 사람과 일상생활에 대한 애착을 보이고, 이런 것과 헤어져야 한다는 점 때문에 우울증이 나타남
수용 단계	죽음 자체를 수용하고, 마음의 평화를 회복하여 임종에 직면함

면 다르게 살겠다는 생각으로, 죽음 앞에 남은 시간이 너무 짧아 어떻게 할 수 없기 때문에 불안·초조해하는 것을 의미한다.

죽음에 대한 태도   인간의 죽음에 대한 태도는 아동기에 시작하여 노년기에 이르기까지 장기간에 걸쳐 형성되는데, 노년기의 죽음에 대한 태도는 자아통합성의 성취 정도에 따라 차이를 보인다. 만약 노인이 자아통합에 이르게 되면 자신이 살아온 인생을 수용하고 두려움 없이 죽음에 직면하는 능력이 높아지지만, 절망에 이른 경우에는 죽음을 수용하지 못하고 타인을 원망하며 우울증의 경향을 보인다. Kübler-Ross(1969)는 중년기에 말기암에 걸린 환자는 '부정-분노-타협-우울-수용'이라

죽음에 대한
적응 단계   는 다섯 단계를 거쳐 죽음에 적응해 나간다고 하였다.

4) 정서 및 성격 변화

감정 표현   노년기에 이르면 감정 표현능력의 저하가 이루어진다. 이러한 감정 표현능력의 저하는 연령의 증가에 기인한 것이라기보다는 사회문화적 요인에 더 큰 원인이 있다. 즉, 감정 표현이 저하되는 원인은 감정 표현을 억제하는 것이 사회문화적으로 더 바람직한 것이라는 사회 압력에 순응한 결과라고 할 수 있다.

노년기의 성격, 특히 방어기제의 변화와 관련하여 Jones와 Meredith(2000) 그리고 Costa와 McCrae(1989)는 나이가 들수록 투사, 공격성 등의 미성숙한 방어기제
방어기제   는 줄어드는 반면 승화와 같은 성숙한 방어기제는 더욱 증가하는 경향이 있다고 하였다. 그러나 노년기의 성격이 연속성과 안정성을 유지한다는 주장과 변화한다

는 주장이 동시에 제기되고 있다. Kogan(1990)은 노년기에도 이전과 같은 방식으로 자극에 반응하며, 이러한 습관적인 방식을 유지하기 위하여 자신의 사회적 환경을 조정해 나가기 때문에, 노년기에는 성격 변화가 일어나지 않는다고 주장하고 있다. 이와 달리 윤진(1996)과 Ruth(1996)는 노년기에 성격 변화가 일어난다고 보고 있다. 노년기에 나타나는 특징적 성격 변화를 윤진(1996)은 다음과 같이 열 가지로 요약하여 제시한다.

성격 변화

① 내향성 및 수동성의 증가: 외부 사물이나 행동보다는 내적인 측면에 관심과 주의를 기울이며, 자신의 사고나 감정에 따라 사물을 판단하고 능동적 문제해결보다는 타인에 대한 의존성이 증가한다.

② 조심성의 증가: 노인 자신이 정확성을 중시하며, 감각능력이 감퇴하고, 결정에 대한 자신감의 결여로 인하여 확실한 것을 추구하는 경향이 강해진다.

③ 경직성의 증가: 자신에게 익숙한 습관적 태도와 방법을 고수하며, 이로 인해 대개 학습능력과 문제해결능력이 저하된다.

④ 우울 성향의 증가: 신체 질병, 배우자 사망, 경제사정 악화, 사회로부터의 고립, 일상생활에 대한 통제력 약화, 과거에 대한 회상이 늘어나면서 우울 성향이 증가하고, 이로 인해 불면, 무감각, 강박관념, 증오심, 체중감소 현상이 나타나기도 한다.

⑤ 생에 대한 회상의 경향: 과거의 인생을 회상하여 남은 시간에 지금까지 해결하지 못한 것을 찾아서 새로운 해결을 시도하고 새로운 인생의 의미를 발견하려 한다.

⑥ 친근한 사물에 대한 애착 증가: 사용해 온 물건에 대한 애착이 증가하며, 이를 통해 과거 인생을 회상하고 마음의 평온을 추구한다.

⑦ 성역할 지각의 변화: 남성은 친밀성, 의존성, 관계지향성이 증가하는 반면 여성은 공격성, 자기주장, 자기중심성, 권위주의 성향이 상대적으로 높아진다.

⑧ 의존성의 증가: 노화가 진행됨에 따라 경제적 의존, 신체적 의존, 정서적 의존, 사회적 의존성이 전반적으로 증가한다.

⑨ 시간전망의 변화: 40세 이후부터 시간전망의 변화가 나타나는데, 남아 있는 시간을 계산하고 시간이 얼마 남지 않았다는 사실을 회피하기 위해서 과거에 대한 회상에 집중하거나 또는 과도하게 미래지향적이 된다.

⑩ 유산을 남기려는 경향: 죽기 전에 자손, 예술작품, 기술, 지식, 재산 등 무엇인가
를 남기려는 성향이 강해진다.

성격 유형

이러한 노년기의 성격 특성을 근거로 하여 Reichard 등(1980)은 노년기의 성격
유형을 〈표 11-2〉에서 보는 바와 같이 다섯 가지로 구분하였다.

▪▫▪ 표 11-2 노년기의 성격 유형

성격 유형	성격 특성
성숙형	매사에 신중하며, 은퇴 후의 변화를 수용하고 과거에 집착하지도 않으며, 여생이나 죽음에 대해 과도한 불안이 없음
방어형	노화에 따른 불안을 방지하기 위하여 사회적 활동 및 기능을 계속 유지함
은둔형	은퇴 후 과거에 힘든 일이나 복잡한 대인관계에서 벗어나 조용히 수동적으로 보내는 것에 만족함
분노형	젊은 시절 인생목표를 달성하지 못하고 늙어 버린 것에 대해 비통해하고, 실패 원인을 외부에 투사하여 남을 질책하고, 자신의 늙음에 타협하지 않으려 함
자학형	지난 인생에 대한 후회가 많고, 불행이나 실패의 원인을 자신에게 있다고 여겨 스스로를 무가치하고 열등하다고 생각하며, 의기소침하거나 우울증이 있음

3 사회적 발달

사회적 노화

노화의 사회적 측면을 정확히 이해하기 위해서는 노년기로의 전환과 함께 이루
어지는 개인 수준에서의 사회적 상황 변화뿐만 아니라 사회가 노화 과정이나 노인
에게 미치는 영향, 노인인구로 인하여 야기되는 사회 변화라고 하는 세 가지 측면
을 모두 고려해야 한다. 하지만 노년학 분야에서 노화의 사회적 측면을 논의할 때
는 주로 노년기로의 전환과 함께 나타나는 개인 수준에서의 사회적 상황 변화로
사회적 노화의 영역을 제한하는 것이 일반적이다. 이에 이 책에서는 사회적 노화
를 '노년기로의 전환과 함께 나타나는 노인 개인 수준의 사회적 상황 변화, 즉 사
회관계망과 상호작용, 사회규범과 사회화, 그리고 지위와 역할의 변화'라고 규정
하고자 한다.

1) 사회관계망과의 상호작용

노년기에는 퇴직, 배우자와 친구의 상실 등으로 인하여 사회관계망이 줄어드는 사회관계망의
축소 것이 일반적이다. 그리고 직장 등과 같은 2차 집단과의 유대관계 및 참여 정도는 줄어들고 가족, 친구, 이웃 등과 같은 1차 집단과의 관계가 사회관계의 중심이 되며, 그중에서도 가족이나 자녀와의 관계가 핵심 관계축이 된다.

노년기에는 평균수명의 연장과 출산 자녀수의 감소로 자녀양육 기간은 줄어들고, 배우자 사망 이후 독신으로 생활하는 기간과 여가는 늘어난다. 그러므로 노년기에 원만한 부부관계의 유지는 삶의 만족도를 유지하는 데 필수적인 요인이 된 다. 노년기에 원만한 부부관계를 유지하기 위해서는 건강 및 경제적 자립, 생활 범위 조정 등이 이루어져야 한다. 특히 남성 노인의 경우 은퇴 이후 익숙하지 않은 가정이라는 공간에서 머물게 되는 시간이 늘어나면서 배우자와 갈등을 일으키는 경우가 많아지므로, 양성적 성역할을 사전에 학습하여야 한다. 노년기가 되면 배 우자의 사망이라는 상실을 경험하게 되는데, 이때 많은 노인이 슬픔, 불면증, 식욕 상실, 체중감소, 사회활동에 대한 관심 저하, 불안, 우울, 분노, 비통, 죄의식 등과 같은 애도감정이나 이와 관련된 행동을 나타낸다. 전통사회에서는 일부종사의 유 교적 윤리에 근거하여 노년기의 이혼과 재혼을 금기시해 왔으나, 최근에는 황혼 이혼이 점차 증가하고 있으며 노년기 재혼에 대해서도 좀 더 허용적인 태도를 보 이고 있다(권중돈, 2019). 그러나 노년기 재혼에 대한 욕구는 노인 자신의 보수적인 성 도덕관, 자녀의 반대, 경제적 자립생활 능력의 결여, 노인전문 결혼상담기관의 부족 등으로 실제 재혼까지 가는 경우는 많지 않다.

부부관계

배우자의 사망

황혼이혼과 재혼

노년기에는 성인 자녀와 적절한 유대관계를 형성해야 하지만, 노인이 부양자의 성인 자녀와의
관계 지위에서 피부양자의 지위로 전환하는 과정에서 많은 어려움을 겪기도 한다. 특히 핵가족화, 소가족화의 영향으로 자녀와 별거하는 비율이 높아짐에 따라 노인과 자 자녀 별거 녀 간의 연락이나 접촉 빈도가 낮아지는 등 양적 관계에서의 변화가 일어난다. 뿐 만 아니라 부모-자녀 간의 정서적 유대관계도 소원해지는 등 질적 관계에서도 많 은 변화가 일어나고 있다. 특히 결혼, 취업 등으로 인하여 자녀가 모두 부모의 곁 을 떠나고 노부부만 남게 되는 빈둥지(empty nest) 시기를 자유롭게 자기 자신을 개발할 수 있는 기회로 활용하는 경우가 있는가 하면, 자녀가 떠난 빈자리로 인하 여 우울을 경험하는 경우도 있다(Atchley & Barusch, 2003). 이와 같은 부모-자녀 관계를 원만하게 유지하기 위해서는 자녀에게 일방적으로 의존하기보다는 상호지원 관계를 유지하고, 신체적 건강의 유지, 안정된 소득기반의 조성, 그리고 심리적 건강 등을 확보하여야 한다. 만약 적절한 건강과 소득을 유지하지 못하게 되면, 가족에 대한 의존성이 높아지고 가족 내외부의 사회적 역할수행에 어려움을 겪을 뿐만 아니라 가족기능과 가족관계에서도 많은 어려움을 초래하게 된다.

조부모로서의 역할

　평균수명의 연장으로 인하여 조부모로서의 역할을 수행하는 기간이 증가하였지만, 이전처럼 조부모가 삶의 지혜를 가르쳐 주는 역할은 하지 못하고 성인 자녀에게 손자녀 교육을 위임하고 있는 실정이다. 최근 들어 조부모가 부모를 대신하여 손자녀를 양육해 주는 경우는 줄어들고 있다. 대신 필요에 따라 자녀의 가정을 방문하여 손자녀와 즐거운 시간을 보내고, 나머지 시간에는 노인 자신의 관심 추구에 시간을 보내는 경우가 늘어나고 있다. 그리고 예전처럼 손자녀 훈육도 엄격하지 않고, 온화하고 관대해지는 경향이 강하게 나타나고 있으며, 성인 자녀와의 별거로 인하여 원거리형 조부모 역할 유형이 증가하고 있다.

친구관계

　노년기의 친구관계는 가족관계 못지않은 중요성을 지닌다. 노년기의 친구관계는 노후 적응에 매우 중요하며, 자아의 중요한 지지 기반이 된다. 노년기에는 직장 동료관계 등과 같은 기존의 사회관계가 축소됨에 따라 친구의 수가 줄어들게 되지만, 새로운 친구를 사귀기가 쉽지 않으며 대부분 지역적으로 가까운 곳에 사는 이웃노인이 친구가 되는 경우가 많다. 따라서 노년기에 친밀한 친구관계를 유지하기 위해서는 경제적으로 안정되어 있어야 하며, 건강 상태가 양호하고 동일한 지역에서 오래 거주하여야 한다(권중돈, 2019).

주거환경

　대다수의 노인은 자신이 거주했던 집에서 살고 싶어 하며, 주거지를 변경하는 경우는 많지 않다. 그러나 노년기에는 퇴직이나 자녀와의 동거를 위하여 새로운 지역사회로 주거환경을 바꾸는 경우가 있다. 이처럼 노년기에 주거환경을 바꿀 경우 사회관계망의 위축, 지역사회에서의 상징적 지위의 상실, 새로운 이웃과의 관계 설정 과정에서의 어려움 등 부정적 영향을 받는 경우도 많다. 또한 질병이나 가족의 부양능력 한계 등으로 인하여 노인복지시설에 입소하는 경우가 점차 늘어나

노인복지시설 입소

는 경향을 보이고 있다. 시설에 입소하게 될 경우 지역사회에서 거주하는 경우보다 외부 사회관계망과의 상호작용이 좀 더 많이 위축될 수 있다.

2) 사회화

성공적인 사회생활을 위하여 개인은 자신이 속한 집단이나 사회에서의 지위에 적합한 기술, 지식, 가치, 역할 등을 학습하여야 한다. 그리고 사회가 안정을 유지하고 발전하기 위해서는 사회구성원에게 적절한 기술, 지식, 가치, 역할 등을 학습시켜야 한다. 이러한 개인 수준 또는 사회적 수준에서 이루어지는 노력을 사회화라 한다. 즉, 사회화(socialization)란 사회적 상호작용을 통하여 사회의 규범, 가치, 역할기대 등을 학습하고 사회생활에 필요한 사회적 기술을 발전시키게 하는 사회적 학습과정이라 할 수 있다(권중돈, 2019).

사회화의 개념

이러한 사회화 과정은 일생 지속되는 것으로, 주변의 사회관계망과 관계를 맺는 과정에서 타인의 태도와 행동은 특정 개인의 행동방식에 영향을 미치며, 사회가 자신에게 기대하는 바와 제한하는 바가 무엇인지를 배우고, 승인되는 행동과 승인되지 않는 행동이 무엇인지를 알게 된다. 사회적으로 기대되는 행동을 하게 되면 사회적 인정을 받지만 그렇지 못할 경우에는 벌을 받는다. 따라서 노인도 사회의 연령규범과 사회화에 대한 기대에 순응하여야만 적응적인 삶을 영위할 수 있게 된다.

사회적 기대 행동

한 사회의 연령규범이 명확할수록 구성원의 사회화 과정은 보다 쉽게 이루어질 수 있다. 이때 연령규범(age norms)이란 동시대인이 특정 연령대에 적합한 행동을 하도록 각 개인에게 요구하는 사회적 기대나 가치를 의미한다(Thorson, 2000). 이러한 연령규범은 한 개인이 무엇이 옳고 그른가를 판단하는 데 영향을 미칠 뿐만 아니라, 특정 연령대에 속한 사람들의 권리와 의무를 규정하게 된다. 따라서 노인은 사회의 연령규범을 기준으로 하여 자신이 무엇을 어떻게 할 것인지를 결정하게 된다. 그러나 급격한 변화를 경험한 우리 사회는 아직 노년기에 적합한 연령규범에 대한 합의가 이루어지지 않고 있다. 즉, 노년기에 대한 긍정과 부정의 시각이 혼재해 있고, 노년기의 사회적 역할과 연령 적합행동에 대한 사회적 합의가 이루어지지 못하고 있는 실정이다.

연령규범

이처럼 노년기와 관련된 명확한 연령규범의 부재로 인하여 중년기 이후에 노년기에 적합한 가치, 기술, 지식, 행동 등을 사전에 학습하고 싶어도 할 수가 없게 되며, 결국 예비사회화 과정을 거치지 못한 채 노년기에 진입하게 됨으로써 노후생활에 많은 혼란과 어려움을 경험하게 된다(권중돈, 2019). 또한 우리 사회는 어린이

예비사회화 과정

나 젊은이의 사회화에 주력하는 관계로 노인은 새로운 지식이나 기술을 습득할 수 있는 기회가 제한됨으로써, 사회에서 분리될 수밖에 없다. 그리고 노인 스스로도 노화가 진행됨에 따라 새로운 사회적 기술의 학습에 어려움을 겪기 때문에, 사회적으로 고립되어 간다. 또한 현대사회에서는 노년기의 사회적 역할이나 지위가 명확히 확립되어 있지 않기 때문에, 이전의 발달 단계에서 노년기에 대한 예비사회화 기회를 갖지 못하여 노년기의 사회화는 더욱 어려워지게 된다.

나잇값

노인 차별

이처럼 노년기와 관련된 명확한 연령규범의 부재와 이로 인한 사회화 과정의 혼란으로 인하여, 노인은 노년기에 적합한 행동을 수행하지 못하는 경우가 많아지게 된다. 노인이 연령에 적합하지 못한 행동, 즉 '나잇값(acting his age) 못 하는 행동'을 하게 되면, 노인은 사회구성원의 인정을 받지 못하고, 비난이나 사회차별을 받게 될 가능성이 높아진다. 따라서 우리 사회에서 노년기의 연령규범에 대한 사회적 합의가 제대로 이루어지지 않는다면, 노인에 대한 사회적 차별은 더욱 심화될 것이다.

3) 사회적 지위와 역할

사회적 지위

역할

개인의 일상생활은 그가 지닌 사회적 지위나 역할에 의해 주로 결정된다. 이때 사회적 지위(status)란 사회적 신분에 따라 개인이 차지하는 자리나 계급을 의미한다. 역할(role)이란 지위의 동적인 표현으로서, 특정한 사회적 지위에 상응하는 기대행동이라고 할 수 있다. 이러한 사회적 지위와 역할은 한 개인이 행사할 수 있는 권력, 사회 영향력, 그리고 삶의 질을 결정하는 매우 중요한 요소이다.

역할상실

역할 전환

이러한 사회적 지위나 역할은 일생을 통하여 변화하게 된다. 일반적으로 성인기까지는 사회적 지위와 역할을 획득하는 경우가 많지만, 노년기는 중요하고 가치있는 사회적 지위와 역할을 상실하는 경우가 더 많다. 즉, 노년기에는 친구와 가족의 죽음, 직업적 지위와 수입의 상실, 신체적 건강과 아름다움의 감소, 전체적인 삶의 목적 상실 등 얻는 것보다는 잃는 것이 더 많은 시기이므로, 상실의 시기 또는 역할 없는 역할(roleless role)을 갖는 시기라고도 한다. 그러나 노년기에 사회적 지위나 역할을 잃기만 하는 것은 아니며 새로운 역할을 얻기도 한다. 또한 동일한 역할을 수행하더라도 그 수행방법과 역할 자체의 중요성이 변화되는 등 다양한 역할 전환을 경험하게 된다.

Rosow(1985)는 일생을 통하여 사회적 지위와 역할의 종류와 수, 중요성이 달라 역할 유형
진다고 하였다. Rosow는 사회적 지위와 역할을 네 가지 유형으로 구분하였다. 제
도적 지위와 역할(institutional role)은 기업체의 과장, 가정의 생계유지자 등과 같
이 지위와 역할이 분명한 경우를 말한다. 희박한 지위와 역할(tenuous role)은 명예
총장, 실직한 과장, 퇴직가장 등과 같은 지위는 있지만 역할이 없거나 있어도 아주
적은 경우를 말한다. 비공식적 지위와 역할(informal role)은 비공식적 지도자, 사기
꾼 등과 같이 공식적 지위는 없으나 역할은 있는 경우를 말한다. 그리고 무역할(無
役割)의 지위와 역할(non-role)은 지위도 역할도 없는 상태로서, 실제적으로는 사
회적인 의미가 전혀 없다고 할 수 있다.

이러한 노년기의 지위와 역할의 변화에 나타나는 특성을 살펴보면, 먼저 노년기 지위와 역할 변화
에는 특정한 지위와 역할은 상실하는 반면 다른 지위와 역할을 획득하게 된다. 노
년기에는 직업인의 지위에서 물러나 퇴직인의 지위를 갖게 됨으로써, 생계유지자
및 남편과 아내로서의 역할에서 피부양자, 독신, 조부모의 역할로 전환된다. 그리
고 2차 집단에서의 지위와 역할의 종류와 수는 줄어들지만 1차 집단 내에서의 지
위와 역할은 큰 변화가 없다. 그리고 Rosow가 말한 제도적 지위와 역할은 종류와
수 그리고 중요성이 줄어드는 반면 희박한 지위와 역할은 오히려 늘어나며, 비공
식적 지위와 역할은 크게 변화가 없지만 노년기 후반에는 약간 줄어드는 것이 특
징이다.

노년기의 사회적 지위에 따르는 역할수행 방법은 개인에 따라 많은 차이를 보이 사회적
역할수행 유형
는데, Neugarten 등(1968)은 노년기의 사회적 역할수행 유형을 〈표 11-3〉과 같이
구분하였다.

이상에서 살펴본 바와 같이 노년기에는 중요한 지위와 역할을 상실하고 사회적
가치가 낮은 지위와 역할을 획득하게 됨으로써, 노인 스스로 자신의 가치를 평가
절하하게 되고, 그로 인하여 자기존중감, 삶의 만족도 등이 낮아지게 된다. 그리고
사회 역시 노년기의 지위와 역할 상실을 당연하게 받아들이거나 오히려 이를 조 역할 전환의 영향
장하는 경향을 보임으로써, 노인의 사회적 분리와 소외를 초래하는 경향이 있다.
그러나 노년기의 역할 전환이 항상 부정적 결과를 초래하는 것은 아니다. 노년기
에 이루어지는 역할 변화는 대부분 점진적으로 이루어지기 때문에 심리적으로 준
비할 수 있는 시간을 충분히 가질 수 있으며, 대다수의 노인은 이러한 역할 전환에
성공적으로 적응하고 있고 새롭게 획득한 지위와 역할에 만족하는 경우도 많다.

.ıll **표 11-3** 노년기의 사회적 역할수행 유형

구분	역할수행 활동
재구성형	젊음을 유지하고 활동적으로 지역사회활동에 참여함
집중형	심사숙고해서 선택한 몇 가지 활동에 에너지를 집중함
유리형	조용히 자기 자신에 몰두하고 스스로 사회관계로부터 위축됨
계속형	나이를 먹는다는 사실을 두려워하지만, 바쁜 생활을 계속하고, 성취지향적이며 결코 은퇴하지 않음
제한형	능력 상실과 노화의 위협에 사로잡혀 있으며, 에너지를 줄여 쇠퇴를 회피하려고 노력함
구원요청형	보통 정도의 사회활동을 유지하나 타인에게 정서적으로 의존함
무감각형	인생을 수동적으로 살아온 사람으로 안락의자에 앉아 아무 일도 하지 않고 하루를 보냄
와해형	사고력이 퇴화되고, 정서 통제가 불가능함

4) 은퇴

일의 기능

노년기에 있어서 일 혹은 노동은 경제적, 사회적, 윤리적, 정서적 기능과 같은 다양한 기능을 수행한다(권중돈, 2019). 즉, 노년기에 있어서 일이란 노인 개개인 차원에서는 ① 생활비 및 용돈의 소득원 확보, ② 자기유용감과 정체감의 부여, ③ 사회관계망의 유지, ④ 신체 및 정신적 건강 유지, ⑤ 소일 또는 여가활용의 기회까지 제공해 준다. 그리고 거시적 차원에서는 의존적인 소비계층으로만 간주하던 노인에 대한 사회적 인식의 개선을 도모하고, 국가의 생산성 제고와 사회보장비용 절감 효과까지도 얻을 수 있게 된다.

은퇴

하지만 노년기에 이르면 신체 및 정신 기능의 약화로 인한 노동능력의 저하, 현대화에 따른 경제적 생산기술과 생산체계의 변화에 대한 적응능력의 부족 등으로 인하여, 노인은 노동시장에서 탈락하는 경향이 있다. 노년기에 어떤 사회적 지위에서 물러나 그 지위에 관련된 역할수행을 중단하게 된 현상을 은퇴(retirement)라 하며, 은퇴의 가장 대표적인 유형이 일에서 물러나는 퇴직이다.

퇴직의 개념

퇴직이라는 것은 일반적으로 고용 상태의 어떤 직위에서 물러나 그 직위에 관련된 역할수행을 중단하게 된 현상을 의미한다. 하지만 퇴직이라는 개념은 관심 영역에 따라 사건(event), 과정(process), 역할(role) 또는 생활 단계(phase of life)라는

각기 다른 의미로 사용된다(Atchley & Barusch, 2003). 먼저 사건(event)으로서의 퇴직은 퇴임식, 퇴직연금이나 사회보장급여를 받기 위한 서류 제출, 업무의 인계, 퇴직여행 등의 사건을 중심으로 한 개념이다. 과정(process)으로서의 퇴직은 퇴직 준비, 퇴직 결정, 실질적인 퇴직 사건, 밀월 단계, 안정 단계, 재지향 단계, 종결 단계 등의 단계적 절차를 의미한다. 역할(role)로서의 퇴직은 소위 '은퇴자' 또는 '퇴직자'라고 불리는 지위에 따르는 권리·의무와 관련된 사회규범을 의미한다. 생활단계(phase of life)로서의 퇴직은 생활주기상의 마지막 단계, 막내 자녀가 분가한 이후 등을 의미하는 것으로, 이 단계는 대략 15~20년 동안 지속된다.

　　퇴직은 직업활동에서 물러나고 퇴직자로서의 역할을 받아들이는 일련의 과정이다. 이러한 퇴직 과정은 개인이 퇴직을 인식하면서부터 시작되는데, 퇴직에 대한 태도는 퇴직 후의 경제사정에 대한 예상, 정년퇴직 연령, 노동에 대한 가치관, 퇴직의 자발성, 직업에 대한 헌신·사명감 정도, 퇴직 후 생활목표의 확실성, 퇴직 이후의 소득보장 정도 등과 같은 다양한 변인의 영향을 받는다(권중돈, 2019). 이러한 퇴직에 대한 태도에 영향을 미치는 요인은 퇴직 결정을 내리는 데 영향을 미치는 요인과 중복되는 경우가 많다. 퇴직 결정에 영향을 미치는 요인으로 일반적으로 지적되는 것은 정년제와 역연령 등의 조직의 공식 구조, 가족성원의 퇴직에 대한 태도, 가족의 경제 상태 및 예상 수입 정도, 본인의 건강 상태, 직업 및 교육수준, 배우자 유무와 부양책임 정도, 직업에 대한 만족도, 여가에 대한 태도 등이다. Atchley와 Barusch(2003)는 [그림 11-4]와 같은 퇴직 결정 과정의 흐름도와 영향요인을 제시하고 있다.

　　퇴직을 고려하는 시점부터 질병이나 장애, 사망, 재취업 등으로 인하여 퇴직과정이 종결되기까지의 퇴직 과정은 개인에 따라 다르게 나타나므로 퇴직의 단계를 구분하는 것은 용이하지 않지만, 일반적으로 〈표 11-4〉와 같은 8단계로 구분된다(Atchley & Barusch, 2003).

　　이러한 퇴직의 과정을 거치는 과정에서 퇴직으로 인한 다양한 생활 변화가 나타난다. 첫째, 수입이 급격하게 줄어들거나 상실되는 반면 지출은 지속적으로 이루어지기 때문에, 퇴직 이후의 경제생활에 대한 준비 정도에 따라 달라질 수 있지만 경제적 어려움을 경험할 가능성이 높아지게 된다.

　　둘째, 퇴직 이후에 신체나 정신 건강이 악화될 가능성이 높다고 알려져 있지만, 신체 및 건강 상태는 퇴직 전과 비교하여 변화가 없는 경우가 많고 오히려 스트레

(오른쪽 여백 주석) 퇴직에 대한 태도 / 퇴직 결정 / 퇴직 단계 / 퇴직 이후 생활 변화

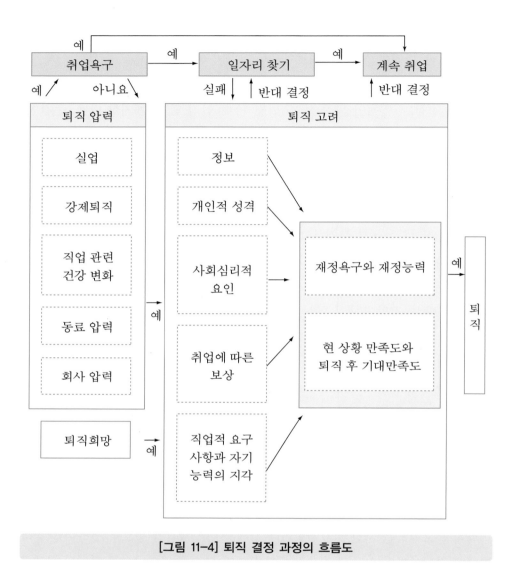

[그림 11-4] 퇴직 결정 과정의 흐름도

스 수준이 낮아지고 규칙적인 운동을 포함한 건강관리 시간이 늘어남에 따라 건강
이 더 좋아지는 경우도 있다(Ekerdt et al., 1983; Midanik et al., 1995).

　셋째, 퇴직으로 인하여 직장동료와의 관계가 단절되고 사회활동 참여도가 낮아
사회적 소외　짐으로써 사회적 소외와 고독을 경험할 가능성이 높다(Atchley & Barusch, 2003).
그러나 이전부터 사회관계망과 빈번한 교류를 통하여 원만한 관계를 유지해 온 경
우에는 사회관계망이 다소 위축되기는 하지만 사회적 소외를 경험하지는 않는다
(Van Tilburg, 1992).

.ıll **표 11-4** 퇴직의 단계

구분	단계별 특성
퇴직전 단계	• 먼 단계: 은퇴에 대해 막연하게 인식함 • 근접 단계: 은퇴를 의식하게 되고, 말년의식을 보이거나 퇴직 후 생활에 대한 환상을 가지기도 함
밀월 단계	• 일에서의 해방으로 도취된 시기임 • 대부분의 시간을 자신의 관심사나 흥미와 관련된 영역에 소모함 • 경제적 지출이 요구되므로 재정 상태에 따라 밀월 단계 지속기간이 결정됨
안정 단계	• 퇴직 이전에 퇴직 후 활동이나 사회관계에 대한 선택을 한 사람일수록 퇴직 후 생활이 쉽게 안정화됨
휴식 단계	• 활동적인 밀월 단계와는 대조적으로 전체적인 활동의 양이 줄어들게 됨 • 충분한 이완과 휴식을 취하면서 지난 생을 반추해 보고, 퇴직 이후의 생활계획을 수립함
환멸 단계	• 퇴직생활에 대한 환상에서 벗어나 실망하거나 우울을 경험함 • 퇴직전 단계에서 퇴직에 대해 비현실적인 환상을 가진 경우에 환멸이나 공허감이 더 심하게 나타남 • 환멸 단계에 이르는 퇴직자는 많지 않으며, 대부분의 경우 이 단계를 거치지 않음
재지향 단계	• 재정 상태나 어떤 일의 실천 가능성을 재고하여, 비교적 정확한 현실인식을 하고 현실적 생활양식을 선택하려 함 • 새로운 인간관계 속에서 자아를 정립해 나감
일상화 단계	• 생활 변화를 일상적으로 처리할 수 있게 됨 • 예측 가능한 생활을 영위함 • 비교적 오래 지속되는 단계임
종결 단계	• 질병이나 장애에 의해 퇴직자의 역할이 중단됨 • 독립적 생활이 감소되고 가족 등의 지지망에 대한 의존성이 증가함

넷째, 퇴직으로 인하여 자신의 정체감을 유지해 왔던 직업적 지위를 상실하게 됨으로써 부정적 자기개념을 형성하고 자신의 가치를 낮게 평가할 가능성이 높아지며, 이에 따라 삶에 대한 만족도 역시 낮아질 수 있다. 그러나 삶의 만족도는 퇴직의 직접적 영향을 받는다기보다는 개개인의 성격 특성에 따라 결정되는 경향이 강하다(Reis & Gold, 1993).

다섯째, 퇴직 이후의 여가시간이 증가함에 따라 일반적으로 여가활동의 참여도는 증가하지만, 퇴직 이전의 여가에 대한 예비사회화 정도와 재정 상태, 건강 상태

등에 따라 여가활동 참여도가 달라질 수 있다.

지위와 역할 변화

여섯째, 퇴직 전에는 남성은 대외적 지위에 필요한 수단적 역할 그리고 여성은 가정 내 지위에 필요한 표현적 역할을 주로 수행하지만, 퇴직 이후에는 양성적 역할 모두를 수행하는 경향이 높아진다.

퇴직생활에 대한 적응

노년기의 주요 발달과업 중의 하나가 퇴직생활에 대한 적응일 정도로, 퇴직 이후의 생활적응은 노년기의 삶의 질을 결정하는 가장 중요한 요인 중의 하나이다. 따라서 노년기에는 퇴직에 따르는 지위와 역할의 변화, 경제적 조건의 변화, 상황적 요인의 변화, 사회관계망의 변화 등과 같은 생활 전반에 나타나는 변화를 수용하고 자신이나 주변의 대처자원을 활용하여 능동적으로 적응해 나갈 수 있어야 한다. 이러한 퇴직생활에 대한 적응에 영향을 미치는 요인은 퇴직에 대한 태도, 퇴직의 유형, 퇴직전 직업, 여가에 대한 예비사회화, 교육수준, 경제 및 건강 상태 등이다.

4 사회복지실천에서의 관심 영역

노인문제

우리나라에서는 급격한 현대화의 영향으로 1970년대부터 노인문제가 사회 관심사로 등장하게 되었으며, 그로부터 10년 정도가 지난 1981년에 노인복지법이 제정되어 본격적인 노인복지서비스가 실시되기 시작하였다(권중돈, 2019). 노인복지제도는 지난 40년 동안 소득보장, 건강보장, 주거보장, 고용보장, 사회서비스 등 노인복지의 모든 영역에서 매우 빠르게 성장하였으며, 서비스의 질도 매우 높아지고 있다. 하지만 빠른 노인복지제도의 발전에도 불구하고 노년기의 4고(四苦), 즉

노년기의 4고(四苦)

빈곤, 질병, 고독과 소외, 무위 문제뿐 아니라 노인학대와 자살 등의 다양한 문제가 등장하고 있다. 이러한 노인문제의 해결을 위해서는 사회복지실천에서 노년기의 신체 · 심리 · 사회적 발달에서 나타나는 문제와 욕구를 면밀히 분석하고 이에 근거하여 적절한 대책을 강구해야 한다.

1) 신체적 발달의 관심 영역

만성질환

노년기에 이르면 신체기능의 저하로 인하여 발생하는 만성질환으로 고통을 받

을 가능성이 높아지는데, 거의 대부분의 노인이 만성질환을 앓고 있는 것으로 나타났다(보건복지부, 한국보건사회연구원, 2018). 이러한 노인성 질환은 대부분 만성적 경과를 거치며 치료보다는 장기간의 보호가 필요한 특성이 있기 때문에, 노년기에는 의료비 부담과 수발 및 간호에 대한 불안이 증가하게 된다. 따라서 사회복지기관에서는 건강교육, 건강상담, 운동 프로그램, 재활치료, 노인장기요양보험제도의 재가 및 시설 서비스 등의 서비스를 적극적으로 실시해야 할 것이다. 또한 노인의 의료비 부담과 가족의 부양부담을 경감할 수 있는 다양한 의료비 경감 대책 및 가족지원사업을 전개해 나가야 한다.

노인장기요양 보험제도

가족지원사업

2) 심리적 발달의 관심 영역

노년기의 심리적 발달을 지원하기 위해서는 지금까지 사회복지실천에서 관심을 기울이지 못했던 노인상담을 좀 더 강화해야 한다. 또한 노년기의 주요 심리문제 중의 하나인 고독과 소외를 극복하고 효과적인 여가활용을 도모할 수 있는 프로그램을 집중적으로 개발하여 실시해야 한다. 이러한 목적을 달성하기 위하여 사회복지기관에서 실시할 수 있는 프로그램으로는 노인대학 등의 평생교육 프로그램 등이 있으며, 앞으로 경로당 및 노인복지관 등의 여가 및 취미활동 프로그램을 다양화해 나가야 할 것이다.

노인상담

여가 및 평생교육

사회복지기관에서는 치매노인의 보호에도 많은 관심을 기울여야 한다. 먼저 사회복지기관에서는 치매를 예방할 수 있는 인지기능 프로그램을 개발하여 실시하여야 하며, 치매로 의심되는 노인에 대하여는 정확한 진단을 받을 수 있도록 전문 의료기관에 의뢰하는 체계를 갖추어야 한다. 치매의 경우 치료(cure)보다는 돌봄(care)이 필요하기 때문에 의료기관이 아닌 사회복지기관은 치매노인을 보호하기 위한 주간보호서비스, 방문요양서비스 등을 집중적으로 제공해야 한다. 그리고 치매노인 가족의 경우 가족관계의 부정적 변화, 노인과 부양자 관계의 악화, 사회활동 제한, 재정 및 경제활동상의 부담, 심리적 부담, 건강상의 부담과 같은 다양한 부양부담을 경험하고 있다(권중돈, 1994). 따라서 사회복지기관에서는 이들 치매노인 부양가족을 지원할 수 있는 각종 상담 및 교육사업, 방문요양서비스, 주간보호서비스 등도 실시해야 한다.

치매 프로그램

부양부담

3) 사회적 발달의 관심 영역

고용 및
소득보완사업

정년연장

노인
자원봉사활동

은퇴준비교육
노인일자리사업

노년기의 건전한 사회적 발달을 지원하기 위하여 사회복지실천에서는 고용 및 소득보완사업에 역점을 두어야 한다. 국가적 차원에서는 사회보험체계의 완비와 공적 부조제도의 확충을 통하여 노년기의 안정적 소득기반을 보장하고, 정년 연장, 고용상 연령차별 금지 및 고령자고용촉진에 관한 법률의 엄격한 시행, 공적 노인일자리 개발과 보급, 퇴직 후 재고용제도의 강화 등을 통해 노인에게 고용기회를 더 많이 부여해야 한다. 그리고 유급노동은 아니지만 사회공헌의 기회를 제공할 수 있는 전문 및 일반 노인 자원봉사활동에 대한 지원을 강화해 나가야 한다.

사회복지기관에서는 은퇴준비교육 프로그램, 노인일자리사업 등을 통하여 경제활동에 참여할 수 있는 기회를 부여하여 노년기의 무위의 문제를 해결함과 동시에 안정적 소득기반 확충에도 기여하여야 한다. 그리고 국가의 다양한 노인복지정책과 서비스에 대한 정보를 제공하여 노인의 삶의 질 향상에 기여해야 한다.

생각해 보아야 할 과제

1. 자신이 노인이 되었을 때의 모습을 상상하여 분장한 다음 사진을 찍어 보고, 자신의 노후생활에 대한 계획을 제시해 보시오.

2. 노인인구의 급격한 증가 현상이 사회복지제도에 미치는 영향에 대해 토론해 보시오.

3. 주변에서 일어나는 노인차별과 학대 사례에 관한 정보를 수집·분석해 보고, 이에 대해 토론해 보시오.

4. 치매의 원인과 예방 및 개입 방법에 대해 탐색해 보시오.

5. 우리나라의 노인자살 문제에 관한 기존 연구와 통계자료를 수집하여 읽고, 노인 자살예방 대책에 대해 토론해 보시오.

6. 귀하의 부모가 노인이 되면 누가 부양해야 한다고 생각하는지 견해를 제시해 보고, 가족의 부양을 받는 경우와 시설부양을 받는 경우가 갖는 장단점에 대해 논의해 보시오.

7. 노인이 되면 사회에서 물러나야 한다는 분리이론(disengagement theory)과 노년기에도 계속해서 사회활동에 참여해야 한다는 활동이론(activity theory)에 대한 견해를 제시해 보시오.

8. 정년퇴직 연령을 연장하였을 때 개인, 가족, 기업체, 국가가 얻게 되는 이점과 단점에 대해 논의해 보시오.

9. 〈죽어도 좋아〉〈버킷리스트〉〈아무르(Amour)〉〈그대를 사랑합니다〉 등 노인 관련 영화를 보고 느낀 점을 토론해 보시오.

10. 양로시설이나 노인요양시설 또는 독거노인의 가정을 방문하여 1주일 이상 자원봉사 활동을 해 보고, 그 소감을 공유해 보시오.

제3부

인간 성격과
사회복지실천

안개 낀 숲 속 쉼터!
그대는 누구를 이곳에 초대하고 싶은가?

제주 비자림, 2013. 6.

제12장

정신분석이론

 학 습 목 표

1. 정신분석이론의 인간관과 기본 가정을 이해한다.
2. 정신분석이론의 주요 개념을 이해한다.
3. 정신분석이론의 인간 발달 관점을 이해한다.
4. 정신분석이론을 사회복지실천에 적용할 수 있는 방안을 이해한다.

Freud의 정신분석이론은 인간행동의 이해와 정신치료의 새 지평을 열었을 뿐 아니라 현대 정신치료의 모태라고 해도 과언이 아니다(권석만, 2012). 더 나아가 정치, 사회, 경제, 문학, 예술 등 현대인의 삶과 현대문명 전반에 걸쳐 지대한 영향을 미쳤다. 사회복지전문직에서는 사회복지실천의 과학적 토대를 구축하는 과정에서 정신분석이론에 대해 관심을 갖게 되었다(Hamilton, 1958; Hollis, 1964). Richmond(1917)가 '원인을 발견함으

정신치료의
새 지평

Sigmund Freud (1856~1939)

사회복지실천

로써 치료 방법을 찾을 수 있다.'는 사회복지실천의 기본 전제를 정신분석이론에 기반을 둔 의료적 모델(medical model)에 빌려온 것을 시작으로, 오랫동안 Freud 이론은 사회복지실천에 강력한 영향력을 발휘하였다.

의료적 모델

　사회복지사가 Freud의 의료적 모델에 입각한 직선적 원인론(linear casuality)을

사회복지실천의
지적 기반

채택함으로써 '시행착오의 예술(trail-and-error art)'로 불리던 사회복지실천은 '과학인 동시에 예술(science and art)'이라고 불릴 수 있는 지적 기반을 마련하게 되었다(Wood, 1971). 그리고 1920년대의 진단학파에서는 개별사회복지실천(social casework)을 내담자의 영·유아기의 해결되지 않은 정신적 외상에 대한 진단과 치료를 강조하는 정신분석적 치료와 동일시할 정도(Dorfman, 1991)로 Freud의 이론이 사회복지실천에 미친 영향은 지대하다. 특히 사회복지실천에서 정신분석이론의 직선적 원인론을 채택하는 경우가 많았고, 무의식이 행동의 주요 결정요인이라는 인식하에 정신내적 갈등(intrapsychic conflict)을 밝혀내는 데 초점을 두었으며, 현재보다는 과거 특히 영·유아기의 정신적 외상에 더 많은 관심을 기울이게 되었다.

직선적 원인론

정신내적 갈등

과거

정신분석이론의
영향

이와 같이 정신분석이론은 사회복지실천의 발달에 긍정적 영향을 미쳤지만 부정적 영향을 미친 것 또한 사실이다. Freud의 정신분석이론은 '환경 속의 인간'이라는 사회복지의 이중적 초점 중에서 인간의 정신내적 현상을 지나치게 강조하며 기계론적이고 결정론적 인간관과 이에 따른 실천을 조장함으로써, 사회복지전문직의 분열과 사회복지실천상의 불균형을 초래하는 문제점을 야기하기도 하였다.

1 인간관과 가정

1) 인간관

비합리적 존재

Freud의 인간 본성에 대한 기본 가정은 인간을 합리적 존재로 간주하던 당대의 심리학적인 지적 전통과는 매우 다르다. Freud는 인간을 비합리적이고 통제할 수 없는 무의식적 본능의 지배를 받는 존재로 보고 있다(이무석, 2006). Freud는 인간의 모든 사고, 감정, 행동은 신체적 긴장 상태에 의해 유발되는 무의식적인 성적 본능과 공격적 본능에 의하여 결정된다고 보는 생물학적 결정론을 따르고 있다. 즉, 인간은 성장이나 자기실현을 추구하기보다는 무의식적 본능에 의해 야기된 긴장 상태를 해소하여 '긴장 없는 열반 상태(nirvana)'에 이르기 위하여 행동하게 된다는 것이다. 따라서 Freud는 인간의 자유의지, 책임감, 자발성, 자기결정과 선택을 할 수 있는 능력, 즉 인간의 자율성을 인정하지 않았다. 인간의 모든 행동은 무

의식적인 힘에 의하여 결정되고, 인간은 이런 힘의 지배를 받는 수동적 존재라고
보았다.

    Freud의 인간 본성에 대한 비합리적인 관점과 생물학적 결정론은 인간의 성격
에 대한 불변성의 신념과 연결되어 있다. Freud는 인간의 기본 성격 구조는 영·
유아기에 어떤 경험을 하였는가에 따라 결정되며, 이러한 성격 구조는 성인기가
되어서도 변하지 않고 지속된다고 보고 있어, 현재보다는 과거를 중시하는 입장을
보인다. 따라서 Freud는 '현재는 과거의 축적물에 불과하므로, 현재를 바꾸기 위
해서는 과거를 변화시켜야 한다.'는 가정하에 정신치료에서 개인의 기본 성격 구
조를 변화시키고자 하며, 이를 위해 영·유아기 경험을 재구성하는 것이 필수적이
라고 본다.

    이와 같은 Freud의 인간 본성에 대한 기본적인 관점은 인간과 환경의 관계에 대
한 관점에도 그대로 반영되어 있다. Freud는 개인의 쾌락원칙과 문명화된 사회 사
이에는 많은 갈등이 존재한다는 점을 강조하였다(Freud, 1962). 따라서 Freud에 따
르면, 인간 존재는 자신의 행복을 극대화하기 위하여 사회와 지속적으로 대항하는
투쟁적 존재(Homo Volens)이고 사회는 개인활동의 산물이다(전병재, 1993). 즉, 인
간은 무의식적인 내적 충동에 의해 야기된 긴장 상태를 제거하여 쾌락을 추구하려
는 속성을 지니고 있으며, 이를 방해하는 사회적 요인에 대하여는 지속적으로 대
항하는 존재라고 보았다. 특히 문화와 인간의 내적 충동의 만족 사이에는 부적 상
관관계가 존재한다. 즉, 문화는 인간의 내적 충동의 만족을 억압하는 초자아의 발
달에 영향을 미치므로, 문화가 발전할수록 인간의 내적 충동의 만족도는 더욱 낮
아지는 결과를 초래하게 된다. Freud는 문명의 발달은 개인의 원초적 본능을 억제
하여 사회적으로 수용될 수 있는 방식으로 전환함으로써 가능하다고 보았다.

2) 기본 가정

    전통적 정신분석이론의 기본 가정은 정신결정론과 무의식적 동기로 요약될 수
있다(홍숙기, 1990; Stevenson & Haberman, 2006). Freud는 영·유아기의 경험이 이
후의 정신구조와 삶을 결정한다는 정신결정론적 관점을 고수하고 있다. 즉, Freud
는 인간의 기본 성격 구조는 영·유아기, 즉 남근기(男根期)까지 어떠한 경험을 하
였는가에 따라 결정되며, 기본 성격 구조는 성인기가 되어서도 변하지 않고 지속

수동적 존재

불변적 존재

투쟁적 존재

정신결정론

된다고 본다.

무의식적 동기

Freud는 인간의 모든 행동, 사고, 감정이 무의식적 동기를 지니고 있다고 본다. 예를 들어, Freud는 유아가 어머니의 젖을 빠는 행동은 성감대인 입 주변의 성적 만족을 얻으려고 하는 생물적 기원을 가진 본능에 의해 야기되는 것으로 보고 있다. 이러한 가정에 근거하여 Freud는 인간행동을 우연적 사건이나 인간의 자유의지의 결과로 간주하지 않았으며, 모든 행동의 근원적 원인을 밝혀내는 데 관심을 가졌다. 그 과정에서 Freud는 무의식이라는 인간 정신의 심층구조에까지 이르게 되었으며, 인간의 정신활동을 의식과 무의식, 원초아(id)와 초자아(superego) 사이

갈등심리학 또는
심층심리학

에서 일어나는 갈등의 결과로 간주하였다. 이러한 특성 때문에 그의 이론을 갈등심리학 또는 심층심리학이라고 부르는 이들도 있다(Arlow, 1979).

기본 가정

이상에서 살펴본 Freud의 정신분석이론의 기본 가정을 요약하여 제시하면, 〈표 12-1〉과 같다.

📶 표 12-1 정신분석이론의 기본 가정

- 모든 행동과 정신생활은 의미를 지닌다. 그러므로 우연히 또는 무작위적으로 일어나는 것은 아무것도 없으며, 모든 행동과 정신적 사건은 이전의 사건, 특히 영·유아기의 사건과 경험에 의해 결정된다.
- 세 부분으로 구분된 에너지 체계인 성격은 정신 에너지에 의해 추진되며, 대상에 각기 다른 정도의 정신 에너지를 투입한다.
- 정신활동은 갈등적 힘의 결과물이 표현된 것이다.
- 행동은 생물적 기반을 갖고 있으며, 타고난 성적 충동 또는 공격적 충동에 의해 야기되는 긴장에 의해 추진된다.
- 사회는 원시적인 생물적 본능을 통제하려 하고 통제력을 갖고 있다.
- 성격은 심리성적 발달 단계의 결과물이며, 성격 형성은 출생 후 첫 5~6년 사이에 주로 이루어지며 이후에는 큰 변화가 없다.
- 의식은 규칙이라기보다는 예외이므로 개인은 자신의 정신과정의 대부분을 인식하지 못한다.
- 무의식이 대부분의 사고, 감정, 행동을 결정한다.
- 원조과정은 이상행동 또는 부적응 행동의 근원이 되는 원인을 밝혀내고, 정서적 경험을 교정하는 것이다.

2 주요 개념

Freud는 1880년 신경과 의사 Breuer를 만나 Anna O의 사례를 접하면서 히스테리 증상에 관심을 가지게 되었다. 1896년 자신의 치료 방법에 처음으로 정신분석이라는 이름을 붙인 이래로 1939년 세상을 떠나기까지, 40년 이상에 걸쳐 많은 저서를 남겼다(권석만, 2012). 이러한 임상 경험과 저술이 쌓여 가면서 그의 성격이론은 더욱 정교해졌으며, 정신구조와 행동의 의미를 설명해 줄 수 있는 많은 모델을 제시하였다. 이에 다음에서는 보다 명료한 설명과 이해의 편의를 위하여 Freud가 제시한 각 모델을 분리하여 기술하지만, 그의 이론을 더 정확히 이해하기 위해서는 각 모델에 대한 설명을 통합적으로 고려하여야 한다.

1) 경제적 모델

Freud는 인간의 모든 행동은 본능의 지배를 받으며, 정신 에너지를 발산하는 데 그 목적이 있다고 본다. Freud가 신체 구조의 긴장 상태에 의해 유발되는 정신적 표상, 즉 소망(wishes)의 집합체를 본능(instinct)이라고 규정하고 있기 때문에, 그에 따르면 모든 인간행동은 생물적 기원을 가진다. 본능은 원천, 목표, 대상, 추동 (drive)이라는 네 가지 요소로 구성되어 있다(전병재, 1993).[1] 본능의 원천은 신체 내의 긴장 상태(예: 위가 비어서 느끼는 허기)이며, 목표는 신체적 긴장 상태의 해소를 통한 쾌락의 획득(예: 음식섭취를 통한 포만감 획득)이며, 대상은 목표성취에 활용되는 수단(예: 음식물)이며, 추동은 특정 본능이 가지고 있는 에너지의 양, 즉 본능의 강도(예: 음식물을 섭취하려는 소망의 강도)이다. 만약 이러한 본능적 욕구를 표현하고 충족하는 데 방해를 받게 되면 인간은 불안을 경험하게 된다.

신체적 긴장 상태에 의해 만들어지는 정신 에너지는 어떤 형태로든 이용이 가

> 본능

> 본능의 구성 요소

> 정신 에너지

---

1) 본능(instinct)과 추동(drive) 사이의 관계를 더 명확히 구분하여 보면, 본능은 타고난 행동의 도식(schema)으로서 개인차가 적고 시간의 흐름에 따라 나타나며, 목표를 달성하는 데 비교적 장애를 적게 받는다. 이에 비해 추동은 에너지와 운동적 특성을 지닌 유기체의 역동적 과정을 의미하며, 신체적 자극에 의해 유발된 긴장이 추동의 시발점이 되고, 본능보다 목표를 달성하는 데 장애를 많이 받으며, 갈등과 결핍 현상을 유발하고 그것에 상응하는 무의식적 방어기제와 보상현상이 수반되는 특징이 있다(윤순임, 1995).

폐쇄체계   능한 폐쇄체계이기 때문에 이용 가능한 에너지의 양은 고정되어 있다. 정신 에너
지의 배분은 생리적 욕구, 개인의 발달 단계, 과거의 경험, 현재의 환경 등과 같
은 복잡한 요인에 의해 결정되는데, 고정된 양의 정신 에너지가 삶의 본능과 죽음
의 본능에 어떠한 비율로 배분되는가에 따라 각 개인이 보이는 행동은 달라진다고
본다.

삶의 본능   삶의 본능(eros)은 성, 배고픔, 갈증 등과 같이 생존과 번식에 목적을 둔 신체적
욕구의 정신적 표상이다. 이러한 삶의 본능은 생명을 유지 · 발전시키고, 친밀하고
유쾌한 신체적 접촉을 갖고, 타인과 사랑을 나누며, 창조적 발전을 도모하는 본능

리비도   이다. Freud는 초기이론에서 삶의 본능 중에서 성적 에너지를 리비도(libido)라고
하였으나, 점차 삶의 본능 전체를 의미하는 것으로 그 개념을 확대하였다.

죽음의 본능   죽음의 본능(thanatos)은 불변의 무기질 상태로 회귀하려는 충동으로 공격욕, 파
괴욕 등이 속한다. 즉, 죽음의 본능 때문에 인간은 살아 있는 동안에 자신을 파괴
하고 자학하며, 타인이나 환경을 파괴한다. 생명을 외부 자극에 의하여 생긴 긴장
상태로 보고 생명의 종식을 고하며 초기의 침정 상태로 되돌아가게 되는 것이다.
죽음의 본능은 파괴 및 공격적 행동의 근원이다. 한 개인의 죽음의 본능이 과도하
면 자학적 행위, 살인, 강도 등을 일으키지만, 국가 차원에서는 전쟁을 일으키기도
한다(Greene & Ephross, 1991).

본능의 융합   하지만 삶의 본능과 죽음의 본능은 서로 영향을 미치며, 서로 융합되어 있기도
하다. 예를 들어, 음식물을 섭취하는 것은 생명을 위협하는 배고픔을 해결하고자
하는 삶의 본능의 표현이지만 음식물을 파괴하여 섭취한다는 점에서는 죽음의 본
능이다. 성행위는 번식을 목적으로 한 친밀하고 유쾌한 신체적 접촉이지만 동시에
공격적 행동이라는 점에서 삶의 본능과 죽음의 본능이 혼합되어 있는 것이다(이인
정, 최해경, 2007). 그리고 삶의 본능과 죽음의 본능이 병적으로 혼합되었을 때 인
간은 강간, 가학 또는 피학적 성행위, 동물과의 성행위(수간, 獸姦) 등 변태적 성행
위를 하기도 하며, 그 정도는 약하지만 음란물에 대한 집착, 성행위 몰래 훔쳐보기
등과 같은 행동을 하게 된다(이나미, 1995).

이상에서 살펴본 바와 같이 Freud는 화학과 물리학의 법칙을 인간에게도 적용
할 수 있다고 예견하였다는 점에서 시대를 앞서 나간 인물이다. Freud는 인간의
정신활동이 고정된 정신 에너지의 양에 지배를 받는다는 폐쇄체계적 관점을 수
정 · 보완하고 더욱 정교화해 나갔으며, 경제적 모델은 다음에서 설명하는 이후의

모델에 통합되었다. 그리고 오늘날에는 인간 유기체를 개방체계로 이해하며 성격 기능에 있어서 자아를 더욱 중시하기 때문에, Freud의 경제적 모델은 더 이상 받아들여지지 않고 있다.

개방 체계
자아

2) 지형학적 모델

Frued가 인간의 성격을 이해하는 데 공헌한 것 중에서 가장 큰 것은 마음(mind)을 세 가지 수준으로 제시한 것이다(Corey, 2000). Freud는 눈에 보이지 않는 인간의 정신을 일종의 지도로 제시하여 가시화하였는데, 이것이 바로 지형학적 모델이다. 이 모델에서는 인간의 정신을 마치 빙산의 모습과 비슷하게 의식, 전의식, 무의식으로 구성되어 있다고 보았다([그림 12-2] 참조).

마음의 수준

의식(consciousness)이라 불리는 정신과정은 한 개인이 어느 순간에 인식하고 있는 감각, 지각, 경험, 기억 등의 모든 것을 의미한다. 그러나 Freud는 각 개인이 의식할 수 있는 것은 정신생활의 극히 작은 부분에 지나지 않으며, 빙산의 일각에 불과하다고 보았다. 따라서 Freud의 관점에서 보면 의식은 일시적인 것이며, 정신생활의 규칙(rule)이라기보다는 예외적인 것이다. 전의식(preconsciousness)이라는 정신과정은 즉시 인식되지는 않지만 조금만 노력하면 접근할 수 있는 영역이다. 예를 들어, 지금 당장은 초등학교 1학년 때의 담임선생님의 이름과 얼굴을 기억해 낼 수 없지만, 조금만 집중하고 연상해 보면 기억을 되살려 낼 수 있을 것이다. 무의식(unconsciousness)이라는 정신과정은 욕구나 본능이 깊게 자리하고 있는 영역으로, 인식할 수 없고, 직접적으로 확인할 수도 없는 접근 불가능한 창고에 해당한다. 무의식에는 개인이 태어나 살면서 경험한 것 중에서 기억하지 못하는 경험, 예를 들면 폭력적 동기, 부도덕한 충동, 비이성적 소망, 이기적 욕구, 수치스러운 경험, 수용할 수 없는 성적 욕구 등이 담겨 있는 상상할 수 없을 정도로 깊은 심연의 정신창고이다(김춘경 외, 2010; 이영돈, 2006).

의식

전의식

무의식

정신의 세 가지 상태 또는 마음의 층은 구분된 절대적인 범주로 볼 수 없고 단지 정도의 범주로 보아야 하지만, 개인의 사고와 감정의 대부분은 의식 외부, 즉 무의식에 존재한다. 이에 대해 Freud(1960)는 심리적 생활을 의식적인 것과 무의식적인 것으로 구분하는 것은 정신분석의 기본 전제이며, 이와 같이 구분해야만 정신분석에서 정신생활을 과학의 준거틀 내에서 설명할 수 있고 정신병리의 과정을

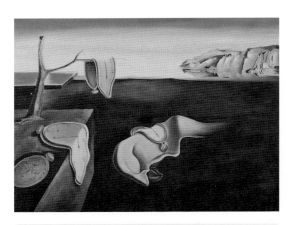

임계치

반대충당

[그림 12-1] 〈기억의 영속(The Persistence of Memory)〉(Salvador Dali, 1931)

출처: http://www.jackygallery.com

이해할 수 있다고 하였다. 그리고 무의식은 속에서 끓고 있는 휴화산(정도언, 2009)과 같으므로 의식으로 분출할 수 있다. 이와 관련하여 Freud(1965)는 개인의 내적 고통이나 쾌락의 강도가 임계치(臨界値, threshold value)를 넘어설 때 개인은 그것을 의식하게 되지만, 임계치를 넘어서더라도 반대충당(anti-cathexis)으로 인하여 의식화하지 못할 수도 있다고 하였다.

무의식의 증거   Freud는 무의식이 작용하는 증거로 잘 알고 있는 사람의 이름이나 인상 그리고 생활상의 경험을 잊어버리는 경향, 소유물을 잃어버리는 경향, 말실수, 실수로 잘못 쓴 문장, 글자를 잘못 읽는 것, 행동상의 실수 등을 들고 있다(김서영, 2010). Freud는 무의식적 과정의 우월성을 받아들여 자유연상, 저항, 농담과 실수, 예술

꿈 해석   작품([그림 12-1] 참조), 신경증, 꿈에 대한 연구를 하게 되었다. 특히 그는 꿈을 '무의식적인 어떤 것을 억압하고 왜곡하여 대치한 것'으로 간주하고, 무의식을 파악하기 위해서는 꿈을 해석해야 한다고 보았다(Freud, 1966).

3) 구조적 모델

Freud는 지형학적 모델 다음으로 초기의 많은 개념을 통합한 구조적 모델

성격의 구조   을 제시하였다. 구조적 모델에서 Freud는 성격은 원초아(id), 자아(ego), 초자아(superego)라는 세 부분으로 구성되어 있다고 보았다. 이러한 성격의 세 부분은 각기 다른 독특한 기능과 속성을 지니고 있지만, 이들 부분이 상호작용하여 전체 성격체계를 구성하고, 각각의 하위체계는 개인의 행동에 각기 다른 영향을 미친다. 이러한 성격의 각 부분은 실존하는 것이 아니며 개념화된 것으로서, 이를 도식화하면 [그림 12-2]와 같다.

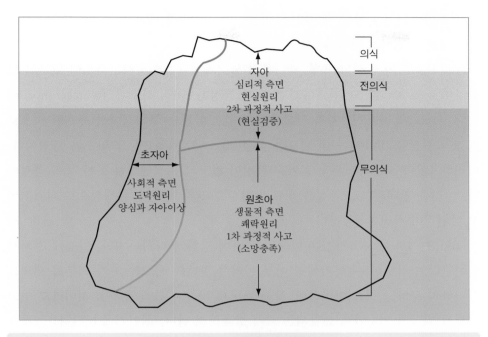

[그림 12-2] Freud의 정신지도

(1) 원초아

원초아(id)는 '미지의 힘인 그것'이라는 의미의 독일어 'das Es'이며, Freud의 원 전을 영어로 번역하면서 라틴어의 3인칭 지시대명사인 'id'를 빌려와서 사용한 용 어이다(정도언, 2009). 원초아는 성격의 원형이며 본질적인 체계로서 본능을 포함 성격의 원형 하고 있다. 이는 출생 시부터 타고나는 것이며, 정신 에너지의 저장고이다. 원초아 정신 에너지의 저장고 는 신체과정과 직접적으로 접촉할 수 있다. 생리적 긴장 상태에 의해 야기된 본능 적 충동은 원초아 속에 자리 잡게 되며, 이러한 충동은 긴장 상태를 만들어 내고, 본능적 충동 개인으로 하여금 이러한 긴장 상태를 줄이기 위하여 행동하게 만든다. 원초아는 활동이나 꿈, 환상과 같은 상징을 통해 긴장을 해소하려고 한다.

원초아는 성격의 기초이며, 평생 그 기능과 분별력은 유아적인 수준에 머물러 있다. 원초아는 외부 세계와 단절되어 있으며, 법칙, 논리, 이성 또는 가치에 대해 외부 세계와 단절 전혀 알지 못하므로, 시간이나 경험에 따라서도 변화하지 않는다. 만약 성인기에 도 원초아가 대부분의 정신 에너지에 대한 통제력을 보유하고 있다면, 이런 성인 은 상대적으로 충동적이고 야만적이며, 비합리적인 행동을 하게 될 것이다. Freud 는 비합리성이 모든 인간의 사고과정에 나타나며, 이러한 비합리적 사고가 어느 비합리성 정도 지배적인가에 따라 각 개인은 기능상의 어려움을 겪게 되고, 그 결과로 문제를 일으키게 된다고 보았다.

Freud는 두 가지 사고 유형, 즉 1차적 사고과정과 2차적 사고과정이 있다고 보았다(Lowenstein, 1985). 원초아의 첫 번째 특징은 1차적 사고과정(primary process)이다. Freud에 따르면 1차적 사고과정은 원초아 또는 무의식에서 유래한 것으로 신체적 긴장을 경감하는 데 필요한 대상(object)의 기억표상을 만드는 과정이다. 이러한 1차적 사고과정은 논리와 시간성이 없고 질서정연하지 못한 것이 특징이다. 이러한 형태의 사고과정은 객관적 현실을 알지 못하며, 본질적으로 이기적이고 낙천적이며 전지전능하다.

Freud는 1차적 사고과정은 아동기 초반에 강하게 나타나지만, 일생에 걸쳐서 일어난다고 하였다. 유아기에 있어서 이러한 형태의 사고는 자기 외부의 세계를 인식하지 못하는 것을 의미하며, 모든 욕구가 마술과 같이 충족될 것이라고 믿고 신체적 긴장이 원초아에 전달되는 즉시 방출하려 한다. 성인기에 나타나는 1차적 사고는 현실을 전혀 고려하지 않고, 긴장 감소에 필요한 실제 대상을 대신할 수 있는 가상적 정신표상을 만들어 내는 소원충족(wish fulfillment)적 사고(예: 심한 갈증을 느낀 사람이 사막에서 오아시스를 보는 신기루 현상 등)에 몰두하는 개인에게서 엿볼 수 있다. Freud는 성인기에도 1차적 사고가 지배적인 경우에는 정신병리를 나타낸다고 보았다. 원초아는 실제 대상이 아니라 대상의 이미지를 만들어 냄으로써 본능적 충동을 충족하려 하는데, 마술적이고 낙천적인 사고를 자주 활용하는 성인 내담자가 바로 1차적 사고과정이 강한 사람이라 할 수 있다.

Freud가 지적한 원초아의 또 다른 특성은 고통을 피하고 쾌락을 추구하는 쾌락원칙(pleasure principle)에 입각하여 작동한다는 것이다. 즉, 원초아는 단지 긴장 감소와 본능적 충동의 만족에 관심을 둔다. Freud는 원초아가 본능적 충동을 충족해 주고 긴장을 감소해 줄 수 있는 대상에 정신 에너지를 투입하는 것을 대상선택(object choice) 또는 대상충당(object cathexis)이라고 하였다.

원초아에 의한 충동적 행동은 사회의 처벌을 받게 되므로 고통이나 긴장을 늘릴 뿐이다. 이와 같이 원초아가 실제로 긴장을 줄이지 못하기 때문에, 긴장해소의 효과적인 방편을 마련하기 위해서는 현실을 고려할 수 있는 자아의 형성이 불가피해지고, 결국 심리적 발달이 이루어지게 된다고 보았다. 즉, 1차적 사고과정을 통하여 긴장이 감소되지 않을 경우에는 이러한 긴장은 현실적 충족 방안을 계획하고

[좌측 여백 키워드]

1차적 사고과정

대상의 기억표상

전지전능

소원충족적 사고

마술적 사고

쾌락원칙

대상선택 또는
대상충당

자아의 형성

집행할 수 있는 자아 기능에 의하여 경감될 수밖에 없는 것이다.

(2) 자아

자아(ego)는 독일어로 '나'라는 의미를 지닌 'das Ich'이다(정도언, 2009). 자아는 성격의 조직적이고 합리적이며 현실지향적인 체계로서, 성격의 집행자이며 경영자이다. 자아는 본능적 충동을 내포하고 있는 원초아와는 달리 이성, 상식이라고 불리는 것을 내포한다. 성격의 집행자
이성

자아는 개인이 객관적인 현실세계와 상호작용을 할 필요성이 있을 때 원초아에서 분화되기 시작하므로, 자아는 외적 세계의 직접적 영향에 의해 수정된 원초아의 일부이다(Freud, 1960). 생후 6~8개월경에 발달하기 시작하여 유전과 같은 선천적 요인과 환경과의 상호작용 과정이라는 요인이 복합적으로 작용하여 정교화되어 가는데, 2~3세가 되어야 그 기능을 제대로 수행하게 된다(권석만, 2012). 원초아에서 분화

자아에 배분된 정신 에너지는 원초아에서 유래된 것이기는 하지만, 초자아와 원초아 사이의 갈등을 조정하고 원초아를 통제하는 데 사용된다.[2] 이 외에도 자아에너지는 지각, 주의집중, 학습, 기억, 판단, 추리, 상상 등의 정신과정을 발달시키거나, 욕구충족과 관련성이 없는 자아관심(ego interest)을 형성하는 데 사용되며, 자아가 발달할수록 이 부분에 대한 에너지 사용이 많아지게 된다. 원초아-초자아의
조정

자아는 본능적 충동을 충족할 수 있는 현실적이고 바람직한 대상과 방법이 발견될 때까지 정신 에너지의 방출과 본능의 만족을 지연한다. 즉, 자아는 쾌락원칙이 아니라 현실원칙(reality principle)에 입각하여 작동된다. 그러나 현실원칙의 사용으로 쾌락원칙을 포기하는 것은 아니며 쾌락의 획득을 일단 유보하는 것으로, 결국에는 쾌락을 획득하게 된다. 사회적으로 바람직한 또는 수용될 수 있는 방출 방법이 발견될 때까지 긴장을 참아내고 실제적인 만족을 얻어내는 것이 자아의 1차적인 기능이며, 이것을 현실원칙이라고 한다. 현실원칙

자아의 또 다른 특성은 2차적 사고과정(secondary process)을 활용한다는 점이 2차적 사고과정

---

2) 정신 에너지가 원초아로 흐르는 것을 억제하는 것을 자아의 반대충당(anti-cathexis)이라고 하며, 본능적 충동을 충족할 수 있는 방안을 마련하기 위한 2차적 사고과정에 에너지를 투입하는 것을 자아충당(ego cathexis)이라고 한다. 자아가 발달할수록 원초아로의 에너지 역류를 적절히 차단할 수 있지만, 만약 자아의 반대충당이 실패하면 원초아의 대상충당이 압도하게 된다. 그 예로 평상시에 화를 전혀 내지 않던 사람이 한번 화가 나면 폭발적으로 공격적 본능을 표출하는 경우를 들 수 있다.

다. 원초아의 1차적 사고과정은 긴장 감소와 본능적 충동의 만족에 필요한 대상의 표상을 만들어 내는 데까지만 작동하며, 실제로 그 대상을 발견하는 과정에 작동하는 것은 2차적 사고과정이다. 2차적 사고과정은 긴장 감소를 위해 수립한 행동계획의 실현 가능성을 판단하는데, 이를 현실검증(reality test)이라 한다. 자아는 현실검증을 통하여 충동을 더욱 잘 지배할 수 있게 되며, 환상과 현실을 구분할 수 있는 능력이 강화된다. 만일 정신적 현실검증 결과 본능의 충족이 가능하지 않다면, 자아는 해결책이 발견될 때까지 계속해서 다른 해결방안을 모색하게 된다. 만약 자아가 합리적으로 긴장을 줄이지 못하면 원초아의 에너지가 작동하게 되어 자폐적 사고, 소원충족적 사고와 같은 1차적 사고과정이 지배적으로 나타나게 된다.

현실검증

자아가 지속적인 원초아의 요구와 외적 현실의 압력 사이에서 일어나는 갈등을 경험하게 되면, 성숙한 성인이라도 불안을 경험하게 된다. 불안(anxiety)은 '목을 조르다.'는 의미를 지닌 라틴어 'angere'에서 유래한 용어로(정도언, 2009), 신체 내부기관의 흥분에 의해 생기는 고통스러운 감정의 체험이다. 이러한 불안은 자아에 위험신호를 보냄으로써 미리 위험처리 대책을 강구할 수 있도록 하는 기능을 하므로, Freud는 불안을 정상적인 부분으로 간주하였다. 그러나 자아가 이러한 위험신호에 반응하여 불안을 적절히 해결하지 못하면, 신경증을 유발하게 된다.

불안

불안은 원인에 따라 현실적 불안, 신경증적 불안, 도덕적 불안으로 구분된다. 현실적 불안(reality anxiety)은 외부 현실세계의 위험을 지각하는 데서 비롯되는 고통스러운 심리적 체험으로서, 차가 갑자기 인도로 돌진해 오는 경우가 그 예가 될 수 있다. 신경증적 불안(neurotic anxiety)은 본능에서 유발된 위험을 지각하는 데서 비롯되는 고통스러운 심리적 체험으로서, 자아의 반대충당이 원초아의 본능적 충동을 통제하는 데 실패할 것에 대한 염려에서 발생하는 불안이다. 그 예로 짝사랑하는 사람 앞에서 성적 본능이 표출되는 것에 대해 걱정하는 경우를 들 수 있다. 도덕적 불안(moral anxiety)은 원초아가 부도덕한 방법으로 욕구를 충족하려 할 때, 초자아의 처벌이 따를 것이라고 생각함으로써 발생하는 불안이다. 그 예로 아동이 부모의 지갑을 뒤져 돈을 몰래 꺼내 가면서 부모의 처벌을 두려워하는 경우를 들 수 있다.

현실적 불안

신경증적 불안

도덕적 불안

이러한 불안을 다루고자 하는 시도를 하는 과정에서 자아방어기제(ego defense mechanism)가 발달하게 된다. 자아가 현실 원칙을 적절히 활용하여 갈등을 해결하지 못하고 불안을 경험하게 되었을 때, 현실을 왜곡하는 무의식적 방어기제가 작

자아방어기제

무의식적 방어

동하게 된다. 자아방어기제는 개인이 불안을 다루고, 자아가 불안이 만들어 낸 위기의식에 의해 압도당하지 않도록 하는 기능을 한다. 자아방어기제를 적응적으로 활용할수록 더 건강하다고 말할 수 있다. Freud와 그의 딸 Anna Freud가 제시한 자아방어기제에 대해서는 다음에서 상세하게 논의하고자 한다.

(3) 초자아

초자아(superego)는 독일어로 '나의 위'라는 의미를 지닌 'das Über-Ich'이다(정도언, 2009). 초자아는 세 번째이자 마지막으로 발달하는 성격체계로서, 5~6세경에 형성되기 시작하여 10~12세가 되어야 제 기능을 할 수 있게 된다(권석만, 2012). 초자아는 사회의 전통적 가치와 이상으로 구성되어 있으며, 현실적인 것보 〔가치와 이상〕 다는 이상적인 것, 현실이나 쾌락을 추구하기보다는 완전을 추구하는 속성을 지닌다. 초자아는 성격의 도덕적인 부분이며 심판자로서, 자아와 함께 작용하여 개인 〔도덕적 심판자〕 이 자신의 행동을 통제할 수 있게 해 준다. 이와 같이 초자아는 원초아의 절대자이긴 하지만 가끔은 대리자로서의 기능을 수행하기도 한다(Greene & Ephross, 1991). 그 예로 초자아가 원초아의 죽음의 본능을 대리하여 자아가 기능하지 못하게 하여 자살하게 만든다든지, 다른 사람을 사회적으로 매도하는 행동 등을 들 수 있다.

이러한 초자아의 발달은 심리성적 발달 단계 중 남근기에 경험하는 갈등의 산 〔남근기〕 물이다. 이 단계에서 아동은 부모의 도덕적 권위를 동화하여 자신의 내적인 권위로 변화시키게 된다. 즉, 부모를 동일시(identification)하는 과정에서 초자아를 형성 〔동일시〕 하게 된다. 아동의 초자아에는 부모의 실제 행동이 아니라 부모의 초자아가 반영되어 있다. 즉, 부모의 말이나 행동 등에 담긴 사회적 가치를 내면화하여 초자아를 형성하게 된다. 그러나 반드시 부모를 동일시해야만 초자아가 형성되는 것은 아니며, 목사, 학교 교사, 어린이집 보육교사 등과 같은 부성인물(father figure) 또는 모성인물(mother figure)에 의해서 형성되기도 한다.

초자아는 자아이상(ego ideal)과 양심(conscience)이라는 두 개의 하위체계로 구 〔자아이상〕 성된다. 자아이상은 부모가 도덕적으로 바람직한 것이라고 간주하는 것으로서, 부모의 칭찬에 의해 형성되는 부분이다. 이와 달리 양심은 부모가 도덕적으로 나쁘 〔양심〕 다고 간주하는 것으로서, 부모의 처벌에 의해 형성된다. 이처럼 초자아는 긴장을 줄이는 물리 및 심리적 보상, 처벌이라는 두 가지 요인에 의해 발달하게 된다.

이러한 초자아는 자아로 하여금 도덕률에 무조건적으로 따르도록 강요하는 데

모든 에너지를 소비한다. 즉, 양심의 금지를 받을 경우 초자아는 원초아나 자아
를 통해 정신 에너지가 발산되는 것을 방지하게 되는데, 이를 초자아의 반대충당
(anti-cathexis)이라고 한다.

반대충당

4) 역동적 모델

역동적 모델은 개인이 원초적 본능에 의해 정신적 추진력을 갖게 되며 이와 상
반되는 사회적 기대와 갈등을 겪게 된다는 관점에 기반을 둔 정신분석이론의 중
추적 모델이다. Freud(1964)는 성적 및 공격적 에너지를 방출하고자 하는 개인 내
부의 쾌락을 추구하는 힘과 이를 억제하고자 하는 사회환경 사이에 갈등이 존재한
다고 하였다. Freud는 타고난 본능이 성격의 핵심을 형성하고, 자아방어나 사회적
힘에 의해 제지당하지 않는다면, 성적이고 파괴적인 목적을 달성하려는 내적인 성
향이 표출된다고 보았다.

*성적 및 공격적
에너지*

*사회환경과의
갈등*

정신활동은 본능적 긴장을 감소시키고 심리적 안정을 되찾으려는 욕구에 의해
결정된다는 인간행동에 대한 관점이 역동적 모델이다. 역동적 모델에서는 궁극적
으로 충동이 모든 행동을 결정하며, 정서적 긴장을 해소하려는 욕구가 심리적이고
사회적인 행동을 일으킨다고 본다. 그리고 인간 유기체를 신체 에너지가 정신 에
너지로 변화되거나 그 반대의 에너지 흐름이 이루어지는 복잡한 에너지 체계로 본
다. Freud는 정신 에너지가 흥분 상태와 사고, 감정과 같은 행동과 심리적 활동을
추진하는 힘을 만들어 낸다고 보았다. 정신적 과정과 신체적 과정이 결합하여 만
들어 낸 이러한 흥분 상태는 인간으로 하여금 만족을 추구하도록 동기화한다.

긴장 감소

정신 에너지

Freud는 유아가 유목적적으로 대상에 에너지를 표출하는 충동을 지니고 있다고
하였다. Wood(1971)는 이와 같은 충동의 작동과정을 '긴장 또는 욕구 → 감각운동
→ 긴장 또는 만족의 중단'이라고 보았다. 이와 같은 직선적 모델(linear model)에
서는 충동이 좌절되고 개인이 합리적인 정신 에너지의 방출 수단을 찾는 과정에서
심리적 성장이 이루어진다고 본다(Hamilton, 1989).

직선적 모델

Freud는 아동은 각각의 심리성적 발달 단계에서 적절한 대상이나 사람(예: 유아
에게 모유를 먹여 유아의 입 주변에 형성된 성적 욕구를 충족해 주는 어머니)에게 정신
에너지를 투입하게 된다고 보았다. 어떤 대상이나 사람에게 특정한 양의 정신 에
너지가 고착되거나 과도하게 투입되고, 대상이나 사람의 심리적 중요성이 크면 클

심리성적 발달

고착

수록 그것에 투입되는 정신 에너지의 양은 많아진다.

Freud는 또한 성격은 에너지 체계이며, 에너지는 원초아, 자아, 초자아 사이에서 지속적으로 배분된다고 가정하였다. 성격을 움직이는 모든 에너지는 타고난 본능에서 나오며, 처음에 원초아에 저장된다. 그러나 점진적으로 일정량 또는 제한된 양의 에너지가 성격의 다른 하위체계인 자아와 초자아에 재배분된다. Geiwitz와 Moursund(1979)는 이러한 성격의 세 구조 간의 정신 에너지 배분관계에 대해 다음과 같이 묘사한다.

> 성(sex)에 주린 쾌락주의자, 감각이라고는 전혀 없는 과학자, 검은 정장의 청교도 목사를 쇠사슬로 묶어 세상에 풀어 놓았다고 상상해 보라. 그러면 Freud가 성격에 대하여 우리에게 보여 주고자 하는 바를 대략적으로 이해할 수 있을 것이다. 원초아, 자아, 초자아는 사슬로 연결되어 있으므로 서로 자기 마음대로 가고 싶은 길을 갈 수 없으며, 서로 적응하는 길밖에 없다. 그리고 좋든 나쁘든 간에 이 세 부분 간의 적응 결과가 바로 성인의 성격 특성이 되는 것이다.

한 개인이 다른 때보다 원초아에서 일어나는 충동의 영향을 더 강하게 받을 때가 있다. 때로는 자아 기능의 결과로서 다른 때보다 더욱 현실적으로 될 때가 있다. 그리고 어떤 때는 초자아의 영향 때문에 다른 때보다 더욱 도덕적으로 되는 경우가 있다. 만약 원초아에 에너지가 더 많이 배분될 경우에는 충동적이거나 공격적 행동이 특징적으로 나타날 것이다. 자아에 에너지가 더 많이 배분된 경우에는 현실적 적응을 잘하는 성격이나 행동이 형성될 것이며, 초자아에 정신 에너지가 집중된 경우에는 도덕주의자와 같은 행동을 하게 될 것이다(Nye, 1975).

5) 자아방어기제

인간은 언제나 정신적 안정 상태를 유지하기를 희망하지만, 살아가면서 성적 충동, 공격적 충동, 적개심, 원한, 좌절감 등의 여러 요인에서 오는 갈등을 경험할 수밖에 없다. 따라서 인간은 스트레스로부터 자신을 방어하고 갈등을 일으키는 충동과 타협하고 내적 긴장을 완화할 수 있는 다양한 심리적 기제를 사용하게 된다.

자아가 이와 같은 갈등과 불안에 대응하고 대처할 때 활용하는 심리적 전략을

자아방어기제

자아방어기제(ego defense mechanism)라고 한다. 자아방어기제는 정신내적 갈등의 원천을 무의식적으로 억압, 왜곡, 대체, 차단하며, 대부분 한 가지 이상의 방어기제가 동시에 사용되는 경우가 많다. 이러한 자아방어기제는 불안을 줄일 뿐만 아니라 긍정적인 사회적 결과를 가져오기도 하므로 정상인도 자주 사용하게 된다. 그러므로 자아방어기제의 사용이 긍정적 자아상을 유지하고 사회적응을 도모하고 정신건강을 향상하기도 한다(김춘경 외, 2010).

정신병리

하지만 자아방어기제는 정신병리적 기능도 내포하고 있기 때문에, 과다하게 사용하면 심각한 정신병리를 야기한다. 그 이유는 자아방어기제의 과다한 사용으로 인하여 다른 자아 기능의 발달에 투입되어야 할 정신 에너지를 고갈하기 때문이다. 현실 생활에 잘 적응하는 사람은 자아방어기제를 융통성 있고 선택적으로 사용하는 경향이 있지만, 그렇지 못한 경우에는 한두 가지 방어기제만을 편중적이고

**자아방어기제의
정상성**

고착적으로 사용하는 경향이 있다. Anna Freud(1965)는 자아방어기제가 정상적인지 또는 병리적인지는 ① 한 가지 방어기제를 사용하는지 혹은 여러 가지 방어기제를 사용하는지와 관련된 균형, ② 방어의 강도, ③ 사용한 방어기제의 연령 적합성, ④ 위험이 사라졌을 때 사용한 방어기제를 철회할 수 있는 가능성이라는 네 가지 요소를 근거로 판단하여야 한다고 했다. Freud가 특별히 관심을 가진 방어기제

**방어기제의
위계구조**

는 퇴행, 억압, 반동 형성, 투사, 합리화 등이다. Anna Freud는 특정적인 방어기제 간에는 위계구조가 있다고 보았다. Anna Freud가 제시한 방어기제의 위계구조를 보면, 합리화, 억압, 대치, 동일시, 전환, 지성화, 반동 형성, 원상복귀, 내면화, 투사, 부정의 순이다(이인정, 최해경, 2007).

정신분석이론에서 제시된 주요 자아방어기제에 대해 설명하면, 다음과 같다.

(1) 억압

억압

억압(repression)은 갈등을 해결하기 위하여 가장 흔하게 사용되는 무의식적 정신기제이다. 억압을 통해 자아는 고통스럽거나 위협적인 충동, 감정, 소원, 환상, 기억 등을 무의식 속으로 추방하여 의식화되는 것을 막아 준다. 특히 죄책감이나 수치심 또는 자존심을 상하게 하는 경험일수록 억압되기 쉽다. 그 전형적인 예가 기억상실이며, 하기 싫고 귀찮은 과제를 하지 않고 '깜박 잊었다.'고 말하는 경우가 여기에 해당한다.

억제

이와 유사한 정신기제가 바로 억제(suppression)인데, 받아들이고 싶지 않은 욕

구나 기억을 의식적으로 잊으려고 노력하는 것으로서, 무의식적인 억압과는 구별된다. 예를 들어, 실연, 창피를 당한 기억을 머리에서 지우려 하는 경우는 억압이 아닌 억제이다.

(2) 반동 형성

반동 형성(reaction formation)도 억압과 마찬가지로 어떤 충동을 의식에서 추방하는 것이다. 그러나 반동 형성은 용납할 수 없는 감정이나 충동을 정반대의 감정이나 행동으로 대체하여 표현하는 방어기제이다. 이러한 반동 형성의 방어기제는 '미운 놈에게 떡 하나 더 준다.'는 속담에 잘 반영되어 있다. 예를 들면, 자기를 학대하는 남편 앞에서 그를 매우 사랑하는 것처럼 행동하는 것, 어떤 사람에 대해 지독한 증오심이 있음에도 예의 바르게 행동하고 관심을 보여 주는 태도 등이다.

(3) 퇴행

퇴행(regression)이란 실패 가능성이 있거나 불안한 상황에 대한 해결책으로 초기의 발달 단계나 행동양식으로 후퇴하는 것이다. 그 예로 동생이 태어나 부모의 관심이 동생에게 집중되자 갑자기 말을 하지 못하고 대소변을 가리지 못하는 어린아이 또는 중병이 걸려 입원한 어른 환자가 간호사에게 아이같이 졸라대는 모습 등을 들 수 있다.

(4) 동일시

동일시(identification)란 용납할 수 없는 충동 그 자체는 부정하고 그 충동을 갖고 있는 사람 또는 그 사람의 일면과 동일화하여 받아들이는 과정을 말한다. 예를 들면, 강한 공격적 충동을 억압하고 있는 사람이 강력하고 공격적인 히틀러와 자신을 동일시하거나, 아버지를 무서워하는 아들이 그 아버지를 닮아 가거나, 강한 성적 욕망이 있는 여자가 화려한 여배우와 동일시하는 것 등이다.

어떤 이상과 공생하려고 노력함으로써 권력을 쥐고 있다는 느낌을 얻기 위해 애쓰는 경우가 있는데, 이러한 경우를 병적 동일시라 한다. 그 대표적인 예로는 어렸을 때 부모의 충격적인 이별을 경험한 경우에 부모 역할에 대해 병적 동일시를 형성하게 됨으로써, 자기 자녀에 대해 지나치게 걱정하는 태도를 지니게 되는 경우를 들 수 있다.

병적 동일시

(5) 보상

보상(compensation)은 심리적으로 어떤 약점이나 제한점이 있는 사람이 이를 보상받기 위하여 다른 어떤 것에 몰두하는 경우를 들 수 있다. 보상이라는 방어기제를 흔히 사용하는 사람은 사회적 칭찬을 받는 경우가 많으나 때로는 신경증적 욕구에 대한 보상일 수 있다는 점도 알아야 한다. 대표적인 예로는 자신의 친부모에게 효도를 하지 못한 사람이 이웃의 홀로된 노인을 극진히 부양하는 경우를 들 수 있다.

(6) 합리화

합리화(rationalization)는 아주 빈번히 사용되는 방어기제로서 우리가 의식하지 못하는 동기에서 나온 용납할 수 없는 충동이나 행동에 대해 지적으로 그럴듯한 설명이나 이유를 대는 것이다. 예를 들어, 친구의 잘못을 선생님께 보고한 것은 내가 그렇게 해야 할 의무 때문이었다고 이유를 들지만, 친구와의 경쟁에서 이기려고 하는 욕망이 실제적인 이유인 것이다. 이러한 합리화의 방어기제에는 ① 어떤 목표를 달성하려 했으나 실패한 사람이 자신은 처음부터 그것을 원하지 않았다고 변명을 하는 신포도형(sour grapes), ② 자기가 현재 가지고 있는 것이야말로 바로 그가 원하던 것이라고 스스로 믿는 달콤한 레몬형(sweet lemon), ③ 자신의 결함이나 실수를 자기 이외의 다른 대상에게 책임을 전가하는 투사형(projection), ④ 원하는 일이 마음대로 되지 않을 때 자신의 능력에 대해 허구적 신념을 가짐으로써 실패의 원인을 합리화하는 망상형(delusion) 등이 있다.

(7) 대치

대치(substitution)는 정서적으로 아주 중요하지만 심리적으로 수용할 수 없는 대상을 심리적으로 수용 가능한 비슷한 다른 대상으로 무의식적으로 대치하는 것이다. 그 예로 오빠에게 매력을 느끼는 여동생이 오빠와 비슷한 용모를 가진 사람과 사귀는 것을 들 수 있다.

(8) 전치

전치와 대치

전치(displacement)는 실제로 있는 어떤 대상에 향했던 감정 그대로를 다른 대상에 표현하는 것이다. 전치와 대치는 유사한 개념이지만 대치는 대체물이 되는 대상 자체를 강조하며, 전치는 대상에 대한 감정에 강조점을 두는 차이가 있다. 그 예로 자기의 도덕적 타락에 대해 강한 무의식적 죄책감을 느끼는 사람이 하루에도 몇 번씩 옷을 갈아 입고, 수십 번씩 손을 씻고, 시내버스 손잡이도 장갑을 끼어야 잡는 경우 등을 들 수 있다.

(9) 투사

투사(projection)도 전치의 한 형태이나 부정이란 기제와 밀접한 관련이 있다. 용납할 수 없는 자기 내부의 문제나 결점이 자기 외부에 있는 것으로 생각하는 기제로서 '잘못되면 조상 탓한다.'는 우리 속담이 바로 여기에 해당한다. 이러한 투사의 예로는 어떤 사람을 미워할 때 그 사람이 자기를 미워하기 때문에 자신도 그 사람을 미워한다고 말하는 경우와 부도덕한 성적 충동을 강하게 억압하고 있는 부인이 '남자는 모두 도둑이다.'라고 말하는 경우 등을 들 수 있다.

전치와 부정

(10) 상징화

상징화(symbolization)는 어떤 사람이나 사물에 부착된 감정적 가치를 어떤 상징적 표현으로 전치하는 것이다. 이러한 상징화에 사용되는 대상이나 주제는 사회적으로 금기로 규정되어 있는 경우가 많다. 그리고 상징화를 통하여 원래 대상은 중립적인 대상으로 전치되는 경우가 많다. 꿈, 공상, 신화 등은 상징화의 가장 흔한 예가 되는데, 남근(penis)은 길게 팽창하는 것이나 뱀 등으로 상징화되며, 아이를 낳고 싶은 강렬한 소망을 지닌 여인은 꿈에서 달걀이나 새알을 보기도 한다.

사회적 금기

(11) 분리

분리(isolation) 혹은 격리는 고통스러운 생각이나 기억을 그에 수반된 감정 상태와 분리하는 것이다. 따라서 고통스러웠던 사실은 기억하지만 감정, 정서는 억압함으로써 지각하지 못하게 된다. 이러한 방어기제는 강박장애에서 흔히 나타난다. 그 예로는 아버지의 죽음에 대해 말할 때는 슬픈 감정을 느끼지 못했던 한 청년이 아버지를 연상시키는 권위적인 남자 주인공이 죽는 영화를 보면서 비통하게 우는 경우를 들 수 있다.

(12) 부정

부정(denial)은 의식화되면 도저히 감당할 수 없는 어떤 생각이나 욕구를 무의식적으로 부정하는 것이다. 즉, 엄연히 존재하는 위험이나 불쾌한 현실을 부정함으로써 그로 인한 불안을 회피하고 편안한 상태를 유지하는 방어기제이다. 이러한 방어기제의 예는 어머니가 사망했음에도 돌아가신 것이 아니라 며칠 동안 다른 곳으로 갔다고 하는 경우, 암환자가 자기의 병을 부정하는 경우, 불치병으로 죽어 가면서도 명랑하게 장래를 계획하는 환자의 경우에서 흔히 볼 수 있다.

(13) 승화

승화(sublimation)는 원초적이고 용납되지 않는 충동을 적절히 억압할 수 없을 때 사회적으로 용납되는 다른 형태로 전환하여 표출하는 경우를 말한다. 즉, 그 충동에 수반되는 에너지를 사회적으로 용납되는 건설적이고 유익한 목적을 달성하는 방향으로 전환하여 표출하는 기제로서, 가장 건전하고 바람직한 기제이다. 예를 들어, 예술은 성적 욕망을, 종교는 막강한 아버지를 찾는 의존심을, 의사가 되는 것은 잔인한 충동을 승화하는 길이다.

(14) 해리

해리(dissociation)는 마음을 편치 않게 하는 근원인 성격의 일부가 그 사람의 의식적 지배를 벗어나 마치 하나의 다른 독립된 성격인 것처럼 행동하는 경우이다. 즉, 성격의 부분 간에 의사소통이 잘 이루어지지 않을 때, 괴롭고 갈등을 느끼는 성격의 일부분을 다른 부분과 분리하는 기제로서 이중인격자, 몽유병, 잠꼬대, 건망증 등을 들 수 있다.

(15) 저항

저항(resistance)이란 억압된 재료가 의식화되는 것을 방해하는 것을 말하는데, 그 이유는 억압된 감정이 의식화되면 너무 고통스럽기 때문이다. 이 경우 대개가 기억이 없다는 답변을 하거나 침묵을 한다. 즉, 무의식의 내용을 의식화할 때 심층 수준에서 의식화를 방해하는 방어기제가 바로 저항이다.

(16) 내면화

내면화(introjection)는 외부의 대상을 자기 내면의 자아체계로 받아들이는 기제이다. 특히 애증과 같은 강한 감정을 직접적으로 표현하는 것을 피하기 위하여 다른 사람을 자기로 간주하는 경우이다. 외부 대상에 대한 적대적이고 부정적인 감정을 자신에게로 지향하기 때문에 우울증에서 흔히 발견된다. 예를 들어, 어머니를 미워하는 감정을 수용할 수 없기 때문에 자기 자신을 미워하는 것으로 대치하는 것으로, 투사와 반대되는 개념이다.

우울증

(17) 원상복귀

원상복귀(undoing)는 무의식에서 어떤 대상을 향해 품고 있는 자기의 성적인 또는 적대적인 충동으로 인해 상대방이 당할 것이라고 생각되는 피해를 원래 상태로 되돌려 놓는 것을 의미한다. 이러한 원상복귀의 기제는 굿과 같은 의식에서 주로 활용된다.

(18) 전환, 신체화, 역전

전환(conversion)이란 심리적 갈등이 신체감각기관과 수의근 계통의 증상으로 표출되는 것을 말한다. 그 예로는 글을 쓰는 데 갈등을 느끼는 소설가가 원고를 쓰는 오른팔에 마비를 느끼는 경우, 군대 가기 싫은 청년이 입영 영장을 받아 보고 시각장애를 일으키는 경우를 들 수 있다.

전환

신체화(somatization)란 심리적 갈등이 감각기관, 수의근계를 제외한 기타 신체 부위의 증상으로 표출되는 경우를 말한다. 예를 들면, 사촌이 땅을 사면 배가 아픈 경우이다.

신체화

역전(reversion)은 감정, 태도, 관계를 반대로 변경하는 것을 말한다. 이러한 역전은 반동 형성과 구별되는데, 엄밀한 의미로 말하면 반동 형성은 감정의 역전에 해당되는 개념이다. 역전의 예로는 극도로 수동적이며 무기력한 어머니에게 무의식적으로 반항하면서 유능한 여성으로 성장한 사람이 자신의 성공에 대해 죄책감과 불안을 경험하는 경우를 들 수 있다.

역전
반동 형성

(19) 지성화

지성화(intellectualization) 또는 주지화(周知化)란 고통스러운 감정과 충동을 누

주지화

르기 위해 그것을 직접 경험하는 대신 그것에 대해 생각을 많이 하는 것을 말한다. 이는 여러모로 체계적인 생각을 많이 하고 그 생각에 붙어 있는 정서를 제거하여 용납하지 못할 충동에서 유발되는 불안을 막는다는 심리적 전략이다. 그 예로는 어머니의 죽음이 받아들이기 어려울 정도로 슬프기 때문에 다른 사람에게 마치 신문에 난 기사를 전하듯 무감각하게 이야기하는 경우를 들 수 있다.

3 심리성적 발달 단계

1) 심리성적 발달이론의 특징

생물적 성숙   Freud는 생물적 성숙, 특히 성적 충동의 만족에 따라 심리적 발달이 이루어진다
초기 생활 경험 고 보았다. 그리고 성격 유형을 생물적 요인의 기능과 개인의 초기 생활 경험의 결과로 보는데, 이는 개인이 초기 발달 단계를 어떻게 경험하였는가에 따라 후기의 생활사건이 어떻게 처리될 것인지가 결정된다는 관점이다. 이러한 관점은 개인의 의식적 선택을 최소화한 것이라고 말할 수 있다.

성감대   Freud는 특정 시점에서 1차적인 성적 만족을 제공해 주는 신체 영역, 즉 성감대 (erotogenic zones)를 중심으로 출생에서부터 성인기에 이르기까지의 일련의 발달 단계를 제시하였다. 즉, 정신분석이론에서는 성적 에너지의 전환을 비롯한 특별한 과업이 포함되어 있는 사전에 결정된 단계가 전개됨에 따라 심리적 발달이 이루어

심리성적   진다고 보는데, 이러한 단계를 심리성적 발달 단계라고 한다. 각 단계에서 해결해
발달 단계   야 할 심리적 과업은 〈표 12-2〉에서 보는 바와 같다.

.ıll **표 12-2** Freud의 심리성적 발달 단계별 과업

단계	주요 과업
구순기	분리·개별화, 대상관계의 형성
항문기	책임성과 통제의 수용, 권위적 인물과의 협상
남근기	가족 내에서 자신의 지위와 일치하는 성역할 동일시, 한 사회의 가치와 윤리적 지향을 다룰 수 있는 능력의 표현
잠재기	더 높은 수준의 자아방어기제 활용, 일과 성공적인 사랑

정신분석이론에서는 성격 발달이 생물적으로 결정된 발달의 결과이거나 이와 병행된다고 본다. 가장 중요한 생물적 발달은 정신 에너지가 투입되고 성격 발달에 매우 중요한 신체 부위를 말하는 성감대의 발달이라고 할 수 있다. 성격은 이와 같은 심리성적 발달 단계가 해결된 결과이다. 그러므로 신체적 발달과정에 따라 1차적인 쾌락의 영역이 다른 신체 영역으로 전환되는 발달과정에서 경험하는 것이 개인의 성격 차이라는 최종 결과물에 영향을 미치게 된다(Nye, 1975). 이런 발달적 관점을 발생적 모델이라고 한다.

발생적 모델에서는 각 단계는 명확히 구분되지 않으며, 서로 중복될 수 있다고 가정한다. 각 발달 단계에서 개인은 특정 신체 부위에 정신 에너지를 투입하고 집중한다. 각 발달 단계를 성공적으로 통과하기 위해서는 적절한 정도의 만족을 얻어야 한다. 특정 단계에서의 만족이 지나치거나 과도한 에너지를 투입한 경우에는 고착이 이루어지게 된다.

발생적 모델

적정 수준의 만족

고착(fixation)은 정신 에너지가 특정 단계에 과도하게 투입되었을 때 일어난다. 고착은 심리성적 발달과정에서 일반적으로 나타나는 현상으로서 모든 사람은 어느 정도 고착되어 있다(Hogan, 1976). 특정 단계에 고착된 정신 에너지는 다음 단계로 이동하는 데 사용될 수 없기 때문에, 그만큼 발달이 지장을 받고 불완전해진다. 이러한 고착은 개인이 완전한 성장에 도달할 수 있는 능력을 방해하게 된다. Freud는 부분적 고착(partial fixation)과 퇴행이라는 보완적 개념을 제시하였다(Greene & Ephross, 1991). 개인이 비록 성인기에 도달하였을지라도 고통스러운 감정을 경험하거나 스트레스를 받았을 경우, 부분적으로 고착되어 있는 발달 단계, 특히 초기 단계에서 하던 행동으로 되돌아가려는 경향이 있다는 것이다. 고착과 퇴행의 보완적 과정은 개인의 대인관계 유형에 잘 나타난다(Hogan, 1976). 예를 들어, 구순기에 심한 박탈을 경험한 성인은 모성의 지지(maternal support)를 갈망하는 구순의존적 성격(oral-dependent personality), 즉 수동적이고 방임적인 행동을 특징으로 하는 성격 유형을 보일 것이다. 이와는 반대로 구순기에 과도한 만족을 얻었던 사람은 공격성이나 과도한 자기확신이 특징적으로 나타나는 성격 유형을 보일 것이다.

고착과 퇴행

이러한 맥락에서 볼 때 개인의 초기 발달사는 후기 행동의 주요한 결정인자이며, 성인기에 행하는 많은 것이 영·유아기의 경험에 의하여 결정된다고 할 수 있다(Nye, 1975). 다시 말해 출생 후 첫 5~6년 사이의 영·유아는 성인기의 성격을

영·유아기의
경험

형성하는 데 결정적인 역동적 단계를 거치게 된다. 성격의 기본 구조는 약 3~6세경에 경험하는 정신내적 갈등이 해결되면서 거의 형성되고, 이후에는 이런 기본 성격 구조가 정교화되는 것에 불과한 것이다. Freud는 개인의 삶은 초기 경험에 의지하여 생활하는 것이며, 인생 초기의 흥미와 욕구는 변하지 않은 채 그대로 남아 있게 된다고 보았다. 이러한 욕구와 흥미는 무의식 속에 살아 있으며, 겉으로 드러난 행동이나 감정을 통해 확인할 수 있다. 인생 초기 5~6년 사이에 발달한 초기 행동은 성인기에 나타나는 성격 특성과 행동의 원형이 된다.

성격의 원형

2) 구순기

Freud의 심리성적 발달 단계상의 첫 단계는 구순기(口脣期, oral stage)이며, 이 단계는 출생~1.5세경의 시기에 해당한다. 이 시기에 유아는 자신의 생존을 위하여 전적으로 다른 사람에게 의존할 수밖에 없다. Freud는 젖니(乳齒)가 나오기 전인 6개월 정도까지 유아는 젖을 빨면서 어머니의 따뜻한 품속을 경험하지만 어머니의 존재를 자신과 분리된 타인으로 인식하지는 못한다. 그리고 추위를 느끼거나 기저귀가 젖었거나 배고플 때 긴장과 공포를 경험하지만, 그것을 경감 또는 제거해 줄 수 있는 사람의 존재는 인식하지 못하며, 단순히 쾌락의 회복만을 기대한다.

출생~1.5세

이 시기에 유아의 생존 및 쾌락 획득과 밀접한 관련성을 지닌 신체 부위는 입, 입술, 혀이다. 따라서 유아의 성감대는 구순(口脣) 영역에 집중되며, 빨기와 삼키기가 긴장을 줄이고 쾌락을 성취하는 주된 전략이 된다. 이 단계는 대개 출생부터 6개월 정도까지 지속되며 구순적 빨기 단계 또는 구순동조적 단계라고 불린다. 그러나 Freud는 빨기는 생존에 필요한 영양분을 섭취하는 것 이외에 유아에게 또 다른 쾌락을 가져다주기 때문에 배가 고프지 않아도 가짜 젖꼭지나 손가락을 빨게 된다고 보았다. 이러한 쾌락을 Freud는 자애적(autoerotic)이라 하였는데, 1차적 나르시시즘(primary narcissism)[3]과 일맥상통한다(최순남, 1999).

성감대

구순동조적 단계

1차적 나르시시즘

생후 6개월 정도가 되면서 젖니가 나기 시작하면, 유아는 좌절감을 경험할 때 깨물고 싶은 충동을 느끼게 된다. 이 단계는 약 18개월까지 지속되며, 구순적 깨물

---

3) 나르시시즘은 자기애 또는 자기도취를 의미하는 것으로, 연못에 비친 자신의 모습에 도취되어 사랑에 빠진 소년 목동 Narkissos에 관한 그리스 신화에서 유래된 용어이다.

기 단계 또는 구순공격적 단계라고 불린다. 이러한 과정에서 공격성이 발달하게 구순공격적 단계
되며, 자신이 어머니와 분리된 존재라는 것을 인식하고 동시에 어머니에 대한 개
념을 발달시킨다. 이와 같이 입, 입술, 혀, 이빨의 자극이 모성인물(mother figure) 모성인물
과 연관되게 된다. 이러한 모성인물은 구순동조적 행동(즐거운 생각, 감정 그리고 대
상을 받아들이는 것)과 구순공격적 행동(원초적 방식의 때리기)을 처음으로 받아 주
는 사람이다. 이러한 구순기 영아의 원형적 행동은 〈표 12-3〉에서 보는 바와 같이
성인기의 성격으로 연결된다.

📶 **표 12-3** 구순행동과 성인기 성격의 관련성

구순행동		성인기 성격
집어넣기	→	부침성, 애교
물고 떨어뜨리지 않기	→	고집, 결단성
깨물기	→	파괴성, 공격성
토하기	→	거부, 거만
입 다물기	→	거부, 소극성

이러한 구순기의 욕구를 적절히 충족하게 되면 개별화, 분리, 대상관계의 형성 대상관계의 형성
과 같은 발달과업을 적절히 성취할 수 있게 된다. 이 단계에서 구순적 욕구를 적절
히 충족한 사람은 다른 사람과 쉽게 친밀한 관계를 형성할 수 있으며, 공개적으로
공격성을 보이거나 탐욕적인 행동을 하지 않는다. 구순기에 적절한 만족을 경험하
지 못한 경우에는 성인기에 사회적 철퇴(withdrawal), 극도의 의존성, 그리고 친밀 사회적 철퇴
한 대인관계를 형성하지 못하는 문제를 일으키게 된다. 그러나 동일한 구순기라고
할지라도 어느 세부 단계에 고착되었는가에 따라 성인기에 서로 다른 성격 유형을
보이게 된다.

구순동조적 단계에서 과도하게 만족감을 얻거나 불만족한 경우에는 성인이 되 구순동조적 단계
었을 때 세상일에 대해 매우 낙관적이며, 타인을 믿고 의존하며, 모든 것을 희생해
서라도 타인의 인정을 받으려고 한다. 이러한 사람은 수동적이며, 미숙하며, 안정
감이 없고, 남에게 잘 속는 특성을 지닌다. 이에 반하여 구순공격적 단계에 고착되 구순공격적 단계
면, 논쟁적이고, 비판적이며, 상대방을 비꼬며, 자신에게 필요할 때까지 타인을 이
용하거나 지배한다. 그리고 Freud는 구순 영역은 일생 성감대로 남아 있게 된다고

보는데, 성인기에 나타나는 이 단계의 특성으로는 손톱 물어뜯기, 껌 씹기, 흡연, 키스, 과식 등이 있다.

3) 항문기

1.5~3세

괄약근

1.5~3세에는 성감대가 구순 영역에서 항문 영역으로 옮겨 간다고 해서 항문기(肛門期, anal stage)라고 부른다. 이 시기의 유아는 신경계의 발달로 괄약근(括約筋)을 본인의 의지에 따라 조절할 수 있기 때문에, 자신이 원하는 바대로 배변이나 배뇨를 조절할 수 있게 되며 배설행동, 즉 변의 보유 및 배설과 관련된 행동을 중심으로 하여 성격이 발달된다.

배변훈련

자아분화

유아가 어느 정도 자라서 준비가 되면 부모는 배설물을 더러운 것으로 간주하여 유아에게 청결 습관을 가르치려 하는데, 이것이 바로 배변훈련(toilet training)이다. 이때 항문 영역에서 성적 쾌감을 추구하는 유아와 청결 습관을 기르려는 부모의 현실적 요구 사이에 일종의 전투가 벌어지게 되고, 그 과정에서 원초아에서 자아가 분화되기 시작한다.

항문적
배설 단계

유아는 자신의 본능적 충동의 만족을 방해하는 외적 세력과 직면하게 될 경우 배설과정을 공격적 무기로 사용함으로써 부모를 조종하는 방법을 배운다. 유아는 변기가 없을 때 부모에게 변기를 달라고 요구하거나, 몇 시간씩 변기 위에 앉아 어머니로 하여금 '착한 아이가 줄 최종의 선물', 즉 변을 초조하게 기다리게 만드는데, 이 기간을 항문적 배설 단계라 한다.

항문적
보유 단계

이에 반해 항문적 보유 단계에서는 유아는 변을 통제하여 내보내지 않고, 소유하는 것의 중요성을 배운다. 이 모든 것을 할 수 있는 능력을 인식할 때 전능감이 생길 수도 있다. 어쨌든 유아는 적절한 시간에 적절한 장소에 배설을 함으로써 부모에게 큰 가치가 있는 선물로 변을 줄 수 있는 것이다. 또한 부적당한 시간이나 장소에서 배설을 하여 부모를 화나게 하거나 일상의 흐름을 깨뜨림으로써, 변을 처벌의 도구로 활용하기도 한다.

부모와 자녀
사이의 통제문제

항문기에서는 배변훈련이 주축이 되기 때문에 부모와 자녀 사이의 통제문제는 매우 중요하다. 이러한 통제의 문제가 성공적으로 해결될 경우, 유아는 권위에 대해 균형 잡힌 존경을 표시할 수 있게 되지만 이 단계에 고착될 경우 자신에게 몰입하거나, 철퇴하거나, 타인에 대해 배려를 하지 못하는 성격 특성을 지니게 된다.

특히 부모가 지나치게 엄격하고 강압적인 배변훈련을 할 경우 유아가 일부러 지저분한 행동을 하여 부모에게 대항하기도 한다. 이러한 성격은 항문배설적 성격(anal expulsive personality)의 원형으로서 성인기까지도 지속된다. 이러한 성격을 소유한 사람은 잔인하고 파괴적이며 난폭하고 적대감을 공개적으로 표현한다. 이와는 반대로 부모가 정한 규칙에 동조하고 순응하는 유아는 질서정연하게 정돈하고 결백한 행동을 하려는 강박적 욕구가 발달하여 지나치게 통제된 행동을 하는 항문강박적 성격(anal compulsive personality)이 된다. 이러한 성격 유형은 자신의 분노 감정을 표현하지 못하고 소극적이고 완고한 행동을 하며, 자신의 계획을 다른 사람에게 강요하며, 검소하고 깔끔하고 인색한 것이 특성이다. 이런 배변훈련의 방법과는 달리 부모가 아이에게 애걸하거나 달래서 배변을 적절히 조절하게 하는 경우에는 창조성과 생산성으로 연결되며, 관용, 자선, 박애행동이 특징으로 나타나는 성격을 가지게 된다.

항문배설적 성격

항문강박적 성격

4) 남근기

남근기(男根期, phallic stage)는 심리성적 발달 단계 중에서 가장 중요시하고 있으나, 여전히 논쟁의 소지가 있는 단계이다. 남근기는 3~6세까지 지속되며, 유아의 성적 관심과 흥분은 더욱 강해지며, 생식능력이 없는 성기가 성감대가 되므로 이 부위에 성적 관심이 집중된다. 이 기간에 유아는 자신의 성기를 자세히 관찰하고 자위행위를 하며, 부모에게 출생과 성에 대한 질문을 한다. 또한 부모의 성행위 장면을 목격한 유아는 아버지가 어머니를 공격하는 것으로 간주하기도 한다(김서영, 2012).

3~6세

성기

Freud는 이 단계에서 유아는 이성의 부모에 대하여 무의식적인 성적 소망을 갖게 된다고 본다. Freud는 Sophocles의 비극 〈오이디푸스 왕〉에 비유하여 남아가 겪는 갈등을 오이디푸스 콤플렉스(Oedipus complex), 여아가 겪는 갈등은 엘렉트라 콤플렉스(Electra complex)라고 불렀다. 이 시기에는 유아가 동성의 부모를 적대시하고 이성의 부모에 대하여는 근친상간적 소망을 가지기 때문에, 동성 부모와는 경쟁자로서의 관계를 형성하고, 질투와 분노 감정을 가지며 갈등을 경험하게 된다. 이러한 갈등관계의 형성에는 유아의 성에 따라 약간의 차이가 있다.

오이디푸스 콤플렉스 엘렉트라 콤플렉스

남아의 경우에는 처음에 어머니를 사랑하여 어머니를 소유하고 싶어 하므로 아

남아

버지와 경쟁관계를 맺게 된다. 남아는 어머니에 대한 사랑의 감정을 아버지가 용서하지 않을 것이라고 생각하고 아버지의 보복을 두려워하며, 언젠가는 아버지가 자신을 해칠 것이라는 불안과 공포를 경험하게 된다. 이러한 아버지에 대한 두려움이 바로 거세불안(castration anxiety)이다. 이러한 갈등 상황에서 남아는 가학적 또는 피학적 공상에 빠져들게 된다. 가학적 공상은 아버지가 죽거나, 거세되었거나, 먼 곳으로 길을 떠나는 것이며, 피학적 공상은 자신이 살해되거나 불구가 된다는 공상이다. 남아는 억압을 통해서 이러한 무의식적인 오이디푸스 갈등을 억누르려 한다. 즉, 남아는 어머니에 대한 사랑과 성적 감정이 사회적으로 수용되지 않는다는 점을 인식하고 이러한 욕망을 무의식 속으로 억압해 버리고, 보다 순수하고 고귀한 사랑으로 승화한다. 남아는 아버지에게 느꼈던 적대감을 억압하고 아버지와 동일시함으로써 아버지와의 경쟁관계를 해결하고, 아버지를 통하여 어머니를 대리 소유하는 방식을 선택함으로써 오이디푸스 콤플렉스를 해결하게 된다.

여아의 경우에도 첫사랑의 대상은 역시 어머니이다. 그러나 여아는 어느 날 자신이 가치 있는 신체기관, 즉 남근이 없다는 것을 발견하고 이미 거세되었다는 사실을 인식하게 되며, 자신이 거세된 것이 어머니의 탓이라고 보고 어머니를 미워하게 된다. 그러고는 자신의 음핵(陰核, clitoris)이 남근처럼 자랐으면 하는 공상을 하게 되고, 가치 있는 기관을 갖고 있는 아버지를 소유하고 싶어 한다. 이러한 공상을 Freud는 남근선망(penis envy)이라고 하였다. 그러나 여아는 자신이 영구적으로 거세되었으며 남근을 갖는 것이 불가능하다는 사실을 인식하게 되고, 이를 대치할 수 있는 대상, 즉 음핵에 대한 자위를 통해 성적 만족을 추구하며, 자신과 같은 처지에 있는 어머니와 동일시하게 된다.

남근기의 중요한 결과 중의 하나는 동성의 부모와 동일시하는 것이라고 하였으며, 그 과정에서 초자아의 분화가 이루어진다고 보았다. 이러한 동일시를 통하여 유아는 부모의 이상과 가치를 받아들일 수 있게 된다. 유아가 부모의 도덕적 금지를 수용함으로써, 자신의 나쁜 생각이나 행동에 대해 스스로 나무라기도 하고 죄의식을 갖기도 한다.

남아와 여아 모두 외상적 갈등(traumatic conflict)을 성공적으로 해결할 경우 성적 역할의 동일시와 성적 정체감을 가질 수 있게 된다. 이 단계의 발달과업을 적절히 이행하게 되면, 성인이 되어서는 성행위를 통하여 이러한 성적 욕망을 해소할 수 있고, 충성심, 효도, 헌신, 낭만적 사랑과 같은 많은 감정을 표현할 수 있다. 그리고 초자아의 발달을 통하여 이전 세대의 문화를 받아들이고 이를 보존해 갈 수 있게 된다.

하지만 남근기에 고착된 성인 남자의 경우에는 대부분 경솔하며, 과장이 심하고 야심적이다. 이에 반해 남근기에 고착된 성인 여성의 경우에는 성관계에서 순진하고 결백해 보이지만 반대로 난잡하고 유혹적이며 경박한 기질을 보이기도 한다. 또 어떤 여성은 이런 기질 대신에 자기주장이 아주 강하고 남성을 능가하는 슈퍼우먼이 되기 위하여 많은 노력을 기울이기도 한다. 남근기의 발달과업을 적절히 완수하지 못할 경우 성인기에 신경증을 일으키게 되며, 특히 남성에게는 성적무기력의 원인이 되고 여성에게는 불감증의 원인이 된다.

고착

신경증
성적 무기력

5) 잠재기

잠재기(潛在期, latency) 또는 잠복기(潛伏期)로 불리는 이 시기는 6~12세 정도까지 지속되며, 유아적인 성적이고 공격적인 에너지가 무의식 속으로 잠복하여 외부로 표현되지 않는 성적 정숙기다. 이와 같이 유아적인 성적 에너지가 무의식 속으로 갇히게 되는 이유를 Freud는 생물적 발달에 기인하는 것으로 보고 있는데, 남근기의 충격적인 정신적 외상에서 벗어나 평온한 상태를 유지하기를 원하는 아동의 심리적 요인에 기인한다는 해석도 있다. 그러나 이러한 성적 소망은 완전히 사라지는 것은 아니며 그 강도가 약화될 뿐이다. 그리고 남근기에서의 정신적 외상이 남아보다도 여아가 약하기 때문에, 여아의 잠재기 기간이 상대적으로 짧은 것이 일반적이다.

6~12세

성적 정숙기

이 단계에서 정신 에너지는 자아를 발달시키는 데 사용되어 학업에 대한 관심이 증가하고, 장차 인생을 영위하는 데 필요한 사회적 기술을 습득하고 훈련하는 데 주로 사용된다. 아동의 관심은 가족에 국한되지 않고 또래친구, 교사, 이웃으로까지 확대된다. 또래관계에서는 이성에 대한 관심이 매우 낮으며 심한 경우에는 이성의 또래와는 배타적 관계를 형성하고, 동성의 또래와만 어울리는 경우도 있다. 이러한 또래집단과의 놀이를 통하여 아동은 사회화의 기회를 갖게 된다. 그리고 학습활동, 취미활동, 운동 등을 통하여 성적 충동을 승화한다. 뿐만 아니라 특히 이 단계에 이르면 성격의 하위체계인 원초아, 자아, 초자아 간의 관계가 정립된다.

사회적 기술

사회화

성격의 하위체계
정립

잠재기의 발달과업을 적절히 성취하게 되면 학업이나 활동에 성취감을 느끼고

적응능력

대인관계도 원만해져서 자신감과 적응능력이 높아진다. 그러나 성적이고 공격적인 충동을 적절히 통제하지 못하면 학습에 지장을 받고 연속되는 실패로 인하여

열등감

열등감을 갖게 된다. 반대로 과도하게 충동을 억제하면 오히려 성격 발달이 정체

강박적 성격

되고 심각한 강박적 성격으로 발전할 가능성도 있다(권석만, 2012).

6) 생식기

전생식기

구순기부터 남근기까지는 자기애적 성본능이 강한 전생식기(pregenital stage)에 해당한다. 성기기(性器期)로도 불리는 생식기(genital stage)는 사춘기 이후의 시기

사춘기

에 해당한다. 사춘기에는 생식기관이 발달하고 남성 또는 여성 호르몬의 분비가 많아짐에 따라 2차 성징이 발달하게 된다. 이때 잠재기에 억압되었던 성적 관심이

성감대

다시 되살아나며, 성적 쾌락을 불러일으키는 성감대는 생식기를 포함한 전신으로 확대되고 더욱 성숙해진다.

정신분석이론가는 모든 인간은 거세불안이 여전히 남아 있는 사춘기 초반에는 일정 기간의 동성애 단계를 거친다고 본다. 새롭게 분출된 성적 에너지가 일정 기간 동성 친구에게로 향했다가, 남근기 갈등해결 방식과 같은 방법으로 점차적으로 이성관계, 구애, 결혼, 가족 형성, 집단활동, 직업에 대한 관심 등으로 옮아가게 된다.

이 단계의 중요한 특징은 생산적으로 활동하거나, 깊은 사랑을 하거나, 성적 오르가슴을 느낄 수 있는 능력이 형성된다는 것이며, 대부분의 사람이 완전한 성숙

부모으로부터의 독립

을 성취할 수 있다. 그러나 Freud는 사춘기 이후의 주요 과제가 부모로부터의 독립이라고 지적한 것 이외에는 사춘기의 위기나 이후 성인기에서 이루어지는 발달에 대해 별다른 관심을 갖지 않았다.

이상에서 논의한 Freud의 심리성적 발달 단계의 특징적인 내용을 요약하여 제시하면, 〈표 12-4〉와 같다.

표 12-4 Freud의 심리성적 발달 단계와 성격 특성

단계	연령	성감대	주요 활동	갈등의 장	방어기제	성격 특성
구순기	출생~1.5세	입 혀 입술	받기 먹기	음식섭취	투사 거부 내면화	낙천-비관 어수룩함-의심 능동적-수동적 감탄-시기
항문기	1.5~3세	항문	주기 보유	배변훈련	지성화 반동 형성 격리 무위	인색-관대 고집-순종 청결-지저분 정확-모호
남근기	3~6세	성기	이성교제	오이디푸스/ 엘렉트라 콤플렉스	억압	허영-자학 자신-소심 저돌-우유부단 화려함-수수함 순결-음란 남성적-여성적
잠재기	6~12세	성본능의 잠복, 성본능과 관련 없는 사회적 기술 습득					
생식기	사춘기 이후	전신	성교	오르가슴	승화	성숙-미숙 적응-부적응

4 사회복지실천에의 적용

1) 심리적 건강과 증상에 대한 관점

　정신분석이론에서 심리적 건강은 이상에 불과하며, 병리적 관점에서 인간을 이해한다. Freud는 대부분의 개인은 완전한 정신적 성숙에 도달할 수 없으며, 설령 그렇게 되더라도 심리적 갈등을 겪을 수밖에 없다고 하였다. Freud의 관점에서는 정신병리는 본능적 충동의 양과 질, 자아방어의 충동표현 조절능력, 개인의 방어적 기능의 성숙 수준, 그리고 초자아의 승인 또는 죄의식의 정도와 밀접하게 관련되어 있다고 본다. 병리는 충동이 과도하게 좌절되거나 과도하게 충족되었을 때, 그리고 구순기, 항문기, 남근기에 정신적 외상을 입었을 때 발생한다. 따라서 유아

병리적 관점

정신병리

정신적 외상

기에 해결되지 않은 무의식적 갈등은 성인기에 경험하는 심리적 문제의 중요한 원인이 된다.

심리성적 발달 Freud는 성인기에 정신건강을 성취하기 위해서는 최소한의 긴장과 갈등을 경험하면서 성공적으로 심리성적 발달 단계를 통과하는 것이 필수적이라고 하였다. 이와 같이 심리성적 발달 단계를 성공적으로 통과하기 위해서는 많지도 적지도 않은 적절한 양의 만족이 필요하다. 모든 개인은 본능적 충동을 억압하기 위하여 어느

고착 정도 정신 에너지를 사용하며, 어느 정도는 고착되어 있다. 그러나 심한 고착은 정신 에너지가 다음 단계로 전환되는 것을 방해하기 때문에 성장을 방해한다. Freud

퇴행 는 모든 개인은 퇴행한다고 본다. Freud는 이전에는 적절히 기능하던 성인도 심한 스트레스를 받게 되면 퇴행하며, 시간이 지남에 따라 이전의 적응적 유형을 되찾게 된다고 보았다.

건강한 개인 상대적으로 건강한 개인은 성격의 하위체계가 조화를 이루고 있으며, 외부 세계와 적절한 교류를 할 수 있고, 자아방어기제를 효과적으로 사용하고, 자아가 만족을 지연하고 자신의 성적 및 공격적 충동을 통제하는 능력을 가지고 있다. 만약 엄격한 초자아가 개인의 본능을 통제하고 있는 경우에는 다른 부분에서 많은 대가를 치르게 된다. 이 경우 본능을 통제하는 데 많은 정신 에너지를 써야 하기 때문에, 현실을 다루는 데 쓸 수 있는 에너지가 부족하게 된다. 따라서 치료자는 내담자가 보다 현실적인 균형을 성취할 수 있도록 원조하여야 한다.

불안 Freud는 불안, 즉 외부적 요인에 의하여 촉발된 긴장 상태는 언제 어디서나 존재하며, 개인의 행동을 형성하는 데 중요한 역할을 한다고 보았다. 불안은 행동을 일으키는 자극이지만, 그 정도가 심해지면 사람을 무능력하게 만든다. 특히 불안의 여러 유형 중에서 신경증적 불안은 원초아의 충동이 너무나 위협적이어서 개인이 통제를 하지 못하고 처벌받을 것 같다는 느낌을 받을 때 일어난다. Freud에 따르면, 신경증은 원초아-자아 또는 자아-초자아 사이에 심한 갈등이 있을 때 발생한다고 하였다. 강력한 원초아나 과도하게 처벌적인 초자아가 연약하고 불완전한 자아를 압도하였을 때, 긴장과 불안이 심해지며 이러한 경우에 불안, 공포증, 공황장애가 발생하게 된다.

신경증 Freud는 신경성 건강(nervous health)과 신경증(neurosis)을 구분하기는 매우 어렵다고 하였다. Freud에 따르면 건강한 성격이란 자아가 잘 발달되고, 불안을 효과적으로 처리할 수 있는 경우를 말한다. 과도한 처벌을 받지 않고, 죄의식을 느끼

지 않으면서 본능을 표현할 수 있게 해 주는 자아방어기제는 자아를 과도한 불안에서 구제해 주는 수단이다. 현실의 요구를 처리하여야 하는 자아방어기제가 계속해서 불안을 차단할 수 있을 만큼 충분히 발달하고 다양하여야만 건강한 성격이라 할 수 있다. 어떤 한 가지 자아방어기제를 지나치게 사용하는 것은 정신건강이 좋지 않다는 표시이다.

Freud는 사랑하고 일할 수 있는 능력은 파괴적인 본능을 사회적으로 수용될 수 있는 방식으로 표현할 수 있는 방법을 발견하는 능력과 밀접한 관계가 있다는 점을 강조하였다. 그는 정신건강과 관련된 문제는 내담자가 사랑을 즐기고 능률적으로 일할 수 있는 능력을 실제적으로 파악할 수 있을 때 해결될 것이라고 하였다 (Freud, 1966).

사랑과 일

2) 치료 목표

정신분석적 치료는 비정상적 행동이나 증상의 원인을 파악하고 이를 제거하는 치료적 절차이다. 일반적으로 정신분석적 치료는 내담자의 과거에 대한 감정을 재구조화하여 현재의 어려움에 대한 통찰을 얻게 하고 이를 수정하려고 한다. 정신분석적 치료의 목적은 개인의 내적인 성격체계를 재구조화하여 좀 더 융통성 있고 성숙하게 만드는 것이며, 이러한 목적을 성취하기 위하여 정신분석적 치료에서는 무의식적 정신과정에 대한 의식적 통제력을 증진하기 위하여 자아를 강화한다.

통찰과 재구조화

이러한 치료 목표를 좀 더 구체적으로 기술하면, ① 자아를 강화하고, ② 자아를 초자아에 덜 의존적이게 만들고, ③ 자아의 지각의 장을 확대하고, ④ 자아의 조직을 복구하고 증축하여 원초아가 자아가 되도록 하는 것이다(윤순임, 1995). Mertens(1990)는 정신분석적 치료의 목표를 [그림 12-3]과 같이 ① 부적응적 행동을 변화시키고, ② 증상을 제거하며, ③ 정신장애로 인해 중단 또는 지연되었던 발달과정을 재구성하는 것이라고 하였다. 그리고 McGlashan과 Miller(1982)는 정신분석적 치료의 목표를 ① 성장의 촉진, ② 자아체계의 성숙, ③ 인간관계의 성숙, ④ 성숙한 대처기제, ⑤ 경험의 충만감과 생동성, ⑥ 현실 수용, ⑦ 통합적 수용력, ⑧ 자기분석이라는 여덟 가지로 제시하였다.

치료 목표

이러한 정신분석적 치료 방법을 사회복지실천에 적용할 때 사회복지사가 수용해야 할 기본 가정은 〈표 12-5〉에서 보는 바와 같다.

실천의 기본 가정

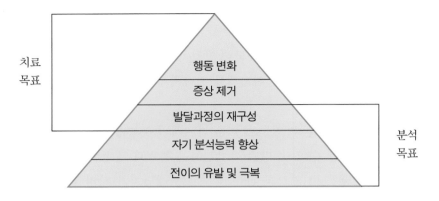

[그림 12-3] 정신분석의 치료 및 분석 목표

᪈ᴸ **표 12-5**　정신분석적 사회복지실천의 기본 가정

- 증상의 상징적 속성을 파악하고 해석하는 것이 과거 사건, 특히 영·유아기의 정신적 외상을 재구조화하는 지름길이다.
- 지속적으로 억압된 무의식을 발견하여 이를 의식수준으로 끌어올리는 것은 원조과정의 필수 요소이다.
- 정서적 갈등을 표출하는 것은 외상적 기억에서 벗어나는 데 도움이 된다.
- 초기의 어려운 생활사건을 이해하고 재구성하는 것이 치료에 효과적이다.
- 치료자와 내담자 간의 원조 관계에는 이전의 중요한 경험이 내포되어 있다.
- 자아의식과 자아통제력을 증진하는 것이 개입의 목적이다.

3) 치료자의 역할과 실무 원칙

무의식적
자료 분석

통찰

　치료자는 앞서 제시한 치료 목표를 달성하기 위하여 내담자가 무의식을 의식화할 수 있도록 무의식적 자료를 철저히 분석하는 치료 방법을 택한다. 이때 내담자는 자신의 행동에 대한 더 깊은 이해를 얻기 위하여 자신의 과거에 대한 심층적인 탐색이 필요하다. 따라서 치료자의 주된 기능은 내담자가 자신의 문제에 대해 통찰(insight)을 갖고, 자신의 문제를 변화시키는 방법을 인식하여, 자신의 삶을 보다 합리적으로 통제할 수 있도록 돕는 것이다. 즉, 치료자는 내담자가 자신을 정확히 인식하고, 다른 사람과 원만한 인간관계를 맺고, 불안을 현실적으로 처리하고, 충동적이고 비합리적인 행동을 통제하도록 도와야 한다.

　정신분석치료에서 치료자의 역할은 변화를 일으키는 힘의 주체가 아니다.

Freud는 치료자의 역할을 산파(産婆)에 비교하였는데, 산파가 아이를 낳거나 아이 산파
가 무엇이 될 것인지 결정하지 못하는 것처럼 치료자도 한 영혼을 잉태하거나 변
화시킬 수는 없다고 말한다. 즉, 변화는 변화하고자 하는 내담자 자신의 몫이며,
치료자는 자아 기능에 가장 유익한 심리적 조건을 조장함으로써 그 임무를 수행할
수 있다. 그리고 내담자는 집중적이고 장기적인 치료과정에 기꺼이 자신을 맡기고
일정 기간의 치료, 집중적 치료과정에 협조하여야 한다.

    내담자와 치료자의 관계, 즉 원조 관계는 정신분석치료의 핵심이다. 원조 관계 원조 관계
는 과거에 내담자에게 중요한 타인과의 관계가 치환된 것으로, 내담자의 긍정적이
거나 부정적인 느낌이나 환상이 치료자에게로 무의식적으로 옮겨가는 전이 현상 전이
이다. 이런 전이를 통하여 내담자는 자신의 무의식적 정신역동을 통찰하게 된다.
내담자는 현재의 성격을 형성하는 데 영향을 준 오래된 과거의 영향뿐 아니라 과
거 경험과 현재 행동 간의 관련성을 이해하게 되고, 억압된 과거에 대한 인식과 통
찰을 할 수 있게 된다.

.ıll **표 12-6** 정신분석적 접근방법의 실무 원칙

- 모든 행동은 의미가 있고, 설명이 가능하다는 점을 수용하라.
- 원조 관계에서 내담자가 제시한 재료가 지니는 의미를 파악할 수 있도록 경청하라.
- 현재의 행동을 관찰하고 분석함으로써 심리성적 발달 단계의 결과를 사정하라.
- 자아방어기제의 활용 유형과 활용 정도, 성숙 수준뿐만 아니라 융통성, 취약성을 사정하라.
- 치료자 자신의 동기와 감정에 주의를 기울이라.
- 내담자가 치료자인 당신에게 보이는 반응에 대해 해석하라.
- 내담자가 자발적으로 감정, 사고, 행동을 돌이켜 볼 수 있는 기회를 부여하라.
- 내담자의 환상, 감정, 사건에 대해 해석하고, 해석이 효율적인지에 대해 환류할 수 있는 기회
  를 부여하라.

    정신분석치료에서 내담자는 자신의 과거 경험, 현재의 인상, 불만에 대해 이야
기를 하고 자신의 소원과 정서적 충동을 고백한다. 치료자는 경청하고, 내담자의 고백
사고과정의 방향을 찾아내고, 특정한 사고의 방향에 주의를 기울이고, 설명과 해
석을 하고, 내담자가 보이는 이해와 통찰 또는 거부의 반응을 관찰하고, 훈습(薰習, 해석, 관찰, 훈습
working-through)을 통하여 문제를 해결할 수 있도록 돕는다. 현대적 정신분석치
료는 Freud의 이와 같은 기법을 활용하면서도, 내담자가 보다 효과적인 대인관계
를 맺고 자신의 잠재력에 대해 현실적 평가를 하며 변화될 수 없는 것을 수용할 수

있도록 원조하는 것에 강조점을 두고 있다.

4) 치료 기법

정신분석치료에서 치료 기법은 내담자의 증상에 대한 자각을 증진하고 비정상적 행동에 대한 통찰을 얻게 함으로써 증상의 의미를 이해하게 하고, 성격 구조를 재구조화할 목적으로 사용된다. 그러므로 치료과정은 내담자와의 대화를 통해 정화(catharsis), 통찰, 무의식적인 지적·정서적 문제의 이해, 훈습 또는 재교육의 순서로 이어지는 내담자와 치료자의 노력의 과정이다. 내담자의 생활사, 문제의 속성, 문제 대처방안에 따라 매우 다양한 치료 기법이 있을 수 있지만, 여기서는 정신분석치료의 기본 기법을 중심으로 알아보고자 한다.

치료과정

치료 기법

(1) 자유연상

자유연상

자유연상(free association)은 정신분석치료의 주된 기법 중의 하나로 내담자는 일상생활의 상념과 선입견을 제거하고 어떤 감정이나 생각도 억압하지 않은 채 마음에 떠오르는 것이면 무엇이든 즉시 말하도록 하는 기법이다. 무의식적 소망, 환상, 동기 등을 해방하는 데 사용되는 도구인 자유연상 과정에서 치료자는 내담자의 무의식 속에 숨겨진 억압된 생각이나 감정을 확인할 수 있다. 또한 이런 자유연상이 차단되거나 중단되는 것은 내담자의 무의식의 갈등을 해결할 수 있는 중요한 실마리를 제공한다. 자유연상 기법은 주로 내담자는 카우치(couch)에 눕고 치료자는 내담자의 연상의 흐름을 방해하지 않도록 보통 카우치 뒤에 앉아서 실시하는 경우가 많다.

[그림 12-4] Freud 박물관에 비치된 카우치

출처: Freud Museum(London), http://www.freud.org.uk

(2) 해석

해석(interpretation)은 내담자의 행동의 의미를 설명하고 때로는 가르치기도 하는 것으로, 행동에 대한 단순한 설명이 아닌 자아가 더 깊은 무의식의 자료를 탐색할 수 있도록 도와주는 기능을 한다. 해석의 유형에는 내용 해석, 저항 해석(방어해석), 전이 해석, 일상생활상의 주요 타인에 대한 전이 해석, 꿈 해석 등이 있다.

올바른 해석이 이루어지기까지 걸리는 준비 기간과 해석을 통해 통찰에 이르고 이것을 행동화하기까지의 모든 과정을 통틀어 해석과정이라고 한다. 이러한 해석과정은 ① 내담자를 어떤 특정 사실이나 경험에 직면(confrontation)하게 하고, ② 직면한 사실이나 사건, 의미 등의 초점을 잡아 명료화(clarification)하고, ③ 지금까지 유추한 사실을 내담자에게 말로 전달하며, ④ 내담자가 억압된 것을 받아들이고 분석과정에서 해석된 것을 통합하고 그 과정에서 생겨난 저항을 극복하는 훈습단계로 구성된다.

적절한 해석을 위해 치료자는 내담자의 준비 상태를 민감하게 지각하고 있어야 한다. 왜냐하면 해석의 영향력이나 그 변화의 힘은 내담자의 준비 정도에 따라 달라질 수 있기 때문이다. 해석을 할 때 치료자는 ① 내담자의 준비 정도에 따라 의식적인 것에서부터 무의식적인 것으로 내담자가 받아들일 수 있는 수준부터 접근해 들어가며, ② 무의식의 저항이나 갈등을 해석하기 전에 먼저 저항이나 갈등을 지적해야 한다.

(3) 꿈 분석

Freud는 꿈을 무의식에 이르는 왕도라고 하였다. 꿈 분석(dream analysis)은 꿈을 통하여 무의식적 욕구를 찾아내고, 내담자의 해결되지 않은 문제에 대한 통찰을 얻을 수 있도록 해 준다. 꿈은 내용 면에서 잠재적 꿈과 명시적 꿈이라는 두 가지 차원이 있다. 잠재적 꿈은 고통스럽고 위협적이기 때문에 위장되고 숨겨진 무의식적 동기로 구성되어 있다. 명시적 꿈은 위와 같은 잠재적 내용이 용납 가능한 내용으로 대체되어 나타나는 것을 일컫는다. 치료자는 자유연상을 통하여 내담자가 내놓은 꿈의 명시적 내용 속에서 잠재적 의미를 추출해 내야 한다. 또한 꿈은 내담자의 무의식을 인식하는 수단으로 사용되기도 하지만, 내담자의 현재의 기능을 이해하는 수단이 되기도 한다.

해석의 유형

해석과정

꿈 분석

잠재적 꿈
명시적 꿈

(4) 저항의 분석과 해석

저항(resistance)은 치료적 발전을 저해하고 내담자가 무의식적 욕구를 표출하는 것을 방해하는 것으로, Freud는 저항을 참을 수 없는 불안에 대항하여 자아를 방어하려는 무의식적 역동으로 보았다. 치료자는 효과적인 치료를 위하여 이 저항을 지적하고 해석함으로써, 내담자가 이에 대한 통찰을 더 깊이 할 수 있도록 도와야 한다. 그리고 내담자도 실제적으로 갈등을 해결하고자 한다면 이런 저항에 직면해야 한다.

(5) 전이의 분석과 해석

전이(transference)는 치료과정에서 내담자가 치료자에게 보이는 반응으로, 내담자가 과거의 중요한 타인과의 관계에서 해결되지 않고 남아 있는 부분을 치료자가 마치 과거의 주요 인물인 듯 치료자에게 투사하는 것을 말한다. 전이의 분석은 내담자로 하여금 과거 자신의 미결사항(unfinished business)이 현재 자신에게 어떻게 영향을 미치는지 통찰할 수 있는 기회를 부여하며, 통찰된 미결사항을 적절히 해석하고 훈습함으로써 내담자가 자신을 변화시킬 수 있는 기회를 갖게 한다.

역전이(countertransference)는 치료자가 내담자에게 보이는 반응을 일컫는 용어이다. 역전이가 치료의 흐름을 방해하지 않도록 치료자는 자신의 정신분석에 철저해야 하며 객관성을 잃지 말아야 한다.

(6) 훈습

정신분석 치료과정에서 내담자가 자신의 정신적 외상과 갈등, 방어기제의 활용 등을 이해하고 통찰을 갖게 되었다 할지라도, 바로 외상이나 갈등이 사라지거나 문제가 해결되지는 않는다. 그러므로 치료자는 내담자가 통찰한 내용을 실생활에 적용할 수 있도록 도와야 하는데, 이 과정을 훈습(working through)이라 한다. 즉, 훈습은 내담자가 이전에 억압하고 회피했던 무의식적 자료를 정확히 이해하고 통합하여 일상생활에 적용할 수 있을 때까지 치료자가 반복적인 해석과 지지를 제공해 주는 연습과정을 말한다.

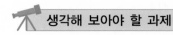

생각해 보아야 할 과제

1. Freud의 이론이 인간 행동과 성격을 이해하는 데 있어서 어떤 점이 유용하며, 어떤 한계점이 있는지 논의해 보시오.

2. Freud의 정신결정론적 입장과 과거를 강조하는 견해에 대한 의견을 제시해 보시오.

3. 직접 경험한 무의식의 실마리(clue)를 제시해 보고, Freud의 무의식 개념을 사회복지 실천에 적용할 수 있는 가능성에 대해 논의해 보시오.

4. 중요시하고 자주 사용하는 자아방어기제는 무엇이며, 그것이 자신의 생활에 어떻게 작용하고 있는지 구체적인 예를 제시해 보시오.

5. 사람들이 현재 직면한 문제가 생후 5~6년간의 중요 사건에 그 원인이 있다는 증거를 구체적인 예를 들어 설명해 보시오.

6. 아주 강한 느낌을 받았던 사람 한 명을 선택하여, 그 사람에게 보였던 정서적 반응이나 관계양식이 귀하와 부모님과의 관계와 어떠한 관련성을 지니고 있는지 탐색해 보시오.

7. 10대 청소년은 연예인이나 운동선수에 대해 열광하는 경우가 많은데, 이러한 현상을 Freud의 이론에 입각하여 설명해 보시오.

8. 다음 책 중의 하나를 읽고 Freud의 정신분석이론에 대해 느낀 점을 토론해 보시오.

> - 지그문트 프로이트(2007). **정신분석 입문/꿈의 해석**(김양순 역). 서울: 동서문화사.
> - 변학수(2004). **프로이트 프리즘: 문학 그리고 영화**. 서울: 책세상.
> - 정유석(2004). **프로이트와의 인터뷰**. 서울: 랜덤하우스 중앙.
> - 이창재(2004). **프로이트와의 대화**. 서울: 학지사.
> - 이무석(2006). **30년만의 휴식**. 서울: 비전과 리더십.
> - 정도언(2009). **프로이트의 의자**. 서울: 웅진지식하우스.
> - 김서영(2010). **프로이트의 환자들: 정신분석을 낳은 150가지 사례 이야기**. 서울: 프로네시스.

9. 살바도르 달리(Salvador Dali)나 르네 마그리트(Rene Magritte)와 같은 초현실주의 작가의 작품을 감상해 보고, Freud의 정신분석이론과의 관련성을 유추해 보시오.

10. Freud의 정신분석적 접근방법과 이 책에서 다루고 있는 다른 접근방법과 어떠한 차이가 있는지 논의해 보시오.

제13장 분석심리이론

학 습 목 표

1. 분석심리이론의 인간관과 기본 가정을 이해한다.
2. 분석심리이론의 주요 개념을 이해한다.
3. 분석심리이론의 인간 발달 관점을 이해한다.
4. 분석심리이론을 사회복지실천에 적용할 수 있는 방안을 이해한다.

Jung의 분석심리이론은 철저하게 Jung 자신이 스스로의 경험을 이해하려는 노력의 산물이라 할 정도로 경험적인 심리이론이다(Samuels, Shorter, & Plaut, 2000). 이처럼 분석심리이론은 자기 자신의 경험을 이해하려는 Jung의 개인적 열망에서 시작되었지만, Freud와의 만남을 통해 심화되어 간다. Jung은 Freud를 만난 이후로 Freud가 자신의 후계자로 지목할 정도로 정신분석에 심취해 있었다. 그러나 Adler와 마찬가지로 Freud와

경험적 심리이론

Carl Gustav Jung (1875~1961)

결별하고, 분석심리이론(analytical psychology)이라는 보다 새롭고 정교한 성격이론을 만들었다.

Jung의 분석심리이론은 Freud의 정신분석이론과 인간관, 정신 에너지, 성격의 변화 가능성, 무의식, 정신병리에 대한 관점에서 커다란 차이를 보인다(Schulz &

정신분석 이론과의 차이

Schultz, 1998). Freud는 인간을 무의식에 의해 휘둘려지는 수동적 존재이고 병리적

창조적 존재 존재로 본 반면 Jung은 인간에게 창조적이고 긍정적인 측면이 존재한다는 사실을
강조하였다.

리비도   정신 에너지, 즉 리비도(libido)의 역할과 관련하여 Freud는 리비도를 인간의 성
적 에너지라고 주장한 반면 Jung은 성뿐만 아니라 다른 삶의 에너지를 포함한 일반
적인 생활 에너지라고 보았다. 성격의 발달과 변화 가능성과 관련하여 Freud는 어

전 생애 발달 린 시절, 특히 5~6세 이전에 성격이 결정된다고 본 반면 Jung은 전 생애에 걸쳐 일
어나며 타고난 정신적 소인은 생활 속에서 후천적으로 변할 수 있고, 미래의 목표

생애 후반기   와 열망에 의해 형성된다고 보았다. 이런 점 때문에 그의 이론을 생애 후반기 심리
심리학   학(psychology of the afternoon)이라고 부르기도 한다(노안영, 강신영, 2003).

심층심리학   Freud와 Jung의 이론 모두 심층심리학으로 분류되지만, 둘 간의 무의식 개념은
서로 다르다. 분석심리이론은 정신(psyche)의 두 측면인 의식과 무의식 간의 관계
를 확립하고 이해하는 데 초점이 맞춰져 있다(노안영, 강신영, 2003). Jung은 Freud

무의식   의 영향을 받아 "나의 인생은 무의식의 자기실현의 역사이다. 무의식에 있는 모든
것은 표현되려고 노력한다. 그리고 성격은 무의식의 조건에서 발현되기를 갈망한
다."(Hall & Nordby, 1999)라고 할 정도로 무의식을 중시하였다. 그러나 그의 이론
은 Freud의 정신분석이론에서 제시한 무의식의 개념에 머물지 않고 이를 더 확장
하고 심화하였다. 즉, Jung은 무의식을 개인적 수준의 무의식에 한정하지 않고, 인

집단무의식   류 역사를 통해 발달해 온 정신과 개인이 속한 문화적 영향을 바탕으로 형성된 집
단무의식의 개념을 도입하여 무의식의 범위를 확장·심화하였다.

정신병리와 치료 정신병리와 정신치료에서도 Jung과 Freud는 차이점이 있다. Freud는 모든 정신
병리의 원인을 과거, 특히 5~6세 이전의 정신적 외상에 있다고 보고, 원인의 발견
을 통한 치료를 강조하였다. 이에 반해 Jung은 정신병리는 정신의 전체성을 확보
하지 못한 것으로 현재의 문제를 처리하지 못하는 데서 생기는 것이며, 정신병리
는 질병이라기보다는 개인에게 정신의 전체성을 확보하는 동기로 작용하며, 또 병
리의 원인을 밝히는 것보다는 의미의 발견이 치료에 더욱 중요하다고 보고 있다.

이와 같이 Jung의 분석심리이론은 Freud의 정신분석이론의 영향을 받았지만,
그것과 매우 다른 이론적 특성을 지닌다. 그리고 Jung의 분석심리이론은 그 시대
의 예술, 문학, 연극뿐만 아니라 종교, 문화, 사회적 사고의 영향을 받았으며, 또한
영향을 미치기도 하였다. Jung의 분석심리이론은 Adler의 개인심리이론, Rogers

의 인본주의이론, Maslow의 욕구계층이론, Sullivan과 Klein 등의 신프로이트 학 신프로이트 학파
파 이론과 많은 공통점을 지니고 있으며, 종교적이거나 신비적인 느낌을 강조하고
있다는 점에서 동양적 사고체계도 반영하고 있다(Corsini & Wedding, 2000). 그리고 동양적 사고
Jung의 분석심리이론이 인간의 전체성을 강조하고, 행동뿐만 아니라 존재의 가치
를 강조하고 있는 점에서, 하나의 과학적 이론이라기보다는 철학이나 인간학으로 인간학
보는 것이 타당하다고 보는 경우도 있다(민경환, 2002).

1 인간관과 가정

1) 인간관

"환자는 신경증이란 문제를 갖고 의사를 찾는 것이 아니라 그의 전체적 정신과
그가 관계하고 있는 전체 세계를 갖고 온다."(이죽내, 1995)라는 Jung의 말에서 보
듯이, 분석심리이론에서는 인간을 전체적 존재로 본다. Jung은 인간이 경험과 학 전체적 존재
습을 통해 여러 부분이 하나로 모인 것이 아니라 이미 전체성을 가지고 하나의 전
체로 태어나며, 타고난 전체성은 일생을 통하여 분화되고 통합되어 간다고 본다.
즉, Jung은 인간을 신체·심리·사회문화적 존재로 보고 있으며, 의식과 무의식
간의 본질적인 대립 양상을 극복하고 이를 하나로 통일해 나가는 전체적 존재로
본다. 그러므로 인간이 일생을 통해 해야 할 일은 이 타고난 전체성을 최대로 분화
하고, 일관성을 유지하고 조화를 이루어 가는 것이며, 전체가 부분으로 나뉘어 움
직이고 서로 갈등하는 것을 막는 것이라 할 수 있다. 이러한 점 때문에 분석심리이
론은 전체성의 심리학이라고 불리기도 한다.

이러한 전체적 존재로서의 인간은 역사적인 동시에 미래지향적인 존재이다. 모 역사적이고 미래지향적인 존재
든 인간은 자신이 태어난 사회에서 역사를 통해 전해 내려오는 상징과 신화 등에
반영된 원형과 개인의 과거 경험에 의해 영향을 받는다. 그렇지만 인간은 과거에
반응하기만 하는 수동적 존재는 아니며, 현재에 살면서 타인과 관계를 맺고 있고,
미래의 목적과 욕구를 고려한다. 즉, 실재했던 과거의 영향을 받으면서 현재를 살
아가지만 미래의 목표와 가능성을 달성하기 위하여 노력하고 자신의 행동을 조절
하는 존재이다.

성장지향적 존재   이러한 인간의 미래지향성은 성장지향적 존재라는 의미와 연결되어 있다. Jung
은 인간이 완성 또는 자기실현을 달성하기 위하여 앞으로 나아가고자 하는 경향
을 지니고 있다고 본다. Jung은 이러한 인간의 성장 경향을 나무에 비유하고 있는
데, 한 그루의 나무가 폭풍우로 인하여 가지가 꺾이거나 잘려지는 상처를 안고도
무성하게 자라듯이, 인간 정신도 그 속에 담겨 있는 대항 또는 저항하려는 속성을
극복하고 성장하려고 노력한다는 것이다. 인간은 성장과 자기발전의 능력, 더욱
분화된 특별한 형상의 계발을 통하여 자신이 지닌 문제를 초월해 나갈 수 있는 능
력을 지니고 있다. 다시 말해 인간은 누구나 자신의 잠재된 능력을 펼쳐 나가고자
하는 성향을 지니고 있으며, 이는 Adler의 우월추구에의 성향과 유사한 관점이다
(Riedel, 2000).

가변적 존재   Jung은 Freud가 인간을 불변적 존재로 보는 것과는 달리 인간을 가변적 존재
로 본다. 특히 Freud가 영·유아기에 모든 것이 결정되고 이후에는 크게 변화하
지 않는다고 한 것과 달리, 인생의 전체 발달 단계에 걸쳐서 정신적 변화가 일어날
수 있다고 본다. 물론 인간의 성격이 영·유아기의 경험과 원형에 의해 부분적으
로 결정될 수 있다는 점에서 Freud와 견해를 같이하지만, 인간의 자유의지와 자발
성을 인정하고 있다(권석만, 2012). 다시 말해, Jung은 인간이 과거의 조상으로부터
물려받은 타고난 정신적 소인을 갖고 있지만, 이러한 정신적 소인의 발현은 한 개
인이 개성화의 과정을 거치면서 서로 다르게 나타날 수 있으며, 인간의 정신구조
는 삶의 과정을 통하여 후천적으로 변할 수 있다고 본다.

2) 기본 가정

Jung은 무의식에 관한 Freud의 관점을 받아들여 개인의 모든 행동은 의식적으
무의식적 동기   로 그리고 무의식적으로 동기화된다고 보고 있다. 그러나 Jung은 Freud의 무의
식의 개념을 더욱 확대·심화하였으며, 무의식의 병리적 측면보다는 창조적인 힘
을 강조하고 있다.[1] Jung은 서로 반대되는 힘이 대립 혹은 양극성을 이루어 갈등
정신 에너지   을 야기하며, 이러한 갈등이 정신 에너지를 만들어 내고 이로 인해 인간은 행동할

---

1) Freud의 무의식을 '지옥에 사는 악마의 힘이 작용하는 창고'(박정수, 2012)에 비유할 수 있다면,
Jung의 무의식은 '보석이 가득 찬 보물창고'에 비유할 수 있다.

॥॥॥ 표 13-1 Jung의 분석심리이론의 기본 가정

- 정신 또는 성격은 부분들의 단순한 집합이 아니라 하나의 전체성을 이루고 있다.
- 인간행동은 의식과 무의식 수준에서 서로 상반되는 두 가지 힘에 의해 동기화된다.
- 인간의 행동은 과거에 의해 상당한 정도로 결정되지만, 미래의 목표와 가능성에 의해 조정된다.
- 성격 발달은 전 생애에 걸쳐 일어나는 개성화 또는 자기실현의 과정이며, 인생 전반기와 후반기에 각기 다른 특성을 보인다.
- 발달은 타고난 소인 또는 잠재력을 표현해 나가는 것이지만, 후천적 경험에 의해 서로 다르게 표현된다.
- 개인은 독립된 존재가 아니라 역사적으로 연결되어 있으며, 사회규범이나 문화의 요구에 적응해 가며, 자기실현과정을 통하여 사회 발전에 기여한다.
- 심리적 건강은 정신의 전체성을 유지하는 것이며, 정신병리는 전체성의 분리 현상이다.
- 정신병리를 파악함에 있어서는 원인과 함께 병리가 지니는 의미를 동시에 파악하여야 한다.
- 내담자의 원조는 무의식의 의식화를 통한 개성화를 촉진하고, 정신의 전체성을 회복할 수 있도록 하는 것이다.

수 있게 된다고 보고 있다. 예를 들어, 의식에서 어떤 한 측면을 강조하게 되면 무의식은 이를 보상하기 위하여 반대되는 측면을 강조하게 된다고 본다. 이와 같이 Jung은 인간 정신 내에 존재하는 서로 다른 두 가지 힘에 의해 정신 에너지가 만들어지고 인간의 행동이 동기화된다고 보고 있다.

Jung은 정신 또는 성격이란 이를 구성하는 부분들의 단순한 집합체가 아니라 하나의 전체를 이루고 있다고 본다. 이러한 정신의 전체성과 관련하여 Jung 은 인간은 성, 공격성, 배고픔, 목마름과 같은 통상적인 본능 이외에도 개성화 (individuation)를 향한 본능을 지니고 있다고 가정한다. Jung은 인간의 내부에 신체 발달을 도모하는 생리적 힘이 있는 것과 마찬가지로 정신의 전체성을 이루도록 끊임없이 밀어붙이는 자율적인 힘이 있다고 보았다. 그리고 인간은 태어날 때부터 이러한 전체성을 타고나는데, 인생 전반기에는 이를 인식하지 못하고 전체성에서 멀어지고 분리되어 가지만 인생 후반기에 다시 전체성에 주목하고 무의식을 의식화하는 개성화 과정을 통하여 전체성을 다시 회복하게 된다고 보았다. 즉, 전체성을 회복하고자 하는 본능적 힘을 통하여 인간은 정신의 중심이자 주인인 자기 (self)를 실현해 가고, 그럼으로써 개인의 전체성과 인생의 특별한 의미를 발견하게 된다.

Freud가 인간의 행동이 과거인 영유아기에 결정된다고 보는 것과는 달리 Jung

정신의 전체성

개성화

인생 전·후반기

자기

과거와 미래

은 인간행동이 과거에 의해 상당한 정도로 결정되지만 미래의 목표나 욕구, 가능성에 의해 그러한 행동이 조정된다고 보았다. 즉, 인간은 과거 때문에 행동하지만 동시에 미래를 위해서도 행동한다고 보고 있다. 그리고 인간의 행동은 개인의 과거 경험과 개인무의식뿐만 아니라 종족의 역사나 유산을 통해 전해 내려오는 집단무의식의 영향을 받는다고 보고 있다. 이처럼 Jung은 인간행동이 개인과 인류 집단의 실재했던 과거와 목표와 가능성을 지닌 미래에 의해 동기화된다고 본다.

집단무의식

정신 건강

Jung은 정신적으로 건강한 사람은 외부 세계에 성공적으로 적응할 뿐만 아니라 무의식적 내면세계에 대한 의식화를 통하여 자기실현을 도모하는 사람이라고 본다. 즉, Jung은 정신의 전체성을 유지하는 것을 건강한 사람의 특징으로 보고 있다. 이에 반해 정신병리는 의식적 자아와 무의식적 자기의 분리이며, 전체성을 상실한 것이라고 보고 있다. 그러나 Freud처럼 정신병리를 과거에 입은 상처의 결과물로 보지 않고, 미래에 정신적 전체성을 회복하도록 돕는 일종의 위험신호로 보았다. 즉, 정신병리는 인간에게 고통을 안겨 주지만 정신이나 성격의 변화, 성숙, 통일의 기회를 제공하는 긍정적 측면을 지니고 있다고 본다.

정신병리

목적론적 관점

내담자를 돕기 위한 치료과정에서 Jung은 정신병리를 인과론적인 접근이 아니라 목적론적 관점에서 이해하려 한다. 즉, 정신병리를 '무슨 원인 때문에' 생겼는지를 파악함과 동시에 '무슨 목적으로' 정신병리를 일으키게 되었는지를 파악하여 도와주고자 한다. 이와 같이 정신병리의 원인과 의미를 동시에 발견하여 내담자의 자기실현 과정, 즉 개성화 과정을 촉진함으로써 정신의 전체성을 회복할 수 있도록 돕는다.

자기실현 과정

2 주요 개념

정신

Jung은 성격 전체를 정신(psyche)이라 부르고 있다. 이때 정신이란 영(spirit), 혼(soul), 마음(mind)이라는 의미를 포괄하는 것으로, 의식 및 무의식적인 모든 사고, 감정, 행동을 포함한다(Hall & Nordby, 1973; Storr, 1983). Jung은 [그림 13-1]에서 보는 바와 같이 지형학적으로 정신을 의식, 개인무의식, 집단무의식이라는 세 수준으로 구분하고, 그 내부의 특수한 구조물을 자아(ego), 그림자(shadow), 아니마(anima)와 아니무스(animus), 자기(self)로 제시하고 있다(Bennet, 1995). Jung은 이

정신의
수준과 구조

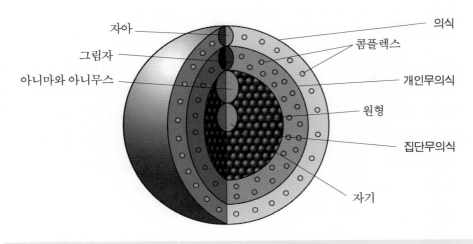

자아 ── ── 의식

그림자 ── ── 콤플렉스

아니마와 아니무스 ── ── 개인무의식

── 원형

── 집단무의식

── 자기

[그림 13-1] Jung이 제시한 정신구조

출처: 이부영(2001).

러한 정신의 구조가 상호 분리되어 있는 것이 아니라 ① 어떤 정신의 구조가 다른 구조의 약점을 보상하거나, ② 어떤 구조가 다른 구조와 대립하거나, ③ 둘 또는 그 이상의 구조가 결합하여 하나의 종합을 이루는 방식으로 상호작용하고 있다고 본다(Hall & Nordby, 1973). 그러나 이 책에서는 Jung이 제시한 정신구조에 대한 **빠른** 이해와 논의의 편의를 위하여 각각의 구조를 나누어서 살펴보고자 한다.

1) 의식, 자아와 페르소나

의식(consciousness)은 개인이 직접 인식할 수 있는 정신의 부분으로, 무의식을 바다에 비유한다면 의식은 바다 위에 떠 있는 작은 배나 섬에 지나지 않을 정도로 정신의 지극히 작은 부분에 지나지 않는다. 의식은 자기 신체와 존재에 대한 의식을 통해서나 일련의 기억을 통해서 형성되며, 유아가 사고, 감정, 감각, 직관이라는 심리적 기능을 서로 다르게 사용하고 내부 또는 외부로 의식을 향하게 하는 과정에서 점차 분화되어 간다. 이처럼 개인의 의식이 타인과 분화되어 가고, 자기 자신에 대한 인식이 높아짐으로써 의식이 확대되어 간다.

이렇게 개인의 의식이 분화되어 가는 과정에서 자아(ego)가 생겨난다. 자아는 의식적인 지각, 기억, 사고, 감정 등으로 이루어져 있으며, 의식의 중심부에 자리를

의식

자아

의식의 주인 잡고 의식의 주인으로서 의식을 지배한다. 개인이 생활하는 과정에서 관념, 감정, 기억, 사고, 지각 등의 무수히 많은 심리적 현상에 직면하지만, 이들 중의 대부분은 의식에 도달하기 전에 자아에 의해 배제되어 실제 의식에 도달하는 것은 매우 적다. 이와 같이 자아가 의식화를 허용하고 허용하지 않는 것은 자아를 우세하게 지배하는 정신기능에 의해 결정된다. 예를 들어 감정형 개인의 자아는 보다 많은 정서적 경험의 의식화를 허용하고, 사고형 개인의 자아는 감정보다는 사고 쪽을 더 많이 의식화한다. 그리고 경험의 강도가 약한 것은 의식화되기 쉽지 않지만, 매우 강한 경험은 자아의 문을 거쳐 쉽게 의식화될 수 있다(Hall & Nordby, 1973).

인간은 이러한 자아를 통해 자신을 외부에 표현하고, 외부의 현실을 인식할 뿐만 아니라 자신의 내면세계를 탐색하게 된다. 자아는 외부 세계와 접촉하는 과정에서 자신이 속한 사회집단의 견해나 가치관, 행동규범을 지각하게 되고, 그 집단의 요구에 적응하기 위한 여러 가지 행동양식을 익히게 된다. 이와 같이 자아가 외부 세계에 적응하기 위하여 사용하는 여러 가지 행동양식을 Jung은 페르소나 (persona)라고 하였다.

페르소나 페르소나는 사회가 개인에게 요구하는 규범, 사명이나 본분, 윤리를 의미하는 우리말의 체면, 얼굴과 낯에 해당하는 것이다. 페르소나는 희랍 연극에서 배우가 쓰던 가면을 지칭하는 것으로, 인간은 집단 속에서 생활하는 과정에서 여러 개의 가면을 썼다 벗었다 하면서 자기 자신의 성격을 연기할 수 있다. 페르소나는 개인 **가면** 이 공개적으로 보여 주는 가면 또는 외관으로서, 한 남자가 기업의 사장으로 보여 주는 이미지와 가정에서 아버지로서 보여 주는 이미지가 다를 수 있다. 즉, 페르소 **공적 얼굴** 나는 개인이 사회적 요구에 대한 반응으로 밖으로 내놓는 공적 얼굴이다(노안영, 강신영, 2003). 그러므로 페르소나는 개인 자체가 아니라 '타인에게 보이는 개인' 또는 '사회가 그 개인에게 담당하기를 기대하는 배역'이라 할 수 있다. 즉, 페르소나는 진정한 자신이 아닌, 주위의 일반 기대에 맞춰 만들어 낸 자신의 태도이며, 외 **외부 적응** 부와의 적응에서 생긴 기능적 콤플렉스로 적응의 원형(archetype)이라 할 수 있다 (이부영, 1998; Hall & Nordby, 1999). 그러므로 페르소나는 개인이 외적 세계에서 생활하면서 적응하기 위해 활용하는 모든 가면을 총칭하는 것이다.

페르소나의 이점과 문제 페르소나는 외부 세계에 적응하고 타인과 원만한 대인관계를 맺을 수 있게 해 주는 이점이 있다. 그러나 동시에 자신을 은폐하는 기능도 하므로, 겉으로 표현된 **이중적 성격** 페르소나와 내면의 자기가 현격히 불일치하면, 이중적 성격으로 사회적응에 어려움을 겪게 된다. 그리고 페르소나가 팽창되면 자신이 기대한 수준의 삶을 영위하지 못하는 사람의 경우 죄책감과 심한 열등감을 갖게 된다. 또한 자신이 연출하고 있는 페르소나에 너무 깊이 빠져들어 자아가 이 페르소나와만 동일시하게 되면, 다른 인격적 측면은 제거되어 결국 자신의 본성에서 소외되고 고독해지며, 외부 현실과의 관계에서도 부적응을 겪게 된다.

본성에서 소외
부적응

2) 개인무의식, 콤플렉스와 그림자

무의식

Jung은 Freud의 무의식에 대한 사고의 영향을 받았지만, Freud가 제시한 무의식보다 더 넓고 깊은 인간정신의 심층부를 포괄하고 있다. Jung은 무의식(unconsciousness)을 인간이 가지고 있으면서 아직 모르고 있는 정신의 모든 것, 즉 개인이 의식하고 있는 것 너머의 미지의 정신세계라고 보았다. Jung은 의식과 무의식을 구분할 수 있는 분명한 경계는 없으나 인위적으로 편의상 구분짓는다고 하면서, 무의식이 개인무의식(personal unconsciousness)과 집단무의식(collective unconsciousness)이라는 두 개의 층으로 구성되어 있다고 하였다. 이러한 무의식은 의식의 작용에 구애받지 않고 스스로의 법칙에 따라 자율적으로 기능하며, 의식을 구속하기보다는 의식에 여러 가지 가능성을 제시하며, 의식에 결여된 부분을 보충하는 역할을 한다(이부영, 1998).

자아에 의해 의식화되지 못한 개인의 경험은 정신에서 소멸되지 않고, 개인무의식에 저장된다. 개인무의식은 개인의 경험 중에서 별로 중요하지 않고 강도가 매우 약해 의식에 도달하지 못하거나, 의식되긴 하였지만 그 내용이 중요하지 않거나 고통스러운 것이어서 망각하거나 억압하여 의식에 머물 수 없게 된 경험으로 채워져 있다. 개인무의식은 의식에 인접해 있는 쉽게 의식화될 수 있는 정신 영역으로, Freud의 전의식과 무의식 개념을 포괄하는 보다 광의의 개념이다(노안영, 강신영, 2003).

개인무의식

Freud의
전의식과 무의식

개인무의식은 정서적 색채가 강한 관념과 행동적 충동이라고 하는 콤플렉스를 중심으로 모여 있다. Jung은 감정, 기억, 사고, 지각 등의 유사한 내용이 모여 하나의 무리를 형성하고 있는 정서적 색채가 강한 심리적 내용의 묶음을 콤플렉스(complex)라 하였다(Corsini & Wedding, 2000). 콤플렉스는 어떤 핵심 요소를 중심으로 유사한 정신적 요소가 무리 지어진 것인데, 마치 자석을 중심으로 철분이 들

콤플렉스

러붙어 하나의 자장을 형성하는 것과 같다(이부영, 1998). 예를 들어, 사랑하는 주변 사람의 죽음을 체험한 사람은 죽은 사람에 관하여 연상되는 것을 모아서 하나의 응어리를 형성한다. 보통 때는 무의식에 숨어 있으므로 그 존재를 느끼지 못하다가 죽음을 연상할 만한 상황에 이르면 자아로 하여금 슬픔과 같은 특정의 강한 감정반응을 보이게 만든다. 또 다른 예로 오랫동안 외국에서 생활하던 사람이 고국으로 돌아와서 '아! 꿈에 그리던 내 조국!'이라고 외치면서 눈시울을 붉히는 경우는 조국 콤플렉스로, 그 순간 그는 그 콤플렉스에 사로잡혀 있는 것이다. 이처럼 콤플렉스는 하나가 아니며 무수히 많은 경험이 무수히 많은 콤플렉스를 만들어 낸다. 모든 사람이 다양한 콤플렉스를 갖고 있지만, 콤플렉스는 개인마다 각기 다른 형태를 취하고 있다.

사고의 흐름 방해
부정적 정서
콤플렉스는 개인의 사고의 흐름을 방해하거나 의식의 질서를 일시적으로 또는 장기적으로 교란하며, 감정적으로 동요하거나 흥분하게 만들고 강한 부정적 정서를 경험하게 하며, 이를 행동으로 표현하게 만들기도 한다. 이와 같이 콤플렉스가 의식되면 정신적 혼란이나 강한 감정을 불러일으키지만 본래 병적인 현상은 아니며 의식과 무의식을 구성하는 정신적 현상이다. 그러나 자신도 모르게 자아가 콤플렉스에 동화되는 경우가 있는데, 그렇게 되면 인격의 해리현상이 나타나게 되고 그 해리의 정도에 따라 여러 가지 병적 증상을 보일 수도 있다.

개인무의식 속에는 자신도 모르는 또 다른 자신이 존재하고 있어 자신의 모습과 전혀 다른 모순된 행동을 하게 만들기도 한다. 즉, '등잔 밑이 어둡다.'는 말처럼 등
그림자
잔이라는 자아의 이면에 자신이 모르는 자신의 분신인 그림자(shadow)가 존재한다(이부영, 1998). 그림자는 지킬 박사와 하이드 씨의 경우에서처럼 개인의 의식적인 자아와 상충되는 무의식적 측면이다. 그림자는 자아가 처음 의식할 때 미숙하고 열등하고 부도덕하다는 등 부정적 인상을 받은 것으로서 자아가 자신의 일부로 받아들이기를 꺼리는 것이다. 그림자는 대체로 인간의 어둡거나 사악한 측면을 나타내는 원형으로서, 사회에서 부정되거나 부도덕하고 악하다고 생각되는 것은 그림자 원형과 관련되어 있다. 그러나 개인이 자신을 열등하다고 생각하고 자아의 긍정적 측면을 억압하게 되는 경우에 그림자는 긍정적 속성을 지니기도 한다. 따라서 그림자는 반드시 부정적이라고만 할 수는 없으며, 개인의 무의식 속에 버려져 있어서 분화될 기회를 잃어버린 심리적 특성이다(이부영, 1998).

그림자의 투사
그림자는 무의식적으로 외부 세계에 투사될 경우에 비로소 개인은 그림자를 인

식할 수 있는 기회를 갖게 되는데, 이때 대부분 혐오감이나 불쾌감을 갖게 된다. 예를 들어, 자기 스스로 정확한 이유를 모르지만 누군가를 만났을 때 이유 없이 미운 감정이 드는 경우가 여기에 해당한다. 이와 같은 그림자의 투사로 인하여 대인관계의 갈등이 노골화되면 본래의 투사가 더욱 강화되어 자기 안의 그림자를 깨닫는 것이 더욱 어려워지고, 결국에는 얼굴도 보지 않는 원수지간이 될 수 있다. 이처럼 그림자는 사회에서 나쁜 것으로 생각하는 측면이 있기는 하지만, 사회적으로 수용 가능한 형태로 표출한다면 생명력, 자발성, 창조성의 원천이 되기도 하여 이로움을 주기도 한다(노안영, 강신영, 2003).

창조성의 원천

3) 집단무의식과 원형

집단무의식은 개인적 경험이 아니라 사람들이 역사와 문화를 통해 공유해 온 모든 정신적 자료의 저장소이자 생명의 원천이며, 창조적 가능성을 지닌 인류의 지하 보물이 숨 쉬고 있는 심연의 무의식 영역이다(Riedel, 2000). 집단무의식은 인류 역사를 통해 동일한 대상에 대해 같은 방식으로 대응해 왔던 것이 유전을 통해 전승된 것으로, 인류의 조상으로부터 물려받은 개인의 지각, 정서, 행동에 영향을 주는 타고난 정신적 소인이다(김성민, 2012).

역사와 문화의 공유

유전

집단무의식은 개인이 한번도 직접적으로 의식하지 못한 정신세계이며, 인류 역사의 산물인 신화, 민속, 예술 등이 지니고 있는 영원한 주제를 통해 간접적으로 관찰될 수 있다. 집단무의식은 조상으로부터 물려받은 본래적인 잠재적 이미지와 소질이므로, 한 개인은 자신의 조상과 같이 세계를 경험하고 세계에 반응하는 잠재적 소질을 이미 지니고 있다. 예를 들어, 인간이 뱀을 무서워하는 것은 뱀에 대한 공포를 배워서가 아니라 앞선 조상이 무수한 세대에 걸쳐 뱀에 대한 공포를 경험하고 이것이 유전적으로 뱀을 두려워하는 소질로 이어진 것이다. 이처럼 인간은 태어나면서부터 특정한 방법으로 생각하고 느끼고 지각하고 감동하는, 즉 개인의 정서, 사고, 행동 등을 결정하는 많은 집단무의식을 갖고 있다. 집단무의식은 개인이 어떤 상황에서 행동할 수 있도록 미리 형성되어 있는 패턴을 작동하여 개인의 사고, 감정, 행동을 결정하게 된다. 그러나 집단무의식이 어느 정도 발달하고 표현되는가는 개인의 경험에 달려 있다. 경험이 풍부할수록 집단무의식이 더욱 발달하고 표현될 수 있으므로, 풍부한 환경과 교육 그리고 학습의 기회가 필요하다(Hall

잠재적 이미지와 소질

집단무의식

개인의 경험

& Nordby, 1973).

원형   집단무의식을 구성하는 것은 다양한 원형(archetypes)이다. 원형은 시간, 공간, 문화나 인종의 차이와 관계없이 모든 인간에게 보편적으로 존재하는 인류의 가장

원초적
행동 유형
  원초적인 행동 유형을 말한다. 인류가 사랑과 증오, 어린이, 부모, 노인, 신과 악마, 탄생과 죽음, 남성과 여성 등에 대해 느끼고, 생각하고, 행동해 온 모든 것이

보편적, 집단적,
선험적 이미지
  침전된 것이 바로 원형이다. 이러한 원형은 인간이 갖는 보편적, 집단적, 선험적인 이미지로, 그 수가 무수히 많으며 언제 어디서 생겼는지 알 수 없고 이미 형성되어 있는 것이다(Sharf, 2000; 이부영, 1998). 이처럼 이미 형성되어 있는 선험적 틀인 원형은 완전히 발달한 이미지가 아니라, 원시적 이미지가 의식되고, 그것이 의식적 경험으로 채워질 때에만 그 원시적 이미지의 내용이 명확하게 결정된다(Hall

어머니 원형
& Nordby, 1973). 예를 들어, 모든 유아는 어머니에 대한 원시적 이미지, 즉 원형을 지니고 태어나며, 현실의 어머니를 만나게 되면 그 어머니 원형이 작동하게 되고, 유아가 어머니와의 관계를 맺고 어머니를 경험함에 따라 그것이 명확한 이미지로 발달하여 그를 통해 원래의 어머니 원형이 구체화되는 것이다.

원형의 융합
    원형은 집단무의식 속에서 각기 별개의 구조를 이루고 있지만, 서로 융합되는 경우도 있다. 예를 들어, 영웅의 원형과 악마의 원형이 결합하면 '무자비한 지도자'가 될 것이다. 이와 같이 여러 가지 원형이 서로 다르게 결합하여 서로 다르게 작용할 수 있기 때문에, 개개인의 성격이 서로 달라질 수 있다. 그리고 동일한 원형이라도 어떤 조건하에서 표현되는가에 따라 개인차가 나타날 수 있다. 예를 들어, 유아의 어머니와의 경험이나 어머니의 양육법에 따라 최종적으로 발달한 어머니의 이미지는 달라질 수 있기 때문이다.

원형과 본능
    이러한 원형과 본능은 거의 구별하기 어려우며, 뿌리를 같이하는 현상이다(이부영, 1998). 다만 본능이 인간의 복잡한 행동을 불러일으키는 충동이며 정동(affect)인 반면 원형은 그러한 복잡한 행동을 선험적으로 이해하는 관점이라는 점에서 차이가 있을 뿐이며, 서로 떼어 놓고 생각할 수 없는 하나의 생명 현상이자 집단무의식을 형성하는 요소이다.

4) 아니마와 아니무스

인간은 외부 세계뿐만 아니라 내면세계에도 적응하며 살도록 되어 있다. 인간은 외적 성격인 페르소나를 통해 외부 세계와 관계를 맺고 적응해 가는 것처럼, 자신이 모르는 무의식의 세계인 내면세계에도 외적 성격과 매우 대조되는 태도와 자세, 성향이 생기게 되는데 이를 내적 성격이라 한다. 내적 성격은 자아가 내면세계와 관계를 맺을 수 있게 해 주는 징검다리 또는 매개체로서의 역할을 하게 되는데, 아니마(anima)와 아니무스(animus)가 바로 이 내적 성격이며, 이는 집단무의식으로 인도하는 매개체로서의 역할을 한다.

남성과 여성은 생물적으로 구분되며, 심리적으로도 서로 다른 관심과 특성을 나타내고, 외적 세계에 의해 사회적으로도 서로 다른 역할을 수행하도록 요구받는다. 이러한 사회적 요구에 맞추어 가는 가운데 남성과 여성의 무의식에는 남성과 여성의 페르소나에 대항하는 내적 성격이 형성된다. 그리하여 남성의 무의식 내부에는 여성적 성격이, 여성의 무의식 내부에는 남성적 성격이 내적 성격으로 자리잡게 된다. 남성 정신의 여성적 측면이 아니마이고, 여성 정신 내부의 남성적 측면이 아니무스이다. 남성성의 속성은 이성(logos)이고, 여성성의 속성은 사랑(eros)이므로, 성숙한 인간이 되기 위하여 남성은 이성을 바탕으로 내부에 잠재해 있는 사랑을, 그리고 여성은 사랑을 바탕으로 내부에 잠재해 있는 이성을 개발하여야 한다(노안영, 강신영, 2003).

이러한 아니마와 아니무스는 개인무의식의 내용과 원형적 요소를 포괄하고 있으며, 집단무의식에 존재하는 수많은 원형 가운데서 매우 특수한 원형이다(이부영, 2001). 남성은 여러 세대에 걸쳐 여성과 접촉함으로써 아니마의 원형을, 여성은 남성과의 접촉을 통하여 아니무스의 원형을 발전시키고, 남녀 모두가 이성에게 적절하게 반응하고 이성을 이해하는 데 유용한 이성의 여러 특징을 획득한 것이다. 이처럼 남자는 여성성을 그리고 여성은 남성성을 유전적으로 물려받기 때문에, 인간은 본래적으로 양성적 존재이다. 남성은 타고난 아니마의 원형을 어머니에게 투영하고 이후에는 다른 여성에게 투영하게 된다. 만약 남성이 어떤 여성에게 한눈에 반할 정도의 매력을 느낀다면, 그 여성은 남성이 가진 아니마의 특성을 갖고 있는 것이 분명하다. 반대로 남성이 어떤 여성에게 혐오감을 느꼈다면, 그 여성은 그 남성의 무의식적 아니마의 이미지와 모순되는 성질을 가졌을 것이 분명하다. 여성이

(여백 주석)
페르소나

내적 성격

아니마
아니무스

원형

양성적 존재

아니무스를 투영하는 경우에도 마찬가지이다(이부영, 2001).

성격이 조화로운 균형을 유지하고 있으면, 남성 성격의 여성적 측면과 여성 성격의 남성적 측면이 의식과 외적 행동에 잘 나타날 것이다. 그러나 문화적으로 남아는 남성적 역할 그리고 여아는 여성적 역할을 학습하도록 기대하며 '여자 같은 남자 아이'나 '남자 같은 여자 아이'를 바람직하게 생각하지 않기 때문에, 페르소나의 발달은 조장하는 반면 아니마와 아니무스는 발달하지 못하게 억압한다. 이러한 성역할에 대한 문화적 태도 때문에, 남성과 여성은 자신이 가진 동성의 측면만을 나타내려 함으로써 자신의 이성적 특성, 즉 아니마와 아니무스는 발달하지 못하고 무의식에 원시적 상태로 머물게 된다. 그러므로 겉으로 보기에는 남자다워 보이고 남자답게 행동하는 사나이가 내면으로는 연약하고 고분고분한 특성을 보이게 된다(Hall & Nordby, 1973). 그리고 여성의 경우에는 외적으로는 매우 여성답지만 무의식적으로는 남자의 외적 행동에서 흔히 볼 수 있는 과격한 성격을 지니고 있는 경우도 있다.

그러나 의식수준에서 작용하는 강한 페르소나에 대항하여 집단무의식 속의 아니마와 아니무스가 더욱 강하게 표출될 수도 있다. 이 경우에는 남성은 남자다워 보이기보다는 여성다워지려 할 것이므로, 여장을 하고 싶어 하거나 남성과의 동성애를 꿈꾸기도 한다. 더 나아가 남성이 자신의 아니마와 완전히 동일시하게 되면, 호르몬 요법이나 외과 수술을 통해 육체적으로 여성이 되려 한다. 여성의 경우에는 아니무스가 지나치게 표출되거나 완전히 동일시하게 되면, 남장을 하려 하거나 남성이 되는 성전환 수술을 받고 성전환자(transgender)가 되기도 한다.

5) 자기와 자기실현

Jung은 정신이란 것은 부분들의 단순한 집합이 아니라 하나의 전체라고 본다. 태양이 태양계의 중심인 것처럼, 자기(self)는 집단무의식 내에 존재하는 타고난 핵심적 원형으로서 모든 의식과 무의식의 주인이자 중심점이며, 모든 콤플렉스와 원형을 끌어들여 성격을 조화하고 통일하며 안정성을 유지하는 원형이다(Hall & Nordby, 1973). 자아가 '일상적 나', '경험적 나'라고 한다면 자기는 '본래적 나', '선험적 나'이다. 이러한 자기는 의식초월적 존재이므로 의식으로 파악될 수 없고 개인의 내부에서 스스로 작용하는 것이다. 즉, 자기는 성격의 주인으로서 의식과 무의

<!-- 좌측 여백 주석 -->
성역할 기대

성역할에 대한 문화적 태도

동성애

성전환자

자기

자아와 자기

성격의 주인

식을 포괄하고 둘 사이의 균형을 유지하며, 모든 부분을 통일하고 일체성을 부여 한다(권석만, 2012). 만약 어떤 개인이 자신과 세계가 조화를 이루고 있다고 느끼면, 자기의 원형이 그 역할을 다하고 있다고 할 수 있다. 반대로 불만족스럽게 느끼거 나 심한 갈등을 느낀다면, 자기가 그 역할을 하지 못하고 있다는 것을 의미한다.

　성격의 궁극적인 목표는 자기실현(self-actualization)이지만, 간단한 일이 아니며 매우 오랜 시간이 필요한 어렵고도 복잡한 과제로 자기실현을 완전히 달성한 사 람은 극소수의 성인뿐이다. 자기실현을 위해서는 자기가 충분히 발달하고 드러나 야 하는데, 자기는 타고난 정신적 소인이긴 하지만 다른 정신체계가 충분히 발달 할 때까지 나타나지 않는다. 자기는 인생의 가장 결정적인 변화의 시기인 중년기 에 이르기까지 표면화되지 않는다(Hall & Nordby, 1973). 왜냐하면 자기가 어느 정 도 완전히 드러나기 위해서는 성격이 개성화를 통해 충분히 발달되어 있어야 하기 때문이다.

자기실현

개성화

　개인의 자기실현은 자신에 대한 정확한 지각과 인식이 선행되어야 하므로 자아 의 협력이 필수적이다. 만약 자아가 자기의 메시지를 무시하게 되면, 개인은 자신

자아의 협력

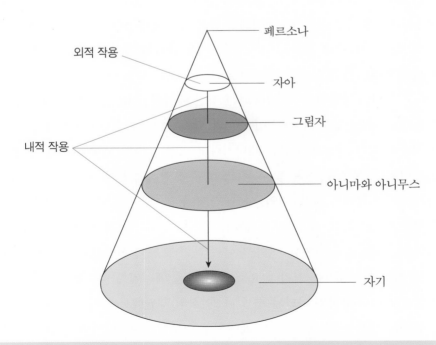

[그림 13-2] 내적 적응으로서의 자기실현

출처: 권석만(2012).

을 정확히 이해하거나 인식하는 것이 불가능해지기 때문이다. 개인이 자신을 정확히 인식하지 못하고 자기를 실현한다는 것은 불가능하므로, Jung은 자기실현을 달성하는 것보다 더 중요한 것은 정확한 자기인식이라고 강조하였다. 만약 한 개인이 자기의 무의식적 측면을 이해하지 못하면 무의식 속에 억압되어 있는 요소를 다른 사람에게 투영하고, 자기 자신의 결점을 자각하지 못하고 다른 사람에게 책임을 전가하여 공격하고 비난할 수 있다. 이러한 문제를 해결하고 정확한 자기인식을 도모하기 위해서는 꿈을 분석하는 것을 통해서도 가능하지만, 순식간에 자기를 실현한다는 것은 불가능하다. 그러므로 끊임없는 자기수련이 필요한데, 이를 통하여 정확한 자기인식을 갖게 되면 인간은 자신의 삶을 더욱 자각하고 이해하고 지배하는 힘을 갖게 될 것이며, 궁극적으로는 자기실현 상태에 가까워질 것이다.

자기인식

자기수련

6) 정신 에너지

앞에서 서술한 정신, 다시 말해 전체적 성격의 구조가 활동하기 위해서는 에너지가 필요하다. 개인이 감각기관을 통해 얻게 되는 끊임없는 자극과 경험을 통해 에너지를 받아들이게 되면, 이 에너지는 다른 에너지와 동떨어진 상대적 폐쇄체계인 정신 에너지가 된다. 그러나 정신 에너지가 완전히 폐쇄된 에너지체계가 아니므로 신체 에너지와 정신 에너지는 상호 간에 전환될 수도 있다.

상대적 폐쇄체계

Jung은 정신이 작용하는 데 사용되는 정신 에너지를 리비도(libido)라는 용어로 부른다. Jung이 말하는 리비도는 Freud가 말한 성적 에너지에 국한되지 않으며, 인생 전반에 걸쳐 작동하는 생활 에너지라고 보았다. 이러한 리비도는 자연 상태에서는 배고픔, 목마름, 성욕 및 정동(affect)을 포함하는 모든 본능이지만, 의식적인 차원에서는 개인의 지각, 기억, 사고, 감정, 본능, 의지, 기대 및 노력과 같은 심리적 활동을 가능하게 해 주는 잠재적인 힘이며 언제든지 현실적인 힘으로 바뀔 수 있다(Hall & Nordby, 1973). 이와 같이 인간의 모든 정신생활을 가능하게 해 주는 정신 에너지는 특정한 심리적 요소에 더 많은 에너지를 배분함으로써, 특정한 심리적 요소가 더 강하게 나타날 수 있다. 의식적 차원에서 진리에 더 많은 가치를 두는 사람은 책을 읽는 데 더 많은 에너지를 소모할 것이며, 미에 더 많은 관심을 두는 사람은 아름다운 예술작품을 창조하는 데 더 많은 관심을 갖게 될 것이다. 무의식적 차원에서 '강한 지도자' 콤플렉스를 가진 사람은 모든 일에 관여하고 자신

리비도

생활 에너지

정신 에너지 배분

의 결정이 다른 사람으로부터 인정받기를 원하며, 존경과 칭찬을 얻는 데 많은 정신 에너지를 소모할 것이므로, 새로운 경험은 모두 지도자 콤플렉스에 흡수될 것이다.

이러한 정신 에너지는 대립(opposition), 등가(equivalence), 균형(entropy)이라는 세 가지 원리에 의해 작동한다고 보았다(노안영, 강신영, 2003). 먼저 대립원리는 반대되는 힘이 대립 혹은 양극성으로 존재하여 갈등을 야기하며, 이러한 갈등이 정신 에너지를 생성하는 데 필수적이라고 보고 있다. 즉, 정신 에너지는 성격 내에 있는 힘 간의 갈등의 결과이며, 이런 갈등이 없으면 아무것도 없다고 본다. 예를 들어, 사랑과 증오는 정신 내에 존재하면서 행동으로 표현을 추구하는 긴장과 새로운 에너지를 창조한다는 것이다. 이러한 대립이 모든 행동의 일차적 동인이며 모든 에너지를 창조한다.

등가원리는 물리학의 에너지 보존원리를 적용한 원리이다. 어떤 조건을 생성하는 데 사용된 에너지는 상실되지 않고 성격의 다른 부분으로 전환되어 성격 내에서 에너지의 지속적인 재분배가 이루어진다고 본다. 그러므로 어떤 특정 영역에서 정신 에너지가 약해지거나 사라진다고 하여 정신 에너지가 소멸되는 것은 아니며, 다른 정신 영역의 에너지로 전환되는 것이다. 예를 들어, 만화에 대한 흥미가 줄어듦과 동시에 순정소설에 대한 흥미가 새롭게 나타나게 되는 경우를 들 수 있다. 만약 어떤 정신 에너지가 이전된 것이 아니라 소멸될 것처럼 보이는 경우에도 그것이 완전히 사라진 것이 아니라 의식적 자아가 갖고 있던 에너지가 개인무의식이나 집단무의식으로 이전된 것이다.

균형원리는 물리학에서 에너지가 흐르는 방향을 말하는 엔트로피(entropy)의 원리를 적용한 것이다. 예를 들어, 뜨거운 대상과 차가운 대상이 접촉하면 열은 같은 온도로 평형 상태가 될 때까지 뜨거운 대상에서 차가운 대상으로 이동한다. 이처럼 정신 에너지에서도 서로 다른 두 가지 욕망이 지니는 정신적 가치가 크게 다르면, 에너지는 좀 더 강한 욕망에서 약한 욕망으로 흐른다는 것이다. 이상적으로는 이러한 정신 에너지가 완전한 균형을 이루는 것이지만 대립원리에 의해 정신 에너지를 생성하기 위해서는 갈등이 필요하기 때문에 완전한 균형이나 평형 상태는 이루어지지 못하고, 어느 정도의 균형만을 이룬다. 만약 정신 또는 전체적 성격의 구조 간에 에너지 불균형 상태가 야기되면 정신적 긴장, 갈등, 스트레스를 경험하게 되고, 불균형이 심할수록 더욱 큰 긴장과 갈등을 경험하게 된다.

7) 성격 유형

자아성향

내향성과 외향성

Jung은 자아성향(ego orientation)과 정신기능(psychological function)이라는 두 가지 잣대를 근거로 성격의 유형을 분류하고 있다. 자아성향이란 삶에 대한 일반적인 태도로서 의식의 주인인 자아가 갖는 정신 에너지의 방향을 말한다. 즉, 외향성과 내향성의 상반된 성향을 말하는데 자아가 외부 세상에 지향하는 방향이 수동적인 경우에는 내향성(introversion) 그리고 능동적인 경우에는 외향성(extroversion)이라 한다. 내향성은 의식을 자신의 내적 주관세계로 향하게 하는 성격 태도인 반면 외향성은 의식을 외적 세계 및 타인에게 향하게 하는 성격 태도이다.

정신 기능

사고, 감정, 직관, 감각

정신 기능은 사고, 감정, 직관, 감각이라는 네 가지 기능을 말한다. 개인은 외부세계와 내면세계를 지각하고 이해하기 위하여 서로 다른 요소, 즉 사고, 감정, 감각, 직관을 이용한다. 이러한 요소는 정신의 반대원리에 따라 합리적 차원인 사고와 감정, 비합리적 차원인 감각과 직관으로 구분된다. 이러한 심리적 태도와 기능 중 어떤 기능을 우선적으로 사용하고 어떤 기능을 비교적 덜 사용하는가에 따라 개인의 기본 성격이 달라진다(이부영, 1998).

성격 유형

MBTI

Jung은 자아성향과 정신기능을 조합하여 외향적 사고형, 외향적 감정형, 외향적 감각형, 외향적 직관형, 내향적 사고형, 내향적 감정형, 내향적 감각형, 내향적 직관형이라는 8개의 성격 유형이 결정된다고 보았다. Jung의 성격 유형론을 참작하면서 독창적인 부분을 가미한 측정도구가 MBTI(Myers-Briggs Type Indicator) 성격검사이다(김정택, 심혜숙, 1991). 이에 대해서는 제1부 제3장을 참조하기 바란다.

3 성격 발달에 대한 관점

개성화와 자기실현

Jung은 성격의 발달을 개성화(individuation)의 과정을 통한 자기실현 과정이라고 보고 있다. 개성화란 고유한 자기 자신이 되는 것으로서, 무의식적 내용을 의식화하고 통합해 가는 과정이라 할 수 있다. Jung은 인간은 무의식적으로 진행되는 자율적인 개성화의 성향을 지니고 있으며, 무의식을 의식화하여 개성을 실현할 수 있게 된다고 하였다(Hall & Nordby, 1973).

Freud가 영·유아기에 기본적인 성격 특성의 발달이 완성되고 이후에는 큰 변

화가 없다고 한 반면 Jung은 성격 발달, 즉 개성화의 과정이 전 생애에 걸쳐 발달 전 생애 발달
한다고 보고 있다. 이러한 개성화 과정을 Jung은 크게 인생의 전반기와 후반기로
구분하고 있는데, 인생의 전반기가 '신체적 아기'를 탄생시키는 시기라고 한다면 신체적 아기
인생 후반기는 '정신적 아기'를 탄생시키는 시기이다(이죽내, 1995). 그러므로 인생 정신적 아기
전반기의 삶과 후반기의 삶은 정반대의 방향으로 진행되며 삶의 목적과 과제도 다
르다.

인생 전반기는 출생으로부터 시작되고 유아는 아직 집단무의식의 상태로서, 심 인생 전반기
리적으로 전혀 분화가 이루어지지 않은 상태이다. 그러나 시간이 지남에 따라 자
아가 생성발달하게 되고 원형과 의식 기능의 분화가 일어나고, 외적 현실에 적응
하기 위하여 외적 성격인 페르소나가 발달하고, 그 과정에서 개인무의식에 존재하
는 그림자가 형성된다. 이처럼 인생 전반기에는 타고난 잠재력을 발휘하기 위하여
정신 에너지의 흐름을 외부로 지향하고, 외부 환경과의 상호작용이 보다 활발하게 외부 지향
이루어지며, 성격의 중심이고 주인인 자기의 존재를 인식하지 못하고, 자아를 강 자아 강화
화하고 분화함으로써 외부 현실 속에서 자기를 찾으려 한다. 그리고 인생 전반기
에는 타인과의 관계를 확대해 가고 사회규범이나 사회적 요구에 자신을 맞추어 가
는 집단화 과정을 거치게 된다. 이처럼 인생 전반기는 투사와 동일시를 통하여 자 집단화
아가 자기로부터 분리되어 나감으로써 자아를 강화하고 확대하는 시기이다.

중년기를 전환점으로 하는 인생 후반기에는 정신 에너지의 흐름이 내부로 향하 인생 후반기
게 되고, 자신의 내면세계에 대한 탐색이 강화됨에 따라 인생 전반기에 분리되었
던 자아가 다시 자기에 통합되면서 개성화를 이루게 된다. 즉, 인생 후반기는 인 개성화
생 전반기의 자아 강화를 바탕으로 무의식의 내용을 의식화하고 이해함으로써 자
아가 자기에게로 접근해 가는 과정, 즉 자아가 성격의 전체이고 주인인 자기로 변 자기에 접근
환되어 가는 과정이라 할 수 있다. 다시 말해 인생 후반기는 자아가 정신의 중심을
실현하는 중심화 경향, 무의식을 의식화하는 경향이며, 정신의 전체성을 다시 회 중심화
복하려는 힘이 강하게 나타나는 시기다. 그러므로 인생 후반기에는 자아와 페르소
나 간의 분리가 일어나야 하며, 이러한 분리 혹은 분화가 일어남으로써 자신의 본
성과 페르소나가 다른 것임을 깨닫게 되고 내면세계로 시선을 돌리게 된다. 페르
소나가 외적 세계와 자아를 관계 맺을 수 있게 해 주는 것이라면 내면세계, 즉 무
의식과 자아 간의 관계를 형성해 주는 것은 그림자, 아니마와 아니무스이다.

무의식을 의식화하는 과정은 그림자, 아니마, 아니무스에 대한 의식화가 이루 무의식의 의식화
과정

그림자

아니마와
아니무스

[그림 13-3] 노현자(old wise man)의 원형

출처: Psycho Ideology, http://www.psychoideology.
com

어져야 비로소 전체성을 회복하고 자
기실현에 도달할 수 있게 된다(이부영,
1998). 그림자의 의식화는 비교적 쉬운
편으로 성숙한 단계에 도달한 사람은
대개 이러한 그림자를 의식화한 사람
이다. 그림자 다음에는 남성에게서는
사랑과 감정의 분화, 여성에게서는 정
신적 지혜의 발달, 즉 아니마와 아니무
스에 주된 관심을 두게 된다. 내적 성
격인 아니마와 아니무스의 분화가 일
어난 후에는 새로운 원형이 나타나게
된다. 예를 들어, 남성의 경우에는 노
현자(老賢者)의 원형이 나타나고, 여자
의 경우에는 지혜로운 늙은 여자 등의
원형이 나타나게 된다. 이를 통하여 부모로부터 분리된 자유롭고 책임성 있는 결
정을 내릴 수 있게 되면서 결국 사회에 기여하게 된다.

　　이처럼 아니마와 아니무스의 분화를 통하여 성격의 전환과 성숙이 이루어지며,
궁극적으로 성격의 중심인 자기에 접근해 가게 된다. 그러나 무의식은 끝이 없는
세계로서 아무리 의식화해도 결국에는 알지 못하는 부분이 남게 된다. 그러므로
완전한 자기실현　모든 인간은 완전한 자기실현, 즉 개성화를 이룰 수 없으며, 어느 정도 온전한 자
기실현과 개성화만이 가능하다.

4 　사회복지실천에의 적용

1) 심리적 건강과 증상에 대한 관점

정상과 이상　　　Jung은 정상과 이상, 건강과 질병이란 절대적인 구분이 아니고 극히 상대적인

정상과 병리　　구분이라고 보며, 건강한 사람의 심리와 정신병리를 보이는 사람의 심리상태가 서
로 다르지 않다고 본다(이부영, 1998). 따라서 Jung은 증상을 확인하여 기술하고 진

단명을 붙이는 일을 중요하게 생각하지 않았으며, '병적이라고 불리는 현상'에 대해 심리학적 설명을 붙이고 있을 뿐 엄밀한 의미의 정신병리이론을 제시하지는 않았다(권석만, 2012).

이처럼 Jung은 내담자의 건강하지 못한 면보다는 건강한 면에 더 많은 관심을 가졌다. Jung은 정신적으로 건강한 사람은 현재 자신이 직면한 과업을 효과적으로 처리하고 현재 상황에 잘 적응하면서, 자기인식을 위한 꾸준한 노력을 통하여 무의식을 의식화하여 자기실현을 이루어 가는 사람이라고 보고 있다. 다시 말해, 정신구조가 상호 분리되지 않고 전체로서의 조화를 이루고 있는 사람이 심리적으로 건강한 사람이라고 본다.

Jung은 정신병리를 질병이나 정상 상태로부터의 일탈로 보지 않는다. Jung은 정신병리를 정상적인 기능에 장애가 일어난 것에 지나지 않으며, 자기실현을 향한 개인의 성장이 멈춘 것이라고 보았다(Bennet, 1995; Corsini & Wedding, 1992). Jung은 과거가 아무리 중요하다고 하여도 그것만으로는 현재의 정신병리를 설명할 수는 없다고 보고, 정신병리를 현존하는 상황에 제대로 대처하지 못한 것이라고 규정하였다(Bennet, 1995). Jung은 정신병리의 증상은 현재 개인에게 무언가 잘못되어 가고 있다는 것을 나타내는 표시, 즉 지금 충족하거나 이행해야 할 과제를 개인에게 제시하는 무의식의 메시지, 즉 내적 목소리의 부름이라고 보았다.

Jung은 정신병리는 정신의 전체성에서 벗어남으로써 생기고, 자기 자신을 모르는 상태이며, 전체성에서 벗어난 상태라고 본다(이부영, 1998; 이죽내, 1995). 정신건강이란 정신의 전체성을 유지하고 있는 상태라고 할 수 있으며, 타고난 전체성이 의식화되고 자각된 전체성이라 할 수 있다. 이러한 의식화 과정을 Jung은 자기실현 또는 개성화 과정이라고 한다. 개인의 개성화 과정이 적절히 진행되지 못하여 무의식적인 자기의 본성을 이해하지 못하게 되고, 일종의 자기 소외현상을 경험하게 되면 병리적 현상을 보이게 된다. 인생의 전반기의 개성화 과제는 사회적응, 즉 자아의 강화에 있고, 인생 후반기의 과제는 자신의 내면세계에의 적응, 즉 자기의 강화라고 할 수 있다. 따라서 인생 전반기의 정신병리는 사회적응의 문제, 즉 약한 자아의 문제이며, 인생 후반기의 정신병리는 자신의 내면세계에의 적응 문제, 즉 정신의 전체성에서 일탈한 문제라고 할 수 있다(이죽내, 1995).

건강한 측면

건강한 사람

정신병리 관점

정신건강

자기 소외

인생 전반기

인생 후반기

2) 치료 목표

정신의 목적성   Jung은 정신의 목적성을 강조하며, 정신을 자기조절체계로 보고, 스스로 치유할 수 있는 능력이 있다고 본다. 그리고 정신병리가 설령 증상이나 고통이 따른다 해도 치유와 회복을 향한 본능의 노력이며 정상적인 정신작용으로 보고 있다 (Bennet, 1995). 따라서 분석심리치료에서의 치료는 내담자가 내면세계의 목소리와 요구를 귀담아듣고 자신의 내면의 삶을 탐색함으로써 성격을 확장해 나가는 과

개성화와 성격통합   정이라 보았다. 즉, 정신치료는 내담자의 개성화와 성격통합의 과정이다(권석만, 2012; Hall & Nordby, 1973).

통찰지향적 정신치료   분석심리치료는 통찰지향적 정신치료(insight-oriented therapy)로서 내담자의 병리나 문제보다는 내담자를 하나의 전체로 보고(이부영, 1998), 아무런 희망 없이 굳어 버린 내담자의 존재에 유동성을 부여하고 변화와 발전을 이끌어 내는 것이다

전체성의 회복   (Riedel, 2000). 즉, 분석심리치료에서는 정신의 전체성을 회복할 수 있도록 돕는 것이며, 자기인식의 증진과 무의식의 의식화를 도모하는 내담자의 개성화에 목적을 두고 있다. Jung은 '내담자가 증상이나 문제만 가져오는 것이 아니라 그의 전체적 정신과 그것이 관계하고 있는 그의 전체 세계를 갖고 온다.'고 하면서 내담자의 개성화 과정을 촉진하여 정신의 전체성을 회복하고 통합을 이루게 하는 것을 치료의 목표로 보고 있다.

    그러나 Jung은 이러한 정신치료의 목표에 있어서도 고정적 태도를 취하지 않았

인생 전반기   다. 어떤 내담자, 특히 인생 전반기에 속한 내담자는 페르소나의 강화와 성장을 통하여 외적 세계에 대한 적응을 지원하고, 어떤 내담자에게는 증상을 없애는 것이

인생 후반기   목표가 될 수 있으며, 인생 후반기에 속한 내담자는 인격의 성숙, 즉 자기실현을 촉진하는 것이 치료 목표가 될 수 있다. 이처럼 Jung은 치료자가 너무 확실한 목적이나 목표를 갖기보다는 내담자의 특성을 따라야 하며, 내담자 속에 들어 있는 창조의 싹을 분화·발전시키는 것이 치료 목표가 되어야 한다고 하였다.

병리의 원인과 의미   Jung은 정신병리를 치료함에 있어서 병리의 원인과 의미를 동시에 다루어야 한다고 보았다. 특히 인생 후반기에 속한 내담자의 정신병리는 일차적으로 증상이나 병리가 지니는 의미를 자각할 때 치유될 수 있으므로, 내담자가 정신병리의 의미를 정확히 이해하도록 하면 내담자는 무의식의 창조력과 치유력을 활용하여 스스로 문제 해결방안을 찾고 해결할 수 있다고 본다(Corsini & Wedding, 2000).

예를 들어, 중년기의 우울증 환자는 사회생활을 착실히 하고 사회규범을 철저히 지키던 사람으로 가족, 직장, 사회를 위해 완벽하게 헌신해 온 사람인 경우가 대부분이다. 이처럼 개인이 가족, 직장, 사회의 기대와 사회적 평가에 철저하게 자신을 일치시켜 오는 과정에서 자신의 개성을 살리지 못했기 때문에, 정신의 균형이 깨지고 의식에서 이용할 만한 정신 에너지가 고갈된 것이라고 본다. 그러므로 정신 에너지는 무의식에 정체되고, 지금까지 돌보지 않았던 내면세계가 의식을 압박하게 됨으로써 내담자는 절망감, 허무감, 자살관념을 갖게 되는 것이다. 이때 우울 증상은 밖으로 향했던 에너지를 자신의 내면세계로 돌리도록 강요하며, 양분된 외적 세계와 내면세계 간의 균형을 도모하여 전체성을 이루려고 한다. 이에 반해 인생 전반기에 속한 내담자의 정신병리는 사회적응에 실패한 경우가 대부분이며, 이들을 대상으로 한 치료에서는 병리의 목적과 의미보다는 병리의 원인을 위주로 다루어야 한다.

우울증

인생 전반기

3) 치료자의 역할과 실무 원칙

분석심리치료에서는 치료자-내담자의 관계가 내담자의 자기 인식과 치유를 촉진하는 데 중요한 역할을 한다고 본다. 그러나 치료자는 행동의 주체가 아니며 내담자의 발전과정을 함께 체험하는 사람으로, 치료의 방법을 갖고 있기는 하지만 치료자 자신을 치료의 수단으로 활용해야 한다(이부영, 1998). 이처럼 치료자는 내담자와 함께 있으면서 내담자가 잃어버린 정신의 전체성을 되찾고 통합하며, 장래에 일어날 수 있는 전체성의 분리에 저항할 수 있도록 돕는 역할을 수행하여야 한다(Hall & Nordby, 1973). 그러기 위해서는 내담자를 분석하고 치료하기 전에 반드시 치료자 자신에 대한 분석을 먼저 받아야 한다(이죽내, 1995).

치료자 역할
치료자: 함께 체험하는 사람

치료자는 내담자를 치료하면서 내담자의 병리적 측면보다는 내담자 내부의 건강하고 건전한 요소를 중시하여야 한다(Bennet, 1995). 치료자는 개인 내면의 심상, 즉 상징과 꿈을 통해서 내담자가 일상적으로 의식하는 세계 너머에 있는 무의식 세계에 존재하는 내담자의 발전과 창의력을 끌어내어 이를 활용할 수 있도록 도와야 한다. 그렇지만 동시에 치료자는 내담자의 그림자의 원형과 같은 부정적 측면을 내담자 스스로 조절할 수 있도록 도와야 한다(노안영, 강신영, 2003).

내담자의 건강한 측면

ᴨᴨ **표 13-2** 분석심리학적 접근방법의 실무 원칙

- 내담자의 일생에 걸친 성격 발달과정과 내담자가 속한 사회의 역사문화적 속성을 이해하라.
- 내담자가 지닌 정신의 자기조절체계와 무의식적 창의성과 치유능력을 적극적으로 활용하라.
- 내담자의 의식 상태에 대한 철저한 탐색을 통하여 자기인식을 확립하고, 무의식이 보상하고
  자 하는 바를 이해하라.
- 내담자의 발달 단계에 적합한 융통성 있는 치료 목표를 설정하라. 즉, 인생 전반기에 속한 내
  담자는 사회적응 그리고 인생 후반기에 속한 내담자는 내적 적응을 강화하되, 개인에 따라 융
  통성 있게 치료 목표를 설정하라.
- 내담자의 병리보다는 건강한 측면을 더욱 중시하라.
- 치료자는 행동의 주체가 되기보다는 내담자와 함께 있어 주는 사람이 되라.
- 내담자가 자신의 무의식 세계를 인식하고 자기를 실현할 수 있도록 도우라.

의식 탐색

분석심리치료는 내담자의 의식 상태에 대한 철저한 탐색으로부터 시작하여 의식이 가장 먼저 확립되어야 한다고 보았다. 그 이유는 무의식은 의식 상태를 보상하려는 속성을 지니고 있으므로, 내담자의 의식을 정확히 이해하면 무의식이 보상하려는 것이 무엇인지를 알 수 있고, 무의식의 창조성과 치유능력을 끌어낼 수 있는 방안을 찾을 수 있기 때문이다.

치료의 과정

고백 단계

분석심리치료의 과정은 고백(confession), 명료화(elucidation), 교육(education), 변형(transformation)이라는 4단계를 거쳐 이루어진다. 고백 단계는 개인적 역사와 경험을 자세하게 표현하여 정화하는 단계이다. 이 단계에서 내담자는 의식 및 무의식적 비밀과 자신의 제한점을 치료자와 공유하고, 치료자는 무비판적이면서 공감적인 청취자가 된다. 내담자가 고백을 하는 과정에서 치료자는 수용적 태도를 보임으로써 내담자를 오랫동안 볼모로 붙잡고 있던 감정을 방출하며 죄책감과 같은 부정적 정서를 정화할 수 있게 도와야 한다. 이러한 고백과 정화 과정을 통해 내담자는 치료자에 대한 신뢰가 형성되며, 전이감정을 일으키게 된다.

명료화 단계

명료화 단계에서 치료자는 전이관계에 관심을 두고, 현재의 상태를 유아기까지 연결하기 위하여 내담자의 꿈과 환상과 같은 상징에 관심을 기울인다. 전이를 이해하는 과정에서 내담자는 치료자가 명료화하는 무의식적인 내용을 표면으로 끌어올릴 수 있게 되고, 문제의 기원에 대해 알게 되고, 감정적 수준과 지적 수준에서 통찰을 얻게 된다.

교육 단계

교육 단계는 내담자가 사회적 환경에 적응할 수 있도록 페르소나와 자아와 관련된 개입을 한다. 이 단계에서 치료자는 내담자의 매일의 생활에서 적극적이며 건

강을 증진하는 역할을 하도록 격려하고, 내담자 스스로 책임 있는 행동을 하도록
교육한다.

변형 단계는 내담자와 치료자 간의 역동적인 상호작용을 통해 단순히 사회에 대 변형 단계
한 적응을 넘어 자기실현으로의 변화를 도모하는 단계이다. 대부분의 내담자는 교
육 단계를 마치면 치료를 종결하지만, 어떤 내담자의 경우에는 더 많은 지식과 통
찰을 얻으려 하기도 한다. 이런 내담자에 대해서는 의식적 경험뿐만 아니라 자기
의 원형적 심상이나 꿈, 환상 등의 상징에 나타나는 무의식에 대한 통찰을 획득하
도록 개입하여, 독특하고 개성적인 자기를 획득하고 실현해 나가도록 해야 한다.

4) 치료 기법

Jung은 내담자 정신의 전체성을 파악하지 않은 채 정신병리를 치료하기 위하여 정신의 전체성
기법을 적용하는 것은 인간을 조정하고 조작하는 것이라고 보았다(이죽내, 1995).
그러므로 치료 기법은 일시적으로 치료 효과를 거둘 수 있을지 모르지만, 그 내담 치료 기법 대
본성 이해
자의 본성을 희생한 대가일 수 있다고 보고, 내담자의 본성을 먼저 이해하여야 함
을 강조하고 있다.

Jung은 실용주의자로서 이론이나 기법에 얽매이려 하지 않았고, 내담자에게 도
움이 되면 무엇이든 활용하였다. 즉, 내담자의 치료에 효과가 있는 한 그 어떤 것 도움이 되면
무엇이든
이라도 사용하려고 하였다(Corsini & Wedding, 2000). 예를 들어, 몇 주 동안 잠을
자지 못한 여자 내담자와 처음 면접했을 때 자장가를 불러서 잠을 재우기도 하고,
경우에 따라서는 춤을 추고, 노래하고, 연극하고, 무언극을 하고, 악기를 연주하
고, 그림을 그리고, 진흙공작을 하기도 했다. 이러한 Jung의 실용적 자세로 인하여
Jung의 주요 개념을 응용한 다양한 치료 방법이 개발되었으며, 현재 Jung 학파의
심리치료에서는 신체동작치료, 미술치료, 모래놀이치료, 연극치료 등의 대안적 치 대안적 치료
료의 기법까지도 절충적으로 활용하고 있다(Corsini & Wedding, 2000). 그리고 치료
양식은 치료자에 따라 매우 다양한데, Jung이 자주 활용한 기법을 살펴보면 다음
과 같다.

단어연상검사(word association)는 Jung이 인간심리에 대한 연구를 시작한 초기 단어연상검사
에 개발된 것으로, '머리, 푸른, 개구리, 씻는다……' 등과 같은 정서를 불러일으킬
수 있는 100개의 자극단어를 불러 주고 각각의 단어를 듣고 가장 먼저 머리에 떠

오르는 단어를 대답하게 한다. 이때 반응 시간과 반응 단어를 기록한 다음 이를 다시 한번 반복하고, 검사가 끝난 후 내담자가 느낀 감정을 공유하는 시간을 갖는다. 이처럼 단어연상검사는 정서를 유발하는 자극단어에 대한 내담자의 반응, 시간, 정서적 효과를 측정함으로써 내담자가 지니고 있는 콤플렉스를 파악한다.

생애사 재구성기법   생애사 재구성기법(life-history reconstruction)은 내담자로 하여금 과거 경험에 대해 회상하도록 하여, 현재의 증상이나 병리를 일으킨 발달 유형을 파악하여 생애를 재구성하는 기법이다.

전이 분석   전이 분석(transference analysis)은 내담자가 치료자에게 투사하는 전이감정을 분석하여, ① 내담자의 개인적 역사와 무의식을 분석하고, ② 전이에 포함된 사회문화적이고 원형적인 집단무의식을 파악함과 아울러 ③ 개인적인 것과 비개인적인 것을 구별하게 하며, ④ 내담자의 자기지각과 자기실현을 조장하고, ⑤ 치료자와 좀 더 솔직하고 공감적인 관계를 형성하기 위한 기법이다.

꿈 분석   꿈 분석(dream analysis)에서 Jung은 꿈이 무의식에 이르는 왕도라는 점에 대해서는 Freud와 견해를 같이 하지만, 꿈이 소망과 두려움, 억압된 충동의 표현 외에도 문제에 대한 해결책을 제시하고 미래를 예견해 주는 기능을 한다고 보았다. 따라서 꿈을 분석하면 내담자의 숨겨진 내적 생활을 파악할 수 있을 뿐만 아니라 내담자가 기대하는 경험과 사건을 미리 준비할 수 있도록 도와준다고 생각했다. 그리고 Jung은 꿈이 어떤 정신구조의 지나친 발달을 보상함으로써 상반되는 정신과의 균형을 유지하도록 도와준다고 보았다. 이런 점에서 꿈은 적응을 위한 노력이며, 성격의 결함을 교정하려는 시도인 것이다(Ryckman, 2000). Jung은 꿈을 해석하면서 Freud처럼 각각의 꿈을 따로따로 해석하지 않고 일정 기간에 걸쳐 내담자가 보고하는 일련의 꿈을 함께 분석하였다. 이렇게 일련의 꿈을 함께 분석함으로써 내담자의 무의식에 지속적으로 반복되는 주제나 문제를 발견할 수 있다고 보고, 꿈이 보여 주려는 의미를 파악하기 위하여 확충법(amplification)을 사용하였다. 특별한 상징으로 시작하여 그것에서 점점 발전해가는 Freud의 자유연상과는 다르게, 확충법은 내담자와 치료자가 어떤 주제가 탐색될 때까지 같은 상징을 계속해서 재평가하고 재해석하는 치료 기법이다.

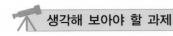 **생각해 보아야 할 과제**

1. Freud와 Jung의 인간관, 의식과 무의식, 성격 발달, 정신병리에 대한에 대한 관점을 비교 분석해 보시오.

2. Jung이 제안한 자아(ego)와 자기(self)의 개념을 비교해 보고, 성격의 발달과 어떤 연관성이 있는지 토론해 보시오.

3. 개인무의식과 집단무의식이 어떻게 다른지 토론해 보시오.

4. 자신의 콤플렉스를 Jung의 관점에서 분석해 보시오.

5. 귀하가 가장 싫어하는 사람이 지니고 있는 특성 중에서 귀하가 싫어하는 특성을 적어 보고, 귀하의 그림자가 어떻게 투사되고 있는지 분석해 보시오.

6. 귀하가 가장 사랑하고 존경하는 사람이 지니고 있는 특성 중에서 귀하가 가장 좋아하는 특성을 파악해 보고, 귀하의 아니마와 아니무스가 어떻게 투영되고 있는지 분석해 보시오.

7. MBTI 검사를 받아 보고, 자신의 성격이 Jung이 제안한 성격 유형과 어떤 연관성을 지니고 있는지 파악해 보시오.

8. 현재 자아를 강화하기 위해 준비하고 노력하고 있는 것이 무엇인지 스스로 성찰해 보시오.

9. 각자의 경험을 바탕으로 Jung의 꿈에 대한 관점이 어느 정도 타당성을 지니는지 토론해 보시오.

10. Jung 이론에 기반을 둔 미술치료, 연극치료 등에 대해 좀 더 깊이 있게 학습해 보시오.

제14장　개인심리이론

1. 개인심리이론의 인간관과 기본 가정을 이해한다.
2. 개인심리이론의 주요 개념을 이해한다.
3. 개인심리이론의 인간 발달 관점을 이해한다.
4. 개인심리이론을 사회복지실천에 적용할 수 있는 방안을 이해한다.

　　Adler의 이론은 정신분석이론의 수정이론인 신프로 　　　　신프로이트 학파
이트 학파 중의 한 이론으로 분류되기도 한다. 그 이
유는 Freud가 인간의 성격이 생물적 기원을 가진 무
의식적인 원초적 본능의 힘에 의해 결정된다고 본 반
면 Adler는 사회적 요인과 가족적 요인이 개인의 성
격 형성에 많은 영향을 미친다고 보고 있기 때문이다.
즉, Adler는 Freud에 비해 성격 형성에 있어서의 사회
적 영향을 중시하며 인간행동이 사회적 힘에 의해 동기

‖ Alfred Adler (1870~1937)

화되며, 인간의 모든 행동에는 목적이 있다는 사회목적론적 관점(socioteleological 　　사회목적론적
　　　　　　　　　　　　　　　　　　　　　　　　　　　　　　　　　　　　　　　관점
approach)을 취하고 있다. 또한 자아방어의 중요성을 높이 평가하지 않았다는 점
에서 신프로이트 학파로 분류되고 있다.

　　Adler는 인간이 선천적으로 사회적 요구에 의해 움직이는 사회적 존재인 점을 　　사회적 존재

인정하며 동시에 개인이 자신의 삶을 창조해 나갈 수 있는 능력을 가진 존재라는 점을 더욱 중시한다. 즉, 각 개인은 자신의 운명을 개척하고, 원시적 욕구와 어려운 환경을 극복하고 더욱 높은 수준의 삶의 질을 추구할 수 있는 능력이 있는 존재라고 규정하고 있다. 따라서 인간의 성격은 유전이나 환경적 요인보다는 각 개인의 주관적 결정에 의해 창조되며, 인간은 낮은 곳에서 높은 곳으로, 열등에서 우월한 상태로의 상향 이동을 추구하는 존재로 보았다. 이러한 성장 모델로 인하여 학자 중에는 이 이론을 신프로이트 학파의 이론으로 분류하기보다는 인본주의 또는 현상학적 이론의 선구자로 규정하는 것이 타당하다고 보기도 한다(Hjlle & Ziegler, 1976).

> 상향 이동 추구
>
> 인본주의 또는
> 현상학적 이론

> 개인심리학

그러나 Adler 자신은 자신의 이론이 다른 어떤 이름이 아닌 개인심리이론 (individual psychology)으로 불리기를 원했으며, 스스로도 그렇게 불렀다. Adler는 인간이 유일하고(unique), 더 이상 분해할 수 없고(indivisible), 자아일치적이고 (self-consistent), 통합된 총체(unified entity), 즉 하나의 전체로서 기능하기 때문에, 인간의 어떤 삶의 표현도 분리해서 생각할 수 없으며 부분으로 나누어서는 도저히 이해할 수 없고 반드시 전체 성격과 관련시켜 이해해야 한다고 주장하였다.

1 인간관과 가정

1) 인간관

Adler(1956)는 심리이론에서 우연성이나 결정론은 있을 수 없는 것이라는 점을 강조하면서, 목적론적이고 사회심리적인 관점에서 인간을 이해하고자 하였다. 즉, Adler는 유전적 요인과 환경적 요인이 성격 형성에 미치는 영향을 인정하고 있지만, 각 개인이 사회환경 속에서 나름대로의 인생목표를 추구하는 과정에서 주관적 평가와 선택을 하는 창조적 존재이자 목표지향적 존재라고 보고 있다.

> 창조적이고
> 목표지향적 존재

Adler는 인간이 창조적인 능력이 있기 때문에 그들이 인생목표를 직시할 수 있고, 스스로 결정을 내리며, 그들의 목적과 가치와 일치되는 여러 삶의 방식을 선택할 수 있는 합리적 존재라 하였다. 그러나 사람들은 대부분 가상적 목표를 깨닫지 못하거나 그들의 생활 속에서 그것의 참된 중요성을 모른다는 점을 인정하고 있

> 합리적 존재

기 때문에, 모든 인간이 반드시 합리적인 존재는 아니라는 점도 동시에 인정하고 있다.

Adler는 인간을 전체적 존재로 보고 있다. Adler(1956)가 각 개인을 자아 일관적이 아닌 존재 또는 목적지향적인 전체가 아닌 다른 어떤 존재로도 간주할 수 없다고 규정한 것은 인간 존재에 대한 전체주의적 관점을 분명히 보여 주는 것이다. 즉, 인간은 부분으로 분리하여 파악될 수 있는 존재가 아니며, 더 분리할 수 없는 전체로서 통합적으로 기능하는 존재로 바라보고 있다. *(전체적 존재)*

Adler는 인간이 주관적 존재이므로 객관적으로 분석하여 파악하는 것이 어렵다고 본다. Adler는 개인의 일상적 삶의 모습은 객관적 사실에 근거하여 이루어지는 것이 아니라 개인이 그 사실을 어떻게 지각하고 어떻게 반응하는가에 따라 달라질 수 있다고 본다. 즉, 인간을 환경에 단순하게 반응하는 존재가 아니라 환경의 의미를 해석하여 주체적으로 받아들이는 존재로 보고 있다. 개인의 현실은 객관적이지 않고 주관적이며, 공통적이지 않고 개인적 의미를 지닌다(김춘경 외, 2010). 따라서 개인을 정확히 이해하기 위해서는 개인의 경험 전체와 형이상학적 철학을 이해하여야 하는데 개인적 경험과 형이상학을 이해한다는 것은 불가능하므로, Adler는 인간 본성의 불가지성(不可知性)을 인정하고 있다. *(주관적 존재)* *(불가지성)*

Adler는 인간이 본질적으로 사회적 존재이며, 인간행동은 사회적 충동에 의해 동기화된다고 보고 있다. 인간은 태어날 때부터 사회적 관심을 발달시킬 수 있는 능력을 갖고 있으며, 이런 능력을 기반으로 다른 사람을 이해하고 공감하며 협동할 수 있다. 그러므로 인간의 행동을 이해하기 위해서는 사회적 맥락과 연결 지어 해석해야 한다고 본다. *(사회적 존재)*

2) 기본 가정

개인심리이론의 인간행동에 대한 가장 중요한 가정은 인간이 전체적 존재이며, 성장지향적 동기를 지닌 목적론적 존재라는 점이다. 즉, 인간은 하나의 전체로서 기능을 하며, 인간의 모든 행동은 미완성을 극복하여 완성에 도달하려는 힘에 의해 동기화된다고 본다. Adler는 인간행동에 있어서의 완성 추구의 동기는 내적 요인이나 외적 요인에 의해 뒤에서 밀리는 것이 아니라, 앞으로부터 당겨지는 힘이라고 생각했다. 즉, 인간은 유전이나 환경의 영향에 의해 어쩔 수 없이 행동하는 *(전체적 존재)* *(목적론적 존재)* *(완성 추구 동기)*

개인의 선택 것이 아니라 자신이 선택한 인생목표, 다시 말해 완성을 추구하기 위하여 자신의 행동과 운명을 자유롭고 의식적으로 선택하여 행동한다고 보고 있다. 그러므로 Adler는 인간의 모든 행동은 개인의 주관적 의사결정에 의해 동기화된다고 본다.

개인심리이론의 또 다른 인간행동에 대한 기본 가정은 모든 행동은 예외 없이
사회관계 사회관계 속에서 일어나며 인간 본성은 사회관계의 이해를 통해서만 파악될 수 있다고 보는 점이다(권석만, 2012). 그래서 모든 개인은 협동하고 상호작용하는 사회
사회적 관심 관계를 맺을 수 있는 선천적 능력, 즉 공동체 의식이나 사회적 관심(social interest)을 가지고 있다. 따라서 개인심리이론에서는 개인과 사회 간의 협력적인 조화를 필수적인 것으로, 그리고 갈등을 부자연스러운 상황으로 가정한다.

Adler는 개인은 자신과 환경에 대한 개인적 지각에 따라 행동을 결정하게 된다
행동의 주관성 고 보고, 인간의 주관성을 강조하였다(이수연 외, 2013). 즉, 모든 개인은 자신의 통각 도식(schema of apperception)과 일치하는 방향으로 행동한다. 예를 들면, 한 개인은 '정직이 최상의 정책이다.'라든지, '모든 사람은 자기를 위해 존재한다.' 혹은 '덕 있는 자는 사후에 상을 받고 악한 자는 벌을 받을 것이다.'라는 사실을 삶의 신조로 삼고 이에 걸맞은 행동을 선택할 것이다. 즉, Adler의 사고방식에 따르면 행동에는 개인의 현실에 대한 주관적인 지각이 반영되어 있다.

.ıll **표 14-1** 개인심리이론의 기본 가정

- 인간은 독특하며, 더 분해할 수 없으며, 자아일치적이고, 통합된 실체이다.
- 발달이란 완전한 것을 향한 능동적인 노력, 즉 성장을 위한 노력이다.
- 유전, 문화적 압력이나 본능적 욕구는 발달에 영향을 미치는 요인이긴 하지만, 대부분의 발달은 개인의 능동적 선택에 의하여 이루어진다.
- 발달은 5세경에 거의 형성되며, 이후에는 근본적인 변화가 없다.
- 개인은 환경을 주관적으로 파악하고, 이러한 주관적 신조나 믿음에 따라 행동한다.
- 자아는 창조적 힘을 가지고 있으며, 열등에 대한 보상과 미완성을 극복하고 완성을 추구하고자 하는 성향을 지니고 있다.
- 심리적 건강은 개인이 우월성을 추구하는 과정에서 환경적 방해를 어느 정도 극복하느냐와 사회적 관심 정도에 달려 있다.
- 치료과정은 지시적이며, 치료자는 능동적 참여자이다.

Freud이론과 Adler이론의 비교 Adler의 개인심리이론의 특징을 Freud의 정신분석이론과 비교하여 보면 〈표 14-2〉와 같다.

.ıll **표 14-2** 정신분석이론과 개인심리이론의 비교

Freud의 정신분석이론	Adler의 개인심리이론
• 인과론 강조	• 사회목적론 강조
• 환원주의	• 전체주의
• 개인의 정신내적 측면 중시	• 사회적 존재로서의 개인 중시
• 치료 목적: 정신내적 조화	• 치료 목적: 자기실현과 사회적 관심 고양
• 사회와 인간은 갈등적 관계	• 사회와 인간은 조화로운 관계
• 남근기 갈등 해결을 중시	• 가족형상 등의 사회문화적 힘을 중시
• 대인관계는 경쟁적 속성을 지님	• 대인관계는 협력적 속성을 지님
• 여성은 남성의 성기를 선망하기 때문에 열등 감을 느낌	• 여성에 대해 문화적으로 과소평가하므로 열 등감을 느낌
• 정신병리는 성적 원인을 가짐	• 정신병리는 왜곡된 지각의 산물임

2 주요 개념

Adler(1964)는 모든 성격이론이 정신치료자에게 경제적이고도 효과적인 원리를 제공하고, 궁극적으로는 모든 사람이 심리적으로 보다 건전한 행동의 변화를 가져 올 수 있게 해야 한다고 생각했다. 다음에서는 Adler의 개인심리이론의 핵심 개념 인 ① 열등감과 보상, ② 우월에의 추구, ③ 생활양식, ④ 사회적 관심, ⑤ 창조적 자아, ⑥ 가족형상, ⑦ 가상적 목표에 대해 논의해 보고자 한다. 경제적 치료 원리

1) 열등감과 보상

Adler는 "인간이 된다는 것은 자신이 열등하다는 것을 느끼는 것을 말한다."라 고 할 정도로 열등감의 개념을 중시하였다(Rundin, 2001). Adler는 인간이 생애 초 기에 육체적으로 아주 나약한 존재로서 타인의 도움 없이 생존할 수 없는 무력한 존재라는 사실에 주의를 기울였다. 그리고 자신의 경험을 바탕으로 태어날 때부터 열등한 신체 부분이 발달이 덜 되고 기능이 잘 안 되어 질병에 걸리기 쉽다는 사실 을 이론화하였다. 예를 들면, 어떤 사람은 폐에 영향을 주는 심한 알레르기 현상을 신체 열등

갖고 태어나며, 이런 사람은 기관지염이나 상부 호흡기 감염으로 고생하는 경우를 들 수 있다. 그러나 신체 기관이 선천적으로 약하거나 기능이 저조한 것, 즉 신체 열등(organ inferiority)은 삶에서 괄목할 만한 성공을 가져다주는 동인(動因)이 될 수 있다.

주관적 열등감 개인은 신체나 기관의 열등감뿐만 아니라 실제로 신체적인 약점이나 손상 그리고 심리적인 또는 사회적인 무능감에서 생기는 주관적인 열등감도 보상하고자 한다.
우월추구의 동기 Adler(1956)는 열등감이 근본적으로 모든 인간의 우월 추구에 대한 동기유발의 근거가 된다고 보았다. 모든 개인의 성장과 발달은 상상에 의한 것이든, 사실에 입
열등감과 보상 각한 것이든 열등감을 극복하려는 시도에서 나온다. 이처럼 Adler는 열등감과 보상을 위한 노력이 모든 발전과 성장의 근원이 된다고 믿었고, 열등의식이 결코 약점이나 비정상이 아니고 모든 사람에게 공통으로 존재한다고 보았다.

주관적 열등감 개인심리이론에서 신체나 기관의 열등감은 그 자체로는 어떤 의미나 중요성을 지니지 못하며, 신체적 결함이 주관적 열등감을 자극할 때 그 중요성이 부여된다. 그리고 이러한 열등감은 완전이나 완성을 향한 힘, 즉 개인을 더 높은 수준으로 발달하도록 동기를 유발한다. 그러나 열등감 그 자체만으로는 위대함 또는 완성을
재능, 용기, 이룰 수 없으며, 이 열등감이 재능, 용기, 사회적 관심과 연결되어야만 완성을 향
사회적 관심 해 전진할 수 있게 된다.

Adler는 열등감 또는 부적절감(inadequacy)은 유아기 때부터 시작된다고 믿었다. 아동은 가족 내에서 자기보다 더 크고, 더 강하고, 더 힘센 사람과 자신을 비교하는 과정에서 자신이 열등하다는 생각을 갖게 된다. 이러한 열등감은 모든 사람이 피할 수 없고 공통으로 갖고 있는 것으로, 인간이 성숙하고 자신의 잠재력을 실현하기 위해서 필요한 것이다. Adler는 인간의 모든 전진이나 상승을 위한 움직임
열등감의 은 그 자신의 열등감을 보상하기 위한 시도에서 나온다고 보았다.
보상 시도

병적 열등감 열등감에 대한 보상 시도가 성공적으로 이루어지지 못했을 경우에는 병적 열등감(inferiority complex)에 빠져들게 된다. Adler는 병적 열등감에 이르기 쉬운 세 가
양육환경 지 자녀양육환경을 ① 신체 열등, ② 버릇없이 또는 응석받이로 양육, ③ 방임이라
신체 열등 고 보고 있다. 신체 열등, 즉 신체적으로 불완전하거나 만성질환을 앓고 있는 아동은 다른 아동과의 경쟁에서 승리할 수 없으며, 그로 인해 열등감에 빠지게 된다.
응석받이 반면 버릇 없거나 응석받이로 자란 아동은 다른 사람이 항상 자신을 위해 모든 것을 해 주기 때문에, 자신감이 부족하게 되어 그들 자신이 인생의 어려운 고비에 부

딪혔을 경우 용기를 갖고 도전하여 해결할 능력이 없다고 생각하여 깊은 열등감에 빠지게 된다. 방임된 아동은 근본적으로 자기가 필요한 존재라고 느끼지 못하기 때문에 병적 열등감에 빠질 수 있다. 즉, 아동은 자신의 능력을 인정받고 애정을 얻거나 남으로부터 존경받을 수 있다는 자신감을 잃고 세상을 살아가므로 열등감이 더욱 강화된다. 이러한 세 가지 양육환경은 성인기에 신경증을 일으키는 주요 요인으로 작용하게 된다.

방임

이와 반대로 과잉보상으로 인해 병적 우월감(superiority complex)을 갖게 되는 사람도 있다. 병적 우월감은 자신의 신체적·지적·사회적 기술을 과장하는 경향을 말한다. 그 예로 어떤 사람은 자기가 알고 있는 것을 남에게 과시하려고 하지만 나머지 것에 대해서는 지극히 소홀한 사람을 들 수 있다. 보상은 자신의 열등함을 극복하기 위한 건전한 노력이지만, 이것이 지나치게 과장될 경우 병적 우월감을 형성하게 된다. 따라서 병적 우월감을 가진 사람은 과장되고, 건방지고, 자만하고, 이기주의적이고, 풍자적이며, 남을 업신여김으로써, 자신이 권위 있는 존재라는 인상을 남기려고 한다.

병적 우월감

2) 우월에 대한 추구

인간생활의 궁극적 목적에 대한 Adler의 이론은 ① 공격적이 되는 것, ② 강력하게 되는 것, 그리고 ③ 우월하게 되는 것이라는 순서로 바뀌어 갔다. Adler는 초기에 인간행동의 동기를 공격성, 즉 방해물을 극복하기 위한 역동적 힘이라고 믿었다. 그러나 곧 그는 공격적인 충동을 포기하고, 권력에 대한 의지(will to power)로 생각을 바꾸게 된다. 이 개념 속에서는 유약성을 여성적인 것으로, 권력을 남성적인 것으로 동일시하였다. 이때에 Adler는 남녀가 열등감을 대체하려는 노력의 과정에서 과잉 보상하게 되는 남성적 추구(masculine protest)라는 개념을 제시하였다. 그러나 Adler는 남성적 추구의 개념이 정상인의 동기유발을 만족스럽게 설명하지 못하자 이를 포기하고, 그 대신 우월에 대한 추구(striving for superiority)의 개념을 채택하였다.

우월의 개념 변화

공격성

권력에 대한 의지

남성적 추구

우월에 대한 추구

Adler는 우월에 대한 추구가 인간 생활의 기초라고 결론을 내리고 있다. 즉, 모든 사람은 위대한 향상의 동기(great upward motive), 즉 마이너스(−)에서 플러스(＋)로, 아래에서 위로, 미완성에서 완성으로 나아가는 동기를 공유하고 있다.

미완성에서 완성

타고난 우월 추구
동기

이러한 우월이나 완성을 향한 추구의 동기는 선천적으로 타고난다(Adler, 1964). 그러나 우월에 대한 추구가 선천적으로 타고난 것이긴 하지만 인생 발달 단계에서 적절히 신장되어야 한다. 출생 시 우월 추구의 동기는 실재가 아닌 잠재력으로 존재하며, 이 잠재력을 자기 나름으로 현실화하는 것은 각 개인에게 달려 있다. 이런 잠재력을 실현하는 과정은 아동이 자신의 인생목표를 설정하기 시작하는 5세 때

인생목표

부터 시작된다. 인생목표는 유년기에 처음 형성될 때는 어느 정도 모호하고 일반적으로 무의식적이지만, 동기의 방향을 결정하고 심리적 운동을 구체화하고 또 의미를 부여한다.

우월 추구의 특성

Adler는 우월에 대한 추구의 본질과 그 기능에 대해 몇 가지 아이디어를 덧붙였

기본 동기

다. 첫째, 우월에 대한 추구를 분리된 충동의 결합이라기보다는 기본 동기의 하나로서, 유아기 때 자기가 주위의 사람보다 무력하고 열등하다는 것을 인식한 것에

보편성

근거하여 발달한다. 둘째, 위대한 향상의 욕구는 보편적인 것으로서, 정상적인 사람이나 신경증적인 사람 모두가 공통으로 가지고 있다. 셋째, 우월의 목표는 파괴

파괴적 경향이나
건설적 경향

적 경향이나 건설적 경향을 모두 취할 수 있다. 예를 들면, 자기존중, 권력, 개인적인 과장과 같은 것은 이기적이고 파괴적인 목표로서 신경증의 원인이 된다. 넷째,

상당한 정력과
노력

완성을 위한 노력은 상당한 정력과 노력을 요구한다. 즉, 열등감을 인식하는 것만으로는 그 열등감은 보상되지 않으며, 피땀 어린 노력이 수반될 때만 열등 상태를 극복하고 우월 상태로 나아갈 수 있는 것이다. 다섯째, 우월을 향한 추구는 개인과

개인과 사회

사회 두 가지 수준 모두에서 일어나므로 개인적 차원에서 완성을 향해 노력함과 아울러 사회의 일원으로서 사회의 문화를 완성하기 위해서도 노력한다.

3) 생활양식

생활양식의 개념

생활양식(life style)은 인생목표뿐 아니라 자아개념, 타인에 대한 감정, 세상에 대한 태도를 포함한 한 개인의 독특한 특징을 포괄하는 개념이다. 다시 말해 생활양식이란 개인의 특질(trait), 행동, 습관의 독특한 형태를 말하는 것으로서, 인생의 목표에 도달하기 위하여 스스로 설계한 독특한 좌표인 것이다.

열등감 보상 노력

개인의 생활양식은 열등감과 이를 보상하려는 노력에 의해 형성된다. Adler는 모든 개인은 어릴 때 모두 상상이든 실제로든 열등감을 경험하고 어떤 방법으로든 보상을 하려 한다고 가정하였다. 예를 들어, 신체적으로 허약한 아동은 체력을 좀

더 훌륭하게 발달시키는 쪽으로 보상하려고 노력할 것이다. 이러한 열등감 보상 노력이 점진적으로 생활양식으로 바뀌게 된다. 따라서 개인의 생활양식은 개인의 독특한 열등감을 극복하기 위한 노력을 반영한 것이다.

Adler에 따르면 생활양식은 4~5세경에 거의 형성되며, 그 이후에는 커다란 변화가 일어나지 않고, 어릴 때 정착된 기본 구조의 개정이나 확대만 이루어진다. 개인의 독특한 생활양식은 그가 생각하고 느끼고 행동하는 모든 것의 기초가 된다. 일단 생활양식이 형성되면, 이것은 개인의 외부 세계에 대한 전반적인 태도를 결정하게 된다. *4~5세경 형성*

Adler는 개인의 생활양식은 인생 문제에 접근하고 해결하는 방법을 통해 알 수 있다고 보았다. 직업, 우정, 사랑과 결혼의 문제는 모든 사람이 해결해야 할 세 가지 중요한 인생과업이다. Adler(1956)는 인생과업의 해결방법은 개인의 생활양식에 달려 있다는 것을 강조했다. 그리고 인생과업은 개인이 인생을 유지하고 진전시키는 이유이며, 개인은 그 속에서 자신의 의미를 발견하게 된다. *인생과업*

생활양식은 그것을 창조하는 개인에 따라 다른 것이므로, 성격 유형에 관해서는 단지 대략적인 일반화만 다룰 수밖에 없다. Adler는 개인을 일, 우정, 사랑과 결혼이라는 세 가지 주요 인생과업에 대한 태도와 행동에 따라 분류하는 소위 생활양식의 유형론을 제시하였다(Dreikurs, 1967). 이 분류는 사회적 관심이 한 차원이 되고, 활동수준이 다른 차원이 되는 2차원적 모델이다. 활동수준이란 인생 과업과 문제를 해결하려는 개인의 움직임을 말하며, 소위 분투 또는 에너지를 쏟아붓는 수준을 의미한다. 그리고 사회적 관심(social interest)은 인간 개개인에 대한 감정이입을 말하며, 이는 개인의 이익보다는 사회발전을 위해 다른 사람과 협력하는 것을 뜻한다. *생활양식의 유형론* *활동수준과 사회적 관심*

이러한 기준에 입각하여 Adler의 생활양식을 유형화해 보면, 지배형, 획득형, 회피형, 사회적으로 유용한 생활 유형으로 구분할 수 있다. 지배형은 독단적이고 공격적이며 활동적이지만, 사회적인 인식이나 관심이 거의 없다. 이러한 사람은 비사회적인 측면에서 활동적이며, 타인의 안녕에는 아랑곳하지 않고 행동한다. 그들은 외부 세계에 대해 지배하려는 태도를 가지고 있으며, 인생과업에 공격적이고 반사회적인 방법으로 대처해 나간다. *지배형*

획득형은 기생적인 방법으로 외부 세계와 관계를 맺으며, 다른 사람에게 의존하여 대부분의 욕구를 충족하는 생활 유형이다. 이들의 인생의 주된 관심은 가급적 *획득형*

많은 것을 다른 사람에게서 얻어 내는 것이다. 그러나 그들은 활동수준이 낮으므로 사회적으로 위험하지는 않다.

회피형

회피형은 사회적 관심도 적고 어떤 형식으로든 인생에 참여하려는 활동도 하지 않는다. 성공을 바라기보다는 실패하는 것을 더 두려워하므로 이들의 삶은 인생과업으로부터 도피하려는 사회적으로 무익한 행동이 주류를 이루게 된다. 바꾸어 말하면, 그들의 목표는 인생의 모든 문제를 회피함으로써 한 치의 실패 가능성조차도 모면하려는 것이다.

사회적으로
유용한 형

사회적으로 유용한 형은 심리적으로 건강한 사람의 표본이 된다. 이러한 사람은 사회적 관심과 인생과업을 성취하기 위한 활동 수준이 모두 높다. 이들은 사회적인 관심이 많아서 자신과 타인의 욕구를 동시에 충족하는 한편, 인생과업을 완수하기 위해 기꺼이 다른 사람과 협동한다. 이들은 일, 우정, 사랑과 같은 세 가지 중요한 인생과업을 사회적인 문제로 간주한다. 이들은 또 사회문제를 해결하기 위해 주변 사람과 협동하여 용기를 갖고 도전하며, 타인의 안녕에 공헌하려는 의지가 있다.

높은 사회적
관심과 낮은
활동수준

Adler의 생활양식에 관한 2차원적 모델에서는 한 가지 조합이 빠져 있다. 즉, 높은 사회적 관심과 낮은 활동수준이다. 그러나 인생과업을 성취하기 위한 활동수준이 낮으면서 높은 사회적 관심을 갖는다는 것은 거의 불가능하다. 바꾸어 말하면, 사회적 관심을 많이 가진 사람은 다른 사람을 도울 수 있는 무언가를 하지 않고는 견디지 못하므로, 인생과업의 성취를 위한 활동에 적극적으로 참여하게 된다는 것이다.

개인적 위기 관찰

생활양식을 이해하는 두 번째 방법은 개인적 위기에 처해 있는 사람을 관찰하는 것이다. 긴박한 위기 상황에서 개인의 진정한 생활양식이 나타나고, 그의 본래 모습을 알 수 있다. 내적 역량이나 용기를 가진 사람은 이런 능력을 효과적으로 사용하여 스트레스를 가져오는 문제를 해결할 것이다. 반면에 응석받이로 양육된 사람은 일상생활에서는 사회지향적으로 보이더라도 스트레스 시기에는 사회적으로 비효과적인 방식으로 행동할 것이다.

4) 사회적 관심

사회적 관심(social interest)은 인류와의 동일시 감정과 인류 각 구성원에 대한 감정의입으로서, 공동체의식(Gemeischaftsgefühl)이라고도 부른다(Corsini & Wedding, 2000). 사회적 관심의 개념은 개인의 우월 추구나 생활양식의 개념과 대립되는 것이 아니며, 인간이 사회적 동물이라는 Adler의 강한 신념을 반영하고 있는 것이다. 초기 이론에서 Adler는 개인은 잠재된 열등감을 극복하려는 욕구에 의해 동기화되고 더 우월해지려는 욕망에 의해 이끌린다고 주장했다. 그러나 Adler의 후기 이론에서는 사람이 자비로운 사회적 충동에 의하여 강하게 동기화된다는 관점을 제시하고 있다. 특히 Adler는 인간은 사회의 이익을 위해서 개인적 이익을 포기하는 선천적·사회적 본능에 의해 동기화된다고 생각했다. 즉, 개인은 이상적인 공동사회의 목표를 달성할 수 있도록 사회를 원조하려 한다고 보았다.

Adler는 사회적 관심은 선천적으로 타고나는 것이긴 하나 의식적인 개발이 필요하다고 보았다. 개인의 사회적 관심을 발달시키기 위하여 최초에는 어머니, 다음에는 아버지, 다른 가족성원, 그리고 마지막으로 가족 이외의 사람들이 참여한다. 아동과 가장 먼저 접촉하고, 대인관계에 가장 많은 영향을 주고, 사회적 관심의 발달에 가장 커다란 영향을 주는 사람은 어머니이다. Adler는 어머니의 역할을 양면적인 것으로 보았다. 하나는 성숙한 사회적 관심을 발달시키고 이를 격려하는 것이고, 다른 하나는 그 방향을 어머니 이외의 다른 곳으로 돌리게 해 주는 것이다. 이 두 가지 기능을 동시에 훌륭하게 수행하기 어렵지만, 무엇보다 중요한 것은 아동이 어머니의 행동을 어떻게 해석하느냐에 따라 달라질 수 있다.

사회적 관심은 모자관계에서 발생하므로, 어머니의 임무는 아동이 협동심, 연대감, 동료의식을 가지도록 양육하는 것이다. Adler는 사회적 관심과 어머니의 자녀 양육 방식이 서로 밀접하게 관련되어 있다고 생각했다. 이상적으로는 어머니가 자녀에게 진실하고 깊은 사랑을 보여 주어야 한다. 그런데 그 사랑은 어머니의 허영에서가 아니라 오직 자녀의 안락함을 위한 사랑이어야 한다. 이런 건강한 애정관계는 사람들에 대한 진실한 관심에서 발달이 시작되고, 아동의 사회적 관심이 발달하도록 해 준다.

어머니가 남편, 다른 자녀, 그 외의 다른 사람에 대해 갖는 애정이 아동에게는 본보기가 된다. 아동은 어머니의 넓은 사회적 관심을 통하여 이 세상에는 다른 중요한 사람이 있다는 것을 배운다. Adler는 아동에게 사회적 관심을 키워 주는 능력은 세 가지 중요한 인생 과업, 즉 일, 우정, 사랑과 결혼에서 만족감을 느끼는 사람만이 가진다고 보았다. 만일 어머니가 단지 자기 자녀에게만 몰두해 있다면, 자녀

공동체의식

사회적 동물

사회적 충동

이상적 공동사회

어머니

자료양육 방식

건강한 애정관계

다른 사람에
대한 애정

인생 과업의
만족감

가 사회적 관심을 타인에게 돌릴 수 있도록 가르칠 수 없을 것이다. 마찬가지로 어머니가 남편만을 사랑하고 자녀와 사회를 기피한다면, 자녀는 자기가 쓸모없는 존재이며 기만당했다고 느낄 것이다. 따라서 아동의 사회적 관심에 대한 잠재력은 발달하지 못한 채로 남아 있게 될 것이다. 아동이 거부당하고 사랑받지 못했다고 느끼게 만드는 부모의 행동은 아동의 자율성이나 협동능력의 결핍을 초래한다.

아버지

아내, 일, 사회에 대해 긍정적 태도

동등한 인격체

Adler는 아동의 사회적 관심에 영향을 미치는 두 번째 중요한 인물로서 아버지를 들고 있다. 아버지는 우선 아내, 일, 사회에 대해 긍정적 태도를 지녀야 한다. 또 자녀와의 관계에서 성숙한 사회적 관심을 보여 주어야 한다. Adler는 이상적인 아버지란 자녀 모두를 동등한 인격체로 대하고 아내와 동등한 위치에서 협력하며 자녀를 돌보는 사람으로 보고 있다. 아버지는 정서적 격리나 가부장적 권위주의와 같은 잘못을 피해야 하는데, 이 두 가지는 놀랍게도 비슷한 영향을 미친다. 아버지의 정서적 격리는 자녀가 사회적 관심을 갖는 것을 방해한다. 이를테면 아버지의 정서적 격리를 경험한 아동은 사회적 관심은 매우 낮은 상태에서 개인적인 우월감을 위한 목적만을 추구하게 된다. 마찬가지로 아버지의 권위주의도 잘못된 생활양식을 초래하게 되는데, 권위적 아버지를 둔 아동은 사회적 우월감이 아닌 권력과 개인적인 것을 추구하는 법을 배운다.

정서적 격리

권위주의

부모의 부부관계

Adler는 부모의 부부관계가 자녀의 사회적 관심의 발달에 지대한 영향을 미친다고 했다. 부모의 결혼생활이 불행할 경우 자녀는 사회적 관심을 발달시킬 기회를 거의 갖지 못한다. 아내가 남편 대신에 자녀에게만 정서적 지지를 제공한다면, 과잉보호가 되고 그것은 사회적 관심을 억누르기 때문에 자녀가 피해를 입게 된다. 만일 남편이 아내를 공공연히 비난한다면, 자녀는 부모에 대해 존경심을 갖지 못한다. 부부 사이에 불화가 있으면, 자녀는 부모를 서로 이간하여 중간에서 어부지리를 취하는 방법을 배우게 된다. 이 경우 피해를 입는 것은 역시 자녀이다. 즉, 부모가 서로 사랑하지 않을 때, 자녀가 피해를 입는 것은 불가피한 일이다.

5) 창조력

자기의 창조력

Adler가 오랫동안 추구해 온 인생의 생생한 원리, 즉 생의 의미를 제공해 주는 원리가 바로 자기(self)의 창조력(creative power)이다. Adler는 개인의 창조력에 의해 생활양식이 발달한다고 주장했다. 바꾸어 말하면 각 개인은 자기 자신의 생활양식을 창조할 자유를 가지고 있다는 것이다. 창조력은 인생목표와 그 목표를 추구하는 방법을 결정하며, 사회적 관심의 발달에도 기여하고 지각, 기억, 상상, 환상, 꿈에도 영향을 주어 각 개인을 자주적인 사람이 되게 만든다(Adler, 1964).

Adler는 실제로 자기의 창조력(creative power of the self)이라는 용어를 사용하지 않았으며, Hall과 Lindzey(1957)가 Adler에 관한 논문을 쓸 때 이 용어를 처음 소개했다. Adler는 생활양식이 개인의 창조적인 행위라고 굳게 믿었다. 생활양식이란 개인이 자신의 환경을 독특하게 해석한 것이며, 인간은 운명의 희생양이 아니라 운명을 통제한다고 했다. 그리고 Adler는 창조력은 목표를 직시하고, 결정하고, 선택하고, 개인의 목표와 가치관에 부합하는 모든 종류의 배려를 나타내는 능력이라고 말한다. 생활양식 목표와 가치관

창조력의 실재를 설명함에 있어, Adler(1956)는 인간 행동을 형성하는 결정 요인으로 유전과 환경의 영향을 부인하지 않았지만, 개인의 주관적 판단과 선택을 중시하였다. 개인은 유전과 경험이라는 재료를 조합하여 성격을 형성하지만, 더 중요한 것은 개인이 '무엇을 소유하고 있느냐'가 아니고 '그것을 어떻게 사용하느냐'는 것이다. 따라서 성격 형성에 있어서 주어진 재료는 이차적인 것이며, 사람들은 스스로가 자신을 만들어 가게 된다. 개인마다 재료를 이용하는 방법이 다르기 때문에, 사람 간에 성격 차이가 나타나게 되는 것이다. 주관적 판단과 선택 성격 차이

6) 가족형상

사회적 요인이 성격에 미치는 영향을 강조하면서, Adler(1931)는 유아기의 성격 발달에 있어서 가족과정(family process), 즉 가족성원 사이의 관계 분위기가 매우 중요한 역할을 한다고 하였다. 특히 Adler는 부모가 같고 거의 같은 가족환경에서 성장한 아동일지라도, 그들이 동일한 사회적 환경을 갖는 것은 아니라고 했다. 가족성원 사이에 형성된 가족관계상의 분위기는 자녀양육에 대한 부모의 태도와 양육의 질을 결정하며, 부모의 양육태도와 질에 따라 자녀가 경험하는 열등감이 달라질 수 있다. 그리고 자녀는 양친의 개인적 특성을 통합하고, 그들을 관찰하고, 그들과의 상호작용을 통하여 생활에 대한 모든 것을 배운다. 아울러 부모의 행동 특성에 따라 자녀의 사회 관심도가 달라진다. 이런 점에 근거하여 볼 때 가족 분위기 또는 가족형상(family constellation)을 통하여 각 개인은 생활양식의 기본이 되는 가족과정 가족 분위기 또는 가족형상

대인관계 기술을 학습하고, 이것이 궁극적으로는 성인기의 성격과 생활양식을 결정짓는 기본 토대가 된다고 할 수 있다.

Adler에 따르면 가족형상, 즉 가족성원 간의 정서적 유대, 가족의 크기, 가족의 성적 구성, 출생 순위, 가족역할 모델 등의 가족 분위기가 이후의 성격 발달에 지대한 영향을 미친다. 더 나아가서는 이웃, 학교, 종교 등의 사회문화적 힘이 개인의 성격에 많은 영향을 미친다는 점을 인정한다.

Adler는 이와 같이 복합적인 개념인 가족형상 중에서 형제의 출생 순위를 매우 중시하였으며, 출생 순위에 수반되는 상황에 대한 개인의 지각이 더 중요하다고 하였다. 이것은 객관적인 출생 순위보다는 이러한 상황에 대한 개인의 지각이 더욱 중요하다는 의미이다. 더욱이 이런 지각은 분명히 주관적이기 때문에 아동은 어떤 순위로 태어나건 간에 그들 자신의 고유한 생활양식을 창조할 것이라고 Adler는 보고 있다.

그러나 일반적으로 어떤 특정 출생 순위에 태어난 아이는 비슷한 특징을 갖고 있는 것으로 알려져 있다. 첫째 자녀는 처음 태어나서 독자(獨子)인 시기에는 부러워할 만한 위치에 있다. 보통 부모는 첫아이의 출생에 대해 불안감까지는 아니더라도 스릴을 느끼며 그 아이를 위해서 좋다는 일은 모두 하기에 바쁘다. 그래서 첫아이는 부모의 끊임없는 사랑과 관심을 받는다. 첫아이는 다음 아이가 태어나서 자신의 즐거웠던 자리를 빼앗기기까지는 안전하고 평화스러운 생활을 즐긴다. 동생의 출생은 첫아이의 처지와 세계관을 극적으로 바꾸어 놓는다.

Adler는 가끔 첫아이를 폐위된 왕에 비유했고, 이것이 마음의 상처가 될 수도 있다고 했다. 어린 동생이 부모의 관심이나 사랑을 얻기 위한 경쟁에서 이기는 것을 보았을 때, 첫아이는 자연히 과거의 위치를 다시 얻기 위해 저항하려는 경향을 나타낸다. 그러나 본래의 위치를 되찾겠다는 경쟁은 애초부터 실패하게 되어 있다. 그가 아무리 노력을 해도 이전과 같은 상황을 되찾을 수는 없는 것이다. 결국 첫아이는 부모가 자신의 요구를 너그럽게 받아 주기에는 너무 바쁘고 귀찮아하고 무관심하다는 것을 알게 된다. 게다가 부모는 첫아이의 관심을 끌기 위한 문제행동을 벌로 다스린다. 이러한 가족 간의 투쟁의 결과로 첫아이는 스스로 고립해서 적응해 나가며, 다른 사람의 애정이나 인정을 얻고자 하는 욕구에 초연해지고, 독자적 생존 전략을 습득한다.

둘째 아이는 처음 태어날 때부터 형이나 누나라는 속도 조정자를 가지고 있으므

사회문화적 힘

출생 순위

생활양식

첫째 자녀

폐위된 왕

어린 동생과의 경쟁

독자적 생존

둘째 아이

로, 그들의 장점을 능가하기 위한 자극과 도전을 받는다. 이런 사실이 둘째 아이에게 박차를 가하고, 첫째보다 훨씬 빠른 비율로 발전하게 만들기도 한다. 예로 둘째 아이가 첫째 아이보다 훨씬 빨리 말하고 걷기 시작하는 경우를 들 수 있다. 이에 대해 Adler(1931)는 마치 경주를 하는 것처럼 그리고 자기의 한두 발짝 앞에 누군가가 있어서 그를 앞지르기 위하여 서둘러야 하는 것처럼 행동하며, 항상 전속력을 다하고 있다고 묘사하였다. 그 결과 둘째 아이는 아주 경쟁심이 강하고 큰 야망을 가진 성격이 된다. 그의 생활양식은 항상 자기가 형보다 뛰어나다는 것을 증명하기 위해 노력하는 것이다. 그러므로 둘째 아이는 형을 능가하기 위하여 직접적이거나 우회적인 방법을 사용하여 목표를 달성하고자 하는 특성을 가진다.

경쟁심과 야망

중간 아이는 위아래로 형과 누나, 동생을 두고 있으므로 압박감을 느낀다. 한편으로는 형과 누나를 따라잡으려 하고 다른 한편으로는 동생보다 앞서가기 위해 노력해야 한다. 중간 아이는 자기 능력에 대한 확신을 갖지 못하고 무력감을 느끼며, 다른 형제자매에게 의존하는 태도를 보일 수 있다. 그러나 친구를 사귀거나 사회관계를 맺는 일에서 강점을 가지며, 가족갈등 조정자의 역할을 담당하기도 한다.

중간 아이

막내 아이의 상황은 여러 가지 측면에서 독특하다. 첫째, 막내는 동생에게 자리를 빼앗기는 충격을 경험하지 않고, 가족의 귀염둥이로 부모나 형제에 의해 응석받이로 자라게 된다. 둘째, 만일 부모가 경제적으로 넉넉하지 못할 경우, 막내는 자기 것이라고는 아무것도 없고 다른 가족에게서 물려받아야 하는 '늘 귀찮게 붙어 다니는 아이'의 위치로 전락할 수도 있다. 셋째, 모두가 자기보다 크고 힘이 세고 특권이 있는 형제에게 둘러싸여 있으므로, 독립심의 부족과 함께 강한 열등감을 경험하기 쉽다. 그럼에도 막내는 한 가지 이점을 가지고 있는데, 자유롭게 자신의 길을 추구하여 독특한 영역에서 탁월한 능력을 보이기도 한다. 막내는 가끔 가장 빠른 수영 선수, 훌륭한 음악가, 재능 있는 예술가, 또는 가족 중에 가장 야망 있는 구성원이 된다. Adler는 때때로 도전적인 막내가 혁명가로 성장할 가능성이 많다고 했다.

막내 아이

외동아이는 경쟁할 형제가 없는 독특한 위치에 있다(Adler, 1931). 그러므로 어머니가 응석받이로 기르기 쉬운 약점이 있고, 아버지와 강한 경쟁의식을 갖게 된다. 그는 '엄마 치마끈에 매달려서' 응석을 부리고 다른 사람에게서도 보호받기를 원한다. 따라서 독자의 생활양식에서는 의존심과 자기중심성이 현저하게 나타난다. 독자는 어린 시절 계속해서 가족의 관심의 초점이 된다. 독자는 결코 중심 위

외동아이

치를 나누어 가지거나 그 위치를 차지하기 위해 형제와 경쟁해 본 일이 없는데, 나중에 자신이 이미 관심의 주요 대상이 아니라는 것을 어렴풋이 깨닫게 된다.

위에서 설명한 것은 첫째, 둘째, 중간 아이, 막내, 독자가 갖는 특징에 대한 전형적인 설명이다. 그리고 앞에서 말했듯이, 각 출생 순위에 속한 모든 아동이 Adler가 제안한 일반적인 생활양식과 꼭 일치하는 것은 아니다. Adler가 강조하려는 것은 가족 내에서의 아동의 위치에 따라 독특한 종류의 문제가 나타나기 쉽다는 것이다. 그래서 Adler의 출생 순위에 대한 관심은 아동이 당면한 문제의 내용을 알아내고, 아동이 이 문제에 대처하여 어떤 식으로 해결해 나가는가를 밝히고자 한 것에 불과하다.

7) 가상적 최종 목표

목적론적 관점   Adler는 인간을 목적론적 관점에서 이해하고 있으며, 인간의 모든 행동은 어떤 목표를 지향하고 있다고 보았다. 그러므로 인간은 누구나 자신의 인생에서 실현하고자 하는 궁극적 목표를 갖고 있는데, 이를 가상적 최종 목표(fictional finalism)라고 하였다. 예를 들면, 어떤 사람은 열심히 일하고 조금만 운이 따르면 하지 못할 일이 없다는 신념으로 이 세상을 살아갈 수 있는데, 이러한 신념은 실제가 아니라 허구인 것이다. 왜냐하면 열심히 일하지만 아무것도 성취하지 못한 사람이 수없이 많기 때문이다. 인생을 살아가는 데 영향을 주는 여러 가지 가상적 신념의 예를 들

가상적 신념   면 '정직이 최상의 정책이다.', '모든 인간은 평등하게 태어났다.' 등이다.

Adler는 개인의 가상적 최종 목표는 자기 스스로 결정한 것이므로, 자기의 창조

개인적 독특성   력에 의해 형성되고 개인마다 독특한 것이라고 하였다. 그러므로 개인의 우월성의 추구 성향, 생활양식, 사회적 관심 등은 이들이 갖고 있는 가상적 최종 목표에 의해 결정되며, 그 외의 다른 행동이 지니는 의미도 알 수 있게 된다.

개인마다 가상의 최종 목표를 갖고 있지만, 대부분의 경우 그것을 명확하게 자

가상적 최종 목표의 유용성   각하지 못하는 경우가 많다. 그럼에도 가상적 최종 목표는 성격통합의 원리로 작동하고, 개인의 삶을 인도하는 초점이 된다(권석만, 2012). 가상적 목표는 현실에 효과적으로 대처하는 데 큰 도움이 된다. Adler는 일상생활을 수행해 나가는 데 그러한 목표가 도움이 되지 못한다면, 그런 목표는 수정되어야 하거나 포기해야 한다고 주장하였다.

가상적 최종 목표가 최종적으로 성취되지는 못하더라도 삶에서 매우 유용하다. 예를 들면, 어떤 대학 교수의 최종 목표가 그의 전문 분야에서 탁월한 업적을 남기는 것이라고 가정해 보자. 탁월함에는 최종적인 한계가 있을 수 없으므로, 단지 그는 항상 자신의 분야에 대해 더 연구할 뿐이다. 그는 학술지나 전문서적을 읽는 시간을 현재보다 더 늘릴 수 있고, 또 전문가 회의나 세미나에 참석함으로써 그의 지식을 향상할 수 있을 것이다. 하지만 그의 최종 목표가 완전히 달성되었다고는 할 수 없다. 그러나 탁월해지려고 하는 그의 노력은 유용하고 건전한 것이며, 그와 제자들은 그의 가상적 최종 목표로부터 도움을 받게 될 것이다.

반면에 가상적 최종 목표가 사람들에게 위험하고 해를 끼칠 수도 있다. 그 예로 아픈 것처럼 행동하는 우울증 환자나 학대받고 있는 것처럼 행동하는 편집증 환자를 들 수 있다. 가장 극단적인 예는 히틀러가 가졌던 아리안 민족이 우수한 민족이라는 신념일 것이다.

가상적 최종 목표의 위험성

이와 같이 Adler는 인간행동은 목적론적이고 목표지향적 동기를 지닌다는 점을 강조하고 있다. Adler는 성격과 인간행동은 과거의 경험보다는 가상적이며 또는 미래의 기대로부터 영향을 받는다고 했다. 개인의 행동은 과거의 경험이 아니라 가상적 최종 목표에 대한 지각에 의해 결정된다. 이런 목표는 미래에 있는 것이 아니라 미래에 대한 현재의 지각에 있는 것이며, 객관적인 실체가 아님에도 삶의 방향에 강한 영향을 미친다.

목표지향적 동기

미래에 대한 현재의 지각

3 성격 발달에 대한 관점

Adler는 특별한 성격 발달 단계를 제시하지 않고 있다. 그러나 Adler는 Freud와 마찬가지로 생후 5년까지를 성격 형성의 절대적 시기로 보며, 그 이후에는 성격의 기본 구조가 거의 변화되지 않는다고 보는 결정론적 관점을 취하고 있다. 그러나 개인심리이론에서는 불변성(不變性)의 가정이 Freud이론에 비하여 그 강도가 매우 낮다. 개인심리이론에서 불변의 근본사상은 Adler의 생활양식의 개념에 잘 반영되어 있다. 초기 열등의식과 보상에 의해 형성되기 시작한 생활양식은 5세경에 구체화되며, 그 이후 행동의 모든 국면에 걸쳐 영향을 미친다. 사실 생활양식을 통해 사람들은 그들의 여생을 우월에 대한 추구와 또 아동기 초반에 설정한 가상적

결정론

생활양식

최종 목표를 성취하기 위해 노력하면서 살아간다. 그리고 생활양식은 시기에 따라 다른 방식으로 나타나기는 하지만, 기본적인 변화는 이루어지지 않는다.

주관성   Adler는 성격 발달에 미치는 유전과 환경의 영향은 인정하였지만, 주로 개인적 주관성에 의해 결정된다고 보았다. 예를 들어, 아동의 객관적 출생 순위보다는 그 출생 순위에 대한 주관적 지각이 성격 형성에 더 중요하다고 보았다. 그리고 사회적 관심은 어머니의 행동이 지니는 객관적인 내용보다는 아동이 어머니의 행동을 어떻게 해석하느냐에 따라 달라지므로 근본적으로 다르게 발달한다. 이러한 인간 발달에 대한 Adler의 주관성의 가정은 가상적 최종 목표 개념에 뚜렷하게 나타나는데, 실제로 가상적 목표는 현재 체험되는 주관적인 가상의 최종 목표인 것이다(Adler, 1931). 이러한 점에서 볼 때, Adler의 개인심리이론에서는 인간의 발달과 생활양식은 그 개인의 유일한 주관적인 목표를 중심으로 형성된다고 본다.

상향적 발달 성향   Adler의 개인심리이론에서는 인간 발달은 기본적으로 상향적 발달 성향(upward tendency)을 지니고 있다고 본다. Adler(1931)는 인간은 선천적으로 성장 경향을 지니고 태어나며 인간 발달은 미래지향적인, 그리고 완전과 우월을 성취하기 위해 인간이 노력한 결과라고 본다. 유아기와 아동기에 주관적으로 경험한 열등감은 미래지향적인 가상적 최종 목표를 성취하기 위한 우월 추구의 동기로 작용하게 된다. 그리고 이런 우월 추구의 과정에서 긴장을 경험한다고 할지라도 인간은 이를 극복하고 성장하려는 노력을 멈추지 않는다고 보고 있다. 따라서 개인심리이론에서는 외적인 환경적 자극에 대해 단순히 반응함으로써 발달이 이루어지는 것이 아니라, 개인의 자기발생적인 그리고 미래지향적인 노력의 결과로 발달이 이루어진다고 규정하고 있다.

미래지향

성장 노력

4 사회복지실천에의 적용

1) 심리적 건강과 증상에 대한 관점

Adler는 경험이 불가피하게 열등감을 낳기 때문에 인간은 누구나 이를 보상하고 우월을 추구하려 한다고 보았다. 그러나 환경은 우월의 목표를 성취하는 것을 방해하기도 한다. Adler는 개인이 환경적 장애물에 어떻게 반응하느냐에 따라 적

환경적 장애물

응의 정도가 결정된다고 본다. 적응적 개인, 즉 심리적으로 건강한 사람은 용기를 가지고 문제에 직면하며, 삶을 현실적으로 바라보며, 타인의 안녕과 행복에 기여하려는 의지를 갖고 있다. **적응적 개인**

Adler는 사회적 관심의 수준이 개인의 심리적 건강을 측정하는 유용한 척도가 된다고 보고 있다. 그래서 Adler의 이론에 따르면 자기 자신의 삶은 타인의 삶에 가치를 부여할 경우에만 가치가 있다. 정상적이고 건강한 사람은 본래 다른 사람에게 관심이 있고, 그들의 우월성의 목표는 기본적으로 사회적이며 모든 사람의 안녕까지를 포함하는 공동체의식을 갖고 있다. 그들은 이 세상의 모든 것이 잘못되어 있다는 것을 알고 인류의 운명을 향상해야 할 책임감을 느끼고 있다. 결국 그들이 만일 동시대의 인류의 삶 그리고 미래 세대의 삶에까지 공헌하지 못한다면, 그들 자신의 삶도 아무런 가치가 없다는 것을 알고 있다. **사회적 관심** **공동체의식**

Adler는 정서장애를 생활에서 실패한 것으로 간주한다(Corey, 2000). 즉, 심리적 장애와 행동장애는 잘못된 생활양식 또는 잘못된 가정이라고 본다. Adler는 정서적으로 문제가 있는 사람은 불완전한 생활양식을 지니고 있으며, 잘못된 인생목표를 지니고 있거나 사회적 관심이 부족한 사람이라고 하였다. **정서장애**

부적응적인 개인은 현재의 자신과 이상적 목표 사이에 상당한 거리를 두고 있는 사람이다. 이런 사람은 개인의 이익 추구에만 관심이 있을 뿐 타인의 안녕과 복지에는 관심이 없으며, 회피형, 지배형, 획득형 생활양식을 지니고 있는 사람이 많다. 적응을 잘하지 못하는 사람은 사회적 관심도 부족한 사람이다. 이런 사람은 자기중심적이고, 남보다 우월하기 위해서 노력하며, 사회 목적의식이 부족하다. 단지 사적인 의미를 가진 삶, 즉 자기 이익과 자기 보호에 사로잡힌 삶을 살게 된다. **부적응적 개인**

Adler는 신경증 환자의 잠재적 실패를 다루는 방식을 설명하기 위하여 '거리'라는 개념을 사용하였다. 실패는 열등감을 강화하므로 사람은 실패를 경험하는 것을 좋아하지 않는다. 따라서 자기 자신과 목표 사이에 일정한 거리를 둠으로써 실패 상황에 미리 대비하고자 한다. 이러한 심리적 술책은 용기도 상식도 보이지 않으므로 본질상 방어적이다. 거리는 자기 자신의 참모습에 직면하지 않기 위하여 사용되는 회피기법이다. 예를 들어, 여성에게 거부당하는 것이 두려운 남자는 스스로 거리를 둠으로써 심리적으로 도피해 버린다. 결국 그는 '센스 있고 예쁘고 머리 좋은 사람을 찾을 수만 있다면 접근해 볼 텐데.'라고 말한다. 이 방어전략을 사용함으로써 그는 거부당하기 전에 미리 거부할 수 있게 된다. **거리** **회피**

2) 치료 목표

삶의 창조자

개인심리치료에서는 내담자가 자신의 사고, 감정, 행동에 책임을 질 수 있도록 원조하는 데 목표를 둔다. 또한 내담자가 무기력한 희생자가 아니라 삶의 창조자로서 과거보다 미래를 전망하는 목표와 목적을 성취하기 위한 노력을 경주할 수 있도록 원조한다.

삶의 전제 수정

개인심리치료에서는 내담자의 생활양식을 이해하고, 부적응적인 목표와 신념을 파악하여 사회적 관심을 증진하고, 좀 더 적응적인 목표와 생활양식으로 변화시키는 것을 치료 목표로 삼는다(Dreikurs, 1967). 즉, 내담자로 하여금 삶에 대한 잘못된 신념과 목표를 확인하고 변화시키도록 돕는 데 그 목적을 두며, 증상의 경감이나 제거보다는 기본적인 삶의 전제를 수정하고 왜곡된 삶의 동기를 수정하는 데 초점을 둔다. 이러한 개인심리치료의 치료 목표를 구체적으로 상술하면, 사회적 관심의 증가, 열등감 극복, 인생 목표와 생활양식의 변화, 왜곡된 동기의 수정, 타인과 평등한 존재라는 인식 증진, 사회에 기여하는 성원으로의 변화가 그것이다.

3) 치료자의 역할과 실무 원칙

치료자-내담자
관계

개인심리이론에 입각한 치료에서는 치료자와 내담자와의 관계를 상호 신뢰와 존경에 기초를 둔 동등한 관계라고 본다. 치료는 협동적 모험이기 때문에 내담자와 치료자는 연합하여야 하며, 치료과정은 상호 합의하에 만들어진 하나의 목표를 향해 나아가야 한다. 치료자와 내담자가 동등한 관계라는 가정은 내담자로 하여금 자신이 수동적인 존재가 아니라 어떤 우월한 자도 열등한 자도 없는 관계에서 치료의 활동적 주체임을 깨닫게 하고 자기 행동에 책임의식을 갖게 한다.

활동적 주체

인지

개인심리이론에서는 인간이 '먼저 생각하고 나서 다음에 행동하며 그다음에 느낀다.'고 말한다. 그러므로 치료자는 치료의 인지적 측면에 초점을 두고 내담자가 자신의 삶 속에서 잘못된 가정과 결론을 발견하고, 그것을 교정하도록 원조하는 역할을 수행한다. 그러나 치료자는 치료과정에서 단지 수동적인 경청자나 해석자로 머무는 것이 아니라, 내담자가 현재를 변화시키고 미래행동과 목표를 선택하고 추구하도록 제안하는 능동적 인물이다. 이러한 치료자가 개인심리이론에 입각한 개입을 할 때, 지켜야 할 실무 원칙은 〈표 14-3〉에서 보는 바와 같다.

능동적 인물

ᴬᴵᴵᴵ 표 14-3 개인심리이론의 실무 원칙

- 인간은 통합적 존재이므로, 모든 행동을 전체적 관점(holistic view)에서 이해하라.
- 인간행동을 목적론적인 개념의 맥락에서 이해하라. 즉, 내담자의 행동을 이해하기 위해서는 개인의 독특한 인생목표와 이의 추구방법을 이해해야 한다.
- 내담자가 자신이 지닌 열등감을 직시하고, 용기를 가지고 문제에 직면할 수 있도록 격려하라.
- 내담자의 생활양식을 이해하라.
- 과거를 이해하려고 노력해야 하지만, 현재를 변화시키고 미래의 행동과 목표를 선택하고 추구하는 것에 강조점을 두라.
- 내담자의 환경에 대한 반응양식과 지각을 이해하고, 왜곡된 지각을 변화시키라.
- 내담자의 우월성 추구를 방해하는 환경적 요소를 찾아 해결하라.
- 내담자의 사회적 관심을 증진하라.
- 치료과정에서 격려와 해석뿐만 아니라 설득, 변화를 위한 제안을 하라.

개인심리이론의 치료적 절차는 내담자로 하여금 자신의 역동성과 삶에 대한 잘못된 신념을 확인하고, 자신의 부적응적 정서와 행동을 야기하는 잘못된 생각과 신념을 변화시키도록 돕는 것이다. 또한 치료는 치료자와 내담자의 협동적 모험이므로, 내담자로 하여금 자신에 대한 통찰을 실제 생활에서 행동으로 옮길 수 있도록 구조화해야 한다. 그리고 개인심리이론에 입각한 치료의 과정은 ① 적절한 치료 관계의 형성, ② 개인의 역동성 탐색과 분석, ③ 통찰의 격려, ④ 재교육과 재지향(reorientation)의 원조라는 4단계로 구성되어 있다(Dinkmeyer, 1983). 치료과정

4) 치료 기법

개인심리이론의 치료자는 일반적으로 기법을 선택하는 데 절충적이다. 치료자는 특수한 절차에 구애되지 않고 특정 내담자에게 가장 알맞은 기법을 자신의 임상적 판단에 따라 광범위하게 적용한다. 그러나 Freud의 정신분석치료에 비하여 직접적이고 지시적인 기법과 해석이나 제안 등의 기법을 많이 사용한다. 과거보다는 현재를 변화시키고, 미래의 목표를 선택할 수 있도록 원조하는 기법을 많이 사용한다. 개인심리이론에 입각한 치료에서 자주 사용되는 기법을 제시하면 다음과 같다(Corey, 2000). 지시적 기법
제안

(1) 즉시성과 격려

즉시성
　　즉시성(immediacy)은 치료 기법이라기보다는 치료원리에 가까운데, 현재 이 순간에 무엇이 일어나고 있는지를 다루는 기법이다. 치료자는 내담자로 하여금 치료 시간에 일어나는 일이 일상생활에서 일어나는 일의 표본이라는 점을 인식하고, 개인의 잘못된 신념과 생활에서의 실패가 어떻게 연관되어 있는지를 인식할 수 있는 기회를 제공한다.

격려
　　격려(encouragement)는 내담자의 신념을 변화시킬 수 있는 가장 강력한 방법으로, 내담자가 자기 신뢰와 용기를 갖도록 원조하는 기법이다. 격려를 함에 있어서는 언어보다는 비언어적 격려를 더욱 중시했는데, 미소와 같은 단순한 것이 될 수도 있고, 타인에 대한 사랑, 존경, 진실한 배려를 담은 비언어적 행동을 통해 격려한다(Sweeney, 2005).

(2) 역설적 개입

　　역설적 개입(paradoxical intervention)은 내담자의 의도와 반대되는 방향으로 개입하는 것을 의미하며, 여기에는 처방(prescription), 제지(restraint) 등이 속한다. 처

처방

방기법의 예를 들면 대부분의 시간을 일에 대한 걱정으로 보내는 내담자에게 하루 종일 일만 하면서 시간을 보내라고 지시할 수 있다. 제지기법의 예로는 우울증이

제지

급격히 호전된 내담자에게 너무 빨리 호전되면 원래 상태로 돌아갈 위험이 있으니 천천히 변화하라고 지시하는 것을 들 수 있다.

(3) 마치 ~인 것처럼 행동하기

　　이 기법은 내담자가 마치 자신이 그런 상황에 있는 것처럼 상상하고 행동하도록

역할극

하는 역할극(role play) 기법이다. 내담자가 "만약 내가 ~만 할 수 있다면(as if)"이라고 말하면, 치료자는 내담자에게 최소한 1주일 정도는 그 일이 실제 일어난 것처럼 생각하고 행동하도록 격려한다.

(4) 수프 엎지르기

수프 엎지르기

　　내담자의 수프 엎지르기(spilling the soup) 또는 수프에 침 뱉기 기법은 치료자가 내담자가 보는 앞에서 어떤 행동의 유용성을 줄임으로써 부적절한 게임을 종식하게 하는 기법이다. 예를 들면, 자식을 위하여 산다고 이야기하는 아버지에게 그렇

게 말하는 이면에는 자식에게서 인정받고 싶은 욕구가 숨겨져 있다고 말해 줌으로써 자기과시적 언행을 무의미하게 만들 수 있다.

(5) 단추 누르기

단추 누르기(pushing the button) 기법은 내담자에게 의도적으로 유쾌한 감정이나 불유쾌한 감정을 갖도록 하고, 그런 경험에 수반되는 감정에 대해 토론하는 기법이다. 예를 들면, 기분이 저하될 때는 붉은 단추를 눌러서 기분을 고양하고, 기분이 너무 고양될 때는 파란 단추를 눌러 기분을 가라앉히는 방법이다. 이 기법은 내담자에게 자신이 무엇을 하겠다고 생각하기만 하면 어떤 감정이든 만들어 낼 수 있다는 것을 가르침으로써, 스스로가 자신의 감정을 통제할 수 있도록 원조하는 데 목적을 두고 있다(Mosak, 1979).

감정에 대해 토론

(6) 직면

직면(confrontation)은 내담자로 하여금 자신의 잘못된 목표나 신념을 회피하지 않고 정면으로 마주하게 하는 기법이다. 직면은 내담자가 제공하는 정보 간에 불일치가 있을 때 많이 사용하며, 주관적 견해에 대한 직면, 잘못된 신념이나 태도에 대한 직면, 개인적 목표에 대한 직면, 파괴적 행동에 대한 직면 등이 포함된다.

직면

(7) 과제 부여

과제 부여(task assignment) 기법은 내담자의 문제해결을 위하여 치료자가 특정한 과제를 개발하여 내담자에게 이를 부과하고 이행하도록 하게 함으로써 내담자가 성취감을 맛보게 하고 새로운 일에 대한 자신감을 갖고 도전할 수 있도록 하는 기법이다.

과제 부여

이상과 같은 기법 이외에도 개인심리이론에 입각한 치료에서는 조언, 유머, 침묵 등 다른 접근방법의 기법을 내담자의 특성에 따라 절충적으로 활용한다.

조언, 유머, 침묵

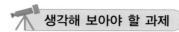 생각해 보아야 할 과제

1. Adler의 인간 본성에 대한 관점과 Freud의 관점을 비교 분석하고, 어떤 점에서 Adler 가 신프로이트 학파로 간주되는 것이 적절한지에 대해 토론해 보시오.

2. 자신의 초기 열등감을 기억해 내어 이를 극복하기 위하여 어떤 노력을 기울였으며, 이를 극복하기 위한 노력이 현재 성격에 어떻게 나타나는지 논의해 보시오.

3. Adler는 모든 개인은 열등감을 극복하고 우월을 추구하려는 속성이 있으며 이에 의해 행동이 동기화된다고 보는데, 주변에서 이러한 Adler의 주장에 맞는 인물과 맞지 않는 인물을 찾아 그 이유를 설명해 보시오.

4. 미래의 가상적 최종 목표는 무엇이며, 그 목표를 달성하기 위하여 현재 어떤 노력을 기울이고 있으며, 그 목표가 결코 현실에서 달성될 수 없는 근거를 제시해 보시오.

5. Adler의 이론에 입각하여 볼 때, 자신의 생활양식은 어떤 유형에 해당되며, 그러한 생활양식이 행동이나 사고에서 어떻게 표현되고 있는지 논의해 보시오.

6. 사회복지제도의 의미를 Adler의 사회적 관심이라는 개념에 입각하여 설명해 보시오.

7. 자신의 출생 순위와 아동기 초반에 경험한 가족 분위기가 현재의 성격과 어떤 연관성을 지니고 있는지 논의해 보시오.

8. 우리나라의 경우 아들에 대한 기대가 딸에 대한 기대보다 더 크고, 장남에 대한 기대가 다른 자녀에 비해 더욱 크다. 이러한 문화적 요인이 성격 발달에 어떠한 영향을 미칠 것인지를 Adler의 이론에 입각하여 분석해 보시오.

9. 예비 사회복지사가 자원봉사활동을 할 때 장애인을 대하면서 유의해야 할 점과 장애인이 열등감을 극복할 수 있도록 도와줄 수 있는 방법에 대해 생각해 보시오.

10. '꿈은 이루어진다(Dreams come true).'는 말이 있다. Adler의 관점에서 보면 이때의 꿈은 우월 상태 또는 완성에 이르는 것이라고 할 수 있다. 자신의 꿈을 이루기 위하여 어떤 노력을 하고 있는지, 그리고 그 꿈을 이루기 위하여 앞으로 무엇을 해야 하는지에 대해 생각해 보시오.

제15장

자아심리이론

학 습 목 표

1. 자아심리이론의 인간관과 기본 가정을 이해한다.
2. 자아심리이론의 주요 개념을 이해한다.
3. 자아심리이론의 인간 발달 관점을 이해한다.
4. 자아심리이론을 사회복지실천에 적용할 수 있는 방안을 이해한다.

Freud의 사후에 정신분석이론에 비판이 일면서 많은
수정이 가해지기 시작하였다. Freud는 개인의 정신내
적 측면에 초점을 두고 성격 발달을 논의한 관계로, 대
인관계 측면이나 사회적 측면이 성격 발달에 미치는 영
향을 충분히 고려하지 못하였다. 특히 정신내적 측면
중에서도 원초아가 성격의 원형이라고 봄으로써 자아
를 원초아의 노예로 전락시켜 버렸다. 즉, Freud는 자
아를 인간행동의 조정자, 집행자로서 규정하였지만 자
아가 주인으로서의 자율적 위치에서 기능하는 것이 아

Freud 이론의
한계

Erik Homburger Erikson
(1902~1994)

니라, 원초아로부터 정신 에너지를 일부 배분받아 기능하므로 언제나 원초아의 노
예 또는 보조적 역할을 수행하는 것으로 간주하였다.

이러한 Freud 이론의 제한점을 인식하고 전통적 정신분석이론에 수정을 가한

이론 중의 하나가 바로 자아심리이론이다. 자아심리이론가 중에서 선두주자 격인
Hartman(1964)은 자아가 원초아에서 파생 또는 분화되는 것이 아니고, 독립적으
로 형성되고 지속적으로 발달해 간다고 하였다. 즉, 자아는 외부 환경에 대한 선천
적 적응력을 지니고 있으며, 지각하고, 기억하고, 사고하는 인지적 과정을 자율적
으로 처리할 수 있다고 하였다. 그리고 정신치료는 자아 영역을 확장하고, 자아의
환경 적응력을 높이는 것이라고 보았다.

Hartman
자아의 자율성과
적응력

White(1959)는 자아가 고유의 정신 에너지를 가지고 있을 뿐만 아니라 원초아의
본능적 충동의 만족과는 상관없이 과제수행에 필요한 탐구, 조작 등을 할 수 있는
효율적 능력을 지니고 있다고 보았다. 그리고 자아는 자신의 주변 사람에게 더 많
은 영향을 미치고 싶어 하는 효과성 동기(effectance motivation)와 환경을 좀 더 효
과적으로 다루고자 하는 유능성 동기(competence motivation)를 지니고 있다고 보
고, 이들 동기가 자아 적응력의 기초가 된다고 하였다.

White
자아의 효과성과
유능성 동기

Freud가 성격의 발달을 정신내적 갈등의 결과물로 규정한 것과 달리 자아심리
이론가는 사회문화적 환경이 성격 발달에 지대한 영향을 미치며, 자아가 환경과의
관계에서 자율적 적응력을 지니고 있다고 보았다. 이러한 관점을 지닌 대표적인
학자가 바로 Erik H. Erikson이다. 그는 어떤 심리적 현상이라도 반드시 생물적ㆍ
행동적ㆍ경험적ㆍ사회적 요인 간의 상호작용으로 이해해야 한다고 하였다. 특히
사회적 힘이 성격 발달에 미치는 영향을 강조하고 있기 때문에, 그의 이론을 심리
사회적 이론(psychosocial theory)이라고 부른다. Erikson의 심리사회적 이론의 또
다른 특성은 인간의 전 생애에 걸친 발달과 변화 가능성의 강조, 병리적인 것보다
는 정상적이고 건강한 측면의 강조, 자아정체감 확립의 중요성, 문화적ㆍ역사적
요인과 성격 구조의 관련성을 중시한 점이다(Hjlle & Ziegler, 1976).

사회환경의 영향

Erikson

심리사회적
이론의 특성

Erikson의 심리사회적 이론을 포함한 자아심리이론의 영향으로 사회복지실천
에서는 내담자가 자신의 환경을 지배하는 방법을 어떻게 학습하게 되는가에 초점
을 두게 되었으며, 성격과 환경 요인 사이의 균형을 이루는 데 다시 관심을 갖게
만들었다. 이러한 영향에 대해 Hamilton(1958)은 자아심리이론이 자율적으로 기
능하는 성격 구조인 자아에 다시 초점을 두게 함으로써 사회복지실천이 근본적으
로 재구조화되었다고 평가하고 있다. 다음에서는 자아심리이론 중에서 Erikson의
심리사회적 이론을 중심으로 하여 인간 본성에 대한 관점, 기본 가정과 주요 개념,
성격의 발달, 사회복지실천 적용방법에 대해서 논의해 보고자 한다.

사회복지실천에서
의 성격과 환경의
균형

1 인간관과 가정

1) 인간관

Erikson은 인간을 합리적이고 창조적인 존재로 보고 있다. Freud는 인간행동
이 통제할 수 없는 무의식적인 본능적 힘에 의해 지배된다고 보는 비관적 시각을
갖고 있다. 이와 달리 Erikson은 인간행동이 의식 수준에서 통제가 가능한 자아
에 의해 동기화된다고 보았다. Erikson은 자아가 개인이 직면하는 갈등이나 문제
에 대한 합리적인 해결 방안을 탐색하고, 현실을 검증하고, 창조적으로 문제를 해
결해 나가며, 실패하였을 경우에는 새로운 대안을 모색할 수 있다고 본다. 따라서
Erikson은 인간을 내적 통합성, 좋은 판단력, 그리고 성공할 수 있는 능력을 지니
고 있는 합리적이고 이성적이며 창조적인 존재로 규정하고 있다.

合리적이고
창조적 존재

Erikson은 인간을 전체적 존재로 보고 있으며, 환경 속의 존재(person in
environment)로 규정하고 있다. Erikson은 인간을 제대로 이해하기 위해서는 신
체·심리·사회적 총체(entity)로 보아야 한다고 하였다(Hjlle & Ziegler, 1976).
Erikson(1975)은 모든 인간이 ① 유기체가 환경과 다른 유기체에 지속적으로 상호
적응하는 과정에서 통합성을 유지하려는 신체적 질서(somatic order), ② 개인적 경
험과 행동의 내적 세계 및 외적 세계를 통합하는 심리적 질서(personal order), ③
지리적, 역사적 환경을 공유하는 개인 유기체가 연합하여 유지시키는 사회적 질서
(social order)를 모두 따른다고 보았다. 이와 같이 인간의 행동은 생물적 성숙에 의
해서만 결정되는 것이 아니라 개인의 신체 및 심리적 요인과 사회문화적 요인의
상호작용에 의해 결정된다고 보았으며, 그중에서도 사회문화적 요인(social forces)
의 영향을 특히 중요시하였다. 즉, Erikson은 각 개인의 심리적 발달은 선천적인
유전적 요소와 부모의 양육방식, 학교에서의 경험, 또래집단과의 경험, 그리고 그
외의 사회관계망과의 관계 사이의 상호작용에 의해 결정된다고 보고 있다. 이처럼
Erikson은 모든 인간이 유전적 요인에 기초하여 환경적 요구에 적응하고 환경적
어려움에 도전하며 이를 극복해 나가는, 생의 의미를 추구해 갈 수 있는 전체적인
존재로 본다.

전체적 존재
환경 속의 존재

Erikson은 인간을 가변성(可變性)을 지닌 존재로 본다. Freud는 생후 5~6년간

가변적 존재

의 경험에 의해 성격의 기본 구조가 형성되고, 어렸을 때 형성된 성격은 성인기가
되어도 변화하지 않는다고 본다. 이와 달리 Erikson은 개인을 인생의 전환점에 직
면하여 끊임없이 새로운 발달과업과 투쟁하고 새롭고 더 나은 자아를 획득하려 하
며, 그런 가운데 변화와 성장을 하는 존재로 본다. 이와 같이 Erikson은 인간의 발
달은 끝이 없으며, 전체 생활주기를 통하여 지속된다고 보았다.

2) 기본 가정

행동의 동기　　Erikson은 행동이 기본적으로 생물적 요인에 의해 발생하며, 성적 및 공격적
충동을 표출하려 함으로써 동기화된다는 Freud의 관점을 받아들인다. 하지만
Erikson은 인간의 행동이 ① 사회적 관심에 대한 욕구, ② 환경을 지배하고자 하는
유능성에 대한 욕구, ③ 사회적 사건의 구조와 질서에 관한 욕구라는 세 가지 사회
사회적 충동　　적 충동에 의해 시작된다고 보았다.

Erikson은 무의식이 생물적 요인에 의하여 발생하며 불안을 방어하기 위하여 억
압한 정신적 요소로 구성된다는 Freud의 무의식에 대한 관점을 수정·확대하였
다. Erikson은 생활주기상의 각 발달 단계에서 기대가 억압되어 무의식 상태에 남
사회무의식　　아 있게 되며, 의식 외부에 존재하는 문화적 요인을 포함한 사회무의식이 존재한
다고 보았다. Erikson은 개인을 이해하기 위해서는 문화 및 사회적 요인이 행동에
사회적 힘　　미치는 영향을 파악하여야 한다고 주장하고 있다. 사회적 힘의 영향을 설명하기
위하여 Erikson은 보다 개방적 에너지 체계를 선택하였으며, 사회체계에 강조점을
둠으로써 자아정체감의 개념을 개인과 사회 사이의 상호관계를 포함하는 개념으
로 확대하였다. Erikson은 자연환경, 역사적 환경, 기술환경이 개인의 자아정체감
환경적 요인　　의 일부분이 되며, 개인에 대한 진정한 평가를 하기 위해서는 이러한 환경적 요인
을 이해하여야 한다고 보았다.

전 생애 발달　　Erikson의 심리사회이론의 초점은 전 생애에 걸쳐 발달이 이루어진다고 보는 것
이며, 사회 및 환경적 요인이 사고나 행동의 변화를 일으킨다고 본다. Erikson은
일관성 있는 경험을 형성하고, 이전 세대와 이후 세대와 연결되어 있는 개인 생활
의 경향에 초점을 두고 있는데, 이를 생활주기적 접근방법이라고 부른다. 그는 개
인이 더욱 정교화되거나 특화된 신체·심리·사회적 상태로 변화되어 가는 방식
에 많은 관심을 가졌다. 따라서 Erikson은 발달이 8단계에 걸쳐 일어나며, 유아기

에서 시작하여 노년기와 사망으로 인하여 끝난다고 보았다. 그는 각 발달 단계를 자아가 지배감(sense of mastery)을 획득하고 회복하는 새로운 안정기로 보았다.

자아지배감

.ıll **표 15-1** Erikson의 심리사회이론의 기본 가정

- 발달은 생리 · 심리 · 사회적 속성을 지니며, 전 생애에 걸쳐 일어난다.
- 생물적 요인에 의하여 발달이 추진되기는 하지만, 개인적 정체감은 사회조직과 분리되어 존재할 수 없다.
- 자아는 환경에 대한 유능성과 지배감을 확보하려고 하기 때문에 발달에 중요한 역할을 한다. 사회제도와 보호자는 개인의 환경에 대한 지배력을 확보할 수 있도록 긍정적 지지를 제공하며, 개인의 발달은 사회를 풍요롭게 한다.
- 발달은 심리사회적 위기가 일어나는 8단계로 구분되며, 성격은 각 단계의 위기를 해결한 결과이다. 각 생활 단계는 이전 단계의 성공에 기반을 두고 있으며, 새로운 사회적 요구와 새로운 기회를 제공한다.
- 생활 단계에 동반되는 심리사회적 위기는 보편적인 것이며, 모든 문화에서 일어난다. 다만, 문화에 따라 각 생활 단계상의 위기를 해결하는 방안이 서로 다르다.
- 세대에 걸쳐 욕구와 능력이 상호 연결되어 있다.
- 심리적 건강은 자아강점(ego strength)과 사회적 지지의 기능에 달려 있다.
- 위기를 성공적으로 해결하지 못하고, 사회제도에서 소외될 경우 자아정체감의 혼란이 야기된다.

Erikson의 발달에 대한 관점은 각 단계는 이전 단계의 경험이 어떻게 해결되었는가에 따라 달라진다고 보는 점성설(漸成說, epigenesis)이라는 생물학적 원칙에서 유래된 것이다. 점성설에 따르면 성장하는 모든 것은 기본 도안(ground plan)을 가지고 있으며, 모든 부분이 전체적으로 기능할 수 있을 때까지 각 부분으로 분화되며, 이러한 분화과정에서 각 부분이 우세하게 나타나는 특정한 시점이 있다 (Erikson, 1982). Erikson의 점성적 관점에서는 어머니라는 희미한 상에서부터 시작하여 인류로 끝나는 폭넓은 사회관계망과 상호작용함에 따라 발달이 이루어진다고 보고 있다(Erikson, 1959). Erikson은 성격은 보호자와의 지속적인 상호작용을 통해서 신뢰감이 형성되는 영아기에서부터 발달하기 시작하여, 점진적으로 자아의 기능이 분화되고 통합되는 과정에서 형성된다고 본다. 즉, 성격 발달은 일련의 연쇄과정을 따르며, 결정적인 시간에 일어나고, 시간의 흐름에 따라 진보하며, 일생에 걸쳐 통합되는 과정이다.

Erikson이 강조하는 또 다른 원칙은 심리사회적 위기의 극복과 성격 발달에 있

점성설

기본 도안

분화

사회관계망

통합

심리사회적 위기

어서의 보호자와 사회제도의 역할에 관한 것이다. 그는 발달과정에 있는 개인이
인생을 통하여 관계의 수를 확대해 가는 것을 설명하기 위하여 주요 관계의 반경

주요 관계의
반경

범위(radius)라는 개념을 사용하였다. 이러한 관계는 부모, 가족, 이웃과 급우, 또
래 집단 및 친구나 애인으로 시작되며, 자기가 속한 가족성원 그리고 마지막으로
는 동료 인간으로까지 확대된다. 일련의 심리사회적 위기와 주요 관계의 확대를
통하여 개인은 사회적 상호작용의 범위를 확대해 나간다(Erikson, 1959). 문화에 따

사회적 상호작용

라서 사회적 상호작용 유형이 다르다고 할지라도, 발달은 적절하고 사전에 정해진
비율과 과정에 따라 이루어지게 된다. 유아가 사회적 상호작용에 대한 기질을 갖

자아 발달

고 인생을 시작하며 사고가 본능적이 아니라 사회적이라는 Erikson의 관점은 자아
발달에 대한 이해를 증진하는 데 많은 기여를 하였으며, 그의 동기이론에 중요한
역할을 하고 있다.

자아정체감

개인이 자아정체감을 발전시키는 과정은 심리사회적 이론의 초점 영역이다
(Erikson, 1959). 자아정체감 형성은 인생에 대한 개인적 철학과 통합된 가치체계
의 형성을 포함하는 발달적 과업이다. 자아정체감은 한 개인이 자신이 누구이며,
어느 위치에 서 있는지를 알고자 하는 노력의 결과로 형성되며, 청소년기에 그러
한 노력이 가장 활발하게 나타난다(Corey, 2000). Erikson은 정체감 형성의 과정
을 일생 지속되는 과정이라고 보았다. 심리사회적 정체감은 개인의 생활사(life

생활사와 사회의
역사

history)가 사회의 역사와 밀접하게 관련되어 있다는 것을 의미하는 '심리-역사적
측면'(Erikson, 1959)이란 개념까지도 포함한다. Erikson은 자아정체감은 여러 단계
에서 발달할 뿐만 아니라 재구조화나 재통합까지도 포함한다고 보고 있다. 성격
발달이 각기 다른 생활 단계에서 새로운 형상을 보인다는 것을 위계적 재구조화

위계적 재구조화

(hierarchical reorganization)라고 말한다. 위계적 재구조화란 발달이 직선적일 뿐 아
니라 새로운 기능과 적응력을 부여해 주는 변화하는 구조와 조직을 지니고 있다는
개념이다.

2 주요 개념

심리사회적 발달

Erikson의 심리사회적 이론의 핵심 개념인 자아정체감(ego identity)을 비롯한 주
요 개념은 8단계의 심리사회적 발달에 포함되어 있다. 따라서 여기에서는 이러한

심리사회적 발달의 개념을 이해하는 데 필요한 자아(ego)에 대해서만 논의하기로
한다.

Freud는 자아가 원초아로부터 정신 에너지를 배분받음으로써 분화되는 것으로
보고 있다. 그러나 Erikson은 자아를 일생의 신체 · 심리 · 사회적 발달과정에서 외
부 환경에 대처하고 적응하는 과정에서 형성되는 역동적인 힘으로 규정하였다. 이
러한 자아의 발달과 특성을 Goldstein(1984)은 다음과 같이 설명한다.

자아의 특성

① 자아는 개인이 환경에 성공적으로 적응하는 데 필수적인 기본적 기능을 수행
  하는 성격의 일부분이다.

환경 적응

② 자아 기능은 타고난 것이며, 성숙과 신체 · 심리 · 사회적 요인 간의 상호작용
  을 통하여 발달한다.

타고난 기능

③ 자아는 기본적 욕구의 충족, 타인과의 동일시, 학습, 발달과업의 성취, 효과
  적 문제해결, 내적 욕구와 환경적 조건과 기대, 스트레스 및 위기에 대처하는
  과정에서 지속적으로 발달하게 된다.

지속적 발달

④ 자아는 자율적으로 기능할 수 있는 능력을 지니고 있지만, 성격의 일부분이
  므로 내적 욕구와 충동 그리고 내면화된 타인의 특성과 기대, 규범, 가치와
  관련지어 이해하여야 한다.

자율적 기능

⑤ 자아는 개인과 환경 간의 관계를 중재할 뿐 아니라 성격의 다양한 요인 사이
  의 내적 갈등을 중재한다. 자아는 개인을 불안과 갈등에서 보호할 수 있는
  방어기제를 사용하며, 이러한 방어기제는 적응적 목적이나 부적응적인 목적
  에 모두 사용된다.

개인-환경 중재

⑥ 사회환경은 성격을 형성하며, 성공적인 대처능력을 고양하거나 방해하는 조
  건을 제공해 준다. 따라서 자아 기능 정도를 파악하기 위해서는 성, 연령, 생
  활양식의 차이뿐 아니라 문화적 · 인종적 · 민족적 다양성을 반드시 고려하
  여야 한다.

사회환경

⑦ 자아의 대처능력 결여뿐만 아니라 개인의 욕구와 능력이 환경적 조건이나 자
  원과 합치되지 않을 때, 사회적 기능상의 문제가 나타난다.

자아의 대처능력

3 심리사회적 발달 단계

1) 심리사회적 성격 발달에 대한 관점

    Erikson(1959)의 자아발달이론의 핵심은 인간 발달이 몇 단계로 구분되어 진행되고 이것이 모든 인간에게 공통적이라는 것이다. 이러한 단계가 발전되는 과정은 성숙의 점성원칙에 의해 지배된다고 보았다. Erikson의 심리사회적 발달의 8단계는 유전된 성격의 기본 도안이 점차적으로 전개되어 나타난 결과이다. 발달의 점성원칙이란 인생주기의 각 단계는 이 단계가 우세하게 출현되는 최적의 시간이 있고, 모든 단계가 계획대로 전개될 때 완전한 기능을 하는 성격이 형성될 수 있다는 것이다. Erikson의 가장 큰 기여는 전 생애에 걸친 자아 발달 단계를 제시하였다는 점이다.

    Erikson은 심리사회적 발달 단계마다 각 개인은 위기 상황에 직면하게 된다고 보았다. 이러한 심리사회적 위기는 하나의 전환점으로서 개인 내부의 변화 그리고 개인과 환경 사이의 상호 연관성의 변화를 일으킨다. Erikson은 규범적 사건(normative event)인 위기를 개인이 자신의 자아 기능이나 균형을 재정립하여야 하는 시기라고 보았다. 위기는 새로운 경험을 위한 기회를 제공해 주고, 자기 자신과 세계에 대한 관점의 변화를 요구하며, 그 결과로 성격은 계속해서 새롭게 성장하거나 방해를 받게 된다(Erikson, 1963).

    Erikson은 각 발단 단계의 위기해결책은 문화에 따라 다르다고 가정하였다. 예를 들어, 사춘기 의식(puberty rituals)은 모든 문화권에 있으나 문화에 따라 그 표현양식이나 개인에게 미치는 영향이 다르다. 그리고 모든 문화권에는 개인과 사회환경 사이의 관계를 조정할 수 있는 기제가 있으며, 이로 인해 각 개인이 사용하는 심리사회적 위기의 해결방식에는 이전 세대의 경험과 지혜, 지지가 내포되어 있다.

    Erikson은 심리사회적 위기의 결과에 따라 성격이 달라지며, 특정 단계의 심리사회적 위기 해결은 이전 단계의 성패와 직결된다고 하였다. 만약 성장과정에서 발생하는 심리적 위기를 만족스럽게 해결하면 긍정적 자아 특질이 강화되고 점차 성장·발달하는 자아 속에 스며들어 더욱 건전한 발달이 이루어진다. 그러나 반대로 갈등이 지속되거나 위기가 만족스럽게 해결되지 못하면, 자아 발달은 손상을 받고 부정적 자아 특질이 강화된다. 하지만 한 가지 심리적 위기의 결과에는 양극단의 자아 특질이 혼합되어 있기 때문에, 개인이 어느 한 극단의 자아 특질만을 지닐 수는 없으며, 단지 어느 한 극단과 관련된 특질이 지배적으로 나타날 수는 있다.

Erikson이 제시한 발달 단계는 Freud의 심리성적 발달 단계와 어느 정도 일치한다. 한 가지 차이점은 Freud는 성격 발달이 사춘기 무렵에 종결된다고 보는 반면 Erikson은 성격이 일생을 통하여 발달한다고 보았다. 성격 발달에서 사회제도가 담당하는 역할에 대한 관점 또한 다르다. Freud는 사회제도가 인간의 공격성과 성적 관심이 표출되는 것을 억제하는 금지적 사회화 역할을 한다고 보았다. 이와 달리 Erikson은 사회제도가 개인적 효과성을 지지하거나 키워 주지 못하였을 때, 개인의 발달이 부정적 영향을 받게 된다고 하였다. 심리성적 발달과의 차이

Erikson과 Freud의 또 다른 차이점은 심리성적 발달과 심리사회적 발달 사이의 관계이다. Erikson은 사회적 상호작용에 근거한 심리사회적 발달이 Freud가 말한 성적 및 공격적 욕구의 해결에 근거한 심리성적 발달과 함께 일어난다고 보았다. Erikson은 사회적 힘이 성격 발달에 중요한 역할을 하며, 사회관계망과의 상호작용의 영역이 확대됨에 따라 발달이 이루어진다고 보았다. 사회적 힘

▮▮▮ 표 15-2 Freud와 Erikson의 성격 발달에 대한 관점

Freud	Erikson
• 폐쇄 에너지 체계에 근거한다.	• 개방 에너지 체계에 근거한다.
• 행동은 강한 성적 및 공격적 충동에 의해 동기화된다.	• 행동은 약한 성적 충동과 강한 사회적 충동에 의해 동기화된다.
• 원초아에 의해 지배된다.	• 자아에 의해 지배된다.
• 성격 발달은 내적 갈등의 감소와 환경을 지배하려고 시도하는 행동에 의해 결정된다.	• 성격 발달은 사회적 상호작용에 기반을 두고 발달하며, 역사 및 민족적 집단연합에 의해 강화된다.
• 아동기 초반에 기본 성격 구조가 형성되며, 성인기 초반에 끝난다.	• 전 생애를 통하여 발달한다.
• 인간의 병리적 측면을 강조하였다.	• 인간의 건강한 측면을 강조한다.
• 인간의 불변성을 강조한다.	• 인간의 가변성을 강조한다.
• 개입목적은 개인의 충동과 사회적 기대 사이에 갈등을 해결하려는 것이다.	• 개입목적은 사회에 긍정적인 기여를 할 수 있는 건강한 사회성원을 양성하려는 것이다.

건강한 성격　　　Freud가 성격의 병리적 측면에 초점을 두었다면, Erikson은 건강한 성격 성장의 기회가 항상 존재한다고 보았다. 그는 각 발달 단계의 성공과 사회제도의 지원이

자아정체감　　　건강한 성격의 발달에 기여할 수 있다고 주장하였다. Erikson은 자아정체감 형성 과정과 관련하여 단계마다 성격기능을 통합할 수 있는 새로운 기회를 부여한다는 점을 강조하였다. 예를 들어, Erikson(1968)은 신뢰감과 불신감 사이의 긴장이 인 생의 출발점에서부터 시작되었다고 할지라도, 개인은 신뢰와 확신 그리고 경계와 불확실성에 대한 상반된 경향을 조화하기 위한 노력을 계속한다고 하였다. 즉, 신 뢰의 발달이 주로 첫 번째 인생 단계에서 이루어진다고 할지라도, 이후에 이러한 심리사회적 문제로 되돌아가서 해결할 수 있는 기회가 있다고 하여, 인간의 변화 가능성을 긍정하였다.

2) 심리사회적 발달의 단계별 특성

　　Erikson의 전 생애에 걸친 심리사회적 발달의 8단계 중에서 1~4단계는 영·유 아기와 아동기에, 5단계는 청소년기에, 그리고 6~8단계는 성인기에서부터 노년 기에 걸쳐 일어난다고 하였다. 이와 같은 Erikson의 8단계의 심리사회적 발달의 단계별 특징을 요약하여 제시하면 〈표 15-3〉과 같다.

.ıll **표 15-3** Erikson의 심리사회적 발달 단계

단계	생활주기	연령	심리사회적 위기	주요 관계 범위	자아 강점	주요 병리	심리성적 발달 단계
I	영아기	출생~ 2세	신뢰감 대 불신감	모성(母性) 인물	희망	철퇴	구순기
II	유아기	2~4세	자율성 대 수치심	부성(父性) 인물	의지	강박	항문기
III	학령전기	4~6세	솔선성 대 죄의식	핵가족	목적	억제	남근기
IV	아동기	6~12세	근면성 대 열등감	이웃, 학교	유능성	비활동성	잠재기
V	청소년기	12~22세	정체감 대 정체감 혼란	또래집단	성실	거절	생식기

VI	성인기	22~34세	친밀감 대 소외감	우정, 성, 경쟁, 협동 상대	사랑	배타성	
VII	중·장년기	34~60세	생산성 대 침체	직장과 확대가족	보호	거부	
VIII	노년기	60세~사망	자아통합 대 절망	인류	지혜	경멸	

(1) 기본적 신뢰감 대 불신감

심리사회적 발달의 첫 번째 단계인 기본적 신뢰감 대 불신감(basic trust vs. mistrust)이라는 위기는 출생~2세에 일어나며, Freud의 구순기에 상응하는 단계이다. Erikson은 이 단계에서의 심리성적 활동이 주로 입 주변에서 이루어진다는 Freud의 관점을 받아들이고 있다. 즉, Erikson은 심리사회적 성장이 심리성적 발달과 함께 이루어진다고 가정하고 있다.

출생~2세 구순기

그러나 Freud와는 달리 Erikson은 구순기에 해당하는 이 시기에 영아는 평안하게 지낼 수 있고, 마음 놓고 영양을 섭취하고, 편안하게 배설할 수 있어야 한다고 보았다. Erikson은 영아는 생래적으로 양육적 보호자와 사회적 상호작용을 하려는 강한 욕구를 지니고 있다는 점을 강조하였다. Erikson은 영아가 신뢰를 형성할 수 있는 정도는 어머니와 할머니, 또는 보육교사와 같은 모성인물(mother figure)로부터 받는 양육의 질에 의해 결정된다고 보고 있다. 즉, 모성인물의 따스한 눈길과 웃어 주고, 먹여주고, 어루만져 주는 보살핌을 통하여 영아는 신뢰감을 형성하게 된다.

보호자와의 사회적 상호작용

모성인물

신뢰감은 다른 사람을 믿을 수 있고 또 그들의 행동이 예측 가능한 것이라고 인식하는 것이다. 영아가 처음으로 갖게 되는 신뢰감은 모성인물(mother figure)에 대한 기본적인 믿음이다. 만약 영아가 모성인물을 믿을 수 있게 되면, 욕구가 생긴 즉시 어머니가 보살펴 주지 않아도 적당한 시기에 어머니가 와서 보살펴 주리라는 것을 알기 때문에 보채지 않고 기다릴 수 있게 된다. 이와는 반대로 영아에 대한 어머니의 보살핌이 적절하지 못하여, 일관성이 없고 거부적인 경우에는 영아는 불신감을 형성하게 된다.

신뢰감

불신감

Erikson(1959)은 각각의 심리사회적 위기를 해결하게 되면 기본적 강점 또는 자아 특질(ego quality)이 형성된다고 보았다. 그는 처음으로 나타나는 심리사회적 강

자아 특질

희망

점은 희망, 즉 기본적 소원을 성취할 수 있다는 신념이라고 하였다. 희망은 확신감과 관련되어 있으며, 모성인물이 제공하는 보호의 질에 의해 결정된다고 하였다.

　Erikson이 비록 건강한 성격의 발달에 초점을 두었다고 할지라도, 각각의 위기해결은 긍정적 자아 특질과 부정적 자아 특질을 동시에 만들어 낸다는 것을 인식하고 있었다. Erikson은 첫 번째 위기의 부정적 결과를 사회관계로부터의 철퇴

사회적 철퇴

(social withdrawal) 경향이라 하였다. 인생 후기의 낮은 자존감, 우울증, 그리고 사회적 철퇴 경향은 첫 번째 단계를 거치는 동안에 어려움이 있었다는 것을 보여 주는 것이다.

(2) 자율성 대 수치심과 의심

2~4세

부성인물

Freud의 항문기에 해당하는 두 번째 심리사회적 발달 단계는 자율성 대 수치심과 의심(autonomy vs. shame and doubt)이다. 이 단계에 속하는 2~4세경의 유아가 관계를 맺는 주요 범위에는 모성인물과 부성인물이 포함된다. 이 단계에서 유아의 신체 및 인지적 발달이 빠르게 나타난다. 유아는 말을 할 수 있게 되고, 사회적

독립적
환경 탐색

으로 수용될 수 있는 행동을 인식할 수 있게 되며, 독립적으로 주변 환경을 탐색하려 한다. 특히 이 시기에는 생리적 성숙으로 인하여 배변의 보유와 방출, 혼자 서기, 손을 사용할 수 있는 능력이 발달되어, 무엇이든 스스로 하려는 경향이 강해진

통제

다. 그러나 이 시기의 유아는 자기통제와 주위 사람으로부터의 통제라는 두 가지 요구에 직면하게 된다. 이때 자존감을 상실하지 않고 자아통제를 발휘하거나 타인

자율성

의 통제에 적응할 수 있게 되면, 자율성의 방향으로 위기가 해결된다.

　이에 비하여 다른 사람의 눈에 자신이 좋지 않게 보이지 않을까 하는 두려움도 갖게 되는데, 이것이 바로 수치심과 의심이다. 특히 부모가 아이의 고집을 꺾기 위

수치심과 의심

하여 지나치게 수치스럽게 만드는 경우에는 부모와 소원한 감정을 갖게 되고 자기확신을 얻는 데 실패하기 때문에 수치심이 강화된다.

배변훈련

　Erikson은 이 단계가 배변훈련 시에 유아가 갖는 선택권과 관련되어 있으며, 부모상과의 상호작용을 통하여 해결된다는 Freud의 관점을 수용하고 있다. 그러나 Erikson은 전통 정신분석적 관점을 확대하여, 유아가 가족이나 문화 속에서 갖는

선택권

선택권에 관심을 기울였다. 즉, 이 단계의 심리사회적 위기를 어떻게 극복하느냐는 유아가 이러한 행동을 자유롭게 조절하도록 점차적으로 허용하는 부모의 의지에 달려 있다고 본다. 그러므로 부모는 유아에게 생활공간 내에서 선택의 자유를

보장하여 자율성을 경험할 수 있도록 노력하면 자율성이 강화될 것이다. 그러나 이에 반하여 부모가 인내를 갖지 못하고 유아를 대신하여 일을 처리하거나, 유아가 할 수 없는 것에 대해 혼자서 해야 한다고 지나치게 요구할 경우 수치심을 갖게 된다.

자율성 대 수치심이라는 심리사회적 위기를 성공적으로 해결하게 되면, 의지라는 긍정적 자아 특질이 형성된다. 의지, 즉 자유선택권을 행사하려는 결의가 처음으로 표현되는 것은 유아가 '이거 내 거야.' 하면서 우는 행동이다. 이러한 유아의 의지는 성인기에 정의감으로 확대 발전된다. 자율성 대 수치심의 부정적 결과는 강박증, 즉 충동을 제한하기 위하여 반복적 행동을 하는 것이다. Erikson은 과도하게 수치심을 느낀 유아는 자기 자신을 싫어하고, 부담스러울 정도의 수치심을 가지고 살아가게 된다고 하였다.

의지

강박증

(3) 솔선성 대 죄의식

Freud의 남근기에 상응하는 4~6세의 세 번째 심리사회적 발달 단계는 솔선성 대 죄의식(initiative vs. guilt)이며, 주요 관계의 범위는 부모와 형제자매 등 핵가족으로 확대된다. Erikson(1959)은 남근기의 오이디푸스 콤플렉스와 관련된 전통적 정신분석이론의 관점을 유지하고 있다. Erikson은 여아는 남근이 없으며, 어떤 문화와 계층이든 남근을 갖게 되면 중요한 특권이 따른다고 하여 Freud의 관점을 그대로 반영하고 있다. 하지만 Erikson은 Freud처럼 불평등의 원천이 생물적으로 결정되는 것이 아니라 사회적 상호작용에 의해 결정된다고 보았다. Erikson은 이 단계에서 유아는 성적 관심보다는 놀이와 자신이 선택한 활동에 더 많은 관심을 가지고 있다고 주장하여, 전통 정신분석적 사고와 다른 관점을 제시하였다.

4~6세

핵가족

남근기

사회적 상호작용

이 시기의 발달적 위기의 결과는 유아의 놀이, 탐구, 시도 및 실패, 장난감을 사용한 연습 등의 결과에 달려 있다. 유아는 육체적 놀이와 아울러 가상의 세계에서 부모나 다른 성인의 역할을 가정한 상징놀이를 하기도 한다. 이러한 성인의 행동을 모방함으로써 유아는 성인처럼 되는 것이 어떤 것인가를 알게 된다. 이때에 유아는 자신이 한 인간으로서 인생의 목적이 있음을 느끼고, '나는 내가 원하는 바대로 될 수 있다.'고 생각하게 된다.

상징놀이

유아의 솔선성의 발달 정도는 부모가 유아의 솔선적 행동에 어떻게 반응해 주는가에 달려 있다. 부모가 유아 스스로 환경을 탐색하고 스스로 행동할 수 있도록 격

솔선성

려하게 되면, 유아는 솔선성을 형성하게 된다. 반면 부모가 유아 스스로 어떤 일을

죄의식   완수하도록 기회를 부여하지 않고, 꾸지람을 하게 되면 죄의식을 갖게 된다.

목적의식   이 단계의 심리사회적 위기를 성공적으로 극복하게 되면, 유아는 목적의식을 발
전시킨다. 그러나 과도하게 방해받게 되면, 목표달성에 대한 의지와 용기가 부족

억제   하고, 금지의 감정, 즉 생각과 표현의 자유를 방해하는 억제가 강하게 나타난다.
이 단계의 위기를 성공적으로 극복한 건강한 성인은 세계의 다양한 측면에 정열적
으로 관여하게 되는 반면, 죄의식이 깊은 성인은 소극성, 성적 무기력, 불감증 등
의 정신병리를 유발하게 된다.

(4) 근면성 대 열등감

Freud의 잠재기에 상응하는 Erikson의 네 번째 심리사회적 위기인 근면성 대

6~12세
가족, 이웃, 학교   열등감은 아동기인 6~12세에 일어나며, 주요 사회관계의 범위는 가족, 이웃, 학
교의 구성원으로 확대된다. 전통적 정신분석가는 이 시기를 성적 충동이 잠복

잠재기   또는 승화되고, 아동이 휴식을 갖는 잠재기라고 보았다(Corey, 2000). 이와 달리
Erikson(1959)은 이 시기의 중심적 과업이 근면성을 성취하는 것이라고 하였다.

공식적 교육   이 시기의 아동은 공식적 교육을 통하여 문화에 대한 기초 기능을 배우게 된다.

사회적 기술   이 시기의 아동이 성취해야 할 중요한 과업은 인지적 기술과 사회적 기술을 숙달
하는 것이다. 즉, 이 시기의 아동은 정해진 놀이 규칙에 따라 또래와 협동하고 어
울릴 수 있는 능력뿐만 아니라 연역적 추리, 자기통제 등의 능력을 발전시켜야 한
다. 그리고 이 시기에 사회적 기술을 쌓고 의미 있는 일을 성취하기 위하여 열정적
으로 참여하고 그 과업을 완수하게 될 경우, 주변 사람의 강화가 뒤따르게 되며 결

근면성   국 근면성이 발달된다. 이에 반하여 아동이 자신의 능력이나 지위가 또래에 비하
여 열등하다고 느끼면 학습 추구에 대한 용기를 잃게 되고, 부모나 교사가 요구한

열등감   과업을 성취할 수 있는 능력이 없다고 느낄 때 열등감을 경험하게 된다.

유능성   근면성 대 열등감의 위기는 긍정적으로 해결될 경우 유능성(competency)을, 그
리고 부정적으로 해결될 경우에는 생산적 작업을 방해하는 사고와 행동의 마비를

비활동성   의미하는 비활동성(inert)이라는 결과를 낳는다.

(5) 자아정체감 대 정체감 혼란

심리사회적 발달 단계의 다섯 번째 단계인 자아정체감 대 정체감 혼란(identity

vs. identity confusion)은 청소년기이자 Freud의 생식기에 해당하는 12~22세이며, 주요 사회관계의 범위는 친구나 또래집단으로까지 더욱 확대된다. Erikson은 8단계의 발달 단계 중에서도 아동기와 성인기 사이의 전환이 일어나는 청소년기의 발달을 특히 중시하였다. 그 이유는 이 단계에서의 심리사회적 위기의 해결이 성인기의 성격에 가장 중요한 의미를 지닌다고 보기 때문이다.

Erikson(1968)에 따르면 정체감은 사회적 지지가 아동기부터 연속적이고 잠정적인 동일시를 형성할 수 있도록 허용해 주는 정도에 따라 달라진다. 청소년기에 개인은 자신이 어떠해야 하며, 자신을 다른 사람과 어떻게 공유할 것인가라는 문제로 고민하게 되며, 또래집단이 상호작용의 초점 영역이 된다(Erikson, 1959).

청소년기에는 성격 특성이 새로운 유형으로 통합된다(Erikson, 1959). 즉, Erikson(1964)은 정체감을 이전의 동일시와 새로운 동일시의 부분들을 새롭게 조합한 것으로 보았으며, 정체감 형성은 일생에 걸친 발달과정이라고 하였다. 그러므로 자신의 생활양식과 직업뿐만 아니라 자기 자신에 대한 신념을 유지할 수 있는 능력은 일생을 통하여 발달할 수 있어야 한다.

이러한 자아정체감은 청소년이 ① 자기 자신을 과거부터 현재까지 동일한 존재로 지각해야 하며, ② 다른 사람이 자기를 지각할 때 자기 자신과 동일한 모습으로 지각한다는 사실에 대해 확신을 가져야 하며, ③ 이러한 일관성에 대한 자신감을 가져야 한다. 즉, 자아정체감은 개인의 내적 충동, 타고난 재능, 기회, 그리고 아동기에 획득한 자아가치(ego values)가 모두 합해져서 내적 동일성과 개인이 타인에게 주는 의미에 대한 확신감과 연속성을 형성하게 되었을 때, 비로소 형성된다 (Erikson, 1959).

이 시기의 청소년은 이성에 대한 관심이 증가하며 처음에는 이성에 대한 동일시 현상이 일시적으로 일어나지만, 결국에는 동성에 대한 성적 동일시를 하게 된다. 이러한 성적 동일시가 생기면 적절한 성적 특질을 갖춘 건강하고 조화된 성격이 발달하지만, 만약 성적 정체감이 형성되지 못하면 양성 혼란(bisexual diffusion)을 초래하게 된다.

청소년기에는 이상적 가정, 종교, 철학, 사회를 동경하지만 현실적 조건이 이러한 이상향을 충족해 주지 못하기 때문에 고민을 하게 된다. 이러한 상황에서 청소년은 중요한 결정을 해야 한다고 생각하지만, 그러한 결정을 내릴 수 없기 때문에 역할 혼란 또는 정체감 혼란 현상을 경험하게 된다. 이들의 고민은 다른 사람의 눈

생식기
12~22세
친구나 또래집단

청소년기

사회적 지지

또래집단

동일시

자아정체감

성적 동일시

양성 혼란

정체감 혼란

에 좋지 않게 보이거나 기대에 어긋날지도 모른다는 두려움, 현재 자신의 존재에 대한 불확신, 자신이 앞으로 사회에서 어떤 지위와 역할을 갖게 될지에 대한 불안감 등이다. 이러한 자기확신의 결여로 인하여 많은 청소년은 매우 파당적이고 편협하며, 타인에 대해 배타적인 소속집단에 동일시하여 파벌 집단을 형성하기도 한다. 특히 한 문화의 종교, 과학, 정치사회적 사고를 반영한 이데올로기에 도취되면 기존 문화나 권위에 대해 도전하고 반항하며, 비행이나 범죄 등의 비사회적 또는 반사회적 행동에 가담하기도 한다.

자기확신의 결여

반사회적 행동

이 단계에서의 발달 위기를 성공적으로 극복하게 되면 성실, 즉 충성심을 유지할 수 있는 능력이 형성되는 반면 정체감 혼란은 주요한 발달 단계에서 동일시의 가장 위험하고 바람직스럽지 못한 측면이 축적된 결과이다(Newman & Newman, 1987). 정체감 대 정체감 혼란 단계에서의 심한 갈등은 거절(repudiation), 즉 생소한 역할과 가치를 거부하는 자아 특질을 낳는다.

성실

거절

(6) 친밀감 대 소외감

Erikson의 여섯 번째 발달 단계인 친밀감 대 소외감(intimacy vs. isolation)은 22~34세에 일어난다. 이 단계에서는 주요 관계의 범위가 친구나 애인, 배우자 등으로까지 확대되며, 사랑은 이 단계에서 나타나는 자아 특질이다(Erikson, 1968). 이에 반해 배타성 혹은 소외감은 개인이 친밀감을 성공적으로 형성하지 못하였다는 것을 보여 주는 것이다(Newman & Newman, 1987).

22~34세 친구나 애인, 배우자

이 시기에 젊은 성인은 구혼과 결혼을 하고 또 자신의 적성에 맞는 직업을 찾으려고 하며 자기 자신을 찾기 위한 노력을 한다. 즉, 자신이 장차 어떤 사람이 될 수 있는지, 다른 사람의 눈에 어떻게 비칠지에 대한 관심이 강해진다. 이 단계의 초기에는 이성에 매혹되어 사랑에 빠지기도 하지만, 이성과 사귀는 동안에 자신의 이성에 대한 감정, 자신의 미래와 희망, 그리고 미래 계획에 대한 끊임없는 탐색과 도전을 통하여 자아탐색을 하게 된다. 그러나 이와 같은 자아탐색에 대한 몰입은 오히려 친밀감 형성을 방해하며, 스스로 고독하고 불안하여 자아 고립 상태에 처하게 된다. 따라서 진정한 친밀감은 합리적인 자아정체감이 형성되었을 때에만 가능하다. 확고한 자아정체감을 확립한 사람만이 타인과의 상호 관계에 몰두할 수 있기 때문이다.

직업

사랑

미래계획

자아탐색

자아정체감

Erikson이 말하는 친밀감이란 그 범위와 의미가 매우 다양한데, 친구, 배우자,

친밀감

가족과 친밀한 관계를 형성하는 것으로 보았다. Erikson은 친밀감이 사랑하고 신뢰감을 공유하고 있는 사람과 성적 상호성을 형성하고, 일과 여가의 주기를 지속하고, 자녀 출산까지 포함되는 것으로 보는 Freud의 관점을 수용한다. 그러나 Erikson은 친밀감이 성적 친밀감 이상의 것으로 보고, 타인의 복지에 대한 관심과 지적인 자극을 유발하는 상호작용에 대한 관심까지도 친밀감에 포함된다는 점을 강조하였다.

성적 친밀감
타인의 복지

이 단계의 위기를 만족스럽게 극복하지 못하면, 자아도취 상황이나 친밀한 사회관계를 회피하는 고립 상황에 놓이게 되고 소외감을 느끼게 된다. 자아도취 상황에 처한 사람은 단순히 공식적이고 피상적인 인간관계를 추구하며, 친밀한 관계를 형성하는 데 대해서 위협을 느끼기 때문에 타인으로부터 자신을 소외한다. 그리고 자아도취에 빠진 사람은 직업을 쓸모없는 것으로 여기며, 따라서 직업에서 소외감을 갖기 쉽다.

소외감

자아도취

(7) 생산성 대 침체

Erikson의 일곱 번째 심리사회적 발달 단계인 생산성 대 침체(generativity vs. self-stagnation)는 34~60세 사이에 일어나며, 주요 관계의 범위는 직장과 확대가족의 성원으로까지 확대된다. Erikson(1968)은 이 단계에서 자녀를 양육하는 것을 더 중요한 과업이라고 보았는데, 자녀를 낳은 것에 더하여 부모로서 자녀를 잘 양육하고 지도하여야 한다고 했다. 그러나 생산성에는 자녀를 출산하고 양육하는 것 이외에 학생, 동료 또는 친구를 잘 보호하고, 직업이나 여가활동에 참여함으로써 얻게 되는 창조성(creativity)이 포함되고, 더 나아가 다음 세대로의 사상의 전수까지도 포함된다. 인간은 이와 같은 생산성으로 인하여 후세대를 양육하고 가르치며 지도감독하는 활동을 함으로써, 이전 세대의 문화와 의식이 후세대로 연결될 수 있게 만든다. 따라서 모든 문화적 진보는 생산성을 가진 사람이 타인을 배려하고 보호하고 가르치는 것에서부터 이루어진다고 할 수 있다.

34~60세
직장과 확대가족

자녀 양육

직업과 여가활동

다음 세대로 전수

문화적 진보

생산성 대 침체의 위기를 성공적으로 극복할 경우 타인을 배려하고 보호(care)할 수 있는 능력이 형성된다. 그러나 타인을 충분히 보호하고 그들에게 관심을 기울이지 못하게 될 경우 부정적 자아 특질인 거부(rejectivity) 또는 권위주의(authoritism)가 형성된다. 이러한 사람은 개인적 욕구충족과 안위가 주된 관심사이며, 자기탐닉을 위한 것을 제외하고는 누구에게도 관여하지 않고 보호하지 않는

보호

권위주의

다. 이와 같이 생산성이 결여된 사람은 사회의 일원으로서 생산적 기능을 다하지 못하고 자신의 욕구만을 충족하기 위하여 살아가기 때문에, 인간관계가 황폐화되

중년기의 위기   고 중년기의 위기, 즉 절망과 인생의 무의미함을 느끼게 된다.

중년기에는 죽음에 대한 인식이 점차 높아지고 현재 자신의 인생 목표를 성취하는 것이 제한을 받음으로써 우울해진다고 알려져 있다. 그러나 대부분의 사람이 중년기의 위기를 경험하지 않는다는 연구 결과도 제시되고 있다. Hunter와 Sundel(1989)은 많은 사람이 필수적인 대처기술을 가지고 있기 때문에, 중년기를

전이의 시기   '조용한 전이의 시기'라고 말한다.

(8) 자아통합 대 절망

심리사회적 발달 단계의 마지막 단계를 Erikson은 자아통합 대 절망(integrity vs. despair)이라 하였다. 이 여덟 번째 심리사회적 위기는 노년기에 일어나며, 60세부

60세~사망   터 시작하여 사망할 때까지 지속되고, 사회관계의 범위는 인류 전체로 확대된다.

인류 전체   이러한 심리사회적 위기의 문제는 죽음을 눈앞에 둔 노년기에 어느 정도 자아의 통합성을 유지할 수 있는가 하는 문제와 관련되어 있다. 후회가 별로 없고, 생산적인 인생을 살았고, 성공뿐만 아니라 실패에도 잘 대처한 개인이 통합을 성취할 수

자아통합   있다. 자아통합을 성공적으로 성취한 사람은 과거, 현재, 미래 경험이 연속성을 지니게 된다. 이러한 개인은 생활주기를 수용하고, 인생의 불가피성을 인정하고 완

지혜   전감을 경험할 수 있을 것이다. 이 단계의 위기를 성공적으로 해결한 개인은 지혜, 즉 죽음에 직면하여 삶에 대한 적극적 관심을 갖게 된다.

절망   절망은 죽음을 두려워하고 새롭게 살 수 있는 기회를 갖기를 원하는 사람들에게 지배적으로 나타난다. 강한 절망감을 가진 노인은 인생이 너무 짧다고 느끼고, 인간 존재에 대해 별다른 의미를 느끼지 못하며, 자신과 타인에 대한 신념을 상실하게 된다. 절망감을 강하게 느끼는 개인은 세계 질서와 영적 통합감을 거의 느끼지 못한다. 자아통합과 절망의 위기를 성공적으로 해결하지 못한 사람에게서는 경멸

경멸   이라는 부정적 자아 특질이 특징적으로 나타난다.

Erikson은 인생의 한 단계는 다른 단계와 밀접하게 관련되어 있으므로 인생이 막을 내릴 때 발달이 완성된다고 보았다. 세대 간의 욕구와 능력이 상호 연관성을 지니고 있기 때문에, 아동이 신뢰감을 발달시킬 수 있는 정도는 이전 세대가 어느 정도의 통합성을 유지하고 있는가에 따라 달라진다고 보았다. 즉, Erikson은 노인

이 죽음을 두려워하지 않을 만큼 통합성을 유지하고 있다면, 건강한 자녀는 인생 을 두려워하지 않을 것이라고 하여, 세대 간의 상호 관련성을 강조하였다.

세대 간의
상호 관련성

4 사회복지실천에의 적용

1) 심리적 건강과 증상에 대한 관점

자아심리이론에서는 자아의 학습 및 행동 능력에 초점을 두고 정신건강과 적응 을 설명하고 있다. 전통적 정신분석이론에서 충동이나 본능에 강조점을 둔 것과 달리, 자아심리이론에서는 환경에 대한 자아의 대처 및 지배능력과 관련된 행동을 중시한다. Vaillant(1977)는 자아방어에 대한 정신분석적 개념을 더욱 확대하였다. 그는 개인이 발달한다는 것은 방어기제를 사용하는 데 있어서 보다 성숙해진다는 것을 의미한다고 하였다. 그는 아동기의 정신적 외상은 이후의 적응에 중요한 예 측요인이 되지 못하며, 이러한 외상은 긍정적인 관계를 유지함으로써 극복될 수 있다는 관점을 제시하였다.

자아의 대처 및
지배능력

Freud의 정신분석이론은 직선적 원인론(linear casuality)에 근거를 두고 있어 성 인기 정신병리의 원인을 생후 5~6년간의 정신적 외상에서 찾는다. 이와 달리 Erikson은 성격의 발달을 개인과 환경 사이의 지속적인 상호작용의 결과물로 보 는 비직선적 원인론을 갖고 있으며, 인간을 전체적 존재로 보기 때문에 하나의 병 리에 하나의 원인이 존재한다고 보지 않는다. 즉, Erikson은 성인기의 병리나 증상 은 각 개인이 심리사회적 발달 단계에서 야기되는 신체 · 심리 · 사회적 측면이 융 합되어 있는 갈등과 긴장에 적절히 대처하지 못하여 자신의 정체감에 대해 혼란을 겪기 때문에 야기된다고 보고 있다.

직선적 원인론

비직선적 원인론
병리나 증상

따라서 Erikson은 내담자의 과거 발달과정의 왜곡에 대한 정확한 사정이 필요하 다고 보고 있다. Erikson은 표현된 감정이나 행동 유형을 탐색함으로써 병리를 야 기한 원인이 되는 개인의 발달적 역사를 재구성할 수 있는 실마리를 찾아낼 수 있 다고 보았다. 치료자가 내담자의 발달상의 성공과 실패를 재구성함으로써 성인기 의 행동과 장애의 근원을 사정할 수 있게 되는데, 이를 위하여 치료자는 다음과 같 은 질문에 대한 답을 찾아야 한다(Corey, 2000).

발달과정의 사정

① 각 단계에서 중요한 발달과업이 무엇이며, 이러한 과업이 상담과 어떠한 관련성이 있는가?

② 개인의 생활에 연속적으로 나타나는 주제는 무엇인가?

③ 사람들의 보편적인 관심은 무엇인가? 사람들이 중요한 생활상의 선택을 할 때 어떠한 도전을 받는가?

④ 개인의 현재 문제와 초기의 사건과는 어떤 관계가 있는가?

⑤ 내담자의 생활에 많은 영향을 미치는 요인은 무엇인가?

⑥ 중요한 시점에서 어떤 선택을 하였으며, 다양한 위기를 어떻게 다루었는가?

2) 치료 목표

Erikson은 Freud의 정신분석적 개념을 많이 활용하였으며, 치료적 접근방법에서도 정신분석적 원칙을 받아들였다. Erikson 역시 Freud와 마찬가지로 정신치료의 1차적 목적을 통찰(insight)에 두고 있는데, 즉 내담자가 속한 연령대의 규범적 위기와 발달 단계를 이해해야 한다고 하였다.

통찰

치료적 해석의 궁극적인 목적은 자아의 통찰력을 증진하는 것이다. 내담자가 이러한 자아인식을 근거로 하여 환경과 활발하고 긍정적으로 상호작용하고 환경에 대한 자아지배력을 회복하고, 또 자아 기능을 회복하고, 왜곡과 망상, 방어 등과 같은 병리적 증상에서 벗어날 수 있도록 원조한다. Erikson은 더 나아가 자신의 인생에 대한 선택권을 자유롭게 행사하고 삶을 창조적으로 영위할 수 있도록 원조해 주는 것이 치료의 궁극적 목적이라고 하였다.

자아 기능의 회복

인생에 대한 선택권

3) 치료자의 역할과 실무 원칙

Erikson(1964)에 따르면, 정신치료에서는 치료자가 해석을 통하여 내담자에 대한 체계적 분석을 지지해 주는 것이 임상적 치료 관계의 핵심이다. Erikson은 내담자는 치료적 관계에서 의사소통되는 의미를 의식하지 못한다고 보았다. 그러므로 치료자의 해석은 내담자의 발달적이고 역사적인 통찰을 확대해 주므로 치료적이다(Erikson, 1982).

치료자의 역할

통찰

치료자는 정신분석치료에서보다 좀 더 지지적인 태도를 취하며, 내담자가 감정

지지적 태도

을 명확화하여 표현할 수 있도록 원조하는 역할을 수행한다(이수연 외, 2013). 친밀 감정의 명확화
한 원조 관계를 형성하는 과정에서 사용되는 치료자와 내담자 사이의 사적 대화인
해석에는 내담자의 증상, 치료자와의 관계, 아동기의 중요한 갈등, 일과 사랑과 관
련된 생활의 측면에 일관되게 나타나는 주제를 찾아내는 과정 등이 포함된다.

Erikson(1964)은 제안이나 칭찬보다는 해석이 치료적 관계를 형성하는 데 더 유 제안보다 해석
용하며, 내담자와 치료자의 문제해결 양식을 결합하며, 치료를 더욱 촉진한다고
보고 있다. 사회복지사가 자아심리이론에 근거하여 실천을 하고자 할 때 따라야
할 실무 원칙은 〈표 15-4〉와 같다.

표 15-4 자아심리학적 접근방법의 실무 원칙

- 내담자의 전 생애에 걸친 성격 발달 과정을 이해하라.
- 내담자가 자기분석에 참여하도록 하여 발달적 역사를 파악하라.
- 내담자가 심리사회적 위기를 해결하는 과정에서 경험한 성공과 실패를 파악하라.
- 현실을 왜곡하고 자아 기능을 축소한 발달 영역을 찾으라.
- 내담자의 발달상의 왜곡을 해석하고, 내담자에게 해석을 확인하도록 요구하라.
- 내담자가 해결되지 않은 규범적 위기와 그 위기의 현재 및 역사적 함축성을 통찰하고 이해하
  도록 하라.
- 내담자가 자신의 환경에 보다 효과적으로 대처하기 위하여 자아강점을 활용하는 방법을 파악
  하라. 그리고 이러한 대처전략이 어떻게 행동화되는지를 파악하라.
- 다양한 사회제도가 어떤 방식으로 내담자의 심리적 안녕을 지지하고 방해하는지를 명확히 하라.
- 내담자에 대한 사회적 지지를 증진할 수 있는 수단을 찾으라.
- 내담자가 환경 속에서 자신의 위치에 대해 새로운 인식을 갖도록 하라.

4) 치료 기법

Erikson이 주로 사용한 치료 기법으로는 치료자가 자유로운 입장에서 주의를 경청, 추적
집중하여 경청하는 것, 부적절한 추론을 억제하고(추적), 내담자가 치료적 명확 치료적 명확화,
해석
화(curative clarification)를 추구할 수 있도록 허용하고, 해석하는 것이 포함된다
(Erikson, 1964). 그리고 격려나 제안은 삼가며, 치료적 관계에서 나타나는 전이
나 꿈에 대한 해석도 한다.

그리고 내담자의 자기분석을 통하여 발달 역사를 재구성할 수 있다는 Erikson 내담자 자기분석
의 치료적 전제는 노인에 대한 치료와 서비스에 많은 영향을 미쳤다. Butler(1963)

인생회고   는 과거 사건을 재구조화하는 인생회고(life review) 기법을 사용할 경우 과거 경험으로 점진적으로 되돌아감으로써 과거의 왜곡된 경험을 해결하고 통합할 수 있으며, 마지막 발달과업인 자아통합 대 절망의 위기를 해결할 수 있다고 보았다. 이러한 인생회고 또는 회상기법은 사회복지실천에서 폭넓게 사용되고 있으며, 노인이 노화 과정에 대처할 수 있도록 원조함에 있어서 대인관계기능과 적응기능을 증진해 준다(권중돈, 2004; Greene, 1982, 1986; Pincus, 1970).

🔭 생각해 보아야 할 과제

1. Freud의 정신분석이론과 Erikson의 심리사회적 이론의 차이점과 공통점에 대해 토론해 보시오.

2. 초등학교에 들어가기 전에 자신이 좋아했던 놀이를 기록해 보고 이 놀이를 할 때 경쟁적이었는지 혹은 수줍어했는지, 추종자였는지 혹은 지도자였는지, 이기적이었는지 혹은 협력적이었는지를 회상해 본 다음, 이를 자신의 자아 발달과 관련하여 해석해 보시오.

3. 귀하의 발달이나 성격에 가장 중요한 영향을 미친 인물을 찾아내고, 그의 행동, 사고, 정서가 귀하의 발달에 구체적으로 어떤 영향을 미쳤는지를 Erikson의 심리사회적 발달 단계에 근거하여 분석해 보시오.

4. 직업과 관련된 정체감을 형성하기 위하여 어떤 노력을 기울이고 있으며, 그 과정에서 어떠한 혼란을 경험하였는지 탐색해 보시오.

5. 청소년의 비행과 자아정체감 혼란은 어떤 관련성을 지니고 있는지 토론해 보시오.

6. 현대 사회의 성역할 변화로 인해 각 개인이 자아정체감을 형성하는 과정에서 어떤 어려움을 겪게 되는지 논의해 보시오.

7. 친어머니의 양육을 받은 아동과 보육시설에서 양육을 받은 아동 사이의 신뢰감 형성

에는 어떤 차이가 있을 수 있는지 토론해 보시오.

8. 성인기, 즉 Erikson의 6단계에서 타인과 친밀한 관계를 맺지 못하고 자아도취적 상황에 놓여 있거나 소외되어 있는 사람을 사회복지적 개입을 통해 원조할 수 있는 방안을 모색해 보시오.

9. 최근 우리나라에서 확산되고 있는 조기퇴직, 명예퇴직 또는 정리해고가 생산성 대 침체라는 심리사회적 위기의 해결과 어떤 관련성이 있는지 논의해 보시오.

10. 인생에 대한 절망으로 인하여 인생이 너무 짧다고 느끼고, 사는 것에 별다른 의미를 느끼지 못하지만 죽는 것이 두려운 노인이 있다고 가정한 후, 이 노인을 원조할 수 있는 사회복지적 개입방법을 모색해 보시오.

제16장

대상관계이론

학 습 목 표

1. 대상관계이론의 인간관과 기본 가정을 이해한다.
2. 대상관계이론의 주요 개념을 이해한다.
3. 대상관계이론의 인간 발달 관점을 이해한다.
4. 대상관계이론을 사회복지실천에 적용할 수 있는 방안을 이해한다.

대상관계이론은 Freud의 정신분석이론의 한계를 인 **정신분석이론**
식하고 이를 수정 보완한 일련의 이론을 묶어서 부르는
말이다. 대상관계이론은 그 명칭에서 보듯이 인간 사이
의 상호작용, 즉 대상관계에 강조점을 두는 이론이다. **대상관계**
그러므로 대상관계이론은 개인이 관계 상황에서 어떻
게 자신과 다른 사람에 대한 표상(representation)을 형
성하며, 이러한 표상이 자신과 다른 사람에 대한 지각,
관계 경험과 양식, 정신건강과 병리 등에 어떤 영향을
미치는가를 이해하는 데 매우 유용한 이론적 틀을 제공
한다.

‖ Melanie Reizes Klein
(1882~1960)

대상관계이론에서는 인간은 대인관계를 형성하고 유지하고자 하는 욕구를 지
니고 있으며, 이러한 관계 욕구가 바로 인간행동의 동기이며, 성격 형성의 결정적 **관계 욕구**

요인이라고 본다. Freud의 정신분석이론에서는 생물적 긴장 상태를 감소 또는 해
결하는 과정에서 성격이 형성된다고 본다. 반면 대상관계이론에서는 관계를 만
들고 유지하고자 하는 욕구에 의해 성격이 형성된다는 관점을 취하고 있다. 특히
대상관계이론에서는 인생 초기의 대상관계 경험이 인간의 성격과 행동을 형성하
는 데 결정적인 역할을 한다고 보고 있다. 즉, 대상관계이론에서는 초기의 대상과
의 관계 경험이 향후 모든 인간관계, 인간행동, 성격을 형성하는 기본 틀이 된다고
본다.

인생 초기의 대상관계

대상관계이론의 뿌리는 Freud의 정신분석이론에서 찾을 수 있다. Freud는 원초
아의 삶과 죽음의 본능을 충족하기 위해서 자아가 외부 대상(object)에 정신 에너
지를 투입한다고 보았다. 이러한 Freud의 관점이 바로 대상관계이론이 성장할 수
있는 근거가 되었지만, 대상관계이론에서는 자아의 기능이 생물적 본능의 충족이
아니라 대상과의 관계를 형성하고 유지하는 데 주력한다고 본다.

정신분석이론

자아의 기능

대상관계이론에는 다양한 이론이 포함되어 있으며, 이를 하나로 아우르는 통
일된 이론은 아직 없는 상태로, 각 이론이 강조하는 바가 다르다(최명민, 2010).
대상관계이론의 창시자로 불리는 Klein은 정신분석이론을 추종하면서도 아동
의 내면세계, 특히 자기와 대상 간의 역동적 상호작용을 조명하여 정신분석이론
과 대상관계이론을 결합하였으며, 인간의 내적 본능을 강조했다. Fairbairn은 인
간의 주된 동기가 본능 추구가 아니라 대상 추구라고 하여 외적 실재를 강조하였
다. Winnicott은 개인의 자기(self) 발달에 있어 어머니의 양육(nurture)의 중요성
을 강조하였다. Kohut은 자기(self)를 중심으로 인간의 정신구조를 설명함으로써
그의 이론을 자기심리이론(self psychology)이라고 분류하기도 한다. Mahler는 자
아심리이론가로 불리기도 하지만, 대상과 자기의 분리를 강조하는 분리-개별화
(seperation-individuation)의 개념을 제시했다. Kernberg는 경계선 성격장애를 대
상관계이론에 입각하여 설명하였으며, Bowlby는 애착이론이라는 또 다른 대상관
계이론을 제시하고 있다. 그 외에도 Guntrip, Balint, Jacobson, Hamilton 등의 이
론가가 있다(최명민, 2010; Gomez, 1997).

다양한 이론

Klein

Fairbairn

Winnicott

Kohut

Mahler

Kernberg

Bowlby

대상관계이론에 포함된 이론에서 사용되는 용어는 복잡하고, 같은 용어도 다소
다른 의미로 또는 다른 용어임에도 유사한 것을 지칭하는 경우도 있어, 대상관계
이론을 일목요연하게 제시하기는 쉽지 않다. 이에 다음에서는 대상관계이론의 다
양한 이론을 소개하기보다는 대상관계이론을 기본적으로 이해하고, 사회복지실천

이론의 용어

에 적용할 수 있는 방안을 모색하는 데 도움이 되는 인간관과 가정, 주요 개념, 발달관에 대해서 종합적으로 다루고자 한다.

1 인간관과 가정

1) 인간관

대상관계이론에서는 인간을 관계지향적 존재로 보고 있다. 인간에게는 관계를 형성하려는 선천적 욕구와 동기가 있으며, 관계를 형성할 수 있는 대상이 필요하다고 보았다. 즉, 인간은 생물적 본능을 해결하기 위해서가 아니라 다른 사람과 관계를 맺으려는 기본 동기를 지니고 있으며, 의미 있는 인간관계를 형성하고 확립하는 것이 최대 과제가 된다. 만약 의미 있는 인간관계를 맺지 못하고 대상관계를 상실하거나 상실할 가능성이 느껴지면, 인간은 공포와 불안을 경험하게 된다.

대상관계이론은 인간을 개별화를 추구하는 존재로 보고 있다. 인간은 관계지향적 존재이고 다른 사람과 관계를 상실할 경우 불안과 공포를 느낀다. 그러나 동시에 관계에서 떨어져 나와 독립적인 존재가 되지 못하면, 다시 말해 개별화에 실패하면 자신이 누군가에게 융합된 채로 살아가고 '먹혀 버릴 것 같은 불안(fear of engulfment)'을 느끼게 된다. 그러므로 인간은 자아의 능력을 활용하여 세계를 탐색하고 대상으로부터 독립을 추구함으로써, 지나치게 깊은 관계에 빠져 버려서 헤어 나오지 못하는 상태가 되지 않으려 한다.

대상관계이론에서는 인간에 대해 변화 가능성이 낮은 존재, 즉 불변적 관점과 결정론적 관점을 유지하고 있다. 대상관계이론에서는 생애 초기에 대상과의 관계에서 경험한 것이 정신 내에 남아 있게 되고, 이러한 과거 관계의 잔재, 즉 내적 대상관계가 개인의 인식과 다른 사람과의 관계를 결정한다고 본다. 즉, 생애 초기에 자기와 타인에 대한 양식이 생기게 되면, 그것은 이후의 삶에서도 지속적으로 그 사람의 대인관계에 영향을 미친다고 보았다.

대상관계이론에서는 인간을 주관적 존재로 본다. 인간의 초기 경험이 이후의 관계와 행동을 결정하지만, 이때 객관적 경험 자체가 아니라 그 경험의 주관적 측면이 더 중요한 의미를 지닌다(Carver & Scheier, 2012). 즉, 개인에게 실제로 무슨 일이 일어났는가보다는 개인이 무슨 일이 일어났다고 지각하는가가 더 중요하다. 인간은 타인이나 타인과의 관계를 사실 그대로 혹은 왜곡해서 해석하여 자신의 내부에 나름의 정신표상을 만들고, 그 표상에 근거하여 타인과의 관계를 맺는다고 본다. 그러므로 개인을 이해하기 위해서는 객관적 현실이나 경험을 어떻게 지각하여 받아들였는지, 즉 자신과 외부 대상을 내면화하여 형성한 내적 표상을 정확히 이해해야 한다.

환경 속의 존재   대상관계이론에서는 인간을 환경 속의 존재로 본다. 인간은 외부 대상과 관계를 맺으려 하는 선천적 욕구를 갖고 태어나는 사회적 존재이므로, 타인과의 관계가 생존과 성장의 전제조건이 된다. 그러므로 대상관계이론에서는 타고난 생물적 요인이나 본능이 성격 형성에 미치는 영향은 적으며, 대상관계를 포함한 환경적 요인이 더 중요한 영향을 미친다고 본다.

2) 기본 가정

선천적 관계욕구   대상관계이론은 인간이 기본적으로 생물적 본능을 충족하기 위해서가 아니라 대인관계를 형성하고 유지하고자 하는 욕구를 지니고 있으며, 이러한 관계욕구는 타고난 것이라고 본다. 즉, 관계욕구가 바로 인간행동의 동기이며, 관계를 통하여 성격 구조가 형성된다고 본다.

초기의 대상관계 경험   대상관계이론은 인간의 초기 발달 단계의 경험, 특히 초기의 대상관계 경험이 성격 형성의 결정적 요인이라고 보며, 이후의 대인관계, 행동 등은 이런 경험의 영향을 지속적으로 받는다고 본다. 특히 Freud가 남근기의 정신내적 갈등이 성인기 이후의 성격과 행동을 결정하는 주요 요인이라고 한 것에 비해 Klein 등의 대상관계이론에서는 남근기 이전의 영·유아기의 관계 경험을 더욱 강조하고 있다. 이러한 특성 때문에 Freud가 '성인 속에 내재한 아동'을 발견했다면, Klein은 '아동 내에 내재한 영·유아'를 발견했다고 비유하기도 한다(Gomez, 1997).

남근기 이전

정신병리   대상관계이론에서는 정신병리는 내담자의 내적 대상관계의 문제인 동시에 자기(self)의 혼란이며, 통합적 자아 기능의 문제라고 본다. 즉, 영·유아기에 형성된 왜곡된 대상과 자기에 대한 표상을 기반으로 형성된 역기능적 대상관계는 개인이 의식하든 의식하지 못하든 현재의 관계, 감정, 태도, 행동에 부정적 영향을 미치게 된다. 그 결과로 부적응 행동이나 역기능적 대인관계를 맺게 되고, 자아의 조

역기능적 대상관계

절, 통합 기능이 저하되어 개별화된 존재로 살아가는 데 어려움을 겪는다고 보고 있다.

대상관계이론에서는 부적응이나 정신병리가 있는 내담자라고 하더라도 좋은 측면과 나쁜 측면을 동시에 가진 통합적 인격체로 받아들이고, 공감적 이해를 바탕으로 한 치료적 관계를 통해 병리와 문제를 해결하고자 한다. 따라서 치료자는 건강한 대상관계와 통합적 자아 기능을 갖추고, 내담자의 내적 대상체계와 자아 기능에 대한 통찰을 원조하여 왜곡된 대상관계를 수정하고 자아 기능을 회복하여, 궁극적으로 자기실현을 이룰 수 있도록 돕는 역할을 담당해야 한다.

표 16-1 대상관계이론의 기본 가정

- 인간은 태어나면서부터 관계를 맺고자 하는 성향을 타고난다.
- 인간행동의 동기는 대인관계를 형성하고 유지하려는 대상 추구 성향이며, 궁극적 목표는 의미 있는 대인관계를 확립하는 것이다.
- 발달은 생물적 본능보다는 관계라는 환경적 맥락에 의해 이루어지며, 타인과의 융합 관계에서 분리되어 독립적이고 개별적인 존재로 성장해 가는 과정이다.
- 초기 발달 단계의 대상관계 경험이 성인기 이후의 대인관계, 행동과 태도를 결정하는 주요 요인이다.
- 내담자의 정신병리는 내면화된 대상관계상의 문제이다.
- 내담자가 자신의 문제를 해결하기 위해 노력할 수 있는 능력을 가진 통합적 인격체라는 신념을 유지해야 한다.
- 증상 해결을 위한 기법의 사용보다는 내담자와의 치료적 관계 자체에 초점을 둔다.
- 과거의 대상관계가 아니라 과거가 반영된 현재의 대상관계와 이에 관련된 감정, 자아 기능에 초점을 둔다.
- 내담자는 좋은 측면과 나쁜 측면을 가진 가치 있는 통합적 인격체이다.
- 치료자는 자신을 치료의 도구로 사용해야 하므로 내담자의 왜곡된 대상관계에 대한 요구에 굴복하지 말아야 한다.
- 원조과정에서는 전이, 방어기제, 통찰에 초점을 두지 않고, 관계를 변화를 촉진하는 수단으로 보기보다는 관계 그 자체를 통하여 내담자의 통찰, 정화, 자기실현이 이루어지도록 돕는다.

2 주요 개념

대상관계이론에는 다양한 이론이 포함되어 있고, 이론마다 서로 다른 개념을 사용하며 심지어 유사한 개념도 서로 다르게 사용하거나 서로 다른 개념도 유사한 개념으로 사용하는 경우가 있다. 하지만 이 책에서는 이론별로 주요 개념을 비교 분석하여 제시하기보다는 대상관계이론에서 공통적으로 활용되고 있는 주요 개념에 대해서만 살펴보고자 한다.

1) 대상

대상의 정의   대상관계라는 말속의 '대상(object)'이란 용어는 주체(subject)에 대비되는 개념으로, 주체가 관계를 맺고 있고 사랑, 미움 등의 정신 에너지가 투여된 어떤 것을 의미한다(Hamilton, 1988). 그러므로 대상에는 사람뿐 아니라 사물, 장소, 생각, 환상 등이 포함된다. 예를 들어 조국을 사랑하고 조국에 충성한다고 말할 때 개인은 조국에 대해 강한 감정을 갖게 되므로, 조국은 대상이 될 수 있다. 하지만 사회환경 속의 타인과의 관계를 의미할 때 사용되는 개념이므로 주로 '인간 대상'을 지칭한다(Kernberg, 1976). 그러므로 대상이라는 용어는 가끔 '타자(other)'라는 용어로 바꾸어 사용할 수 있다(Hamilton, 1988).

대상의 하위 개념   대상 개념에는 다양한 하위 개념이 포함되어 있다. 먼저 내적 대상(internal object)과 외적 대상(external object), 중간 대상(transitional object)의 개념이다. 외적 대상은 사회환경 내에 있으면서 직접 관찰이 가능한 실재하는 사람, 사물, 장소 등을 의미한다. 내적 대상은 외적 대상과 관련하여 주체인 개인이 심리적으로 경험하는 정신적 표상을 일컫는다. 즉, 내적 대상은 외부 대상에 대해 개인이 갖는 이미지, 생각, 환상, 감정, 기억 등을 포함한 전체적인 심상을 의미한다(최명민, 2010). 내적 대상은 개인이 초기 발달 단계에서 자신을 돌봐준 중요한 사람과의 경험으로부터 형성된 정신구조의 한 부분으로서, 초기 관계의 흔적이 남아서 자신의 성격의 일부분을 구성하게 된다. 중간 대상은 외적 대상과 내적 대상의 중간 영역에 위치하면서 유아와 애착관계를 형성하는 대상으로, 인형이나 담요, 이불과 같이 유아가 습관적이면서도 강한 애착 감정을 부여하는 대상을 지칭한다. 중간 대상과 동일한 기능을 수행하는 중간 현상은 노래, 자장가, 몸짓, 습관적 태도 등과 같은 비물질적인 것을 말한다(Hamilton, 1988).

대상 개념에는 부분 대상과 전체 대상의 하위 개념이 포함된다. 개인의 정신 내부에 남아 있는 대상에 대한 정신표상에는 대상의 전체 모습에 관한 것만이 아니고, 그 대상의 특정 부분에 대한 표상도 포함되어 있다. 부분 대상은 대상이 지니

(좌측 여백 용어: 대상의 정의 / 사물, 장소, 생각, 환상 / 인간 대상 / 대상의 하위 개념 / 외적 대상 / 내적 대상 / 중간 대상 / 부분 대상)

고 있는 특정 부분(예: 어머니의 가슴, 손, 팔, 좋은 부분과 나쁜 부분)을 의미하며, 전

전체 대상

체 대상은 대상의 모든 부분을 지칭한다. 영 · 유아는 처음에는 어머니라는 대상이

좋은 대상
나쁜 대상

쓰다듬어 주는 손을 좋은 대상(good object)으로 때리는 손을 나쁜 대상(bad object)
으로 서로 분리된 대상으로 이해한다. 그러나 성장하면서 좋고 나쁜 두 개의 부분
대상이 서로 분리된 것이 아니라 어머니라는 전체 대상에 동시에 속해 있다는 것
을 깨닫게 되고, 이를 통합적으로 이해하고 받아들인다. 이와 같이 대상을 좋은 부

통합된 개체

분 대상과 나쁜 부분 대상을 동시에 가진 통합된 개체로 인식할 때, 정신적으로 성
숙한 것으로 본다.

2) 자기

자기(self)는 대상관계이론에서 중요한 위치를 차지하고 있지만 한마디로 정의
하기 쉽지 않다. 유아가 대상과 관계를 맺으면서 대상에 대한 정신적 이미지를 만
들 뿐 아니라 대상에 반응하고 행동하는 자기에 대한 정신적 이미지를 만들게 된

자기

다. 자기는 유아가 양육자와의 경험을 바탕으로 내면화한 자신에 대한 지각, 정
서, 감각, 기억, 기대, 환상 등을 포함하는 정신적 표상이다(Hamilton, 1988). 그 예
로 부모로부터 모든 행동에 대해 비난을 받은 유아가 항상 '잘못하고 비난받는 아
이'라는 자기표상을 형성하게 되는 경우를 들 수 있다. 이와 같이 자기라는 개념은
'나'라는 사람에 대한 정신적 이미지, 즉 자기표상이며, 다른 사람에게 실제로 보이

자기표상
개인

는 사람은 자기가 아니라 개인(individual)이다. 그러나 자기표상은 독립적으로 지
각되는 것이 아니라 다른 대상과의 관계 속에서 경험되는 표상이므로, 자기표상은
타인 혹은 세계와 관계를 맺는 방식에 많은 영향을 받고 또 영향을 미친다.

3) 대상관계

대상관계(object relation)는 자기와 대상의 관계를 의미하지만, 자기 자신과 대상
사이의 실재적인 대인관계(interpersonal relationship)를 의미하는 것이 아니라 대상
과의 관계를 말한다. 대상관계란 개인이 특정한 방식으로 대상과 맺는 관계를 의
미하지만, 개인과 대상이 실제로 맺는 관계와는 다르다. 대상관계의 구성 단위는

대상관계의 구성

자기표상과 내적 대상표상 그리고 둘 사이의 정서적 연결이다(Hamilton, 1988).

어머니

내면화, 대상표상

유아는 어머니로 대표되는 주요 양육자와 상호작용하면서 그 대상과의 관계 경험은 물론이고 그 경험에 수반되는 정서 상태까지 내면화하여 대상표상을 형성한다. 또한 유아의 내면세계에는 대상에 대한 표상뿐만 아니라 대상에 반응하고 행동하는 자기에 대한 표상도 형성된다. 그리고 이 두 표상은 본능, 정서 등으로 연결되어 개인에게 특정한 인지와 정서, 행동 양식을 불러일으키고, 개인이 타인과 관계를 맺는 기본 방식을 결정한다(Horner, 1984).

대상관계의 영향

대상관계 변화

개인은 대상관계의 일부는 의식하고 또 어떤 부분은 의식하지 못한다. 그러나 이미 형성된 대상관계는 개인의 인지, 정서, 행동에 지속적인 영향을 미친다. 이러한 생애 초기에 형성된 대상관계는 이후의 관계 경험에 의해 수정될 수 있지만, 대상관계가 지나치게 구조화되어 있는 경우에는 이후 경험을 통하여 대상관계를 변화시키는 것이 쉽지 않다(Stadter, 1996).

4) 자아

용어와 개념의
다양성

대상관계이론에서 자아(ego)라는 용어는 학자에 따라 다양하게 사용하고 있기 때문에 개념적 다양성이 존재한다. Klein은 자아를 자기와 동의어로 사용하고 있으며, Fairbairn은 자아를 좀 더 세부적으로 구분하여 사용하며, Kohut은 자아라는 용어를 사용하지 않고 자기개념을 사용하였다(Hamilton, 1988). 이처럼 대상관계이론에서 자아라는 용어는 자기(self), 조직화(organization), 조직화하는 기능(organizer)이라는 의미를 담고 있어 다소 혼란스럽게 사용되고 있다.

자기로서의 자아

체계로서의 자아

Hamilton(1988)은 Freud의 자아개념을 대상관계이론의 관점에서 분석하여, 자아가 '자기로서의 자아'와 '체계(system)로서의 자아'라는 개념을 포괄하고 있다고 보았다. '자기로서의 자아'는 자기 자신의 신체상이나 주관적 감각에 대해 의식 또는 무의식적으로 자각하는 것으로, 대상관계이론에서 말하는 자기표상과 유사한 개념이다. '체계로서의 자아'는 지각, 충동, 감정, 양심 등의 요구 사이에서 균형을 유지하고 통합하고 안정화하며 종합하고 조직화하는 기능을 의미한다. Jacobson(1964)은 자아를 개인이 안정된 정체성을 형성하기 위해서 자기표상과 대상표상을 점진적으로 변별하고 통합하는 과정의 행위자로 보고 있다.

자아 기능

자아의 의미 탐색을 근거로 Hamilton(1988)은 자아를 행위자(agent)로서의 자아, 즉 조직화하는 기능, 균형을 유지하는 기능, 그리고 중앙 통제기능을 수행하는 과정으로 보고, 자아의 통합적 기능을 강조하였다. 즉, 자아는 지각, 기억, 인지, 정서, 행동, 양심 등의 요구를 분별하고 통합하고 균형을 잡고 조직화하고 통제하고 선택하고 결정하는 정신 기능을 의미한다.

자아는 성격의 중심부에 존재하여 개인이 지각하고 느끼고 행동하는 것을 인식하지만 개인은 자아를 의식하지 못하며, 이는 자기표상과는 다른 일련의 기능을 내포하는 추상적 개념이다. 즉, 자아는 어떤 현상을 관찰하고 지각하는 주체로서 가끔 자기를 자아로 간주하는 경우가 있지만, 자기와 자아는 엄연히 다르다. 자기 또한 사고하고 행동하고 느끼고 통합하고 조직하지만, 이는 자아가 하는 다양한 기능 중에 한 가지일 뿐이며, 자아가 자기를 조직화하고 통제한다. 그러므로 자아 기능의 결손은 거의 예외 없이 자기병리로 연결된다.

자기와 자아

5) 표상

표상(representation)이란 용어는 '어떤 것에 대한 진술'이라는 의미를 지닌 라틴어 'representationem'에서 유래한 것으로 '실재하는 현상이나 대상을 상징적으로 형상화한다.'는 의미를 지닌다(http://www.etymonline.com). 따라서 표상은 개인이 자신과 외적 대상을 있는 그대로의 모습대로가 아니라 주관적으로 지각하고 경험한 바를 바탕으로 만든 정신적 이미지로서, 인지적·정서적·행동적 요소를 모두 포함한다.

대상 형상화

개인은 외부에 실재하는 관찰 가능한 대상과 관계를 맺는다. 개인이 외적 대상을 특정한 방식으로 받아들이고 일단 외적 대상에 대한 의미와 이미지를 형성한 후에는 실제 대상과 관계를 형성하거나 반응하는 것이 아니라 그 개인이 내면에 가지고 있는 대상 이미지와 관계를 형성하고 반응한다. 이처럼 한 개인이 자신의 내면세계에 자신이나 외적 대상에 대해 가지게 된 의미와 이미지 또는 대상을 받아들이고 소유하는 방식을 표상이라고 한다.

대상 이미지와 관계

6) 내면화

내면화(internalization)는 개인이 새로운 환경이나 대상의 특성을 자신의 내면으로 받아들여 자기의 특성으로 변형시키는 심리적 기제를 말한다. 내면화의 심리적

내면화의 심리적 기제

함입	기제에는 함입, 내사, 동일시가 포함된다(Hamilton, 1988). 함입(incorporation)은 가장 초보적 수준의 내면화 기제로서, 자기와 대상 간의 분명한 경계가 발달하기 전에, 대상을 개인의 내면으로 받아들여서 자기와 대상이 어떠한 구분도 없이 하나로 융합되어 자아와 대상이 공생적 합일체가 되는 것을 의미한다. 함입의 예로 기독교의 성찬 의식과 영성체 의식을 들 수 있으며, 영아가 어머니의 젖을 빨아먹었을 때 유아와 어머니가 구분되지 않고 완전히 하나가 되는 경우를 들 수 있다. 개인이 대상과 만족스러운 경험을 할 때 함입의 심리적 기제는 바로 어떤 대상이 되어 버리고자 하는 융합 환상으로 이어지고, 이후의 대상관계의 기반이 된다.

공생적 합일체는 왼쪽 여백에 위치

융합 환상

내사

내사(introjection)는 자기와 대상이 어느 정도 분화되어, 대상의 행동이나 태도, 감정 등이 자기이미지로 융화되는 것이 아니라 대상이미지로 보존되는 심리적 기제를 말한다. 이때 내사된 대상은 실제 대상과 거리가 있으며, 정서적 의미가 부여된 내면화된 대상표상이다. 예를 들면, 부모라는 대상이 실제 갖는 권위에 상상이 더해져 매우 권위적 인물로 표상되어 내면화되는 경우를 들 수 있다. 내사된 좋은 대상은 이후의 모든 긍정적 대상관계의 기반이 되며, 자기 자신을 긍정적으로 바라보며 위험한 상황에서도 스스로를 돌볼 수 있는 기초가 된다. 반면에 내사된 나쁜 대상은 자기 자신과 대상을 부정적으로 지각하고 느끼며 공격하고 비난하며, 나쁜 관계를 형성하게 만드는 기초가 된다.

동일시(identification)는 자기표상과 대상표상이 어느 정도 안정되었을 때, 대상의 특성을 선별적으로 받아들여 대상과 자신이 구별되는 느낌을 유지하면서 그 대상의 이미지를 자기표상으로 귀속하는 기제를 말한다. 함입이나 내사보다 좀 더 선택적이고 세련된 내면화 기제라 할 수 있다. 동일시는 초기 발달과정에서 끝나는 것이 아니라 개인의 삶이 지속되는 한 계속된다. 새로운 관계와 경험, 대상의 특성을 내면으로 받아들임으로써 새로운 정신적 표상을 만들게 되면서, 새로운 자기와 대상과의 관계를 만들어 내게 된다. 즉, 개인은 고정된 존재가 아니라 자기와 대상의 상호작용하는 과정 속에 속해 있는 존재이다(Hamilton, 1988).

7) 통합, 분화, 분열, 이상화와 평가절하

자아 기능으로서의 통합과 분화는 상호보완적 과정이다(Hamilton, 1988). 통합(integration)은 지각, 기억, 표상, 정서, 생각, 행동 등과 같은 두 개 이상의 정신적

요소를 의미 있게 합치는 심리적 기제이다. 반면 분화(differentiation)는 두 개 이상 분화
의 정신적 요소를 따로 떼어 놓는 심리적 기제이다.

유아는 어머니의 젖을 먹으면서 촉감, 냄새, 모양, 맛 등을 어머니의 얼굴과 연
관시키고, 후각, 촉각, 시각, 미각, 청각을 활용하여 어머니에 대한 이미지를 형성
하고, 어머니와 구분되는 자기이미지를 형성할 수 있게 된다. 이처럼 유아는 대상
에 속하는 특징적 요소를 변별하여 분화하고 이를 통합함으로써, 온전한 대상이미 온전한
대상이미지
지를 형성할 수 있게 된다. 이후의 대상과의 관계 경험을 통해서도 분화와 통합의
기제가 보완적으로 작동하여 다양한 대상이미지를 만들어 낼 수 있다. 그러나 통
합과 분화 사이의 상호작용은 갈망, 좌절, 흥분 등과 같은 강한 정서에 의해 방해
를 받을 수 있으며, 투사적 동일시나 분열 등으로 이어질 수 있다(Grostein, 1981).

분열(splitting)은 자기와 주요 타인에 대한 서로 상충되는 경험을 따로 떼어 놓는 분열
것이다(Kernberg, 1980). 그러므로 분열기제가 작동되면, 대상이나 자기 자신의 이
질적이고 상충되는 측면이 의식 속에 남아 있지만, 좋은 측면(goodness) 또는 나쁜 좋은 측면 또는
나쁜 측면
측면(badness)으로 나뉘고 시간과 공간 차원에서 서로 분리되어 있어 서로 영향을
미치지 못한다(Hamilton, 1988). 유아는 자아 기능이 미성숙하여 자신이 지각하는 자아 기능 미성숙
어머니의 좋은 측면과 나쁜 측면, 그리고 이와 관련된 정서를 동시에 받아들이지
못한다. 따라서 대상이나 자신의 서로 다른 정서가 부여된 측면을 나누고, 한 번에
어느 한 측면만을 의식적인 차원에서 경험하고 다른 측면은 배제한다. 유아가 대
상 속에 좋은 측면과 나쁜 측면이 모두 있다는 사실을 이해하고 수용하고 이를 통
합하기 위해서는 다양한 경험을 기억하고 비교할 수 있는 인지능력의 발달이 필요 인지능력의 발달
하다(Horner, 1984). 그리고 유아가 겪는 좌절 경험이 유아의 내적 평형을 과도하
게 위협하지 않아야 한다. 만약 유아가 만성적이거나 과도하다거나 또는 지나치게
높은 불안을 야기하는 좌절 경험을 할 경우, 자아의 통합기능이 발달하지 못하기 좌절 경험
때문에 대상이나 자기의 특성이 서로 통합되지 못하고 서로 분열된 상태로 남게
된다(Hamilton, 1988).

분열은 대상뿐 아니라 자신의 내면세계에서도 발견된다. 유아는 어머니와의 관 자신의 내면세계
계 안에서 경험하는 것을 바탕으로 자신의 좋은 측면과 나쁜 측면을 구분한다. 유
아는 어머니의 거부나 불쾌한 반응을 불러일으키는 자신의 부분을 나쁜 측면으로,
수용과 유쾌한 반응을 불러일으키는 것을 좋은 측면으로 지각한다. 유아의 나쁜
측면에 대해 어머니가 거부하는 경험이 충격적이거나 반복적으로 이어지게 되면,

유아의 내면세계는 좋은 측면과 나쁜 측면으로 확연히 구분되고 고착되어, 자신의
나쁜 측면을 제거해야 할 위협적인 부분으로 인식하게 된다. 따라서 자신의 내면
세계에 좋은 측면과 나쁜 측면을 수용하고 통합하기보다는 나쁜 측면을 억압하고
제거하려고 노력하게 된다.

이와 같은 분열이 지나치게 경직되어 통합에 실패하는 경우, 대상이나 자신의
다양한 특성을 있는 그대로 보고 수용하지 못하고 '좋다'와 '나쁘다'는 흑백논리로
인식하기 때문에, 심리적 부적응의 원인이 된다. 또한 자신의 분열된 나쁜 측면에
대한 자각은 갈등과 불안, 수치심, 혼란 등을 불러일으키는 원인이 되므로, 자신
의 나쁜 측면을 수용하지 못하고 자신에게서 제거하려는 부적응적 시도를 꾀하게
된다.

분열과 관련성이 높은 심리적 기제는 이상화(idealization)와 평가절하
(devaluation)이다. 분열은 좋은 자기와 좋은 대상이 한 단위가 되고, 나쁜 자기와
나쁜 대상이 한 단위가 되어, 서로 다른 단위를 배제하고 제거하는 것을 말한다.
그러나 이상화는 자신 또는 대상을 완벽하다고 여기는 것으로, 좋은 대상과 나쁜
자기가 하나의 대상관계 단위가 되는 것을 말한다. 평가절하는 이상화의 반대로
서, 나쁜 대상과 좋은 자기가 하나의 대상관계 단위를 형성하는 것이다. 이처럼 이
상화와 평가절하는 자신 또는 대상 중 하나를 무가치하게 여기는 것이다.

8) 투사적 동일시

투사적 동일시(projective identification)는 자신의 수용하기 힘든 내적 상태나 특
성, 즉 나쁜 측면을 대상에 투사하고, 대상에게 투사된 자기의 측면을 통제하려는
시도, 즉 대상이 투사된 자신의 나쁜 측면을 갖고 있는 것처럼 느끼거나 행동하도
록 유도하는 무의식적인 심리적 기제를 말한다(Hamilton, 1988). 즉, 투사적 동일시
는 자신의 내면세계를 외부 대상에게 투사하는 데 그치지 않고, 대상이 어떤 정해
진 방식으로 반응하거나 행동하도록 교묘하게 조종하는 과정을 말한다. 예로 다른
사람을 함부로 대하고 싶은 자신의 마음을 수용할 수 없는 부인의 경우, 남편이 주
말에 어린 자녀를 잘 보살펴 줌에도 남편이 아이를 키우는 데 전혀 도와주지 않는
다고 비난하면서 부부싸움을 걸어, 남편이 자신에게 함부로 대하도록 행동하게 만
드는 경우를 들 수 있다. 또 한 예로 부모에게 학대받고 성장하면서 가학적 대상표

(좌측 여백 주석)
나쁜 측면의 제거

흑백논리
심리적 부적응

분열

이상화
평가절하

나쁜 측면 투사
통제

무의식적인
심리적 기제

대상의 행동 조종

상과 무기력한 자기표상의 대상관계를 내면화한 부인이, 현재의 부부관계에서 거부적이고 학대하는 대상표상을 배우자에게 투사하여 배우자로 하여금 학대하는 대상의 역할을 하도록 유도하고 자신은 무기력한 희생자의 역할을 담당하는 경우를 들 수 있다.

투사적 동일시는 자신의 나쁜 측면을 제거하고 통제하려는 무의식적 의도에서 시작되지만, 반드시 나쁜 측면의 제거만을 목적으로 하지 않으며 긍정적 투사적 동일시도 있다. 긍정적 투사적 동일시의 예로는 자신의 사랑스러운 측면이 실제로 상대방에게도 있다고 상상하고 상대방의 사랑을 끌어내기 위한 노력을 기울이는 경우를 들 수 있다. 하지만 투사적 동일시는 파괴적 결과를 초래하는 경우가 더 많으며, 이런 경우를 부정적 투사적 동일시라고 한다(Hamilton, 1988). 즉, 자신의 나쁜 측면을 제거하여 대상으로부터 이해받고 수용받고 싶은 무의식적 의도와는 다르게 투사적 동일시는 대상과의 관계에서 부적응적 행동을 유발하고 분열을 강화하는 결과를 초래하는 경우가 많다.

> 긍정적 투사적
> 동일시

> 부정적 투사적
> 동일시

3 대상관계의 발달

대상관계이론에서의 발달이란 타인과의 융합을 깨고 타인에게서 독립되고 구별되는 개별적이고 개성적인 존재가 되는 것을 말한다(Carver & Scheier, 2012). 대상관계이론의 발달과 관련된 관점 역시 이론가에 따라 서로 다른데, 우선 Fairbairn과 Cashdan의 발달 단계를 살펴보면 다음과 같다.

Fairbairn(1952)은 유아의 발달에 있어서 관계의 의존성을 중시하여 발달 단계를 초기 유아적 의존 단계, 과도기적 단계, 성숙한 의존 단계로 구분하고 있다. 초기 유아적 의존 단계에서 유아는 최초의 양육자, 즉 어머니와 전혀 분화되어 있지 않고 심리적으로 융합되어 있으며 자기개념도 거의 발달하지 않는데, 이를 Fairbairn은 1차적 동일시(primary identification)라 하였다. 과도기적 단계는 유아가 1차적 동일시, 즉 융합된 대상에 대한 강박적 애착을 포기하고, 자신이 대상으로부터 분리된 존재라는 점을 인식하고 경험하는 단계를 말한다. 성숙한 의존 단계는 분화된 개인으로서 분화된 대상과 친밀하고 상호 의존적인 협력관계를 맺을 수 있는 단계로서, 자기와 대상이 서로 다르면서 상호 의존하고 교환하는 관계를 맺고 있

> 발달의 개념

> Fairbairn의
> 유아 발달
> 초기 유아적 의존
> 단계

> 1차적 동일시
> 과도기적 단계

> 성숙한 의존 단계

다는 사실을 인식하는 단계를 말한다.

Cashdan의
관계 분화
어머니 분화 단계

Cashdan(1988)은 어머니와 유아 관계의 분화를 4단계로 구분하고 있다. 첫 번째는 어머니 분화 단계로서 유아가 원시적 감각을 이용하여 어머니의 좋은 측면과 나쁜 측면을 구분하지만, 아직 어머니와 자기는 분화되지 못하고 하나의 융합 상태를 이루고 있는 단계이다. 두 번째 단계는 상상적 분화 단계로서, 좋은 어머니와

상상적 분화 단계

나쁜 어머니를 상상 속에서 분화하고 접촉과 분리를 통하여 어머니와의 분화는 어느 정도 성취했으나, 자기는 온전히 분화되지 못한 단계이다. 세 번째 단계는 자기

자기 분화 단계

분화 단계로서, 자신의 좋은 측면과 나쁜 측면을 분화하는 단계이다. 네 번째 단계

정체성 분화 단계

는 정체성 분화 단계로서, 자신의 성, 직업, 부부관계, 부모관계 등과 관련된 좋은 측면과 나쁜 측면으로 분화가 이루어지는 사회적으로 분화된 자기가 형성되는 단계이다.

Mahler의
분리-개별화
관점

유아의
심리적 탄생

이와 같이 대상관계이론의 발달 관점은 학자마다 상이하지만, 가장 일반적으로 받아들여지는 발달 관점은 Mahler의 분리-개별화(separation-individuation) 관점이다. Mahler 등(1975)은 유아가 3세가 될 때까지 혼자 있을 때와 어머니와 상호작용할 때를 관찰하는 연구를 10년간 진행하여, 이른바 유아의 심리적 탄생 (psychological birth) 과정을 서술하였다. Mahler 등의

▌Margaret Schönberger Mahler
(1897~1985)

발달이론은 영아와 유아의 정상적 심리 발달뿐 아니라 유아 자폐 스펙트럼 장애나 성격장애 등과 같은 정신병리의 원인을 파악하는 데 기여하였으며, 초기 대상관계에서의 부적절한 분리와 개별화는 이후의 대인관계에도 부정적 영향을 미치게 된다는 사실을 이해하는 데 유용한 개념틀을 제공하고 있다. Mahler 등은 발달 단계를 자폐 단계, 공생 단계, 분리-개별화 단계로 구분하고 있는데, 이를 살펴보면 다음과 같다.

1) 자폐 단계

출생~2개월

무대상 단계

완전한 융합

자폐 단계(normal autistic phase)는 출생~2개월에 해당하며, 신생아는 자기나 대상에 대한 인식이 없이 신체 감각만을 인식하는 무대상(objectless) 단계로 삶을 시작한다. 이 단계에서 영아는 어머니와 완전한 융합 상태에 있으므로, 아직 어머니

나 타인에 대해 특별한 관심을 보이지 않으며 자폐적 상태로 지낸다. 외부 환경에 대해 아주 적은 양의 정서적 투입만을 하며, 환경과의 상호작용 과정에서는 반사행동만을 보이는데, 이러한 원시적 반응이 관계로 진화된다. 이 기간에 영아는 환경과 자신의 내부에서 발생하는 생리적 긴장을 줄이고 생리적 평형상태를 유지하고자 하며, 쾌락의 원리에 의해 움직인다.

반사행동

쾌락의 원리

2) 공생 단계

공생 단계(normal symbiotic phase)는 생후 2~6개월에 해당하며, 영아는 자신의 욕구를 충족해 주는 대상의 존재를 희미하게 인식하기 시작한다. 하지만 자기와 주요 양육자인 어머니를 분리된 존재로 지각하는 것은 아니며, 어머니에 대한 애착을 통해 자기와 양육자가 마치 하나인 것처럼 지각하게 된다. 어머니와의 공생이 충분하면, 영아는 마치 자신의 욕구나 소원이 저절로 충족되는 듯한 전능감을 경험하게 된다. 자신과 어머니가 하나의 경계선 안에 있는 이중적 자기-타자 합일체 또는 하나의 전능한 체계(an omnipotent system)인 것처럼 지각하지만, 아직 진정한 양자관계로 발전하기에는 분화가 완전히 이루어지지 않은 상태이다.

2~6개월

어머니와의 공생

전능감

이중적 자기-
타자 합일체

공생관계는 영아의 미소반응을 통해 나타나는데, Mahler는 사회적 미소를 중시하여 어머니가 영아를 안아주고 보듬어주는 것이 매우 중요하다는 점을 강조하였다. 어머니와 부분적으로만 분화되어 있을 때 영아가 받아들인 어머니의 보듬어주는 패턴은 이후에 건설적이고 적응적인 관계 유형을 형성하는 기반이 된다. 그리고 영아는 추위, 배고픔 등의 다양한 불쾌한 경험을 하게 되는데, 만족스럽고 좋은 경험이 우세한 가운데 이와 대비되는 불쾌한 경험이 증가하게 되면, 공생 단계와 그 이후 단계에서 자기이미지와 대상이미지를 규정하는 데 매우 유익하다. 이와 같이 Winnicott(1953)이 '이만하면 좋은 양육(good enough mothering)'이라고 표현한 적절한 양육환경에서 자라난 영아는 이후의 단계에서 기본적으로 만족스러운 대상관계를 형성할 수 있으며, 이런 만족감의 경험은 자기 신뢰 및 자기존중감 발달의 바탕이 된다.

미소반응

안아주고
보듬어주기

이만하면
좋은 양육

자기존중감
발달

3) 분리-개별화 단계

6개월~3세

분리-개별화 단계(separation-individuation phase)는 생후 6개월~3세경에 이르는 단계로서, 분화 단계(hatching), 연습 단계(practicing), 재접근 단계(rapprochement), 개별성의 확립과 대상항상성 형성 단계(consolidation of individuality and the beginnings of emotional object constancy)라는 4개의 하위 단계

대상항상성 형성

로 구분된다. 이 단계의 발달과제는 기본적인 자아정체감과 어머니에 대한 대상항상성을 형성하는 것이다.

(1) 분화 단계

6~10개월

분리-개별화 단계의 첫 하위 단계인 분화 단계(differentiation) 또는 부화 단계(hatching)는 생후 6~10개월에 나타나며, 영아는 자신의 신체를 자각하고 자기와 어머니, 다른 사람을 구분하기 시작한다. 그리고 어머니의 품안에만 안겨 있는 것이 아니라 어머니의 몸에서 떨어져 나가려 하고 어머니 신체의 각 부분을 세밀하게 탐색하며, 다른 사람이나 담요나 인형과 같은 중간 대상에게로 관심을 확장해

낯선 사람
불안반응

나간다. 이때 영아는 어머니에 대해 갖고 있는 자신의 정신적 이미지를 다른 사람과 비교하고 대조하며, 낯선 사람 불안반응(stranger anxiety)을 보이게 된다. 이와 같이 유아가 어머니에게 다가섰다가 거리를 두었다가 하는 움직임(to-and-fro

분리와 개별화
시작

movement)을 통해 자아 내에서 자기와 대상의 분화과정이 진행되며, 분리와 개별화가 시작된다.

(2) 연습 단계

10~16개월

연습 단계는 10~16개월에 나타나며, 영아가 새로운 기술을 익히기 위해 자율적 자아 기능을 반복해서 실행에 옮기는 것을 즐기는 것처럼 보이기 때문에 연습

운동 기능

단계라고 부른다. 이 시기의 영아는 운동 기능이 발달하여 어머니에게서 떨어져서 걸어 다닐 수 있게 되고 행동반경이 넓어진다. 처음에 영아가 기어서 어머니를 떠

안전기지

나려고 할 때는 안전기지(home base)인 어머니를 눈으로 되돌아보고 점검하거나 그 주위를 맴돈다. 그러나 일어서고 보행을 하게 되면서 새로운 전경이 펼쳐지고 자율적으로 환경을 탐색하려 하며, 그러한 탐색과정에서 자기를 위대하고 전능한

자기애

존재로 바라보며 자기애(narcissism)가 최고조에 달하는 단계로 넘어가게 된다. 그

리고 어머니는 영아가 자신을 떠나 자율적으로 세상을 탐색하는 것을 즐겁게 받아들이고 이를 지원한다. 이런 과정을 통해 영아는 점점 확대되는 세상에서 새로운 기술을 배우고 숙달할 수 있다는 확신에 찬 기대를 갖게 된다.

자율적
세상 탐색

(3) 재접근 단계

이 하위 단계는 화해 단계로도 불리며, 16~24개월에 해당한다. 영아의 운동기술과 인지능력이 발달하면서 재접근 단계가 시작할 무렵에는 자신이 분리된 존재라는 사실을 점차 인식하게 된다. 영아는 현실에서의 자발적 환경 탐색에서 좌절 경험을 하게 되면서, 자기전능감은 줄어들고 자기능력의 한계를 인식하게 된다. 이때 자기가 원하는 것을 어머니가 항상 원하는 것이 아니라는 사실을 알게 되고, 자기와 어머니가 분리된 존재이며, 어머니가 항상 곁에 있어 주고 자신의 욕구를 충족해 주는 존재가 아님을 깨닫게 된다. 자기 능력의 한계와 분리에 대한 자각이 증가함에 따라 어머니에 대한 의존을 새롭게 인식한다. 이 단계에서 영아는 어머니와 의도적으로 신체적 접촉을 원하거나 회피하는 등 의존과 독립에 대한 욕구를 동시에 표현하며 두 욕구 사이에서 갈등을 경험한다. 이러한 정서적 갈등을 통해 어머니나 타인을 전적으로 좋은 또는 전적으로 나쁜 대상으로 번갈아 가며 지각하고, 중간 대상에 대한 애착도 증가하게 된다. 언어기술이 발달하면서 자기전능감이 다시 한번 증가하지만 아버지가 3자적 입장에서 두 사람에게 정서적 관여를 요구함으로써, 영아와 어머니 사이의 분리과정을 촉진할 수 있다. 영아는 재접근 단계가 끝날 무렵에는 어머니나 대상과의 최적의 거리를 발견하고, 주변 사람을 새로운 방식으로 받아들이며, 부모가 제시한 규칙을 내면화할 수도 있다. 이 단계의 발달과제는 어머니에 대한 좋은 부분대상과 나쁜 부분대상을 전체 대상으로 통합하는 것이다.

화해 단계
16~24개월

자기능력의 한계

분리된 존재인
어머니

의존과 독립에
대한 욕구

좋은 또는
나쁜 대상

아버지

전체 대상으로
통합

(4) 개별성 확립 및 대상항상성 형성 단계

분리-개별화 단계의 마지막 하위 단계인 개별성 확립 및 대상항상성 형성 단계는 24~36개월경에 일어나지만, 개별성과 대상항상성의 발달은 평생 지속되는 끝없는 과정이다. 이 단계가 되면 재접근 단계의 매달리거나 거부하고 떼를 쓰면서 의존하는 행동은 줄어들고, 자기 일에 좀 더 집중할 수 있으며 오랫동안 어머니를 어느 정도 무시할 수 있게 된다. 유아는 자신에 대한 좋고 나쁜 자기표상도 통합하

24~36개월
끝없는 과정

자기표상 통합

고 다양한 상황과 기분 상태에서 자신이 어떤 사람인지에 대해 안정적 인식을 하
게 됨으로써, 개별성을 확립해 간다. 그리고 동시에 어머니가 곁에 있거나 없거나
간에 그리고 자신의 욕구를 충족하거나 좌절시키거나 간에 어머니에 대한 좋고 나
쁜 대상표상을 통합함으로써, 어머니에 대한 일관된 대상표상을 만들어 가게 된
다. 이 단계에서는 언어능력이 현저하게 발달하고 정서적 대상항상성(emotional
object-constancy), 즉 어머니에 대한 긍정적인 이미지를 내면에 유지할 수 있는 능
력이 획득되어, 어머니가 없는 동안 심리적인 위안을 받고 또 한동안 어머니와 떨
어져 기능할 수 있는 능력이 키워진다. 이러한 대상항상성의 형성과 함께 개별화
가 진행되고 자기항상성(self-constancy)도 생겨난다. 이와 같이 유아가 대상과 자
신에 대한 안정된 표상을 형성하게 됨으로써, 자신과 타인에 대한 지각과 경험이
극단적이거나 부분적이 되지 않고, 부정적인 감정이 느껴지는 상황에서도 긍정적
인 측면과 관련된 긍정적인 정서를 기억하고 작동할 수 있게 해 주므로, 안정적 대
상관계를 형성할 수 있게 된다.

일관된 대상표상

**정서적
대상항상성**

자기항상성

안정적 대상관계

4　사회복지실천에의 적용

1) 심리적 건강과 증상에 대한 관점

대상관계이론에서는 심리적 건강과 정신병리가 개인이 대상관계와 대상관계를
내면화하는 과정과 직접적으로 연결되어 있다고 본다(Cashdan, 1988). 대상관계이
론에서 정신병리는 현재의 대인관계 경험이 실제 상황이나 관계를 반영하는 것이
아니라, 내담자의 내적 대상관계에 의해 영향을 받고 지배됨으로써 나타나는 부적
응적 대상관계의 문제라 할 수 있다(Stadter, 1996). 따라서 대상관계이론에서는 대
상관계가 건전하고 만족스러우면 심리적으로 건강하다고 보며, 대상관계가 불만
족스럽거나 부적응적이면 정신병리라고 규정한다.

대상관계이론에서 건강한 사람이 갖는 특성은 크게 다섯 가지로 요약할 수 있다
(이수연 외, 2013). 첫째, 대상항상성을 확립한 사람이다. 대상항상성을 확립한 사
람은 대상이 곁에 있든 없든, 자신의 욕구를 충족시키든 좌절시키든 대상에 대한
긍정적 감정을 갖고 일정한 관계를 맺을 수 있으며, 자신의 욕구 충족만이 아니라

정신병리

**부적응적
대상관계의 문제**

건강한 사람

대상항상성

대상에게 감정의 초점을 맞출 수 있는 능력이 있다. 둘째, 대상에 대한 통합성을 확립한 사람이다. 대상 통합성을 확립한 사람은 대상을 부분이 아닌 전체 대상으로 지각하며, 좋은 대상과 나쁜 대상으로 분열(splitting)하여 받아들이지 않고, 좋은 측면과 나쁜 측면을 동시에 지니고 있다는 것을 이해하며 대상의 존재 자체를 중시하고 있는 그대로 수용하는 능력이 있다. 셋째, 개별화가 잘된 사람이다. 개별화가 잘된 사람은 타인과의 관계에서 독립성을 유지하면서 상호 의존하는 관계를 맺을 수 있는 능력이 있다. 넷째, 자아 기능을 확립한 사람이다. 자아 기능을 확립한 사람은 자신이 경험하는 지각, 기억, 인지, 정서, 행동, 양심 등의 요구를 분별하고 통합하고 균형을 잡고 조직화하고 통제하고, 자기 삶을 주도적으로 선택하고 결정하고 실행에 옮길 수 있는 능력이 있다.

대상에 대한 통합성

개별화

자아 기능의 확립

　대상관계이론에서 병리적인 사람이 갖는 특성은 다음과 같다(이수연 외, 2013). 첫째, 분열된 사람이다. 분열은 통합의 반대 상태로 자기나 대상을 전체로서 경험하지 못하고 좋은 측면과 나쁜 측면을 서로 엄격히 분리해 경험하는 것이다. 충격적이거나 반복적으로 분열을 경험하게 되면, 개인은 자신이나 대상의 나쁜 측면을 억압하고 제거하려 함으로써, 대상관계의 왜곡을 경험하게 만든다. 둘째, 투사적 동일시의 심리적 기제를 자주 또는 과도하게 사용하는 사람이다. 투사적 동일시는 자신이 수용할 수 없거나 제거하고 싶은 내면세계의 나쁜 측면을 대상에게 투사하고 그 대상이 특정한 반응과 행동을 하도록 교묘하게 조정하는 과정이므로, 대상관계의 왜곡이나 갈등을 초래할 수 있다. 셋째, 애착과 개별화 간의 불균형이 있는 사람이다. 이러한 사람은 대상과 지나치게 융합되어 있어 개별화를 성취하지 못하고 마치 '먹혀 버릴 것 같은 두려움(fear of engulfment)'을 경험하거나, 반대로 애착관계가 형성되지 않아서 거절에 대한 공포를 느끼게 된다. 넷째, 변형적 내면화(transmuting internalization)에 실패한 사람이다. 변형적 내면화는 Kohut과 Wolf(1978)가 제시한 개념으로 유아가 부모의 공감적 반응을 자기 내면에 받아들이고 이를 건강한 자기이미지의 일부로, 그리고 자기 자신을 공감하고 자신을 위로하는 능력으로 내면화하여야 한다는 개념이다. 그러나 유아가 부모로부터 공감적 반응을 받는 데 실패하고 버림받고 거부당한 느낌을 자주 경험하게 되면, 건강한 자기이미지와 자기공감 능력이 형성되지 못하여 부정적 자기이미지와 자기비하적 태도, 강박적 성격을 형성하게 된다.

병리적인 사람

분열

투사적 동일시

애착과 개별화 간의 불균형

변형적 내면화의 실패

　대상관계이론에서 제시한 건강한 개인과 병리적 개인의 공통적 특성을 위와 같이 정리할 수는 있지만, 학자마다 정신병리에 대한 관점은 다르다. Kohut은 정신병리를 자기(self)의 혼란이라고 보는데, 이는 생애 초기 어머니-유아 관계의 혼란에 뿌리를 두고 있는 장애이다. 특히 자기애성 성격장애는 자기의 구조적 장애이다. 과장된 자기와 이상화된 대상이 현실지향적인 자기 조직으로 통합되지 못할 때 나타나는데, 약물남용, 성적 문란, 자해, 폭식 등과 같은 대부분의 정신병리는 허약한 자기가 내적인 결속과 조화를 유지하고자 하는 절박한 시도를 반영한 것이다. 유아는 신체적 욕구뿐 아니라 정신적 욕구의 충족을 위해서도 성인이 필요한데, 건강한 사람은 자기가 잘 통합되어 있는 반면 그렇지 못한 사람은 자기의 강도가 약하다고 본다.

‖ Heinz Kohut (1913~1981)

Kohut과 Wolf(1978)는 정신병리를 일으키는 자기 병리의 유형을 네 가지로 구분한다. 첫째, 충분한 자극을 받지 못한 자기는 공감적 반응을 얻지 못해 생긴 지루하고 무감각한 자기의 유형으로, 성적 문란, 중독과 같은 병적 수단을 사용하여 흥분을 추구한다. 둘째, 파편화된 자기는 시간과 공간의 연속성을 상실한 자기의 유형으로, 건강염려증을 유발한다. 셋째, 과도하게 자극받은 자기는 자신이 위대하다는 원시적 환상에 사로잡혀 있는 자기의 유형으로, 주목받는 것을 즐기지 못하고, 성공을 즐거워하지 못하며, 비생산적인 모습을 보인다. 넷째, 과도한 짐을 지고 있는 자기는 만연된 불안으로 고통을 받고 있는 자기의 유형으로, 사회에 적대적인 생각을 갖고 편집증적으로 반응한다.

Winnicott(1963)은 정신병리의 원인을 환경적 결핍증으로 인한 '참자기'의 형성이 이루어지지 못한 것이라고 본다. 즉, 어머니가 유아에게 공감적 보호를 제공해 주는 안아주기(holding), 민감한 손길과 세심한 배려를 제공하는 다루어주기(handling), 그리고 유아가 대상을 수용하고 탐색할 준비가 되었을 때 대상을 제시하는 대상 제시(object presenting)가 적절히 이루어지지 못하여, 참다운 자기를 형성하지 못한 것이 정신병리의 원인이라고 본다.

Fairbairn(1952)은 정신병리의 원인을 자아의 극단적 분열(splitting)이라고 본다. 대상으로부터 수용받지 못할 경우 대상을 소유하고자 하는 욕망을 불러일으키고, 결과적으로 정상적인 분화 상태가 아닌 병리적 분열 상태에 빠지게 된다. 즉, 대상을 소유하고자 하는 강한 갈망은 대상을 파괴할지도 모른다는 불안을 유발하고, 대상을 향한 모든 접촉은 대상을 파괴할 것이라는 공포를 유발하여 분열성 병리를 초래한다. 어머니의 나쁜 부분 대상을 통제함으로써 어머니의 좋은 부분 대상을 보호하려는 아동의 시도는 내적 경험 전체를 억압하고, 결과적으로 내적 좌절감을 형성하여, 정신병리를 일으키게 된다고 보았다.

분열성 병리

내적 좌절감

William Ronald Dodds
Fairbairn (1889~1964)

2) 치료 목표

대상관계이론에서는 개인의 정신병리를 인생 초기 단계에서 대상관계를 형성하는 과정에서 발생한 다양한 문제, 즉 이만하면 좋은 양육의 부재, 반영(mirroring)의 부족, 투사적 동일시나 분열 등의 심리적 기제 등으로 발생한 대상관계상의 문제로 인식한다. 즉, 이러한 대상관계상의 문제로 인하여 온전하면서도 통합적인 자아 기능을 갖추지 못하여 적응적인 삶을 영위하지 못하는 것으로 본다.

초기 대상관계의 문제

대상관계치료의 목표는 내담자의 역기능적 대상관계를 변화시키고, 자아에 대한 통찰을 획득하여 온전하고 적응적인 대상관계를 형성하며, 자아 기능을 강화하여, 자신과 타인에 대해 현실적이고 수용적 태도를 갖게 하는 것이다. 따라서 대상관계치료에서는 분열, 투사, 투사적 동일시 등의 역기능적 심리기제를 활용한 대상관계의 문제에 대한 통찰을 얻게 하고, 분열 또는 억압되거나 대상에 투사한 부분들을 통합하여, 온전한 대상관계를 형성할 수 있도록 돕는다. 더 나아가 자아 기능의 조절, 통합 기능을 강화함으로써, 적응적인 대상관계를 형성하고 자립적 생활을 영위할 수 있도록 도와야 한다.

적응적 대상관계 자아 기능 강화

통찰

자립적 생활

대상관계이론가에 따라서 각기 다른 치료 목표를 제시하고 있다. Klein(1948)은 대상관계치료의 목표를 초기 불안을 줄이고 내적 대상으로 인해 발생하는 고통을 줄이는 것이라고 했다. Fairbairn(1952)은 내담자의 자아의 분열을 치료하고 인격을 재통합하도록 돕는 것이 대상관계치료의 목표라고 보았다. Kohut(1971)은 대상관계치료는 내담자의 약화된 자기를 강하게 만드는 것이며 자기를 상실하지 않고 대상과의 관계를 만들 수 있도록 돕는 데 목표를 둔다고 했다.

Klein

Fairbairn

Kohut

3) 치료자의 역할과 실무 원칙

치료실 안에서
이루어지는 관계

대상관계치료에서는 내담자의 병리를 치료하는 데 전이, 방어기제, 통찰에 초점을 두지 않고, '치료실 안에서 이루어지는 관계'를 사용하는 데 초점을 둔다. 그러므로 대상관계치료의 근본 원리는 치료실 안에서나 치료실 밖에서나 관계를 중심에 두게 된다(Cashdan, 2005).

치료적 관계

대상관계치료에서는 '치료실 안에서 이루어지는 내담자와 치료자 사이의 좋은 대상관계'를 치료의 핵심 요소로 간주한다. 즉, 대상관계치료에서는 치료적 관계 그 자체에 치료적 초점을 둔다. 이와 관련하여 Guntrip(1971)은 "치료적 변화는 좋은 대상관계 속에서 그리고 그 결과로서 일어난다."라고 하였다. Cashdan(1988)은 내담자-치료자의 관계는 내담자의 통찰과 자기 인식 증진 또는 다른 변화를 일으키는 수단이 아니라 그 자체가 변화의 초점이 되어야 한다고 했다. 즉, 치료자-내담자의 관계가 좀 더 건강한 대상관계를 위한 디딤돌이 되며, 치료적 관계 경험 자체를 통하여 내담자의 자기개념의 변화가 일어난다고 보고 있다. 그러므로 대상관계치료에서 치료자는 내담자의 주관적 경험, 특히 치료자에 대한 내담자의 주관적 경험을 감정이입적으로 민감하게 반응할 수 있어야 한다(Kohut, 1971).

주관적 경험의
감정이입

내담자의
관계 특성

치료를 받으러 오는 내담자는 심리적 분화의 문제, 불완전한 내면화, 분열, 투사적 동일시 등과 같은 건강하지 못한 대상관계를 형성하게 만드는 심리적 기제를 활용하여 관계를 맺어 왔고, 또 치료자와의 관계에서도 동일한 기제와 방식으로 관계를 맺고자 한다. 즉, 내담자는 자신이 갖고 있는 내적 대상관계가 반영된 방식으로 치료자와도 관계를 맺는다. 그러므로 내담자와의 치료적 관계를 통하여 치료자는 내담자가 관계를 맺는 방법과 그 속에 포함된 어려움을 파악할 수 있다. 즉, 치료자는 현재의 치료적 관계를 통하여 내담자가 가진 과거의 관계 경험에 대한 정보를 얻을 수 있으며, 내담자는 지금까지 자신이 사용해 왔던 관계 방법을 이해할 수 있게 된다.

내담자의
정서 상태

내담자는 대상과의 정서적 접촉에 따르는 공포심을 가지고 있으며, 대상을 향한 자신의 정서가 충분히 좋은 것이 아니라는 두려움과 이로 인한 수치심을 느끼고 있으며, 유아적 의존 대상에게로 퇴행하고자 하는 갈망을 지니고 있다. 이와 동시에 내담자는 다른 사람과의 관계를 유지하고 자기존중감을 유지하기 위해, 다른 사람으로부터 자신의 좋은 측면을 인정받고 공감적 반응을 얻고 싶어 하는 경향이

공감적 반응

강하다.

내담자의 정서 상태와 욕구를 고려할 때, 치료자가 수행해야 하는 가장 중요한 역할은 인격적 대상관계의 해석이다(Fairbairn, 1958). 따라서 치료자는 내담자를 '좋은 부분과 나쁜 부분을 모두 가지고 있는 가치 있는 인격체'로 이해하고 수용해야 하며 신뢰할 수 있는 '좋은 관계'를 맺어야 한다. 이를 위해 공감적 이해와 수용, 버텨주기(holding), 유머(humor) 등의 기법을 활용하여 내담자와의 정서적 연결을 공고히 하고, 자신이 내담자의 편이라는 사실을 인식할 수 있도록 해야 한다(이수연 외, 2013; Cashdan, 1988). 치료자가 '이만하면 좋은 부모와 같은 인물' 또는 '감탄하는 청중의 역할'을 수행하여 내담자와 만족스러운 대상관계를 형성하게 될 경우, 이는 정신병리의 해결과 건강한 자아 발달의 기반으로 작용한다(김춘경 외, 2010; Kohut, 1971).

내담자와 적절한 치료적 관계를 형성한 이후에 치료자는 내담자의 대상과 자기에 대해 갖고 있는 정서, 지각, 기억, 행동, 환상 등 내적 역동을 정확히 파악해야 한다. 이를 위해 내담자의 과거로 회귀하기보다는 현재의 치료적 관계를 분석하는 데 초점을 둔다. 심지어 내담자의 저항까지도 무의식 안에 억압된 과거의 요소가 아니라 현재의 내적 실재에 의해 일어나는 것임을 인식하여, 현재의 치료적 관계에서 내담자의 내적 정신역동을 파악하는 데 주력해야 한다. 이때 치료자는 내담자의 분열, 투사적 동일시 등을 활용한 왜곡된 대상관계 형성에 대한 요구에 굴복해서는 안 된다. 즉, 치료자는 내담자의 부적절한 대상관계 요구에 "아니요, 그럴 수 없습니다."라고 말할 수 있어야 한다.

내담자의 내적 대상관계 등을 포함한 정신역동에 대한 이해와 내담자에 대한 부드러우면서 따뜻한 관심을 바탕으로 치료자는 내담자가 사용하는 심리적 기제, 특히 투사적 동일시, 분열, 전이 등을 해석하고 직면하여서, 내담자와 치료자 간의 대상관계 자체에 변화가 일어나게 한다. 이 단계에 이르면 치료자와 부적응적인 방식으로 관계를 맺는 것이 더는 소용이 없음을 내담자 스스로 깨닫게 되며, 다음에 자신이 뭘 해야 하는지에 대해 궁금해하기 시작한다(Cashdan, 1988). 그러므로 치료자는 내담자가 치료를 통해 배운 새로운 대상관계 형성 방법을 다른 대상관계로 확대하여 적용할 수 있도록 도와야 한다. 즉, 내면화된 대상에 대한 소망과 공포를 포기하도록 하고, 새로운 분리-개별화의 단계를 거침으로써, 건강하고 좋은 대상관계를 형성하고 더 나아가 통합적 자아 기능을 회복할 수 있도록 도와야 한다.

[방주]
치료자 역할
인격적 대상관계 해석
가치 있는 인격체
좋은 관계

이만하면 좋은 부모와 같은 인물

현재의 치료적 관계

부적절한 대상관계 요구

심리적 기제의 해석과 직면

새로운 분리-개별화
좋은 대상관계
통합적 자아 기능

실무 원칙

대상관계치료에서 치료자가 개입할 때 따라야 할 실무 원칙을 요약하여 제시하면, 〈표 16-2〉에서 보는 바와 같다.

.ıll **표 16-2** 대상관계이론의 실무 원칙

- 내담자가 자신의 문제를 해결하기 위해 노력할 수 있는 능력이 있다는 신념을 유지하라.
- 증상 해결을 위한 기법의 사용보다는 내담자와의 치료적 관계 자체에 치료적 초점을 두라.
- 과거의 대상관계가 아니라 과거가 반영된 현재의 대상관계와 이에 관련된 감정, 자아 기능에 초점을 두라.
- 내담자를 좋은 측면과 나쁜 측면을 가진 가치 있는 인격체로 대하고, 공감적 이해, 안아주기 (holding) 등을 통하여 치료적 관계에서의 정서적 연결을 공고히 하라.
- 내담자의 내적 대상관계가 드러날 수 있는 치료적 환경을 마련하라.
- 내담자의 투사적 동일시, 분열 등의 심리적 기제와 전이, 역전이를 해석하여 내담자의 통찰을 돕고, 내담자의 내적 대상관계와 자아 기능을 파악하라.
- 치료자는 자신을 치료 도구로 사용해야 하므로 내담자의 왜곡된 대상관계에 대한 요구에 굴복하지 않도록 하라.
- 치료자는 자아통합을 이루고 건강한 대상관계를 형성하며, 내담자의 새로운 대상관계의 모델이 되도록 하라.

장기치료

치료의 과정

대상관계치료는 자폐 스펙트럼 장애, 경계선 성격장애, 자기애성 성격장애 등과 같은 정신장애를 다루고, 성격 구조의 근본적인 변화를 목표로 하며, 장기치료의 특성을 지니고 있다. 그러나 최근에는 덜 심각한 장애를 다루는 단기치료의 형태도 나타나고 있다. 대상관계치료의 과정은 내담자와의 치료적 관계 형성, 통찰, 직면과 해석, 종결이라는 4단계로 이루어진다(Cashdan, 1988).

4) 치료 기법

대상관계치료에서는 내담자의 내적 역동을 탐색하고 통찰하여 변화시킬 수 있는 다양한 기법을 사용하고 있다. 주요 기법으로는 공감적 이해, 명료화, 직면과 해석, 현재 경험과 관계 다루기, 역전이의 이해와 치료적 활용 등을 들 수 있다.

(1) 공감적 이해

대상관계치료에서는 치료자의 태도와 치료적 관계를 치료적 변화를 일으키는 핵심 요인으로 간주한다. 대상관계치료에서는 내담자의 대부분이 애정 어린 보살핌을 받지 못하고 버림받고 거부당한 상처를 내면에 지니고 있다고 본다 (Hamilton, 1988). 그러므로 치료자는 내담자가 자신의 문제를 해결하기 위해 노력할 수 있는 능력이 있다는 신념을 가져야 하며, 이를 언어적 또는 비언어적 의사소통을 통해 내담자에게 전달할 수 있어야 한다. 내담자를 있는 그대로 이해하고 수용하는 것을 공감적 이해라고 한다. 대상관계치료에서는 공감적 이해라는 용어를 사용하고 있지 않으며, 담아내기(container; Bion, 1963), 안아주기 또는 버텨주기 (holding; Winnicott, 1960), 이만하면 좋은 어머니(good-enough mother; Winnicott, 1953) 등의 용어를 사용하고 있다.

    담아내기는 어머니가 유아의 불편한 감정을 받아들이고 적절한 형태로 변형하여 되돌려 주는 것처럼 치료자 역시 내담자의 말을 경청하고, 의사소통을 방해하지 않으며, 적절한 관심을 보여 주는 반응을 하는 기법을 말한다. 안아주기 또는 버텨주기는 어머니가 유아의 욕구와 내적 상태를 공감적으로 알아차리고 적절하게 반응함으로써 유아가 어머니로부터 이해받고 가치 있는 존재로 여겨지고 사랑받는다는 느낌을 갖게 하는 것처럼, 치료자가 내담자의 경험을 정서적 차원에서 이해하고자 하며, 내담자의 욕구와 내적 상태를 민감하게 알아차리고 수용적 태도를 견지하는 것을 말한다(Scharff & Scharff, 1991). '이만하면 좋은 어머니' 기법은 치료자가 대리양육자가 되어 해묵은 감정의 상처를 보상하려고 애쓰거나 다른 식으로 내담자의 원래 부모를 능가하는 기능을 수행하려는 것이 아니라, 무관심하지도, 내담자의 세계를 침범하지도, 지나치게 통제하지도 않으면서 내담자에게 돌봄의 감정을 전달하는 기법이다. 이와 같은 담아내기, 버텨주기, 이만하면 좋은 어머니 기법은 모두 내담자의 감정을 공유하고 있는 그대로 수용하면서 돌봄의 감정을 전달하는 공감적 이해의 기법이다. 이러한 공감적 이해 기법은 치료과정에서 내담자의 심리적 기제나 문제를 해석하고 직면시킬 때, 내담자와 치료자 사이의 정서적 연결을 유지할 수 있게 만드는 토대가 된다.

(2) 명료화, 직면, 해석

    명료화(clarification)는 치료자가 내담자에게 직접적 질문을 통해 더 많은 정보를 요구하는 기법이다. 예를 들면, "무슨 말인지 정확하게 말해 줄 수 있나요?", "좀 더 말씀해 보세요." 등과 같은 질문을 들 수 있다.

    직면(confrontation)은 내담자에 대한 관찰을 통해 치료자가 알게 된 내용을 내담

(본문 옆 여백 용어 표시: 이해와 수용 / 담아내기 / 버텨주기 / 이만하면 좋은 어머니 / 돌봄의 감정 / 명료화 / 직면)

자에게 말해 주고 그에 맞닥뜨리게 하는 기법이다. 예를 들면 치료자에게 이해받지 못한다고 하소연하던 여성 내담자가 금방 말을 바꾸어 치료자로부터 관심을 받는다고 말하는 경우, 치료자가 "네, 당신은 지금 나에게 이해받는다고 느끼는군요. 그래요 그건 중요합니다. 그런데 조금 전에는 당신이 말했던 것처럼 당신이 이해받지 못한다고 느꼈을 것이라 생각해요. 때로는 제가 당신에게 위안이 안 되는군요."라고 말하여 내담자를 부정적 전이에 맞닥뜨리게 하는 경우이다.

해석   대상관계치료에서 해석(interpretation)은 현재의 느낌, 태도, 행동이 이전 것을 반복하는 것이라는 점을 밝혀 주는 것이다. 가장 효과적인 해석은 유아기의 삶과 현재의 삶 및 전이 간의 유사성을 설명하는 것이다. 특히 대상관계치료에서는 내담자의 전이를 치료적 관계 내에 존재하는 내적 대상관계를 표현한 것으로 보기
전이   때문에, 전이에 대한 해석을 매우 중요한 것으로 간주하였다. Fairbairn(1958)은 전이란 내담자가 치료자를 자신의 내적 대상관계의 세계로 초대하는 시도라고 보았다. 내담자는 자신의 내면세계를 유지하기 위하여 자신의 내면세계와 일치하는 지각체계에 맞추어 치료자를 인식하고 경험한 것이므로, 전이와 저항에 대한 해석이 중요하다고 하였다. Klein(1948)은 내담자의 정신병리의 원인이 공격적이고 시기하는 대상관계에 있다고 보고, 내담자가 인생 초기에 경험한 적대적 대상관계를
투사와 저항   치료자에게 투사하고, 치료자의 해석을 거부하고 저항한다고 본다. 그러므로 치료자가 해석을 할 때 내담자의 공격적 소망과 그에 따른 불안에 초점을 맞춤으로써, 무의식적 소망을 완전히 의식화하고 불안을 줄일 수 있다고 보았다.

(3) 현재 경험과 관계 다루기

대상관계치료에서는 과거 경험이나 치료 장면 밖에서 일어난 일인 '그때 거기
지금 여기   (there-then)', 즉 과거의 경험과 '지금 여기(here-now)', 즉 현재 내담자와 치료자의 관계에서 일어나는 경험 사이의 연관성을 중요하게 다룬다. 그 이유는 내담자의 과거 대상관계가 지금 여기 치료자와의 관계에서 재연된다고 보기 때문이다. 대
과거 대상관계 경험   상관계치료자는 내담자의 과거 대상관계 경험과 치료 장면에서의 관계양식의 연관성을 탐색하여 치료 장면에서 다루는데, 주로 분열, 투사적 동일시, 거부와 상실 경험 등을 현재와 연관하여 다룬다. 더 나아가 현재의 치료적 관계 속에서 새로운 대상관계 유형을 만들어 갈 수도 있다.

(4) 역전이의 이해와 치료적 활용

대상관계치료에서는 역전이를 치료 관계에서 환자의 행동에 대한 치료자의 반응이라고 보며(Cashdan, 1988), Freud의 역전이 개념에 내담자의 투사적 동일시로 유발된 반응을 포함하였다(Hamilton 1988). 내담자의 투사적 동일시와 관련된 역전이는 치료자가 내담자를 더 깊은 수준에서 공감하고, 내담자의 내면세계와 역동을 파악하고 치료적으로 다루는 데 유용한 단서로 활용될 수 있다(Cashdan, 1988). 치료자가 역전이를 치료적으로 활용하려면, 치료자가 자신의 역전이 반응을 의식적으로 자각하고 경험하고 통찰하여, 자신의 정서 반응을 내담자의 내적 역동과 연결할 수 있어야 한다. 치료과정에서 치료자가 느끼는 지루함이나 혼란, 내담자에 대한 평가절하, 지나친 열성, 분노, 죄책감, 무력감 등이 역전이의 전형적 반응이다(Hamilton, 1988). 대상관계치료에서 역전이를 해결하는 방법으로는 담아내기 기법이 도움이 될 수 있다(Hamilton, 1988). 그러나 내담자가 의도적으로 투사적 동일시를 하는 경우에는 담아내기 기법보다는 내담자의 교묘하고 조작적인 의사소통 유형을 겉으로 드러내고, 공감, 지도, 지지에 대한 내담자의 요구를 거절하는 것이 역전이를 치료적으로 활용하는 적절한 기법이 될 수 있다.

생각해 보아야 할 과제

1. 가족성원, 친구, 동급생이나 교수 중 한 명을 선택하여 그들이 실제로 갖고 있는 모습과 귀하가 그들을 이해하고 받아들이는 것 사이에 어떤 차이가 있는지 탐색해 보시오.

2. 자기 자신의 실제 모습과 자기 스스로 지각하고 있는 모습을 자기표상의 개념을 이용하여 비교해 보시오.

3. '뭐든 다 주고 싶은 사람'과 '꼴도 보기 싫은 사람'을 대상관계이론의 분열의 개념을 활용하여 분석해 보시오.

4. 자신이 다른 사람에게 교묘하게 조종당하고 있다는 느낌이 든 상황을 회상해 보고, 대상관계이론의 투사적 동일시의 개념을 적용하여 분석해 보시오.

5. 자신이 누군가에게 '먹혀 버릴 것 같은 불안(fear of engulfment)'을 느낀 경험을 구체적인 예를 들어 설명해 보시오.

6. 자신이 최근에 사용한 내면화의 심리기제(내사, 함입, 동일시)의 구체적인 예를 제시해 보시오.

7. 동화 〈콩쥐 팥쥐〉 〈신데렐라〉 〈백설공주〉 또는 영화나 책으로 〈지킬 박사와 하이드 씨〉를 보고, 그 내용을 대상관계이론에 입각하여 분석해 보시오.

8. 자폐 스펙트럼 장애, 경계선 성격장애, 자기애성 성격장애의 특성과 대상관계치료의 접근방법에 대해 좀 더 학습해 보시오.

9. 대상관계치료에서는 기법보다는 치료자와 내담자의 관계를 치료적 변화를 일으키는 핵심 요인이라고 보는데, 이러한 치료적 관점이 어느 정도 타당하다고 생각하는지 의견을 제시해 보시오.

10. 대상관계이론에 속하는 학자(예: Klein, Winnicott, Fairbairn, Kohut, Kernberg, Mahler, Bowlby 등) 중 한 명을 선택하여 그의 이론이 갖는 특성, 주요 개념, 발달관, 치료적 접근방법에 대해 좀 더 깊이 학습해 보시오.

제17장 교류분석이론

학 습 목 표

1. 교류분석이론의 인간관과 기본 가정을 이해한다.
2. 교류분석이론의 주요 개념을 이해한다.
3. 교류분석이론의 인간 발달 관점을 이해한다.
4. 교류분석이론을 사회복지실천에 적용할 수 있는 방안을 이해한다.

교류분석이론(transactional analysis: TA)은 초기의 인생 결정 또는 과거의 전제(past premises)에 근거하여 현재의 결정을 내린다는 가정에 근거를 둔 상호작용치료(interaction therapy)로서 정신분석가, 정신과의사였던 Eric Berne에 의해 처음으로 개발된 이론이다.

Berne은 전통적인 정신분석이 치료에 상당한 시일이 걸리고 내담자가 치료과정에서 수동적으로 관여한다는 점에 불만을 갖게 되었다. 그리하여 Berne은 자아 상태

Eric Berne (1910~1970)

등의 개념을 발달시켰으며, 인간의 사고, 감정, 행동을 표현하는 방식을 이해할 수 있는 틀을 제시하였다. Berne은 자아와 성격의 인지 · 정서 · 행동적 측면을 모두 강조하였다. 이후 James와 Jongeward, Goulding과 Goulding, Dusay와 Dusay는 Berne의 전통적 접근방법에서보다 인간의 자율성을 더욱 중시하는 재결정학파를

초기의 인생 결정
과거의 전제
상호작용치료

자아 상태

인지, 정서, 행동

결성하였다.

이와 같이 교류분석이론은 전통적 교류분석이론(Bernian approach)과 재결정학파(redecisional approach)로 대별될 수 있다. 전통적 교류분석이론은 현재의 교류를 중시하고, 집단을 소우주로 보며, 구조분석, 교류분석, 게임분석, 인생각본분석의 네 가지 분석에 초점을 두는 소위 Berne이 제창한 개념에 충실한 접근방법으로 1960년대 후반까지로 구분할 수 있다.

현대적 교류분석이론은 Berne의 이론을 확대하고 수정한 접근방법으로 다양한 접근방법이 혼재하고 있다. 대표적으로 Goulding 등의 재결정학파를 들 수 있다. 이들은 내담자가 자신의 자아 상태, 초기결정, 인생각본을 인식하고, 이것이 현재의 행동에 어떠한 영향을 미치는지를 자각함으로써, 자신의 인생 방향을 새롭게 결정하고 새로운 결정을 실행에 옮길 수 있는 능력이 있다고 보고 있다. 이들 재결정학파는 전통적 교류분석이론의 기본 개념과 형태치료, 가족치료, 심리극, 행동치료의 기법과 원칙을 결합하여 사용하고 있는 것이 특징이다. 그리고 Dusay와 Dusay(1984)는 교류분석이론의 미래에 대해 전통적 교류분석이론의 기법을 중시

하지만, 변화보다는 성장을 중심으로 한 접근방법으로 옮아갈 것이라고 예상하고 있다.

교류분석이론은 원래 집단치료의 한 방법으로 개발된 것이긴 하지만, 현재에는 개인치료, 가족치료 및 부부상담 등에 사용되고 있다. 활용되고 있는 기관은 정신병원, 산업체, 학교 등 매우 광범위하며, 신체장애 및 정신장애, 노인문제 등 다양한 문제에 적용되고 있다.

1 인간관과 가정

1) 인간관

교류분석이론, 특히 재결정학파는 반결정론적 철학에 뿌리를 두고 있으며, 인간을 자율적 존재로 보고 있다. 이는 개인이 과거 행동 유형에서 벗어나서 스스로 새로운 목표와 행동을 선택할 수 있는 능력이 있다는 믿음을 의미한다. 그러나 인간이 자율성을 지닌다고 하더라도 인간이 사회적 힘의 영향에서 벗어날 수 있다거

나, 전적으로 자신의 힘만으로 삶의 중요한 결정을 내릴 수 있다는 의미는 아니며, 인간은 어느 정도 주요 타인의 기대나 요구에 의해 영향을 받는다는 의미를 내포한다.

인간은 과거에 구속된 존재가 아니며, 가변적 존재이다. 즉, 어린 시절에 내리는 결정은 전적으로 타인에 의존할 수밖에 없는 결정이지만, 이러한 결정이 더 이상 적합하지 않은 것으로 판명되면, 새로운 인생결정을 내리고 새로운 행동을 할 수 있다고 본다. Harris(1969)는 비록 초기의 경험이 지워지지 않는다고 할지라도 초기결정이 변화될 수 있으며, 일단 결정된 것도 다시 결정될 수 있다고 하였다. 그러나 Berne(1961)은 인간 존재가 선택할 수 있는 능력을 갖고 있다고 하였지만, 자율적 존재가 되기에 필요한 자각을 얻는 사람은 별로 많지 않다고 하였다. 이처럼 인간의 변화 가능성을 인정하는 정도는 학자마다 약간씩 차이를 보인다. 가변적 존재

교류분석이론, 특히 재결정학파는 인간을 합리적 존재로 본다. 인간은 자신의 사고, 감정, 행동을 조화롭게 통합·활용하여 현실을 합리적으로 판단하고, 이에 맞게 행동하며, 자신의 생활이나 행동에 대해 스스로 책임을 질 수 있는 능력이 있다고 본다. 그러므로 교류분석치료에서는 내담자의 자기주도적 결정권을 인정하고 고양한다. 합리적 존재

2) 기본 가정

교류분석이론은 인간의 긍정성(OK-ness)을 인정하는 가치체계에 기초를 두고 있다. 즉, 모든 인간은 사고, 감정, 행동이라는 세 가지 차원을 조화롭게 통합할 수 있으며, 자신의 생활, 감정, 행동 등에 대해 책임을 져야 하며, 책임질 수 있는 능력이 있다는 가치체계에 근거를 두고 있다(대학카운슬러연구협의회, 1986). 인간의 긍정성

그러므로 교류분석이론에서는 치료자와 내담자의 능력을 동등하게 취급하며, 내담자 스스로가 치료과정에 능동적으로 참여하여 자신의 어떤 부분을 변화시킬 것인지에 대해 결정을 내리고, 이러한 변화를 일으킬 수 있는 능력이 있는 존재라고 본다. 즉, 내담자는 자신의 인생의 방향을 평가하고, 초기의 결정을 이해하게 되며, 자신의 새로운 삶의 방향을 결정하는 데 주도권을 갖게 된다. 따라서 교류분석이론에서는 개인은 자신을 신뢰하며, 스스로 생각하고, 결정하며, 감정을 표현할 수 있다고 가정한다. 내담자의 능력 삶의 주도권

.ıll **표 17-1** 교류분석이론의 기본 가정

- 인간은 과거나 주요 타인의 영향을 받긴 하지만, 자신의 힘으로 삶의 중요한 결정을 내릴 수 있는 존재이다.
- 인간은 자신을 신뢰하며, 스스로 생각하고, 결정하며, 감정을 표현할 수 있는 존재이다. 따라서 각 개인은 자신의 사고방식, 행동방식, 감정에 대해 책임을 가진다.
- 인간행동은 자아 상태의 지배를 받으며, 행동변화는 자아 상태가 변화됨으로써 일어난다.
- 발달은 어린 시절에 전적으로 타인에 의존하여 내린 초기결정을 발견하고 이를 수정해 가는 과정이다.
- 발달의 최종 목표는 자아인식의 증진과 자신의 삶에 대한 주도권을 갖는 것이다.
- 자아 상태는 사고, 감정, 행동 유형을 통합한 하나의 체계로서 가변적인 특성을 지닌다.
- 심리적으로 건강한 개인은 초기의 결정을 이해하고 현재 자신의 인생 목표에 따라 삶의 방향을 결정할 수 있는 주도권을 가진다.
- 전문적 원조 관계에서는 치료자와 내담자의 능력을 동등하게 인정하고, 내담자의 적극적 참여를 조장한다.
- 원조 관계의 목적은 개인의 자아인식을 증진하여 사고, 감정, 행동방식의 변화를 일으키는 데 있다.

2 주요 개념

　교류분석이론의 기초가 되는 개념은 자아 상태, 금지령과 대항금지령, 초기결정 및 재결정, 스트로크, 교류 유형, 게임, 라켓 감정, 인생태도와 인생각본 등인데, 이에 대해 상술해 보면 다음과 같다.

1) 자아 상태

사고, 감정, 행동의 통합체계

Freud

자아 상태의 구조

　Berne(1961)은 자아 상태(ego state)를 사고, 감정, 그리고 이와 관련된 일련의 행동 유형을 통합한 하나의 체계라고 규정하였다. 이러한 Berne의 자아 상태 개념을 Freud와 비교하여 보면, Freud의 원초아-자아-초자아의 개념은 가설적 구조이고 Berne의 자아 상태 개념은 관찰이 가능한 현상이다(김규수, 류태보, 2001).

　교류분석이론에서는 인간의 자아 상태는 한 가지 자아 상태에서 다른 상태로 변화하며, 그들의 행동은 그 순간의 자아 상태와 관련되어 있다고 본다. 그리고 자아 상태의 구조는 세 가지, 즉 어린이 자아 상태(Child ego state: C), 어버이 자아 상태(Parent ego state: P), 어른 자아 상태(Adult ego state: A)로 되어 있다. 그리고 자아 상태의 기능에 따라서 어린이 자아 상태를 다시 자유로운 어린이 자아 상태(Free Child: FC), 순응하는 어린이 자아 상태(Adapted Child: AC)로, 어버이 자아 상태를 비판적 어버이 자아 상태(Critical Parent: CP)와 양육적 어버이 자아 상태(Nurturing Parent: NP)로 다시 구분한다([그림 17-1] 참조).[1]

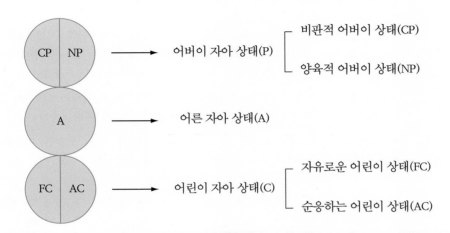

[그림 17-1] 자아 상태의 구조와 기능 분류

(1) 어린이 자아 상태

어린이 자아 상태는 어린 시절에 실제로 느꼈거나 행동했던 것과 똑같은 감정이나 행동을 나타내는 자아 상태로서, 생래적인 것 이외에 인생 초기에 부모에 대응하기 위해 습관화된 반응양식도 포함된다. 즉, 어린이 자아 상태는 상황에 대한 정서적 반응(예: 행복하거나 유쾌한 감정, 충동적, 창조적, 호기심 많은 방식으로의 행동)이 특징적인 사고, 감정, 행동을 말한다. 이러한 어린이 자아 상태는 부모처럼 행세할 때나 혹은 자기가 의존적이 된다든가 즐거운 생각을 하고 있을 때 잘 작용한다. 이러한 어린이 자아 상태는 다시 자유로운 어린이 자아 상태(FC)와 순응하는 어린이 자아 상태(AC)라는 두 가지 기능으로 구분할 수 있다.

자유로운 어린이 자아 상태(FC)는 누구에게나 구속받지 않고 자연스럽게 행동하는 부분으로 부모가 보이는 품행의 영향을 받지 않는다. 자유로운 어린이 자아

생래적

정서적 반응

자유로운 어린이
자아 상태

1) Pitman(1984)은 P-A-C 자아 상태 각각을 다시 세 자아 상태(예: Pp, Pa, Pc 등)로 구분하고 있으나, 아직 널리 수용되지는 않고 있다.

표 17-2 어린이 자아 상태의 특성과 표현방법

구분	자유로운 어린이 자아 상태	순응하는 어린이 자아 상태
긍정적 측면	천진난만, 자유로운 감정의 표현, 직관력, 적극적, 창조의 근원	인내, 감정의 억제, 타협, 신중, 타인의 기대에 부응, 착한 아이
부정적 측면	충동적, 방종, 안하무인, 무책임	주체성 결여, 소극적, 자기속박, 적개심 보존
말투	와아-, 야아-, 좋다, 싫다, 멋지다, 유쾌하다, ~을 갖고 싶다, ~을 하고 싶다 등 감탄조	~해도 좋습니까?, ~할 수 없습니다, 어차피 나 같은 것은~, ~할 작정이다, 슬프다, 섭섭하다, 아니 괜찮습니다
음색	유희적, 감정적, 밝은, 명랑한, 개방적, 자유로운	힘없이 중얼거리는, 목소리에 자신이 없다, 우물쩍거림, 사양, 훌쩍훌쩍
자세, 동작, 표정	자유로운 감정표현, 자발적, 활발, 잘 웃는다, 장난을 친다, 유머가 풍부하다, 선명하다, 씩씩하다	안색을 살핀다, 한숨, 우울한, 어두운, 겁에 질린, 불안, 공포, 증오, 의존, 차근차근하다
대인관계	I'm OK-You're OK, 본능적, 직관적, 창조적, 공상적, 응석 부리기	I'm not OK-You're OK, 타율적, 의존적, 반항적, 도전적, 자학적, 자기애적

상태는 감정적, 본능적, 자기중심적이며, 호기심이나 창조성의 원인이기도 하다. 현실을 고려하지 않고 즉석에서 쾌락을 추구하고 고통을 피하려 한다. 좋은 면에서는 명랑하고 천진난만하고, 화를 내더라도 오래가지 않으며, 그 자리에 맞는 감정 표현을 한다. 자유로운 어린이 자아가 적절히 기능하면 주위 사람에게 즐거움과 매력을 느끼게 한다. 성격 중에서 기쁨에 찬 가장 아름다운 부분이라 할 수 있다. 그러나 자유로운 어린이 자아 상태가 너무 강하면 자기 자신을 통제하지 못하고 경솔한 언동을 취할 수 있다.

순응하는 어린이 자아 상태(AC)는 자기를 예절 바르게 교육하려고 애쓰는 부모에게 순종하고 있는 부분이다. 어린이는 성장과정에서 보호자의 애정을 상실하지 않기 위해 자연적인 자기를 억제하고 상대방의 틀 안에 들어가야겠다는 여러 가지 반응을 하게 되는데, 이것이 순응하는 어린이 자아 상태이다. 순응하는 어린이 자아 상태는 순종형이고 참을성이 있어 '말을 잘 듣는 아이' 편에 속하므로, 대인관계를 원만하게 이끌고 나가는 것 같아 보인다. 그러나 실제 자기 자신을 항상 억제하고 있으므로, 내부적으로 여러 가지 문제를 숨기고 있다. 감정을 억압하고 열등감에 사로 잡히든가 아니면 슬픔에 잠기기 쉬운 면이 있다. 또 비꼰다든지, 삐뚤어진

천진난만

자기통제

순응하는 어린이 자아 상태

순종형 말을 잘 듣는 아이

열등감

다든지, 앙심을 품는다든지, 갑자기 화를 내기도 한다. 이와 같이 자연스러운 감정을 나타내기가 힘들어지므로, 명랑성이 부족하고 일반적으로 우울한 면이 나타나게 된다.

(2) 어른 자아 상태

어른 자아 상태(A)는 18개월부터 발달하기 시작하여 12세경이면 정상적으로 기능하게 된다. 어른 자아 상태는 사고와 합리적 행동이 그 특성으로, 내적 욕구와 외적 요구를 중재하는 중재자이다. 그러므로 사건에 대한 사고를 하고, 수집된 자료의 정보를 처리하고, 현실적인 행동방법을 결정하는 정보처리자이다. 이러한 어른 자아 상태가 강한 사람은 정서적으로 성숙하고, 행동의 자율성이 있으며, 개인의 행복과 성취뿐 아니라 사회문제에도 관심을 가진다.

18개월~12세
사고와 합리적 행동 중재자

기능적 관점에서 보면, 어린이 자아 상태나 어버이 자아 상태처럼 하위 부분으로 구분되지 않고 통합적으로 기능한다. 어른 자아 상태가 효과적으로 기능할 때는, 어린이 자아 상태와 어버이 자아 상태의 행동을 적절하게 사용할 시기와 방법을 결정할 수 있다. 어린이 자아 상태와 어버이 자아 상태의 갈등을 완화하고, 어버이 자아 상태로부터 어린이 자아 상태가 위협받는 것을 보호해 준다. 어른 자아 상태는 감정에 지배되지 않는 냉정한 부분이지만, 정신적으로 성숙한 인간이라는 의미는 아니다.

통합 기능

표 17-3 어른 자아 상태의 특성과 표현방법

구분	어른 자아 상태
긍정적 측면	지성, 이성, 적절한 적응, 정보수집 및 냉정한 계산, 사실에 의거한 판단, 현황 분석, 분석적 사고
부정적 측면	과학에 대한 맹신, 자연 무시, 자기중심적, 물질만능주의
말투	무엇이~ 어디서~ 누가~ 언제~ 어디서~ 어떻게~, ~라고 생각한다, 구체적으로 말하면~
음색	침착한 낮은 목소리, 냉정, 기계적, 일정한 음조, 싫증남
자세, 동작, 표정	대화 간격이 알맞다, 자세가 좋다, 상대방과 눈을 맞춘다, 주의 깊게 듣는다, 필요한 경우 침묵하여 생각을 정리한다
대인관계	사실중심주의, 이론적, 합리적, 객관적, 설명적, 타산적

(3) 어버이 자아 상태

부모의 양육태도

어버이 자아 상태는 6세경에서부터 발달하기 시작하며, 부모의 양육태도와 사회
문화적 환경에 의해 영향을 받는다. 부모의 역할은 아동에게 풍족하고 정서적인 양
육, 기술과 지식의 전수, 규범, 가치, 태도, 사회적으로 수용되는 행동에 관한 정보
를 제공하는 것 등이다. 부모 이외에 교육, 사회, 문화적 환경이 아동에게 가치, 태
도, 행동에 대한 교육을 제공한다. 아동은 이러한 가치, 태도, 행동을 내면화함으로
써 자신의 어버이 자아 상태를 발달시키게 되는데, 어버이 자아 상태는 양육적 또
는 비판적 행동으로 표현된다. 어버이 자아 상태는 외부 세계, 특히 부모에게서 얻
게 되는 태도나 행동을 말하는 것으로 '해야 한다(shoulds, oughts)'의 내용을 지닌다.

양육적 또는
비판적 행동

해야 한다

어버이 자아 상태를 기능적으로 분류하여 보면, 비판적 어버이 자아 상태와 양
육적 어버이 자아 상태로 분류할 수 있다. 비판적 어버이 자아 상태(CP)는 주로 비
판, 질책, 비난을 한다. 양심이나 이상과 밀접히 관련되어 있고, 어린이에게 여러
가지 규칙을 가르쳐 주며 엄격한 면을 나타낸다. 비판적 어버이 자아 상태가 매우
강한 사람은 명령이나 지시 등 자기의 가치관을 강요하는 것과 같은 지배적 언행
을 보인다. 또 남을 칭찬하기보다는 책망하는 일이 많으며, 상대방의 어린이 자아
상태를 위협하여 창조적인 활동에 제한을 가한다. 그러나 자기의 신념에 의해서

비판적 어버이
자아 상태

양심이나 이상

지배적 언행

📶 표 17-4 어버이 자아 상태의 특성과 표현방법

구분	비판적 어버이 자아 상태	양육적 어버이 자아 상태
긍정적 측면	이상, 양심, 정의감, 권위, 도덕적	동정, 위로, 공감, 보호, 관용
부정적 측면	비난, 질책, 강제, 편견, 권력	과보호, 응석받이, 묵인, 참견
말투	안 돼, 바보야, 당연히 ~해야지, ~하지 않으면 안 된다, 내가 말하는 대로 하는 게 좋아, 속담이나 격언의 사용	~해 줄게, 아름답군, 귀엽군, 제게 맡기세요, ~가 염려스럽다, 잘되었군, 알았어요
음색	설교조, 비판적, 단정적, 위압적, 권위적, 강요적	동정적, 순하다, 애정을 쏟다, 부드럽다
자세, 동작, 표정	시비조, 주먹으로 책상을 친다, 무시한다, 실수를 지적하고 정정한다, 손가락질을 한다	자연스럽게 몸에 닿는다, 껴안아 준다, 어깨를 두드린다, 손을 잡아 준다, 양손을 크게 벌린다, 피부 접촉을 한다
대인관계	I'm OK-You're not OK, 독단적, 편견, 무시, 경시, 보수적, 배타적, 규제적, 지배적	I'm OK-You're OK, 남을 잘 도와줌, 관대함, 수용적, 이해력이 풍부함, 유순함

'아니다'라고 분명히 말할 수 있는 장점도 있다. 일반적으로 비판적 어버이 자아 상태가 강한 사람을 접하게 되면, '위압적이고 자신과잉형의 불쾌한 성격의 사람'으로 느껴져 거리를 두게 된다.

양육적 어버이 자아 상태(NP)는 자녀의 성장을 도와주는 부모와 같은 부분이며, 동정적, 보호적, 양육적이다. 상대방에게 원조가 필요할 때 부모처럼 보살펴 주고 위로해 주며 따뜻한 말을 해 준다. 그러나 그것도 정도가 지나치면 상대방의 독립심과 자신감을 빼앗는 결과를 낳는다. 양육적 어버이 자아 상태는 가정이나 직장에서의 원만한 인간관계를 맺기 위한 윤활유와 같은 부분으로서, 상대방의 자립 또는 성장에 깊은 관심을 보이고, 타인의 감정에 공감할 수 있는 능력을 의미한다. 이러한 양육적 어버이 자아 상태가 치료자에게 가장 필요한 부분이다.

양육적
어버이 자아
보살핌과 위로

2) 금지령과 대항금지령

금지령(injunction)은 부모의 내면에 있는 어린이 자아 상태에서 자녀에게 내리는 부모의 메시지이다. 이 메시지는 자녀가 무엇을 해야 하며, 무엇이 되어야 하는지를 말해 주는데, 대체로 부모의 실망, 좌절, 불안, 불행 등 고통을 표현하는 것으로 '하지 말라(don't)'의 내용을 지닌다. 이런 메시지는 직접적으로 언어로 전달되는 경우도 있지만, 부모의 행동에서 추론되는 경우가 더 많다.

부모의 어린이
자아 상태

하지 말라

Goulding과 Goulding(1976)은 부모 자신의 병리로 인하여 나타나는 기본적인 금지령의 예를 다음과 같이 들고 있다. 즉, 하지 말라(don't), 태어나지 말았어야 한다(don't be), 가까이 하지 말라(don't be close), 멀리 떨어지지 말라(don't be separate), 남자(여자)여서는 안 된다(don't be the sex you are), 요구하지 말라(don't want), 애들같이 굴지 말라(don't be a child), 성공하지 말라(don't succeed), 잘되지 말라(don't be well), 성장하지 말라(don't grow up), 건전해지지 말라(don't be sane), 소속되지 말라(don't belong) 등이다.

'여자가 되어서는 안 된다.'는 금지령의 예는 [그림 17-3]에서 보는 바와 같다. 이 그림에서 어머니는 자신의 어버이 자아 상태에서 '여자는 여자다워야 한다.'고 말하며, 그것이 딸의 어버이 자아 상태에 들어간다. 그러나 이와 같은 어머니는 '여자는 손해야.', '이 불쌍한 어머니를 봐라.', '다시 태어나면 반드시 남자로 태어날 거야.' 등 말끝마다 푸념을 늘어 놓으며, 아버지에 대해서도 이런 종류의 기분

금지령의 예

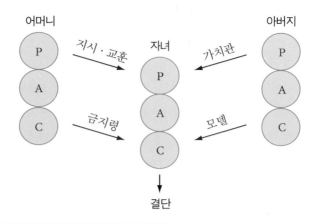

[그림 17-2] 금지령

을 비언어적으로 표현한다. 그 결과 '여자는 소용이 없다.'고 하는 메시지가 송신된다. 이것은 어머니의 어린이 자아 상태에서 딸의 어린이 자아 상태로 전해져서 딸은 '여자는 되지 않을 거야.' 하고 결정하게 된다. 여기에 더하여 아버지는 '네가 남자애였더라면' 하고 후회하는 모습을 보이면 금지령이 강화된다. 최종적으로 딸은 '나는 필요 없는 아이다.'라든가, '사내아이처럼 돼라.'고 하는 매우 비합리적인 메시지를 받아들이게 된다. 그래서 딸은 말괄량이가 되거나 남성적 행동습관을 몸에 익히게 된다. 이럴 경우 결혼적령기를 맞이할 무렵이 되면 여성으로서의 정체성이 확립되지 않아, 사회 부적응 상태에 이를 가능성이 높다.

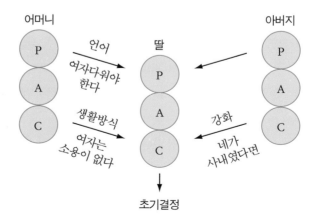

[그림 17-3] 금지령의 예: 여자가 되어서는 안 된다

자녀는 이러한 금지령을 수용할 것인지 아니면 이를 거부하고 대항할지를 결정하게 된다. 만약 금지령을 그대로 받아들이게 된다면, 결국 그 자녀는 앞으로 지속적으로 남아 있게 되는 특성 구조(character structure)의 일부분을 결정하게 된다.

이러한 금지령에 대응하는 것은 부모의 내면에 있는 어버이 자아 상태에서 나오는 메시지로, 대항금지령(counterinjunction)이라 한다. 이 메시지는 부모의 기대를 표현한 것으로 '해야 한다(shoulds, oughts).' '하라(dos).'의 형태를 취한다. 대항금지령의 예를 들면 완전해지라(Be perfect), 내가 네게 기대하는 것을 하라(Do what I expect of you), 서두르라(Hurry up), 열심히 하라(Try hard), 조심하라(Be careful), 공손하라(Be polite) 등이다. 이러한 대항금지령이 가지는 문제점은 자녀가 이러한 대항금지령에 따라 생활하기가 불가능하다는 것인데, 아무리 열심히 할지라도 불충분하고 이루기 어렵다.

교류분석치료에서는 해야 한다(shoulds)와 하지 말아야 한다(shouldn'ts) 그리고 하라(dos)와 하지 마라(don'ts)를 탐색하고, 아동기에 자신들이 받았던 구체적인 금지령과 대항금지령을 지각함으로써, 자신이 어느 정도로 비합리적이고 무비판적으로 부모의 메시지를 받아들였는지를 알게 된다. 이러한 내면화된 해야 한다(shoulds)와 하지 말아야 한다(shouldn'ts), 그리고 하라(dos)와 하지 마라(don'ts)를 확인하고 인식하게 되면, 내담자 또는 집단성원은 자신들이 이러한 것에 따라서 생활을 계속할 것인지 아닌지를 결정하기 위하여 자기탐색을 하게 된다.

3) 초기결정 및 재결정

교류분석이론에서는 자신의 행동을 지배하는 결정과 자신의 인생 방향에 유익한 방향으로 새로운 결정을 할 수 있는 능력을 강조한다. 여기서는 부모의 금지령이나 대항금지령에 따라 이루어지는 초기결정, 그리고 초기결정을 인식하고 새로운 결정을 내리는 방법에 대해 살펴보고자 한다.

아동은 부모의 금지령에 반응하여 어떠한 형태이든 선택을 하게 된다. 이런 초기결정은 부모에게 인정받으려는 욕구 또는 신체적 · 심리적 생존을 위한 욕구에서 동기화된다. Berne은 사람들이 금지령과 그 금지령에 근거하여 내린 초기결정의 희생양(victim)이라고 보고 있다. 즉, 자녀는 부모에 의해 각본이 쓰이는 방식에 따라 자신의 인생계획을 결정한다는 것이다.

이러한 Berne의 결정론적 관점에 대해 Goulding과 Goulding(1976)은 동의하지 않는데, "인간의 인생각본은 수동적으로 쓰이는 것이 아니며, 자녀는 부모의 금지령에 반응하여 결정을 하므로 자신의 인생각본을 직접 쓴다."라고 하였다. 그들에 따르면 금지령이나 대항금지령이 부모의 권위를 나타내기는 할지라도, 중요한 것은 부모의 한 가지 금지령에 대해서 자녀는 합리적인 것에서부터 병리적인 것에 이르기까지 다양한 결정을 내릴 수 있다. 예를 들어, '가까이 하지 말라.'는 금지령은 '다른 사람을 믿지 말고, 사랑하지 말라.'는 식으로 표현될 수 있을 것이다. 이러한 금지령에 반응하여 자녀는 '나는 다른 사람을 가까이 하지 않겠어요. 그러는 것이 다른 사람에게서 버림받지 않는 길이기 때문이죠.' 또는 '나는 다시는 여자를 믿지 않겠어요.' 등의 다양한 초기결정을 내리게 된다. 그러나 자녀가 따르고 있는 금지령의 많은 부분은 부모가 제기한 것이라기보다는 자녀 자신이 해석한 것에서 비롯된다(Goulding & Goulding, 1976).

교류분석이론에서는 초기결정이 내려졌을지라도 그 결정을 뒤엎지 못하는 것은 아니라고 보며, 초기결정에 반응하여 새로운 결정을 내릴 수 있다고 본다. 아동기의 어떤 시점에서 받은 금지령에 반응하여 결정한 것은 그 당시에는 적절했을지 모르지만, 그 이후의 어떤 시점에서는 부적절한 것이 될 수 있다. 따라서 교류분석이론에서는 초기결정의 특성을 자각하고 새로운 결정, 즉 재결정을 내리도록 함으로써 개인을 변화시키고자 한다.

이러한 재결정을 하기 위해서는 초기결정이 이루어진 아동기의 장면으로 되돌아가서, 내담자로 하여금 과거의 상황을 정서적으로 재경험하게 하여 초기결정의 본질을 이해하게 하고, 인지뿐 아니라 정서적으로도 재결정을 하게 한다. 예를 들어, 교류분석이론에서는 한 사람이 '살고 싶지 않다.'는 초기결정을 바꾸기 위해서는 그의 부모와 함께 생활하던 아동기로 되돌아가서 그 시기의 감정하에서 자신이 충분히 살 가치가 있고, 또 자기파괴적인 생활을 멈추고 만족스러운 삶을 살겠다는 새로운 결정을 할 수 있도록 격려하여야 한다. 그러나 재결정의 과정은 끝이 아니라 또 하나의 시작이다. 재결정을 한 후에 개인은 다른 방식으로 생각하고, 행동하고, 느끼며, 자신의 자율성을 발견하고, 기쁨을 경험한다.

인생각본

금지령이나 대항금지령

초기결정의 자각과 재결정

과거의 정서적 재경험

자율성

4) 스트로크

자녀는 부모와 상호작용하는 과정에서 스트로크(stroke)를 받고자 하는 욕구가 있다. 교류분석이론에서 스트로크는 인지의 형태로, 서로 간에 의사소통을 할 때 사용한다. 긍정적 스트로크는 "나는 너를 좋아한다."와 같이 말하는 것이며, 따뜻한 신체적 스트로크, 수용적 언어, 친밀한 몸짓 등으로도 표현될 수 있다. 긍정적 스트로크는 아동의 성장을 촉진하는 촉매이며, 애정과 승인의 형태로 표현된다. 부정적 스트로크는 "나는 너를 좋아하지 않는다."와 같이 말하는 것이며, 언어적 또는 비언어적으로 나타날 수 있다. 부정적 스트로크는 아동의 성장을 후퇴시키며, 아동을 왜소화하고 무안하게 함으로써 존엄성을 짓밟는다.

조건적 스트로크(conditional strokes)는 "나는 네가 이러한 방식으로 행동하면, 너를 좋아할 것이다."와 같이 말하며, 그와 같이 행동할 때 인정해 주는 것이다. 무조건적 스트로크(unconditional strokes)는 "나는 네가 어떤 존재이든 간에 기꺼이 너를 수용한다."라고 말하는 것이다.

교류분석이론에서는 어떻게 자신의 시간을 구조화하는가에 관심을 가지며, 그가 타인과 주고받는 접촉의 종류를 결정하는 개인의 생애계획에 관심을 기울인다. 그리고 내담자가 생존하는 데 필요한 스트로크, 서로 주고받는 스트로크, 그리고 다른 사람에게 주는 스트로크를 자각하도록 원조한다.

(우측 여백 키워드: 인지 / 긍정적 스트로크 / 애정과 승인 / 부정적 스트로크 / 왜소화 / 조건적 스트로크 / 무조건적 스트로크)

5) 게임

심리사회적 수준에서 활발한 교류가 이루어질 때, 대개 게임이 생긴다. 게임은 최소한 한 사람에게 나쁜 감정을 갖게 하고 끝내는 일련의 교류로서, 친밀감이 형성되는 것을 방해한다. 게임은 초기결정을 지지할 목적에서 이루어지며, 유쾌한 감정을 가장하고 인생각본을 추진하기 위한 교류라고 할 수 있으며, 시간 구성의 한 방법이다. Berne은 가엾은 나(poor me), 박해받는 자(martyr), 예, 그러나(yes, but), 당신이 없었다면(if it weren't for you), 당신을 돕겠어요(I'm only trying to help you) 등의 게임을 제시하였다.

게임의 구성요소는 ① 표면상 유쾌하게 보이는 상보적 교류(complementary transaction), ② 숨겨진 의도(hidden agenda)를 가지고 있는 이면적 교류(ulterior

(우측 여백 키워드: 나쁜 감정 / 친밀감 방해 / 초기결정 / 인생각본 / 게임의 구성요소)

transaction), ③ 게임의 결론을 내리고, 불쾌감 또는 부정적 평가를 수반하는 결말 (negative payoff)의 세 가지이다. 게임은 항상 부정적 결말을 맞이하는데, 보편적인

초기결정의 지지 결말은 초기결정을 지지하는 것이다. [그림 17-4]에서 보는 바와 같이 사장과 비서 의 교류에서, 사장이 비서에게 "몇 시죠?"라고 물었을 때 비서가 "9시 10분이에요." 라고 대답하는 것은 상보적 교류이다. 그러나 사장의 숨겨진 의도 또는 숨겨진 비 언어적 메시지는 '매일 지각이군.'이라는 것이며, 비서의 숨겨진 반응은 '늘 비꼬는 군.'이라는 것이다. 사장과 비서 둘 다 이 숨은 감정을 말하지 않지만 그들은 이 숨 은 메시지를 완전히 파악하고 나쁜 감정(racket)이라는 개인적 결말을 얻게 될 것 이다.

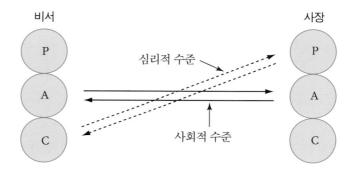

[그림 17-4] 게임의 수준

예, 그러나 게임   Berne이 제시한 '예, 그러나' 게임을 연출하는 사람은 어린 시절에 귀찮게 간섭 하기를 좋아하는 지배적인 부모에게 키워졌기 때문에, 부모에 대하여 겉으로는 온순한 태도를 취하지만 속으로는 반항적인 자세를 버리지 않는 사람이다. 처음 에 게임 참여자는 상대방에 대해 어떤 지시나 원조를 구하며 겉으로만 그런 체하 는 문제를 제기한다. 상대방은 거기에 말려들어 '…… 한다면' 하고 대응하면, 연기 자는 '예, 그러나(yes, but)'라고 모든 의견에 반론을 제기하기 때문에, 상대방은 당 혹하여 무력감에 빠져 침묵해 버린다. 때로는 끝에 가서 노여움을 폭발하는 경향 도 있다. 이것이야말로 연기자가 바라고 있는 최종적인 결말이 되는 것이다. 말하 자면 '나는 부모의 어떤 말도 따르지 않는다.'고 하는 어린 시절의 입장을 증명하고 싶은 것이 이 게임의 목적이다. 이러한 종류의 게임은 다음과 같은 내담자와 치료 자 사이의 대화에서 흔히 볼 수 있다.

[표면상의 교류]

내담자: 선생님, 어떤 식사를 하면 좋을까요?

치료자: 염분을 제한해 봅시다.

내담자: 예, 그러나 나는 원래 짠 음식을 아주 좋아해서........

치료자: 병을 낫게 하자면, 그것을 지키지 않으면 안 됩니다.

내담자: 그래도 약속이 지켜질지 알 수 없으므로 집에 가서 의논해 보고 결정
　　　　하겠습니다.

치료자: 자기 스스로 지금부터 충분히 할 수 있는 일입니다.

내담자: 예, 그러나 자신이 없습니다. 그렇게 말씀하시니 노력해 보겠습니다.
　　　　(그러나 막상 실행에 옮기지 못한다.)

치료자: ……

[이면적 교류]

내담자: 선생님이 말하는 것을 받아들일 생각은 없어요.

　　이것은 표면적으로 어른 자아 상태 대 어른 자아 상태의 교류처럼 보이나 이면적으로는 내담자의 어린이 자아 상태에서 치료자의 어버이 자아 상태에게 자극을 가한다. 이 게임의 결말은 해결책을 구하는 것이 아니며 그것을 거부하여 상대방을 침묵하게 만드는 데 있다.

6) 라켓 감정

　　라켓(racket)은 초기결정을 확증하기 위하여 다른 사람을 조작하는 과정을 말하며, 조작적이고 파괴적인 행동과 연관된 감정을 라켓 감정(racket feeling)이라 한다. 라켓 감정은 주로 게임 뒤에 맛보는 불쾌하고 쓰라린 감정으로, 게임과 마찬가지로 라켓도 초기결정을 지원하며, 개인의 인생각본의 기본이 된다. 사람은 주의를 끌기 위해 불쾌하고 쓰라린 감정, 위장된 죄의식 또는 위장된 우울한 감정을 발달시킬 수 있다.

　　이런 위장된 감정은 불쾌하고 쓰라린 감정을 지속시켜 주는 상황(게임)을 개인이 스스로 선택하게 함으로써 계속하여 유지되며, 이는 결국 자신의 지속적인 감정 유형이 되고, 이러한 감정 유형이 전형적인 행동방식을 만들어 낸다. 예를 들

라켓

라켓 감정

초기결정,
인생각본

쓰라린 감정

어, '가까이 하지 말라.'는 금지령을 받아서 사람을 믿지 않고 가까이 하려 하지 않는 사람은, 다른 사람과 거리를 유지하는 것을 정당하게 보이기 위해서 '분노'라는 라켓 감정을 가질 필요가 있다. 다른 사람과 접촉하면 다른 사람이 '분노'를 일으킬 것이란 생각을 가진 사람은 타인에게 접근하는 것을 꺼리게 될 것이다. 이와 같이 '분노'라는 라켓 감정으로 초기의 결정을 지지하게 되며, 이러한 라켓 감정을 계속 사용하게 되면 하나의 감정 유형이 되고, 이러한 감정 유형은 행동양식을 통제하게 된다.

7) 인생태도와 인생각본

자신, 세계, 그리고 타인과의 관계에 대한 결정은 인생의 첫 5년간에 명확해진다. 이러한 결정은 인생태도(life position)의 형성에 기본이 되며, 인생각본으로 발달하게 된다. 그러므로 인간이 인생태도에 대한 결정을 일단 하게 되면, 치료와 같은 개입이 없을 경우 이를 고수하게 된다. 이러한 인생태도를 유지하고, 인생각본을 실행에 옮기기 위하여 게임을 하게 된다.

교류분석이론에서는 [그림 17-5]에서 보는 바와 같은 네 가지 인생태도를 제시하고 있는데, Ernst(1971)는 이를 'OK 울타리(OK corral)'라고 하였다. 'I'm OK-You're OK' 태도는 신뢰성, 개방성, 교환 의지, 타인을 있는 그대로 수용하는 것이 특징적인 태도로 게임은 승자도 패자도 없다. 'I'm OK-You're not OK' 태도는 자신의 문제를 타인에게 투사하고, 타인을 비난하며, 타인을 끌어내리고 비판한다. 이러한 태도를 강화하는 전형적인 게임은 자신의 우월성을 나타내고 타인의 열등성을 비난하는 것이 특징이다.

'I'm not OK-You're OK' 태도는 타인과 비교하여 자신은 무력한 사람이라고 생각하고, 자신의 욕구보다는 타인의 욕구를 위해 봉사하고, 자신은 희생당한 사람이라고 느낀다. 이러한 게임은 타인의 권력을 지지하고, 자신의 권력은 부정하는 것이 특징이다. 'I'm not OK-You're not OK' 태도는 인생의 모든 희망을 포기하고, 인생에 대한 흥미를 상실하고, 인생이 아무런 가망이 없다고 생각하는 관점이다. 이러한 현실세계에 대처할 능력이 없는 인간은 자기파괴적이고 극도로 철퇴(withdrawal)될 수 있으며, 유아기적 행동을 하며, 타인이나 자신에게 상해를 입히는 공격적 행동을 보일 수 있다.

타인 긍정(You're OK)		
자기 부정 (I'm not OK)	자기경시 대인공포 열등감, 콤플렉스 우울반응 교류의 회피	자타의 조화, 공존 참다운 인간존중 협력관계 평화주의 참다운 자기실현	**자기 긍정 (I'm OK)**
	기본적 불신감 허무주의 포기, 절망 정신장애, 자살 거절, 폐쇄	배타주의 강한 자기애 야심가 독선, 방해 비행, 범죄	
타인 부정(You're not OK)		

[그림 17-5] 기본적 인생태도와 교류양식

인생태도와 관련된 개념이 인생각본(life script)이다. 인생각본은 부모의 금지령 `인생각본` 또는 대항금지령과 아동 자신이 내린 초기결정, 초기결정을 지속하기 위한 게임, 결정을 정당화하기 위해 사용하는 라켓, 그리고 극본이 어떻게 전개되고 어떻게 끝나야 하는지에 대한 인간 자신의 기대 등이 포함된다.

Berne(1961)에 따르면 부모나 다른 성인과의 초기 상호작용을 통하여, 인간은 어떤 유형의 스트로크를 받게 된다. 이러한 스트로크 유형에 근거하여 인간은 자 `스트로크` 신에 대한 실존적 결정을 내리게 되며, 이것은 자신의 기본 신념체계가 된다. 이러 `실존적 결정` 한 결정은 일생 지속되는 메시지, 게임, 라켓, 사건의 해석에 따라 강화된다.

인생각본을 수정하려면 개인의 행동, 감정, 사고를 결정하는 인생각본을 이해하 `인생각본 수정` 여야 한다. 이를 위해 Berne(1961)은 치료에서 치료자의 강한 지시를 받아야 된다 고 한 반면, Goulding과 Goulding(1979)은 치료자에게 통합되기보다는 자신이 각 본을 다시 고쳐 쓸 수 있다고 하였다.

3 성격 발달에 대한 관점

부모의 양육태도

교류분석이론에서는 개인의 성격 발달이 부모의 자녀양육 태도와 행동에 의해 크게 영향을 받는다고 본다(Shilling, 1984). 교류분석이론에서는 어린이 자아 상태

어린이 자아 상태

는 생래적 요인과 출생 후 5세경까지의 부모와 관련된 외적 사건에 대한 감정적 반응양식에 의해 주로 형성된다고 보고 있다. 그리고 어른 자아 상태는 언어능력

어른 자아 상태

이 향상됨에 따라 발달하기 시작하는 것으로, 생후 18개월경에서부터 발달을 시작하여 12세경이면 정상적으로 기능이 가능하다고 본다(Wollams & Brown, 1979). 또

어버이 자아 상태

한 어버이 자아 상태는 6세경부터 발달하기 시작하며, 부모, 형제 및 그 외 정서적으로 중요한 인물의 행동과 태도 그리고 사회문화적 영향에 의해 형성되는 것으로 보고 있다.

인생태도

자아 상태의 발달과 아울러 인생 초기에 형성되는 인생태도 역시 부모의 금지령과 양육태도의 영향을 받는다. 부모의 긍정적 부모역할 수행을 통하여 자녀는 긍정적 자아관과 타인관, 즉 자기긍정과 타인긍정의 인생태도를 형성한다. 이와 반대로 부정적 부모역할 행동에 의해서는 자기부정과 타인부정의 인생태도를 형성하게 된다.

초기결정

그러므로 긍정적 자녀양육기술은 자녀로 하여금 긍정적 인생태도를 계속 지닐 수 있는 초기결정을 내릴 수 있도록 도와주는 것이다. 각 개인은 이러한 인생태도와 인생각본에 입각하여 자신의 인생계획을 수립하고, 이에 따라 타인과의 관계를 형성하고, 일에 대한 태도도 이에 따라 결정하게 된다. 그러므로 개인의 성격 발

부모의 프로그래밍과 개인의 반응

달과 이후의 인생은 부모의 프로그래밍(programing)과 그에 대한 개인의 반응으로 이루어지는 초기결정의 산물이라고 할 수 있다(설기문, 1995).

건강한 부모

자녀의 자아발견과 자기표현을 격려하는 등 양육적 어버이 자아 상태에서 기능하는 건강한 부모는 자녀의 자발성과 자율성을 적절히 조장하고, 그 결과 자녀 내면에 양육적 어버이 자아 상태가 개발될 수 있는 길을 열어 준다. 이러한 자녀의 경우 자기긍정-타인긍정의 인생태도, 게임이 없는 인생각본, 자아 상태 간의 충분한 투과성이 유지되어서 필요할 때 적절히 활용할 수 있게 된다. 그러나 아동기 초반에 부모로부터 조건적 스트로크나 부정적 스트로크, 스트로크에 대한 욕구의 무시, 강한 금지령, 만성적 게임과 라켓 감정을 경험하게 되면, 부정적 인생태도가

형성되어 건전한 자아 상태의 발달을 기대하기 어렵게 된다.

4 사회복지실천에의 적용

1) 심리적 건강과 증상에 대한 관점

교류분석이론에서는 자기긍정과 타인긍정의 인생태도와 게임이 없는 인생각본　　*적응적 개인*
을 갖고 있고, 자아 상태 사이에 적절한 침투성이 유지되어 개인이 상황과 필요에
따라 세 가지 자아 상태 중의 하나 이상을 적절히 사용하여 타인과 교류를 할 수
있는 사람을 심리적으로 건강한 사람으로 규정한다(Shilling, 1984). 그리고 심리적
으로 건강한 적응적 개인은 자신의 인지, 감정, 행동에 대한 책임을 수용하고 자율
적으로 선택할 수 있는 사람이라고 보고 있다.

부적응적 개인은 아동기 초반에 내린 초기결정의 희생양으로서, 패자적 인생각　　*부적응적 개인*
본에 따라 게임을 하고, 주체적인 선택을 하지 못하는 사람이라고 본다. 이와 같이
부적응이나 정서장애를 보이는 것은 부모가 자녀양육을 함에 있어서 조건적 스트　　*정서장애*
로크와 부정적 스트로크를 자주 사용하거나, 자녀가 문제가 있다는 사실, 그 문제
의 중요성과 변화 가능성, 그리고 자녀의 개인적 능력에 대해 무시를 하는 경우가
많을수록 자녀가 성장하여 부적응적 행동을 보일 가능성이 높아진다.

그리고 자녀에게 '~를 하지 말라.'고 하는 금지령, 특히 자기부정의 인생태도를　　*금지령*
취하도록 하는 금지령을 많이 사용할 경우에도 심리적 장애를 일으킬 가능성이 높
아진다. 또한 부모-자녀 간의 게임을 통하여 만성적인 부정적 감정을 경험하게 되　　*게임*
거나, 부모의 자아 구조가 혼합, 배타적 상황에 있는 경우에도 자녀의 정서적 건강
과 적응에 방해를 일으키게 된다.

2) 치료 목표

교류분석적 접근방법의 치료 목표는 내담자가 그의 현재 행동과 삶의 방향에 대
한 새로운 결정을 내리는 것을 원조하는 것이다. 내담자는 그가 초기결정을 따름　　*새로운 결정*
으로써 자신의 자유를 어떻게 제한하였는지를 자각하고, 새로운 삶의 방식을 선택

하는 것을 배운다. 즉, 조작적 게임과 자기기만적인 인생각본이 특징인 인생 유형을 자각하고, 자발성, 친밀성이 특징인 인생 유형으로 대치한다.

이처럼 인생 유형을 대치하기 위하여 내담자는 그들이 받은 메시지와 이러한 금지령에 반응하여 내린 결정을 인지함으로써, 자신의 인생각본을 다시 쓰게 되고 스스로의 삶을 통제할 수 있게 된다. 그러나 학자에 따라서는 상이한 치료 목표를 제시하고 있는데, Harris(1969)는 자아 상태 사이를 자유롭게 왕래할 수 있어야 한다고 하였다. James와 Jongeward(1971)는 자발성, 즉 자기통제의 상태, 자신의 운명을 스스로 결정하고, 자신의 생각과 감정에 책임을 지고 현재와 무관한 것을 포기해야 한다고 하였다. 또한 Berne(1961)은 개인이 그의 부모로부터 친근감을 가지고 독립하는 것이라고 하였다.

교류분석치료에서는 치료 목적을 아주 구체적으로 설정하고 그 목적을 달성할 수 있는 방법과 시기에 대하여 계약을 한다. 따라서 내담자는 치료계약을 이해하고 받아들이는 능력과 의지를 반드시 갖추고 있어야 하며, 능동적 행위자가 되어야 한다. 내담자는 처음부터 자신의 치료 목표를 명확히 하고, 치료자와 함께 일상생활에서 수행해야 할 과제를 고안해 내고 새로운 행동양식을 실험하여, 이전의 행동을 택할 것인지 현재의 새로운 행동을 선택할 것인지를 결정하여야 한다.

교류분석이론의 치료계약은 '나는 행복하고 싶다.'와 같은 포괄적인 것이 아니라 구체적인 것이어야 하며, 치료에서 계약을 이행하기 위해서는 실제적으로 작업이 가능한 방식으로 묘사되어야 한다. 예를 들어, 내담자가 '외로움을 느끼지만 다른 사람과 접촉하고 싶지 않다.'고 말했다면, 이를 치료하기 위한 계약은 '15분간 집단성원과 얘기하면서 자신의 외로움을 탐색해 본다.'는 특수한 연습이나 과제로 구체화하여야 한다. 만약 내담자 자신이 무엇을 변화시키고자 하는지를 모르거나 혼란되어 있는 경우에는 3주 정도의 단기계약으로 시작하여 치료 결과에 따라 계약을 연장하는 방법도 고려할 수 있다.

3) 치료자의 역할과 실무 원칙

교류분석이론에서는 상담이나 치료의 결과에 대한 내담자의 책임성을 강조한다. 따라서 내담자를 치료과정에 능동적으로 참여시키며, 내담자가 자신이 현재까지 해 오던 게임의 구조를 분명히 인식하고 가식적인 행동에서 벗어나 진실한 행

자아 생태

자발성

**부모로부터의
독립**

구체적 치료 목적

능동적 행위자

구체적 치료계약

단기계약

내담자의 책임성

동을 할 수 있게 해 준다. 그리고 내담자가 초기결정을 더 잘 자각하게 하여, 내담 초기결정 자각
자가 그러한 결정에 도전할 수 있는 기회를 부여한다.

Harris(1969)는 교류분석치료자의 역할을 교사, 훈련가, 정보제공자라고 하였다. 교사, 훈련가,
정보제공자
치료자는 내담자에게 구조분석, 교류분석, 각본분석, 게임분석 등의 개념을 설명
해 준다. 그리고 내담자가 초기결정의 불리한 조건을 발견하고, 이를 재검토할 수
있는 전략을 발달시킬 수 있도록 원조한다. 치료자는 치료를 하는 전문가가 아니
며, 치료자와 내담자는 '동등한 관계'를 맺는다. 즉, 치료자와 내담자는 동반자의 동반자 관계
위치에서 계약을 하고, 치료자는 내담자가 제안하는 계약의 구조에 자신의 전문지
식을 투입한다. 치료 목표를 성취하기 위해 내담자는 치료자가 어떤 마술적 치료
를 해 주기를 기다리는 수동적 자세를 지양해야 하고, 치료자도 수동적인 방관자
의 역할을 버려야 한다. 즉, 치료자와 내담자는 자신들이 합의하여 설정한 목표를
향해 함께 나아가는 동반자가 되어야만, 치료 목표의 성취가 가능하다.

치료자는 내담자가 변화에 필요한 전략과 도구를 얻을 수 있도록 원조하여야 한
다. 치료자는 내담자가 치료자의 어른 자아 상태에 의존하기보다는 내담자 자신의
어른 자아 상태에 의지하도록 격려하고 가르친다. 즉, 치료의 목표가 내담자의 삶 어른 자아 상태
을 변화시키는 것이기 때문에, 치료자는 내담자가 자신의 능력을 발견하도록 도와
야 한다. 교류분석치료를 실시하는 치료자가 원조과정에서 따라야 할 실무 원칙은 실무 원칙
〈표 17-5〉에서 보는 바와 같다.

📊 표 17-5 교류분석이론의 실무 원칙

- 내담자 스스로가 자신의 인생과 관련된 새로운 결정을 내릴 수 있는 능력을 갖고 있다는 점을
  인정하라.
- 내담자가 자신의 사고, 감정, 행동에 대한 책임을 수용하는 개인적 자율성을 증진하라. 즉, 변
  화에 대한 내담자의 결정을 존중하고 개인적 책임성을 조장하라.
- 내담자가 자신의 초기결정, 게임 및 교류 유형, 인생각본을 인식하고, 이에 직면하여 새로운
  결정을 내릴 수 있도록 원조하라.
- 내담자를 치료과정에 능동적으로 참여시키고, 그 결과에 대한 책임을 지게 하라.
- 기본적인 치료 기법은 구조분석, 교류분석, 게임분석, 각본분석이며, 주요한 치료적 개념과
  기법을 내담자에게 가르치라.

---

4) 치료 기법

집단치료   교류분석이론은 집단치료가 개인치료보다 개인의 변화와 문제해결에 더욱 효과적이라는 Harris(1969)의 지적에서 보듯이, 집단치료에 더 많이 사용되고 있다. 전통적인 교류분석이론의 치료 기법은 구조분석, 교육적 기법, 교류분석, 게임분석, 인생각본분석이 있지만, 이후 형태치료, 행동수정, 가족치료 등의 기법이 혼합되어 활용되고 있다. 뿐만 아니라 참만남집단(encounter group), 자기주장훈련집단, 형태치료집단 등에서도 교류분석이론의 주요 개념과 치료 절차를 폭넓게 활용하고 있다.

(1) 구조분석

자아 상태의 내용과 기능   구조분석(structural analysis)은 내담자로 하여금 자아 상태의 내용과 기능을 인식할 수 있게 해 주는 기법이다. 자아 상태는 각각 서로 구분되면서도 상호 간에 에너지가 흐를 수 있는 경계선을 가지고 있어야 하는데, 이러한 자아 상태의 경계선에는 여러 가지 문제가 있을 수 있다. 자아 상태의 경계선과 관련된 문제로는 혼입성(contamination)과 배타성(exclusion), 손상(lesion), 해이한 경계선(lax boundary)이 있으며, 자아 상태의 구조분석을 통하여 각 개인의 자아 상태와 그와 연관된 문제점을 이해할 수 있게 된다.

혼입성   혼입성은 하나의 자아 상태의 내용이 다른 자아 상태와 혼합되어 존재함으로써, 각각의 자아 상태가 독립된 총체(discrete entity)로서의 기능을 하지 못하는 것을 의미한다. '어버이 자아 상태-어른 자아 상태' 혼입성([그림 17-6]의 a)은 어버이 자아 상태의 의견이나 가치가 어른 자아 상태인 것처럼 위장하는 선입견이 나타난다. '어른 자아 상태-어린이 자아 상태' 혼입성([그림 17-6]의 b)은 어린이 자아 상태의 감정(예: 두려움이나 불안이 지나친 경우)이 어른 자아 상태의 합리성을 침해하여 현실을 왜곡되게 지각하도록 한다. 그리고 이중 혼입이 동시에 나타나는 경우([그림 17-6]의 c)는 어버이 자아 상태의 편견이 어린이 자아 상태의 불안한 감정을 유지시키거나 그 역인 경우도 있다. '어린이 자아 상태-어버이 자아 상태' 혼입성([그림 17-6]의 d)은 어버이 자아 상태의 기대와 어린이 자아 상태의 욕구가 갈등을 일으키는 것을 만족스럽게 해결하지 못하는 상황에서 나타나는 것으로 현실을 왜곡하여 지각하는 것이 특성이다.

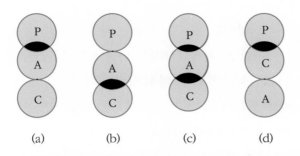

[그림 17-6] 자아 상태의 혼입성

배타성은 세 가지 자아 상태 중 하나 또는 두 가지만 사용될 때 나타나는 문제로, 어버이 자아 상태를 배제한 경우([그림 17-7]의 a)에는 가치감(sense of value)을 상실하고, 자신과 타인에 대해 책임 있는 보호행동을 하지 못한다. 어른 자아 상태를 배제한 경우([그림 17-7]의 b)에는 어버이 자아 상태, 어린이 자아 상태, 그리고 외부 세계 간의 중재를 할 수 없게 된다. 어린이 자아 상태를 제외한 경우([그림 17-7]의 c)에는 상황에 대해 정서적으로 반응할 수 없게 된다. 그리고 어버이 자아 상태와 어른 자아 상태를 모두 배제하게 되면([그림 17-7]의 d), 유아적이고 충동적이며, 혼란스러워 보이고 행동을 통제할 수 없게 된다. 어른 자아 상태와 어린이 자아 상태가 배제된 경우([그림 17-7]의 e)에는 과잉양육적 또는 과잉통제적이 되며, 상황에 정서적으로 반응하지 못하고 명확한 사고를 할 수 없게 된다. 어버이 자아 상태와 어린이 자아 상태가 배제된 경우([그림 17-7]의 f)에는 마치 로봇같이 되며, 정서 반응을 하지 못하고, 자신과 타인의 행동에 대해 한계를 설정하지 못한다.

배타성

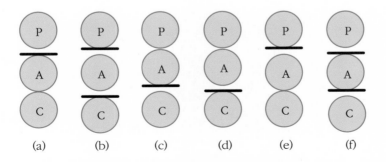

[그림 17-7] 자아 상태의 배타성

손상   손상은 자아 상태 중 어느 것이 완전히 성장하지 못하고 상처를 입게 된 것이다. 이 경우에는 비합리적이고 통제할 수 없는 행동이 나타나게 된다. 손상은 어버이 자아 상태와 어린이 자아 상태에서도 나타날 수 있지만, 어린이 자아 상태에서 더 많이 나타나는 경향이 있다. 어떤 사람이 아동기에 외상적 경험(traumatic experience)으로 인해 심리적·신체적으로 상처를 입었다면, 이후에 유사한 상황에서 이러한 기억이 재생되고 비합리적인 행동으로 나타나게 된다. 예를 들어, 아동기에 맞은 경험이 많은 아동은 또래나 다른 사람이 부드럽게 쓰다듬는 것도 공격적 행동으로 간주하여 상대에게 화를 내면서 폭력을 행사할 수 있다.

[그림 17-8] 자아 상태의 손상

해이한 경계선   해이한 경계선은 자아 상태 간의 에너지 흐름이 지나치게 자유로운 경우를 말한다. 이 경우에는 어른 자아 상태의 통제라는 것이 거의 없고, 행동은 수시로 바뀌고, 혼란되어 있는 것이 특징이다.

[그림 17-9] 자아 상태의 해이한 경계선

성격의 구조는 세 가지 원으로 자아 상태를 나타내지만, 이 자아 상태 내에 자리 잡고 있는 기능과 에너지의 양은 이고그램(egogram)으로 표시된다(김규수, 류태보, 2001). 이고그램은 막대그림으로 개인의 다섯 가지 기능적 자아 상태에 얼마나 많은 에너지가 존재하고 있는지를 보여 준다. 각 개인은 별개의 독특한 성격을 갖고 있기 때문에, 이 다섯 가지의 심리적 힘은 개인마다 그 양이나 균형이 다르게 정립되어 있다. 높은 막대는 더 많은 시간과 에너지가 이 자아 상태에서 쓰였음을 의미하고, 낮은 막대는 시간과 에너지가 좀 더 적게 쓰였음을 나타낸다. 이고그램의 기본 가정은 어떤 자아 상태에 시간과 에너지를 증가시킬 때 다른 자아 상태는 에너지를 잃는다는 것이다.

이고그램은 성격의 심리적 에너지를 나타내기 때문에, 인간 성격의 복잡성과 변화는 이 체계로 기술할 수 있다. 본질적으로 '좋은' 이고그램도 없고 '나쁜' 이고그램도 없다. 그러나 일반적으로 종 모양의 이고그램은 심리적 에너지가 골고루 분포된 균형이 잡힌 에너지 체계라는 의미를 갖는다. 전설적인 호색한(好色漢)인 돈 주앙(Don Juan)의 이고그램은 높은 자유로운 어린이 자아 상태(재미와 밀회에 관심이 있다), 높은 비판적 어버이 자아 상태(여자에게 나가라고 말하는 방법을 안다), 낮은 양육적 어버이 자아 상태(타인의 감정에 신경 쓰지 않는다), 중간 높이의 어른 자아 상태(논리적으로 여자를 구하는 방법을 안다), 낮은 순응하는 어린이 자아 상태(죄책감을 느끼지도 타협하지도 않을 것이다) 기능을 가질 것이다.

인기가 없는 여성의 이고그램은 최고의 순응하는 어린이 자아 상태(타인이 자신을 어떻게 생각할까 걱정한다)와 낮은 자유로운 어린이 자아 상태(쾌활하거나 재미가 없다) 기능을 가진다. 그녀의 비판적 어버이 자아 상태는 낮아서, 그녀는 자기를 내세우거나 자신의 권리를 주장하는 일이 거의 없다. 우울하고 자멸적인 사람은 양육적 어버이 자아 상태(자신과 타인을 보살피지 못한다)가 극히 낮을 것이고, 또 자유로운 어린이 자아 상태(생에 대한 열정, 행운을 거의 느끼지 못한다)가 낮다.

정서적으로 안정된 사람은 자아 상태가 균형 있게 짜여 있고 거기에 경계가 있으며, 또 때와 상황에 따라서 적절하게 자아 상태 사이를 왕래할 수 있는 사람으로, 특정한 자아 상태에 쏠린다든지 고정화되어 있지 않다. Dusay(1972)는 서구인의 경우 바람직한 이고그램은 종형(bell)이라고 보며, 그다음으로는 평형을 들고 있다. 그러나 본질적으로는 각자가 어떤 사람이 되고 싶은가 하는 점이 가장 중요하며, 주체성과 선택의 중요성을 강조하고 있다.

(우측 여백 용어)
이고그램

좋은 이고그램
나쁜 이고그램

호색한

인기가 없는
여성

정서적으로
안정된 사람

종형(bell)

(2) 교육적 기법

교류분석이론은 인지적 영역을 강조하므로, 교수-학습과정이 기본적이다. 교류분석치료를 받는 내담자나 집단성원은 자아 상태의 기본 개념을 명확하게 인식하고 있어야 한다. 그러므로 내담자는 치료에 도움이 되는 교재를 읽고 교류분석 **치료 기법 학습** 치료의 과정을 이해하고 치료 기법을 학습할 수 있는 인지능력을 갖추어야 하며, 치료자는 이에 대해 교육한다.

(3) 교류분석

교류분석(transactional analysis) 기법은 기본적으로 개인 자신 그리고 타인에게 무엇을 하며, 무슨 말을 하는가를 분석하는 것이다. 교류는 (1) 내면적 교류 (internal transaction)와 (2) 타인과의 교류(transaction between two people)로 대별할 수 있다.

내면적 교류 내면적 교류는 자아 상태 간의 대화를 말하는 것으로, 어버이 자아 상태의 금지령, 어른 자아 상태의 사고능력, 그리고 어린이 자아 상태의 욕구가 모두 관련된다. 의사 결정과정의 일부로서 나타나는 내면적 교류의 한 예를 보면, 어버이 자아 상태가 '나는 지금 그 발표자료를 준비해야 한다.', 어른 자아 상태는 '그 발표자료는 다음 화요일 2시까지만 준비하면 된다.', 어린이 자아 상태는 '나는 발표자료 보고서 쓰기가 싫어. 특히 오늘 같은 주말에는 말이야.'라고 한다면, 어른 자아 상태가 어버이 자아 상태의 요구와 어린이 자아 상태의 욕구를 중재하여 '나는 차를 한 잔 마시고, 발표자료 준비가 끝날 때까지 컴퓨터 앞에 앉아 준비를 해야 하지만, 아직 시간이 있으니까 오늘은 휴식을 취할 거야.'라는 해결책을 만들어 낸다.

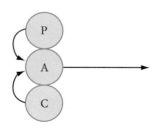

[그림 17-10] 내면적 교류

타인과의 교류는 (1) 상보적 교류, (2) 교차적 교류, (3) 이면적 교류의 세 가지 유형으로 대별할 수 있다. 상보적 교류는 특정한 자아 상태에서 메시지를 보냈을 때, 타인의 특정 자아 상태로부터 예견되는 반응을 얻는 경우이다. 상보적 교류는 ① 단지 2개의 자아 상태만이 관련되고, ② 자극과 반응의 방향(vector)이 수평적이고, ③ 자극을 직접 받은 자아 상태에서 자극이 나온 자아 상태로 반응을 하며, ④ 의사소통의 언어적-비언어적 측면이 일치한다.

타인과의 교류
상보적 교류

교차적 교류는 어떤 사람이 보낸 메시지에 대해 기대하지 않았던 반응을 받는 경우이다. 교차적 교류는 ① 3~4개의 자아 상태가 관련되고, ② 자극과 반응의 방향은 항상은 아니지만 자주 교차되며, ③ 자극을 직접 받은 자아 상태에서 반응을 하지 않으며, ④ 언어적-비언어적 의사소통이 일치한다.

교차적 교류

이면적 교류는 가식적 메시지가 전달되는 경우이다. 이면적 교류는 ① 3~4개의 자아 상태가 관련되고, ② 메시지에 두 가지 수준, 즉 언어적 수준(사회적 수준)과 비언어적 수준(심리적 수준)이 있으며, ③ 메시지의 사회적-심리적 수준이 일치하지 않으며 종종 상반된다.

이면적 교류

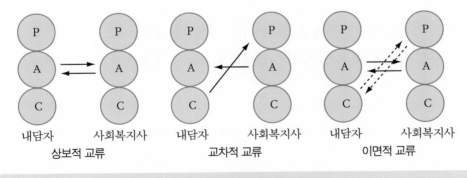

[그림 17-11] 타인과의 교류

(4) 게임 및 라켓 감정 분석

게임분석을 통해 왜 게임이 이루어지고, 게임의 결과가 무엇이며, 어떤 접촉을 하였는지, 그리고 게임이 거리감을 만들거나 친밀성을 방해하는 방법이 어떤 것인지를 관찰함으로써 게임의 속성을 이해할 수 있게 된다. 이런 게임의 속성을 이해하기 위해서는 다음과 같은 질문을 할 수 있다.

게임분석

① 어떤 행동 특성이 계속하여 나타나는가?

② 행동을 시작하고 지속하고 종료하는 방법은 무엇인가?

③ 게임에 참여한 사람들이 끝날 때 느끼는 감정은 무엇인가?

④ 게임이 끝날 때, 자신과 타인에 대해 어떻게 생각하는가?

⑤ 게임에서 다르게 행동하였다면, 그 결과는 어떠했을 것인가?

⑥ 게임을 변화시키기 위하여 할 수 있는 일은 무엇인가?

라켓 또는 라켓 감정 개인의 라켓을 이해하고, 이 라켓이 게임, 초기결정, 그리고 인생각본과 어떻게 관련되어 있는지를 이해하여야 한다. 라켓 또는 라켓 감정은 개인이 자신의 인생 각본과 결정을 정당화하기 위해 타인을 조작하는 과정과 이와 연관된 감정이다. 이러한 라켓 감정이 어느 정도 활용되고 있으며, 그 감정이 문제해결에 효과적이 었는지를 평가하여야 한다. 이러한 라켓 감정은 다음과 같은 질문을 통하여 파악 할 수 있다.

① 상황에 따라 똑같은 감정을 계속하여 사용하는가?

② 그 감정을 사용하였을 때, 상황에 적절한가?

③ 그 감정이 진정한 감정을 감추기 위한 대치물인가?

④ 다른 사람이 감정을 표현한 사람에게 뭔가를 해 주도록 조작하는가?

(5) 각본분석

인생각본 인생각본은 세계에서 자신의 욕구를 충족하기 위하여 초기에 결정한 인생계획 이다. 각본분석(script analysis)은 각 개인이 자신의 인생계획을 확인하게 하는 치료 과정의 일부로서, 교류분석과 게임분석이 포함된다. 각본분석은 내담자가 각본을 획득하게 되는 과정 그리고 각본에 근거한 행동을 정당화하기 위하여 채택하는 전 략을 분석함으로써, 내담자가 초기결정을 변화시킬 수 있는 가능성을 발견하게 하 는 데 목적이 있다.

인생 스토리 회상 내담자는 어렸을 때의 인생 스토리(life story)를 회상하고, 자신이 이러한 스토리 에 어떻게 반응하였는가와 이러한 스토리가 현재의 생활에 어떻게 적용되고 있는 가를 파악한다. 즉, 각본분석을 통하여 원가족(family of origin)에서 아동기에 메시 지를 수용하는 방식, 이 메시지에 반응하여 내린 결정, 그리고 자신들이 이러한 초

기결정을 유지하기 위하여 사용한 게임이나 라켓을 이해할 수 있게 된다. 초기결정
게임이나 라켓

(6) 기타 기법

　현대 교류분석치료에서는 형태치료, 심리극, 가족치료 등의 기법을 많이 활용한 빈의자기법
다. 먼저 빈의자기법(empty chair)은 빈 의자에 자신이 생각하고 있는 사람이 앉아
있다고 생각하고 이야기를 하는 것이다. 이 과정에서 내담자는 특정 자아 상태의
역할과 관련된 여러 가지 사고, 감정, 태도를 표현하게 되는데, 이를 통하여 특정
자아 상태뿐 아니라 나머지 두 자아 상태에 대해 자각을 할 수 있게 된다.

　교류분석 집단치료에서는 문제를 가진 성원의 자아 상태를 다른 성원을 참여시 역할연기
켜 역할을 수행하고, 내담자가 그 사람과 대화를 하게 하는 역할연기(role playing)
기법을 사용한다. 또한 성원이 사회에서 해 보고 싶은 어떤 행동을 다른 성원과 재
연(再演)해 볼 수도 있으며, 집단에서 그의 현재 행동에 대한 반응을 얻기 위하여
자아 상태를 번갈아 가면서 역할을 맡을 수도 있다.

　가족모델링(family modeling) 기법은 내담자에게 자신은 물론 과거의 주요 타인 가족모델링
에 대해 상상하도록 하고, 무대감독, 연출자, 배우가 되어 집단성원 또는 실제 가
족성원을 그가 기억하는 상황에 배치하고, 극중에서 당시의 행동을 재연해 보도록
한다. 이러한 활동을 한 후에 토의와 평가를 함으로써 특별한 상황에 대한 지각을
높여 주고, 내담자가 갖고 있던 개인적 의미를 명확하게 지각할 수 있게 해 준다.

🔭 생각해 보아야 할 과제

1. Freud의 원초아-자아-초자아의 성격 구조와 Berne의 어린이 자아 상태-어른 자아 상
　태-어버이 자아 상태 사이의 관련성과 차이점에 대해 논의하시오.

2. 대부분의 사람이 자신, 타인, 그리고 인생에 대해 내린 초기결정을 바꿀 수 있다고 보
　는 교류분석이론의 가정에 어느 정도 동의하고 있는지 의견을 제시해 보시오.

3. 어린 시절에 부모에게서 가장 많이 받았던 금지령의 내용은 무엇이며, 그것이 현재

자신의 행동, 사고, 감정과 어떤 관련성이 있는지 논의해 보시오.

4. 인터넷 홈페이지와 교류분석 전문도서를 활용하여 이고그램 체크리스트(egogram checklist)를 작성하여 자신의 성격을 진단해 보시오.

5. 급우 중 한 명과 5분 동안 대화를 나누고, 자신과 그 급우가 주로 사용하는 교류 유형이 무엇인지 분석해 보시오.

6. 자신의 인생태도를 OK 울타리(OK corral)에 근거하여 분석해 보시오.

7. 우리나라에는 아직도 남아선호사상이 남아 있다. 이러한 문화적 가치체계가 부모가 자녀를 양육할 때 사용하는 금지령이나 대항금지령과 어떤 관련성이 있는지 분석해 보시오.

8. 어린 시절 경험한 게임 중에서 가장 기억에 남는 것과 그 게임을 통해 경험한 라켓 감정의 내용은 무엇인지 구체적인 예를 들어 설명해 보시오.

9. 자신이 부모에게서 받은 조건적 스트로크와 무조건적 스트로크를 구체적인 예를 들어 설명해 보시오.

10. 다음 책을 읽은 후, 자신이 자주 시청하는 드라마나 영화에 등장하는 인물의 자아 상태, 인생각본, 게임 및 라켓 감정 등을 분석해 보시오.

- 김경미(2013). **드라마로 풀어 보는 교류분석 이야기**. 서울: 이담북스.

제18장

인본주의이론

학 습 목 표

1. 인본주의이론의 인간관과 기본 가정을 이해한다.
2. 인본주의이론의 주요 개념을 이해한다.
3. 인본주의이론의 인간 발달 관점을 이해한다.
4. 인본주의이론을 사회복지실천에 적용할 수 있는 방안을 이해한다.

인본주의이론은 무의식적 결정론에 근거한 정신분석이론과 환경결정론에 근거한 행동주의이론의 입장에 반대하는 '제3세력의 심리학'에 속한다. 인본주의이론은 실존주의이론, 형태치료(gestalt therapy)와 함께 실존주의 철학에 그 기원을 두고 있으며, 치료자와 내담자의 관계를 중시한다는 공통점이 있다. 그러나 실존주의이론이 소외, 무의미, 불안, 허무주의 등과 같은 인간존재의 제한성과 비극적 측면에 초점을 두는 반면 인본주의이론에서는 존엄성, 사랑, 선택, 창조성, 의미, 가치, 성장 등과 같은 인간의 자기실현 경향과 긍정적 측면에 초점(Corey, 2000)을 둔다는 점에 차이가 있다.

┃ Carl Ransom Rogers
(1902~1987)

제3세력의
심리학

실존주의 철학

실존주의이론

인본주의이론

인본주의이론의 발달에 기여한 주요인물 중에서 Rogers는 인간을 통합적 존재로 보고 있다. 또한 모든 인간이 긍정적 방향으로 성장하고자 하는 경향과 자기

통합적 존재

자기실현 경향 결정 및 자기실현 경향을 갖고 있으며, 자신의 운명을 스스로 결정하고 자유롭게 선택하는 존재라는 점을 중시한다. 인간행동의 동기와 관련하여서는 개인이 세주관적 경험 계를 어떻게 지각하고 해석하는가에 따라 달라진다고 하여 개인의 주관적 경험 (subjective experience)을 강조하였다.

치료적 관계 　　Rogers는 이러한 인간 본성과 행동에 대한 기본 가정을 근거로 치료적 관계 인간중심적 를 촉진하는 조건에 대한 원칙을 제시하였다. Rogers의 인간중심적 접근방법 접근방법 (person-centered approach)에서는 치료자가 감정이입적이고, 무조건적인 긍정적 존경심을 가지고 내담자를 수용하고 진정한 관심을 보이게 되면, 긍정적 변화가 일어난다고 보고 있다.

Maslow 　　인본주의이론의 또 다른 핵심 이론가는 Maslow이다. Maslow는 인간은 선한 본 선한 본성 성을 지니고 있고 자기실현의 가능성을 지니고 있다고 본다. Maslow는 인간이 주 자기실현 위 상황에 어떻게 대처하고 적응하는가를 탐색하였는데, 특히 가장 성공적 삶을 영위하는 사람, 즉 자기실현자에 대한 연구를 기반으로 욕구위계이론을 제시하였 욕구위계이론 다. 욕구위계이론에 따르면, 모든 인간은 낮은 단계의 욕구를 차례로 충족하고 성 성장 가능성 장동기인 자기실현의 욕구를 성취하려는 경향이 있다고 하여 인간의 성장 가능성 을 긍정하고 있다.

　　이와 같은 Rogers와 Maslow의 인간 본성에 대한 낙관적인 관점과 신념은 사회 촉진적 치료 관계 복지전문직의 기본 가치와 일맥상통한다. 특히 Rogers의 촉진적 치료 관계의 원칙 은 사회복지사가 내담자와 원조 관계를 형성하고자 할 때 따라야 할 바람직한 행 동원칙으로 받아들여지고 있다. 따라서 다음에서는 Rogers의 인간중심적 접근 방 법을 중심으로 하여 인본주의이론의 인간 본성에 대한 관점과 가정, 인간행동 및 성격 발달, 그리고 사회복지실천에의 적용방법에 대해 논의하되, Maslow의 욕구 위계이론에 대해서도 간략히 소개하고자 한다.

1 　인간관과 가정

1) 인간관

Rogers는 인간은 기본적으로 자유로우며, 자신의 행동에 책임을 지고, 유목적적

이며 합리적인 방향으로 지속적으로 성장해 나가는 미래지향적 존재라고 보고 있
다. 따라서 선천적 잠재력을 발휘할 수 있는 조건이 적절히 갖추어진다면 인간은
무한한 성장과 발전이 가능하다고 보고 있다.

　　Rogers의 인간관을 좀 더 자세히 살펴보면, 자유와 자기주도성, 합리성과 자기
실현의 경향이 서로 연결되어 있다(김춘경 외, 2010; Frick, 1971). 먼저 Rogers는 인
간의 삶은 자신이 통제할 수 없는 어떤 힘에 의해 조종당하는 피동적 삶이 아니라
각 개인의 자유로운 능동적 선택의 결과라고 보았다. 모든 인간은 자신의 과거와
현재 생활 상태를 정확히 인식할 수 있기 때문에, 자신의 삶과 미래를 능동적으로
선택할 수 있다. 즉, 인간은 선천적으로 타고난 성장 가능성을 실현하는 과정에서
자신의 인생목표와 행동 방향을 스스로 결정하고, 이러한 결정에 따르는 책임을
수용하는 자유로운 존재로 규정하고 있다.

　　인간 본성에 대한 강한 자유론적 관점과 아울러 Rogers는 인간을 합리적 존재로
규정한다. 일상적으로 나타날 수 있는 살인, 강간, 이상적 충동, 반사회적 행동 등
은 진정한 인간의 내적 본성과 화합하지 못한 결과라고 할 정도로, Rogers는 인간
이 합리적 존재라는 사실을 굳게 믿고 있다.

　　인간의 합리성은 자기실현의 경향이 강해지고 인간이 더욱 자유로워질 때 강하
게 표출된다. Rogers(1959)는 모든 인간이 자신의 내부에 자기이해, 자기개념과 기
본적 태도의 변화 및 자기지향적 행동을 위한 거대한 자원을 갖고 있다고 하였다.
이러한 선천적 능력의 표현이 바로 자기실현 경향이다. Rogers는 자기실현 경향
을 자기충족, 성숙의 방향을 지향하는 모든 동기를 포함한 각 개인의 진보적인 추
진력이라고 규정하였다(최순남, 1999). Rogers(1961)는 자기실현의 경향을 성취하
기 위하여 인간은 항상 노력하고 도전하고 어려움을 극복함으로써 진정한 한 개인
이 되어 간다(becoming)고 보고 있다. 그러나 Rogers는 자기실현을 완전히 최종적
인 것으로 간주하지 않았으며, 인간은 항상 발전하고 성장할 수 있는 창조성이 있
으며, 또 그럴 수 있는 가능성이 무한히 잠재되어 있다고 본다.

　　이와 아울러 Rogers는 인간을 통합적 존재로 규정하고 있다. 이러한 Rogers의
인간에 대한 전체주의적 관점은 그의 자기개념에 잘 반영되어 있다. Rogers(1961)
에 따르면 자기는 항상 더 원대한 전체성으로 이동해 간다. 즉, 인간의 발달은 유
아의 미분화된 현상적 장에서 출발하여, 자기개념(self-concept)의 발달로 그 장
(field)이 자기와 환경으로 분화되고, 각 개인이 자기일치성(self-consistency)을 계

속 추구하는 데서 발달의 최정점에 이를 수 있다. 이와 같이 Rogers는 인간을 항상 전체성과 통합성을 향하여 발전해 가는 존재로 보고 있다.

2) 기본 가정

주관적 현실세계

내적 준거체계

Rogers의 인간행동에 대한 기본 가정은 주관적 경험론에 입각하고 있다. Rogers는 다른 현상학적 심리학자들과 마찬가지로 모든 인간에게 있어서 객관적 현실세계란 존재하지 않으며 주관적 현실세계만이 존재한다고 보고 있다. 모든 인간은 자신의 사적 경험체계 또는 내적 준거체계(internal frame of reference)와 일치하는 방향으로 객관적 현실을 재구성하며, 이러한 주관적 현실에 근거하여 행동하는 것이다. 즉, 모든 인간행동은 개인이 세계를 지각하고 해석한 결과이다. 예를 들어 사막에서 길을 잃고 목마른 사람은 신기루로 나타난 오아시스를 보고 그것이 진짜 오아시스인 것처럼 필사적으로 달려간다. 그러므로 이러한 인간행동을 정확히 이해하기 위해서는 개인의 내적 준거체계를 정확히 이해하여야 한다. 즉, 한 개인이 생각하고 느끼고 행동하는 고유한 방법을 이해하기 위해서는 그가 객관적 현실을 어떻게 지각하고 해석하는지를 알아야 하는 것이다.

행동의 동기:
미래지향성

Freud는 인간행동의 기본 동기를 긴장 감소에 두고 있으나, Rogers는 이와 정반대의 입장을 취하고 있다. 즉, Rogers는 모든 인간은 내적 긴장이 증가하더라도 자기실현을 위하여 그 고통을 감내하고 행동한다고 보고 있다. 이러한 Rogers의 인간행동의 동기에 대한 기본 가정이 바로 인간행동의 미래지향성으로서, 인간의 본질적 가치와 성장 가능성에 대한 Rogers의 신념에서 유래한 것이다.

주관적 이해방식

자기실현

인간의 현재 행동은 현재 존재하는 환경에 대한 개인의 주관적 이해방식에 따라 달라지지만, 모든 행동은 궁극적으로 그들 자신의 능력을 증대하고 그들 자신을 실현하려는 목적을 지니고 있다. 만약 인간에게 자기실현 경향이 없다면, 현재의 현실이 고통을 야기할 것으로 지각되고 경험될 경우에 현실에 직면하기보다는 회피하는 행동을 선택할 것이다.

성장과 발달

모든 인간은 긴장과 고통을 줄여 내적 평형 상태에 안주하려는 욕구보다는 내적 긴장이 다소 높아지더라도 성장과 발달을 추구하려는 욕구가 더 강하다. 따라서 인간은 자기실현을 위한 끊임없는 도전과 투쟁의 과정에서 발생하는 고통을 감내하는 것이다. 그러므로 인간의 자기실현 경향, 즉 미래지향성은 인간행동의 기본

.ıll **표 18-1** Rogers의 인간중심적 접근방법의 기본 가정

- 인간은 믿을 수 있으며, 능력이 있고 자기이해와 자기실현을 위한 잠재력을 가지고 있으며, 이러한 능력의 발현을 통하여 점진적으로 되어 가는 존재(becoming)이다.
- 인간행동은 개인의 주관적 경험 또는 내적 준거체계에 따라 달라진다.
- 인간행동의 궁극적 목표는 자기실현이다.
- 신뢰와 존경의 분위기와 관계가 조성된다면, 인간은 긍정적 방향으로 성장하고 발달할 것이다.
- 진실성, 무조건적인 긍정적 존중 그리고 감정이입적 이해 등을 포함한 원조자의 긍정적 태도는 효과적 원조 관계의 필수적 조건이다.
- 내담자의 주관적 경험을 존중하고, 자유와 개인적 책임성 및 자율성을 고양하고, 자기선택권을 부여함으로써, 내담자의 성장을 촉진할 수 있다.
- 치료자는 권위적 인물이 아니라 존경과 긍정적 관심을 통하여 내담자의 성장을 고양해야 할 사람이다.
- 내담자는 자기인식과 적절한 행동을 할 수 있는 능력을 가지고 있으며, 부적응 상태에서 심리적으로 건강한 상태로 옮겨갈 수 있는 성향을 가지고 있다.
- 치료자는 원조 관계에서 나타나는 현재 행동에 초점을 두어야 하며, 내담자가 자신의 세계를 다루는 방법을 강조하여야 한다.
- 원조 관계의 목적 중 하나는 진정한 자기에 대한 인식을 획득하는 것이다.
- 원조 관계의 목적은 내담자가 더욱 독립적이고 통합된 상태로 변화하게 하는 것이다.

동기라고 할 수 있다.

2 주요 개념

Rogers의 인간중심적 접근방법의 이론적 기초가 되는 개념은 현상적 장, 자기와 자기개념, 자기실현 경향이다. 다음에서는 이러한 Rogers의 주요 개념에 대해 논의한 이후, 사회복지의 기본 대상인 욕구(need)를 이해하는 데 자주 활용되는 Maslow의 욕구위계이론에 대해 살펴보고자 한다.

1) 현상적 장

현상적 장(phenomenal field)이란 경험적 세계(experiential world) 또는 주관적 경험(subjective experience)으로도 불리는 개념으로, 특정 순간에 개인이 지각하

경험적 세계
주관적 경험

고 경험하는 모든 것을 의미한다. Rogers는 동일한 현상이라도 개인에 따라 다르게 지각하고 경험하기 때문에, 이 세상에는 객관적 현실이 아니라 개인적 현실(individual reality), 즉 현상적 장만이 존재한다고 보고 있다. 특히 Freud가 과거 경험이 인간의 행동을 결정하는 요인이라고 본 점에 대항하여, Rogers는 현재 행동을 결정하는 것은 과거 그 자체가 아니라 과거에 대한 각 개인의 현재 해석이라고 할 정도로 현재의 현상적 장을 중시하였다.

개인적 현실

과거의 현재 해석

현상적 장에는 개인이 의식적으로 지각한 것과 지각하지 못하는 것까지도 포함되지만, 개인은 객관적 현실이 아닌 자신의 현상적 장에 입각하여 재구성된 현실에 반응한다. 따라서 동일한 사건을 경험한 두 사람도 각기 다르게 행동할 수 있고, 이러한 속성 때문에 모든 개인은 서로 다른 독특한 특성을 보이는 것이다. 그리고 Rogers는 인간이 자극에 단순히 반응하는 존재가 아니라 전체적으로 조직화된 체계(total organized whole)로 보고 있기 때문에, 이러한 현상적 장, 즉 현실에 대한 지각도표(perceptual map)에 따라 행동하고 생활할 때, 모든 개인은 조직화된 전체로서 반응한다고 보고 있다. 이처럼 Rogers는 인간행동에 대한 현상적 관점을 강하게 주장함과 아울러 전체론적 관점(holistic view)을 고수하고 있다.

재구성된 현실

지각도표
조직화된 전체
전체론적 관점

2) 자기와 자기개념

Rogers는 자기(self)와 자기개념(self-concept)이라는 용어를 혼용하고 있는데, 이 둘은 그의 이론에서 가장 중요한 구성 개념이다. Rogers는 유아가 자신의 내부에서 지각되는 자기경험과 외부의 타인에 대한 경험을 구별하기 시작하면서 자기 존재에 대한 인식이 발달한다고 보고 있다. Rogers(1959)는 자기와 자기개념을 개인의 현상적 장이 분화된 부분이며, '내가 지각하는 나', 즉 'I'와 '남들이 바라보는 나에 대한 나의 지각', 즉 'me'에 대한 의식적 지각과 가치를 포함하는 것으로 보았다. 자기 또는 자기개념은 개인이 자신에 대해서 지니고 있는 '자신이 어떤 존재인가?'에 대한 체계적 인식으로, 자기 자신에 대한 자기이미지(self image)이다.

자기 존재에 대한 인식

I와 me

자기이미지

Rogers는 자기개념이 두 가지로 구성된다고 보고 있다. 즉, 자기개념이 현재 자신의 모습에 대한 인식, 즉 현실적 자기(real self)와 앞으로 자신이 어떤 존재가 되어야 하며, 어떤 존재가 되기를 원하고 있는지에 대한 인식, 즉 이상적 자기(ideal self)로 구성되어 있다고 본다. Rogers는 현재 경험이 자기개념과 불일치할 때 개

현실적 자기
이상적 자기

인은 불안을 경험한다고 보았다. 예를 들어, 다른 사람으로부터 존경을 받고 성공한 인물로 간주되는 사람 중에서 자기 자신을 보잘것없는 실패자라고 지각하는 경우가 많다. 이처럼 Rogers는 자기개념과 주관적 경험 사이의 일치가 매우 중요하며, 이 양자가 일치될 경우에는 적응적이고 건강한 성격을 갖게 되는 반면 이들 간에 불일치가 심할 경우에는 부적응적이고 병적인 성격을 갖게 된다고 보았다. 자기개념과
주관적 경험

Rogers의 자기개념은 심리학에서 말하는 지각의 일반법칙을 따르고 있으며 형태적인 특성을 지니는 것으로 보고 있다(Hjelle & Ziegler, 1976). 그러므로 개인의 자기가 유동적이고 새로운 경험에 의해 항상 변화한다고 할지라도 그것은 언제나 정형화된 특성을 지닌다. 즉, 시간이 지남에 따라 각 개인이 많이 변화하더라도 그는 자신이 이전과 똑같은 사람이라고 느낄 수 있는 내적 감정을 보유하고 있는 것이다. 그리고 자기는 '두뇌 속의 작은 인간'으로서 인간의 행동을 통제하는 것이 아니라고 보고 있다. 대신 자기는 개인이 경험하는 주관적 세계를 상징화하고 조직화해 나가는 역할을 한다고 본다. 또한 Rogers는 자기는 각 개인이 의식할 수 있는 것이며, 무의식적 정신작용까지도 통합하는 기능을 수행하는 것으로 보고 있다. 유동성

정형화

Rogers는 이러한 자기가 사용하는 기본 방어기제로서 지각의 왜곡(distortion)과 부정(denial)을 제시하고 있다. 지각의 왜곡은 받아들이기 어려운 경험을 자신의 현재 자기이미지와 일치하는 형태로 변형하여 받아들이는 것을 의미한다. 예를 들어, 기말시험을 잘 봤다고 생각한 대학생이 F학점을 받았을 때 "교수님의 채점이 불공정했어." 또는 "내가 운이 나빴어."라고 말하여 학업 실패를 왜곡함으로써 현재의 자기이미지를 유지하는 경우를 들 수 있다. 방어기제

지각의 왜곡

또 다른 방어기제인 부정은 위험한 경험이 의식화되는 것을 회피함으로써 자기구조를 유지하는 것을 말한다. 이 방어기제는 자기개념과 불일치하는 경험이 존재한다는 사실을 완전히 무시해 버린다. 이 방어기제의 예로는 중간고사도 잘 보지 못했고 실습보고서도 전혀 제출하지 않은 대학생이 기말고사를 치르기 몇 시간 전에 F학점을 받지 않으려면 무엇을 공부해야 하는지 교수에게 질문하는 경우를 들 수 있다. 이 학생의 경우에는 F학점을 받는다는 것이 자기개념과 일치하지 않기 때문에, 그 과목에서 F학점을 받을 수밖에 없다는 사실을 인정하지 않고 아예 부정해 버리는 것이다. 부정

3) 자기실현 경향

Rogers(1951)는 인간에게는 많은 욕구와 동기가 있지만 그것은 단지 하나의 기
본 욕구의 일부분에 지나지 않는다고 하였다. 그 기본 욕구가 바로 자기를 유지
하고 증진하며 실현하려는 욕구이다. Rogers는 이러한 기본 욕구를 하나의 용어
로 규정할 수 없다는 점을 지적하면서, 자기유지(self-maintenance), 자기향상(self-
enhancement), 자기실현(self-actualization)이 모두 포함되는 것으로 이해하여야 한
다고 보았다. 그러나 자기실현이라는 용어가 기본 욕구를 표현하는 데는 한계가
있지만, 심리학적으로 가장 널리 사용되는 용어라는 점을 인정하고 있기 때문에
이 장에서는 이러한 인간의 기본 욕구를 자기실현 경향이라고 부르고 논의를 전개
해 가고자 한다.

Rogers는 모든 인간은 자신을 유지하려는 경향과 성장 잠재력을 선천적으로 지
니고 태어난다고 보고 있다. 인간은 음식물을 섭취하여 필요한 자양분을 공급받
고, 위험에 직면하여서는 방어적으로 행동함으로써 자기유지의 목적을 성취하려
는 성향을 지니고 있다. 그리고 성숙을 지향하고 상향이동 경향(upward-moving
tendency)을 가지고 있다. 이러한 상향이동의 경향 속에는 자기실현의 경향이 포
함되는데, 인간은 자기개념과 기능의 분화를 통하여 이런 경향을 실현하려고 한
다. 즉, 인간은 외적인 힘에 의해 통제를 받고 의존하기보다는 독립성, 자기책임
성, 자기규제, 자율성, 자기통제의 수준이 높은 수준으로 나아가려는 속성을 지니
고 있다.

Rogers는 모든 인간은 성장과 자기향상을 위하여 끊임없이 노력하며, 그 노력의
와중에서 부딪히게 되는 고통이나 성장 방해요인에 직면해 극복할 수 있는 성장지
향적 존재라고 보고 있다. 특히 자기실현 동기는 성장과 퇴행 중에 어느 하나를 선
택하여야 하는 상황에 처하게 되면 더욱 강하게 작용한다. 그러나 현실 지각이 왜
곡되어 있거나 자기분화의 수준이 낮은 개인의 경우에는 퇴행적 동기가 더 강하게
작용하여 유아적 수준의 행동을 나타내는 경우도 있다. 그러나 Rogers는 모든 인
간이 퇴행적 동기를 지니고 있지만, 그보다는 성장지향적 동기, 즉 자기실현 욕구
가 인간의 기본 행동동기라고 보았다. 그리고 자기실현의 과정은 자신을 창조하는
과정이기 때문에, 이러한 과정을 통하여 모든 인간은 삶의 의미를 찾고 주관적인
자유를 실천해 감으로써 점진적으로 완성되어 간다고 보았다.

기본 욕구

자기유지,
자기향상
자기실현

자기유지

상향이동 경향

자기실현 경향

성장 방해요인

퇴행적 동기

성장지향적 동기

4) Maslow의 욕구위계이론

Maslow는 Rogers나 다른 인본주의자와 같이 인간을 자기실현을 위하여 노력하는 존재라고 규정하면서, 태어날 때부터 두 가지 경향성, 즉 생존적 경향(survival tendency)과 실현적 경향(actualizing tendency)을 갖고 있다고 보았다. 생존적 경향은 결핍욕구(deficiency needs) 혹은 박탈동기(deprivation motivation)라고도 하며, 인간의 생존을 단순히 생리적 차원에서 유지하려는 경향이다. 여기에는 생리적 욕구, 안전의 욕구, 소속과 애정의 욕구, 자존감의 욕구가 포함된다. 한 개인이

❙ Abraham Maslow
(1908~1970)

자기실현
생존적 경향

결핍욕구
박탈동기

이러한 욕구를 충족하지 못하게 되면 신경증이 유발된다. 실현적 경향은 성장욕구(meta need) 혹은 성장동기(growth motivation), 즉 자신의 잠재능력, 기능, 재능을 발휘하려는 욕구로서 생존적 경향이 충족되었을 때 나타나는 것이다(Maslow, 1970).

실현적 경향
성장욕구
성장동기

Maslow(1970)는 [그림 18-1]에서 보는 바와 같이 인간의 욕구는 그 중요성과 강도에 따라 위계적으로 배열되어 있으며, 개인에 따라 차이가 있고 특정 시기에 강하게 나타나는 욕구가 있긴 하지만, 모든 욕구가 동시에 존재한다고 보고 있다. 만약 생리적 욕구를 85% 정도 충족하면, 안전의 욕구는 70% 정도, 소속과 애정의 욕구는 50%, 자존감의 욕구는 40%, 자기실현의 욕구는 10%를 충족한다(Maslow,

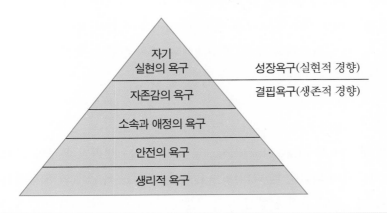

[그림 18-1] Maslow의 욕구위계 구조

1970). 이러한 욕구의 위계 구조는 절대적인 것은 아니지만, 보편적으로는 대부분의 인간이 하위 단계의 욕구가 어느 정도 충족된 후에 상위 단계의 욕구를 충족하기 위한 노력을 경주한다고 보고 있다.

(1) 생리적 욕구

생리적 욕구(physiological needs)는 인간의 욕구 중에서 가장 기본적이고 강하며 분명한 욕구로서 음식, 물, 공기, 수면, 성, 추위나 더위로부터의 보호, 그리고 감각적 자극에 대한 욕구 등이 포함된다. 이러한 생리적 욕구는 유기체의 생물적 유지와 직접적으로 관련되어 있다. 모든 사람은 더 높은 단계의 욕구를 충족하기 위하여 노력하기 전에 생리적 욕구가 어느 정도 만족되어 있어야 한다. 만약 이 욕구를 충족하지 못할 경우에는 더 높은 단계의 욕구를 충족하기 위한 시도에 방해를 받게 된다.

생물적 유지

(2) 안전의 욕구

생리적 욕구가 어느 정도 만족되면 개인은 안전의 욕구(safety need)에 관심을 갖게 된다. 이러한 욕구가 생기는 주된 이유는 모든 개인이 확실하고, 잘 정돈되고, 조직화되고, 예측할 수 있는 환경 내에서 생활하고 싶어 하기 때문이다. 아동기에는 이러한 안전욕구가 성인에 대한 의존으로 나타나지만, 성인이 되어서는 재정적으로 안정되고 싶은 욕구와 같은 것으로 전환된다. 성인기의 안전의 욕구는 직업생활을 통하여 의식주를 해결할 수 있는 정도의 재정 수입을 확보하고, 이와 아울러 퇴직이나 실업, 질병 등에 대비하여 저축이나 보험에 가입하며, 종교를 통하여 안전감을 획득하는 행동 등으로 표현된다. 이러한 안전의 욕구는 사회가 실업 위기, 전쟁, 범죄, 사회조직의 해체, 자연재해와 같은 상황에 직면하였을 때 특히 강하게 나타난다.

재정 수입

저축이나 보험
종교

실업 위기

자연재해

(3) 소속과 애정의 욕구

소속과 애정의 욕구(need·for belonging and love)는 생리적 욕구와 안전의 욕구가 어느 정도 충족되었을 때 나타나는 욕구이다. 이런 욕구에 의해 동기화된 개인은 타인과 애정적인 관계를 형성하고, 인생의 동반자와 가족이나 집단에 소속되고 싶어 하는 갈망을 갖고 있다. 이러한 욕구는 사회적인 고독, 소외, 배타성을 경험

애정 관계

고독, 소외

할 때 특히 강하게 나타난다.

이러한 소속과 애정의 욕구는 사랑을 받는 것뿐만 아니라 사랑을 주는 것을 모두 포함한다. 모든 개인은 사랑을 받고 수용되는 것을 통하여 자신이 가치 있는 존재라는 감정을 갖게 되며, 사랑을 받지 못할 때 공허감, 무가치감, 적대감 등을 갖게 된다. 이와 같이 사랑을 주고받지 못하는 현대인이 경험하는 부정적 감정을 해소하고 자기존중감을 높일 수 있는 집단상담 프로그램이 바로 참만남집단 (encounter group)이나 자기성장집단 등이다. 이에 반하여 지나치게 소속과 애정의 욕구가 강하여 집단 외부의 사람에 대해 적대적인 태도나 행동을 보이는 경우가 있는데 그 대표적인 예가 청소년 갱(gang) 집단이다.

주고받는 사랑

자기성장집단

청소년 갱 집단

(4) 자존감의 욕구

사랑받고 남을 사랑하려는 욕구가 어느 정도 충족되고 나면, 자존감의 욕구 (self-esteem need)가 나타난다. 이러한 자존감의 욕구는 자기존중과 다른 사람으로부터의 존경을 모두 포함하는 것이다. 전자는 능력, 신뢰감, 개인적 힘, 적합성, 성취, 독립, 자유 등을 포함하는 것으로, 자기 자신을 가치 있다고 생각하는 것이다. 다른 사람으로부터의 존경은 명성, 인식, 수용, 지위, 평판 등을 포함하는 것으로 타인으로부터 좋은 평가를 받기 때문에 자신을 가치 있는 사람으로 간주하게 된다. Maslow는 가장 건전한 자존감은 명성, 지위 또는 아첨보다는 다른 사람으로부터 존경을 받는 것이라고 하였다. 자존감의 욕구가 충족되지 못할 경우 개인은 타인에 대하여 열등의식을 느끼고 자기비하를 하며, 삶에 대처하는 데 있어서 무력감을 경험하게 되며, 자신이 무용지물이라는 인식을 갖게 된다.

자기존중과 다른 사람으로부터의 존경

열등의식, 자기비하 무력감

(5) 자기실현의 욕구

이상에서 논의한 욕구가 충분히 만족되면, 자기실현의 욕구(self-actualization need)가 나타난다. 이 욕구는 자신이 원하는 종류의 사람이 되고, 자기가 성취할 수 있는 모든 것을 성취하려는 욕구이다. 이러한 자기실현은 자기향상을 위한 개인적 갈망이며, 잠재적 능력을 실현하려는 욕망이다. Maslow(1970)는 자기실현의 욕구를 충족한 사람도 나름의 약점을 지니고 있기 때문에 결코 완벽한 인간이라고 할 수 없다고 하였지만, 이와 동시에 자기실현의 욕구를 성취하는 사람은 극소수에 불과하다고 주장하였다.

자기향상

잠재적 능력 실현

3 성격 발달에 대한 관점

현상적 자기　인본주의 이론가와 마찬가지로 Rogers(1961)는 주로 개인의 현상적 자기
(phenomenal self)의 형성에 초점을 두고 인간의 성격 발달을 논의하고 있다. 그러
자기개념　나 성격 발달 그 자체에 특별한 주의를 기울이지 않은 관계로 자기개념을 형성해
나가는 주요 단계에 대해서는 구체적인 시기를 언급하지 않았다. 그 대신 Rogers
는 유아기나 아동기 초반에 타인이 한 개인을 평가하는 방법이 자기개념의 긍정적
또는 부정적 발달을 촉진한다는 점을 강조하고 있다.

　　신생아는 신체적 감각이든 또는 외적 자극에 의한 것이든 모든 경험을 하나로
I와 me　지각한다. 즉, 유아는 다른 대상과 분리된 존재인 'I'로서의 자신을 지각하지 못하
며, 'me'와 'not me'를 구분하지 못한다. 이와 같이 인생의 초기 단계에서는 자기라
미분화된
현상적 장　는 것이 존재하지 않으며, 단지 포괄적이고 미분화된 현상적 장만이 존재한다.

분화 지향　　　모든 인간은 자기실현 과정의 일부분인 분화를 지향하려는 경향이 있기 때문
에, 유아는 점차 자기 자신을 제외한 나머지 세계와 자신을 구분하기 시작한다.
자기개념　Rogers는 개인의 자기개념은 이와 같이 현상적 장을 구분하는 과정에서 출현한다
고 보았다. 즉, 어떤 것은 자신의 것으로 인식되고 또 다른 어떤 것은 자신이 아닌
것으로 인식하는 과정에서 자기개념이 발달한다고 하였다.

유기체적
가치평가 과정　Rogers(1983)는 자기가 처음 형성될 때 유기체적 가치평가 과정(organismic
내적 평가기준　valuing process)의 지배를 받는다고 보았다. 다시 말해 유아나 아동은 내적 평가기
준을 지니고 있기 때문에, 부모의 도움이 없이도 새로운 경험이 자신의 선천적인
자기실현 경향을 촉진하는지 또는 방해하는지를 평가하고, 이에 따라 반응한다는
것이다. 예를 들어, 배고픔, 목마름, 추위, 고통과 갑작스러운 소음 등은 자기실현
경향을 방해하는 것이기 때문에 부정적으로 평가되는 반면 음식, 물, 안정, 사랑
욕구충족
점검체계　등은 긍정적으로 평가된다. 이러한 점에서 유기체적 가치평가 과정은 유아의 욕구
충족을 도모하는 점검체계(monitoring system)이다.

　　아동이 발달함에 따라 자신과 외부 세계를 구분할 수 있게 되고, 자신에 대한 외
외부 세계의
평가　부 세계의 평가를 받아들이고, 그럼으로써 유기체적 가치평가 과정의 점진적인 변
형이 이루어진다. 점차 개인은 부모, 이웃, 친구, 교사, 그리고 마지막으로 고용주
와 권위적 인물이 자신을 어떻게 생각하는가에 따라 스스로를 평가하는 방법을 배

우게 된다(Raskin, 1985). 이와 같이 개인의 자기개념 발달은 환경과의 상호작용을
통해 형성되며, 점차 분화되고 복잡해진다.

이러한 자기개념의 발달에 결정적인 역할을 하는 것이 바로 긍정적 관심에 대한
욕구이다. 자기에 대한 의식이 생기면 모든 사람은 타인으로부터 온화함, 존경, 숭
배, 수용, 사랑 등과 같은 긍정적 처우를 받고 싶은 기본적 욕구가 생기는데, 특히
어머니로부터 사랑받고 보호받고 싶은 욕구가 강하다. 이와 같이 긍정적 관심을
받고자 하는 욕구의 충족은 타인에 의해서 가능해지기 때문에, 아동은 성장하면서
점점 더 다른 사람에게서 긍정적 관심을 받으려 하며, 자신의 유기체적 가치평가
과정을 희생해서라도 이러한 관심을 받고자 한다(Rogers, 1959).

긍정적 관심에
대한 욕구

이처럼 아동은 긍정적 관심에 대한 강한 욕구를 가지고 있지만, 점차로 주요 타
인(significant others)의 자기에 대한 기대와 태도에 영향을 받고 민감해진다. 대부
분의 성인은 아동에게 조건적인 긍정적 관심을 보이는데, 그 예는 "네가 내가 바라
는 사람이 되면, 나는 너를 사랑하고 인정할 것이다."라는 표현을 들 수 있다. 이러
한 조건적인 긍정적 관심을 조건적 가치부여(conditions of worth)라고 한다. 이것
은 아동이 타인의 기대에 따라 행동함으로써 칭찬받고, 주의를 끌며, 인정이나 또
다른 형태의 보상을 받는 상황을 의미한다.

주요 타인의
기대와 태도

조건적 가치부여

이와 같은 조건적 가치 부여는 아동의 자기개념 발달에 지대한 영향을 미친다.
그 이유는 현재의 자기 모습이나 앞으로의 자기가 되고자 하는 것을 성취하기 위
하여 노력하기보다는 타인이 설정한 기준에 맞추려고 노력하기 때문이다. 즉, 아
동은 타인이 설정한 기준에 맞도록 행동하고 생각하고 느낌으로써 타인에게서 긍
정적 관심을 받으려고 한다. 따라서 타인의 조건적인 긍정적 관심이 아동에게 내
면화되어 행동의 기준과 규범이 된다. 만약 아동이 조건적인 긍정적 관심을 얻기
위하여 다른 측면을 무시한다면 자기 자신의 잠재력과의 접촉이 단절되고, 자기소
외를 경험하게 되며, 건전한 성장과 발달은 방해를 받게 된다.

타인이 설정한
기준

자기소외

어떤 사람도 조건적 가치 부여, 즉 조건적인 긍정적 관심을 피할 수는 없지만
Rogers는 무조건적인 긍정적 관심(unconditional positive regard)을 주고받는 것이
가능하다고 하였다. 이것은 어떤 개인에게 만약(if), 그리고(and), 그러나(but)라는
조건 없이 있는 그대로 수용하고 존경하는 것을 의미하는 것으로, 어머니가 아동
의 행동이나 사고, 감정이 어떻든지 자신의 자녀이기 때문에 사랑을 베푸는 것에
서 잘 엿볼 수 있다. 이러한 무조건적인 긍정적 관심의 표현은 훈육의 결여, 사회

무조건적인
긍정적 관심

통제의 결여

수용

완전히
기능하는 사람

적 제약의 철회, 기타 행동에 대한 통제의 결여를 의미하는 것은 아니며, 한 개인을 있는 그대로 수용하고 존중하는 것을 의미한다. Rogers는 개인이 무조건적인 긍정적 관심을 주고받을 때 완전히 기능하는 사람으로 변화될 수 있으며, 자기개념이 더욱 심화되어 간다고 보았다.

4 사회복지실천에의 적용

1) 심리적 건강과 증상에 대한 관점

자기인식

나는 누구인가

부적응적 개인

Rogers(1980)는 모든 내담자는 정확한 자기인식(self-awareness)을 얻으려는 동일한 욕구를 가지고 치료를 받으러 온다고 하였다. 즉, Rogers는 모든 내담자가 공통으로 '나는 누구인가? 나의 겉으로 드러난 행동의 근거가 되고 있는 현실적 자기(real self)를 어떻게 발견할 수 있을까? 어떻게 해야 진정한 나 자신이 될 수 있을 것인가?'라는 의문을 가지고 있는 것으로 보았다. 이와 같이 부적응적 개인은 자기이미지와 현실 사이에 괴리가 심하며, 이로 인하여 높은 수준의 불안을 경험하는 존재이다(Goldberg & Deutsch, 1977).

적응적 개인

훌륭한 삶

되어 가는 존재

이에 반하여 Rogers(1961)는 적응적 개인은 실제적으로 행동하고, 생각하고, 경험하는 방식에 대해 좀 더 정확한 지식을 갖고 있는 사람이라고 하였다. 그러나 적응적 개인이라고 하여 반드시 자기실현을 완성할 수 있는 것도 훌륭한 삶(good life)을 사는 것도 아니라고 하였다. 그 이유는 인간이란 완성의 존재가 아니라 바로 '되어 가는 존재(becoming)'이기 때문에, 자기인식을 갖고 있고 자기실현을 했다고 해서 완성 상태에 도달한 것은 아니며, 지속적으로 더 나은 삶을 획득하기 위하여 자신의 잠재력을 개발해 나간다. 따라서 훌륭한 삶이란 상태가 아니라 과정이며, 목적이 아니라 방향을 의미하는 것이다.

완전히
기능하는 사람

Rogers(1961)는 훌륭한 삶을 살아가는 사람을 '완전히 기능하는 사람'이라고 규정하고, 이러한 사람이 공통으로 갖고 있는 특성을 다음과 같이 다섯 가지로 제시하였다.

경험에 대한
개방성

첫째, 경험에 대한 개방성을 지니고 있는 사람이다. 자신의 감정을 민감하게 인식하고 경험에 완전히 개방적인 사람은 자기 자신의 본성, 즉 자신의 내면에서 일어나고 있는 것을 있는 그대로 경험할 수 있게 된다. 이러한 사람은 공포, 실망, 고통, 또는 용기, 애정, 경외감 등의 긍정적이거나 부정적인 감정에 대해 개방적이며, 자신이 느낀 것을 자유롭게 인식하고 표현할 수 있다. 자기 자신에게 개방적인 사람은 타인과의 관계에서도 자신을 완전히 개방할 수 있는 능력을 지니고 있다.

둘째, 실존적 삶(existential living)을 살아가는 사람이다. 인간으로서의 본질은 자기 스스로 만들어 가야 하기 때문에, 완전히 기능하는 사람은 새로운 경험에 완전히 개방적이며, 기꺼이 자기 것으로 받아들인다. 이러한 사람은 자신이 다음 순간에 무엇이 되고 무엇을 할 것인지를 매 순간의 경험을 통하여 판단하고, 매 순간을 충분히 만끽하면서 충실히 살아간다. 현재의 자기나 미래의 자기는 그 순간으로부터 나오며 사전에 예측될 수 없는 것이다.

실존적 삶

셋째, 자기 자신에 대해 신뢰하는 사람이다. 사람들은 사회규범이나 외부의 영향력에 의하여 의사결정을 내리는 경우가 많다. 그러나 완전히 기능하는 사람은 그가 해야 할 것과 하지 말아야 할 것을 판단하는 기준으로 자신의 개인적 경험을 활용한다. 이러한 사람은 자신의 행동의 근거가 되는 모든 정보, 즉 사회적 요구, 콤플렉스와 갈등을 야기하는 욕구, 유사 상황에 대한 기억, 그 상황의 독특성에 대한 지각 등의 정보를 수집하여 적절한 의사결정을 내린다. 그 결과 현재 상황에서 욕구를 최대한 충족할 수 있는 행동을 하게 된다.

자기 신뢰

넷째, 자유 의식을 지니고 있는 사람이다. 완전히 기능하는 사람은 자신의 느낌과 반응에 따라 충실하게 살아간다. Rogers는 개인이 건강할수록 억제나 금지 없이 대안적인 생각과 행동 중에서 자유롭게 선택을 할 수 있다고 하였다. 그렇다고 하여 인간의 행동이나 선택이 사회적 압력이나 과거의 영향을 받는다는 점을 부정하지는 않는다. 다시 말해 각 개인은 일시적 생각이나 주변 환경, 과거 경험에 의해 미래를 결정하는 것이 아니라 자신의 삶에 대한 개인적 지배감을 갖고 자신의 미래를 결정한다는 것이다.

자유 의식

다섯째, 창조적 삶을 사는 사람이다. 완전히 기능하는 사람, 즉 훌륭한 삶을 사는 사람은 그 사회의 문화체계에 구속되거나 수동적으로 동조하는 것이 아니라 자신의 삶과 관련된 모든 영역에서 독창적인 창작물을 만들어 내고 창의적 삶을 통하여 자신의 욕구를 충족함으로써 삶의 희열을 경험할 수 있다.

창조적 삶

이러한 Rogers의 완전히 기능하는 사람은 Maslow의 자기실현자, Allport의 성숙한 인간과 유사한 개념이다. Maslow(1970)는 자기실현의 욕구를 충족한 사람의

자기실현자

특성을 다음과 같이 기술하고 있다.

① 현실을 정확히 지각하며 편안해한다.
② 불만 없이 자신의 본성과 타인을 수용한다.
③ 행동에 가식이 없으며, 내적 생활, 사고, 충동에도 가식이 없다.
④ 일반적으로 자기 자신보다는 외부의 문제에 대한 관심이 크다.
⑤ 자신에게 해롭거나 불편해하지 않으면서 혼자 생활할 수 있다.
⑥ 물리적·사회적 환경으로부터 비교적 독립성을 유지한다.
⑦ 자연, 어린아이와 같은 삶의 기본적인 것에 대한 경외심을 가지며 감사하는 능력을 지닌다.
⑧ 절정 경험이라는 신비한 경험을 한다.
⑨ 모든 인간에 대해 강한 감정이입과 애정을 느끼며 동시에 인본주의적 관점을 지지한다.
⑩ 보통 사람보다 더 깊은 대인관계를 형성하고 유지한다.
⑪ 민주적 성격을 가지며 누구에게나 우호적이다.
⑫ 수단과 목적을 분명하게 구분하며 목적을 수단보다 훨씬 더 중요시한다.
⑬ 유머감각이 있다.
⑭ 어린아이와 같이 순진무구하고 폭넓은 창조성을 지닌다.
⑮ 사회 압력에 저항하고 특정 문화를 초월한다.

성숙한 인간   Allport(1961)는 성숙한 인간(mature mind)을 자신의 삶에 대해 책임을 느끼고 각자가 특유하고 개별적인 방법으로 발달하는 과정이라고 하면서, 궁극적인 정신건강의 요소로 ① 넓게 확장된 자기개념, ② 우호적 인간관계, ③ 정서적 안정, ④ 객관적 현실감, ⑤ 자기객관화, ⑥ 철학적 삶을 들었다.

2) 치료 목표

인본주의적 접근방법의 치료 목표는 전통적 접근방법의 치료 목표와는 다르다.
독립성과 통합성 이 접근방법에서는 개인의 보다 큰 독립성과 통합성을 달성하는 데 치료 목표를
인간 그 자체 둔다. Rogers(1977)에 따르면 치료적 초점은 현재의 문제가 아니라 인간 그 자체이

며, 단순히 문제를 해결하는 것이 아니라 내담자의 성장과정을 원조함으로써 그가 현재 대처하고 있는 그리고 미래에 대처하게 될 문제에 대해 더 잘 대처할 수 있도록 돕는 것이다. 즉, Rogers(1977)는 내담자가 자신의 내적 준거틀, 즉 현상적 장을 정확히 이해하게 함으로써 내담자의 내적 및 환경 내에서 긍정적인 행동 변화가 이루어질 수 있도록 하는 데 치료 목표를 두고 있다. 현상적 장 이해

이러한 치료 목표를 달성하기 위하여 치료자는 내담자가 자신의 경험 세계를 탐색하고 존중할 수 있도록 자극하는 촉진적 조건을 제공하여야 한다. 이러한 원조 관계를 통하여 내담자는 자기 가치평가 과정을 새롭게 하고 강화할 수 있게 된다. 즉, 촉진적 원조 관계를 통하여 내담자는 긍정적 자기존중을 하는 방향으로 변화 촉진적 원조 관계 할 수 있으며, 개인은 평가의 내적 중심을 회복하고, 융통성 있고, 높은 수준의 분화를 유지하고, 다양한 과거 경험과 현재 경험을 고려할 수 있는 사람으로 변화될 수 있다.

3) 치료적 관계와 실무 원칙

(1) 촉진적 치료 관계

인간중심적 접근방법에서는 내담자의 잠재력 개발을 촉진하기 위하여 내담자와 평등한 관계를 맺는 것을 중시한다(Raskin, 1985). 내담자가 관계가 안전하다는 평등한 관계 것을 인식할 수 있게 하고, 존경을 표시하고, 선택권을 부여하는 것이 성장이 이루어질 수 있는 필수적인 조건이다.

Rogers(1957)는 진실성, 무조건적인 긍정적 관심, 감정이입적 이해를 치료적 변 치료적 변화의
조건 화를 일으키는 필요충분조건이라고 하였다. 그리고 이러한 조건이 갖추어질 경우 내담자의 자연적 성장이 이루어질 것이라고 하였다. 이에 대해 구체적으로 기술하면 다음과 같다.

① 진실성

Rogers가 촉진적 치료 관계의 세 가지 요소 중에서 가장 중시한 것은 일치성으 일치성 로도 불리는 진실성이다. 진실성은 치료자가 진실하다는 의미로, 치료 기간에 치료자는 거짓된 태도를 보여서는 안 되며, 자신의 내적 경험과 외적 표현이 일치하고 내담자와의 관계에서 일어나는 감정을 솔직하게 표현하여야 한다. 진실한 치료

..ıll **표 18-2** 인간중심적 접근방법의 원조 관계

내담자	사회복지사
• 자신감을 갖는다. • 현실을 왜곡하지 않고 보게 된다. • 자기평가에 개방적이다. • 성장을 위한 자유를 경험한다. • 새로운 자기개념을 가질 수 있다.	• 자유로운 환경에서 내담자의 가치를 인정한다. • 치료적 분위기를 조성한다. • 내담자의 자기탐색을 증진한다. • 진정한 관심, 긍정적 존경, 감정이입적 반응을 보인다. • 보호적 분위기를 제공한다.

자는 자발적이며 긍정적이건 또는 부정적이건 자신의 행동이나 감정에 솔직해야 하는데, 부정적 감정을 표현함으로써 치료자는 내담자와 정직한 대화를 할 수 있다. 그러나 이것은 치료자가 모든 감정을 충동적으로 표현하거나 내담자와 모든 감정을 공유하여야 한다는 것을 의미하는 것은 아니며, 적정 수준의 자기표현이 이루어져야 한다는 의미이다.

비조작적 태도   인간중심적 치료에서는 비조작적이고 진실한 인간관계의 가치를 중시한다. 그렇기 때문에 치료자가 자신이 내담자에 대해 느낀 것과 다른 방향으로 행동을 하게 되면 치료에 방해가 된다고 본다. 그러므로 치료자가 내담자를 싫어하거나 인정하지 않으면서도 수용하는 것처럼 가장하여 행동하는 것은 바람직하지 않다.

Rogers의 진실성의 개념은 연속선상의 개념이기 때문에, 완전한 자기실현을 성취한 치료자만이 효율적인 치료를 할 수 있다는 의미는 아니다. 치료자도 인간인 이상 완전히 진실한 인간일 수는 없으며, 단지 치료자와 내담자 사이의 관계가 진실성에 근거하였을 때 좋은 치료 결과를 얻을 수 있다고 가정하는 것이다. 그러나

자기인식,
자기수용,
자기진실성 치료자가 진실성을 유지하기 위해서는 자기인식, 자기수용, 자기진실성의 수준이 높아야 하는 것만큼은 분명하다(Natiello, 1987).

② 무조건적인 긍정적 관심

인간중심적 접근방법의 원조 관계에 포함된 두 번째 치료적 조건은 무조건적

비소유적 온화함 인 긍정적 관심(unconditional positive regard) 또는 비소유적 온화함(nonpossessive warmth)이다. Rogers(1967)는 무조건적인 긍정적 관심과 존경에 대해 내담자에게

감정표현의 기회 결론을 강요하려는 시도를 하지 않고, 완전한 감정표현의 기회를 제공하는 것이라고 하였다. 치료자는 내담자를 하나의 인격체로서 온화하고 진실하게 돌본다는 것

이다. 돌봄(caring)은 내담자의 감정이나 생각, 행동의 좋고 나쁨에 대한 판단에 의   돌봄

해 영향을 받지 않는다는 점에서 무조건적이다.

치료자는 내담자를 수용함에 있어서 특별한 규정을 하지 않고 무조건적으로 존   수용

중하고, 있는 그대로의 모습을 따뜻하게 수용하여야 한다. 이러한 수용적 분위기

가 형성되었을 때 내담자는 자신의 감정이나 경험 등을 자유롭게 표현할 수 있고,

치료자와 공유할 수 있게 된다. 그리고 치료자의 돌봄 행동은 비소유적이어야 한

다. 만약 돌보는 치료자 자신이 인정받고 사랑받으려 한다면 내담자의 건설적인

변화는 기대하기 어렵다.

Rogers(1977)에 따르면 비소유적 온화함으로 내담자를 돌보고 칭찬하고 수용하

며 가치를 인정해 줄수록 치료의 성공 가능성이 높아진다. 그러나 치료자는 언제

나 수용과 무조건적인 긍정적 관심을 보여 줄 수는 없으며, 치료자의 무조건적 관   존중과 수용

심과 수용은 단지 연속선상의 정도의 문제를 의미하는 것이다. 그럼에도 내담자에

대한 존중과 수용을 강조하는 이유는 치료자가 내담자를 존중하지 않거나 싫어하

거나 또는 더 나아가 혐오할 경우 내담자의 방어적 태도로 인하여 치료에서 성공   방어적 태도

을 거두기 어렵게 되기 때문이다.

③ 감정이입적 이해

인간중심적 접근방법의 중요한 치료적 조건인 감정이입 또는 공감은 내담자의   감정이입
    또는 공감

감정을 인식하고 자신이 경험한 것을 표현하는 것이다. 감정이입은 치료자가 내담

자와 같이 느끼고, 이러한 이해의 감정을 의사소통할 수 있는 능력이다. 내담자의

세계관과 지각을 이해하는 치료자는 언어적 실마리와 비언어적 실마리 모두에 초

점을 두는데, 이렇게 함으로써 치료자는 명시적 내용과 숨겨진 내용을 좀 더 정확

히 이해할 수 있으며, 내담자의 의미에 알맞은 반응을 보일 수 있다.

치료자는 감정이입을 통하여 객관적 관점을 유지하면서 자신의 상상 속에서 내   객관적 관점

담자의 주관적 세계로 들어갈 수 있게 된다. 원조과정에서 내담자를 정확하고 현   내담자의
    주관적 세계

실적으로 지각할 수 있는 능력은 치료적 관계의 통합성을 유지하는 데 매우 중요

하다(Greene, 1986). 탐색과 감정표현을 더욱 촉진하는 감정이입은 내담자가 의식

적으로 경험하고 표현하고 싶어 하는 것을 정확하게 이해하고, '예, 바로 그거예

요!'라는 반응을 불러일으킨다(Raskin, 1985).

인간중심적 접근방법을 활용하는 치료자는 내담자가 얘기하도록 격려하고 능

동적 경청을 하여야 한다. 치료자가 능숙하게 감정을 반영함으로써 내담자는 자기 자신을 표현할 수 있게 된다. Shulman(1998)이 지적한 바와 같이, 내담자의 감정을 불러내기 위해서 치료자는 내담자의 입장이 되어서 가급적이면 타인의 경험에 가장 가까운 정서적 반응을 끌어내야 한다.

④ 촉진적 치료 관계의 결과

Rogers(1961)는 치료자가 변화를 위한 필요충분조건을 제공하면, 관계에 속해 있는 나머지 사람, 즉 내담자는 다음과 같이 변화될 것이라고 하였다.

첫째, 이전에 억압했던 측면을 경험하고 이해할 것이다.
둘째, 더욱 통합되고 효과적으로 기능할 수 있을 것이다.
셋째, 자신이 되고 싶었던 인물에 더욱 가까워질 것이다.
넷째, 자기지향적이고 자기확신을 갖게 될 것이다.
다섯째, 더욱 인간적이고 독특하고 자기표현적인 사람이 될 것이다.
여섯째, 타인을 더 잘 이해하고 수용할 것이다.
일곱째, 생활상의 문제에 더욱 적절하고 편안하게 대처할 수 있을 것이다.

(2) 치료자의 역할

Corey(2000)는 인간중심적 접근방법에서 치료자가 수행해야 할 역할은 '역할이 없는 상태가 되는 것'이라고 했다. 이 말은 내담자에게 무엇을 하라고 요구하는 기법을 사용하지 않는다는 의미이다. 인간중심적 접근방법에서는 치료자의 역할 중에서 가장 중요한 요소를 태도라고 본다. 치료자는 내담자의 경험과 감정에 대해 많은 관심을 보여야 하며, 내담자를 진실하게 대하고 감정이입적 이해를 바탕으로 존중함으로써 내담자의 성장과 자기실현을 증진할 수 있다.

Rogers(1961)는 치료의 가장 핵심적인 요소는 내담자와 진실한 관계를 맺는 것이라 하였다. 다음은 치료자 자신이 내담자와 촉진적 관계를 형성할 수 있는 자질을 갖추고 있는지 평가해 볼 수 있는 10개의 질문이다.

① 나는 다른 사람을 믿을 수 있고 진실한 존재로 보는가?
② 나는 있는 그대로의 내 모습을 명확하게 전달할 수 있을 만큼 표현적인가?

③ 나는 다른 사람에게 긍정적 태도, 즉 온화함, 돌봄, 흥미, 존경의 태도를 보이고 있는가?

④ 나는 타인과 분리될 수 있을 만큼 충분히 강한 존재인가?

⑤ 나는 다른 사람의 분리를 허용할 수 있을 만큼 충분히 안정되어 있는가?

⑥ 나는 다른 사람의 감정과 개인의 의미 속으로 들어갈 수 있으며, 다른 사람이 보는 대로 볼 수 있는가?

⑦ 나는 내가 본 타인의 모든 측면을 수용할 수 있는가? 나는 타인을 있는 그대로 수용할 수 있는가?

⑧ 나는 내 행동이 위협으로 지각되지 않게 할 수 있을 만큼 관계 속에서 민감하게 반응할 수 있는가?

⑨ 나는 외적인 평가의 위협에서 자유로운가?

⑩ 나는 다른 사람을 '되어 가는 존재'로 보고 있는가? 나는 나 자신과 다른 사람을 과거에 묶어 놓지 않았는가?

(3) 실무 원칙

Rogers의 치료적 접근방법은 모든 인간이 자기실현의 경향을 타고 태어난다는 인본주의적 신념에 기반을 두고 있다. 개인의 자기실현능력에 대한 신념은 모든 인간이 자신의 잠재력, 능력, 타고난 재능을 완전하게 발전시키려고 하는 건강한 충동을 가지고 있다는 가정에 근거하고 있다. 인간중심적 접근방법의 기본 철학은 각 내담자는 독특한 존재이며 자기실현의 능력을 지니고 있다는 것이다. 내담자가 진정한 감정을 경험하고 진정한 자기개념을 발견할 수 있는 안정되고 자유로운 분위기를 제공하는 것이 인간중심적 접근방법의 핵심이다. 인간중심적 접근방법에서는 온화하고 이해해 주고 존중하는 원조 관계에서 이루어진 긍정적 성장을 일상생활로 전환하여 실행에 옮기는 방법에 초점을 둔다.

자기실현능력

인간중심적 접근방법을 활용하는 치료자는 원조 관계에서 일어나는 현재의 경험을 중시한다. 치료자의 목적은 임상적으로 중요한 정보를 수집하는 것이 아니라 오히려 성격 변화가 일어나는 과정에 관심을 두어야 한다. 중요한 것은 현재의 문제가 아니라 내담자가 그러한 문제에 더 잘 대처할 수 있게 해 주는 성장과정이다. 치료과정의 목표는 보다 높은 수준의 독립성과 통합성을 성취할 수 있도록 도와주는 원조 관계 내에서 내담자가 가치평가 과정에 참여하게 하는 것이다. 이러한 방

현재의 경험

변화와 성장의 과정

식으로 내담자의 자기평가를 유발하고 개인적 성장을 이루도록 한다.

　　인본주의적 접근방법은 내담자가 문제를 다르게 인식하고, 자기 자신의 감정을 수용하고, 인지적 경험을 수정하고, 생활상의 모순을 인식하며, 그리고 관계의 속성을 수정할 수 있도록 원조하는 것이다. 이러한 과정을 거쳐 그들 자신에 대해 더 **성격 변화** 잘 알게 된 내담자는 더욱 적절한 행동을 발견하게 된다. 성격 변화가 일어나면 내담자의 부정적 태도와 감정이 긍정적인 것으로 바뀌고, 타인에 의한 평가가 자기 **통찰력** 평가로 바뀌게 된다. 그리고 내담자는 통찰력을 갖게 되고, 새로운 경험에 대해 개 **변화 의지** 방적이며, 변화를 일으키고자 하는 의지가 강해지며, 자신에 대해 스스로 책임을 질 수 있는 능력이 형성되며, 행동의 결과를 이해할 수 있게 된다(Raskin, 1985). 이 **실무 원칙** 와 같은 인간중심적 접근방법의 실무 원칙은 〈표 18-3〉과 같다.

　　인간중심적 접근방법의 기반을 이루고 있는 실존주의 철학은 내담자 경험의 주관적 의미에 높은 가치를 두고, 독특한 세계관 또는 생활양식을 지닌 특유의 개인 **본질적** 인 내담자의 본질적 가치를 인정한다(Krill, 1986). 특히 인본주의 치료자는 내담자 **가치 인정** 의 주관적 의미체계와 내담자가 추구하는 변화의 속성을 이해하는 데 강조점을 두고 있다. 그리고 내담자를 자유선택의 권리를 지닌 존재로 보기 때문에 내담자는 **역량 강화** 역량이 강화된 느낌을 갖게 된다.

　　Rogers(1970)는 집단이 긍정적이고 성장을 유도하는 경험을 제공해 준다고 보았 **훈련집단** 다. 그는 훈련집단(T-group)에 참여함으로써 민감하게 들을 수 있고, 들은 것에 대해 깊은 만족을 느끼고, 더욱 실제적으로 될 수 있는 능력을 배양하고, 타인으로부

⊪ 표 18-3 인간중심적 접근방법의 실무 원칙

- 치료자 자신의 신념체계를 검토하라. 각 개인이 가치 있는 존재이며 원조 관계를 효과적으로 이용할 수 있는 능력을 지니고 있다는 사실에 대해 치료자 자신이 어떤 태도를 취하고 있는지 살펴보라.
- 원조 관계에서 온화함과 신뢰의 분위기를 증진할 수 있는 능력이 있는지 신중하게 생각해 보라.
- 치료적 관계에서 내담자가 자신의 경험과 감정을 표현할 수 있도록 하라.
- 내담자의 관심사에 대해 정확히 반응하고, 내담자의 주관적 경험을 존중하라.
- 치료 상황에서 일어나는 현재 경험에 초점을 두라.
- 진실성, 무조건적인 긍정적 관심, 감정이입적 이해의 감정을 표현할 수 있는 면접기법을 활용하라.
- 긍정적 자기평가를 방해하는 내담자의 생활 경험을 수용하고 해석하라.
- 원조 관계를 성장을 촉진하고 자기평가를 증진할 수 있는 기회로 삼으라.

터 더욱 실존적인 반응을 불러일으킬 수 있게 되고, 결국에는 사랑을 주고받는 데 있어서 더욱 큰 자유를 갖게 된다고 주장하였다. 이러한 집단에 대한 명제에 입각하여 Rogers는 집단을 성장을 촉진하는 대인관계적 상호작용의 기제로 보았다. 이러한 그의 집단에 대한 접근방법은 참만남집단(encounter group)과 훈련집단의 발달에 크게 기여하였다. 참만남집단운동은 집단 경험을 개인적 성장과 태도 변화의 기회로 규정한 Lewin과 Rogers에게서 그 기원을 찾을 수 있다(Rowe, 1986). 인간중심적 접근방법에서 Rogers가 제시한 안정감, 상호 신뢰, 그리고 감정표현의 분위기 조성과 관련된 원칙은 다양한 집단원조 활동에도 동일하게 적용할 수 있다.

참만남집단

4) 치료 기법

인본주의적 접근방법에서는 치료 기법의 의도적 사용을 최대한 자제하며, 치료자의 인간성, 신념, 태도, 치료적 관계가 치료의 성패를 좌우하는 것으로 본다. 인본주의적 접근방법에서의 치료 기법은 수용, 존경, 이해를 표현하고 전달하며, 생각하고 느끼고 탐색하는 것을 통해 내담자가 내적 준거틀을 발전시키도록 원조하는 것이다. 만약 치료자가 전략의 하나로서 기법을 사용하면 관계를 비인간화하게 된다. 치료 기법은 치료자 자신의 솔직한 표현이어야 하며, 내담자에게 어떤 변화를 일으키기 위해 치료 기법을 의도적으로 사용하는 것은 지양해야 한다.

치료 기법
치료적 관계
수용, 존경, 이해

생각해 보아야 할 과제

1. 다른 사람과 지금까지 경험한 적이 있는 가장 깊고 가장 의미 있는 관계를 글이나 그림으로 표현하고, 자신이 이러한 관계를 형성하는 데 기여한 바를 논의해 보시오.

2. 자신의 현실적 자기와 이상적 자기 사이의 괴리가 어떤 것인지 논의하고, 그 괴리를 경감 또는 해소할 수 있는 방안을 제시해 보시오.

3. 타인에게서 무조건적인 긍정적 평가를 받은 경험을 자세히 묘사하고 그것이 자신의

현재 자기 발달 수준과 어떤 관계가 있는지 논의해 보시오.

4. 급우 중의 한 명을 선택하여 그가 최근에 경험한 어려운 생활문제나 긍정적 또는 부정적 감정을 불러일으키는 사건에 대해 3분 정도 경청한 다음 이를 감정이입적으로 반응해 보시오. 그런 이후에 역할을 바꾸어 실험을 계속해 보시오.

5. 내담자가 "나는 다른 사람에게 얘기하는 것이 너무 힘들어요. 여러 사람을 만나면 난 정말 어디론가 숨어 버리고 싶어요. 예전에도 그랬지만 지금은 더 심해진 것 같아요." 라고 말했을 때 귀하가 할 수 있는 감정이입적 반응을 제시해 보시오.

6. Rogers가 제시한 지각의 왜곡(distortion)과 부정(denial)을 방어기제로 사용한 예를 구체적으로 제시해 보시오.

7. 자신의 잠재력을 실현하기 위하여 어떤 노력을 기울이고 있는지 구체적으로 제시해 보시오.

8. Maslow가 자기실현을 한 사람의 특성이라고 주장하는 15개 특성 중 귀하는 각각의 특성을 어느 정도 갖추고 있는지 평가해 보시오.

9. Rogers를 포함한 인본주의적 접근방법에서는 치료 기법의 사용을 극도로 억제하고 있는데, 이러한 실무 원칙이 지닐 수 있는 장점과 단점에 대해 논의해 보시오.

10. 자신이 바람직한 치료자로서의 태도를 보일 수 있는 준비가 어느 정도 되어 있는지를 '치료자의 역할' 부분에서 Rogers가 제시한 10개의 자기평가 질문에 근거하여 평가해 보시오.

제19장 행동주의이론

학 습 목 표

1. 행동주의이론의 인간관과 기본 가정을 이해한다.
2. 행동주의이론의 주요 개념을 이해한다.
3. 행동주의이론의 인간 발달 관점을 이해한다.
4. 행동주의이론을 사회복지실천에 적용할 수 있는 방안을 이해한다.

행동주의이론(behavioral theory)은 인간 행동의 대부분은 학습되거나 학습에 의해 수정된다는 기본 전제에 근거를 두고 있기 때문에, 학습이론(learning theory)이라고도 불린다. 이러한 행동주의이론에서는 인지, 감각, 의지, 본능과 같은 개념은 내성적(內省的)이며, 관념적인 것은 과학적 연구의 대상이 될 수 없기 때문에, 자극과 반응에 의해 학습 또는 수정되는 직접 관찰 가능한 행동이 연구의 초점이 되어야 한다고 보았다 (Watson, 1919).

학습이론

▌Burrhus Frederic Skinner
(1904~1990)

관찰 가능한 행동

행동주의이론은 인간의 특정한 행동(behavior)은 앞서 일어난 사건, 즉 선행사건(antecedents)과 뒤이어 일어나는 사건, 즉 결과(consequences)에 의해 일어난다고 보고 있다. 특히 행동주의이론에서는 환경적 선행사건과 결과에 관심을 두고 있

행동

결과

는데, 이를 선행사건-행동-결과의 약자를 따서 ABC 패러다임이라고 한다(이성진, 1995). 물론 어떤 사건에 대한 예측이 영향을 미치긴 하지만, 한번도 일어난 적이 없는 사건에 의해서 행동이 일어나는 것은 아니다. 그러므로 행동주의이론에서는 결과적 사건, 특히 강화나 벌이 특정 행동을 다시 일어나게 하거나 일어나지 않게 하는 데 영향을 미친다고 보고 있다.

이와 같이 행동주의이론에서는 인간 행동과 환경적 사건이 상호 간에 영향을 미치는 방식에 초점을 두고 있다. 즉, 행동을 일으키는 선행사건에 어떤 반응이 뒤따르는가에 대한 기능적 분석을 통하여 행동의 원인과 결과를 발견하고, 원인이 되는 자극을 조정함으로써 결과인 반응, 즉 행동을 수정 또는 통제할 수 있다고 본다.

20세기 초 미국의 John B. Watson, 러시아의 Ivan P. Pavlov와 Edward L. Thorndike의 동물대상 실험연구에서 발달한 행동주의이론은 고전적 조건화, 조작적 조건화, 그리고 대리적 조건화라는 세 가지 접근방법으로 분류된다. 먼저 고전적 조건화(classical conditioning)는 Pavlov의 개 실험에서 보는 바와 같이 인간이 환경적 자극에 수동적으로 반응하여 형성되는 행동, 즉 반응적 행동(respondent behavior)을 설명하려는 접근방법이다. Wolpe, Lazarus, Eysenck 등은 이러한 고전적 조건화이론을 공포증(phobia) 치료에 적용하였으며, 체계적 둔감법이라는 기법을 발달시켰다.

조작적 조건화(operant conditioning)는 신체적 반응과 직접적인 관련성이 없고 개인의 통제하에 있는 조건화를 연구한 Thorndike의 실험 결과, 즉 도구적 조건화(instrumental conditioning)에서 발전된 것이다(Martin & Pear, 1983). 조작적 조건화에서는 인간이 환경적 자극에 능동적으로 반응하여 나타내는 행동, 즉 조작적 행동(operant behavior)을 설명하기 위한 접근방법으로, 행동의 학습은 어떤 강화가 없으면 일어나지 않는다고 보고 있다. Skinner(1938)는 Thorndike의 도구적 조건화의 개념을 활용하여 인간행동을 수정할 수 있는 다양한 행동기법을 개발하여 임상에 적용하였다. 이러한 행동주의 치료 절차와 기법을 사회복지실천분야에 적용한 대표적인 집단이 미시간 대학교의 교수들이며, 여기에 속하는 학자로는 Gambrill, Lawrence와 Walter, 그리고 Rose, Stuart, Sundel과 Sundel, 그리고 Thyer 등이 있다.

대리적 조건화(vicarious conditioning)는 사회학습 또는 인지학습으로 불리며, 인

간행동에 영향을 미치는 사고과정, 태도, 가치 등의 요
인을 전혀 고려하지 않는 전통적인 행동주의이론의 제
한점을 보완하기 위하여, 행동에 미치는 인지적 요인
의 역할을 설명하려는 접근방법이다. 이러한 인지적 학
습이론에 속하는 이론으로는 Bandura의 사회학습이론
(social learning theory), Mahoney, Meichenbaum 등의
인지행동치료(cognitive behavioral therapy) 등이 있다.

사회학습이론

인지적
행동치료

┃ Albert Bandura (1925~현재)

다음에서는 이와 같은 행동주의이론 중에서 Skinner
와 Bandura의 이론을 중심으로, 이들 이론에서 제시하고 있는 인간관과 기본 가
정, 주요 개념, 행동 발달에 대한 관점에 대해 살펴보고, 사회복지실천에의 적용
방안에 대해 논의해 보고자 한다.

1 인간관과 가정

1) 인간관

행동주의이론의 인간관은 Skinner를 비롯한 전통적 행동주의자의 관점과
Bandura를 비롯한 사회학습이론가와 인지적 행동주의자 사이에 많은 차이점
이 있다. 첫 번째 차이는 인간행동의 결정요인에 대한 시각의 차이이다. Skinner
(1971)는 자율적 인간이란 존재할 수 없다고 주장하면서 인간의 자기결정과 자유
의 가능성을 완전히 배제하고 있다. 이에 반하여 Bandura는 인간은 단지 사회문
화적 조건의 산물은 아니며 그 자신의 환경을 산출해 내는 주체자라고 보고 있다
(Bandura & Walters, 1963). 즉, Skinner는 환경적 요인에 의해 인간의 본성이 결
정된다는 기계론적인 환경결정론의 입장을 강하게 취하고 있는 반면, Bandura
는 인간행동은 인지 특성, 행동, 환경이 상호작용한 결과라고 보는 상호결정론
(reciprocal determinism)에 입각하여 인간의 본성을 설명하고 있다.

인간이 어느 정도 합리적 존재인가에 대해서도 관점의 차이를 보인다. Skinner
(1971)는 인간의 내면세계, 즉 성격, 심리 상태, 감정, 목적, 의도 등은 연구할 필요
조차 없다고 하여, 인간 본성이 합리적인지 아니면 비합리적인지에 대한 논의 자체

인간관의 차이점

환경결정론

상호결정론

합리적 존재

를 거부하였다. 이와 달리 Bandura는 인간은 자신의 인지능력을 활용하여 사려 깊고 창조적인 사고를 함으로써 합리적 행동을 계획할 수 있는 능력이 있다고 본다.

주관성 또는
객관성

　　Skinner와 Bandura는 인간 본성의 주관성 또는 객관성에 대한 관점에서도 차이를 보인다. Skinner는 인간행동을 객관적인 자극-반응의 관계에서만 설명할 수 있다고 보고 인간 본성에 대해 강한 객관적 관점을 갖고 있다. 이와 달리 Bandura는 환경으로부터의 객관적 자극에 반응할 때 인간 내면의 주관적인 인지적 요소가 관여한다고 보고 있기 때문에, 인간에 대한 주관적 관점과 객관적 관점을 동시에 지니고 있다.

인간관의
공통점

환경적 자극

인간행동의 변화
가능성

관찰 가능한 행동

과학적 연구

　　Skinner와 Bandura의 인간관에서는 이상과 같은 차이점뿐만 아니라 공통점도 존재한다. Skinner와 Bandura는 모두 인간의 행동을 불러일으키는 요인은 환경적 자극이라는 점에 동의하고 있다. 그리고 Skinner는 강화 속성을 바꿈으로써 인간행동은 얼마든지 변화가 가능하다고 보며, Bandura는 자기강화와 환경적 자극과 강화의 변화를 통하여 인간행동의 변화가 가능하다고 보기에 이 두 사람은 인간 본성이 가변적 속성을 지니고 있다는 점을 인정하고 있다 하겠다. 또 다른 공통점은 두 사람 모두 관찰 가능한 행동에 초점을 두고 있기 때문에, 과학적 연구를 통하여 인간 본성을 설명할 수 있다고 보고 있는 점이다.

2) 기본 가정

　　모든 행동주의이론에 동일하게 적용되는 기본 가정을 제시하기란 매우 어렵기 때문에, 여기서는 Skinner와 Bandura의 인간행동에 대한 기본 가정에 대해서만 논의하고자 한다. Skinner는 인간의 행동은 환경적 자극에 의해 동기화되며, 행동에 따르는 강화에 의해 전적으로 결정된다고 보고 있다. 이러한 Skinner의 인간행동에 대한 기본 가정을 ABC 패러다임이라고 하는데, 이를 도식화하면 [그림 19-1]과 같다.

ABC 패러다임

[그림 19-1] Skinner의 인간행동에 대한 패러다임

이러한 인간행동에 대한 환경결정론적인 Skinner의 기본 가정과는 달리 Bandura는 인간행동은 외적 환경의 자극과 인간 내적 사건이 상호작용하여 결정된다는 상호결정론을 취하고 있다. 이러한 Bandura의 인간행동에 대한 기본 가정을 도식화하면 [그림 19-2]와 같고, 행동주의이론의 인간행동에 대한 기본 가정은 〈표 19-1〉에서 보는 바와 같다.

상호결정론

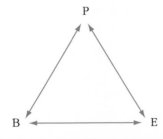

P: 개인의 인지적 요인 및 내적 사건
B: 행동
E: 외적 환경

[그림 19-2] Bandura의 인간행동에 대한 패러다임

.ıll **표 19-1** 행동주의이론의 인간행동에 대한 기본 가정

Skinner의 행동주의이론
- 인간의 행동은 환경적 자극에 의해 동기화되며, 그것에 따르는 강화에 의해 행동의 빈도와 강도가 결정된다.
- 인간은 자신의 행동을 통제할 수 있는 힘이 없다.
- 외적 강화가 없이는 어떠한 행동의 학습이나 수정도 이루어질 수 없다. 즉, 인간은 어떻게 행동하도록 강화되었느냐에 따라 행동하며, 인간행동의 차이는 강화 역사의 차이이다.

Bandura의 사회학습이론
- 인간의 행동은 환경적 자극에 의해 동기화되며, 개인의 인지적 요인과 다른 내적 사건에 의해 중재되어 최종적으로 표현되는 행동이 결정된다.
- 인간은 자기효율성을 성취하는 방향으로 행동을 규제할 수 있다.
- 새로운 행동의 학습은 외적 강화 없이도 이루어질 수 있다. 즉, 본보기 행동(modeling)을 관찰하거나 대리적 강화를 통하여서도 새로운 행동의 학습은 물론 혁신적 행동도 창조해낼 수 있다.

행동수정이나 행동치료에서는 이러한 인간행동에 대한 기본 가정에 입각하여 행동을 이해하고 치료를 실시하는데, 행동주의 치료에 공통적으로 적용되는 기본 가정과 특성은 다음과 같다(Corey, 2000).

행동주의 치료
가정과 특성

① 과거의 행동 결정요인보다는 현재 개인의 행동에 영향을 미치는 결정요인에 초점을 둔다.
② 개인의 겉으로 드러난 관찰 가능한 행동에 초점을 둔다.
③ 행동을 구체적으로 기술하고 객관적인 용어로 치료 목표를 설정한다.
④ 구체적 행동을 바꾸는 데 치료 목표를 두며, 치료과정에 대해 객관적 평가를 실시한다.
⑤ 심리적 실험에서 도출된 행동변화의 원리와 기법을 실제 임상장면에 적용한다.

2 주요 개념

1) 고전적 조건화와 반응적 행동

Pavlov의 개실험   고전적 조건화는 Pavlov의 개실험에서 그 유래를 찾을 수 있다. Pavlov의 개실험 절차는 ① 개를 묶어 놓고 장치를 달아 놓은 전등을 켜며, ② 30초 후에 음식을 개의 입에 넣어 주어 타액 분비를 유발하며, ③ 종이 울릴 때마다 음식을 넣어 주는 절차를 20~40회 반복하면, ④ 개는 종소리만 들어도 타액을 분비하는 반응을 보인다는 것이다.

무조건 반응

무조건 자극

중성자극   이러한 실험에서 음식은 타액 분비라는 무조건 반응(unconditional response)을 유발하는 무조건 자극(unconditional stimulus)이다. 종소리는 원래 타액 분비와는 관계가 없는 중성자극(neutral stimulus)이었으나, 개가 조건화됨으로써 무조건 자극뿐만 아니라 중성자극에도 반응을 보이게 된다. 이처럼 고전적 조건화는 중성

1차적 유발자극   자극을 1차적 유발자극(primary eliciting stimulus), 즉 무조건 자극과 교차하여 유기체에 투입함으로써 중성자극에도 특정 반응을 유발하는 힘을 형성하는 과정이다.

조건자극   즉, 행동을 유발하는 힘이 없는 중성자극에 반응유발능력을 불어넣어 조건자극(conditional stimulus)으로 바꾸는 과정이 고전적 조건화이다.

고전적 조건화는 어떤 자극에 유기체가 자동적으로 또는 수동적으로 어떤 반응

반응적 조건화   을 일으키게 만드는 속성 때문에 반응적 조건화(respondent conditioning)라고도 불

반응적 행동   리며, 이러한 조건화에 의해 형성된 행동을 반응적 행동이라 한다. 즉, 반응적 행

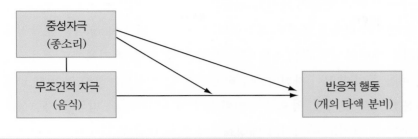

[그림 19-3] Pavlov의 고전적 조건화

동이란 인간 유기체가 특정 자극에 대해 자동적으로 반응을 보이는 것을 의미한다. 이러한 반응적 행동의 대표적 예로는 타액 분비, 눈물, 재채기 등과 같은 반사행동과 수업시간에 교수가 질문을 하면 초조해하는 행동, 타인의 칭찬을 받았을 때 수줍은 미소를 짓는 것 등이 있을 수 있다.

2) 조작적 조건화와 조작적 행동

조작적 조건화는 Thorndike가 실시한 도구적 조건화(instrumental conditioning)의 실험에서 유래하였다. Thorndike는 음식물을 얻기 위하여 지렛대를 조작하여야만 빠져나올 수 있는 미로상자에 동물(굶주린 개, 병아리, 고양이)을 집어넣는 실험을 실시하였다. 동물은 실제로 여러 번의 시행착오를 거친 이후 도구(지렛대)를 조작하여 음식을 먹고 미로상자를 빠져나오는 방법을 학습하였다. 이러한 과정을 효과의 법칙(law of effect)이라 한다. 그것은 보상적 행동과 비보상적 행동을 포함한 모든 행동의 효과(effect)는 그 행동을 방출하는 유기체가 앞으로 취할 행동의 원인이 된다는 것이다. 즉, 특정 행동에 따르는 결과가 다음 행동의 원인이 되며, 행동은 결과, 즉 강화와 벌에 의해 유지 또는 통제된다는 것이다.

도구적 조건화

미로상자

지렛대

효과의 법칙

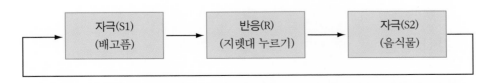

[그림 19-4] Thorndike의 도구적 조건화

조작적 조건화

조작적 행동

　　Skinner(1938)는 도구적 조건화와 같은 원리에 근거를 둔 조작적 조건화에 의해 습득된 인간의 행동을 조작적 행동이라 하였다. 하지만 Skinner는 조작적 조건화는 실험실 장면의 동물에만 적용되는 것이 아니라 인간 유기체에도 적용된다고 보았다. 예를 들어 부인이 자신의 개인적 문제를 남편과 의논하려고 할 때 남편이 계속 신문만 보고 있다면, 앞으로 부인이 남편에게 속마음을 터놓을 가능성은 낮아지는 것이다. 그리고 아버지의 애정표현이 딸이 대학에 진학하느냐 진학하지 못하느냐에 따라 달라진다면, 아버지는 현실적으로 딸의 행동을 통제하고 있는 것이다. Skinner는 자극이나 특수한 조건에 의해 어떤 반응이 유발되는가에 대한 기능적 분석을 실시하여 행동의 원인과 결과를 발견하고, 원인인 자극을 조정함으로써 그 결과인 반응을 통제할 수 있다는 조작적 조건화의 원리를 임상 실제에 활용하였다.

3) 변별자극

변별자극

찡그린 얼굴

무인속도측정기

　　조작적 조건화에서 어떤 자극은 변별적 기능을 한다. 특정한 반응이 보상되거나 보상되지 않을 것이라는 단서 혹은 신호로 작용하게 되는 자극을 변별자극(discriminative stimulus)이라 부른다. 즉, 어떤 행동이나 반응을 보여야 바람직한 결과를 얻을 수 있을 것인지를 알려 주는 신호이다. 예를 들어 어머니의 찡그린 얼굴은 애교를 부리거나, A+ 학점으로 가득한 성적표를 갖다 주어야만 칭찬을 받을 수 있다는 것을 알려 주는 신호가 된다. 그리고 무인속도측정기는 운전자가 교통위반범칙금을 물지 않기 위하여 속도를 줄이게 만드는 신호가 된다.

외부 세계 예측

　　변별자극이 우리의 행동을 완전히 통제할 수 있는 것은 아니다. 하지만 어떤 바람직한 결과 또는 덜 위협적인 결과를 성취하려면, 어떤 행동을 선택해야 할지를 미리 알려 주는 기능을 하는 것만은 분명하다. 따라서 변별자극을 통하여 인간은 외부 세계를 더 잘 관리하고 예측하고 통제할 수 있게 된다.

4) 강화와 벌

　　조작적 조건화의 기본 전제는 행동이 그 결과에 의해 통제된다는 것이다. 그러나 어떤 결과는 행동이 다시 일어날 가능성을 높이는 반면 또 다른 결과는 행동이 재현될 가능성을 낮추는 경우가 있다. 특정 행동에 뒤따르는 결과 중에서 행동 재현 가능성을 높여 주는 것이 강화(reinforcement)이며, 가능성을 낮추는 것이 벌 (punishment)이다.

그러나 어떤 것이 강화이고 벌이 될지는 기능적 분석, 즉 행동의 증가나 감소가 일어나는지를 관찰하여야 구분이 가능하다. 예를 들어, 어떤 사람은 아이스크림을 사 주면 강화가 되지만 또 다른 사람은 강화가 되지 않을 수 있다.

강화와 벌

.ııl **표 19-2** 강화와 벌의 관련성

자극의 종류	제시하면	철회하면
유쾌 자극	정적 강화	벌
혐오 자극	벌	부적 강화

(1) 강화

강화는 행동 재현 가능성을 높여 주는 것으로, 두 가지 종류가 포함되어 있다. 강화에는 즐거운 결과를 의미하는 정적 강화(positive reinforcement)와 혐오적 결과를 제거하는 부적 강화(negative reinforcement)가 포함되며, 이 두 가지 강화는 모두 행동의 빈도를 증가시킨다.

행동 재현 가능성

정적 강화의 예로는 어머니가 어린 자녀에게 매일 자기 침대에서 잠을 자면 일주일에 한 번씩 만화영화를 보여 주겠다고 하면, 그 아이가 자기 침대에서 자는 경우가 많아지는 경우를 들 수 있다. 부적 강화의 예로는 어머니가 아이에게 침대에서 자라는 잔소리를 하지 않게 되면, 아이가 자기 침대에 가서 자는 경우가 많아진다는 것을 들 수 있다.

정적 강화

부적 강화

(2) 벌

강화와 유사하게 벌에도 두 가지 종류가 있다. 한 가지는 혐오 자극을 제시하는 것이며, 다른 한 가지는 유쾌 자극을 철회하는 것이다. 이러한 혐오 자극과 관련된 처벌의 예를 들면 적색 신호등에 정지하지 않은 사람에게 범칙금을 부과하여 교통위반 빈도를 줄이는 것이다. 유쾌 자극의 철회와 관련된 예를 들면 다른 아이들이 바깥에서 신나게 놀고 있을 때 교실에 남아 있게 하면, 수업시간에 소란스러운 행동을 멈춘다는 것이다. 벌을 사용하였을 때와 강화를 사용하였을 때, 그에 따르는

혐오 자극

유쾌 자극

결과는 매우 다르다(Martin & Pear, 1983).

회피행동

벌은 벌을 가하는 사람에 대해 공격적 행동을 하게 만들거나 나쁜 감정을 갖게 할 수 있으며, 회피행동을 자극할 수 있다. 그리고 벌은 그 효과를 유지하기 위하여 계속적인 감독을 해야 하며, 새로운 행동에 대한 학습에는 부적절하다. 따라서 벌보다는 행동의 빈도를 줄이는 또 다른 방법인 소거를 사용하는 것이 더욱 바람직할 것이다.

소거

소거(extinction)는 어떤 자극이 있은 후에도 특정 행동이 일어나지 않는 것을 말한다. 소거의 예로는 학급에서 바보처럼 행동하는 아동의 경우를 들 수 있다. 교사와 다른 학생은 그 아이의 우스꽝스러운 행동에 관심을 기울이지 않고, 웃지도 않기로 약속한다. 이러한 조건하에서 처음에는 아동의 우스꽝스러운 행동의 빈도가 증가하지만, 결국 그런 행동을 중단되게 된다.

(3) 강화계획

행동 증가를 목적으로 사용하는 강화물을 제시하는 빈도, 즉 강화계획(reinforcement schedule)은 매우 중요하다. 그 이유는 강화계획에 따라 반응속도나 강화물이 제시되지 않는 상황에서도 동일한 반응이 유지되는 정도가 달라지기 때문이다. 강화계획은 강화간격과 강화비율이라는 두 가지 기준에 따라 구분할 수

강화간격과
강화비율
연속적 강화계획

고정간격 강화계획
간헐적 강화계획
고정비율 강화계획

가변비율 강화계획

있다. 먼저 연속적 강화계획은 행동이 일어날 때마다 강화물을 제시하는 것이며, 고정간격 강화계획은 정해진 시간 간격으로 강화를 하는 것이다. 간헐적 강화계획은 예측할 수 없는 시간 간격으로 강화를 하는 것이다. 고정비율 강화계획은 정해진 특정한 수의 반응이 일어날 때만 강화를 하는 것이다. 가변비율 강화계획은 평균적으로 정해진 어떤 수의 반응이 일어난 후 강화를 하는 것이다.

(4) 이차적 강화

1차적 강화물과 계속 짝지어진 중립자극은 그 자체가 강화물이 되는데, 이것이

2차적 강화물

2차적 강화물(secondary reinforcement)이다. 이러한 2차적 강화물의 예로 1차적 강화물인 음식과 함께 보여 주는 어머니의 미소, 칭찬 등을 들 수 있다. 특히 유아에

음식과 미소

게 있어서 어머니는 항상 2차적 강화물이라 할 수 있는데, 그 이유는 어머니가 1차적 보살핌(예: 우유, 기저귀 교환 등)과 함께 미소, 칭찬, 인정을 해 주기 때문이다.

5) 행동조형

　조작적 조건화에 의해 학습되는 인간행동의 대부분은 모 아니면 도(all-or-nothing)의 방식으로 습득되는 것이 아니라 점진적으로 학습된다. 이를 행동에 대한 점진적 접근이라 하는데, 그 대표적인 개념이 행동조형(shaping)이다. 이러한 행동조형은 복잡한 행동이나 기술을 학습시키는 데 매우 유용한 방법으로, 기대하는 반응이나 행동을 학습할 수 있도록 기대에 부응하는 행동에 대해 강화를 함으로써 행동을 점진적으로 만들어 가는 것이다. 그 예로 유아에게 대소변 가리기 행동을 학습시키기 위해서는 먼저 '응아' 하는 말로 배변욕구를 표현할 때 칭찬을 하여 배변욕구 표현행동을 조성하고, 그다음으로 바지 내리기, 변기에 앉기, 배설하기, 변기 물 내리기 등의 행동을 차례로 행하게 하여 행동을 만들어 가는 경우를 들 수 있다.

점진적 학습

6) 일반화

　모든 행동을 조작적 조건화를 통해 하나하나 학습해야 하는 것은 아니며, 일반화의 원칙이 적용된다. 일반화(generalization)는 특정 자극 상황에서 강화된 행동이 처음의 자극과 비슷한 다른 자극을 받았을 때 다시 발생하게 되는 것을 의미한다. 이러한 일반화는 자극일반화와 반응일반화로 구분할 수 있다. 자극일반화를 예를 들어 설명하면 아주 어린 유아가 삼촌을 보고 '짬촌'이라고 불렀을 때 칭찬을 해 주었다면, 그 유아는 비슷하게 생긴 성인 남자를 보아도 '짬촌'이라고 한다. 이때 삼촌이란 자극이 다른 성인 남자에게로까지 일반화된 것이다. 그리고 반응일반화는 강화를 통해 학습한 반응양식을 다른 반응양식으로 확대하는 것을 말한다. 예를 들어 책을 눈에서 30cm 정도 거리를 두고 읽는 행동에 대해 어머니의 칭찬을 받았다면, 텔레비전을 볼 때도 눈에 무리를 주지 않는 안전거리에서 시청하는 경우를 들 수 있다.

자극일반화

반응일반화

7) 대리적 조건화와 대리학습

　인간행동은 자극과 반응, 강화와 벌이라는 절차에 의해서만 학습되는 것이 아니라 이러한 절차를 밟지 않고도 학습될 수 있다. 직접 자극-반응-강화와 벌을 경험하지 않더라도, 인간은 특정한 행동을 하는 모델을 관찰함으로써 이미 알고 있는 행동이 강화되는 경우도 있다. 이처럼 모델이 하는 행동을 보고 강화를 받는 것을 **대리적 강화**(vicarious reinforcement)라고 한다. 예를 들면, 식당에서 좋은 서비스를 받고 지배인에게 팁을 주는 것을 보았을 때, 그 행동을 본 사람은 좋은 서비스를 받기 위하여 팁을 줄 가능성이 높아진다. 벌의 경우에도 마찬가지인데 경찰관이 속도위반 운전자에게 범칙금을 부과하는 장면을 관찰하였을 때, 자기 차의 속도를 줄이는 행동을 보일 수 있다. 이처럼 사람들은 타인의 모델행동을 정적 강화로 경험하면 그 행동을 더 많이 하려고 하고, 벌로 경험하면 그 행동을 회피하려고 한다.

대리적 조건화(vicarious conditioning)에 의한 학습도 이루어질 수 있다. 예를 들어 어떤 사람에게 벨소리에 이어 고통스러운 전기 충격을 주는 장면을 계속하여 보여 주면, 그 모델행동을 관찰한 사람은 대리적 조건화가 이루어져 벨소리에 공포를 느끼게 된다. 이처럼 사람들은 직접적인 개인적 경험이 아니라 타인의 경험을 봄으로써 이미 알고 있는 행동이 더욱 강화되기도 한다. 이러한 대리적 조건화에 의한 학습을 관찰학습 등으로 부르기도 한다.

(여백 주석: 대리적 강화 / 모델행동 / 대리적 조건화 / 관찰학습)

8) 관찰학습

(여백 주석: 모방학습, 사회학습, 대리학습, 모델링)

관찰학습(observational learning)은 모방학습, 사회학습, 대리학습, 모델링 등으로도 불린다. 관찰학습은 인간이 단순한 환경적 자극에 대한 반응을 통하여 행동을 학습하는 것이 아니라 타인의 행동을 관찰함으로써 학습한다는 것이다. 예를 들면, 청소년은 TV에 출연한 아이돌 가수의 춤을 보고 최근에 유행하는 춤을 배우며, 부모의 흡연 동작을 보고 자녀가 흡연을 학습하는 것 등이 있을 수 있다.

인간은 단순히 타인의 행동을 기계적으로 모방만 하지는 않는다. 즉, 인간은 서로 상이한 모델 및 사례에서 선택하여 그것을 종합해서 새로운 행동을 만들어 내기도 한다(Bandura, 1974). 예를 들면, 연예인 지망생은 스타 연예인의 연기 동작을 모방하지만 자기 나름대로의 개성 있는 연기를 새롭게 만들어 낸다. 이 예에서 연예인 지망생은 모델행동에 대한 정보를 기억 속에서 처리하고 부호화하고 저장하여, 차후에 자신의 필요에 따라 다른 행동을 만들어 낸다.

이러한 관찰학습의 과정은 [그림 19-5]에서 보는 바와 같이 4단계로 구성되어 있다(Bandura, 1977). 관찰학습의 과정

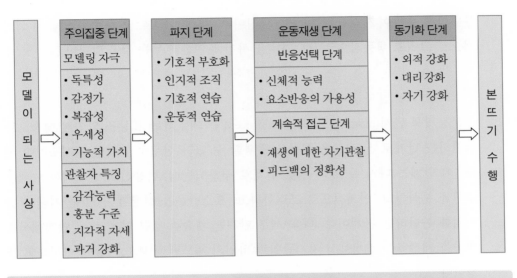

[그림 19-5] 관찰학습의 단계

(1) 주의집중 단계

관찰학습의 첫 번째 단계는 주의집중 단계(attention process)이다. 개인이 모델의 행동에 주의하고, 중요한 측면을 재인식하고, 뚜렷한 특징을 서로 변별해야만 관찰학습이 가능하다. 이러한 주의집중의 정도를 결정짓는 요인은 모델자극이 지니는 특성과 관찰자가 지니고 있는 특성이다. 먼저 모델자극이 일반적이고, 단순하고, 독특하고, 특별하며, 신기한 행동적 사상일수록 주의집중도가 높다. 그리고 강력하고, 매력적이고, 이전에 보상이 많았던 사상일수록 관심을 많이 기울인다. 관찰자의 특성에 따라서는 감각능력이 높고, 욕구수준이 높고, 모델을 관찰하려는 준비가 되어 있고, 과거에 보상을 많이 받은 사람일수록 모델자극에 대한 주의집중도가 높은 것이 일반적이다. 주의집중 / 관찰자의 특성

(2) 파지 단계

모델자극 또는 모델행동을 재생하려면 반드시 그것을 기억해야 하므로, 모델자극의 주요 요소를 회상할 수 있는 능력이 관찰학습을 결정하는 주요 요인이다. 파 기억 / 회상

기호적 부호화

인지적 조건화

기호 및
운동적 연습

지 단계(把持段階, retention process)에 작용하는 인지적 과정은 기호적 부호화, 인지적 조직화 및 기호적·운동적 연습이 포함된다. 기호적 부호화는 모델자극을 관찰한 이후 모델행동을 상징적 기호로 부호화하는 것이며, 인지적 조직화는 언어적 부호화를 통하여 사상을 기억하는 과정이다. 그리고 기호 및 운동적 연습은 심리적으로 그리고 행동적으로 모델자극을 사전에 연습해 두는 것을 말한다.

(3) 운동재생 단계

외현적 행동 전환

반응선택 단계

계속적
접근 단계

운동재생 단계(motor reproduction process)는 기호화된 표상을 외현적 행동으로 전환하는 단계로서, 새로운 행동을 수행할 수 있는 신체적 능력이 전제조건이 된다. 이 단계는 다시 두 개의 세부 단계로 구분되는데, 반응선택 단계에서는 행동유형을 분석하고, 인지적으로 조직화하고, 요소반응을 실행할 수 있는 기술이 있는지를 판단하는 단계이다. 다음 세부 단계는 계속적 접근 단계로 이 단계에서는 행동을 재생하는 과정에서 자기관찰과 타인의 피드백을 보고 행동을 수정하고 조정한다.

(4) 동기화 단계

동기화
촉진 요인

관찰학습은 외적 강화 없이도 가능하지만, 동기화 단계(motivational process)가 중요하지 않다는 것은 아니다. 모델에 주의집중하는 방식은 동기의 영향을 받으며, 관찰을 할지의 여부를 정함에 있어서도 동기의 영향을 받는다. 이처럼 동기가 없다면 주의, 파지, 운동재생 과정이 적절히 수행되지 않지만, 동기와 이런 과정이 결합되면 복잡한 사회적 행동의 습득 및 수행이 촉진될 수 있다. 이와 같은 동기화는 주로 강화에 의해 이루어지는데, 동기화를 촉진하는 요인으로는 외적 강화, 대리적 강화, 자기강화가 있다.

9) 자기강화와 자기효능감

자기강화

Bandura(1977)는 개인은 감정, 사고, 행동을 통제할 수 있는 자기반응 능력을 지니고 있기 때문에, 개인의 행동은 자기강화(self reinforcement)와 외부 영향 요인에 의해서 결정된다고 본다. 따라서 외적 강화나 벌에 의해 행동이 학습된다는 급진적 행동주의자와 강화에 대한 관점을 달리하고 있다. 이러한 자기강화는 각 개인이 수행 또는 성취의 기준을 설정하고 자신의 기대를 달성하거나 초과하거나 또는 그 수준에 미치지 못하는 경우에 자신에게 강화 또는 벌을 내린다는 개념이다.

개인은 자기강화의 기준을 학습을 통해 획득한다. 그중 하나가 변별적 혹은 선택적 강화를 통해 획득하는 방법이다. 부모는 자녀가 바람직한 기준을 초과하였을 경우에는 호의적 반응을 보이지만 기대치에 미치지 못했을 경우에는 실망감을 표현한다. 예를 들어, 동생을 때려서 어머니의 꾸중을 들은 아이는 자신의 공격적 행동과 어머니의 사랑의 감소를 연관하여 생각하게 된다. 결국 이 아이는 폭력이 나쁘다는 어머니의 기준을 따르지 못할 경우에는 애정의 감소가 뒤따른다는 사실을 알게 된다. 이후에 공격적 행동을 하려는 충동이 일어났을 때, 어머니에 의해서 설정된 행동평가 기준에 따를지의 여부를 스스로 평가하여 반응을 하게 된다 (Bandura & Kupers, 1964).

Bandura(1982)는 이러한 자신의 내적 행동평가 기준과 자기강화기제에 의하여 자기효능감(self-efficacy)이 형성된다고 보고 있다. 자기효능감은 자신이 특정 행동을 성공적으로 수행할 수 있다는 신념이다. 개인은 자신의 자기효능감에 근거하여 자신이 행동해야 할지의 여부를 결정할 뿐만 아니라, 얼마나 오래 수행할 수 있을지, 행동을 수행하였을 때 얼마나 많은 처벌을 감수해야 할지를 결정하기도 한다. 그리고 자기효능감은 과제에 대하여 얼마나 많이 준비할지, 어떤 과제를 선택할지를 결정하기도 하며, 개인의 사고와 정서에도 영향을 미친다. 자기효능감이 낮은 사람은 종종 자신의 결함을 곰곰이 생각하고 과제가 실제보다 어렵다고 판단하게 된다. 이러한 개인은 자신의 결점에 지나치게 주의를 집중하고 당면 과제에는 충분한 주의를 기울이지 못함으로써 실패 가능성이 높아진다.

자기강화의 기준

선택적 강화

내적 행동평가 기준

자기효능감

3 행동 발달에 대한 관점

행동주의이론가는 눈으로 확인할 수 없는 성격의 구조와 그 발달에 대해서 논의하는 것은 불필요한 일이라고 보고 있다. 오히려 행동주의이론에서는 관찰 가능한 행동의 발달과 변화를 논의하는 것이 더 적절하다고 본다. Skinner는 성격이란 각 개인이 지니고 있는 행동 유형의 집합, 더 나아가 한 개인의 행동과 그에 따르는 강화 사이의 관계 유형이라고 보고 있다. Skinner는 자극-반응이라는 학습원칙은

행동의 발달과 변화 성격

행동의 개인차 누구에게나 동일하게 적용되지만, 그것을 경험하는 개인이 지닌 유전 배경과 독특한 환경적 조건이 결합되어 개인 특유의 행동 유형이 형성되기 때문에 모든 사람의 행동 발달 유형은 각기 다르다고 보고 있다. 따라서 Skinner는 인간의 행동 발달을 단계별로 구분하여 그 특성을 논의하는 것은 의미가 없다고 보고, 별도의 성격 또는 행동 발달 단계를 제시하지 않았다.

사회학습이론

생활주기

개인 간의 차이

인지적 실마리

자기효능감
생활주기

　　Bandura의 사회학습이론에서는 생활주기와 관련된 다양한 현상에 관심을 기울이고 있다. Bandura는 각 개인이 처해 있는 생활주기상의 단계에 따라 행동의 선행사건과 강화와 벌의 효과성이 차이를 보인다는 점은 인정한다. 먼저 생활주기상의 단계에 따른 행동의 선행사건의 효과성 인식에 대한 차이의 예를 들면, 책이라는 것은 유아에게는 찢을 수 있는 물건이며, 아동에게는 동화를 들을 수 있는 기회로 보이고, 학생들은 학습해야 하는 것으로, 학자에게는 성공을 위한 요구조건으로 받아들여지는 것이다. 그러나 Skinner는 인간의 행동 발달을 이해하는 데 단계이론이 유용하지 않다고 보고, 각 개인 간의 차이점을 이해하는 데 더욱 강조점을 두었다.

　　Bandura가 말한 행동에 따르는 강화와 벌의 효과성에 대한 예를 들어 보면, 매우 어린 아동은 도로를 무단 횡단하지 말라는 직접적 명령이나 무단 횡단하였을 때의 비난과 같은 외적 자극에 1차적으로 반응할 것이다. 그러나 조금 나이가 든 아동은 도로를 횡단하기 전에 양쪽 방향의 도로를 살피는 것을 염두에 두는 것과 같은 인지적 실마리를 채택할 수 있을 것이며, 나이가 들어감에 따라 조건화 과정은 강화나 벌이 따르는 모든 자극으로 확대되어 간다. 이처럼 Bandura와 같은 사회학습이론가는 행동의 선행사건과 행동에 따르는 강화와 벌의 효과성은 각 개인의 목표, 계획, 자기효능감 등에 따라 차이가 있기 때문에, 생활주기에 따른 단계별로 행동 발달의 공통 특성을 설명한다는 것은 무의미하다고 본다(Bandura & Walters, 1963).

4 사회복지실천에의 적용

1) 적응 행동과 부적응 행동에 대한 관점

행동주의이론에서는 개인내적 정신역동보다는 관찰 가능한 객관적 행동에 강조점을 두고 있기 때문에, 심리적 적응이나 부적응보다는 적응 또는 부적응적 행동에 더 많은 관심을 둔다. 행동주의이론에서는 행동의 적응도는 각 개인이 경험한 조건화 또는 강화와 벌의 역사에 의해 결정된다고 본다. ◁ 조건화, 강화, 벌의 역사

행동주의이론에서는 부적응적 행동은 내면적 갈등의 산물이 아니라 단순히 특 ◁ 부적응적 행동
정 자극에 대해 적합한 반응을 하지 못한 것뿐이라고 본다. 즉, 인간이 부적응적
행동이나 신경증적 행동을 하는 이유는 특수한 상황에서 부적절한 반응을 하도
록 학습되었거나, 아니면 바람직한 반응을 하는 것을 전혀 학습하지 못했기 때문
이라고 보고 있다. 그러므로 인간의 부적응 행동은 매우 다양하지만, ① 행동결여, ◁ 부적응 행동의 유형
② 행동과다, ③ 환경적 자극의 부적절한 통제, ④ 자극에 대한 부적절한 자기규
제, ⑤ 부적절한 강화유관(reinforcement contingencies)에 의해 야기된 행동문제라
는 5개 유형으로 구분할 수 있다(Kanfer & Grimm, 1977).

Bandura 역시 부적응적 행동이 강화와 벌의 역사에 그 기원을 두고 있다는 전
통적 행동주의자의 관점을 인정한다. 하지만 Bandura의 경우에는 인지적 요인,
특히 자기강화와 자기효능감을 중시한다. 어떤 사람이 특정 행동이나 상황이 부적 ◁ 자기강화 자기효능감
강화나 벌을 가져올 것이라고 예상하거나, 자기효능감이 낮다고 생각하게 되면 그
는 회피행동을 하게 될 것이다. 이러한 회피행동 또는 방어적 행동을 지속적으로 ◁ 회피행동
사용하게 되면, 자기효능감을 증진하거나 강화의 역사를 바꿀 수 있는 기회 자체
를 차단해 버리는 결과를 초래하게 된다. 따라서 개인은 낮은 자기효능감과 잘못
된 강화의 역사를 계속해서 유지할 수밖에 없고, 그 결과로 부적응적인 행동 유형
은 굳어지게 된다.

2) 치료 목표

행동주의이론에서는 내담자의 바람직하지 못한 행동을 학습된 행동이라고 본

새로운 학습환경

다. 따라서 치료 목표는 새로운 학습환경을 구성하여 잘못 학습된 부적응적 행동을 제거하고, 더욱 효과적이고 바람직한 행동이나 기술을 새롭게 학습하도록 내담자를 원조하는 것이다. 이와 같이 행동수정이나 행동치료가 겉으로 드러난 증상

증상 행동의 제거

행동의 제거에 치료 목표를 두고 있는 점에 대해, 정신분석이론가는 근본 원인이 제거되지 않는 한 다른 증상으로 대치되어 다시 증상이 나타난다고 비판하고 있다. 이러한 전통적 행동주의자와 달리 최근의 사회학습이론이나 인지행동치료에

자기통제나 자기효능감

서는 자기통제나 자기효능감의 증진에 목표를 둔 치료가 많이 시행되고 있는 관계로 그 비판은 줄어들고 있다.

행동치료 또는 행동수정에서는 모든 내담자에게 동일하게 적용될 수 있는 치료 목표는 있을 수 없다고 본다. 즉, 행동치료에서는 동일한 증상 행동을 지닌 내담자라고 할지라도 강화의 역사가 각기 다르기 때문에, 과학적인 행동사정에 근거하여

개별화된 치료 목표

내담자에 따라 개별화된 치료 목표를 설정하여야 한다고 보고 있다. 따라서 행동치료 또는 행동수정에서는 포괄적 치료 목표를 배격하고 내담자의 특성에 맞는 구체적이고 명료한 행동목표를 설정한다. 이러한 행동치료의 치료 목표는 내담자와

치료 목표 형성과정

치료자 간의 공동작업에 의해 결정되는데, 치료 목표 형성과정은 다음과 같은 단계를 거쳐 이루어진다(Cormier & Cormier, 1985).

① 치료자가 구체적 치료 목표를 세워야 하는 이유를 설명한다.
② 내담자는 치료에서 기대하는 긍정적 변화를 구체화한다.
③ 내담자와 치료자는 진술된 목표를 내담자가 성취할 수 있을지 결정한다.
④ 목표가 현실적인지 함께 점검한다.
⑤ 목표를 성취하였을 때 나타날 수 있는 이익을 함께 논의한다.
⑥ 목표를 성취하였을 때 나타날 수 있는 불이익을 함께 논의한다.
⑦ 치료를 진행할 것인지 아니면 치료 목표를 재고할지 또는 다른 치료자를 소개받을지를 선택한다.

3) 치료자의 역할과 실무 원칙

지시적 역할

행동치료 또는 행동수정을 행하는 치료자는 치료과정에서 능동적이고 지시적인 역할을 수행한다. 행동치료자는 전형적으로 부적응적 행동을 진단하고 그 행동

의 개선을 도모하는 치료 절차를 처방하는 교사, 지도자, 전문가로서의 역할을 수

교사, 지도자, 전문가

행해야 한다. 이러한 행동치료자의 역할은 다른 임상치료자와 같이 명료화, 반영, 개방적 질문을 하고 임상적 예감을 따른다. 하지만 행동치료자는 관찰 가능한 구체적 행동에 초점을 두고 그 행동을 일으킨 선행사건과 그 결과에 초점을 두며, 행동 모델로서의 기능을 적극적으로 수행한다는 점에서 매우 다르다.

행동주의적 접근방법을 사용한다고 할지라도 초점 영역은 각기 다르다. 전통적 행동주의 치료자는 관찰 가능한 행동과 환경적 사건에 초점을 둔다. 따라서 행동주의이론에서는 응용행동분석(applied behavior analysis), 즉 선행사건, 행동, 결과 사이의 관계를 분석한다. 인지행동치료자나 사회학습이론에 입각한 치료자는 인지를 선행 사건과 결과의 매개요인으로 작용한다고 보고 있다. 이들은 문제행동의 변화를 일으키는 인지를 파악하고 바꾸려 한다. 이러한 접근방법을 인지행동수정이라 한다. 이러한 두 가지 접근방법은 근거를 두고 있는 가정이 서로 다르며, 인지가 행동에 어떠한 영향을 미치는지에 대한 연구가 계속 이루어지고 있다.

응용행동분석

인지행동수정

하지만 행동주의 치료자가 공통으로 따라야 할 실무 원칙을 제시하면, 〈표 19-3〉에서 보는 바와 같다. 가장 중요한 실무 원칙은 경험적 결과에 근거하여 개입계획을 세워야 한다는 것이다. 이 원칙은 치료자가 특정한 개입전략이 관련 문제에 어느 정도 효과적인지에 대한 경험적 연구문헌을 검토하여야 한다는 것을 의미한다. 그리고 치료자는 사정과 개입의 효과성을 결정하기 위한 수단으로서 내담자에 대한 과학적 정보를 수집해야 한다. 개입과 관련된 경험적 연구자료가 부족하거나 존재하지 않을 경우에, 치료자는 개입이 내담자에게 도움이 되고 해롭지 않은지에 대해 면밀히 검토하여야 한다.

실무 원칙
경험적 결과에 근거

과학적 정보 수집

두 번째 주요 실무 원칙은 내담자가 목적을 설정할 수 있도록 원조하는 데 개입의 초점을 두어야 한다는 것이다. 그러므로 변화를 일으키기 위한 개입을 하기 전에 내담자의 부적응적 행동에 대한 기준선 측정을 실시하고 그 결과에 근거하여 치료 목표를 각 내담자의 상황이나 문제의 특수성에 맞게 명료하고 구체적으로 설정하여야 한다.

기준선 측정

개별화된 치료 목표

세 번째 실무 원칙은 행동은 환경에서 유래된 자극의 종류에 따라 달라지기 때문에, 내담자의 목적 성취를 방해 또는 지지하는 정도를 파악하기 위하여 환경적 자극을 사정하여야 한다는 것이다.

환경적 자극 사정

네 번째 실무 원칙은 행동치료는 개입의 효과성을 결정하는 데 초점을 두고 있

개입의 효과성

₁₁₁ **표 19-3** 행동주의이론의 실무 원칙

- 양적으로 측정 가능한 행동, 즉 관찰 가능한 문제행동과 환경적 조건에 치료적 초점을 두라.
- 원조과정은 문제행동을 유지하거나 새로운 행동의 학습을 방해하는 환경과 개인 간의 상호작용에 대한 사정에서 시작하라.
- 사정은 문제행동과 그 선행요인 및 결과를 검토하는 것이다. 특히 치료자와 내담자는 기준선을 설정하고 그에 따라 행동을 측정하여 정확한 행동사정을 실시하라.
- 개입은 행동의 선행요인과 결과를 수정하는 것이며, 내담자의 환경적 조건을 내담자에게 도움이 되는 방식으로 변화시키라.
- 치료자가 활용하는 개입 절차는 정확하게 기술하며, 활용하는 기법은 실험이나 조사에 의해 효과성이 검증된 것을 사용하라.
- 치료자와 내담자는 내담자의 조건 변화, 즉 구체적인 목표와 관련된 조건뿐만 아니라 변화과정에서 나타날 수 있는 기대치 않았던 결과에 대해 정기적이고 체계적인 점검을 하라.

기 때문에 치료자는 사정과 개입 절차를 명확하게 기술하여야 한다는 것이다. 그리고 이 두 가지 절차에 대한 명확한 관련성을 제시하여야 한다.

4) 치료 기법

행동주의이론에서는 다양한 치료 기법을 제시하고 있는데, 다음에서는 주요 개념에서 설명한 기법을 제외한 주요 기법만을 간략히 제시해 보고자 한다.

(1) 이완훈련

내담자는 실제적으로 행동할 필요가 있긴 하지만, 불안 수준이 높기 때문에 상황에 맞는 행동을 하지 못하는 경우가 자주 있다. 전통적인 조건화 기법을 활용한 불안 대처기법 중의 하나가 바로 이완훈련(relaxation training)이다. 이완훈련은 내담자가 중요한 근육 부위를 점진적으로 이완할 수 있도록 원조하는 것이다.

이완훈련은 대개 4~8시간의 근육이완과 관련된 강의를 받은 후, 조용한 환경에서 깊고 규칙적인 호흡과 함께 근육을 이완하며, 동시에 즐거운 상상이나 생각을 하는 절차를 반복한다. 그런 후 매일 20~25분 정도 훈련하면 습관적 유형이 형성되게 된다. 이러한 이완훈련 연습 기간에 내담자는 근육의 긴장에 주의집중하면서, 긴장을 충분히 느끼고 경험하며 긴장 상태와 이완 상태 간의 차이점을 인식하게 된다.

불안 대처
근육 이완

이러한 이완훈련 기법은 체계적 둔감화, 자기주장훈련, 명상 등의 기법과 통합하여 사용하는 경우가 많지만, 최근에는 독자적으로 활용하기도 한다. 가장 일반적으로는 스트레스나 불안에 대처하기 위한 방법으로 활용되지만, 고혈압, 심장질환, 천식, 불면증 등의 정신신체 증상에도 활용되고 있다(Corey, 2000).

체계적 둔감화,
자기주장훈련,
명상

정신신체 증상

(2) 체계적 둔감화

체계적 둔감화(systemic desensitization) 기법은 행동주의 치료과정에서 가장 널리 활용되는 임상 기법으로, 불안이나 공포로 인해 야기되는 부적응적 행동이나 회피행동을 수정하는 데 매우 효과적인 것으로 알려져 있다. 이 기법은 불안을 일으키는 자극을 행동적으로 분석하고 불안 유발 상황에 대한 위계 목록을 작성한 다음 이완훈련을 하고, 불안을 유발하는 상황을 상상하게 하여 치료하는 방법이다. 이때 불안을 유발하는 상황을 상상하는 순서는 위협을 가장 적게 느끼는 상황부터 시작하여 가장 위협적인 상황으로 옮아가는 것이 바람직하다. 불안 유발자극과 불안반응의 관계가 완전히 소거될 때까지 이러한 절차를 반복하여 실시한다(Wolpe, 1969).

불안이나 공포

회피행동

이완훈련

(3) 토큰경제

토큰경제(token economy)는 Skinner의 조작적 조건화의 원리를 활용한 기법으로, 특정 행동을 직접적 강화인자를 사용하여 강화하는 대신에 토큰으로 보상하였다가 후에 내담자가 원하는 다양한 물건이나 기회와 교환할 수 있도록 하는 기법이다. 이 기법은 토큰을 강화인자로 활용하여 적응적 행동을 발달시키거나, 토큰을 뺏음으로써 바람직하지 못한 행동을 소거하려는 목적으로도 사용된다.

강화인자

소거

(4) 타임아웃, 과잉교정, 반응대가 및 혐오기법

이 네 가지 기법은 벌을 사용하여 바람직하지 못한 행동을 소거하려는 조작적 조건화의 원리를 적용한 기법이다. 먼저 타임아웃(time out) 기법은 부적응적 행동을 했을 때 긍정적 강화를 받을 수 있는 기회를 박탈함으로써 부적응적 행동을 소거하려는 기법이다. 예를 들면, 장난감이 많이 있는 방에서 어린 동생과 싸우는 자녀를 장난감도 흥미 있는 책도 전혀 없는 방으로 쫓아내는 방법이 있을 수 있다. 과잉교정(overcorrection) 기법은 부적응적 행동이 과도하게 일어났을 경우나 적

타임아웃

과잉교정

절한 강화인자가 없을 때 사용하는 기법으로, 부적응적 행동을 한 이후에 즉각적으로 정상적 상황으로 회복시키도록 요구하는 기법이다. 예를 들면, 어떤 사람이 다른 사람에게 공격적 행동을 했을 때, 공격을 당한 사람은 물론 다른 사람에게도 자신의 공격적 행동에 대해 계속해서 사과하게 하는 기법이다.

반응대가   반응대가(response cost) 기법은 부적응적 행동을 했을 때 자신에게 이익이 되는 물건이나 권리를 내놓게 하여 대가를 치르게 하는 방법이다. 이러한 반응대가기법은 앞서 설명한 토큰경제와 같이 사용하는 경우가 많은데, 부적응적 행동을 했을 때 적응적 행동에 대한 보상으로 주었던 토큰을 회수하는 것이 그 예이다.

혐오기법   혐오기법(aversive techniques)은 부적응적 행동이 나타날 때마다 고통스러운 혐오자극을 가하여 문제행동을 소거하는 기법이다. 혐오자극으로는 전기충격이나 화학적 혐오자극(예: 구토제), 시각적 혐오자극 등이 사용된다. 이러한 기법은 알코올중독, 약물중독, 흡연, 성도착증, 동성연애, 도박 등의 행동문제를 해결하는 데 활용되고 있다.

(5) 인지적 행동수정기법

인지적 행동수정기법은 역기능적 행동을 하게 만드는 사고를 수정할 수 있도록 원조하는 데 널리 활용되고 있는 기법으로 인지적 재구조화, 인지적 자기지시, 인지적 심상기법 등이 있다.

인지적 재구조화   인지적 재구조화(cognitive restructuring) 기법은 Mahoney(1974)가 개발한 기법으로 내담자의 사고에 내포되어 있는 잘못된 논리를 표현하게 하고 불합리한 사고과정을 논리적이고 합리적인 사고 유형으로 대치하는 기법이다. 이러한 인지적 재구조화 기법은 먼저 내담자의 사고나 신념의 근거가 되는 비합리적 가정을 조사하고, 대안적 가정을 만들게 하고, 현실 상황에서 대안적 가정을 검증할 수 있는 행동을 하게 하고, 이러한 논리에 대해 환류를 제공함으로써 부적응적 행동의 원인이 되는 내담자의 잘못된 논리를 바꾸게 된다.

인지적 자기지시   인지적 자기지시(cognitive self-instruction)기법은 Meichenbaum(1977)이 개발한 **내적 대화**   기법으로 내적 대화(internal dialogues)와 겉으로 드러나지 않은 자기진술을 하게 함으로써, 어려운 생활사건에 대처하고 행동문제를 해결하게 하는 기법이다. 예를 들면, 불안하여 "나는 할 수 없어."라고 말하는 내담자에게 '나는 최선을 다해 그걸 해 볼 테야.'라는 말을 마음속으로 반복하게 함으로써 부적응적 행동의 원인이 되는 자기패배적 사고에서 벗어나게 하는 경우가 있을 수 있다.

인지적 심상기법(cognitive imagery techniques)은 공포나 불안을 야기하는 사건 인지적 심상기법에 대한 비생산적 반응을 소거하기 위한 기법으로 홍수기법(flooding)과 내파기법 홍수기법
내파기법(implosion)이 있다. 내파기법은 두려운 사건이나 자극 중에서 가장 두려웠던 경우를 상상하게 함으로써, 실제 두려운 상황에 직면하였을 때 이를 극복할 수 있도록 원조하는 기법이다. 홍수기법은 내담자에게 사건 중에서 가장 두려웠던 순간을 상상하게 하는 것이 아니라, 실제로 두려움을 느끼는 상황을 상상하게 한다는 점에서 내파기법과 다르다. 그리고 Lazarus(1971)의 합리적 심상기법(rational imagery) 합리적 심상기법은 불안이나 두려움을 느끼는 상황에서 즐겁고 유쾌한 상황이나 사건을 상상하게 하는 기법으로 불합리한 신념이나 가정에 도전할 수 있게 하고 불안을 야기하는 상황에 효과적으로 대처할 수 있게 해 준다.

(6) 자극변별훈련

내담자 중에는 부적절한 자극이 있을 때, 한 가지 행동에 몰입하는 경우가 많이 있다. 자극변별훈련 기법(stimulus discrimination training)을 활용하는 치료자는 적 자극변별훈련
기법절한 행동이 일어났을 때 강화하고, 그렇지 않을 때 그 행동을 소거할 필요가 있다. Goldiamond(1965)는 이 기법에 대한 예를 제시하였다. Goldiamond는 부부싸 부부싸움움을 줄이기 위한 치료를 실시하였다. 치료 대상인 부부는 유쾌한 상호작용이 일어날 수 있는 자극 상황 중의 하나로 침실을 선택하였다. 그러나 침실에서 자주 부부싸움을 하곤 하였다. 치료자는 노란색 침실등을 설치할 것을 추천하여 침실에 대한 부부의 지각을 바꾸고자 하였다. 부부가 유쾌한 상호작용을 하기를 원할 때만 노란색 침실등을 켜도록 하고, 다른 경우에는 침실등을 끄도록 하였다. 이러한 자극변별훈련을 통해 부부는 실제로 침실과 다른 상황에서 바람직한 자극을 통제할 수 있게 되었으며, 그 결과 부부간의 의사소통이 많이 개선되었다.

(7) 자기주장훈련

최근에 가장 인기를 얻고 있는 행동주의 기법이 바로 자기주장훈련(self-assertive training)이다. 이러한 자기주장훈련은 분노나 적개심을 표현하지 못하는 사람, 거절하지 못하는 사람, 지나치게 겸손하여 다른 사람에게 이용당하는 사람, 애정표현에 어려움이 있는 사람에게 매우 유익하다. 자기주장훈련의 기본 가정은 사람들은 자신의 느낌, 생각, 신념, 태도를 표현할 권리가 있다는 것이다. 따라서 자기주장훈련에서는 내담자가 어떤 상황에서 자신의 의사를 정확히 표현할 수 있는 행동을 할 수 있도록 내담자의 행동목록을 늘리고, 타인의 감정이나 권리에 대해 민감하게 반응하는 방식으로 자기표현을 할 수 있도록 가르치는 데 목적을 두고 있다. 이러한 자기주장훈련에서는 지시, 환류, 모델링, 행동연습, 사회적 강화, 과제부여 등의 임상 전략을 주로 활용한다.

지시, 모델링,
행동연습,
사회적 강화

(8) BASIC ID

복합적 존재

Lazarus(1981)는 인간을 움직이고, 느끼고, 접촉하고, 상상하고, 생각하고, 관계를 맺는 복합적 존재라고 본다. 즉, 인간의 성격 기능을 행동(behavior), 정서반응(affective response), 감각(sensation), 상상(image), 인지(cognition), 대인관계(interpersonal relationship), 약물·생물적 기능(drug/ biological functioning)으로 구분하고 그 첫 글자를 따서 BASIC ID라 하였으며, 이들 간의 상호작용에 의해 인간의 기능 정도가 결정된다고 보았다. 따라서 Lazarus의 절충적 행동주의 모델에서는 각 영역에서 발생되는 문제, 일탈행동, 불유쾌한 감정, 지루한 상상, 스트레스를 주는 인간관계, 부정적 지각, 생물적 불균형의 교정을 시도한다.

절충적 행동주의

이를 위하여 BASIC ID의 각 영역에 대한 1차 조사를 통하여 영역별로 프로파일(profile)을 작성하고, 다른 기능 영역과의 관련성을 검토한다. 그다음으로 개인의 문제 영역을 압축하여 문제가 되는 기능 영역에 효율적으로 대처할 수 있는 치료를 실시한다. 이때 활용되는 기법으로는 행동연습, 생리적 자기제어, 대화치료, 유관계약, 최면, 명상, 모델링, 역설적 기법, 긍정적 상상, 이완훈련, 자기지시훈련, 사회기술훈련, 자기주장훈련, 빈의자기법, 사고중단기법 등과 같은 기존에 개발되어 있는 기법을 종합적으로 활용한다(Lazarus, 1981).

활용 기법

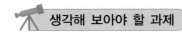 생각해 보아야 할 과제

1. Skinner의 환경결정론과 Bandura의 상호결정론에 대해 어느 정도 동의하는지 토론해 보시오.

2. 자신의 공부 습관이 어떻게 형성되었는지 강화와 벌, 행동조형의 개념을 적용하여 분석해 보시오.

3. 최근에 새롭게 학습한 행동을 선택하여 그 행동의 학습과정을 Skinner의 조작적 조건화의 개념에 입각하여 분석해 보시오.

4. 최근에 다른 사람의 행동을 보고 학습한 사례를 제시하고, 이를 Bandura의 관찰학습 개념에 입각하여 분석해 보시오.

5. 실생활에 작용하고 있는 강화계획(reinforcement schedules)을 분석해 보고, 그 강화계획이 어떻게 자신의 현재 행동을 유지하는지 예를 들어 설명해 보시오.

6. 자신의 행동을 어느 정도 통제할 수 있으며, 자신의 효능감 수준은 어느 정도인지 탐색해 보시오.

7. 나쁜 습관 중 하나를 선택하고 행동주의 치료 기법 중에서 적합한 기법을 골라 적용하여 습관을 바꾸어 보시오.

8. 전통적 행동치료와 인지행동치료 사이에는 어떤 차이가 있는지 비교 분석해 보시오.

9. 자기주장훈련, 사회적 기술훈련의 구체적인 프로그램 실행 자료를 구하여 이를 실행에 옮겨 보시오.

10. 정신과 병동, 아동복지 분야에서 활용되고 있는 행동주의 치료의 구체적 사례를 수집하여 분석해 보시오.

제20장

인지이론

1. 인지이론의 인간관과 기본 가정을 이해한다.
2. 인지이론의 주요 개념을 이해한다.
3. 인지이론의 인간 발달 관점을 이해한다.
4. 인지이론을 사회복지실천에 적용할 수 있는 방안을 이해한다.

인간의 발달과 환경 속에서의 기능에 대한 폭넓은 관점을 형성하기 위해서는 인지이론에 대한 이해를 가져야 한다. 그 이유는 개인의 인지에 따라 환경의 의미가 달라지기 때문이다. 인지이론은 인지의 획득과 기능에 초점을 두는 이론으로서, 한 개인이 무엇을 어떻게 알게 되고 생각하게 되는지, 그리고 무엇을 느끼고 행동하는지에 초점을 두기 때문에, 인간의 잠재력과 행동을 이해하고 이를 변화시키는 데 필수불가결한 이론적 기반이 된다.

인지의 획득과 기능

Jean Piaget (1896~1980)

오늘날의 인지이론에는 여러 가지 이론이 혼재해 있는 관계로, 각 이론 사이에는 어떤 측면에서는 가정과 개념이 상호 중복되지만 또 다른 측면에서는 많은 차이를 보이기도 한다. 인지이론의 등장으로 행동치료, 심리학, 정신의학, 사회복지

인지이론

생물적 결정론과
환경적 결정론

인지혁명

학에서는 생물적 결정론과 환경적 결정론에서 벗어나서, 개인의 인지가 감정과 행동에 미치는 영향력을 중재하는 역할에 초점을 두게 되었다. 인지이론의 등장으로 일어난 이러한 변화를 Mahoney(1988)는 인지혁명(cognitive revolution)이라고 부르고 있을 정도로, 그 영향력은 매우 강력하였다.

세 가지
이론적 관점

인지발달이론

인지행동이론

인지이론이란 용어는 여러 인지이론을 집합적으로 표현하는 용어로서, 이 장에서 다루는 인지이론에는 다음의 세 가지 이론적 관점이 포함되어 있다. 첫째, Piaget로 대표되는 인지발달이론가는 인간의 인지체계의 발달과 속성을 설명하고, 인지기능의 모델을 제시하고 있다. 이들은 연령에 따라 사고의 질과 인지능력의 정도에 어떠한 차이가 있으며, 사회정서적 발달과 기능에 따라 이러한 특성이 어떻게 강화되는가 하는 것에 관심을 갖고 있다. 둘째, 인지학습이론가와 인지행동이

▌Aron Beck (1921~현재)

론가는 행동과 그 행동에 대한 환경적 반응이 사고에 미치는 영향뿐 아니라 개인의 사고가 행동에 영향을 미치는 기본적인 과정을 설명한다. 마지막으로는 Ellis와 Beck을 비롯하여 인지 발달과 기능에 대한 개념을 임상적 영역으로 확대하여 인지치료에 적용한 학자가 있다. 이러한 이론에서는 사람들이 혼란에 빠지고, 어려움을 겪고, 부적절하게 기능하는 이유를 파악하려 하며, 이러한 인지적 문제를 변화시키는 전략을 제시하고 있다.

인지치료

사회복지실천

사회복지실천에서는 다양한 인지이론에서 도출된 개념을 활용함으로써, 개인의 사회적 기능상의 문제를 이해하고 융통성 있는 원조 관계를 수립하는 데 많은 도움을 받을 수 있을 것이다. 아동을 학대하는 부모(Nurius et al., 1988; Whiteman et al., 1987), 알코올중독자(Snyder, 1975), 중증환자(Levine & Lightburn, 1989), 만성정신질환자(Taylor & Taylor, 1989)의 독립적 기능을 증진하는 데 인지이론에 근거한 전략이 사용되고 있다. 그리고 관리자와 노동자 사이의 신념 차이에 따른 조직갈등을 이해하는 데 인지적 접근방법이 활용되고 있으며(Ilgen & Klein, 1988), 전문가의 자기인식 증진에도 많은 기여를 하였다(Berlin, 1990).

1 인간관과 가정

1) 인간관

인지이론에서는 인간을 매우 주관적인 존재로 규정하고 있다. 인지이론에서는   주관적 존재
세상에는 객관적 현실이란 존재하지 않으며, 각 개인이 나름대로 의미를 부여한
주관적 현실만이 존재한다고 본다. 객관적인 외적 현실은 개인의 독특한 방식에
따라 구성되기 때문에 모든 사람에게 획일적이고 표준화된 영향을 미치지는 못한
다. 예를 들어, 어떤 사람에게는 아름답게 보이는 장미가 다른 사람에게는 가시에
찔릴 위험이 있는 꽃으로 받아들여질 수도 있다. 이처럼 인지이론에서는 각 개인
의 정서, 행동, 사고는 개인이 현실을 창조해 내는 방식, 즉 현실세계를 구성하는
방식에 따라 달라진다고 본다(Beck, 1976; Kelley, 1955).

인지이론에서는 인간 본성에 대해 비결정론적 시각을 지니고 있으며, 변화와 성   가변적 존재
장 가능성을 인정하고 있다. 즉, 인지이론에서는 인간이 유전적 요인에 의해 결정
되는 존재가 아니며, 환경적 영향을 받기는 하지만 이러한 환경적 자극을 인지를
활용하여 능동적으로 중재하고 재구성할 수 있는 능력이 있고, 지속적으로 성장·
발달할 수 있는 잠재력을 지니고 있다고 본다.

Piaget는 인간의 인지는 환경과의 상호작용을 통하여 변화하고 발달한다고 보
고 있으며, 이러한 상호작용에서 인간의 능동적 역할을 중시하고 있다(전윤식,   능동적 존재
1995). Feuerstein과 Hoffman 등(1979)과 Vygotsky(1981)는 인간의 모든 행동과 특
성은 환경적 자극, 특히 그가 속해 있는 사회적·역사적 상황의 영향을 받는다는
점을 인정하고 있지만, 동시에 환경적 자극을 스스로 중재할 수 있는 능력이 있다
고 보고 있다. Kelly(1963)는 인간을 환경에 단순히 반응하기보다는 환경을 해석,
평가, 구성하고 재구성하는 과정을 통해 환경을 능동적으로 구성할 수 있는 능력
이 있는 존재로 보았다.

인간은 미래지향적 존재이며, 인간의 성격은 개인의 현실세계에 대한 구성 개념   미래지향적 존재
체계가 달라짐에 따라 지속적으로 변화되는 것으로 보았다. Ellis(1979)는 인간은
생물적 본능에 의해 조종당하거나 외적 상황에 의해 조건 지어지는 것이 아니라,
본래 자기보존적이며 성장과 변화 그리고 자기실현의 경향을 지닌 존재라고 보고

있다.

인간이 과연 합리적 존재인가 하는 점에 대해서는 인지이론가 사이에 이견이
존재한다. Ellis(1979)는 인간은 합리적이고 올바른 생각과 비합리적이고 잘못된
생각을 할 수 있는 가능성을 동시에 갖고 태어나는 존재라고 보고 있다. 즉, 인간
은 합리적인 자기 대화, 자기평가를 통하여 자신을 유지할 수 있는 존재로서 성장
가능성을 지니고 있지만, 동시에 잘못된 사고나 학습으로 인하여 형성된 자기패
배적 사고 때문에 성장을 스스로 방해할 수 있는 존재라고 보고 있다. 이에 반해
Kelly(1963)는 인간을 과학자로 규정하고, 세상을 지적이고 합리적으로 구성하는
과정에 끊임없이 참여한다고 보았다.

2) 기본 가정

인지이론에서는 인간의 기능, 성장, 변화 잠재력에 대해 상대적으로 낙관적이고
비결정론적인 관점을 취하고 있다. 개인의 신체적 성숙과 합리적 조건과 기회를
제공해 주는 환경이 상호작용한 결과로서 나타나는 인지적 성장과 변화는 일생에
걸쳐 일어날 수 있다. 개인의 지식과 신념은 수동적으로 채워지는 빈 꽃병인 것처
럼 단지 획득되는 것이 아니다. 개인은 경험과 현존하는 인지능력 사이의 상호작
용을 통하여 지식과 의미를 활동적이고 지속적으로 재구성해 나간다.

인간의 인지는 모든 측면의 기능을 수행하는 데 있어서 중재역할을 한다. 인지
는 내적 사건과 외적 사건 모두에 대해 의미를 부여한다. 선택적 주의집중, 추론,
판단과 같은 정신과정은 개인의 행동동기에 영향을 미치고, 행동의 속성을 결정하
며 행동에 대한 감정을 결정한다. 인지과정은 사회 유능성, 대처기능과 같은 행동

적 결과의 원인적 요인이다. 인지적 역기능과 왜곡은 사회적 수행과 적응을 방해
하는 요인이 되며, 정서적 역기능과 증상을 일으키게 된다(Beck, 1976). 인지가 인
간생활의 중재 역할을 담당하고 있지만, 행동의 결과, 수행의 적절성, 신체적 상태

와 같은 개인의 환경 또는 신체적 측면이 인지에 영향을 미친다. 그리고 인지, 감
정, 행동은 역동적 체계로서 상호 간에 영향을 미친다. 이들 세 부분 모두가 작용
하여 특정 상태나 결과를 낳으며, 한 부분의 변화는 다른 부분의 변화를 야기하기
도 한다.

인지는 현실을 해석하는 데 있어서 중재 역할을 한다. 한 개인이 환경에서 입수

표 20-1 인지이론의 기본 가정

- 일생을 통하여 인지적 성장과 변화가 이루어진다.
- 특정 연령에서 각 개인의 특정 영역의 인지적 유능성(예: 지능, 문제해결능력, 의사결정)은 개인이 기능하는 맥락에 따라 차이가 있다.
- 인지(지식, 사고, 문제해결 등)는 개인이 환경적 사건에 노출된 결과일 뿐 아니라 개인이 이러한 사건의 의미를 능동적으로 구성한 결과이다.
- 개인은 환경적 사건의 인지적 표상에 따라 일차적으로 행동한다. 예를 들어 개인이 사건의 어떤 측면에 선택적으로 주의를 기울이며, 어떤 의미를 부여하는가에 따라 행동이 달라진다.
- 인지, 감정, 행동, 그리고 그 결과는 원인적으로 관련성을 지니고 있다.
- 자신에 대한 사고를 포함한 인지적 표상은 사회적 기능과 정서적 안녕에 영향을 미치며, 변화가 가능하다.
- 인지 변화는 행동 변화에 영향을 미친다.

한 다양한 정보로부터 주관적이고 개인적 의미를 구성하게 해 주는 인지과정에는 타인을 지각하는 것, 물리 세계를 이해하는 것, 보상과 처벌로서 경험하는 것, 주의집중하거나 무시하는 것 등이 있다. 즉, 개인이 인식하는 것이 바로 현실이 된다. 개인적 의미 구성

현재 내담자가 처해 있는 위치에서 출발한다는 의미는 치료자가 문제 상황을 내담자가 보는 그대로 이해하고, 내담자가 바꾸기 원하는 상황의 영역을 변화시키기 위하여 노력한다는 것을 의미한다. 환경이 어느 정도 적절하고, 바람직한가 하는 것은 내담자의 환경에 대한 지각에 따라 달라지므로, 사회복지사는 내담자의 현실을 이해하고 이에 개입하여야 한다. 내담자의 현실

인지현상은 매우 다양하기 때문에 인지적 유능성을 사정할 때에는 많은 주의를 기울여야 한다. 포괄적이고 과도하게 일반화된 측정이나 사정은 인지기능의 다차원적인 구성요소를 무시할 가능성이 있다. 인지이론가는 어떤 특정한 인지적 유능성이 표현되는 맥락이 매우 중요하다는 점을 인정하고 있다. 예를 들면 대학에서의 학점이 대학 내에서의 성취도를 나타내는 좋은 지표이긴 하지만, 사업 성공이나 자녀양육을 잘한다는 것을 의미하지는 않는다. 또 기계의 결함을 고치는 기술은 대인관계상의 갈등을 해결하는 데 필요한 기술과 동일한 것이 아니다. 인지적 유능성

상호결정론의 가정에 따르면 맥락, 즉 환경이 지각된 유능성과 실제적 유능성에 영향을 미친다. 이에 해당하는 예는 일상생활에서 흔히 발견될 수 있다. 학생의 시험성적은 시험장소의 소음 정도에 따라 영향을 받는데, 이는 소란스러운 환경이 상호결정론

주의집중력과 같은 개인의 인지적 자기규제 기제를 압도하기 때문이다. 과제를 완수하는 데 허용되거나 활용이 가능한 시간은 성취도에 영향을 미칠 것이다. 개인이 처한 환경이 어려울수록, 사회환경에 성공적으로 대처할 수 있다는 개인의 신념이 더욱 낮아지는 것은 당연한 일이다.

환경 대처

2 주요 개념

1) 인지의 개념과 영역

인지의 개념

인지(cognition)란 일정한 자극과 정보를 조직화하여 지식을 얻는 심리적 과정이다(이정균, 1981). 이러한 인지라는 용어는 협의로 또는 광의로도 정의가 가능하다. Werner(1982)는 생각하기에 따라 행동은 달라질 수 있다고 하여, 인지를 사고와 동일시하는 좁은 의미로 사용하고 있다. 하지만 이러한 인지의 개념은 지나치게 협의로 정의된 것으로 최근에는 거의 받아들여지지 않고 있다.

인지=사고

최근에는 인지를 지식, 의식, 지능, 사고, 상상, 계획과 전략의 개발, 합리화, 추론, 문제해결, 개념화, 분류 및 유목화, 상징, 환상, 꿈과 같은 소위 고등 정신기능 전체를 모두 포함하는 개념으로 받아들이고 있다. 여기에 더하여 지각, 기억, 주의집중, 학습 등이 포함되기 때문에 인지에 속하지 않는 정신과정(mental process)은 없다고 할 수 있을 것이다(Flavell, 1985). 그러므로 인간의 모든 정신활동이 인지적 측면을 지니고 있다고 보아야 할 것이다.

**고등 정신
기능 전체**

의미 있는 사고(meaning thinking)를 말하는 인지(cognition)와 의미 있는 감정(meaning feeling)을 의미하는 정서(emotion)를 구분하기도 한다. 그러나 이 두 가지는 복잡한 연관성을 지니고 있으며 명확하게 구분되지도 않는다. 한 개인이 인식하고 지각하고, 그러한 지각을 생각한다는 것은 감정과 밀접한 관련성을 지닌다.

인지와 정서

사고와 신념과 같은 인지는 합리적이거나 비합리적일 수 있다. Ellis(1962)는 비합리적 신념은 개인의 생활목표를 방해하거나 성취하지 못하게 하는 것으로 규정하였다. 사고와 지식은 즉각적인 인식이며, 개인은 다른 인지적 과정, 감정, 행동에 미치는 영향력을 인식하기도 하며, 인식하지 못할 수도 있다. 이러한 묵시적 지식이나 사고는 우리가 말할 수 있는 것 이상의 것으로 규정할 수 있다. 즉각적으로

**합리성 또는
비합리성**

사고와 지식

인식되지 않는 사고를 자동적 사고(automatic thought)라고 부른다(Beck, 1976). 만약 개인이 사고과정을 점검한다면 자동적 사고는 접근이 가능하다.

　마지막으로 외부 세계, 물리 세계, 대인관계 세계, 내적인 사적 세계 또는 추상적·논리적 세계와 관련된 인지가 있을 수 있다. 종합적으로 표현하면 이와 같은 다양한 영역의 인지가 개인의 인지기능을 구성한다.

2) 인지과정

　개인이 활용 가능한 정보를 지각하고, 조직화하고, 평가하는 정신과정이 인지과정(cognitive process)이다. 이러한 인지과정에는 다양한 세부 과정이 포함된다. 먼저 기억의 과정은 탐색, 재생, 저장과정을 포함한다. 인지 실행과정(executive process)은 문제해결에 기여하는 과정으로서 문제와 상황의 명확화, 인지적 규칙과 전략의 활성화, 융통성, 불안과 혼란의 통제를 포함한다(Kagan, 1984). 그리고 추론과 유목화와 같은 과정은 정보나 사건에 의미를 부여한다.

　인지기능에 대한 정보처리 모델은 인지체계를 상호작용하는 부분들의 복잡한 구성으로 보는 체계이론의 기본 개념을 활용하고 있다. 환경에서 정보가 투입되면, 컴퓨터의 정보처리과정과 유사하게 정보를 조직화하고 판별하는 등의 심리적 규칙과 절차를 통하여 정보를 처리하는 전환과정을 거쳐, 다시 외부 환경으로 정보처리 결과를 산출하고, 이를 다시 투입으로 연결하는 환류과정이라는 일련의 정보처리과정으로 구성된다(Siegler, 1983). 이러한 관점에서 볼 때, 인지는 단지 개인이 생각하는 것 그리고 그러한 생각을 하는 이유에 국한되는 것이 아니라, 개인이 다양한 일상생활의 측면을 처리할 수 있도록 정보를 변환하는 정신의 조직화된 구조, 규칙, 문제해결 전략이라고 보는 것이 타당하다.

3) 인지구조

　인지구조는 개인이 현실을 구성하고 해석하며, 의사결정, 문제해결과 다른 인지활동에 관련된 정보를 제공한다. 인지를 구성하는 요소와 관련된 주요 개념을 살펴보면 다음과 같다.

(1) 도식, 개념 및 명제

도식

인지의 기본 단위로는 도식(schema), 개념(concept), 명제(proposition)가 있다 (Kagan, 1984). 도식은 사건이나 자극의 특정에 대한 추상적 표상이다. 즉, 사건이나 자극을 인식하고 그것에 대응하는 데 사용되는 기본적인 이해의 틀이다. 유아는 빨기반사나 파악반사와 같은 기본적인 몇 가지 반사능력만을 갖고 태어나지만 빨기나 손을 쥐는 동작을 계속 연습함으로써 기본적인 빨기도식과 파악도식이 형성된다. 그리고 이러한 도식이 분화·통합됨에 따라 좀 더 복잡하고 고차원적인 도식을 획득하게 된다. 따라서 대부분의 도식은 타고난 것이 아니라, 환경과의 접촉을 통해 형성되고 확대되는 것이다.

개념

관념적 구성물

개념은 다양한 경험에서 나온 정보가 공유하고 있는 특성을 통합하여 계층 또는 범주로 조직화한 것이다. 즉, 개념은 어떤 현상이나 사상의 의미를 머릿속에 그려 보는 관념적 구성물이다. 따라서 개념은 현상 자체가 아니라 순전히 지적인 또는 상징적 의미의 집합체이다. 이러한 개념은 개인이 어떤 현상을 조직적이고 질서정연하게 관찰할 수 있게 해 주고, 자신이 지각한 것이 어떤 중요성과 의미를 갖는지를 판단하고, 행동노선을 결정할 수 있도록 도와주며, 타인과의 의사소통을 가능하게 해 주는 기능을 한다(김경동, 이온죽, 1995).

명제

명제는 두 가지 이상의 개념 사이의 관련성을 토대로 규칙, 신념, 가설을 설정한 것이다. 예를 들어, 정보를 어떻게 유형화하고 조직화하느냐, 즉 신념이나 규칙을 자기 자신에 대한 관점에 어떻게 적용하느냐에 따라 행동뿐만 아니라 타인에 대한 지각을 어떻게 해석할 것인가 하는 점이 달라진다(Markus et al., 1985). 개인은 과거 경험에서 나온 이러한 해석적 편견을 근거로 하여 현재 경험의 의미를 파악하고 때로는 그러한 경험을 왜곡하기도 한다.

(2) 구성

개인적 구성

Kelly(1955)는 인간은 자신이 만들어 낸 모델이나 틀을 통해서 세계를 바라보며 세상을 구성하고 있는 실체를 그것에 끼워 맞추려는 속성이 있다고 하였다. 이러한 개인이 지니고 있는 틀을 바로 개인적 구성(personal construct)이라고 한다. 즉, 구성이란 개인이 자신의 개인적 경험세계를 해석하고 이해하는 사고의 범주를 말하며, 개인이 현실의 어떤 특징을 유사성이나 대비성과 같은 견지에서 이해하는 지속적인 방법을 의미한다. 개인적 구성의 예를 들면, 흥분 대 침착, 세련 대 저속,

지적인 것 대 어리석은 것, 아름다움 대 추함, 선 대 악 등이다. 이러한 구성은 개인이 일상생활에서 직면하는 경험을 개인적으로 해석하고 이해하는 데 사용된다. Kelly는 외적 현실은 개인이 갖고 있는 구성을 통해 자신에게 알맞게 여과되며, 이에 따라 행동하기 때문에, 개인적인 경험을 통제할 수 있다고 본다. 즉, 개인은 자신의 구성을 토대로 경험을 질서정연하고 의미 있는 형태로 일반화하고 예측 또는 통제할 수 있기 때문에, 혼란에 빠지는 경우는 드물다. 그러나 이러한 개인적 구성에 혼란이 초래되면 개인의 전체 생활이 혼란 상황에 빠져들게 된다.

Kelly(1955)는 인지가 행동으로 전환되는 과정을 설명하기 위하여 신중-선취-통제(circumspection-preemption-control: C-P-C) 과정을 제시하였다. 먼저 신중 단계에서 개인은 특정 상황과 관련되는 여러 가지의 개인적 구성을 동원하여 다양한 가능성을 심사숙고한다. 그다음의 선취 단계에서는 그 상황에 적절한 몇 가지 대안적인 개인적 구성으로 압축하고, 마지막으로 통제 단계에서 행동을 결정하게 된다. 이와 같이 Kelly(1955)는 인간은 행동을 결정하기 전에 여러 차례의 신중-선취-통제의 과정을 거치지만, 결국 그 과정은 개인적 구성에 달려 있기 때문에, 개인적 구성을 변화시킬 수 있다면 개인의 행동은 얼마든지 변화시킬 수 있는 가능성이 있다고 본다.

인지의 행동 전환

신중 단계

선취 단계

통제 단계

행동 변화

(3) 귀인

귀인(歸因, attribution)은 수행에 영향을 미치는 행동의 원인에 대한 추론과 신념이다(Heider, 1958). 개인이 행동의 원인과 결과의 관계를 어떻게 지각하느냐, 즉 귀인에 따라 환경에 대한 반응뿐만 아니라 환경 속의 사건에 부여하는 정서적 의미가 달라진다.

귀인의 개념

귀인이론에 대한 논의에서 Fleming(1981)은 사회복지실천과 특별히 관련성이 있는 귀인의 세 가지 영역으로 통제의 중심, 오귀인, 자기귀인을 제시하였다.

귀인의 영역

통제의 중심(locus of control)은 내담자가 현재 문제가 자신의 영향력 또는 통제범위 내에 있다고 보는가와 관련된 것이다. 오귀인(misattribution)은 내담자가 사건의 연쇄과정을 잘못 지각하거나 결과를 일으킨 원인을 잘못 파악하고 있는가와 관련된 것이다. 자기귀인(self-attribution)은 내담자가 과도하게 자기를 비난하거나, 사회적으로 부정적인 진단명을 내면화하거나, 자신을 희망이 없는 존재로 보고 있는가와 관련된 것이다.

통제의 중심

오귀인

자기귀인

경험은 자신의 행동적 선택을 중재하지만, 행동과 타인의 환경에 대한 판단과 귀인이 포함된다. 내담자가 전화도 걸지 않고 약속을 어겼을 때, 사회복지사는 내담자가 원조를 받고 싶지 않은지를 검토하여야 한다. 내담자의 행동이라는 현실에 대한 사회복지사의 인지적 중재에는 ① 자신의 문제를 해결하기를 원하는 사람은 전화를 걸거나 약속시간에 나타나야 한다는 신념, ② 내담자가 원조를 원하지 않는다는 귀인, 그리고 ③ 사회복지사가 원조하려는 노력이 시간낭비라는 기대가 포함되어 있다.

내담자의 행동

사회복지사의
인지적 중재

한편 내담자는 상황에 대해 다른 관점을 가지고 있다. 내담자는 자신이 필요할 때만 다른 사람의 도움을 받아야 한다고 생각할 수 있다. 약속날짜에 대한 내담자의 기대는 '나는 기분이 괜찮고 도움이 필요 없기 때문에, 만약 내가 간다면 나에게나 사회복지사 모두에게 시간낭비일 뿐이다.'라는 것이다. 이러한 내담자와 사회복지사의 기대 차이로 인하여 내담자가 더 많은 도움을 받지 못한다고 할지라도, 내담자가 사회복지사의 원조를 받고 싶어 하지 않는다고 결론을 지어서는 안 된다. 내담자가 동기가 없는 것으로 결정지어 버리는 것은 오귀인이기 때문이다.

내담자와
사회복지사의
기대 차이

사회복지사 및 내담자와 상호작용하는 다른 체계 그리고 내담자의 주요 타인의 인지적 기능 속에는 내담자와 관련된 기대나 귀인이 포함되어 있다. 사회복지사는 내담자의 이전 경험 또는 내담자의 범주에 근거하여 형성된 이와 같은 기대와 오귀인을 탐색하고 변화시켜야 한다.

귀인의 탐색

4) 인지 기능

인지 기능을 유전적으로 물려받은 인간의 기본 경향이라고 보았는데, 주요 인지 기능으로는 적응, 구조화, 평형화가 있다(성현란 외, 2001). 인지의 적응(adaptation) 기능은 개인과 환경 사이의 상호작용을 설명하는 과정으로, 모든 인간은 환경에 적응하려는 경향이 있으며, 이를 가능하게 해 주는 것이 인지의 적응 기능이다. 적응은 동화(assimilation)와 조절(accomodation)이라는 두 가지 과정을 통해 이루어진다. 동화는 개인이 이미 갖고 있는 도식을 이용해서 새로운 자극이나 정보를 그 도식에 맞게 이해하는 사고과정이다. 즉, 동화는 새로운 경험, 사건 또는 개념을 기존의 도식으로 받아들이는 통합과정이다. 이와 달리 조절은 외부의 자극이나 정보에 맞게 자신이 현재 가지고 있는 도식을 변화시키는 과정이다. 즉, 자신의 도식을

적응

동화

조절

수정하여 외부 자극이나 정보를 받아들이는 것이다. 이처럼 인지의 동화와 조절과정을 상호 보완적으로 활용하여 개인은 환경에 적응할 수 있게 된다.

조직화(organization)는 개인이 자신이 갖고 있는 여러 가지 도식을 하나의 통합된 체계로 만드는 기능이다. 개인은 자신이 가지고 있는 각기 독립적인 도식을 서로 연결하고 통합하여 하나의 인지구조를 만들어 나가는데, 이를 인지조직화라 한다. 개인은 인지조직화를 통해 더욱 다양한 도식을 만들어 내고 더 높은 차원의 인지 기능을 수행할 수 있게 된다.

조직화

인지의 평형화(equilibration)라는 것은 동화와 조절이 균형을 이루어 어느 한쪽도 지배적이 아닌 상태를 만들려는 인지기능을 말한다. 동화와 조절이 상호 간에 균형을 이루고 있지만, 시간이 지나고 자기 자신과 환경이 변화하게 되면 불균형이 야기되는데, 이때 다시 새로운 평형 상태에 도달하려고 노력하는 것을 인지의 평형화 기능이라 한다. 즉, 지금까지의 인지구조에 갈등이 생기면, 이러한 갈등을 해결하기 위해 인지적 재조직화를 통해 새로운 인지구조를 만들게 되고 다시 인지적 균형을 찾게 된다. 이러한 평형화는 적응과 조직화의 기능을 조절하는 인지의 자기조절 기제이며, 이를 통해 인지구조의 발달이 가능해진다.

평형화

5) 자기개념과 자기효능감

자기개념은 사회적 기능을 이해하는 데 특히 중요한 인지구조의 한 예이다. 자기개념은 인지기능을 이해하는 데 필수적인 인지구조 간의 역동적인 상호작용, 상호 관련성, 유형화를 보여 준다. 자기의 다양한 도식은 타인과의 상호작용, 물리적 세계에 대한 경험, 지식, 반영과 통찰을 통하여 발달하며, 유목화되고 계층화된 도식은 자기개념을 형성한다.

자기개념

'나는 너보다 더 뚱뚱하다. 세상 사람들은 뚱보를 좋아하지 않으며, 나 또한 좋아하지 않는다. 만약 내가 너하고 친해지고 싶어 한다면, 나는 거부당할 것이 분명하다.'라는 예에서 보듯이, 이러한 자기개념은 사고의 주체인 동시에 대상이다. 이와 같은 예는 자기평가, 세계, 그리고 세계 속의 자신에 대한 신념, 자신이 행동을 취했을 때 나타날 수 있는 미래의 결과에 대한 투사 및 기대와 관련된 명제를 보여 주고 있다. 이러한 자기평가와 관련된 사고 유형은 환경에 대한 대처능력의 질과 효과성에 중요한 영향을 미칠 것이다(Nurius, 1989).

사고의 주체인
동시에 대상

환경에 대한
대처능력

자기효능감

개인의 조직화된 자기평가의 명제는 자신에 대한 신념체계로 간주할 수 있다. 이와 같은 자기평가에 근거한 신념체계인 자기효능감(self-efficacy)은 특정한 목적을 성취하는 데 필요한 행동노선을 조직화하고 실행에 옮기는 능력에 대한 개인적 판단으로, 개인이 가지고 있는 기술이 아니라 소유하고 있는 어떤 기술을 활용할 수 있는 정도에 대한 개인적 판단을 말한다. 이러한 자기효능감은 행동의 선택, 노력의 정도나 일관성, 과업에 대한 정서적 반응, 그리고 사고의 조직화에 영향을 미치며, 자기효능감 정도에 따라 개인의 대처능력과 문제해결능력이 증진되거나 방해를 받을 수도 있다.

대처능력과
문제해결능력

동적 자기개념

인지적 기능의 또 다른 측면인 개인의 자기개념과 자기효능감에 대한 관념은 상황에 따라 매우 다양하다. 개인은 미래에 대한 목적과 희망, 자기 나름의 관점이 있다. 따라서 사회복지사가 내담자를 원조하고자 할 때 내담자의 자기개념과 자기효능감에 대해 과도하게 일반화된 관점을 가져서는 안 된다. Nurius(1989)는 동적 자기개념(working self-concept)을 전체 자기개념의 레퍼토리 중에서 특정한 상황에서 작동하는 자기개념의 측면이라고 하였다. 동적 자기개념은 상황과 시간에 따라 자기개념이 달라질 수 있다는 것을 말한다.

가상적 자기

인지적 표상

동적 자기개념의 특수한 예가 바로 가상적 자기(possible self)라는 개념이다. 이 가상적 자기는 자신이 무엇이 되고 싶고, 되고 싶지 않은지에 대한 개인적 관념이다. 가상적 자기는 미래의 목적, 야망, 동기, 공포와 위협에 대한 인지적 표상이다(Nurius, 1989). 가상적 자기에 대한 인식은 개인의 변화에 대한 기대와 이러한 변화를 지지 또는 예방하는 행동 사이의 연관성을 파악할 수 있는 준거틀을 제공해 준다.

3 인지 발달 단계

1) 인지발달이론의 특성

Piaget의 인지발달이론에서는 출생부터 청소년기에 이르기까지의 인지 발달 단계를 제시하고 있다. Piaget는 아동이 세상에 대한 자기 자신의 이성적 견해를 적극적으로 구성한다는 점을 강조한다(Sheehy, 2009). 아동이 발달하면서 새로운 기능과 능력이 성숙해짐에 따라 인지 구조와 과정에서 발달과 변화가 일어나며, 이러한 인지의 변화와 변형에 토대해 다음 인지 발달 단계로 옮아가게 된다고 본다. 한 단계에서 다음 단계로의 진보는 생물적 성숙과 아동의 환경 속에서의 경험과 활동에 의해 이루어진다. 인지 발달, 정서 발달, 사회적 발달은 분리될 수 없으며 병행하여 발달하는데, 각 단계에서의 인지적 발달은 개인내적 사고뿐만 아니라 대인관계에도 영향을 미친다(Piaget & Inhelder, 1969). 생물적 성숙과 경험

인지발달이론에서는 지식 습득 과정은 모든 단계에 걸쳐 동일하며, 모든 형태의 지식에 유사하게 적용된다고 본다. 지식은 경험을 통하여 습득되는 것이 아니라 현존하는 인지구조를 활용하여 경험을 여과하고 조직화하여 개인이 활발하게 구성하는 것이다. 모든 지식은 동화(assimilation)와 조절(accommodation)이라는 상호 보완적이고 동시적인 정신과정, 즉 적응(adaptation)의 산물이다. 인지 모델에서 동화는 환경으로부터 정보를 수집하여 자신의 현존하는 사고방식에 통합하는 것이다. 이에 비해 조절은 외부 사건과 대상의 속성을 고려하고 그 속성에 맞게 자신이 갖고 있던 기존의 인지구조를 바꾸는 것이다. 동화와 조절을 통한 적응은 인지 성장을 결정하는 매우 중요한 요소이다. 그러므로 인지 성장을 도모하기 위해서는 매일매일 그리고 지속적으로 환경을 자신의 기존 도식에 동화함과 아울러 환경에 맞게 기존의 도식을 변형하여 적응함으로써, 인지체계는 일생에 점진적인 변화가 일어나게 된다(Flavell, 1985). 즉, 인지 성장이란 동화와 조절이라는 기제를 활용하여 새로운 상황이나 환경에 적응하는 능력이 강화된다는 의미이다. 인지발달 동화와 조절 적응 인지 성장

2) Piaget의 인지 발달 단계

Piaget는 감각 및 운동 능력의 결과로 이루어지는 인지 발달에서 출발하여, 추상적이고 논리적 사고의 습득과 표현, 즉 형식적 사고로 완결되는 인지 발달의 4단계를 제시하였다. 각 단계에서 나타나는 사고의 특성, 정상적 발달연령 등은 다음과 같다.

(1) 감각운동 단계

출생~2세경에 이루어지는 감각운동 단계(sensory motor stage)에서의 인지 발달은 영아의 반사적이고 급격히 발달하는 감각 및 운동 능력의 결과이다. 영아는 신체적 성장과 환경에 대한 탐색을 통하여 더 높은 수준의 인지의 기반이 되는 개념 출생~2세 감각 및 운동 능력

을 발달시키고, 물리적 세계의 속성에 대한 기초적인 이해를 얻게 된다. 이러한 이해에는 ① 대상이 보이지 않을 때라도 대상이 계속해서 존재한다는 사실을 인식하는 것을 의미하는 대상영속성(object permanence), ② 유아가 원인과 결과 사이의 관계에 대한 인식을 표현하기 시작한다는 것을 의미하는 인과론, ③ 목적지향적 행동의 출현에 동반되는 의도성의 획득이 포함된다.

대상영속성

인과론

의도성

이 단계에서의 사고는 표상적 지능이 특징적으로 나타나는데, 이것은 정신적으로 대상을 표상하고 감각운동적 문제를 해결할 수 있는 능력을 성취하는 것을 말한다. 이와 같은 특성을 지닌 감각운동 단계는 6개 세부 단계로 구분되는데 각 세

표상적 지능

▁▂▃ **표 20-2** 감각운동 단계의 세부 단계별 특성

세부 단계	연령	인지발달
반사기	1개월 출생~	• 빨기반사, 파악반사, 미소반사 등 타고난 반사행동을 통하여 환경과 접촉하고 적응적 방향으로 수정됨
1차 순환반응기	1~4개월	• 우연히 어떤 행동을 하여 흥미 있는 결과를 얻었을 때 이러한 행동을 반복함(예: 손가락 빨기) • 점차 대상의 특성을 발견하고 그 물체의 요구에 따라 반응을 수정해 가는데, 이를 위해서는 감각체계 간의 협응이 이루어져야 함
2차 순환반응기	4~8개월	• 활동 자체의 흥미에서 벗어나 환경 변화에 흥미를 가지고 활동을 반복(예: 딸랑이 흔들기) • 자신의 행동과 예상되는 결과를 예측하며, 자신의 욕구충족을 위하여 의도적으로 행동함 • 예상하지 못한 행동 결과가 나타나면 놀라기도 함
2차 순환반응 협응기	8~12개월	• 친숙한 행동이나 수단을 통해 새로운 결과를 얻으려고 하므로, 이 단계의 행동은 의도적이고 목적적임 • 1차 도식(예: 엄마의 옷을 잡아당기기)과 2차 도식(예: 엄마를 다른 곳으로 데려가기)의 협응이 이루어짐
3차 순환반응기	12~18개월	• 친숙한 행동으로 목표에 도달할 수 없을 경우 전략을 수정하여 사용함 • 도식 자체가 크게 변화하게 되고, 능동적으로 새로운 수단을 발견함 • 시행착오적 행동을 함(예: 높은 곳에 물건을 내리는 것에 실패할 경우 의자를 가져다 놓고 높은 곳에 있는 물건을 내림)
정신적 표상기	18~24개월	• 행동하기 전에 생각을 함으로써, 돌연한 이해와 통찰을 얻을 수 있음 • 수단과 목적의 관계에 대한 정신적 조작이 가능해짐 • 몸으로 행동하는 대신 마음속으로 행동의 결과를 예측함

부 단계의 특성은 〈표 20-2〉에서 보는 바와 같다.[1]

(2) 전조작적 사고 단계

전조작적 사고 단계(preoperational stage)는 2~7세의 시기로, 이때 조작 (operation)이란 정보의 전환을 이해하는 정신능력, 즉 처음으로 되돌아갈 수 있는 능력을 의미한다. 전조작적 사고 단계에 속한 유아의 조작능력을 예를 들어 설명해 보면, 반으로 나뉜 동그라미가 다시 하나의 동그라미로 될 수 있다는 사실을 깨닫지 못한다. 이와 같이 정신적 표상에 의한 사고는 가능하나 아직 개념적 조작능력은 충분히 발달하지 않은 상태이다.

이 단계에서는 언어의 습득을 통하여 유아는 상징적 표상능력을 지닐 수 있게 되고 개념적 사고를 하기 시작한다. 지능은 지각에 의해 지배되는 경향이 있으며, 유아 자신의 관점과 사고가 옳다고 보는 자아중심적 관점을 갖게 된다. 이 단계에서의 사고는 비논리적이며, 환상이나 놀이를 통한 상징적 표상이 문제해결과 지배감을 갖게 되는 중요한 통로가 된다. 이러한 특성을 지닌 전조작적 사고 단계는 전개념적 사고 단계와 직관적 사고 단계로 구분되는데, 이를 좀 더 상술하면 다음과 같다.[2]

① 전개념적 사고 단계

이 단계는 2~4세의 시기로 영아기에 발달한 도식이 내적으로 표상되는 전환기로서, 상징적으로 사물을 조작할 수 있도록 해 주는 표상기술을 획득하게 된다. 즉, 이 단계에서는 마음속으로 사물의 이미지를 만들 수 있으므로, 모방, 심상, 상징화, 상징놀이, 언어기술이 획득된다. 따라서 아동은 더 만지거나 보지 않아도 되며, 표상기술을 사용하여 과거에 일어났거나 미래에 일어나기를 원하는 사건을 표현할 수 있다. 전개념적 사고는 상징적 사고, 자기중심적 사고, 물활론적 사고, 인공론적 사고, 전도추리가 특징적이다. 이 단계에서는 상징적 사고의 발달과 함께 상징놀이(symbolic play)를 통하여 사회, 신체 및 내적 세계를 실험하고 이해하며, 현실적으로 불가능한 것도 다룰 수 있고, 언어적 제한성을 보충할 수 있게 된다.

우측 여백 주석:
조작
개념적 조작능력
상징적 표상
자아중심적 관점
비논리적 사고
2~4세
표상기술
전개념적 사고의 특성
상징놀이

---

1) 감각운동 단계의 세부 단계에 대해서는 이 책의 제2부 제5장 영아기의 심리적 발달 중 인지 발달에 관한 설명을 참조하기 바란다.

2) 전조작적 사고 단계에 대한 더 상세한 설명은 이 책의 제2부 제6장 유아기의 세부 단계인 걸음마기와 학령전기의 심리적 발달 중 인지 발달에 관한 설명을 참조하기 바란다.

② 직관적 사고 단계

4~7세

직관적 사고의
특성

　이 단계는 4~7세의 시기로 여러 사물과 사건을 표상하기 위하여 많은 개념을
형성하지만 아직 불완전하며, 부분적 논리를 통해 추론을 한다. 이러한 직관적 사
고 단계의 특성은 다음과 같다.

불완전한
분류능력

　첫째, 이 시기의 아동은 상위 개념과 하위 개념을 완전히 구분하지 못하므로 분
류능력이 불완전하다.

전도추리

　둘째, 사물이나 사건의 개별적 특성만을 고려하여 추리하고, 특수한 것에서 특
수한 것을 추리하는 전도추리 경향이 나타난다.

중심화 경향

　셋째, 전체 상황 중에서 하나의 차원이나 측면에만 주의를 기울이고, 다른 중요
한 차원은 무시하는 중심화 경향이 나타난다.

불가역적 사고

　넷째, 일련의 논리나 사건을 원래 상태로 역전할 수 없는 불가역적 사고 특성이
나타난다.

자아중심적 사고

　다섯째, 타인의 관점과 역할을 고려하지 않은 채 자신의 입장에서 세계를 지각
하는 자아중심적 사고 특성이 나타난다.

(3) 구체적 조작 사고 단계

논리적 사고

　구체적 조작 사고 단계(concrete operational stage)는 7~11세의 시기로, 비논리
적 사고에서 논리적 사고로 전환된다.[3] 이때 보존기술, 가역성, 연속성, 분류기

보존기술

가역성

술과 같은 기본적인 논리체계가 획득된다. 보존기술(conservation)은 형태와 위
치가 변화하더라도 물질의 양, 수 등이 동일하게 유지된다는 개념이다. 가역성
(reversibility)은 시작한 곳까지 합리적으로 거슬러 올라갈 수 있는 능력을 말한다.

연속성

분류기술

연속성(seriation)은 크기가 증가하고 감소함에 따라 요소를 정신적으로 배열할 수
있는 능력이다. 분류기술(classification)은 대상을 구분하고, 동시에 2개 이상의 계
층을 고려할 수 있는 능력이다(Wadsworth, 1971). 구체적 조작사고능력을 획득함
으로써 아동은 논리적으로 사고할 수 있지만, 이러한 논리를 언어나 가설적 문제
에 적용하지는 못한다.

---

3) 구체적 조작 사고 단계에 대한 더 상세한 설명은 이 책의 제2부 제7장 아동기의 심리적 발달 중
　인지 발달을 참조하기 바란다.

(4) 형식적 조작 사고 단계

형식적 조작 사고 단계(formal operational stage)는 11~15세의 시기로, 아동은 자신의 지각이나 경험보다는 논리적 원리의 지배를 받으며, 추상적 사고가 가능하기 때문에 경험하지 못한 사건에 대한 가설적이고 추상적인 합리화를 통하여 과학적 사고를 할 수 있게 된다. 이러한 형식적 조작 사고 단계에서 나타나는 인지 발달의 특성을 요약하면 다음과 같다.[4]

> 논리적 원리
> 추상적 사고
> 과학적 사고

① 구체적인 상황을 초월하여 상상적 추론이 가능하다.

> 상상적 추론

② 가설 설정과 미래 사건의 예측이 가능하며, 제시된 문제가 자신의 이전 경험이나 신념과 어긋난다 할지라도 처리가 가능하다.

> 가설설정과 미래
> 사건의 예측

③ 있을 수 있는 모든 개념적 조합을 체계적으로 고려하고 검증할 수 있다.

> 개념적 조합

④ 관련된 모든 변인의 관련성을 파악하여 적절한 문제해결 방법을 찾아낼 수 있다.

> 변인의 관련성

이러한 형식적 사고능력은 13~15세에 가장 큰 진보가 나타나며, 지능지수와 정적 상관관계가 있는 것으로 나타났다(Neimark, 1975). 형식적 사고는 이질적 성원으로 구성된 동년배집단에 참여할 경우 더욱 촉진되는 것으로 나타났으며, 교과과정을 통한 학습이 형식적 사고의 발달을 촉진하는 것으로 나타났다(Looft, 1971). 그리고 다양한 사회 경험을 통해 자아중심성이 감소하고, 학교와 단체생활을 통하여 점차 타인을 배려할 수 있는 사회적 인지가 발달함에 따라 이 단계에서는 자기 성찰이나 자기개선을 할 수 있게 된다.

> 형식적 사고의
> 촉진과 효과

4 사회복지실천에의 적용

인지이론은 행동과학분야와 심리치료의 발달에 크게 기여하였는데, 대표적인 인지치료이론가는 Beck과 Ellis이다. Beck(1976)의 인지치료에서는 특징적 사고

---

4) 형식적 조작 사고 단계에 대한 상세한 설명은 이 책의 제2부 제8장 청소년기의 심리적 발달 중에서 인지 발달을 참조하기 바란다.

합리적
정서행동치료

┃ Albert Ellis (1913~2007)

유형이 우울증 및 불안장애를 유발하는 원인을 정교하게 설명하고 효과적으로 개입할 수 있는 방법을 제시하였다. Ellis(1962)의 합리적 정서행동치료(rational emotive behavior therapy: REBT)[5]는 자기패배적 행동과 정서적 고통을 야기하는 비합리적 사고와 신념에 초점을 두고 있다. 다음에서는 Ellis의 REBT를 중심으로 사회복지실천에 적용할 수 있는 방안을 모색해 보고자 한다.

1) 심리적 건강과 증상에 대한 관점

합리적 사고

학자에 따라 다르긴 하지만 대부분의 인지이론가는 인간이 합리적 사고와 비합리적 사고를 할 수 있는 존재라고 보고 있다. 만약 개인이 인지적 역기능, 왜곡 또는 결손 없이 합리적 사고를 할 경우에는 자신의 정서와 행동을 통제하고 사회적 기능수행과 적응에 방해를 받지 않기 때문에, 심리적으로 건강한 삶을 영위해 갈 수 있다고 본다.

인지적 역기능

그러나 인지적 역기능, 왜곡 또는 결손이 발생할 경우에는 사회적 기능수행에 방해를 받게 되며, 정서적 역기능과 정신장애를 일으키게 된다(Beck, 1976). 이러한 Beck의 관점과 마찬가지로 Ellis는 정서장애는 비합리적 사고의 산물이라고 보고 있다. 즉, 정서장애는 개인이 독단적이고 무력하게 믿고 있는 비논리적이며 타당성이 없는 사고에 그 원인이 있으며, 자기패배적 감정에 휩싸이게 되어 이를 행동화한 결과라고 보고 있다(박경애, 1997).

정서장애

이처럼 개인이 비합리적인 신념이나 사고로 인하여 부적응적인 정서와 행동에 고착되는 과정을 Ellis(1990)는 [그림 20-1]과 같이 도식화하여 제시하고 있다.

ABCDE
성격 모델

---

5) Ellis는 1955년 처음으로 자신의 치료모델을 합리적 치료(rational therapy)라고 명명하였으나, 1962년에는 합리적-정서적 치료(rational-emotive therapy)라고 개칭하였으며, 이후 인지와 정서 못지않게 행동을 중시하여 REBT로 개칭하였다(홍경자, 1995).

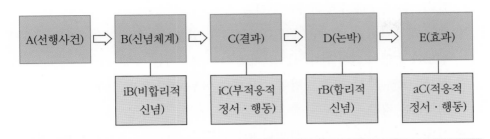

[그림 20-1] 합리적 정서행동치료의 ABCDE 모델

[그림 20-1]에서 선행사건(activating event)은 개인에게 정서적 혼란을 야기하는 사건을 의미하여, 신념체계(belief system)는 어떤 사건이나 행위 등과 같은 환경적 자극에 대해 개인이 지니고 있는 태도나 사고방식을 의미한다. 그리고 결과 (consequence)는 선행사건에 직면하였을 때 비합리적 태도나 사고방식을 가지고 그 사건을 해석함으로써 느끼게 되는 불안, 원망, 비판, 죄의식 등과 같은 정서적 결과를 의미한다. 논박(dispute)은 개인이 가지고 있는 비합리적 사고나 신념에 대해서 도전해 보고, 과연 그 사상이 합리적인지를 다시 한번 검토해 보도록 치료자가 촉구하는 과정이다. 효과(effect)는 내담자가 가진 비합리적 신념을 철저하게 논박함으로써 합리적인 신념으로 대치한 이후에 느끼게 되는 자기수용적인 태도와 긍정적인 감정의 결과를 의미한다.

이러한 Ellis의 성격 모델에 근거하여 볼 때 정서장애는 바로 잘못된 신념체계에 의해 야기됨을 명백히 알 수 있다. Ellis(1979)가 제시한 대표적인 비합리적 신념체계는 다음과 같은 것이 있다.

① 더 나쁜 결과를 가져올지라도 이제까지의 생각이나 행동을 쉽게 바꾸지 못하는 경향
② 분명히 바람직하지 못한 목표인데도 이에 대한 욕망을 버리지 못하거나, 극단적으로 집착하고 자신에게 확산하는 경향
③ 어렸을 때부터 가지고 있는 편견이나 신념에 집착하는 경향
④ 분명히 비효과적인 습관인데도 그것을 포기하지 못하는 경향
⑤ 주의집중만 하여도 되는 일에 지나치게 경계하고 조심하는 경향
⑥ 자신이 다른 사람보다 우월하고 어떤 측면에서는 완벽하다는 것을 입증해

선행사건

신념체계

결과

논박

효과

비합리적
신념체계

보이려는 욕구에서 벗어나지 못하는 경향

⑦ 자신의 생각이 그릇된 근거에 토대를 두고 있음이 입증되었을지라도 사고의 검토과정 없이 그와 반대되는 견해로 쉽게 넘어가는 경향

⑧ 심사숙고하면 더 좋은 방법이 있는데도 아무 생각 없이 상투적인 습관대로 행하려는 경향

⑨ 이롭지 못하다는 증거가 분명히 있는데도 그러한 사실을 자주 잊어버리는 경향

⑩ 지나치게 낙관적인 경향

⑪ 바람직한 일을 위하여 열심히 노력하거나 자기를 훈련하기보다는 구실을 대며 게으름을 피우고 일을 연기하려는 성향

⑫ 다른 사람이 자신을 정당하게 대우해 주었으면 좋겠다는 정도를 넘어, 당연히 정당하게 대해 주어야 하는 것처럼 다른 사람에게 요구하고 그렇게 대해 주지 않을 경우 그 사실을 집요하게 생각하는 경향

⑬ 자신의 어리석은 행동을 가지고 자기 자신을 비난하려는 경향

⑭ 과거에 일어났거나 미래에 일어날지도 모르는 일에 대하여 지나치게 일반화하려는 경향

⑮ 정신적으로 당황하게 되었을 때, 신체적으로 쉽게 영향을 받는 경향

이러한 비합리적이고 자기패배적인 경향의 특징은 인간은 모든 것이 자기 뜻대로 이루어지기를 바라고, 그렇게 되어야 한다고 믿고 있으며, 그것이 즉시 이루어지지 못했을 때는 자기 자신과 타인 및 세상을 비난하는 경향이 나타난다는 점이다.

2) 치료 목표

인지치료의 목표는 내담자가 보이는 정서장애나 문제행동의 제거가 아니라 문제행동의 배후에 있는 비합리적이고 자기패배적인 신념을 최소화하고, 삶에 대하여 보다 현실적이고 합리적인 가치관을 형성하는 데 있다. Ellis는 합리적 정서행동치료(REBT)에서 달성하여야 할 치료 목표를 다음과 같이 제시하고 있다(박경애, 1997).

비합리적 신념의
최소화

치료 목표

① 자기관심: 자신에게 완전히 빠지지 않으면서도 정서적으로 자신에게 관심을 가질 수 있는 능력

② 사회적 관심: 타인으로부터 소외되지 않고 사회에서 다른 사람과 어울려 지내는 데 관심을 갖는 능력

③ 자기지향: 다른 사람의 행동이나 지지를 매번 요구하지 않고, 자신의 삶에 책임을 느끼며 문제를 독립적으로 해결할 수 있는 능력

④ 관용: 모든 인간이 실수를 하며, 완전할 수 없다는 것을 알고 자신과 타인의 실수를 인정하는 능력

⑤ 융통성: 사고가 유연하며, 변화에 개방적이고, 다양한 사람과 사상을 허용하고 수용 가능한 것으로 보는 능력

⑥ 불확실성의 수용: 인간의 가능성과 기회를 인정하지만 절대적인 확실성은 존재하지 않는다는 사실을 인정하는 능력

⑦ 창조적 추구: 일상적 사건뿐 아니라 최소한 한두 가지 정도의 창조적인 일에 몰두하며 관심을 가질 수 있는 능력

⑧ 과학적 사고: 객관적이고 이성적으로 판단하고 행동할 수 있는 능력

⑨ 자기수용: 자신이 생존해 있다는 사실을 기뻐하고 삶을 즐기고 행복과 기쁨을 창조할 수 있는 능력이 있다고 믿을 수 있는 능력

⑩ 모험시도: 자신이 인생에서 진정으로 무엇을 하고 싶은지를 생각하고 모험을 시도하여 인생을 개척하는 능력

⑪ 장기적 쾌락: 순간적인 쾌락을 추구하기보다 먼 장래에 얻게 될 쾌락을 추구하는 능력

⑫ 반이상주의: 세상에서 자신이 얻고자 하는 모든 것을 다 얻을 수 없으며, 모든 고난을 완전히 피할 수는 없다는 사실을 인식할 수 있는 능력

⑬ 정서장애에 대한 자기책임의 수용: 타인이나 사회를 비난하여 자신을 방어하기보다는 자기파괴적인 장애에 대한 개인적 책임을 수용하는 능력

3) 치료자의 역할과 실무 원칙

Ellis의 합리적 정서행동치료는 지시적 치료이므로, 치료자는 권위적 인물 또는 교사의 역할을 수행하여야 한다. 치료자는 내담자를 근본적으로 실수를 할 수 있

지시적 치료
권위적 인물

는 존재이며, 전적으로 선하거나 악한 존재가 아닌 그저 인간일 뿐이라고 본다.

촉진적 치료 관계   합리적 정서행동치료에서는 Rogers가 말하는 진실성, 무조건적인 긍정적 관심, 감정이입적 이해와 같은 촉진적 치료 관계의 핵심 요소가 포함되기는 하지만, 치료자가 내담자에게 지나치게 온화한 태도를 보이지 않기 위하여 절제한다(홍경자, 1995). 왜냐하면 만약에 치료자가 내담자의 애정적 지지에 대한 욕구를 승인해 준

비합리적   다면, 오히려 내담자의 비합리적 신념을 강화하고, 욕구가 좌절된 데 대한 인내심
신념 강화   을 약화할 우려가 있기 때문이다.

치료자의 기능과   이러한 치료자가 수행해야 할 구체적인 기능과 역할은 ① 내담자에게 치료 방
역할   법을 강의 또는 설명하여 치료과정으로 끌어들이고, ② 내담자의 문제점 특히 비합리적 신념체계에 대한 진단과 평가를 실시하고, ③ 비합리적 신념체계의 구체적 내용을 밝혀내며, ④ 내담자가 지적 통찰과 정서적 통찰을 얻을 수 있도록 논박하

실무 원칙   는 것이다. 그리고 합리적 정서행동치료를 실시할 때 치료자가 따라야 할 실무 원칙은 〈표 20-3〉과 같다.

▥ 표 20-3 인지이론의 실무 원칙

• 내담자가 사건, 환경, 타인의 행동, 자신의 행동을 해석하는 방식에 초점을 두고 사정하라.
• 내담자의 위험과 변화 결과에 대한 지각을 탐색하고 자원의 결여, 불완전한 정보나 지식과 같은 장애물이나 제한점을 사정하라.
• 인지적 역기능, 왜곡, 결손으로 인한 개인-환경 간의 상호작용의 부적합성을 파악하라.
• 비합리적 신념체계가 부적응적 행동이나 정서로 외현화되는 과정을 면밀히 분석하라.
• 증상이나 장애의 제거보다는 개인의 비합리적 신념체계를 분석하고 논박함으로써 기존의 사고방식을 변화, 수정 또는 재구조화하여 합리적 신념체계로 수정하는 데 초점을 두라.
• 내담자가 문제의 선행사건에 주의를 기울이고, 사건과 감정을 돌이켜봄으로써 현재 문제에 대한 인식을 갖게 하고, 다른 관련 문제의 발생과정을 확인할 수 있도록 원조하라.
• 코치(coach) 또는 교사로서 치료과정을 지시하고 지도해 나가야 하며, 내담자에게 온화한 태도를 보이는 것을 삼가라.

4) 치료 기법

합리적 정서행동치료에서는 내담자의 사고, 감정, 행동을 변화시키기 위하여 다양한 기법을 사용하고 있는데, 이는 크게 인지적 기법, 정서적 기법, 행동적 기법으로 구분할 수 있다.

(1) 인지적 기법

내담자의 비합리적 신념체계, 특히 당위적이고 요구적인 신념체계를 인식하게 하고 합리적 사고방식을 갖도록 원조하는 인지적 기법에는 다음과 같은 것이 있다. 합리적 사고방식

① 합리적 정서행동치료의 자가치료 양식(self-help form)을 사용한다.
② 합리적인 자기진술을 기회가 있을 때마다 읽게 한다.
③ 합리적 정서행동치료와 관련된 서적을 읽어 오게 하는 등의 과제를 부과한다.
④ 재정의 기법을 활용하여 부정적 언어의 의미를 변화시킨다.
⑤ 비합리적 신념체계를 은유적으로 표현하여 이에 대한 내담자의 인식을 증진한다.

(2) 정서적 기법

내담자가 자신을 정직하게 표현하도록 하고, 정서적 모험을 경험할 수 있도록 자신을 개방하도록 하기 위하여 사용되는 정서적 기법에는 다음과 같은 것이 있다. 자기개방

① 유머를 사용하여 내담자의 불안을 줄인다.
② 치료자 자신이 비슷한 문제로 고통을 당한 경험을 솔직하게 내담자에게 피력한다.
③ 비유나 우스꽝스러운 노래를 사용한다.
④ 수치심을 극복하는 어떤 행동을 시도해 보도록 한다.

(3) 행동적 기법

내담자에게 어떤 행동을 하게 하여 그의 비합리적 신념체계를 변화시키고, 이 변화된 신념체계를 통해 정서장애에서 벗어나게 하며, 역기능적 증상에서 벗어나 좀 더 생산적인 행동을 할 수 있도록 원조하는 행동적 기법에는 다음과 같은 것이 포함된다. 생산적 행동

① 행동과제를 부여한다.

② 내담자가 일상생활에서 모험을 하고 새로운 경험을 함으로써, 비능률적인 습관을 버리도록 한다.

③ 만성적 불안감정을 장시간 경험해 보도록 권장한다.

④ 일을 미루는 습관을 교정하기 위해 바로 일에 착수하도록 유도한다.

⑤ 합리적인 인간이 된 것처럼 연출하여 매사에 합리적으로 생각하고 행동하도록 지시한다.

사용하지 말아야 할 기법　　　하지만 치료자는 다음과 같은 기법은 가급적 사용하지 않도록 주의한다(Ellis, 1984).

① 지나치게 온화한 태도를 보임으로써 내담자의 의존성을 조장하는 기법

② 과도한 낙관적 사고와 같이 내담자를 현혹하는 기법

③ 자유연상과 같은 장황하고 비능률적인 기법

④ 극적이고 정화(淨化)적이지만 기저의 비합리적 사고를 표출하지 못하는 기법

⑤ 이완기법 등과 같이 비합리적 사고에 집중하지 못하고 다른 곳에 내담자의 주의를 집중하게 하는 기법

⑥ 체계적 둔감화와 같이 내담자의 욕구좌절 인내도를 오히려 낮추는 결과를 초래하는 기법

⑦ 신비주의와 같은 비과학적 사고를 포함하고 있는 기법

⑧ 비합리적 사고의 변화과정을 보여 주지 않거나 사고 변화 이전에 선행사건을 변화시키고자 하는 기법

⑨ 효과가 확증되지 않은 기법

생각해 보아야 할 과제

1. 인지이론에서는 인지가 감정과 행동을 결정하는 요인이라고 보는데, 귀하는 인지, 감정, 행동 중에서 무엇이 가장 중요하다고 생각하며, 그 근거는 무엇인지 제시해 보시오.

2. 두 명이 짝을 지어 빈곤지역 주거환경이 담긴 사진을 놓고 각자가 그 사진을 개인적으로 어떻게 구성(construct)하는지에 대해 토론해 보시오.

3. 행동의 원인을 잘못 인식했던 경험, 즉 오귀인한 경험을 회상해 보고, 그로 인해 대인관계에서 발생한 문제를 탐색해 보시오.

4. 최근 1주일 동안 생활하면서 자신의 삶을 스스로 통제하였는지 아니면 주변 사람의 통제하에 있었는지 탐색해 보시오.

5. 잘못된 행동의 결과가 자신 때문이라고 자기 스스로를 비난했던 경험을 구체적인 예를 들어 설명해 보시오.

6. Piaget의 인지 발달 단계에 맞는 유아, 아동 또는 청소년 한 명을 선택하여 인지 발달수준을 Piaget의 발달 단계에 맞추어 분석해 보시오.

7. 성인기 이후에도 인지 발달이 지속된다는 경험적 증거를 제시하여 보시오.

8. 정서장애 또는 문제행동의 원인이 비합리적 사고에 있다는 인지이론의 관점을 행동주의이론, 정신분석이론과 비교 분석해 보시오.

9. 바람직하지 못한 행동을 하게 되었을 때 자신이 주로 사용하는 비합리적 신념이 무엇인지 Ellis가 제시한 15개(제4절 참조) 신념에 근거하여 분석해 보고, 그 신념의 비합리성을 논박해 보시오.

10. Ellis가 제시한 치료 목표(제4절 참조)는 건강한 사람을 나타내는 지표인데, 그중에서 몇 가지 능력을 갖추고 있는지 스스로 평가해 보시오.

제4부

사회체계와
사회복지실천

사회복지사,
그대는 바로 누군가의 삶의 길목을 비추는 등대!

부산 태종대 영도등대, 2012. 6.

제21장

소집단이론

학 습 목 표

1. 소집단이론의 사회관과 기본 가정을 이해한다.
2. 소집단이론의 주요 개념을 이해한다.
3. 소집단이론의 집단 발달 관점을 이해한다.
4. 소집단이론을 사회복지실천에 적용할 수 있는 방안을 이해한다.

사회복지전문직이 아무리 공통의 가치, 지식, 기술을
공유하고 있다고는 할지라도, 역사적으로 볼 때 사회복
지사는 내담자와 실천현장의 특성에 따라 개별사회복
지실천, 집단사회복지실천 또는 가족복지실천과 같이
각기 독특한 방법론을 강조하는 경향이 있다. 하지만
사회복지사는 사회복지전문직의 발달 초기부터 집단
역동에 대해 많은 관심을 가지고 있었다(Garvin, 1987;
Lindeman, 1939).

Charles Horton Cooley
(1864~1929)

집단역동

　19세기 말과 20세기 초에 인보관, 기독청년운동
(YMCA, YWCA), 스카우트(scout) 등에서 자신을 사회복지사라고 칭하는 많은 사람
이 여가활동지도, 시민교육 및 훈련 프로그램을 집단으로 실시하였다. 이러한 기
관은 도시의 빈곤지역과 과밀지역, 불량주택 지역 등에 위치하고 있는 관계로 지

인보관,
기독청년운동

스카우트

사회교육

사회복지의
선구자

사회운동

소집단이론

집단지도력

소시오그램

집단과정

사회복지
실천현장

통합적 접근

집단과정과
역동

역주민의 욕구에 따라 피지배계층을 대변하고, 사회개혁과 시민을 위한 사회교육을 목적으로 한 집단 프로그램을 실시하였다(Middleman & Goldberg, 1987). 이처럼 사회개혁가와 교사 그리고 사회복지의 선구자는 집단을 활용한 프로그램에 많은 관심을 가지고 있었다. 이들은 일련의 기법 개발이나 이론적 토대의 정립보다는 사람들이 상호 이익을 위하여 협력적이고 민주적인 사회질서를 창출하는 운동에 더 많은 관심을 기울였다.

이러한 집단활동의 취약한 이론적 토대를 구축하기 위하여 19세기 말부터 사회과학자, 심리학자 등을 비롯한 많은 학자가 소집단 현상에 관심을 갖게 되었다. 1895년에 LeBon은 집단의 전염효과(contamination effect)의 개념을 제시하였으며, Cooley(1909)는 1차 집단이란 개념을 제시하였다. Freud(1922)는 성원이 지도자에게 보이는 정서적 반응에 초점을 두고 집단현상을 연구하였다. 그 후 1930~1940년대에 소집단이론의 급격한 발달이 이루어졌다.

사회심리학자인 Lewin 등(1939)은 집단지도력에 관한 실험을 하였으며, 정신의학자인 Moreno(1934)는 집단 내에서의 대인관계 유형을 관찰하여 집단역동을 이해할 수 있게 해 주는 소시오그램(sociaogram)을 개발하였다. Coyle(1930)은 여성노동자집단, YMCA 집단프로그램, 인보관의 아동집단, 성인교육을 위한 토론집단에 대한 기초이론을 구축하였다. Newstetter 등(1938)은 집단지도력과 집단과정과 같은 현상에 대해 실험연구를 하기도 하였다.

이러한 이론적 기반의 구축으로 집단사회복지실천은 1930년대 중반 사회복지의 주요 방법론으로 인정되었다. 1940~1950년대에는 사회복지사가 정신병원, 보건의료기관, 아동복지기관, 가족서비스 기관, 교정기관 등 다양한 사회복지 실천현장의 이용자를 원조하기 위하여 집단을 활용하고자 하는 방법을 탐색하기 시작하였다. 하지만 사회복지전문직의 조류가 통합적 접근(generic approach)을 강조하는 방향으로 변화하고 사회복지 교육과정의 개정으로, 집단사회복지실천론을 핵심 방법론으로 활용하는 경우는 줄어들고 있다.

소집단 내에서는 매우 복잡한 현상이 일어나기 때문에 오늘날까지 통합된 소집단이론은 존재하지 않는다. 따라서 사회복지전문직에서는 장이론(field theory), 사회교환이론, 정신분석이론, 일반체계이론과 같은 매우 다양한 이론으로부터 집단과정과 역동, 성원의 행동을 이해하는 데 필요한 주요 개념을 차용하여 사용하고 있다(Garvin, 1987).

1 사회관과 가정

1) 인간과 사회에 대한 관점

소집단이론의 인간 본성에 대한 기본적 관점은 환경 속의 인간(persion in environment)이라는 관점일 것이다. 더 정확히는 '환경 속의 집단에 속한 개인 (person-in group-in environment)'이라는 관점이다. 즉, 소집단이론에서는 인간을 전 생애에 걸쳐 상호 의존하는 신체·심리·사회적 존재이며, 인간 생존의 주된 근거는 협동이라고 보고 있다(Kropotkin, 1972). 먼저 신생아의 생존은 사회, 즉 보호자와의 상호작용에 전적으로 달려 있으며, 일생을 통해 발달해 갈 때 사회구조, 사회과정, 그리고 다양한 문화의 영향을 받을 수밖에 없는 것이다.

이러한 인간의 속성에 근거하여 Falck(1988)는 집단소속 의식을 인간의 기본적 욕구라고 하였으며, 소집단이론의 인간관을 개별성-집합성(individuality-groupness)이라 하였다. 소집단이론의 관점에서 볼 때, 한 인간은 단지 제한적이고 물리적인 의미에서는 개인에 불과하다. 인간은 집단 속에서의 사회적 상호작용에 참여함으로써 정체감을 형성하고, 이를 표현하고, 자신의 생활에서 의미와 만족을 추구하고, 어느 정도는 성취하고 어느 정도는 실패하며, 서로 관계를 맺고 사랑하고 영향을 미치고 영향을 받는다.

어떤 학자는 집단이 개인, 개인적 양심과 신념을 부정한다고 보고 집단 형성을 반대하기도 한다. 이와는 반대로 소집단이론가는 집단 속에서 그리고 집단을 통하여서만 개인은 자기를 확인할 수 있고, 개인적 양심을 발달시키고, 행동기반을 구축할 수 있다고 본다. 소집단이론에서는 집단에 속한 개인(individual in group)과 개인 아니면 집단(individual or group)이라는 극단적 관점을 거부한다. 그러므로 소집단이론에서는 인간 존재와 그들의 생활 현실에 근거하여 환경 속의 인간이란 관점은 당연한 것이라고 본다.

2) 기본 가정

소집단이론에서는 인간의 성격은 한 개인이 집단에 소속되어 고유의 지위와 권

리 그리고 역할을 부여받고 타인과 상호작용을 함으로써 형성되고, 그러한 집단성
원과의 관계를 통하여 지속적으로 성장하고, 변화하고 수정된다고 보고 있다. 그
리고 각 개인은 집단에 참여함으로써 사고, 판단, 추리 등의 합리적 정신작용과 같
은 수단적 활동과 정서적 생활과 관련된 표현적 활동에 많은 영향을 받게 된다(김
미혜, 1993). 특히 Yalom(1985)은 유의미한 집단활동에 참여함으로써 부적응적 개
인은 다음과 같은 열한 가지의 치료 효과를 경험할 수 있다고 보았다.

**집단의
치료적 효과**

① 희망의 활착: 집단성원이 다른 성원의 진보 상황을 관찰하고, 다른 성원의 지
　지를 받을 수 있으므로, 자신도 성공할 수 있을 것이란 기대를 갖게 된다.
② 보편성: 집단성원은 자신의 문제나 경험이 다른 성원의 경험과 유사하다는 것
　을 인식할 수 있게 된다.
③ 정보 공유: 집단성원은 집단사회복지사와 다른 성원으로부터 필요한 정보를
　획득할 수 있다.
④ 이타주의: 집단성원은 다른 사람으로부터 원조를 받을 뿐만 아니라 원조를 제
　공함으로써, 자신에 대해 더욱 긍정적인 감정을 갖게 된다는 점을 인정하고
　있다.
⑤ 원초적 가족집단의 교정적 재현: 집단성원은 자신과 다른 가족성원 간의 역동적
　관계가 집단성원 사이에서 나타난다는 것을 발견하고, 다른 방식으로 대처하
　고 해결할 수 있는 방법을 모색하고 실험할 수 있다.
⑥ 사회화 기술의 발달: 집단성원은 집단경험의 일부로서 사회적 기술을 학습하고
　실천에 옮길 수 있다.
⑦ 모방행동: 집단성원은 다른 집단성원이 상황에 반응하는 방법을 관찰하고, 자
　신에게 유용하다고 생각되는 반응을 모방할 수 있다.
⑧ 대인관계 학습: 집단성원은 집단 내에서 이루어지는 환류를 통하여 다른 사람
　에 대한 자신의 반응과 다른 사람의 자신에 대한 반응을 알 수 있게 된다.
⑨ 집단결속력: 집단성원은 자신이 유익하게 생각하고 참여의 가치가 있는 대인
　관계적 상황에 몰입함으로써 이익을 얻을 수 있게 된다.
⑩ 정화: 집단성원은 자신이 느끼는 감정을 표현할 수 있도록 상호 원조한다.
⑪ 실존적 요인: 집단토론을 통하여 집단성원은 인생에 있어서 진정으로 중요한
　것이 무엇인지에 대한 결정을 내릴 수 있게 된다.

이와 같이 집단이 개인의 사고, 정서, 행동에 영향을 미칠 뿐만 아니라 개인의 심리내적 기능, 대인관계상의 기능, 사회적 기능 등은 집단 형성과 발달에 영향을 미친다. 집단은 단순한 개인의 집합체가 아니며 각기 다른 심리적 특성, 사회적 기술을 지닌 개인 간의 상호작용 과정에서 집단 특유의 구조, 의사소통과 상호작용 유형, 사회통제, 집단문화가 형성되게 된다. 즉, 전체로서의 집단은 각 성원이 지니고 있는 신체 · 심리 · 사회적 특성을 공유하는 과정에서 특유의 집단과정과 역동을 창출해 내고, 고유의 발달 단계를 거치게 된다. 이러한 소집단이론의 기본 가정은 〈표 21-1〉과 같다.

집단과 개인의 관계

전체로서의 집단

기본 가정

ᴵᴵᴵ 표 21-1 소집단이론의 기본 가정

- 인간의 성격은 주로 집단에서 일어나는 다른 사람과의 상호작용에 참여함으로써 발달하고, 성장하고, 변화하고 수정된다.
- 한 집단에서 사람들이 갖는 역할, 지위, 경험은 한 사람의 일부가 되며, 다른 집단과의 활동에서도 나타난다.
- 집단성원은 개인의 사고, 태도, 감정, 행동에 많은 영향을 미친다.
- 정신건강과 사회적 건강은 분석이나 내성(內省)이 아니라 행동 및 경험과 밀접하게 연관되어 있다.
- 집단목표를 성취하기 위하여 함께 합류하는 것은 민주적 방식으로 문제를 해결하는 방법이며, 동시에 자신의 생활에서 의미와 목표를 발견할 수 있는 방법이 된다.
- 소집단에서 의미 있는 경험을 서로 공유함으로써 성원 상호 간의 이해를 증진하고, 여러 가지 인간적 조건상의 차이로 인한 장애를 극복할 수 있는 방법을 배울 수 있게 해 준다.
- 개인의 약점에 초점을 둔 사정보다는 개인의 장점에 초점을 두고 사정을 함으로써 성장과 변화를 일으키기가 더 용이하다.
- 문제해결 과정 또는 프로그램 개발을 통하여 각 집단은 자체적인 구조, 의사소통 유형, 집단문화를 만들어 간다.
- 집단은 일련의 발달주기를 거친다.
- 집단은 사회의 축소판이기 때문에, 집단성원은 일반적인 문화적 신념과 가치를 표현한다.
- 사회집단에 기여하는 성원이 되고 참여에 따르는 보상을 향유하는 것은 적응적으로 기능하는 것이다.
- 개입의 목표는 사회적 기능을 증진 또는 회복시키는 것이다.

2 주요 개념

집단이란 용어가 다양한 인간 집합체에 적용되는 것이기 때문에, 집단에 대한
정의에서도 학자 간에 견해의 차이가 있다. 그러나 기존 학자들의 집단에 대한 정
의를 종합하여 보면, 집단이란 '서로가 동일한 집단에 소속하고 있다는 집단의식
이 있고, 공동의 목적이나 관심사가 있으며 이들 목적을 성취함에 있어서 상호 의
존적이며, 의사소통, 인지, 반응을 통하여 상호작용하며, 단일한 행동을 할 수 있
는 능력이 있는 2인 이상의 사회적 집합체'라고 정의를 내릴 수 있다(김종옥, 권중
돈, 1993).

이러한 정의에 입각하여 보면, 집단의 유형은 집단 크기, 집단목적, 집단구성 방
법 등에 따라서 여러 가지로 구분할 수 있다. 그러나 이 장에서와 같이 소집단이라
고 하였을 때 어느 규모까지가 소집단이라고 정의하는가 하는 문제 역시 임의적일
수밖에 없다. 그러나 Shaw(1976)는 전형적인 대면적 상호작용이 이루어질 수 있
는 최대치를 기준으로 하였을 때, 소집단은 20명 이하의 성원으로 구성된 집단으
로 규정하는 것이 바람직하다고 보고 있다. 따라서 이 장에서도 소집단을 20명 이
내의 성원으로 구성된 집단이라고 규정하고, 이들 집단에서 나타나는 집단과정 및
집단역동과 관련된 주요 개념을 살펴보면 다음과 같다.

1) 집단목적

모든 집단은 모호하든 명확하든 간에 존재 이유를 갖고 있는데, 이것이 바로 집
단목적(group goal)이다. 그러나 집단목적은 집단조직가와 참여자의 집단에 대한
기대 이상의 것으로, 집단성원과 집단사회복지사가 모두가 참여한 상호작용의 산
물이다. 그러므로 집단목적은 그 집단에 관여한 모든 사람의 기대가 융합된 것으
로, 집단의 존립 이유, 기대, 희망 등을 포함하며, 하나일 수도 있고 복합적일 수도
있으며, 여러 개의 하위 목표를 가질 수도 있다.

이러한 집단목적은 서비스 목적(service goal), 집단사회복지사의 목적, 성원의
개인적 목적, 그리고 전체 집단의 목적을 포함한다(Hartford, 1971). 서비스 목적은
집단서비스를 제공하는 기관이나 기관의 요원에 의해 잠정적으로 설정된 목적이

[좌측 여백 주석]
집단의 개념

소집단

대면적 상호작용
20명 이하

상호작용의 산물

서비스 목적

며, 집단사회복지사의 목적도 여기서 크게 벗어나지 않는다.

성원의 개인적 목적은 각 성원이 집단에 참여할 때 갖고 있는 기대, 희망 등의 개인적 목적
표현으로 여기에는 다시 세 가지 목적이 있을 수 있다. 첫째, 집단의 형태에 관계
없이 겉으로 명백히 드러난 목적(avowed goal), 숨겨진 목적(unavowed goal), 그리
고 성원 자신도 의식하지 못하는 무의식적 목적(unconscious goal)이 있을 수 있다
(Golembiewski, 1962).

전체 집단의 목적은 성원의 개인적 목적, 기관의 서비스 목적, 그리고 집단사회 전체 집단의
목적
복지사의 목적이 통합되어, 전체 집단이 공동으로 추구하는 집단활동의 바람직한
결과를 의미한다.

2) 집단지도력

집단지도력(group leadership)이란 집단구조상 특정 지위를 점유한 사람이 집단 집단지도력의
개념
의 목표달성을 위한 활동에 행사하는 사회 영향력이나 힘을 의미한다(남세진, 조홍
식, 2001). 이러한 집단지도력은 권력 배분, 즉 집단을 지도하거나 집단에 영향력을
행사할 수 있는 능력에 따라 결정되는 경우가 많다.

집단사회복지사가 활용할 수 있는 권력기반(power base)으로는 다음과 같은 것 권력기반
이 있다(French & Raven, 1959).

① 자원, 상황, 주요 인물에 대한 선호도를 이용하여
　　얻는 연계적 권력
② 지식과 기술을 사용하여 얻는 전문적 권력
③ 타인에게 가치 있는 정보를 이용하여 얻는 정보적
　　권력
④ 지위나 그에 따르는 권리를 이용하여 얻는 공인된
　　권력
⑤ 개인적 특성이나 성원의 동일시 욕구를 이용하여
　　얻는 참조적 권력
⑥ 사회적 · 물질적 보상을 이용하여 얻는 보상적 권력
⑦ 벌이나 행동구속을 가함으로써 얻을 수 있는 강압적 권력

▮ Kurt Lewin (1890~1947)

집단지도력의
유형

이러한 권력기반을 활용함으로써 형성되는 집단지도력의 유형에 따라 집단역동과 집단결과에서 많은 차이를 보인다. Lewin 등(1939)은 집단지도력의 유형을 전제형, 방임형, 민주형이라는 세 가지로 구분하였다. 전제형 집단에서는 민주형보다 공격성, 적대감, 희생양이 더 많이 표출되었고, 민주형에서는 방임형이나 전제형보다 질적으로 높은 성취도를 보이고 있지만, 과업성취도 자체는 지도력 유형에 따라 큰 차이를 보이지 않는다고 하였다.

전제형

민주형

집단지도력의
영향 요인

집단역동과 집단의 생산물에 강한 영향을 미치는 집단지도력에 영향을 미치는 요인으로는 집단목적, 집단의 문제 유형, 집단의 환경 특성, 전체 집단의 특성, 집단성원의 특성, 집단지도자의 특성이 있다(Toseland & Rivas, 1984; [그림 21-1] 참조).

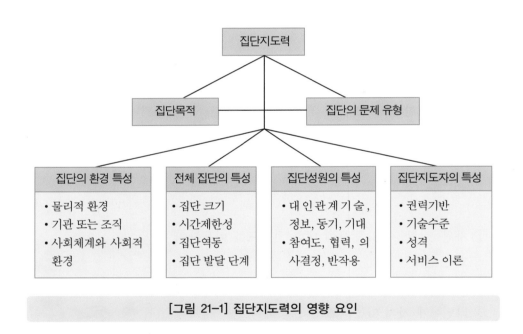

[그림 21-1] 집단지도력의 영향 요인

3) 의사소통

의사소통은 상대방에게 의미를 전달하기 위하여 상징을 사용하는 과정이다.

의사소통의 목적

Kiesler는 사람들은 ① 타인을 이해하고 대인관계에서 자신의 지위를 확인하기 위하여, ② 타인을 설득하기 위하여, ③ 권력을 획득·유지하기 위하여, ④ 자신을 방어하기 위하여, ⑤ 타인의 반응에 대응하기 위하여, ⑥ 타인에게 인상을 남기기 위하여, ⑦ 대인관계를 맺고 유지하기 위하여, 그리고 ⑧ 집단에 대한 자신의 의견을 표현하고 인상을 남길 목적으로 의사소통을 한다고 하였다(김종옥, 권중돈, 1993).

　　의사소통은 ① 송신자가 개인의 지각, 사고 및 감정을 언어로 부호화(encoding) 의사소통의 과정
하고, ② 이러한 상징이나 언어를 전달(transmission)하고, ③ 수신자가 전달된 상징이나 언어를 해독(decoding)하고, ④ 환류(feedback)하는 4단계를 거쳐 이루어지며, 단계마다 의사소통을 방해 또는 왜곡하는 요인이 개재되기도 한다. 이러한 의사소통의 과정을 도식화하면 [그림 21-2]와 같다.

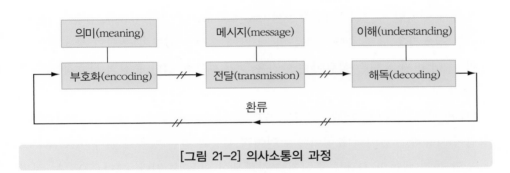

[그림 21-2] 의사소통의 과정

　　의사소통 과정의 방해 또는 왜곡을 일으키는 요인으로는 먼저 선별적 지각 의사소통
방해 요인
선별적 지각
(selective perception)이 있을 수 있다. 선별적 지각이란 메시지를 보내거나 받는 송신자와 수신자가 자신의 신념체계에 맞게 그 메시지에 특정한 의미를 부여하는 것으로, 부호화 과정과 해독과정에서의 방해요인으로 작용한다. 두 번째 방해요인으로는 송신자와 수신자가 겉으로 드러난 메시지의 의미와는 다른 숨겨진 의미 숨겨진 의미
(hidden meaning)를 갖고 있을 때 나타나는 의사소통 수준의 불일치이다. 세 번째 방해요인은 강세, 방언 등과 같은 언어적 장벽, 청각장애나 소음과 같은 수신과정 언어적 장벽
청각장애나 소음
에서의 방해요인이 있을 수 있다.

　　이러한 의사소통의 방해와 왜곡을 방지하기 위해서는 ① 의사소통이나 행동의 내용을 성원이 지각한 그대로 표현하고, ② 메시지를 받자마자 송신자에게 반응을 보이고, ③ 공격적이라는 느낌이 들지 않는 방식으로 환류를 해 주는 것이 바람직 환류
할 것이다.

4) 상호작용

역동적 교환

상호작용의 유형

집단 내에서 이루어지는 사회적 상호작용은 힘의 역동적 교환행동이다. 이 과정에 참여한 사람 간의 접촉을 통하여 참여자의 사고, 감정, 행동, 태도를 변화시키는 결과를 낳는다. 이러한 상호작용의 유형으로는 ① 지도자가 중심적 지위를 차지하고 성원과 지도자 양자 간의 의사소통이 활발히 이루어지는 기둥형(maypole), ② 성원이 돌아가면서 이야기하는 순번형(round robin), ③ 다른 성원이 지켜보는 가운데 지도자와 한 성원만이 의사소통을 하는 뜨거운 자리형(hot seat), 그리고 ④ 집단에서 이야기되고 있는 것 또는 이야기되지 않은 것이든 간에 모든 성원이 자유롭게 얘기할 수 있는 자유부동형(free-floating)이 있다(김종옥, 권중돈, 1993). 이러한 상호작용 유형 중에서 처음의 세 가지 유형은 지도자 중심의 상호작용 유형이며, 네 번째 유형은 성원이 주도권을 갖기 때문에 집단 중심의 상호작용 유형이라 할 수 있다.

상호작용 영향 요인
행동적 실마리

강화물

정서적 결속력

하위 집단

집단의 크기
권력과 지위의
배분

이러한 상호작용에 영향을 미치는 요인으로는 여러 가지가 있을 수 있다. 먼저 성원이 사용하는 언어적 표현이나 비언어적 행동과 같은 행동적 실마리(behavioral cues)와 특정 행동의 결과로 주어지는 강화물이 있을 수 있다. 그다음으로는 성원 간의 정서적 결속력을 들 수 있는데, 긍정적 결속력이 강할 경우에는 집단성원 간의 상호작용이 활발해지지만 부정적 결속력이 강할 경우에는 상호작용 빈도가 줄어들게 된다. 집단성원의 일부가 정서적 결속이나 흥미동맹을 맺게 될 때 나타나는 하위 집단 역시 상호작용에 영향을 미친다. 하위 집단의 내적 결속력이 지나치게 강할 경우에는 분파행동과 목적전치 현상이 나타나며, 전체 집단의 의사소통과 의사결정에 방해를 받게 된다. 그 외에 집단의 상호작용에 영향을 미치는 요인으로는 집단의 크기와 물리적 환경, 집단 내에서의 권력과 지위의 배분 정도 등이 있다.

5) 집단결속력

집단결속력의
개념

집단 내에는 집단에 남아 있도록 하는 구심력과 집단에서 분리되게 만드는 원심력이 존재하는데, 이 두 가지 힘의 상호작용 결과를 집단결속력(group cohesion)이라 한다. 이러한 결속력이 강한 경우에는 성원이 함께 있으려고 하고 집단에 소속되려는 성향이 강해지는 반면 결속력이 약한 경우에는 집단에 더 이상 소속되기를 원하지 않는다(Garvin, 1987).

집단결속력이 형성되는 요인으로는 ① 타인과의 연합, 인정, 안정에 대한 욕구, ② 성원의 권위, 집단의 목적과 프로그램 활동, 집단운영 방식 등과 같은 집단이 갖고 있는 자원과 유인, ③ 집단결과에 대한 성원의 주관적 기대, ④ 다른 집단경험과의 비교 등이다(Cartwright & Zander, 1968). 집단결속력의 형성 요인

이러한 집단결속력은 집단성원 간의 상호작용에 많은 영향을 미친다. 다른 성원과의 정서적 유대관계를 형성하고 유지하는 데 매력을 느끼는 성원의 경우에는 개인적인 관계를 맺기 위한 의사소통과 행동을 많이 하게 될 것이다. 이에 반해 집단에서 수행하는 과업에 매력을 느끼는 경우에는 집단과업 성취를 위한 활동에 주력하게 될 것이다. 집단 내에서 부여받은 지위에 매력을 느끼는 사람은 지위를 잃게 만들 위험이 있는 행동은 가급적 자제하게 될 것이다. 그리고 집단결속력이 강한 경우에는 성원의 탈락률이 낮아지고 집단참여도가 높아지며, 성원의 사고, 태도, 행동, 감정에 대한 영향력은 높아지며, 집단에서 자신이 수행해야 할 책임성을 성실히 이행하는 현상이 나타나게 된다. 집단결속력의 영향

6) 사회통제

사회통제(social control)란 전체 집단이 이전의 방식대로 기능하기 위하여 성원을 순응·복종하게 하는 과정, 즉 집단의 항상성 기제이다. 이러한 사회통제가 부족할 경우에는 상호작용이 혼란스럽고 예측 불가능해지는 반면, 너무 강하게 되면 집단결속력이 줄어들고, 집단 내에 갈등과 불만이 야기되고, 집단성원의 개별성과 자유에 제한을 받게 된다. 이러한 사회통제에는 규범, 역할, 지위가 포함되는데, 이에 대해 좀 더 상술하면 다음과 같다. 집단의 항상성 기제

(1) 규범

규범(norm)이란 성원이 집단에서 적절한 행동방식이라고 공동으로 믿고 있는 신념이나 기대를 의미한다. 즉, 규범은 집단에서 가치를 두거나, 선호하거나, 수용하는 구체적인 행동과 전체적인 집단행동 유형의 의미와 관련되어 있다. 이러한 집단규범은 성원 간의 논의를 통하여 정해질 수도 있지만, 다른 성원의 행동에 따 규범

르는 보상과 벌을 통한 사회학습을 통하여 자연스럽게 형성될 수도 있다.

규범이 성원의 행동을 제약하는 정도는 매우 다양하다. 어떤 규범은 강압적인 반면 어떤 규범은 상대적으로 융통성이 있을 수 있다. 그러나 일반적으로 집단규범은 성원의 집단 내 행동을 통제하고 안정시키며, 행동에 대한 예측력을 증진해 주는 기능을 한다.

행동 통제와 예측

(2) 지위

지위(status)는 집단 내의 다른 모든 성원과 비교하여 각 성원이 집단 내에서 어느 정도의 위치에 있는지를 평가하고 순위를 매긴 것을 의미한다(Nixon, 1979; Northen, 1988). 이러한 지위에 영향을 미치는 요인은 기관에서 후원을 얻어 내는 능력, 개인적인 호감, 지식수준, 집단에 대한 책임이행도, 집단발전에의 기여도 등이다.

지위 영향 요인

이러한 지위는 다양한 방식으로 사회통제의 기능을 수행한다. 지위가 낮은 사람은 집단규범에서 일탈하지 못하고 집단규범에 순응하므로 더 높은 지위를 얻기 어려워진다. 중간 정도의 지위를 가진 성원은 지위를 보전할 수 있고, 가능하다면 더 높은 지위도 얻을 수 있기 때문에 집단규범에 순응한다. 지위가 높은 성원은 집단을 위하여 많은 봉사를 하고, 집단의 규범에 순응함으로써 자신의 지위를 확고히 하려 한다. 그러나 지위가 높은 사람은 집단규범으로부터 일탈할 수 있는 자유가 상대적으로 더 많은 반면 지위가 낮은 사람이 일탈행동을 하게 되면 집단으로부터 순응이나 탈퇴 압력을 받게 된다.

사회통제

집단규범

(3) 역할

규범이 집단에서 주요 사회통제 수단이라고 할지라도 역할(role) 또한 모든 성원에게 영향을 미친다. 규범과 역할은 매우 밀접한 관련성을 지니고 있지만, 규범은 집단성원 모두가 공유하고 있는 기대인 반면 역할은 집단 내의 개별성원의 지위에 걸맞은 기능에 대해 공유하고 있는 기대이다. 즉, 역할이란 특정 성원이 집단 내에서 수행해야 할 구체적인 과업이나 기능과 관련된 행동을 규정하는 것이다.

규범과 역할

집단성원은 다양한 역할을 수행할 수 있다. Benne와 Sheats(1948)는 집단에서 나타날 수 있는 역할을 촉진자, 정보추구자, 정보제공자, 기여자, 의견제시자, 평가자, 비평가, 집단형성가, 집단유지자, 조화자, 격려자, 광대(clown), 침묵자 등이

집단성원의 역할

있다고 했다. 그 외에도 선한 어머니(good mother), 안내자, 조력자, 중개자, 중재자, 관찰자, 교사 등의 역할이 나타날 수 있다.

집단에서 가장 문제가 되는 역할은 희생양, 소외자, 문지기(gate-keeper) 등이다. 희생양은 집단 내에서 타인의 관심을 끌기 위하여 집단활동에 적극적으로 참여하지만, 항상 다른 성원으로부터 부정적 반응을 불러일으키는 성원으로 우리가 흔히 말하는 '동네북'이다. 소외자는 타인과의 관계 형성을 시도하지 않으며, 집단에서의 의사소통이 항상 무시되고, 기여분이 인정되지 않으며, 의견 제시에 대한 요구조차도 받지 않는 성원으로 우리가 흔히 말하는 '꾸어다 놓은 보릿자루'이다. 문지기는 집단에서 금기로 규정한 영역에 대한 의사소통을 하지 못하도록 성원의 의사소통 내용을 감시하는 역할을 맡은 성원을 말한다.

희생양

소외자

문지기

7) 집단문화

집단문화(group culture)는 집단성원이 공통으로 갖고 있는 가치, 신념, 관습, 전통을 의미한다(Olmstead, 1959). 이러한 집단문화는 성원 간의 의사소통과 상호작용에 용해되어 있는 경우가 많기 때문에 쉽게 눈에 띄지 않는 특성을 지니고 있다. 첫 번째 모임부터 성원은 상대방의 가치체계를 탐색하고 그들이 서로 연관성이 있는 부분, 즉 공통된 가치를 발견하고, 이를 이해하고 공유하려고 한다. 이러한 과정을 통하여 집단문화가 형성되기 시작하고, 집단 발달과 함께 더욱 공고해지고 진화해 나간다. 그리고 집단문화는 개별 성원이 지니고 있는 가치체계나 신념 등이 공유됨으로써 형성되지만, 집단 외부의 더 큰 사회체계의 가치, 전통, 유산도 공유하게 된다.

의사소통과 상호작용

가치체계의 탐색

집단 발달

자기결정, 개방성, 공정성, 의견의 다양성 등의 가치를 중시하는 집단문화가 발달할 경우에는 전체 집단과 개별 성원의 목적 성취를 촉진한다. 하지만 성원이 갖고 있는 사회문화적인 독특한 틀은 집단의 발달과 기능을 저해할 수도 있다. 따라서 집단지도자는 긍정적 집단문화를 형성할 수 있도록 원조하여야 한다. 이를 위해서는 ① 성원 간의 가치관 탐색을 조장하고, ② 후원기관과 지역사회의 가치체계를 파악하고, ③ 다른 성원과의 상호작용을 방해하는 자신의 독특한 틀에서 벗어날 수 있도록 원조하여야 한다.

긍정적 집단문화

3 집단 발달 단계

집단은 처음에는 단순히 개인의 집합체에 불과하지만, 시간이 지남에 따라 집단
의 내부 구조가 확립되고 문화가 형성되는 등의 변화를 겪게 된다. 이처럼 시간이
집단 발달 지남에 따라 집단 내에서 나타나는 변화와 성장의 과정을 집단 발달이라 한다. 집
단구조와 성원의 역할·지위, 집단의 과업과 운영 절차, 그리고 집단문화라는 세
가지 영역은 시간이 지남에 따라 변화의 규칙성을 보이는데, 집단의 시간에 따른
집단 발달 단계 규칙적 변화 특성에 근거하여 이를 구분한 것을 집단 발달 단계라 한다.

집단 발달 단계를 몇 단계로 구분하느냐, 각 단계의 특성이 무엇이냐에 대해 학
자 간에 이견이 존재하고 있기 때문에 어느 한 학자의 단계 구분에 입각하여 집단
발달 단계별 집단역동의 특성을 논의하기에는 한계가 있다. 따라서 이 장에서는
〈표 21-2〉와 같이 기존 학자들의 집단 발달 단계를 재구성하여 사전 단계, 초기
단계, 중간 단계, 종결 단계로 구분하여 단계별 특성을 살펴보고자 한다.

📶 **표 21-2** 집단 발달 단계의 재구성

Toseland & Rivas (1984)	Northen & Roberts (1975)	Corey & Corey (1977)	Vinter (1967)	Trecker (1972)	Hartford (1971)
사전 단계	준비 단계	전집단 단계	접수 단계	—	전집단기획 단계 소집 단계
초기 단계	오리엔테이션	시초 단계 전이 단계	집단 구성·형성	시작 단계	집단형성 단계
중간 단계	탐색과 시험 문제해결 단계	작업 단계	치료 단계	집단의식·조직 단계 유대, 목적 및 결속력 단계 집단의식 강화 및 목적달성 단계	갈등 단계 규범설정 단계 수행 단계
종결 단계	종결 단계	집단종결 추후 단계	평가와 종결	관심, 집단의식 결여 종결 단계	전종결 단계 종결 단계

1) 사전 단계

사전 단계는 기획 단계라고도 불리며, 집단지도자와 성원이 하나의 집단으로 처 기획 단계
음으로 대면하기 이전의 단계이다. 그러므로 이 단계의 집단은 실제로 존재하는
실체가 아니라 집단지도자의 머릿속에 존재하는 하나의 허상(虛像)에 불과하다. 허상
따라서 전체 집단으로서의 특성은 나타나지 않으며, 실질적인 집단활동도 이루어
지지 않는다.

2) 초기 단계

첫 모임에서부터 시작되는 초기 단계에서 성원은 타인에 대한 관심보다는 자신
에 대한 의식이 더 강하다. 그러므로 집단 내에서 자신의 사고나 감정을 신뢰하고
수용해 주는 사람과 지속적인 관계를 형성할 수 있는 사람을 찾아내기 위하여 다
른 성원이나 집단지도자에 대해 잠정적인 평가를 시도한다. 이때 다른 성원과 집 성원 평가
단지도자에게 조심스럽게 접근하지만, 이러한 접근은 단지 평가를 위한 시도에 불
과하다. 이와 같이 초기 단계에서는 서로 가까워지려고 하지만 지나치게 가까워지
는 것을 회피하는 접근-회피갈등(approach-avoidance conflict)이 특징적으로 나타 접근-회피갈등
난다.

초기 단계에서 성원은 집단의 적절한 의사소통 및 반응양식에 대한 확신이 없기
때문에, 정서적으로 부담이 되는 개인정보를 집단 앞에서 표현하기를 꺼린다. 그
리고 다른 성원의 이야기를 수동적으로 듣거나 판에 박힌 듯한 대화를 하면서, 적
절한 자기표현 방식을 탐색하게 된다. 초기 단계에서는 성원과 집단지도자 간의 자기표현 탐색
상호작용이 지배적으로 이루어지지만, 성원이 서로 사귀기 시작하고 집단 상황에
익숙해짐에 따라 성원 간의 상호작용이 많아지기 시작한다. 그리고 점진적으로 자
신이 생각하고 느낀 것을 표현하게 됨으로써, 성원 간의 결속력이 생겨나고 신뢰 결속력
감이 형성되기 시작한다.

초기 단계에서는 자기주장이 강하고 호전적인 성원이 집단에 명령을 하고 지배
함으로써 지도력을 갖게 되며, 이 성원을 중심으로 집단 내의 권력 및 지위 구조가 지도력
형성되지만, 성원은 집단 내에서 자신의 지위를 발견하기 위하여 지속적인 노력을 지위
한다. 집단성원은 처음에는 자신의 가치나 규범에 의거하여 행동을 하기 때문에,

집단규범

집단목적

집단의 공통적인 가치나 규범은 존재하지 않지만, 성원이 집단 내에서 수용되는 행동양식을 탐색해 감에 따라 집단규범이 형성되기 시작한다. 그리고 포괄적으로 제시된 집단목적에 관한 토론을 통해 구체적 집단목적을 수립하게 된다.

3) 중간 단계

중간 단계는 ① 시험, 갈등, 성원 간의 관계를 조정하는 시기인 갈등 및 통합와해 단계와 ② 목적 성취를 위해 노력을 경주하는 문제해결 단계로 구분할 수 있다.

갈등 및 집단와해 단계

중간 단계의 첫 번째 세부 단계는 갈등 및 집단와해 단계이다. 이 기간에는 초기 단계를 거치면서 형성된 집단의 의사소통과 상호작용의 유형, 집단결속력, 사회통제, 집단문화를 변화시키기 위한 시도가 많이 나타난다. 즉, 초기 단계를 거쳐 집단이 어느 정도 안정화되면, 성원은 자신의 욕구나 요구사항을 충족하기 위하여 집단을 재구성하려는 시도를 하게 된다. 이 단계에서는 성원이 의사결정과 책임배분 과정에서 이전보다 더 많은 권력을 행사하고 더 높은 지위를 확보하기 위하여 경쟁하기도 하며, 집단지도자에게 도전하기도 하므로 집단성원 간에 그리고 성원과 지도자 간에 갈등이 일어나기도 한다.

집단 재구성 시도

경쟁과 갈등

집단이 이와 같은 재조정기를 거치고 나면, 본격적으로 집단의 목적을 성취하고 성원의 문제, 관심사, 욕구를 해결하기 위한 과업중심적 활동에 몰두하는 문제해결 단계로 넘어가게 된다. 이 단계에 이르면 집단의 목적이 분명해지고 목적 성취를 위한 활동이 증가하기 시작하며, 성원 간의 역할 분화가 이루어지고, 지도력도 과업지도자와 사회정서적 지도자로 분화가 이루어지게 된다. 그리고 이 단계에서는 ① 성원 간의 신뢰와 집단의 결속력이 높고, ② 개방적 의사소통, 환류 및 자기 표출이 이루어지며, ③ 지도력을 공유하게 되고, ④ 갈등이 일어나더라도 직접적이고 효과적인 방식으로 이를 처리하며, ⑤ 목적 성취를 위한 행동을 취하도록 성원 상호 간에 지지하게 되며, ⑥ 변화 가능성에 대한 희망을 갖고 집단 내에서 적극적인 변화 노력을 기울이며, ⑦ 집단 외부에서도 행동 변화를 일으키기 위하여 노력하게 된다. 그리고 집단의 구조와 운영 절차가 상당히 안정되고, 공통의 가치와 규범을 공유하게 됨으로써 집단 특유의 문화가 형성된다.

문제해결 단계

역할과 지도력 분화

집단의 상호작용

집단 구조와 운영 절차

집단 문화

4) 종결 단계

종결 단계에 이르면 성원은 친숙하게 지내던 성원과 분리되고 안전한 장소인 집단을 떠나 위험이 도사리고 있는 현실 상황으로 되돌아가야 한다는 것에 대해 불안감을 느끼게 된다. 이러한 분리불안과 아울러 앞으로의 일상생활에서 집단활동을 통해 배운 것을 어떻게 적용할 것인가에 대한 염려가 증가하게 되어, 오히려 집단활동을 계속하고 싶어 한다. 이처럼 종결 단계에서 성원은 양가감정을 느낀다.

집단성원이 종결을 예감하게 되면, 집단활동에 대한 참여도가 낮아지고, 집단의 결속력이 저하되며, 집단의 사회통제 기제가 성원의 행동통제에 미치는 영향력이 줄어들게 된다. 집단회합(group session)에서 이루어지는 의사소통은 집단종결에 대한 감정, 타인의 미래생활에 대한 질문, 앞으로의 자신의 생활에 대한 불안감 등이 주종을 이루게 된다. 그리고 집단활동을 통해 학습한 것을 일상생활에 적용하기 위한 준비를 하기 위하여 역할극, 행동적 예행연습 등의 활동 프로그램이 많아지게 된다.

성원은 지금까지의 집단활동에 대한 개인적인 평가를 하고, 집단종결에 대비하여 앞으로의 일상생활에 대한 개인적 미래계획을 수립하며, 다른 성원의 미래계획에 대한 환류와 지지를 한다.

분리불안

양가감정

집단 참여도

집단의 영향력

집단평가

미래계획

4 사회복지실천에의 적용

1) 심리적 건강과 증상에 대한 관점

집단은 지역사회나 사회가 형성될 수 있는 공식적 또는 비공식적 구조를 제공해 주는 기본적 사회 단위이다. 그리고 집단은 각 개인에게 주요 타인과의 관계를 형성 · 유지할 수 있는 수단을 제공해 준다. 따라서 개인은 가족, 또래집단 등을 통하여 바람직한 사회규범을 학습하고, 만족스러운 사회관계를 형성 · 유지할 수 있으며, 개인이 성취하고자 하는 목적을 확인할 수 있을 뿐만 아니라 고통스러운 시기에 사회적 지지를 받을 수 있는 기회를 갖게 된다.

사회규범
사회관계

사회적 지지

집단소속의식
장애

개인이 집단소속의식에 장애를 입게 되면 완전하고 자유로운 사회 참여를 방해하고, 집단의 성원으로서 기여하는 만족감을 얻지 못하게 한다. 이러한 참여로부터 오는 보상을 향유할 수 없게 만드는 다양한 조건이나 과정이 야기된다. 현대인은 과학의 급속한 진보와 변화, 권력의 집중화와 비대화, 가족기능의 축소, 여가활용 기회의 제한, 개인주의 및 물질주의 사상의 팽배와 같은 현대사회의 특성으로 인하여, 집단소속의식에 장애를 입는 경우가 많이 있다.

소외와
적응 문제

의미 있는
집단경험

사회적 모순

현대인은 이러한 현대사회의 특성으로 인하여 친밀한 대인관계를 형성하기 어려워졌으며, 다양한 가족생활상의 문제를 경험하게 되며, 사회적 소외와 사회적응 문제를 비롯한 정신적 문제를 경험할 가능성이 높아졌다. 그리고 노동의 비인격화로 인하여 의미 있는 집단경험을 할 수 있는 기회가 줄어들었으며, 부적절한 사회적 구조와 모순을 개인 혼자로서는 개선하기 힘들어지게 되었다. 이와 같은 현대인이 경험하는 부적응과 문제는 바로 유의미한 집단경험 기회의 박탈과 집단소속의식의 장애에서 기원하는 것이라 할 수 있다.

2) 집단개입의 목표

성장과 변화

치료, 예방

재활, 적응

사회적
기능 회복

집단사회복지실천의 목표는 학자에 따라 각기 다르다. 집단사회복지실천의 목표에 대해 Trecker(1972)는 개인의 성장, 집단의 성장, 그리고 지역사회와 환경의 변화라고 하였으며, Douglas(1976)는 개인의 성장과 적응, 전체 집단의 발달, 집단경험을 통한 사회 변화라고 하였다. 그리고 Alissi(1980)는 치료, 예방, 정상적 성장과 발달, 개인적 성장, 시민으로서의 참여와 책임성 배양이라고 하였다. Klein(1953)은 재활, 적응, 교정, 사회화, 예방, 사회행동, 문제해결, 사회적 가치의 개발이라고 하였다. 그리고 Greene과 Ephross(1991)는 건전한 사회적 기능의 증진을 위한 자원 제공, 역기능의 예방, 사회적 기능의 재활과 회복이라 하였다. 이러한 학자의 견해를 종합하여 보면 집단사회복지실천의 목표는 ① 개인의 사회화, 역기능의 예방, 치료, 재활 및 성장, ② 전체 집단의 성장과 변화, ③ 사회행동, 사회위기의 제거를 통한 사회 변화라고 할 수 있을 것이다(김종옥, 권중돈, 1993).

치료집단

이와 같은 집단사회복지실천의 목표 중에서 어떤 목표에 특히 강조점을 두는가에 따라 집단의 유형을 구분할 수 있다. 먼저 집단성원 개인의 교육, 성장, 행동 변화와 치료, 사회화에 대한 욕구충족에 1차적인 목표를 두고 있는 집단은 치료집단

(treatment group)이라 한다. 이에 반해 조직의 정책입안과 집행, 사업계획의 건의 및 보고, 조직의 이익대변, 조직과 이용자 간의 관계 형성, 이용자 지원에 대한 의 사결정, 사회구조적 모순의 개선을 목표로 하는 집단은 과업집단(task group)이라 한다.

과업집단

이처럼 집단사회복지실천의 목표는 매우 광범위하며, 집단의 유형이나 실천모 델에 따라 많은 차이가 있다. 그러나 집단사회복지실천이 궁극적으로 추구하는 목 표는 개인과 환경 사이의 적응, 즉 적합성을 증진하는 것이라 할 수 있다. 이에 비 하여 집단상담(group counseling)은 건강한 사람의 성장과 발달을 지원하는 데 기 본 목표를 두고 있으며, 집단치료는 질병이나 장애가 있는 개인의 문제해결과 증 상 제거에 기본 목표를 두고 있는 차이점이 있다(권중돈, 1993). 이를 도식화해 보 면 [그림 21-3]과 같다.

집단사회
복지실천

집단상담
집단치료

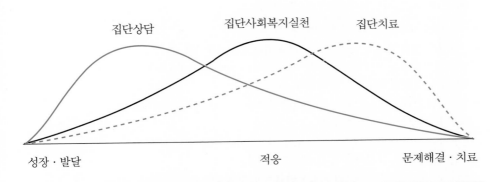

[그림 21-3] 집단접근방법의 목표 비교

3) 집단사회복지사의 과업과 실무 원칙

집단사회복지사가 성원의 문제해결과 적응을 지원하기 위해서는 조력자, 안내 자, 촉진자, 중재자, 중개자, 교사, 대변자 등 매우 다양한 역할을 수행하여야 한 다. 집단사회복지사가 이러한 역할을 수행하는 과정에서 성취해야 할 과업은 집단 발달 단계와 집단역동의 특성과 밀접한 관련성을 지니고 있는데, 이를 요약하면 〈표 21-3〉과 같다. 그리고 집단사회복지사가 집단원조과정에서 이상과 같은 과 업을 수행할 때 따라야 할 실무 원칙을 Konopka(1983)는 〈표 21-4〉와 같이 14개 로 요약하여 제시하고 있다.

집단사회복지사의
역할

집단원조과정의
과업

.ıll **표 21-3** 집단사회복지사의 과업

단계	과업 내용
사전 단계	① 집단의 목적 설정, ② 잠재적 후원기관 및 성원에 대한 사정, ③ 성원의 모집, ④ 집단의 구성, ⑤ 집단에 대한 오리엔테이션, ⑥ 사전계약, ⑦ 집단환경의 준비, ⑧ 집단활동계획서의 작성과 승인
초기 단계	① 안락한 집단 분위기 조성, ② 집단목표와 집단의 기능에 대한 설명, ③ 과업목표와 집단유지목표 간의 균형 유지, ④ 집단의 구조화, ⑤ 집단목표의 설정, ⑥ 계약, ⑦ 집단활동에 대한 동기와 능력의 촉진, ⑧ 집단성원, 전체 집단, 집단환경의 사정
중간 단계	① 집단모임의 준비, ② 집단의 구조화, ③ 성원의 목적 성취 원조, ④ 집단평가와 점검
종결 단계	① 성원의 변화 노력 유지 · 일반화, ② 집단에 대한 의존성 감소, ③ 종결감정의 처리, ④ 미래계획 수립 원조, ⑤ 다른 서비스에의 의뢰, ⑥ 집단과정과 결과의 평가

.ıll **표 21-4** 집단사회복지실천의 실무 원칙

- 각 성원의 고유한 상이성을 인정하라.
- 다양한 특성을 지닌 집단을 하나의 전체 집단으로 인정하라.
- 성원 개개인이 장점과 단점을 모두 지니고 있는 존재임을 인정하라.
- 집단성원과 의도적인 원조 관계를 수립하라.
- 집단성원 간에 상부상조하고, 협력적인 관계를 수립하도록 격려하라.
- 집단과정을 적절히 수정하라.
- 성원이 자신의 능력에 따라 참여하도록 격려하라.
- 성원이 문제해결 과정에 직접 참여하도록 하라.
- 성원이 점진적으로 만족스러운 갈등해결 방법을 경험할 수 있도록 원조하라.
- 성원에게 대인관계와 성취와 관련된 새롭고 다양한 경험을 할 수 있는 기회를 제공하라.
- 성원 개개인과 전체 상황에 대한 진단적 평가에 근거하여 적절한 제한을 가하라.
- 성원, 집단목적, 사회목적에 대한 적절한 진단적 평가에 근거하여 의도적이고 전문화된 프로그램을 개발하여 실시하라.
- 개인과 집단발달에 대해 지속적으로 평가하라.
- 원만하고 절도 있게 자기활용을 하라.

4) 개입 기법

집단사회복지실천에서 집단사회복지사가 활용할 수 있는 개입 기법은 대체로 ① 집단과정 촉진기법, ② 자료수집 및 사정기법, ③ 성원의 목적 성취를 원조하기 위한 행동기법 등으로 구분될 수 있다(권중돈, 1994).

(1) 집단과정 촉진기법

집단과정 촉진기법은 집단성원 간의 이해를 증진하고, 개방적 의사소통 유형을 형성하고, 성원 간의 신뢰감을 조성하는 데 목적을 두고 있다. 이러한 기법에 속하는 것으로는 먼저 언어 및 비언어적 행동을 통하여 성원의 말이나 행동에 관심을 기울이고, 이에 대한 이해의 감정을 전달하는 주의집중 기법이 있다. 그리고 집단성원이 자신의 문제나 감정 등을 자유롭게 표현할 수 있도록 하는 표현적 기법, 특정한 행동을 끌어내기 위하여 의도적인 반응을 보이는 반응기법이 있다. 집단활동의 특정 부분에 초점을 둠으로써, 관련 없는 부분에 대한 의사소통을 줄일 수 있고, 문제를 탐색하고, 집단활동을 촉진하는 초점유지기법이 있다. 그 외에 집단성원 간의 상호작용을 특정 방향으로 인도하기 위하여 사용하는 상호작용 지도기법, 침묵하거나 철퇴되어 있는 성원을 집단활동에 참여시키기 위한 집단참여 촉진기법이 있다.

주의집중 기법

반응기법

초점유지기법

상호작용 지도기법

집단참여 촉진기법

(2) 자료수집 및 사정 기법

집단성원의 욕구와 문제, 전체 집단과정의 역기능, 집단환경의 적절성 등을 파악하기 위하여 집단사회복지사가 사용하는 기법이 자료수집 및 사정 기법이다. 여기에는 성원이 표현한 것을 명확화하기 위한 확인 및 묘사 기법, 집단에서 공동으로 다룰 수 있는 의제를 찾아내기 위한 질문 및 추적 기법이 있다. 그리고 집단이 부딪힌 문제나 관심사에 대한 토론 내용을 요약하고 처리 가능한 부분으로 나누어 주는 요약 및 세분화 기법이 있다. 성원의 기능을 사정하기 위한 기법으로는 성원의 자기관찰, 집단사회복지사의 관찰과 반영, 모의검증 등의 기법이 있으며, 소시오그램, 의미미분, 상호작용 과정 분석기법, 체계적 중다수준 집단관찰(SYMLOG) 기법 등이 있다. 그 외에 후원기관, 기관 간의 환경, 지역사회 환경을 사정할 수 있는 다양한 기법이 사용된다.

확인 및 묘사 기법

질문 및 추적 기법

요약 및 세분화 기법

관찰과 반영

소시오그램

(3) 행동기법

행동기법은 집단의 목적과 과업을 성취할 수 있도록 원조할 때 사용되는 기법으로, 가장 기본적인 기법은 집단활동의 방향을 지시하는 것이다. 그리고 ① 언어적 의사소통과 비언어적 의사소통의 의미를 연결하여 파악하는 통합기법, ② 성원 간의 상호 지지와 감정표현을 격려하는 지지기법, ③ 문제와 관심사의 의미를 긍

지시기법

지지기법

재정의
갈등해결 기술

정적으로 변화시키는 재정의기법, ④ 조정, 협상, 중재, 중개 등의 갈등해결 기법, 그리고 ⑤ 조언, 제안, 교육 등과 같은 기법이 포함된다. 그 외에 ⑥ 성원의 저항을

직면

극복하고 성원을 동기화하기 위하여 사용하는 직면기법, ⑦ 성원의 관찰학습을 조

모델링
역할극

장하는 모델링(modeling), ⑧ 대인관계 기술의 평가와 수정을 위한 역할극, ⑨ 새로운 행동양식을 안정된 집단환경에서 미리 연습해 보는 예행연습, ⑩ 언어적 및

코칭

물리적 교육을 실시하는 코칭(coaching) 등이 있다.

생각해 보아야 할 과제

1. 참여하고 싶었던 집단에서 소외되었을 때 경험한 정서적 고통을 구체적 예를 들어 설명해 보시오.

2. 6~7명의 훈련집단을 구성한 후, 구성원 간에 소외자와 희생양 역할을 직접 해 보고 그때의 느낌을 집단에서 토론해 보시오.

3. 어떤 집단에 참여하였을 때 남몰래 숨기고 있었던 목적이 있었던 경험이 있거나 자신도 모르는 무의식적 목적을 갖고 있었던 경험이 있으면 제시해 보시오.

4. 자신의 선별적 지각이 다른 사람과의 의사소통을 어떻게 방해하고 있는지 분석해 보시오.

5. 사회집단에서 지도력을 발휘하기 위하여 자신이 주로 사용하는 권력기반(power base)은 무엇인지 분석해 보시오.

6. 자신이 집단에서 경험한 접근-회피갈등을 구체적인 예를 들어 설명해 보시오.

7. 타인이 요구하는 역할기대에 미치지 못하거나, 역할불일치나 역할갈등을 경험하는 영역은 무엇인지 분석해 보시오.

8. 집단 내의 사회통제 기제가 지나치게 강할 때와 지나치게 약할 때 집단에서 나타날

수 있는 현상은 무엇인지 논의해 보시오.

9. 자신의 동료집단의 정서적 결속력을 소시오그램(sociogram)으로 나타내 보시오.

10. 자신이 집단사회복지사가 갖추어야 할 자질을 어느 정도 갖추고 있는지 분석해 보시오.

제22장

일반체계이론

1. 일반체계이론의 사회관과 기본 가정을 이해한다.
2. 일반체계이론의 주요 개념을 이해한다.
3. 일반체계의 체계 발달 관점을 이해한다.
4. 일반체계이론을 사회복지실천에 적용할 수 있는 방안을 이해한다.

일반체계이론(general system theory)은 생물학자인 Bertalanffy에 의해 1940년대에 처음으로 제시된 이후 가족치료와 사회복지실천분야에서는 1960년대부터 주목을 받게 되었다. 일반체계이론은 앞서 제시한 이론과 다른 점이 많다. Bertalanffy(1962)는 일반체계이론은 현상을 설명하고 예측하고 통제할 수 있는 이론적 모델을 제시해 주는 기능을 하는 작업가설이라고 하였다. 따라서 일반체계이론은 매우 추상적이며 현실을 관찰하고 구성요소 간의 관련성을 파악하여 조직화할 수 있는 방

현상 설명과 통제

Karl Ludwig von Bertalanffy
(1901~1972)

법을 제시해 주며, 세포에서부터 사회, 더 나아가 모든 형태의 인간 연합체에 모두 적용될 수 있다(Durkin, 1981; Kearney, 1986; Polsky, 1969).

체계란 독특한 방식으로 상호작용하고 지속적으로 존재하는 구성요소를 포함

체계

한 조직화된 전체이다(Anderson & Carter, 1984). Bertalanffy(1968)는 체계를 구성하는 요소의 속성과 이들 간의 상호작용의 속성을 이해하기 위하여 일반체계이론을 개발하였다. 즉, 일반체계이론의 원칙은 매우 복잡한 체계의 관계 속성 또는 체계 내부에서 이루어지는 상호작용의 특성을 파악하기 위하여 개발된 것이다. 모든 체계가 유사한 관계 속성을 지니고 있다는 인식에 기초해 있는 일반체계이론의 등장으로, 원조전문직에서는 이전의 기계적이고 환원론적인 사고에서 벗어날 수 있었다. 체계 요소 간의 상호 관련성과 상호 의존성을 강조하는 체계적 시각은 과학적 사고의 급격하고 중요한 변화를 가져왔다(Buckly, 1968; Durkin, 1972; Hearn, 1958).

일반체계이론은 사회복지실천에 매우 중요한 영향을 미쳤으며, 많은 변화를 초래하였다. 일반체계이론의 영향으로 사회복지에서는 X가 Y를 일으킨다는 직선적 원인론에 입각한 의료적 모델(medical model)에서 벗어나, 여러 가지 원인에 의하여 행동이 일어난다고 보는 순환적 원인론(circular casuality)으로 전환할 수 있게 되었다(Peter, 1988). 일반체계이론은 행동을 단순한 원인에 입각하여 설명하기보다는 다양한 변인 간의 상호작용을 이해할 수 있는 개념적 준거틀을 제시하였다.

일반체계이론은 사회복지실천의 원조과정에서 수집한 정보를 조직화하고 통합할 수 있는 길을 열어 주었기 때문에, 인간행동을 이해하는 데 매우 유용한 이론적 준거틀을 제공해 주었다(Berger & Federico, 1982). 예를 들어, 직선적 관점에서는 성별 행동 차이를 호르몬 분비상의 차이에 기인한 것이라고 본다. 하지만 일반체계이론은 역할행동, 성적 정체감과 같은 복잡한 현상과 관련된 다양한 기여요인을 동시에 고려하여 행동 차이를 설명하고 해결하려 할 것이다. 이처럼 일반체계이론은 사회복지사가 인간이 기능하는 다양한 체계를 동시에 고려하여야 한다는 인식을 갖게 해 줌으로써, 사회복지실천에 많은 영향을 미쳤다.

사회현상 간의 상호 관련성에 초점을 두는 일반체계이론은 사회복지실천의 초점을 변화시켰다. 일반체계이론은 인간과 상호작용하는 체계의 다면성에 강조점을 두기 때문에, 통합적 관점을 제공해 주는 이론으로 받아들여지고 있다. 일반체계이론의 영향으로 사회복지실천에서는 개인행동에 초점을 두던 것에서 벗어나, 다시 체계 성원 간의 역동적 상호작용에 초점을 두게 되었다. 즉, 사회복지실천에서 일반체계이론을 활용함으로써, 인간-환경 복합체에 대한 이중적 초점을 유지할 수 있게 되었으며, 개인과 사회체계 사이의 관계를 통합적으로 고려할 수 있는 이론적 기반을 구축할 수 있게 되었다(Weick, 1981).

[좌측 여백 키워드]

체계의 관계 속성 상호작용

상호 의존성

직선적 원인론

순환적 원인론

변인 간의 상호작용 정보의 조직화와 통합

통합적 관점

인간-환경 복합체

일반체계이론은 인간이 상호작용하는 많은 체계를 고려할 수 있는 접근방법이 기 때문에, 사회복지실천의 사정과 개입의 영역을 확대하였다. 즉, 일반체계이론 의 영향으로 사회복지실천의 사정에서는 내담자에 국한되지 않고 관련 체계의 영 향력을 사정에 포함하게 되었으며, 문제나 욕구를 좀 더 상황적이고 환경적 맥락 에서 이해하려는 경향을 부활시켰다. 그리고 일반체계이론의 원칙은 개인의 생활 문제를 이해하고 개입하기 위한 사회복지실천뿐만 아니라 가족, 사회집단, 그리고 지역사회를 포함한 다양한 형태의 사회체계에 개입할 때 모두 적용될 수 있다.

사정과 개입의
영역

환경적 맥락

개인의 생활문제

사회체계 개입

일반체계이론은 체계 구성요소 간의 상호 의존성과 상호작용 그리고 사회체계 의 적응 또는 부적응에 강조점을 두고 있기 때문에, 사회복지실천에서도 매우 유 용하게 사용될 수 있다. 특히 일반체계이론은 사회적 체계 내부 및 체계 간의 안정 성과 변화를 설명할 수 있는 수단을 제공해 주기 때문에, 사회복지실천에 매우 유 용하다. 사회복지사가 문제해결과 개입 및 변화의 가능성을 결정하고자 할 때, 사 회체계가 정적 상태에 머물러 있는 것이 아니라 환경과 지속적으로 상호작용하고, 역동적이며, 목적지향적이라는 일반체계이론의 개념을 활용할 수 있다.

적응 또는 부적응

안정성과 변화

일반체계이론이 사회복지실천의 변화와 성장에 많은 기여를 하였지만, 1980년 대 이후부터 일반체계이론에 대한 전문직의 평가가 상반되고 있다. Kearney(1986) 는 일반체계이론의 중심개념은 개인과 체계 간의 상호적 영향력을 이해하는 데 있 어서 아직도 중요한 역할을 하고 있다고 평가하였다. 이에 반하여 Siporin(1980) 은 일반체계이론은 그 인기를 잃어 가고 있으며, 생태체계이론(ecological system theory)에 의해 대치되어 가는 중이라고 하였다.

전문직의 평가

생태체계이론

일반체계이론에 대한 이와 같은 상반된 평가에도 불구하고 많은 사회복지사가 일반체계이론을 절충적으로 활용하고 있다(Hoyos & Jensen, 1985). Hearn(1979)은 일반체계이론이 사회복지전문직에 소개된 이래로 발전을 거듭하여, 현재의 일반 체계이론은 인공두뇌이론, 의사소통이론, 생태학적 이론까지도 포함하는 것으로 확대되고 있다. 하지만 일반체계이론의 개념은 여전히 난해하고, 복잡하고, 고도 로 추상적이기 때문에, 일반체계이론을 처음 접하는 사람은 매우 생소하게 느껴질 수 있다. 그럼에도 Compton과 Galaway(1989)는 환경 속의 내담자를 더욱 잘 이해 하기 위해서는 기본적인 일반체계이론의 개념을 이해하는 것이 필수적이라 하였 다. 따라서 다음에서는 일반체계이론의 인간관과 가정, 주요 개념, 체계 발달에 대 한 관점, 그리고 사회복지실천에의 적용방안 등에 대한 논의를 통하여, 일반체계

이론의
한계와 절충

이론에 대한 이해를 도모해 보고자 한다.

1 사회관과 가정

1) 인간과 사회에 대한 관점

전체적 존재   일반체계이론에서는 인간을 하나의 통합된 체계로 간주하는 전체적 인간관을 갖고 있다. 일반체계이론에서는 체계를 상호 의존적이고 지속적으로 상호작용하는 부분의 총체로 규정하고 있다. 그리고 체계 내 어느 한 부분의 변화는 다른 부분과의 상호작용의 속성을 변화시키기 때문에, 체계 전체의 속성을 변화시킨다고 보고 있다. 이러한 일반체계이론의 체계관에 근거하여 볼 때, 인간은 신체 · 심리 · 사회적 부분으로 분리된 존재가 아니라 통합된 전체로 기능하며, 이러한 전체의 기능 수준은 신체 · 심리 · 사회라는 각 부분의 기능 정도를 단순히 합한 것 이상의 것이며, 한 부분의 변화는 전체 인간의 사회적 기능에 영향을 미친다고 보고 있다.

환경 속의 인간   일반체계이론의 인간 본성에 대한 또 다른 관점은 환경 속의 인간관이라 할 수 있다. 일반체계이론에서는 하나의 통합된 총체인 인간은 외부 체계와 끊임없이 상호작용하며 상호 의존하는 존재로 보고 있다. 즉, 인간은 자신의 욕구에 맞게 환경을 수정할 수 있을 뿐만 아니라 환경의 요구에 맞게 자신의 행동을 수정할 수 있는 능력을 지니고 있다. 이처럼 일반체계이론에서는 인간행동이 환경과의 끊임없는 역동적 상호작용의 산물이라고 본다. 즉, 체계적 관점에서는 인간의 행동을 집단, 가족, 또는 다른 사회적 단위를 포함하는 전체적인 사회적 상황의 결과로 본다(Shafer, 1969). 따라서 한 개인의 부적응 행동은 한 개인에게 원인이 있는 것이 아니라 그를 둘러싸고 있는 사회체계와의 역기능적 상호작용에 그 원인이 있다고 할 수 있다.

2) 기본 가정

체계   체계는 어떤 형태의 규칙적 상호작용이나 상호 의존성에 의해 통합된 조직이다

(Bardill & Ryan, 1973). 한 체계의 요소는 상호 간에 상호작용하고 영향을 미친다. 이러한 상호작용에 의하여 구성요소가 독특한 전체를 형성한다. 즉, 체계는 전체를 형성하기 위하여 서로 조화를 이룬 통합된 부분으로 구성되어 있다. 이러한 체계는 자체의 경계를 초월하여 외부 환경과도 지속적인 에너지 교환을 함으로써 생존이 가능해지고, 내적 기능에서의 변화와 발달이 이루어진다. 그리고 이러한 한 체계의 변화는 체계 자체의 변화에 머무르는 것이 아니라 환경의 변화를 야기한다.

전체

에너지 교환

체계 변화
환경 변화

체계는 비교적 안정된 구조를 지닌다. 체계는 부분 간의 지속적인 관계를 맺음으로써 비교적 안정된 상호작용 유형을 지니고 있다. 예를 들어, 사회체계는 조직화된 행동능력을 가진 상호작용하고 상호 의존하는 사람들의 구조이다. 사회체계가 시간의 흐름에 따라 발달해 가면서 각 성원이 분화된 역할을 담당함으로써, 체계는 독특한 특성을 지니게 된다. 일반체계이론은 체계 성원 사이의 상호작용을 조직화하고 통합된 방식으로 파악할 수 있는 방법을 제시해 준다.

상호작용 유형

체계는 다양한 수준에 걸쳐 존재한다. 체계는 인간의 정신기능을 만들어 내는 뇌세포 사이의 행동체계에서부터 가족체계 성원 간의 상호작용 유형에 이르기까지 그 수준이 매우 다양하다. 이처럼 하나의 총체로서 기능하는 체계는 다른 체계의 하위체계인 동시에 또 다른 체계의 상위체계이다. 예를 들어, 가족은 하나의 체계이면서 동시에 사회의 하위체계이며, 가족성원의 상위체계인 것이다.

체계의 수준

체계

하위체계, 상위체계

대표적인 사회체계인 가족은 강한 상호 간의 애정 및 충성심에 의해 밀접한 관

가족체계

.ıll **표 22-1** 일반체계이론의 기본 가정

- 사회체계는 하나의 단위 또는 전체를 형성하는 상호 관련된 부분으로 구성되어 있다.
- 사회체계의 조직적 한계는 임시적인 또는 정립된 경계나 성원에 의해 설정된다.
- 경계는 사회체계에 하나의 체계로서의 정체감을 부여한다.
- 체계의 환경은 체계 경계선 외부의 것으로 규정되는 것이다.
- 사회체계의 생활은 그 참여자의 활동을 단순히 합산한 것 이상이다. 오히려 사회체계는 독특한 구조와 의사소통 유형을 지닌 독특하고 상호 관련된 관계망으로 볼 수 있다.
- 사회체계의 성원 사이에는 높은 정도의 상호 의존성과 내적 조직이 있다.
- 모든 체계는 동시에 다른 체계의 하위체계와 상위체계이다.
- 사회체계의 한 성원의 변화는 전체 사회체계의 속성 변화에 영향을 미친다.
- 사회체계와 외부환경과의 상호작용은 사회체계의 기능과 내적 구조에 영향을 미친다.
- 사회체계 내·외부의 변화로 인하여 체계 내부에 불균형 상태가 야기될 경우에, 체계는 균형 상태를 회복하기 위한 시도를 한다.

계를 맺고 있는 개인으로 구성된 사회체계로서, 영속되는 가족성원의 관계집합이다(Terkelsen, 1980). 일반체계이론에서는 가족을 이해하기 위해서는 각각의 성원을 분리하여 분석하여서는 안 되며, 오히려 가족성원 사이의 관계를 파악하여야 하며, 각 개인의 행동을 전체적인 사회적 상황의 결과로 보고 있다(Shafer, 1969).

2 주요 개념

　　일반체계이론이 말하는 체계는 매우 다양하기 때문에, 모든 체계와 관련된 주요 개념을 논의한다는 것은 매우 어렵다. 따라서 이 장에서는 사회복지실천에서 일반체계이론의 적용 가능성이 가장 높은 가족복지실천의 기본 대상인 가족체계를 중심으로, 일반체계이론의 주요 개념에 대해 논의해 보고자 한다.

가족체계

1) 구조 및 조직적 속성

(1) 체계 내부의 구조와 조직

　　모든 체계는 독특한 구조를 가지고 있다. 구조(structure)는 체계 성원 사이에서 지속적으로 나타나는 안정된 관계 유형을 의미하며, 각 체계 성원이 수행하는 기능에 기반을 두고 있다. Buckley(1967)는 체계의 조직적 속성인 체계성(systemness) 또는 전체성(wholeness)의 정도를 기준으로 하여 체계적 관계 유형을 분류하였다. '전체는 부분의 총합 그 이상이다.'는 비합산성(nonsummativity)의 원리는 전체로서의 체계는 부분 간의 관계체계와는 다른 관계 특성을 지닌다는 의미이다. 하나의 체계 또는 조직은 각각의 부분, 즉 구성요소와는 다르고 구성요소에서는 발견되지 않는 관계 특성을 지니고 있다.

구조의 개념

전체성

비합산성

　　전체 체계의 관계 특성이 부분의 관계와는 다른 특성을 지니고 있다는 것은 다음의 예를 살펴보면 더욱 명확해진다. 천체 관찰자가 한 번에 한 개의 별을 관찰할 때는 북두칠성이나 큰곰자리는 볼 수 없다. 이렇게 서로 분리되어 있는 별들이 전체를 형성하기 위하여 서로 조직화될 때, 전체로서의 형상을 지닐 수 있게 된다. 전체가 부분의 총합 이상이라는 원리는 각 가족이 다른 형상을 취하는 이유를 이해할 수 있는 길을 제시해 준다. 가족체계 내의 상호작용과 의사소통 유형, 조직적

전체 체계의
관계 특성

구조와 환경에 대한 개방성 정도가 서로 다르기 때문에, 각 가족의 형상도 달라진다. 어느 가족도 닮은꼴이 아니기 때문에, 가족체계는 독자적인 의사소통과 구조적 유형을 발전시키게 된다.

조직(organization)은 에너지 교환을 촉진하는 체계 성원의 집합이라고 할 수 있다. 하나의 체계가 조직화되는 방식은 체계의 구조와 작동 순서와 밀접히 관련되어 있다. 체계는 부분 간의 지속적인 상호 교환활동에 의해 조직화되는데, 하나의 체계가 작동하고 기능을 하기 위해서는 상위체계(suprasystem)에 의존하여야 하며, 또한 그 체계의 하위체계(subsystem)에게 방향을 제시해 주어야 한다. 이처럼 부분 간의 반복적인 상호작용 과정에서 체계 내 구성요소 간에 역할이 분화되고, 하위체계와 위계질서가 형성된다.

하위체계는 홀론(holon), 즉 부분인 동시에 전체인 총체(entity)로 볼 수 있다. 홀론은 '부분인 동시에 전체'라는 의미를 지닌 그리스어 'holos'에서 유래된 용어로서, 체계와 체계성원이 하나의 체계 이상의 수준에서 어떻게 작동하고 행동하는지를 이해하는 데 도움이 된다. 가족 내에서는 세대, 성, 흥미, 기능에 따라 하위체계가 형성된다. 상호작용하는 개인의 하위체계 중에서 가장 오랫동안 지속되는 것이 부모하위체계와 형제하위체계이다. 하위체계 간의 역동적 상호작용은 가족의 기능 정도를 결정하는 가장 중요한 요소이다(Minuchin, 1974).

가족성원은 생활주기상의 각 단계에서 직면하는 요구를 수용하고 변화할 수 있어야 한다. 그리고 가족체계는 모든 성원의 욕구를 충족하기 위하여 관계를 변화시킬 수 있어야 한다. 생활주기를 통한 변화를 가족 발달이라고 한다. 가족 발달은 전통적으로 자녀양육과 관련된 생활주기상의 단계를 포함하고 있다. 새로운 가족형태가 나타날 때, 가족전이가 이루어지게 된다. 가족전이(family transition)는 개인의 변화를 불러일으킨다. 임금근로자에서 퇴직자로의 전이, 친어머니에서 시어머니로의 전이, 어머니에서 할머니로서의 전이 등이 그 예이다. 이러한 과업을 성취하기 위하여 가족 내에서는 가족역할의 분화가 일어난다(Greene, 1986).

역할(role)은 특정한 지위와 연관된 문화적 유형의 총합이며(Linton, 1936), 모든 사람은 여러 가지 역할을 동시에 갖고 있다(Anderson & Carter, 1984). 모든 사회체계는 두 가지 상호 관련된 역할체계, 즉 사회경제적 과업과 관련된 수단적 역할과 정서적 과업과 관련된 표현적 역할을 가지고 있다. 가족성원은 가족생활주기에 따라 서로 다른 역할을 수행한다. 예를 들어, 보호자의 역할은 아동의 부모나 노부모

조직

상위체계
하위체계
반복적인 상호작용
위계질서

홀론

하위체계의
상호작용
가족 기능

가족 발달

가족전이

가족역할의
분화
역할

수단적 역할
표현적 역할

의 성인자녀가 수행한다.

역할구조, 역할의 상호 보완성은 가족체계의 기능과 관련된 매우 중요한 문제이

역할보완성 다. 역할보완성(role complementarity)은 역할관계의 적합성과 가족집단의 성장과
창조적 적응과 관련된 개념이다(Sherman, 1974; Spiegel, 1968). 가족체계의 성원은
다른 성원이 필요한 것을 제공하기 위하여 행동함으로써, 역할의 보완성을 성취할
수 있다. 역할보완성을 성취하지 못하였을 때, 가족체계 내에서는 스트레스가 야

역할 긴장 기되고, 개인은 역할 변화에 대한 요구를 받는 등 가족체계는 역할 긴장을 경험한
다. 가족성원 개인이 이러한 압력에 대처하는 방법에 따라, 가족체계의 적응성과
개인의 능력이 달라진다(Greene, 1986).

위계질서 다양한 가족성원 간의 위계질서, 권력과 통제는 체계의 또 다른 조직 특성이다.
기능적 가족이든 역기능적 가족체계이든 모두 위계질서를 가지고 있다. 가족 내

연령과 성 의 위계질서는 연령과 성이라는 기준에 의해 자연발생적으로 형성되지만, 가족성
원의 역할이나 권력에 변화가 일어나면 위계질서에도 변화가 일어나게 된다. 예
를 들어, 아버지와 딸이라는 이인군이 형성되거나, 일상생활에서 의사결정을 하

권력동맹 는 과정에서 더 많은 권력을 얻기 위해 2명 이상이 권력동맹(power alliance)을 맺

세대 간 결탁 거나, 전제적인 아버지에 대항하기 위해 어머니와 딸이 세대 간 결탁을 하는 경우
가 나타나면, 가족체계 내의 지위와 역할 더 나아가 위계질서에서의 변화가 일어
나게 된다. 가족체계가 권력의 분화와 위계서열을 규정하고 변화시키는 과정은
가족의 독특한 관계 유형, 즉 가족구조를 형성하고 변화시키는 데 매우 중요한 요
소이다.

(2) 체계 외부와의 관계

경계선 체계의 경계선(boundary)은 환경과 구별 짓는 체계 주변의 상상적 테두리 또는
점선이라고 할 수 있다. 경계선의 예로는 나무의 껍질, 사람의 피부, 동네의 지리
적 경계 등을 들 수 있다. 경계선은 체계에 참여하는 사람을 규정하는 개념적이고
임의적인 방법이다. 경계선은 체계 내·외부의 성원을 규정할 뿐만 아니라 환경과
체계를 구분한다.

개방성과 침투성 경계선과 관련하여 이해해야 할 체계의 속성은 경계선의 개방성과 침투성의 정
도이다. 체계 경계선의 개방성을 파악하기 위해서는 물고기를 잡는 데 사용되는
그물을 살펴보면 더욱 이해가 빠를 것이다. 그물에는 물과 물고기가 빠져나갈 수

있는 작거나 큰 구멍이 나 있다. 이러한 그물과 같이 모든 생명체계는 상대적으로 개방적이다.

상대적인 개방체계는 체계 내에서의 자유로운 정보교환과 자원교환을 허용하며, 외부로부터와 외부로의 상대적으로 자유로운 에너지 흐름을 인정한다. 상대적인 폐쇄체계는 외부 환경과 고립되어 있다. 이와 같은 체계 경계선의 개념은 상대적으로 개방적인 경계선을 가진 가족이 지역사회 자원을 이용하고 서비스를 요청하는 이유를 이해할 수 있게 해 주기 때문에, 사회복지사에게 매우 중요한 개념이다.

상대적으로 개방적인 경계선을 가진 가족은 내적 에너지가 부족할 때, 부가적인 에너지를 획득하거나 유입하기 위하여 성원이 주변 체계와 접촉하고, 가족성원이 생각이나 자원 등의 형태로 에너지를 외부 체계로 방출하는 것을 허용한다. 외부 체계에 접근함으로써 가족은 체계의 성장과 정교화에 필요한 에너지를 획득할 수 있게 된다. 모든 체계는 성장하거나 변화할 수 있는 능력이 있어야 하며, 동시에 모든 체계는 스스로를 유지할 수 있는 능력이 있어야 한다. 가족은 내적 안정성을 유지하고, 외부 환경으로부터의 투입을 선별적으로 받아들임으로써 독특한 특성을 형성해 나간다. 이러한 선별 과정을 통하여 가족은 내적으로 재조직화되어 간다.

경계선이 폐쇄적일수록 가족은 자신의 경계선 내부에서만 작동한다. 이러한 폐쇄적 체계는 융통성이 없고, 분화가 이루어지지 않고, 덜 효과적인 역기능적 체계이다(Goldenberg & Goldenberg, 1980). 역기능적 체계는 체계의 목적을 성취하는 데 불충분한 조직을 갖고 있는 경향이 있다.

개방체계
폐쇄체계
에너지의 유입과 방출
변화와 인정
역기능적 체계

2) 역동 및 진화적 속성

체계는 완전한 변화나 완전한 현상유지 상태로는 존재하지 않는다. 체계는 지속적으로 변화를 추구함과 동시에 역동적 균형 상태를 유지하려 하는데, 이러한 체계의 속성을 역동적 속성이라 한다. 이처럼 체계 내에는 성장, 개혁, 변화를 창출해 내려는 자기지향적 과정(self-directing process)이 있을 뿐만 아니라, 체계 내부의 규칙과 가치를 보존하고 안정성을 유지하려는 자기규제적 과정(self-correcting process)이 있다. 이와 같은 체계 내의 변화의 힘을 형태변형적 속성

변화와 역동적 균형 상태
자기지향적 과정
자기규제적 과정
형태변형적 속성

형태정체적 속성 (morphogenesis)이라 하며, 체계 자체를 유지하려는 속성을 형태정체적 속성 (morphostasis)이라고 한다.

항상성   체계 내의 균형이나 현상유지 속성을 설명하기 위하여 가장 보편적으로 사용되는 항상성(homeostasis)은 체계가 균형을 위협받았을 때 이를 회복하려는 경향을 말한다. 즉, 지속적인 변화의 상태에 놓여 있는 동시에 역동적인 균형 상태를 유지하는 것을 의미한다(Compton & Galaway, 1989). 균형(equilibrium)은 외부체계로부터의 투입 없이 평형상태를 유지할 수 있는 체계의 능력을 의미한다. 그러나 균형은 성장과 발달을 일으키는 일시적인 불안정을 유발한다. 체계의 균형 상태를 가장 적절히 표현한다고 할 수 있는 안정 상태(steady state)는 전체 체계가 균형을 이루고 있고, 부분 간의 관계를 유지하고 쇠퇴하여 붕괴하지 않게 하기 위해 환경과의 융통성 있는 에너지 교환관계를 유지하고 있는 상태를 말한다(Anderson & Carter, 1984).

균형

안정 상태

    시간의 흐름에 따라 복잡한 적응적 체계가 발달하기 때문에 모든 사회체계 내에서는 내적인 구조적 조직상의 스트레스를 말하는 어느 정도의 긴장 상태가 존재한다. 긴장은 체계가 환경과 상호작용하는 과정에서 이루어지는 체계 진화의 자연스러운 부분이다(Stein, 1971). 외부 에너지원에 대해 좀 더 개방적인 가족은 스트레스와 긴장을 경험하지만, 이러한 긴장을 처리하고 성장할 수 있는 능력을 지니고 있다. 이러한 가족은 보다 융통성 있고, 적응적이고, 목적 성취적인 기능적 체계라고 할 수 있는데, 기능적 가족의 판단기준은 목적을 성취하는 데 있어서 구조적 또는 행동적 유형을 어느 정도 활용하는가에 따라 달라진다(Walsh, 1980).

긴장

스트레스

기능적 체계

3) 과정적 속성

정보와 에너지의 교환   체계 자체의 생존을 보존하고 성장·변화해 가기 위해서는 체계 내부 및 외부와의 지속적인 정보와 에너지의 교환이 이루어져야 한다. 이러한 체계 내·외부와의 정보 및 에너지 교환을 가장 적절히 설명해 주는 개념이 바로 의사소통 (communication)과 투입-전환-산출이라는 과정이다.

(1) 의사소통

체계 내·외부에서의 정보의 흐름을 말하는 의사소통은 사회복지실천의 사정

과 개입과정에서 고려해야 할 중요한 가족체계의 속성이다. 의사소통은 두 사람 **의사소통의 개념**
또는 그 이상의 개인 사이에서 정보를 전달하는 체계이며, 개인 간의 관계를 형성
하는 기반이 되는 축적적인 상호 교환이다(Bloom, 1984). 두 사람 또는 그 이상의
사람들 사이의 의사소통을 통하여 상호작용과 사회 경험을 공유하게 된다. 상호작 **상호작용**
용은 두 사람 또는 그 이상의 사람들 사이에서 일어나는 연속적이고 상호적인 일
련의 접촉이다(Gouldner, 1960). 이런 점에서 의사소통은 공유(sharing)의 과정이 **공유**
며, 상호 보완적 과정이다.

한 체계 내에는 항상 의사소통이 이루어지며, 언어적 의사소통뿐만 아니라 침
묵, 입을 씰룩거림, 어깨를 으쓱거림, 웃음 또는 눈물 등과 같은 비언어적 의사소 **비언어적
의사소통**
통을 통하여 정보의 교환이 이루어질 수 있다. 정보를 의사소통하는 것은 가끔 매
우 미묘하게 이루어지기 때문에, Bateson은 의사소통을 '차이를 만들어 내는 차이' **차이를 만들어
내는 차이**
라고 규정하였다. 체계의 의사소통 유형을 파악하기 위해서는 언어 및 비언어적
정보의 내용과 처리과정을 살펴보아야 한다.

사회복지사는 의사소통을 통해 교환되는 정보가 체계에 어떤 영향을 미치는지
를 사정해야 한다. 체계가 자신들이 수행하는 것과 체계가 보이는 반응, 즉 환류에
대한 정보를 수집하는 방법에 따라 체계의 기능이 달라진다. 환류(feedback)는 체 **환류**
계의 작동을 점검하고, 적응적 행동이 필요한지를 판단하고, 수정할 수 있는 능력
으로서, 체계가 현상을 유지하기 위한 일종의 규제 신호이다(Janchill, 1969). 체계
가 효과적인 환류와 의사소통 유형을 형성할 수 있는 능력은 체계의 적응성과 밀 **체계의 적응성**
접하게 관련되어 있기 때문에 면밀히 관찰하여야 한다.

가족치료자는 가족의 통제방식을 파악하기 위하여 의사소통의 개념을 정교화
하여야 한다. Jackson(1965)은 가족은 규칙에 의해 작동하며, 가족규칙을 이해함
으로써 가족 조직을 더 잘 이해할 수 있다고 하였다. 규칙이란 일반적으로 가족이 **규칙**
성원 사이의 규정된 관계를 유지하거나 회복하기 위하여 노력하는 방법이라고 할
수 있다. 예를 들면, '우리는 그렇게 해서는 안 된다.' 또는 '어느 누구도 그를 그렇
게 취급해서는 안 된다.' 등이 있을 수 있다. 이러한 체계의 규칙은 명확하게 드러
나 있거나 숨겨져 있을 수 있다.

Satir(1972)는 가족 내에서의 역할이 의사소통 유형을 형성하는 데 기여한다고 **의사소통**
하였다. 가족 내의 역할은 크게 ① 부부, ② 부모-자녀, ③ 형제 역할로 구분할 수 **역할**
있다. 예를 들어 어머니의 역할에는 자녀, 형제자매, 부인 등의 역할이 동시에 수

반된다. 가족성원 두 사람이 의사소통을 할 때 제삼자가 상호작용에 합류하는 경우가 많은데, 이러한 가족 의사소통을 통해 삼각관계가 형성된다. 3명의 가족성원 사이의 의사소통 유형인 삼각관계는 가족 내에서 혼란을 불러일으킬 가능성이 있으며, 어떤 경우에는 역기능을 만들어 낼 수 있다. 각 가족이 나름대로의 의사소통 체계를 가지고 있기 때문에, 가족의 특별한 의사소통 유형을 분석하여야 한다. 이러한 유형은 장기간에 걸쳐 발달한 것이며, 이를 통하여 가족성원은 역할이나 규범을 공유하게 된다. Satir(1972)는 가족치료의 핵심은 바로 가족이 역기능적 의사소통 유형을 이해할 수 있도록 원조하는 것이라고 하였다.

삼각관계

가족은 매우 복잡한 의사소통 유형을 가지고 있다. 일반적으로 기능적 의사소통에서는 명확하고 직접적인 메시지를 활용한다. 기능적 의사소통을 하는 개인은 필요할 경우에 메시지를 재언급하거나, 명확화하거나 수정하며, 환류를 받아들이고, 자신의 지각을 점검하고, 구체적인 예를 들어줄 것을 요구한다. 역기능적 의사소통은 불명확하다. 역기능적 의사소통을 하는 개인은 대화 내용의 연결성이 없고, 질문을 무시하고, 상황과 동떨어진 반응을 하고, 부적절하게 행동한다(Satir, 1972).

(2) 투입-전환-산출

행동하고, 유지하고, 변화를 일으킬 수 있는 체계의 능력을 의미하는 에너지는 체계가 유지될 수 있게 하는 일종의 정보나 자원이다. 가족체계에서 사용하는 에너지로는 임금, 대학교육, 신문구독, 여행 등이 있을 수 있다. 이러한 에너지는 내적으로 산출되기도 하지만 외부에서 유입되기도 한다. 체계 내부 또는 체계 외부와의 상호작용이 증가함으로써 체계 내에 에너지의 양이 증가하는 현상을 상승작용(synergy)이라고 하며, 체계가 다양한 힘을 연합할 때 일어난다. 이와는 반대로 체계가 소멸해 가거나, 무질서해지고 비조직화되는 과정을 엔트로피(entropy)라고 한다.

체계가 외부로부터 정보나 에너지를 받아들여 필요한 자원을 만들어 내는 과정을 투입-전환-산출이라 한다. 투입(input)이란 체계가 환경으로부터 에너지, 사물, 정보 등을 받아들이는 과정을 말한다. 체계의 생존과 성장을 위해서는 외부 환경으로부터 적절한 투입이 있어야 한다. 일단 외부 환경으로부터 체계 내부로 투입이 이루어지고 나면, 체계는 자신에게 투입된 에너지를 적절하게 변형하는 재조직화 과정을 거치게 되는데 이를 전환(through-put)이라 한다. 체계가 이러한

전환과정을 시작하게 되면 체계는 적극적으로 외부 환경에 반응하게 된다. 산출 산출
(output)은 체계 내에서 변형된 에너지를 환경으로 방출하는 것을 의미한다.

이러한 산출과 관련된 일반체계이론의 주요 개념으로는 동등종결성(同等終結性, 동등종결성
equifinality) 또는 다중종결성(多重終結性, multifinality)이 있다. 동등종결성은 처음
의 조건이 어떠하든 그리고 수단이 어떠하든 그 결과는 동일하다는 개념으로, 투
입이나 전환에 관계없이 산출은 동일하다는 의미이다. 예를 들면, 잘 익은 김치에
물과 천연조미료를 넣고 가스불로 끓이거나, 설익은 김치에 물과 인공조미료를 넣
고 연탄불에 끓이거나 간에 똑같이 김치찌개가 만들어진다는 것이다. 이와는 달리
다중종결성은 처음의 조건과 수단이 비슷하다고 할지라도 다른 결과가 야기된다 다중종결성
는 것이다. 예를 들면 똑같이 잘 익은 김치와 물, 조미료를 넣고 똑같은 가스불에
끓여도 만들어진 김치찌개의 맛은 서로 다르다는 것이다. 이러한 예에서 보듯이
가족치료자가 어떤 치료적 접근방법을 사용하든 간에 가족의 역기능적 문제가 해
결될 수 있지만, 동일한 치료적 접근방법을 사용하여도 그 치료 결과의 질은 체계
에 따라 달라질 수 있다는 것이다.

체계의 에너지 전환과정에 의해 만들어진 산출은 환류를 통하여 다시 체계 내부 환류
로 투입된다(Meyer, 1983). 이러한 환류는 체계의 평형을 유지하거나 변화를 촉진
함으로써, 체계를 혼란하는 작용을 하기도 한다. 체계의 항상성을 유지하고 변화
를 극소화하면서 체계 자체를 유지하는 환류를 부적 환류(negative feedback)라고 부적 환류
한다. 이러한 환류는 체계 내의 부분만을 변화시키고 체계 전체는 유지하는 기능
을 한다. 이와 같이 부적 환류에 의해 일어난 부분의 변화를 1차 수준의 변화(first- 1차 수준의 변화
order change)라고 한다. 이에 반하여 체계에 급진적이고 불연속적인 변화를 통하

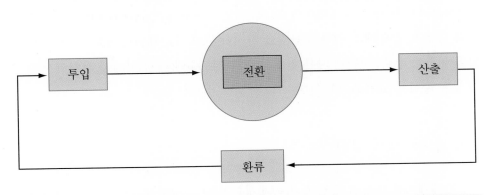

[그림 22-1] 체계의 에너지 전환과정

정적 환류

2차 수준의 변화

여 체계 전체를 변화시키는 환류를 정적 환류(positive feedback)라고 하며, 이러한 환류에 의해 일어난 변화를 2차 수준의 변화(second-order change)라고 한다.

3 체계의 발달

1) 개인의 발달

신체·심리·
사회적 요인의
상호작용

개인의 발달은 복잡한 신체·심리·사회적 요인이 상호작용한 산물이다. 이와 같은 인간행동의 중요한 세 가지 영역은 복잡한 방식으로 상호작용한다. 이는 추상적인 원칙이기는 하나 일반체계이론의 관점은 개인의 발달을 이해할 수 있는 전체적 관점을 제공해 주고 있다. Buckley(1967)는 사회심리적 존재이며 행동하는 존재인 개인은 다른 사람과 지속적으로 상징적 상호 교환을 함으로써 발달하고 유지된다고 하였다.

대처행동

일반체계이론적 관점에서는 상호작용적 준거틀을 활용함으로써, 대처행동의 구성요소를 규정할 수 있다고 보고 있다. Hearn(1969)은 일반체계이론의 관점에서 대처행동을 논의하면서 목적지향적이고 요구적인 환경을 효과적으로 다루는 데 활용되는 폭넓은 범위의 관찰 가능한 행동목록을 고려해야 한다고 하였다.

성장, 성숙,
변화 과정

인간 발달에 관한 연구는 시간의 흐름에 따른 성장, 성숙, 변화의 과정에 중점을 두고 있다. 일반체계이론가는 체계 성원 간의 상호작용을 통하여 개인에게 중요한 변화가 일어나며, 전체로서의 체계에도 중요한 영향을 미친다고 보고 있다(Buckley, 1967). 이러한 맥락에서 볼 때, 개인의 행동을 이해하기 위해서는 개인의 현재 기능 상태에 대한 역동적 관점을 가져야 한다. 즉, 개인이 체계의 구성원으로서 참여하는 방식, 시간에 따른 참여의 변화 정도뿐만 아니라 체계 자체의 변화 속성 등을 추가로 고려하여야 한다.

2) 가족체계의 발달

일반체계이론의 등장과 함께 가족체계를 발달적 단위로 간주하는 연구가 활발하게 이루어지게 되었다. 가족에 대한 발달적 접근에서는 가족이 일련의 규범적인 생활 단계, 즉 가족생활주기를 거치는 단위라고 본다. 가족은 각 단계에서의 변화로 인하여 일어나는 새로운 환경에 적응하여야 한다. Minuchin(1974)은 가족이 적절한 생활전이(life transition)를 하지 못할 경우, 가족은 정신건강 또는 사회복지기관에 원조를 요청하게 된다고 하였다. 일반체계이론은 가족에서 일어나는 변화가 내적 상태와 외적 요구와 어떠한 관련성을 파악할 수 있는 준거틀을 제시해 주었다.

Salvador Minuchin (1921~2017)

가족생활주기

생활전이

가족은 여러 세대에 걸쳐 전해지는 관계와 기능적 유형, 가족의 태도, 금기, 기대감, 성장과정에서 부과된 요구를 의미하는 수직적 스트레스 유발요인(vertical stressor)과 결혼, 자녀 출산, 자녀 출가, 죽음 등의 발달적 변화와 전쟁, 만성질환, 장애, 여성주의운동 등과 같은 외적 스트레스 유발요인을 포함하는 수평적 스트레스 유발요인(horizontal stressor)을 경험함으로써 일련의 변화를 겪게 된다. Rhodes(1980)는 가족생활주기를 통하여 집단성원은 내적 조직에서의 변화와 적응을 요구하는 발달 또는 성숙적 과업과 요구에 대처하는 방법을 배우게 된다고 주장하였다. 가족의 각 생활 단계에서는 신체·심리·사회적 과정이 수렴됨으로써 야기되는 일반적으로 예상할 수 있는 가족위기가 나타난다. 가족은 이를 극복하기 위한 단계별 과업에 직면하고 수행하고 성취해야 한다. 이러한 가족과업은 개별 가족성원의 발달과업이 특정 시점의 가족생활에 중요한 영향을 미친다는 가정에 근거를 두고 있으며, 성원 개인뿐만 아니라 집단으로서의 가족은 이러한 과업에 대처해야 한다. Carter와 McGoldrick(1980)이 제시한 가족생활주기와 발달과업을 요약하여 제시하면, 〈표 22-2〉와 같다.

수직적 스트레스
유발요인

수평적 스트레스
유발요인

가족위기

가족생활주기와
발달과업

가족은 생활 단계가 변화함에 따라 각기 다른 과업을 성취해야 한다. 만약 이러한 발달과업에 맞게 가족의 상호작용 유형을 변화시키지 못할 경우, 가족 내에는 역기능적 가족관계가 형성될 가능성이 높다. 대부분의 역기능적 가족은 특정 단계에 고착되어 있는 경우가 많으며, 가족성원의 증감에 적절히 대응하지 못하고, 가족 내에서의 지위가 변화함에도 이전의 지위에 맞는 기능을 계속해서 수행하거나 관계 자체를 차단해 버리는 경우가 많다.

역기능적 가족

▎▎▎ 표 22-2 가족생활주기와 발달과업

가족 발달 단계	정서적 전이과정	발달과업
결혼전기 (본인 출생~결혼 이전)	자신에 대한 정서 및 재정적 책임 수용	① 자아와 원가족의 분화 ② 친밀한 또래관계의 형성 ③ 자아개념의 정착 및 재정적 독립
결혼적응기(결혼~ 첫 자녀 출생 이전)	새로운 체계에 대한 헌신	① 부부체계의 형성 ② 확대가족 및 친구와의 관계 재형성
자녀아동기 (첫 자녀 출생~자녀의 평균연령이 아동기)	새로운 성원의 수용	① 부부체계 내에 자녀를 위한 공간 마련 ② 자녀양육, 재정 및 가사에의 협력 ③ 부모, 조부모를 포함한 확대가족과의 관계 재조정
자녀청소년기 (청소년 자녀~자녀 모두 결혼하지 않은 시기)	자녀의 독립성과 부모의 의존성 증가에 대비한 융통성 있는 가족경계선 수립	① 청소년의 독립을 인정하는 방향으로 부모-자녀관계의 재조정 ② 중년기 부부생활 및 직업활동에 대한 노력 투여 ③ 노부모 부양에 대한 협력
자녀독립기 (첫 자녀 결혼~ 막내자녀 결혼)	가족성원의 증감 수용	① 이인군으로서의 부부관계 재조정 ② 자녀와 성인 대 성인으로서의 관계 형성 ③ 며느리, 손자녀를 포함한 가족관계로 재조정 ④ 부모의 장애나 사망에 대한 대처
노년기 (부부만 남는 시기)	최고세대로서의 역할 수용	① 신체적 노화에 대한 대비책 수립 ② 자녀세대에 지혜와 경험 전수 ③ 배우자, 형제, 친구 등의 상실에 대한 대처와 자신의 죽음에 대비

4 사회복지실천에의 적용

1) 적응적 체계와 증상에 대한 관점

(1) 적응적 체계

환경 속의 인간행동을 이해하는 데 일반체계이론이 가장 크게 기여한 바는 아마도 체계가 성장 또는 변화하면서 안정성을 유지해 가는 방법을 설명한 것이라고 할 수 있다. 일반체계이론에서는 사회체계가 끊임없이 환경적 요구에 직면해야 하므로 생존하기 위해서는 그들이 가진 이상의 수단이 필요하다고 보고 있다. 환경으로부터의 에너지 투입은 체계 내에서 변화를 일으키며, 보다 높은 수준의 조직화를 위하여 작동하는 잠재력을 불러일으킨다. 즉, 환경적 요구에 의해서 사회체계 내에서는 구조적 변화를 일으키는 긴장이 발생한다는 것이다. 적응적 체계는   적응적 체계
구조화하고, 구조를 해체하고, 재구조화함으로써 또는 더욱 분화되고 복잡한 체계가 됨으로써 환경적 요구에 대처한다(Buckley, 1968).

체계의 적응 정도를 이해하기 위해서는 체계의 어떤 속성이 체계를 보다 통합   체계의 적응 정도
된 상태에 이르게 하고, 외부 환경과 성공적으로 상호작용할 수 있게 하는지를 검토하여야 한다. Chin(1961)은 모든 사람이 서로 다르고, 외적 방해가 있고, 체계 내에는 항상 스트레스와 긴장이 존재하기 때문에, 모든 체계는 전체적인 통합을 이루지 못한다고 하였다. 적응적 체계의 내적 조직은 환경과 구분 짓고, 환경에 작용하고, 환경에 반응할 수 있어야 한다. 체계는 선별적 적응과정을 활용하므로, 시간   선별적 적응과정
이 지남에 따라 체계는 더욱 정교화되고 환경에 선별적으로 적응해 간다(Buckley, 1968). 효과적인 개입을 하기 위해서는 체계가 자체적인 구조적 변화를 일으킴으로써 스스로를 유지해 가는 방법을 파악하여야 한다.

▥ 표 22-3   적응적 체계의 주요 특성

- 적응적 체계는 변화하고, 복잡해지며, 안정 상태를 유지한다.
- 적응적 체계의 내적 조직은 환경과 자신을 구분하고, 환경에 작용하고, 환경에 반응할 수 있다.
- 정보는 조직적 작동과 적응에 필수적이다.
- 환류나 오류통제는 적응적 체계의 중요한 특성이다.
- 적응적 체계는 대안적 사고와 행동을 개발할 수 있다.
- 개방성은 적응적 체계의 생존, 연속성, 변화능력의 기반을 이루는 필수 요인이다.
- 개방체계는 침투성이 있는 경계선을 가지고 있다. 그리고 개방체계는 환경과 활발한 에너지 교환을 하며 분화해 가고 다양한 역할을 창출해 낼 수 있는 능력이 있다. 개방체계는 개인의 발달과 개별화를 위한 잠재력을 제공해 주며, 하위체계 간에 역동적인 상호 교환이 이루어진다.
- 적응적 체계는 환경을 잘 이해하고 있다.
- 적응적 체계는 환경적 요구에 효과적으로 반응할 수 있다.
- 적응적 체계는 환경에 선별적으로 적응해 간다.
- 선별적 과정을 계속해 감에 따라 적응적 체계는 성장하고 정교화되어 간다.
- 적응적 체계는 구조의 변화를 통하여 환경에 영향을 미칠 수 있다.
- 적응적 체계는 시작하는 조건과 방법이 다르다고 할지라도 동일한 종결 상태에 도달할 수 있는 능력이 있다.

역동적 안정 상태   일반체계이론가는 무엇이 체계를 보다 적응적인 상태, 즉 역동적 안정 상태를 획득하고 성장과 정교화할 수 있는 능력을 지닌 상태로 만드는 것인지를 설명하려고 하였다. 일반체계이론에서는 부분 간에 조직, 상호 의존성, 통합성이 존재한다고 가정한다. 변화는 내적 요소가 상호 간에 그리고 환경과 어느 정도 적합성을 유지하는가에 따라 달라진다. 긴장은 변화를 일으키는 원천이며, 변화는 긴장의 감소를 가져다준다(Chin, 1961). 체계가 적응적 행동을 하기 위해서는 먼저 체계가 특정한 환경 조건에서 일어나는 변화에 대한 정보를 획득하고, 이에 반응하여 행동을 수정할 수 있는 능력을 갖추어야 한다(Fordor, 1976). 자기규제적이고 자기지향적인 체계는 적응적 능력과 복잡해질 수 있는 능력을 더 많이 갖고 있다(Janchill, 1969; Leighninger, 1977). Buckley(1967)에 따르면 자기의존성과 상대적 자율성에 대한 사회화와 창조성에 대한 교육을 통하여 더욱 적응적 체계가 될 수 있다고 하였다.

개방성   Buckley(1967)는 개방성은 체계의 생존, 연속성, 변화능력의 기반을 이루는 필수 요인이라고 하였다. 개방체계는 융통성 있는 경계선을 가지고 있으며, 외부 환경과 활발한 에너지 교환을 한다. 개방체계가 환경과 활발한 상호 교환을 하기 때문에, 안정된 상태를 유지하고 체계와 환경 사이의 적합성을 성취할 수 있게 된다.

유연성과 반응성   적응적 체계는 상호 교환을 유지하기 위하여 유연성(plasticity)과 환경에 대한 반응성(irritability)을 지니고 있어야 한다. 그리고 변화하는 환경에 대처할 수 있는 다양한 반응양식을 갖추어야 하고, 환경을 성공적으로 지각하고 이를 유지할 수 있는 선별 기준을 설정하여야 한다.

모든 사회에서 가족은 복잡한 적응적 체계이기 때문에, 많은 사람이 어떤 요인이 가족을 적응적이게 만드는지에 대한 관심을 갖고 있다. 가족이 적응적 속성을

하위체계 간의
역동적 상호작용
역할 분화   지니는 요인으로는 하위체계 간의 역동적인 상호작용, 시작 조건이나 방법이 다르더라도 동일한 최종 상태에 도달할 수 있는 능력, 역할의 수와 유형을 분화 또는 늘리는 능력, 개인적 발달을 조장하는 능력 등이 있다.

(2) 증상에 대한 관점

역기능적 체계에
대한 은유이면서
적응방법   일반체계이론에서는 개인의 문제와 증상을 역기능적 체계에 대한 은유(metaphor)인 동시에 적응방법이라고 본다. 즉, 증상은 체계 내의 다른 구성요소와의 상호작용, 정서 및 지적 밀착, 가족의 적응을 요구하는 생활 상황에 대한 대처 정도에 따

라 야기되고 유지된다고 보고 있다. Pincus와 Minahan(1973)은 일반체계이론에서
는 증상이나 문제를 특정 개인이나 개인적 속성에 국한된 것으로 보지 않고, 체계
의 복잡한 역기능적 상호작용의 한 매듭으로 간주한다고 하였다. 따라서 일반체계   역기능적
이론에서는 개인과 그의 정신내적 갈등에서 증상의 원인을 찾기보다는, 체계 내부   상호작용
또는 체계와 환경 사이의 매우 복잡한 상호작용적 현상을 분석함으로써, 증상의
원인을 찾으려고 한다.

이러한 증상은 역기능적인 것이긴 하지만 체계의 유지를 위해서는 필연적이고   증상의 순기능
필수적인 것이다. 즉, 증상은 체계의 역기능적 산물이지만 이러한 증상으로 인하
여 체계는 역기능적 상호작용 유형을 지속적으로 유지함으로써, 안정 상태를 유지
하고 역기능적 상호작용의 결과로 나타날 수도 있는 체계의 파괴나 소멸을 방지해   체계의
주는 역할을 한다.   소멸 방지

2) 개입 목표

일반체계이론에서는 문제나 증상을 일으키는 원인을 제거하는 데 초점을 두는
대신, 체계 내부의 부분 간의 상호작용이나 체계와 환경 사이의 관계를 변화시킴   체계와 환경의
으로써 증상을 제거하는 데 초점을 두고 있다. 일반체계이론에 근거한 체계적 접   관계 변화
근방법에서는 체계 성원 사이의 상호 의존성과 상호 관련성을 파악하여 증상을 일
으키는 역기능적 상호작용 유형을 변화시킴으로써, 증상을 제거하고 개인의 기능   역기능적
을 증진하는 데 목적을 두고 있다(Greene, 1986).   상호작용 변화

체계적 접근방법에서는 체계의 역기능적인 구조적 속성, 역동 및 진화적 속성,
그리고 과정적 속성의 변화를 통하여 증상이 유발되고 유지되는 기본 토양을 제거
함으로써, 증상이나 문제를 해결하는 데 개입의 목표를 두고 있다. 체계적 접근방
법의 개입 목표는 전체 체계의 변화, 즉 2차 수준의 변화를 통한 증상의 제거라 할   전체 체계의
수 있다. 그러나 전체 체계를 곧바로 기능적 체계로 변환시키는 것은 불가능하기   변화
때문에, 중간 단계로서 일시적인 역기능적 체계를 만들어 낸 후 이를 다시 기능적   일시적인
체계로 변환시킴으로써, 문제나 증상을 제거하는 단계적 목적 성취 방법을 활용   역기능적 체계
한다.

이러한 개입목적을 달성하기 위하여 체계적 접근방법에서는 과거보다는 현재   과거보다는 현재
체계 내의 역기능적 상호작용 유형에 치료적 초점을 둔다. 이처럼 체계적 접근방

법에서 현재의 역기능적 상호작용에 초점을 두는 이유는 '현재는 과거의 축적물이기 때문에 현재를 변화시키기 위해서는 과거를 변화시켜야만 한다.'는 정신분석적 관점의 기본 가정과는 정반대되는 '과거는 현재 속에 용해되어 있기 때문에, 현재를 변화시키면 그 속에 녹아 있는 과거도 변화하게 된다.'는 가정에 근거를 두고 있기 때문이다.

개입 단위   체계적 접근방법의 기본 개입 단위는 개인이 아니라 그 개인이 관계를 맺고 있는 체계 모두를 포함한다. 문제나 증상을 가진 개인을 치료하기 위해서는 그와 상호작용하고 있는 광범위한 영역의 체계, 예를 들어 주거 상황, 소득, 교통편, 건강 상태 및 건강보호 자원뿐만 아니라 비공식적 또는 공식적 지원체계까지도 고려해야 한다.

3) 변화대리인의 역할과 실무 원칙

변화대리인의
역할

일반체계이론에서는 치료자를 변화대리인(change agent)으로 보고 있다. Stein (1971)은 이러한 변화대리인이 수행해야 할 역할을 다음과 같이 제시한다.

① 내담자체계가 역기능의 원천과 문제해결에 대한 자기인식을 증진할 수 있도록 원조하여야 한다.
② 가족이 구조적 유형과 의사소통 유형을 파악할 수 있도록 하여야 한다.
③ 가족이 문제와 어려움을 이해하고 해결할 수 있도록 원조할 수 있는 현재 행동을 지적한다.
④ 가족에게 기능적 행동을 지도할 수 있는 질문과 기법을 활용한다.
⑤ 가족이 해결책과 자원을 발견하고 접근하고, 가족이 새로운 기능 수준으로 옮아갈 수 있도록 하여야 한다.

실무 원칙   이러한 변화대리인이 가족체계에 개입할 때 따라야 할 실무 원칙을 요약하여 제시하면, 〈표 22-4〉에서 보는 바와 같다.

ull 표 22-4 일반체계이론의 실무 원칙

- 가족을 독특한 구조와 의사소통 유형을 가지고 있는 체계라고 가정하고, 가족의 역기능을 일으키는 요인을 파악하는 데 초점을 두고 사정하라.
- 가족체계의 경계선을 규정하고, 가족의 기능과 행동을 관찰하고, 문화적 영향을 인식하라. 가족성원이 더 큰 사회체계와 상호 교환하는 정도를 관찰하고 질문함으로써, 경계선의 개방성을 파악하라.
- 가족체계와 환경 사이의 적합성을 파악하라. 가족체계와 환경 간의 적합성을 증진하기 위하여 필요한 부가적 지원을 확인하고 활용 가능성을 점검하라.
- 가족조직을 분석하여 가족구조의 특성을 파악하라. 가족 내에서 일어나는 사회화 과정, 하위체계의 구성, 위계질서의 특성, 역할 분화 방법 등을 탐색하라. 가족의 문화가 조직적 구조에 미치는 영향을 파악하라.
- 가족의 의사소통 유형을 파악하라. 체계와 환경 사이의 정보와 자원교환 통로를 따르라. 가족의 환류과정을 사정하라. 이러한 환류과정이 전체 상호작용 유형과 어떤 관련성이 있는지를 분석하라. 가족의 규칙을 파악하기 위한 질문을 하라. 가족의 의사소통에서 나타나는 역기능적 삼각관계를 파악할 수 있도록 하라. 가족성원에게 의사소통에 내재된 문화적 요인에 대해 질문하라.
- 스트레스에 대한 가족의 반응 유형을 파악하라. 엔트로피, 상승작용, 안정 상태 유지에 기여하는 구조적 및 의사소통상의 요인을 파악할 수 있도록 하라. 체계가 스트레스를 줄이고 재구조화함으로써 새로운 적응 상태에 이르는 방법을 탐색하라.

4) 개입 기법

일반체계이론에 입각하여 내담자의 문제해결을 지원하기 위하여 치료자가 활용할 수 있는 개입기법이나 기술은 매우 다양하다. Compton과 Galaway(1989)는 ① 내담자의 자아인식과 변화체계, 자원 및 표적체계 등에 대한 이해 증진 기술, ② 경청, ③ 감정이입, 진실성, 존경심을 전달할 수 있는 능력, ④ 기본적인 의사소통 기술, ⑤ 면접 및 자료수집과 사정기술, ⑥ 원조목표의 설정과 수행에 필요한 기술, ⑦ 내담자의 참여와 판단을 촉진할 수 있는 기술, ⑧ 개입결과에 대한 평가기술, 그리고 ⑨ 종결 및 분리기술 등을 골고루 갖추어야 한다고 하였다. 그러나 이러한 개입기법은 일반체계이론에 기반을 둔 접근방법뿐만 아니라 거의 모든 사회복지실천에서도 적용되고 있는 기법이기 때문에, 이 장에서는 일반체계이론에 기반을 둔 가족치료에서 활용되고 있는 대표적인 기법에 대해 간단히 논의해 보고자 한다.

개입 기법

가족치료 기법

(1) 상호작용 실연 및 경계선 설정

가족 재구조화
기법
상호작용
실연기법

상호작용 실연기법과 경계선 설정기법은 Minichin(1974)의 구조적 가족치료에서 활용하는 대표적인 가족 재구조화 기법이다. 상호작용 실연기법은 치료자가 치료 시간에 가족의 상호작용 유형을 직접 확인하고자 할 때 사용하는 기법으로, 가족으로 하여금 가족 내에서 일어나는 상호작용을 말로 설명하는 대신에 실제 행동으로 재현해 보게 하는 기법이다. 예를 들면 '그때 남편에게 어떻게 하셨는지 직접 보여 줄 수 있으세요?'라고 요청하는 것이 있을 수 있다. 치료자는 이러한 상호작용 실연기법과 함께 의사소통 유형을 변화시키기 위한 개입을 한다. 예를 들면 가족끼리 서로 얘기하여야 한다고 말하고 치료자는 관찰만 하겠다고 선언하거나, 질문을 받았을 때 다른 성원에게 답변하라고 지시하는 경우를 들 수 있다.

경계선 설정기법

개별 성원의
경계선

하위체계의
경계선

경계선 설정기법은 하위체계 간의 독립성과 침투성을 허용할 수 있는 경계선을 만들기 위한 기법이다. 가족체계 내의 개별 성원의 경계선을 설정하기 위해서는 그 성원의 얘기를 경청하고 그의 관점을 인정해 주며, 다른 성원이 대신하여 답변하는 것을 통제하고, 한 성원이 가족의 기억창고(memory bank)로서의 역할을 하지 못하게 하는 방법이 있다. 하위체계 간의 경계선을 설정하기 위한 방법으로는 먼저 치료 시간 동안에 자녀를 치료실 바깥에서 놀게 하고, 부부하고만 대화를 함으로써 부부하위체계의 경계선을 설정할 수 있다. 부모하위체계의 경계선을 설정하기 위해서는 부모의 실수를 지적하는 자녀가 있을 때 부모의 권위를 인정하고 존경하여야 한다고 지적하거나, 부모가 모두 있는 자리에서만 자녀의 잘못된 행동에 대해 벌을 내리게 하는 방법이 있을 수 있다. 형제하위체계의 경계선을 설정하기 위해서는 자녀를 치료실 가운데 모여 앉게 하고 자녀가 놀 때 부모가 간섭하지 못하게 하는 방법이 있을 수 있다. 조부모-부모 하위체계의 경계선을 설정하기 위해서는 조부모가 부모의 자녀양육에 지속적으로 간섭할 때, 가정에서 부모와 자녀가 몇 시간 동안 놀이를 하도록 하고 이때 조부모는 간섭을 하지 못하게 하는 방법이 있을 수 있다.

(2) 지시

직설적 지시

지시기법은 Haley(1976)의 전략적 가족치료에서 주로 활용하는 기법으로 직설적 지시, 은유적 지시, 역설적 지시가 있다. 직설적 지시는 치료자가 내담자에게 부적응적 행동을 중단하거나 과거와 다른 행동을 하도록 언어 또는 비언어적으로 치료 시간에 명령하거나 과제를 부과하는 기법이다. 이러한 직설적 지시를 사용하 여 과제를 부과할 경우에는 명확하고 구체적인 과제, 전체 가족이 참여할 수 있는 과제, 일상생활과 밀접하게 관련된 과제, 아주 작고 쉬운 것부터 시작하는 과제를 부과하여야 하며, 과제수행이 끝난 후에는 그 결과를 재검토하게 하고 미흡한 부 분에 대해서는 유감의 표시를 강하게 표현하는 것이 좋다. 과제

 은유적 지시는 가족이 문제를 밝히기를 꺼리거나 토론하기를 원하지 않는 경우 에 사용하는 기법이다. 은유적 지시는 치료자가 가족이 특정 행동을 해 주었으면 하고 원할 때 그와 유사한 행동을 하도록 명령하는 기법이다. 예를 들어 성문제를 가지고 있는 부부를 치료할 때 성행위와 유사한 식사행위를 활용할 수 있는데, 저 녁시간에 촛불만 켜서 조명을 은은하게 하고 잔잔한 음악을 틀고 빨간 와인을 곁 들인 식사를 하게 하는 등 에로틱한 분위기를 연출하여 그 분위기가 부부의 잠자 리로까지 이어지게 함으로써 부부간의 성문제를 해결하는 경우를 들 수 있다. 은유적 지시

 역설적 지시기법에는 증상을 지속하게 하거나, 과장하게 하고, 자의적으로 증상 을 통제할 수 있게 하는 처방(prescription), 재발을 경고하거나 변화의 속도가 지나 치게 빠르다고 지적하는 제지(restraint), 증상행동보다 더 큰 어려움이 수반되는 행 동을 하게 하는 시련기법(ordeal therapy) 등이 있다. 그러나 이러한 역설적 지시기 법은 윤리적 문제를 야기할 수 있으므로, 치료자에 대한 가족의 저항을 활용하여 문제행동의 해결이 가능한 경우에만 사용하여야 한다. 역설적 지시

저항

(3) 재정의

 재정의 기법은 MRI(Mental Research Institute)의 상호작용적 가족치료, Milan Group의 체계론적 가족치료 등 대부분의 가족치료 접근방법에서 사용하는 기법 이다. 재정의(reframing) 기법은 주로 행동이나 사건이 지니는 부정적 의미를 긍 정적 의미로 변화시켜 주는 기법으로, 재명명(relabeling) 또는 긍정적 의미 부여 (positive connotation)라고도 한다. 이러한 재정의 기법의 대표적인 예를 들면 부모 의 잔소리를 듣기 싫어하는 청소년에게 치료자가 그것이 잔소리가 아니라 애정의 표현이라고, 그 의미를 재해석해 주는 경우를 들 수 있다. 재명명
긍정적 의미 부여

(4) 순환적 질문

 순환적 질문은 Milan Group의 체계론적 가족치료의 대표적인 치료 기법으로,

개인의 증상행동을 가족성원 간의 관계상의 문제로 재규정하기 위하여 사용하는 기법이다. 그리고 이 기법은 가족 상호작용 유형이나 가족관계에 대해 질문을 함으로써 가족성원 간의 지각 차이를 밝혀내는 데 목적을 두고 있다. 이러한 순환적 질문에는 차이에 관한 질문, 가설적 질문, 행동의 효과에 대한 질문, 삼인군 질문이 있다. 차이에 관한 질문은 동일한 사건에 대해 성원의 생각이 어떻게 차이가 나며, 시간의 흐름에 따라 사건의 의미가 어떻게 달라지는지를 질문하는 것이다. 가설적 질문은 가족에게 미래에 가족 내에서 일어날 수 있는 창조적인 대안적 행동을 만들어 내도록 하는 질문기법이다. 행동의 효과에 대한 질문은 가족성원 간의 상호작용 과정에서 나타나는 행동의 연쇄과정이나 연결고리에 대해 질문하는 기법이다. 삼인군 질문은 제삼자에게 두 사람의 관계 속성을 질문하는 기법으로, 한 성원이 참석하지 않은 경우에는 참석하지 않은 성원이 특정 상황에서 어떤 반응을 보였을지 생각해 보라고 하는 마음읽기 질문을 사용하기도 한다.

차이에 관한 질문

가설적 질문

행동의 효과에 대한 질문

삼인군 질문

🔭 생각해 보아야 할 과제

1. 체계는 그것을 구성하는 각 부분의 총합 이상이며, 한 부분의 변화는 다른 부분의 변화를 수반한다는 일반체계이론의 기본 가정을 자신이 경험한 구체적 사례를 들어 증명해 보시오.

2. 친한 친구관계를 '흉허물 없는 사이'라고 하며, 부부 사이의 촌수(寸數)를 무촌(無寸)이라고 하는데, 이 두 가지 표현을 일반체계이론의 경계선 개념을 이용하여 그것이 지니는 의미를 분석해 보시오.

3. 자신이나 가족이 주로 사용하는 항상성 유지기제가 무엇인지 분석해 보시오.

4. 자신이 주로 사용하는 비언어적 의사소통이 지니는 의미를 분석해 보고, 언어적 의사소통과 불일치하는 비언어적 의사소통을 한 경험이 있으면, 그 사례를 제시해 보시오.

5. '가는 말이 고와야 오는 말이 곱다.'는 우리 속담을 일반체계이론의 투입-전환-산출의

과정과 환류 과정에 입각하여 분석해 보시오.

6. 자신의 가족체계 규칙을 분석해 보고, 특히 가족체계의 변화를 극소화하고 안정을 최대화하는 가족규칙이 무엇인지 제시해 보시오.

7. 자신의 가족체계가 현재 어느 발달 단계에 속해 있는지를 규정해 보고, 그 단계에서 수행해야 할 과업을 어느 정도 적절히 수행하고 있는지 논의해 보시오.

8. 일반체계이론의 다중종결성과 동등종결성의 기본 가정은 서로 상반되는데, 자신의 경험을 바탕으로 하여 두 가지 기본 가정이 양립할 수밖에 없는 근거를 제시해 보시오.

9. 일반체계이론에서는 현재를 변화시키면 그 속에 녹아 있는 과거가 변화한다고 보고, 정신분석이론에서는 현재는 과거의 축적물에 불과하므로 과거를 변화시키지 않고는 현재의 변화가 이루어질 수 없다고 본다. 이 두 가지 상반된 관점 중에서 어느 관점이 더욱 타당하다고 생각하는지 그리고 그 이유는 무엇인지 제시해 보시오.

10. 3~4명과 실험집단을 구성하여 귀하의 가족 내에서 일어나는 역기능적인 상호작용 유형을 재현해 보고, 이를 바꿀 수 있는 방법에 대해 논의해 보시오.

제23장

생태학적 이론

환경 속의 인간

생태학적 이론

‖ Urie Brondenbrenner
(1917~2005)

<학 습 목 표>

1. 생태학적 이론의 사회관과 기본 가정을 이해한다.
2. 생태학적 이론의 주요 개념을 이해한다.
3. 생태학적 이론의 인간 발달 관점을 이해한다.
4. 생태학적 이론을 사회복지실천에 적용할 수 있는 방안을 이해한다.

사회복지전문직의 많은 이론이 '환경 속의 인간'이란 개념을 충분히 설명하지 못하고 있는 관계로, 사회복지전문직에서는 환경 속의 인간이란 개념을 보다 명확히 설명해 줄 수 있는 이론에 더 많은 관심을 기울이게 되었다.

Bronfenbrenner(1979)는 생태학적 이론을 "활동적이고 성장하는 인간과 환경 간의 일생을 통하여 이루어지는 진보적이고 상호적인 적응과정을 과학적으로 연구"하는 것이라고 규정하고 있다. 즉, 생태학적 이론에서는 개인을 환경과 분리할 수 없으며 상호작용하는 체계라고 보기 때문에, 개인과 환경을 이분화하는 것을 방지할 수 있으며, 양자 간의 상호작용에 초점을 둘 수 있게 해 준다(Germain, 1973).

개인과 환경의
상호작용

서비스 통합

개인-환경 간의
적합성

생활환경

회복과 역량강화

생활문제

사회관계망

이처럼 생태학적 이론은 인간과 환경 사이의 상호 보완성을 설명하는 데 관심을 두고 있으며, 환경과 인간을 하나의 전체로 간주하고 있다. 따라서 사회복지전문직에서 생태학적 이론을 실천에 적용함으로써, 내담자의 정신내적 생활과 환경적 조건을 개선하는 데 목적을 두고 실시하는 서비스, 즉 직접 서비스와 간접 서비스를 통합할 수 있는 방법을 발견할 수 있게 되었다(Gitterman & Germain, 1976). 그리고 생태학적 이론은 개인-환경 간의 적합성, 개인과 환경 사이의 상호 교환, 그리고 교환을 지지 또는 방해하는 힘 등과 같은 폭넓고 통합적인 실천적 지식을 제시해 주고 있다(Germain, 1973).

생태학적 이론이 사회복지실천에 미친 또 다른 영향은 환경에 속해 있는 개인에게 긍정적 영향을 미치는 복잡한 힘(forces)의 관계에 관심을 갖게 만들었다는 것이다. 생태학적 이론에서는 억압과 빈곤, 실업, 환경오염과 같은 성장, 건강, 그리고 사회적 기능을 방해하는 부정적 생활환경을 개선하는 데 많은 관심을 갖고 있다(Germain & Gitterman, 1980). 내담자가 사회복지사와의 상호작용과 긍정적 생활 경험을 통하여 성장할 수 있으며, 원조과정이 회복(restitution)과 역량강화(empowerment)의 과정이라는 생태학적 이론의 신념은 사회복지전문직의 인본주의적 철학과 일치한다(Pinderhughes, 1983).

생태학적 이론에서는 자신이 속한 환경 속의 타인과 성공적으로 상호작용하는 방식, 특히 내담자가 성장할 수 있는 힘을 최대한으로 활용하는 것을 방해하는 생활문제에 관심을 가진다. 생태학적 실천에서는 개인, 가족, 하위문화 또는 더 큰 지역사회가 지니고 있는 어려움을 유발하는 상황을 보다 적응적 상황으로 재구조화한다(Germain, 1979). 그리고 아동복지, 정신건강, 학교사회복지실천, 보건분야에서는 생태학적 이론에 근거하여, 개인이 성공을 성취하는 방법뿐만 아니라 일상적 사회관계망에 초점을 두고 있다(Aponte, 1976; Hartman, 1979; Whittaker & Garbarino, 1983). 이처럼 생태학적 이론은 개인이 서비스가 필요할 때 생활공간에서 언제든지 서비스를 받을 수 있는 기반을 제공해 주고 있다.

1 사회관과 가정

1) 인간과 사회에 대한 관점

생태학(ecology)이라는 용어는 '개인의 적응능력과 환경의 양육적 특질에 동시에 관심을 기울인다.'는 의미를 지닌다. 이러한 용어상의 의미를 반영하여 생태학적 이론에서는 '환경 속의 인간'이라는 전체적 인간관을 갖고 있다(Germain, 1979). 즉, 생태학적 이론에서는 인간과 환경은 분리될 수 없으며, 인간과 환경은 지속적인 상호 작용과 상호교환을 통하여 서로에게 영향을 미치고 서로를 형성하며 상호 적응하는 호혜적 관계(reciprocal relationship)를 유지하고 있다고 본다. 이처럼 생태학적 이론에서는 인간 본성에 대한 유전적 결정론, 정신적 결정론, 환경적 결정론 모두를 배격하고, 인간을 환경적 요구에 적응하고 때로는 환경을 자신의 요구에 맞게 수정 또는 변화시킴으로써, 발달해 가고 만족스러운 삶을 영위하는 존재라고 보고 있다.

생태학적 이론에서는 인간을 능동적이고 유목적적 존재로 본다. 생태학적 이론에서는 인간이 환경적 자원과 사회적 지지를 자율적으로 이용할 수 있으며, 환경 속에서 효과적으로 기능할 수 있는 능력을 지니고 있다고 본다. 즉, 인간은 자기 내면세계의 요구와 외부 세계의 요구로부터 비교적 자유로운 존재로서, 환경과의 상호 교류에서 성공적 경험을 획득하고 자율성과 자기규제능력, 그리고 유능성을 확보할 수 있는 능력이 있다고 보고 있다.

생태학적 이론에서는 인간을 사회문화적 존재로 보고 있다. 생태학적 이론에서는 영·유아는 어머니 또는 다른 보호자와 어느 정도 결속관계를 유지하지 않고는 생존할 수 없으며, 사회관계를 유지하지 못하고 소외되어 있는 인간은 인간적일 수 없다고 본다. 인간은 사회관계를 맺는 능력을 갖고 태어나기는 하지만 보다 효과적인 사회관계를 형성하기 위해서는 장기간의 학습과 사회화가 필요하다. 이러한 학습과 사회화 과정에서 자신이 속한 사회의 관습, 친족체계, 문화적 유산의 영향을 받을 수밖에 없다. 따라서 인간은 생활환경 속에서 타인과 가치 있는 사회관계를 맺고 존경과 관심을 주고받음으로써, 자아를 발달시키고 사회적 역할기대를 적절히 이행하고, 일생 타인과 상호 의존성을 유지할 수 있어야지만 생존을 보장받고 삶의 적절성을 확보할 수 있게 된다.

2) 기본 가정

생태학적 이론은 다른 이론의 기본 가정과 주요 개념을 차용하고 있다. 생태학적 이론은 생태학, 동물행동학, 자아심리학, 스트레스이론, 형태심리학, 역할이론, 문화인류학, 인본주의심리학, 상징적 상호작용이론, 일반체계이론, 권력관계의 역동이론과 같은 다양한 이론의 영향을 받았다(〈표 23-1〉 참조).

다양한 이론의
영향

📶 **표 23-1 생태학적 이론의 지적 기반**

연도	주요 이론가	이론	중심 주제	실천에 응용된 개념
1859	Darwin	진화이론	유기체와 환경 간의 유기체적 진보	적합성
1917	Richmond	사회 진단	개인적 적응을 통한 사회경제적 조건의 개선	사회적 치료
1930	Coyle	집단사회복지실천의 사회목표 모델	집단의 상호작용 과정	과업 역할, 상호관계
1932	Murphy, Jensen	형태심리학	전경-배경의 지각	전체 경험의 분석
1934 1937	G. H. Mead, Blumer	상징적 상호작용이론	의미 형성	자아, 일반화된 타자
1940	Hamilton	사회 진단	정신내적 기능 및 경제적·상호적 조건의 증진	개인적 안녕에 있어서의 사회경제적 조건의 중요성
1949	M. Mead	문화인류학	문화적 환경 내에서의 상호작용	성격 발달에서의 민족학적 자료의 중요성
1959 1961	Maslow, Rogers	인본주의 심리학	성장을 일으키는 생활경험의 제공	보호적인 치료적 관계
1931 1951	Lewin	장이론	생활의 장 이해	환경 속의 인간
1952	Lorenz	동물행동학	자연 상황에서 동물 연구	결정적 시기
1956 1960	Selye, Searles	스트레스이론	스트레스에 대한 대처	적응기제

1963 1958 1959	Bandler, Hartman, White	자아심리학	자아의 효과성과 개인적 유능성 증진	자아 기능 통합, 유능성, 대처
1959	DuBos	환경생물학	적응적 환경의 증진	상호작용
1973	Bowlby	애착이론	활동적 상호작용을 통한 관계 형성	애착, 관계
1968 1969	Bertalanffy, Gordon	일반체계이론	체계 변화의 연구	개방체계, 순환적 원인론
1979	Bronfenbrenner	생태학적 발달	과정-개인 맥락의 개발	미시, 중간, 외부, 거시 체계
1972 1976 1978	Chestang, Solomon, Pinderhughes	역량강화	개인의 생활의 장에 유익한 영향	상호 권력
1980 1983	Germain, Gitterman, Meyer	생활 모델	생활의 장에 개입	생활 경험, 시간, 장소 생태 학적 도표의 공통적 실천 기반

생태학적 이론은 인간이 환경의 모든 요소와 지속적인 상호 교환을 하는 존재로 보는 적응적·진화적 관점을 지니고 있다(Germain & Gitterman, 1980). 인간과 환경은 분리될 수 없으며, 동시에 고려하여야만 한다는 것이 생태학적 이론의 기본 가정이다(Bronfenbrenner, 1989).

인간행동에 대한 생태학적 이론의 또 다른 가정은 인간과 환경이 서로를 형성하는 단일체계를 구성한다는 것이다. 생태학적 이론에서는 환경의 개인에 대한 영향이나 개인이 속해 있는 환경에 관심을 두는 것이 아니라 유기체와 환경 사이의 상호 관계 또는 상호작용에 관심을 둔다.

환경적 힘은 개인-환경 간의 상호작용에 영향을 미치며, 개인은 개인적 자원과 발달수준에 따라 환경에 참여하게 된다. 이에 대해 Garbarino(1983)는 개인과 환경은 관계를 협상하고, 개인과 환경 모두가 변화하며, 상호작용 과정에서 상호 의존한다고 하였다. 따라서 환경을 이해하지 못하고 개인의 미래를 예측할 수 없으며, 개인을 이해하지 못하고 환경의 미래를 예측할 수도 없는 것이다. 서로 다른 개인은 동일한 환경에 대해 다르게 반응하며, 동일한 환경이라도 시간에 따라 동일한 사람과 다른 방식으로 상호작용한다.

.ıll 표 23-2 생태학적 이론의 기본 가정

- 환경과 상호작용하고 타인과 관계를 맺는 능력은 타고난 것이다.
- 유전 및 다른 생물적 요인은 환경과 상호작용하는 과정에서 다양한 방식으로 표현된다.
- 개인과 환경은 상호 영향을 미치는 단일체계를 형성한다.
- 적합성이란 적응적 개인과 양육적 환경 사이의 상호작용을 통하여 형성되는 상호적 인간-환경 과정이다.
- 인간은 목적지향적이고 유목적적이다. 인간은 유능성을 획득하기 위하여 노력한다.
- 개인의 환경에 대한 주관적 의미는 발달에 매우 중요하다.
- 개인을 자연적 환경과 상황 속에서 이해하여야 한다.
- 성격은 개인과 환경 사이의 상호작용의 산물이다.
- 생활 경험에 따라 긍정적 변화가 일어난다.
- 생활상의 문제는 전체 생활공간 내에서 이해하여야 한다.
- 내담자를 원조하기 위하여 사회복지사는 내담자의 생활공간에 개입할 준비가 되어 있어야 한다.

상호 교류

생태학적 이론의 핵심 가정은 개인과 환경이 상호 간에 영향을 미친다는 것이다. 상호 교류(transaction), 즉 개인과 환경 사이의 상호 교환은 개인-환경 단위 내에서 변화를 일으킨다. 상호 영향의 원칙은 순환적 원인론과 관련되어 있다. 이 관점에서는 단순히 '개인+환경'이라는 합산적 효과에 관심을 두는 것이 아니라, 상호작용적이고 축적적인 효과에 관심을 갖는다. 사회복지적 관점에서 보면, 이러한 개념은 개인이 자신이 생활하고 있는 지역사회에 적응할 뿐만 아니라 자신이 적응해야만 하는 조건을 창조하는 데 참여한다는 관점을 반영하고 있는 것이다(Hartman, 1958).

상호작용과 상호 교류

상호 교류의 개념은 상호작용의 개념과 구분되어야 한다. 상호작용은 개인과 환경이라는 두 가지 요인이 상호 간에 영향을 미치지만, 각기 독립적인 정체감을 유지한다. 이와는 달리 상호 교류는 개인과 환경이 상호 영향을 미치며, 개인과 환경이 하나의 단위, 관계, 체계로 융합되는 것이다(Lazarus, 1980).

과정

상호 교류적 관점은 과정을 강조한다. 인간행동에 대해 과정적 접근방법은 단일한 반응, 행동 또는 경험을 파악하는 것이 아니라 시간에 따른 사건의 흐름에 관심을 둔다. 예를 들어, 상호작용을 한 장의 사진에 비유한다면, 상호 교류는 실제 생활의 기록영화에 비유할 수 있을 것이다(Lazarus, 1980).

2 주요 개념

생태학적 이론의 주요 개념은 크게 세 가지로 구분된다. 첫째, 인간의 특성과 관 인간의 특성
련된 것으로 관계, 역할, 유능성 등이 여기에 속한다. 둘째, 환경의 특성에 관한 것 환경의 특성
으로 인간의 성장과 발달을 촉진하는 물리 및 사회적 환경이 여기에 속한다. 세 번
째 주요 개념은 인간과 환경 간에 일어나는 상호 교류와 관련된 것으로, 적합성, 인간과 환경의
상호 교류
적응, 스트레스와 대처 등이 여기에 속한다.

1) 인간의 특성

인간관에서 논의한 바와 같이, 인간은 사회적 존재이다. 즉, 인간은 가장 먼저 사회적 존재
모성인물과 관계를 형성하여야만 생존할 수 있으며, 점차 사회관계의 범위를 넓히
면서 다른 인간과의 상호작용을 통하여 자아정체감을 형성하고, 자신의 사회적 역
할을 확인하고 이행하며, 자율성과 자아통제능력, 그리고 환경에 대한 유능성을
확보하여야 한다.

(1) 관계

관계(relatedness)는 생태학적 이론의 핵심 개념이다. 관계는 인간관계를 형성하 관계
거나 타인과 연결될 수 있는 능력이다. 가족과 같은 친밀한 1차 집단 내에서 그리
고 시민집단과 같은 개인적 교류가 많지 않은 집단에서 일어나는 일은 인간 발달
에 매우 중요하다. 생태학적 이론에 따르면, 관계를 맺고자 하는 욕구와 능력은 초 관계능력
기의 양육과정에서 시작되고, 일생을 통하여 상호적 보호행동의 유형을 결정하
게 된다(Ainsworth & Bell, 1974; Germain, 1987). 예를 들어, 애착이론가인 Bowlby 애착
(1973)는 인간은 환경을 탐색함에 있어서 애정적 결속의 형성과 행동을 위한 유전
적 기반을 소유하고 있다고 주장하였다.

(2) 역할

생태학적 이론에서는 역할이론의 개념을 원용하여, 문화적 영향과 환경적 영
향에 따라 개인 및 대인관계적 과정이 어떻게 달라지는가를 설명하고 있다. 역할 역할과 지위

(role)은 특정 사회적 지위를 갖고 있는 개인이 타인에게 어떻게 행동해야 하는지에 대한 기대뿐 아니라 타인이 그 사람에게 어떻게 행동해야 하는지에 대한 기대까지도 포함하고 있다. 즉, 역할은 일련의 기대되는 행동 유형일 뿐만 아니라 상호적 요구와 의미의 유형이다. 감정, 정서, 지각, 신념은 역할수행과 직접적으로 연관되어 있다. 간단히 말해, 역할은 내적 과정과 사회참여 사이에서 다리와 같은 기능을 수행한다.

자기존중감

역할 상실

　역할수행 또는 사회참여는 개인의 자기존중감과 밀접한 연관성을 지닌다. 예를 들어 역할 상실이 노인의 대처자원과 생활만족도에 미치는 영향에 관한 연구에서는 소득, 건강, 개인적 특성이 중요한 변인이긴 하지만, 역할 상실이 스트레스와 생활만족도 저하와 아주 밀접한 관계를 지니고 있다는 것을 보여 준다.

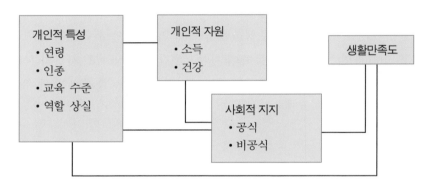

[그림 23-1] 역할 상실의 영향

(3) 유능성

　생태학적 이론에서는 유능성(competence)의 발달을 인간 발달에 필수적인 요소라고 보고 있다(White, 1959). 생태학적 이론에서는 자아심리이론과 상징적 상호작용이론을 원용하여 유능성을 개념화하고 있다. 자아심리이론에서는 유능성을 개인이 환경과 효과적으로 상호작용할 수 있는 능력이라고 보았다(White, 1959). 상징적 상호작용이론에서는 대인관계적 관점에서 유능성의 개념을 제시하고 있는데, 이들은 유능성을 어떤 과업을 수행하고 상호작용으로 인해 일어나는 결과를 통제할 수 있는 능력이라고 규정하였다(Foote & Cottrell, 1965). 따라서 유능성, 즉 자신의 환경 속에서 효과적으로 기능할 수 있는 능력은 환경과의 성공적 상호작용

자아심리이론

상징적
상호작용이론

을 통하여 형성된다.

아동이 울거나, 대상을 붙잡고 조작하거나, 기어 다니고 걸어 다니면서 환경과 활동적으로 상호작용할 때, 아동은 자기효능감(self-efficacy)을 경험하게 된다(White, 1959). 일관성 있는 애정적 양육과 아동의 지속적 활동이 결합되면, 이후에도 타인과 효과적인 관계 유형을 형성할 수 있게 된다. 유능성의 개념 속에는 확고한 결정을 내리고, 자신의 판단을 신뢰하고, 자기확신을 갖고, 환경에 바람직한 영향을 미칠 수 있는 능력이 포함되어 있다. 이와 아울러 환경적 자원과 사회적 지지를 유목적적으로 활용하는 것도 유능성의 개념에 포함되는 것이다(Maluccio, 1979).

생태학적 이론을 따르는 사회복지사는 자아정체감과 자기존중감의 개념을 유능성과 밀접히 연관된 개념으로 본다. 자아정체감과 자기존중감은 초기 관계와 애착의 질에 의해 형성되기 시작하며, 사회적 환경과 물리적 환경과의 지속적인 긍정적 상호작용을 통하여 그리고 생활과정에서 여러 차례 조정·재조정된다고 보고 있다(Germain & Gitterman, 1986). 이처럼 생태학적 이론에서는 타인과 관계를 맺고 긍정적인 자아정체감과 자기존중감을 형성할 수 있는 인간의 능력은 일생에 걸쳐 확대된다고 본다.

2) 환경의 특성

생태학적 이론에서는 생활상의 문제가 환경적 문제와 어떤 연관성을 지니고 있는가에 관심을 갖는다. 환경은 층(layer)과 결(texture)로 구성되어 있다. 층은 사회적 환경과 물리적 환경이고, 결은 공간과 시간적 리듬이다(장인협, 1989). 사회적 환경은 이인군의 관계에서부터 시작하여 사회 내에 존재하는 다양한 수준의 조직 내의 인간관계망까지를 포함하는 것이다. 물리적 환경은 인간에 의해 만들어진 인위적 세계(built world)와 자연적 세계(natural world)를 포함한다. 이러한 사회적 환경과 물리적 환경은 복잡한 방식으로 상호작용하며, 이들의 상호작용은 문화적 환경으로까지 확대되어 나간다. 따라서 생태학적 이론에서는 생활을 영위하고 있는 물리적 환경과 사회적 환경뿐만 아니라 문화적 환경에도 관심을 갖는다.

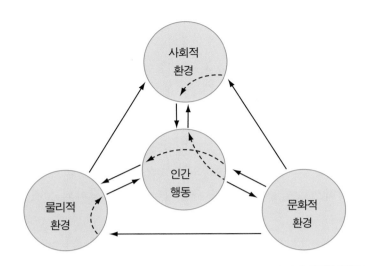

[그림 23-2] 인간행동과 환경과의 관계

(1) 사회적 환경

관료제 조직

현대인의 생활에서 가장 많은 영향을 미치는 사회적 환경은 관료제 조직(bureaucratic organization)이다. 보건, 교육 및 사회 서비스 조직은 적절한 노동분화, 정책과 절차, 그리고 권위와 의사결정 과정을 통하여 인간의 욕구를 효과적으로 충족하기 위한 목적으로 만들어진 것이다. 그러나 이러한 조직은 본래 목적

체계 유지

인간의 욕구

보다는 체계 유지에 더 많은 관심을 기울이고 있기 때문에, 그 조직을 이용하는 인간의 욕구나 인간에 대한 서비스 기능이 조직의 욕구와 관심사에 종속되는 현상을 초래하게 되었다. 따라서 조직은 이용 주민의 생활스트레스를 극복할 수 있도

생활문제

록 도와주기보다는 오히려 생활문제를 야기하는 사회적 환경이 되어 버린 경우가 많다.

사회관계망

또 다른 사회적 환경인 사회관계망(social network)은 가족, 친척, 친구, 이웃, 직장동료 등을 포함한 주요 타인 간의 관계체계이다. 사회관계망은 타인과 관계를

사회적 지지

맺고 자원과 사회적 지지를 상호 교환할 수 있는 기회를 제공하기 때문에, 성장과 적응에 상당한 기여를 한다. 사회관계망은 개인의 행동에 영향을 미치는 일련의 관계상의 연결성이며, 의사소통 통로이기도 하다(Germain & Gitterman, 1981).

사회관계망의 기능

이러한 사회관계망은 개인의 관계욕구를 충족해 줄 뿐만 아니라 자원의 교환,

도구적 기능
표현적 기능

정보제공, 대처기술의 교습과 같은 도구적 기능과 정서적 지지를 제공하는 표현

적 기능을 담당한다. 사회관계망은 이러한 기능을 적절히 수행함으로써, 구성원에게 정체성, 자율성, 유능성, 지속적 인간관계의 터전을 마련해 주는 환경이 될 수 있다. 하지만 이러한 사회관계망의 상실이나 역기능은 각 개인에게 긴장을 야기하며, 소외와 고립을 조장하여 개인의 정체성을 와해하고, 사랑과 애정의 욕구를 충족해 주지 못하며, 나아가 자율성을 유지하는 환경과의 연결고리를 파괴하게 된다.

소외와 고립

(2) 물리적 환경

물리적 환경은 자연적 환경과 인위적 환경으로 구성된다. 자연적 환경에는 기후와 지리적 조건 등이 포함되며, 인위적 환경에는 건축물, 대중매체, 교통체계 등의 자연적 환경 내에 인간이 배치한 구조나 대상이 모두 포함된다.

자연적 환경의 시각, 촉각, 후각적 단서는 인간에게 자양분적인 자극이 되는데, 이러한 자극의 결핍은 대처와 적응에 부정적 영향을 미친다. 기압, 습도, 온도, 계절적 변화와 같은 기후적 특성 또한 인간의 감정과 행동에 영향을 미치며, 긴장의 원인으로 작용하기도 한다. 자연적 환경은 또한 밤과 낮, 하루, 계절, 1년이라는 리듬의 변화를 포함하고 있는데, 이러한 자연적 환경의 리듬 변화는 인간의 모든 생활 속에 반영되고 있다.

자연적 환경

개인이 거주하는 건물, 이용하는 교통편의체계와 대중매체 등과 같은 인위적 환경도 인간의 생활에 영향을 미친다. 이러한 인위적인 물리적 환경은 이웃주민과의 상호작용, 생활양식에 영향을 미친다. 특히 인위적 환경의 변화는 개인의 사회관계망의 손실을 일으키며, 친숙한 장소와 구조를 상실하게 만들기 때문에 정체감의 혼란을 가져오기도 한다.

인위적 환경

(3) 공간과 시간적 리듬

개인의 안녕 상태에 중요한 영향을 미치는 환경적 측면은 공간(space)이다. 예를 들어, 사람들이 북적거리는 건물이나 소음과 오염물질을 내뿜는 차로 뒤덮인 거리와 같은 환경은 안녕 상태에 부정적 영향을 미칠 수 있다(Germain, 1978). 공간의 개념은 사회복지관, 병원, 공공기관, 요양원의 설계와 같은 건축양식에도 적용될 수 있다. 그리고 또래집단과 갱집단과 같은 관계 영역에도 적용될 수 있으며, 거리감이나 정서적 공간과 같은 개인적 지각에도 적용될 수 있다. 생태학적 이론에서

공간

는 공간과 관련된 변인이 개인-환경 단위의 적응에 중요한 영향을 미친다고 보고 있다.

시간적 리듬 생태학적 이론에서는 속도, 기간과 같은 시간적 리듬(temporal rhythms)이 적응과 밀접한 관련성을 지니고 있다고 본다(Germain, 1976). Germain(1978)에 따르면 시간적 리듬에는 ① 시계상의 시간, ② 위장운동, 생리주기, 호흡, 맥박, 혈압과 같은 생리적 시간, ③ 기간 및 연쇄과정 감각의 발달과 같은 심리적 시간, ④ 생활사건의 시점에 대한 신념과 태도에 근거한 문화적 시간, ⑤ 한 세대의 생활양식과 관련된 사회적 시간이 포함된다. 특히 학교, 직장, 병원 등에서의 사회적 시간 주기가 개인의 기본적인 시간 리듬과 갈등을 일으킬 경우, 인간은 생리 및 심리적 긴장을 경험할 수 있다. 생태학이론가는 어떤 종(種)이 시대를 거치면서 적응하고 진화해 가는 시간을 말하는 진화적 시간에도 관심을 갖는다.

사회복지기관 사회복지기관에서는 이와 같은 시간적 리듬의 개념을 활용하여 서비스 약속시간을 정해 놓기도 한다. 서비스를 주말이나 야간에 활용할 수 있는지는 서비스 전달에 있어서 매우 중요한 요소이다. 기관 정책과 절차를 결정하면서, 해당 지역사회의 시간과 관련된 문제를 고려하여야 한다. 그 이유는 조직활동의 리듬, 간격, 시점이 서비스를 이용하는 사람들의 시간 활용 유형과 일치하는 정도는 개인의 적응 문제와 밀접히 관련되어 있기 때문이다(Gitterman & Germain, 1976).

(4) 생활 영역과 거주환경

생활 영역(niche)과 거주환경(habitat)이란 용어는 인간의 문화적 환경을 설명하기 위하여 생태학에서 차용한 것이다. 거주환경은 개인의 문화적 맥락 내에 존재하는 물리 및 사회적 환경과 관련된 개념이다(Germain & Gitterman, 1987). 거주환경

생활 영역 생활 영역은 지역사회 성원이 차지하고 있는 직접적 환경이나 지위를 말한다. Bronfenbrenner(1989)는 생태학적 생활 영역을 특별한 개인적 특성을 지닌 개인의 발달을 촉진 또는 방해하는 환경 내의 영역이라고 하였다. 생태학적 이론에서는 이러한 생태학적 생활 영역의 개념에 입각하여, 개인적 발달의 결과는 문화나 하위문화 그리고 시대에 따라 다르다고 보고 있다. 그러나 생활 영역의 개념은 사람을 범주화하거나 개인을 사회계층으로 분류하겠다는 것은 아니다 (Bronfenbrenner, 1989). 오히려 생활 영역의 개념은 개인-환경 단위 내에서 일어나는 과정을 이해하기 위한 수단이다.

3) 인간-환경의 상호작용

인간은 생존과 발달에 필요한 자극과 자원을 환경으로부터 유입하여야 하며, 환경은 인간을 포함한 모든 유기체의 산물을 유입하여 보다 분화되고 다양한 생명체를 지원할 수 있어야 한다. 인간과 환경이 이러한 호혜적 관계를 통해 역동적 균형을 유지하고 상호성(mutuality)을 확보할 수 있는 정도와 관련된 개념이 바로 적합성과 적응의 개념이다.

역동적 균형
상호성

(1) 적합성

적합성(goodness of fit)은 개인의 적응적 욕구와 환경의 질이 어느 정도 부합되는가와 관련된 개념이다. 적합성은 다른 종(種)의 경우에는 진화에 의하여, 인간의 경우에는 일생을 통하여 성취된다(Germain & Gitterman, 1987). 적합성은 인간과 환경 사이의 상호 교류를 통하여 성취된다. 개인과 환경 사이의 적합성은 양자의 기능이다. 상호 교류는 적응적일 수도 있으며 부적응적일 수도 있다. 대부분의 개인과 환경 사이의 상호작용이 성공적이고 적응적일 때, 즉 주요 타인과 사회 조직, 정치경제적 구조와 정책, 물리적 환경이 개인의 성장과 발달, 그리고 물리 및 정서적 안녕을 지지할 때 적합성이 이루어진다(Germain & Gitterman, 1987).

적합성

상호 교류

생태학적 이론에서는 환경과 인간이 공동의 힘(conjoint forces)을 발휘할 때, 각각이 발휘하는 개별적 힘의 총합보다 더 큰 효과를 생산해 낼 수 있다고 본다. 따라서 인간과 환경이 서로의 요구에 적응하면서 변화하고 발달해 감으로써 서로에게 더 유익한 효과를 얻어 낼 수 있다고 보고 있다. 하지만 인간과 환경 사이에는 항상 협력적 상호 관계가 유지되는 것은 아니며, 어느 일방이 희생함으로써 다른 부분의 생존과 발달이 보장되기도 한다. 그러나 이럴 경우 양자 간에는 갈등과 힘의 불균형이 야기되고, 결국에는 양자의 생존과 발달을 저해하게 되는 부적합성이 야기된다.

공동의 힘

협력적 상호 관계

갈등과 힘의 불균형

(2) 적응

적응(adaptation)은 [그림 23-3]에서 보는 바와 같이 개인과 환경 사이의 활발한 상호 교환을 포함한 개인-환경이라는 하나의 단위 내에서 이루어지는 과정이다. 생태학적 이론에서는 개인과 환경이 상호 영향을 미치고 최적합 상태를 성취하기

위하여 상호 간에 영향을 주고받는다고 본다. 따라서 인간은 환경이 자신의 욕구
에 적합하도록 변화시키고, 이러한 환경의 변화에 또한 적응할 수 있어야 한다. 인
간은 새로운 환경적 상황에 처할 경우, 그 상황의 요구에 적응하고, 상황은 그 인
간 존재로 인하여 구조적 변화를 경험하게 된다. 인간은 끊임없이 창조하고 재구
조화하며, 환경이 인간에게 어떤 영향을 미친다고 해도 환경에 적응해 나간다. 이
처럼 적응은 인간의 내적 영향력과 생태적 환경의 영향력에 의해 이루어지는 상호
의존적인 과정인 것이다(Meyer, 1983).

상호 적응

구조적 변화

[그림 23-3] 인간과 환경의 상호 교류

적응 문제와 병리 생태학적 이론에서는 적응 문제를 병리적 상태로 규정하지 않는다. 전통적으
로 많은 사회복지 접근방법에서는 내담자의 현재 문제를 병리적인 것으로 보았다
(Pardeck, 1988). 생태학적 이론에서는 개인-환경 간의 상호작용이 어느 정도 성공
적인지를 결정하기 위하여, 타인, 사물, 장소, 조직, 관념, 정보 가치와 같은 내담자
의 생태학적 체계의 모든 요소를 평가한다(Germain, 1973). 생태학적 이론에서는
정신병리 개인의 정신병리를 개인적 욕구와 대처능력이 환경적 자원과 지지와 일치되지 못
한 것으로 본다(Germain, 1979; Germain & Gitterman, 1980). 이처럼 생태학적 이론
스트레스 에서는 병리를 이해함에 있어서, 스트레스를 일으키고 성공적 적응을 방해하는 환
경 요인을 중시하고 있다.

(3) 스트레스

생태학적 이론에서는 초기 스트레스 이론가로부터 대처기술과 스트레스 결정
요인과 관련된 개념을 차용하여 사용하고 있으며, 개인과 환경 간의 지속적인 관
스트레스와 계를 탐색함으로써 스트레스와 대처과정을 이해하려고 한다(Lazarus, 1980). 그러
대처과정 므로 생태학적 이론에서는 환경의 지지 정도나 스트레스 유발 정도에 초점을 둔
다(Germain, 1978). 개인과 환경 사이의 상호 교류는 생활스트레스를 야기할 수도

있다. 스트레스(stress)는 개인이 지각한 요구와 이러한 요구를 충족할 수 있는 자 스트레스의 개념
원을 활용할 수 있는 능력 사이에 불균형이 일어난 것이라 할 수 있다(Germain &
Gitterman, 1986). 그리고 스트레스는 개인과 환경 사이의 상호 교류에서 나타나는
불균형에 의해 야기된 생리 · 심리 · 사회적 현상이라고 할 수 있다. 생리적 수준에
서의 신체적 스트레스 유발인자는 내분비계 및 신체적 변화 등을 포함하며, 심리
적 수준에서는 개인의 사건에 대한 지각, 의미, 평가를 포함하며, 사회적 수준에서
는 상황적 요구나 긴장을 포함한다(Lazarus, 1980; Searles, 1960; Seyle, 1956).

　　스트레스는 반드시 문제가 되는 것은 아니다. 개인이 긍정적 자존심을 가지고
있고 유능성이 있다고 생각하는 경우에는 스트레스에 대한 반응은 부정적이지 않 유능성
을 것이다. 그리고 어떤 스트레스는 개인의 성장과 발전을 도모하는 하나의 동기 성장 동기
로 작용할 수 있다. 그러나 신체 및 사회적 요구와 이러한 요구에 대한 개인의 대
처능력 사이에 균형이 심하게 손상될 때가 있다. 이처럼 개인과 환경 사이에 적응 적응적 균형 혼란
적 균형이 혼란되었을 때 생활문제가 발생하는 것이다.

(4) 대처

　　생태학적 접근방법에서는 사람들이 생활문제를 완화할 수 있도록 원조할 수 있
는 적응적 전략을 제공한다. 스트레스를 경험함으로써 자연적으로 발생하게 되는
대처기술(coping skill)은 정서적 고통을 통제하기 위하여 개인이 수행하는 행동이 대처기술
다. 대처능력을 갖추기 위해서는 내적 자원과 외적 자원이 필요하다.

　　내적 자원에는 자기존중감과 문제해결 기술, 유능감 등이 포함된다. 외적 자원 내적 자원
외적 자원
에는 가족, 사회관계망, 조직 등의 지원이 포함된다. 성격의 긍정적 측면을 강화하
고 환경적 장애를 제거할 수 있도록 원조하는 것이 적응력과 생활만족도를 증진하
는 중요한 수단이 된다(Bandler, 1963; Maluccio, 1979; Oxley, 1971).

3 인간 발달에 대한 관점

　　생태학적 이론에서는 진화적 시간에 따른 유전적 변화뿐만 아니라 신체적 성숙
및 심리사회적 선택과정에 의해 인간이 형성된다는 발달관을 갖고 있다. 이러한
관점에서는 인간은 환경과의 상호 교류를 지지 또는 방해하는 유전적 잠재력을 갖 교류의 유전적 잠재력

고 태어난다고 보고 있다.

생태학적 이론에서는 인간행동이 성장하는 개인과 환경 사이의 상호작용의 산물이라고 보고 있다. 단, 개인의 특성이 고립되어 존재하는 것이 아니라, 전체적인 개인적 특성이 환경과의 상호작용을 통하여 의미를 갖게 되고 표현된다(Germain & Gitterman, 1981). 생태학적 이론에서는 특정한 인간 발달 단계를 제시하지 않고 있다. 발달단계이론은 생활의 일부분 또는 특정 연령 및 발달 단계에 초점을 두는 경향이 있으며, 각 단계의 성공 여부에 따라 다음 단계의 성공 정도가 달라진다고 가정하고 있다. 이와 반대로 생태학적 이론에서는 발달을 논의할 때 일생을 통하여 일어나는 개인과 환경의 상호적 역할에 초점을 둔다.

인간 발달 단계

**개인과 환경의
상호 역할**

생태학적 이론에서는 발달을 촉진하는 개인적 요인뿐 아니라 행동이 이루어지는 환경(behavioral setting)을 통하여 개인에게 영향을 미치는 복잡한 힘의 관계망을 탐색한다(Garbarino, 1983). Lewin의 행동결정요인에 대한 이론을 보다 정교화한 Bronfenbrenner(1989)는 일생을 통해 이루어지는 상호 교류적 발달을 $D = f(P \cdot E)$, 즉 발달(D)이란 시간의 흐름에 따라 이루어지는 개인-환경(PE) 사이의 함수(f)라고 보았다. 이러한 공식에 따라 생태학적 이론에서는 개인과 환경을 발달의 산물이자 생산자라고 본다. 개인의 행동과 발달을 형성하는 상황적 힘의

D=f(P·E)

**발달의 산물이자
생산자**

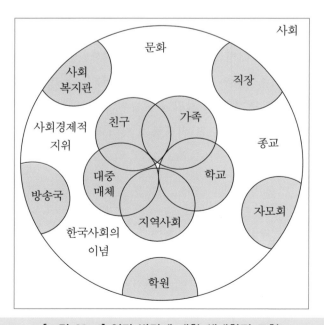

[그림 23-4] 인간 발달에 대한 생태학적 모형

결집체인 환경이 개인을 억압하거나, 개인적 발달을 지지 또는 방해하는 많은 상호작용적 힘을 포함하고 있다고 할지라도, 개인 또한 발달에서 중요한 역할을 한다(Garbarino, 1983).

인간이 발달의 산물이자 생산자라고 보는 관점은 인간이 스스로 결정하고 선택할 수 있는 능동적이고 유목적적인 존재라는 생태학적 이론의 신념에서 유래한 것이다(Germain, 1979). 즉, 생태학적 이론에서는 유아는 백지상태가 아니라 환경과 작용할 수 있는 잠재력을 갖고 태어난다고 본다. Bronfenbrenner(1989)는 환경과 강력한 상호작용적 효과를 창출할 수 있는 개인의 측면을 '발달적으로 유발된 특성'이라고 한다. 발달적으로 유발된 특성이란 환경으로부터의 반응을 불러일으키거나 억제함으로써, 성장을 촉진 또는 저해할 수 있는 개인적 특질이다. 이처럼 개인은 환경으로부터의 반응을 만들어 낼 수 있을 뿐만 아니라 외부 환경을 창출하고 일생을 통한 심리사회적 성장과정에 영향을 미칠 수 있는 잠재력을 갖고 있다(Bronfenbrenner, 1989).

생태학적 이론의 인간 발달에 대한 관점이 가장 잘 반영되어 있는 개념이 생활과정(life course)이다. 생활과정은 사회구조와 관련된 생활사건과 이러한 생활사건에 영향을 미치는 역사적 변화의 시점과 관련되어 있다. 따라서 생활과정을 이해하기 위해서는 사회적 조건이 변화할 때, 개인적 생활전이와 집합적인 가족 특성 사이의 일치성을 고려해야 한다(Hareven, 1982).

생태학적 이론에서는 [그림 23-5]에서 보는 바와 같이, 발달을 개인, 가족, 그리고 역사적 시간에 걸쳐 일어나는 개인과 환경 사이의 상호작용적 과정이라고 본다(Germain, 1987). 내담자를 사정하는 과정에서 이러한 생활사건 시간분석법(time

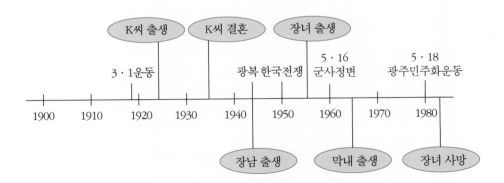

[그림 23-5] 생활사건 시간분석법

line)을 활용함으로써 개인의 발달에 의미 있는 생활사건과 관련된 정보를 더욱 용이하게 수집할 수 있다.

발달을 상호작용적 생활과정이라고 보는 관점이 다양한 인간행동을 설명하는 데 어떻게 사용될 수 있는지를 보여 주는 또 다른 예가 동시대이론(cohort theory)이다. 동시대이론에서는 특정 시기 또는 동시대에 태어난 인간 집단의 발달과정이 동일하지 않다고 보고 있다. 오히려 동시대이론에서는 환경과 사상, 사회 변화와 정서·사회·행동적 발달 사이의 상호 관계상의 차이를 분석한다(Germain, 1987).

이러한 접근방법에서는 역사적 맥락이 특정 시점의 개인과 환경 사이의 상호 교류를 형성하는 데 중요한 영향을 미친다고 보고 있다. 그 예로 중국이 고구려를 자신들의 역사에 넣으려는 동북공정 시도에 대해 나이 든 세대는 극단적인 반중감정을 표시하지만, 중국과의 교류에 익숙한 신세대는 별다른 반응을 보이지 않는 경우를 들 수 있다.

4 사회복지실천에의 적용

1) 적응과 부적응에 대한 관점

생태학적 이론에 근거를 두고 있는 생활 모델(life model)에서는 내담자가 환경과 상호 교류하는 과정에서 어느 정도의 적합성을 성취하는가에 초점을 두고 있다. 즉, 생활 모델에서는 환경과의 상호작용 과정에서 개인이 특별한 생활과업과 성숙 욕구를 충족할 수 있는 적합성을 성취함으로써, 건강한 삶을 영위할 수 있다고 본다.

생태학적 이론에 근거한 또 다른 실천 모델인 유능성 모델(competence model)에서는 유능성의 성취 정도에 따라 개인의 적응과 부적응을 사정한다. 유능성 모델

에서는 ① 개인이 환경과의 상호작용에서 스스로 선택하고 결정할 수 있는 자율성을 유지하고, ② 자신에게 필요한 자원을 동원하고 의사 결정할 수 있는 능력을 갖

고 있으며, ③ 자기 자신에 대한 긍정적 시각과 자신의 능력에 대한 신뢰감을 지니고 있을 때, 적응적 삶을 영위할 수 있다고 본다.

생활 모델에서는 개인의 욕구와 능력과 환경적 자원 간의 불일치가 발생할 때,

심리사회적 스트레스를 경험한다고 보고 있다. 그리고 개인-환경 간의 관계가 스트레스를 받을 때, 개인의 생활문제가 발생한다고 보았다. 이 접근방법의 주요 학자인 Germain과 Gitterman(1980)은 생활문제를 [그림 23-6]과 같이 도식화하고 있다. 즉, Germain과 Gitterman(1980)은 생활문제에는 ① 생활전이 또는 새롭게 부과된 발달상의 요구와 역할, ② 조직적 자원과 사회관계망의 자원 또는 물리 및 사회적 환경 내에서의 어려움을 포함하는 환경적 압력, ③ 가족 또는 다른 1차 집단에서의 의사소통과 관계 유형에서의 장애를 포함하는 부적응적 대인관계 과정이라는 상호 관련된 세 가지 생활 영역이 포함되어 있다고 하였다.

생활문제

생활전이

환경적 압력

부적응적
대인관계과정

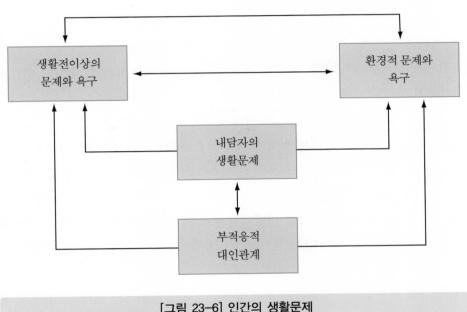

[그림 23-6] 인간의 생활문제

2) 개입 목표

생태학적 이론에서는 환경과 상호작용하는 개인을 개입의 기본 단위로 보고 있지만, 개인뿐 아니라 가족, 지역사회 또는 전체 사회에 개입이 필요하다는 것을 인정하고 있다(Meyer, 1976; Schwartz & Schwartz, 1964). 생태학적 이론에서는 내담자의 대처능력을 강화하고 환경을 개선하는 데 목적을 두며, 이를 통하여 내담자와 환경 사이에 더 높은 수준의 적합성이 이루어질 수 있도록 원조하고자 한다

개입 단위

대처능력

적합성

(Germain & Gitterman, 1976; Gordon, 1969). 즉, 생태학적 이론에서는 내담자의 개
인적 성장을 도모하고, 개인적 독립성을 증진하는 경험을 통하여 자기존중감과
문제해결능력 및 대처기술을 증진하고, 조직, 사회관계망, 물리적 환경을 보다 양
육적인 환경으로 변화시키는 데 개입의 목표를 두고 있다(Germain & Gitterman,
1981). 특히 환경적 수준에 개입할 경우에는 지역자원을 활성화하고, 지역사회를
조직화하며, 입법활동이나 옹호활동 등을 통하여 정책 형성에 영향을 미치는 데
개입의 목적을 둔다.

자기존중감

양육적 환경

정책 형성

3) 원조자의 역할과 실무 원칙

생태학적 이론에 기반을 둔 생활 모델의 개입방법은 행동지향적이며, 단기 개입
의 경향이 강하며, 내담자의 자연적 성장능력을 신뢰하기 때문에, 내담자 스스로
가 자신의 문제를 해결할 수 있는 능력을 고양하는 데 초점을 둔다. 생태학적 이론
에서는 내담자와 원조자는 상호 교류과정에서 상호 간에 영향을 미치며, 내담자가
생활문제를 해결하는 데 있어서 동반자라고 간주한다. 즉, 생태학적 이론에서는
내담자를 수동적 수혜자로 간주하고 원조자를 지배적 전문가로 보지 않으며, 상
호 교류과정에서 보다 더 큰 상호성을 조장할 수 있는 역할을 수행하는 동반자 관
계로 규정한다. 따라서 원조자는 내담자의 주관적 현실을 경청하고 이해하여야 하
며, 내담자와 함께 문제를 일으키는 요인을 판별하고, 문제표현 방식을 파악하고,
문제를 경감하기 위한 방안을 수립해야 한다.

내담자의 적응능력을 강화하기 위한 원조과정에서 원조자는 조력자, 교사, 촉진
자, 중재자, 옹호자, 조직가 등의 역할을 수행하여야 한다(장인협, 1989). 그리고 이
러한 역할을 수행하는 과정에서 원조자는 객관적인 중립성을 유지하기보다는 진
실성, 무조건적인 긍정적 존중, 감정이입적 이해 등을 내담자에게 전달하여 인본
주의적 접근방법의 촉진적 원조 관계를 형성하여야 한다.

생태학적 이론에 입각하여 내담자를 원조하는 과정에서 원조자가 따라야 할 실
무 원칙을 제시하면, 〈표 23-3〉과 같다.

**행동지향적
단기 개입**

동반자 관계

원조자 역할

**촉진적
원조 관계**

실무 원칙

▁▂▃ **표 23-3** 생태학적 이론의 실무 원칙

- 개인과 환경을 분리할 수 없는 존재로 보라.
- 원조과정에서 내담자의 동반자가 되라.
- 내담자의 적응에 영향을 미치는 모든 수준의 체계를 사정함으로써, 개인과 환경 사이의 상호 교류를 파악하라.
- 많은 스트레스를 유발하는 생활 상황과 생활전이를 사정하라.
- 개인이나 환경의 어느 한 요소에만 초점을 둘 경우 효과적인 원조가 이루어지기 어렵다는 사실을 수용하여, 개인과 환경 간의 적합성을 증진할 수 있는 개입방안을 모색하라.
- 긍정적 관계와 생활 경험을 통하여 내담자의 개인적 유능성을 증진해 나가라.
- 내담자와 모든 수준의 환경 사이의 적합성을 증진할 수 있는 개입방안을 찾으라.
- 사회적 지지를 전문적 원조와 조화를 이룰 뿐만 아니라 전체적인 원조전략에 필수적인 요소로 보라.
- 내담자와 함께 해결방안을 모색하고 내담자의 역량강화에 초점을 두라.

4) 개입 기법

개인의 생활문제를 해결하기 위하여 원조자는 매우 다양한 기술과 기법이 필요하다. 예를 들어 자기존중감, 문제 해결 및 대처 능력을 고양할 수 있는 기술, 1차 집단의 기능을 증진할 수 있는 기술, 조직이나 사회관계망 그리고 물리적 환경을 개선할 수 있는 기술 등 매우 다양한 기술이 필요하다. 하지만 이러한 모든 기술은 생태학적 접근방법만의 고유한 기술이 아니며, 다른 접근방법에서 모두 사용하는 기법과 기술이다. 단지 다른 접근방법과 다른 점이 있다면, 그것은 기술과 기법을 활용하는 목적이다.

다양한 기술

생태학적 접근방법에서의 기법 사용은 내담자의 행동, 자율성, 자기존중감, 유능성의 증진을 통하여 적응능력을 고양하고 환경적 속성을 변화시키는 데 목적을 두고 있다(Germain & Gitterman, 1980). 이 장에서는 생태학적 접근방법에서 많이 활용하는 사회관계망 분석, 가계도, 역량강화기법에 대해서만 논의하고자 한다.

내담자의 유능성

환경적
속성 변화

(1) 사회관계망 분석

생태학적 이론에서는 다양한 크기의 사회관계망을 분석하고, 내담자와 환경 사이의 상호 교류를 눈으로 확인할 수 있게 해 주는 유용한 도구를 개발하였다(Biegel et al., 1984; Hartman, 1978). 그중에 대표적인 것이 생태체계도이다. 생태체계도는 생활공간 속에서 가족이 차지하는 위치를 도면으로 표시해 주며, 가족생활

생태체계도

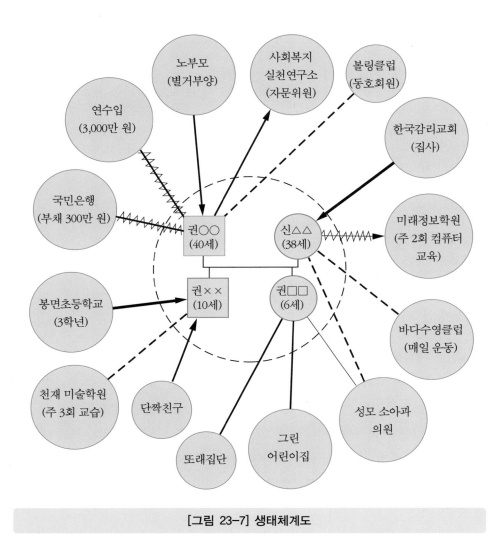

[그림 23-7] 생태체계도

과 가족관계를 파악할 수 있는 수단을 제공해 준다([그림 23-7] 참조).

생태체계도 그리기   생태체계도를 그릴 때 가족과 다른 체계 사이에 서로 다른 형태의 선을 활용함으로써, 가족과 다양한 체계 사이의 연결성을 파악할 수 있다. 예를 들어, 중요하거나 강한 연관성을 표시하고자 할 때는 실선이나 굵은 선을 활용하고, 연결성이 희박한 경우에는 점선, 갈등과 스트레스를 일으키는 경우에는 톱니바퀴 모양의 선을 사용하여 도표를 그릴 수 있다. 그 외에 교육, 종교, 건강, 여가, 정치, 경제, 이웃 및 민족의 영향력도 그림으로 표시할 수 있다(Swenson, 1979). 그리고 자원이 가족 내에 유입되는 정도를 표시할 수도 있다.

Swenson(1979)은 내담자와 가족, 주요 타인, 친구 및 이웃과의 관계를 시각적으로 표현할 수 있는 사회관계망 도표를 개발하였다([그림 23-8] 참조).

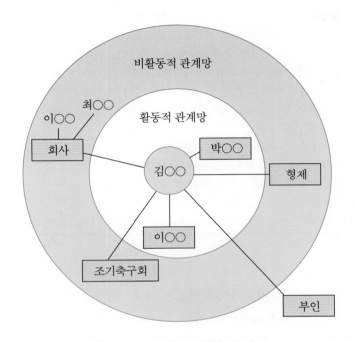

[그림 23-8] 사회관계망 도표

이와 아울러 Biegel 등(1984)은 사회관계망을 분석할 수 있는 사정도구를 개발하였다(〈표 23-4〉 참조). 사회관계망 분석은 개인이 속해 있는 사회관계망의 구조와 내용에 대한 분석이다. 사회관계망의 구조에는 사회적 결속(tie)의 수와 유형(가족, 친족, 친구 및 이웃), 결속의 상호 관련성이 포함된다. 내용 분석에서는 이러한 관계를 통하여 주고받는 지지나 서비스의 종류를 분석하는 것이다.

.ıll **표 23-4** 사회관계망 사정평가척도

1. 귀하가 친하다고 생각하고, 믿을 수 있고 인생의 어려움을 터놓고 얘기할 수 있는 사람이 있습니까? 귀하가 가장 친하다 생각하는 사람은 누구입니까?
2. 귀하가 생각하기에는 친하지 않지만, 귀하에게 중요한 사람이 있습니까?
3. 위의 1과 2에서 말씀하신 사람에 대한 질문입니다.
   ① 이름, ② 성, ③ 연령, ④ 관계, ⑤ 지리적 근접성, ⑥ 알고 지낸 기간, ⑦ 접촉방법(대면접촉, 전화, 편지), ⑧ 접촉의 양에 대해 만족하지 못한다면, 더 자주 접촉하지 못하게 하는 요인은 무엇입니까?, ⑨ 귀하를 위하여 무엇을 해 줍니까?, ⑩ 귀하가 받는 지원에 만족하십니까?, ⑪ 그분이 귀하를 위해 해 줄 수 있는 것이 또 있습니까?, ⑫ 귀하에게 도움을 주지 못하게 방해하는 요인은 무엇입니까?, ⑬ 귀하도 그분에게 지원을 하고 있습니까? 지원하고 있다면, 무엇을 주고 계십니까?
4. 이제 귀하의 관계망, 즉 귀하가 친하다고 생각하는 모든 사람에 대해 생각해 보십시오. 그중에서 귀하가 더 자주 만나고 싶은 사람은 누구입니까?
5. 귀하가 만나고 싶지 않은 사람은 누구이며, 그 이유는 무엇입니까?
6. 귀하는 어떤 집단이나 조직에 소속되어 있습니까? 어떤 집단과 조직이죠?
7. 어떤 기관으로부터 원조를 받고 계십니까? 받으신다면, 무슨 서비스를 받고 계시죠?

(2) 가계도

가계도(genogram)는 적어도 3세대 이상의 가족성원과 그들의 관계와 관련된 정보를 상징(symbol)을 사용하여 기록하는 도표이다. 이러한 가계도를 활용함으로써 원조자는 가족구조를 포함한 복잡한 현재 가족 유형의 전체적 형상을 파악할 수 있으며, 제시된 문제의 진화과정과 가족맥락(family context) 사이의 관련성 그리고 주요 타인의 영향력에 대한 정보를 파악하는 것은 물론 가족구조, 관계, 기능적 측면을 수직적으로 그리고 수평적으로 평가할 수 있게 된다. 이와 아울러 가계도를 활용함으로써, 원조자는 가족과 합류할 수 있는 방법을 발견할 수 있으며, 가족성원은 새로운 관점에서 가족문제와 가족관계를 이해할 수 있게 된다.

가계도에 포함되어야 할 정보로는 가족구조에 관한 정보, 가족성원의 사회인구적 특성과 기능에 대한 정보, 가족의 주요사건, 가족관계의 속성 등이다. 따라서 이러한 가계도를 작성하기 위한 가족면접에서는 ① 주요 가족사건에 대한 가족성원의 인식 차이, ② 가족문제의 발달사, ③ 제시된 문제와 가족 상호작용의 관련성, ④ 동거가족과 확대가족의 현실 상황, ⑤ 가족생활에 중요한 영향을 미치는 사회관계, ⑥ 가족관계와 역할, ⑦ 가족성원의 기능장애, 사회 경력 등에 대한 정보를 수집하여야 한다.

[여백 주석]
3세대 이상

가족구조

가족맥락

가족문제 이해

가계도 정보

　　이러한 가계도를 도식화하여 보면 [그림 23-9]와 같다. 가족과 관련된 문제를 해결함에 있어서 이러한 가계도를 활용할 경우, 역기능적 가족 상호작용 유형, 생활주기상의 발달과업 이행 정도, 여러 세대에 걸쳐 반복적으로 나타나는 관계 및 역할 유형, 가족 내의 삼각관계 유형, 가족체계의 균형과 불균형을 야기하는 요인 등을 정확히 사정할 수 있다. 그리고 이러한 사정 기능 이외에 가계도는 그 자체로 서도 치료적 효과까지 얻을 수 있는 매우 유용한 기제이다.[1]

사정과 치료적 효과

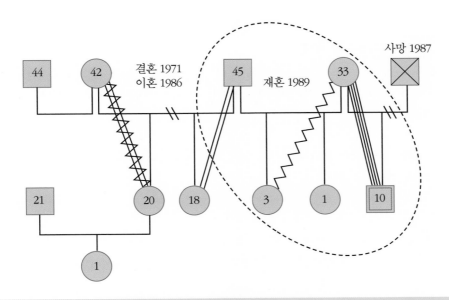

[그림 23-9] 가계도

(3) 역량강화

　　내담자의 역량강화(empowerment)는 생태학적 원조과정의 핵심 요소이다. 생태학적 접근방법에서는 문제해결에서 가장 중요한 요소로 내담자가 자신의 문제를 통제할 수 있다는 감정을 갖게 함으로써, 유능감을 증진하고 나아가 내담자의 역량강화가 이루어지도록 하는 것이라고 본다. 역량강화는 발달을 촉진하고 대인관계상의 영향력을 증대해 주는 개인의 기술을 강화하는 과정이다. 여기에는 내담자 개인의 역량강화뿐만 아니라 효과적 지지체계를 개발하고, 제도적으로 유발된 무

역량강화

영향력 증대

지지체계 개발

1) 가계도에 대한 자세한 정보를 원하는 독자는 다음 책을 참조하기 바란다. McGoldrick, M. Gerson, R. & Petry, S. (2011). 가계도: 사정과 개입(이영분 외 공역). 서울: 학지사.

기력함을 감소하는 데 목적을 둔 다양한 기법을 포함한다(Solomon, 1976). 현재까지 개발되어 있는 역량강화기법으로는 사회 변화에 대한 대처기술과 적응능력을 증진하는 기법, 동기증진기법, 정신적 안정감과 자기존중감 증진기법, 문제해결 및 자아지향성 증진기법, 사회적 변화 증진기법 등이 있다.

생각해 보아야 할 과제

1. 경험에 근거하여 생태학적 이론의 기본 가정이 어느 정도의 타당성을 지니는지 논의해 보시오.

2. 환경과 상호 교류하는 과정에서 자신이 현재 어느 정도의 적합성을 유지하고 있는지 스스로 평가해 보시오.

3. 현재 경험하고 있는 스트레스 중의 하나를 선택하여 그러한 스트레스를 유발한 요인을 생활 모델에 근거하여 분석해 보고, 그 스트레스가 고통(distress)을 유발한다면 성장을 촉진하는 스트레스(eustress)로 전환할 수 있는 방법을 모색해 보시오.

4. 자신이 현재 수행하고 있는 역할을 모두 열거하고 각각의 역할을 어느 정도 수행하고 있는지 평가해 본 다음, 타인이 기대하는 만큼 자기 역할을 수행하지 못하는 이유와 이를 극복할 수 있는 방안을 모색해 보시오.

5. 생태학적 이론에서는 학교, 직장 등의 사회적 시간 주기와 개인적 시간 리듬이 일치하지 않을 경우 각 개인은 생리 및 심리적 긴장을 경험하게 된다고 보는데, 자신의 경험을 바탕으로 하여 이를 증명해 보시오.

6. 현대인의 생활 영역인 회색도시가 현대인의 생활에 미치는 영향을 생태학적 이론에 근거하여 분석해 보시오.

7. 인간의 생태체계 파괴로 인하여 나타날 수 있는 인간과 환경 사이의 부적합성을 생태학적 이론에 입각하여 분석해 보시오.

8. 현재 직면하고 있는 생활문제를 앞서 제시한 [그림 23-6]에 근거하여 분석해 보시오.

9. 자신과 사회관계망의 관계 속성을 앞서 제시한 사회관계망 분석기법을 참조하여 분석해 보시오.

10. 자신이 속해 있는 가족체계의 가계도를 작성하고 이를 해석해 보시오.

635

제24장 구조기능주의이론

1. 구조기능주의이론의 사회관과 기본 가정을 이해한다.
2. 구조기능주의이론의 주요 개념을 이해한다.
3. 구조기능주의이론의 사회변동과 발전에 대한 관점을 이해한다.
4. 구조기능주의이론을 사회복지 정책과 실천에 적용할 수 있는 방안을 이해한다.

인간은 누구나 자신이 살고 있는 사회가 존속되고 안정과 균형을 이룬 사회이기를 바란다. 구조기능주의이론(structural functionalism)은 세계전쟁과 동서(東西) 간의 냉전체제로 인해 야기된 혼란을 겪는 사회를 어떻게 하면 안정된 사회로 전환될 수 있을까를 고민하는 과정에서 탄생한 사회학 이론이다.

구조기능주의이론은 사회를 이해함에 있어서 거시적 관점에 근거하여 사회구조(social structure)와 사회기능(social function)에 초점을 둔다. 구조기능주의이론은 사회를 내부적 결속과 안정성을 증진하기 위한 복합적인 체계로 규정하며, 생물적 유기체가 진화하는 것처럼 사회의 구성요소인 부분들과 사회제도는 전체 사회의 내적 결속력과 안정과 균형을 도모하여 존속할 수 있도록 협력적으로 작동하고 기능한다고 본다. 그리고 사

‖ Talcott Parsons (1902~1979)

안정과 균형

사회구조와
사회기능

협력

회는 우열의 차이가 없는 기능을 수행하는 개인 및 집단의 통합체로서 합의된 목표 아래 상호의존하며 살아가는 인간 집단으로 본다. 또한 사회에서 정한 규범, 관습, 가치 등은 구성원들이 합의해서 결정한 것이므로 보편적이고 객관적이라고 본다. 이처럼 사회의 구조와 기능이라는 핵심 개념을 바탕으로 사회의 유지, 안정과 균형, 존속을 도모할 수 있는 방안을 모색하는 특성 때문에, 구조기능주의이론은 축약하여 기능주의이론(functionalism)으로 불리며, 합의이론(consensus theory), 질서모형(order model), 균형모형(equilibrium model) 등으로 불리기도 한다.

상호의존

기능주의이론

▌Émile Durkheim (1858~1917)

Parsons

구조기능주의이론은 사회학 분야에서 초기에 등장한 이론으로, '사회가 안정을 이루고 환경 속에서 살아남기 위해 필요한 것은 무엇인가?'라는 질문에 답을 찾으려 하였다. 구조기능주의이론은 사회학의 아버지라 불리는 Comte와 사회유기체설을 제시한 Spencer에 의해 기초가 형성되었으며, Durkheim을 통해 더욱 심화되고, Parsons에 의해 지배적이고 포괄적인 사회학이론으로 자리 잡게 되었다(Turner & Maryanski, 1979).

구조기능주의이론은 1930년대 말부터 1960년대 초까지 황금기를 구가하였다. 하지만 사회 변화, 사회구조적 모순과 갈등을 설명하는데 한계가 있으며, 사회적 갈등과 긴장을 유발하는 민족과 인종, 성, 계층 등에 내포된 불평등과 갈등, 사회변동을 무시하는 한계를 보였기 때문에, 1960년대 중반부터 급격히 쇠락하였으며, 1980년대에 유럽의 갈등이론으로 대체되었다. 지금은 사회구조와 문화 등에 초점을 두는 거시적 관점과 미시적 수준의 행위 유형 모두에 관심을 두는 Alexander 등의 신기능주의(neofunctionalism)가 그 학문적 전통을 이어가기 위한 노력을 기울이고 있지만, 구조기능주의이론은 시대에 뒤떨어진 이론으로 간주되고 있는 실정이다(Ritzer, 2016; Turner, 2019).

모순과 갈등

갈등이론

1 사회관과 가정

1) 인간과 사회에 대한 관점

구조기능주의이론은 인간과 사회를 유기체적 관점에서 바라본다. 사회의 주요 체계는 독립된 체계이면서 동시에 상호의존하는 하나의 커다란 체계로 보고 있는데, 이는 사회복지실천의 환경 속의 인간(PIE) 관점과 유사하다. 개인과 환경이 각각 독립적인 체계이지만, 유기적으로 연결되어 있고 상호 도움이 되는 방식으로 다양한 기능을 수행한다고 본다(최옥채 외, 2020).

하지만 구조기능주의이론에서는 체계 내의 개인 행위자보다는 전체로서의 체계를 더 중시하기 때문에, 개인 행위자가 어떻게 체계를 창조하고 유지하는가보다는 전체 체계가 개인 행위자를 어떻게 통제하는가에 대해 더 많은 관심을 기울이고 있다. 즉, 전체 체계가 개인 행위자를 통제하는 방식을 더 중요시한다(Ritzer, 2016).

구조기능주의이론에서는 인간은 선(善)하지도 악(惡)하지도 않은 하나의 생물적 유기체로 보고, 자신을 둘러싼 환경 안에서 적절한 균형과 안정을 유지하려는 존재로 규정한다. 그리고 인간의 본질적 가치를 중요시하지 않으며, 사회적 관계에서 능력에 따라 배분된 지위와 역할행동을 더욱 중시한다. 구조기능주의이론에서 사회가 특정한 계층 내에서 적절한 지위를 갖도록 성원들을 동기화하고 특정 지위를 배분해 주며, 그 지위에 걸맞은 사회적 보상을 해 줌으로써 그 지위를 지속적으로 유지하게 한다고 본다(Ritzer., 2016). 그러므로 구조기능주의이론에서는 인간의 본질적 가치보다는 사회구조 속에서의 개인이 갖는 지위와 역할에 따라 그 가치를 부여한다.

구조기능주의이론에서는 인간을 자유의지를 가진 주체가 아니라 사회와 문화의 거대 감옥 속에 갇혀 있는 객체로 본다(최옥채, 2020). 그러므로 인간은 자신이 속한 환경, 즉 문화 속에서 사회화 과정을 통하여 바람직한 것과 그렇지 못한 것을 배우게 되며, 사회적으로 어떤 욕구를 가져야 할 것인가를 배우며, 사회화 과정을 수동적으로 받아들이는 존재(recipient)가 되고 사회에 순응하는 존재가 된다(Ritzer, 2016). 그러므로 인간은 자신의 이익을 추구하지만 실제로는 전체 사회의 이익에 봉사하는 역할을 하게 되는 것이다. 그리고 인간 사이의 상호작용 과정에서 생겨나는 합의된 규범이 사회적 가치판단의 기준이 되며 이 기준에 근거하여 인간행동의 선과 악, 적합성과 부적합성을 판단하게 된다.

부분보다는 전체   구조기능주의이론에서는 부분보다는 전체를 강조하기 때문에, 개인은 자신이 속한 계층, 집단, 제도가 부여하는 개인의 역할을 정확히 인식하고, 그 구조 내에서 **역할기대** 주어진 역할기대를 수행해야 한다고 본다. 그렇지 못하면 사회적 일탈, 역기능이나 부적응의 문제를 일으키게 된다.

구조기능주의이론은 인간과 마찬가지로 사회 역시 생물학 유기체로 이해한다. 즉, 인간의 하위 신체 구조가 인간 전체가 살아갈 수 있는 기능을 하는 것처럼, 사 **전체의 존속** 회 역시 그 구성요인들이 전체의 존속을 위해서 기능하고 협력한다고 본다. 이처 **상호의존적 관계** 럼 사회는 본질적으로 상호의존적 관계를 맺고 있는 부분의 집합으로 구성된 체제로 보며, 사회적 균형과 안정을 강조한다. Parsons는 사회구조를 구성하는 각 요소는 상호 관련되어 있으며, 이것들이 상호작용하는 과정에서 전체 사회체계가 유지·발전된다고 본다. Durkheim은 사회를 다른 부분 없이 절대로 기능할 수 없는 상호 연관된 부분들의 체계로 보고, 부분들은 전체 사회를 구성하며 한 부분의 변화가 일어나면 전체 사회의 변화가 일어난다고 본다. 만약 사회의 질서와 안정을 **안정상태** 위협하는 일이 발생하면, 사회는 다시 안정상태를 회복하기 위하여 반드시 조정되어야 한다고 본다(Turner, 2019).

구조기능주의이론은 사회가 자기 유지를 위한 질서 또는 균형상태를 지향하는 경향이 있다고 보고, 사회변동을 사회 내부의 긴장에 대해 적응하기 위한 반응으 **사회변동** 로 이해한다. 사회의 불평등구조가 사회의 통합, 기능의 조직, 결속의 필요성에서 **불평등구조** 생겨난 것이고 권력은 사회적 동의를 바탕으로 해서 합법적으로 분배된 것으로 이해한다. 그러므로 불평등한 사회계층은 언제 어디서나 존재하는 보편적인 현상이 **존속과 질서** 고 사회존속과 질서 유지에 필요한 불가피한 현상으로 본다. 이러한 사회불평등구조는 개인의 능력을 최적화하기 때문에 사회 전체의 기능 수준을 높인다고 보며, 이러한 사회적 불평등구조는 점진적인 진화과정을 통하여 변화된다고 본다.

2) 기본 가정

상호의존   구조기능주의이론에서는 사회를 본질적으로 상호의존적 관계를 맺고 있는 부

분의 집합으로 구성된 체제로 보며, 사회적 균형과 안정을 강조하고 있는데, 구조 균형과 안정
기능주의이론의 기본 가정은 다음과 같다(Turner, 1984; 강정한, 2013).

◾ 표 24-1 구조기능주의이론의 기본 가정

- 사회는 그 자체가 하나의 총체(entity)이며, 독특한 하나의 실재(reality)이다.
- 사회체계는 더 큰 전체 체계, 즉 우주체계의 하위체계로서 다른 체계의 영향을 받는다.
- 사회는 내부적 결속과 안정성을 증진하는 복합적 체계이다.
- 사회를 구성하는 각 부분 간의 상호작용을 통해 전체 사회체계가 유지·발전하고 안정과 연대가 이루어지며, 부분들이 최소한도 이상으로 통합되어 있어야 사회가 존속할 수 있다.
- 사회의 구조는 상호의존함으로써 유지되며, 서로 간의 통합을 요구하며, 하위체계의 기능은 전체 사회의 관점에서 이해해야 하는데, 구조의 분화는 기능의 분화를 수반한다.
- 사회의 각 제도와 부분들이 서로 불가분의 기능을 지니고 있기 때문에, 한 부분의 존재는 다른 부분의 존재에 의해 결정된다.
- 사회의 크기가 증가하면 그 구조는 더욱 복잡해지고 분화되어 전문화된다.
- 사회가 존속되고 안정을 유지하고 비정상적 또는 역기능적 상태를 예방하고 회피하려면 반드시 기능적 욕구를 충족시켜야 한다.
- 사회적 단위가 환경에 적응하는 수준은 기능적 요건을 충족시키는 정도에 따라 달라지는데, 고도로 분화된 사회에서는 특정 하위집단만이 특정한 기능적 요구를 충족할 수 있게 된다.
- 사람들은 안정된 사회, 즉 사회의 안정과 질서를 지향하며, 기존의 기준체계에 부합하는 행동을 함으로써 자신이 속해 있는 사회 전체의 선(善, goodness)이 증진된다.
- 인간의 사회적 행위를 결정하고 그 행위를 지속하게 만드는 요인은 개인의 내적 성격이 아니라 사회제도의 구조와 같은 외적 영역에 존재한다.

---

2 주요 개념

구조기능주의이론의 범주에 속하는 이론 중에서 Parsons 이론의 핵심 개념은 Parsons
사회의 구조와 기능이고, Durkheim 이론의 핵심 개념은 사회적 분업과 연대 그리 Durkheim
고 아노미인데, 이에 대해 살펴보면 다음과 같다.

1) 체계의 구조

구조(structure)는 사람들 사이에서 이루어지는 사회적 행위(social action)가 반 구조
복되고 누적되어 만들어진 영속적이고 지속적인 유형을 보이는 것을 말한다.

사회적 행위
단위행위

Parsons는 사회적 행위의 구조가 만들어지는 첫 출발은 개인의 단위행위(unit action)에서 시작된다고 본다. 인간은 어떤 목적을 달성하기 위한 수단, 즉 단위행위를 하면서 사회적 규범이나 가치 그리고 상황적 조건의 요구를 다각적으로 검토하여 특정 단위행위를 선택을 하게 된다.

규범과 가치

질서와 통합

이처럼 개인이 취하는 사회적 단위행위는 자발적 행동이기는 하지만 그 행동이 일어나는 사회의 규범과 문화적 가치의 영향을 받게 되고, 그로 인해 사회는 질서와 통합을 유지할 수 있게 된다(Knapp, 1994). 그러므로 개인의 사회적 행위를 이해하기 위해서는 개인적 의미뿐 아니라 행위자들 간의 집합적 행위의 수준도 고려해야 한다. 이러한 개인의 사회적 단위행위가 이루어지는 과정을 도식으로 표현하면 다음 [그림 24-1]과 같다.

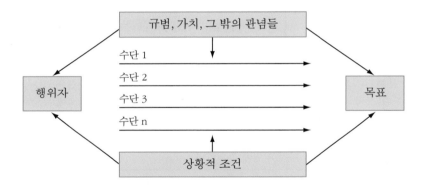

[그림 24-1] 개인의 사회적 단위행위의 관련 요인과 과정

이처럼 개인의 단위행위는 다양한 사회적 행위자의 단위행위와 상호작용을 하게 되면서, 사회적 행위로 바뀌어 가게 된다. 이렇게 형성된 사회적 행위는 사회체계를 만들어내고 규정하고 유지하며, 그 사회체계 내에서 사회적 행위가 지속적으로 일어나게 된다. 이러한 사회적 행위들이 반복되고 누적되어서, 특정 사

사회의 구조와
제도

회의 구조와 제도를 만들게 된다. 다시 말해, 사회적 행위자인 개인은 ① 자신의 인지, 정서, 평가적 동기와 인지, 정서, 도덕적 가치를 반영한 주관적이고 내적인 지향(internal orientation)에 따라, ② 도구적, 표현적, 도덕적 행동을 주관적으로 선택하게 하게 되며, ③ 다른 행위자들과 상호작용을 하게 되고, ④ 그런 상

제도화

호작용이 반복되고 누적되어 상호작용이 일정한 유형을 갖게 되면, 즉 제도화

(institutionalization)되게 되면, ⑤ 지위, 역할 규범의 행위체계 다시 말해 행위체계의 구조가 만들어지게 된다. 이렇게 발달하는 구조가 전체의 욕구를 유지하는 데 수행하는 기능이 바로 그 구조를 출현시키는 원인이 될 수 있다. 이를 기능적 정명론(functionalism imperativism)이라 한다(Turner, 1984).

Parsons는 사회의 행위체계(action system)를 문화체계(cultural system), 사회체계(social system), 인성체계(personality system), 행동 유기체(behavioral organism)라는 네 가지 차원으로 구성된다고 보았다(Ritzer, 2016; Turner, 2019).

행동 유기체는 행위체계의 가장 하위구조로서, 인간을 행위를 하는 유기체로 설정한 것이다. 즉, 행동 유기체는 행위자가 외부 세계에 맞춰 자신을 조정하거나 외부 환경을 변형시켜서 적응 기능(adaptation)을 수행하는 체계이다. 행동 유기체는 다른 세 가지 행위체계에 환경으로부터 얻은 에너지나 자원을 제공하는 원천으로서 기능을 하며, 그 위의 사회체계, 문화체계로부터 영향을 받아 환경에 적응하고 생존한다.

인성체계는 개인체계로 불리기도 하며, 체계의 목적을 규정하고 이를 성취할 수 있는 자원을 동원함으로써 목적달성 기능을 수행한다. 인성체계는 사회화를 통해 사회체계와 문화체계로부터 파생되고 통제를 받는 수동적 체계이지만, 행동 유기체와의 관계를 통해서 고유한 인생 경험을 쌓음으로써 독립적인 체계를 만들기도 한다. 인성체계의 기본적 요소는 개인이 지닌 욕구 성향(need disposition)이다. 욕구 성향은 무엇을 좋아하느냐의 문제인 '선호', 무엇을 원하느냐와 관련이 있는 '욕망', 무엇을 필요로 하느냐의 '필요'를 포괄하는 개념이다. 개인의 욕구 성향은 개인의 주요한 행위 동기로서 작용하는데, 이것은 선천적으로 타고난 생물적 본능이 아니라 환경적 맥락 속에서 개인의 행위를 통해 습득된 것이다. 따라서 욕구 성향은 행위자가 사회관계에서 애정과 인정 등을 추구하도록 동기화하며, 내면화된 가치를 통해 행위자가 다양한 문화기준을 준수하도록 유도하고, 행위자가 적절한 반응을 주고받게 하는 역할기대를 형성하고 수용하게 만든다.

사회체계는 상호작용하는 다수의 부분들, 즉 행위체계를 통제하여 통합 기능을 수행하는 체계이다. 사회체계가 존속하기 위해서는 ① 다른 체계와 조화롭게 상호작용할 수 있도록 구조화되어야 하며, ② 다른 체계들로부터 필요한 자원을 얻을 수 있어야 하며, ③ 구성요소들의 욕구를 상당 부분 충족시켜야 하며, ④ 구성요소의 적절한 참여를 유도해 내어야 하며, ⑤ 잠재적 혼란을 초래할 수 있는 행동들이

행위체계

기능적 정명론

행위체계

행동 유기체

적응 기능

인성체계
목적달성 기능

욕구 성향

환경적 맥락

사회체계
통합 기능

통제   나 표출된 갈등을 적절히 통제할 수 있어야 한다. 이러한 통제를 하기 위해 일정한
지위와 역할의 부여, 권력의 사용, 사회적 안전망의 구축 등을 활용하며, 이를 통
해 사회적 긴장과 일탈을 최소화하게 된다.

문화체계   문화체계는 행위자에게 행동을 동기화할 수 있는 규범과 가치를 제공하여 기존
잠재적 기능   유형을 유지하고 긴장을 관리하는 잠재적 기능을 수행한다. 문화체계는 다양한 하
위체계를 결합하고 통제하는 기능을 수행하는데, 구성원 간의 상호작용을 매개함
가치와 규범   으로써 인성체계와 사회체계를 통합한다. 문화체계는 사회 속에서 가치와 규범으
로 구체화되어 나타나며, 행위자의 인성체계 안에 내면화된다. 이와 동시에 문화
체계는 지식, 상징, 이념, 사상 등이 사회적으로 축적된 형태로서, 독립적으로 존
재하기도 한다.

이러한 네 가지 행위체계의 구조는 일정한 위계를 지니고 있고, 상위체계는 정
보에 의해 하위체계를 통제하고, 하위체계는 상위체계가 필요로 하는 자원이나 에
행위체계의   너지를 공급한다. 이러한 행위체계의 일반적 구조와 체계 사이의 위계구조를 제시
위계구조   하면 [그림 24-2]와 같다.

정보에 의한 통제	문화체계(cultural system)	상위체계에 필요한 에너지 공급
	사회체계(social system)	
	인성체계(personality system)	
	행동 유기체(behavioral organism)	

[그림 24-2] 행위체계 간의 위계구조

이러한 행위체계 간의 위계구조와 관련하여 인성체계가 사회체계와 문화체계
통합의 기제   에 어떻게 통합되어갈 것인가는 매우 중요한 문제이다. 이때 사용되는 통합의 기
제는 바로 사회화(socialization)와 사회통제(social control)라는 두 가지 기제이다.
사회화   사회화는 문화적 가치, 믿음, 언어와 그 밖의 상징들이 인성체계에 내면화되어 가
사회통제   는 과정이다. 사회통제는 체계 사이에 야기되는 긴장과 일탈을 감소시키는 방법이
다. 그러나 이러한 사회화와 사회통제 기제가 언제나 성공적으로 작용하는 것은
일탈과 사회변동   아니며, 사회적 일탈과 사회변동이 일어날 수 있다(Turner, 1984).
우주체계   이상의 네 가지 행위체계 그 자체가 하나의 체계이기는 하지만 더 큰 우주체계

중의 하위체계이다. 그러므로 행위체계는 우주체계의 다른 하위체계인 물리화학적 체계, 유기적 체계, 목적체계와의 상호의존적 관계를 맺고, 그 가운데서 일정한 기능을 담당하게 된다(Turner, 1984). 이러한 우주체계 중에서 물리화학적 체계는 적응의 기능을, 유기적 체계는 목적달성의 기능을, 행위체계는 통합의 기능을, 목적체계는 잠재성의 기능을 담당하게 된다. 이렇게 각각의 체계가 자신에게 부여된 기능을 적절하게 수행하게 되면 우주는 통합을 이룰 수 있게 된다.

2) 체계의 기능

영국의 생물학자, 문화인류학자, 사회학자인 Spencer는 생물학적 의미의 '기능'이라는 말을 차용하여 사회학에 그대로 사용하였다(강정한 외, 2013). 이때 생물학에서의 기능(function)이란 '유기체 또는 하위체계가 생존하고 성장, 발전하기 위해서 하는 내적 활동(internal activity)'을 말한다. 유기체의 내적 활동은 유기체 내부에서 일어나는 모든 활동을 의미하는데, 이런 내적 활동을 하려면 반드시 다른 하위체계나 유기체와 관계를 맺지 않을 수 없다. 따라서 유기체와 하위체계는 내적 활동을 위해서 외적 활동(external activity)을 할 수밖에 없게 된다. 이러한 유기체와 하위체계가 체계 유지에 기여하는 내적 활동과 외적 활동을 포괄하여 기능이라 한다. 그러므로 기능이란 '행위체계의 욕구 혹은 요구들을 충족시키려는 활동들의 복합체'이다(Ritzer, 2016).

사회라는 체계 역시 생물 유기체와 마찬가지로 항상성과 균형, 안정을 추구한다. 그리고 사회가 생존하고 발전하기 위해서는 하위체계에게 어떤 기능을 수행하도록 요구하여야 하는데, 이를 기능적 요구(functional requisite)라 한다. 사회가 존속되어야 자신도 존재할 수 있기 때문에, 사람들은 사회가 요구하는 기능적 요구를 충족하기 위해 노력하게 된다. 다시 말하자면, 전체 체계나 사회가 유지되기 위해서는 그것의 부분인 각각의 하위체계들이 자기기능을 적절히 수행해야 한다. 이렇게 각 부분들이 제 기능을 하게 되면 전체 사회는 안정되게 되는 것이다.

이처럼 전체 체계 또는 사회가 각각의 하위 구성요소, 즉 부분에게 역할을 부여하고 그 역할을 잘 수행해 주기를 기대하는 것을 제도화된 역할기대(institutionalized role-expectation)라 한다. 만약 한 사람이 자신에게 부여된 제도화된 역할기대를 잘 수행하게 되면, 그 사회의 규범을 잘 지키는 것이 되고, 결국에는

기능
내적 활동

외적 활동

기능의 개념

기능적 요구

사회 안정

제도화된
역할기대

사회통합

사회통합을 촉진하게 된다.

　　이러한 사회체계의 내적 활동과 외적 활동은 상호의존적이며, 이들 사이에 이루
어지는 적합성(goodness of fit)은 선택(selection)의 결과, 즉 적응(adaptation)의 결과

적합성
적응

이다. 사물놀이패의 예를 들어 보면, 사물놀이패는 북을 가장 잘 치는 사람을 만나
는 것이 사물놀이패 안에서 북의 기능을 극대화하는 것이고 가장 좋은 것이다. 그
리고 사물놀이패 안에서 북을 잘 친다는 것은 전체 안에서 부분의 역할을 잘해 내
는 것이며, 전체 사물놀이패의 발전에 기여하는 역할을 하는 것이다. 이처럼 유기
체의 하위체계는 전체 체계가 잘 기능할 수 있도록 자신에게 부여된 역할을 잘 수
행함으로써 사회통합의 기능을 수행할 수 있게 된다.

　　구조기능주의이론에서는 사회와 그 하위체계가 적절히 기능하기 위해서는 각

역할 정립

부분 간의 역할 정립(role arrangement)이 매우 중요하며, 역할이 세분화될수록 전
체 사회의 기능 수준이 높아진다고 보고 있다. 이러한 세분화된 역할들이 다시 하
나의 역할 다발을 형성하게 되면서, 유형과 체계를 형성하게 되는 것이다(강정한

구조와 기능

외, 2013). 이런 체계는 다시 구조를 형성하므로, 구조기능주의이론에서는 전체를
강조함과 동시에 그 전체를 구성하는 부분들, 즉 하위체계의 기능을 중시한다.

　　Parsons는 사회가 안정적이고 기능적인 이유를 탐색하여 모든 체계가 생존하
고 지속되려면 반드시 수행해야만 하는 네 가지 기본 기능, 즉 체계 유지의 기능

AGIL 모형

적 필수요건을 AGIL 모형으로 제시하고 있다(Ritzer, 2016; Turner, 2019; 강정한 외,
2013).

적응(A)

　　적응(adaptation)은 체계가 외부 상황이나 환경의 요구에 대처하는 데 필요한 충
분한 자원을 확보하고 체계 전반에 배분하여, 환경에 적응하고, 환경을 체계의

행동 유기체

요구에 맞춰가는 기능을 말한다. 적응 기능을 수행하는 행위체계는 행동 유기체
이다.

목적달성(G)

　　목적달성(goal attainment)은 체계의 목적을 잘 정립하고 달성하기 위해 자원을

인성체계

동원하는 기능을 말한다. 목적달성 기능을 수행하는 행위체계는 인성체계이다.

통합(I)

　　통합(integration)은 체계의 하위요인 간의 상호작용을 조정하고 유지하고 결속
력을 만들어내기 위해 적응, 목적달성 그리고 잠재성이라는 기능적 요건들을 관리

사회체계

하는 기능을 말한다. 통합 기능을 수행하는 행위체계는 사회체계이다.

잠재성(L)

　　잠재성(latency)은 개인들의 행위동기를 유발하고 지속시키는 체계의 독특한 문
화와 가치를 창출하고, 지속시키며 변형시켜 나가는 기능을 말하며, 여기에는 유

형유지(pattern maintenance)와 긴장관리(tension management)가 포함된다. 유형유 유형유지
지는 체계 속의 행위자가 어떻게 적절한 동기, 욕구, 역할 수행들을 하도록 할 것
인가와 관련된 기능이다. 긴장관리는 사회체계 속 행위자의 내적 긴장을 다루는 긴장관리
기능이다. 잠재성 기능을 수행하는 행위체계는 문화체계이다. 문화체계

　이러한 네 가지 기능 영역은 다른 기능 영역과 상호교환을 하면서 각기 다른 교 교환매체
환매체를 사용한다. 적응 기능은 화폐를, 목적달성 기능은 순응을 유도하는 능력
인 권력을, 통합 기능은 설득할 수 있는 능력을 말하는 영향력을 그리고 잠재성 기
능은 충성을 확보하는 능력인 헌신을 교환매체로 활용한다.

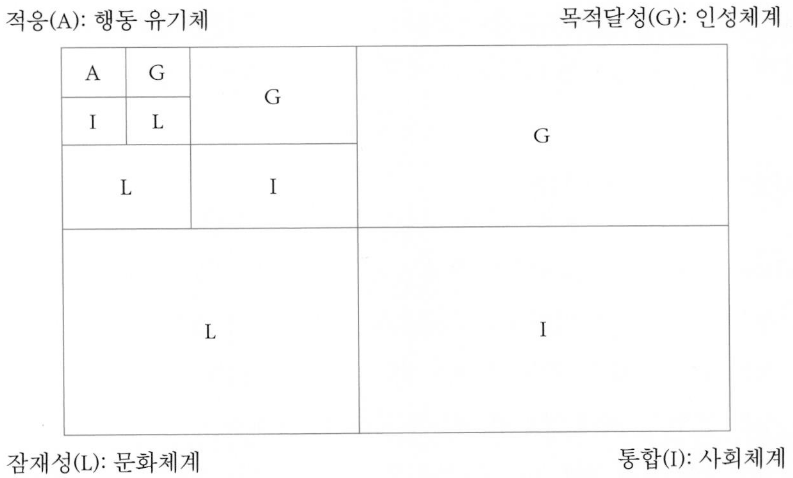

[그림 24-3] 행위체계의 구조와 기능

　이러한 체계의 네 가지 기능은 다시 그 체계의 하위체계에서 또 한 번 더 네 가
지 기능으로 나눠진다. 각 하위체계의 기능은 다른 하위체계의 영향을 받을 뿐 아 하위체계의 기능
니라 상위체계와 다른 상위체계들로부터 기능 수행에 있어서 영향을 받게 된다.
체계와 하위체계의 기능을 그림으로 표현해 보면, [그림 24-3]과 같다.

　사회제도 또는 사회조직은 네 가지 기능에 따라 분류 가능하다. 전체 사회 차원
에서 각각의 기능을 수행하는 조직유형은 다음과 같다. 적응기능을 수행하는 조 조직유형
직은 경제적 생산을 목적으로 한 조직으로서, 기업체가 여기에 해당한다. 목적달
성의 기능을 수행하는 조직은 정치적 목적을 갖는 조직으로서, 정부기관이나 은행

등이 속한다. 통합 기능을 수행하는 조직은 법원, 정당, 사회통제기관 등의 통합조직이 속한다. 잠재성의 기능을 수행하는 조직은 기존의 유형을 유지하는 데 목적을 둔 조직으로, 박물관, 교육기관, 종교기관 등이 속한다.

사회조직

이처럼 특정 기능을 수행하는 사회조직은 더 큰 사회의 존속과 안정을 위한 한 가지 기능을 담당한다. 하나의 조직은 더 큰 사회에서 수행하는 기능이 얼마나 중요한가에 따라, 서로 다른 정도의 자원이나 사회적 승인을 얻게 된다. 그리고 특정 기능을 수행하는 사회조직 역시 네 가지 AGIL 기능을 동시에 수행해야 한다. 예를 들어, 목적달성 기능을 수행하는 조직인 정부기관은 목적달성 기능을 수행하기 위하여, 정책결정(Gg 기능), 자원배분(Ga 기능), 조정(Gi 기능), 가치의 지지(Gl 기능)라는 세부 기능을 동시에 수행해야 한다. 만약 체계의 하위체계들 중 어느 하나라도 적절히 작동하지 않으면 일탈이나 역기능, 문제가 발생하게 된다.

3) 사회적 분업과 연대

Durkheim은 서로 다른 역할과 책임을 진 사람들로 구성된 사회를 하나로 연결해주는 현상, 즉 사회적 연대(social solidarity)에 관심이 많았으며, 사회의 도덕적 통합이 갖고 있는 집단적 기능에 대해 많은 관심을 보였다. 원시사회에서 사회적 분업은 성별 분업 정도에 국한될 정도로 초보적 단계였으며, 사회 성원들은 상대적으로 밀접하게 연결되어 있는 특성을 지니고 있었다. 그러나 사회의 분업이 가속화되고 점점 복잡해지면서, 산업사회에서 사회통합은 중요한 사회문제로 부상하였다. Durkheim은 당대의 사회적 혼란을 무정부상태가 아닌 사회적 연대방식이 바뀌는 과도기적 혼란이라 보고, '사회의 모든 성원이 공유하는 가치, 습관, 신념에 작용하여 사람들의 집단적 의식을 형성'하는 사회적 연대의 중요성을 강조하였다(강정한 외, 2013).

사회적 연대는 개인이 더 발전된 사회로 나아가기 위해 서로 의존하는 과정에서 맺는 사회적 결속(social cohesion)이다. 사회 성원들이 사회 규범과 가치를 공유함으로써 사회통합을 촉진하게 되고, 사회가 잘 기능하도록 만든다. 이러한 사회적 연대는 기계적 연대(mechanical solidarity)와 유기적 연대(organic solidarity)로 나눠진다.

기계적 연대는 사회구조가 비교적 단순하고 노동분화가 이루어지지 않아 개인과 타인의 노동, 교육과 생활양식이 비슷한 동질성에서 유래되는 것으로 정서적 공감대를 형성하게 되는 사회적 유대를 말한다. 사회 성원 간의 유사성이 크고 비슷한 과업을 공유하고 있는 작은 전통사회에서 나타나는 연대로서, 사회 전체의 공통적 의식이 개인의 의식을 지배하는 사회적 결속을 의미한다. 즉, 사회 성원 간의 유사성과 공통점에 기초한 연대이다. 그러므로 기계적 유대는 부족과 같은 전통적인 소규모 사회에서 작동될 수 있는 것이며, 가족 내의 친족 결속력에 기반을 두고 있다. 이러한 사회에서는 집합의식을 위반하는 행위를 범죄행위로 보고 이를 처벌함으로써 사회통합을 유지, 회복하려 한다. 따라서 전통사회의 법률은 보복적이며 억압적이며, 권력의 명령에 대한 헌신과 동조를 강조한다.

유기적 유대는 산업사회에서 노동이 분화되고 역할이 전문화됨에 따라 전통적 유사성과 동질성에 기초한 인간관계가 무너지고 다양한 개인들 사이의 상호의존과 상호보완성에 기초하여 발생하는 고차적인 연대의식을 말한다. 유기적 연대가 특성인 사회는 노동분화 등으로 매우 개별화되어 있는 사회이다. 산업사회에서 개인이 서로 다른 과업을 수행하고, 서로 다른 가치관과 관심사를 가지고 있을지라도 사회의 질서와 결속력은 그들이 과업을 수행하기 위해서 기능적으로 상호의존함으로써 형성되고 유지된다. 예로, 농부는 공장 노동자에게 먹거리를 공급하고, 공장 노동자는 트랙터를 만들어 농부의 농산물 생산을 가능하게 해 주는 사례를 들 수 있다. 유기적 연대가 특징인 산업사회의 법률은 범인이 피해를 준 사람에게 적절한 보상을 하게 하거나 적절한 교정 절차를 밟도록 하여 원래 자리로 복귀시킴으로써 사회의 상호의존적 기능이 정상화되도록 하는 데 목적이 있는 보상법 또는 복귀법(restitutive law)의 특성을 지니고 있다.

산업화가 가속화됨에 따라 사람들이 도시로 몰려가고 인구 밀도가 높아짐에 따라 제한된 자원을 두고 펼쳐지는 경쟁이 더욱 심화되게 된다. 이런 경쟁에서 어떤 사람은 직업을 유지하지만 어떤 사람은 직업을 잃고 다른 직업을 갖도록 강요당하기도 한다. 이러한 노동분화가 이루어짐에 따라 사람들 사이에 상호의존성이 형성될 수밖에 없으며 유기적 연대를 맺을 수밖에 없어진다. 즉, 노동분화가 가속화되면서 사회적 연대가 기계적 연대에서 유기적 연대로 바뀌어 가는 것이다.

Durkheim은 산업사회의 노동분화가 가속화됨에 따라 기능적 상호의존성을 기반으로 한 새로운 사회연대가 형성될 것이라고 보았다. 즉, 산업사회는 새로운 직능단체의 관계망을 통하여 유기적 연대가 형성하고 새로운 도덕적 통합을 이룰 것

정서적 공감대

유사성

집합의식

헌신과 동조

유기적 유대

상호의존

개별화

보상법

자원 경쟁

사회적 연대

도덕적 통합

이라고 예상했다. 즉, 개인의 이기심보다는 사회의 도덕적 합의가 사회질서를 유지하기 위해 중요하다고 보았다. 그러나 자본주의 경제체제하에서 노동분화가 확대되면서 계급분화와 사회불평등을 촉진함으로써 사회적 연대를 약화하는 동시에 사회통합을 이루는 도덕적 기반이 약화되는 문제가 발생하게 되었다.

4) 아노미와 자살

Durkheim은 '행위자의 외부에 존재하면서 그들에게 강제적 영향력을 행사하는 사회구조와 문화적 규범과 가치'를 사회적 사실(social facts)이라고 보고 있다. 이러한 사회적 사실은 행위자 외부에 존재하면서 강제적인 압력을 행사하므로, 인간은 사회구조와 문화의 영향을 받을 수밖에 없다는 점을 강조하였다(Ritzer, 2016). 이에 Durkheim은 인간의 행동은 사회의 집합의식(collective consciousness)의 지배를 받는다고 본다. 그러나 사회가 너무 분화되고 전문화되면서 개인이 서로에게 의지하고 있다는 것을 인식하지 못함으로써 사회적 연대가 깨지게 된다. 이로 인해 개인과 사회 사이의 사회적 연대는 와해되고, 사회적 정체성을 형성하는 데 문제를 일으키게 됨으로써 개인의 역기능이 유발된다. 즉, 사회가 기계적 연대에서 유기적 연대로 불완전하게 이동하면서 사회규범 부재현상이 유발되어 나타나는 과도기적 병리현상을 아노미라 한다. 이러한 특성 때문에 구조기능주의이론의 토대를 한층 심화시킨 Durkheim의 이론을 아노미이론(anomie theory)이라고 따로 분류하여 다루기도 한다(이철우, 2017b).

아노미는 사회의 급격한 변화와 위기 등으로 기존 가치관이나 규범, 윤리관 등이 와해됨으로써, 개인이 겪게 되는 가치관이나 윤리관의 혼란을 의미한다. 아노미는 개인 또는 집단의 기준과 사회의 기준이 불일치할 때 또는 도덕적 규제가 불가능하고 합법적 소망이 존재하지 않는 등 사회적 윤리가 결핍된 상황에서 야기된다. 즉, 개인의 경험적 준거틀이 현재의 사회적 윤리 결핍 상황과 충돌하면서 나타나는 사회적 규제의 결핍상태라는 병리현상(Szelenyi, 2009)이며, 무규범(normlessness) 상태를 의미한다. Durkheim은 '아노미'라는 용어를 결코 사용하지 않았으나, 아노미를 어떤 행위가 적절하고 수용될 수 있는 것인지 아닌지에 대한 명확한 기준이 상실된 상태라고 하여 혼란(derangement) 그리고 탐욕스러운 의지(insatiable will)로 보았다. 아노미는 단순한 불일치(mismatch)나 규범의 부재현상만

사회불평등

사회적 사실

집합의식

사회규범
부재현상

아노미이론

아노미 개념

무규범

을 지칭하지 않으며, 지나치게 경직되고 개인의 자유 재량을 인정하지 않는 사회에서 강하게 유발된다. 아노미는 사회의 도덕적 규범과 단절되었을 때 느끼는 감정이라고 개념 정의할 수 있다.

이러한 아노미 상태에 놓이게 되면, 복잡한 노동분화로 인한 개인주의의 증대, 즉 집합의식의 약화를 막을 수 있는 사회의 도덕적 규범이 부족하게 된다. 다시 말해 사회 성원의 개인주의가 가속화됨에 따라, 사회가 개인에게 무엇은 할 수 있고 무엇은 할 수 없다고 말해 줄 수 있는 집합의식이 약화되어 사회적 무규범 상태가 만들어지게 된다. Merton은 아노미를 '무규범 상태'에서 '사회규범 사이의 갈등'으로 개념을 전환하였다. 사회에서 인정하는 목표와 이를 성취할 수 있는 정당한 수단 사이에 불일치가 있으면 사람들은 정상적인 수단을 통해 목표를 성취할 수 없게 되고, 이 경우에 아노미를 경험하게 된다고 본다(Rizer, 2016).

> 개인주의

> 사회규범 사이의 갈등

Durkheim은 아노미 현상으로 인해 발생하는 사회병리 중에서 자살에 관심을 기울였다. 그는 자살을 개별적 행위로만 규정하지 않고 사회적 조건에 의해 발생하는 것으로 보고, 사회의 통합과 규제력의 정도에 따라 자살의 원인과 유형을 다음과 같이 네 가지로 구분하고 있다.

> 자살

이기주의적 자살(egoistic suicide)은 사회적 연대와 통합이 약화되었을 때 극도로 소외되거나 자신만 구원되기를 바라는 이기심에서 발생하는 자살로서, 과도한 개인주의가 그 원인이다. 이들이 자살하는 것은 외로움과 같은 타인과의 문제가 아니라 자기 자신의 문제 때문이다.

> 이기주의적 자살

이타적 자살(altruistic suicide)은 사회적 연대가 강하여 개인이 과도하게 사회에 통합되거나 사회 및 가족과의 연대감과 책임감이 강할 때 나타나는 자살로서, 소속된 집단이나 사회를 위해 자신을 희생하는 자살이다. 예로, 자폭 테러, 2차대전 당시 일본군의 카미카제 특공대, 사이비 종교단체에서 강요하는 자살 등을 들 수 있다.

> 이타적 자살

아노미적 자살(anomic suicide)은 급격한 사회 변화나 사회적 위기로 인해 발생한 무규범(normlessness) 상태의 사회에서 나타나는 자살이다. 개인은 규제와 통제가 미흡한 상황에서 가치관과 윤리규범의 혼돈과 같은 사회적 불확실성으로 인해 불안과 스트레스를 호소하게 되고 그로 인해 자살을 하게 되는 것으로, 실직한 가장의 자살을 예로 들 수 있다. 경제호황기에 자신이 성공할 것이라는 목표로 꿈을 키우게 되었으나, 그 목표나 과정에 만족하지 못하고 자살하는 것도 아노미적 자

> 아노미적 자살

살에 속한다.

숙명론적 자살   숙명론적 자살(fatalistic suicide)은 사회적 규제가 너무 강할 때 나타나는 자살로 아노미적 자살과 대조되는 자살 유형이다. 예로, 꿈도 희망도 없는 노예나 계층 이동 사다리가 완전히 막혀 극단적인 빈곤을 평생 대물림으로 강요당하는 극단적인 양극화에 속한 사람들이 자살을 선택하는 경우를 들 수 있다. 최근 경제난과 사회적 양극화로 인하여 이러한 유형의 자살이 증가하고 있는 추세이다.

이처럼 사회 통제가 지나치게 강하거나(숙명론적 자살) 약해도(아노미적 자살) 자살률이 올라가고, 사람 간 유대와 통합이 지나치게 강하거나(이타적 자살) 약해도 (이기적 자살) 자살률이 올라갈 수 있다.

3 사회변동과 발전에 대한 관점

구조기능주의이론은 사회변동의 과정보다는 사회의 안정적인 정태적 구조에 더 강조점을 두었으며, 사회변동의 문제를 말할 때에도 긍정적 방향으로의 발전적 의미를 주로 언급하고 있다(Ritzer, 2016). 구조기능주의이론에서는 사회가 존

통합   속하기 위해서는 일정 수준의 통합을 확보해야 한다고 본다. Parsons는 행위체계 간에 특유의 교환매체를 이용하여 적절한 상호교환이 이루어지고 각각의 행위체계가 제 기능을 수행하게 되면, 전체 체계는 유지되고 안정되고 통합된다고 본다 (Turner, 2019).

행위체계   행위체계의 하위체계인 문화체계, 사회체계, 인성체계, 행동 유기체 상호 간의 분화가 이루어지면 4가지 행위체계 내부에서의 분화를 촉진하게 되고 기능적 상호의존성이 증가하게 되면서, 분화된 체계들 각각에서 새로운 통합 기제가 만들어지게 된다. 그렇게 되면 분화된 체계뿐 아니라 전체 행위체계의 환경에 대한 적응

진보와 발전   역량이 강화됨으로써, 전체 사회는 점진적이고 단계적으로 진보와 발전을 하게 된다(Turner, 1984). 이처럼 사회의 안정과 통합에 방점을 둠으로써 Parsons의 구조기능주의이론은 사회변동을 설명하는 데 많은 한계를 지닌다는 비판을 받고 있다 (Ritzer, 2016).

구조기능주의이론에서는 사회가 진화하면서 새로운 하위체계가 분화되고, 새로 분화된 하위체계는 이전의 하위체계보다도 적응력이 뛰어나기 때문에 일반적으로

사회문제에 더 잘 대처할 수 있는 방향으로 성장하게 된다는 진화론적 사회변동 패러다임을 따른다. 사회의 발전과정을 단순한 발전단계(예: 원시적 사회)에서 더 복잡한 발전단계(예: 문명사회)로의 운동으로 개념화하였다. 이러한 진화론적 사회 변동과 사회발전에 대한 구조기능주의이론의 관점은 모든 사회변동이 진화를 촉 진하는 것은 아니며 반대로 내부 갈등이나 일탈의 문제를 유발할 수 있는 점을 포 괄하지 못하는 한계점이 있다. 그리고 본래적 의도와는 달리 인종차별적이고 종족 주의적 현상을 낳게 되자 많은 비판에 직면하게 되었다.

구조기능주의이론은 정치적으로는 매우 보수적이며 현 상태(status quo)를 지지 한다. 구조기능주의이론은 조화, 합의, 협력, 통합이 모든 시대와 모든 사회에서 나타날 것이라고 본다. 반면에 사회변동, 사회갈등, 착취와 억압, 모순, 일탈, 불화 등의 탈통합적 상태에는 우선순위를 부여하지 않았다(Turner, 2019). 그 이유는 구 조기능주의이론은 작은 변동을 통하여 새로운 균형 상태에 도달할 수 있다고 보 고 있기 때문이다. 이처럼 구조기능주의이론에서는 사회화 과정과 사회통제를 통 하여 사회의 안정된 질서와 균형을 유지하는 것을 중시하고, 사회변동은 완만하고 질서정연하게 이루어진다고 보고 있다(Ritzer, 2016). 만약 사회변동이 극단적인 형 태로 일어나게 되면, 다시 새로운 균형(reequilibrating)을 회복하기 위하여 사회를 조절해야 한다고 본다.

구조기능주의이론에서는 출생률, 이주, 인구의 집중도와 같은 물리적 밀도가 높 아짐에 따라 상호작용의 증가와 같은 도덕적 밀도가 높아지게 되고, 그로 인해 개 인 간의 경쟁을 강화시킨다고 본다. 따라서 개인 간의 경쟁과 투쟁을 예방하고 경 감하기 위해서는 사회적 분업을 통해 전문화된 역할들을 상정하고 서로 간에 적절 한 상호교환관계를 수립할 수 있어야 한다.

사회변동은 행위체계가 서로 정보와 에너지를 교환하고, 내부 및 외부적 재조정 이 일어날 때 발생한다(강정한, 2013). 예를 들어, 가치갈등은 규범적 갈등(아노미) 을 야기하고, 규범갈등은 다시 인성체계와 경제체계에 영향을 미친다. 행위체계 간의 상호교환에서 정보나 에너지 중 어느 하나가 과잉상태, 즉 과잉통합되거나 에너지 또는 정보가 불충분한 상태, 즉 과소통합이 되면, 문제가 발생하게 된다. 과소통합인 경우에는 다른 부분에 적절한 기여를 하지 못하게 되며, 과잉통합은 전체를 위해 부분의 자율성이 훼손되는 문제가 발생한다(강정한 외, 2013). 이처럼 사회 내에는 갈등과 모순이 존재함에도 불구하고, 구조기능주의이론은 사회를 조

안정된 체계

화, 합의, 협력, 통합이 이루어지는 지나치게 질서 있는 안정된 체계로 바라보고, 갈등, 착취, 억압, 모순, 일탈, 불화 등의 사회 내부의 문제를 중요시하지 않는 한계가 있다.

4 사회복지 정책과 실천에의 적용

1) 사회문제에 대한 관점

항상성과 균형

구조기능주의이론에서는 사회의 하위체계가 전체 체계의 유지를 위해 사회적 항상성(social equilibrium)과 균형(balance)을 유지할 목적으로 상호의존하고 있으며, 이를 통해 전체 체계의 존속과 유지에 기여할 때 기능적이라고 본다. 이처럼 체계의 하위 구성요소가 상위체계의 유지와 안정에 기여하면 순기능적(function)

역기능

이고 그 반대이면 역기능적(dysfunction)인 것이다(남일재 외, 2011). Merton은 체계의 적응을 감소시키는 결과를 초래하는 것을 역기능이라 했으며, 개인이 특정한 지위와 하위집단, 사회문화체계에 속해 있으므로 전체적인 관점에서 기능-역기능을 판단하여야 한다고 보았다(Ritzer, 2016).

정상과 비정상

구조기능주의이론에서는 항상 정상과 비정상적 상황을 전제로 한다. 구조기능주의이론은 사회의 한 부분은 생물적 유기체와 마찬가지로 전체의 생존에 도움이 될 때 기능적이라고 본다. 즉, 사회의 하위체계가 전체 체계에 대하여 기능적으로 공헌할 수 있을 때 생존하고 발전할 수 있다고 본다. 전체 체계 또는 사회는 구성요소인 하위체계가 자신에게 요구되는 기능을 적절히 수행해 낼 때 잘 기능하게

기능적 요구

된다. 이처럼 체계의 부분인 하위체계들이 자신에게 부여된 기능적 요구를 적절히 수행하게 되면, 체계도 안정되고 자신도 적응적 행동을 하게 된다.

이처럼 전체 체계는 하위체계가 자신에게 요구되는 기능적 요구를 충족시킬 때 제 기능을 할 수 있는데, 전체 체계 속에서 같은 역할을 하는 기능은 서로 대체할

기능적 등가물

수 있다. 구조기능주의이론에서 변화를 설명하는 것은 기능적 등가물(functional equivalence)이다. 예를 들어, 가족이라는 체계는 정서적 휴식과 사회화 등의 기능을 수행한다. 이때 가족의 정서적 휴식기능은 우리들이 흔히 쓰는 스마트폰 게임이 그 기능을 대신해 줄 수 있다. 만약 가족성원 중에 한 명이 가족 내에서 정서적

휴식을 발견하지 못한다면, 그는 스마트폰 게임으로 그 기능을 대신하려 할 것이다. 그렇게 되면 가족 간의 정서적 친밀을 형성할 수 있는 기회는 줄어들고 스마트폰 게임중독에 빠져드는 부적응 행동을 하게 된다.

부적응 행동

만약 사회를 구성하는 각 요소가 제 기능을 발휘하지 못하면 사회의 기능장애가 일어나고 사회문제가 발생하거나 사회해체가 일어난다(이철우, 2017b). 다시 말해 어떤 사회체계가 상위체계가 요구하는 기능적 요구를 충족하지 못하거나, 한 사회체계가 사회적으로 합의된 규범을 준수하지 못하면 사회문제가 발생한다. 이처럼 구조기능주의이론에서는 사회적 안정과 균형상태의 부족이나 와해에 사회문제의 원인이 있다고 본다.

사회해체

사회문제

하위체계가 전체 사회에 긍정적 공헌을 하려면 적절한 사회화 기능과 통제기능을 발휘하는 자기규제 장치(self-regulating system)가 있어야 한다. 사회의 하위체계가 사회화 기능과 사회통제 기능에 실패할 경우, 전체 사회의 균형이 깨지거나 통합이 와해되어 사회문제가 발생한다. 이때 사회화의 실패는 사회화가 불충분하거나 부적절한 것을 의미하고, 사회통제의 실패는 보상과 처벌을 제대로 하지 못하거나 불공평하게 하는 것을 의미한다.

자기규제 장치

사회화

사회통제

이처럼 사회문제의 원인은 개인과 사회제도의 일부에 있기 때문에 개입의 대상은 결국 개인과 사회제도가 되어야 한다. 사회문제의 원인이 개인에게 있든 사회제도에 있든 개입하는 주체 또는 조치를 취하는 주체는 사회여야 한다. 사회문제의 해결은 사회가 개인과 사회제도의 일부에 변화를 가하여 해결 가능한 것으로 본다. 따라서 사회문제의 해결방안은 사회의 사회화 기능과 통제기능을 강화하거나 수정하고 재사회화 또는 사회의 물질적 및 기회의 분배기능을 강화 또는 수정하는 것이 된다.

개인과 사회제도

재사회화
분배기능

개인적 역기능이나 문제가 발생하는 원인은 그가 의도적으로 선택하거나 노력한 것이 아니며, 사회적 기능의 테두리에서 일탈한 것으로 본다. 예를 들면, 개인의 부적절한 사회화, 사회 성원 개개인의 미흡한 자기역할 수행, 소득분배상의 불균형 등에 의해 역기능이나 문제가 유발된다(이철우, 2017b). 범죄나 질병과 같은 사회문제는 사회적 역할과 기능을 제대로 수행하지 못한 것이고 전체 사회의 균형을 깨거나 사회통합을 해친다고 보기 때문에, 법률이나 의료 행위 등을 통해 사회적 중재를 위해 노력하여야 한다. 환자의 질병은 환자로서의 사회적 기능을 수행하는 것을 공식적으로 허가하는 것이기 때문에 역기능적이라고 본다. 예를 들어,

일탈

심신장애를 이유로 문제행동에 따르는 책임을 경감해 주게 되면, 문제행동을 더 지속하게 할 수도 있다. 환자가 하루빨리 회복되어 사회에서 제 기능을 수행할 수 있도록, 전문가가 질병에 대한 사회적 통제기능을 수행해야 한다(강정한, 2013). 그리고 질병에서 벗어나게 하려는 사회적 통제에 반대하는 경우에는 그 사람들에게 환자 역할을 부여하여 그들을 사회에서 배제하는 것도 가능해진다(Segall, 1976). 예를 들면, 1960년대 베트남 전쟁 시에 병역문제를 일으킨 미국의 청년들을 사회적으로 고립시키기 위해 정신병원에서 대체복무를 하도록 한 일을 들 수 있다.

사회적 통제

사회 배제

2) 사회복지 정책과 실천에 대한 함의

구조기능주의이론은 사회문제 해결을 위한 기초이론으로서 활용되고 있다(박철현, 2016). 사회는 사회 성원들이 가치 합의를 근거로 하여 잘 통합되면 안정될 수 있으며, 가치의 합의가 깨어지면 사회는 불안한 상태에 빠지게 된다. 사회 성원의 가치합의와 통합은 사회 존속을 위해 사회 자체가 필요로 하는 기본적인 기능적 요구이다.

가치합의와 통합

구조기능주의이론은 인간과 사회에 대해 보수적 관점을 견지한다. 즉, 구조기능주의이론은 체계의 구조가 체계 유지에 필요한 기능을 어떻게 수행하게 할지에 대해서는 관심이 많지만, 잘못된 구조를 어떻게 변화시키고 사회적 갈등을 어떻게 해결할 것인가에 대해서는 관심이 매우 적다.

체계 유지 기능

구조기능주의이론은 인간을 수동적이고 순응적 존재로 이해한다. 체계의 하위 단위인 행동 유기체와 인성체계는 문화체계와 사회체계의 일정한 통제를 받는다고 본다. 개인은 지위와 역할의 수행, 사회화 과정을 통하여 상위체계의 안정에 도움이 되는 방식으로 기능하도록 기대를 받는다. 이런 면에서 개인은 환경 변화의 주체이기보다는 체계에 순응하는 존재로 간주된다. 그러므로 사회복지의 대상인 내담자의 사회화 과정에서의 실패, 사회규범과 가치 내면화의 실패, 그리고 역할 수행의 부적절성, 적응의 실패, 일탈행위 등의 문제를 대체로 행위주체 내부의 결함이나 체계 내적인 문제에 기인하는 것으로 간주한다. 예를 들면, 빈곤이라는 사회문제는 개인적 무능력이나 질병, 낮은 성취동기, 낮은 교육 수준 등에서 발생하는 것으로 본다. 그리고 사회복지제도는 이러한 사회문제의 발생을 예방하거나 해결하고 사회체계의 존속과 안정 유지를 위해 필요한 대안적 장치로 보는 것이 구

순응적 존재

무능력

사회복지제도

조기능주의이론의 관점이다. 그러므로 사회복지적 개입에서도 이러한 내적 결함 을 우선적으로 개선 혹은 보완하여 본래의 주어진 역할과 기능을 잘 수행하도록 하는 사후대책적 개입활동을 우선적으로 실시한다(최옥채 외, 2020).

내적 결함
사후대책

전체 사회는 다양한 사회제도(경제, 문화, 교육, 가족, 복지 등)를 만들어서 각각 의 제도들이 체계유지에 필요한 기능을 수행함으로써 사회가 존속되고 안정된다 고 본다. 사회체계는 자체적으로 자기통제능력이 있으므로 일정 수준의 체계 이탈 은 자연스럽게 회복할 수 있다고 본다. 사회복지제도 역시 사회 성원의 복지욕구 를 충족하기 위해 다양한 정책과 법률을 마련하지만 체계의 역기능을 예방하기보 다는 기존 제도의 순기능을 지속하는 차원에서 소극적으로 접근하는 방식을 따른 다. 즉, 사회변동에 맞춰 구조를 변화시키고 사회갈등을 해결하는 데 목적을 둔 적 극적 사회복지대책은 매우 미흡하다. 사회복지실천에서도 내담자의 환경체계와 관련 법과 제도의 근본적 변화보다는 기존 제도의 개선과 유지에 초점을 둔다. 따 라서 구조기능주의이론에서는 복지환경의 변화를 추구함에 있어서 매우 소극적이 며, 잔여적 복지제도를 기반으로 국가의 개입을 최소화하는 것을 지지한다.

소극적 접근
제도의 개선
잔여적 복지제도
노인문제

예를 들어, 구조기능주의이론에서 노인문제는 전체 사회의 존립을 위해 제도화 된 통로를 통해 노인계층을 사회 일선에서 밀어내고, 그 자리에 젊은 연령계층을 대체하는 과정에서 오는 사회문제로 이해한다. 그러므로 노인문제를 해결하기 위 해서는 사회통합적인 측면에서 노인 적응력을 강화하려고 하며, 이를 위해 가정 과 사회에서 노인의 지위와 역할을 잘 수행할 수 있도록 역량강화를 위한 노인교 육, 노인여가시설 등을 통한 제반 노인복지 프로그램을 제공하는 것이다(권중돈, 2019).

이처럼 구조기능주의이론에서는 사회체계의 역기능을 개선하고 그 구성원들에 게 최소한의 인간다운 삶을 보장하는 수준에서 사회복지 급여와 서비스를 제공해 야 한다고 본다. 다시 말해 국가는 사회적 보호를 필요로 하는 빈곤계층 등의 최소 한의 대상에게 공적 부조제도를 통한 최소한의 급여를 제공하여, 사회통합을 저해 하는 사회구조적 문제를 보완하려고 한다. 그러므로 전 국민을 대상으로 한 보편 적 복지제도보다는 잔여적 복지제도를 선호하며, 최소한의 개입을 통하여 사회구 조적 결함을 보완하고 사회적 보호를 필요로 하는 개인의 기능을 회복하는 데 목 적을 둔다. 예를 들면, 소년소녀가장과 비행청소년 등에 대한 재사회화교육, 장애 인을 위한 재활교육 등을 통해 이들이 사회에서 정상적 생활을 이어갈 수 있도록

최소한의
인간다운 삶
최소한의
대상과 급여
기능 회복

하고, 더 나아가 전체 사회의 존속과 유지, 발전에 기여하도록 해야 한다고 본다.

　　Durkheim은 사회의 만성적 아노미 문제를 해결하기 위해서는 시장에 속박되지 않은 유기적 연대로서의 직업집단과 교육을 통한 도덕적 통합능력을 강화해야 한다고 보고 있다. 즉, 개인과 사회는 서로 나눠진 둘이 아닌 상호 융합되어야 한다고 보았다(강정한, 2013). 이러한 Durkheim의 개인화된 도덕적 규범화와 유기적 연대를 강화해야 한다는 주장은 현대의 복지국가, 조합주의로 결실을 맺었다(김종엽, 1998; 민문홍, 2008; 민문홍, 2012). Durkheim의 관점은 시장경제만을 강조하는 극단적 자유주의 경제이론과 국가사회주의 사이에서 사회통합과 사회적 시민연대를 강조하는 제3의 길로서 복지국가론과 연결되어 있다(민문홍, 2008).

사회적 시민연대
제3의 길

🔭 생각해 보아야 할 과제

1. 사회를 조화, 합의, 협력, 통합이 이루어지는 안정된 질서를 유지하는 체계로 보는 구조기능주의이론의 관점을 비판해 보시오.

2. 체계의 부분은 전체 체계의 존속과 안정에 기여하여야 하고 그에 맞게 보상받는다는 구조기능주의이론의 관점을 비판해 보시오.

3. Durkheim의 사회적 연대와 아노미 현상에 대해 깊이 탐색해 보시오.

4. Durkheim은 사회적 분업이 심화될수록 유기적 연대를 강화할 필요성이 있다고 보고 있는데, 현실 사회에서 유기적 연대의 강화를 이룰 수 있는 방안을 모색해 보시오.

5. 구조기능주의이론에 입각한 사회복지제도는 잔여적 복지제도의 속성이 강한 특성을 지니는데, 한 국가가 이런 복지제도를 형성하는 것이 바람직한지에 대해 토론해 보시오.

6. 가족이라는 사회제도가 수행해야 하는 기능이 무엇이며, 현실 가족이 실제로 그러한 기능을 어느 정도 수행하고 있는지 탐색해 보시오.

7. 구조기능주의이론의 관점에서 노인문제의 발생 원인을 살펴보고, 이를 해결하기 위한 국가의 노인복지정책의 기본방향은 무엇인지 탐색해 보시오.

8. 자살의 주요 원인이 개인에게 있는지 아니면 사회에 있는지를 Durkheim의 관점에서 탐색해 보시오.

9. 사회적 양극화가 심화되는 이유를 구조기능주의이론에 입각하여 설명해 보시오.

10. Durkheim의 관점이 조합주의 복지국가 유형과 어떤 관련성을 지니고 있는지를 탐색해 보시오.

제25장

갈등이론

학 **습** 목 **표**

1. 갈등이론의 사회관과 기본 가정을 이해한다.
2. 갈등이론의 주요 개념을 이해한다.
3. 갈등이론의 사회변동과 발전에 대한 관점을 이해한다.
4. 갈등이론을 사회복지실천에 적용할 수 있는 방안을 이해한다.

갈등이론(conflict theory)은 사회의 질서, 안정, 합의 등을 강조하는 구조기능주의이론에 대한 반발로 등장한 거시적 사회학 이론이다. 갈등이론에서는 사회가 자신의 이익을 중시하는 집단으로 구성되어 있으므로, 한정된 재화와 권력 등의 자원을 소유하기 위한 경쟁, 투쟁과 갈등은 피할 수 없다고 본다.

사회의 유한자원을 둘러싼 경쟁에서 승리한 지배집단은 높은 권력, 자원, 경제권 등을 유지하기 위해서 피

▌ Karl Heinrich Marx (1818~1883)

경쟁
투쟁과 갈등

지배집단을 억압하고 강제한다. 그러므로 사회의 가치는 사회 성원 간의 합의에 의해 이루어진 것이 아니고, 지배집단의 억압과 강제에 의해 형성된다고 본다. 결국 지배집단은 자신의 위치를 유지하기 위해 계속적으로 새로운 사회질서를 만들어내고, 그로 인해 사회는 계속 변화하게 된다. 이처럼 갈등이론에서는 사회 속에

지배집단의 억압

는 무질서와 변동, 불평등과 불공평, 갈등과 대립이 늘 존재하는 곳이며 그러한 갈등을 벗어날 수 없게 만드는 기제가 있다(강정한 외, 2013)고 보며, 이러한 갈등이

갈등

변화와 개혁

사회의 변화와 개혁을 이끌어낸다고 본다. 그러므로 갈등이론은 사회 안정을 설명하는 데는 취약점이 있지만, 사회변동을 설명하는 데는 강점이 있는 이론이다.

갈등이론은 학문적으로는 역사에 대한 유물론적 해석(historical materialism), 변증법적 유물론(dialectical materialism), 현존 사회체계에 대한 비판적 자세, 혁명과 개혁과 같은 정치 프로그램을 강조한다. 그리고 계급갈등, 상충하는 지배적 이데올로기 등의 권력 차이에 관심을 두는 거시적 수준의 사회학이론이다.

경쟁과 갈등

계급갈등

Marx

Weber

갈등이론은 사회를 개인 간 및 집단 간의 끊임없는 경쟁과 갈등의 연속으로 보는 공통점이 있다. 그러나 갈등이론에는 통일된 관점이 존재하지 않으며, 이데올로기나 사회갈등에 대한 서로 다른 관점을 갖고 있는 다양한 이론들이 포함되어 있다. 갈등이론은 계급갈등을 모든 사회집단의 갈등의 원천으로 보는 갈등이론의 아버지로 불리는 Karl Marx와 계급과 권력 및 사회적 지위를 둘러싼 집단 간의 갈등을 중시하는 Max Weber의 이론과 사상에 그 지적 뿌리를 두고 있다. 갈등이론의 기

▎Ralf Dahrendorf (1929~2009)

Dahrendorf

Coser

능이론에 대한 도전과 비판적 관점은 신마르크스주의자(Neo-Marxist)에 의해 활발하게 전개되었는데, Ralf Dahrendorf의 변증법적 갈등론과 Georg Simmel과 Lewis A. Coser의 기능적 갈등이론이 여기에 속한다. 이러한 갈등이론은 비판이론, 여성주의이론, 포스트모더니즘이론, 후기구조주의이론, 탈식민주의이론, 퀴어이론(Queer theory), 세계체계이론, 인종갈등이론 등의 발전에도 강한 영향을 미쳤다.

1 사회관과 가정

1) 인간과 사회에 대한 관점

경쟁, 갈등

갈등이론에서는 사회의 본질적 특성은 안정과 협력이 아니라 경쟁과 착취, 갈등과 투쟁이며, 사회집단이나 계급 간의 갈등은 보편적 현상이라고 본다. 따라서 사

회는 자신의 이익만을 추구하는 계급 또는 사회집단 간의 투쟁의 장(場)이며, 자본투쟁의 장
주의체제에서의 사회생활은 제한된 자원과 권력의 배분을 둘러싼 경쟁과 갈등, 착
취 그 자체라고 본다. 구조기능주의이론은 사회가 우열의 차이가 없는 기능을 수
행하는 개인과 사회집단의 통합체로서, 합의된 목표 아래서 상호의존하며 살아가
는 인간 집단이라고 본다. 반면에 갈등이론은 사회의 본질을 끊임없는 경쟁과 갈
등의 연속으로 본다. 갈등이론에서는 사회 성원은 경제적 부(富), 명예, 권력, 지위
등의 사회적 희소 가치와 자원을 열망하고 이를 획득하기 위해 끊임없이 경쟁하므희소 가치와 자원
로, 지속적으로 투쟁하고, 갈등을 겪게 된다고 본다. 그리고 사회경제제도는 사회
집단이나 계급 간의 투쟁의 도구이며, 불평등을 유지하고 지배계급의 지배를 유지
하는 데 사용된다고 보고 있다.

모든 사회구조에는 권력의 불평등이 내재해 있으므로, 특정한 개인과 집단은 본권력의 불평등
질적으로 다른 개인이나 집단에 비해 더 많은 권력을 소유하게 된다. 그러므로 특
정 사회구조로부터 더 많은 이익을 얻은 개인과 집단, 즉 지배계급은 어떠한 수단
을 사용해서라도 자신들의 권력과 자원을 유지하고 향상하기 위해 노력하며, 그
과정에서 지배계급이 피지배계급을 억제, 착취, 통제한다. 이때 지배계급은 계급
구조 속에 본질적으로 존재하는 지배계급의 착취나 억압 행위를 피지배계급이 인지배계급의 착취
식하지 못하도록 하면서, 자신의 권력과 자원을 유지하고 더욱 키우기 위해 지속
적으로 억압과 착취를 행한다. 이러한 과정이 반복됨으로써 사회 내에 불평등구조불평등구조
가 만들어지게 되고, 더욱 공고화되어 간다. 그러므로 인간 사회의 역사는 사회질
서를 유지하기 위해서가 아니라 지배계급의 이익을 옹호하고 대중 또는 피지배계
급을 억압하고 통제하기 위한 과정의 연속이자 그 결과물이다. 이러한 사회적 불
평등구조는 사회체계와 개인이 온전한 사회적 기능을 수행하는 것을 방해하는 원
인이 된다.

사회의 불평등구조, 즉 사회계급 또는 집단 사이의 불평등한 권력관계를 변화시
키는 것은 적응이 아니라 사회계급 간의 대립과 갈등을 통해 일어난다고 본다. 그
러므로 사회계급 간의 갈등은 긍정적 사회변화의 필수적 과정이며, 권력관계의 변사회계급 간의
갈등
화는 점진적이고 혁신적이라기보다는 갑작스럽게 일어나고 그 규모가 큰 것이 특
징이다. Marx는 인간 소외를 야기하는 사회적 불평등 구조의 문제를 해결할 수 있
는 대안으로 사유재산제 철폐와 공산주의 사회의 건설을 제시하고 있다.공산주의 사회

Marx은 인간을 사회적 존재로 규정한다. 인간은 사회 안에서만 존재할 수 있으사회적 존재

며, 인간 존재는 개인 속에 내재한 추상적 현상이 아니라 그의 사회적 관계의 총체 (ensemble)라고 본다(박종대, 1994). 그러므로 Marx는 개인의 행동은 권력과 자원이 불평등하게 배분되어 있는 사회구조에 의해 영향을 받으므로, 개인의 행동방식은 사회적 맥락에서 이루어지는 경쟁집단과의 갈등에 의해 결정된다고 본다. 사회구조에는 권력과 자원배분의 불평등이 내재해 있으므로, 인간은 타인과 상호작용을 하면서 금전, 토지, 상품 등의 한정된 물질적 자원을 놓고 지속적 경쟁을 한다. 그리고 인간은 물질적 자원을 놓고 경쟁할 뿐 아니라 여가시간, 사회적 지위, 성적 파트너 등의 비물질적 자원을 놓고도 경쟁한다. 이와 같은 경쟁을 통해 어떤 개인은 본질적으로 다른 개인보다 더 많은 권력과 자원을 소유하게 된다. 그러므로 특정 사회구조로부터 더 많은 이익을 얻은 개인은 자신의 권력과 자원을 유지하고 향상하기 위해 노력한다.

Marx와 달리 Weber는 개인이 사회적 관계에 영향을 미칠 수 있는 능력이 있는 사회적 행위의 수행자라고 본다(이수안, 2015). Weber는 인간의 합리성을 중시하는 인간중심주의적 관점을 바탕으로, 인간을 합리적 존재로 보고, 주체성과 확고한 의지를 가진 존재로 본다. 따라서 인간은 자신의 의지대로 행동할 수 있는 행위의 주체이며, 이성 능력과 공감 및 감정이입 능력을 통해 타인의 행위에 내재된 의미를 이해할 수 있다고 본다. 이처럼 Weber는 인간 행동이 사회적 관계의 지배를 받는 것이 아니라 반대로 인간의 행동이 사회적 관계를 만들어갈 수 있는 능력이 있다고 본다.

Marx는 인간을 노동하는 존재(labouring being)로 규정한다(이태건, 2000). 즉, Marx에게 인간의 본질은 노동력(labour power)이고, 인간의 기본적 모습은 역사적이고 사회적인 맥락 속에서 이루어지는 노동하는 모습이다. 인간은 노동력을 자연적 대상에 투입하여 자신의 삶의 욕구를 충족시켜 줄 수 있는 생산물을 만들어낸다. 그러므로 인간은 노동을 통하여 생존을 이어가고 이 과정에서 자아를 실현해 나간다. 하지만 자본주의체계하에서 노동의 불평등한 분업에 기초한 착취와 억압은 인간의 잠재성 또는 창의적 능력의 발현을 막기 때문에 인간은 소외를 경험하게 되고, 그로 인해 다양한 병리를 경험하게 된다고 본다.

2) 기본 가정

갈등이론에서는 사회를 본질적으로 자신의 이익을 최대화하려는 개인과 집단 간의 경쟁과 갈등의 장으로 보며, 이로 인해 형성된 사회의 불평등구조의 변화 역시 경쟁과 갈등에 의해 이루어진다고 보고 있다. 이러한 갈등이론의 기본 가정은 다음과 같다(Turner, 1984; 강정한, 2013; 지은구 외, 2015; 이철우, 2017a).

ᴧ표 25-1 갈등이론의 기본 가정

- 사회는 자신의 이익을 최대화하려는 개인과 집단으로 구성되어 있다.
- 사회의 제한된 자원과 권력은 일반적으로 강압에 의해 비합법적이고 불공평하게 분배되며, 개인이나 집단에게 주어지는 과업과 보상은 불공정하게 배분된다.
- 사회의 제한된 자원과 권력을 더 많이 소유하기 위한 계급 또는 사회집단 간의 경쟁, 투쟁과 갈등은 피할 수 없다.
- 사회의 제한된 자원과 권력이 불공평하게 분배될수록, 계급 또는 사회집단 간의 이해갈등은 더욱 커진다.
- 사회적 가치는 사회 성원 간의 합의에 의해 이루어진 것이 아니고, 사회적 질서는 지배계급의 억압과 강제에 의해 형성되므로, 국가는 가장 힘 있는 특정집단의 이익을 대변한다.
- 지배집단은 높은 권력과 자원을 유지하기 위해서 피지배집단을 억압하고 강제한다.
- 사회의 지배계급은 계급구조 속에 본질적으로 존재하는 지배계급의 착취를 피지배계급이 인식하지 못하도록 한다.
- 사회 성원과 집단이 서로 다른 욕구와 가치, 사상을 갖고 있고, 이로 인한 분쟁을 해결할 수 있는 수단이 없기 때문에, 사회갈등이 발생한다.
- 계급구조는 사회체계와 개인의 기능을 최적화하는 데 방해요인이 된다.
- 사회의 불평등구조에는 지배계급의 가치관이 반영되어 있으며, 사회집단 간의 갈등, 경쟁, 억압 등으로부터 만들어진 것이다.
- 갈등은 변증법적이다. 즉, 한 갈등의 해결은 또 다른 갈등에 대한 관심을 불러일으키고, 그것은 또 다른 갈등으로 발전해 간다.
- 사회 속의 갈등과 대립이 사회의 변화와 발전, 개혁을 일으킨다.
- 소외된 피지배집단이 자신의 욕구충족과 자원 획득을 위한 사회변화를 도모하기 위해서는 반드시 힘을 가져야 한다.
- 인간 사회의 역사는 사회질서를 유지하기 위해서가 아니라 대중을 통제하고자 하는 자본주의적 시도의 결과이다.

2 주요 개념

갈등이론에는 Marx와 Weber의 갈등이론뿐 아니라 Darendorf의 변증법적 갈등이론, Coser의 기능적 갈등이론 등의 다양한 이론들이 포함되어 있다. 이러한 갈등이론의 주요 개념을 살펴보면 다음과 같다.

1) 계급구조와 계급갈등

Marx의 계급갈등론에서는 사회불평등 문제를 경제적인 측면에서 발생한 것으로 보고 계급(class)이라는 용어를 사용하여 설명하고 있다. 계급은 '경제적 자원 보유 기준에서 같은 지위를 가진 사람들의 집단'을 가리킨다. 계급은 경제적 요소에 따라 집단을 위계적으로 서열화한 것으로, 특정 계급의 성원은 다른 계급의 성원과 구분되는 특성과 공통의 경험을 가지며, 동일 계급에 대한 심리적 귀속감, 즉 귀속 의식을 강하게 가진다. 사회계급은 자본의 소유 여부에 따라 유산계급(有産階級) 또는 자본가계급인 부르주아(bourgeois)와 무산계급(無産階級) 또는 노동자계급인 프롤레타리아(proletariat)로 구분된다.

부르주아는 프랑스어로 '성(城)'을 뜻하는 'bourg'에서 유래된 것으로, 부(富)를 축적한 계급은 안전한 성 안에서 살고 그렇지 못한 계급은 위험하고 척박한 성 밖에서 생활하는 데서 생긴 용어이다. 부르주아는 자본주의 사회에서 공장이나 기계와 같은 생산수단을 소유하여 임금 노동자를 고용하여 이익을 창출하는 사람들의 집단을 말한다. 부르주아는 사람의 인격적 가치를 교환 가치로 해체했으며, 수많은 자유 대신에 단 하나의 자유, 즉 상거래의 자유를 내세웠다. 한마디로 부르주아는 노동자에 대한 직접적이고도 불공정한 착취를 행하고, 정치적 권력을 오용하여 지배하는 사회계급이다.

프롤레타리아는 고대 로마 시대에 토지를 소유하지 못한 가난한 자유민을 뜻하는 라틴어 'proletari'에서 유래된 용어로서, 자본을 소유하지 않아 자신의 노동으로 살아가는 사람들로 이루어진 계급이다. 노동자는 노동을 팔지 않으면 생활할 수 없으므로, 자신들의 급여나 자신들이 생산한 것에 대해 권리를 주장하지 못한다. 이처럼 Marx는 노동자가 어떠한 권리 주장도 하지 못하고 노동만 해야 한다고

계급

유산계급
무산계급

부르주아

생산수단

착취

프롤레타리아
노동

보았다.

자본주의사회의 계급은 부르주아와 프롤레타리아 이외에 프티 부르주아지(petite bourgeoisie)와 룸펜프롤레타리아가 있다. 프티 부르주아지라 불리는 소시민(小市民)은 부르주아와 프롤레타리아의 중간 계급인 중소자본가계급이다. 이들은 부르주아는 아니지만 부르주아적인 사고를 갖고 있는데, 이들 역시 부르주아에게 고용되어 살아가거나 흡수통합 당하기 때문에, 프롤레타리아의 일부로 보기도 한다. *(프티 부르주아지 / 소시민)*

룸펜프롤레타리아(lumpenproletariat)는 독일어 'Lumpen'에서 온 말로서 남루하고 초라하다는 의미가 있다. 이들은 일정한 거주지 없이 떠돌아다니는 부랑자나 실업자의 행색이 남루하고 초라한 데서 유래되었다. Marx는 룸펜프롤레타리아를 자본주의 사회에서 비정상적 일용직 노동에 관여하는 최하층 노동자이면서 반동적 음모에 가담하는 계급이라 하였으며, 유랑무산계급(流浪無産階級)이라고도 하였다. 오늘날에는 약칭하여 룸펜으로 부르기도 하는데, 부랑인이나 실업자와 유사한 의미로 사용되기도 하지만, 엄밀히 말하면 이들과는 다른 특성을 지닌다. 룸펜은 프롤레타리아와 함께 혁명적 활동에 참여하는 대신 부르주아에 매수되어 반동적인 음모의 도구 노릇을 하는 경향이 있어, Marx는 사회의 쓰레기라고 지칭하고 있다. *(룸펜프롤레타리아 / 유랑무산계급 / 룸펜)*

자본주체제하에서 부르주아와 프롤레타리아는 착취와 지배, 갈등과 대립이라는 관계를 형성하게 된다. 부르주아는 프롤레타리아의 노동력이라는 상품을 소비해 가치를 창출하는 과정에서 노동이 창출한 가치를 대부분 소유하기 때문에 부유해지고, 프롤레타리아는 궁핍한 상태에 이르게 된다. Marx는 사회적 소수인 부르주아가 사회적 다수인 프롤레타리아를 억압하는 영향력을 행사한다고 보았다. 즉, 두 계급 간의 관계를 소수의 엘리트 집단이 자원과 권력을 소유한 결과로서 사회의 다수에게 헌신을 요구하는 피라미드 관계로 설명한다. 이를 좀 더 자세히 살펴보면, 부를 소유한 부르주아는 자신의 사적인 부를 지키고 자본의 재생산을 위해 강력한 국가기구를 갖춤으로써 무력에 의해, 다른 한편으로는 동의를 얻어 프롤레타리아를 지배하고 통제한다. 반면에 프롤레타리아는 삶의 고난으로 인해 부르주아와는 다른 의식을 갖게 되고, 자본분배의 정당성에 의문을 제기하고, 이런 자각을 통해 궁극적으로 모든 경제적 계급을 폐지하고 계급이 없는 사회를 건설하기 위해 스스로를 조직하고, 부르주아와의 투쟁에 참여하게 된다. *(부르주아 / 프롤레타리아 / 피라미드 관계 / 계급 없는 사회)*

계급투쟁의 역사   이처럼 Marx는 지금까지 사회의 역사를 계급투쟁의 역사로 본다. 사회의 지배계급과 피지배계급은 항상 서로 반대편에 서서 경쟁하고 싸웠으며, 그러한 투쟁의 결과로 전체 사회가 혁명적으로 재구성되거나 아니면 공멸이라는 결과를 낳게 된다고 본다. Marx는 지배계급이 계급 관계에 본질적으로 내재해 있는 지배계급의 착취를 프롤로테리아가 인식하지 못하도록 한다고 보고 있다. 그러므로 Marx는

계급의식
자본주의 전복   프롤레타리아가 자신들이 부르주아와 자본주의체제에 반대하는 계급이라는 계급의식을 갖고, 자본주의체계를 전복시켜야 한다고 주장하고 있다.

　　　Marx는 부르주아와 프롤레타리아 사이의 계급갈등과 계급투쟁에 대해서는 다음과 같은 관점을 보이고 있다. 부르주아는 세계 시장을 배경으로 한 공업과 상업, 교통의 발전과 더불어 자본을 크게 증식하고 독점적인 정치적 지배력을 쟁취하게

자본과 권력   되었으며, 프롤레타리아에 대한 착취와 억압을 통해 더 많은 자본과 권력을 쥐게 되었다. 반면에 생산 수단을 소유하지 못한 프롤레타리아, 즉 임금 노동자는 자신

노동력   의 노동력을 상품으로 파는 것 이외에는 생계를 유지할 수단이 없다. 이에 더하여 기계와 기술의 발전으로 노동이 단순화되고 노동의 양은 증가하였지만 그들이 받는 노동의 대가는 겨우 생활이 가능한 최저 수준까지 내려가게 되었다. 이에 프롤레타리아는 직접 자신들을 고용하여 착취하고 있는 부르주아 고용주의 억압과 착취를 자각하고 대항하여 개별적 투쟁을 전개한다. 프롤레타리아는 점차 같은 처지에 놓인 다수의 노동자들이 단결하여 자주적 투쟁을 하게 된다. 그 결과로 사회의 제한된 자원의 재분배 가능성은 높아지게 되며, 마침내 프롤레타리아는 혁명을 일으켜 부르주아를 폭력적으로 타도하고 지배권을 손에 넣게 된다고 본다. 이처럼 Marx는 혁명적 낙관주의를 보이고 있다(Turner, 2019).

계급갈등론   계급 간의 갈등과 투쟁에 초점을 두었던 Marx의 계급갈등론과는 달리 최근의 갈등이론에서는 자본 파벌 간의 갈등, 다양한 사회계층, 종교 등의 집단 사이의 갈등에도 많은 관심을 기울이고 있다.

2) 인간 소외

　　　인간은 노동력을 자연 대상에 투입하여 삶의 욕구를 충족시켜 줄 수 있는 생산물을 만들어낸다. 그러므로 인간은 노동을 통하여 생존을 이어가고 이 과정에서 자아를 실현해 나가지만, Marx는 사유재산제, 분업제, 시장경제 및 화폐경제 등의

자본주의체제로 인하여 인간이 소외(alienation)를 경험하게 된다고 본다.　　　　　자본주의체제

　인간 소외는 인간이 지닌 본래적 인간성이 상실되어 인간다운 삶을 영위하지 못　　인간 소외
하는 현상을 말한다. 즉, 인간이 사회적 관계, 노동 및 노동의 산물, 자아로부터 멀
어지거나 분리된 듯한 감정상태를 나타내는 현상을 말한다. 때로는 인간 자신이
만들어낸 물질이 도리어 인간을 지배하게 되는 현상을 가리키는 말로도 쓰인다.

　Marx는 인간 소외가 발생하는 과정과 구조를 [그림 25-1]과 같이 표현하였다(이　　인간 소외 과정
태건, 2000).

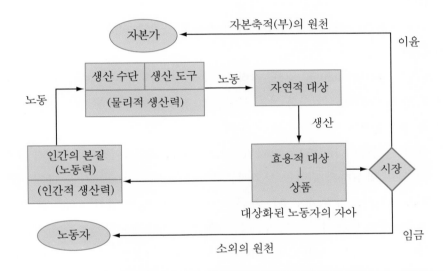

[그림 25-1] Marx의 인간소외의 과정과 구조

　인간 소외의 네 가지 차원은 ① 노동생산물이 노동자를 지배하게 되는 '노동생　　소외의 차원
산물로부터의 노동자 소외', ② 노동을 통해 자아를 충족하지 못하고 자아를 부정
하게 되고, 노동으로 인해 신체적 소진과 정신적 좌절을 경험하고, 자본가의 욕
구를 충족시켜 주는 수단이 되고 만다는 '노동 그 자체로부터의 노동자의 소외',
③ 노동 대상과 생산수단을 사적으로 소유하면서 대부분의 인간이 주체적 노동의
성격을 상실한 소외된 노동에 빠지게 되고, 그로 인해 인간의 고유한 본질적 기능
을 빼앗기게 되는 '인간 본성(또는 유적 존재, 類的 存在)으로부터의 노동자의 소외',
그리고 ④ 인간이 타인과의 관계에서 경험하게 되는 '인간으로부터의 인간의 소외'
로 나눠진다.

공산주의 사회

Marx는 사유재산 제도가 철폐되고 공산주의 사회가 도래하면 인간의 사회적 속성이 회복되고 인간 또한 해방되며, 인간과 자연 사이의 관계도 완전한 통합을 이루게 됨으로써 인간 소외가 완벽하게 극복될 수 있다고 보았다.

3) 사회계층화와 카리스마적 리더십

권력

기회 불평등

Weber는 권력은 개인이 부동산, 동산, 자본, 사회적 존경, 물리적 힘, 그리고 지식 수준 등과 같은 사회자원(social resources)을 소유할 수 있는 능력에서 유래된다고 본다. 이에 그는 사회자원에 접근하여 획득할 수 있는 기회의 불평등으로 인해 사회불평등이 야기된다고 본다.

계층

사회계층화이론

계급

지위

권력

Weber는 계층(stratum)을 재산, 권력 등 경제 · 정치 · 문화적 자원 중 하나 또는 복합 기준에 의해 같은 지위를 가진 사람들의 집단을 말하는 것으로, 일련의 기준에 따라 불평등하게 배열되어 있는 사회집단을 구분하는 것으로 본다. Weber는 계층 간의 불평등이 계급(class), 지위(status), 권력(power)이라는 세 가지 요소가 상호작용하여 발생하게 된다는 사회계층화이론(social stratification)을 제기하였다. 이때 Weber는 사회의 위계구조는 계급(class), 지위(status), 권력(power)의 세 요소가 상호작용하여 만들어지는 것이므로, 사회계층 간의 불평등을 이해하기 위해서는 이 세 가지 차원을 동시에 고려해야 한다고 하였다(강정한 외, 2013). 이 중에서 계급은 특정 경제 질서 안에서 부동산, 주택, 자산 등의 부(富, property)를 얻기 위해 재화와 용역을 처분할 수 있는 능력의 양과 종류에 따라 결정되는 것이다. 따라서 비슷한 경제력을 가진 사람들은 같은 계급에 속한다고 볼 수 있다. 사회적 지위는 특정인이나 특정 사회 지위에 대해 다른 사람이 부여하는 사회적 명성이나 명예, 위신(prestige)에 의하여 결정되며, 지위에 따라 사회적 기대 또한 달라진다. 권력은 타인의 저항에도 불구하고 자기의 목표를 성취할 수 있는 가능성을 의미하며, 이러한 권력의 배분 질서도 하나의 위계를 가진 것으로 보았다.

사회계층화의 3P

불합리한 분배체계

이 세 가지를 사회계층화의 3P(property, prestige, power)라고 한다. 그런데 이 세 가지는 합리적이고 법적 권위에 따라 정당하게 배분될 수도 있지만, 불평등하게 분배될 수도 있다. 만약 누구에게는 많은 분배상의 특권을 주고 누구에게는 거의 주지 않는 불합리한 분배체계하에서는 사회적 격차가 발생하게 된다. 예를 들어, 경제적 엘리트 집단이 사회적이고 정치적으로도 엘리트 집단이 되면, 권력, 사회적 위신, 경제적 부를 더 많이 배분받는다. 반면 이로부터 배재된 사람은 기존의 배분체계에 대한 정당성을 인정하지 않게 되고 분노하게 되면서 갈등이라는 대안 을 선택할 가능성이 높아지게 된다. 그리고 낮은 계층의 사람들이 계급, 사회적 위 신, 경제적 부에 접근할 수 있는 기회가 높아지는 사회계층의 상향 이동의 기회가 제한되게 되면 분노는 축적되고, 지배계층에 저항 행동을 보이게 된다.

이런 상황에서 카리스마적 지도자(charismatic leadership)가 나타나게 되면 전통 적 권위에 도전하고, 지배계층의 자원 독점과 피지배계층의 자원 접근 기회 상실 로 인해 발생한 분노를 조직화하게 되면, 갈등과 사회구조의 변동이 일어나게 된 다(Turner, 2019). 그러나 카리스마적 지도자가 피지배계층의 갈등을 동원하는 데 성공하게 되면, 새로운 규칙과 행정체계를 통해 자신의 권위를 일상화하려고 할 것이며, 이는 새로운 형태의 불평등을 낳고 새로운 형태의 권위체계를 형성하게 된다. 이렇게 되면 새로운 지배계층이 자원을 독점하고 새롭게 만들어진 피지배계 층의 사회적 이동이 제한되게 되면, 새로운 갈등이 생겨날 수 있다. 반대로 새로운 규칙과 행정체계가 합리적이고 법적 절차에 따라 만들어지고 일상화되면, 갈등이 일어날 가능성은 줄어들게 된다.

갈등

상향 이동

*카리스마적
지도자*

분노 조직화

새로운 권위체계

4) 권위의 차이

Dahrendorf는 구조기능주의이론의 보수성과 고전적 갈등이론의 급진성을 동시 에 극복해 보려는 시도를 했다. 그는 사회는 합의와 갈등 두 가지가 모두 있어야 생존이 가능하다고 보고, 갈등 없이는 합의가 없고 합의 없이는 갈등도 없으며, 갈 등이 합의를 유발하고 또 합의가 갈등을 유발한다고 보는 변증법적 갈등이론을 제 시하였다.

Marx가 사유재산의 소유 정도에 따라 계급이 형성된다고 본 반면 Dahrendorf 는 권위(authority)의 차이에 의해 계급이 형성된다고 보았다. 권위(authority)는 지 위와 역할에 따른 지배와 복종의 위계구조의 차이이다. 이러한 권위는 지위와 역 할의 차이에 따라 달라지며, 사회가 특정 지위와 역할에 대해 기대하고 승인하는 권위가 있으므로 권위는 사회가 창조해 내는 것으로 본다. 그러므로 사회체계에서 는 특정 지위와 역할을 가진 사람은 다른 지위와 역할을 가진 사람을 지배할 수 있 는 권리를 인정하며, 심지어 그러한 지배를 정당한 것으로 간주한다. 그러므로 권

합의와 갈등

*변증법적
갈등이론*

권위

지위와 역할

위 있는 지위를 차지한 사람은 권위가 낮은 아랫사람을 정당하게 통제하게 되고, 정당한 권위를 인정하지 않는 아랫사람에 대해서는 법적 강제력을 행사할 수도 있다. 이렇게 권위의 차이가 발생하고 그 과정이 반복되면서 소집단, 조직, 지역사회 더 나아가서 전체 사회 내에는 특정 지위와 역할이 다른 지위와 역할에게 동조와 복종을 요구하는 지배적 역할과 종속적 역할로 구분되는 이원적 관계를 특징으로 하는 '강제 조정된 결사체(imperatively coordinated association)'가 만들어지게 된다.

권위의 차이

강제 조정된 결사체

이와 같은 강제 조정된 결사체 내에서 권위관계가 창출됨으로써 지배집단(command class)과 피지배집단(obey class)이 형성된다. 지배집단이 다른 집단을 강제로 복종시킴으로써 사회질서가 유지되지만, 동시에 그 안에는 갈등의 잠재력 또한 내재되어 있다고 본다(Turner, 2019; 강정한 외, 2013). 같은 결사체 내부에서는 특정 역할과 관련된 권위는 희소자원이 되기 때문에, 지배-피지배의 권위적 관계로 맺어진 집단들 사이에서는 이 희소자원을 둘러싼 대립과 갈등이 발생하게 된다. 특히 결사체 내의 피지배집단이 권위의 불평등한 분배구조를 인식하게 되면, 지배집단과 피지배집단 사이에 더 높은 권위를 유지하거나 차지하려는 권위의 재분배를 둘러싼 이해갈등이 발생하게 된다. 이러한 결사체 내의 권위를 둘러싼 갈등은 끊임없이 순환하게 되며, 이를 통해 사회는 변동하고 발전하게 된다.

지배집단과 피지배집단

권위의 재분배

5) 사회갈등의 기능

기능적 갈등이론

Coser의 기능적 갈등이론(conflict functionalism)은 구조기능주의이론이 사회에서 발생하는 갈등을 설명하는 데 한계가 있으며, Dahrendorf의 변증법적 갈등이론은 갈등이 사회유지에 기여하는 바를 설명하는 데 한계가 있다는 인식에서 출발한다(강정한 외, 2013). Coser는 사회적 갈등으로 인해 집단의 결속력이 더욱 강해진다고 보는 갈등의 통합기능과 적응기능을 강조하고 있다.

갈등의 통합기능

Coser는 사회체계는 상호관련성을 지닌 부분들의 체계이며, 이들 부분 사이에서 희소자원을 둘러싼 이해관계의 불균형과 긴장 또는 갈등이 발생하게 된다고 본다. 이러한 체계의 부분들 사이 그리고 부분요소 안에서 야기되는 갈등은 체계의 통합과 적응을 유지하거나 변동시키고, 증감시키는 작용을 한다. 다시 말해 특정 조건에서는 일탈과 갈등과 같은 전형적인 체계 파괴적 과정이 다른 조건에서는 체

갈등과 통합

계의 적응과 통합을 강화하는 과정으로 나타난다는 점을 강조하고 있다(강정한 외, 2013).

Coser의 갈등의 원인과 강도, 지속성, 기능에 대한 관점을 정리해 보면 다음과 같다(Ritzer, 2016; Turner, 2019; 강정한, 2013). 먼저 갈등의 근본 원인이 기존 배분체계의 정당성 여부에 있다고 본다. 그리고 피지배집단이 희소자원의 기존 배분체계가 갖는 정당성에 의문을 가지고 감정적으로 고조되면 갈등이 유발되는데, 절대적 박탈감보다는 상대적 박탈감을 느끼게 될 때 지배집단과의 갈등을 일으키게 된다고 본다.

갈등의 강도와 관련된 Coser의 명제들은 다음과 같다. 갈등의 강도는 사회 성원이 갈등에 감정적으로 몰입할수록 더욱 강력해진다. 특히, 갈등 세력 간의 관계가 1차적 관계일수록 2차적 관계일 때보다 감정적 몰입이 더 강하며, 갈등 역시 더 강하게 표현된다. 그리고 개인적 이익을 초월하여 갈등이 객관화될수록, 즉 이데올로기적으로 통일될수록 갈등은 더욱 강렬해진다. 또한 집단이 자신의 실질적 이익 문제(realistic issue)와 관련하여 갈등하는 경우에 갈등은 덜 폭력적이 된다. 즉, 실질적 이해관계를 놓고 갈등하는 경우에는 타협을 추구하는 반면 비실질적이고 추상적인 쟁점에 관해서 갈등할수록 감정적 몰입이 커지게 되어 갈등이 강하게 나타나며 더욱 폭력화된다. 사회구조가 경직될수록 갈등을 흡수할 제도적 수단을 이용할 수 있는 가능성이 줄어들게 되므로, 갈등은 더 폭력적으로 된다.

갈등의 지속성과 관련된 Coser의 명제들은 다음과 같다. 갈등의 목표가 불명확하고, 갈등의 목표에 대한 합의 정도가 낮을수록, 승패 여부에 대한 해석이 어려울수록 갈등이 더 오래 지속된다. 갈등이 강렬하고, 성원 간 관계가 1차적일수록 갈등집단 내의 비동조자와 일탈자는 더욱 억압받게 되고, 강요에 의해 규범과 가치에 대해 동조하게 될 가능성이 높아진다. 리더십 역시 갈등의 지속에 영향을 미치는데, 지도자가 목표의 완전한 달성이 불가능함을 정확히 인식하게 되면 추종자들로 하여금 갈등을 종식하도록 설득함으로써 갈등이 더 지속되지 않게 만들 수 있다.

Coser는 갈등의 기능을 갈등 당사자 수준과 사회 전체 수준으로 구분하여 제시하고 있다. 먼저 갈등 당사자와 관련된 갈등의 기능을 살펴보면, 사회갈등을 통하여 갈등 당사자 간에 명확한 경계가 설정되며, 갈등 당사자 집단 내에 집중화된 의사결정 구조가 형성되고, 갈등 당사자 집단 내부에 구조적이고 이념적인 연대가 강화되고 복리증진이 이루어지며, 규범과 가치에 대한 합의와 일탈하는 경우에 대한 억압체계가 형성되며, 집단 내부의 동조현상이 강화된다.

사회 전체   사회 전체에 대해 갖는 갈등의 기능을 살펴보면, 사회체계 단위의 혁신과 창조성이 증가하며, 체계 간의 양극화가 일어나기 전에 적대감을 해소할 수 있게 되며, 갈등이 일어나도 규범적 차원에서 조정이 가능해지며, 실질적 문제(realistic issue)에 대한 인식이 증가하고, 사회체계 단위 간에 결사체적 연합의 수가 증가한다. 더 나아가서는 사회갈등을 통하여 사회적 연대, 명확한 권위체계 형성, 기능적인 상호의존성, 규범적 통제에 기초한 사회통합을 촉진하고, 외부 환경에 대한 적응력을 높이는 기능을 한다고 본다. 이처럼 Coser는 사회갈등이 갈등 당사자와 사회체계 전반에 걸쳐 사회적 불만족을 차단하고, 사회해체의 원인을 제거하여 사회구조를 재조정하고 안정화하는 사회통합의 기능과 적응기능을 갖는다는 점을 강조하고 있다.
사회통합

3 사회변동과 발전에 대한 관점

갈등이론은 사회 안정을 설명하는 데는 취약점이 있지만, 사회변동을 설명하는 데는 강점이 있는 이론이다. 갈등이론은 사회가 자신의 이익을 중시하는 집단으로 구성되어 있으므로, 한정된 재화와 권력 등의 자원을 소유하기 위한 경쟁, 투쟁과 갈등은 피할 수 없다고 본다. 사회의 지배집단은 높은 권력, 자원, 경제권 등을 유지하기 위해서 피지배집단을 억압하고 강제한다. 더 나아가 지배집단은 자신의 위치를 유지하기 위해 계속적으로 새로운 사회질서를 만들어 나가므로 사회의 변화가 이루어진다. 하지만 이런 사회변화는 지배계급의 자원과 권력을 영속화하기 위한 변화에 불과할 뿐 불평등한 사회구조 전체의 변혁, 즉 진정한 의미의 사회변화는 아니다.
경쟁, 투쟁과 갈등

지배집단

피지배계급   지배집단과 방법은 다르지만 피지배계급도 사회변화의 주체가 될 수 있다. 피지배집단이 불공평한 사회구조를 인식하여 계급의식이 높아지고, 지배집단에 대항할 힘을 갖게 되었을 때 지배집단에 도전하고 저항하는 사회행동을 통하여 사회를 변화시킬 수 있다(지은구 외, 2015). 다시 말해, 사회적 억압과 착취에 대한 자각을 한 개개인이 하나의 집단으로 결속하고 그 조건을 변화시키기 위해 정치사회적 행
계급의식

사회행동

동을 함으로써 사회변혁이 일어나게 된다.

이처럼 갈등이론에서는 사회는 무질서와 변동, 불평등과 불공평, 갈등과 대립이
늘 존재하는 곳으로 보며, 사회 내에 존재하는 갈등이 사회문제를 야기하는 원인 〔사회문제의 원인〕
이지만, 동시에 사회발전과 변혁의 원동력이 된다고 본다(박정호, 여진주, 2008). 그 〔사회발전과 변혁〕
이유는 갈등은 사회 안에 실재하는 관계의 근본적 변형과 새로운 사회적 관계의
생성을 통해서 극복될 수 있기 때문이다(지은구 외, 2015).

Dahrendorf는 사회를 희소한 자원과 권력을 둘러싼 이해집단 간의 갈등의 장으
로 보고, 사회문제가 사회구조와 제도 자체에서 발생한다고 본다. 그러므로 사회 〔사회구조와 제도〕
제도를 재구성하거나 재조직화하거나 이해집단 간의 변증법적 갈등과정을 통해
사회갈등을 제도화함으로써 사회변화가 일어날 수 있다고 본다.

Coser는 희소자원을 둘러싼 집단 간의 경쟁이 갈등을 야기하지만, 갈등이 오히
려 집단 간의 관계를 조장하고 상호적응하게 만드는 경향이 있으므로, 사회를 유 〔사회 유지〕
지시키고 발전되는 데 긍정적 역할을 한다고 본다(이철우, 2017a). 그는 갈등이 집
단의 결속을 도모하고, 고립된 개인이나 집단의 동맹관계 형성의 동기를 유발하
고, 원활한 의사소통을 할 수 있는 기회를 가져다 주기 때문에, 오히려 사회를 안 〔사회통합〕
정화시키고 통합하는 데 기여한다고 본다.

4 사회복지 정책과 실천에의 적용

1) 사회문제에 대한 관점

갈등이론에서는 사회문제의 원인이 개인이 아닌 사회구조의 모순에 있다고 본 〔사회구조의 모순〕
다. 사회구조 전체의 모순과 이로 인한 계급 간의 갈등과 대립과 투쟁이 사회문제 〔계급갈등〕
를 야기한다고 본다. 다시 말해 사회문제는 불합리한 사회통제와 착취, 희소한 자
원의 불평등한 분배, 더 많은 자원을 소유한 집단이 기득권을 유지하려고 하는 사
회의 권력과 구조에 기인한다고 본다.

자본주의체제에서는 지배집단 또는 자본가계급이 경제적 잉여물을 착취하는 〔지배집단〕
구조적 모순을 은폐하거나 왜곡함으로써 사회문제를 일으키고 확대시켜 나간다.
다시 말해 지배집단은 피지배집단이 자신들이 통제되고 억압되며 불평등한 분배

로 인해 착취받고 있다는 사실을 인식하지 못하게 한다. 그리고 자신의 이익을 유지하기 위해서는 빈곤문제의 해결을 원하지 않거나 피지배집단이 빈곤상태를 유지하는 것이 유리하기 때문에, 그들을 빈곤상태에 그대로 머물게 만들기 때문에 해결되지 않고 지속적으로 존재하게 되는 것이다(이철우, 2017a). 그러므로 피지배집단이 불평등한 분배를 유발하는 사회의 권력구조를 인식하지 못할 때는 사회성원의 관심을 끄는 사회문제가 되지 못하며, 피지배집단이 그것을 인식할 때 비로소 사회문제가 될 수 있다.

피지배집단

Marx는 자본주의체계하에서 자신의 노동력에 의지하여 생존해야 하는 노동자가 생산수단과 생산물, 노동과정 그리고 인간관계에서 소외되고, 개인 이익을 중시함에 따라 인간과의 연대가 약화됨에 따라 인간의 삶에 고통을 초래하는 다양한 사회문제를 경험하게 된다고 보고 있다(지은구 외, 2015).

소외

Dahrendorf의 변증법적 갈등주의이론에서는 사회자원이나 권력의 희소성에 그 원인이 있다고 본다. 즉, 사회의 희소한 권력과 자원을 둘러싸고 이해집단 간에 대립과 갈등이 야기됨으로써 사회문제가 발생한다고 본다. 그러나 권력집단이 그것의 해결을 원하지 않기 때문에, 사회문제로 인정받지 못하는 경우도 발생한다고 본다.

권력의 희소성

갈등이론에서 개인의 사회적 일탈행동(social deviant behavior)은 누가 더 많은 권력을 소유하는가에 따라 그 개념 규정방식이 달라진다고 본다. 자원과 권력을 많이 소유한 지배집단의 성원이 사회적 규범에서 벗어나는 행동을 했을 때는 실수 또는 비의도적 행동으로 치부해 버린다. 하지만 피지배집단의 성원이 같은 행동을 했을 때는 개인의 부도덕성의 문제, 비의도성을 가장한 의도적 불법행위 등으로 매도되는 경우를 들 수 있다. 우리들이 흔히 사용하는 유전무죄 무전유죄(有錢無罪 無錢有罪)라는 말과 고위층 자녀의 범법행위에 대한 솜방망이 처벌 등의 예에서 갈등이론이 사회적 일탈행위를 규정하는 방식을 엿볼 수 있다.

사회적 일탈행동

2) 사회복지 정책과 실천에 대한 함의

갈등주의에서는 사회현실을 각자의 이익만을 추구하는 계급, 이익집단 간의 투쟁의 장으로 보며 자본주의체제에서는 집단 간의 갈등과 투쟁, 억압과 착취가 일반적인 현상으로 규정한다. 이러한 관점에서 갈등이론은 사회문제나 일탈행위의

갈등과 착취

원인을 개인이 아닌 사회적 조건에 두고 있으므로 이의 해결을 위한 방안 역시 불평등하고 불합리한 사회구조를 해결하는 데서 찾는다. 따라서 갈등이론은 대안적이고 비판적 관점에서 사회를 바라보도록 해 줌으로써, 사회복지정책과 실천에서 사회현상에 대해 비전통적이고, 개혁적이고, 창의적 방식으로 이해하고 개입할 수 있는 길을 열어준다. 사회구조 / 개혁적 개입

갈등이론에서는 사회복지제도를 자본주의 발전이 가져오는 모순을 제거하는 것이라고 본다. 특히 자본주의체계의 폐해로 인해 고통을 받는 노동자의 보호를 위한 사회복지제도가 반드시 필요하다고 본다. 계급투쟁론적 관점에서 볼 때 사회복지정책은 노동자계급의 계급투쟁으로 얻은 결과물이다. 자본가의 입장에서 보면 사회복지정책을 위해 지출되는 부담금은 이윤, 즉 잉여가치를 소모해야 하는 것이다. 노동자계급이 요구하지 않으면 자본가들은 스스로 노동자들을 위해 잉여가치를 양보하지 않는다. 따라서 노동자계급을 위한 사회복지정책은 노동자들의 계급투쟁의 결과로 얻어지는 것이다. 자본주의 모순 제거 / 사회복지정책 / 계급투쟁의 결과

반면에 자본논리적 관점에서 보면, 자본주의의 전개와 함께 끊임없이 새로운 욕구가 발생하게 되는데, 노동자계급이 성장하면 사회보장제도가 필요하다. 그러나 이런 노동자계급의 욕구가 바로 사회복지정책으로 나타나는 것은 아니며, 자본가계급의 욕구를 국가가 받아들이는 과정과 노동자의 계급투쟁이 함께 작용하여 사회복지정책이 만들어지게 된다. 이처럼 사회복지정책이라는 것도 노동자의 요구라는 측면과 자본가의 요구라는 측면이 결합된 결과물이다(김영모, 1991). 사회보장제도 / 국가

갈등이론에서는 사회문제의 해결을 위해 지배집단과 피지배집단 사이에 형성된 기존의 권력관계에 피지배집단이 대립각을 세우는 대항전략과 같은 급진적 전략을 사용(지은구 외, 2015)하여, 계급 없는 사회를 창출하여 불평등을 제거하고, 노동이 인간소외를 창출하지 않도록 하며, 강력한 규제를 통하여 기업의 사회적 책임성을 이행하도록 유도하는 것 등을 주장하고 있다(박용순 외, 2019). 다시 말하면 사회제도의 재조직화를 통해 자원의 소유와 통제를 통일화하는 것을 보장하며, 생산수단의 공유, 자유시장 경제체제의 폐지, 세제 개혁 등이 구체적으로 제시되고 있다. 예를 들어, 빈곤의 원인을 불평등, 착취 등으로 규정하기 때문에 사유재산제도의 철폐와 같은 강력한 국가중심제도를 실시해야 한다고 본다. 그리고 여성의 문제를 해결하기 위해서는 가부장제도의 해체를 주장하기도 한다(김대원 외, 2010). 이에서 한발 더 나아가 Marx는 극단적으로 사회구조의 근본적인 변혁, 다 대항전략 / 사회제도의 재조직화 / 빈곤

균등한 배분

시 말해 공산주의 혁명을 통해서 자원의 균등한 배분이 이루어지도록 하는 것이 사회복지제도가 추구해야 할 목표가 되어야 한다고 본다.

합의

　　Marx와 달리 신갈등주의이론에서는 합의, 협상, 권력행사 등을 통해 사회문제를 해결할 수 있다고 본다. Dahrendorf의 변증법적 갈등이론에서는 사회자원이나 권력의 희소성에 그 원인이 있다고 보고, 사회제도를 재구성 또는 재조직화하거나, 이해집단 간의 갈등을 재조정하고 합의하는 과정을 거쳐 사회문제를 해결해야 한다고 본다. 예를 들면, 세금제도의 전면적 개편이나 입법, 정책 등의 조정으로 복지사회를 만들어갈 수 있다고 보았다(이철우, 2017a).

불평등 분배

　　Coser는 사회의 희소자원을 둘러싼 이해집단 간의 갈등이 오히려 이해집단 간의 관계를 조정하고 상호적응하게 하는 경향이 있으므로, 자본주의 사회문제를 해결하기 위해서는 적극적인 사회복지제도를 시행하여 불평등한 분배를 시정해야 한다고 본다. 그리고 사회제도의 모순을 해결하기 위해서는 단기적 개혁이나 개선, 보완을 통해서도 가능하다고 본다((이철우, 2017a; 이철우, 2017b).

노인문제

　　노인문제의 해결과 관련된 갈등이론의 관점은 복지급여를 확대할 경우 한정된 자원을 둘러싸고 젊은 세대와의 갈등이 심화될 위험이 내재한다고 보고 있다. 그러므로 노인복지정책에서는 노인 세대에게 우선적으로 자원배분을 하는 방안을 마련하여야 하겠지만, 노인 집단 스스로가 자신들이 지닌 집단적 힘을 인식하고,

세력의 행사

이런 세력의 행사를 통하여 복지급여를 확대해 나갈 수 있다는 실천가능성을 공유하고 공동의 노력을 펼치는 자발적 복지참여 행동을 실행에 옮길 필요가 있다.

사회통제

　　갈등이론에서는 사회복지제도를 사회통제의 기제로 이해하기도 하며, 자본주의 체제의 내부 모순을 상쇄하면서 자본주의 체제를 유지하기 위한 기제로 바라보기도 한다. 갈등주의이론에서는 국가가 자본주의의 모순성을 보완하기 위해 사회복지제도를 활용하여 사회적 불만과 희생을 최소화하려 노력한다고 본다(이철우,

계급 간의 격차

자본주의제도
영속화

2017a). 따라서 사회복지제도는 자본주의제도의 경제적 모순으로 발생하는 계급 간의 격차 문제를 관리하기 위해 마련된 것이며, 사회복지제도는 자본주의제도를 영속화하기 위한 하나의 술책에 지나지 않는다고 본다(이철우, 2017b).

　　사회복지실천에서도 갈등이론의 관점을 따르는 접근방법이 많지는 않지만 존재한다. 갈등이론의 관점을 따른 사회복지실천가 특히 급진적 사회복지사(radical social worker)를 포함한 비판적 사회복지실천가(critical social worker)는 사회적 억압과 불평등에 관심을 두고 자본주의 사회의 변혁을 도모하려 하였다(en.

비판적
사회복지실천가

wikipedia.org/wiki/). 비판적 사회복지실천가들은 자본주의 경제체계와 복지국가 사상이 개인의 선택에 중요한 영향을 미친다고 보고, 모든 종류의 억압에서 인간을 해방시키려 하였다. 이들은 단순한 인과관계, 즉 직선적 원인론의 입장에서 내담자의 문제를 분석하지 않고, 인간과 환경 사이에 이루어지는 복합적인 상호작용을 고려하는 변증법적 분석방법을 활용하여 개인의 문제를 사정하였다. 이들 비판적 사회복지실천가들은 ① 빈곤, 실업 및 사회적 배제(social exclusion), ② 인종, 장애, 연령, 성과 관련 된 사회적 차별, ③ 부적절한 주택, 건강, 교육, 노동 기회의 문제, ④ 범죄와 사회불안, ⑤ 학대와 착취, ⑥ 불안정 고용, 푸드뱅크 등의 비인간적 신자유주의의 영향 등의 주제에 관심을 갖고 이를 해결하기 위해 노력하고 있다.

비인간적
신자유주의

🔭 생각해 보아야 할 과제

1. 사회가 지배집단과 피지배집단사이의 갈등의 장(arena)이라고 보는 갈등이론을 구조 기능주의이론에 근거하여 비판해 보시오.

2. 귀하는 부르주아, 쁘띠부르주아, 프롤레탈리아 또는 룸펜 중에서 어느 계급의 속성을 더 많이 갖고 있는지 생각해 보시오.

3. 우리 사회의 가장 심각한 사회적 불평등이 무엇인지에 대해 동료들과 토론해 보시오.

4. 가족이나 지인과의 대화를 통하여 그들이 경험하는 인간소외 경험과 그 이유를 Marx의 관점에서 분석해 보시오.

5. 갈등이론의 관점에서 노인문제의 발생 원인을 분석하고, 그 해결방안을 모색해 보시오.

6. 권력 또는 경제력, 지위의 높고 낮음에 따라 사회적 일탈행위에 대한 사법적 판단이 달라지는 사례를 찾아보고, 그 이유를 갈등이론의 관점에서 분석해 보시오.

7. 귀하가 소속된 조직을 Dahrendorf의 '강제 조정된 결사체(imperatively coordinated association)'의 개념을 적용하여 분석해 보시오.

8. 사회갈등이 사회의 통합과 적응기능을 향상한다는 Coser의 기능적 갈등이론을 비판해 보시오.

9. 갈등이론의 사회복지에 대한 관점을 비판해 보시오.

10. 급진적 또는 비판적 사회복지실천에 관한 도서나 논문을 읽고 그들의 사회복지적 접근방법에 대해 동료들과 토론해 보시오.

제26장

상호작용이론

학 습 목 표

1. 상호작용이론의 사회관과 기본 가정을 이해한다.
2. 상호작용이론의 주요 개념을 이해한다.
3. 상호작용이론의 사회변동과 발전에 대한 관점을 이해한다.
4. 상호작용이론을 사회복지실천에 적용할 수 있는 방안을 이해한다.

상호작용이론(interactionism)은 구조기능주의이론과 갈등이론이 거시적 사회구조에 초점을 두는 데 대한 반발로 등장한 미시적 사회학이론이다. 상호작용이론은 사람들 사이의 상호작용에서 발생하는 갈등, 협력, 자기개념과 정체성 형성 등의 사회적 과정을 설명하는 이론적 관점이다. 다시 말해 개인이 상호작용을 통해 어떻게 의미 있는 사회적 경험을 만들어 내고, 이런 경험들이 어떻게 사회적 행위에 드러나고 자기개념을 만들어 내고, 개인 간의 상호작용이 어떻게 사회를 형성하고, 사회가 상호작용 과정에서 개인에게 어떤 영향을 받는지를 연구하는 데 강조점을 둔 이론이다.

| George Herbert Mead
(1863~1931)

미시적 사회학

상호작용

상호작용이론은 John Dewey 등의 실용주의(pragmatism)와 John B. Watson 등

실용주의

행동주의

Mead

Blumer

Goffman

Erving Goffman (1922~1982)

의 행동주의(behaviorism)를 기반으로 하여 1920년대에 처음으로 등장하였으며, 체계적인 이론으로 인정받게 된 것은 20세기 후반의 일이다. 사회심리학자인 George Herbert Mead는 실용주의와 사회적 행동주의 관점에 기반을 둔 상징적 상호작용이론의 창시자로 불리지만, 상징적 상호작용이론이라는 용어를 한 번도 사용한 적이 없었다. Mead의 후학이자 시카고학파의 일원인 Herbert Blumer는 Mead의 연구를 더욱 확장하여 상징적 상호작용이론(symbolic interactionism)이라는 용어를 처음으로 사용하였고, 이론을 체계화하였다. Howard Becker는 일탈행동에 관심을 기울였으며, Erving Goffman은 연극학적 모형을 근거로 자기개념의 형성과 표현, 낙인 등을 연구하였다. 이처럼 상호작용이론에는 상징적 상호작용이론(symbolic interactionism), 민속학적 방법론(ethnomethodology), 연극학적 이론(Dramaturgy), 현상학적 이론, 사회구성주의(social constructionism) 등의 다양한 이론들이 포함된다.

상호작용의 역동

마음과 자기개념
사회현상

이러한 이론적 다양성에도 불구하고, 상호작용이론에서는 사회 또는 집단 내에서 개인의 사회심리적 상호작용의 역동(dynamics)에 관심을 둔다는 공통점이 있다(박용순 외, 2019). 상호작용이론이 사회의 거시적 구조를 깊이 다루지 못하는 한계가 있다는 비판을 받기도 한다. 그러나 상징과 의미, 사회적 상호작용이라는 개념을 토대로 개인의 마음과 자기개념 형성, 그리고 사회의 구성과 사회적 질서의 유지 등의 사회현상에 대한 설명에 이르기까지 포괄적이고도 일관성 있는 이론 체계를 제시하고 있다.

1 사회관과 가정

1) 인간과 사회에 대한 관점

상호작용이론에서는 인간과 사회의 관계가 상호작용적이고 쌍방적 관계에 있다고 본다(박용순 외, 2019). 하지만 Mead의 상징적 상호작용이론에서는 개인의 정신이 먼저이고 사회가 그다음이 아니라, 사회가 먼저이고 그다음이 그 사회 안에서 발생하는 정신이라고 보고 있으므로, 사회체계에 우선순위를 두고 있다(Ritzer, 2016).

상호작용이론에서는 사회의 핵심 요소를 상징을 통해 이루어지는 개인 사이의 의사소통과 상호작용으로 본다. 사회적 상황은 개인 간의 상호작용을 통해 끊임없이 재정의되고 재구성되기 때문에, 사회는 사람들 간의 상호작용의 집합 혹은 개인 간의 상호작용으로부터 구성된 현상인 것이다. 따라서 사회는 개인 간의 협력적 상호작용으로부터 발생하는 구성된 현상이고, 상호작용을 통해 재구성될 수 있다. 다시 말해 사회는 지속적으로 상호작용하는 사람들이 구성해 낸 집합체이고, 구성된 실재(constructed reality)인 것이다. 이처럼 상호작용이론에서는 정태적이고 불변하는 구조를 지닌 실재가 아니라 역동적인 과정 속에서 변화하는 사회현상들을 이해하려고 한다.

사회적 상호작용은 개인의 마음과 자기개념을 기반으로 이루어지기 때문에, 사회는 마음과 자기의 작용으로 인해 만들어지고 유지되고 변화해갈 수 있다. 한편으로는 마음과 자기는 사회를 기반으로 해서 만들어지기 때문에, 사회적 결과물이기도 하다. 상호작용이론에서는 개인이 지닌 마음과 자기개념을 활용한 상호작용을 통해 사회제도를 만들지만, 개인의 마음과 자기개념이 발달하는 데 사회 또한 매우 중요한 영향을 미친다고 본다.

이처럼 상호작용이론에서는 개인 간의 상호작용에 의해 사회가 구성되지만 사회는 개인의 발달에 강력한 영향력을 행사한다고 보고 있으므로, Mead는 사회에 더 높은 우선순위를 두고 있다. 그 이유는 인간의 상호작용은 자신이 주변의 세상을 어떻게 이해하는가, 사회구조가 우리의 삶에 어떤 요구를 하는가, 그리고 개인이 사회적으로 의미를 어떻게 구성하는가에 따라 지속적으로 구체화되고, 재규정되고, 재형성될 수 있기 때문이다. 따라서 사회는 그 구성요소인 개인의 관점에서 이해되어야 하고, 개인은 그들이 구성원으로 참여하고 있는 사회의 관점에서 이해되어야 한다.

사회체계를 우선시함에도 불구하고, 상호작용이론은 개인이 생활과정에서 어떻게 행동하고 상호작용하는지에 관심을 두며, 인간의 능동적 사고 과정과 자율적 행동의 측면을 중시한다. 이 이론에서는 인간 행동이 다른 사람과 상징적으로 상호작용하는 과정에서 창조되고 유지되며, 개인은 상징적 상호작용을 통해 자기개념을 형성하고, 자신에게 기대되는 사회적 역할과 행동을 학습하게 된다고 본다

(우측 여백 키워드)
사회체계
상징
상호작용
구성된 집합체
마음과 자기개념
사회제도
사회
인간 행동
상호작용
자기개념 형성

(http://study.zum.com). 이처럼 상호작용이론에서는 개인이 더 넓은 사회적 맥락 속에서 자신을 어떻게 바라보고 어떻게 행동하는지에 관심을 기울인다.

인간관 상징적 상호작용이론에서는 인간은 사회적 존재이고, 능동적이고 자유의지를 가진 존재이며, 목적을 추구하는 경향이 있다고 본다. 이러한 인간관을 살펴보면 다음과 같다(Charon, 2007).

관계지향적 존재 인간은 사회적 존재(social being)이고 관계지향적 존재(relation-oriented being)이다. 인간은 지속적인 사회적 상호작용 또는 사회관계를 통해서 자신이 하고자 하는 것을 할 수 있다. 개인과 그의 성격에 초점을 맞추거나 사회적 상황이 인간행동을 유발하는 방법에 초점을 두는 대신에, 상징적 상호작용이론은 인간들 사이에 일어나는 활동 특히 상호작용에 초점을 맞춘다. 개인은 상호작용을 통하여 창조되사회적 상호작용며, 사회 역시 사회적 상호작용을 통해 만들어진다.

생각하는 존재 인간은 생각하는 존재(thinking being)이다. 인간의 행위는 개인들 사이의 상호작용일 뿐 아니라 개인 내부에서의 상호작용이기도 하다. 인간은 외부 환경의 자극에 단순하게 반응하는 존재가 아니고, 생각하고 반응하는 존재이다.

능동적인 존재 인간은 환경과의 관계에서 능동적인 존재(active beings)이다. 상호작용이론에서는 조건화, 반응, 통제 등의 행동주의이론의 용어는 인간을 묘사하는 데 적절하지 않다고 본다. 인간은 환경에 수동적으로 반응하는 존재가 아니라 적극적으로 반응하고 관여하며, 환경을 능동적으로 창조해 낼 수 있는 능력이 있는 존재로 본다.

창의적 존재 인간 존재는 창의적 존재(creative beings)이다. 인간은 환경에 단순하게 반응하거나 순응하는 것이 아니라 자신이 속한 환경을 창의적으로 구성하고, 자신이 대상에 부여한 의미, 즉 개인적 구성을 기반으로 환경과 관계를 맺는다. 다시 말해 환경은 실재(reality)로 존재하지만, 그것을 인간이 어떻게 규정하고 구성하는가에 따라 환경의 의미와 실재는 달라지고, 그에 따라 개인과 환경의 관계와 상호작용은 달라질 수 있다. 이러한 환경 구성 작업은 단순하게 무작위적으로 일어나는 것이 아니라 지속적 상호작용과 인간의 창의적 사고과정을 통해 이루어진다.

현재를
살아가는 존재 인간 존재는 현재를 살아가는 존재이다. 모든 인간의 행동은 현재 상황에서 일어나는 것들의 결과물이다. 즉, 인간행동은 현재 이루어지는 사회적 상호작용, 현재의 사고과정, 현재의 사회적 구성에 따라 달라진다. 인간에게 있어서 과거는 단지 현재 상황을 규정하는 데 영향을 미치거나 과거에 대해 현재 시점에서 생각할 때만 영향을 미칠 뿐이다.

2) 기본 가정

상호작용이론에서는 인간과 사회의 관계가 상호작용적이고 쌍방적 관계에 있다고 보고 있는데, 이러한 상호작용이론의 기본 가정은 다음과 같다(Charon, 2007; Redmond, 2015; Ritzer, 2016; Turner, 1984; 강정한, 2013; 이철우, 2017a).

📶 표 26-1 상호작용이론의 기본 가정

- 인간은 홀로 사는 고립된 존재가 아니라 타인이나 대상과 끊임없이 상호작용하는 사회적 존재이다.
- 인간은 능동적이고, 자유의지를 갖고 있으며, 목적을 추구하는 경향이 있다.
- 인간은 외부 자극에 자동적으로 반응하는 것이 아니라 개인적인 구성(personal construct)을 거친 후에 반응하며, 자신의 행동과 의미를 규정하기 위하여 상징을 사용한다.
- 인간은 언어와 문자, 기호 등의 상징을 통해 상호작용하고, 자신이 대상에 대해 구성하여 부여한 의미를 기반으로 상호작용을 하므로, 인간행동은 상징화 및 의미와 늘 연결되어 있다.
- 인간 개인이 가진 의미는 사람들이 사회를 구성하는 대상을 이해하고 다루는 해석과정에 따라 변형된다.
- 상호작용하는 사람들은 각각 자신의 행동에 대해 상대방이 어떻게 반응할 것인가를 예견하고, 상호 수용할 수 있는 방식으로 상황을 정의하고 행동의 한계를 설정한다.
- 사람들은 자신에게 유용했거나 유용하지 않았던 세상에 대한 지식을 기억하고 있고, 그것을 바탕으로 행동한다.
- 인간은 사회적 경험을 통하여 학습하고, 인간으로서 사고하고 행동하는 방법을 배운다.
- 인간의 정신과 자기(self)는 인간이 지닌 개인적 속성이 아니라, 인간 사이의 의사소통과 사회적 경험의 과정에서 형성되고 발전된 것이다.
- 개인의 자기개념은 사회적 상호작용의 결과로서 형성되므로, 사회적 결과물이며 행동의 동기이다.
- 개인과 사회 사이에는 독특한 관계(unique relationship)가 존재한다.
- 사회적 실재(social reality)는 현실에 존재하는 것(true real)이 아니라, 개인이 살아가면서 능동적으로 창조해 가는 것이다.
- 사회, 자기 그리고 타자는 서로 관계를 맺고 있으며, 이들을 이해하기 위해서는 반드시 그들 간의 상호작용을 고려해야 한다.
- 사회는 개인의 주관적인 의미 규정과 해석을 주고받는 상호작용과정의 구성물이며, 이를 통해 사회가 생성, 유지 또는 변동된다.
- 사회문화적 현상은 개인들이 일상생활에서 상징 행위를 통해 상호작용한 결과로 발생한 것이므로, 주관적인 의미가 내포되어 있다.
- 사회는 상호작용하는 개인들로 구성되어 있으며, 성원들이 행하는 상호작용에 의해 규정된다.
- 사회적 일탈은 그 자체가 비정상적 행동이 아니라, 특정 사회집단이 일탈적이라고 규정, 즉 낙인을 찍음으로써 일탈이 된다.

2 주요 개념

상호작용이론에는 다양한 학자들의 이론이 포함되지만, 다음에서는 Mead의 상징적 상호작용이론의 주요 개념인 상징과 의미, 마음, 자기, 사회 그리고 Goffman과 Becker 등이 제시한 일탈과 낙인의 개념을 중심으로 살펴보고자 한다.

1) 상징과 의미

상징
상징(symbol)은 사물, 대상, 생각, 관계 등을 가리키고, 나타내고, 표상하는 표시나 기호, 단어를 말하며, 단어, 소리, 신체동작(gesture), 시각적 이미지 등의 다양한 형태를 취한다. 이러한 상징은 의미나 생각, 신념 등을 전달하기 위해 사용되므

상호작용의 수단
로, 의사소통과 상호작용의 수단이다. 그러므로 인간은 상징을 기반으로 하여 다른 사람과 소통하고 상호작용하며, 세상을 이해할 수 있고, 지식을 쌓아갈 수 있으며, 특정 상황에서 판단을 할 수 있으며, 사회에 협력하고 정체성을 구축해 나갈 수 있게 된다.

의미
Mead는 상징을 어떤 의미를 부여하는 추상적이고 임의적인 자극으로 보았다. 그러한 상징을 사용하는 사람들의 공동체가 의미에 합의를 하고, 같은 의미를 전달할 때 같은 상징을 사용하게 될 때, 상징은 진정한 의미를 지니게 된다(Redmond, 2015). 이처럼 상징은 나름의 의미를 함축하고 있지만, 문화적 배경에 따라 각기 다른 의미를 지닐 수 있다. 즉, 상징의 의미는 상징 그 자체가 지니고 있

문화적 구성
는 것이 아니라 문화적으로 구성되는 것이다. 같은 문화권에 속한 집단이나 사회에 속한 사람들은 특정 상징을 동일한 의미로 받아들이고 공유한다. 예를 들어, 한국 사람은 '그만!'이라는 말을 들으면 '지금하고 있는 행동을 멈추어야 한다.'는 의미로 받아들이게 된다. 그러므로 상징을 동일한 의미로 공유하게 되면, 개인은 자신의 생각을 타인에게 전달할 수 있다.그리고 전달한 메시지에 대한 상대방의 반

상호작용
응을 예측할 수 있게 되고, 다시 자신의 반응을 계획할 수 있게 됨으로써 상호작용이 가능해진다.

의미 있는 상징
모든 상징이 의사소통과 상호작용의 도구가 될 수 있지만, 의미 있는 상징(significant symbol)을 가졌을 때만이 진정한 의사소통과 상호작용을 할 수 있다. 인

간에게 가장 의미 있는 상징은 바로 언어이다. 이러한 언어는 일반적으로 송신자
(또는 화자)와 수신자(또는 청자) 모두에게 같은 의미로 전달되고, 같은 자극과 사고
를 불러일으키고, 동일한 반응을 불러일으키게 된다. 이처럼 언어라는 상징이 송
신자와 수신자 모두에게 동일한 의미로 받아들여지게 되면, 서로 간에 적응적 행
동을 교환할 수 있게 하고, 기능적 상호작용이 이루어질 수 있다.

언어

기능적 상호작용

    상징 자체가 의미를 함축하고 있지만, 상징의 의미는 의사소통이나 상호작용과
같은 사회적 행위를 통해 상대방에게 표현되었을 때, 진정한 의미를 갖게 되고 또
명확하게 확인할 수 있다. 다시 말해 한 사람이 상징을 사용하여 의사소통이나 상
호작용을 시도했을 때, 상대방이 그 시도에 어떻게 반응하는가에 따라 의미가 결
정되는 것이다. 그러므로 상징의 진정한 의미는 사회적으로 상호작용하는 사람 사
이의 연결이 이루어질 때 나타나게 된다.

상징의 의미

사람 사이의
연결

2) 마음

    Mead는 정신 또는 마음(mind)을 구조나 내용이 아니라 하나의 과정으로 보고
있으며, 마음을 자기(self)와의 내면적 대화로 규정하고 있다(Ritzer, 2016). 이처럼
Mead는 마음이 뇌에 존재하는 구조물이 아니라 사회적 현상으로 보고 있다. 마음
은 사회적 과정 안에서 발생하고 발달하며, 사회적 과정의 필수적 요소이다. 따라
서 사회적 과정은 마음의 산물이 아니고, 사회적 과정이 마음에 앞서 존재하므로
마음은 실체가 아니라 기능적 측면인 것이다.

내면적 대화

사회적 과정

    Mead는 마음이 환경 속의 대상을 상징을 이용하여 인식하고, 이 대상에게 취할
수 있는 대안적 행위 노선을 내면에서 예행연습을 하며, 부적절한 행위 노선을 억
제하고 표현하는 적절한 과정을 선택할 수 있는 역량이라고 본다. 마음은 ① 외부
의 대상을 상징을 이용하여 인식하고 난 후에, ② 그 대상에게 어떤 행위와 반응을
보일지를 고민하여 다양한 행위노선을 생각해 내고, ③ 그것을 마음속에서 상상을
통해 예행연습(imaginative rehearsal)을 하여 사회에서 받아들여질지 아닐지를 생각
해 보고난 후에, ④ 사회에서 받아들여지지 않을 부적절한 행위는 스스로 억제하
고, ⑤ 적절한 행위를 선택하여 실행에 옮길 수 있게 해 준다.

마음의 개념

인식
반응

예행연습

선택 실행

    이처럼 사람들은 마음속에서 다른 사람이 보여 줄 것으로 예상되는 반응을 내
부적으로 상상해 낼 수 있으며, 사회공동체 전체가 보일 수 있는 반응을 생각해

낼 수 있게 되는 것이다. 그러므로 사람은 특정한 행위나 반응을 할 때, 외부의 자극에 단순하게 반응하는 것이 아니다. 자신이 이런 행동을 하면 타인, 전체 사회 더 나아가 모든 대상이 이러 저러한 반응을 보일 것이라는 것을 마음속에서 생각한다. 그리고 자신의 행위가 대상에게 받아들여질지의 여부를 생각하고 판단하여, 타인에게 무리 없이 수용될 수 있는 행위를 선택하여 외부로 표현하게 되는 것이다.

수용될 수 있는 행위

마음의 발달

유아

Mead는 유아에게 마음이 생기지 않으면, 자아나 사회도 존재할 수 없으므로 마음의 역량이 어떻게 발생하는가에 관심을 기울였다. 마음이 생기지 않은 유아는 즉각적이고 자동적인 반응을 불러일으키는 의식적 의미가 담기지 않은 비의도적 행위인 제스처(gesture)를 이용하여 보호자와 비상징적 상호작용(non-symbolic interaction)을 한다(Redwood, 2015). 이런 비상징적 상호작용을 하는 과정에서 어떤 제스처(gesture)가 보호자의 호의적 반응을 불러 일으키게 되면, 무작위적으로 사용하던 제스처의 범위를 점점 좁혀 나가게 되는 제스처의 선택과정을 밟게 된다. 유아의 시행착오를 기반으로 한 제스처 선택과 보호자의 지도를 통하여, 제스처는 유아와 주변 사람들에게 공통의 의미를 갖게 된다. 이렇게 대상들 모두에게 공통적 의미를 갖게 되는 제스처를 Mead는 의미 있는 제스처(significant gesture)라고 불렀다. 거기에는 비언어적 제스처뿐 아니라 언어(spoken word)와 같은 언어적 제스처도 포함시켰으며, 이는 상징으로 전환 발달하게 된다고 본다.

비상징적 상호작용

제스처의 선택과정

의미 있는 제스처

이제 유아는 모든 대상이 같은 의미를 지닌 제스처를 이용하여 상호작용하게 되는데, 이런 공통의 의미를 가진 제스처를 관습적 제스처(conventional gesture)라고 한다. 이런 관습적 제스처는 마음의 역량을 발달시킬 뿐 아니라 자아, 사회의 발전에도 크게 기여한다. 왜냐하면 제스처를 인식하고 해석함으로써 사람들은 생존을 위해 협력해야 하는 사람의 성향, 욕구, 행동 경향을 추정하고, 관습적 제스처를 읽고 해석함으로써 타자에 대한 적응을 용이하게 해 주는 대안적 행동을 상상적으로 시연할 수 있게 되기 때문이다. 더 나아가 스스로 자신의 역할을 생각해 보고 타자의 역할을 해 볼 수 있는 역할 취하기(role-taking)가 가능해지므로, 효율적으로 상호작용하게 해 준다. 그리고 자신들의 욕구를 정확하게 의사소통하게 하고 의도된 행동을 할 수 있는 기회를 넓혀 준다.

관습적 제스처

마음의 발달

타자에 대한 적응

역할 취하기

이처럼 한 개인이 관습적 제스처를 이해할 수 있고, 타자의 역할을 취하기 위해 제스처를 사용할 수 있고, 대안적 행위노선을 상상적으로 시연할 수 있는 역량을

가질 수 있게 되면서, 개인은 타인과의 상호작용에서 적합한 행위를 선택하고 실
행에 옮길 수 있는 마음의 역량을 갖추게 되는 것이다.

마음의 역량

3) 자기

사람들은 타자를 포함한 대상과의 상호작용을 통하여 자기이미지(self-image)를
만들어 낸다. 앞서 마음에 관한 부분에서 살펴보았듯이, Mead는 관습적 제스처
더 나아가 상징을 사용할 수 있게 되면서, 상호작용 과정에서 대상을 상징적으로
재현하여 타자의 역할을 취해 볼 수 있게 됨과 아울러 자기 자신도 상징적으로 재
현하여 행동의 대안적 노선을 선택할 수 있게 되면서, 자기 이미지를 만들 수 있게
된다. 이러한 자기이미지들이 인간의 성숙과정의 사회화과정을 거침에 따라 점점
결정화되어 자기를 특정한 유형의 대상으로 보는 자기개념(self conception)으로 발
달하게 된다(Turner, 2019).

자기이미지

자기개념

자기(self)는 자기인식(self awareness)과 자기이미지를 구성하는 성격의 한 부분
으로, 태도, 가치, 신념, 성향 등과 관련된 비교적 일관되고 안정된 자신의 특성에
대한 인식이다. Mead는 자기를 다른 사람이 자신을 보는 것과 동일한 방식으로 자
신을 볼 수 있는 능력이라고 하여, 자기가 자기 자신을 객체화할 수 있는 능력이라
는 점을 강조하고 있다(Ritzer, 2016).

자기

자기 객체화

이러한 자기는 태어날 때부터 갖고 있는 것이 아니라 언어, 놀이, 게임을 통해
사회적 상호작용을 하는 과정에서 발달한다. 이런 자기의 사회적 속성 때문에, 자
기개념에 포함된 자신의 태도, 가치, 신념 등은 기본적으로 사회 속에 존재하는 것
을 받아들인 것이다. 이러한 자기의 사회적 속성을 강조하기 위해 Cooley는 거울
자기(looking-glass self)라고 불렀다. 이러한 거울자기에는 자신이 다른 사람에게
어떻게 보일까를 생각하는 것, 자신의 모습에 대한 타자의 판단을 생각하는 것 그
리고 타인의 판단에 대한 자신의 생각을 통해 스스로 느끼는 것이라는 세 가지 요
소가 포함되어 있다(Redwood, 2015).

사회적 상호작용

거울자기

Mead는 자기는 사회적 과정(social process)이라고 하였다. 이는 완전한 자기를
만드는 데 도움이 되는 일련의 행동이 있다는 의미이다. 개인이 제스처(gesture)를
취하지만, 개인은 타인에 대한 집합적 태도를 받아들이고, 타인이 조직화한 태도
에 따라 반응하게 된다.

사회적 과정

Mead는 이런 과정을 통해 형성되는 자기가 'I'와 'Me'로 구성되어 있다고 하였다. 'I'는 내가 바라보는 나에 대한 생각으로, 주체로서의 나이고, 개인 경험의 비조직화된 측면이며, 개인의 충동적이고 능동적이고 창조적인 측면이다. 'Me'는 개인이 가정한 일련의 타인의 태도가 반영된 것으로, 자신에 대한 타인의 판단에 관한 나의 인식으로서, 대상으로서의 나, 사회적 자기(social self)이고, I의 해석자 그리고 평가자이다.

Mead는 'I'가 먼저 생겨나며, 'Me'는 사회적 상호작용을 통해 일어나게 되므로, 'Me'에는 타인을 바라보고 비교하는 시각이 반영되어 있다. 즉, 'Me'는 한 집단이 자신을 어떻게 생각하는가와 같은 일반화된 타자(generalized other)의 이해를 함축하고 있는 반면 'I'는 개인의 충동적이고 능동적인 부분이다. 'I'는 자기를 주체(subject)로 보고, 'Me'는 자기를 객체(object)로 본다. 'I'는 스스로가 아는 것이며, 'Me'는 타인에 의해 알게 되는 것이다. 인간은 지속적으로 상호작용하기 때문에 지금 이 순간의 'I'는 다음 순간에 'Me' 속에 존재하게 되는 것이다. 그러나 특정 순간의 'Me'는 이전의 'I' 자체는 아니며 이전의 'I'가 반영되어 있는 것이다.

이처럼 구분하여 설명하면 마치 'I'와 'Me'가 서로 분리된 자기의 부분처럼 볼 수 있으나, 자기 속의 'I'와 'Me'는 상호 분리될 수 없으며 늘 같이 존재해야 한다. 만약 'I'가 없으면 개인적 판단 없이 타인에게 기계적으로 반응하게 되는 반면, 'Me'가 없으면 타인의 반응을 인식하지 못해 상호작용이 불가능하거나 역기능적 상호작용을 하게 될 위험성이 있다. 그러므로 타인의 반응을 미리 헤아리고 거기에 적합한 반응을 하기 위해서는 'I'와 'Me'가 동시에 존재해야 한다. 그래야만 타인의 반응을 헤아려 만들어진 'Me'를 자신의 'I'로 반응함으로써 적절한 상호작용을 할 수 있게 되며, 상호작용의 과정에서 'I'와 'Me'는 서로 영향을 미치는 순환적 영향관계를 맺고 있다. 즉, 개인이 행동하고(I), 자신이 한 행동에 대한 환류(feedback)를 얻고(Me), 자신의 자기와 마음의 역량을 통해 환류를 바탕으로 행동을 수정하고(I), 이러한 적응적 행동수정의 효과에 대해 더 많은 환류를 받고(Me), 그 결과 다시 더 심화된 행동적 적응을 하는(I) 방식으로 'I'와 'Me'는 상호 간에 영향을 미치게 된다.

4) 사회, 사회화 그리고 일반화된 타자

상호작용이론에서 사회의 핵심은 바로 상징을 통해 이루어지는 개인들 간의 의사소통과 상호작용이다. 그러므로 사회는 상호작용에 의해 형성되며, 사회적 상호작용을 통해 지속될 수 있으며, 사회적 상호작용이 멈추게 되면 사회는 소멸하게 된다(Charon, 2007; McCall, 2013). 그러므로 사회는 개인 간의 협력적 상호작용으로부터 발생하는 구성된 현상이고, 상호작용을 통해 재구성될 수 있다.

상호작용과 사회

사회가 되기 위해서는 유형, 관계, 역할, 협력활동, 크고 작은 관계망과 사회구조와의 상호작용이라는 요인이 있어야 한다. 상호작용하는 특정 상황에서 참여자 모두는 동일한 의미를 지닌 상징을 이용하여 협력적인 상호작용을 하게 되고, 그 과정에서 참여자 간의 역할이 규정되고, 그 역할에 적합한 행동을 하게 된다. 이러한 상호작용 과정이 반복되고 누적되면서 일정한 유형이 만들어지고 조직화가 이루어지게 됨으로써, 사회 혹은 사회제도가 만들어지게 된다. 이와 같은 사회를 구성하는 요인들은 상징적 상호작용과 자기를 통해 발달하므로, 사회는 지속적으로 상호작용하는 사람들의 집합체인 것이다.

상징

역할, 행동

사람들 사이의 상호작용이 그의 마음과 자기를 기반으로 이루어지기 때문에, 사회는 마음과 자기의 작용으로 인해 만들어지고 유지되고 변화해갈 수 있다. 한편으로는 마음과 자기는 사회를 기반으로 해서 만들어지기 때문에, 사회적 결과물이다. 상호작용이론에서는 개인이 지닌 마음과 자기를 활용하여 상호작용을 하고 이를 통해 사회제도가 만들어지기는 하지만, 개인의 마음과 자기가 발달하는 데 사회가 매우 중요한 영향을 미친다고 본다. 다시 말해 개인은 상호작용 과정에서 사회가 이미 만들어 놓은 공통의 의미를 지닌 관습화된 제스처와 상징을 활용할 뿐 아니라 개인이 행위를 하기 전에 타인의 관점과 반응양식을 마음속에서 생각하여 일반화된 타자의 관점을 반영하여 적절한 자신의 행위노선을 선택하여 한다는 점은 사회가 개인의 자기와 마음 발달에 지대한 영향을 미친다는 것을 의미한다.

마음과 자기

사회제도

이처럼 상호작용이론에서는 개인 간의 상호작용에 의해 사회가 구성되지만 사회는 개인의 발달에 강력한 영향력을 행사한다고 보고 있으므로, 사회에 더 높은 우순선위를 두고 있다. 그럼에도 불구하고 사회는 그것을 구성하는 개인의 관점에서 이해되어야 하고, 개인은 그들이 구성원으로 참여하고 있는 사회의 관점에서 이해되어야 한다.

개인과 사회

개인의 관점

사회의 관점

사회화

따라서 개인은 사회가 요구하는 바람직한 사회생활에 필요한 기술들을 학습하여 내면화해야 하는데, 이를 사회화(socialization)라 한다. 즉, 사회화란 자신이 속한 사회의 가치, 태도, 지식, 기술, 신념 등을 내면화하는 과정으로, 사회적 기술을 학습하는 과정이다.

사회화의 과정

Mead는 사회화의 과정을 놀이단계와 게임단계, 그리고 일반화된 타자의 역할 취하기 단계로 구분하여 설명하고 있다(Ritzer, 2016; Turner, 2019; 최옥채 외, 2020). 이 과정은 개인이 사회적 관점 등을 수용하여 내면화하는 과정이므로 사회화의 과정이라 해도 좋고 자기발달의 과정이라 해도 무방하다.

놀이(play)단계
상징적 역할놀이
특정 타자

먼저 놀이(play)단계에서는 인생 초기에 유아는 놀이를 통해 한두 명의 제한된 수의 중요한 타자의 시각을 상상하고 모방하여, 상징적 역할놀이를 한다. 이때 유아가 체험할 수 있는 역할의 종류와 수는 제한적이며, 유아는 특정 타자의 역할만을 취할 수 있는 기회를 갖게 된다. 이러한 놀이를 통해 유아는 주체인 동시에 객체가 될 수 있는 능력을 갖게 되므로 자기를 만들게 되지만, 이때의 자기는 제한된 의미의 자기일 뿐이다.

게임(game)단계
모든 타자

두 번째로 게임(game)단계에서는 생물적 성장과 성숙, 다양한 활동을 통해 게임에 참여하는 모든 타자의 역할들을 다양하게 고려하고 취해볼 수 있게 된다. 더 나아가서 서로 다른 역할에 따라 명확한 관계를 맺을 수 있어야 한다. 그러므로 한 가지 역할을 취하고 있는 아동은 게임에 속한 다른 모든 사람의 역할을 취할 준비가 되어 있어야 한다. 어떤 순간에는 한 번에 서너 명의 역할을 동시에 고려할 수 있는 태도를 갖추어야 한다. 이렇게 되면 게임에서 타자들의 일련의 반응이 조직화됨으로써 아동이 보이는 태도가 타자들에게 적합한 태도를 불러일으키게 된다.

조직화된 집단

이런 과정을 통해 아동은 조직화된 집단에서 기능을 할 수 있게 되고, 집단 내에서 구체적으로 어떤 일을 하고 어떤 역할을 맡고 어떻게 행동해야 하는지를 알게 됨

진정한 자기

으로써, 진정한 자기의 모습이 갖추어지게 된다.

일반화된 타자 역할 취하기

게임단계를 거친 이후에 사람들은 한 사회 안에서 명백한 '전체 공동체의 태도'를 취할 수 있는 능력, 즉 일반화된 타자 역할 취하기(taking the role of the generalized other)를 할 수 있어야 한다. 이 단계에서 개인들은 자신이 속한 조직화된 사회집단이나 공동체의 일반적인 관점이나 신념, 가치, 규범들을 받아들일 수 있어야 한다. 즉, 개인이 특정한 타자뿐 아니라 일반화된 타자의 입장에서 스스로를 평가할 수 있고, 공동체의 신념과 규범 등을 받아들여서 공동체의 일원이 되어

공동체

야 한다. 뿐만 아니라 사회집단은 그 성원들에게 일반화된 타자의 태도에 일치하는 방식으로 행위를 할 것을 요구하게 된다. 이러한 일반화된 타자의 역할을 취할 수 있게 됨에 따라 개인은 자신이 상호작용해야 하는 타자에 대한 대응을 적절히 할 수 있게 되고, 자신의 자기 이미지를 더 넓은 공동체의 기준이나 시각에서 평가할 수 있게 되고, 집단의 기대에 맞춰서 살아가는 방법들을 이해하고 거기에 맞춰 살아가려고 노력하게 된다. 이러한 일반화된 타자 역할 취하기를 통해 전체로서의 사회 안에서 협력이 가능하게 되며, 자신에게 기대하는 행동들을 행동에 옮기려 하므로, 사회집단은 더욱 효율적으로 작동할 수 있게 된다.

일반화된 타자

5) 일탈

일탈(deviance) 사회적 규범이나 제도화된 행위 원칙을 공식 또는 비공식적으로 위반하는 행위나 행동을 말한다. 이러한 일탈은 위반하는 규범의 공식성 정도에 따라 구분된다. 사회의 법률을 위반한 범죄와 같은 일탈은 공식적 일탈(formal deviance)이라 하고, 사회의 원규나 관습 등의 불문율을 어기는 것을 비공식적 일탈(informal deviance)이라 한다. 일탈은 그 행위의 빈도에 따라서도 구분된다. 일차적 일탈은 최초의 일탈행위로서 일탈행동을 했지만 타인에게 노출되지 않고 스스로 일탈자라는 생각을 하지 않으면 사회적 역할수행에 영향을 미치지 않는 일탈이다. 이차적 일탈은 행위자의 일탈행동이 타인에게 노출되어 일탈자로 낙인찍히고 스스로 일탈자로 인정하면서 부정적 자아정체감을 형성하게 되는 일탈을 말한다(Lemert, 1967).

일탈의 개념
규범의 공식성

행위의 빈도

그런데 사회규범은 사회와 문화에 따라 다르고 시간의 흐름에 따라 변화하므로, 일탈에 대한 규정은 사회 성원의 집합적 인식(collective perception)에 따라 달라진다. Becker(1963)는 일탈행동을 사회적으로 규정된 규칙을 어기는 행동이지만, 그 자체가 비정상적이고 혐오스러운 것이 아니라 사회의 특정집단이 일탈적이라고 규정한 특정한 행동이라고 보았다. 즉, 사회의 특정 집단이 규칙을 어기는 사람들을 국외자(outsider)로 명명(labeling)함으로써 일탈행동이 되는 것이다. 그러므로 일탈은 개인이 저지르는 행동의 특성이 아니라 다른 사람 특히 권력집단이나 다수집단이 법과 규칙을 적용하여 특정 행동을 일탈이라고 규정한 결과이다. 일탈자는 그 낙인이 성공적으로 적용된 사람이며, 일탈행동은 사람들이 낙인찍은 행동에 지

집합적 인식

국외자 명명

나지 않는다(Becker, 1963). 즉, 일탈행동은 사회적으로 정의된 다시 말해 사회적으로 이름 붙여진 현상인 것이다.

성공적인
낙인찍기

일탈이 성공적인 낙인찍기의 결과이므로, 사회마다 일탈행동으로 정의되는 행동은 다를 수밖에 없다. 그러므로 어떤 행동이 일탈행동인가에 대한 보편적이거나 동일한 기준은 존재할 수 없다. 그러므로 일탈행동에 대해 어떠한 정의가 내려지며, 누구에 의해서, 어떤 상황에서 그리고 어떤 과정을 통해서 그러한 정의가 당연하게 받아들여지는지 더 나아가 어떤 사회집단이 정한 규칙이나 규범을 어겼는지 등을 면밀하게 살펴보아야만 일탈행동의 속성을 정확히 이해할 수 있다(강정한 외, 2013). 이렇게 일탈행동을 한 사람으로 지목받으면 일상생활을 정상적으로 영위하게 힘들게 만들기 때문에, 그들에게 비정상적으로 명명된 행동을 하도록 유발하는 환경에 대해서도 특별한 관심을 기울여야 한다.

6) 낙인

낙인의 개념

차별 행위

사회적 거부

일탈과 밀접한 관련성을 지닌 낙인(stigma)은 그리스어로 범죄자, 노예, 반역자 등의 신분을 표시하기 위해 피부를 자르거나 태워서 새기는 문신을 의미하는 용어다. 낙인은 사회의 다른 성원과 구별되는 문화, 성, 인종, 지적 능력 그리고 질병이나 장애 등의 사회적 특성을 지녔다는 인식을 기반으로 행해지는 차별하는 행위를 말한다. 낙인은 사회가 바람직하지 않게 생각하는 특성을 지닌 사람에게 이름을 붙이는 행위(labeling)이다. Goffman(1963)은 낙인을 사회가 선호하지 않거나 바람직하지 않다고 생각하는 특성을 지닌 사람이 그 특성으로 인해서 사회적으로 거부당하고 그로 인해 정체감에 손상을 입게 되는 현상이라고 정의하였다.

가상적
사회정체성

실질적
사회정체성

첫인상

이처럼 낙인은 특정인이 가진 특성 때문이 아니라 사회적 관계에 의해 만들어지는 것으로서, Goffman(1963)은 가상적 사회정체성(virtual social identity)과 실질적 사회정체성(actual social identity) 사이의 간극이라 하였다. 사회는 사람을 특정한 범주(category)로 분류하는 수단을 갖고 있는데, 어떤 특성이 흠잡을 데가 없으면 보통 사람으로 규정한다. 낯선 사람이 처음 사회집단에 들어왔을 때 사람들은 첫인상을 기반으로 그를 특정한 범주의 사람으로 분류하고, 그에 맞는 가상적인 사회정체성을 부여한다. 만약 그와의 관계를 통해서 실제 그 사람이 그러한 특성을 지닌 것으로 확인이 되면, 그에게 실질적인 사회 정체성을 부여하게 된다.

그러나 사람들이 기대했던 사회정체성과 그 사람의 실제 모습이나 행동이 다르다는 것을 인식하게 되면, 즉 가상적 사회정체성과 실제적 사회정체성 간에 차이가 있을 경우 사람들은 낙인을 찍게 된다. 다시 말해 사람들의 기대치에 걸맞지 않은 특성을 지닌 낯선 사람을 보게 되면, 사람들은 그 사람이 위험하거나 약점이 있거나 바람직하지 못한 특성을 지니고 있다고 생각하고, 보통의 사람과는 다르다는 생각에서 그를 낮춰 평가하게 되고, 다른 범주에 속하는 사람으로 분류하여 그에게 낙인을 찍게 된다.

쉽게 말해서 한 사람이나 집단이 어떤 사람의 차이 나는 특성을 확인하고 그 특성에 특정한 이름을 붙이게 되면, 다른 사람이나 집단은 그가 그런 특성을 가졌을 것이라고 받아들이게 된다. 낙인찍은 특성이 없다는 것이 밝혀질 때까지 낙인찍힌 사람(the stigmatized)은 그들과 사회적 관계를 맺을 때 낙인찍힌 상태로 살게 된다. 이와 같은 과정이 반복되면 낙인은 일반화되어 가는데, 이런 일반화의 과정에서 낙인찍힌 사람이 실제로 그 특성을 지니고 있는지는 중요한 고려사항이 되지 못하며, 낙인으로 인해 낙인찍힌 사람은 사회적 지위를 상실하거나 사회적 관계에서 차별을 경험하게 된다.

낙인은 낙인찍힌 사람의 행동에 영향을 미치게 되는데, 낙인찍힌 사람은 낙인을 찍은 사람이 기대하는 방식대로 행동하기 시작하고, 그러한 기대에 맞는 감정이나 신념을 갖게 된다(Brenda & O'Brien, 2005). 그리고 낙인찍힌 사회 성원들은 자신이 다른 사람들과 동일한 방식으로 처우받지 못하고, 무시당하고, 평가절하당하고, 경멸당하며, 기피당하며, 차별받고 있다는 것을 인식하게 된다. 또한 낙인으로 인해 자존감 저하와 같은 개인의 사회적 정체성에도 부정적 영향을 받게 되며, 실제 사회생활에서 주거, 고용 등의 다양한 영역에서 차별을 경험한다. 낙인찍힌 사람이 자신을 낙인찍힌 사람으로 인식하는 경우에는 심리적 고통을 경험하고, 자기 자신을 경멸하게 된다. 이처럼 낙인찍힌 사람은 사회질서를 유지하기 위한 권력집단 또는 다수 집단의 낙인과정에서 발생한 희생양(victim)이다.

낙인 경험은 자존감, 학업적 성취나 다른 사회적 성취에 부정적 영향을 미치는 것이 일반적이지만, 많은 사람들은 부정적 경험에도 불구하고 높은 자존감과 높은 수준의 성취도를 보이며, 행복을 느끼는 회복력을 지니고 있다.

낙인이라는 용어가 부정적 의미를 함축하고 있지만 긍정적 의미의 낙인도 있다. 예를 들면 너무 부유하거나 너무 똑똑한 경우에 그로 인해 낙인을 경험하기도 한

차이나는 특성

낙인찍힌 사람

사회적 지위 상실

평가절하

희생양

회복력

다. 일반적으로 열등한 특성을 지닌 사람이 낙인을 찍히는 경우가 대부분이지만, 사회적 지도자도 낙인의 대상이 될 수 있다. 지도적 지위에 있는 사람은 사회적 기대보다 높은 수준의 특성을 지니고 있으므로 사회규범을 위반할 수 있는 자유를 더 많이 갖게 되는데, 이로 인해 낙인을 경험하기도 한다.

낙인찍는 사람 낙인찍힌 사람이 낙인으로 인해 부정적 영향을 받는 반면 낙인찍는 사람 (stigmatizer)은 자신보다 못한 사람들과의 하향 비교를 함으로써, 자존감 증진, 통제력 상승, 불안 완화 등의 효과를 얻게 된다. 모든 사회에서 특정 조건이나 행동에 대해 낙인을 찍는 것은 보편적 현상이다. 이런 낙인과정을 통하여 사회는 집단 내부의 결속력을 고양시키고, 내부자와 외부자를 구분할 수 있게 해 주고, 일탈행위를 엄격히 처벌함으로써 일탈을 예방할 수 있게 되는 것과 같이 사회질서를 유지하는 긍정적 효과를 얻기도 한다.

3 사회변동과 발전에 대한 관점

사회적 실제 상호작용이론에서는 사회적 실제(social reality)는 현실세계에 실제 존재(true **구성물** real)하는 것이 아니라 인간이 살아가면서 창조해 낸 구성물(construct)이라 했다. 그러므로 인간과 세상 모두 고정적인 구조를 지니는 것이 아니라 역동적으로 변화해 간다고 본다(Ritzer, 2016).

상호작용 상호작용이론은 거시적인 사회구조의 안정과 변동을 설명하는 데는 한계가 있지만, 사회 성원이 일상생활의 상호작용을 통하여 만들어 내는 안정적 질서와 변 **개인과 사회** 화를 설명하는 데는 강점을 지니고 있다. 상호작용이론에서는 개인과 사회는 서로가 서로를 조직화하고 유지하고, 또 변화시킬 수 있는 힘이 있다고 본다. 즉, 사회는 개인 간의 상호작용에 영향을 미치고, 개인 간의 상호작용을 통해 사회가 발전 **이론의 한계** 하고 변화될 수 있는 것으로 본다. 다만, 상호작용이론은 사회조직의 변화가 구체적으로 개인의 상호작용을 통해 어떻게 변화하는지, 개인이 사회구조에 참여했을 때 개인이 구체적으로 어떤 영향을 받는지에 대해 설명하는 데 한계를 지니고 있기는 하다(최옥채 외, 2020).

사회질서 상호작용이론에서는 사회질서가 객관적으로 존재하는 것이 아니라 사회 성원 상호 간의 개념 정의와 의미 교환이라는 상호작용에 의해 만들어지는 것이라고 본

다(이철우, 2017b). 그리고 사회변동 역시 사회적 상호작용에 의해 유발되고 지속 사회변동
될 수 있다고 본다.

Garfinkel(1967)은 사회적 질서와 안정을 유지하는 실제적이고 구체적인 행위
자들의 활동을 연구하면서, 사회적 질서를 유지 또는 변화시키는 구체적 방법으 위반실험
로 위반실험(breaching experiment)이라는 방법을 제시하고 있다. 이 방법은 안정적
인 특성을 가진 체계로부터 시작하여, 말썽을 일으켜 봄으로써 어떻게 해서 사회
질서가 일상적으로 유지되는지를 알아볼 수 있는 방법이다. 예를 들면, A가 "잘 지
냈어?"라고 했을 때 B가 "잘 지냈어."라고 답하는 대신에 "넌 내가 아픈지 물어보
는 거야 아니면 여자친구랑 잘 돼가느냐고 묻는 거야? 대체 잘 지냈냐는 의미가 뭐
야?"라고 암묵적으로 전제된 규칙을 위반하는 행동을 하는 것이다. 이렇게 함으로
써 사회 성원이 어떻게 일상의 질서를 이루어가고, 어떻게 그 질서를 변화시킬 수
있는지를 알게 되는 것이다.

4 사회복지 정책과 실천에의 적용

1) 사회문제에 대한 관점

상호작용이론에서는 사회문제가 사회구조 속에 정형화되어 있는 것이 아니라
유동적인 속성을 지니고 있으며, 사회적 구성물이라고 본다(지은구 외, 2015). 다시 사회적 구성물
말해 상호작용이론에서는 사회문제를 판단하는 객관적 기준이 존재하는 것이 아
니라 특정 집단이 자신이 공유하고 있는 의미체계와 가치체계에 의거하여 특정한
조건이나 상황을 사회문제로 규정하게 된다.

이처럼 상호작용이론에서는 집단이나 개인이 사건이나 현상을 어떻게 구성하
느냐에 따라, 특정 조건이나 상황이 사회문제가 될 수도 있고 안 될 수도 있다고
본다. 상호작용이론에서는 사회문제, 다른 표현으로 사회적 일탈에 대한 확고한
객관적 기준이 없고, 특정 집단 특히 사회적이고 정치적인 힘이 있는 집단이 어떻 객관적 기준
게 작용하는가에 따라 사회문제나 일탈이 될 수도 있고 안 될 수도 있는 것이다.
만약 정치사회적 영향력이 큰 집단이나 다수 집단이 특정 조건이나 상황을 사회문 정치사회적
영향력
제가 된다고 인식하게 되면 그것은 사회문제로 구성되게 된다(이철우, 2017a). 다시

말해 사회의 객관적 기준에 의해 사회문제가 규정되기보다는 힘 있는 집단이 사회
문제를 어떻게 구성하는가에 따라 사회문제의 규정이 달라진다.

개인의 현실 구성
사회화

상호작용이론은 사회문제에 대한 해결책을 개인에게서 찾는다(최옥채 외, 2020).
즉, 개입의 대상을 사회구조보다는 개인의 현실 구성으로 보고, 개인을 사회가 공
유하는 의미체계에 동의하도록 변화시키고자 한다. 따라서 개인을 대상으로 사회
화하거나 재사회화하려 하며, 이를 담당하는 사회제도를 구축해야 한다고 본다.
반면에 사회문제가 사회 성원의 상호작용으로 공유되고 있는 현실 구성에서 발생
한 것이라면 이를 해결하기 위해 사회 성원 간의 상호작용이 원활하게 이루어지도
록 환경을 조성하는 것이 필요하다.

2) 사회복지 정책과 실천에 대한 함의

개입의 대상

상징적 상호작용이론의 관점에서 보면 사회복지적 개입의 대상은 사회가 아니
라 개인 그것도 개인의 현실 구성이다. 따라서 문제를 해결하는 방식으로는 일탈

규범의 수정

을 야기하고 낙인을 창출하는 규칙이나 규범의 내용을 수정하는 것이다. 논리적
선입견이나 편견을 제거하거나 약화시키고, 낙인찍는 행위로 인해 얻는 이익을 제

낙인

거하는 것이다. 낙인은 사회적 강자가 약자에게 행하는 일종의 정치적 과정으로,
이러한 권위를 무너뜨리는 사회운동이 필요하다(김대원, 2010).

경험세계

개인이 경험하는 세계를 이해하기 위해서는 그의 경험세계 속으로 들어가야 하
며, 통합, 동화, 권위 등과 같은 추상적 개념을 적용하거나 객관적 기준을 적용하

비구조화된 면접

는 것은 적절치 않다. 직접 관찰하고, 비구조화된 면접을 진행하고, 경청하고, 그
의 사회력(social history)을 조사하고, 편지나 일기 등의 개인적 자료를 활용하는 등
의 방법을 통하여 그가 상호작용하는 과정에서 사용하는 의미, 즉 그의 주관적 세
계를 잘 이해할 수 있게 된다(강정한 외, 2013).

사정

상호작용이론에 입각하여 내담자를 사정함에 있어서는 내담자의 내면적 상호
작용, 타인과의 상호작용, 그리고 환경과의 상호작용을 고려하여 내담자의 사회적
상호작용과 관련된 상황을 분석해야 한다. 사회복지사는 내담자의 자기개념, 내담
자가 상호작용에서 사용하는 상징과 의미의 적절성, 내담자의 사회와 타자에 대한
구성 방식, 내담자의 마음과 자기개념, 내담자의 실생활과 내담자에 대한 규범적
기대 사이의 간극 등을 파악해야 한다. 이러한 사정을 위해 사회복지사가 사용할

수 있는 자료수집 방법은 계량적인 방법보다는 참여관찰, 비구조적 면접을 활용한 질적인 방법을 사용하는 것이 바람직하다.

질적 자료수집

상호작용이론에 근거를 둔 사회복지실천의 개입에서는 재사회화, 재활치료, 문제해결, 상황의 재규정, 초점영역의 전환, 스트레스 감소, 자원연계, 행동변화를 위한 조건화 전략, 도덕적 권고, 인지재구조화, 역할 확인과 변화, 제안, 사례관리 등의 방법을 주로 사용한다(Forte, 2004).

개입

상호작용이론에서는 사회복지정책이나 서비스에 대한 주관적 의미를 강조하기 때문에, 사회복지정책 개발을 위해서는 다양한 수준에서의 협상이 필요하며, 지속적인 사회적 맥락의 변화를 위한 노력이 필요하다(Joffe, 1979). 사회복지정책의 수립을 요구하는 사회문제와 관련된 사회적 조건은 지속적으로 변화하기 때문에, 사회복지사는 사회문제가 야기된 과정을 면밀하게 탐색해야 한다. 뿐만 아니라 사회복지정책을 형성하면서는 이해관계 집단이 특정한 사회적 조건에 부여하는 상징과 의미를 탐색하고, 정책으로 인해 긍정과 부정의 영향을 받게 되는 이해집단 간의 상반되는 견해를 좁혀 나가기 위한 노력을 하여야 한다.

사회복지정책

이해관계 집단

🔭 생각해 보아야 할 과제

1. Skinner의 행동주의이론과 Mead의 상징적 상호작용이론의 인간 행동에 대한 관점을 비교해 보시오.

2. 본인의 경험을 바탕으로 상호작용에서 사용한 상징이 다른 사람에게 다른 의미로 이해되었을 때 나타나는 상호작용 또는 대인관계상의 문제를 분석해 보시오.

3. 자신의 경험을 바탕으로 하여, 자신이 행동하기 전에 마음에서 대안적 행동 노선을 만들어 내고 예행연습을 하고, 행동을 억제 또는 표현하는 과정을 살펴보시오.

4. 대학에서 전공수업을 수강할 때 적용되는 관습적 제스처(conventional gesture)가 무엇인지 구체적으로 제시해 보시오.

5. Mead가 말하는 'Self=I+Me'라는 관점을 근거로 자신의 I와 Me 사이에 어떤 차이가 있는지 살펴보시오.

6. 사회가 개인 간의 상호작용에 의해 구성된다는 Mead의 관점을 갈등이론의 관점에서 비판해 보시오.

7. 사회화 과정에서 '개인에 의한 사회화'와 '사회에 의한 사회화' 중 어느 과정이 개인의 전반적인 사회화 수준에 더 강한 영향을 미친다고 생각하는지 토론해 보시오.

8. 자신의 경험과 기억에 남아 있는 일차적 일탈행동을 분석해 보고, 혹시라도 타인에게 피해를 입혔다면 지금이라도 그들의 고통을 덜어 줄 수 있는 방법을 모색해 보시오.

9. 일탈과 낙인의 개념을 활용하여 청소년 비행을 재정의해 보시오.

10. 상호작용이론에 근거하여 청소년 비행이나 여성 차별의 문제를 해결할 수 있는 사회복지정책과 실천의 방법을 모색해 보시오.

제27장 교환이론

학 습 목 표

1. 교환이론의 사회관과 기본 가정을 이해한다.
2. 교환이론의 주요 개념을 이해한다.
3. 교환이론의 사회변동과 발달에 대한 관점을 이해한다.
4. 교환이론을 사회복지실천에 적용할 수 있는 방안을 이해한다.

교환이론은 사람들이 왜 그러한 상호작용을 하는지를 밝혀 내고자 했으며, 관계를 맺는 사람들 사이에서 일어나는 사회적 교환의 과정에 초점을 두고 사회변화와 안정을 설명하는 사회학이론이자 심리학 이론이다. 다시 말해 사회교환이론은 개인 간의 상호작용이 집단이나 조직 더 나아가 사회에서 이루어지는 상호작용과 어떻게 연결되는가를 설명하는 데 유용한 이론이다. 즉, 사회교환이론은 교환(exchange), 경쟁(competition), 협력(cooperation), 갈등(conflict) 그리고 강요(coercion)

George Casper Homans
(1910~1989)

사회적 교환

라는 사회적 상호작용의 대표적 범주 중에서 교환에 초점을 두고 사회적 상호작용을 분석하고 설명하는 이론이다.

사회적 상호작용
교환

사회교환이론은 모든 인간관계에서 누구든 타인과의 상호작용에서 보상을 최

보상

대화하고 비용을 최소화하여 가능한 한 많은 이익을 얻을 수 있는 대안을 선택한다는 기본 전제에서 출발한다. 즉, 모든 개인은 주관적인 비용-효과 분석과 대안 비교 결과에 근거하여 사회적 교환행동을 하며, 최대의 보상과 이익을 얻고자 하는 욕구에서 이루어지는 사회적 자원교환 행위가 사회의 가장 큰 특징이라고 보는 이론이다.

사회교환이론은 공리주의 고전경제학이론과 행동주의이론의 관점을 수용하고 있다(Turner, 2019; 강정한 외, 2013). 먼저 사회교환이론은 고전경제학자인 Thomas Hobbes, Adam Smith, Jeremy Bendam 등과 같은 영국의 공리주의 패러다임을 수용하고 있다. 사회교환이론은 개인은 타인과의 교환을 통해 이익과 효용(utility)을 최대화할 수 있는 대안을 선택하여 행동하며, 최대 다수의 최대 행복을 추구하므로 궁극적으로는 개인 간의 교환행위가 사회적 차원에서도 기능적 결과를 낳게 된다고 본다. 또한 사회교환이론은 B. F. Skinner 등의 행동주의 심리학의 관점을 수용한다. 사회교환이론은 인간은 보상을 최대화하고, 처벌을 회피할 수 있는 행동 대안을 선택하므로, 행위자 간에 이루어지는 상호작용 역시 이익을 극대화하기 위한 교환행위라고 본다.

Richard Marc Emerson
(1925~1982)

사회교환이론은 1960년대 George Casper Homans가 구조기능주의이론을 비판하여 행동주의적 교환이론을 발전시키면서 정립된 이론으로, 사회의 근본적 특성을 보상 또는 효용을 확실하게 하려는 욕구에 의해 추동된 행위자 간의 일련의 자원교환을 위한 상호작용으로 보고 있다. 이후 Peter Blau는 교환관계를 통해 권력이 분화, 유지, 변화되는 과정에 관심을 갖고, 교환이론과 갈등이론을 통합한 변증법적 교환이론을 제시하였다. Richard Marc Emerson과 Karen Schweers Cook은 교환관계에 참여하는 행위자 자체의 특성보다 행위자 간에 이루어지는 관계유형, 즉 행위자 간의 네트워크(network)에 더 많은 관심을 가졌으며, 교환이론과 네트워크이론을 통합한 교환네트워크이론을 제시하였다. 이러한 이론의 발전과정을 거쳐 교환이론은 1960~1970년대에 대표적인 사회학이론의 지위를 차지할 수 있게 되었다.

이러한 이론적 다양성에도 불구하고 교환이론은 이익과 보상을 최대화하고 처

(왼쪽 여백 주석)
비용
이익

최대의 보상과
이익

고전경제학
행동주의

공리주의

이익과 효용

최대 다수의
최대 행복

행동주의

보상, 처벌

Homans
행동주의적
교환이론

Blau

변증법적
교환이론

Emerson

교환네트워크이론

벌과 비용을 최소화하기 위한 교환행동이라는 상호작용을 통해 사회가 형성, 유지, 변화되어 가는 과정에 관심을 기울인다는 공통적 특성이 있다. 그리고 인간을 이익을 추구하는 존재로 보고, 사회적 규범이나 가치, 문화의 영향을 소홀히 한다는 비판을 받기도 한다. 그러나 개인 간의 상호작용이 사회집단이나 사회조직의 상호작용과 갖는 연관성을 파악하고, 사회구조의 형성과 변화를 설명하는 데 매우 유용한 이론이다.

> 교환행동
>
> 이익을
> 추구하는 존재
>
> 사회구조

1 사회관과 가정

1) 인간과 사회에 대한 관점

사회교환이론은 사회적 교환의 과정에 초점을 두고 사회변화와 안정을 설명하는 이론이다. 즉, 사회교환이론은 개인 간의 교환을 중심으로 한 상호작용이 집단이나 조직 더 나아가 사회구조를 어떻게 형성하고 어떻게 연결되는가를 설명하는 데 유용한 이론이다.

> 사회적 교환
>
> 사회구조

사회교환이론에서는 개인 간의 교환행동이 확장, 분화되어 사회구조를 형성하게 된다고 본다. 즉, 교환행동이 상호성에 기반을 두고 있기 때문에 상호의존적 관계와 사회적 유대관계를 만들어 내게 되고, 이것이 확장되어서 사회구조를 형성하게 된다고 본다. Homans는 자원을 가진 사람은 상대방에게 보상을 제공할 수 있기 때문에 상대방이 새로운 행동을 하게 만듦으로써 새로운 사회조직화가 이루어지고, 권력과 역량에 따라 사회조직이 분화되고 더욱 정교한 사회구조가 형성된다(Turner, 2019)고 본다. 그리고 사회적 교환은 경제적 교환과 다르게 사회 성원 사이의 책임감, 정의, 헌신, 감사와 신뢰 등과 같은 정서적 감정을 만들어 내기 때문에, 사회구조를 만들어 내고 이것이 지속되게 만든다. 교환행동이 비용을 최소화하고 보상을 최대화하려는 공리주의적 원칙에 의해 일어나므로, 합리적인 안정적 사회구조가 형성된다.

> 교환행동의
> 상호성
>
> 사회구조
>
> 사회적 교환
>
> 정서적 감정
>
> 안정적 사회구조

하지만 교환관계를 맺는 사람들이 지닌 자원에는 분명 차이가 있으므로, 가치 있는 자원을 더 많이 보유한 사람은 그렇지 못한 사람들로부터 사회적 인정, 존경 또는 복종을 끌어낼 수 있다. 이러한 자원의 차이와 교환방식 등에 따라 교환 당사

> 가치 있는 자원
>
> 자원 차이

권력-의존관계

자들 사이에는 권력-의존관계가 형성된다. 이러한 권력-의존관계는 조직 내의 분화를 촉진하고 더 나아가 통합과 갈등의 변증법이 작용하여 사회구조가 안정되거나 변화를 일으키기도 한다.

보상을 추구하는 유기체

사회교환이론에서는 인간을 목적지향적이고, 보상을 추구하는 유기체(goal-oriented and reward seeking organism)로 본다. 즉, 인간은 무한 경쟁체계 속에서 타인과의 교환행동에서 비용은 최소화하고, 보상을 통한 이익과 효용은 최대화하려는 목적을 성취하려는 존재로 본다.

합리적 존재

인간은 합리적 존재로 규정한다. 모든 인간은 주어진 상황에서 경제적 교환과 사회적 교환을 할 때 이와 관련된 사회적, 경제적, 심리적 측면의 정보를 수집하여 다양한 교환행위의 대안에 소요되는 비용이 어느 정도이고 얼마만큼의 보상이 돌아오는지를 비교 분석하여, 가장 이익이 되는 행동 대안을 선택할 수 있는 합리적 존재로 본다. 즉, 인간은 보상과 처벌과 관련된 상황을 면밀하게 검토하여 최선의 행동대안을 선택할 수 있는 합리성을 지닌 존재인 것이다.

이기적 성향과 이타적 성향

인간은 이기적 성향과 이타적 성향을 동시에 지닌 존재로 규정한다. 인간은 교환행위를 통해 자신의 이익을 최대화하고, 가치 있는 자원을 최대화하며, 이를 통해 더 많은 권력을 가지려는 이기적 성향을 지니고 있다. 그러나 모든 인간이 개인적 이익만을 추구하게 될 경우 지나친 탐욕과 경쟁만이 존재하게 되므로, 어느 누구도 지속적으로 이익을 보장받을 수 없게 된다. 따라서 인간은 교환관계에서 자기 이익을 추구함과 동시에 서로의 이익을 위하여 상호 간에 절제하고, 상호보완적 관계를 맺으려 한다. 특히 인간은 자신의 비용이나 손해가 기존의 교환관계를 파괴하지 않고 유지하기 위해 헌신(commitment)을 하며, 형평(equity)을 포함한 사회정의를 위하여 자신의 이익을 포기할 수도 있는 이타적 성향을 동시에 지니고 있다.

탐욕과 경쟁

헌신

사회정의

2) 기본 가정

핵심적 가정

교환이론은 하나의 이론이 아니고 다양한 이론이 포함된 이론적 준거틀로서, 이론마다 기본 가정이 다를 수 있다. 교환이론의 범주에 속하는 이론들은 인간 본성과 관계의 성격에 대한 다양한 가정을 기초로 하고 있다. 사회교환이론의 핵심적 가정은 ① 인간은 보상과 이익을 추구하고, 처벌과 비용을 줄이려 하며, ② 인간은 합리적 선택을 할 수 있는 존재이며, ③ 인간이 보상과 비용을 평가하는 데 사용하는 기준은 상황과 시간과 사람에 따라 달라지며, ④ 교환관계는 상호의존적이며, 문화적 규범 내에서 이루어지며, ⑤ 가치 있는 자원 보유 정도와 교환행동의 결과에 따라 권력-의존관계가 형성, 분화되어 사회구조를 형성한다는 것이다(West & Turner, 2007). 이러한 교환이론의 기본 가정을 살펴보면, 〈표 27-1〉과 같다(Nye, 1978; Robbins et al., 2006).

📶 **표 27-1** 교환이론의 기본 가정

- 개인은 가장 많은 이익을 가져다 줄 것으로 기대되는 대안을 선택한다. 즉, 개인은 보상이 가장 많고 비용이 가장 적을 것으로 예측되는 대안을 선택하므로, '행동=보상-비용'의 공식에 의해 설명된다.
- 개인의 행동이 과거에 보상을 받았다면, 개인은 이전의 행동을 반복할 것이다.
- 행동의 결과가 자신에게 긍정적이고 가치가 있는 것으로 생각되면, 그 행동을 반복할 가능성이 높아진다.
- 개인이 기대한 것보다 많은 보상을 받거나 예상보다 적은 처벌을 받게 되면, 개인은 행복해할 것이며 만족스러운 듯이 행동할 것이다.
- 개인이 여러 번에 걸쳐 동일한 보상을 받으면, 보상의 가치는 줄어든다.
- 즉시 얻는 결과가 동일하면 개인은 장기적 관점에서 더 좋은 결과를 가져다 줄 것으로 기대되는 대안을 선택하고, 장기적 결과가 동일하면 즉시 얻는 결과가 더 좋을 것으로 예상되는 대안을 선택한다.
- 교환은 문화적 규범 내에서 이루어지므로, 개인은 더 많은 사회적 인정을 받거나 받을 것으로 기대되는 대안과 가장 많은 자율성을 제공해 주는 지위나 관계를 선택한다.
- 개인은 예측되는 결과를 얻을 확률이 가장 높은 대안과 자신의 안전을 가장 잘 보장해 주는 대안을 선택한다.
- 교환관계에서 상호성의 규범(norm of reciprocity)이 깨지면, 상호관계는 끊어지게 된다.
- 자신과 가치관이나 의견이 일치하는 사람과 관계를 맺으려 하고 그렇지 않은 사람과는 관계 맺기를 회피하며, 상하관계보다는 공평한 관계를 맺기가 쉽다.
- 가치 있는 자원을 많이 소유한 개인은 그렇지 못한 개인에 비해 더 많은 권력을 가지며, 이로 인해 권력-의존관계가 형성된다.
- 교환관계상의 권력-의존관계에서 권력 불균형이 발생하면, 이를 줄이고 균형을 회복하여 통합을 이루거나 갈등을 통해 변화를 일으키려는 시도가 나타난다.

2 주요 개념

교환이론의 범주에 속하는 이론 중에서 대표적 이론은 Homans의 행동주의적 교환이론, Blau의 변증법적 교환이론, Emerson과 Cook의 교환네트워크이론이 있다. 대표적인 교환이론의 주요 개념을 살펴보면 다음과 같다.

1) 보상, 자원, 비용 그리고 사회적 행동

Homans는 인간의 사회적 행동을 심리학적 원칙 특히 행동주의이론에 입각하여 설명하고자 했으므로, 그의 이론은 행동주의적 교환이론이라고 부른다. 그는 인간의 사회적 행동(social behavior)을 보상과 비용에 입각하여 설명한다. 즉, 사회적 행동을 최소한 두 사람 이상의 사이에서 보상이 주어지거나 비용이 요구되는 활동의 교환이라고 본다.

Homans는 'Y라는 교환행동에 따르는 X라는 심리적 상태가 클수록 또는 작을수록, Y라는 행동을 더 또는 덜 하게 된다.'는 명제를 제시하는데, 이때 X에는 보상, 비용, 확률(probability)뿐 아니라 가치(value)도 포함된다(강정한 외, 2013). 이처럼 개인이 타인에게 어떤 행동을 할 때 상대방이 그에 상응하는 반응, 즉 보상을 주거나 비용을 치를 것이라는 기대를 갖고 행동한다. 이때 교환행동에 참여하는 모든 사람은 비용을 최소화하고 보상을 최대화하여 이득과 효용을 극대화할 수 있는 합리적 선택을 하려 한다.

Homans는 교환행동은 참여자 모두에게 영향을 미치게 되며, 교환의 과정은 개인 수준이나 사회적 수준에서 동일하게 작용하지만 사회적 수준에서 보다 복잡한 과정을 거쳐 사회구조가 만들어지고 유지된다고 본다. Homans는 식량, 화폐, 도덕률 또는 지도력(leadership) 등의 자원을 보다 많이 가진 사람은 다른 사람에게 보상을 제공할 수 있으며, 이를 통하여 다른 사람이 새로운 행동을 하게 만듦으로써 새로운 사회조직화가 이루어지고 보다 정교화되어 가며, 권력과 집행 역량에 따라 사회조직이 분화되면서 더욱 정교한 사회구조가 형성될 수 있다고 본다(Turner, 2019).

Homans의 행동주의적 교환이론에서는 사회적 행동을 설명하기 위하여 보상,

행동주의적
교환이론

사회적 행동

효용 극대화

사회구조

사회적 행동

자원, 비용이라는 개념을 주로 활용한다. 보상(reward)은 행동을 강화하는 요인으로, 행위자가 특정한 행동을 할 가능성과 확률을 높여주는 모든 것을 말한다. 개인이 교환관계에 참여하여 타인과 상호작용할 때 얻게 되는 즐거움, 만족감, 인정, 존경, 동의, 감사, 돈과 물질, 도움 등이 포함된다. 자원(resource)은 교환관계에서 상대방에게 보상할 수 있는 능력을 말하는 것으로, 개인이 가진 모든 물질적 및 비물질적 자원을 말하며, 감정, 매력, 서비스, 물질 등을 포함한다. 이러한 자원을 많이 가진 사람이 교환관계에서 유리한 위치에 설 수 있게 되고, 권력도 가질 수 있게 된다. 비용(cost)은 교환관계에서 개인이 치러야 하는 대가를 의미하며, 상대방에게 보상을 주기 위해 들여야 하는 시간과 노력뿐 아니라 교환관계에 참여함으로써 잃게 되는 자원과 그 관계에 참여함으로써 다른 교환관계에 얻을 수 있는 보상을 놓치게 되는 것까지를 포함한다.

Homans는 교환관계가 핵심인 사회적 행동을 설명하기 위해, 다음과 같은 몇 가지 명제를 제시하고 있다(Ritzer, 2016).

첫째, 성공명제(sucess proposition)이다. 특정 행동에 대한 보상을 더 자주 그리고 더 많이 받을수록 그 행동을 할 가능성이 높아진다는 것이다. 특정행동에 대한 보상이 더 자주 주어질수록 그 행동을 반복할 가능성이 높아지지만 무한정 계속되지는 않는다. 보상과 보상 사이의 시간 간격이 짧을수록 행동 반복의 가능성이 높아지며, 불규칙적인 간헐적 보상보다는 규칙적 보상이 행동반복의 가능성을 높여준다.

둘째, 자극명제(stimulus proposition)이다. 과거에 어떤 자극으로 인해 특정 행동을 했을 때 보상받았다면, 현재의 자극이 과거의 자극과 비슷하면 비슷할수록 과거에 했던 행동이나 그와 비슷한 행동을 할 가능성이 높아진다는 것이다. 이는 특정행동을 유사한 상황에서 확대 재생산하려는 성향, 즉 일반화의 과정에 관한 명제이다.

셋째, 가치명제(value proposition)이다. 특정행동의 결과가 행위자에게 더 큰 가치를 가질수록, 그 행동을 실행할 가능성이 높아진다는 것이다. 특정행동을 했을 때 주어지는 보상이 가치 있는 것으로 인식되면 그렇지 않았을 때보다 그 행동을 수행할 가능성이 높아지고, 부정적 가치인 벌이 주어지면 그 행동을 할 가능성은 낮아지게 된다.

넷째, 박탈-포만 명제(deprivation-satiation proposition)이다. 특정행동에 대한 보

상을 더 자주 받을수록 보상의 가치가 점점 떨어진다는 것이다. 이때 중요한 것은 시간인데, 특정한 보상이 장기간에 걸쳐 지속되면, 행위자의 보상에 대한 만족도는 줄어들게 된다.

공격-승인 명제   다섯째, 공격-승인 명제(aggression-approval proposition)로서, 두 개의 하위명제로 구성되어 있다. 먼저 행동에 대해 기대했던 보상을 받지 못하거나 기대하지 않았던 처벌을 받으면, 화를 내고 공격적 행동을 할 가능성이 높아진다. 다음으로 행동에 대해 기대했던 보상보다 더 큰 보상을 받거나 처벌을 받지 않게 되면, 그 행동을 더 많이 하고 그 행동의 결과를 더 가치 있게 생각할 가능성이 높아진다는 것이다.

합리성 명제   여섯째, 합리성 명제(rationality proposition)이다. 대안적 행동 중에서 특정 행동을 선택할 때 행동의 결과로 얻게 되는 가치(value)에 그 결과를 얻게 될 확률(probability)을 곱한 값이 더 큰 행동을 선택한다는 것이다. 즉, 행위자는 행동의 결과로 얻게 되는 보상도 높고 동시에 보상을 얻을 확률도 높은 효용의 극대화를 추구한다.

2) 교환과 권력관계

변증법적 교환이론   Blau의 이론은 교환이론과 갈등이론을 통합한 변증법적 교환이론으로 불린다. 그는 미시적인 행동주의적 교환이론이 거시적 사회구조를 설명하는 데 한계가 있다고 보고, 개인과 조직 사이의 관계를 지배하는 사회과정을 분석하여 사회구조를 이해하려 했다. 다시 말해 Blau는 개인 간의 교환과 달리 개인과 조직 사이의 교환권력 에서는 규범과 가치의 합의가 매우 중요하며, 교환을 통해 권력이 분화, 유지, 변화되는 과정에 관심을 기울였다.

경제적 교환   Blau는 모든 사람은 조직에 공헌함으로써 그에 합당한 등가적인 금전적 보상을 얻으려는 경제적 교환을 한다고 본다. 하지만 경제적 교환은 대부분 제약에 의한 사회적 교환 것으로 자발적 교환행동을 기대하기 어렵다. 사회적 교환은 가치에 대한 평가기준 등가적 교환 이 명확하지 않으므로 등가적 교환관계가 성립하기 어렵다. 예를 들어, A가 한 행동에 대해 B가 감사의 마음을 표현하였을 때, A의 입장에서는 그러한 감사 표현이 만족스럽지 않을 수 있고 B는 충분히 보상한 것이라고 생각할 수 있으므로, 등가적인 교환이 이루어지지 않을 가능성이 내재해 있는 것이다. 그리고 사회적 교환은 뭔가를 받았을 때 어떤 것으로 되갚아야 한다는 의무를 특정화할 수 없다. 예를 들어, A가 B로부터 인간행동과 사회환경 수업의 과제를 하는 데 도움을 받았을 때 똑같이 과제수행을 돕는 방법으로 보상을 하는 것이 아니라 감사하는 마음이나 점심 한 끼를 사는 것 등으로 되돌려 줄 수 있는 것이다. 따라서 사회적 교환에서는 장기간에 걸친 신뢰가 필요하고 이를 통해 사람들 간에 유대관계가 형성되고, 유대관계를 바탕으로 사회관계가 형성된다.

§ 의무

§ 유대관계

Blau의 변증법적 교환이론의 기본 원칙을 살펴보면 다음과 같다(Turner, 2019).

§ 기본 원칙

첫째, 합리성의 원칙(rationality principle)이다. 사람들이 특정 행동을 수행할 때 서로에게 더 많은 이익을 기대할수록 그 행동을 할 가능성이 높아진다는 것이다.

§ 합리성

둘째, 상호성의 원칙(reciprocity principle)이다. 보상을 교환할수록 상호 간에 지켜야 할 의무가 생기며, 이러한 의무가 다음 번의 교환관계를 조정할 가능성이 높아진다. 교환관계에서 상호의무를 위반하는 일이 발생하면 손해를 본 당사자는 상호성의 규범을 위반한 사람을 제재하려 할 가능성이 높아진다는 것이다.

§ 상호성

셋째, 정의의 원칙(justice principle)이다. 더 많은 교환관계가 성립될수록 특정한 비용에 적절한 보상이 주어져야 한다는 공정한 교환규범이 적용될 가능성이 높아지며, 공정한 교환규범이 지켜지지 않았을 때 손해를 본 당사자는 규범을 위반한 사람을 제재하고자 할 가능성이 높아진다는 것이다.

§ 정의

넷째, 한계효용의 원칙(marginal utility principle)이다. 특정 행동을 했을 때 더 많은 보상을 받게 되면 그 보상에 대해 포만감을 느끼게 됨으로써 그 행동의 가치는 떨어지고 그 행동도 덜 일어날 가능성이 높아진다는 것이다.

§ 한계효용

다섯째, 불균형의 원칙(imbalance principle)이다. 사회 단위들 간의 특정한 교환관계가 더 안정되고 균형을 이룰수록 다른 교환관계는 불안정하고 불균형적일 가능성이 높아진다는 것이다.

§ 불균형

이러한 원칙에 입각하여 교환관계를 맺을 때 어떤 사람은 훨씬 더 많은 가치 있는 자원을 가지고 있고, 또 다른 사람은 그러한 자원을 소유하지 못한다. 이때 가치 있는 자원을 많이 보유한 사람은 그런 자원이 없는 사람들로부터 사회적 인정, 존경 또는 복종을 끌어낼 수 있다. 이처럼 가치 있는 자원을 많이 가진 사람은 교환관계에서 권력을 갖게 된다. 이들은 복종하지 않는 사람에게 보상이 되는 자원을 제공하지 않음으로써 처벌을 가하거나 많은 비용을 부과할 수 있는 힘을 갖게 됨으로써 복종을 요구할 수 있게 된다. 특히 가치 있는 자원을 제공받은 사람이 물

§ 가치 있는 자원 소유

§ 권력

§ 복종

리적 힘이나 강제력을 사용할 수 없게 되거나 그 자원 없이 견디기 어려워질수록, 가치 있는 자원을 제공한 사람은 더 많은 존중과 인정 더 나아가 복종을 끌어내게 된다. 이러한 과정을 통해 사회조직 내에서는 자연스럽게 권력의 분화가 일어난다.

권력의 분화

사회조직에서 권력을 가진 사람이 교환의 상호성 원칙과 정의의 원칙을 지키지 않아 교환관계에 불균형 상태가 유발되면, 권력을 갖지 못한 사람의 박탈감이 높아지게 된다. 박탈감을 느낀 사람들이 집합체를 이루게 되면 권력을 가진 자에게 저항할 가능성이 높아지게 된다. 이때 조직 내에서는 지배-피지배 영역에서 통합을 촉진하려는 노력이 발생하게 된다. 조직이 교환과 관련된 정당하고 공통의 가치를 반영한 규범적 합의를 도출하게 되면 권력이 정당화되고 개별성원이 지배자의 명령에 따르도록 강제할 수 있는 권위로 전환됨으로써, 조직 내의 경쟁은 완화되고 조직이 재통합되게 된다. 그러나 정당하고 공통의 가치를 반영한 교환관계의 규범이 합의에 이르지 못하여 피지배자들이 더 많은 박탈감을 경험하고 이념적으로 체계화되고 피지배자 간의 연대감이 강해지면, 지배자에게 저항할 가능성이 더욱 높아지게 된다.

교환관계 불균형

저항

규범적 합의

박탈감과 연대

Blau는 사회구조 내에서의 권력을 둘러싼 경쟁이 일어나게 되면, '통합을 향한 긴장'과 '저항과 갈등을 향한 긴장'이라는 두 가지 상반된 힘이 만들어지게 된다고 보았다. 이처럼 사회적 조직화는 조직 내에서 통합을 추구하는 힘과 새로운 조직화를 위한 저항을 하는 힘 사이에 잠재적 갈등이 일어나게 되며, 이는 불가피하게 사회구조 내에서 통합과 저항 사이의 변증법을 창출하게 된다.

통합과 저항의 변증법

3) 교환네트워크와 권력-의존관계

Emerson은 '개인과 집단 사이의 교환이 동일한 원리에 따라 이루어지는가?'라는 점에 관심을 갖고, 교환이론과 네트워크이론을 결합한 교환네트워크이론을 제시하였다. Emerson은 '교환관계가 어떻게 시작되는가?'가 아닌 '기존의 교환관계가 존재할 때 이러한 관계에서 어떤 일이 벌어지는가?'에 더 많은 관심을 두었다. 즉, 교환관계에 참여하는 행위자 자체의 특성보다 행위자 간에 이루어지는 관계유형, 즉 행위자 간의 네트워크(network)에 더 많은 관심을 가졌다.

교환네트워크이론

네트워크

Emerson은 사회구조를 자신의 자원가치를 확장하려는 행위자 간의 교환에 의

해 만들어지는 것이라고 본다. 그는 자원의 활용가능성, 권력과 의존을 핵심 개념 권력과 의존

으로 삼고 있으며, 교환관계는 다양한 방식으로 조직화되며 교환되는 자원의 종류와 양에 따라 달라질 수 있다고 본다. 그리고 교환과 권력의 관계에 관심을 가졌던 Blau의 이론적 논의를 더욱 발전시켜, 권력과 의존이 관계를 규정하는 핵심적 측면이라고 보았다.

Emerson은 행위자는 다른 행위자가 자신에게 자원을 의존하는 정도만큼의 권 권력

력을 갖는다고 보았다. 즉 권력은 한 사람이 다른 사람에게 비용을 감내하도록 요구할 수 있는 정도에 따라 크기가 달라진다. 권력의 원천이 되는 의존은 한 사람이 의존

비용을 감내해야 하는 정도로서, 다른 행위자가 추구하는 자원이 갖는 가치의 정도와 이 자원의 대안이 매우 적거나 획득하는 데 비용이 소요되는 정도에 따라 결정된다.

따라서 교환관계에 참여하는 행위자 모두는 상당한 정도의 상호의존성을 보일 상호의존성

수 있다. 그러나 특정 행위자가 교환상대보다 많은 권력을 가지게 되면, 특정 행위자는 권력을 사용하여 의존하는 교환상대를 착취하거나 그로부터 자원을 획득하는 데 소요되는 비용을 줄일 수 있게 되는 권력적 이점을 얻게 된다. 이처럼 교환관계에서 권력-의존관계의 불균형이 발생하게 되면 다음에 제시하는 균형화 전략 권력-의존관계

을 사용하여 다시 권력-의존관계의 균형을 회복하려는 시도가 나타나게 된다. 균형 회복

다양한 교환관계 속에서 하나의 교환관계는 다른 교환관계에 영향을 미치므로 두 교환관계는 서로 연결되게 된다. 그러므로 모든 교환관계는 더 큰 교환네트워크 내에 존재하게 된다. 네트워크(network) 속에서 이루어지는 교환은 행위자들이 네트워크

자원분배를 놓고 협상하는 상황(negotiated exchange)과 행위자들이 추후 보상이 협상

주어질 것으로 기대하면서 연속적으로 자원을 제공하는 상황(reciprocal exchange) 중의 하나의 유형을 갖게 된다. 이러한 네트워크 내에서 이루어지는 교환유형은 교환유형

크게 일방적 독점, 분업, 사회적 서클(social circle), 계층화라는 네 가지로 나눌 수 있다(Turner, 2019).

일방적 독점 유형은 행위자 A가 여러 명의 행위자 B들에게 가치가 있는 자원을 일방적 독점

보유하고 있고, 여러 명의 행위자 B들은 A에게 보상을 제공하지만, A는 보상을 받을 수 있는 여러 개의 원천을 가진 반면 B들에게는 A만이 보상의 원천이 되는 유형이다. 이러한 경우에 A는 B를 착취하는 불균형한 권력관계가 형성된다.

분업 유형은 일방적 독점 속에서 교환관계의 균형을 찾아가는 여러 방법 중의 분업

하나이다. 각각의 B가 A에게 서로 다른 자원을 제공할 수 있게 되면, 각각의 B가 A와 독자적 자원교환관계, 즉 분업관계를 형성하게 된다.

사회적 서클

사회적 서클 유형은 상이한 자원을 가진 행위자들 간에 동일한 자원(예: 애정과 애정, 조언과 조언, 재화와 재화 등)을 교환하는 것이다. 이러한 교환이 이루어지면 모든 행위자가 서로 균형 잡힌 교환관계의 네트워크를 형성하게 된다. 그러나 교환관계가 사회적 서클 내부에서만 일어나기 때문에 네트워크는 폐쇄적 체계가 된다. 이로 인해 또 다른 유형의 독점 상황이 야기되고 불균형이 발생하게 된다.

계층화

계층화 유형은 교환 네트워크 내의 여러 행위자들 사이에서 자원이 불평등하게 배분되는 경우 동일한 가치를 지닌 자원을 유사한 수준에서 갖고 있는 행위자들끼리 새로운 사회적 서클 또는 네트워크를 형성함으로써, 교환 네트워크는 서로 다른 양의 자원을 가진 중심부와 주변부의 여러 개 서클 또는 네트워크로 나눠지게 되고, 불평등한 자원 배분에 따라 권력과 의존관계의 불균형이 발생하게 된다.

균형화 전략

이처럼 교환네트워크 속에서 권력–의존관계의 불균형 문제가 발생하게 되면, 다음과 같은 균형화(balancing) 전략을 사용할 수 있다(Turner, 2019; 최옥채 외, 2020).

첫째, 동등한 가치의 다른 자원으로 보상하거나, 그럴 수가 없다면 받은 보상과 유사한 가치나 자원으로 대체하여 불균형을 상쇄한다.

둘째, 다른 자원의 대안을 개발하는 전략이다. 자원의 일부 혹은 전체를 다른 곳에서 획득함으로써 의존도를 줄이거나 균형을 맞춘다.

셋째, 새로운 기술이나 지식을 습득하거나 새로운 지위를 획득하여 교환의 조건을 향상한다.

넷째, 강제력을 사용하는 전략이다. 물리적 힘, 보상 철회, 위협, 윤리적 죄책감을 불러일으켜, 상대로부터 원하는 자원을 끌어낸다.

다섯째, 원하는 욕구나 자원을 포기하는 전략이다. 원하는 자원이나 서비스를 상대방에게 받지 않고 참고 견딤으로써, 교환관계의 불균형이 형성될 가능성을 배제한다.

여섯째, 자신이 소유한 자원의 질을 향상하는 전략이다. 동일한 분야의 최신 기술과 지식을 습득하거나 향상함으로써, 자신이 가진 자원의 가치를 높이는 것이다.

4) 교환관계와 헌신과 정의

Emerson은 권력적 우위를 점한 행위자는 상대로부터 더 많은 자원을 가져오기 위해 교환관계가 균형에 도달할 때까지 자신의 권력을 사용한다고 하였다. 그러나 Cook은 권력과 헌신(commitment)의 관계에 집중하였다. 헌신은 행위자가 다른 잠재적 대안 대신 현재의 교환상대를 선택할 때 나타나는 것이다. 즉, 현재의 교환상대가 다른 잠재적 교환상대보다 더 적은 이득을 줄 수 있는 경우에도 지속적으로 현재의 교환상대와의 관계를 지속하는 것을 말한다.

헌신

이처럼 더 큰 권력을 가진 행위자가 헌신하는 것은 비합리적이지만, 오히려 다른 잠재적 교환상대를 탐색하는 활동을 감소시키고 교환행동에 내재한 위험과 불확실성이 줄어드는 효과를 얻을 수 있으므로 권력이 있는 행위자에게 이익이 되는 점이 있다. 뿐만 아니라 권력을 가진 행위자의 헌신을 끌어내게 되면 그들의 권력 사용을 제한할 수 있으므로 권력의 균형을 도모하는 효과도 있다고 하였다. 이러한 헌신은 관계 그 자체에 대한 애착과 지지를 갖게 만들고, 그로 인해 교환관계의 상대 사이에 새로운 종류의 정서적 효용(emotional utility)을 추가적으로 제공하는 결과를 만들어 내게 된다.

권력 균형

애착과 지지

정서적 효용

뿐만 아니라 Cook은 사회적 교환에서 정의의 역할에 주목하였는데, 분배 정의 (distributive justice)와 절차적 정의(procedural justice)가 그것이다. 분배 정의는 행위자 간에 자원을 할당하는 규범이나 규칙과 관련된 것이다. 모든 사람이 동일한 몫을 나눠 갖는 평등(equality)과 결과물을 만드는 데 투입한 기여도에 따라 할당하는 형평(equity) 또는 자원을 가장 필요로 하는 사람에게 가장 많은 자원을 배분해 주는 것이 속한다. 절차적 정의는 협상으로부터 도출되는 분배 결과보다는 협상과정 자체가 얼마나 공정한 것으로 여겨지는가를 말한다. 만약 교환관계에 참여하는 행위자가 분배의 결과가 바람직하고 공정하다고 느끼게 되면 분배 절차에 덜 비판적이 되지만, 분배 결과가 좋지 않고 불공정하다고 여기게 되면 공정한 절차를 밟았더라도 부당하다고 평가하는 경우가 많다.

분배 정의

절차적 정의

만약 행위자가 각각 기여한 정도에 상응하는 결과물을 나누는 형평(equity)에 대한 관심이 높아지면, 권력을 더 많이 가진 행위자의 권력 사용이 어느 정도 제한된다. 이처럼 교환관계에서 권력 사용이 정의롭다는 인식을 얻거나 일반적으로 받아들여지는 분배와 절차적 정의와 일치하게 되면, 권력 사용은 균형적 교환을 만들

형평

권력 사용

어 내게 될 것이다. 그러나 권력상 유리한 위치에 있는 행위자가 정의의 규칙을 어기거나 행위가 부정의하다는 인식을 얻게 되면, 권력 사용은 불균형한 교환관계를 지속하게 된다. 이렇게 되면 권력의 불리한 위치에 있는 행위자는 할 수만 있다면 교환관계의 균형을 회복하기 위한 새로운 전략을 탐색하게 된다.

3 사회변동과 발전에 대한 관점

교환이론은 미시적 접근과 거시적 접근을 고루 이용함으로써 인간의 상호작용 관계를 포함한 사회구조의 형성과 유지, 발전과 변동을 설명할 수 있는 이론이라
교환행위 는 평가를 받고 있다(이철우, 2017a). 즉, 교환이론은 인간의 역사가 곧 교환행위의 누적이라고 보고, 인간의 사회적 행위를 적어도 두 사람 이상의 사이에서 교환자원을 주고받는 반복적 행동이라고 본다.

사회적 행동 Homans는 사회적 행동은 적어도 두 사람 사이에서 일어나는 교환행위를 통하여 자신에게 이익이나 보상, 효용을 얻을 수 있을 때 사회관계가 유지되고, 이익이 많을수록 상호작용의 빈도가 많아지고 사회적 관계는 안정적으로 지속된다고 본다. 그리고 자원을 가진 사람은 상대방에게 보상을 제공할 수 있기 때문에 상대방이 새로운 행동을 하게 만듦으로써 새로운 사회조직화가 이루어지고, 권력과 역량
사회구조 에 따라 사회조직이 분화되고 정교한 사회구조가 형성된다(Turner, 2019). 그러나 사회적 교환행위를 통하여 기대한 보상을 얻지 못하거나 기대하지 않았던 비용을 치르게 되면 분노나 공격행동을 하게 되므로 교환관계는 불안정해지며, 새로운 교
사회변동 환관계를 추구하게 되므로 사회변동이 일어난다고 본다(이철우, 2017a).

Blau는 사회적 교환에서는 장기간에 걸친 신뢰가 필요하고 이를 통해 사람들 간
유대관계 에 유대관계가 형성되고, 이를 바탕으로 소집단을 형성하고 소집단 사이에서도 교환관계가 성립되어 집단이 더욱 정교화되어 더 큰 집단으로 발전해 간다고 본다. 하지만 사회적 교환관계에서 가치 있는 자원을 많이 가진 사람은 교환관계에서 권력을 갖게 되며, 자원이 적은 사람에게 존중과 인정, 복종을 요구할 수 있게 되므
권력의 분화 로, 사회조직에서 자연스럽게 권력의 분화가 일어난다. 사회조직에서 권력을 가진 사람이 교환의 합리성, 상호성, 그리고 정의의 원칙을 지키지 않음으로써 교환관계에 불균형 상태가 유발되면, 권력을 갖지 못한 사람의 박탈감이 높아지게 되고

그러한 박탈감을 느끼는 사람들이 집합체를 이루어 조직적으로 저항하게 됨으로 집합적 저항
써 사회변동이 일어난다고 본다. 반대로 교환관계의 불균형을 바로잡기 위해 조직
이 교환과 관련된 정당하고 공통의 가치를 반영한 규범적 합의를 도출하게 되면,
기존의 권력-의존관계가 정당화되고 조직이 재통합되어 안정을 유지할 수 있게 재통합
된다.

　Emerson은 하나의 교환관계가 다른 교환관계에 영향을 받는 교환네트워크 속 교환네트워크
에서 일어난다고 보았으므로, 교환관계에 참여하는 행위자 모두는 상당한 정도의
상호의존성을 보일 수 있다. 그러나 특정 행위자가 교환상대보다 많은 권력을 가
지게 되면, 특정 행위자는 권력을 사용하여 의존하는 교환상대를 착취하거나 그로
부터 자원을 획득하는 데 소요되는 비용을 줄일 수 있게 되는 권력적 이점을 얻게 권력적 이점
된다. 이처럼 교환관계에서 권력-의존관계의 불균형이 발생하게 되면 균형화 전 균형화 전략
략을 사용하여 권력-의존관계의 균형을 회복하거나 기존의 관계를 변화시키려는
시도가 나타나게 되며, 그 결과로 사회구조의 안정과 변동이 결정된다고 본다.

4 사회복지 정책과 실천에의 적용

1) 사회문제에 대한 관점

　교환이론에서는 교환관계가 단절되거나 불균형이 발생할 때 사회문제가 발생 교환관계 불균형
하는 것으로 본다(이철우, 2017b). 교환관계에서 교환에 필요한 자원이 부족하거
나, 고갈되거나, 자원의 가치가 저하되어서, 종속적 지위로 밀려나게 되면 비인간
적 상황에 직면하게 된다. 즉, 사회적 관계에서 교환자원이 부족하거나 그 자원의
가치가 저하되는 것이 사회문제의 원인이다.

　교환관계에서의 자원의 부족이나 가치하락뿐 아니라 교환되는 자원의 양과 내
용 그리고 자원분배의 절차와 결과가 사회문제의 원인이 될 수 있다. 인간이 일정 자원분배
수준 이상의 삶의 질을 유지하기 위해서는 물질적 자원뿐 아니라 비물질적 자원을
필요로 한다. 만약 경제적 교환을 통하여 적절한 재화를 확보하지 못하면, 경제적
빈곤문제가 발생할 것이다. 사회적 인정이나 존중, 사랑 등의 사회적 교환이 적절 빈곤
히 이루어지지 않으면 사회적 결속의 와해, 소외와 같은 문제가 발생하게 될 것이 소외

다. 특히 어떤 자원이든 분배적 정의와 절차적 정의가 담보되지 않으면, 사회 성원

간 또는 사회계층 간의 불평등이나 불공정의 문제가 발생할 수 있다.

　교환행위를 통해 형성되는 권력과 의존관계 역시 사회문제의 원인으로 작용한
다. 사회적 교환관계에서 합리성, 상호성, 그리고 정의의 원칙을 지키지 않으면,
교환관계에 불균형한 권력-의존관계가 발생하게 된다. 이러한 불균형이 해결되
지 않으면, 자원과 권력을 갖지 못한 사회 성원은 정서적 박탈감과 함께 자신의 욕

구 등을 충족할 수 있는 자원에 대한 접근 기회가 제한되게 되고, 그로 인해 미충
족 욕구와 생활문제를 경험하게 된다. 특히 자원이 적은 성원이 사용한 권력 균형
화 전략이 성공하지 못하게 될 경우, 교환상대보다 많은 권력과 자원을 가진 행위

자가 우월적인 지위를 차지하여 자원을 독점해 버리거나 교환상대를 착취할 경우
에 사회문제가 더욱 심화될 위험이 있다.

　교환이론의 관점에서 볼 때, 노인이 사회적 관계에서 교환할 수 있는 자원 자체
가 부족하거나, 교환자원의 가치가 약해지거나 고갈되어 대등한 교환관계를 맺지

못하게 되면 문제를 경험하게 된다(권중돈, 2019). 교환이론에서는 장애인의 사회
적 배제의 원인을 장애인의 교환자원 부족과 교환자원에 대한 평가절하로 보고 있

다. 이러한 사회적 배제를 개선하기 위한 방안으로 ① 동등한 가치의 다른 자원으
로의 보상, ② 다른 보상 원천의 개발, ③ 새로운 자격이나 지위 획득, ④ 제도의
강화를 통한 강제력 사용, ⑤ 연합 활동, ⑥ 소유 자원의 질 향상 등이 있다(이웅,
김동기, 2012).

2) 사회복지 정책과 실천에 대한 함의

　교환이론에서 교환관계가 단절되거나 불균형이 초래됨으로써 발생한 사회문제
나 개인의 생활문제를 해결하기 위한 사회복지 정책에서는 교환관계를 바로잡기

위한 균형화 전략이 필요하다고 본다. 다시 말해, ① 유사한 가치나 자원으로 대
체하거나, ② 다른 자원의 대안을 개발하여 특정 자원에 대한 의존성을 줄이거나,
③ 새로운 기술이나 지식을 습득하거나 새로운 지위를 획득하여 교환의 조건을 향
상하거나, ④ 강제력(보상 철회, 위협, 윤리적 죄책감 등)을 불러일으킴으로써 상대로
부터 원하는 자원을 끌어낼 수 있도록 돕거나, ⑤ 원하는 자원이나 서비스를 상대
방에게 받지 않고 참고 견뎌서 이겨내거나, ⑥ 자신이 소유한 자원의 질을 향상하

는 전략을 사용하도록 도와야 한다.

예를 들어, 물질적 부족이나 결핍상태에 있는 빈민이나 노동능력을 상실한 사람들을 위해 사회통합을 촉진하는 차원에서 금품 지급이나 의료서비스와 같은 사회복지 급여와 서비스를 제공하여 그들의 부족한 자원을 보충해 주고, 정상적 생활로의 복귀와 자립생활을 지원하여야 한다고 본다. 그리고 이들 사회적 보호를 필요로 하는 사회 성원이 정상적 생활이 가능해지거나 정상적 사회참여가 가능해지면, 오히려 사회에 기여할 수 있다고 본다(이철우, 2017a). 그리고 교환이론에서는 성인기와 중장년기에 경제생활을 통하여 국가에 세금 혹은 기여금을 납부하고 노후에 다시 기초연금 등의 소득지원을 받는 것도 일종의 교환관계의 하나이고, 사회복지제도의 한 방법이 된다. 그리고 부모가 노인이 되어 생계능력이 제한되거나 건강이 악화되었을 때, 자녀가 부양하는 비공식적 자원 교환행위 역시 사회복지의 방법으로 간주한다(이철우, 2017b).

복지국가와 관련된 교환이론의 입장은 상반된 사회복지정책의 선택을 요구하고 있다(Mau, 2004). 한편에서는 모든 사회 성원이 합리적인 교환을 통해 착한 소비(good buy)를 한다고 가정하여, 개인의 이익을 최대화하고 삶의 질을 고양하는 방향으로 국가의 복지급여나 서비스가 설계되어야 한다고 본다. 이처럼 개인의 복지수준이 높아지게 되면, 전체 사회의 복지수준과 삶의 질이 향상될 수 있다고 본다. 그러나 죄수의 딜레마(prisoner's dilemma)에서 보는 바와 같이 상호 간에 협력하면 최상의 결과를 얻을 수 있음에도 불구하고 상대방의 선의(善意)를 믿지 못하고 자신에게 가장 유리한 조건을 선택하여 가장 불리한 결과를 얻게 되는 것처럼, 개개인이 착한 소비를 하지 않고 개인이기주의(egoism)에 입각하여 자기 이익을 최대화하기 위한 선택이 사회적으로 누적되게 되면, 복지국가의 목표는 달성할 수 없게 된다.

교환이론의 또 다른 복지국가에 대한 관점은 개인의 이익을 우선으로 할 경우 교환의 정의의 원칙과 상호성의 원칙이 무너지게 될 것이므로, 상호 간의 헌신, 존중, 인정, 사랑, 도덕적 의무 등이 작동할 수 있도록 분배적 정의와 절차적 정의를 달성할 수 있도록 사회복지정책을 개발하고 집행하여 사회통합을 촉진해야 한다고 보고 있다. 특히 사회적 기여는 최소화하고 복지급여와 서비스의 혜택과 같은 결과를 최대화하려는 무임승차 문제(free-rider problem)를 해소하기 위해서라도 차별적 보상지급이나 강제적 세금 부과 등과 같은 제도적 방안을 강구해야 한다고

부족한 자원의 보충

소득지원

비공식적 자원 교환행위

복지국가

착한 소비

죄수의 딜레마

개인이기주의

정의와 상호성

무임승차 문제

본다(강정한 외, 2013). 이처럼 교환이론에서는 분배적 정의와 절차적 정의가 실현될 수 있는 복지국가를 만들어 가야 한다고 주장하고 있다.

원조 관계

사회복지실천에서 사회복지사와 내담자의 원조 관계 역시 교환행위이다. 항상은 아니지만 일반적으로 사회복지사가 내담자에 비해 공식적 지위, 지식, 기술 등의 자원을 더 많이 보유하고 있다. 만약 내담자와의 원조 관계에서 상호성의 원칙

권력-의존관계

을 지키지 않을 경우 권력-의존관계가 형성되고 권력 불균형 현상이 초래되고 그로 인해 협력적 관계형성은 물론 변화를 위한 개입을 방해하게 된다(Rice & Girvin, 2014). 그러므로 사회복지사는 사회복지실천의 원조과정에서 내담자의 인정이나 존중 등을 통하여 높은 지위와 권력을 탐해서는 안 되며, 내담자의 삶의 변화를 위

헌신

해 헌신하는 자세를 가져야 한다. 그리고 사회복지사가 내담자에게 지나치게 많은

보상의 한계효용

보상을 하게 될 경우, 보상의 한계효용이 낮아져 바람직한 행동을 만들어내기가 쉽지 않으므로 적정한 보상 수준과 절차를 마련해야 한다.

비공식적 관계망

공식적 사회복지제도뿐 아니라 비공식적 관계망의 복지기능 작동원리도 교환이론에 입각하여 설명이 가능하다. 개인이 도움을 필요로 할 때 타인이나 사회에 원조를 요청함에 있어서 사회관계망의 호위모형(護衛模型)(convoy model)을 따르

호위모형

는 경향이 있다. 즉, 개인이 사회적 도움을 필요로 할 때 가장 가까운 곳에서 자원이나 보상을 제공할 수 있는 가족이나 친척으로 구성된 1차적 관계망(primary network)의 지지나 도움을 가장 우선적으로 활용하고, 그다음으로 친구나 이웃과 같은 2차적 비공식적 관계망(secondary network), 그리고 종교단체, 지역모임 등의 의사공식적 관계망(quasi-formal network)의 도움을 받는다. 마지막으로 정부나 사회복지조직 등의 공식적 관계망(formal network)을 통하여 필요한 자원과 보상을

위계적 보상 속성

얻는 위계적 보상 속성이 존재한다. 그리고 개인은 욕구충족을 위하여 심리사회적 서비스, 경제적 급여와 재화, 또는 수단적 서비스, 정보적 지지 등의 다양한 서비스나 도움을 주고받지만, 생활주기에 따라 서비스 제공자에서 서비스 수급자의 지위로 변화가 일어나는 것이 일반적이다.

생각해 보아야 할 과제

1. 교환이론의 합리성 교환원칙에 입각하여 자신의 행동을 분석해 보고, 그 원칙의 타당성을 비판해 보시오.

2. 귀하의 행동 중에서 교환이론의 한계효용 원칙이 적용된 사례를 제시해 보시오.

3. 우리 사회의 효(孝)의 규범을 교환이론의 관점에서 해석해 보시오.

4. 부모님을 면담하여, 인생 생활주기에 따라 개인의 교환관계가 어떻게 변화하는지를 살펴보시오.

5. 귀하가 가장 소중하게 생각하는 대인관계에서 교환의 상호성 원칙과 정의의 원칙이 작동하지 않았을 때 나타날 것으로 예상되는 대인관계상의 문제를 예측해 보시오.

6. 귀하가 맺고 있는 교환네트워크가 귀하의 행동에 미치는 영향을 분석해 보시오.

7. 귀하의 경험을 바탕으로 교환관계의 권력 불균형 문제가 발생했을 때, 귀하가 주로 사용한 균형화 전략이 무엇인지 제시해 보시오.

8. 죄수의 딜레마(prisoner's dilemma)에 관한 게임이론을 깊이 학습해 보시오.

9. 사회복지제도에서 나타나는 무임승차 문제(free-rider problem)의 사례를 찾아보고, 이를 해결할 수 있는 방안을 모색해 보시오.

10. 사회복지실천에서 사회복지사와 정신장애를 가진 내담자의 원조 관계 형성과정에서 나타날 수 있는 문제점을 교환이론의 관점에서 분석해 보시오.

제28장

여성주의이론

학 습 목 표

1. 여성주의이론의 사회관과 기본 가정을 이해한다.
2. 여성주의이론의 주요 개념을 이해한다.
3. 여성주의이론의 사회변동과 발전에 대한 관점을 이해한다.
4. 여성주의이론을 사회복지실천에 적용할 수 있는 방안을 이해한다.

여성주의이론(feminist theory)은 여성에 대한 차별과 억압의 원인을 분석하고, 이의 해결을 위한 전략을 제시하는 다양한 관점들을 의미한다. 즉, 여성주의이론은 성에 따른 차별과 억압에 관심을 갖고 성적 불평등의 본질을 이해하고, 그 원인을 찾아냄과 아울러 이를 극복하기 위한 정치, 사회, 경제, 법률, 문화적 질서의 변화를 요구하는 여성의 삶과 경험을 중시하고 여성의 지위와 역할의 신장을 주장하는 다양한 이론들을 말한다.

여성 차별과 억압

성적 불평등

‖ Mary Wollstonecraft (1759~1797)

여성주의이론은 사회학, 문화인류학, 정신분석, 가정경제학, 문학, 교육학, 철학 등 다양한 학문분야에서 제시되었으며, 차별, 성적 대상화, 억압, 계급, 자본주의와 가부장제, 편견 등의 성적 불평등과 관련된 주제에 공통적인 관심을 기울이고 있다.

사회문제

이러한 여성주의이론은 Mary Wollstonecraft가 1792년 『여성의 권리 옹호(A Vindication of the Rights of Woman)』를 출간하고 연이어 여성의 권리를 주장하는 책들이 출간되면서, 여성문제가 사회문제로 인식되면서부터 시작되었다고 볼 수 있다. 그 후 지금까지 4세대에 걸친 여성주의 이념과 운동의 발달과 함께 다양한 이론들이 제시되었다(en.wikipedia.org).

1세대 여성주의

Jessie Bernard (1903~1996)

2세대 여성주의

3세대 여성주의

1세대 여성주의 이념과 운동은 19세기부터 20세기 초에 이루어진 여성의 정치적 권리(참정권)와 교육문제에 관심을 기울인 자유주의적 여성주의와 마르크스적 여성주의 운동이다. 2세대 여성주의 이념과 운동은 1960년대부터 1980년대까지 전개된 것으로, 여성의 법적 및 사회적 평등을 추구하는 급진적 여성주의와 사회주의적 여성주의 운동이었다. 3세대 여성주의 이념과 운동은 1990년대 초반부터 전개된 것으로 제3세계 아시아 또는 아프리카 국가 여성들이 비서구적 여성주의

4세대 여성주의

담론을 형성하여 여성의 개별성과 다양성에 초점을 맞추고 있다. 그리고 4세대 여성주의 이념과 운동은 2010년대 초반부터 전개된 것으로 소위 '미투(Me Too) 운동'으로 알려져 있으며, 성적 학대, 여성에 대한 폭력, 성폭력 등에 관한 주제에 관심을 기울이고 있다.

여성주의이론

이와 같은 발달과정을 거친 여성주의이론들은 기본적으로 "여성은 어떠한가?"와 "왜 여성의 상황이 이러한가?"라는 두 가지 근본적인 질문에 대한 답에서 차이를 보인다. 이러한 차이에 근거하여 여성주의이론은 ① 사회적 성(gender)의 차이, ② 사회적 성의 불평등, ③ 사회적 성 억압 그리고 ④ 구조적 억압을 다루는 이론들로 나눠진다(Ritzer, 2016). 사회적 성의 차이를 설명하는 이론들로는 문화여성주의, 생물학적 관점 등이 있으며, 사회적 성의 불평등을 설명하는 이론으로는 자유주의적 여성주의이론이 있다. 사회적 성 억압을 다루는 이론으로는 정신분석적 여성주의이론, 급진적 여성주의이론이 있다. 여성에 대한 구조적 억압을 다루는 이론으로는 사회주의적 여성주의이론, 교차성이론 등이 있다.

1 사회관과 가정

1) 인간과 사회에 대한 관점

여성주의이론은 여성 중심적 관점에서 인간의 경험과 사회생활을 설명하는 일련의 사고체계이므로, 이론마다 인간과 사회를 바라보는 관점은 매우 상이하다 (Ritzer, 2016; 공미혜 외, 2010; 최선화, 2005).

여성주의이론에서는 사회를 성에 따른 차이가 존재하는 곳으로 묘사한다. 여성주의이론들은 남성과 여성이 그가 속한 사회가 요구하는 성 정체감과 역할 규범을 학습하는 사회화과정에서 서로 다른 지위와 경험을 하게 됨으로써 사회적 성 차이가 발생한다고 본다. 즉, 남녀가 사회제도 속에서 각기 상이한 역할을 수행하게 됨으로써 사회적 성의 차이가 발생한다고 본다. 남성이 공적 영역에서 활동하는 특권을 갖는 반면 여성은 가족이라는 사적 영역에서 주로 아내, 어머니, 가사노동자로서 역할을 담당하는 성별 분업체계에 구속된다. 이로 인해 여성은 자기 인생의 주체가 아닌 타자 혹은 주변화된 객체가 되며, 일상의 상호작용에서 사회적 성이 요구하는 행동을 적합한 것으로 받아들이고 이를 지속하게 된다. 특히 남성중심적 사회는 여성이 지닌 협동, 돌봄, 평화주의와 비폭력 등의 여성적 덕목이 상생(相生)하는 사회를 만드는 데 매우 가치가 있다고 강조함으로써, 사회의 성적 차이를 영속화하려는 시도가 지속되고 있다고 본다.

여성주의이론에서는 사회가 성에 따른 불평등구조를 지니고 있다고 본다. 여성주의이론들에서는 사회의 성적 불평등이 가부장제도와 성차별적인 노동분업으로 고착화됨으로써 여성들이 남성에 비해 물질적 자원, 사회적 지위, 자기실현을 위한 권력과 기회를 적게 가지게 되었다고 본다. 다시 말해 사회적 성 불평등은 본질적 요소가 아니라 바로 사회적으로 구성된 현상이라고 본다. 그러므로 이들 이론에서는 성적으로 불평등한 사회를 바로 잡고 변혁시키기 위해 법률, 노동, 가족, 교육 등의 사회제도에 도전하여 이를 재편해야 한다고 주장한다.

여성주의이론에서는 사회 내에 성적 억압이 존재한다고 본다. 여성주의이론에서는 여성이 지배자인 남성에 의해 도구로 전락하고 독립적 주체성을 인정받지 못하고, 통제받고, 이용당하고, 복종하고, 억압당하는 상황에 처해 있다고 본다. 남

여성 중심적 관점

성에 따른 차이

사회화과정

사회적 성차

성별 분업체계

여성적 덕목

성적 불평등

사회적 구성 현상

성적 억압

가부장제

성이 여성을 지배하고 통제하고 이용할 수 있는 것은 왜곡된 사회제도인 가부장제를 만들어 내고 존속시키는 역할을 한다. 여성들은 그 제도에 일시적으로 저항하지만 궁극적으로는 가부장제도에 순응하고 이를 지지하게 됨으로써 성적 억압이 지속되게 되는 것이다. 가부장제는 여성에 대한 신체학대, 성폭력과 성희롱은 물론 미적 기준, 일부일처제, 순결, 무임금 가사노동, 저임금 노동 등과 같은 교묘하고 복잡한 형태로 여성들을 통제하고 억압하는 사회 불평등의 가장 기본적인 사회

급진적 여권주의

구조인 것이다. 이에 급진적 여권주의이론에서는 계급, 인종, 민족, 연령 등의 기본적 사회구조 중에서 가장 근본적인 억압 구조를 성적 억압을 정당화하는 가부장제라고 보고, 이의 개선을 통해 사회적 성 억압을 해결해야 한다고 주장하고 있다.

지배구조

여성주의이론에서는 사회 내에 여성에 대한 억압을 조장하는 지배구조가 존재한다고 본다. 여성주의이론에서는 사회 내의 가부장제, 자본주의, 계급, 인종주의, 민족주의, 사회적 성, 이성애주의와 같은 구조들이 지배구조로 자리잡고 있기 때문에, 한 집단이 다른 집단의 사람들을 통제하고 이용하고 종속시키고 억압하여 직접적 혜택을 누리게 된다. 이때 지배적 지위에 있으면서 더 많은 혜택을 누리는 자들은 사회적 상호작용을 통해 어떤 사회현상은 좋고 우월한 것이고 어떤 것은 나쁘고 열등한 것이라고 해석하여 자신들의 억압적 행위들을 정당화함으로써, 사

구조적
억압 장치

회의 억압적 지배구조들이 영속화되게 된다. 사회 내의 구조적 억압 장치들은 단독으로 혹은 여러 가지가 복합적으로 작동하여 남성에게는 더 많은 자원과 권력을 배분하는 반면 여성들에게는 더 적은 자원과 권력을 배분함으로써, 남성에 의한

여성의 도구화

여성의 도구화와 억압을 제도화하게 된다고 본다. 따라서 여성주의이론에서는 사회의 지배적 억압구조의 변화가 이루어져야지만, 바람직한 사회로 발전할 수 있다고 본다.

온전한 권리
자율적 존재

여성주의이론에서는 인간은 개인으로서의 온전한 권리를 갖는 자율적 존재로 본다. 다시 말해 인간 특히 여성은 자유롭고 책임 있는 도덕적 주체로서 행위하며, 자신에게 맞는 생활유형을 선택하고 이를 실행에 옮길 수 있는 권리와 능력을 갖춘 자율적으로 기능하는 존재로 본다.

합리적 존재

여성주의이론에서는 인간을 본질적으로 이성적이고 합리적인 존재로 규정한다. 여성을 포함한 모든 인간은 독특하면서도 공통적인 독립적 자아를 갖고 있으며, 이 자아는 본질적으로 합리적 특성을 지니고 있다. 그러므로 사회가 개인의 자율성을 보장받을 권리, 타인이나 사회제도의 부당한 간섭을 받지 않을 권리, 모든

사람과 동등한 기회를 부여받을 수 있는 평등한 권리 등을 보장하게 되면, 개인은 자신의 능력을 마음껏 펼쳐서 자신이 설정한 인생의 목적을 성취하고 자기실현에 이를 수 있게 된다.

여성주의이론에서는 인간은 환경의 영향을 받을 수밖에 없지만, 또한 환경적 제약을 극복할 수 있는 능력이 있는 존재로 본다. 인간은 사회적 존재로서 사회 내에 존재하는 정치, 경제, 교육 등의 사회제도의 영향을 받으며 생활할 수밖에 없다. 하지만 인간이라는 존재가 전적으로 환경에 의해 결정되는 수동적 존재는 아니며, 사회구조의 불합리성에 저항하고 이를 극복하여 자신의 삶을 능동적으로 창조할 수 있는 능력이 있다고 본다.

평등한 권리

사회적 존재

능동적 삶

2) 기본 가정

여성주의이론에서 여성을 포함한 인간 모두는 합리적이고 자율적인 존재이며 동등한 권리를 갖는다고 가정한다. 하지만 사회, 문화, 경제, 정치, 법, 교육 등의 사회제도가 남성에게 더 높은 지위와 권력, 자원을 배분하고 여성을 타자화 또는 주변화된 객체로 간주하는 남성중심의 지배구조를 창출한다. 이 때문에 여성들은 사회적 성에 따른 불평등, 통제, 억압, 착취를 경험하고, 더 나아가 인간으로서의 자율적 삶의 영위와 자기실현에 방해를 받게 된다고 본다. 그러므로 여성주의이론에서는 사회적으로 구성된 성에 근거한 불평등을 해결하기 위해서 이성과 과학을 기반으로 한 이념과 사회변화를 위한 투쟁에 참여하는 정치적 실천을 병행할 것을 주장한다. 그리고 궁극적으로 사회적으로 구성된 성에 대한 관념을 극복하고 성에 따른 차별과 불평등, 억압과 착취가 없는 사회, 즉 양성성(兩性性)이 모두 보장받는 사회로 발전해갈 수 있다고 본다. 이러한 여성주의이론의 기본 가정을 살펴보면, 〈표 28-1〉과 같다(Ritzer, 2016; 공미혜 외, 2010; 최선화, 2005, 최옥채 외, 2020).

동등한 권리

남성중심 지배구조

성 불평등
정치적 실천

양성성

표 28-1 여성주의이론의 기본 가정

- 인간의 본성은 개별적이고, 합리적인 존재로서 모두 동등하다.
- 여성도 동등한 인간이며, 인간에게 주어진 모든 권리를 갖는다.
- 생물학적 특성은 성 평등적인 사회에서는 중요한 의미를 지니지 않는다.
- 평등한 기회가 보장되는 자유경쟁을 통하여 재능이 있다면 누구든 사회에서 성공할 수 있어야 한다.
- 여성의 무능력은 법률과 사회제도가 특정한 능력을 발달시킬 수 있는 기회를 부여하지 않았기 때문이다.
- 그 누구도 성에 따라 특정 역할을 반드시 수행해야 한다고 강요받아서는 안 된다.
- 여성은 태어나는 것이 아니라 만들어지는 것이다. 사회에서의 성 차이는 어린 시절부터 진행되는 양육과 사회화 과정의 결과이다.
- 사회적으로 구성된 여성과 남성의 범주는 극복되어야 한다.
- 성차별은 빈곤, 인종, 민족, 노동 등의 다른 사회적 차별과 긴밀한 연결구조를 갖는다.
- 자본주의와 가부장제 모두에 여성 억압과 여성문제의 원인이 있다.
- 자본주의는 가부장제를 재생산하고 여성은 남성이 정해놓은 계급사회에서 정체성을 부여받으므로, 가부장제의 이념에 대항해야 한다.
- 여성의 무보수 노동과 이에 따른 경제적 무능력으로 인해 여성은 사회에서 열등한 지위를 갖게 된다.
- 여성이라 하여도 모두 같지는 않으며, 그 다양성이 인정되어야 한다.
- 여성다움, 남성다움의 관념을 극복하고 양성성을 발전시킬 필요가 있다.
- 성적 불평등을 해결하기 위해서는 이성과 과학을 기반으로 한 이념과 사회변화를 위한 투쟁에 참여하는 정치적 실천이 병행되어야 한다.

2 주요 개념

　　여성주의이론은 여성중심적 관점에서 인간과 사회를 이해하는 다양한 이념적 스펙트럼을 기반으로 하여 형성된 것이므로 같은 사회현상이라고 해도 서로 다른 해석을 내놓는다. 다음에서는 생물학적 성과 사회적 성(gender)에 대한 관점을 살펴본 후에, 여성주의이론의 기반이 되는 '라틴어 페미나(femina)에서 유래된 용어로 원래 여성적인 특성을 의미했지만, 지금은 여성에 대한 차별과 억압을 극복하고 양성평등을 추구하는 실천적 이념을 의미'하는 여성주의(feminism) 이념에 대해 살펴보고자 한다(Ritzer, 2016; 공미혜 외, 2010; 유현옥, 정민승, 2018; 최선화, 2005).

생물학적 성과
사회적 성

여성주의

1) 생물학적 성과 사회적 성

성(sex) 혹은 성성(sexuality)은 생물의 성별과 성적 행위를 일컫는 생물학적 성을 표현하는 용어이다. 이는 생물학적으로 남녀를 구분하는 신체적이며 유전학적 측면에 초점을 두는 용어이다. 사회생물학적 관점에서는 성에 따른 차이(sex differences)는 당연한 것이며, 현존하는 성관행은 문화에 기반을 두고 있기는 하지만 성별 분업이나 행동양식, 양성 간의 정서적 차이를 결정하는 결정적 요인은 바로 생물학적 특성(Wison, 1978)이라고 본다. 이처럼 사회생물학적 관점에서는 생물학적 성에 따른 차이를 존중하는 것이 사회적으로 바람직하며, 급격한 성역할의 변화는 생물학적 특성과 반대되는 것으로 오히려 사회적으로 치러야 할 비용을 높인다고 보기 때문에, 전통적인 성과 관련된 기존의 사회적 관행을 정당화한다.

한편 사회적 성이라 불리는 젠더(gender)는 사회, 역사, 문화적으로 구성된 성을 일컫는 용어이다. 젠더의 개념을 기반으로 하면, 여성은 태어나는 것이 아니라 사회문화적으로 만들어지는 것이다. 사회문화적으로 구성된 젠더는 개인이나 집단이 갖는 사회적 기회구조나 삶을 설계하는 데 지대한 영향을 미치며, 사회적 지위와 역할구조에도 강력한 영향을 미친다. 젠더의 차이는 중립적인 경우는 거의 없고 불균형을 내포하고 있으며, 모든 문화에서 생물학적 성에 따라 사회적으로 기대하는 성역할 규범과 성적 정체감을 부과하고, 성에 따라 행동 등을 제약한다. 특히 여성은 자녀양육과 가사노동, 노동자의 재생산에 일차적 책임을 부과하는 사회의 성역할 규범과 분담체계 속에서 차별과 불평등을 경험하게 된다.

젠더 관점은 위의 사회생물학적 관점에 비판적 입장을 취하며, 사회적으로 구성된 성의 차이(gender differences)는 사회적 차별과 지위의 불평등으로 이어지게 된다고 본다. 전통적으로 여성이 남성에 비해 사회경제적 지위가 낮기 때문에 여성은 권력, 특권, 재산, 자원 등에 접근함에 있어서 불평등을 경험하고, 성별에 따른 차등적 분업을 강요받게 되고, 자원 등의 분배과정에서도 불평등을 경험하게 된다고 본다. 따라서 젠더 관점에서는 사회적으로 구성된 성, 즉 젠더가 개인의 사회적 역할이나 상호작용, 기회 등에 미치는 영향과 그에 따른 사회적 차별과 불평등을 만들어 내는 사회구조를 분석한다. 그리고 이를 개선하기 위한 사회정책을 구상하면서는 정책이 양성에 미치는 영향과 효과를 사전에 고려하고, 여성의 삶의 질을 제고할 수 있는 방안이 될 수 있는지를 고려해야 한다고 본다.

성(sex),
성성(sexuality)

사회생물학
성에 따른 차이

젠더(gender)

젠더의 차이

차별과 불평등

젠더 관점

불평등

사회정책

2) 자유주의적 여성주의

자유와 평등

평등권 운동
온건한 자유주의

자유주의적 여성주의(liberal feminism)는 16~17세기의 사회계약론과 계몽주의 사상을 바탕으로 자유와 평등을 중시하는 18~19세기의 자유주의 정치사상에 뿌리를 두고 있다. 19세기 남녀 간의 평등권 운동을 주도한 초기의 온건한 자유주의적 여성주의자들은 여성의 역할이나 자질을 열등한 것으로 보는 것은 잘못이라고 주장하면서, 전통적으로 여성에게 부여된 가족 내의 사적 영역에서의 역할과 돌봄, 비폭력, 평화 등의 가치를 존중하는 독특한 자질이 인간의 삶에 있어 중요할 뿐 아니라 사회를 도덕적으로 개선할 수 있는 기반이 된다고 보기도 하였다. 그러나 이러한 온건한 자유주의적 여성주의는 가부장제 이념에 기반을 두고 있어 여성이 사적 삶의 영역에서 책임을 담당해야 한다고 보는 사회의 성적 관행을 정당화하는 문제와 한계를 노정하고 있다.

가부장제

사적 삶의 영역

개량적 관점

동등한 권리

사회의 관습

자유주의 원칙

자유주의적 여성주의의 개량적 관점에서는 합리적 존재인 여성과 남성 모두는 자유의지에 따라 자율성을 행사하고 자신의 능력을 최대한 발휘할 수 있는 동등한 권리를 갖는다고 본다. 그러므로 사회의 성적 불평등은 생물학적 성 차이에 근거한 자연적인 결과가 아니라 사회의 관습과 전통이 만들어 낸 것이라고 본다. 자유주의적 여성주의자들은 여성의 무능력이 오직 법과 제도가 특정한 능력을 발달시킬 수 있는 기회를 갖지 못하게 함으로써 발생한 것이라고 보고, 여성이 받는 부당한 대우가 평등성이나 공정성을 표방하는 자유주의 원칙에 위배된다고 비판하였다. 따라서 사회는 교육, 노동, 정치, 법 등에서 여성의 권리를 동등하게 보장해 줌으로써 여성이 남성과 같은 자신의 능력을 최대한 발휘할 수 있으며, 궁극적으로는 양성 간의 차이와 차별은 줄어들게 된다고 본다.

이분법적
역할 분담체계

경제적 독립

노동 참여

자유주의적 여성주의자인 Fridan(1963)은 남성이 공적 영역에서 도구적 역할을 담당해야 하고, 여성은 가족이라는 사적 영역에서 아내, 어머니, 가사노동자로서 표현적 역할로 담당하도록 하는 이분법적 역할 분담체계는 성에 따른 고정관념과 차별을 조장하므로, 남녀 모두 자신의 선택에 의해 자유롭게 역할을 수행할 수 있어야 한다는 점을 강조하였다. 특히 여성의 경제적 독립성은 여성이 남성과 평등성을 확보하는 데 필수적 조건이라고 보고, 여성의 공적 영역에서의 노동 참여를 권장하고 있다.

이처럼 자유주의적 여성주의에서는 여성문제를 여성을 불평등하게 처우하고,

여성의 권리를 제한하는 사회의 법률과 제도적 측면에서 찾고, 여성에게 불리한 법률과 제도적 여건을 개선하여 여성의 지위를 상당 부분 향상하였으며 의식개혁 운동을 통해 대중적 지지도 얻었다. 하지만 자유주의적 여성주의는 이러한 성과에도 불구하고 자유와 평등을 지나치게 강조하고, 여성과 남성이 동일한 특성을 지닌 존재로 가정하여 개인의 자율성을 강조하는 남성적 가치를 수용하고 있다는 비판을 받고 있다.

여성의 지위
의식개혁 운동

3) 마르크스주의 여성주의

마르크스주의 여성주의(Marxist feminism)는 자본주의 사회에서의 경제적 계급 간의 갈등에 초점을 두는 고전적 마르크스주의이론에 기반을 두고 있다. 마르크스주의 여성주의에서는 여성에 대한 억압을 사회적 억압의 부차적 형태로 보고, 여성은 성차별주의에 의해서나 남성에 의해서가 아니라 자본주의에 의해 억압되고 있다고 보고 있다. 즉, 여성 억압을 자본주의사회의 정치, 사회, 경제적 구조의 산물로 바라보고 있다. 그러므로 자유주의적 여성주의가 강조하는 남녀 간의 기회균등이라는 원칙은 지배계급의 이윤추구가 개인의 삶을 결정하는 자본주의에서는 결코 이루어질 수 없다고 본다.

사회적 억압
자본주의

마르크스주의 여성주의자들은 산업자본주의 사회로의 전환과 함께 남성은 공적 영역에서의 생산자, 그리고 여성은 사적 영역에서의 재생산자로서의 역할분담체계가 형성됨에 따라 성별 노동분업체계도 공고해지게 되었다고 본다. 따라서 마르크스주의 여성주의자들은 여성의 가사노동이 남성의 생산노동만큼 중요성을 인정받으면, 남녀 간의 불평등과 여성에 대한 억압이 어느 정도 완화될 수 있다고 본다.

산업자본주의

**성별
노동분업체계**

이처럼 마르크스주의 여성주의에서는 여성에 대한 억압이 사회의 경제적 착취구조와 계급 형성에 의해 결정된다고 보고 있기 때문에, 여성 억압을 해결하는 방안은 노동자의 혁명과 사유재산의 폐지를 통해서만 가능하다고 보고 있다. 즉, 계급혁명에 의한 생산구조의 사회화, 여성을 저임금 노동력으로 이용하는 성별 분업구조 폐지, 여성의 사회 참여를 방해하는 가사노동과 육아의 사회화, 여성의 임금노동 참여를 통한 경제적 독립성의 확보 등을 통해 여성에 대한 억압을 완화 또는 해결할 수 있다고 본다.

**경제적
착취구조와 계급**

계급혁명

경제적 독립

가사노동의 가치

이러한 마르크스주의 여성주의는 여성의 경제적 독립성을 강조하고, 성별 노동 분업의 결과인 여성의 가사노동의 가치를 인정했다는 점에서 그 의미가 크다고 할 수 있다. 그러나 마르크스주의 여성주의는 여성을 독립적 계급 범주로 인정하지 않고, 여성 고유의 인식론적 관점을 인정하지 않으면서, 여성문제 또는 성적 억압의 문제를 경제적 계급의 문제로만 이해하는 한계가 있다. 이로 인해 성폭력, 성매매, 가정폭력 등의 다양한 여성문제를 포괄적으로 설명할 수 있는 준거틀을 제시하지 못하는 한계를 드러내고 있다.

경제적
계급의 문제

4) 급진주의 여성주의

성과 재생산 통제

사회적 억압

급진주의 여성주의(radical feminism)는 여성의 성과 재생산 통제에 관심을 두었다. 그들은 여성 억압이 가장 기본적인 사회적 억압의 형태라고 주장하면서, 자유주의 여성주의와 마르크스주의 여성주의를 비판하면서 등장하였다. 이들은 모성 역할과 여성에 대한 폭력 등 여성의 성과 재생산 통제, 그리고 가부장제도에 관심을 두었다. 여성의 임신이나 출산이라는 생물학적 조건이 남성에 대한 의존도를 높이고 궁극적으로 남성의 지배를 정당화하는 계기가 되었다고 보고, 여성의 재생산기능을 과학으로 대체함으로써 성에 따른 생물학적 차이가 존재하지 않는 사회를 만들 것을 제안하였다. 또한 여성과 남성의 관계는 모든 권력관계의 기본이며, 가부장적 이데올로기는 생물학적 성 차이를 과장하여 남성의 여성에 대한 지배를 합리화하고 강화한다고 본다. 그러므로 가부장제하에서 형성되고 구성된 성역할, 성적 지위와 기질 등을 제거함으로써 성역할이 통합된 새로운 사회를 만들 수 있다고 본다.

가부장제도

재생산기능

가부장제

급진주의 여성주의는 '개인적인 것이 정치적인 것이다.'는 어귀에서 보듯이 개인의 사적인 영역을 사회문제로 인식시키는 데 중요한 공헌을 하였으며, 여성 억압이 다른 사회적 억압을 이해하는 데 기본이 된다는 사실을 적시했다는 점에서 의의를 갖는다. 하지만 급진주의 여성주의는 여성 억압의 원인을 임신과 출산과 같은 생물학적 조건으로 규정하여 생물학적 환원론에서 벗어나지 못하였고, 여성 억압을 극복하는 실천방법으로 극단적인 분리주의, 즉 정치적 레즈비어니즘(political lesbianism)을 선택하여 대중의 지지를 얻지 못했다는 한계가 있다.

사회적 억압

생물학적 환원론

분리주의

5) 사회주의 여성주의

사회주의 여성주의(socialist feminism)는 마르크스주의 여성주의와 많은 공통점이 있지만, 마르크스주의 여성주의가 계급이 여성 억압의 근원이라고 본 것과 달리 성별과 계급이 동시에 여성 억압의 원인이 된다고 본다. 다시 말해 사회주의 여성주의는 자본주의 생산양식과 가부장제의 재생산양식을 중심으로 여성 억압의 사회현상을 설명한다.

Mitchell(1971)은 여성의 지위가 단순히 자본과의 관계만으로 설명될 수 없으며, 생산, 출산, 자녀의 사회화 그리고 성관계의 네 가지 측면에서 결정된다고 보고 있다. 그녀는 성관계에서 여성들이 자유를 획득했지만, 자본주의 사회에서 가족이 여전히 중요한 경제적 기능과 사회화기능을 수행하고 있기 때문에 나머지 세 가지 측면에서는 진전이 없다고 보고 있다. 그녀는 자본주의는 가부장제를 재생산하고 여성은 남성이 정해놓은 계급사회에서 정체성을 부여받기 때문에, 무엇보다도 가부장제의 이념에 대항하여 가부장제를 없애는 문화적 혁명이 이루어져야만 여성 억압이 종식될 수 있다고 보았다.

사회주의 여성주의자들은 가정에서 무보수 노동을 하는 여성은 프롤레타리아 계급에 속한다고 보고, 여성의 무보수 가사노동과 이에 따른 경제적 무능력이 여성이 사회적으로 열등한 지위를 갖게 되는 근본 원인이라고 보고 있다(Mitchell, 1971). 뿐만 아니라 여성의 지위는 남편의 자원에 맞춰 자동으로 부여되므로, 여성은 독립적 주체가 아니라 의존적이고 부수적인 객체가 된다고 본다. 특히 Jaggar(1983)는 여성은 성적 존재로서, 아내로서, 어머니로서 소외되어 있으며, 지배적 남성문화에서 여성은 성적 대상으로 간주되고 성폭력과 성희롱의 위험에 노출되어 있다고 본다. 또한 여성은 경제활동 참여와 관계없이 가사노동의 책임을 떠안고 있으며, 자녀양육의 책임을 이행하는 과정에서 보람도 얻지만 많은 희생을 치르고 있다고 본다.

사회주의 여성주의는 공적 영역뿐 아니라 사적 영역에서 여성의 억압문제에 관심을 가지며, 여성 억압을 해결하기 위해서는 공사의 모든 생활영역에서 성별 노동분업 체계가 해체되어야 하므로, 남성도 자녀양육과 가사노동에 공평하게 참여해야 한다고 주장한다. 그리고 계급구조와 성별구조가 상호 연관되어 있는 '자본주의적 가부장제'가 해체되어야 한다고 주장한다. 그러므로 양성평등한 사회가 되기 위해서는 자본주의와 가부장제 모두가 해체되어야 하는데, 현실적으로 이 둘 다의 해체는 불가능하다는 한계점이 있다. 그리고 여성이 인종, 문화, 계급, 개인적 지위에 따라 다양한 차이를 보이지만, 사회주의 여성주의는 여성의 다양성을 충분히 고려하지 못하고 있는 한계점이 있다.

6) 정신분석학적 여성주의

남근선망

Freud의 정신분석이론에서는 남성과 여성의 인식 특성의 차이는 생물학적 특성의 차이에서 비롯되며, 남근기에 여자아이들이 갖게 되는 남근선망(pennis envy)이 여성의 성격적 특징을 결정짓는다고 본다. 즉, 남근이 없다는 사실이 여성을 남성에 비해 더욱 수동적이고, 허영심과 질투심 그리고 자아도취성이 강한 성격을 갖

도덕적 열등

게 만들며, 남성에 비해 도덕적으로 열등하다고 본다.

정신분석학적 여성주의(psychoanalytic feminism)에서는 정신분석이론이 여성을 생물학적으로, 심리적으로 그리고 도덕적으로 남성에 비해 열등한 존재로 보는 여성차별적 관점을 비판하면서도, 정신분석이론을 재해석하여 여성차별과 억압의 원인을 찾으려고 했다. 정신분석학적 여성주의에서는 여성 억압이 심리구조 내에

심리구조

근원이 있으며, 유아기와 아동기에 형성된 관계의 지속적 반복을 통하여 강화된다고 본다. 그러므로 정신분석학적 여성주의에서는 남성성과 여성성을 생산하고 강화하는 정치적 및 사회적 요인을 찾으려고 하였다.

남성지배구조

정신분석학적 여성주의는 남성지배구조의 생성과 여성에게 양육의 책임을 부과하는 사회구조에 관심을 기울였다. 정신분석학적 여성주의자들은 가부장제 사회가 남성에게 특권을 부여했기 때문에 남성의 남근이 중요성을 가진 것뿐이라고

남근부재

비판하면서, 여성의 성정체성이나 정신병리가 남근부재(男根不在)라는 생물학적

가부장제

결핍이 아니라 가부장제하에서 자녀양육과 돌봄의 책임을 여성이 전담함으로써 열등한 사회적 지위를 갖게 된 것에 원인이 있다고 보았다. 따라서 이들은 여성의 신경증을 지속적인 사회적 종속상태를 개선하기 위한 창의적 시도로 인식한다.

차별적 발달과정

Chodorow(1999)는 유아기의 성에 따른 차별적 경험이 남아와 여아 사이에 차별적 발달과정을 거치게 만든다고 보았다. 즉, 남아는 어머니와 분리되어 아버지의 사회적 권력과 동일시하는 반면 여아는 어머니와 공생적 관계를 맺으면서 자아를 형성하게 된다고 보았다. 이러한 남아의 자율성과 분리를 강조하는 관계역

동이 남아를 더욱 강하고 사적 영역의 관계에 덜 예속되면서 공적 영역에서의 활동에 적극적으로 참여하게 만든다. 반면 사적 영역에서 친밀한 관계를 유지하는 여아는 공적 영역에서 활동할 준비가 부족한 유동적 성격 구조를 갖게 만든다고 보았다. 이러한 여성의 성격적 불균형을 해결하기 위해서는 부모의 이원적 양육(dual parenting)이 필요하다고 보았다. 즉, 아동이 부모를 관계 맺고 있는 개인(individuals-in-relation)으로 인식하게 하고, 남아와 여아 모두가 자신을 자기지향적이면서 동시에 타자지향적 존재로 경험하게 하고, 남녀 모두 공적 영역과 사적 영역에 참여할 수 있다는 인식을 길러주는 이원적 양육이 필요하다. 이러한 이원적 양육이 현실에서 가능하기 위해서는 합리적인 육아휴직제도 실시, 비정규직 노동에 대한 적정 수준의 보상, 양성의 돌봄제공자에 의한 질 높은 육아, 그리고 양성의 교사에 의한 유아 및 초등교육 실시 등의 조치가 이루어져야 한다.

공사 영역

이원적 양육

육아휴직제도

정신분석학적 여성주의는 인간이 생물학적 존재에서 어떻게 사회적인 존재로 성장하는지, 그 과정에서 가부장제도가 어떻게 재생산되고 유지되는지를 보여 준다는 점에서 의의가 있다. 하지만 심리적이고 정신적인 과정으로서 성장과정을 설명하므로 사회문화적 조건이나 상황을 경시하고, 여성 억압의 주된 원인을 사회적이기보다는 심리적인 부분에서 찾고 있는 한계가 있다. 그리고 이들이 대안으로 주장하는 이원적 양육이 과연 긍정적 효과만 가질 것인지에 대해서는 아직도 많은 비판이 제기되고 있다.

사회문화적 조건

7) 포스트모던 여성주의

포스트모던 여성주의(post-modern feminism)은 포스트모더니즘, 포스트구조구의와 여성주의를 결합한 제3세대 여성주의로서, 프랑스 여성주의로도 불린다. 포스트모던 여성주의에서는 여성주의가 남성중심적 담론을 이용하는 것에 반대하여, 주변부에 위치한 타자인 여성의 입장을 재해석하려고 하였다. 이들은 타자성이 억압과 연결되어 있지만 가부장제 중심의 지배문화의 주변부에서 살아가는 여성의 상황을 다양성과 차이의 관점에서 파악하려고 하였다. 즉, 여성은 남성과 다르므로 그 차이와 다양성을 존중하는 문화가 필요하다고 주장하였다.

제3세대 여성주의
프랑스 여성주의

타자성

다양성과 차이

포스트모던 여성주의에서는 성별 이분법에 저항하고 여성성과 남성성의 비실재성을 주장하고, 남성중심 지배구조를 포함한 모든 억압적 지배구조로부터 여성

성별 이분법

뿐 아니라 성소수자와 남성까지 포함하는 피억압적 지위에 놓인 인간의 해방을 목

인간의 해방

여성 사이의 차이

표로 한다. 그리고 여성의 정체성을 생식기를 중심으로 규정하는 것은 여성 사이의 차이를 무시하는 것이라 비판하면서, 여성은 동질적인 존재가 아니라고 주장한다. 즉, 선진국 여성과 후진국 여성, 백인 여성과 유색인종 여성, 이성애자 여성과 성소수자 여성의 삶, 경험, 이해관계, 요구 등이 매우 다르다고 말하고 있다. 이처

소수자집단 여성

럼 포스트모던 여성주의자들은 여성이라는 이유로 동일 집단으로 묶는 것은 소수자집단 여성을 무시하게 된다는 것이라고 본다.

이러한 포스트모던 여성주의는 억압당해 온 계층으로서의 여성과 여성성이 지니는 잠재 가능성을 밝혀 내고, 여성들의 다양한 삶의 양태와 차이에 주목하고 있다는 점에서 긍정적 평가를 받고 있다. 그러나 여성과 여성적인 것을 상대적 우위

여성의 다양성과 비중심성

에 두고 있어 성별 이분법적 범주를 온전히 탈피하지 못하고 있다. 뿐만 아니라 여성의 다양성과 비중심성, 다원성을 중시하는 가치는 바람직하지만, 여성 억압의 해결과 여성의 지위 향상을 위한 사회운동을 전개하는 실체적인 방안을 제시하지

학자들의 여성주의

못했다는 비판을 받기도 한다. 다른 한편으로 포스트모던 여성주의는 '학자들의 여성주의'라고 불릴 정도로 난해하고 어렵다는 비판을 받기도 한다.

8) 생태여성주의

생태여성주의(eco feminism)는 생태학(ecology)과 생태주의(ecotopia) 그리고 여성주의가 결합되어 1970년대에 등장한 여성주의 패러다임이다. 생태여성주의에

여성과 자연

서는 여성과 자연을 문화의 반대 개념으로 인식하고 지배와 정복의 대상으로 보았던 모더니즘적 사고에 저항한다. 생태여성주의자들은 여성과 자연의 억압 사이에는 높은 상관성이 있으며, 이러한 상관관계를 이해하는 것이 여성과 자연에 대한

여성 억압과 자연억압

억압을 이해하는 데 필수적이라고 본다. 즉, 여성 억압과 자연 억압의 문제를 해결하기 위해서는 두 패러다임의 통합이 필요하다고 본다. 즉, 가부장제 사회에서 여성이 억압되고 착취된 것처럼 자연도 가부장적, 자본주의적 원리에 의해 착취당하고 파괴되어 왔다고 보고, 문명담론에 의해 착취당하고 파괴된 자연과 여성의 삶을 분석하여 대안적인 삶의 유형을 제안하려 하였다.

자연 생태여성주의

자연 생태여성주의에서는 돌봄, 양육 등의 여성과 연관된 속성이 생물학적 경험의 산물이라고 보고, 여성과 자연이 남성과 문명보다 평가절하되어서는 안 되

며, 여성의 속성이 남성보다 우월할 수도 있다고 주장한다. 영적 생태여성주의에 영적
생태여성주의
서는 인간의 땅에 대한 지배권에 의문을 제기하면서, 모든 존재에 생명을 부여하
는 어머니의 대지(mother earth)와 출산하는 여성의 유사성을 강조하고, 여성과 자
연의 우월성을 주장하고 있다. 사회구성주의 생태여성주의에서는 성차별주의와 사회구성주의
생태여성주의
자연주의를 동시에 종식시키기 위해 남성-여성, 문명-자연과 같은 잘못된 이원론
적 준거틀을 제거하고 여성적 가치를 인정하고 인간과 자연 모두의 권리를 존중하
는 방안을 제시하고 있다. 사회주의 생태여성주의에서는 자연과 여성의 억압을 자 사회주의
생태여성주의
본주의적, 가부장적 경제체제와 사회체제의 문제로서 파악하며, 탈식민주의 이론
과의 연계 속에서 제3세계의 여성문제와 환경문제를 함께 고려해야 한다고 주장
한다.

이와 같은 세부 이론을 포괄하는 생태여성주의는 공통적으로 인간이 자연을 파
괴하고 남성이 여성을 지배하는 관계에서 벗어나 자연과 인간, 여성과 남성이 모
두 존중받기 위해서는 가부장제의 해체, 권력 분산과 위계질서의 해체, 직접적 민
주주의의 실현이 필요하다고 본다.

생태여성주의는 여성주의에 국한되지 않고 지배-종속 관계를 넘어 모든 인간과
생명체와의 공생관계를 위한 준거틀을 제시했다는 의미가 매우 크다. 하지만 세부 공생관계
이론별로는 여성과 자연의 능력을 물리적인 것으로 환원시키는 생물학적 결정론
을 답습하고 있으며, 서구 여성 중심의 이상주의를 제시하는 데 그친 한계가 있다. 이상주의
그리고 일반 시민들이 받아들이기 어려운 생활양식의 변화를 요구하고 있다는 비
판에 직면하고 있는 것 또한 사실이다.

3 사회변동과 발전에 대한 관점

여성주의이론은 사회현상을 설명하는 이론 그 자체라기보다는 사회변동을 추
구하는 실천방법이자 사회운동의 성격을 강하게 지니고 있다. 그러므로 여성주의 사회운동
이론은 사회는 기본적으로 성에 따른 차별과 억압이 존재하고, 이를 영속화시키
는 사회구조를 지니고 있으므로, 현재 사회구조는 변화되어야 한다고 본다. 즉, 여 사회구조 변화
성주의이론은 여성을 대상 또는 객체로 보는 사회와 집단에게 저항하여, 불평등한
여성의 권리와 지위를 개선하고, 궁극적으로 성 평등을 위한 노력을 통해 특정 시 성 평등

대의 사회를 변화시키고자 하는 이론이다.

여성주의운동
여성주의이론은 특정 시대의 성 차별과 억압 등을 해결하기 위한 여성주의운동의 이념을 지지한다. 첫 번째 여성주의운동은 여성을 남편의 소유물로 여기던 신분사회로부터 자유주의사회로 전환되는 과정에서 나타났다. 이러한 1세대 여성주의운동에서는 정치적 참여, 교육 등에서 남성과 동등한 권리를 가질 수 있는 사회를 추구하는 것으로 시작되었으나, 교육, 노동, 정치, 법 등에서 여성의 권리 신장으로 확대되었다.

동등한 권리

사회변화를 위한 2세대 여성주의운동은 공적 영역과 사적 영역 모두에서 나타나는 사회문화적인 성적 불평등과 차별의 문제를 개선하는 데 초점을 두었다. 즉, 여성의 법적 권리 향상뿐 아니라 여성의 성적 대상화와 자율성, 낙태와 임신과 육아 등의 재생산 권리, 가정폭력과 성적 학대 및 강간 등으로부터의 보호, 육아휴직과 동등 임금보장 및 노동환경 개선 등의 노동권 신장, 그리고 여성이 마주하는 모든 종류의 차별과 문화적으로 덧씌워진 열등한 이미지에 대한 저항 등을 통해 성차별적이고 억압적인 사회를 변화시키고자 하였다.

성적 불평등과
차별

사회변화를 위한 3세대 여성주의운동은 여성과 남성과 같은 이분법적인 담론을 거부하고, 성차별을 인종, 민족, 계급, 국적, 성적 지향 등의 모든 사회적 차별과 상호 연결되어 있다고 보고, 이들 사회적 차별과 성차별의 문제를 동시에 해결하고 여성의 다양성을 존중하는 사회를 만들고자 한다. 심지어는 여성의 정체성을 규정하는 것 자체가 여성의 다양성을 무시하는 것이라고 보고, 여성에 대한 모든 형태의 규정을 지양하기도 한다.

사회적 차별

이처럼 여성주의이론은 추구하는 가치와 실천방법이 다양하지만, 여성들이 자신의 성 때문에 차별을 받기 때문에, 기본적으로 경제, 사회, 정치적 변화를 필요로 한다고 본다. 그리고 자유, 평등, 사회정의의 가치를 선호하고, 자본주의적 가부장제가 선호하는 가치에 도전하여 양성성이 존중받은 사회로의 변화를 도모하는 이론이다(Taylor, 2007; 최옥채 외, 2020).

사회정의

양성성

4 사회복지 정책과 실천에의 적용

1) 사회문제에 대한 관점

여성주의이론에서는 생물학적 성이 아니라 사회문화적으로 학습되고 부여된 사회적 성(gender)에 따른 차별이 사회문제를 만드는 근본적 원인이라고 본다(지은구 외, 2015). 다시 말해 공적 및 사적 영역에서의 여성에 대한 차별과 여성의 인간화를 방해하는 사회 내에 존재하는 모든 형태의 여성 억압이 사회문제의 근본 원인이 된다고 본다(박용순 외, 2019).

이러한 사회문제로서의 여성문제에 대해 여성주의이론은 그 원인과 해결방안을 매우 다양하게 규정하고 있다. 먼저 자유주의 여성주의이론에서는 성적 불평등이 남성중심의 사회적 관습과 전통이 만들어 낸 것이라고 본다. 이들은 여성의 무능력이 오직 법과 제도가 특정한 능력을 발달시킬 수 있는 기회를 갖지 못하게 함으로써 발생한 것이라고 본다. 특히 여성은 가족이라는 사적 영역에서 아내, 어머니, 가사노동자로서 표현적 역할로 담당하도록 하는 이분법적 역할 분담체계가 성에 따른 고정관념과 차별을 조장한다고 본다.

마르크스주의 여성주의이론에서는 여성에 대한 억압을 사회적 억압의 부차적 형태로 보고, 여성에 대한 억압이 사회의 경제적 착취구조와 계급형성에 의해 결정된다고 보고 있다. 여성을 저임금 노동력으로 이용하는 성별 분업구조, 여성의 사회 참여를 방해하는 가사노동과 육아에 대한 책임 부과 등과 같이 여성 억압의 문제를 경제적 계급의 문제로 이해한다. 급진주의 여성주의이론에서는 여성 억압이 가장 기본적인 사회적 억압의 형태라고 주장하면서, 모성역할과 여성에 대한 폭력 등 여성의 성과 재생산에 대한 통제 그리고 가부장제도의 여성 지배 등이 여성 억압의 원인이 된다고 본다.

사회주의의 여성주의이론에서는 자본주의 생산양식과 가부장제의 재생산양식을 중심으로 여성 억압의 사회현상을 설명한다. 자본주의는 가부장제를 재생산하고 여성은 남성이 정해 놓은 계급사회에서 정체성을 부여받기 때문에, 여성 억압이 발생한다고 본다. 특히 여성의 무보수 가사노동과 이에 따른 경제적 무능력이 여성이 사회적으로 열등한 지위를 갖게 되며, 여성은 성적 존재로서, 아내로서, 어

사회적 성 (gender)에 따른 차별

여성 억압

자유주의 여성주의

마르크스주의 여성주의

급진주의 여성주의

사회주의의 여성주의

머니로서 소외되고 객체화되며, 지배적 남성문화에서 여성은 성적 대상으로 간주되고 성폭력과 성희롱의 위험에 노출되어 있다고 본다.

정신분석학적 여성주의

정신분석학적 여성주의에서는 유아기의 성에 따른 차별적 경험이 남아와 여아 사이에 차별적 발달과정을 거치게 만든다고 보고, 여성 억압이 심리구조 내에 근원이 있다고 본다. 그리고 생물학적 결핍이 아니라 가부장제하에서 자녀양육과 돌봄의 책임을 여성이 전담함으로써 열등한 사회적 지위를 갖게 된 것에 원인이 있다고 본다.

포스트모던 여성주의

생태여성주의

포스트모던 여성주의이론에서는 성별 이분법에 저항하고 여성성과 남성성의 비실재성을 주장하고, 남성중심 지배구조를 포함한 모든 억압적 지배구조가 여성 문제와 피억압적 지위에 놓인 소수자집단 문제의 원인이라고 본다. 생태여성주의 이론에서는 여성과 자연을 문화의 반대 개념으로 인식하고 지배와 정복의 대상으로 보았던 모더니즘적 사고에 여성문제의 원인이 있다고 본다.

2) 사회복지 정책과 실천에 대한 함의

복지주의 여성주의 재생산 역할

복지주의 여성주의(welfare feminism)에서는 자본주의 체계를 인정하고 여성의 재생산 역할을 강조하여, 여성의 출산과 양육과 같은 재생산 역할을 지원하거나 보상하는 급여와 서비스를 강화함으로써 여성의 삶의 질이 향상될 것이라고 본다.

복지국가

또한 복지국가가 여성의 경제활동 참여와 시장에서의 불평등을 완화하는 데 기여하기도 하지만, 한편으로는 여성을 가부장제도의 틀에 가두고 남성에 비해 열등한

여성차별 고착화

지위를 갖도록 하여 여성차별을 고착화한다는 비판을 받기도 한다.

몰젠더성

이에 여성주의이론가들은 복지주의 여성주의에 입각한 사회복지정책과 복지국가 모형은 성인지적 관점을 결여하고 있는 '몰젠더성(gender-blindness)'의 문제를 지니고 있다고 비판한다. 이들은 기존의 사회복지정책이 성차별적 요소를 지니고 있으며, 남성 가장중심의 가족을 전제로 하고 있으며, 복지국가는 공적 가부장제도 혹은 국가 가부장제도로서 여성의 종속을 유지 강화하는 체계이며, 심지어는 사회복지정책이 여성 억압의 기제로 작동한다고 비판한다(공미혜 외, 2010). 이에

가부장적 가족지원정책

여성주의이론에서는 전통적인 부양자모델에 근거한 가부장적 가족지원정책을 비판하면서, 국가와 시장 그리고 가족영역에서 성 통합을 주장하고, 탈가족화 또는 성평등을 실현할 수 있는 성인지적 사회복지정책을 모색해 왔다.

성인지적 사회복지정책은 남성과 여성이 동등한 권리와 책임 그리고 기회를 갖는다고 보고, 정책 수립 과정에서 양성의 동등한 참여를 보장하고 여성과 남성의 요구 및 관점을 고르게 통합함으로써, 의도하지 않은 성차별을 방지하고 궁극적으로 양성평등에 기여하는 정책을 말한다. 성인지적 사회복지정책의 관점에서는 남성과 여성이 사회 속에서 각기 다른 경험을 하고, 서로 다른 사회경제적 지위를 갖는다고 보고, 이러한 성에 따른 차이를 해결할 수 있는 정책을 추진하여 성평등 사회를 만드는 데 목적을 두고 있다.

성평등과 성 주류화를 핵심으로 하는 성인지적 관점에서의 사회복지정책의 패러다임도 변화하고 있다. 성인지적 관점의 초기단계는 남녀평등을 위한 성 편견 제거와 여성의 사회참여를 촉진하는 데 집중하였다. 그다음으로는 전통적 성역할에 기반한 정책을 지양하고 양성 간의 평등한 권력관계를 중시하여, 사회제도에 의해 여성이 억압을 받는다고 보고 여성과 남성의 상대적 지위에 관심을 두고, 남녀 모두의 역할 변화를 통해서 성불평등을 완화하고 여성의 권리를 강화하여 양성평등을 위한 제도적 장치를 개발하는 데 초점을 둔 정책으로 전환된다. 최근 들어서는 세계화와 정보화로 인해 기존의 불평등과 사회적 위험을 심화시키는 경향이 있음을 전제하고, 인간 발전이라는 총체적 관점에서 일과 가정의 양립, 성소수자를 위한 인권운동 등 인간 상호 간의 돌봄을 중심으로 한 인간중심적 정책을 개발하여 추진하는 방향으로 전환하고 있다.

여성주의이론에 기반을 둔 사회복지실천에서는 개인의 문제와 사회정치적 요인들 간의 연관성에 주목하고, 여성 개인의 문제가 사회문제와 연결되어 있음을 인식하도록 돕는다. 여성주의 사회복지실천에서는 인종주의, 성차별주의, 이성애주의(heterosexism), 장애인차별, 계급차별 등이 개인의 생활과정에서 문제를 유발하는 요인이 되고, 이로 인해 개인은 차별과 상처를 입게 된다고 본다(Coady & Lehmann, 2016). 여성주의 사회복지실천에서는 내담자의 문제와 증상을 해결하기 위해 내담자를 둘러싼 억압적인 정치, 사회, 경제, 문화적 환경에 대처하고 이를 개선하는 데 목적을 둔다. 여성주의 사회복지실천에서는 ① 개인적인 것을 정치적인 것으로 보고, ② 사회변화를 위한 운동에 적극적으로 참여하며, ③ 내담자의 성역할 사회화 과정과 성정체감을 이해하고, ④ 고정된 성역할 신념을 개선하고 개인적 역량과 사회적 유대를 강화하고, ⑤ 억압적 사회환경을 변화시키고, ⑥ 자기 돌봄의 능력을 향상할 수 있는 기술을 습득하도록 내담자를 돕는다(Corey, 2016).

성인지적
사회복지정책

양성평등

성평등과
성 주류화

인간중심적 정책

사회복지실천

여성주의
사회복지실천

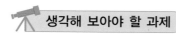 생각해 보아야 할 과제

1. 귀하의 성에 대한 인식을 성찰해 보시오.

2. 우리 사회의 가부장제도와 그로 인해 발생하는 여성 차별현상에 대해 탐색해 보시오.

3. 귀하가 가장 선호하는 여성주의이론은 무엇이며, 그 이유가 무엇인지 탐색해 보시오.

4. 우리 사회의 성역할 사회화과정의 특성을 살펴보고, 이로 인해 발생할 수 있는 성에 따른 차별에 대해 토론해 보시오.

5. 여성의 재생산 기능, 즉 임신, 출산, 양육 기능에 대한 귀하의 관점을 성찰해 보시오.

6. 〈82년생 김지영〉이라는 영화(김도영 감독)를 보거나 책(조남주 지음)을 읽고, 그 속에 담긴 우리 사회 여성의 삶을 탐구해 보시오.

7. 여성 노동과 여성 빈곤문제에 대해 토론해 보시오.

8. 성폭력과 학대, 성매매, 성 상품화 등 우리 사회의 여성에 대한 성차별과 억압문제에 대해 탐색해 보시오.

9. 트랜스젠더(transgender)와 젠더 퀴어(gender queer; 남성과 여성이라는 성별 구분에서 벗어나 그 외의 성적 정체성을 가지는 상태 또는 그런 특성을 지닌 사람) 등의 성소수자 문제에 대해 탐색해 보시오.

10. 페미니즘에 반대하는 사상인 안티페미니즘(antifeminism)에 대해 탐색해 보시오.

제29장

다문화이론

학 습 목 표

1. 다문화이론의 사회관과 기본 가정을 이해한다.
2. 다문화이론의 주요 개념을 이해한다.
3. 다문화이론의 사회변동과 발전에 대한 관점을 이해한다.
4. 다문화이론을 사회복지실천에 적용할 수 있는 방안을 이해한다.

오랜 역사 속에서 외세(外勢)의 침입과 억압을 경험한 한국인들은 한민족으로 구성된 국가, 즉 단일민족국가라는 자부심을 갖고 살아왔으며, 다른 문화에 대해 오해를 하거나 배타적 태도를 보였었다. 하지만 근대화, 서구화, 세계화의 과정을 거치면서 국내에 체류하거나 정주(定住)하는 외국인의 수가 증가하면서, 한국사회는 다문화사회로 진입하게 되고, 문화적 다양성에 관심을 갖게 되었다(최옥채 외, 2020).

Ludwig Gumplowicz
(1838~1909)

단일민족국가

다문화사회

외국인

국내에 거주하는 외국인 주민수는 2015년 171만여 명에서 2019년 205만여 명으로 증가하여, 전체 인구의 4% 정도를 차지하고 있다(행정안전부, 2020). 이처럼 국내에 거주하는 외국인의 수가 증가하는 현상은 국적을 취득하거나 취득하지 않은 외국인과 자녀, 결혼이민자, 외국 국적 동포, 외국인

근로자, 외국인 기업 종사자, 외국인 유학생, 북한 이탈주민, 난민 등의 증가에 그 원인이 있다. 그 외에 다양한 유형의 불법체류 외국인을 고려하면, 국내에 정주하거나 체류하는 외국인의 수와 비율은 더 높아질 것이다.

外국인의 증가

국내에 장기체류하거나 정주하는 외국인의 증가와 함께 외국인들이 경험하는 다양한 문제에 대한 사회적 관심이 증가하고 있고, 이를 사회문제로 인식하여 해결하려는 시도도 증가하고 있다. 국내 체류 외국인이 경험하는 문제는 ① 한국 국적 취득에 오랜 시간이 걸리고 그 과정에서 중대한 기본권 침해나 인권유린을 당하는 문제, ② 사회관계 형성의 어려움, 문화적 갈등 또는 문화억압, 지역 문화에 대한 대응능력의 한계와 같은 사회문화적 적응 문제, ③ 인종 및 문화차별, 문화에 대한 이해 부족과 왜곡 등의 사회통합의 문제, ④ 빈곤이나 자녀교육의 문제 등이다(최명민 외, 2015).

외국인이
경험하는 문제

이처럼 국내 체류 외국인이 증가하면서 자연스럽게 다양한 문화와의 접촉이 증가하고 국민들의 생활양식이나 문화의식 등에 영향을 미치게 되고, 외국인이 경험하는 사회문제들에 대한 관심과 인식이 증가하게 됨으로써 우리 사회는 본격적으로 다민족·다문화 시대에 접어들게 되었다(최명민 외, 2015). 그리고 외국인의 지위와 처우를 개선하고, 문화 및 사회통합을 지원하기 위하여, 중앙 및 지방정부, 사회복지기관을 포함한 비영리·비정부 조직에서 다양한 대책을 수립하고 서비스를 제공하고 있다.

다민족·다문화
시대
사회통합

서구의
다문화주의

┃ Horace Meyer Kallen
(1882~1974)

서구의 다문화주의는 1960년대 시민권 운동을 기점으로 시작되었으며, 1970년대부터 다인종국가에서 핵심적인 사회적 이슈가 되었으며, 1980년대 후반 동서간의 냉전체제가 붕괴된 이후 더욱 중요한 사회적 관심사로 등장하게 되었다(최옥채 외, 2020). 하지만 우리 사회가 진정한 다문화사회로 진입하였는지에 대한 이견이 존재하고, 다문화사회에 대한 치열한 고민 없이 너무 쉽게 다문화주의를 받아들이는 경향이 있고, 다문화사회 복지사업이 일방적이고 시혜적 관점에서 실시되고 있는 등의 문제가 있다는 비판에 직면해 있다. 그러므로 다문화시대에 활동해야 하는 사회복지사에게 있어서 문화적 다양성을 이해하고 다문화사회의 문제를 이해하고 분석하는 데 필요한 기본적인 개념과 이론의 학습이 선행되어야 할 것이다.

다문화사회
복지사업

문화적 다양성

1 사회관과 가정

1) 인간과 사회에 대한 관점

   사회와 문화는 밀접한 상호관계를 맺고 있다. 사회는 문화를 창출하지만 문화는 사회의 변화를 요구하기도 하며, 그 역의 관계도 성립된다. 이처럼 가치, 신념, 상징, 이념, 생활양식 등의 문화는 사회의 형성, 유지, 안정과 변동을 설명하는 주요 요인이다. 따라서 다문화이론에서는 문화와의 상호연관성을 바탕으로 하여 사회를 이해하고자 한다.

사회와 문화

   어떤 사회든 하나의 사회 속에는 다양한 문화가 존재한다. 세계화로 인하여 국제사회에서 상호의존성이 증가하고 문화적 접촉이 활발해지고 세계가 하나의 체계로 전환되어 감에 따라, 하나의 사회 속에 다양한 문화가 혼재하게 되게 되었다. 이러한 세계화의 흐름 속에서 서구 강대국의 문화를 중심으로 획일화되어 가기도 하지만, 오히려 뿌리 깊은 문화적 전통을 이어가는 다양한 문화가 서로 충돌, 변용, 적응해 가기도 한다.

세계화
문화적 접촉

   다문화이론에서는 다른 문화를 존중하고 사회통합을 지향하며, 그 문화의 시각에서 평가해야 한다는 문화상대주의를 지지한다. 다문화주의는 한 사회에 여러 문화가 있다는 것을 인정하는 것이고, 문화상대주의는 서로 독특한 문화를 교차해서 인정하자는 것이다. 어느 문화든 가치가 있고 정당하기 때문에 문화는 비교대상이 되어서는 안 되며, 우열을 가려서는 안 된다고 본다. 따라서 서로 다른 문화적 전통을 유지하면서 살아갈 수 있도록 상호 존중하는 사회문화적 환경을 구축해야 한다. 이에 다문화주의에서는 다양한 문화를 지닌 소수자집단의 삶을 보장하는 데 초점을 둔다. 하지만 다문화주의에서는 소수자집단을 보호하고 지지하는 데 최종 목표를 두지 않으며, 종국에는 온전한 사회통합을 촉진하는 데 최종 목적을 두고 있다.

문화상대주의

소수자집단
사회통합

   다문화이론에서는 사회 내에 문화에 따른 사회적 차별, 배제, 억압이 존재한다는 점을 인정하고, 이를 개선하기 위한 노력이 요구된다는 점을 강조한다. 민족중심적 단일문화주의를 신봉하는 경우에는 다른 문화를 배제하고 그 문화적 특질을 공유하고 있는 사람들에 대해 자신의 문화를 강요하기도 하고, 차별과 억압적 행

문화에 따른
사회적 차별

동을 취하기도 한다. 더 나아가 인종과 민족, 성별과 성적 취향, 장애 여부, 계층
등에 의한 왜곡적 시각과 몰이해로 인하여 문화적 차별에 더하여 이중적 차별과
사회적 배제를 행하는 경우도 실존하고 있다.

이중적 차별

다문화이론은 인간에 대한 문화결정론적 시각을 내포하고 있다. 문화결정론은
개인의 행동을 결정하는 것은 전적으로 개인이 소속한 외부의 체계에 의한 것으로
보는 관점이다. 사회 성원 사이의 상호작용을 통해 각 개인에게서는 찾을 수 없는
집단적 감정, 가치, 신념, 풍습, 제도 등의 문화가 발생한다. 하나의 통합된 체계로
서의 문화는 개인의 외부에 존재하면서 개인의 행동을 유발, 촉진, 제한을 가하므
로, 인간의 행동은 문화적 배경에 의하여 결정된다.

문화결정론

다문화이론에서는 인간의 독특성, 유사성과 차이성 그리고 보편성을 동시에 인
정한다(Sue, 2010). 미시적 차원에서 보면, 모든 인간은 생물학적으로 유일무이한
존재이며, 삶의 과정에서 서로 다른 경험을 하기 때문에, 다른 사람과 전혀 다르
다. 중간적 차원에서 보면 인간은 공통의 신념, 가치, 규칙을 가진 문화 속에서 생
활하기 때문에 어느 정도의 유사성을 지니지만, 동시에 교육, 거주지역, 결혼 등의
개인적 경험이 다르기 때문에, 다른 사람과 어떤 측면은 같고, 어떤 측면은 다른
특성을 지니게 된다. 거시적 차원에서 보면, 모든 인간은 다른 모든 사람과 같다.
즉, 모든 개인이 인류의 한 구성원이고 호모사피엔스(homo sapiens)라는 종에 속
해 있기 때문이다. 이처럼 다문화이론에서는 인간을 어떤 수준에서 이해하는가에
따라 독특한 존재, 유사하지만 서로 다른 존재, 서로 닮은 존재로 바라보는 다양한
시각을 유지하고 있다.

인간

미시적 차원

중간적 차원

거시적 차원

다문화이론에서는 평등과 인간존중의 가치를 선호한다. 다문화이론에서는 개
인의 신념, 가치, 행동은 특정 문화의 기준에 입각하여 판단하여 우열을 가리고 차
별과 배제, 억압하기보다는, 그 개인이 속한 문화에 기반하여 이해되어야 하고 존
중받아야 하는 존재라고 본다. 즉, 개인은 사회화 과정에서 자신이 속한 문화의 영
향으로 형성된 존재이기 때문에, 그가 속한 문화적 영향력을 고려해야 한다. 그리
고 특정 문화의 관점에서 그의 신념, 가치, 행동이 옳고 그르고, 좋고 나쁘다고 평
가해서는 안 되며, 모든 인간이 평등하고 존중받을 권리를 지닌 존재로 인식할 것
을 권장하고 있다.

평등과 인간존중

문화적 영향력

2) 기본 가정

다문화이론은 문화의 다양성을 인정하여 서로 다른 문화를 수용하고 새로운 사회공동체를 형성하고자 하는 다문화주의의 가치와 이념을 기반으로 하고 있는 이론이다. 이러한 다문화이론의 기본 가정을 살펴보면 다음과 같다(Bennett, 2009; Sue, 2010; 이철우, 2017a; 최명민 외, 2015; 최옥채 외, 2020).

표 29-1 다문화이론의 기본 가정

- 문화는 사회적 산물이며, 사회를 형성, 유지, 변화시키는 핵심 기제이다.
- 문화는 사회 성원의 사고, 감정, 행동을 결정하며, 개인의 생활양식을 결정한다.
- 문화는 정체된 것이 아니라 역동적 변용이 이루어지는 살아 움직이는 체계이다.
- 모든 문화는 사회환경적 배경과 구성원의 삶의 집합체이므로, 보편적이면서 다양하며, 옳고 그르거나 좋고 나쁜 것이 없으며, 모두 있는 그대로 존중받아야 한다.
- 문화는 사회 성원의 생활을 설계하고 촉진하고 통제한다.
- 기술문명의 발전과 국제적 교류가 확대되어 감에 따라, 문화 간의 접촉이 증가하고 이로 인해 문화적 확산과 차용의 과정이 활발해지고 문화변용이 촉진되고 있다.
- 문화변용과 문화적응의 과정에서 사회 성원은 적응 또는 부적응을 경험할 수 있다.
- 다문화사회에서는 문화 간의 상호 존중과 사회통합의 가치를 중시하지만, 현실 사회에서는 문화에 따른 차별과 배제, 억압으로 인한 사회문제가 발생하고 있다.
- 다문화사회에서는 인종과 민족문화뿐 아니라 연령, 성별 및 성적 지향성, 장애 여부, 거주지역, 계층 등의 소수자집단 문화로 인한 이중적 차별문제에도 관심을 기울여야 한다.
- 인간은 문화적 존재로서, 개인의 가치, 신념, 생활양식 등 삶 전반에 걸쳐 문화의 지대한 영향을 받는다.
- 개인은 문화적 차이로 인하여 사회적 차별과 배제, 억압을 당해서는 안 되며, 인간이 갖는 모든 권리를 향유할 자격을 갖는다.
- 개인을 원조함에 있어서는 문화에 따라 범주화하여 처우할 것이 아니라, 개인의 특성, 욕구에 따라 개별화된 처우를 해야 한다.

2 주요 개념

다문화주의(multicultralism)는 문화의 다양성을 인정하여 서로 다른 문화를 수용하고 새로운 사회공동체 형성과 관련된 가치, 철학, 이론, 사회운동을 이르는 용어(최옥채 외, 2020)이다. 이러한 다문화주의는 지역, 성별과 연령, 성적 취향, 장애 여부 등에 따른 문화적 차이와 수용에 관한 내용을 배제하지는 않지만, 일반적으로

문화의 다양성

사회공동체

민족과 인종　민족과 인종을 기준으로 논의하는 것이 일반적이다(최명민 외, 2009). 이에 다음에서는 인종과 민족을 중심으로 다문화주의를 논의하고자 하며, 다문화주의의 주요 개념과 이론들을 살펴보면 다음과 같다.

1) 이주, 이주민 그리고 소수자집단

이주
이주 의사

이주(immigration)는 개인 또는 집단이 지리적으로 이동하여 체류, 정주하는 현상으로, 국내 이주와 국제이주로 구분할 수 있다. 그리고 이주 당사자의 이주 의사의 자발성에 따라 자발적 이주와 비자발적 이주로 구분할 수 있다. 자발적 이주는 당사자가 직업, 생활, 교육 등을 목적으로 계획적으로 이주하는 것이다. 비자발적 이주는 당사자의 의사와는 관계없이 불가피한 여건 때문에 국내의 다른 지역으로 이주하거나 다른 나라로 이주하는 경우이다. 그리고 이주의 기간이 영구적이냐 일시적이냐에 따라서도 이주의 유형을 구분한다. 국제 이주를 기준으로 할 때, 자발적이고 영구적인 이주민으로는 이민자가 있으며, 자발적이고 일시적 이주자로는 체류자가 있다. 비자발적이고 영구적 이주민으로는 난민이 있고, 비자발적이고 일시적 이주민으로는 정치적 망명자가 대표적이다.

이주의 기간

이주의 이유
자발적 이주민

이주의 이유는 이주민의 본국과 이주하려는 국가가 밀어내는 힘, 즉 배출요인과 끌어들이는 힘, 즉 흡인요인으로 나눠서 살펴볼 수 있다(최명민 외, 2009). 자발적 이주민인 이민자, 유학생, 외국인 노동자 등에게 있어서 현재 거주하고 있는 국가에서의 경제적 어려움, 교육의 구조적 문제, 외국에서의 삶에 대한 동경 등이 이주의 배출요인이다. 이주하려는 국가의 임금 수준, 노동시장 참여 기회, 양호한 사회보장 및 교육제도, 개인의 경제적 발전 가능성 등이 흡인요인이 될 수 있다. 비자발적 이주민인 난민, 북한 이탈주민 등에게 있어서 배출요인은 전쟁으로 인한 피해, 정치적 박해, 식량난 등으로 인한 생명의 위협 등이며, 흡인요인은 인접 국가로의 탈출 가능성, 수용국의 정치적 성향과 우호적 태도, 난민 판정 절차와 과정 등이 있다.

배출요인
흡인요인
비자발적 이주민

연쇄이동

이주의 독특한 형태로 연쇄이동이 있다. 연쇄이동이란 기존 이민자들로부터 교통편이나 거주, 취업에 관한 도움을 받는 예비 이민자들이 연쇄적으로 이동하는 것을 말한다. 연쇄이동과정에서 도움을 주고받은 사람들 사이에는 신뢰, 소통 등의 사회적 자본이 형성되며, 기존 이주민 거주지를 중심으로 새로운 정착지를 형

정착지

성하게 됨으로써, 자신들이 가진 기존의 문화를 바탕으로 생활하는 모습을 보이게 된다. 예를 들어, 서울 대림동 지역의 차이나타운 등과 같이 중국, 베트남 등에서 이주한 사람들이 특정 지역에 함께 거주하고 교류하면서 자신들만의 독특한 문화를 형성하고 유지해 나간다.

어떤 이유 그리고 어떤 유형의 이주민이든 한 사회의 소수자집단이 된다. 물론 소수자집단이란 특정 사회 안에서 문화, 민족, 인종적으로 구별되는 특수집단으로서, 신체 및 정신장애인, 결혼이민자와 외국인 근로자 등의 외국인, 여성, 아동, 청소년, 노인, 시설생활인, 노숙자, 성적 소수자, 북한 이탈주민, 양심적 병역거부자 등이 속한다. 모든 소수자집단과 마찬가지로, 이주민은 수적으로도 소수일뿐 아니라 권력관계에서도 약자로서 사회적 왜곡, 차별, 배제, 억압 등의 집단적 차별을 경험하는 대표적인 집단이다. 그러므로 소수자집단으로서의 이주민은 주류사회와 문화의 구성원에 의해 차별받는 사회적 약자로 보는 것이 타당할 것이다.

소수자집단

사회적 약자

2) 문화접촉, 변용 및 적응

한 사회의 문화는 나름의 정체성, 독자성, 독창성을 지니며 문화적 전통을 가질 수 있지만, 사회환경의 변화에 따라 문화는 변화의 과정을 거치게 된다. 이러한 문화변용은 내적 변용과 외적 변용으로 나눌 수 있다(이철우, 2017a). 내적 변용은 주로 발견이나 발명에 의해 일어난 인간의 생활양식의 변화를 말한다. 외적 변용은 이웃이나 다른 사회와 접촉함으로써, 즉 문화접촉에 의해 발생하는 것이다.

문화변용

이때 문화접촉이란 서로 다른 문화배경을 가진 집단과 집단이 만나게 되는 상황으로서, 지리적 이주, 물리적 이동이나 대면적 접촉 등의 직접 접촉과 문헌, 생활용품, 대중매체 등의 문화적 매체와 통신수단을 이용한 간접 접촉을 통해 이루어진다. 그리고 문화접촉은 자신의 생활공간 내에 다른 문화가 유입되어 새로운 문화를 만나게 되는 내향적 접촉과 생활공간 외부로 이동하여 다른 곳에서 새로운 문화를 접촉하는 외향적 접촉으로 나눠진다. 한국 사회의 문화접촉은 해외방문, 통상 교류 확대 등으로 주로 외향적 접촉이 많았으며, 한국인의 다른 문화에 대한 근본적 변화를 추구하는 내향적 접촉은 많지 않았다(최명민 외, 2015).

문화접촉

문화변용은 서로 다른 문화를 가진 두 사회가 지속적인 접촉을 통해 서로가 갖고 있는 문화에 변화를 일으키는 과정을 의미한다. 이러한 문화변용은 어느 한 쪽

문화변용

사회 또는 양쪽 모두에서 일어날 수 있는데, 일반적으로 어느 한 집단에서 더 많은 변화를 일으키는 경향이 강하다.

문화적 다원성   문화변용은 문화적 다원성이 존재한다는 점을 전제로 하며, 다문화사회를 기반으로 한다. 다문화사회에서 주류사회 또는 지배집단의 문화를 얼마나 수용하는지와 자신의 문화적 정체성과 특성을 어느 정도 유지하느냐에 따라 문화적응의 유형이 달라진다. 통합(integration)은 자신의 문화적 정체성과 특성을 유지하면서 주류사회의 문화를 수용하는 유형이다. 동화(assimilation)는 자신의 문화적 정체성을 유지하지 못하고 주류사회의 문화에 함몰되는 유형이다. 분리(segregation)는 자신의 문화적 정체성을 고집하고 주류사회의 문화를 수용하지 않는 적응 유형이다. 주변화(marginalization)는 자신의 문화적 정체성을 유지하지도 못하고 주류사회의 문화를 수용하지도 못하는 문화적 적응 유형이다. 그러나 이러한 문화적응 유형은 단절적인 범주가 아니며 연속선상의 개념으로, 새로운 문화로 진입한 이주민들은 통합이라는 문화적응 유형을 선호하는 경향이 있다.

    이러한 문화변용에 적응해 가는 과정에서 개인은 긍정적 영향을 받기도 하지만, 정체성, 통합성, 대처능력의 상실 등과 같은 부정적 영향을 받기도 한다. 특히 문화변용과정에서 문화충격이나 문화지체 현상을 경험할 경우 개인은 부정적 영향을 받을 가능성이 높아진다. 문화충격은 실질적인 문화에 적응하지 못하여 극심한 문화적 갈등을 겪는 현상을 말한다. 문화지체는 기술 문명의 발전으로 인하여 물질적 요소들과 인간의 정신 사이에 격차가 발생한 것을 의미한다.

    문화적응은 문화변용을 경험한 사람이 특정 문화의 요구 사항을 배우고 그 문화에서 적절하거나 필요한 가치와 행동을 습득하여 새로운 문화에 익숙해지는 과정을 말한다. 심리적 문화적응은 문화적 정체성에 대한 인식, 정신건강 유지 그리고 새로운 문화에 대한 만족도 등의 심리내적 적응을 말한다. 사회적 문화적응은 가족생활, 직장, 학교 등에서의 일상생활에 발생하는 문제를 처리하는 능력을 말한다. 이러한 심리사회적 측면의 문화적응에 영향을 미치는 요인은 ① 출신 사회의 특성, ② 정착한 사회의 특성, ③ 문화 변용을 경험한 집단의 변화, ④ 문화변용 이전의 조절변인, ⑤ 문화변용 과정에서의 조절변인과 같은 다양한 요인이 있다(최명민 외, 2015).

3) 민족중심적 단일문화주의와 문화상대주의

민족중심적 단일문화주의(ethnocentric monoculturalism)는 지배집단인 특정 민족 의 문화가 소수집단의 문화에 비해 옳고 우월하며, 지배집단의 생활양식을 모든 다른 민족이나 문화에 강요하는 것이 당연하다고 보는 관점이다. 이러한 민족중심적 단일문화주의는 사회 성원의 정체감과 일체감, 자부심을 제고하고, 사회 내부의 결속력을 형성하고 유지하는 데 필요한 측면이 있지만, 잘못된 편견임에 틀림없다.

민족중심적 단일문화주의는 자기 문화의 우월성에 대한 신념, 다른 문화의 열등성에 대한 신념, 규범과 기준을 강요할 수 있는 권력, 사회제도를 통한 표현, 감추어진 가면이라는 5가지 요소로 구성된다(Sue, 2010). 민족중심적 단일문화주의에서는 특정 집단의 가치, 언어, 전통, 예술, 역사 등의 문화가 상대적으로 우월하다는 점을 인정하고, 다른 사회나 문화는 덜 발달되고 미개하고 원시적이고 심지어는 병리적이라고까지 바라본다. 그리고 권력을 가진 지배집단은 권력이 약한 집단에게 자신들의 규범과 신념, 생활양식, 문화를 강요할 수 있다고 생각하며, 민족중심적 가치와 신념을 사회정책, 조직, 제도 등을 통해 실제 적용하여 소수자집단을 차별한다. 그러나 모든 사람의 보편성을 인정하면서도, 자신의 민족중심적 단일문화주의 가치관과 신념을 교묘하게 감추고 있다고 본다.

민족중심적 단일문화주의에서는 다른 모든 민족 집단이 지배적 민족집단의 문화와 생활양식에 동화되어야 한다고 생각하며, 문화다원주의에 반대한다. 그리고 경제적, 정치적, 사회적 권력을 가진 지배적 민족집단은 특정 사회에서 다른 민족집단과 그들의 문화를 차별하고 배척하고 억압하며, 자신들의 문화를 지키기 위하여 적극적인 노력을 기울인다. 민족중심적 단일문화주의는 자신의 문화적 가치와 기준에 입각하여 다른 문화를 판단한다는 인종중심주의(ethnocentrism)와 유사한 개념이다. 하지만 민족중심적 단일문화주의는 다수집단이 소수집단을 억압할 수 있는 권력을 갖고 있다는 점을 인정한다는 측면에서 서로 다른 점이 있다(Sue & Sue, 2013).

민족중심적 단일문화주의와 반대되는 개념이 바로 문화적 상대주의(cultural relativism)이다. 이는 사회의 문화적 행위와 가치는 그 문화의 맥락 속에서 판단해야 한다는 관점으로, 모든 문화에는 우열이 없고, 나름대로의 합리성을 갖고 있으며, 존재할 가치고 있다고 본다. 다시 말해 특정 문화를 옳고 그르다든지, 좋고 나쁘다고 말할 수 없으며, 각자의 문화는 그 사회의 문화적 관점에서 파악되어야 하고 이해되어야 한다고 본다. 이러한 문화적 상대주의는 문화에 대한 과학적 분석과 연구에 꼭 필요한 관점이다(이철우, 2017a).

4) 문화동화주의

문화적 동화

문화적 동화란 다양한 민족과 인종적 배경을 가진 사람들이 자신의 고유한 문화를 포기하고 주류사회의 문화를 받아들여 주류사회에 정착하는 현상이다(Bennett, 2009). 문화동화모형(cultural assimilation model)에서는 한 사회 내에 존재하는 주류문화와 비주류문화 중에서 주류문화를 통한 사회통합을 목적으로 하고 있다. 다시 말해 문화동화모형에서는 국가와 사회의 정체성 통일과 이의 유지를 위해 소수자 집단이나 소수문화를 가진 이주민들이 주류사회의 지배집단을 모방하거나 그들의 가치, 행동, 신념을 수용하여 주류문화와 가치관에 맞춰서 변화해 나갈 것을 기대하는 문화를 흡수 통합하는 방식의 용광로(melting pot)모형을 지지한다.

사회통합

용광로모형

이 이론에서는 이주민들은 주류사회 구성원과의 접촉, 경쟁, 화해, 동화 과정을 통하여, 자신들이 가진 특성, 관습, 종교, 문화 등을 상실하는 반면 일방적으로 주류집단이 보유한 문화를 습득함으로써 주류집단과 동일한 정체성을 갖게 되어 주류 사회에 정착하게 된다고 본다. 즉, 이주민이 주류사회 지배집단의 문화에 동화됨으로써 주류사회에 편입되고 문화적으로 융합되어, 이주민이 주류사회 지배집단이나 다수집단과 분리되지 않게 된다.

문화적 융합

하지만 동화이론은 서로 다른 문화적 특수성을 온전한 하나의 문화로 융합시킬 수 없다는 점에서 한계를 보이고 있다. 다시 말해 완전한 문화적 동화는 존재할 수 없으며, 소수인종과 집단의 문화는 주류사회에서 차별과 배척의 대상이 되기도 한다.

완전한
문화적 동화

5) 문화적 차별과 배제

노동시장 참여

문화적 차별-배제모형은 이주민의 노동시장 참여와 같은 특정 영역에의 참여는 허용하지만 사회복지제도나 시민권, 정치적 참여 등의 영역에 접근하는 것은 인정하지 않는다. 이주민에게는 일시적 체류 자격만 부여하여 이들을 사회통합의 대상

시민권,
정치적 참여

에서 배제하고, 각종 권리도 인정하지 않는 모델이다. 다시 말해 특정 영역의 이주민에게 노동자, 납세자, 부모로서의 사회적 지위는 인정하지만, 국적을 가진 내국인이 누릴 수 있는 지위와 권리는 인정하지 않음으로써, 국가와 사회가 원하지 않는 이주민의 정착을 원천적으로 차단하려는 전략이다.

이러한 문화적 배제는 국적 유무와 같은 공식적 법률제도하에서뿐만 아니라 인종차별 등의 형태로 비공식적 차원에서도 나타난다. 이주민들은 인종적 소수자집단이 되고, 완전한 사회참여의 기회를 보장받지 못하고, 사회적 배제를 경험하게 된다. 따라서 이주민 소수자집단은 사회경제적으로 불이익을 경험하고, 이주여성들은 성차별과 인종차별을 동시에 경험하기도 한다.

이러한 문화적 차별과 배제는 주로 특정 인종집단으로 구성된 국가에서 주로 발생하며, 역사적으로 외부의 침탈과 억압에 시달린 국가들이나 국경 분쟁을 겪는 국가들에서 주로 나타난다. 이들 국가들은 이주민들을 수용하기를 꺼려하며, 새로운 언어와 문화적 다양성이 자신의 문화를 위협할 것이라고 보고 민족적 순수성과 문화적 동질성을 지키려고 노력한다. 이들 사회는 제한적인 이민정책을 실시하고, 이주민들의 시민적 및 정치적 권리를 인정하지 않고, 제한적인 이주민 지원정책을 추진하는 것이 일반적이다.

6) 문화다원주의

문화다원주의(cultural pluralism)는 샐러드 볼 모형(salad bowl model)으로도 불리며, 민족마다 다른 다양한 문화나 언어를 단일의 문화나 언어로 동화시키지 않고 공존시켜 서로 승인·존중하는 것을 목적으로 하는 사상을 말한다(http://100. daum.net). 문화다원주의는 두 개 혹은 그 이상의 문화적 집단들이 각각 문화적 다양성을 유지하면서 다른 문화와의 공통된 부분을 이해하고 존중하는 타협의 과정을 거쳐 사회를 통합하는 데 중점을 두며, 각각의 문화를 지닌 개인 또한 존중하여야 한다는 점을 강조한다. 그러므로 문화다원주의에서는 다원화된 사회의 민족집단이 다른 집단의 언어, 종교 등의 문화적 전통이 사회적 조화와 생존에 필요하다고 생각하고 전체 사회에 맞게 따르기만 한다면, 이를 유지할 수 있도록 허락한다.

문화다원주의는 문화동화주의를 배격하고, 인종이나 민족에 기반을 둔 차별을 배제하며, 지배집단이 소수집단의 문화를 말살하려는 강압적 문화이론에 반대한

(여백 주석)
문화적 배제

사회적 배제

인종집단

제한적인
이민정책

샐러드 볼 모형

문화적
다양성 존중

강압적
문화이론 반대

다. 간혹 문화다원주의가 민족집단의 정체성을 높이고 사회의 분리와 대립, 갈등을 일으키므로, 사회에 위험하다고 보는 시각이 있으나, 이는 문화다원주의를 오해한 것이다. 문화다원주의는 사회 내에 존재하는 다양한 문화집단들에 대해 그 동등함을 인정하고, 성숙한 존중을 특징으로 하는 이상적 모습을 갖추고 있다.

인정과 존중

3 사회변동과 발전에 대한 관점

현대사회의 문명 발달과 세계화로 인해 전 세계가 하나의 공동체를 형성하는 경향이 나타남에 따라, 모든 사회는 폐쇄적으로 고립되어서는 생존이나 발전이 불가능하게 되었다. 이로 인해 사회 성원들은 다양한 문화적 접촉 기회를 갖게 되었고, 자신의 삶을 영위하는 데 있어서 보다 다양한 문화적 대안들을 갖게 되었으며, 그들이 향유하는 문화적 내용도 풍요로워지고 있다. 이러한 문화적 다양성의 증대, 즉 문화변용은 사회변동과 발전의 가장 핵심적인 요인이 되고 있다(이철우, 2017a).

문화적 접촉
문화적 대안
문화변용

사회체계는 직간접적으로 문화를 창출해 내지만, 사회는 문화에 의해서 변동한다. 이처럼 사회와 문화는 상호 밀접한 관계를 맺고 있기 때문에, 한 부분의 변화는 다른 부분의 변화를 일으킨다. 가치, 신념, 이념 그리고 사회제도와 같은 문화의 기본 요소들이 변화되게 되면, 그에 상응하는 전체 사회질서의 변화가 일어나게 된다(Wagoner et al., 2012). 문화 자체는 안정적이면서 동시에 변동적이며, 문화가 사회를 안정시키기도 하지만 변화시키는 힘을 갖고 있다. 문화는 사회변화의 방향과 속도를 제시하고, 사회변화가 일어날 수 있는 한계를 결정하기도 한다.

사회질서의 변화

문화변용은 발명과 발견이라는 내적 요인과 다른 문화와의 접촉이라는 외적 요인이라는 두 가지를 통해서 일어나게 된다. 다문화이론에서는 문화변용의 내적 요인보다는 외적 요인에 더 강조점을 두고 있다. 즉, 다문화이론에서는 서로 다른 두 가지 이상의 문화가 직간접적 교류를 통하여 지속적으로 접촉함으로써 어느 한 쪽 또는 양쪽 모두에서 변화가 일어나며, 이러한 문화적 변용이 사회변화를 일으킨다고 본다.

문화변용 요인

사회변화

특히 다문화이론에서는 문화적 확산과 차용이 문화변동과 사회변화를 유발하는 요인이라고 본다. 문화적 확산(diffusion)은 한 문화의 특징이 다른 문화집단으로 전파되는 것을 말한다. 문화적 차용(borrowing)은 특정한 문화적 특질을 갖지

문화적 확산
문화적 차용

못한 문화권의 사람들이 다른 문화권의 문화적 특질을 받아들인다는 것을 말한다.
이러한 문화적 확산과 차용과정에서 특정 문화집단이 주류사회 또는 지배집단의
문화를 얼마나 수용하는지와 자신의 문화적 정체성과 특성을 어느 정도 유지하느
냐에 따라 문화변용의 속도와 방향 그리고 내용은 달라지고, 이에 따라 사회변화
도 야기되게 된다.

　　문화변용의 유형은 문화적 통합, 동화, 분리, 주변화라는 네 가지로 분류되며, _{문화변용의 유형}
문화변동의 유형에 따라 사회변화의 방향과 내용이 달라지게 　된다. 특정 문화집
단의 구성원이 자신의 문화적 정체성과 특성을 유지하면서 주류사회의 문화를 수
용하게 될 경우 문화적 통합이 일어나고, 새로운 문화를 가진 통합된 사회로 발전 _{문화적 통합}
할 수 있게 된다. 특정 문화집단이 자신들의 문화는 버리고 주류사회의 문화에 함
몰되게 될 경우, 주류사회의 가치, 신념, 제도, 생활양식이 그 사회를 지배하게 되
고, 비주류사회의 특징들은 사라지게 되는 사회변화가 일어나게 된다. 반면에 자
신의 문화적 정체성을 고집하면서 주류사회나 다른 문화를 수용하기를 거부하게
되면, 사회는 안정될 수 있을지 모르지만 오히려 정체와 퇴보의 모습을 보일 가능
성이 높다. 또한 자신의 문화적 정체성도 유지하지 못하고 다른 문화를 수용하지
도 못하게 되면, 사회행동을 안내할 문화적 기준을 갖지 못함으로써 사회적 혼란
이 야기될 수도 있다.

4 사회복지 정책과 실천에의 적용

1) 사회문제에 대한 관점

　　다문화주의 관점에 따르면 다양한 문화가 서로의 문화를 상호 존중하고 공생하 _{상호 존중, 공생}
는 것이 가장 이상적인 사회의 모습일 것이다. 하지만 이러한 이상적 모습과 현실
사회의 모습은 다를 수 있다. 현실 사회에서는 특정 문화를 차별, 배제, 억압하기 _{문화 배제와 억압}
도 하며, 자신의 문화를 다른 문화를 지닌 성원이 수용하고 받아들일 것을 강요하
기도 하며, 다른 문화에 적응하지 못하고 문화 간의 갈등이 야기되지만 적절한 조
정이 이루어지지 않고, 이질적 문화가 상호 무관심 속에서 병존하여 사회통합을
해칠 수도 있다. 또한 문화충격과 문화지체 현상을 경험함으로써 문화적응에 실 _{문화적응}

패하여, 사회생활에 어려움을 겪게 만들기도 한다. 더 나아가 인종, 민족, 성별 및 성적 지향성, 연령, 계층 등의 **소수자집단**에 대한 차별과 억압이 문화적 차별과 억압으로 이어지게 되는 경우도 있어, 이중 또는 삼중의 **사회적 차별**을 경험하기도 한다.

국적 취득 다문화주의 사회에서 발생하는 사회문제는 근본적으로 국적 취득의 비합리적 요소와 이에 따른 **인권침해**의 문제에 기인하고 있다. 외국인 노동자와 결혼이주민의 경우 한국 국적을 취득하는 데 매우 오랜 시간이 걸리고, 국적 취득과정에서의 비합리적 요인으로 인해 큰 어려움을 겪는다. 이런 국적 취득의 지연으로 인하여 기본적 권리를 누리지 못하고 인권 침해와 유린에 노출되는 경우들이 많이 있다.

문화적 부적응 다문화주의 사회의 사회문제는 문화적 부적응에 원인이 있다. 우리 사회로 이주한 외국인들의 경우 언어적 소통능력의 제한과 한국문화에 대한 이해 부족, 폐쇄적 문화와 사회관계망 등으로 인해 사회적 관계 형성에 어려움을 경험한다. 또한, 민족우월주의와 지역사회의 문화적 대응능력의 미비로 인해 이주민에 대한 차별적 태도와 억압적 행위를 통해 다양한 피해를 경험하기도 한다.

사회적 배제 다문화사회의 사회문제는 사회적 배제(social exclusion)에도 원인이 있다. 일반적으로 다문화사회에서는 이주민들에게 노동시장 참여 등 제한된 범위의 사회참여만을 허용하고, 시민으로서의 권리를 행사할 수 있는 영역에의 참여는 제약을 **외국인 근로자** 받는다. 외국인 근로자들의 대부분은 열악한 노동환경 속에서 저임금 근로에 종사함으로써, 경제적 빈곤, 산업재해, 비인격적 처우 등의 다양한 인권침해를 당하고 있는 것이 대표적인 경우에 해당한다.

자기정체성 다문화주의는 개인의 자기정체성 형성에 부정적 영향을 미칠 수도 있다. 다문화주의의 기본 원칙과는 반대로 민족 및 문화적 공동체 간에 장벽이 강화될 경우, 개인을 특정 문화집단에 귀속시켜 그에 맞춰 정체감을 형성하도록 요구할 수 있다. **비주류** **소수자집단** 이 경우 주류사회의 지배적 문화집단에 속하지 못하고 비주류 소수자집단의 문화에 속해 있는 개인은 자신이 속한 문화집단의 가치, 신념, 상징 등을 포기하고, 이 민족 문화의 이미지에 맞는 자기정체감 형성을 강요받게 된다. 이럴 경우 비주류 소수자집단의 문화를 가진 개인은 자신의 뿌리를 상실하게 되고, 민족적 고유문화를 왜곡 또는 부정하는 상황에 내몰리게 됨으로써, 정체성 혼란과 **사회적 고립** 사회적 고립을 경험할 위험성이 있다.

사회통합 다문화사회의 이주민들이 경험하는 문제는 궁극적으로 사회통합의 문제이다.

우리 사회에는 외국인과 외국 문화에 대한 이중적 시각과 서열화 경향이 엄존하여 인종과 문화에 따라 차별, 홀대, 배제, 억압하는 경우가 많이 발생하고 있다. 그리고 한국인의 외국 문화에 대한 이해 부족과 왜곡된 이해 또는 몰이해, 한국문화에 대한 외국인의 이해 부족 등으로 인하여 다양한 문화적 갈등이 야기되고 있어, 이주민들은 사회적 고립이나 배제를 경험하고 한국 사회의 성원으로 통합되는 데 어려움을 경험하기도 한다.

문화적 갈등

2) 사회복지 정책과 실천에 대한 함의

다문화사회복지실천은 사람들 사이에 존재하는 다양성과 차이를 존중하고 원조 관계에서 작용하는 문화적 요소를 인식하는 사회복지실천이다(최명민 외, 2015). 다문화사회복지실천의 주요 대상은 민족적 정체성과 문화 그리고 사회경제적 지위로 인해 차별을 경험하는 사람과 그 가족 및 그들이 생활하는 지역사회이며, 이들의 심리사회적 기능을 향상시키는 데 목적을 두고 있다.

다문화사회
복지실천

주요 대상

이러한 다문화사회복지실천을 안내하는 가치체계는 다양성, 형평성, 조화, 동등한 인권, 사회참여, 문화 이해와 학습, 관용과 수용 및 존중, 협력, 고유 문화의 인정과 공유, 문화통합, 문화적 장애의 극복 지원 등이다(Gingrich, 2005). 그리고 다문화사회복지실천의 목표로는 건강한 사회구조의 정립, 다양한 문화집단간의 상호작용과 협력, 사회적 결속과 통합 촉진, 문화적 융합의 촉진, 동화가 아닌 더 큰 문화로의 화학적 결합, 인종집단 간의 갈등예방과 조정, 시민의 문화의식의 제고, 문화적 편견과 차별 및 억압의 제거, 문화적 갈등과 대치의 해결 등이다(Gingrich, 2005).

가치체계

목표

다문화사회복지실천에 있어서 따라야 할 실무 원칙은 다음과 같다(Castles, 1995).

실무 원칙

① 사회의 모든 구성원에게 동등한 시민으로서의 공식적 지위와 권리를 보장해야 한다.

② 공식적 지위와 권리의 인정이 사회적 존중, 기회 또는 복지에서의 평등한 처우를 보장하는 것은 아니라는 점을 인식하고, 문화집단 간의 차이를 정확히 이해하고, 문화에 걸맞은 처우를 설계해야 한다.

③ 의사결정과정에서 배제된 소수문화 집단에게 자신의 권리와 의견을 대표하

고 의사결정과정에 참여할 수 있는 통로를 제공해야 한다.

④ 문화적 특성, 욕구 및 결핍을 가진 사람들에게는 맞춤형 서비스를 제공해야
한다.

⑤ 문화, 성별과 성적 지향, 연령, 장애, 지역, 종교 등의 차이에 따른 공적 영역
과 사적 영역에서의 모든 차별을 제거하고, 동등한 참여의 기회를 제공하기
위한 지원을 해야 한다.

다문화정책

이러한 다문화사회복지실천의 가치, 대상, 목표, 원칙에 입각하여 우리나라에서
는 다양한 정책 및 실천적 노력을 기울이고 있다. 우리 사회의 다문화정책은 외국
인근로자 정책, 다문화 가족정책 그리고 북한 이탈주민 정책이 대표적이다. 외국
인 근로자를 대상으로 추진하고 있는 지원 대책은 출입국관리법과 외국인 근로자
의 고용 등에 관한 법률을 근거로 추진되고 있다. 외국인 근로자를 대상으로 한 지

외국인 근로자

원 사업으로는 문화다양성 교육 프로그램, 인도적 외국인 의료서비스, 비전문 인
력의 숙련 기능 인력으로의 발전 지원을 위한 직업능력 개발훈련, 외국인 근로자
인권보호사업, 한국사회의 기초질서 교육과 홍보, 취업기간 만료 외국인근로자의
자진귀국 유도사업, 성실근로자 재입국 취업특례제도 등이 있다. 하지만 사업장이
동의 자유보장, 사업장 선택의 자유보장, 불법체류 제도의 개선, 인권침해 예방 및
구제방안의 강화 등의 과제를 안고 있다(박용순 외, 2019).

다문화가족

결혼이민자를 위한 다문화가족 지원사업은 다문화가족지원법에 기반하여 추진
되고 있다. 결혼이민자의 정착지원사업으로는 다문화강사 양성, 의사소통 지원 및
생활정보 제공, 상담서비스, 결혼이민자 네트워크 형성, 취업지원, 기초생활 보장
및 긴급지원 등이 있다. 취학 전 자녀 양육 지원사업으로는 임신과 출산 및 아동양
육 지원 서비스, 언어 및 교육지원, 기본학습 및 유치원 생활적응지원사업이 있으
며, 아동 및 청소년자녀 교육지원사업으로는 이중언어교육, 학교생활지원, 학부모
상담, 학교부적응 학생 교육기회 확대 등의 사회적응 지원사업이 있다. 국제결혼
피해예방 사업으로는 중개업자 교육, 남성 배우자 교육, 결혼이민자 교육, 혼인의
진정성 검증 강화, 위장결혼 적발, 인권침해 예방 및 피해구제 등의 서비스를 제공
하고 있다. 하지만 다문화가족정책의 방향을 수요자 중심의 서비스 제공으로 전환
하고, 다문화 서비스의 인프라 확장과 촘촘한 전달체계를 구축하고, 서비스 인력
의 문화적 역량을 강화하는 등의 노력이 요구되고 있다(최명민 외, 2015).

북한 이탈주민을 위한 지원대책은 북한 이탈주민의 보호 및 정책지원에 관한 법률에 근거하여 이루어지고 있다. 북한 이탈주민에 대한 지원사업으로는 정착금 지원, 주거알선 및 주거지원금, 직업훈련 및 고용지원금 등의 취업지원, 생계 및 의료급여 등의 사회복지지원, 교육지원사업, 신변보호 등의 보호사업, 의료비 감면, 창업지원, 법률지원, 종합상담 등으로 다양하다. 하지만 앞으로 공공부조에 의한 구호방식에서 벗어나 북한 이탈주민의 적극적 참여와 소통을 통한 자활지원으로 정책방향을 전환할 필요성이 있다(박용순 외, 2019).

이와 같은 다문화정책과 함께 다문화적 관점에 기반을 둔 가족상담과 치료, 집단상담과 치료, 대상 및 영역별 다문화사회복지실천이 이루어지고 있다. 하지만 다문화사회복지실천에 관여하는 사회복지사를 비롯한 전문인력들의 문화적 역량의 한계로 인하여 다소간의 문제를 야기하고 있다. 따라서 다문화사회복지실천의 질적 수준을 제고해 나가기 위해서는 인간과 문화에 대한 자신의 가치와 편견 이해, 문화적 다양성을 가진 내담자의 세계관 이해하기, 문화적 특성에 적합한 개입전략과 기술 개발하기, 문화적 역량을 고취 또는 방해하는 조직적 제도적 권력에 대해 이해하기 위한 노력 등을 통하여 사회복지사 자신의 문화적 역량을 강화할 필요가 있다(Sue, 2010).

(여백 주석) 북한이탈주민

(여백 주석) 다문화사회 복지실천

(여백 주석) 문화적 역량

생각해 보아야 할 과제

1. 우리 사회의 외국인 근로자들의 현실과 그들이 경험하는 문제를 탐색해 보시오.

2. 결혼이주여성들이 다문화가족에서 경험하는 문화적응 및 일상생활상의 문제를 탐색해 보시오.

3. 다문화가족의 영유아, 아동 및 청소년 자녀가 겪는 생활문제를 탐색해 보시오.

4. 북한 이탈주민의 한국 사회 적응과정과 일상생활에서 직면하는 문제에 대해 탐색해 보시오.

5. 외국인근로자, 결혼이주여성, 북한 이탈주민들이 경험하는 인권침해 사례를 수집하여 분석해 보고, 권리침해를 구제할 수 있는 방안을 모색해 보시오.

6. 미국, 캐나다, 독일, 오스트레일리아 등 외국의 다문화 정책을 검토하고, 우리 사회의 다문화정책에 대한 함의를 도출해 보시오.

7. 우리 사회에 존재하는 성별 및 성적 지향성, 연령, 지역, 종교, 계층, 장애여부 등에 따른 소수자집단 문화에 대한 차별 현상을 탐색해 보시오.

8. 우리 사회의 다문화정책의 현상과 문제점을 고찰해 보고, 그 개선방안을 모색해 보시오.

9. 우리 문화에 내재된 고유의 사회복지실천 방법으로 어떤 것들이 있는지 탐색해 보시오.

10. 예비사회복지사 자신이 어떤 문화적 가치와 편견을 갖고 있는지 내적으로 성찰해 보고, 전문 사회복지사가 되기 위해 문화적 역량을 강화할 수 있는 구체적 방법을 모색해 보시오.

가계도(genogram) 세대에 따라 가족의 구조와 관계를 설명하는 그림

가상공간(cyberspace) 통신망으로 연결된 컴퓨터를 이용하여 상호 간에 정보나 메시지 등을 주고받는 눈에 보이지 않는 활동 공간이나 영역

가상적 자기(possible self) 자신이 어떻게 되고 싶고, 어떻게 되지 말아야 하겠다는 데 대해 개인이 가지고 있는 개념

가상적 최종 목표(fictional finalism) 인간행동은 현실 속에서 검증될 수도 그리고 확증될 수도 없는 상상 또는 가공의 목표에 의해 인도된다는 Adler의 주요 개념

가정위탁보호(foster care) 아동의 보호를 위하여 성범죄, 가정폭력, 아동학대, 정신질환 등의 전력이 없는 적합한 가정에서 일정 기간 아동을 위탁하여 보호하는 아동복지사업

가족(family) 결혼, 혈연 또는 입양에 의해 결합되고, 그 구성원의 대부분이 동거하면서 경제적으로 협력하고, 각자에게 부여된 사회적 지위와 역할을 수행하는 과정에서 상호작용과 의사소통을 하며, 공통의 문화를 창출·유지하고, 영구적 관계를 유지하는 사회집단

가족구조(family structure) 가족성원이 수행하는 기능에 근거하여 형성된 가족체계 성원 사이의 안정된 관계 유형

가족복지실천(family-centered social work practice) 가족성원 개개인에 초점을 맞추는 것이 아니라 생활상의 어려움에 처한 가족을 위하여 가족 전체에 초점을 두고, 가족이 안정된 삶을 추구할 수 있도록 가족의 기능을 강화하는 사회 전체의 조직적 노력

가족형상(family constellation) 개인의 성격 형성에 중요한 영향을 미치는 가족성원 간의 관계와 정서적 유대, 가족의 크기, 가족의 성적 구성, 출생 순위, 가족역할 모델 등을 포함하는 가족 분위기

감각(sensation) 주위 환경의 여러 가지 자극을 중추신경계를 통하여 감각기관이 받아들이는 과정

감각운동 단계(sensorimotor stage) 감각기관과 운동기능을 통해 세상에 대한 인식이 발달하는 출생~2세에 일어나는 Piaget와 Inhelder의 첫 번째 인지 발달 단계

감정이입적 이해(empathic understanding) 내담자의 감정과 경험을 민감하고 정확하게 다룰 수 있는 능력

강제적 조직(coercive organization) 조직성원의 의사와 상관없이 강제적으로 참여하게 되는 조직으로서, 교도소, 군대 등이 속함

강화(reinforcement) 특정 행동에 뒤따르는 결과 중에서 행동재현 가능성을 높여 주는 것

강화계획(reinforcement schedule) 행동 증가를 목적으로 사용하는 강화물을 제시하는 빈도

개념(concept) 다양한 경험에서 나온 정보가 공유하고 있는 특성을 통합하여 계층 또는 범주로 조직화한 것

개방집단(open-ended group) 집단활동이 진행되는 동안 새로운 성원의 가입과 기존 성원의 탈퇴가 자유로운 집단

개방체계(open system) 환경과의 에너지(정보와 물질) 교환이 활발하게 이루어지는 체계로서, 목적지향적이고 적응능력이 높음

개성화(individuation) 고유한 자기 자신이 되는 것으로서, 무의식적 내용을 의식화하고 통합해 가는 과정

개인무의식(personal unconsciousness) 개인의 경험 중에서 별로 중요하지 않고 강도가 너무 약해서 의식에 도달하지 못하거나, 의식하긴 하였지만 그 내용이 중요하지 않거나 고통스러운 것이기에 잊어버리거나 억압하여, 의식에 머물 수 없게 된 경험으로 쉽게 의식화될 수 있는 정신 영역

개인심리이론(individual psychology) 개인이 자신의 한계를 극복하고 인생목표에 도달하려고 노력하는 과정을 강조하는 Adler의 이론

개인적 구성(personal construct) 개인이 자신의 개인적 경험세계를 해석하고 이해하는 사고의 범주

개인적 우화(personal fable) 자신의 감정과 사고는 너무나 독특한 것이어서 다른 사람이 이해하지 못할 것이라고 생각하는 청소년기의 자기중심적 사고 유형

거시적 접근방법(macro approach) 인간 내적 요인보다는 인간을 둘러싸고 있는 물리적 환경, 사회환경과의 관계를 중심으로 하여, 인간을 이해하고 환경의 변화를 통하여 문제를 해결하고자 하는 인간행동 이해와 실천의 접근방법

거시체계(macrosystem) 미시체계, 중간체계, 외적 체계에 포함된 모든 요소에다 정치, 경제, 종교, 교육, 윤리와 가치, 신념, 관습, 문화 등의 광범위한 사회적 맥락

거식증(拒食症, anorexia nervosa) 과도한 불안이나 지나친 정서통제의 결과로 음식섭취를 거부하는 정신신체 증상으로, 신경성 식욕부진증으로도 불림

거울자기(looking-glass self) 자신이 다른 사람에게 어떻게 보일까를 생각하는 것, 자신의 모습에 대한 타자의 판단을 생각하는 것 그리고 타인의 판단에 대한 자신의 생각을 통해 스스로 느끼는 것

거주환경(habitat) 개인이 살고 있는 장소나 위치

걸음마기(toddlerhood) 3~5세의 시기로, 걸음걸이가 아직 완전히 안정되지 못한 특성 때문에 붙여진 발달 단계의 명칭

게임(game) 역기능적인 내적 준거체계, 유익하지 못한 초기결정과 인생각본을 유지하기 위해 이면적 교류를 사용하는 시간구조화의 방법

결정적 시기(critical period) 민감기로도 불리며, 특정 영역의 인간 발달이 가장 민감하고 활발하게 이루어지는 최적의 시기

경계선(boundary) 체계의 내부와 외부를 구분 짓는 침투성을 지닌 한계(limits)로서, 체계 내부로의 에너지 흐름(투입)과 외부로의 에너지 유출(산출)을 규제함

계급(class) 경제적 자원 보유 기준에서 같은 지위를 가진 사람들의 집단

계층(stratum)   재산, 권력 등 경제·정치·문화적 자원 중 하나 또는 복합 기준에 의해 같은 지위를 가진 사람들의 집단

고전적 조건화(classical conditioning)   행동을 유발하는 힘이 없는 중성자극에 반응유발능력을 불어넣어 조건자극으로 변화시키는 과정으로, 반응적 조건화(respondent conditioning)로도 불림

고착(fixation)   초기의 특정 발달 단계에 정신 에너지가 묶임으로써, 정신기능과 성숙에 지장을 초래하는 현상

공간(space)   물리적 환경, 인위적 세계에 대한 심리적 또는 개인적 관념

공동사회(Gemeinschaft)   전산업사회에서 전형적으로 나타나는 친밀하고 사적이며, 비개방적인 공동생활과 구성원 간의 정의적 관계를 특징으로 하는 사회

공리적 조직(utilitarian organization)   보수나 급여를 주된 통제 수단으로 사용하며 조직성원이 실리를 목적으로 가입하거나 탈퇴할 수 있는 조직으로, 기업조직이 대표적인 예임

공식조직(formal organization)   위계구조와 권한관계를 토대로 인위적으로 만들어진 조직

공익조직(common wealth organization)   군대나 경찰과 같이 일반대중이 이익을 얻게 되는 조직활동의 대상이 되는 조직

과업집단(task group)   내담자의 욕구충족 지원과 조직의 특정한 과업을 성취하기 위하여 인위적으로 구성한 집단

과잉교정(overcorrection)   부적응적 행동이 과도하게 일어났을 경우나, 적절한 강화인자가 없을 때 사용하는 기법으로, 부적응적 행동을 한 이후에 즉각적으로 정상적 상황으로 회복시키도록 요구하는 기법

과잉보상(overcompensation)   개인이 부적절감에서 벗어나는 정도 이상으로 보상하는 형태로서, 우월 또는 탁월한 업적을 낳기도 하지만 마치 자신이 남보다 우월하다고 느끼는 식으로 행동하기도 함

관계(relatedness)   사람들 사이에서 이루어지는 정서 및 사회적 교환. 개인과 환경과의 연계성

관료병리(bureaupathology)   규칙에 대해 과잉으로 의존하는 행동, 인간관계의 비인격성, 업무에서 사소한 권리나 특권을 주장하는 행동, 변화에 반대하는 행동 등과 같은 관료조직 내에서 특징적으로 나타나는 병리적 행동

관료조직(bureaucratic organization)   공식적인 조직과 규정, 위계적 권위구조, 명확하고 전문화된 분업관계, 문서에 의한 업무처리, 기술적 자격에 기초한 신분의 보장을 특성으로 하는 조직

관습(custom)   한 사회에서 오래전부터 역사적으로 발달하여 되풀이되는 관행적인 행동양식으로 민습과 원규로 구분됨

관찰학습(observational learning)   모방학습, 사회학습, 대리학습, 모델링 등으로도 불리며, 환경적 자극에 대한 반응을 통하여 행동을 학습하는 것이 아니라 타인의 행동을 관찰함으로써 학습하는 과정

교류분석(transactional analysis)   개인 내부 또는 타인과의 교류 유형을 분석하는 기법

구순공격적 성격(oral aggressive personality)   미성숙한 형태로 공격성을 표현하는 성격 유형

구순기(oral stage)   출생~18개월에 일어나는 Freud의 심리성적 발달 단계로, 활동과 만족이 입, 입술, 혀에 집중되어 있음

구순동조적 성격(oral dependent personality)   모성적 지지를 갈망하는 성격 유형

구조(structure)   사람들 사이에서 이루어지는 사회적 행위가 반복되고 누적되어 만들어진 영속적이고 지속적인 유형

구조분석(structural analysis)   내담자로 하여금 어버이-어른-어린이 자아 상태의 내용과 기능을 인식할

수 있게 해 주는 교류분석치료의 기법

구조적 모델(structural model) 원초아, 자아, 초자아라는 성격의 세 가지 주요 체계에 대한 Freud의 관점

구체적 조작 사고 단계(concrete operational stage) 7~11세에 일어나는 Piaget의 세 번째 인지 발달 단계로서, 보존기술, 분류기술, 조합기술 등의 개념적 기술이 점차적으로 발달하여 논리적 합리화를 할 수 있는 인지기술이 발달하는 단계

권위(authority) 지위와 역할에 따른 지배와 복종의 위계구조의 차이

귀인(attribution) 행동의 원인에 대한 신념

규범(norms) 특정한 상황에 있어서 인간행동을 지배하는 특수한 규칙

규범적 조직(normative organization) 통제의 주요 수단은 규범적 권력이며 조직성원이 조직에 대하여 높은 일체감을 보이는 조직으로, 종교조직, 정치조직, 대학, 전문가단체 등이 포함됨

규칙(rule) 성원의 행동을 규정하는 방식이 되는 지침

균형(equilibrium) 환경으로부터의 투입 없이도 안정을 유지할 수 있는 체계의 능력

그림자(shadow) 개인의 의식적인 자아와 상충되는 무의식적 측면

근면성(industry) 자신이 속한 문화의 기술을 소유하고 있다는 감정

금지령(injunction) 부모의 내면에 있는 어린이 자아 상태에서 자녀에게 내리는 부모의 메시지로서, 주로 '~하지 말라(don't)'로 표현됨

급진주의 여성주의(radical feminism) 모든 사회적, 경제적 맥락에서 남성중심주의를 제거하는 근본적 사회 재구성을 요구하는 여성주의 관점

기계적 연대(mechanical solidarity) 사회구조가 비교적 단순하고 노동분화가 이루어지지 않아 개인과 타인의 노동, 교육과 생활양식이 비슷한 동질성에서 유래되는 것으로 정서적 공감대를 형성하게 되는 사회적 유대

기능(function) 유기체 또는 하위체계가 생존하고 성장, 발전하기 위해서 하는 내부에서 일어나는 활동

기능적 등가물(functional equivalence) 전체 체계 속에서 같은 역할을 하는 기능을 서로 대체하는 과정

기능적 지역사회(functional community) 합의성, 일체감, 공동생활 양식과 가치관, 공동의 문화와 활동 등을 강조하는 사람들로 구성된 사회 단일체

기능적 체계(functional system) 외부 에너지원에 더욱 개방적이고, 융통성이 있고, 적응적이며, 목적 성취 지향적인 체계

기업조직(business concerns) 이윤추구를 주된 목적으로 하는 사기업과 같이, 조직의 소유자나 관리자가 이익을 독점하는 조직

기질(temperament) 한 개인의 행동양식과 정서적 반응 유형을 의미하는 것으로, 활동수준, 사회성, 과민성과 같은 특성을 포함하며, 아동기와 성인기의 성격을 형성하는 모체가 되는 영·유아의 특성

기초이론(foundation theory) 인간과 환경의 상호작용에 관련되는 인간의 발달, 성장, 기능 및 역기능에 관한 지식체계

꿈 분석(dream analysis) 꿈이 지니는 기저의 의미에 대한 해석

낙인(stigma) 사회의 다른 성원과 구별되는 문화, 성, 인종, 지적 능력 그리고 질병이나 장애 등의 사회적 특성을 지녔다는 인식을 기반으로 행해지는 차별 행위

낙태(abortion) 태아가 모체 외에서 생명을 유지할 수 없는 시기에, 태아와 그 부속물을 인공적으로 모체 외부로 꺼내는 수술

남근기(phallic stage)　4~6세경에 일어나는 Freud의 심리성적 발달 단계로, 긴장과 만족이 생식기로 전환되고 이 단계의 갈등 해결과정에서 성적 동일시와 초자아가 형성됨

남성적 추구(masculine protest)　남성이 더 높은 지위와 권력, 안정성을 향유하는 것을 보고 성에 관계없이 힘, 권력을 추구하려는 의지를 보이는 현상

낯가림(stranger anxiety)　영아가 특정 인물과 애착을 형성한 후, 낯선 사람이 다가오거나 낯선 사람에게 맡겨지면 큰 소리로 우는 반응

내면화(internalization)　개인이 새로운 환경이나 대상의 특성을 자신의 내면으로 받아들여 자기의 특성으로 변형하는 함입, 내사, 동일시를 포함하는 심리적 기제(대상관계이론)

내사(introjection)　개인이 무의식적으로 다른 사람의 감정이나 생각을 자기 속으로 받아들이는 자아방어기제로서, 내면화로도 불림(Freud). 자기와 대상이 어느 정도 분화되어 대상의 행동이나 태도, 감정 등이 자기이미지로 융화되는 것이 아니라 대상이미지로 보존되는 심리적 기제(대상관계이론)

내적 대상(internal object)　외부 대상에 대해 개인이 갖는 이미지, 생각, 환상, 감정, 기억 등을 포함한 전체적인 심상

내파기법(implosion)　두려운 사건이나 자극 중에서 가장 두려웠던 경우를 상상하게 함으로써 실제 두려운 상황에 직면하였을 때, 이를 극복할 수 있도록 원조하는 기법

노년기(old age)　65세부터 죽음에 이르기까지의 인생의 마지막 발달 단계로서, 신체적 능력의 쇠퇴 및 질병 이환, 사회관계의 축소, 사회경제적 지위의 하락 등과 같은 쇠퇴적 발달이 주로 일어나는 시기

노화(aging)　정상적 성장과 발달의 한 과정으로서, 연령 증가에 따라 인간 유기체에 일어나는 신체 · 심리 · 사회적인 측면의 쇠퇴나 무기력화 현상

논박(dispute)　개인이 가지고 있는 비합리적 사고나 신념에 대해서 도전해 보고 과연 그 사상이 합리적인지를 다시 한번 검토해 보도록 치료자가 촉구하는 과정

다문화사회복지실천(multicultural social work practice)　사람들 사이에 존재하는 다양성과 차이를 존중하고 원조 관계에서 작용하는 문화적 요소를 인식하는 사회복지실천

다운증후군(Down syndrome)　21번 염색체 이상에 의해 유발되며, 몽고증이라고도 함. 지능은 40~60 정도이지만, 매우 다정하고 쾌활함

다중종결성(multifinality)　처음의 조건과 수단이 비슷하다고 할지라도, 다른 결과가 야기된다는 일반체계이론의 기본 가정

단어연상검사(word association)　자극단어를 불러 주고 각각의 단어를 듣고 가장 먼저 머리에 떠오르는 단어를 대답하게 하여 반응시간과 반응하는 단어를 기록하고 내담자가 느낀 감정을 파악하여 내담자의 콤플렉스를 파악하는 기법

담아내기(container)　내담자의 말을 경청하고, 의사소통을 방해하지 않으며, 적절한 관심을 보여 주는 반응을 하는 치료 기법

대리적 강화(vicarious reinforcement)　모델이 하는 행동을 보고 강화를 받는 절차

대리적 조건화(vicarious conditioning)　직접적인 개인적 경험이 아니라 타인의 경험을 봄으로써 이미 알고 있는 행동이 더욱 강화되는 행동학습 과정

대립(opposition)의 원리　정신 내의 반대되는 힘이 대립적 관계를 통해 정신 에너지를 생성해 낸다는 원리

대상(object)　주체(subject)에 대비되는 개념으로, 주체가 관계를 맺고 있고 사랑, 미움 등의 정신 에너지가 투여된 사람, 사물, 장소, 생각 또는 환상

대상관계(object relation) 자기표상과 내적 대상표상 그리고 이 둘 사이에 연결된 정서와 본능으로 구성
　　된 자기와 대상과의 관계

대상선택(object choice) 본능을 충족해 주는 행동, 개인 또는 이미지에 정신 에너지를 투입하는 것

대상영속성(object permanence) 대상이 눈에 보이지 않을 때도 대상이 존재하는 것으로 인식하는 것

대항금지령(counterinjunction) 부모의 내면에 있는 어버이 자아 상태에서 나오는 메시지로, 주로 '해야
　　한다(shoulds, oughts)' 또는 '하라(dos)'로 표현됨

도식(schema) 사건이나 자극의 특징에 대한 추상적 표상, 즉 사건이나 자극을 인식하고 그에 대응하는
　　데 사용되는 기본적인 이해 틀

동등종결성(equifinality) 출발 조건이 다르고 방법이 다르더라도, 동일한 최종 상태(목적)에 도달할 수 있
　　게 해 주는 체계의 속성 또는 체계의 능력

동시대이론(cohort theory) 특정 연도나 시대에 태어난 사람들의 집단에서도 발달과정이 동일하지 않다고
　　보는 이론적 관점

동일시(identification) 다른 사람의 성격 특성을 받아들이고, 정신적 표상을 물리적 현실과 연결하는 것
　　(정신분석이론). 대상의 특성을 선별적으로 받아들여 대상과 자신이 구별되는 느낌을 유지하면서 그
　　대상의 이미지를 자기표상으로 귀속하는 심리적 기제(대상관계이론)

동적 자기개념(working self-concept) 전체 자기개념의 레퍼토리 중에서 특정한 상황에서 작동하는 자기
　　개념의 측면

동화(assimilation) 개인이 새로운 지각적 정보를 기존의 사고방식에 통합하는 인지적 과정

등가원리(equivalence) 물리학의 에너지 보존원리를 적용한 원리로서, 어떤 조건을 생성하는 데 사용된
　　에너지는 상실되지 않고 성격의 다른 부분으로 전환되어 성격 내에서 에너지의 지속적인 재분배가 이
　　루어진다는 원리

등교거부증(school refusal) 학교공포증(school phobia)이라고도 불리는 장애로, 부모와 분리되는 것이 두
　　려워서 무단결석을 하거나, 학교 가기를 두려워하는 장애

따라잡기 성장(catch-up growth) 질병이나 영양 상태에 의해 성장에 손상을 입은 후, 건강상태가 회복되
　　고 적절한 영양공급이 이루어지게 되면 또래 아동과 유사한 수준으로 성장하는 성장 패턴

라켓 감정(racket) 초기결정을 확증하기 위하여 다른 사람을 조작하는 과정에서 나타나는 조작적이고 파
　　괴적인 행동과 연관된 감정

룸펜프롤레타리아(lumpenproletariat) 자본주의 사회에서 비정상적 일용직 노동에 관여하는 최하층 노동
　　자이면서 반동적 음모에 가담하는 계급으로, 유랑무산계급(流浪無産階級)을 의미

리비도(libido) 성적 본능뿐만 아니라 다른 삶의 에너지를 포함한 일반적인 생활 에너지(분석심리이론).
　　성적 에너지와 충동(정신분석이론)

마르크스주의 여성주의(Marxist feminism) 여성에 대한 억압을 사회적 억압의 부차적 형태로 보고, 여성
　　은 성차별주의에 의해서나 남성에 의해서가 아니라 자본주의에 의해 억압되고 있다고 보는 여성주의
　　관점

마음(mind) 자기(self)와의 내면적 대화의 과정(상호작용이론)

먹혀 버릴 것 같은 불안(fear of engulfment) 개인이 개별화에 실패하여, 자신이 누군가에게 지나치게 융합
　　되거나 깊은 관계에 빠져 버려서 헤어 나오지 못하는 것에 대한 불안

명료화(clarification) 치료자가 내담자에게 직접적 질문을 통해 더 많은 정보를 요구하는 기법

명제(proposition)　두 가지 이상의 개념 사이의 관련성을 토대로 하여 규칙, 신념, 가설을 설정한 것

모델링(modeling)　개인이 유사한 행동을 할 수 있도록 특정 행동의 예를 제시하는 절차

목적달성(goal attainment)　체계의 목적을 잘 정립하고 달성하기 위해 자원을 동원하는 기능

몽정(emission)　이성과의 성교 없이 정액 비슷한 분비물이 무의식적이고 불수의적으로 나오는 과정

무의식(unconsciousness)　의식 외부에 존재하고 직접적 관찰이 불가능한 정신과정(정신분석이론). 인간이 가지고 있으면서 아직 모르고 있는 정신의 모든 것, 즉 개인이 의식하고 있는 것 너머의 미지의 정신세계(분석심리이론)

무임승차 문제(free-rider problem)　자원이나 공공재로 이익을 보는 사람이 대가를 지급하지 않아서, 결국 재화나 서비스의 공급이 줄어드는 현상

무조건적 반응(unconditioned response)　개인이 자발적으로 통제할 수 없는 반사적 반응

무조건적 스트로크(unconditional strokes)　개인이 어떤 존재이든 간에 수용하고 승인해 주는 스트로크의 유형

무조건적인 긍정적 관심(unconditional positive regard)　내담자에 대한 깊고 진정한 보호적 태도로서, 이러한 존중이란 치료자가 내담자의 감정에 대해 심판적인 태도를 보이지 않는 것을 의미함

무조건적 자극(unconditioned stimulus)　학습기제보다는 신체적 기제에 근거한 반사적 반응을 불러일으키는 자극

문명(civilization)　물질적으로 생활이 편리해지거나 기술적으로 진보하고 정신적으로도 발달하여 세상이 진보하는 현상

문화(culture)　사회 성원으로서 인간이 습득한 지식, 믿음, 예술, 도덕, 법, 관습, 기타 모든 능력과 습관의 복합적 총체

문화다원주의(cultural pluralism)　민족마다 다른 다양한 문화나 언어를 단일의 문화나 언어로 동화시키지 않고 공존시켜 서로 승인·존중하는 것을 목적으로 하는 사상으로, 샐러드 볼 모형(salad bowl model)으로도 불림

문화변용(acculturation)　서로 다른 문화를 가진 두 사회가 지속적인 접촉을 통해 서로가 갖고 있는 문화에 변화를 일으키는 과정

문화적 동화(cultural assimilation)　다양한 민족과 인종적 배경을 가진 사람들이 자신의 고유한 문화를 포기하고 주류사회의 문화를 받아들여 주류사회에 정착하는 현상으로, 용광로(melting pot)모형으로 불림

문화적 상대주의(cultural relativism)　모든 문화에는 우열이 없고, 나름대로의 합리성을 갖고 있으며, 존재할 가치고 있으므로, 사회의 문화적 행위와 가치는 그 문화의 맥락 속에서 판단해야 한다는 관점

문화적응(culture adaptation)　문화변용을 경험한 사람이 특정 문화의 요구 사항을 배우고 그 문화에서 적절하거나 필요한 가치와 행동을 습득하여 새로운 문화에 익숙해지는 과정

문화접촉(culture contact)　서로 다른 문화배경을 가진 집단과 집단이 만나게 되는 상황으로, 직접-간접 접촉, 내향-외향적 접촉으로 구분

문화지체(culture lag)　급속히 발전하는 물질문화와 비교적 완만하게 변하는 비물질문화 간에 변동 속도의 차이에서 생겨나는 사회적 부조화

문화체계(cultural system)　행위자에게 행동을 동기화할 수 있는 규범과 가치를 제공하여, 기존 유형을 유지하고 긴장을 관리하는 잠재적 기능을 수행하는 체계

문화충격(culture shock)　실질적인 문화에 적응하지 못하여 극심한 문화적 갈등을 겪는 현상

물리적 환경(physical environment) 기후 등의 자연적 환경(natural world)과 건축물 등의 인위적 환경(built world)을 포함하는 인간을 둘러싼 외부 환경

물환론적 사고(animistic thinking) 생명이 없는 대상에게 생명과 감정을 부여하는 사고과정

미시적 접근방법(micro approach) 인간의 욕구와 문제를 신체·심리·사회적 존재인 인간의 발달과 성격, 부적응 행동 등과 같은 인간 내적 요인에서 찾고 해결하고자 하는 인간 행동의 이해와 실천의 방법

미시체계(microsystem) 개인의 가장 근접한 환경으로서 가족, 학교, 이웃 등의 물리적 환경과 사회적 환경, 그리고 그 환경 내에서 갖게 되는 지위나 역할, 활동, 대인관계 등을 포함함

민습(folkways) 전통이나 세론(世論)과 같이 구속이 상대적으로 약한 규범

민족중심적 단일문화주의(ethnocentric monoculturalism) 지배집단인 특정 민족의 문화가 소수집단의 문화에 비해 옳고 우월하며, 지배집단의 생활양식을 모든 다른 민족이나 문화에 강요하는 것이 당연하다고 보는 관점

박탈동기(deprivation motive) 유기체의 긴장, 특히 생리적인 욕구 그리고 안전욕구로부터 발생하는 욕구를 제거하는 것을 목표로 하는 동기

반동 형성(reaction formation) 불안을 야기하는 충동이나 감정을 의식적으로 정반대의 것으로 대치하는 자아방어기제

반응대가(response cost) 부적응적 행동을 했을 때, 자신에게 이익이 되는 물건이나 권리를 내놓게 하여 대가를 치르게 하는 기법

반응적 행동(respondent behavior) 인간 유기체가 특정 자극에 대해 자동적으로 보이는 반응행동

발달(development) 인간의 수정에서부터 죽음에 이르기까지의 전 생애에 걸쳐서 신체·심리·사회적 측면에서 나타나는 질서정연하고 연속적이며 상승적 또는 퇴행적 변화과정

버텨주기(holding) 내담자의 욕구와 내적 상태를 민감하게 알아차리고 수용적 태도를 견지하는 치료 기법

벌(punishment) 혐오자극을 제시하거나 유쾌한 보상을 제거하여, 특정 행동을 한 후에 그 행동이 다시 일어날 가능성을 줄이는 자극

법률(law) 공식적 권위를 갖고 인간행동에 가장 강력한 제재가 따르는 규범

베이직 아이디(BASIC ID) Lazarus가 행동, 정서반응, 감각, 상상, 인지, 대인관계, 생물적 기능이라는 일곱 가지 성격기능을 변화하기 위해 고안한 치료키트

변별자극(discriminative stimulus) 특정한 반응이 보상되거나 보상되지 않을 것이라는 단서 혹은 신호로 작용하게 되는 자극

변증법적 유물론(dialectical materialism) 의식이 물질의 반영이라는 유물론과 우리가 대상을 인식할 때 대상의 고정적 측면을 보는 것이 아니라, 대상의 전체적인 연관과 함께 그 끊임없는 발전을 본다는 변증법이라는 두 축을 중심으로 세계를 해석하는 관점

병적 열등감(inferiority complex) 자신이 타인보다 열등하다는 뿌리가 깊고 지속적인 감정

병적 우월감(superiority complex) 자신의 열등감을 보상하기 위하여 자신의 신체적·지적·사회적 기술을 과장하는 경향

보상(compensation, 補償) 신체적·정신적 기술의 훈련을 통해 부족감을 충족감으로 대치하려는 시도(개인심리이론)

보상(reward, 報償) 행동을 강화하는 요인으로, 행위자가 특정한 행동을 할 가능성과 확률을 높여주는 모

든 것(교환이론)

보존기술(conservation skill) 물체의 형태 변화가 중요한 지각의 단서가 되지 못하므로, 형태가 바뀌어도 양이나 부피와 같은 물리적 부분은 변화하지 않고 그대로 유지된다는 것을 인식할 수 있는 인지능력

복지주의 여성주의(welfare feminism) 여성의 출산과 양육과 같은 재생산 역할을 지원하거나 보상하는 급여와 서비스를 강화함으로써, 여성의 삶의 질이 향상될 것이라고 보는 여성주의 관점

봉사조직(services organization) 사회복지기관, 병원이나 학교와 같이 조직의 이용자가 가장 이익을 얻게 되는 조직

부르주아(bourgeois) 자본주의 사회에서 공장이나 기계와 같은 생산수단을 소유하여 임금 노동자를 고용하여 이익을 창출하는 사람들의 집단으로, 유산계급(有産階級)을 의미

부적 강화(negative reinforcement) 혐오자극을 철회함으로써 행동이 다시 일어날 가능성이 높아지는 상황

부적 환류(negative feedback) 체계의 항상성을 유지하고, 변화를 극소화하면서 체계 자체를 유지하는 환류

부정적 정체감(negative identity) 정체감 유실의 특수 유형으로, 부모의 가치관이나 사회 가치관과 정반대가 되는 자기개념

분류기술(classification skill) 대상이 공통적으로 지니고 있는 차원에 따라서 물체를 지각하고 통합하는 능력과 위계적 방식으로 하위집단으로 나열하여 하나의 새로운 집단으로 분류할 수 있는 인지능력

분리(segregation) 자신의 문화적 정체성을 고집하고 주류사회의 문화를 수용하지 않는 문화적응 유형 (다문화주의론)

분리-개별화(separation-individuation) 유아의 심리적 탄생(psychological birth) 과정을 서술한 Mahler의 관점

분리불안(seperation anxiety) 영아가 부모와 분리되기 싫어하여 분리될 때 나타내는 불안정서로서, 생후 9개월부터 나타남

분열(splitting) 자기와 주요 타인의 좋은 측면과 나쁜 측면을 극단적으로 분리하는 심리적 기제

분화(differentiation) 두 개 이상의 정신적 요소를 따로 떼어 놓는 심리적 기제(대상관계이론). 체계의 정교화 또는 발달적 연쇄과정으로서 성원이 조직적 역할을 담당하는 방법(일반체계이론)

불가역성(irreversibility) 일련의 논리나 사건을 원래 상태로 되돌릴 수 없다고 보는 유아의 사고 특성

불안(anxiety) 사람이 행동하도록 동기화하는 긴장 상태로서, 어느 정도 수준에서 항상 존재함

비공식조직(informal organization) 현실적인 인간관계를 토대로 인간의 욕구를 기반으로 자연발생적으로 형성되는 조직

비상징적 상호작용(non-symbolic interaction) 즉각적이고 자동적인 반응을 불러일으키는 의식적 의미가 담기지 않은 비의도적 행위인 제스처(gesture)를 이용하는 상호작용

비용(cost) 교환관계에서 개인이 치러야 하는 대가(교환이론)

비판적 어버이 자아 상태(critical parent ego state) 어버이 자아 상태의 하위체계로서, 양심이나 이상과 밀접히 관련된 자아 상태이며, 주로 판단, 비판, 질책, 비난 등의 행동이 특징적임

비합산성(nonsummativity) 전체는 부분의 총합 그 이상이라는 일반체계이론의 기본 가정

빈둥지 시기(empty nest) 자녀가 모두 출가하여 집을 떠나고 부부만 남게 되는 시기

빈의자기법(empty chair) 빈 의자에 자신이 생각하고 있는 사람이 앉아 있다고 생각하고 이야기하는 기법

사려성(reflection) 주어진 문제를 찬찬히 생각하여 문제를 풀어 가며 실수를 적게 하는 인지양식

사이버중독(cyber addiction) 컴퓨터나 스마트폰 이용자가 특정 욕구를 충족하기 위하여 지나치게 접속함

으로써 일상생활에서 사회적, 정신적, 육체적 및 금전적으로 심각한 지장을 초래하는 중독 상태

사전 단계(pregroup phase) 집단구성원이 하나의 집단으로 처음으로 대면하기 이전의 단계로, 집단은 단지 집단사회복지사의 머릿속에 존재하는 하나의 허상에 불과함

사정(assessment) 내담자에 관한 자료를 수집·분석하여 내담자의 욕구나 문제의 원인과 특성, 자원과 강점 등에 대한 종합적 해석과 판단을 내리는 사회복지실천의 한 단계

사춘기(puberty) 생식기관의 발달로 인한 성적 성숙과 생식능력의 발달이 이루어지는 시기

사회계획(social planning) 지역사회 내의 문제를 해결하기 위한 전문적인 기술과정을 강조하는 지역복지 실천 모델

사회관계망(social network) 개인이 사회적 정체성을 유지하고, 다양한 자원과 서비스를 주고받을 수 있는 사회관계(social relation)의 범위

사회목표 모델(social goal model) 시민의 사회적 의식화, 선량하고 책임 있는 시민의 양성, 노동조건 개선 및 빈곤문제 해결을 위한 사회 및 정치적 행동에 목적을 두고 있는 집단수준의 실천 모델

사회복지(social welfare) 모든 국민의 삶의 질 향상과 바람직한 방향으로의 사회적 조건 변화에 목적을 둔 법률, 프로그램, 급여 및 서비스의 총체적 체계

사회적 관심(social interest) 개인적 이익보다는 사회발전을 위해 타인과 협동하는 행동으로 나타나는 인류를 위한 감정이입(empathy)

사회적 관점수용능력(social perspective taking ability) 타인의 입장, 관점, 사고, 감정을 추론하고 감정이입적으로 이해하는 능력

사회적 무의식(sociological unconscious) 행동에 영향을 미치지만 의식 외부에 존재하는 문화와 사회계층의 측면

사회적 배제(social exclusion) 사회나 개인이 특정집단에의 사회적 통합에 필수적이면서도 다른 집단의 성원들이 일반적으로 누리는 다양한 권리, 기회, 자원으로부터 체계적으로 배제되어 있는 상태로서, 사회적 포섭의 반대말

사회적 성격(social character) 동일 문화권에 속하는 성원의 대다수가 갖는 성격 구조

사회적 시계(social clock) 특정 연령에 따라 어떤 역할을 하리라는 사회적 기대

사회적 연대(social solidarity) 개인이 더 발전된 사회로 나아가기 위해 서로 의존하는 과정에서 맺는 사회적 결속(social cohesion)으로, 기계적 연대와 유기적 연대를 포함

사회적 행동(social behavior) 최소한 두 사람 이상의 사이에서 보상이 주어지거나 비용이 요구되는 활동의 교환(교환이론)

사회주의 여성주의(socialist feminism) 여성의 삶의 공공 및 민간 분야 모두에 초점을 맞추고 여성 억압이 경제적, 문화적 억압을 모두 없애기 위한 노력에 의해 달성될 수 있다고 주장하는 여성주의 관점

사회체계(social system) 상호작용하고 상호의존적인 사람들의 구조(일반체계이론). 상호작용하는 다수의 부분들, 즉 행위체계를 통제하여 통합 기능을 수행하는 체계(구조기능주의이론)

사회통제(social control) 전체 집단이 이전의 방식대로 기능하기 위하여 성원을 순응·복종하게 하는 과정, 즉 집단의 항상성 기제

사회행동(social action) 사회적으로 소외되고 박해받고 있는 특정 집단의 권익을 대변하고 이들의 문제를 해결하고자 하는 지역복지실천 모델

사회화(socialization) 개인이 자신이 속한 사회집단에 적합하다고 생각되는 행동양식을 습득하는 과정으

로 문화적 가치, 믿음, 언어와 그 밖의 상징들이 인성체계에 내면화되어 가는 과정(구조기능주의이론). 자신이 속한 사회의 가치, 태도, 지식, 기술, 신념 등을 내면화하는 과정으로, 사회적 기술을 학습하는 과정(상호작용이론)

사회환경(social environment)　인간의 삶과 행동에 직접 혹은 간접적인 영향을 미치는 조건, 상황 그리고 인간 존재 간의 상호관계

산출(output)　체계 내에서 변형된 에너지를 환경으로 방출하는 과정

삶의 본능(life instinct)　성적 에너지와 긍정적 생활력과 동일한 충동

상상적 청중(imaginary audience)　자신이 주인공이 되어 무대 위에 서 있는 것처럼 행동하고, 다른 사람을 모두 구경꾼이라고 생각하는 등 자신을 관심의 초점에 두고자 하는 청소년기의 자기중심적 사고의 유형

상승작용(synergy)　체계 내부 또는 체계 사이에서 긍정적 상호작용이 증가하는 현상

상위체계(suprasystem)　작은 하위체계를 포함하고 있는 더 큰 체계로서, 정치적 및 경제적 거시체계(macro system)와 같은 더 큰 범위의 체계를 설명할 때 주로 사용됨

상징(symbol)　사물, 대상, 생각, 관계 등을 가리키고, 나타내고, 표상하는 표시나 기호, 단어

상징놀이(symbolic play)　부모의 행동이나 대상을 흉내 내어 하는 유아의 놀이

상징적 상호작용(symbolic interaction)　언어, 제스처(gestures), 색깔, 그림, 음악 등의 상징을 매개로 하여 이루어지는 상호작용

상호결정론(reciprocal determinism)　인간의 행동이 행동, 인지, 환경적 영향력 간의 상호작용으로 인하여 결정된다는 Bandura의 인간행동 형성에 대한 관점

상호 교류(transaction)　상호적인 개인-환경 간의 상호교환

상호작용(interaction)　체계 사이 그리고 체계성원 사이의 정보나 자원의 교환으로, 두 사람 이상 사이에서 일어나는 지속적이고 상호적인 일련의 접촉

상호작용 모델(reciprocal model)　집단성원의 사회화와 사회적응을 성취하기 위하여 성원 간의 지지체계 형성에 초점을 두는 집단수준의 실천 모델

샌드위치세대(sandwich generation)　부모역할과 자녀역할을 동시에 수행해야 하는 중·장년기 성인의 가족 내 위치에 대한 은유적 표현으로, '낀 세대'라고도 함

생리적 욕구(physiological need)　인간 욕구 중에서 가장 기본적이고 강력한 욕구로서, 물, 음식, 산소, 수면 등에 대한 욕구

생산성(generativity)　다음 세대를 형성하고 지도하려는 관심

생산조직(production organization)　상품의 제조뿐만 아니라 경제적 가치를 창출함으로써 사회체계의 생산 기능을 수행하는 조직으로, 기업이 대표적인 예임

생식기(genital stage)　사춘기 이후 심리적 통합이 이루어지는 Freud의 마지막 심리성적 발달 단계

생애사 재구성기법(life-history reconstruction)　내담자로 하여금 과거 경험에 대해 회상하도록 하여 증상이나 병리를 일으킨 발달 유형을 파악함으로써, 생애를 재구성하는 기법

생애 후반기 심리학(psychology of the afternoon)　중년기에 외부 세계에 대한 관심에서 벗어나 내면세계에 대한 관심의 증가, 즉 자기실현에 관심이 높아지는 것을 강조하는 이론에 대한 비유적 표현

생태여성주의(eco feminism)　여성과 자연을 문화의 반대 개념으로 인식하고 지배와 정복의 대상으로 보았던 모더니즘적 사고에 저항하는 여성주의 관점

생태체계도(ecological map; eco-map) 가족이 다른 환경과 어떤 관계를 유지하고 있는지를 나타낸 그림

생태학(ecology) 살아 있는 유기체와 환경 사이의 관계를 연구하는 과학

생활공간(life space) 상호 의존적인 개인과 환경을 포함하는 전체적인 심리적 장

생활과정(life course) 사회구조와 이에 영향을 미치는 역사적 변화와 관련된 생활사건이 발생한 시점

생활 모델(life model) 생활과정을 통한 자연적 성장과정에 기반을 둔 사회복지실천의 원조과정으로, 내담
  자가 자신의 생활에 대해 더 많은 통제력을 획득할 수 있도록 원조하는 데 강조점을 두며 행동지향적
  접근방법

생활양식(life style) 개인의 행동을 특징지으며 일관성을 부여하는 특성, 동기, 인지방식, 적응기술의 총체

생활 영역(niche) 개인이 지역사회에서 점유하는 지위

성(sex), 성성(sexuality) 생물의 성별과 성적 행위를 일컫는 생물학적 성을 표현하는 용어

성격(personality) 생물적 요인과 환경적 요인만으로는 설명될 수 없는 개인의 특징적 사고, 감정, 행동을
  결정하는 지속적이고 역동적이며 통합적인 정신내적 기제

성년기(early adulthood) 배우자로서의 역할, 직업적 역할수행에의 몰두, 그리고 자녀를 양육하고 사회화
  하는 부모로서의 역할을 수행하는 시기

성숙(maturation) 경험이나 훈련에 관계없이 유전적 기제의 작용에 의해 나타나는 체계적이고 규칙적으
  로 진행되어 가는 생물적 과정

성역할 정체감(sex-role identity) 사회가 특정 성에 적절하다고 인정하는 특성, 태도, 흥미와 동일시하는
  과정으로, 성에 따른 사회의 역할기대를 내면화하는 과정

성장(growth) 신체와 근력 증가, 인지 확장 등과 같은 양적 확대, 특히 신체적 측면의 양적 확대

성장급등기(growth spurt) 영아기와 청소년기에 일어나는 급격한 신체적 발달 현상

성장동기(growth motive) 자신의 잠재력을 실현하고자 하는 선천적 충동과 관련된 높은 수준의 욕구
  (metaneed)에 의해 발생하는 동기

성장통(growing pain) 아동기에 뼈의 성장이 근육의 성장을 초월하여 나타나는 통증으로, 근육성장기 골
  통(骨痛)이라고도 불림

성적 성숙(sexual maturation) 생식기관의 발달뿐만 아니라 이와 관련되어 일어나는 사회적 · 심리적 적응
  과정을 포함한 성숙

소거(extinction) 강화되지 않은 행동이 일어나는 것을 중단하는 과정

소속과 애정에 대한 욕구(need of belonging and love) 타인과 친한 관계를 맺도록 동기화하는 욕구

소수자집단(minority group) 특정 사회 안에서 문화, 민족, 인종적으로 구별되는 특성으로 인해 사회적 차
  별과 억압, 배제를 당하는 특수집단

소외(isolation) 친밀감을 형성하기 위한 접촉을 회피하는 것

소원충족적 사고(wish fulfillment) 바라는 대상(사람)의 정신적 표상으로 현실적 대상을 대신하는 원초아
  의 무의식적 사고과정

소진증후군(burnout syndrome) 조직 내에서 수행하는 업무나 대인관계에 대한 불만족이 누적되어 감정
  의 고갈, 소외, 업무와 다른 사람에 대한 관심의 상실 등과 같은 증후군

소집단(small group) 20명 또는 그 이하의 사람들로 구성된 집단

솔선성(initiative) 독립적이고 열정적으로 활동하는 능력

수렴적 사고(convergent thinking) 문제를 해결할 수 있는 다양한 해결책 가운데서 가장 적합한 해결책을

찾아가는 사고

수치심(shame)　벌거벗겨지고 비난하는 눈초리를 받는 느낌

숙명론적 자살(fatalistic suicide)　사회적 규제가 너무 강할 때 나타나는 자살로, 아노미적 자살과 대조되는 자살유형

순응하는 어린이 자아 상태(adapted child ego state)　어린이 자아 상태의 하위체계로서, 외적 세계의 요구에 정서적 및 행동적으로 순응하려는 자아 기능

슈퍼우먼 증후군(superwoman syndrome)　아내, 어머니, 직업인으로서의 모든 역할을 성공적으로 수행하려는 직업여성에게서 볼 수 있는 스트레스 증후군

스트레스(stress)　개인의 지각된 욕구와 이러한 욕구를 충족하기 위하여 자원을 활용할 수 있는 능력 사이의 불균형 상태

스트로크(stroke)　개인을 인정하거나 애정표현을 내포하고 있는 언어 또는 비언어적 행위

승화(sublimation)　성적 충동을 좀 더 고상한 목적으로 전환하는 자아방어기제

시간체계(chronosystem)　개인의 전 생애에 걸쳐 일어나는 변화와 역사적인 환경을 포함하는 체계

시냅스(synapse)　뉴런의 말초신경섬유와 다른 뉴런의 수지상돌기가 연결되는 부위

신경교(glia)　신경원에 영양을 공급하고 정보의 전달을 촉진하는 수초(myelin)로, 신경원의 보호 기능을 하는 신경계의 구성요소

신경원(neurons)　뇌의 한 부분에서 다른 부분으로, 또는 신체의 한 부분에서 다른 부분으로 정보를 받아들이고 전달하는 기능을 하는 신경계의 구성요소

신경증(neurosis)　원초아의 충동에 의해 과도한 위협을 받음으로써 나타나는 극도의 불안이 원인이 되어 일어나는 정신질환

신념체계(belief system)　어떤 사건이나 행위 등과 같은 환경적 자극에 대해 개인이 지니고 있는 태도나 사고방식

신생아기(neonate)　출생 후 약 2~4주의 시기

신체열등(organ inferiority)　선천적으로 약하거나 부족하게 기능하는 신체기관에 대한 개인의 열등감

실천이론(practice theory)　사회복지사의 실질적인 개입 또는 원조활동에 관한 지식체계

실천적 접근방법(clinical social work practice)　환경 속의 개인 중에서 개인의 변화에 강조점을 두고, 인간에게 직접 서비스를 제공하는 사회복지실천의 접근방법

심리사회적 위기(psychosocial crises)　취약성이 증가하거나 잠재력이 강화되는 인생의 중요한 시기 또는 전환점으로, 사회가 부과하는 일련의 새로운 요구를 충족하기 위하여 특별히 노력해야 하는 시기

심리사회적 이론(psychosocial theory)　사회적 환경과 상호작용하는 성격의 결과로서 일생에 걸쳐 일어나는 성장과 발달을 탐색하는 이론적 접근방법

심리성적 발달 단계(psychosexual stage)　성숙과정에서 성적 및 공격적 에너지의 전환이 일어나는 사전에 결정된 시기로서, 각 단계가 전개됨에 따라 성인기의 성격을 결정하는 성격의 기본 구조가 형성됨

심리적 기능(psychological function)　사고, 감정, 직관, 감각이라는 4개 기능

심리적 이유(psychological weaning)　부모에게서 분리되려는 청소년의 심리적 발달 특성에 대한 은유적 표현

아노미(anomie)　사회의 급격한 변화와 위기 등으로 기존 가치관이나 규범, 윤리관 등이 와해됨으로써, 개인이 겪게 되는 가치관이나 윤리관의 혼란

아노미적 자살(anomic suicide) 급격한 사회변화나 사회적 위기로 인해 발생한 무규범(normlessness) 상태의 사회에서 나타나는 자살

아니마(anima) 남성 정신의 여성적 측면의 원형

아니무스(animus) 여성 정신 내부의 남성적 측면의 원형

아동기(childhood) 공식적 학교교육을 통하여 사회가 요구하는 기본적 기술을 습득하는 발달 단계로서, 7~13세의 시기

아동학대(child abuse) 아동을 대상으로 한 신체학대, 성학대, 정서학대, 방임 및 유기를 포함하는 아동의 건강 또는 복지를 해치거나 정상적 발달을 저해하는 행위

안전욕구(safety need) 개인으로 하여금 그의 환경에서 적당한 양의 질서, 구조, 예측성을 획득하도록 동기를 부여하는 기본욕구

안정상태(steady state) 체계의 역동적 균형으로, 안정 상태를 유지하는 체계는 투입과 산출을 효과적으로 활용함으로써 적응하고 성장해 나감

애착(attatchment) 영아와 보호자 사이에 형성되는 친밀한 정서적 유대감

양성성(androgyny) 온화함, 이해심, 부드러운 감정표현과 같은 여성적 특성뿐만 아니라 모험심, 지성, 야망, 성취 등과 같은 남성적 특성을 고루 갖춘 상태

양심(conscience) 도덕적으로 옳지 못한 것을 다루고 그 결과로 죄의식을 유발하는 초자아의 하위체계

양육적 어버이 자아 상태(nurturing parent ego state) 어버이 자아 상태의 하위체계로서, 자신과 타인에 대해 동정적, 보호적, 양육적인 행동을 보이는 것이 특징

어른 자아 상태(adult ego state) 사고와 합리적 행동이 특징적으로 나타나는 자아 상태로서, 내적 욕구와 외적 요구를 중재하는 중재자의 역할을 수행함

어린이 자아 상태(child ego state) 어린 시절에 실제로 느꼈거나 행동했던 것과 똑같은 감정이나 행동을 나타내는 자아 상태로서, 상황에 대한 정서적 반응이 특징적인 사고, 감정, 행동을 말함

어버이 자아 상태(parent ego state) 외부 세계로부터 학습한 태도, 가치, 의견 등을 내면화한 자아 상태

에너지(energy) 체계 내부 또는 체계 외부로의 정보와 자원의 흐름

엔트로피(entropy) 체계 내부의 비조직화 또는 수행도의 감소

엘렉트라 콤플렉스(Electra complex) 남성의 오이디푸스 갈등에 대응하는 여성의 콤플렉스로서, 여아가 아버지에게 관심을 보이고 어머니에게는 경쟁의식을 보이는 현상

역기능적 체계(dysfunctional systems) 상대적으로 폐쇄적인 경계선을 갖고 있고 경계선 내부에서만 주로 작동하는 체계로서, 융통성이 부족하고, 미분화되어 있으며, 효과성이 낮은 것이 특징인 체계

역동적 모델(dynamic model) 생래적 충동과 사회적 요구 사이의 갈등에 대한 Freud의 관점

역량강화(empowerment) 개인이 권력을 획득하고 대인관계에서 더 많은 영향력을 갖게 되는 과정

역전이(countertransfernce) 실천가가 내담자에 반응하는 과정에서 경험하는 비합리적 정서반응이나 환상

역할(role) 지위의 동적인 표현으로서, 어떤 지위에 있는 개인에게 기대되는 행동

역할 취하기(role-taking) 자신의 역할을 생각해보고 타자의 역할을 해보는 행동

연령규범(age norms) 동시대인이 특정 연령대에 적합한 행동을 하도록 각 개인에게 요구하는 사회적 기대나 가치

연쇄이동(chain immigration) 기존 이민자들로부터 교통편이나 거주, 취업에 관한 도움을 받아 예비 이민자들이 연쇄적으로 이동하는 현상

열등감(inferiority)　유아기부터 갖게 되는 자신의 부적절성, 부족, 무능력에 대한 느낌으로 우월을 향한 추구의 기반이 되는 심리적 특성(개인심리이론). 자신이 속한 문화의 기술을 다룰 준비가 되어 있지 않거나 무가치하다고 느끼는 감정(심리사회적 이론)

영아기(infancy)　출생~3세 시기의 발달 단계

영아돌연사 증후군(sudden infant death syndrome)　영아가 특별한 이유도 없이 수면 중에 갑자기 사망하는 현상

오귀인(misattribution)　개인이 사건의 연쇄과정을 잘못 지각하거나 결과를 일으킨 원인을 잘못 파악하고 있는 것

오이디푸스 콤플렉스(oedipal complex)　남근기에 남아가 어머니에게 성적 관심을 표시하고 아버지에게는 경쟁의식을 갖게 되었을 때 일어나는 갈등

외적 대상(internal object)　사회환경 내에 있으면서 직접 관찰이 가능한 실재하는 사람, 사물, 장소

외적 체계(exosystem)　개인이 직접 참여하거나 관여하지는 않지만 개인에게 영향을 미치는 환경체계로서, 부모의 직장, 정부, 사회복지기관, 대중매체 등이 포함됨

우월에의 추구(striving for superiority)　자신의 약점을 극복하고 자신의 잠재력을 극대화하려는 노력으로, 인간행동을 추진하는 역동적 힘

원규(mores)　도덕과 같이 외부의 강제력보다는 내면적 자발성에 의해 지지되는 규범

원상복귀(undoing)　사건이나 이전의 행동을 왜곡되긴 하지만 비위협적인 것으로 재구성하는 자아방어기제

원초아(id)　성적 충동과 공격적 충동에 대한 무의식적 표상으로 구성되는 타고난 성격의 하위체계

원형(archetypes)　시간, 공간, 문화나 인종의 차이와 관계없이 모든 인간에게 보편적으로 존재하는 인류의 가장 원초적인 행동 유형

위계질서(hierarchy)　권력과 통제권에 기반을 둔 체계 내부 성원의 서열

위기(crisis)　개인이 새로워지고, 관점을 급격히 변화시키고, 새로운 기회에 직면하도록 요구하는 중요한 시기

위반실험(breaching experiment)　안정적인 특성을 가진 체계로부터 시작하여, 말썽을 일으켜 봄으로써 어떻게 해서 사회질서가 일상적으로 유지되는지를 알아 볼 수 있는 방법

유기적 연대(organic solidarity)　산업사회에서 노동이 분화되고 역할이 전문화됨에 따라 전통적 유사성과 동질성에 기초한 인간관계가 무너지고 다양한 개인들 사이의 상호의존과 상호보완성에 기초하여 발생하는 고차적인 연대의식

유기체적 가치평가 과정(organismic valuing process)　자기성취를 촉진해 줄 것으로 지각되는 경험에 대해 긍정적인 가치를 부여하고, 자기실현을 위협하는 경험은 부정적인 가치를 부여하는 과정

유능성(competence)　환경과 성공적으로 상호 교류하는 상태로서, 확고한 결정을 내리고, 자신의 판단을 신뢰하고, 자기확신을 갖고, 환경에 바람직한 영향을 미칠 수 있는 능력

유아기(early childhood)　3~7세의 인간 발달 단계로, 걸음마기와 학령전기로 세분화됨

유행문화(fasion)　일시적으로 많은 사람이 어떤 행동양식 또는 문화양식을 택함으로써 생기는 사회적인 동조현상

은퇴(retirement)　어떤 사회적 지위에서 물러나 그 지위에 관련된 역할수행을 중단하게 된 현상

의료적 모델(medical model)　원인의 발견에 따른 치료를 강조하는 관점

의사소통(communication)　상대방에게 의미를 전달하기 위하여 상징을 사용하는 과정

의식(consciousness)   개인이 직접 인식할 수 있는 정신의 부분

이고그램(egogram)   자아 상태 간의 에너지 배분상태를 가시적으로 표현한 그림

이기주의적 자살(egoistic suicide)   사회적 연대와 통합이 약화되었을 때, 극도로 소외되거나 자신만 구원
　　　되기를 바라는 이기심에서 발생하는 자살

이론(theory)   관찰한 현상을 조직하고 이해할 수 있는 준거틀을 제시해 주는 논리적 개념체계

이상적 자기(ideal self)   앞으로 자신이 되고 싶어 하는 자기 상태

이상행동(abnormal behavior)   부적응 행동(maladaptive behavior)으로 불리며, 인간의 다양한 심리적 측
　　　면, 즉 인지, 정서, 동기, 행동, 생리의 측면에서 개인의 부적응을 초래하는 행동 특성

이상화(idealization)   자신 또는 대상을 완벽하다고 여기는 심리적 기제

이완훈련(relaxation training)   조용한 환경 속에서 깊고 규칙적인 호흡과 함께 근육을 이완하며, 동시에
　　　즐거운 상상이나 생각을 하는 절차

이익사회(Gesellschaft)   산업사회의 특징적 모습으로 의식적이고 의도적으로 참여하는 공식적 생활을 의
　　　미하며, 인간관계가 계약에 의해 이루어지며, 능률과 효율성을 강조하며, 개인의 능력과 업적에 따라
　　　생산을 배분하는 사회

이주(immigration)   개인 또는 집단이 지리적으로 이동하여 체류, 정주하는 현상

이차 수준의 변화(second-order change)   정적 환류에 의해 야기되는 체계 전체의 변화

이차적 강화(secondary reinforcement)   일차적 강화물과 계속 짝지어진 중립적 자극이 강화속성을 획득
　　　한 자극

이차적 사고과정(secondary process)   본능의 만족을 가장 적절하게 지연할 수 있는 행동계획을 수립하는
　　　자아의 정신과정

이차 집단(secondary group)   전문단체, 군대 등과 같이 목적달성을 위해 인위적 계약에 근거하여 형성된
　　　집단으로, 성원 간의 관계는 개인적 차원에서 이루어지는 것이 아니라 이성적이고 계약적인 특성을
　　　갖는 집단

이타적 자살(altruistic suicide)   사회적 연대가 강하여 개인이 과도하게 사회에 통합되거나 사회 및 가족
　　　과의 연대감과 책임감이 강할 때 나타나는 자살

이행운동(locomotor)   신체의 대근육을 이용한 걷기, 뛰기, 기어오르기 등의 이동을 목적으로 하는 운동

인간 소외(human alienation)   인간이 지닌 본래적 인간성이 상실되어 인간다운 삶을 영위하지 못하는 현
　　　상으로, 노동생산물로부터의 노동자 소외, 노동 그 자체로부터의 노동자의 소외, 인간 본성으로부터의
　　　노동자의 소외, 인간으로부터의 인간의 소외를 포함

인간행동(human behavior)   관찰 가능한 신체적 움직임에 국한되지 않고, 인간의 정신과 정서 등을 포괄
　　　하는 심리적 측면, 인간 발달과 이상행동 또는 부적응적 행동을 포괄하는 광의의 개념

인공론적 사고(artificialism)   자기중심적 사고의 특별한 형태로, 세상의 모든 사물이나 자연현상이 사람의
　　　필요에 의해서 자신의 목적에 맞도록 쓰려고 만들어진 것이라 믿는 사고

인본주의(humanism)   긍정적 방향으로 발달하려는 인간의 본질적 경향을 강조하는 철학적 관점

인생각본(life script)   개인의 인생계획으로서, 자신의 주변에서 일어나는 중요한 일에 대한 나름대로의 해
　　　석에 근거하여 내린 초기결정에 의해 형성됨

인생태도(life position)   자기 자신과 타인 그리고 세계에 대해서 갖고 있는 개인의 태도를 통칭하는 것으
　　　로, 초기경험과 초기결정에 의해 형성됨

인생회고(life review)　과거 경험을 해결하고 통합하기 위하여, 과거 경험에 대한 의식으로 점진적으로 되돌아가는 원조과정

인성체계(personality system)　개인체계로 불리기도 하며, 체계의 목적을 규정하고 이를 성취할 수 있는 자원을 동원함으로써 목적달성 기능을 수행하는 체계

인습적 도덕기(conventional morality)　권위적 인물의 승인 정도나 사회가 정한 법률 등에 근거하여 행동의 옳고 그름을 판단하는 Kohlberg의 도덕 발달 단계

인위적 집단(formed group)　특별한 목적을 달성하기 위해 사회기관, 학교, 회사 등과 같은 조직이 집단구성의 필요성을 인식하여 의도적으로 구성한 집단으로, 위원회, 팀, 학급, 클럽, 치료집단 등이 포함됨

인지(cognition)　지식, 사고, 문제해결 등의 고등 정신과정

인지과정(cognitive processes)　개인이 활용 가능한 정보를 지각, 조직, 기억, 평가하는 정신과정

인지불일치(cognitive dissonance)　인지적 갈등과 불안정

인지적 심상기법(cognitive imagery techniques)　공포나 불안을 야기하는 사건에 대한 비생산적 반응을 소거하기 위한 기법

인지적 자기지시(cognitive self-instruction)　내적 대화(internal dialogues)와 겉으로 드러나지 않은 자기진술을 하게 함으로써, 어려운 생활사건에 대처하고 행동문제를 해결하는 기법

인지적 재구조화(cognitive restructuring)　내담자의 사고에 내포되어 있는 잘못된 논리를 표현하게 하고 불합리한 사고과정을 논리적이고 합리적인 사고 유형으로 대치하는 기법

인지적 행동수정(cognitive behavior modification)　역기능적 행동을 하게 만드는 사고를 수정하는 기법으로, 인지적 재구조화, 인지적 자기지시, 인지적 심상기법 등이 포함됨

일반화(generalization)　특정 자극 상황에서 강화된 행동이 처음의 자극과 비슷한 다른 자극을 받았을 때 다시 발생하게 되는 것으로, 자극일반화와 반응일반화로 구분됨

일반화된 타자 역할 취하기(taking the role of the generalized other)　한 사회 안에서 명백한 전체 공동체의 태도를 취할 수 있는 능력

일차 수준의 변화(first-order change)　부적 환류에 의해 일어난 체계 내 부분의 변화

일차적 동일시(primary identification)　유아가 최초의 양육자, 즉 어머니와 전혀 분화되어 있지 않고 심리적으로 융합되어 있으며 자기개념도 거의 발달하지 않는 상태

일차적 사고과정(primary process)　바람직한 목적에 대한 이미지를 만들어 냄으로써 소원을 충족하거나 긴장을 해소하려고 시도하는 무의식적이고 원초적인 정신 기능

일차 집단(primary group)　가족, 친구, 이웃 등과 같이 혈연과 지연을 바탕으로 자연발생적으로 이루어지는 집단으로, 친밀한 대면적 연합이나 협동을 중시하는 정서적 인간관계가 그 특성인 집단

일탈(deviance)　사회적 규범이나 제도화된 행위 원칙을 공식 또는 비공식적으로 위반하는 행위나 행동으로, 공식적 일탈과 비공식적 일탈로 구분

자극변별훈련(stimulus discrimination training)　적절한 자극통제를 성취하기 위하여 활용하는 절차

자기(self)　집단무의식 내에 존재하는 타고난 핵심적 원형으로서, 모든 의식과 무의식의 주인이며, 모든 콤플렉스와 원형을 끌어들여 성격을 조화하고 통일하며 본래적이고 선험적인 나(분석심리이론). 유아가 양육자와의 경험을 바탕으로 내면화한 자신에 대한 지각, 정서, 감각, 기억, 기대, 환상 등을 포함하는 정신적 표상(대상관계이론), 자기인식과 자기이미지를 구성하는 성격의 한 부분으로, 태도, 가치, 신념, 성향 등과 관련된 비교적 일관되고 안정된 자신의 특성에 대한 인식(상호작용이론)

자기강화(self reinforcement) 자신이 통제할 수 있는 보상을 자기 스스로에게 보상으로 줌으로써, 자기행동을 개선 또는 유지하는 과정

자기개념(self-concept) 개인이 자신의 것으로 동일시하는 개인적 특성에 대한 지각이나 느낌으로, 자신에 대한 자기이미지

자기귀인(self-attribution) 내담자가 과도하게 자기를 비난하거나, 사회적으로 부정적인 진단명을 내면화하거나, 자신을 희망이 없는 존재로 보고 있는 것

자기실현(self-actualization) 자신에 대한 정확한 지각과 인식을 바탕으로 자신의 무의식세계를 의식화해 가는 과정(분석심리이론). 성장을 유지하고 증진할 수 있는 방향으로 자신의 능력을 개발하려는 본질적 경향 또는 특성(인본주의이론)

자기존중감(self-esteem) 자기 자신에 대해 갖고 있는 개인적 가치감이나 긍정적 평가로서, 자기개념의 정서적 측면

자기주장훈련(self-assertive training) 자신의 느낌, 생각, 신념, 태도를 자유롭고 직접적으로 표현할 수 있도록 원조하는 방법

자기통제(self control) 요구에 일치하는 능력, 상황에 따라 행동을 수정하는 능력, 행동을 연기하는 능력, 타인의 지시를 받지 않고 사회적으로 바람직한 행동을 하는 능력

자기효능감(self-efficacy) 자신이 스스로 상황을 극복할 수 있고, 자신에게 주어진 과제를 성공적으로 수행할 수 있다는 신념이나 기대

자동적 사고(automatic thought) 즉각적으로 인식되지 않는 사고

자아(ego) 개인의 의식이 분화되어 가는 과정에서 생겨나며 의식적인 지각, 기억, 사고, 감정 등으로 이루어져 있으며, 의식의 중심부에 자리를 잡고 의식의 주인으로서 의식을 지배하는 정신의 부분(분석심리이론). 성격의 집행체계로서, 주된 기능은 환경과의 상호작용(정신분석이론). 외부 세계와 관련된 성격의 집행체계(심리사회적 이론). 지각, 기억, 인지, 정서, 행동, 양심 등의 요구를 분별하고 통합하고 균형을 잡고 조직화하고 통제하고 선택하고 결정하는 정신기능(대상관계이론)

자아방어기제(ego defense mechanism) 불안을 차단하고 원초아의 충동이나 초자아의 압력으로부터 자아를 보호하기 위하여 현실을 왜곡하는 무의식적 정신과정

자아 상태(ego state) 사고, 감정, 그리고 이것과 관련된 일련의 행동 유형을 통합한 하나의 성격 체계

자아성향(ego orientation) 삶에 대한 일반적인 태도로서, 외향성과 내향성의 상반된 성향

자아심리이론(ego psychology) 일생에 걸쳐 환경에 대한 지배감을 획득하기 위하여 노력하는 자아와 개인의 노력을 강조하는 심리이론

자아정체감(ego identity) 자기 자신의 독특성에 대한 비교적 안정된 느낌

자아중심성(egocentrism) 타인의 관점과 역할을 고려하지 않은 채, 자신의 입장에서 세계를 지각하는 유아의 사고 특성

자아통합(ego integrity) 자아인식의 한계와 모든 지식의 상대성을 초월할 수 있는 능력

자연적 집단(natural group) 외부의 개입 없이 자연발생적으로 만들어진 집단으로, 또래집단, 갱집단 등이 포함됨

자원(resource) 교환관계에서 상대방에게 보상할 수 있는 능력을 말하는 것으로, 개인이 가진 모든 물질적 및 비물질적 자원을 말하며, 감정, 매력, 서비스, 물질 등을 포함(교환이론)

자유로운 어린이 자아 상태(free child ego state) 어린이 자아 상태의 하위체계로 누구에게도 구속받지 않

고 자연스럽게 행동하는 자아 기능으로, 감정적, 본능적, 자기중심적이며, 창조적이고 충동적인 감정과 행동이 특징임

자유연상(free association)　아무리 부적절한 것일지라도 의식 속에 떠오르는 모든 것을 내담자가 말할 수 있도록 하는 치료 기법

자유주의적 여성주의(liberal feminism)　합리적 존재인 여성과 남성 모두는 자유의지에 따라 자율성을 행사하고 자신의 능력을 최대한 발휘할 수 있는 동등한 권리를 갖는다고 보는 여성주의 관점

자율성(autonomy)　자아존중감을 상실하지 않고 자아통제감을 유지할 수 있는 심리적 능력

자존감 욕구(self-esteem need)　다른 사람에게서 인정과 존중을 받으려는 개인의 기본욕구

잠재성(latency)　개인들의 행위동기를 유발하고 지속시키는 체계의 독특한 문화와 가치를 창출하고, 지속시키며 변형시켜 나가는 기능으로, 유형유지(pattern maintenance)와 긴장관리(tension management)가 포함

장독립성(field independence)　상황, 즉 장(field)의 영향을 거의 받지 않으며, 사물을 여러 개의 부분으로 나누어 지각하는 인지양식

장의존성(field dependence)　사물을 인식할 때 그 사물을 둘러싼 배경, 즉 장(field)의 영향을 많이 받고, 사물을 전체적인 관점에서 지각하는 인지양식

재결정학파(redecisional school)　아동기 초반에 부모의 금지령 등에 반응하여 내린 초기결정을 이후의 발달 단계에서 다시 결정을 내리고 새로운 삶의 방향을 선택할 수 있다고 보는 교류분석이론의 후기 모델

저항(resistance)　현실에 직면하기를 회피하기 위하여 사용되는 방어기제로서, 치료에서는 원조자의 해석을 피하기 위하여서도 사용됨

적응(adaptation)　개인과 환경이 지속적으로 상호작용하는 과정에서 적응적 균형 상태를 획득하는 과정(생태학적이론). 체계가 외부 상황이나 환경의 요구에 대처하는데 필요한 충분한 자원을 확보하고 체계 전반에 배분하여, 환경에 적응하고, 환경을 체계의 요구에 맞춰가는 기능(구조기능주의이론)

적응적 체계(adaptive system)　환경과 적절히 분화되어 있으면서 효과적으로 상호작용하는 체계

적합성(goodness of fit)　개인의 적응적 욕구와 환경적 특질이 부합되는 정도

전도추리(transductive reasoning)　수와 종류는 알지만 상위 개념과 하위 개념을 완전히 구분하지 못하고, 특수한 것에서 특수한 것을 추리하는 유아의 사고 특성

전성설(preformation theory)　수정과정에서 인간의 모든 형상이 결정되며 이후에는 오로지 제한된 범위의 양적 변화만 나타난다고 보는 인간 발달의 관점

전의식(preconsciousness)　약간의 노력으로 의식화할 수 있는 정신과정

전이(transference)　내담자가 초기 아동기의 관계가 방해되었을 때 겪은 감정을 현재의 원조자에게 표현하는 비합리적 감정

전이 분석(transference analysis)　내담자가 치료자에게 투사하는 전이감정을 분석하여, 내담자의 개인적 역사와 무의식, 사회문화적이고 원형적인 집단무의식을 파악하고, 내담자의 자기지각과 자기실현을 조장하는 치료 기법

전인습적 도덕기(preconventional morality)　행동에 따르는 보상과 처벌과 같은 외부 요인에 의해 행동의 옳고 그름을 판단하는 Kohlberg의 도덕 발달 단계

전조작적 사고 단계(preoperational stage)　2~7세에 일어나는 Piaget의 두 번째 인지 발달 단계

전체적 인간관(holistic view of human being) 인간을 환경과 분리된 존재가 아닌 환경과 상호작용하고 통합적으로 기능하는 존재로 보는 사회복지실천의 인간관

전환(through-put) 체계 내부로 투입된 에너지를 변형하여 재조직화하는 과정

절망(despair) 자아통합성이 결여되어 있고, 인생이 무의미하다고 느끼는 감정

점성적 발달(epigenesis) 이전 단계의 발달과업 성취 정도에 기초하여, 그다음 단계의 발달이 이루어진다는 발달원리

정서발달지수(emotion quotient) 정서 발달 수준을 나타내는 지수

정신결정론(psychic determinism) 행동이 질서정연하고 유목적적인 방식으로 일어나고 특정 변인의 결과라고 보는 관점

정신분석학적 여성주의(psychoanalytic feminism) 여성을 생물학적으로, 심리적으로 그리고 도덕적으로 남성에 비해 열등한 존재로 보는 있는 정신분석이론의 여성차별적 관점을 비판하면서, 남성지배구조의 생성과 여성에게 양육의 책임을 부과하는 사회구조에 관심을 기울이는 여성주의 관점

정적 강화(positive reinforcement) 특정 행동을 한 후에 그 행동이 다시 일어날 가능성을 증진하는 자극

정적 환류(positive feedback) 체계에 급진적이고 불연속적인 변화를 통하여 체계 전체를 변화시키는 환류

정책적 접근방법(social welfare policy) 환경 속의 인간 중에서 환경의 변화에 강조점을 두고, 인간에게 간접 서비스를 제공하는 사회복지실천의 접근방법

정체감 유실(identity foreclosure) 부모나 사회의 가치관을 자신의 것으로 그대로 선택하므로, 위기도 경험하지 않고 쉽게 의사결정을 내리지만 독립적 의사결정을 하지 못하는 상태

정체감 혼란(identity diffusion) 정체감을 확립하기 위한 노력도 없고, 기존 가치관에 대한 의문도 제기하지 않는 상태

정치조직(political organization) 사회의 목표가치를 창출하고 권력을 형성하며 배분하는 조직으로, 행정기관 및 정당, 국회 등이 있음

정화(catharsis) 문제에 대해 터놓고 얘기함으로써 일어나는 감정적 표현이나 감정의 완화

젠더(gender) 사회, 역사, 문화적으로 구성된 성, 즉 사회적 성을 일컫는 용어

젠더관점(gender perspective) 사회적 성의 차이(gender differences)는 사회적 차별과 지위의 불평등으로 이어지게 된다고 보고, 각종 제도나 정책에 포함된 특정 개념이 특정 성(性)에게 유·불리, 성 역할 고정 관념의 개입 유무 등의 문제점을 내포하고 있는가를 검토하는 성인지적 관점

조건자극(conditioned stimulus) 자동적으로 반응을 불러일으키는 이전의 다른 자극과 연결함으로써 행동을 불러일으키는 자극

조작(operation) 정보의 전환을 이해하는 정신능력, 즉 처음으로 되돌아갈 수 있는 능력

조작적(도구적) 조건화(operant or instrumental conditioning) 행동의 선행사건과 결과를 수정함으로써 자발적 행동이 변화되는 과정

조작적 행동(operant behavior) 유기체가 자유롭게 방출하는 반응으로, 그 반응의 빈도는 행동에 따르는 결과에 의해 영향을 받음

조절(accomodation) 새로운 정보를 받아들여 새로운 인지 도식을 만드는 것

조직(organization) 특정한 목적달성을 위하여 의도적으로 구성된 사회 단위이며, 공식화된 분화와 통합의 구조 및 과정 그리고 규범을 내포하는 사회체계

조합기술(combination skill) 수(數)를 조작하는 능력으로서, 일정한 수의 사물이 있으면 그걸 펼치든지 모

으든지 또는 형태를 바꾸든지 수가 같다는 것을 이해할 수 있는 능력

종결단계(ending phase)　집단성원 간의 정서적 분리가 이루어지는 단계

죄수의 딜레마(prisoner's dilemma)　서로 협력할 경우 서로에게 가장 이익이 되는 상황일 때 개인적 욕심으로 서로에게 불리한 상황을 선택하는 문제를 설명하는 게임이론의 비제로섬 게임(non zero-sum game)의 대표적 사례

죄의식(guilt)　처벌받을 것을 두려워하는 감정

주변인(marginal men)　아동으로서의 지위도 성인으로서의 지위도 부여받지 못한 청소년의 사회적 발달 특성에 대한 은유적 표현

주변화(marginalization)　자신의 문화적 정체성을 유지하지도 못하고 주류사회의 문화를 수용하지도 못하는 문화 적응 유형

죽음의 본능(death instincts)　검열되지 않은 무의식적인 공격적 충동

중ㆍ장년기(middle adulthood)　신체적 변화에 대한 적응, 부부간의 애정 재확립과 중년기 위기의 극복, 직업활동에의 몰두와 여가선용 등의 발달과업을 수행해야 하는 40~65세의 발달 단계

중간 단계(middle phase)　시험, 갈등, 그리고 성원 간의 관계를 조정하여 집단의 목적 성취를 위해 노력을 경주하는 단계

중간 대상(transitional object)　외적 대상과 내적 대상의 중간 영역에 위치하면서 유아와 애착관계를 형성하는 대상으로, 인형이나 담요, 이불과 같이 유아가 습관적이면서도 강한 애착감정을 부여하는 대상

중간체계(mesosytem)　상호작용하는 두 가지 이상의 미시체계의 관계망

중년기 위기(mid-life crisis)　중년기에 나타나는 심리사회적 위기

중심화(centration)　사물이나 사건의 개별 특성만을 고려하여 추리하는 유아의 사고 특성

지각(perception)　감각기관을 통해 들어온 정보를 조직하고 해석하는 체계

지능(intelligence)　각 개인이 유목적적으로 행동하고 합리적으로 사고하고 능률적으로 환경에 대처할 수 있는 총체적 능력

지리적 지역사회(geographic community)　일정한 지리적 영역 내에 함께 거주하는 주민의 집합체

지역사회(community)　다른 지역과 구별될 수 있는 경계를 갖는 독립적인 일정 지역에 모여 살면서, 상호작용을 통해 서로의 생활에 도움을 주며, 같은 전통, 관습 및 규범, 가치 등을 공유하는 공동체

지역사회개발(locality development)　지역사회 개발의 계획과 주민의 참여를 강조하는 지역복지실천 모델

지위(status)　집단 내의 다른 모든 성원과 비교하여 각 성원이 집단 내에서 어느 정도의 위치에 있는지를 평가한 순위의 위계

지형학적 모델(topographic model)　의식, 전의식, 무의식이라는 정신의 세 가지 수준에 대한 Freud의 관점

직관적 사고(intuitive thought)　어떤 사물을 볼 때 그 사물의 두드러진 특성을 바탕으로 판단하는 사고

직면(confrontation)　내담자에 대한 관찰을 통해 치료자가 알게 된 내용을 내담자에게 말해 주고 그에 맞닥뜨리게 하는 기법

진실성(genuineness)　치료자가 내담자에게 개방적 태도를 취하고 일관된 태도를 보일 수 있는 능력

질풍노도의 시기(storm and stress period)　극단적 정서 변화가 이루어지는 청소년기에 대한 은유적 표현

집단(group)　서로가 동일한 집단에 소속하고 있다는 집단의식이 있고, 공동의 목적이나 관심사가 있으며 이들 목적을 성취함에 있어서 상호 의존적이며, 의사소통, 인지, 정서적 반응을 통하여 상호작용하며, 단일한 행동을 할 수 있는 능력이 있는 2인 이상의 사회 집합체

집단결속력(group cohesion) 집단성원이 그들의 행동이나 의사소통을 통하여 함께 남아 있으려고 하는 소망을 표현하는 정도

집단과업(group tasks) 전체 집단, 하위집단 또는 개별성원에 의해 수행되는 구체적 활동

집단과정(group process) 집단생활의 지속적으로 변화하는 측면

집단목적(group goals) 집단활동의 바람직한 결과로서, 집단의 후원기관, 사회복지사, 집단성원 간의 상호작용을 통하여 설정되며, 집단활동 중에 수정될 수 있음

집단무의식(collective unconsciousness) 개인의 지각, 정서 행동에 영향을 주는 인류 역사를 통해 조상으로부터 물려받은 타고난 정신적 소인

집단문화(group culture) 집단성원이 공통으로 갖고 있는 가치, 신념, 관습, 전통

집단 발달(group development) 시간이 지남에 따라 집단의 내부 구조가 확립되고 문화가 형성되는 것과 같은 집단의 변화와 성장과정

집단지도력(group leadership) 집단구조상 특정 지위를 점유한 사람이 집단의 목표달성을 위한 활동에 행사하는 사회 영향력이나 힘

짝패집단(clique) 도당(gang)으로도 불리며, 강한 연대성과 소속감을 갖고 조직적인 활동을 하는 또래 친구집단

창조력(creative power of the self) 모든 사람은 자신의 성격을 능동적으로 창조할 자유를 부여받았다는 것을 반영하는 개인심리이론의 개념

청년기(youth) 고등학교 졸업에서부터 시작하여 결혼을 통하여 부모로부터 완전한 독립을 성취함으로써 종결되는 발달 단계

청소년기(adolescence) 아동기에서 성인기로 전환하는 과도기로서 신체적 성숙이 급격하게 이루어지며, 부모로부터의 심리적 이유가 이루어지면서 자아정체감이 형성되지만, 정서적 변화가 급격히 일어나는 질풍노도의 시기 또는 제2의 반항기

청소년비행(juvenile delinquency) 일탈행동 또는 청소년범죄와 유사한 의미로 사용되는 것으로, 사회 또는 집단에서 규정하는 규범이나 규칙을 위반하는 일체의 행위

체계(system) 독특한 방식으로 상호작용하고 상호 의존하는 부분으로 구성된 전체로서, 일정 기간 동안 물리적 환경을 공유하면서 맺은 상호 관계를 통하여 조직화되고 안정되어 있으며, 상호 간에 직접 또는 간접적인 영향을 미치는 구성요소의 복합체

체계적 둔감화(systemic desensitization) 불안을 일으키는 자극을 행동적으로 분석하고 불안유발 상황에 대한 위계목록을 작성한 다음 이완훈련을 하고, 불안을 유발하는 상황을 상상하게 하여 부적응 행동을 치료하는 기법

초기 단계(beginning phase) 첫 모임에서부터 집단성원이 목적 성취나 문제해결에 노력을 집중하기 이전까지의 단계로, 접근회피갈등이 특징적으로 나타남

초자아(superego) 가치와 도덕적 문제를 다루는 성격의 하위 체계

출생 순위(birth order) 개인의 생활양식 형성에 중요한 영향을 미치는 가족 내에서의 객관적 출생 순위와 이에 대한 주관적 지각

충당(cathexis) 전체 양이 고정되어 있는 정신 에너지가 어떤 대상에 투입되고 부착되는 정도

충동성(implusiveness) 주어진 문제에 즉각적인 반응을 보이면서 실수를 많이 하는 인지양식

치료 모델(remedial model) 역기능적 행동이나 증상을 보이는 성원의 치료와 재활, 개인의 문제해결에 초

점을 둔 집단수준의 실천 모델

치료집단(treatment group) 집단성원의 성장, 교육, 행동 변화, 사회화에 대한 욕구를 충족하기 위해 인위적으로 구성한 집단

치매(dementia) 인지 기능과 고등정신 기능이 감퇴되는 대표적인 신경인지장애로서, 기억장애, 추상적 사고장애, 판단장애, 고위 대뇌피질장애, 성격 변화 등이 수반됨으로써 직업, 일상적 사회활동 또는 대인관계에 지장을 받게 되는 복합적 임상증후군

친밀감(intimacy) 커다란 희생과 양보를 하더라도 연합하고 협력할 수 있는 능력

콤플렉스(complex) 감정, 기억, 사고, 지각 등의 유사한 내용이 모여 하나의 무리를 형성하고 있는 정서적 색채가 강하여 개인의 사고 흐름이나 의식의 질서를 교란하는 심리적 내용(분석심리이론)

쾌락원칙(pleasure principle) 긴장 감소와 만족을 위하여 원초아를 작동하는 수단

타임아웃(time out) 부적응적 행동을 했을 때 긍정적 강화를 받을 수 있는 기회를 박탈함으로써, 부적응적 행동을 소거하려는 기법

태내기(prenatal period) 수정에서부터 출산에 이르기까지의 최초의 인간 발달 단계

토큰경제(token economy) 개인이 적절한 행동을 할 때 상징적 물건(예: 점수, 스티커)을 주고, 이러한 상징적 물건을 개인이 원하는 자원이나 기회와 교환하는 프로그램

통제의 중심(locus of control) 개인이 현재 문제를 자신의 영향력 또는 통제 범위 내에 또는 밖에 두는 정도

통찰(insight) 이전의 억압된 기억이나 환상을 의식적으로 인식하는 것

통찰지향적 정신치료(insight-oriented therapy) 정신병리의 무의식적인 원인적 요소를 정확히 인식하고 이를 치료하는 정신치료의 접근방법

통합(integration) 지각, 기억, 표상, 정서, 생각, 행동 등과 같은 2개 이상의 정신적 요소를 의미 있게 합치는 심리적 기제(인지이론), 체계의 하위요인 간의 상호작용을 조정하고 유지하고 결속력을 만들어내기 위해 적응, 목적달성 그리고 잠재성이라는 기능적 요건들을 관리하는 기능(구조기능주의이론), 자신의 문화적 정체성과 특성을 유지하면서 주류사회의 문화를 수용하는 문화적응 유형(다문화이론)

통합조직(integrative organization) 사회 내의 갈등을 해결하고, 사회의 부분들이 공존·협동하도록 규제하고 유도하는 조직으로, 사회의 질서 유지를 담당하는 군대, 사법기관, 경찰서, 정신병원 등이 대표적인 예

퇴행(regression) 스트레스가 유발되었을 때 초기의 기능 수준에서 특징적이었던 행동 유형으로 되돌아가는 자아방어기제

투사(projection) 불안이 야기된 원인을 자신의 충동보다는 외부 세계의 다른 사람 또는 다른 사물에 부과하는 자아방어기제

투사적 동일시(projective identification) 자신의 수용하기 힘든 내적 상태나 특성, 즉 나쁜 측면을 대상에 투사하고, 대상에게 투사된 자기의 측면을 통제하려는 무의식적인 심리적 기제

투입(input) 체계가 환경으로부터 에너지, 사물, 정보 등을 받아들이는 과정

특질(trait) 다양하고 상이한 자극이나 상황에 대하여 유사한 형태의 적응적·표현적 행동을 시작하게 하고 유지하는 기능을 하는 신경정신적 구조

페르소나(persona) 자아가 외적 세계에 적응하기 위하여 사용하는 여러 가지 행동양식으로, 개인이 사회 요구에 대한 반응으로 밖으로 내놓는 공적 얼굴

평가절하(devaluation) 이상화의 반대로서, 자신 또는 대상을 무가치하게 여기는 심리적 기제

폐경(menopause) 40대 후반에서 50대 초반의 여성에게서 나타나는 생리 중단 현상

폐쇄집단(closed group)　처음 집단이 형성된 이후부터 새로운 성원의 가입 없이 처음부터 끝까지 동일한 성원으로 운영되는 집단

폐쇄체계(closed system)　환경과의 활발한 상호 교환이 적은 체계로서, 목적지향성이 낮고, 행동을 수정할 수 있는 능력이 낮은 특성을 지닌 체계

포스트모던 여성주의(post-modern feminism)　주변부에 위치한 타자인 여성의 입장을 재해석하려는 여성주의 관점으로서, 프랑스 여성주의로도 불림

표상(representation)　개인이 자신과 외적 대상을 있는 그대로의 모습대로가 아니라 주관적으로 지각하고 경험한 바를 바탕으로 만든 정신적 이미지

표상적 지능(representational intelligence)　대상을 내적으로 표상하고 정신적으로 문제를 해결할 수 있는 능력

품행장애(conduct disorder)　사회성 미발달로 인하여 나타나는 상습적 거짓말, 도벽, 가출, 무단결석, 환각제 흡입 등의 다양한 문제를 통칭하는 행동장애

프롤레타리아(proletariat)　자본을 소유하지 않아 자신의 노동으로 살아가는 사람들로 이루어진 계급으로, 무산계급(無産階級)을 의미

프티 부르주아지(petite bourgeoisie)　부르주아와 프롤레타리아의 중간 계급인 중소자본가 계급으로, 소시민(小市民)을 의미

하위체계(subsystem)　자체가 하나의 체계이면서 어떤 체계의 구성요소가 되는 체계

학령전기(preschool childhood)　5~7세의 인간 발달 단계로서, 학동초기로 불리기도 함

학습(learning)　직접 또는 간접적 경험, 훈련과 연습의 결과로서 일어나는 개인 내적인 변화

학습장애(learning disability)　평균 이상의 지능을 가졌으면서도 학업성취도가 낮은 경우를 의미하며, 읽기 능력이 극히 제한적이며, 한 과제에 집중하는 데 문제가 있으며 다른 주제로의 전환도 매우 느린 것이 특징임

함입(incorporation)　자기와 대상 간의 분명한 경계가 발달하기 전에 대상을 개인의 내면으로 받아들여서 자기와 대상이 어떠한 구분도 없이 하나로 융합되어 자아와 대상이 공생적 합일체가 되는 내면화 기제

합리적 심상기법(rational imagery)　불안이나 두려움을 느끼는 상황에서 즐겁고 유쾌한 상황이나 사건을 상상하게 하는 기법으로, 불합리한 신념이나 가정에 도전할 수 있게 하고 불안을 야기하는 상황에 효과적으로 대처할 수 있게 해 주는 기법

합리적 정서행동치료(rational emotive behavior therapy: REBT)　자기패배적 행동과 정서적 고통을 야기하는 비합리적 사고와 신념에 초점을 두는 Ellis의 인지치료 모델

합리화(rationalization)　비합리적이고 수용할 수 없는 감정이나 행동에 대해 합리적이고 건전한 설명을 붙이는 자아방어기제

항문기(anal stage)　긴장과 만족의 초점이 항문영역으로 바뀌고 배변훈련이 중심이 되는 정신분석이론의 심리성적 발달 단계

항상성(homeostasis)　균형을 유지하고 균형이 위협을 받을 때 이를 회복하고자 하는 체계의 경향

해석(interpretation)　치료자가 경청하고 관찰하여 내담자의 사건이 지니는 의미를 명확화하는 과정

행동조형(shaping)　복잡성의 순서대로 하위목표를 연결 수행하는 것으로, 개인은 적절한 강화를 통하여 한 번에 조금씩 학습을 함으로써 전체적인 목적을 성취할 수 있게 하는 기법

헌신(commitment)　현재의 교환상대가 다른 잠재적 교환상대보다 더 적은 이득을 줄 수 있는 경우에도 지속적으로 현재의 교환상대와의 관계를 지속하는 것(교환이론)

현상적 자기(phenomenal self)　각 개인이 자신만의 독특한 방식으로 지각하고 있는 자기이미지

현상적 접근(phenomenological approach)　개인이 자신의 현실지각에 따라 생활을 구조화해 간다고 보는 철학관

현실검증(reality testing)　행동계획이 불안을 차단하는 데 최선의 것인지를 평가하는 정신적 검사(정신분석이론)

현실원칙(reality principle)　환경을 지배함으로써 불안을 통제하려고 하는 자아의 작동수단

현실적 자기(real self)　현재 자신의 상태에 대한 인식을 의미하는 자기개념

혐오기법(aversive techniques)　부적응적 행동이 나타날 때마다 고통스러운 자극을 가하여 문제행동을 소거하는 기법

협응운동(coordination)　손가락으로 물건집기 등과 같이 시각, 청각 등의 감각 기능과 운동 기능이 협력함으로써 이루어지는 소근육 운동

형식적 조작 사고 단계(formal operational stage)　지각과 경험보다는 논리적 원리에 의해 지배를 받는 사고가 특징적으로 나타나는 Piaget의 인지 발달 단계

형태변형적 속성(morphogenesis)　체계 내에 존재하는 성장, 개혁, 변화를 창출해 내려는 자기지향적 과정(self-directing process)

형태유지조직(pattern maintenance organization)　문화적ㆍ교육적 기능을 수행하는 조직으로, 학교, 종교 기관이 대표적인 예임

형태정체적 속성(morphostasis)　체계 내부의 규칙과 가치를 보존하고 안정성을 유지하려는 자기규제적 과정(self-correcting process)

호혜조직(mutual benefit association)　노동조합, 정당 등과 같이 조직구성원 모두가 상호 이익을 얻게 되는 조직

홀론(holon)　부분인 동시에 전체적인 총체로서, 체계 또는 체계 성원이 하나의 체계 이상의 수준에서 작동하는 방식

홍수기법(flooding)　내담자에게 사건 중에서 가장 두려웠던 순간을 상상하게 하는 것이 아니라 실제로 두려움을 느끼는 상황을 상상하게 하여 불안을 소거하는 기법

확산적 사고(divergent thinking)　문제를 해결하기 위하여 다양한 해결책을 찾아내는 사고

환경 속의 인간체계(person in environment system: PIE system)　인간과 환경을 지속적인 상호작용을 하는 과정에서 상호 간에 영향을 주고받는 통합된 체계로 이해하는 관점

환류(feedback)　체계의 작동을 점검하고, 적응적 행동이 필요한지를 판단하고, 수정할 수 있는 능력

환원주의(reductionism)　복잡한 사건을 기본적인 현상이나 사건으로 환원하여 설명하는 관점

효과의 법칙(law of effect)　행동이 그 결과에 의해 통제된다는 명제

후인습적 도덕기(postconventional morality)　단순히 사회질서 유지를 위한 것이 아닌 개인 자신의 이데올로기의 일부로 도덕적 원리를 수용하는 Kohlberg의 도덕 발달 단계

훈습(working through)　통찰을 획득하고 정서적 갈등을 수용하는 과정

참 고 문 헌

강봉규(1992). 발달심리학. 서울: 정훈출판사.

강정한, 김문조, 김종길, 김홍중, 유승호, 하홍규(2013). 현대 사회학이론: 패러다임적 구도와 전환. 서울: 다산출판사.

공미혜, 성정현, 이진숙(2010). 여성복지론. 서울: 도서출판 신정.

곽형식, 박영애, 박인전, 양점도, 윤종희, 이소희, 이항재, 최영희(2000). 인간행동과 사회환경. 서울: 형설출판사.

구정화(2011). (청소년을 위한) 사회학 에세이: 구정화 교수가 들려주는 교실 밖 세상 이야기. 서울: 해냄출판사.

권석만(2012). 현대 심리치료와 상담이론: 마음의 치유와 성장으로 가는 길. 서울: 학지사.

권석만(2013). 현대이상심리학(2판). 서울: 학지사.

권중돈(1994). 집단지도의 과정. 한국청소년개발원(편), 집단지도론(pp. 123-156). 서울: 한국청소년개발원.

권중돈(1994). 한국 치매노인 가족의 부양부담 사정에 관한 연구. 연세대학교 대학원 박사학위논문.

권중돈(2004). 치매환자를 위한 프로그램의 실제. 서울: 현학사.

권중돈(2012). 치매환자와 가족복지: 환원과 통섭. 서울: 학지사.

권중돈(2019). 노인복지론(7판). 서울: 학지사.

권중돈, 조학래, 윤경아, 이윤화, 이영미, 손의성, 오인근, 김동기(2019). 사회복지개론(4판). 서울: 학지사.

김경동, 이온죽(1989). 사회조사연구방법: 사회연구의 논리와 기법. 서울: 박영사.

김계숙(1984). 아동성장 · 발달과 건강지도. 서울: 신광출판사.

김규수, 류태보 편저(2001). 교류분석치료: 성격개선, 상담, 심리치료(개정판). 서울: 형설출판사.

김난도(2010). 아프니까 청춘이다. 서울: 쌤앤파커스.

김대원(2010). 현대 사회문제와 사회복지. 서울: 학지사.

김명진(2012). (EBS 다큐멘터리) 동과 서: 서로 다른 생각의 기원. 서울: 지식채널.

김문성(2012). 쉽고 재미있는 혈액형 심리학. 서울: 스마트이북.

김미혜(1993). 개인, 집단, 환경. 이화여자대학교 사회사업학과(편), 집단사회사업실천방법론(pp. 97-119). 서울: 동인.

김서영(2010). 프로이트의 환자들. 서울: 프로네시스.

김성민(2012). 분석심리학과 기독교(2판). 서울: 학지사.

김영모(1991). 사회복지학. 서울: 한국복지정책연구소 출판부.

김유숙(2002). 가족치료: 이론과 실제(개정판). 서울: 학지사.

김윤정(2011). 알기 쉬운 인간행동과 사회환경. 서울: 학지사.

김정택, 심혜숙(1991). MBTI 안내. 서울: 한국심리검사연구소.

김종엽(1998). 연대와 열광. 서울: 창작과 비평사.

김종옥, 권중돈(1993). 집단사회사업방법론. 서울: 홍익재.

김춘경, 이수연, 이윤주, 정종진, 최웅용(2010). 상담의 이론과 실제. 서울: 학지사.

김태련, 장휘숙(1994). 발달심리학(제2판). 서울: 박영사.

김태련 외(2004). 발달심리학. 서울: 학지사.

김태현(2007). 노년학(개정판). 서울: 교문사.

남세진, 조흥식(1995). 한국사회복지론. 서울: 나남출판.

남세진, 조흥식(2001). 집단지도방법론(전정판). 서울: 서울대학교출판부.

남일재, 양정하, 조윤득, 윤성호, 신현석, 조은정, 윤은경, 김태준, 오주, 임혁(2011). 현대 사회복지의 이해. 경기: 공동체.

노안영, 김신영(2003). 성격심리학. 서울: 학지사.

대학카운슬러연구협의회(1986). 상담의 이론과 실제. 서울: 중앙적성출판사.

류상렬(2004). 지역사회복지론. 서울: 형설출판사.

문화체육관광부(2018). 국민여가활동조사.

민경환(2002). 성격심리학. 서울: 법문사.

민문홍(2008). 뒤르케임 탄생 150주년에 다시 읽는 에밀 뒤르케임의 사회학: 21세기 한국사회에서 여전히 뒤르케임 독해가 필요한 10가지 이유. 사회이론, 34, 83-123.

민문홍(2012). 프랑스 제3공화정 당시의 이념갈등과 사회통합: 뒤르케임의 공화주의 이념과 사회학의 역할을 중심으로. 담론 21, 15(4), 73-107.

박경애(1997). 인지 · 정서 · 행동치료. 서울: 학지사.

박경철(2011). 자기혁명. 서울: 리더스북.

박연호(2000). 조직행동론. 서울: 박영사.

박용순, 문순영, 임원선, 임종호(2019). 사회문제론(3판). 서울: 학지사.

박정수(2012). 젊은 지성을 위한 꿈의 해석. 서울: 두리미디어.

박정호, 여진주(2008). 사회문제론: 이론과 실제. 서울: 도서출판 신정.

박종대(1994). 맑스(K. Marx)의 인간관에 대한 고찰, 철학논집, 7, 5-26.

박종삼 외(2002). 사회복지개론. 서울: 학지사.

박철현(2016). 사회문제론. 서울: 박영사.

박태영(2003). 지역사회복지론. 서울: 현학사.

보건복지부(2020). 아동복지사업안내.

보건복지부(2020. 3). 2020년 장애등록심사 규정집.

보건복지부, 한국보건사회연구원(2018). 2017년 노인실태조사.

서봉연, 이순형(1996). 발달심리학: 아동발달. 서울: 중앙적성출판사.

설기문(1995). 의사교류분석. 윤순임 외, 현대 상담 · 심리치료의 이론과 실제(pp. 469-520). 서울: 중앙적성출판사.

성현란, 이현진, 김혜리, 박영신, 박선미, 유연옥, 손영숙(2001). 인지발달. 서울: 학지사.

손광훈(2008). 인간행동과 사회환경. 경기: 공동체.

손병덕, 강란혜, 백은령, 서화자, 양숙미, 황혜원(2004). 인간행동과 사회환경. 서울: 학지사.

송명자(2008). 발달심리학. 서울: 학지사.

송성자(2002). 가족과 가족치료(제2판). 서울: 법문사.

신명희, 서은희, 송수지, 김은경, 원영실, 노원경, 김정민, 강소연, 임오용(2013). 발달심리학. 서울: 학지사.

아산사회복지사업재단(1985). 노인복지편람.

안향림, 박정은(1994). 정신의료사회사업. 서울: 홍익재.

오창순, 신선인, 장수미, 김수정(2010). 인간행동과 사회환경(2판). 서울: 학지사.

원석조(2018). 사회문제론. 경기: 양서원.

유현옥, 정민승(2018). 여성교육론. 서울: 한국방송통신대학교 출판문화원.

윤순임(1995). 정신분석 치료. 윤순임 외, 현대 상담 · 심리치료의 이론과 실제(pp. 11-81). 서울: 중앙적성출판사.

윤진(1996). 성인 · 노인심리학. 서울: 중앙적성출판사.

은산미디어(2002). 사회복지사1급 국가시험 해설문제집(1): 인간행동과 사회환경. 서울: 은산미디어.

이나미(1995). 에로스 타나토스. 서울: 평단문화사.

이동훈 외(2013). 정신건강과 상담. 서울: 학지사.

이무석(2006). 30년만의 휴식. 서울: 비전과 리더십.

이문열(2004). 신들메를 고쳐 매며. 서울: 문이당.

이부영(1998). 분석심리학: C. G. Jung의 인간심성론(개정증보판). 서울: 일조각.

이부영(2001). 아니마와 아니무스. 서울: 한길사.

이성진(1995). 행동치료. 윤순임 외, 현대상담 · 심리치료의 이론과 실제(pp. 267-284). 서울: 중앙적성출판사.

이수안(2015). 행위자로서 '인간'의 개념 전이. 사회사상과 문화, 18(2), 41-74.

이수연, 권해수, 김현아, 김형수, 문은식, 서경현, 유영달, 정종진, 한숙자(2013). 성격의 이해와 상담. 서울: 학지사.

이영돈(2006). 마음. 서울: 예담.

이웅, 김동기(2012). 교환이론관점에서 장애인 사회적 배제 고찰: 에머슨의 교환연결망 이론을 중심으로. 한국사회복지조사연구, 33, 201-227.

이원숙(2003). 성폭력과 상담. 서울: 학지사.

이인정, 최해경(2007). 인간행동과 사회환경(제2판). 서울: 나남.

이정균(1981). 정신의학. 서울: 일조각.

이죽내(1995). 분석심리치료. 윤순임 외(편), 현대 상담 · 심리치료의 이론과 실제(pp. 85-123). 서울: 중앙적성출판사.

이철우(2017a). 신사회학 초대(5판). 서울: 학지사.

이철우(2017b). 현대사회문제: 이론과 실제. 서울: 학지사.

이태건(2000). 마르크스의 인간관과 인간소외론. 국민윤리연구, 45, 23-45.

임은미 외(2013). 인간발달과 상담. 서울: 학지사.

임희섭(1995). 한국의 사회변동과 가치관. 서울: 나남출판.

장인협(1989). 사회사업실천방법론(상 · 하). 서울: 서울대학교 출판부.

장인협, 최성재(2010). 고령사회의 노인복지학. 서울: 서울대학교 출판문화원.

전병재(1993). 사회심리학. 서울: 경문사.

전윤식(1995). 인지발달적 치료. 윤순임 외, 현대 상담 · 심리치료의 이론과 실제(pp. 523-551). 서울: 중앙적성출판사.

정도언(2009). 프로이트의 의자. 서울: 웅진지식하우스.

정옥분(2000). 성인발달의 이해: 성인 · 노인심리학. 서울: 학지사.

정옥분(2004). 발달심리학: 전생애 인간발달. 서울: 학지사.

정진홍(2000). 아톰@비트. 서울: 푸른숲.

조영훈(2003). 복지다원주의의 확대와 복지국가의 미래: 닐 길버트의 뒤르케임식 해석에 대한 평가. 현상과 인식, 91, 57-80.

조영훈(2014). 에밀 뒤르케임 복지이론의 재구성, 현상과 인식, 2014 가을호, 151-170.

조학래(2006). 집단사회복지실천론. 대전: 침례신학대학교 출판부.

조흥식, 김인숙, 김혜란, 김혜련, 신은주(2010). 가족복지학(4판). 서울: 학지사.

지은구, 장현숙, 김민주, 이원주(2015). 최신 사회문제론. 서울: 학지사.

진중권(2007). 호모 코레아니쿠스. 서울: 웅진지식하우스.

질병관리본부(2017). 한국소아청소년 성장도표.

최명민(2010). 대상관계이론을 중심으로 쉽게 쓴 정신분석이론. 서울: 학지사.

최명민, 이기영, 김정진, 최현미(2015). 다문화사회복지론. 서울: 학지사.

최명민, 이기영, 최현미, 김정진(2009). 문화적 다양성과 사회복지. 서울: 학지사.

최선화(2005). 여성복지론. 경기: 도서출판 공동체.

최성재, 남기민(1995). 사회복지행정. 서울: 나남출판.

최순남(1999). 인간행동과 사회환경(개정판). 경기: 한신대학교 출판부.

최옥채(2001). 지역사회실천론. 서울: 아시아미디어리서치.

최옥채, 박미은, 서미경, 전석균(2020). 인간행동과 사회환경(6판). 경기: 양서원.

최재석(1985). 한국인의 사회적 성격. 서울: 개문사.

통계청(2019a). 2018년 한국의 사회동향.

통계청(2019b). 2018년 한국의 사회지표.

통계청(2019c). 인구동향조사.

한국보건사회연구원(2000). 한국 가족의 변화와 대응방안. 서울: 한국보건사회연구원.

한국보건사회연구원(2015). 2015년 전국 출산력 및 가족보건복지실태조사. 서울: 한국보건사회연구원.

한국보건사회연구원(2019). 인공임신중절 실태조사.

한종혜(1996). 아동의 사회적 관계망에 따른 역량 지각 및 자아존중감. 경희대학교 대학원 박사학위
논문.

행정안전부(2020). 지방자치단체 외국인 주민현황.

현외성, 박용순, 박용권, 김영미, 권현수(1996). 사회복지학의 이해. 서울: 유풍출판사.

홍경자(1995). 합리적 정서적 치료. 윤순임 외, 현대 상담·심리치료의 이론과 실제(pp. 287-314). 서
울: 중앙적성출판사.

황상민(2011). 한국인의 심리코드. 서울: 추수밭.

Adler, A. (1931). *What life should mean to you*. Boston: Little, Brown.

Adler, A. (1956). *The individual psychology of Alfred Adler*. New York: Basic Books.

Adler, A. (1964). *Social interest*. New York: Capricorn.

Ainsworth, M. D. (1973). The development of infant-mother attachment. In B. M. Caldwell &
H. N. Ricciuti (Eds.), *Review of child development research* (Vol. 3, pp. 58-75). Chicago:
University of Chicago Press.

Ainsworth, M. D. (1979). *Patterns of attachment*. New York: Halsted Press.

Ainsworth, M. D., & Bell, S. M. (1974). Mother-infant interaction and the development of
competence. In K. J. Connolly & J. Bruner (Eds.), *The growth of competence* (pp. 35-49).
New York: Academic Press.

Alissi, A. (1980). Social group work: Commitments and perspectives. In A. Alissi (Ed.),
Perspectives on social group work practice (pp. 78-91). New York: The Free Press.

Allport, G. W. (1937). *Personality: A psychological interpretation*. New York: Holt, Rinehart
and Winston.

American Psychiatric Association. (2013). *Diagnostic and statistical manual of mental
disorders* (5th ed.). Arlington, VA: American Psychiatric Publishing.

Anderson, R. E., & Carter, I. (1984). *Human behavior in the social environment*. New York:
Aldine.

Anderson, R. E., & Carter, I. E. (1990). 인간행동과 사회환경: 사회체계 접근법을 중심으로(개정3판)(장
인협 외 공역). 서울: 집문당. (원저는 1974년 출간)

Aponte, H. J. (1976). The family-school interview: An eco-structural approach. *Family Process*,
15, 303-311.

Arlin, P. K. (1975). Cognitive development in adulthood. *Developmental Psychology*, *11*, 602-
606.

Arlow, J. A. (1979). Psychoanaysis. In R. J. Corsini (Eds.), *Current psychotherapies* (2nd ed., pp. 1-43). Itasca, IL: F. E. Peacock.

Atchely, R. C., & Barusch, A. S. (2003). Social forces and aging (10th ed.). *An introduction to social gerontology*. Belmont, CA: Wordsworth.

Baltes, P. B. (1987). Theoritical propositions of life-span development psychology: on the dynamics between growth and decline. *Developmental Psychology, 23*(5), 611-626.

Baltes, P. B., & Baltes, M. M. (1990). *Successful aging: Perspectives from the behavioral sciences*. New York: Cambridge University Press.

Bandler, B. (1963). The concept of ego-supportive psychotherapy. In H. Parad & R. Miller (Eds.), *Ego-oriented casework: Probelms and perspectives* (pp. 60-73). New York: Family Service Association of America.

Bandura, A. (1974). *Aggression: A social learning analysis*. Englewood Cliffs, NJ: Prentice-Hall.

Bandura, A. (1977). Self-efficacy: Toward a unifying theory of behavior change. *Psychological Review, 84*, 191-215.

Bandura, A. (1982). Self-efficacy mechanism in human agency. *American Psychologist, 37*, 122-147.

Bandura, A., & Kupers, C. (1964). The transmission of self-reinforcement through modeling. *Journal of Abnormal and Social Psychology, 69*, 1-9.

Bandura, A., & Walters, R. (1963). *Social learning and personality development*. New York: Holt, Rinehart and Winston.

Bardill, D. R., & Ryan, F. J. (1973). *Family group casework*. Washington, DC: National Association of Social Workers.

Bartlett, H. M. (1970). *The common base of social work practice*. New York: Putnam.

Baumrind, D. (1971). Current patterns of parental authority. *Developmental Psychology Monograph, 4*, 30-42.

Baumrind, D. (1991). Effective parenting during the early adolescent transition. In P. A. Cowan & M. Hetherington (Eds.), *Advances in family research* (vol. 2, pp. 111-163). Mahwah, NJ: Erlbaum.

Beck, A. T. (1976). *Cognitive therapy and the emotional disorders*. New York: International Universities Press.

Becker, H. S. (1963). *Outsiders: Studies in the sociology of deviance*. London: Free Press.

Bee, H. L., & Mitchell, S. K. (1980). *The developing person: A life-span approach*. New York: Harper and Row.

Bem, S. L. (1975). Sex role of adaptability: One consequence of psychological androgyny. *Journal of Personality and Social Psychology, 31*, 634-643.

Bengston, V., & Haber, D. (1983). Sociological perspectives on aging. In D. Woodruff & J. E. Birren (Eds.), *Aging: Scientific perspectives and social issues* (pp. 72-90). Belmont, CA: Brooks/Cole.

Benne, K., & Sheats, P. (1948). Functional roles of group members. *Journal of Social Issues, 4* (2), 47-60.

Bennet, E. A. (1995). *What Jung really said.* London: Little, Brown and Co.

Bennett, C. I. (2009). 다문화교육: 이론과 실제(김옥순, 김진호, 신인순, 안신영, 이경화, 이채식, 전성민, 조아미, 최상호, 최순종 공역). 서울: 학지사. (원저는 2007년 출간)

Berlin, S. (1983). Cognitive-behavioral approaches. In A. Rosenblatt & D. Waldfogel (Eds.), *Handbook of clinical social work* (pp. 1095-1119). San Francisco: Jossey-Bass.

Bernard, J. (1973). *The sociology of community.* Glenview, IL: Scott, Foresman.

Berndt, T. J. (1982). The features and effects of friendship in early adolescence. *Child Development, 53,* 1447-1460.

Berne, E. (1961). *Transactional analysis in psychotherapy.* New York: Grove Press.

Bertalanffy, L. (1962). General systems theory: A critical review. *General Systems Yearbook, 7,* 1-20.

Bertalanffy, L. (1968). *General system theory: Foundations, development, applications.* New York: George Braziller.

Beveridge, S. W. (1942). *Social insurance and allied services.* London: His Majesty's Stationery Office.

Biegel, D. E., Shore, B. K., & Gordon, E. (1984). *Building support networks for the elderly: Theory and applications.* Beverly Hills, CA: Sage.

Bion, W. R. (1963). *Elements of psychoanalysis.* London: Heinemann.

Birren, J. E., & Renner, V. J. (1977). Research on the psychology of aging: Principles and experimentation. In J. E. Birren & K. W. Schaie (Eds.), *Handbook of the Psychology of Aging* (pp. 79-98). New York: Van Nostrand Reinhold.

Bischof, L. J. (1976). *Adult psychology* (2nd ed.). New York: Harper and Row.

Bloom, M. (1984). *Configurations of human behavior.* New York: Macmillan.

Bowlby, J. (1973). Affectional bonds: Their nature and origin. In R. S. Weiss (Ed.), *Loneliness: The experience of emotional and social isolation* (pp. 38-52). Cambridge, MA: MLT.

Brenda, M., & Laurie T. O'Brien (2005). The social psychology of stigma. *Annual Review of Psychology, 56*(1), 393-421.

Briar, S., & Miller, H. (1971). *Problems and issues in social casework.* New York: Columbia University Press.

Bronfenbrenner, U. (1979). *The ecology of human development.* Cambridge, MA: Harvard University Press.

Bronfenbrenner, U. (1989a). Ecological systems theory. *Annals of Child Development, 6,* 187-249.

Bronfenbrenner, U. (1989b). Ecological systems theory. In R. Vasta (Ed.), Six theories of child development. *Annals of Child Development, 6,* 187-249.

Brown, L. N. (1991). *Groups for growth and change.* New York: Longman.

Buckley, W. (1967). Systems and entities. In W. Buckley (Ed.), *Sociology and modern systems theory* (pp. 42–66). Englewood Cliffs, NJ: Prentice Hall.

Buckley, W. (1968). Society as a complex adaptive system. In W. Buckley (Ed.), *Modern systems research for the behavioral scientist* (pp. 490–511). New York: Aldine.

Butler, R. N. (1963). The life review: An interpretation of reminiscence in the aged. *Psychiatry, 26,* 65–76.

Carter, E. A., & McGoldrick, M. (1980). *The family life cycle.* New York: Gardner Press.

Cartwrigt, D., & Zander, A. (Eds.). (1968). *Group dynamics: Research and theory* (3rd ed.). New York: Harper and Row.

Carver, C. S., & Scheier, M. F. (2000). *Perspectives on personality* (4th ed.). Boston: Allyn & Bacon.

Cashdan, S. (1988). *Object relations therapy: Using the relationship.* New York: W. W. Norton & Company.

Castles, S. (1995). *Multicultural citizenship.* Canberra: Parliamentary Research Service publications.

Cattell, R. B. (1965). *The scientific analysis of personality.* Baltimore, MD: Penguin.

Charon, Joel M. (2007). *Symbolic interactionism: An introduction, an interpretation, an integration.* New Jersey: Pearson Prentice Hall.

Child, L. L. (1968). Personality in culture. In E. F. Borgatta & W. W. Lambert (Eds.), *Handbook of personality theory and research.* Chicago: Rand McNally.

Chin, R. (1961). The utility of systems models for practitioners. In W. G. Bennes, K. D. Berne, & R. Chin (Eds.), *The planning of change: Readings in the applied behavioral sciences* (pp. 90–113). New York: Holt, Rinehart and Winston.

Chodorow, N. J. (1999). 모성의 재생산(김민예숙 역). 서울: 한국심리치료연구소. (원저는 1978년 출간)

Chomitz, V. R., Cheung, L. W., & Liberman, E. (1999). The role of lifestyle in preventing low birth weight. In K. I. Freiberg (Ed.), *Human Development* (27th ed., pp. 23–33). New York: McGraw–Hill Education.

Clair, M. S. (1986). *Object relations and self psychology.* Belmont, CA: Brooks/Cole.

Coady, N., & Lehmann, P. (Ed.) (2016). *Theoretical perspectives for direct social work practice: A generalist–eclectic approach* (3rd ed.). New York: Springer Pub. Co.

Cohen, J. (1980). Nature of clinical social work. In P. Ewalt (Ed.), *NASW conference proceedings: Toward a definition of clinical social work* (pp. 23–32). Washington, DC: National Association of Social Workers.

Collins, D., Jordan, C., & Coleman, H. (1999). *An introduction to family social work.* Belmont, CA: Thomson.

Compton, B., & Galaway, B. (1989). *Social work processes.* Chicago: Dorsey Press.

Cook, K. S., & Rice, E. (2006). Social exchange theory. In J. DeLamater and A. Ward (Ed.), *The handbook of social psychology* (2nd ed., pp. 53-76). Saint Louis: Springer.

Cooley, C. H. (1909). *Social organization: A study of the larger mind*. New York: Schocken Books.

Corey, G. (2000). *Theory and practice of counseling and psychotherapy* (6th ed.). Stamford, CT: Brooks/Cole

Corey, G. (2016). *Theory and practice of counseling and psychotherapy* (10th ed.). Massachusetts: Cengage Learning.

Corey, G., & Corey, M. (1977). *Groups: Process & Practice*. monterey, CA: Brooks/Cole.

Cormier, W. H., & Cormeier, L. S. (1985). *Interviewing strategies for helpers: Fundamental skills and cognitive behavioral interventions* (2nd ed.). Belmont, CA: Brooks/Cole.

Corsini, R. J., & Wedding, D. (Ed.). (2000). *Current psychotherapies* (6th ed.). New York: Wadsworth.

Costa, P. T., & McCrae, R. R. (1989). Personality continuity and the changes of adult life. In M. Storandt & G. R. VandenBos (Eds.), *The adult years: Continuity and change* (pp. 45-77). Washington, DC: American Psychological Association.

Coyle, G. L. (1930). *Social process in organized groups*. New York: Richard R. Smith.

Dennis, W. (1966). Creative productivity between the age 20 and 80 years. *Journal of Gerontology, 21,* 1-8.

Dinkmeyer, D. C. (1983). *Systemic training for effective parenting of teens*. Circle Pines, MN: American Guidance Service.

Dixon, R. A., & Baltes, P. B. (1986). Toward life-span research on the functions and pragmatics of intelligence. In R. J. Sternberg & R. K. Wagner (Eds.), *Practical intelligence* (pp. 203-235). New York: Cambridge University Press.

Dorfman, R. A. (1991). 임상사회사업기술론(임상사회사업연구회 역). 서울: 홍익재. (원저는 1988년 출간)

Douglas, T. (1976). *Group work practice*. London: Tavistock.

Dreikurs, R. (1967). *Psychodynamics psychotherapy, and counseling: Collected papers of Rudolf Dreikurs*. Chicago: Alfred Adler Institute.

Dunphy, D. C. (1963). The social structure of urban adolescent peer groups. *Sociometry, 14,* 227-236.

Durkheim, E., & Mauss, M. (1963). *Primitive classification*. London: Cohen and West.

Durkin, H. E. (1972). Analytic group therapy and general system theory. In C. J. Sager & H. S. Kaplan (Eds.), *Progress in group and family therapy* (pp. 9-17). New York: Brunner/Mazel.

Durkin, H. E. (1981). *Living groups*. New York: Brunner/Mazel.

Dusay, J., & Dusay, K. M. (1984). Transactional analysis. In R. J. Corsini (Ed.), *Current psychotherapies* (pp. 375-427). Itasca, IL: F. E. Peacock..

Dusay, J. M. (1972). Egograms and the constancy hypothesis. *TA Journal, 2*(2), 133-137.

Dworetzky, J. P. (1990). *Introduction to child development* (4th ed.). St. Paul, MN: West Publishing.

Ekerdt, D. J., Baden, L., Bosse, R., & Dibbs, E. (1983). The effect of retirement on physical health. *American Journal of Public Health, 73,* 779-783.

Elder, G. H. Jr., & Caspi, A. (1988). Human development and social change. In N. Bolger et al. (Eds.), *Persons in context: Developmental processes.* New York: Cambridge University Press.

Elkind, D. (1974). *Children and adolescents.* New York: Oxford University Press.

Ellis, A. (1962). *Reason and emotion in psychotherapy.* New York: Lyle Stuart.

Ellis, A. (1979). The issue of force and energy in behavioral change. *Journal of Contemporary Psychotherapy, 10*(2), 83-97.

Erikson, E. H. (1959). *Identity and the life cycle.* New York: Norton.

Erikson, E. H. (1963). *Childhood and society* (2nd ed.). New York: Norton.

Erikson, E. H. (1964). *Insight and responsibility.* Toronto: George J. McLeod.

Erikson, E. H. (1968). *Identity youth and crisis.* New York: Norton.

Erikson, E. H. (1975). *Life history and the historical moment.* New York: Norton.

Erikson, E. H. (1982). *The life cycle completed.* New York: Norton.

Etzioni, A. (1964). *Modern organizations.* Englewood Cliffs, NJ: Prentice-Hall.

Ewalt, P. (Ed.). (1980). *NASW conference proceedings toward a definition of clinical social work.* Washington, DC: National Association of Social Workers.

Eysenck, H. J. (1970). *The structure of human personality.* London: Methuen.

Fairbairn, W. R. D. (1952). *Psychoanalytic studies of the personality.* New York: Routledge.

Fairbairn, W. R. D. (1958). On the nature and aims of psychoanalytic treatment. *International Journal of Psychoanalysis, 39,* 374-385.

Falck, H. S. (1988). *Social work: The membership perspective.* New York: Springer.

Farrell, M. P., & Rosenberg, S. D. (1981). *Men at midlife.* Boston: Aubum.

Feldman, R. S. (2001). *Child development* (2nd ed.). Upper Saddle River, NJ: Prentice-Hall.

Feuerstein, R., Rand, Y., & Hoffman, M. B. (1979). *The dynamic assessment of retarded performers: Learning potential assessment device: Theory, instruments and techniques.* Baltimore, MD: University Park Press.

Flavell, J. H. (1985). *Cognitive development* (2nd ed.). Englewood Cliffs, NJ: Prentice-Hall.

Fleming, R. C. (1981). Cognition and social work practice: Some implications of attribution and concept attainment theories. In A. N. Maluccio (Ed.), *Promoting competence in clients* (pp. 55-73). New York: Free Press.

Foote, N. N., & Cottrell, L. S. (1965). *Identity and interpersonal competence.* Chicago: University of Chicago Press.

Fordor, A. (1976). Social work and systems theory. *British Journal of Social Work, 6*(1), 13-42.

Forte, J. A. (2004). Symbolic interactionism and social work. *Families in Society, 85*(4), 521-

530.

Frank, L. K. (1948). *Society as the patient: Essays on culture and personality*. New Brunswick, NJ: Rutgers University Press.

French, J., & Raven, B. (1959). The bases of social power. In D. Cartwright (Ed.), *Studies in social power* (pp. 150-167). Ann Arbor, MI: Institute for Research, University of Michigan.

Freud, A. (1965). *Normality and pathology in childhood*. New York: International University Press.

Freud, S. (1922). *Group psychology and the analysis of the ego*. London: International Psychoanalytic Press.

Freud, S. (1960). *The ego and the id*. New York: Norton.

Freud, S. (1964). Why war? In J. Strachey (Ed.), *Standard edition of the complete psychological works of Sigmund Freud* (Vol. 22). London: Hogarth Press.

Freud, S. (1966). *Introductory lectures on psychoanalysis*. New York: Norton.

Frick, W. (1971). *Humanistic psychology: Interviews with Maslow*. Murphy, and Rogers. Columbus, OH: Merrill.

Fridan, B. (1963). *The feminine mystique*. New York: W. W. Norton and Co.

Gagnon, J. H., & Greenblat, C. S. (1978). *Life designs: Individuals, marriages, and families*. Glenview. IL: Scott, Foresman.

Garbarino, J. (1983). Social support networks: Rx for the helping professions. In J. J. Whittaker et al. (Eds.), *Social support networks informal helping in the human services* (pp. 3-28). New York: Aldine de Gruyter.

Garfinkel, H. (1967). *Studies in ethnomethodology*. New Jersey: Prentice-Hall.

Garvin, C. (1987). *Contemporary group work* (2nd ed.). Englewood Cliffs, NJ: Prentice-Hall.

Gates, B. L. (1980). *Social program administration: The implementation of social policy*. Englewood Cliffs, NJ: Prentice-Hall.

Geiwitz, J., & Moursund, J. (1979). *Approaches to personality: An introduction to people*. Belmont, CA: Brooks/Cole.

Germain, C. B. (1973). An ecological perspective in casework practice. *Social Casework, 54*(6), 323-331.

Germain, C. B. (1978). Space: An ecological variable in social work practice. *Social Casework, 59*(9), 519-522.

Germain, C. B. (1987). Human development in contemporary environments. *Social Service Review*, 565-580.

Germain, C. B., & Gitterman, A. (1980). *The life model of social work practice*. New York: Columbia University Press.

Germain, C. B., & Gitterman, A. (1986). The life model approach to social work practice revisited. In F. J. Turner (Ed.), *Social work treatment* (pp. 618-643). New York: The Free Press.

Germain, C. B., & Gitterman, A. (1987). Ecological perspectives. In A. Minahan et al. (Eds.), *Encyclopedia of social work* (pp. 488-499). Washington, DC: National Association of Social Workers.

Gingrich, P. (2005). Understanding multiculturalism through principles of social justice. *The 18th Biennial Conference of Canadian Ethnic Studies*, 1-40.

Ginzberg, E., Ginsburg, S. W., Axelrad, S., & Herma, J. L. (1951). *Occupational choice: An approach to a general theory.* New York: Columbia University Press.

Gitterman, A., & Germain, C. B. (1976). Social work practice: A life model. *Social Service Review, 50*(4), 3-13.

Gitterman, A., & Germain, C. B. (1981). Education for practice: Teaching about the environment. *Journal of Education for Social Work, 17*(3), 44-51.

Goffman, E. (1963). *Stigma: Notes on the management of spoiled identity.* New Jersey: Prentice Hall.

Goldberg, S. R., & Deutsch, F. (1977). *Life-span individual and family development.* Belmont, CA: Brooks/Cole.

Goldenberg, I., & Goldenberg, H. (1980). *Family therapy: An overview.* Belmont, CA: Brooks/Cole.

Goldiamond, I. (1965). Self-control procedures in personal behavior problems. *Psychological Reports, 17*, 851-868.

Goldstein, E. G. (1984). *Ego psychology and social work practice.* New York: The Free Press.

Golembiewski, R. (1962). *The small group.* Chicago: The University of Chicago Press.

Gomez, L. (1997). *An introduction to object relations.* London: Free Association Books.

Gordon, W. E. (1969). Basic constructs for an integrative and generative conception of social work. In G. Hearn (Ed.), *The general systems approach: contributions toward a holistic conception of social work* (pp. 5-11). New York: Council on Social Work Education.

Gortner, H. F., Mahler, J., & Nicholson, J. B. (1987). *Organization theory: A public perspective.* Chicago: The Dorsey Press.

Goulding, R., & Goulding, M. (1976). Injunctions, decisions, and redecision. *Transactional Analysis Journal, 6*(1), 41-48.

Gouldner, A. (1960). The norm of reciprocity. *American Sociological Review, 25*, 161-168.

Greene, R. R. (1986). *Social work with the aged and their families.* New York: Aldine De Gruyter.

Greene, R. R., & Ephross, P. H. (1991). *Human behavior theory and social work practice.* New York: Aldine de Gruyter.

Grostein, J. S. (1981). *Splitting and projective identification.* New York: Jason Aronson.

Guntrip, H. (1971). *Psychoanalytic theory, therapy, and the self: A basic guide to the human personality in Freud, Erikson, Klein, Sullivan, Fairbairn, Hartmann, Jacobson, and Winnicott.* New York: Basic Books.

Haley, J. (1976). *Problem-solving therapy: New strategies for effective family therapy*. San Francisco: Jossey-Bass.

Hall, C. S., & Lindzey, G. (1957). *Theories of personality*. New York: Wiley.

Hall, C. S., & Nordby, V. J. (1999). 융 심리학 입문(최현 역). 서울: 범우사. (원저는 1973년 출간)

Hamilton, N. G. (1958). A theory of personality: Freud's contribution to social work. In H. J. Parad (Ed.), *Ego psychology and casework theory* (pp. 11-37). New York: Family Service of America.

Hamilton, N. G. (1988). S*elf and others: Object relations theory in practice*. Lanham, MD: Jason Aronson.

Hamilton, N. G. (1989). A critical review of object relations theory. *American Journal of Psychiatry, 146*, 12-23.

Hareven, T. L. (1981). The life course and aging in historical perspective. In T. K. Hareven & K. J. Adams (Eds.), *Aging and life course transitions: An interdisciplinary perspective* (pp. 1-26). New York: Guilford Press.

Harris, T. (1969). *I'm OK-You're OK*. New York: Avon.

Harter, S. (1990). Issues in the assessment of the self-concept of children and adolescents. In A. LaGreca (Ed.), *Through the eyes of a child* (pp. 292-325). Boston: Allyn & Bacon.

Hartford, M. (1971). *Groups in social work*. New York: Columbia University Press.

Hartman, A. (1958). *Ego psychology and the problem of adaptation*. New York: International Universities Press.

Hartman, A. (1978). Diagrammatic assessment of family relationships. *Social Casework, 59*, 465-476.

Hartman, A. (1979). The extended family. In C. G. Germain (Ed.), *Social work practice: People and environment* (pp. 282-302). New York: Columbia University Press.

Hartman, A., & Laird, J. (1987). Family practice. In A. Minahan et al. (Eds.), *Encyclopedia of social work* (18th ed., pp. 575-589). Washington, DC: National Association of Social Workers.

Hartman, H. (1959). Psychoanalysis as a scientific theory. In H. Hartmann (1981). *Essays on ego psychology* (pp. 318-350). New York: International Universities Press.

Hartman, H. (1964). *Essays on ego psychology: Selected problems in psychoanalytic theory*. New York: International Universities Press.

Hasenfeld, Y. (1983). *Human service organizations*. Englewood Cliffs, NJ: Prentice-Hall.

Havighurst, R. J. (1972). *Developmental tasks and education*. New York: David McKay.

Hawkins, J. L., Weisberg, C., & Ray, D. W. (1980) Spouse differences in communication style preference, perception, and behavior. *Journal of Marriage and the Family, 42*, 585-593.

Hearn, G. (1958). *Theory building in social work*. Toronto: University of Toronto Press.

Hearn, G. (Ed.). (1969). *The general systems approach: Contributions toward a holistic conception of social work*. New York: Council on Social Work Education.

Heider, F. (1958). *The psychology of the interpersonal relations*. New York: Wiley.

Hepworth, D. H., Rooney, R. H., & Larsen, J. A. (1997). *Direct social work Practice: Theory and skills* (5th ed.). Pacific Grove, CA: Brooks/Cole.

Hess, E. (1973). *Imprinting: Early experience and the developmental psychobiology of attachment*. London: Van Nostrand Reinhold.

Hetherington, E. M. (1981). Children and divorce. In R. Henderson (Ed.), *Parent-child interaction* (pp. 38-53). New York: Academic Press.

Hjelle, L. A., & Ziegler, D. J. (1976). *Personality theories*. London: McGraw-Hill.

Hogan, R. (1976). *Personality theory: The personological tradition*. Englewood Cliffs, NJ: Prentice-Hall.

Holland, J. L. (1985). *Making vocational choices* (2nd ed.). Englewood Cliffs, NJ: Prentice-Hall.

Hollis, F. (1964). Social casework: The psychosocial approach. In J. B. Turner (Ed.), *Encyclopedia of social work* (pp. 1300-1308). Washington, DC: National Association of Social Workers.

Horn, J. L., & Donaldson, G. (1980). Cognitive development in adulthood. In O. G. Brim & J. Kagan, J. (Eds.), *Constancy and change in human development* (pp. 445-529). Cambridge, MA: Harvard University Press.

Horner, B. (1979). Symbolic interactionism and social assessment. *Journal of Sociology and Social Welfare*, 6, 19-33

Hoyos, G., D., & Jensen, C. (1985). The systems approach in American social work. *Social Casework*, 66(8), 490-497.

Hunter, S., Sundel, M., Hunter, S., & Sundel, M. (Eds.). (1989). *Midlife myths: Issues, findings and practice implications*. Newbury Park, CA: Sage.

Hurst, C. E. (2007). *Social inequality: Forms, causes, and consequences* (6th ed.). Boston: Allyn and Bacon.

Ilgen, D. R., & Klein, H. J. (1988). Organizational behavior. *Annual Review of Psychology, 40*, 327-351.

Jaggar, A. (1992). 여성해방론과 인간 본성(공미혜, 이한옥 공역). 서울: 이론과 실천. (원저는 1983년 출간)

James, M., & Jongeward, D. (1971). *Born to win: Transactional analysis with gestalt experiments*. Reading, MA: Addison-Wesley.

Janchill, M. P. (1969). Systems concepts in casework theory and practice. *Social Casework, 15*(2), 74-82.

Jensen, A. R. (1969). How much can we boost I.Q. and scholastic achievement?. *Harvard Educational Review, 33*, 1-123.

Joffe, C. (1979). Symbolic interactionism and the study of social work services. *Studies in Symbolic Interaction, 2*, 235-256.

Johnson, D. W., & Johnson, F. R. (1997). *Joining together* (6th ed.). Englewood Cliffs, NJ:

Prentice-Hall.

Johnson, H. (1987). Human development: Biological perspective. In A. Minahan et al. (Eds.), *Encyclopedia of social work* (pp. 835-850). Washington, DC: National Association of Social Workers.

Jones, C. J., & Meredith, W. (2000). Developmental paths of psychological health from early adolescence to later adulthood. *Psychology and Aging, 15*, 351-360.

Kagan, J. (1984). *The nature of the child*. New York: Basic Books.

Kagan, J. (1992). Yesterday's premise, tomorrow's promises. *Developmental Psychology, 28*(6), 990-997.

Kanfer, F. H., & Grimm, L. G. (1977). Behavioral analysis: Selecting target behaviors in the interview. *Behavior Modification, 1*, 7-28.

Kardiner, A. (1967). *The individual and his society*. New York: Columbia University Press.

Kearney, J. (1986). A time for differentiation: The use of a systems approach with adolescents in community-based agencies. *Journal of Adolescence, 9*(3), 243-256.

Keating, D. P. (1975). Precocious cognitive development at the level of formal operations. *Child Development, 46*, 276-280.

Kelly, G. (1955). *The psychology of personal constructs*. New York: Norton.

Kelly, G. (1963). *A theory of personality*. New York: Norton.

Kernberg, O. F. (1976). *Object relations theory and clinical psychoanalysis*. New York: Jason Aronson.

Kernberg, O. F. (1980). *Internal world and external reality*. New York: Basic Books.

Kleemeier, R. W. (1961). *Intellectual change in the senior death and the IQ*. presidential social address. New York: American Psychological Association.

Klein, A. (1953). *Society, democracy and the group*. New York: Whiteside.

Klein, M. (1948). *The psychoanalysis of children*. London: Hogarth Press.

Kluckhohn, C. (1962). *Culture and behavior*. New York: Free Press of Glencoe.

Knapp, P. (1994). *One work-many worlds: Contemporary sociological theory*. New York: Harper-Collins.

Kogan, N. (1990). Personality and Aging. In J. E. Birren & K. W. Schaie (Eds.), *Handbook of the psychology of aging* (3rd ed., pp. 330-346). New York: Van Nostrand Reinhold.

Kohlberg, L. (1976). Moral stages and moralization: The cognitive-developmental approach. In T. Lickona (Ed.), *Moral development and behavior: Theory, research, and social issues* (pp. 31-53). New York: Holt, Rinehart and Winston.

Kohlberg, L. (1981). *Essays on moral development, Vol. I: The philosophy of moral development*. New York: Harper & Row.

Kohut, H. (1971). *The analysis of the self*. New York: International Universities Press.

Kohut, H., & Wolf, E. S. (1978). The disorders of the self and their treatment. *International Journal of Psychoanalysis, 59*, 413-425.

Konopka, G. (1983). *Social group work: A helping process.* Englewood Cliffs, NJ: Prentice-Hall.

Kropotkin, P. (1915). *Mutual aid: A factor of evolution.* London: W. Reinemann.

Kuller, J. A. (1996). Chronic villus sampling. In J. A. Kuller, N. C. Cheschie, & R. C. Cefalo (Eds.), *Prenatal diagnosis and reproductive genetics* (pp. 145-158). St. Louis, MO: Mosby.

Kübler-Ross, E. (1969). *On death and dying.* New York: Macmillan.

Lazarus, A. A. (1971). *Behavior therapy and beyond.* New York: McGraw-Hill.

Lazarus, A. A. (1981). *The practice of multimodal therapy.* New York: McGraw-Hill.

Lazarus, R. S. (1980). The stress and coping paradigm. In L. A. Bond & J. C. Rosen (Eds.), *Competence and coping during adulthood* (pp. 28-74). NH: University Press of New England.

Leighninger, R. D. (1977). Systems theory. *Journal of Sociology and Social Welfare, 5*(4), 446-480.

Lemert, E. (1967). *Human deviance, social problems and social control.* New Jersey: Prentice-Hall.

Lenneberg, E. H. (1967). *Biological foundations of language.* New York: Wiley.

Levi-Strauss, C. (1969). *The elementary structures of kinship.* Boston: Beacon Press.

Levine, K. G., & Lightburn, A. (1989). Belief systems and social work practice. *Social Casework, 70,* 139-145.

Levinson, D. J., Darrow, C., Kline, E., Levinson, M., & McKee, B. (1978). *The seasons of a man's life.* New York: Knopf.

Lewin, K., Lippitt, R., & White, R. (1939). Patterns of aggressive behavior in experimentally created 'social climates'. *Journal of Social Psychology, 10*(2), 271-299.

Lindeman, E. (1939). *Leisure-a national issue: Planning for the leisure of a democratic people.* New York: Association Press.

Liverant, S., & Scodel, A. (1960). Internal and external control as determinants of decision making under conditions of risk. P*sychological Reports, 7,* 59-67.

Looft, W. R. (1971). Egocentrism and social interaction in adolescence. *Adolescence, 6,* 485-495.

Lowenstein, S. F. (1985). Freud's metapsychology revisited. *Social Casework, 6*(3), 139-151.

Maddi, S. (1980). *Personality theories.* Homewood, IL: Dorsey Press.

Maguire, I. (2002). *Clinical social work; Beyond generalist practice with individuals, groups, and families.* Belmont, CA: Brooks/Cole.

Mahler, M. S., Pine, F., & Bergman, A. (1975). *The psychological birth of the human infant.* New York: Basic Books.

Mahoney, M. J. (1988). Cognitive sciences and psychotherapy. In K. S. Dobson (Ed.), *Handbook of cognitive-behavioral therapies* (pp. 357-386). New York: Guilford Press.

Maluccio, A. (1979). Competence and life experience. In C. G. Germain (Ed.), *Social work practice: People and environments* (pp. 282-302). New York: Columbia University Press.

Marcia, J. (1980). Identity in adolescence. In J. Adelson (Ed.), *Handbook of adolescent psychology* (pp. 159-187). New York: John Wiley.

Markus, H., Smith, J., & Moreland, R. L. (1985). Role of the self-concept in the perception of others. *Journal of Personality and Social Psychology, 49,* 1494-1512.

Martin, G., & Pear, J. (1983). *Behavior modification: What it is and how to do it* (2nd ed.). Englewood Cliffs, NJ: Prentice-Hall.

Martin, R. Y., & O'Connor, G. G. (1989). *The social environment: Open systems applications.* New York: Longman.

Maslow, A. H. (1970). *Motivation and personality* (2nd ed.). New York: Harper and Low.

Masters, W., & Johnson, V. (1985). *Human sexuality.* Boston: Little Brown.

Matthias, R. E. et al. (1997). Sexual activity and satisfaction among very old adults. *The Gerontologist, 37*(1), 6-14.

Mau, Steffen(2004). Welfare regimes and the norms of social exchange. *Current Sociology, 52*(1), 53-74.

McCall, G. J. (2013). Interactionist perspectives in social psychology. In J. DeLamater & A. Ward (Eds.), *Handbook of Social Psychology* (pp. 3-29). Saint Louis: Springer.

McCall, R. B., Applebaum, M. I., & Hogarty, P. S. (1973). Developmental changes in mental performance. *Monographs of the Society for Research in Child Development, 38,* 13-22.

McGlashan, T. H., & Miller, G. H. (1982). The goal of psychoanalysis, psychoanalytic psychotherapy. *Archives of General Psychiatry, 39,* 377-388.

McGoldrick, M., Gerson, R., & Petry, S. (2011). 가계도: 사정과 개입(이영분 외 공역). 서울: 학지사. (원저는 2008년 출간)

Mead, M. (1939). *From the south seas: Studies of adolescence and sex in primitive societies.* New York: William Morrow.

Mehr, J. J., & Kanwischer, R. (2004). *Human services: Concepts and intervention strategies.* New York: Pearson Education.

Meichenbaum, D. (1977). *Cognitive behavior modification: An integrative approach.* New York: Plenum.

Mertens, W. (1990). *Einfürung in die psychoanalytische therapies.* Stutgart: Kohlhammer.

Meyer, C. H. (Ed.). (1983). *Clinical social work in the ecosystems perspective.* New York: Columbia University Press.

Midanik, L., Sokhikian, K. Ransom, L. J., & Tekawa, I. S. (1995). The effect of retirement on mental health and health behavior. *Journal of Gerontology: Social Sciences, 50,* 59-61.

Middleman, R. R., & Goldberg, G. (1987). Social work practice with groups. In A. Minahan et al. (Eds.), *Encyclopedia of social work* (pp. 714-729). Washington, DC: National Association of Social Workers.

Miller, S. J. (1965). The social dilemma of the aging leisure participant. In A. M. Rose & W. A. Peterson (Eds.), *Older people and their social world* (pp. 77-92). Philadelpia: F. A. Davis.

Minuchin, S. (1974). *Families and family therapy.* Cambridge, MA: Harvard University Press.

Mitchell, J. (1984). 여성의 지위: 여성해방의 논리(이형랑, 김상희 공역). 서울: 동녘. (원저는 1971년 출간)

Moreno, T. (1934). *Personality and social change.* New York: Dryden.

Mosak, H. H.(1979). Adlerian Psychotherapy. In R. J. Corsini (Ed.), *Current psychotherapies* (pp. 44-94). Itasca, IL: F. E. Peacock.

Murdock, G. P. (1949). *Social structure.* New York: MacMillan.

Natiello, P. (1987). The person-centered approach. *Person-Centered Psychology, 11,* 159-172.

National Association of Social Workers [NASW]. (1982). Changes in NASW family policy. *NASW News, 27*(2), 1-16.

Neimark, E. D. (1975). Longitudinal development of formal operations thought. *Genetic Psychology Monographs, 91,* 171-225.

Neugarten, B. L., Havighurst, R. J., & Tobin, S. S. (1968). Personality & patterns of aging. In B. L. Neugarten (Ed.), *Middle age & aging* (pp. 173-177). Chicago: University of Chicago Press.

Newman, B., & Newman, P. R. (1987). *Development through life: A psychosocial approach.* Homewood, IL: Dorsey Press.

Newstetter, W. I., Feldstein, M. C., & Newcomb, I. (1938). *Group adjustment.* Cleveland: School of applied social sciences.

Nisbett, R. E. (2004). 생각의 지도(최인철 역). 서울: 김영사. (원저는 2003년 출간)

Norlin, J. M., & Chess, M. A. (1997). *Human behavior and the social environment: Social system theory.* Boston: Allyn and Bacon.

Northen, H., & Roberts, R. W. (Eds.). (1975). *Theories of social work with groups.* New York: Columbia University Press.

Nurius, P. S. (1989). The self-concept: A social cognitive update. *Social Casework, 70,* 285-294.

Nurius, P. S., Lovell, M., & Edgar, M. (1988). Self-appraisals of abusive parents: A contextual approach to study and treatment. *Journal of Interpersonal Violence, 3,* 458-467.

Nye, F. I. (1978). Is choice and exchange theory: the key?. *Journal Of Marriage & Family, 40*(2), 219-232.

Nye, R. D. (1975). *Three views of man: Perspectives from Freud, Skinner and Rogers.* Belmont, CA: Brooks/Cole.

Olmsted, M. (1959). *The small group.* New York: Random House.

Oxley, G.(1971). A life-model approach to change. *Social Casework, 52*(10), 627-633.

O'Neil, J. M., Ohlde, C., Tollefson, N., Barke, C., Pigott, T., & Watts, D. (1980). Factors, correlates, and problem areas affecting career decision marking of a cross-sectional sample of students. *Journal of Counseling Psychology, 27,* 571-580.

Papalia, D. E., & Olds, S. W. (1998). *Human development* (7th ed.). New York: McGraw-Hill.

Papell, C., & Rothman, B. (1980). Relating the mainstream model of social work with groups to group psychotherapy and the structured group approach. *Social Work with Groups, 3*(2),

5-22.

Pardeck, J. T. (1988). An ecological approach for social work practice. *Journal of Sociology and Social Welfare, 15*(2), 133-142.

Parsons, T. (1960). *Structure and process in modern societies.* New York: The Free Press.

Parten, M. (1932). Social participation among preschool children. *Journal of Abnormal and Social Psychology, 28*(3), 136-147.

Paul, E. L., & White, K. M. (1990). The development of intimate relationship in late adolescence. *Adolescence, 25,* 375-400.

Perry, W. G. (1981). Cognitive and ethical growth: The making of meaning. In A. Chickering (Ed.), *The modern American college* (pp. 76-116). San Francisco: Jossey-Bass.

Pervin, L. A. (1996). *The science of personality.* New York: Wiley.

Peter, C. G. (1988). The worker-client relationship: A general systems perspective. *Social Casework, 69*(10), 620-626.

Petersen, A. C. (1993). Creating adolescents. *Journal of Research on Adolescence, 3,* 1-18.

Phares, E. J. (1987). 성격심리학(홍숙기 역). 서울: 박영사. (원저는 1984년 출간)

Piaget, J. (1965). *The moral judgement of the child.* New York: Free Press.

Piaget, J., & Inhelder, B. (1956). *The child's conception of space.* London: Routledge & Kegan Paul.

Piaget, J., & Inhelder, B. (1969). *The psychology of the child.* New York: Basic Books.

Pincus, A. (1970). Reminiscence in aging and its implications for social work practice. *Social Work, 15,* 47-53.

Pincus, A., & Minahan, A. (1973). *Social work practice: Model and method.* Itasca, IL: F. E. Peacock.

Pinderhughes, E. (1983). Empowerment for our clients and for ourselves. *Social Casework, 64*(6), 331-338.

Pitman, E. (1984). *Transactional analysis for social workers and counsellors.* London: Routledge and Kegan Paul.

Polsky, H. (1969). System as patient: Client needs and system function. In G. Hearn (Ed.), *The general systems approach: Contributions toward a holistic conception of social work* (pp. 5-11). New York: Council on Social Work Education.

Presthus, R. (1978). *The organizational society* (rev. ed.). New York: St. Martin's Press.

Raskin, N. (1985). Client-centered therapy. In S. J. Lynn & J. P. Garske (Eds.), *Contemporary psychotherapies models and methods* (pp. 155-190). Columbus, OH: Charles E. Merrill.

Redmond, M. V. (2015). Symbolic interactionism. in *English Technical Reports and White Papers.* 4. http://lib.dr.iastate.edu/ engl_reports/4.

Reichard, S. K., Livson, F., & Petersen, P. G. (1980). *Aging and personality: A study of eighty-seven older men.* North Stratford, NH: Ayer Company Publishers.

Reis, M., & Gold, D. P. (1993). Retirement, personality, and life satisfaction. *Journal of Applied*

Gerontology, 12, 261-282.

Rhodes, S. L. (1980). A developmental approach to the life cycle of the family. In M. Bloom (Ed.), *Life span development* (pp. 30-40). New York: Macmillan.

Rice, K., & Girvin, H. (2014). Engaging families, building relationships: Strategies for working across systems from a social exchange perspective. *Advances in Social Work, 15*(2)(Fall 2014), 306-317.

Richmond, M. (1917). *Social diagnosis.* New York: Russell Sage Foundation.

Riedel, I. (2000). 융의 분석심리학에 기초한 미술치료(정여주 역). 서울: 학지사. (원저는 1983년 출간)

Riegel, K. F. (1973). Dialectic operations: The final period of cognitive development. *Human Child Development, 16*, 346-370.

Riegel, K. F. et al. (1976). A study of the dropout rates in logitudinal research on aging and the prediction of death. *Journal of Personality and Social Psychology, 5*, 342-348.

Riesman, D., Glazer, N., & Denny, R. (1950). *The lonely crowd: A study of the changing American character.* New Haven, CT: Yale University Press.

Ritzer, G. (2016). 사회학이론(김왕배 외 공역). 서울: 한울출판사. (원저는 2004년 출간)

Robbins, S. P., Chatterjee, P., Canda, E. R. (Eds.)(2006). *Contemporary human behavior theory: A critical perspective for social work.* Massachusetts: Allyn & Bacon.

Rogers, C. R. (1951). *Client-centered therapy.* Boston: Houghton Mifflin.

Rogers, C. R. (1957). The necessary and sufficient conditions of therapeutic personality change. *Journal of Counseling Psychology, 21*, 95-103.

Rogers, C. R. (1959). A theory of personality and interpersonal relationships as developed in the client-centered framework. In S. Koch (Ed.), *Psychology a study of science: Formulations of the person and the social context* (Vol. 3, pp. 184-256). New York: McGraw-Hill.

Rogers, C. R. (1961). *On becoming a person.* Boston: Houghton Mifflin.

Rogers, C. R. (1967). Autobiography. In E. Boring & G. Lindzey (Eds.), *A history of psychology in autobiography* (Vol. 5, pp. 341-384). New York: Appleton-Century-Crofts.

Rogers, C. R. (1970). *On encounter group.* New York: Harper & Row.

Rogers, C. R. (1977). *Carl Rogers on personal power: Inner strength and its revolutionary impact.* New York: Delacote.

Rogers, C. R. (1980). *A way of being.* Boston: Houghton Mifflin.

Rogers, C. R. (1983). *Freedom to learn in the 80s.* Columbus, OH: Charles E. Merrill.

Ross, M. (1967). *Community organization: Theory, principles and practice* (2nd ed.). New York: Harper & Row.

Rowe, W. (1986). Client-centered theory. In F. J. Turner (Ed.), *Social work treatment* (pp. 407-431). New York: Free Press.

Rundin, R. W. (2001). 애들러 상담이론: 기본 개념 및 시사점(노안영 외 공역). 서울: 학지사. (원저는 1992년 출간)

Ruth, J. (1996). Personality. In J. E. Birren et al. (Eds.), *Encyclopedia of gerontology* (vol 2, pp.

281-294). New York: Academic Press.

Ryckman, R. M. (2000). *Theories of personality* (7th ed.). New York: Wadsworth.

Salthouse, T. A. (1993). Speed mediation of adult age differences in cognition. *Developmental Psychology, 29,* 722-738.

Samuels, A., Shorter, B., & Plaut, F. (2000). 융분석 비평사전(민혜숙 역). 서울: 동문선. (원저는 1986년 출간)

Santrock, J. W. (1995). *Life-span development.* Madison, WI: Brown and Benchmark.

Satir, V. (1972). *People making.* Palo Alto, CA: Science & Behavior Books.

Scanzoni, L. D., & Scazoni, J. (1981). *Men, women, and change: A sociology of marriage and family* (2nd ed.) New York: McGraw-Hill.

Schaie, K. W. (1990). Intellectual development in adulthhood. In J. E. Birren & K. W. Schaie (Eds.), *Handbooks of the psychology of aging* (3rd ed.). New York: Academic Press.

Scharff, D. E., & Scharff, J. S. (1991). *Object relations family therapy.* London: Jason Aronson.

Schell, R., & Hall, E. (1979). *Development psychology today.* New York: Random House.

Schriver, J. M. (1995). *Human behavior and the social environment: Shifting paradigms in essential knowledge for social work practice.* Boston: Allyn and Bacon.

Schulz, D., & Schulz, S. E. (1998). *Theories of personality* (6th ed.). Belmont, CA: Brooks/Cole.

Schwartz, M. S., & Schwartz, C. G. (1964). *Social approaches to mental patient care.* New York: Columbia University Press.

Searles, H. F. (1960). *The nonhuman environment.* New York: International Universities Press.

Segall, A. (1976). The sick role concept. *Journal of Health and Social Behavior, 17*(2), 162-169.

Selman, R. L. (1980). *The growth of interpersonal understanding: Developmental and clinical analysis.* New York: Academic Press.

Selye, H. (1956). *The stress of life.* New York: McGraw-Hill.

Shafer, C. M. (1969). Teaching social work practice in an integrated course: A general systems approach. In G. Hearn (Ed.), *The general systems approach: Contributions toward a holistic conception of social work* (pp. 26-36). New York: Council on Social Work Education.

Shafer, H. H., & Kuller, J. A. (1996). Increased maternal age and prior anenploid conception. In J. A. Kuller, N. C. Cheschier, & R. C. Cefalo (Eds.), *Prenatal diagnosis and reproductive genetics* (pp. 159-172). St. Louis, MO: Mosby.

Shaffer, D. R. (1999). *Developmental psychology: Childhood and adolescence* (5th ed.). Belmont, CA: Brooks/Cole.

Sharf, R. S. (2000). *Theories of psychotherapy and counseling* (2nd ed.). Belmont, CA: Brooks/Cole.

Shaw, M. (1976). *Group dynamics: The psychology of small group behavior.* New York: McGraw-Hill.

Shaw, M., & Costanzo, P. R. (1982). *Theories of social psychology* (2nd ed.). New York: McGraw-Hill.

Sheehy, N. (2009). 50인의 심리학 거장들(정태연, 조은영 공역). 서울: 학지사. (원저는 2004년 출간)

Sheldon, W. H. (1942). *The varieties of temperament.* New York: Harper and Row.

Shilling, L. E. (1984). *Perspectives on counseling theories.* Englewood Cliffs, NJ: Prentice-Hall.

Shulman, L.(1998). *Skills of helping individuals, families, groups, and communities* (4th ed.). Belmont, CA: Wadsworth.

Siegler, R. S. (1983). Information processing approaches to development. In P. H. Mussen (Ed.), *Handbook of child psychology* (Vol. I, pp. 129-211). New York: John Wiley.

Simonton, D. K. (1990). Does creativity decline in later years? In M. Permutter (Ed.), *Late life potential* (pp. 83-112). Washington, DC: Gerontological Society of America.

Siporin, M. (1980). Ecological systems theory in social work. *Journal of Sociology and Social Welfare, 7,* 507-532.

Skinner, B. F. (1938). *The behavior of organisms.* New York: Apple-Century-Crofts.

Skinner, B. F. (1953). *Science and human behavior.* New York: Macmillan.

Skinner, B. F. (1971). *Beyond freedom & dignity.* New York: Hackett.

Snyder, V. (1975). Cognitive approaches in the treatment of alcoholism. *Social Casework, 56,* 480-485.

Solomon, B. B. (1976). *Black empowerment: Social work in oppressed communities.* New York: Columbia University Press.

Specht, R., & Craig, G. J. (1987). *Human development: A social work perspective.* Englewood Cliffs, NJ: Prentice-Hall.

Stadter, M. (1996). *Object relations brief therapy: The therapeutic relationship in short-term work.* Northvale, NJ: Jason Aronson.

Stein, I. (1971). The systems model and social system theory: Their application to casework. In H. S. Strean (Ed.), *Social casework theories in action* (pp. 123-195). Metuchen, NJ: Scarecrow Press.

Sternberg, R. J. (1988). *The triangle of love.* New York: Basic Books.

Stevenson, L., & Hanerman, D. L. (2006). 인간의 본성에 관한 10가지 이론(박중서 역). 서울: 갈라파고스. (원저는 1998년 출간)

Storr, A. (1983). *The essential Jung.* Princeton, NJ: Princeton University Press.

Strean, H. S. (Ed.). (1971). *Social casework theories in action.* Metuchen, NJ: Scarecrow Press.

Sue, D. W. (2010). 다문화 사회복지실천(이은주 역). 서울: 학지사. (원저는 2006년 출간)

Sue, D. W., & Sue, D. (2013). *Counseling the culturally diverse: Theory and practice* (6th ed.). New Jersey: John Wiley & Sons.

Super, D. E. (1990). A life-span, life-space approach to career development. In D. Brown et al. (Eds.), *Career choice and development* (2nd ed., pp. 197-261). San Francisco: Jossey-Bass.

Sweeney, T. J. (2005). 아들러 상담이론과 실제(노안영 외 공역). 서울: 학지사. (원저는 1998년 출간)

Swenson, C. (1979). Social networks, mutual aid and the life model of practices. In C. B. Germain (Ed.), *Social work practice: People and environments* (pp. 215-266). New York: Columbia University Press.

Szelenyi, I. (2009). *Foundations of modern social thought.* Connecticut: Open Yale Courses.

Taylor, B., & Taylor, A. (1989). Social casework and environmental cognition. *Social Work, 34,* 463-467.

Taylor, G. (2007). 이데올로기와 복지(조성숙 역). 서울: 도서출판 신정. (원저는 2006년 출간)

Thompson, V. A. (1961). *Modern organization.* New York: Knopf.

Thorson, J. A. (2000). *Aging in the changing society* (2nd ed., pp. 43-61). Philadelphia, PA: Brunner/Mazel.

Tornstam, L. (1994). Gerotranscendence. In L. E. Thomas & S. A. Eisnehandler (Eds.), *Aging and the religious dimension* (pp. 203-225). Westport, CT: Greenwood Publishing Group.

Toseland, R. W., & Rivas, R. F. (1984). *An introduction to group work practice.* New York: Macmillan.

Trecker, H. (1972). *Social group work: Principles and practices.* New York: Association Press.

Troll, L. E. (1985). *Early and middle adulthood* (2nd ed.). Belmont, CA: Brooks/Cole.

Turner, F. J. (Ed.). (1996). *Social work treatment.* New York: The Free Press.

Turner, J., & Maryanski, A. (1979). *Functionalism.* California: Benjamin-Cummings.

Turner, J. H. (1984). 사회학 이론의 구조(김진균 외 공역). 서울: 한길사. (원저는 1974년 출간)

Turner, J. H. (2019). 현대 사회학 이론(김윤태 외 공역). 서울: 나남. (원저는 2013년 출간)

Tylor, E. B. (1958). *Primitive culture.* New York: Harper and Row.

Unger, R., & Crawford, M. (1992). *Women and gender: A feminist psychology.* Philadelphia: Temple University Press.

Urdy, J. R. (1971). *The social context of marriage* (2nd ed.). New York: Lippincott.

Vaillant, G. E. (1977). *Adaptation to life.* Boston: Little, Brown.

Valliant, G. E. (2002). 10년 늦게 늙는 법: 하버드 대학 성인 발달 연구(이덕남 역). 서울: 나무와숲. (원저는 2002년 출간)

Van Tilburg, T. (1992). Support networks before and after retirement. *Journal of Social & Personal Relationships, 9,* 443-445.

Vinter, R. (Ed.). (1967). *Readings in group work practice.* Ann Arbor, MI: Campus.

Vygotsky, L. S. (1981). The genesis of higher mental functions. In J. V. Wertsch (Ed.), *The concept of activity in Soviet psychology* (pp. 144-188). New York: M. E. Sharpe.

Wadsworth, B. J. (1971). *Piaget's theory of cognitive development.* New York: David McKay.

Wagoner, B., Jensen, E., & Oldmeadow, J. A. (2012). *Culture and social change: Transforming society through the power of ideas.* North Carolina: Information Age Publishing.

Wallace, P. M. (2001). 인터넷 심리학(황상민 역). 서울: 에코리브르. (원저는 1999년 출간)

Walsh, F. (1980). The family in later life. In E. A. Carter & M. McGoldrick (Eds.), *The family life* cycle: A framework for family therapy (pp. 197-222). New York: Gardner Press.

Warren, R. L. (1978). *The community in America*. Chicago, IL: Rand, McNally & Company.

Watson, J. B. (1919). *Psychology from its standpoint of a behaviorist*. Philadelphia: J. B. Lippencott.

Weick, A. (1981). Reframing the person-in-environment perspective. *Social Work, 2*, 1928.

Weinberg, R. A. (1989). Intelligence and IA. *American Psychologist, 44*(2), 98-104.

Werner, H. D. (1982). *Cognitive therapy*. New York: Free Press.

West, R., & Turner, L. (2007). *Introducing communication theory*. New York: McGraw Hill.

White, L. (1959). *The evolution of culture*. New York: McGraw-Hill.

White, P., Mascalo, A., Thomas, S., & Shoun, S. (1986). Husband's an wives' perceptions of marital intimacy and wives' stresses in dual-career marriage. *Family Perspectives, 20*, 27-35.

White, R. W. (1959). Motivation reconsidered: The concept of competence. *Psychological Review, 66*, 279-333.

Whitebourne, S. K. (2001). The physical aging process in midlife: Interaction with psychological and sociocultural factors. In M. E. Lachman (Ed.), *Handbook of midlife development* (pp. 109-155). New York: Wiley.

Whiteman, M., Fanshel, D., & Grundy, J. F. (1987). Cognitive behavioral interventions aimed at anger of parents at risk of child abuse. *Social Work, 32*, 469-474.

Whittaker, J. (1983). Mutual helping in human services. In J. K. Whittaker et al. (Eds.), *Social support networks* (pp. 29-70). New York: Aldine de Gruyter.

Wilson, E. Q. (1978). *On human nature*. Massachusetts: Harvard University Press.

Winnicott, D. (1960). The theory of the patient-infant relationship. In D. Winnicott (1965). *The maturational processes and the facilitating environment* (pp. 37-55). London: Hogarth.

Winnicott, D. W. (1953). Transitional objects and transitional phenomena; A study of the first not-me possession. *International Journal of Psychoanalysis, 34*(2), 89-97.

Winnicott, D. W. (1963). From dependence towards independence in the development of the individual. In D. W. Winnicott (1965). *The maturational processes and the facilitating environment* (pp. 140-152). London: Hogarth.

Wollams, S., & Brown, M. (1979). *TA*. Englewood Cliffs, NJ: Prentice-Hall.

Wolpe, J. (1969). *The practice of behavior therapy*. New York: Pergamon Press.

Wood, K. M. (1971). The contribution to psychoanalyses and ego psychology. In H. S. Strean (Ed.), *Social casework theory in action* (pp. 45-117). Metuchen, NJ: Scarecrow Press.

Yalom, I. (1985). *The theory and practice of group psychotherapy* (3rd ed.). New York: Basic Books.

Zanden, J. W. V. (1997). *Human development* (6th ed.). New York: McGraw-Hill.

Zastrow, C., & Kirst-Ashman, K. K. (2001). *Understanding human behavior and the social environment*. Belmont, CA: Wadsworth/Thomson Learning.

⟨참고 사이트⟩

(주)어세스타 (http://www.kpti.com)

Daum 백과사전 (100.daum.net)

e-나라지표 (http://www.index.go.kr)

Zum학습백과 (http://study.zum.com)

국가법령정보센터 (http://www.law.go.kr)

국가통계포털 (http://www.kosis.kr)

낙태반대운동연합 (http://www.prolife.or.kr)

도서출판 한울림 (http://www.inbumo.com)

메디채널 (http://www.medichannel.co.kr)

보건복지부 (http://www.mohw.go.kr)

비룡소 (http://www.bir.co.kr)

서울아산병원 (http://www.medical.amc.seoul.kr)

실종아동전문기관 (http://www.missingchild.or.kr)

애플 아이폰 (http://www.apple.com/kr/iphone)

여성가족부 (http://www.mogef.go.kr)

위키백과 (en.wikipedia.org/wiki/).

인터넷 중독대응센터 (스마트 쉼센터: http://www.iapc.or.kr)

카카오톡 (http://www.kakao.com)

페이스북 (http://www.facebook.com)

하회마을 (http://www.hahoe.or.kr)

Amazon (http://www.amazon.com)

Artists Index (http://www.art-platform.com)

Biology Online (http://www.biology-online.org)

Brave Girls Club (http://bravegirlsclub.com)

Business and Professional Women's Foundation (http://www.womenmisbehavin.com)

Consulting Group Odyssey (http://www.odysseytransform.com)

Empower Network (http://www.empowernetwork.com)

Freud Museum, London (http://www.freud.org.uk)

Glogster (http://www.glogster.com)

Google (http://www.google.com)

Harbor Behavioral Health (http://www.harborbehavioralhealth.com)

Jacky Gallery (http://www.jackygallery.com)

McGraw Hill Education (http://answers.mheducation.com)

Mibba Creative Writing (http://www.mibba.com)

Neutrition for Women (http://nutrition4women.net)

Online Etymology Dictionary (http://etymonline.com)

Ontario Association of Social Workers (http://www.oasw.org)

Plain Truth Ministries (http://www.ptm.org)

Psycho Ideology (http://www.psychoideology.com)

Simply Psychology (http://www.simplypsychology.org)

Taringa! (http://www.taringa.net)

The Russian Shop (http://www.therussianshop.com)

Twitter (http://twitter.com)

Wikipedia (http://www.wikipedia.org)

Word Press (http://www.wordpress.com)

찾아보기

저자 소개

권중돈(權重燉, kjd716@mokwon.ac.kr)

1960년 늦여름 경남 의령의 작은 동네에서 태어나 성장하였고, 숭실대학교에서 영어영문학(전공)과 사회사업학(부전공)을 수학한 후, 연세대학교 대학원에서 사회사업학 석사 및 박사 과정을 이수하였다.

가족, 정신장애, 노인이라는 세 가지 주제에 관심을 갖고 연구하여, 치매가족의 부양부담에 관한 주제로 박사학위 논문을 제출하였다. 그 후 『한국치매가족연구』, 『치매환자와 가족복지』, 『치매환자를 위한 프로그램의 실제』, 『노인복지론』, 『인권과 노인복지실천』, 『노인복지 프로그램 개발의 실제』(공저), 『인간행동과 사회환경』, 『사회복지학개론』(공저), 『자원봉사의 이해와 실천』(공저), 『집단사회사업방법론』(공저), 『복지, 논어를 탐하다』, 『복지, 맹자에서 길을 찾다』, 『길에서 만난 복지』 등의 노인복지와 사회복지 실천 그리고 융복합분야의 다수의 저서와 논문을 발표하였다.

보건복지부 산하의 한국보건사회연구원에서 주임연구원으로 재직하였으며, 1995년부터 목원대학교 사회복지학과 교수로 재직하고 있다. 또한 보건복지부의 국가치매관리위원회와 민생제도개선위원회, 대전광역시 노인복지정책위원, 한국노인종합복지관협회, 독거노인종합지원센터, 삼성복지재단, 현대자동차, 아산복지재단, 그 외 여러 사회복지기관과 단체의 자문위원, 운영위원 등을 역임하였다.

인간행동과 사회복지실천: 이론과 적용(2판)
Human Behavior and the Social Work Practice (2nd ed.)

2014년 1월 15일 1판 1쇄 발행
2019년 7월 10일 1판 4쇄 발행
2021년 2월 25일 2판 1쇄 발행

지은이 • 권중돈
펴낸이 • 김진환
펴낸곳 • (주) **학지사**

04031 서울특별시 마포구 양화로 15길 20 마인드월드빌딩
대표전화 • 02)330-5114　　　팩스 02)324-2345
등록번호 • 제313-2006-000265호

홈페이지 • http://www.hakjisa.co.kr
페이스북 • https://www.facebook.com/hakjisa

ISBN 978-89-997-2324-7 93330

정가 29,000원

저자와의 협약으로 인지는 생략합니다.
파본은 구입처에서 교환해 드립니다.

이 책을 무단으로 전재하거나 복제할 경우 저작권법에 따라 처벌을 받게 됩니다.

출판 · 교육 · 미디어기업 **학지사**

간호보건의학출판 **학지사메디컬** www.hakjisamd.co.kr
심리검사연구소 **인싸이트** www.inpsyt.co.kr
학술논문서비스 **뉴논문** www.newnonmun.com
원격교육연수원 **카운피아** www.counpia.com